日本の鉄道

鉄道趣味初心者からマニア・コレクターまで

野口武悟 編

Guide to Books and Knowledge for Railfan in Japan

Compiled by
Takenori NOGUCHI

©2018 by Nichigai Associates, Inc.
Printed in Japan

●編集担当● 木村 月子／青木 竜馬
装丁：赤田 麻衣子

刊行にあたって

〈「知」のナビ事典〉シリーズは、人々の知識のニーズに対応しテーマごとに調査の手がかりを提供するため、そのテーマを知るための事項・人物・団体などのキーワードを選定し、キーワードの解説と、より深く知るための図書リストを提示するスタイルのものであり、ブックガイドの機能も兼ね備えている。

シリーズ3冊目となる本書では、「日本の鉄道」をテーマにとりあげた。さまざまな鉄道趣味について車両研究、鉄道写真、音響研究、時刻表、駅、切符、施設、歴史研究など172項目の解説と関連書籍5,410冊でナビゲートする。

日本の鉄道は国内をくまなく網羅し、正確に安全に人々と物資を運ぶために発展を遂げてきた。日々の通学、通勤や長距離を移動する手段として、あるいは貨物輸送の大切な役割を担ってきている。また鉄道を経営するのは私企業や自治体などで、それらはあくまでも実用的なものであり、公共性が高いとはいえ経済原理に伴う活動である。こういった要素を考えるならば鉄道は趣味性に乏しい気がする。しかし鉄道の追い求める「安全」「効率」「快適性」「スピード」から、はたまた「廃線」「車両引退」まで様々な要素が鉄道愛好家の心をくすぐり続けている。趣味として「鉄道」を楽しむ人々はいまや老若男女問わず幅広い層が存在している。

確かに自動車、航空機、船舶など乗り物に魅了される人は多い。が、鉄道愛好の幅の広さ、奥行きの深さは特別ではないだろうか。それに伴い関連書も多種多様な書籍が出版されている。こうしたことは趣味というよりも鉄道文化というものが形成されているのではないかと思えてくるほどである。

本書が、「日本の鉄道」をより深く知ろうとする人たちのお役に立てたならば幸いである。

2018年5月

編者

凡　例

1. 本書の内容

    本書は、日本の鉄道を知るために172の項目を立て、その解説をするとともに、関連する図書5,410点を付したものである。

2. 見出し・解説

    1) 全体を「鉄道経営」「鉄道」「鉄道建設」「鉄道雑学」「録音・音響研究」「旅行・乗車」「運行・運転」「鉄道技術」「高速鉄道」「鉄道政策」「鉄道文学・サークル活動」「鉄道関係参考図書」の12の分野に分けた。
    2) それぞれの分野ごとに鉄道に関する見出しを立て、中でも重要と思われる項目に解説を掲載した。

3. 図書リスト

    1) それぞれの見出しについて、主に1990年以降に発行された関連図書を示した。収録点数は5,410点である。
    2) 関連図書は、書名の読みの五十音順に排列した。

4. 図書の記述

    書名／副書名／巻次／各巻書名／各巻副書名／各巻巻次／著者表示／版表示／出版地＊／出版者／出版年月／ページ数または冊数／大きさ／叢書名／叢書番号／副叢書名／副叢書番号／注記／定価（刊行時）／ISBN（①で表示）／目次または内容
    ＊出版地が東京の場合は省略した。

5. 事項名索引

    本文の見出し項目、その中に含まれているテーマなどを五十音順に排列し、その見出しと見出し番号を示した。

6．書誌事項の出所

本目録に掲載した各図書の書誌事項等は主に次の資料に拠っている。
　データベース「bookplus」
　JAPAN/MARC

7．参考資料

各項目の解説文執筆にあたり、主に以下の資料を参考にした。
　・鉄道技術用語辞典　第3版（鉄道総合技術研究所）
　・鉄道用語辞典（日本民営鉄道協会）
　・深迷怪鉄道用語辞典／高橋政士編（楽天ブックス，1988）のWEB版
　・デジタル大辞泉（小学館）
　・デジタル大辞泉プラス（小学館）
　・日本大百科全書（ニッポニカ）（小学館）
　・世界大百科事典 第2版（平凡社）
　・百科事典マイペディア（平凡社）
　・大辞林　第3版（三省堂）
　・ブリタニカ国際大百科事典 小項目事典（ブリタニカ・ジャパン）
　・朝日新聞掲載「キーワード」（朝日新聞社）
　・知恵蔵（朝日新聞出版）

目　　次

鉄道経営 ………………………… 1
- *001* JR ………………………… 2
- *002* JR北海道 ………………… 5
- *003* JR東日本 ………………… 7
- *004* JR東海 …………………… 14
- *005* JR西日本 ………………… 15
- *006* JR四国 …………………… 17
- *007* JR九州 …………………… 17
- *008* 国鉄 ……………………… 18
- *009* 大手私鉄（民鉄）………… 24
- *010* 小田急電鉄 ……………… 28
- *011* 近畿日本鉄道 …………… 31
- *012* 京王電鉄 ………………… 34
- *013* 京成電鉄 ………………… 36
- *014* 京阪電気鉄道 …………… 38
- *015* 京浜急行電鉄 …………… 39
- *016* 相模鉄道 ………………… 42
- *017* 西武鉄道 ………………… 43
- *018* 東京急行電鉄 …………… 45
- *019* 東武鉄道 ………………… 48
- *020* 名古屋鉄道 ……………… 51
- *021* 南海電気鉄道 …………… 53
- *022* 西日本鉄道 ……………… 54
- *023* 阪急電鉄 ………………… 55
- *024* 阪神電気鉄道 …………… 59
- *025* 地方私鉄（民鉄）………… 60
- *026* 地下鉄 …………………… 76
- *027* 東京メトロ ……………… 80
- *028* 都営地下鉄 ……………… 82
- *029* 大阪市営地下鉄 ………… 82
- *030* ローカル線 ……………… 83
- *031* 公営鉄道 ………………… 90
- *032* 第三セクター …………… 97
- *033* 鉄道員/鉄道マン ………… 100
- *034* 鉄道人（関係人物）……… 103
- *035* 回顧/回想/証言 ………… 106
- *036* 車輛 ……………………… 110
- *037* グリーン車 ……………… 126
- *038* 車掌車 …………………… 126
- *039* 客貨車 …………………… 126
- *040* 食堂車 …………………… 130
- *041* 御料車 …………………… 132
- *042* 女性専用車両 …………… 132
- *043* 除雪車 …………………… 132
- *044* 郵便客車 ………………… 133
- *045* 展望（客）車 …………… 133
- *046* ジョイフルトレイン …… 134
- *047* ドクターイエロー ……… 134
- *048* 蒸気機関車（汽車）……… 135
- *049* 気動車（ディーゼルカー）… 155
- *050* 電車 ……………………… 161
- *051* 電気機関車 ……………… 166
- *052* 路面電車 ………………… 171
- *053* LRT ……………………… 185
- *054* モノレール ……………… 187
- *055* 新交通システム ………… 188

鉄道 ……………………………… 190
- *056* 人車鉄道 ………………… 191
- *057* 鉱山鉄道 ………………… 191
- *058* 軽便鉄道 ………………… 192
- *059* 森林鉄道 ………………… 194
- *060* 登山鉄道 ………………… 195
- *061* アプト（式）鉄道 ……… 196
- *062* 鋼索鉄道（ケーブルカー等）… 197
- *063* 索道（ロープウェイ等）… 197
- *064* 荷物車 …………………… 198
- *065* 貨物車・貨物列車 ……… 198
- *066* 列車・電車編成 ………… 200

067 パノラマカー	208	
068 リゾート列車・観光列車	209	
069 トロッコ列車	211	
070 寝台列車（寝台特急）	212	
071 夜行列車	218	
072 列車名・愛称	219	
073 線路	220	
074 鉄道ルート・路線	221	
075 ゲージ（狭軌）	223	
076 鉄道地図・地形図	224	
077 鉄道路線図	228	
078 配線	229	
079 廃線	236	
080 保線	243	
081 保存（保存鉄道）	244	
082 未完成鉄道路線（未成線）	245	
083 盲腸線	245	

鉄道建設 247

084 鉄道構造物	248	
085 鉄道施設	248	
086 車両基地	249	
087 機関区	250	
088 トンネル	250	
089 鉄橋	251	
090 信号・信号機	252	
091 踏切	253	
092 切符・乗車券	253	
093 運賃	256	
094 青春18きっぷ	257	
095 鉄道ファン	258	
096 撮り鉄	259	
097 音鉄	261	
098 ママ鉄	261	
099 子鉄	261	
100 乗り鉄	262	
101 乗りつぶし	263	
102 親子鉄	264	
103 鉄ちゃん	264	
104 鉄子（鉄女/女子鉄）	264	

鉄道雑学 267

105 社会文化	275
106 鉄道論	277
107 制服	278
108 鉄道手帖/手帳	278
109 鉄道パズル	279
110 映像	279
111 デザイン	280
112 クイズ/検定	283
113 ヘッドマーク/愛称板	285
114 記念物（ノベルティ）	286
115 鉄道模型	286
116 コレクション	287
117 鉄道唱歌	287
118 鉄道博物館	288
119 鉄道博物館（埼玉）	289
120 鉄道博物館（京都）	289
121 撮影	290
122 フォト/写真	291
123 写真集	296

録音・音響研究 308

124 鉄道の音	309
125 走行音	310

旅行・乗車 311

126 鉄道旅行・紀行	312
127 鉄道情景・風景	335
128 車窓	338
129 四季	339
130 時刻表	340
131 ダイヤグラム	345
132 駅	347
133 地下鉄の駅	366
134 駅ナカ	366
135 駅空間	367
136 駅舎	371
137 駅弁	373
138 駅名	375
139 終着駅	378
140 秘境駅	380

運行・運転 382
  141 安全 382
  142 運転 383
  143 災害対策 384
  144 鉄道事故 384
  145 復旧・復興 386
  146 鉄道利用術（通勤、遠距離通
    勤、通学など）................ 388

鉄道技術 391
  147 自動改札機 395
  148 ICカード 395
  149 マルス（MARS）................ 396

高速鉄道 397
  150 特急 398
  151 新幹線 405
  152 リニアモーターカー 424

鉄道政策 428
  153 交通政策 428
  154 鉄道計画 429
  155 鉄道とまちづくり 431
  156 鉄道事情（各地）................ 434
  157 鉄道史 442
  158 客車史 473
  159 鉄道業界 474
  160 鉄道遺構・遺産 482
  161 鉄道文化財 485
  162 反対運動 486
  163 満州鉄道 487
  164 連合軍・進駐軍専用車 489
  165 植民地鉄道 489
  166 殖民軌道 491
  167 鉄道馬車（馬車鉄道）............ 491

鉄道文学・サークル活動 493
  168 鉄道文学 494
  169 ノンフィクション 494
  170 鉄道サークル 497
  171 鉄道友の会 498

鉄道関係参考図書 499
  172 鉄道事典・図鑑・ハンド
    ブック 499

事項名索引 509

鉄道経営

◇恐慌と会計—鉄道会計史の視座　中村萬次著　京都　晃洋書房　1997.7　199p　22cm　3200円　①4-7710-0926-0

◇鉄道会社ここが知りたい！　久松ゆのみまんが, 大畑英明シナリオ　文藝春秋企画出版部　2016.9　128p　23cm　（文春まんが読みとくシリーズ 2）

◇鉄道会社の意外な魅力にハマる本　博学こだわり倶楽部編　河出書房新社　2012.11　222p　15cm　（KAWADE夢文庫 K953）〈文献あり〉　543円　①978-4-309-49853-9

内容　山手線をしのぐ"ドル箱路線"を持つ会社、動物たちが駅長を務める会社、全国に熱いサポーターがいる会社…鉄道会社の驚きの素顔を知れば、旅や通勤・通学がもっと楽しくなる。

◇鉄道会社の経営—ローカル線からエキナカまで　佐藤信之著　中央公論新社　2013.12　310p　18cm　（中公新書 2245）　940円　①978-4-12-102245-5

内容　通勤通学に欠かせない大都市の路線、飛行機と熾烈な競争を繰り広げる新幹線、風光明媚なローカル線…。日本の鉄道はバラエティに富んでいるが、それらの経営はいったいどのようにして成り立っているのだろうか。観光に活路を見出す地方私鉄、エキナカで増収を図るJRなど、身近にありながら知ることの少ない鉄道会社の経営について、歴史と現状を解説。さらに今後の鉄道を、誰が、どうやって維持していくかを提言する。

◇鉄道会社はややこしい　所澤秀樹著　光文社　2012.5　253p　18cm　（光文社新書 584）〈文献あり〉　780円　①978-4-334-03687-4

内容　たとえばJR中央線と地下鉄東西線、東急線と地下鉄日比谷線、小田急線と地下鉄千代田線、阪急線と地下鉄堺筋線、近鉄線と地下鉄烏丸線…これらは相互に直通運転を行っており、いつも何気なく乗っていて気がつかなくても、よく観察すると様相は複雑怪奇であるとともに、見事な連携プレーを披露している。実は相互直通運転の鉄道会社の間では、車両を貸し借りしていて、その使用料は清算しなければならなかったりする。本書では、そういった裏のカラクリを一挙公開。写真もふんだんに掲載し、読んで楽しい、電車に乗ってみたくなる一冊。

◇鉄道会社はややこしい—「相互直通運転」の知られざるカラクリに迫る！　所澤秀樹著　光文社　2016.9　295p　16cm　（光文社知恵の森文庫 tし3-4）〈2012年刊の加筆修正　文献あり〉　720円　①978-4-334-78706-6

内容　例えばJR中央線と地下鉄東西線、東急線と地下鉄副都心線、阪急線と地下鉄堺筋線…など、いつも何気なく乗っている相互直通運転の路線。しかし、その会社間の取り決めは実に複雑怪奇であって、その上で見事な連携プレーが行われているのだ。車両の貸し借りや清算方法、共同使用駅の管理など、"相直"にまつわる「知られざるカラクリ」を大公開！

◇鉄道ライバル物語—関東vs関西　三好好三著　JTB　2002.3　222p　19cm　（マイロネbooks 2）　1000円　①4-533-04196-5

内容　東西は、はたして水と油か？ 個性の違いにすぎないのか。

◇鉄道路線サバイバル—21世紀に躍進する沿線はどこだ!?　広岡友紀著　戎光祥出版　2009.6　219p　19cm　1600円　①978-4-900901-98-8

内容　コストパフォーマンスなら西武、時間距離なら京王・京急、将来性狙いなら相鉄、ブランド志向なら東急・小田急・JR東海道線…なぜそう言えるのか!?究極の鉄道＆ビジネス本。

◇鉄道は生き残れるか—「鉄道復権」の幻想　福井義高著　中央経済社　2012.8　249p　19cm　1600円　①978-4-502-69940-5

内容　整備新幹線はもういらない。リニア新幹線は作るだけムダ。青函トンネルは閉鎖がベスト。鉄道貨物は日本には必要ない。元・国鉄マンの著者が明かす鉄道事業のリアルな将来。

JR

鉄道経営

◇プロ野球と鉄道―新幹線開業で大きく変わったプロ野球　田中正恭著　交通新聞社　2018.2　255p　18cm　(交通新聞社新書121)〈文献あり〉　800円
①978-4-330-86318-4
内容　かつて多くの球団を鉄道会社が保有していたように、古くから密接なつながりがあるプロ野球と鉄道。チームの遠征においても鉄道は必要不可欠で、新幹線の開業による所要時間の短縮は革命的な出来事だった。本書では、黎明期から現在までのプロ野球と鉄道の関わりについて、各種資料を検証・考察するとともに、往時のスター選手たちが語るエピソードなど、さまざまな視点からその深いつながりを紹介する。

◇「ライバル鉄道」徹底研究　川島令三著　中央書院　1992.7　251p　19cm　1600円　①4-924420-65-4
内容　JRや私鉄がしのぎを削りあう全国各地の競合路線。過去の対抗史をふまえて、各社各線区のサービス(ダイヤ・運賃・車両etc.)を利用者の立場で比較検証し、将来あるべき姿を考察。

◇「ライバル鉄道」徹底研究　続　川島令三著　中央書院　1993.12　286p　19cm　1600円　①4-924420-85-9
内容　成田空港アクセス、名古屋・伊勢間、大阪・宝塚間はじめ、地方線区を含む競合路線30ヵ所の現況と将来を、利用者の立場から徹底検証。

---

001 JR

【概　要】Japan Railwaysの略称であり、1987(昭和62)年4月の日本国有鉄道分割・民営化に伴い発足した企業グループの総称でもある。地域別の6つの旅客鉄道会社と、全国をカバーする1つの貨物鉄道会社(日本貨物鉄道＝JR貨物)の計7社からなる。旅客鉄道会社としては、北海道旅客鉄道(JR北海道)、東日本旅客鉄道(JR東日本)、東海旅客鉄道(JR東海)、西日本旅客鉄道(JR西日本)、四国旅客鉄道(JR四国)、九州旅客鉄道(JR九州)がある。このうち、JR四国を除く5社では新幹線を運行している。本州3社(JR東日本、JR東海、JR西日本)に比べて、三島(さんとう)3社(JR北海道、JR四国、JR九州)の経営状況は厳しい。本州3社については、2006年までに全株式の売却が完了し、完全民営化を実現している。
　JR旅客鉄道各社では、赤字鉄道路線の廃止、列車の減便、有人駅の無人化などの経営合理化を進めるものの、高齢化の進行とともに公共交通の必要性や存在意義はむしろ高まってきている。地域住民の足をどう保障していくのかが問われている。
　なお、日本国有鉄道の分割・民営化に際しては、上記のJR各社のほかに、日本国有鉄道清算事業団(1998年解散)、新幹線鉄道保有機構(1991年解散)、鉄道総合技術研究所なども発足している。

◇国鉄・JR特急列車100年―特別急行「1・2列車」から「みずほ」まで　三宅俊彦,寺本光照著　JTBパブリッシング　2012.12　207p　21cm　(キャンブックス―鉄道127)〈年表あり〉　1900円
①978-4-533-08852-0
目次　1章 黎明期―明治45年6月～昭和19年4月,2章 客車特急時代―昭和24年9月～昭和33年10月,3章 電車特急とブルートレイン―昭和33年11月～昭和39年9月,4章 新幹線と接続特急―昭和39年10月～昭和43年9月,5章 特急大増発と「エル特急」―昭和43年10月～昭和50年3月,6章 新幹線延伸と在来線特急のスリム化―昭和50年3月～昭和62年3月,7章 JR発足と豪華特急車の誕生―昭和62年4月～平成6年9月,8章 ブルトレの衰退と優等列車特急一本化―平成6年10月～平成24年10月,資料篇―特急列車100年略年表

◇国鉄電車編成表86年版・JR電車編成表87年版　ジェー・アール・アール著　復刻版　交通新聞社　2017.6　2冊(セット)　26cm　6000円　①978-4-330-79517-1
内容　1987(昭和62)年4月1日、日本国有鉄道から7つのJRグループに分割民営化し、すでに30年が経ちました。その間に各社はそれぞれに個性を培って、特色ある鉄道へと成長して現在に至っています。本書は、日本史の重要なエポックとなったこの出来事を、電車編成や配置区の側面から記録した2冊です。そしていま、待望の復刻版として刊行しました。

◇国鉄・JR特急のすべて　学習研究社　2003.6　232p　27cm　（学研の大図鑑）〈年表あり〉　3400円　①4-05-201825-7

内容　本書では、国鉄時代（鉄道院、鉄道省、運輸通信省鉄道総局時代も含む）から現在のJR各社によって運行されてきた特急列車および新幹線列車を掲載しています。また、第三セクター各社および私鉄との間で相互乗り入れを行ってきた、あるいは現在も行われている特急についても、掲載しています。原則として定期列車、不定期列車、季節列車を取り上げ、臨時列車は掲載していません。ただし、トワイライトエクスプレスのような、定期列車のようにみなされている臨時列車は、掲載しています。収録の順序は、原則的には特急としての開業順としています。つまり、その列車名が、特急以前に急行や快速などの愛称として使われていた場合は、特急格上げとなった年月をもとに、掲載しています。

◇国鉄・JR廃線4000キロ　三宅俊彦編著・写真　新人物往来社　1999.12　199p　26cm　（別冊歴史読本35）　2000円　①4-404-02735-4

◇最新JR特急列車　広田尚敬写真, 坂正博解説　山と渓谷社　2002.3　111p　19×26cm　（ヤマケイレイルブックス11）　1200円　①4-635-06811-0

内容　今、活躍しているJRの特急列車を新幹線、特急電車、気動車特急、客車特急別に紹介。

◇JR現役鉄道図鑑　レイルマンフォトオフィス著　マイナビ出版　2016.8　255p　21cm〈文献あり　索引あり〉　1640円　①978-4-8399-5698-1

内容　新幹線・特急列車からSL・ジョイフルトレインまで全257車の写真が満載！

◇JR30年物語—分割民営化からの軌跡　「旅と鉄道」編集部編　天夢人　2018.1　190p　21cm　（旅鉄BOOKS 003）〈年譜あり〉　発売：山と渓谷社　1800円　①978-4-635-82028-8

内容　1987年4月1日のJR発足から30年。国鉄がどう変わり、何が改善され、何が消えていったのか…。JRグループの30年を記録する。

◇JR全車両大図鑑　原口隆行編著, 井上廣和写真　最新版　世界文化社　2017.12　231p　26cm〈索引あり〉　2500円　①978-4-418-17249-8

◇JR電車編成表　87年版　ジェー・アール・アール著　復刻版　交通新聞社　2017.6　221p　26cm〈初版：ジェー・アール・アール1987年刊〉　①978-4-330-79817-2

◇JR電車編成表　2014冬　ジェー・アール・アール編　交通新聞社　2013.12　421p　26cm　2381円　①978-4-330-42413-2

内容　2013年10月1日現在JR電車23,096両の最新データ掲載。

◇JR特急列車年鑑　2016　特急列車用車両全形式完全解説　イカロス出版　2015.11　177p　26cm　（イカロスMOOK）〈文献あり〉　1713円　①978-4-8022-0074-5

◇JR特急列車年鑑　2017　特急列車用車両全形式完全解説　イカロス出版　2016.11　178p　26cm　（イカロスMOOK）〈文献あり〉　1713円　①978-4-8022-0247-3

◇JR乗り放題きっぷの最強攻略術—鈍行日帰りからグリーン車日本一周まで　小林克己著　交通新聞社　2018.2　255p　18cm　（交通新聞社新書119）　800円　①978-4-330-86118-0

内容　本書は青春18きっぷや、秋のJR全線乗り放題パス、北海道＆東日本パス、フルムーン夫婦グリーンパス、大人の休日倶楽部パスなどJRの各種乗り放題パスを利用したお得で上手な、そしてユニークな利用法のガイドである。パスの一番の魅力は、乗り放題だから、どの列車に乗ってもよく、途中下車も、戻るのも自由なこと。人生と同様、旅でも自由が最も大切で不可欠だが、移動の自由に関しては「各種JR乗り放題パス」があれば100％可能になる。あらゆる旅を可能にしてくれるのがJRの乗り放題パスなのである。

◇JRスーパーエクスプレス—諸河久写真集　諸河久著　大阪　保育社　1992.12　133p　19×27cm　6000円　①4-586-18028-5

◇JR全車両大図鑑—決定版　井上広和写真, 原口隆行編著　世界文化社　1996.12　215p　27cm　5000円　①4-418-96905-5

目次　電車（新幹線, 特急型, 急行型, 通勤型, 近郊型, 旧型, 事業用車）, 気動車（特急型,

JR

急行型、近郊型、事業用車）、機関車（電気機関車、ディーゼル機関車、蒸気機関車）、ブルートレイン客車（特急、急行、客車）、ジョイフルトレイン（電車、気動車、客車）、国鉄車両発達史、鉄道車両の形式、基本用語解説

◇JR全線全駅―すべての路線、すべての駅が、これ一冊でわかる駅の百科事典　弘済出版社　1991.11　592p　26cm〈トラベルムック〉　1800円

◇JR全線全駅―すべての路線、すべての駅が、これ1冊でわかる駅の百科事典　弘済出版社　1994.11　640p　26cm〈トラベルムック〉〈第三セクター収録〉　2000円

◇JR電車編成表　2015冬　ジェー・アール・アール編　交通新聞社　2014.11　419p　26cm　2381円　①978-4-330-51614-1
内容 2014年10月1日現在、JR電車22,889両の最新データ掲載。

◇JR電車編成表　2017夏　ジェー・アール・アール編　交通新聞社　2017.5　423p　26cm　2600円　①978-4-330-78717-6
内容 2017年4月1日現在、JR電車22,875両の最新データ掲載。

◇JRの車両　貨物　荒川好夫写真, JRR解説　大阪　保育社　1990.10　159p　19cm　1500円　①4-586-53029-4
目次 貨物のプロフィール―多難のスタート、そして光明、貨物の電気機関車/ディーゼル機関車、何を運んできたのか―鉄道貨物輸送の歴史、貨物の貨車/コンテナ、JR貨物の列車走行線路図、車両諸元一覧表

◇JRの特急列車　2　東海・西日本　諸河久, 松本典久共著　大阪　保育社　1991.5　150p　15cm（カラーブックス810）　620円　①4-586-50810-8

◇JR労務管理と健康破壊　木元進一郎, 芹沢憲一編著　日本評論社　1992.9　255p　22cm　3090円　①4-535-58044-8

◇JRローカル線　諸河久, 松本典久共著　大阪　保育社　1994.1　151p　15cm（カラーブックス858）　700円　①4-586-50858-2

内容 JRの全地方交通線を網羅し、車両解説、走行写真と共に見所、乗り所を。

◇車掌だけが知っているJRの秘密　斎藤典雄著　アストラ　1999.5　237p　19cm〈東京　リーブル（発売）〉　1500円　①4-947620-43-9

◇車掌だけが知っているJRの秘密　斎藤典雄著　アストラ　1999.5　237p　19cm　1500円　①4-901203-02-9

◇車掌の本音―JRに本日も乗車中　斎藤典雄著　アストラ　2002.7　239p　19cm　1500円　①4-901203-14-2

◇残したい日本の鉄道風景―JR全173路線・絶景大図鑑　南正時著　双葉社　2011.7　225p　21cm　1800円　①978-4-575-30312-4
内容 釧路湿原の雄大な風景を楽しむ―釧網本線、日本海の奇岩怪石の絶景が続く―五能線、左右の車窓にアルプスが広がる―飯田線、富山湾越しに立山連峰を望む―氷見線、風光明媚な瀬戸内の風景が続く―予讃線、陽光の日向灘を行く―日豊本線、ほか、心のふるさとを探す写真集。

◇広田尚敬が撮った！JR名車両100選　広田尚敬撮影・構成, JRR解説　講談社　1998.1　175p　26cm〈年表あり〉　2600円　①4-06-208590-9
内容 消えていった名車両、誕生した名車両、鉄道写真家・広田尚敬が追った名車両の軌跡。

◇列車で行こう！―JR全路線図鑑　櫻井寛写真・文　世界文化社　2017.8　351p　26cm〈文献あり　索引あり〉　3200円　①978-4-418-17224-5
内容 2017年7月現在で運行されている189路線を網羅。圧倒的！充実のビジュアル。本文の漢字に全て読みがな。路線データも盛りだくさん。五十音順INDEX付き。

◇JR貨物15年の歩み　日本貨物鉄道株式会社編　日本貨物鉄道　2003.7　225p　30cm〈他言語標題：JR Freight-our 15 years history〉

◇JR・国鉄特急列車全カタログ　成美堂出版　1999.6　177p　29cm（Seibido mook）　1700円　①4-415-09359-0

◇JR語の事典―巨大鉄道グループのしくみが丸ごとわかる　舛本哲郎, 小須田英章著　日本実業出版社　2006.4　239p　19cm　1500円　①4-534-04050-4
目次 1章 運行に関する用語, 2章 列車・路線に関する言葉, 3章 乗務に関する言葉, 4章 事業展開に関する言葉, 5章 経営全般に関

する言葉、6章 乗車に関する言葉、7章 旅行に関する言葉

◇JR新時代の軌跡―〈北斗星〉から〈はやて〉まで　種村直樹著　和光SiGnal　2004.6　235p　19cm　1000円　①4-902658-01-1

◇JR全駅駅前　東京都・神奈川県　千原伸樹文撮影デザイン　データハウス　2011.3　269p　19cm　1500円　①978-4-7817-0076-2
内容 駅前は生きている。東京都と神奈川県すべてのJR駅の駅前写真を収録。「駅ミシュラン」や「おすすめ待ち合わせポイント」など、使える情報はもちろん、読んでいるだけで小旅行気分が味わえる一冊。

◇JR全駅データブック　2007年版　ジェー・アール・アール編　ジェー・アール・アール　2007.3　335p　26cm　2381円　①978-4-88283-801-2

◇JR全線全駅―すべての路線、すべての駅が、これ1冊でわかる駅の百科事典　最新改訂版　弘済出版社　1997.7　704p　26cm　(トラベルムック)〈年表あり　索引あり〉　2190円　①4-330-46597-3

◇JR全線全駅―すべての路線、すべての駅が、これ1冊でわかる駅の百科事典　2001年版　弘済出版社　2000.12　720p　26cm　(トラベルmook)〈年表あり〉　2381円　①4-330-61300-X

◇JR全線・全駅舎―西日本編(JR東海・JR西日本・JR四国・JR九州)　曽根悟監修　学習研究社　2004.4　308p　27cm　(学研の大図鑑)　4000円　①4-05-402147-6
内容 本書は、JR7社のうちJR東海、JR西日本、JR四国、JR九州の全路線、全駅について収録しています。掲載内容は、平成16年4月1日現在のものです。

◇JR全線読みつぶし・乗りつぶし　恵知仁文・写真・イラスト　白夜書房　2008.7　399p　21cm　1900円　①978-4-86191-434-8
内容 JR全路線・全駅名を紹介。車窓風景・歴史・車両・駅弁など、「乗り鉄」の楽しさを一冊に凝縮したガイドブック。

◇JR全路線なるほど事典―鉄道を旅する　南正時著　実業之日本社　2003.2　383p　19cm〈折り込1枚〉　1700円　①4-408-39517-X
内容 JR6社の全路線を、その歴史や沿線の見どころ、車窓風景から車両、駅弁に至るまで、各線区ごとに徹底ガイド。

◇JR特急電車編成表1987～2012―「JR電車編成表」に見るJR特急電車25年の変遷　ジェー・アール・アール編　交通新聞社　2012.2　255p　26cm〈JR 25周年記念出版〉　2190円　①978-4-330-27012-8
内容 「JR電車編成表」に見るJR特急電車25年の変遷。

◇JR20世紀クロニクル―1987-2000　新人物往来社　2001.2　159p　26cm　(別冊歴史読本 65―鉄道シリーズ 第13弾)　2400円　①4-404-02765-6

---

002 JR北海道

【概　要】北海道旅客鉄道株式会社。1987(昭和62)年4月1日に発足。鉄道営業キロは2,552.0km(2016年度)。駅数は417(有人駅102、無人駅315、2017年4月1日現在)。北海道新幹線(新青森～札幌間)の営業主体で、新青森～新函館(仮称)間が2016年3月26日に開業した。

◇うんてんしよう！ジェイアールほっかいどうあさひやまどうぶつえんごう　交通新聞社　2007.8　1冊(ページ付なし)　19×19cm　(おとのでるスーパーのりものシリーズ)〈音声情報あり〉　1429円　①978-4-330-94807-2

◇JR北海道全路線完乗記―北海道7日間2万5500円の旅　南慶一著　本の泉社　2013.3　175p　19cm　1300円　①978-4-7807-0920-9
目次 JR北海道全線を7日間で旅する、第一日目(6月23日・土曜日)札幌～旭川～名寄～稚内～名寄(函館本線、宗谷本線)～利尻富士を眺めながら、第二日目(6月24日・日曜日)名寄～旭川～網走～東釧路～根室(宗谷本線、石北本線、釧網本線、根室本線)

JR北海道

鉄道経営

―原生花園から釧路湿原を通って、第三日（6月25日・月曜日）根室～釧路～富良野～旭川～留萌（根室本線、富良野線、函館本線、留萌本線）―狩勝峠を越えて〔ほか〕

◇JRの車両　北海道　荒川好夫写真、JRR解説　大阪　保育社　1990.8　159p　19cm　1500円　①4-586-53021-9
目次 北海道のプロフィール、北海道―主要線区と特急列車、北海道―ローカル輸送と急行列車ほか、北海道で消えた22線区、1453.7km―第3セクター化も1線区のみ、北海道一車両の解説、国鉄末期からJR化後にかけて北海道で廃止された路線図、路線、車両基地状況図、車両諸元一覧表

◇JR北海道スペシャル―5路線の全容＆展望映像と今はなき貴重映像を収録　みんなの鉄道DVD BOOKシリーズ　メディアックス　2017.6　33p　30cm　（メディアックスMOOK 608―メディアックス鉄道シリーズ 44）〈文献あり〉2500円　①978-4-86201-858-8

◇線路にバスを走らせろ―「北の車両屋」奮闘記　畑川剛毅著　朝日新聞社　2007.7　246p　18cm　（朝日新書）724円　①978-4-02-273156-2
内容 バスか、電車か、果たして、その実態は！ DMV（デュアル・モード・ビークル）に、「北の車両屋」はすべてをかけた。お金がなければ、知恵を絞れ、汗をかけ。民営化20年、赤字と、雪と、寒さに挑んだ、JR北海道車両開発部隊の奮闘記。

◇函館本線へなちょこ旅　舘浦あざらし著　双葉社　2015.7　302p　15cm　（双葉文庫 たー42-01）〈文献あり 年表あり〉630円　①978-4-575-71437-1
内容 心に染みる懐かしい風景。港町の人情酒場。遠く聞こえる汽笛の音。夕間暮れの田園を走る一両編成の気動車。旅の空の下、故郷の知己に綴った手紙。詩情あふれる美文で紡ぐ珠玉の旅情派紀行第一弾！―というのは嘘です。ごめんなさい。「横着不精へなちょこコンビが遊惰に歩いては辛口トークを炸裂させる、抱腹絶倒旅エッセイ第一弾！」が正解です。

◇函館本線へなちょこ旅　2　北海道のローカル線に愛をこめて　舘浦あざらし著　双葉社　2016.6　318p　15cm　（双葉文庫 たー42-02）〈文献あり 年表あり〉648円　①978-4-575-71455-5
内容 気ままに登中下車をして駅周辺で旅情を感じる…なんて旅とは無縁で、路線数や距離ばかり自慢するムッシュも、車両には興味があっても駅前の商店には無関心のアミーゴも、いくつもの無人駅やキハ40が消えていくのに北海道新幹線開通で浮かれているセニョリータも避けやがれ！ へなちょこコンビのお通りだぜい！

◇函館本線へなちょこ旅　3　北海道の無人駅と恋のトレイントレイン　舘浦あざらし著　双葉社　2017.6　318p　15cm　（双葉文庫 たー42-03）〈文献あり 年表あり〉648円　①978-4-575-71468-5
内容 素にして野だが卑に非ず。そんな在野の矜持を胸に秘めた男一匹あざらしと、自侭にして放縦だけど不実に非ずを標榜するぶぶまるが織りなす旅も、ついにクライマックス。単線の無人駅や一両で走るキハ40を愛するお騒がせコンビは無事に函館駅にたどり着けるのかな。ブブブと笑える旅エッセイの感動的最終章だぜ！ ぶひーっ！

◇北海道地図の中の鉄路―JR北海道全線をゆく、各駅停車の旅　堀淳一著　札幌　亜璃西社　2014.12　415p　22cm　〈他言語標題：Railway journeys on the map of Hokkaido〉　6000円　①978-4-906740-13-0
内容 いま乗車できる全線をのべ200枚の地形図で走破！ 地図エッセイの名手がその歴史と車窓風景を綴る、"各駅停車・地図の旅"

◇北海道JR系現役鉄道車両図鑑―北海道で在籍しているJR車両を全解説　加藤勝文・写真　札幌　エムジー・コーポレーション　2009.3　111p　26cm　〈年表あり〉1900円　①978-4-900253-61-2

◇JR全線・全駅舎―東日本編（JR東日本・JR北海道）　曽根悟監修　学習研究社　2003.2　280p　27cm　（学研の大図鑑）4000円　①4-05-401816-5
内容 本書は、JR7社のうちJR北海道、JR東日本の全線路、全駅について収録。貨物線、貨物専用駅については掲載していない。掲載内容は、平成14年12月1日現在のもの。

003 JR東日本

【概 要】東日本旅客鉄道株式会社。1987(昭和62)年4月1日に発足。鉄道営業キロ7,457.3km、駅数1,666駅(2017年4月1日現在)。東北新幹線(1982年開業)、上越新幹線(1982年開業)、北陸新幹線(2015年開業)、山形新幹線(1992年開業)、秋田新幹線(1997年開業)の営業主体。

◇ありがとう、信越線―写真記録 思い出が心に生きる永遠のふるさと鉄道 松本 郷土出版社 1998.3 228p 31cm 7500円 ①4-87663-390-8
内容 本書は、廃線になる軽井沢‐横川区間に焦点を当てつつ、周辺区間や歴史的経緯にも触れました。とくに、信越線に愛着を抱いている方々のエピソードや写真をふんだんに取り入れてあります。

◇羽越本線の90年―羽越本線と白新線の歴史とロマンを初めて集成 保存版 瀬古龍雄, 久保田久雄, 田宮利雄監修 松本郷土出版社 1997.10 239p 31cm〈おもに図〉 7500円 ①4-87663-376-2

◇うんてんしよう! やまのてせん 交通新聞社 2003.10 1冊(ページ付なし) 19cm (おとのでるスーパーのりものシリーズ)〈音声情報あり〉 1300円 ①4-330-78203-0

◇駅開業100周年記念誌―秋田駅―東能代駅間 秋田 東日本旅客鉄道秋田支社 2003.1 190p 31cm〈年表あり 発売:東日本旅客鉄道秋田支社駅開業100周年記念誌頒布事務局(秋田)〉 2858円 ①4-9901497-0-X

◇絵葉書でつづる中央線今昔ものがたり 白土貞夫著 椛出版社 2011.6 127p 21cm〈年表あり〉 1200円 ①978-4-7779-1945-1

◇オレンジ電車おぼえてる? 共立女子中学高等学校絵本プロジェクト201編著 [出版地不明] 池末和幸 2010.8 1冊(ページ付なし) 18×18cm〈共同刊行:金井圭太郎, 桑子研 発売:交通新聞社〉 600円 ①978-4-330-13510-6

◇川越線、八高線昭和のアルバム いのうえこーいち編著 フォト・パブリッシング 2017.4 88p 30cm〈発売:メディアパル〉 1800円 ①978-4-8021-3039-4

目次 川越線(大宮, 日進, 西大宮, 指扇, 南古谷, 川越, 西川越 ほか), 八高線(八王子, 北八王子, 小宮, 拝島, 東福生, 箱根ヶ崎, 金子, 東飯能 ほか)

◇買わねぐていいんだ。―JR東日本で売り上げナンバー1を誇る新幹線アテンダント 茂木久美子著 インフォレスト 2010.3 171p 19cm 1200円 ①978-4-86190-834-7
内容 JR東日本で売上げナンバーワンを誇る新幹線アテンダント。同じ商品なのになぜ売れる?

◇完全解析山手線―鉄道ビジネス最前線 2015年版 国内屈指の巨大収益路線を徹底研究!! 三才ブックス 2015.10 111p 29cm (三才ムック vol.826) 1300円 ①978-4-86199-818-8

◇ぐるぐるまわるやまのてせん 溝口イタルえ, 平岩美香文 交通新聞社 2014.12 31p 25cm (でんしゃのひみつ) 1300円 ①978-4-330-51714-8

◇ぐるり一周34.5キロJR山手線の謎2020 松本典久編著 実業之日本社 2018.1 223p 18cm (じっぴコンパクト新書 345)〈文献あり〉 800円 ①978-4-408-33759-3
内容 日本を、東京を代表する通勤路線の山手線は、グルグル回って90年以上。1周1時間ちょっと、長年29駅で営業してきたけれど、まもなく30駅になります。2020年の東京オリンピックを控え、東京全体が変化していく中で、新駅開業で山手線はどう変わっていくのか? そしてこの10年ほどでどう変わってきたのか? 常に話題を提供してくれる山手線の路線・運転・各駅のエピソードを広く採り上げます。

◇ぐるり一周34.5キロJR山手線の謎 松本典久編著 実業之日本社 2009.8 222p 18cm (じっぴコンパクト新書 043)〈文献あり〉 762円 ①978-4-408-10773-8

◇京浜東北線〈東京～大宮間〉・宇都宮・高崎線―街と駅の1世紀 藤原浩著 アルファベータブックス 2015.9 95p

JR東日本

鉄道経営

26cm　〈懐かしい沿線写真で訪ねる〉〈奥付のタイトル：京浜東北線・宇都宮線・高崎線〉　1900円　①978-4-86598-804-8
内容　京浜東北線・宇都宮線・高崎線各駅今昔散歩。大正・昭和の街角を紹介。

◇京浜東北線〈東京〜大宮〉、埼京線〈赤羽〜大宮〉街と鉄道の歴史探訪─昭和7年全通の京浜東北線、昭和60年開業の埼京線　生田誠著　フォト・パブリッシング　2017.10　126p　26cm〈年表あり　発売：メディアパル〉　1800円　①978-4-8021-3074-5
内容　昭和7年全通の京浜東北線、昭和60年開業の埼京線、2路線32駅すべて掲載！

◇京浜東北線〈東京〜横浜〉根岸線、鶴見線街と鉄道の歴史探訪─東京湾の海沿いを走る、通勤・通学等の大動脈路線　生田誠著　フォト・パブリッシング　2017.11　127p　26cm〈年表あり　発売：メディアパル〉　1800円　①978-4-8021-3075-2
内容　東京湾の海沿いを走る、通勤・通学等の大動脈路線。3路線37駅すべて掲載！

◇京浜東北線100年の軌跡─埼玉・東京・神奈川を結ぶ大動脈　三好好三著　JTBパブリッシング　2015.1　191p　21cm　〈キャンブックス─鉄道 149〉　1900円　①978-4-533-10130-4
目次　1 写真で見る京浜東北線, 2 京浜東北線各駅探見（大宮，さいたま新都心 ほか）, 3 京浜東北線の歴史（前史，大正期 ほか）, 4 京浜東北線の車両（木製車，30系 ほか）, 5 沿線の私鉄・公営交通（東武野田線，埼玉新都市交通伊奈線 ほか）

◇元気発信！JR東日本駅ストリート─station renaissance　四方洋著　リベラルタイム出版社　2006.10　212p　18cm　〈標題紙等のタイトル：JR東日本元気発信！駅ストリート〉　838円　①4-902805-03-0
内容　今、JR東日本の駅が変わろうとしている。「ステーションルネッサンス」という。「再生」というより、「新生」といういい方が似合う。ただ通過するだけだった駅に楽しみがふえた。そんな新しい息吹に満ちた駅を探訪してみよう。

◇JR埼京線あるある　寺井広樹,村神徳子著, i-BUG画　TOブックス　2017.4　158p　18cm　1000円　①978-4-86472-561-3
内容　混雑や駅ネタはもちろん、知る人ぞ知る変わりだねショップから隠れた人気店、そして、明日には自慢したくなる蘊蓄いっぱいのコラムなど、沿線利用者なら必ず気になるJR埼京線にまつわる「あるある」をこの一冊に!!ディープなJR埼京線のあるあるネタを190超収録!!

◇JR中央線あるある　増山かおり著, 福島モンタ画　TOブックス　2014.1　159p　18cm　1100円　①978-4-86472-218-6
内容　鉄道ネタや風景はもちろんカルチャーや人間像まで沿線住民なら誰もが頷く「あるあるネタ」が一冊に！

◇JR中央線・青梅線・五日市線各駅停車　山田亮著　洋泉社　2016.5　222p　19cm　〈文献あり〉　1600円　①978-4-8003-0858-0
内容　オレンジ色＆黄色の通勤電車と山梨・長野への急勾配に挑む名列車のすべて！新旧の駅舎、古地図、秘蔵写真満載！全70駅完全網羅！

◇JR中央線の謎学　ロム・インターナショナル著　河出書房新社　2015.4　218p　15cm　〈KAWADE夢文庫 K1017〉〈文献あり〉　620円　①978-4-309-49917-8
内容　路線・電車・駅の謎解きから、沿線の驚き雑学まで…中央線の知られざる魅力を大発見!!

◇JR中央線─街と駅の1世紀 JR中央線各駅今昔散歩大正・昭和の街角を紹介　生田誠著　彩流社　2014.7　87p　26cm　〈懐かしい沿線写真で訪ねる〉〈年譜あり〉　1850円　①978-4-7791-2353-5
内容　JR中央線各駅今昔散歩。大正・昭和の街角を紹介。

◇JR東日本はこうして車両をつくってきた─多種多様なラインナップ誕生の舞台裏　白川保友,和田洋著　交通新聞社　2017.12　239p　18cm　（交通新聞社新書 118）　800円　①978-4-330-84517-3

◇JR山手線の謎学　ロム・インターナショナル著　河出書房新社　2015.10　223p　15cm　〈KAWADE夢文庫 K1028〉〈文献あり〉　620円　①978-4-309-49928-4
内容　1周35km、29の駅を59分で結ぶループ路線のおもしろ雑学!!

◇JRの車両　東日本 2　荒川好夫写真，JRR解説　大阪　保育社　1990.1　159p　19cm　1500円　①4-586-53023-5
　内容　人口約3,000万人、東京は大都市圏でみるならば、文句なく世界一の都市だ。そしてこの東京圏は文字どおり、JR東日本のドル箱である。これにふさわしいレベルアップをはかるべく、ここには現在大きな変化が見られる。新形車両の投入、施設の改良、スピードアップ、深夜の増発などである。

◇JR東日本を変える「CS」運動―"攻めのアンゼン"への全員チャレンジ　岩井正和著　ダイヤモンド社　1991.6　264p　20cm　1700円　①4-478-31079-3
　内容　鉄道事業で"安全"は至上命令だ。チャレンジ・セイフティ(CS)運動は、JR東日本の職場活性化をもたらした。鉄道に働く人びとの現場の仕事を活写する。

◇JR東日本就業規則Q＆A　慶谷淑夫著　新版　東洋館出版　1994.6　299p　19cm　1700円

◇JR山手線を一周しよう！　広田尚敬，広田泉写真　新訂版　講談社　2016.6　1冊(ページ付なし)　26cm　(講談社のアルバムシリーズ―のりものアルバム〈新〉18)　680円　①978-4-06-195499-1

◇JR横浜線・根岸線―街と駅の1世紀 JR横浜線・根岸線各駅今昔散歩明治・大正・昭和の街角を紹介　生田誠著　彩流社　2014.8　87p　26cm　(懐かしい沿線写真で訪ねる)〈年譜あり〉　1850円　①978-4-7791-2354-2
　目次　横浜線と根岸線の歴史、横浜線(東神奈川、大口、菊名、新横浜、小机 ほか)、根岸線(横浜、桜木町、関内、石川町、山手 ほか)

◇篠ノ井線―信州の東西をつなぐ　武田武，宮下健司，窪田雅之ほか文　柏企画編　長野　柏企画　2017.11　142p　21cm　1400円　①978-4-907788-29-2
　内容　坂と煙に悩まされた鉄道。この鉄道が信州東西のかけ橋となり、トンネルの先には日本有数の鉄道景観が形成されていた。15駅と沿線の人たちが語るもの。

◇篠ノ井線―信州の東西をつなぐ　武田武，宮下健司，窪田雅之 ほか文　柏企画編　長野　柏企画　2017.11　142p　21cm〈文献あり　年譜あり〉　1400円　①978-4-907788-29-2

◇湘南新宿ライン―E231系〈逗子～宇都宮〉の前面展望映像と路線の全容を収録　みんなの鉄道DVD BOOKシリーズ　メディアックス　2017.3　33p　30cm　(メディアックスMOOK 593―メディアックス鉄道シリーズ 43)〈文献あり〉　1800円　①978-4-86201-793-2

◇常磐線〈上野～土浦〉―街と駅の1世紀 常磐線各駅今昔散歩大正・昭和の街角を紹介　三好好三，生田誠著　彩流社　2015.3　87p　26cm　(懐かしい沿線写真で訪ねる)〈年譜あり〉　1850円　①978-4-7791-2360-3
　内容　常磐線各駅今昔散歩。大正・昭和の街角を紹介。

◇常磐線街と鉄道、名列車の歴史探訪　山田亮著　フォト・パブリッシング　2017.9　126p　26cm〈発売：メディアパル〉　1800円　①978-4-8021-3070-7
　目次　1章 常磐線の街と駅(上野～金町、松戸～天王台、取手～荒川沖 ほか)、2章 常磐線の歴史(明治・大正期の歴史、昭和戦前期の歴史、戦後(昭和20年代)の歴史 ほか)、3章 常磐線の名列車(はつかり、ゆうづる、ひたち ほか)

◇常磐線中心主義〈ジョーバンセントリズム〉　五十嵐泰正，開沼博責任編集　河出書房新社　2015.3　291p　19cm〈他言語標題：Jobancentrism〉　2000円　①978-4-309-24694-9

◇(新)JR山手線一周100点　広田尚敬，広田泉写真　講談社　2004.3　1冊(ページ付なし)　26cm　(ゴールデンブック―のりものアルバム 18)　650円　①4-06-195436-9

◇仙山線の魅力再発見―駅・踏切・鉄道遺産 この土地と人との息吹き　仙山線鉄道遺産プロジェクト実行委員会編　第2版　[仙台]　関山街道フォーラム協議会鉄の道部会　2015.10　103p　30cm〈交流電化試験開始60周年・新幹線開業50周年平成26年度選奨土木遺産「仙山線鉄道施設群」認定記念誌　年表あり〉

◇仙石線物語　佐藤芳男著　[塩竈]　[佐藤芳男]　2017.9　396p　21cm〈文献あり〉　2000円

JR東日本

鉄道経営

◇線路は未来へつづく―常磐線の100年　水戸　東日本旅客鉄道水戸支社　1998.8　147p　31cm　2972円

◇総武線・京葉線―街と駅の1世紀　生田誠著　アルファベータブックス　2015.7　87p　26cm　（懐かしい沿線写真で訪ねる）　1850円　①978-4-86598-802-4
  内容　総武線・京葉線各駅今昔散歩。明治・大正・昭和の街角を紹介。

◇総武線120年の軌跡―東京・千葉を走る列車と駅のあゆみ　三好好三著　JTBパブリッシング　2014.3　175p　21cm　（キャンブックス―鉄道139）　1800円　①978-4-533-09631-0
  目次　第1章 カラーで見る総武線, 第2章 総武線の歴史（総武鉄道の創立, 国有化で「総武本線」に ほか）, 第3章 総武線各駅探見（東京, 新日本橋 ほか）, 第4章 総武線を走った車両（モハ30系, モハ31系 ほか）, 第5章 総武線沿線の鉄道（東武鉄道亀戸線, 都営地下鉄新宿線 ほか）

◇タイムスリップ中央線　巴川享則, 三宅俊彦, 塚本雅啓著　大正出版　2003.7　193p　26cm　3800円　①4-8117-0651-X
  内容　本書は、中央線通勤電車の過去にスポットを当てて編集。したがって、現在走っている201系などについてはあまり力点を置いてないが、首都圏のJR電車、201系の行先きも気にしながら編集にあたった。

◇タイムスリップ山手線　巴川享則, 三宅俊彦著　大正出版　2003.1　193p　26cm　3800円　①4-8117-0650-1
  目次　山手線が丸くなるまで（京浜急行線計画と京浜東北線の分離運転）, あの日あの頃山手線（品川から渋谷へ, 渋谷から新宿へ, 新宿から池袋へ, 池袋から田端へ ほか）, 山手貨物線を彩った列車・機関車（山手線のランドマーク）, 一世紀の山手線電車, タイムスリップ山手線

◇タイムスリップ横須賀線　吉川文夫, 三宅俊彦著　大正出版　2004.10　177p　26cm〈年表あり〉　3800円　①4-8117-0653-6
  目次　横須賀線電車運転区間の進展, 横浜駅の三代記, あの日あの頃横須賀線, 横須賀線と分かれて東海道を進む, 横須賀線を走った車両の一世紀, 横須賀線定期電車以外の機関車・列車, タイムスリップ横須賀線

◇ちゅうおうせん―うんてんしよう！　交通新聞社　2011.7　1冊（ページ付なし）　19×19cm　（おとのでるスーパーのりものシリーズ）〈写真：高木英二ほか　音声情報あり〉　1524円　①978-4-330-22811-2

◇中央線思い出コレクション　沼本忠次著　［立川］　けやき出版　2010.11　125p　21cm　1300円　①978-4-87751-426-6
  内容　中央線に関する切符やグッズ, 蔵書, 写真など膨大なコレクションを公開。東京駅から甲府駅までの各駅停車でたどる思い出コレクション。

◇中央線オレンジ色の電車今昔50年―甲武鉄道の開業から120年のあゆみ　三好好三, 三宅俊彦, 塚本雅啓, 山口雅人著　JTBパブリッシング　2008.4　176p　21cm　（キャンブックス 鉄道84）〈年表あり〉　1800円　①978-4-533-06992-5
  内容　本書は101系、103系、201系と三代50年にわたって中央線を走った"オレンジ色の電車"の終焉にちなみ、同線の車両、駅、施設の変遷を多面的に取り上げたものである。

◇中央線格差　中央線総合研究会著　宝島社　2018.3　239p　19cm　1000円　①978-4-8002-8184-5
  内容　中央線（快速）全24駅の通信簿を大公開！ 新宿、中野、高円寺、阿佐ケ谷、荻窪、西荻窪、吉祥寺…中央線文化の街を舞台にした漫画、小説も紹介。

◇中央線街と駅の120年　三好好三編著　JTBパブリッシング　2009.12　159p　30cm　2800円　①978-4-533-07698-5
  目次　開業120周年にあたって, 絵葉書で見る甲武鉄道・中央線の沿線風景, 歴史史料で見る甲武鉄道・中央線の歴史, 甲武鉄道～中央線明治・大正・昭和の鉄道遺構, 地図で見る駅周辺の変化, 時刻表の変遷, 中央線の運転士さん訪問, オレンジ色の電車の記録, きらめく星座 昭和・平成中央線の車両アルバム, 各駅の中央線駅前写真で見る今昔, 中央線駅弁のたび, 町田忍の中央線銭湯めぐり, 荻原二郎氏聞き書き 中央線に木造車が走っていた頃, 中央線の120年, 甲武鉄道の匂いのするところ

◇中央本線完全データDVD BOOK　中央東線編　特製トールケース付き付録DVD中央線快速〈東京～高尾/快速〉の前面展望と東京～塩尻間の路線の全容を収録！　メディアックス　2017.10

97p 30cm （メディアックスMOOK 629―メディアックス鉄道シリーズ 47）〈文献あり〉 2000円 ⓘ978-4-86201-879-3

◇鶴見線物語　サトウマコト著　横浜230クラブ新聞社　1995.9 270p 21cm 1800円　ⓘ4-931353-19-3
|目次|鶴見臨港鉄道時代（前身は私鉄の鶴見臨港鉄道、大正15年貨物・蒸気で開通 ほか）、鉄道省鶴見線時代（国有化「鶴見線」となる、鶴見の大空襲 ほか）、日本国有鉄道鶴見線時代（沿線で活躍する沖縄の人々、鶴見線沿線のまちは区画整理でスッキリ ほか）、JR東日本鶴見線時代（鶴見線へのこだわり、鶴見線フェスティバル ほか）

◇鶴見線物語　サトウマコト著　横浜230クラブ　2005.11（第3刷） 254p 21cm〈文献あり　年表あり〉 1800円　ⓘ4-931353-39-8

◇鉄道浪曼派　蒼穹の中央線編　日永藤佐著　杉並通信　1997.3 193p 19cm 1300円　ⓘ4-916179-05-6
|目次|第1部 蒼穹の中央線（西荻窪駅「頭上の狼」、御茶の水駅「心象風景」、高円寺駅「蕎麦とは…」、大久保駅「K亭・蕎麦おたく」ほか）、第2部 鉄道あれこれ（八高線パート（1）「効き鉄道ファン」、八高線パート（2）「拝島発・レトロ乗車」、川越線「たそがれの人々」、青梅線二俣尾駅～石神前 ほか）

◇東海道線・横須賀線―街と駅の1世紀 京浜東北線〈東京～横浜〉 生田誠著　アルファベータブックス　2015.6 87p 26cm （懐かしい沿線写真で訪ねる） 1850円　ⓘ978-4-86598-801-7
|内容|東海道線・横須賀線各駅今昔散歩。明治・大正・昭和の街角を紹介。

◇東京超元気―山手線地下鉄化が日本を救う　山田雅夫著　新潟　西村書店　1997.5 190p 20cm〈文献あり〉 1600円　ⓘ4-89013-559-6
|内容|旧国鉄債務（28兆円）を即返済。60兆円の内需を生み出す。美しい街東京豊かな高齢化社会をつくる。"東京再生"へ20世紀最大最後のアイデア。

◇東武亀戸線・JR新金線物語　澤村英仁著　文芸社　2015.12 119p 21cm〈文献あり 年表あり〉 1300円　ⓘ978-4-286-16774-9

◇南武線いまむかし　原田勝正著　川崎　多摩川新聞社　1999.4 187p 21cm 1800円　ⓘ4-924882-28-3

◇南武線、鶴見線、青梅線、五日市線―1950～1980年代の記録　山田亮著　アルファベータブックス　2017.3 88p 30cm 1850円　ⓘ978-4-86598-822-2
|目次|南武線（南武線の歴史、川崎、尻手、矢向、鹿島田 ほか）、鶴見線（鶴見線の歴史、鶴見、国道、鶴見小野、弁天橋、浅野、安善、武蔵白石 ほか）、青梅線、五日市線（青梅線の歴史、立川、西立川、東中神、中神、昭島 ほか）

◇南武線・鶴見線―街と駅の1世紀 昭和の街角を紹介　生田誠著　アルファベータブックス　2015.12 87p 26cm （懐かしい沿線写真で訪ねる） 1800円　ⓘ978-4-86598-807-9
|目次|第1部 南武線（川崎、尻手、矢向、鹿島田、平間 ほか）、第2部 鶴見線（鶴見、国道、鶴見小野、弁天橋、浅野、安善、武蔵白石、浜川崎、昭和、扇町、新芝浦、海芝浦、大川）

◇南武線物語　五味洋治著　川崎　多摩川新聞社　1992.12 148p 21cm 1450円
|内容|貴重な写真と豊富な資料を駆使して二百人を超える関係者とのインタビューをもとに綴ったユニークな読み物。大人から子供まで楽しく読める南武線のあゆみ。

◇はしれ！ぐるぐるやまのてせん　もちだあきとしぶん・しゃしん　小峰書店　2016.1 ［42p］ 27cm （こみねのりもの写真えほん 2） 1200円　ⓘ978-4-338-29402-7
|内容|品川、渋谷、池袋、上野…にぎやかな東京のまんなかを山手線がぐるっとひとまわり。

◇磐越西線　歴史春秋出版株式会社編　会津若松　歴史春秋出版　1990.4 293p 20cm 2000円　ⓘ4-89757-236-3

◇磐越西線の100年―175キロの鉄路にこめられた、人びとの期待と情熱 保存版　瀬古龍雄、小桧山六郎監修　松本　郷土出版社　2000.10 238p 31cm 7500円　ⓘ4-87663-492-0

◇まるまる山手線めぐり―意外な歴史とオモシロ知識　土屋武之、池口英司執筆、DJ鉄ぶら編集部篇　交通新聞社　2015.11 127p 21cm （DJ鉄ぶらブックス 線路端のたのしみを誘う本 004） 1400円　ⓘ978-4-330-57715-9

JR東日本

鉄道経営

|目次| 巻頭特集 13年ぶりに「山手線」に新登場 新型車両E235系量産先行車—新型車両のその"新しさ"を探る,山手線全29駅の素顔(品川,大崎 ほか),山手線の「ここがすごい!」(現代に残る豊島線の名残り,存在しなかった池袋駅 ほか),山手線Coffee Break(ガード下の珈琲店で薫りと味と音を愉しむ,ホーム上で駅そばを食す ほか),資料篇(山手線E235系・E231系車両編成表,山手線各駅の主要データ ほか)

◇武蔵野線—街と駅の半世紀 山下ルミコ著 アルファベータブックス 2017.9 95p 26cm 〈懐かしい沿線写真で訪ねる〉〈年表あり〉 1850円 ①978-4-86598-829-1
|目次| 府中本町,北府中,西国分寺,新小平,新秋津,東所沢,新座,北朝霞,西浦和,武蔵浦和〔ほか〕

◇武蔵野線まるごと探見—身近な路線の身近なトリビア 三好好三,垣本泰宏著 JTBパブリッシング 2010.2 175p 21cm (キャンブックス—鉄道 100)〈文献あり 年表あり〉 1800円 ①978-4-533-07755-5
|目次| グラビア 武蔵野線を駆ける列車たち,第1章 武蔵野線の駅とその周辺(府中本町,北府中 ほか),第2章 武蔵野線の構想から現在まで(武蔵野線探見,武蔵野線の構想 ほか),第3章 武蔵野線を走る旅客列車(101系の時代,101系から103系へ ほか),第4章 武蔵野線の貨物輸送(グラフ 武蔵野線を駆ける電機たち,武蔵野線建設 ほか)

◇もっと[2]仙山線 越前助男著 創栄出版 1994.9 296p 19cm〈背の書名:もっともっと仙山線〉 1500円 ①4-88250-445-6

◇山手「感情線」—山手線ぐるり一周人間模様 檀上完爾著 交通新聞社 1993.11 200p 19cm 1200円 ①4-87513-027-9
|内容| 「山手線」をめぐる人間ドラマ。

◇やまのてせん—うんてんしよう! E231(にいさんいち)けい 交通新聞社 2009.4 1冊(ページ付なし) 19×19cm (おとのでるスーパーのりものシリーズ)〈音声情報あり〉 1429円 ①978-4-330-06009-5

◇山手線—E231系〈東京総合車両センター〜大崎発・外回り〉の前面展望映像と路線の全容を収録 みんなの鉄道DVD BOOKシリーズ メディアックス 2016.11 33p 30cm (メディアックスMOOK 567—メディアックス鉄道シリーズ 40)〈文献あり〉 1800円 ①978-4-86201-677-5

◇山手線ウグイス色の電車今昔50年—大都会を走る通勤電車と駅のあゆみ 杉崎行恭著 JTBパブリッシング 2013.11 175p 21cm (キャンブックス—鉄道 135)〈文献あり〉 1700円 ①978-4-533-09423-1
|目次| 第1章 カラー写真で見る山手線と沿線,第2章 山手線の歴史(日本鉄道の創立から山手線の計画,豊島線開通まで ほか),第3章 山手線各駅探見(品川,大崎 ほか),第4章 山手線車両図鑑(クモハ11形0番代,クモハ11形100番代 ほか),第5章 山手線と交わる私鉄・公営交通(京急電鉄本線,東京臨海高速鉄道 ほか)

◇山手線 駅と町の歴史探訪—29駅途中下車地形と歴史の謎を解く カラー版 小林祐一著 交通新聞社 2016.1 223p 18cm (交通新聞社新書 087)〈文献あり 年表あり〉 900円 ①978-4-330-63216-2
|内容| 大正14(1925)年11月1日、神田〜上野間の高架鉄道が完成し、この日から山手線の環状運転が始まった。その山手線も、実は海あり、山あり、谷ありの起伏に富んだ地形に築かれた鉄道路線で、その成り立ちと進化はまた、東京の発展の歴史とも重なっている。江戸から東京へと変貌を遂げた明治維新の歴史、首都としての都市基盤の整備、そして戦後の復興の歴史…。そうした地形や歴史を訪ねながら電車に乗り、駅周辺を散策し、山手線29駅を探検する。

◇山手線誕生—半世紀かけて環状線をつなげた東京の鉄道史 中村建治著 イカロス出版 2005.6 237p 19cm〈年表あり 文献あり〉 1619円 ①4-87149-683-X
|目次| 第1章 強い反対に陸上を諦めて海上を走らせた『陸蒸気』,第2章 華族が興した最初の私鉄、開業式を欠席した鉄道局長,第3章 東京の山の手、凹凸地帯に線路を敷いた山手線の前身,第4章 敷設ルートは二転三転し、山手線の名称を正式に決定,第5章 高架鉄道建設で浮上した、東京を一周する環状鉄道の構想,第6章 日本風から洋風デザインに変更して、巨大な東京駅で,第7章 中央線の東京駅乗り入れで『のノ字運転』を開始,第8章 東海道線と東北線は結ばれた

◇山手線の東京案内—鉄道と地図の
フォークロア　木本淳著　批評社
1991.9　199p　21cm　（Series地図を読
む２）　1700円　①4-89175-144-4
[内容]地図とは何か?!鉄道の中に地図を読み、地図の中に鉄道を見る。地図を片手に、山手線に乗って「地図の東京」を再現する、鉄道と地図のフォークロア。

◇山手線の東京案内—鉄道と地図のフォークロア　木本淳著　新装版　批評社
1997.7　203p　21cm　（Series地図を読む２）　1900円　①4-8265-0229-X
[目次]山手線—品川駅-田端駅、東北本線—田端駅-東京駅、東海道本線—東京駅-品川駅、中央本線—御茶ノ水駅-千駄ヶ谷駅、山手線の歴史、山手貨物線、東京の地下鉄

◇山手線のヒミツ70—命名100周年！　イカロス出版　2009.11　167p　19cm〈奥付のタイトル：山手線のヒミツ　年表あり〉　1619円　①978-4-86320-259-7

◇山手線VS大阪環状線　松本典久監修・文　交通新聞社　2017.12　79p　19cm（ぷち鉄ブックス）〈イラスト：かとうとおる〉　1000円　①978-4-330-83417-7

◇山手線—街と駅の今昔物語　日本の大都会・東京の懐かしい姿がよみがえる！
日本鉄道車両研究会著　彩流社　2015.4
79p　26cm〈編集：夢現舎　文献あり　年表あり〉　1800円　①978-4-7791-2362-7
[目次]新宿、代々木、原宿、渋谷、恵比寿、目黒、五反田、大崎、品川、田町、浜松町、新橋、有楽町、東京、神田、秋葉原、御徒町、上野、鶯谷、日暮里、西日暮里、田端、駒込、巣鴨、大塚、池袋、目白、高田馬場、新大久保

◇山手線は廻る—環状鉄路の誕生　市民フォーラム著　ヒューマン・クリエイティブ　2010.10　238p　18cm
（Creative book bird's eye—首都圏人no.1）〉〈年表あり　発売：揺籃社（八王子)〉　1200円　①978-4-89708-291-2

◇雪の原—JR信越線存続について 国会請願の記録　柳沢友一著　〔小諸〕〔柳沢友一〕　〔1996〕　41p　21cm

◇横須賀線を訪ねる—120年歴史の旅　蟹江康光編著　交通新聞社　2010.7
208p　26cm〈文献あり　年表あり〉
2381円　①978-4-330-11810-9
[目次]横須賀線開業120周年、横須賀線を訪ねる—120年歴史の旅、横須賀線の旅—近代化遺産を訪ねて、大船〜鎌倉〜逗子〜横須賀、大船〜横須賀間鉄道の開通、横須賀鉄道の開業から東京駅への乗り入れ、横須賀線の輸送力増強、大正関東地震と横須賀線、横須賀線は電気機関車で運転、32系電車で運転〔ほか〕

◇横須賀線百年　横須賀線百年出版委員会編　横浜　神奈川新聞社　1990.3
250p　19cm〈共同刊行：かなしん出版〉　1500円　①4-87645-114-1

◇よみがえる中央本線—黄金時代を走りぬけた名列車・名車両たち　小川峯生、岡田誠一著　学研パブリッシング　2012.7
191p　26cm〈発売：学研マーケティング〉　2800円　①978-4-05-405416-5
[内容]首都圏の通勤通学の足であり、山梨・長野県〜首都・中京圏を結ぶ大動脈として走り続ける中央本線。昭和20〜40年代の列車や駅舎風景が幻の写真で鮮やかによみがえる。

◇JR相模線物語—相模鉄道がルーツ、砂利鉄と呼ばれ80年　サトウマコト編著
横浜　230クラブ　2000.12　251p
21cm　1800円　①4-931353-33-9
[内容]1921年、私鉄相模鉄道がルーツ！当初、田名・津久井・八王子ルートだった。

◇JR全線・全駅舎—東日本編（JR東日本・JR北海道）　曽根悟監修　学習研究社
2003.2　280p　27cm　（学研の大図鑑）
4000円　①4-05-401816-5
[内容]本書は、JR7社のうちJR北海道、JR東日本の全線路、全駅について収録。貨物線、貨物専用駅については掲載していない。掲載内容は、平成14年12月1日現在のもの。

◇JR東日本—全72線区の駅・運転・車両のすべてを徹底解説　鉄楽舎著　山海堂
2000.4　255p　21cm　（JRパーフェクト１）　2000円　①4-381-10361-0
[内容]従来、車両や路線等、別々に語られてきた内容を、JR各会社別に総合的に紹介する新しい鉄道シリーズです。本書は、JR東日本の各路線のプロフィール、駅、列車、車両、事業内容などを簡潔にまとめ、JR東日本の全体像をあきらかにします。

JR東海

◇JR東日本はこうして車両をつくってきた―多種多様なラインナップ誕生の舞台裏　白川保友,和田洋著　交通新聞社　2017.12　239p　18cm　(交通新聞社新書)　800円　①978-4-330-84517-3
内容　1987(昭和62)年、国鉄の分割・民営化によって誕生したJR東日本は、1万両を超す車両を保有する日本最大の鉄道会社となる。しかし発足した当初は、国鉄時代の古いタイプの車両が大半を占め、技術革新の遅れも目立っていた。民間会社に移行し、顧客優先の志向のなかで、どのようにしてJR東日本独自の車両が生み出されていったのか。その過程と舞台裏を、JR東日本で運輸車両部長などを歴任し、運転計画や車両開発に深く関わってきた、白川保友氏の証言によって浮き彫りにする。

◇JR山手線を一周しよう！　広田尚敬,広田泉写真　講談社　2008.9　1冊(ページ付なし)　26cm　(のりものアルバム 18)　650円　①978-4-06-195462-5

◇JR山手線物語―心のふるさと東京ガイドブック　関根光男著　再版　そうよう　2003.6　130p　26cm　1500円　①4-7938-0170-6
内容　ふるさとが東京の著者が、移り変わる山手線沿線の光景を30余年撮り続け、大崎駅から品川駅までの全29駅の歴史や周辺の名所旧跡を、文と写真でわかりやすく紹介。小学生から社会人まで「東京を知る」のにも最適の良書。

◇Suicaが世界を変える―JR東日本が起こす生活革命　椎橋章夫著　東京新聞出版局　2008.5　223p　19cm〈年表あり〉　1143円　①978-4-8083-0892-6
内容　スイカ大躍進のヒミツ。前代未聞のSuicaプロジェクトはこうして成功した。世界最大規模の交通システムネットワークとICカードが開け放った巨大ビジネス。鉄道の枠を超えて進化するJR東日本の未来戦略とは。

004　JR東海

【概　要】東海旅客鉄道株式会社。1987(昭和62)年4月1日に発足。鉄道営業キロ1,970.8km、駅数405駅(2016年3月末現在)。東海道新幹線(1963年開業)の営業主体。また、2027年にリニア中央新幹線の品川〜名古屋間の開業を予定している。

◇紀勢本線の70年―きのくに線と紀州路の私鉄　名古屋　郷土出版社　1996.10　240p　31cm〈保存版〉　7500円　①4-87670-087-7

◇京都駅発着列車―JR西日本・JR東海・近鉄・地下鉄　京都新聞出版センター編　京都　京都新聞出版センター　2008.7　160p　21cm　1400円　①978-4-7638-0603-1

◇京都駅発着列車―JR西日本・JR東海・近鉄・地下鉄　京都新聞出版センター編　京都　京都新聞出版センター　2008.7　160p　21cm　1400円　①978-4-7638-0603-1

◇サイドビュー国鉄(JR)東海道本線電車―白井良和写真集　白井良和撮影　豊中　レイルロード　1995.12　128p　30cm〈発売:文苑堂東京店〉　4300円　①4-938343-89-4

◇JRの車両　東海　荒川好夫写真,JRR解説　大阪　保育社　1990.5　159p　19cm　1500円　①4-586-53024-3
内容　「JR東海」は、新幹線とリニアモーター・カーにその社運を賭けている。すなわち東海道新幹線での売上げは全収入の90%近くに達しているし、その輸送力がひっ迫する21世紀初頭には「中央リニア・エクスプレス」を実現させようと意気ごんでいる。しかし、在来線の充実も忘れてはいない。

◇地形で謎解き！「東海道本線」の秘密　竹内正浩著　中央公論新社　2016.3　159p　21cm〈文献あり　索引あり〉　1400円　①978-4-12-004832-6
目次　第1部 東海道本線敷設史(東海道本線年表)、第2部 路線解説(東京〜横浜、横浜〜国府津、国府津〜沼津、丹那トンネル、沼津〜大井川 ほか)

◇東海道線黄金時代電車特急と航空機　広岡友紀著　JTBパブリッシング　2012.10　175p　21cm　(キャンブック

ス—鉄道 125）　1900円　ⓘ978-4-533-08764-6

[内容] 昭和30年代半ばから40年代初頭の東海道線電車特急、国内線航空の記録と検証。

◇東海道線誕生—鉄道の父・井上勝の生涯　中村建治著　イカロス出版　2009.4　255p　19cm　1619円　ⓘ978-4-86320-175-0

[内容] 全線開通から120年を迎えた東海道線。建設のリーダーは鉄道の父と敬愛された井上勝。彼の生涯と開業に至るまでのナゾとフシギに満ちたエピソードの数々…。ニッポンの大動脈完成・開通までの壮大なドラマがここに繰り広げられる。

◇東海道線130年の歩み　吉川文夫著　グランプリ出版　2002.6　219p　21cm〈文献あり〉　1900円　ⓘ4-87687-234-1

[目次] 鉄道開業、東海道線を幹線鉄道に変更するまでの動き、新橋～神戸間全通、鉄道国有化までの東海道線、輸入機関車から国産機関車の確立期、新橋～下関間に特急走る、東京中央停車場開業と京浜間電車運転、国産の大型機関車と車両技術の改良、大津－京都間の線路変更ほか、関東大震災の前後〔ほか〕

◇東海の快速列車117系栄光の物語—国鉄改革"功労車"の軌跡 117系全車歴"本家"関西仕様車の動向も収録！　徳田耕一著　JTBパブリッシング　2016.12　175p　21cm（キャンブックス—鉄道161）〈文献あり 年表あり〉　2000円　ⓘ978-4-533-11545-5

[目次] 117系が走った鉄路、国鉄改革の"功労車"・JRシティ電車の礎 117系栄光の物語、"本家"117系が活躍する光景、伊勢路で頑張る葦駄天列車 快速「みえ」ど根性物語、快速列車にも活躍した"生活気動車"懐かしの名場面、JR東海快速電車のバラエティ、JR東海の快速電車に活躍する車両たち

◇懐かしの東海道本線　新人物往来社　2001.7　157p　26cm（別冊歴史読本80—鉄道シリーズ 第14弾）〈年表あり〉　2400円　ⓘ4-404-02780-X

◇まるごとJR東海ぶらり沿線の旅　徳田耕一著　河出書房新社　2004.11　207p　21cm　1700円　ⓘ4-309-22419-9

[内容] 東海道新幹線・品川駅開業、御殿場線・長泉なめり駅開業など、最新ダイヤと最新情報に基づき各線の現状を詳しく紹介。JR各線のほか、主要駅で接続する大井川鉄道・愛知環状鉄道・樽見鉄道など「沿線の私鉄」が充実。平成16年10月6日に開業の名古屋臨海高速鉄道"あおなみ線"も徹底紹介！新コーナー「懐かしの光景」「産業観光探訪」を新設して楽しく解説。

◇よみがえる中央本線—黄金時代を走りぬけた名列車・名車両たち　小川峯生、岡田誠一著　学研パブリッシング　2012.7　191p　26cm〈発売：学研マーケティング〉　2800円　ⓘ978-4-05-405416-5

[内容] 首都圏の通勤通学の足であり、山梨・長野県～首都・中京圏を結ぶ大動脈として走り続ける中央本線。昭和20～40年代の列車や駅舎風景が幻の写真で鮮やかによみがえる。

005　JR西日本

【概　要】西日本旅客鉄道株式会社。1987（昭和62）年4月1日に発足。鉄道営業キロ5,008.7km、駅数1,200駅（2017年4月1日現在）。山陽新幹線の営業主体。

◇大阪環状線—その鉄道文化、沿線文化を探る　羽森康純著　大阪　風詠社　2013.8　193p　21cm〈文献あり 年譜あり〉　発売：星雲社〉　1500円　ⓘ978-4-434-18259-4

[内容] 大阪の生活の足であるJR環状線。19ある駅や周辺地域に秘められた歴史。

◇大阪環状線・北大阪急行・御堂筋線—街と駅の1世紀 昭和の街角を紹介　生田誠著　アルファベータブックス　2015.11　86p　26cm（懐かしい沿線写真で訪ねる）　1800円　ⓘ978-4-86598-806-2

[目次] 第1部 大阪環状線・桜島線（大阪、天満、桜ノ宮、京橋、大阪城公園・森ノ宮 ほか）、第2部 北大阪急行・御堂筋線（千里中央、桃山台・緑地公園、江坂、東三国、新大阪、西中島南方・中津 ほか）

◇大阪環状線—103系〈大阪発・内回り1周〉の前面展望映像と路線の全容を収録　みんなの鉄道DVD BOOKシリーズ　メ

ディアックス　2017.2　33p　30cm　（メディアックスMOOK 581―メディアックス鉄道シリーズ 42）〈文献あり〉　1800円　①978-4-86201-691-1

◇大阪環状線めぐり―ひと駅ひと物語　読売新聞大阪本社社会部著　大阪　東方出版　2003.5　180p　21cm〈年表あり〉　1500円　①4-88591-842-1

|目次| 大阪環状線めぐり（玉造駅、天王寺駅、今宮駅、西九条駅、寺田町駅 ほか）、ステーションおおさか24時（保線、駅弁、トワイライトエクスプレス、自動改札機、早業 ほか）

◇片町線・草津線・関西本線そのルーツと鉄道文化を探る　羽森康純、高田征洋共著　大阪　トリオ印刷　1997.3　257p　21cm

◇学研都市線、大和路線―街と駅の1世紀　生田誠著　アルファベータブックス　2017.12　88p　26cm　（懐かしい沿線写真で訪ねる）　1850円　①978-4-86598-831-4

|目次| 第1部 学研都市線（片町（廃止駅）、京橋、鴫野、放出 ほか）、第2部 大和路線（JR難波（旧・湊町）、今宮、新今宮、天王寺、東部市場前 ほか）

◇紀勢本線の70年―きのくに線と紀州路の私鉄　名古屋　郷土出版社　1996.10　240p　31cm〈保存版〉　7500円　①4-87670-087-7

◇京都駅発着列車―JR西日本・JR東海・近鉄・地下鉄　京都新聞出版センター編　京都　京都新聞出版センター　2008.7　160p　21cm　1400円　①978-4-7638-0603-1

◇山陽本線 昭和の思い出アルバム―懐かしい写真でよみがえる昭和の時代の鉄道記録　牧野和人著、荻原二郎、野口昭雄、林嶢、安田就視写真撮影　フォト・パブリッシング、メディアパル〔発売〕　2017.12　128p　26cm　1800円　①978-4-8021-3082-0

|目次| 1 兵庫県（神戸駅、兵庫駅、大阪と三原を結んだ急行「とも」ほか）、2 岡山県（三石付近、東岡山～岡山 ほか）、3 広島県（福山駅、松永～尾道付近 ほか）、4 山口県、福岡県（岩国駅、由字～神代と柳井港駅、柳井駅 ほか）

◇JR京都線・神戸線―街と駅の1世紀 JR京都線・神戸線各駅今昔散歩明治・大正・昭和の街角を紹介　生田誠著　彩流社　2014.3　87p　26cm（懐かしい沿線写真で訪ねる）〈年譜あり〉　1850円　①978-4-7791-1728-2

|内容| JR京都線・神戸線各駅今昔散歩。明治・大正・昭和の街角を紹介。

◇JRにしにほんのれっしゃ　交通新聞社　2018.2　1冊（ページ付なし）　13×13cm　（スーパーのりものシリーズDX）　800円　①978-4-330-85718-3

◇JRの車両　西日本 2　荒川好夫写真、JRR解説　大阪　保育社　1990.3　159p　19cm　1500円　①4-586-53026-X

|目次| 西日本のプロフィール―あいつぐ組織改正を中心に、西日本の特急列車、西日本の急行列車、西日本のローカル列車たち―電車・気動車・客車、北陸本線にみる「幹線電化」史、西日本・車両の解説（新幹線、電気機関車、ディーゼル機関車、電車、気動車、客車）、路線、車両基地状況図、車両諸元一覧表

◇東海道本線―223系・新快速〈米原～神戸〉の前面展望映像と路線の全容を収録　みんなの鉄道DVD BOOKシリーズ　メディアックス　2016.3　49p　30cm　（メディアックスMOOK 538―メディアックス鉄道シリーズ 35）〈文献あり〉　1800円　①978-4-86201-978-3

◇琵琶湖を巡る鉄道―湖西線と10路線の四季　清水薫著　彦根　サンライズ出版　2017.5　125p　21cm　2200円　①978-4-88325-614-3

|内容| 滋賀県のど真ん中に位置する琵琶湖。その周辺を取り巻く湖西線と10の魅力的な鉄道路線。フリーランスの写真家になって20年以上にわたり、湖西線を皮切りに県内各地を走るJR、私鉄、第3セクター路線の列車を四季折々の自然豊かな風景とともに作品化してきました。また、今年は奇しくもJRが開業して30年の節目の年にあたります。本書では、各路線で撮影してきた作品にみる、この30年間に県内を駆け抜けた列車、車両たちの写真をページの許す限りまとめました。

◇福知山線今昔物語　梶原清著　山南町（兵庫県）　待場印刷所（印刷）　1999.11　43p　26cm

◇福知山線のあゆみ―全通100周年記念　谷垣昭吉著　氷上町（兵庫県）　谷垣昭

◇北陸線を走った列車たち―萬世永頼　谷口昭夫著　金沢　能登印刷出版部（発売）　2014.10　216p　30cm〈文献あり〉　2000円　①978-4-89010-640-0
　内容　明治から走り続けて130余年。北陸新幹線につなぐ、鉄路・北陸線の大記録一。

◇まるまる大阪環状線めぐり―知られざる歴史とオモシロ知識　土屋武之著, 久保田敦写真　交通新聞社　2015.11　111p　21cm　（DJ鉄ぶらブックス　線路端のたのしみを誘う本 005）　1300円　①978-4-330-61215-7
　目次　巻頭特集（現在進行形の「大阪環状線改造プロジェクト」―なぜ今、大阪環状線なのか？, 大阪環状線を走る電車）, 大阪環状線全19駅の素顔（天満, 桜ノ宮 ほか）, 大阪環状線120年の歴史（「大阪鉄道」「西成鉄道」の路線として開業, 大阪環状線は関西の「国電」のルーツの1つ ほか）, 大阪環状線の「ここが見逃せない！」（西九条の複雑な線路配線, 交通科学博物館 ほか）, 資料篇（大阪環状線103系・201系車両編成表, 大阪環状線各駅の主要データ ほか）

◇メッセージで読むJR西日本10年のあゆみ　西日本旅客鉄道広報室監修　大阪　西日本旅客鉄道広報室　1998.3　525p　21cm

◇山手線VS大阪環状線　松本典久監修・文　交通新聞社　2017.12　79p　19cm（ぷち鉄ブックス）〈イラスト：かとうとおる〉　1000円　①978-4-330-83417-7

◇JR奈良駅小誌―鉄道高架と街の変貌　西田博嘉［著］　［出版地不明］　［西田博嘉］　2011.5　64p　26cm〈文献あり〉

◇JR西日本―全51線区の駅・運転・車両のすべてを徹底解説　鉄楽舎著　山海堂　2000.4　207p　21cm（JRパーフェクト 2）　①4-381-10362-9
　内容　従来、車両や路線等、別々に語られてきた内容を、JR各会社別に総合的に紹介する新しい鉄道シリーズです。本書は、JR西日本の各路線のプロフィール、駅、列車、車両、事業内容などを簡潔にまとめ、JR西日本の全体像をあきらかにします。

006　JR四国
【概　要】四国旅客鉄道株式会社。1987（昭和62）年4月1日に発足。鉄道営業キロ855.2km、駅数259駅（臨時駅2駅含む、2018年4月現在）。

◇うんてんしよう！ジェイアールしこくアンパンマンれっしゃ　交通新聞社　2006.5　1冊（ページ付なし）　19cm（おとのでるスーパーのりものシリーズ）〈音声情報あり〉　1429円　①4-330-86506-8

◇うんてんしよう！JRしこくアンパンマンれっしゃだいしゅうごう　交通新聞社　2017.1　1冊（ページ付なし）　19×19cm（おとのでるスーパーのりものシリーズ）〈音声情報あり〉　1800円　①978-4-330-73917-5

◇21世紀を走れ　竹内努著　新居浜　のぞみ事務所　1993.10　185p　19cm　1600円

◇JRしこくなんぷうアンパンマンれっしゃーうんてんしよう！　マシマ・レイルウェイ・ピクチャーズ写真　交通新聞社　2010.3　1冊（ページ付なし）　19×19cm（おとのでるスーパーのりものシリーズ）〈音声情報あり〉　1429円　①978-4-330-12010-2

007　JR九州
【概　要】九州旅客鉄道株式会社。1987（昭和62）年4月1日に発足。鉄道営業キロ2,273.0km、駅数567駅。九州新幹線（2011年全線開通）の営業主体。

◇JR九州のひみつ　PHP研究所編　PHP研究所　2013.10　223p　19cm〈文献あ

国鉄

鉄道経営

り 索引あり〉 1524円 ⓘ978-4-569-81493-3

[目次] 1章 新時代を迎えるJR九州、2章 JR九州の駅・車両基地のひみつ、3章 JR九州の路線のひみつ、4章 JR九州の車両のひみつ、5章 JR九州の歴史、6章 JR九州トリビア

◇JR九州D（デザイン）&S（ストーリー）列車の旅 櫻井寛著 双葉社 2016.10 113p 26cm （双葉社スーパームック—TABILISTA BOOKS 06） 1500円 ⓘ978-4-575-45646-2

◇福岡鉄道風土記 弓削信夫著 福岡葦書房 1999.1 267p 21cm 2200円 ⓘ4-7512-0733-4

[内容]「源じいの森駅」って何線にある？ 汽笛一声、博多駅発車から110年。なぜそこに駅ができたのか、どう鉄道は延びていったのか。福岡県を走る旧国鉄14線33区間すべての歴史とドラマのドキュメント。

《008 国鉄》

◇アイデンティティ・光と影 北村昭雄著 国分寺 新風舎 1995.11 38p 19cm （アルファドラシリーズ 31） 855円 ⓘ4-88306-538-3

◇赤い腕章—昭和の国鉄車掌物語 檀上完爾著 クラッセ 2013.5 237p 19cm〈3版 鉄道図書刊行会 昭和52年刊の加筆、改筆〉 1500円 ⓘ978-4-902841-16-9

◇或昭和人と国鉄—20世紀の活動と21世紀へのメッセージ 白崎正義著 交通新聞社 1993.12 156p 19cm 1200円 ⓘ4-87513-028-7

◇今しか乗れない国鉄型名車ガイド 松本典久著 並木書房 2002.2 191p 19cm 1500円 ⓘ4-89063-144-5

[内容] 本書は、今ならかろうじて見たり乗ったりできる国鉄型車輛をいくつか選び、ルポの形でその魅力を紹介。さらに各車輛ごとの性能と特徴、国鉄時代の運行状況、今後の動向を詳しく解説した最後の国鉄型車輛カタログ。

◇失われた国鉄・JR駅—今は見ることができない鉄道風景—1980年代から現在まで、廃止・転換された駅を網羅！ 西崎さいき著 イカロス出版 2018.4 240p 26cm （イカロスMOOK）〈文

献あり〉 2480円 ⓘ978-4-8022-0494-1

◇失われた国鉄ローカル線—特定地方交通線の激闘を振り返る 結解喜幸著、RGG撮影 イカロス出版 2016.10 199p 26cm （イカロスMOOK） 2750円 ⓘ978-4-8022-0251-0

◇思い出の省線電車—戦前から戦後の「省電」「国電」 沢柳健一著 交通新聞社 2012.4 204p 18cm （交通新聞社新書 042）〈文献あり〉 800円 ⓘ978-4-330-28412-5

[内容] 昭和18年までの「鉄道省」時代の省線電車、通称「省電」から、日本国有鉄道時代の「国電」までを、実体験をもとに振り返る。小学生だった昭和初期から今日まで約80年もの鉄道ファン歴を誇る著者の長年にわたる電車研究、フィールドワークの集大成が本書だ。JR東海の「リニア・鉄道館」やJR東日本の「鉄道博物館」に展示されている車両の保存に関わった裏話、鉄道友の会の母体となった「荻窪会」の設立秘話なども紹介。貴重な電車写真も多数掲載した。

◇ガイドブック最盛期の国鉄車輌 13 蒸気機関車 1 浅原信彦著 ネコ・パブリッシング 2018.3 153p 30cm （NEKO MOOK 2682） 2222円 ⓘ978-4-7770-2182-6

◇語られなかった敗者の国鉄改革—「国労」元幹部が明かす分割民営化の内幕 秋山謙祐著 情報センター出版局 2009.1 351p 19cm 2,200円 ⓘ978-4-7958-4992-1

[内容] JR発足一年前のあの日、すでに崩壊への「切符」は切られていた。国鉄分割民営化の渦の中で自壊した国鉄最大労組「国労」。その敗北を招いた激しい内部抗争、いびつな労使関係、そして国家の思惑とは—。敗者側が初めて語る「苦悩の国鉄改革史」。

◇川西鉄道小史—国鉄・能勢電・阪急とまちの回顧録 森田敏生著 立川 けやき出版 2014.9 250p 21cm〈文献あり 年表あり〉 1600円 ⓘ978-4-87751-519-5

[目次] 序章 旧きもの、新しきもの、第1章 川西池田、第2章 阪鶴鉄道と寺畑、第3章 能勢電国鉄前連絡線、第4章 貨物基地として、第5章 能勢口の発展

◇関西の電車僕らの青春 国鉄編 奥田英夫、正垣修写真・文 神戸 神戸新聞

18

総合出版センター　2014.9　223p　26cm　2500円　Ⓘ978-4-343-00810-7
[内容] 関西を駆け巡った国鉄の電車を中心に、懐かしい鉄道写真350点を収めました。同時代に活躍した気動車、客車も登場します。

◇消えゆく「国鉄特急」図鑑　安田就視写真・文、松本典久構成・文　彩流社　2001.3　111p　21cm　（オフサイド・ブックス 14）　1200円　Ⓘ4-88202-614-7
[内容] 特急がもっとも特急らしかった国鉄黄金期。野を駆け、山間をぬい、海辺を快走し、市街地を行く特急たちの勇姿がここによみがえる。「国鉄特急」の歴史とその車両の行方を詳説。

◇旧国鉄・JR鉄道線廃止停車場一覧　高山拡志編　高山拡志　1996.8　187p　26cm〈附・朝鮮総督府鉄道台湾総督府鉄道南満洲鉄道（株）鉄道線駅一覧〉　3000円

◇旧国鉄・JR鉄道線廃止停車場一覧　高山拡志編著　補訂第2版　高山拡志　2000.5　489p　26cm〈附・旧植民地鉄道停車場一覧〉　4400円

◇九州の国鉄―昭和40年代の想い出アルバム　林嶢写真・文　彩流社　2012.11　59p　30cm　1800円　Ⓘ978-4-7791-1716-9
[内容] 愛蔵版・40年前の九州各地。蒸気機関車と気動車が活躍した時代の記録。

◇近畿地方の日本国有鉄道―大阪・天王寺・福知山鉄道管理局史　［大阪］　大阪・天王寺・福知山鉄道管理局史編集委員会　2004.12　392p　31cm〈年表あり〉

◇国鉄―激動の戦後私史　藤井鼎著　熊本　熊本日日新聞情報文化センター（製作）　2005.1　308p　19cm　1429円　Ⓘ4-87755-199-9

◇国鉄型特急スペシャル―485系・特急「かもしか」〈奥羽本線秋田～青森〉の前面展望映像と路線の全容を収録　みんなの鉄道DVD BOOKシリーズ　メディアックス　2017.8　65p　30cm　（メディアックスMOOK 619―メディアックス鉄道シリーズ 46）〈文献あり〉　1800円　Ⓘ978-4-86201-869-4

◇国鉄工場めぐり　中　藤田吾郎著　ネコ・パブリッシング　2015.9　47p　26cm　（RM LIBRARY 193）　1250円　Ⓘ978-4-7770-5385-8
[目次] 14 大井工場, 15 大船工場, 16 長野工場, 17 浜松工場, 18 名古屋工場, 19 松任工場

◇国鉄工場めぐり　中　藤田吾郎著　ネコ・パブリッシング　2015.9　47p　26cm　（RM LIBRARY 193）　1250円　Ⓘ978-4-7770-5385-8
[目次] 14 大井工場, 15 大船工場, 16 長野工場, 17 浜松工場, 18 名古屋工場, 19 松任工場

◇国鉄工場めぐり　下　藤田吾郎著　ネコ・パブリッシング　2015.10　47p　26cm　（RM LIBRARY 194）〈文献あり〉　1250円　Ⓘ978-4-7770-5386-5

◇国鉄工場めぐり　下　藤田吾郎著　ネコ・パブリッシング　2015.10　47p　26cm　（RM LIBRARY 194）〈文献あり〉　1250円　Ⓘ978-4-7770-5386-5

◇国鉄広報部専属カメラマンの光跡―レンズの奥の国鉄時代　荒川好夫著　交通新聞社　2017.3　143p　21cm　（DJ鉄ぶらブックス 線路端のたのしみを誘う本 019）　1500円　Ⓘ978-4-330-76417-7
[目次] 1969（昭和44）年7月4日 僕は泳ぎたいとカメラは言った？―室蘭本線礼文～大岸（旧線）, 1969（昭和44）年8月15日頃 着替えを入れたバッグに宿代を払う―四国の「阿波おどり」, 1970（昭和45）年頃ほか 後楽園球場―東京都文京区, 1970（昭和45）年頃 駅長がグリーン車まで出迎えに…―日本全国, 1971（昭和46）年4月21日 伯備線のお召列車―クルマで取材中のトラブルあれこれ（その1）, 1971（昭和46）年7月31日 湿度100％！ 新関門トンネル工事現場―山陽新幹線新下関～小倉間（開業前）, 1971（昭和46）年8月9日 関門トンネル内のお掃除―山陽本線下関～門司間, 1972（昭和47）年4月12日 残雪の回廊に響く「つばめバスガール」の産声―青森自動車営業所, 1972（昭和47）年10月14日 第100回鉄道記念日―国鉄本社, 1980（昭和55）年頃 白バイに追跡される一都内某所, 1981（昭和56）年1月12日 雪国の回想―長岡保線区小出支区, 1982（昭和57）年4月23日 開業前の東北新幹線福島～白石蔵王間―クルマで取材中のトラブルあれこれ（その2）, 1982（昭和57）年12月10日未明 撮影機材盗難事件―301レ急行「妙高」, 1984（昭和59）年8月18日 日豊本線高鍋付近での奮闘―クルマで取材中のトラブルあれこれ（その3）, 1985（昭和60）年9月24日 晩夏にタイヤチェーン？ 奥羽本線赤

岩付近—クルマで取材中のトラブルあれこれ（その4）,1987（昭和62）年3月22日 国鉄最終期の北海道にて—クルマで取材中のトラブルあれこれ（その5）,1987（昭和62）年3月31日 日本国有鉄道からJRへ—都内各所

◇国鉄・JR関西圏近郊電車発達史—大阪駅140年の歴史とアーバンネットワークの成立ち　寺本光照著　JTBパブリッシング　2014.6　191p　21cm（キャンブックス—鉄道 142）〈文献あり 年譜あり〉　1900円　①978-4-533-09794-2

目次 大阪駅24時間, 大阪駅物語—大阪駅140年間の歴史（初代, 2代目 ほか）, アーバンネットワーク形成史（第1期（昭和5〜20年）, 第2期（昭和20〜36年） ほか）, 日根野支所を訪ねる（103系から特急型車両まで多種多様な車両を見守り安全・安定輸送を支える, 日根野支所の車両たち ほか）

◇国鉄・JR特急列車100年—特別急行「1・2列車」から「みずほ」まで　三宅俊彦, 寺本光照著　JTBパブリッシング　2012.12　207p　21cm（キャンブックス—鉄道 127）〈年表あり〉　1900円　①978-4-533-08852-0

目次 1章 黎明期—明治45年6月〜昭和19年4月, 2章 客車特急時代—昭和24年9月〜昭和33年10月, 3章 電車特急とブルートレイン—昭和33年11月〜昭和39年9月, 4章 新幹線と接続特急—昭和39年10月〜昭和43年9月, 5章 特急大増発と「エル特急」—昭和43年10月〜昭和50年3月, 6章 新幹線延伸と在来線特急のスリム化—昭和50年4月〜昭和62年3月, 7章 JR発足と豪華特急車の誕生—昭和62年4月〜平成6年9月, 8章 ブルトレの衰退と優等列車特急一本化—平成6年10月〜平成24年10月, 資料篇—特急列車100年略年表

◇国鉄時代アーカイブズ　vol.7　日本の蒸気機関車 1　ネコ・パブリッシング　2016.11　128p　30cm（NEKO MOOK 2511）　1944円　①978-4-7770-2011-9

◇国鉄時代アーカイブズ　vol.8　日本の蒸気機関車 2　ネコ・パブリッシング　2017.11　128p　30cm（NEKO MOOK 2657）　1944円　①978-4-7770-2157-4

◇国鉄準急列車物語—戦後の名称列車を網羅　岡田誠一著　JTBパブリッシング　2012.12　175p　21cm（キャンブックス—鉄道 126）〈文献あり〉　1900円　①978-4-533-08851-3

目次 国鉄準急列車総論, 全国各地を駆け巡った準急列車（石北, エルム, たるまえ, ニセコ, らいでん, 石狩, えさし, おくしり, ひやま, 松前 ほか）

◇国鉄・蒸気機関区の記録　小関与四郎写真・解説　アーカイブス出版　2008.1　177p　31cm　9500円　①978-4-903870-33-5

◇国鉄新性能電車履歴表　ジェー・アール・アール編　ジェー・アール・アール　2001.4　703p　26cm　4600円　①4-88283-902-4

内容 本書は, モハ90型としてデビューした101系から, 国鉄が終焉を迎えた昭和61（1986）年度にデビューした213系, 121系までのすべての国鉄新性能電車の新製月日から移動歴, そして冷房改造工事などの大きな改造歴を各車号ごとに掲載しています。

◇国鉄青春日記—昭和車掌の"人情"物語　檀上完爾著　天夢人　2017.9　171p　19cm（旅鉄LIBRARY 001）〈発売：山と溪谷社〉　1500円　①978-4-635-82015-8

内容 駅員, 踏切警見習い, 普通車掌, 荷扱専務車掌, 乗客専務車掌, 食堂車会計係と結婚, 広報課。昭和の国鉄を駆け抜けた, 檀上完爾が描く, 人間ドラマ。国鉄物語全24編。

◇国鉄「東京機関区」に生きた—1965-1986　滝口忠雄写真・文　えにし書房　2014.10　167p　19×26cm　2700円　①978-4-908073-04-5

内容 国鉄職員だからこそ撮れた, 180余枚の貴重な写真が伝える激動の昭和・国鉄・青春グラフティー。国鉄職員の"働く姿と闘う姿"を活写した異色の写真集。

◇国鉄特急—名匠・広田尚敬が活写した国鉄黄金期の特急たち　広田尚敬撮影, 梅原淳文　生活情報センター　2006.12　191p　31×24cm　5000円　①4-86126-315-8

目次 1 成長期の特急—1958年10月1日から1975年3月9日まで（電車特急の誕生, 気動車特急の誕生 ほか）, 2 発展期の特急—1975年3月10日から1982年11月14日まで（新幹線に接続する特急, ブルートレインブームの到来 ほか）, 3 変革期の特急—1982年11月15日から1987年3月31日まで（長から短へ—長距離から短距離へ, 長編成から短編成へ, 長距離ランナーの孤独 ほか）, 4

新幹線の時代―1964年10月1日から1987年3月31日まで（0系の誕生、100系の誕生 ほか）

◇国鉄特急編成史―デジタル版　機関車・客車編　高信直通画、佐藤正樹編集・制作　コウサイクリエイツ　1999.3　95p　29cm　（トラベルmook）〈発売：弘済出版社〉　3333円　①4-330-54499-7

◇国鉄特急編成史―デジタル版　電車・気動車篇　高信直通CG、佐藤正樹編集・制作　コウサイクリエイツ　2000.1　95p　29cm　（トラベルmook）〈発売：弘済出版社〉　3429円　①4-330-57399-7

◇国鉄懐かしのダイヤ改正―1964（昭和39）～1987（昭和62）　新人物往来社　2000.7　158p　26cm　（別冊歴史読本49―鉄道シリーズ 第11弾）　2400円　①4-404-02749-4

◇国鉄の車両―鉄魂―てつだま―甦る国鉄　昭和を疾走した国鉄名車　広田尚敬100選　朝日新聞出版　2017.12　113p　29cm　（AERA Mook）　1500円　①978-4-02-279171-9

◇国鉄のスピード史―スピードアップがもたらした未来への足跡　池口英司著　イカロス出版　2005.9　181p　21cm　（のりもの選書18）　1619円　①4-87149-736-4
　内容　鉄道は誕生して以来、たゆまないスピードアップの連続だった。見果てぬ夢、さらなる高みを目指して、技術革新は今も続く。夢が現実となった時、そこに見えた風景は何だったのか。高速列車に寄せる人々の夢、驚きを様々な記録から検証する。

◇国鉄の戦後がわかる本　上巻　輝ける黄金時代編―昭和二十年～四十三年　所澤秀樹著　山海堂　2000.3　231p　19cm〈年表あり　文献あり〉　1500円　①4-381-10360-2
　内容　知っているようで意外に知らなかった、国鉄戦後の歴史をたどる。様々な出来事や事件、そして当時のダイヤ、列車、運賃など、国鉄にかかわる話題を幅広く掲載。上巻は、敗戦後の混乱期から発展をとげ、やがて国鉄が黄金時代を迎えるまでを紹介する。

◇国鉄の戦後がわかる本　下巻　暗中模索の日々編―昭和四十四年～六十二年　所澤秀樹著　山海堂　2000.4　299p　19cm〈年表あり　文献あり〉　1600円　①4-381-10367-X
　内容　公共企業体「日本国有鉄道」戦後ヒストリー。「国鉄がもっとも輝いていたその時代に、すでに最期へ至るいくつかの兆しが見えていた」大好評『国鉄の戦後がわかる本』完結編!!下巻では「ヨン・サン・トオ」と呼ばれる未曾有の白紙ダイヤ改正の翌年から、運命の昭和62年、日本国有鉄道の分割・民営化までを追いかけ、紹介する。

◇国鉄風景の30年―写真でくらべる昭和と今　二村高史著　技報堂出版　2008.3　179p　21cm　1600円　①978-4-7655-4458-0
　内容　定点撮影で比較する駅、路線、施設、運転、車両。昭和から現在に至る時間の中で、何が消えて何が残ったのか。

◇国鉄末期の首都圏鉄道模様―懐かしいあの頃の鉄道と街並み　山口雅人著　イカロス出版　2016.3　152p　21cm　1500円　①978-4-8022-0160-5
　目次　序章 SLが復活し…、第1章 1980年代の国鉄模様、第2章 私鉄の沿線散歩、第3章 代々木周辺の変遷、第4章 ちょっと遠くへ、終章 2010年代から振り返り

◇国鉄マンが撮った昭和30年代の国鉄・私鉄カラー鉄道風景―美しいカラー写真でよみがえる半世紀前の鉄道記録　稲葉克彦著、野口昭雄、日比野利朗写真撮影　フォト・パブリッシング　2017.12　128p　26cm〈発売：メディアパル〉　1800円　①978-4-8021-3079-0
　目次　1 国鉄の記録（「夢の超特急」東海道新幹線、東京駅を出発する準急「日光」、急行型車両153系とキハ28の台頭、特急「はと」「つばめ」、東海道本線の客車列車 ほか）、2 私鉄、路面電車等の記録（西武鉄道池袋線、都営トロリーバスと営団地下鉄、東急玉川線と都電、名古屋鉄道の特急、名古屋鉄道瀬戸線、福井鉄道 ほか）

◇国鉄マン・父ちゃんの記―風雪と陽光と酷暑と　内山政和著　上越　内山千枝　2000.10　183p　19cm

◇国鉄名列車編成史―デジタル版　急行・普通列車篇　高信直通CG、佐藤正樹編集・制作　コウサイクリエイツ　2001.4　94p　29cm　（トラベルmook）〈発売：弘済出版社〉　3429円　①4-330-62901-1

◇国鉄列車ダイヤ千一夜―語り継ぎたい鉄道輸送の史実　猪口信著　交通新聞社

2011.2 251p 18cm （交通新聞社新書 026） 800円 ①978-4-330-19311-3
内容 国鉄の輸送関係部署に約25年間勤務し、列車ダイヤの作成に深く関わった著者によるダイヤ作成秘話。本書では、昭和45年の万博輸送、昭和50年3月の山陽新幹線博多開業、昭和60年3月の東北・上越新幹線上野開業等で手掛けたダイヤ改正や新線開業、臨時臨車設定などの際のお宝エピソードを大公開。路線上に空いている時間帯を探し、車両や人員を確保し、日本全国に効率よく列車を走らせる。その悪戦苦闘の話の中には、当時の世相も垣間見える。また、チマタの疑問「ダイヤはどうやって作るのか？」の答もここにある。

◇国鉄・JR特急のすべて　学習研究社 2003.6 232p 27cm （学研の大図鑑）〈年表あり〉 3400円 ①4-05-201825-7
内容 本書では、国鉄時代（鉄道院、鉄道省、運輸通信省鉄道総局時代も含む）から現在のJR各社によって運行されてきた特急列車および新幹線列車を掲載しています。また、第三セクター各社および私鉄との間で相互乗り入れを行ってきた、あるいは現在も行われている特急についても、掲載しています。原則として定期列車、不定期列車、季節列車を取り上げ、臨時列車は掲載していません。ただし、トワイライトエクスプレスのような、定期列車のようにみなされている臨時列車は、掲載しています。収録の順序は、原則的には特急としての開業順としています。つまり、その列車名が、特急以前に急行や快速などの愛称として使われていた場合は、特急格上げとなった年月をもとに、掲載しています。

◇国鉄JR廃止駅写真集　西崎さいき著　岡山　西崎章夫　1998.10 285p 21cm〈発売：吉備人出版（岡山）〉 1524円 ①4-86069-071-0

◇国鉄・JR廃線4000キロ　三宅俊彦編著・写真　新人物往来社　1999.12 199p 26cm （別冊歴史読本 35） 2000円 ①4-404-02735-4

◇最後の国鉄直流特急型電車―183・185・381系物語　梅原淳編著、栗原景、渡辺雅史、東良美季著　JTBパブリッシング 2015.5 191p 21cm （キャンブックス―鉄道 152） 1900円 ①978-4-533-10431-2

目次 最後の活躍 国鉄直流特急型電車、国鉄直流特急型電車前史、国鉄直流特急型電車運転物語、国鉄直流特急型電車の長い日、思い出の国鉄直流特急型電車、国鉄直流特急型電車各形式解説、バーチャル紀行 国鉄直流特急型電車、全系列・全列車の早まわり乗り継ぎ、知って得する国鉄直流特急型電車、国鉄直流特急型電車を理解するために 新製車編／改造車編

◇サイドビュー国鉄一般形客車―白井良和写真集　白井良和撮影　豊中　レイルロード　1995.12 88p 30cm〈発売：文苑堂東京店〉 3700円 ①4-938343-84-3

◇サイドビュー国鉄（JR）東海道本線電車―白井良和写真集　白井良和撮影　豊中　レイルロード　1995.12 128p 30cm〈発売：文苑堂東京店〉 4300円 ①4-938343-89-4

◇さらば日本国有鉄道―今よみがえる懐かしの名車の勇姿　復刻版　世界文化社　2006.8 286p 30cm〈年表あり〉 2800円 ①4-418-06237-8
内容 わが国の社会、経済、文化の近代化に、偉大な役割を果たした"国鉄"。開業した明治五年から、民営化した昭和六十二年までの百十五年間、何百万人もの人が事業に携わり、国民の大半が国鉄を利用してきた。本書は、そんな国鉄が歩み続けてきた「栄光の記録」である。

◇昭和30年代の国鉄列車愛称板　上　佐竹保雄、佐竹晃著　ネコ・パブリッシング　2003.4 47p 26cm （RM library 45） 1000円 ①4-87366-346-6
目次 国鉄列車愛称板の変遷（列車愛称と愛称板の起源、列車愛称の設定の仕方、愛称板の制作・取り付けの仕方、昭和30年代の列車名の特徴、ヘッドマークとテールマーク）、昭和30年代の列車愛称板そのバラエティー（あさぎり／あらお／阿波／アルプス、あさかぜ、伊豆・いづ／いでゆ／おくいづ、伊吹／いよ／奥久慈／おくたま、いずも ほか）

◇昭和30年代の国鉄列車愛称板　下　佐竹保雄、佐竹晃著　ネコ・パブリッシング　2003.5 47p 26cm （RM library 46） 1000円 ①4-87366-348-2
目次 つばめ、天竜／東海、ときわ／土佐／十和田／なぎさ／なすの、南風／日光、のりくら・乗鞍、のとじ／のとつばめ、はくつる、はくと／はつかり、はと、はやぶさ〔ほか〕

◇昭和60年国鉄山手線物語　新人物往来社編　新人物往来社　2011.7　206p　15cm　（新人物文庫 158）〈『山手線百景』（昭和60年刊）の改題、新編集　年表あり〉　714円　Ⓘ978-4-404-04037-4
　内容　75枚の風景画でたどる過ぎし昭和の情景と現在。

◇すばらしき国鉄遺産　塩塚陽介著　ベストセラーズ　2012.9　223p　18cm　（ベスト新書 385―ヴィジュアル新書）　1000円　Ⓘ978-4-584-12385-0

◇電車の顔図鑑　2　国鉄時代の鉄道車両　江口明男著　天夢人　2018.3　158p　21cm　（旅鉄BOOKS 008）〈発売：山と溪谷社〉　1600円　Ⓘ978-4-635-82045-5
　内容　国鉄時代を駆けた名車の顔が鉄道模型スケールで並ぶイラスト大図鑑。改造車や塗色変更車も収録。

◇なつかしの国鉄　駅スタンプコレクション―駅スタンプが778個！　鈴木涼子, 相澤なつ乃, 結解喜幸, 佐藤正樹文　交通新聞社　2017.3　224p　21cm〈他言語標題：station stamp collection〉　1400円　Ⓘ978-4-330-77117-5
　内容　1980年代、国鉄の懐かしくも新しい駅スタンプが778個！　誰もが知るターミナル駅から、今はなき駅のスタンプも収録。

◇日本国有鉄道百年史　別巻　国鉄歴史事典　日本国有鉄道編　復刻版　成山堂書店　2006.12　119p　27×27cm　10000円　Ⓘ4-425-30165-X
　目次　年表、線路網の進展、車両の変遷、国鉄自動車の変遷、連絡船の変遷、特急列、電化の進展、トンネルと橋梁、運賃・料金の変遷、職員数の変遷、区間別開通一覧、運輸成績、新幹線、停車場一覧、最新技術の導入、歴代長官・総裁

◇日本全国鉄道さんぽ　芦原伸著, 井上廣和写真　三笠書房　2011.9　269p　15cm　（王様文庫）　724円　Ⓘ978-4-8379-6610-4
　内容　どこまでも続く2本のレール…車窓に移り行く風景との対話、同伴者との語らい、その果てに終着駅があり、そこは歴史が埋もれている街道だったり、荒磯の続く海辺だったり、辺境の山里だったりする―『朝日マリオン・コム』の人気コラムから「絶対乗ってみたい40路線」を選りすぐり！　読むだけで「旅した気分」になる一冊。

◇星晃さんのアルバムから国鉄車輌誕生秘話　星晃写真・資料, 岡田誠一解説　ネコ・パブリッシング　2018.2　143p　31cm〈2014年刊の再編集　年譜あり〉　3241円　Ⓘ978-4-7770-5422-0
　目次　軽量客車誕生―ナハ10形とナハネ10形（1955〜1956），試作と試験―交流電化を目前にして（1958〜1960），続・試作と試験―ユニークな形状と装備（1958〜1967），新性能電車の嚆矢90系電車―金魚と呼ばれた通勤電車（1958），ひので・きぼう出発進行―155形電車登場（1959），日光をめざせ―157系電車登場（1959），パーラーカー登場―クロ151形のすべて（1960），パンタグラフ付き電源車カニ22―"さくら" "みずほ" "あさかぜ"（1960〜1968），第2回アジア鉄道首脳者懇談会―（1960），貴賓電車クロ157-1の製造―国鉄が総力を結集した電車の頂点（1960）〔ほか〕

◇北海道の赤い電車―さよなら711系　チーム711編　札幌　北海道新聞社　2015.4　96p　26cm　1000円　Ⓘ978-4-89453-778-1
　内容　昭和43年に北海道初の国鉄電車として導入された711系は、「赤い電車」の愛称で約半世紀にわたって道民に親しまれてきた。「赤電」とともに歩んできた沿線の風景や人々の暮らしをきれいなカラー写真で振り返る。

◇宮之城線―憧憬と郷愁の汽笛　国鉄宮之城線記念誌　宮之城町（鹿児島県）　国鉄宮之城線地域対策協議会　1990.2　52p　31cm〈奥付の書名：「憧憬と郷愁の汽笛宮之城線」国鉄宮之城線記念誌〉

◇モハ63形―国鉄鋼製電車史　中巻　藤本邦彦著　新座　車両史編さん会　2017.12　207p　30cm　6500円

◇レールを見詰めて―国鉄の現場人　田中休太郎著　太陽出版　1992.8　147p　22cm〈著者の肖像あり〉

◇わが国鉄時代　Vol.15　あの頃のぼくらは、宝物を探す旅の途中だった。　ネコ・パブリッシング　2015.11　178p　26cm　（NEKO MOOK 2377）　1759円　Ⓘ978-4-7770-1877-2

◇わが国鉄時代　Vol.16　煙もきらめく、ぼくらの季節。　ネコ・パブリッシング　2016.5　178p　26cm　（NEKO MOOK 2468）　1759円　Ⓘ978-4-7770-1968-7

◇わが国鉄時代　Vol.17　数えきれないドラマがあった。　ネコ・パブリッシング　2016.12　178p　26cm　(NEKO MOOK 2517)　1759円　①978-4-7770-2017-1

◇わが国鉄時代　Vol.18　追憶の彼方の、あざやかな風景。　ネコ・パブリッシング　2017.5　178p　26cm　(NEKO MOOK 2585)　1759円　①978-4-7770-2085-0

◇わが国鉄時代　Vol.19　アルバムに息づく輝かしき日々。　ネコ・パブリッシング　2018.2　178p　26cm　(NEKO MOOK 2681)　1759円　①978-4-7770-2181-9

◇NHK歴史への招待　第27巻　鉄道の時代　日本放送協会編　日本放送出版協会　1990.10　220p　18cm　(新コンパクト・シリーズ 090)　670円　①4-14-018090-0
　内容　強行採決で誕生した「国鉄」は生まれながらにして政争の道具とされた。その波紋を検証し、「明治最終列車」と呼ばれるわが国最初の特別急行列車をめぐる人々の想いを取り上げる。また東京発北京行直通列車の壮大な計画に鉄道技術の水準の高さをみる。さらに東海道新幹線開業の伏線となった超特急「つばめ」登場の裏にあるエピソード、日本中が注目したツェッペリン号日本訪問を紹介。交通発展の一大スペクタクル。

009　大手私鉄(民鉄)

【概　要】JR各社を除く私鉄(民営鉄道)のカテゴリーの1つで、経営規模が大きく、大都市圏(東京、名古屋、大阪、福岡)で営業しているという共通点がある。

現在、このカテゴリーに属する鉄道会社は16社ある。地域別にみると、東京圏が、東武鉄道、西武鉄道、京成電鉄、京王電鉄、東京急行電鉄(東急)、京浜急行電鉄(京急)、東京地下鉄(東京メトロ)、小田急電鉄、相模鉄道(相鉄)の9社(カッコは略称ないし愛称。以下、同じ)と最も多い。大阪圏には、近畿日本鉄道(近鉄)、南海電気鉄道、京阪電気鉄道、阪神電気鉄道、阪急電鉄の5社がある。名古屋圏と福岡圏には1社ずつあり、前者が名古屋鉄道(名鉄)、後者が西日本鉄道(西鉄)である。なお、東京地下鉄は国と東京都が全株式を保有する特殊会社のため、16社から除外して15社を大手私鉄と呼ぶこともある。

大手私鉄のなかで、総営業距離が最長なのは近鉄(501.1km)であり、最短は相鉄(35.9km)である。また、保有車両数が最多なのは東京メトロ(2,728両)である。東京メトロは、輸送人員、鉄道営業収益も最大となっている(いずれも、2016年3月現在)。

大手私鉄各社では、関連企業がバス事業、不動産事業、百貨店などを沿線を中心に展開している(全国規模で事業展開する企業もある)。

◇大阪・神戸・京都・福岡の私鉄　宮脇俊三,原田勝正編　小学館　1993.11　207p　21cm　(JR・私鉄全線各駅停車　別巻2)　1650円　①4-09-395412-7
　目次　駅―その表情、エッセイ(駅は見ている―阪急王国の都・梅田駅、乗った駅おりた駅あっとランダム―三条・橿原神宮・須磨寺そして三条)、近畿日本鉄道、南海電気鉄道、水間鉄道、大阪府都市開発、阪堺電気鉄道、京阪電気鉄道、京福電気鉄道、叡山電鉄、京都市交通局、大阪市交通局、阪急電鉄、大阪高速鉄道、北大阪急行電鉄、能勢電鉄、阪神電気鉄道、山陽電気鉄道、神戸電鉄、神戸市交通局、北神急行電鉄、神戸新交通、神戸高速鉄道、西日本鉄道、筑豊電気鉄道、福岡市交通局、北九州高速鉄道

◇大手私鉄なつかしの名車両をたずねる旅―夜行列車でローカル線へ　松尾定行[著]　講談社　2007.5　216p　18cm　(講談社+α新書)　838円　①978-4-06-272437-1
　内容　昭和を走り抜けた往年の名車両、田園をゆく!!コース、車両、名物、温泉、実体験ガイド。

◇大手私鉄比較探見　西日本編　広岡友紀著　JTBパブリッシング　2008.4　143p　21cm　(キャンブックス　鉄道 79-2)〈西日本編のサブタイトル：西日本7社の車両・ダイヤ・ターミナル…〉1800円　①978-4-533-07068-6
　内容　在阪大手5社を「基本編成」とし、それに名鉄と西鉄を「増結」するスタイル。車両や運行方法などを論ずるのみならず、企

◇大手私鉄比較探見　東日本編　広岡友紀著　JTBパブリッシング　2007.9　143p　21cm　（キャンブックス　鉄道79）〈東日本編のサブタイトル：首都圏10社の車両・ダイヤ・ターミナル…〉　1800円　①978-4-533-06848-5
内容　首都圏大手私鉄10社（東京都交通局を含む）について車両・ダイヤ・ターミナルなど比較を加えながら紹介。

◇関西私鉄比較探見―主要10社の現状と未来　広岡友紀著　JTBパブリッシング　2010.10　175p　21cm　（キャンブックス　105―鉄道）　1900円　①978-4-533-08004-3
目次　グラビア　関西私鉄最新車両4（阪急9300系、京阪3000系　ほか）、第1章　広岡友紀の「西方見聞録」（大きく飛躍した奈良・神戸間の鉄道網、狭軌の南海が関空アクセス網のネックに―未知数の京阪中之島線　ほか）、第2章　関西私鉄客社の最新動向（京阪・阪神の新線建設と新型車両の登場、上下分離式第三種鉄道と神戸の鉄道網　ほか）、第3章　各社のニューフェイス車両（阪急電鉄9300系、京阪電気鉄道3000系　ほか）、第4章　有料特急列車比較考（関東と関西、その性格の違いとは、都市間連絡特急としての関西有料特急　ほか）、第5章　地域密着型私鉄の顔（山陽電気鉄道株式会社、神戸電鉄株式会社　ほか）

◇関西私鉄文化を考える　金明秀、三宅正弘、島村恭則、難波功士、山口覚著　西宮　関西学院大学出版会　2012.3　102p　21cm　900円　①978-4-86283-116-3
目次　パネルディスカッション（ケーキ・ホテル・プロ野球から阪神間を読みとく―アイデンティティ・デザインの視点から、「学園前」と「学研都市」―丘陵開発をめぐる"民"と"官"、路線間イメージ格差を考える―南海電鉄を中心に、阪神私鉄系不動産事業の変化と空間の再編成―阪急不動産を中心に）、フロアとの質疑応答

◇関西の鉄道まるごと大図鑑―電車kids　JR・私鉄・地下鉄などの電車大集合　今田保文、野沢敬次写真　講談社　2014.9　82p　30cm　1600円　①978-4-06-218943-9
内容　関西の電車に乗ってみよう！駅や車両基地もあるよ!!

◇関西の電車僕らの青春　私鉄編　奥田英夫、正垣修写真・文　神戸　神戸新聞総合出版センター　2014.5　303p　26cm　2700円　①978-4-343-00781-0
内容　550枚の写真で、私鉄王国・関西を走り続けた車輌の数々と駅や沿線の風景が甦る！

◇私鉄有情　平野雄司著　［出版地不明］［平野雄司］　2004.5　86p　19cm〈編集協力：交通新聞社〉

◇私鉄王国の凋落―JRの攻勢に生き残れるか　川島令三著　草思社　2001.8　226p　19cm　1400円　①4-7942-1073-6
内容　激戦の京阪神・名古屋地区、前哨戦の（？）首都圏―JRの攻勢に脅かされている各地の私鉄の実情を徹底研究し、JRへの対抗策を具体的に提起する。

◇私鉄史探訪60年　和久田康雄著　JTB　2002.3　190p　19cm　（マイロネbooks　1）　1000円　①4-533-04195-7
内容　私鉄史の第一人者といわれる著者の「私鉄」への愛の告白。

◇私鉄史ハンドブック　和久田康雄著　電気車研究会　1993.12　210p　27cm〈他言語標題：Private railways of Japan their networks and fleets–1882 to 1991〉　①4-88548-065-5

◇私鉄・車両の謎と不思議　広岡友紀著　東京堂出版　2010.5　174p　19cm　1600円　①978-4-490-20698-2
内容　車両の新技術導入は、JRよりも私鉄のほうが早い!?特急に乗るには、別料金がかかるのか、かからないのか。なぜダイヤが乱れると先行する列車も時間調整するのか。通勤や観光輸送で活躍する私鉄の謎や不思議を解明する。

◇私鉄車両編成表―都市私鉄編　1978年10月1日現在　ジェー・アール・アール編　復刻　ジェー・アール・アール　2005.3　107p　26cm　2096円　①4-88283-905-9

◇私鉄探検　近藤正高著　ソフトバンククリエイティブ　2008.6　283p　18cm　（ソフトバンク新書）〈文献あり〉　730円　①978-4-7973-4660-2
内容　プロ野球もテーマパークも郊外住宅もデパートも、みんな私鉄がつくりあげた!?本書は、鉄道の奥深い世界を垣間見たい初心者にも楽しめる、個性豊かな私鉄沿線への"探検"に誘う最良のガイド。西武、京

大手私鉄（民鉄）

王、京急、つくばエクスプレス、名鉄、近鉄、阪急・阪神などの私鉄をとおして、日本の歴史と文化が見えてくる。

◇私鉄電車はしご乗り―はしご乗りは北へ南へ　前島一廣著　［春日井］［前島一廣］　1997.4　103p　21cm

◇社史に見る東京の私鉄を歩く　藤本均著　冬青社　1994.7　239p　20cm（江戸東京シリーズ 3）　2300円　①4-924725-22-6

[内容] 本書は首都圏の私鉄各社の路線を中心に、その経歴をまとめた覚書である。

◇少子高齢化時代の私鉄サバイバル―「選ばれる沿線」になるには　森彰英著　交通新聞社　2017.8　239p　18cm（交通新聞社新書）　800円　①978-4-330-82017-0

[内容] いま私鉄は、高齢化、少子化、人口減少、ライフスタイルの多様化といった世情の大きな変化を受け、これまでの事業スタイルの変革を迫られている。岐路に立つ私鉄は、事業の根幹である「沿線」の新たな活用、価値向上に取り組もうとしている。著者は、取材歴30年以上のベテラン私鉄ウォッチャー。定住化促進、子育て支援、学校誘致、ショッピングモール、宅地開発といった私鉄沿線の「まちづくり」現場を歩き、その将来像を探っていく。

◇少子高齢化時代の私鉄サバイバル―「選ばれる沿線」になるには　森彰英著　交通新聞社　2017.8　239p　18cm（交通新聞社新書 113）〈文献あり〉　800円　①978-4-330-82017-0

◇昭和30年代を駆け抜けたノスタルジック鉄道　全国私鉄大手16社編　昭和レトロ愛好会編　宝島社　2012.7　127p　24cm〈文献あり　年表あり〉　1429円　①978-4-7966-7657-1

[内容] 日本が一番輝いていたころ当時の先進技術を取り入れた電車たち、懐かしくも力強いその面影がここに。

◇昭和の電車がいっぱい―関西の私鉄　写真集　中田安治写真文　成山堂書店　2009.1　94p　22×31cm〈文献あり〉　3600円　①978-4-425-96141-2

◇すごいぞ！　私鉄王国・関西　黒田一樹著　大阪 140B　2016.5　247p　21cm

〈文献あり〉　1800円　①978-4-903993-25-6

[内容] 関西の私鉄はなぜこんなに個性的なのか？ 愛と独断のキーワードで読み解く、最強の私鉄王国の正体。

◇全国私鉄超決定版電車・機関車・気動車 1700　髙井薫平監修、諸河久、服部朗宏編著　世界文化社　2014.6　288p　26cm〈文献あり〉　3500円　①978-4-418-14219-4

[内容] 大手・準大手・地方各路線を走る最新車両満載！　車両基地・博物館など最新情報も盛りだくさん。

◇全国私鉄特急の旅　小川裕夫著　平凡社　2006.10　229p　18cm（平凡社新書 343）　840円　①4-582-85343-9

[内容] 東武の「スペーシア」、西武の「ニューレッドアロー号」、京成の「スカイライナー」、小田急の「ロマンスカー」、名鉄の「ミュースカイ」「パノラマsuper」、近鉄の「伊勢志摩ライナー」、南海の「ラピート」…。特急は鉄道会社の顔であり、シンボルである。観光に、ビジネスに、各種の用途に使われる、大手私鉄一四社の特急に乗りまくる。

◇地図と鉄道省文書で読む私鉄の歩み 関東1　東急・小田急　今尾恵介著　白水社　2014.10　223p　19cm〈文献あり〉　1600円　①978-4-560-08386-4

[目次] 東京急行電鉄（目黒蒲田電鉄の誕生, 人口急増する東京郊外, 並行線・池上電気鉄道, かなわぬ都心直結への夢, 念願の東京・横浜直結, 柿ノ木坂の立体交差, 戦時態勢へ）, 小田急電鉄（地下鉄道から郊外へ, 一流の高速電気鉄道, 江ノ島線と林間都市, 砂利と軍都計画, 海老名にある厚木駅）

◇地図と鉄道省文書で読む私鉄の歩み 関東2　京王・西武・東武　今尾恵介著　白水社　2015.2　307p　19cm〈文献あり〉　1700円　①978-4-560-08408-3

[目次] 京王電鉄（甲州街道に沿う電気軌道, 路面電車から郊外電鉄に発展, 観光開発の時代から戦争へ, 「トレンチ電ériedmkgitalk」がルーツ―井の頭線, 最新式の帝都電鉄）, 西武鉄道（始祖は国分寺起点の川越鉄道, 変転する都心直結計画, ライバル・武蔵野鉄道, ついに実現した村山線（現新宿線）, 多摩湖・狭山湖をめぐる鉄道, 幻に終わった奥多摩の鉄道回遊ルート）, 東武鉄道（武蔵国東部を北上する鉄道, 北関東機業地帯への延伸, 鴨と桃花と菖蒲, 東京から上州さらに新潟へ―東上鉄道, 大和田から志木経由に変更, 高速電鉄の時代―日光線開業）

◇地図と鉄道省文書で読む私鉄の歩み　関東3　京成・京急・相鉄　今尾恵介著　白水社　2015.8　344, 3p　19cm〈文献あり〉　1800円　①978-4-560-08456-4
目次　京成電鉄（成田山新勝寺を目指す軌道、まずは近場の帝釈天で稼ぎつつ線路延伸、先行した千葉線の開業、成田開業と谷津の観光開発、都心乗り入れルートの模索、「上野山戦争」と全線開通）、京浜急行電鉄（関東初の電車―大師電気鉄道、都市間電車への変貌、横浜中心部へどう乗り入れるか、横浜と横須賀を短絡―湘南電鉄、品川～浦賀間の直通運転と戦時態勢、参拝電車から空港アクセス線へ）、相模鉄道（細道を行く「田舎軌道」構想、大戦と大震災を経て開業、砂利事業と横浜への延伸、横浜～厚木間全通、戦時の輸送力増強と海軍施設）

◇徹底チェック民鉄車両―JR発足後、民鉄はどんな車両をつくってきたか　上　川島令三著　中央書院　2001.12　238p　19cm　1800円　①4-88732-104-X
内容　JR発足（1987年）から現在までに民鉄各社が登場させた通勤形車両と中距離タイプ車両のすべてを川島流にズバリ辛口批評。

◇徹底チェック民鉄車両―JR発足後、民鉄はどんな車両をつくってきたか　下　川島令三著　中央書院　2001.12　238, 8p　19cm　1800円　①4-88732-109-0
内容　JR発足（1987年）から現在までに民鉄各社が登場させた特急用デラックス車両、改造車、譲受車、気動車、路面電車、ゴムタイヤ車両などを川島流にズバリ辛口批評。

◇鉄道トリビア探訪記―あっぱれ、すごいぞ、民営鉄道　野村正樹著　時事通信出版局　2009.8　229p　20cm〈発売：時事通信社〉　1500円　①978-4-7887-0973-7
内容　頑張っている民営鉄道13のとっておき。

◇鉄道トリビア探訪記―あっぱれ、すごいぞ、民営鉄道　野村正樹著　時事通信出版局　2009.8　229p　20cm〈発売：時事通信社〉　1500円　①978-4-7887-0973-7
内容　頑張っている民営鉄道13のとっておき。

◇鉄道ファンのための私鉄史研究資料―1882 to 2012　和久田康雄著　電気車研究会　2014.4　206p　26cm〈他言語標題：Handbook for private railway history studies〉　2685円　①978-4-88548-124-6

◇東京私鉄図鑑―おもしろい電車がたくさんきみはいくつ乗ったことがあるかな？　イカロス出版　2008.8　89p　26cm　933円　①978-4-86320-098-2
目次　東京の私鉄おもな路線図、小田急電鉄、京王電鉄、京浜急行電鉄、京成電鉄、新京成電鉄、西武鉄道、東京急行電鉄、東武鉄道、相模鉄道〔ほか〕

◇東京・横浜・千葉・名古屋の私鉄　宮脇俊三、原田勝正編　小学館　1993.10　247p　21cm　（JR・私鉄全線各駅停車別巻1）　1650円　①4-09-395411-9
目次　駅―その表情、駅は見ている―大手私鉄駅は地下の迷路？、乗った駅おりた駅あっとランダム―浅草雷門・新橋・久米川そして浅草、京浜急行電鉄、東京急行電鉄、小田急電鉄、京王帝都電鉄、西武鉄道、東武鉄道、京成電鉄、成田空港高速鉄道、千葉急行電鉄、総武流山電鉄、山万、千葉都市モノレール、埼玉新都市交通、北総開発鉄道、住宅・都市整備公団、新京成電鉄、帝都高速度交通営団、東京都交通局、東京モノレール、湘南モノレール、横浜市交通局、相模鉄道、横浜新都市交通、江ノ島電鉄、名古屋鉄道、桃花台新交通、名古屋市交通局

◇にっぽん縦断民鉄駅物語―完全網羅！全国162鉄道途中下車の旅　西日本編　櫻井寛著　交通新聞社　2016.8　238p　18cm　（交通新聞社新書 097）　900円　①978-4-330-69216-6
内容　全国各地の、旅客営業を行なっているJR以外のすべての民鉄（私鉄・第3セクター・交通局など）の一駅に途中下車をする。そんな壮大な鉄道旅行が始まったのは、2012年の春のことだった。新幹線やJRの幹線の駅からローカル鉄道に乗り換え、ふと心惹かれた駅に降り立つ…。それは、それぞれの民鉄やその土地の個性を肌で感じる、まさにきら星を巡るかのような楽しい旅でもあった。足かけ4年にわたり「日本経済新聞」夕刊に2015年7月まで連載された「にっぽん途中下車（私鉄編）」の旅。その終着駅が本書（東日本編・西日本編）である。フォトジャーナリスト・櫻井寛が旅情あふれる写真と軽妙な文章で紡ぐ166の駅物語。

◇にっぽん縦断民鉄駅物語―完全網羅！全国162鉄道途中下車の旅　東日本編　櫻井寛著　交通新聞社　2016.6　237p　18cm　（交通新聞社新書 096）　900円　①978-4-330-68116-0

小田急電鉄

◇日本の私鉄なんでも読本　森彰英著
日本能率協会マネジメントセンター
1996.7　212p　19cm　1300円　①4-8207-1196-2
[内容] 私鉄は常に情報の宝庫。歴史、経営、沿線、車両、駅、イメージ、キャラクター等々、情報は限りがない。「私鉄は元気」、「私鉄は面白い」。過去・現在・未来を数々のコラムで描く私鉄の探検。

◇日本の私鉄109　小川金治撮影、吉川文夫、JRR解説　山と渓谷社　1992.9　335p　19×26cm　3800円　①4-635-62011-5
[目次] 都市編（札幌市交通局、仙台市交通局、京成電鉄、新京成電鉄、北総開発鉄道、住宅都市整備公団、千葉都市モノレール、山万、埼玉新都市交通　ほか）、地方編（函館市交通局、津軽鉄道、弘南鉄道、南部縦貫鉄道、十和田観光電鉄、下北交通、岩手開発鉄道　ほか）

◇琵琶湖を巡る鉄道—湖西線と10路線の四季　清水薫著　彦根　サンライズ出版　2017.5　125p　21cm　2200円　①978-4-88325-614-3
[内容] 滋賀県のど真ん中に位置する琵琶湖。その周囲を取り巻く湖西線と10の魅力的な鉄道路線。フリーランスの写真家になって20年以上にわたり、湖西線を皮切りに県内各地を走るJR、私鉄、第3セクター路線の列車を四季折々の自然豊かな風景とともに作品化してきました。また、今年は奇しくもJRが開業して30年の節目の年にあたります。本書では、各路線で撮影してきた作品に加え、この30年間に県内を駆け抜けた列車、車両たちの写真をページの許す限りまとめました。

◇富士鉄—世界遺産・富士山と列車を撮る週末ぶらり旅　佐々倉実撮影・文　講談社　2013.6　92p　26cm　（らくらく本）　1600円　①978-4-06-295300-9
[内容] 富士山、その美観を撮りつくす列車旅。富士山ファン、旅行好き、そして鉄道大好きの「乗り鉄」「撮り鉄」必携の一冊！

◇20世紀なつかしの私鉄特急列車　広田尚敬写真，吉川文夫解説　山と溪谷社　2000.8　111p　19×26cm　（ヤマケイレイルブックス 4）　1200円　①4-635-06804-8
[目次] 東武鉄道、京成電鉄、西武鉄道、小田急電鉄、京王帝都電鉄、京浜急行電鉄、東京都営地下鉄、東京急行電鉄、帝都高速度交通営団、相模鉄道〔ほか〕

---

010 小田急電鉄

【概　要】小田急電鉄株式会社。1948（昭和23）年6月1日設立（前身の小田原急行鉄道は1923年5月1日設立）。東京都の新宿を起点に、神奈川県の小田原までを結ぶ「小田原線」（82.5km）、相模大野から片瀬江ノ島を結ぶ「江ノ島線」（27.4km）、新百合ヶ丘から唐木田を結ぶ、多摩ニュータウンエリアの「多摩線」（10.6km）の3路線、合計120.5km（全70駅）からなる。1日の利用客は約203万人。また、東京メトロ千代田線、JR東日本常磐（緩行）線をはじめ、箱根登山鉄道やJR東海御殿場線へも乗り入れている。

◇うんてんしよう！　おだきゅうロマンスカー—VSE50000がた　交通新聞社　2005.5　1冊（ページ付なし）　19cm　（おとのでるスーパーのりものシリーズ）〈音声情報あり〉　1300円　①4-330-82705-0

◇小田急沿線の近現代史　永江雅和著　クロスカルチャー出版　2016.3　171p　21cm　（CPCリブレ エコーする〈知〉no.5）〈年表あり　文献あり〉　1800円　①978-4-905388-83-8

◇小田急沿線の不思議と謎　浜田弘明監修　実業之日本社　2015.1　191p　18cm　（じっぴコンパクト新書 243）〈文献あり　年譜あり〉　850円　①978-4-408-45543-3
[内容] 「小田原線の起点は新宿にならなかったかもしれない？」「片瀬江ノ島駅の駅舎は撤去前提のものだった？」「新宿という地名の意外な由来は？」「年に1日だけロマンスカーが停まる駅がある？」「終着駅でもないのに藤沢駅でスイッチバックをする理由は？」…など小田急電鉄沿線にひそむ地理・地名・歴史の意外な真実やおもしろエピソードが満載。読めば、なにげなく見ている駅や沿線風景が違って見えてくる！小田急沿線がもっと好きになる本。

◇小田急おもしろ運転徹底探見―憧れのロマンスカーが走る小田急の3路線　生方良雄文, 杉山裕治写真・DVD制作　JTBパブリッシング　2009.1　112p　22cm　〈キャンDVDブックス〉　2800円　①978-4-533-07298-7
内容　小田急電車をカラーで全紹介。編成・ダイヤ・運用などを詳しく解説。複々線立体化工事・運転保安・サービス向上も掲載。

◇小田急今昔物語　生方良雄著　戎光祥出版　2014.12　239p　21cm 〈「小田急物語」(多摩川新聞社 2000年刊)の改題、改訂版　年表あり〉　1600円　①978-4-86403-116-5
内容　小田急OBの鉄道作家・生方良雄氏が小田急の歴史と現況、そしてその魅力と楽しみ方を紹介。小田急電鉄の沿線風景や車両、ダイヤについても詳述。さらに、小田急電鉄の"知られざる"ユニークなエピソードも多数掲載。小田急ファン、沿線住民必読の書！

◇小田急線沿線の1世紀　生方良雄監修, 鎌田達也構成・文　復刻版　復刊ドットコム　2017.11　175p　26cm 〈初版：世界文化社 2009年刊　文献あり　年表あり〉　3800円　①978-4-8354-5535-8

◇小田急線沿線の1世紀　鎌田達也構成・文, 生方良雄監修　世界文化社　2009.6　175p　31cm 〈文献あり　年表あり〉　4000円　①978-4-418-09211-6
内容　古写真と貴重な史料で綴る駅と沿線の文化史。

◇小田急通勤型電車のあゆみ―ロイヤルブルーが担ってきた輸送の進化　生方良雄, 大沼一英著　JTBパブリッシング　2014.10　175p　21cm 〈キャンブックス―鉄道 144〉 〈文献あり　年譜あり〉　1800円　①978-4-533-09958-8
目次　序章　小田急電鉄概史、第1章　車両解説(1100形, 1200形, 1300形, 1400形, 51形"省電払下げ車"ほか)、第2章　運輸・運転の歴史(昭和2年開通の頃から大東急合併まで、終戦前後の状況―2日間の営業休止、新生小田急の誕生―特急運転開始、東京通勤圏の拡大―公団住宅の建設、朝の混雑対策に追われる―平日・休日ダイヤの分離　ほか)

◇小田急電車回顧　第1巻　深谷則雄, 宮崎繁幹, 八木邦英編　［出版地不明］　多摩湖鉄道出版部　2005.7　136p　19×26cm 〈おもに図　発売：ネコ・パブリッシング〉　2857円　①4-7770-5115-3
目次　HB車(HB車とは、1100系、1200系、1300系、1400系)、1800系(更新前、1660形、1870形、1820形、相鉄借入車　ほか

◇小田急電車回顧　第2巻　深谷則雄, 宮崎繁幹, 八木邦英編　［出版地不明］　多摩湖鉄道出版部　2006.1　144p　19×26cm 〈おもに図　発売：ネコ・パブリッシング〉　3048円　①4-7770-5140-4
内容　ABF車を取り上げた。戦前に登場した名車1600系、初の特急専用車1910系、その豪華版である1700系など小田急電車の華とも云うべき、車輌を含む系列である。

◇小田急電車回顧　第3巻　深谷則雄, 宮崎繁幹, 八木邦英編　［出版地不明］　多摩湖鉄道出版部　2006.7　128p　19×26cm 〈おもに図　発売：ネコ・パブリッシング〉　2857円　①4-7770-5176-5
内容　本書では、まずABF車ではあるが、前巻に収めることができなかった2100系を収録した。次いで、ノッチ数を多段化したことでABFM車とも呼称される、全電動車方式の2200系以降の高性能電車群を取り上げた。

◇小田急電車回顧　別巻　深谷則雄, 宮崎繁幹, 八木邦英編　［出版地不明］　多摩湖鉄道出版部　2006.12　144p　19×26cm 〈おもに図　文献あり　発売：ネコ・パブリッシング〉　3048円　①4-7770-5192-7
目次　荷物電車, ピンチランナー, ディーゼルカー, 電気機関車, 思い出のひとこま

◇小田急電車回顧〈セレクション〉　深谷則雄, 宮崎繁幹, 八木邦英編　復刊ドットコム　2017.7　207p　19×26cm 〈「小田急電車回顧　第1巻～第3巻・別巻」(多摩湖鉄道出版部 2005～2006年刊)の改題、再編集したセレクション版〉　3800円　①978-4-8354-5502-0
内容　HB車から新性能2200系まで。戦前からの小田急電車の変遷を、数々の車輌写真とともに広く紹介。駅別、沿線別に未発表写真、カラー写真も収録した小田急電車ファン垂涎の一冊！ 想い出の沿線風景と、なつかしい車輌たち。

◇小田急電鉄　小山育男解説, 諸河久写真　ネコ・パブリッシング　2002.7　188p

19cm （私鉄の車両 復刻版2）〈初版：保育社刊〉 1429円 ①4-87366-285-0
内容 首都圏西南部における大量輸送機関として、重要な役割を果たす小田急。ロマンスカーに代表される洗練された魅力あふれる車両群のすべてを展開。

◇小田急電鉄各駅停車　辻良樹著　洋泉社　2015.11　222p　19cm〈文献あり〉1500円　①978-4-8003-0789-7
内容 新宿と箱根、江ノ島を結ぶ沿線の歴史と魅力がまるわかり！ 新旧の駅舎、古地図、秘蔵写真満載！ 全70駅完全網羅！

◇小田急電鉄の車両—1形から30000系まで　小田急の車両のすべて　大幡哲海著　JTB　2002.12　192p　21cm　（JTBキャンブックス）　1700円　①4-533-04469-7
内容 往年の名車から現代のロマンスカーまで。走り続ける小田急車両の魅力に迫る。全車両の歴史と現況を一冊に。

◇小田急電鉄のひみつ　PHP研究所編　PHP研究所　2012.2　223p　19cm〈索引あり　文献あり〉　1524円　①978-4-569-80244-2
内容 人気No.1、個性的な名車がそろう鉄道の謎。もうすぐ見納め。消滅間近の「小田急顔」って？ かつて活躍した車両の第2の人生を追う。人気の新型車両、懐かしの名車・駅舎・切符etc.お宝写真満載。

◇小田急電鉄半世紀の軌跡—新宿と小田原・箱根・江ノ島・多摩ニュータウンを結ぶ、多彩な電車の想い出　荻原二郎、生方良雄、諸河久写真、三好好三文　彩流社　2013.8　95p　26cm　1900円　①978-4-7791-1723-7
目次 新宿〜東北沢、下北沢〜祖師ヶ谷大蔵、成城学園前〜登戸、向ヶ丘遊園〜百合ヶ丘、新百合ヶ丘〜町田、相模大野〜厚木、本厚木〜渋沢、新松田〜小田原、相模大野〜鶴間、大和〜藤沢本町、藤沢〜片瀬江ノ島、新百合ヶ丘〜唐来田、箱根登山鉄道、御殿場線

◇小田急電鉄—街と駅の1世紀 昭和の街角を紹介　生田誠著　アルファベータブックス　2016.7　87p　26cm　（懐かしい沿線写真で訪ねる）　1850円　①978-4-86598-814-7
目次 第1部 小田原線（新宿、南新宿、参宮橋、代々木八幡、代々木上原 ほか）、第2部 江ノ島線（東林間、中央林間、南林間、鶴間、大和 ほか）、第3部 多摩線（五月台、栗平、黒川、はるひ野、小田急永山、小田急多摩センター、唐木田）

◇小田急の駅今昔・昭和の面影—昭和とともに生きた72駅紹介　生方良雄著　JTBパブリッシング　2009.6　175p　21cm　（キャンブックス—鉄道 96）〈文献あり　年表あり〉　1900円　①978-4-533-07562-9
内容 本書では特急ロマンスカーや、東京メトロ直通の4000形通勤車とともに、駅設備の近代化、バリアフリー化を推進している現状と、50年前ののどかな駅を中心とした風景を紹介した。

◇小田急物語　生方良雄著　川崎　多摩川新聞社　2000.12　238p　21cm　2000円　①4-924882-37-2

◇小田急よもやま話　上　加藤一雄著　川崎　多摩川新聞社　1993.7　342p　21cm　2300円　①4-924882-06-2
内容 会社の創業からロマンスカー全盛の現在まで、現場の人々の苦労話を交えながら10年間の歳月をかけて書き上げた力作。小田急関係はもとより沿線住民にとっても郷土史を知る必読の良書。

◇小田急よもやま話　下　加藤一雄著　川崎　多摩川新聞社　1993.11　365p　21cm　2300円　①4-924882-07-0

◇小田急ロマンスカー—観光・通勤輸送に活躍する特急列車のすべて　生方良雄、諸河久著　JTBパブリッシング　2012.4　175p　21cm　（キャンブックス—鉄道 119）〈年表あり　文献あり〉　1900円　①978-4-533-08617-5
目次 カラーグラビア 小田急ロマンスカーが駆け抜ける、現役で活躍するロマンスカー、想い出のロマンスカー

◇小田急ロマンスカー総覧　生方良雄著　大正出版　2005.6　173p　26cm〈年表あり〉　3800円　①4-8117-0655-2
目次 小田急ロマンスカープロフィールVSE車50000形デビュー、2005年現役のロマンスカー、思い出のロマンスカー、ロマンスカーの歴史を語る、特急券はこうして買える、特別寄稿 タイムスリップ小田急ロマンスカー、小田急ロマンスカー資料編

◇小田急ロマンスカー物語　生方良雄、諸河久共著　大阪　保育社　1994.6　143p　27cm〈折り込2枚〉　5000円　①4-586-18029-3

◇[目次] 小田急の華ロマンスカーの競演, 私のスライドアルバムから, 小田急ロマンスカーのプロフィール, 小田急ロマンスカー物語, 歴代ロマンスカー車両

◇THE小田急電鉄―ロマンスカーに夢乗せて民鉄一のイメージリーダー　広岡友紀著　彩流社　2015.9　79p　26cm　〈年譜あり〉　1800円　①978-4-7791-2367-2
[目次] 小田急沿線と路線の特徴, 小田急グループ, 今は昔の, 箱根山戦争, 小田急電鉄の略歴, 小田急電鉄の車両, 小田急の思い出の名車たち, 小田急電鉄の略歴

◇詳細図鑑 小田急ロマンスカーの車両技術　小田急電鉄, 鈴木剛志, 板垣匡俊, 岩崎哲也共著　オーム社　2018.3　221p　21cm　2400円　①978-4-274-22203-0
[内容] 10年ぶりに新型車両がデビュー！60年間の技術変遷からGSE70000形完成まで、豊富な写真と図でていねいに解説。現役設計陣が解説する、ロマンスカーの設計と製造過程のすべて。

◇懐かしの小田急線―昭和30・40年代の沿線を偲ぶ　生方良雄編　エリエイ　2008.2　128p　30cm　3300円　①978-4-87112-328-0
[目次] カラー写真で見る小田急沿線 想い出の昭和, 沿線風景, 新宿から出発, 昭和30年頃の江ノ島海水浴輸送の思い出, 昭和30年代渋沢付近, 四十八瀬断想, 小田急電車の出てくる映画, 小田急電車について

◇日本の私鉄小田急　生方良雄, 諸河久共著　大阪　保育社　1997.10　151p　15cm　（カラーブックス）　700円　①4-586-50902-3

◇日本の私鉄小田急電鉄　広岡友紀著　毎日新聞社　2010.3　189p　19cm　1500円　①978-4-620-31973-5
[内容] 私鉄ファンのあこがれ、その華麗なる車両たち。東海道新幹線0系のベースとなった栄光の名車・ロマンスカー、3000形SE車、西武との「箱根山」開発競争、幻の林間都市計画など、「昭和」生まれの最後発大手民鉄・小田急の成長の軌跡。

011　近畿日本鉄道
【概　要】近畿日本鉄道株式会社。2014（平成26）年4月30日設立（創業は1910年9月の奈良軌道株式会社創立。10月に大阪電気軌道株式会社に改称）。1944年6月に南海鉄道株式会社と合併、近畿日本鉄道株式会社となる。

◇伊勢電・近鉄の80年―桑名から伊勢神宮を結んだ懐かしの鉄道写真集　椙山満, 上野結城編　名古屋　郷土出版社　1996.7　234p　31cm　〈保存版〉　7500円　①4-87670-084-2
[内容] 昭和11年に姿を消した伊勢電気鉄道―。その礎は近鉄名古屋線として現代に息づく。名阪間の大動脈の知られざる歴史を写真で綴る。

◇京都駅発着列車―JR西日本・JR東海・近鉄・地下鉄　京都新聞出版センター編　京都　京都新聞出版センター　2008.7　160p　21cm　1400円　①978-4-7638-0603-1

◇近畿日本鉄道　広岡友紀著　毎日新聞社　2012.8　237p　19cm　（日本の私鉄）　1500円　①978-4-620-32003-8
[内容] 営業路線最長、車両数最大の民鉄、本業を貫く近鉄スピリット。他社の追随を許さぬ車両性能と特急ネットワーク、伊勢神宮を目指して合併を繰り返した歴史、細分化された近鉄独特の車両形式を総解説。

◇近畿日本鉄道　1　藤井信夫解説, 井上広和写真　ネコ・パブリッシング　2002.7　164p　19cm　（私鉄の車両 復刻版 1）〈初版：保育社刊〉　1429円　①4-87366-284-2
[内容] 日本一の営業キロと、両数を誇る近鉄の車両のうち、この巻では、特急車と団体専用車をとり上げて紹介。ビスタカー3世を頂点とする各特急車両の全容を、路線概要と運用面にも触れながら、データ中心に解説。

◇近畿日本鉄道　2　藤井信夫解説, 井上広和写真　ネコ・パブリッシング　2002.7　196p　19cm　（私鉄の車両 復刻版 13）〈初版：保育社刊〉　1429円　①4-87366-296-6

近畿日本鉄道

|内容| この巻では、通勤に、通学に、ショッピングに、レジャーにと日頃身近に利用している近鉄の通勤車を、奈良線・大阪線・名古屋線・南大阪線などの幹線からナローゲージの支線に至るまで、全てを紹介する。

◇近畿日本鉄道　一般車　第1巻　藤井信夫編　堺　関西鉄道研究会　2008.1　190p　26cm　（車両発達史シリーズ 8）　5000円　①978-4-906399-08-6

◇近畿日本鉄道完全データDVD BOOK 2017　特製トールケース付き付録DVD　観光特急「青の交響曲」の前面展望と豪華車両の概要＆車窓風景を収録！　メディアックス　2017.7　97p　30cm　（メディアックスMOOK 613─メディアックス鉄道シリーズ 45）〈文献あり〉　2000円　①978-4-86201-863-2

◇近畿日本鉄道特急車　藤井信夫編　堺　関西鉄道研究会　1992.8　197p　26cm　（車両発達史シリーズ 2）〈近鉄特急年表・参考文献：p193～197〉　6500円　①4-906399-02-9

◇近畿日本鉄道のひみつ　PHP研究所編　PHP研究所　2013.6　223p　19cm〈文献あり　索引あり〉　1524円　①978-4-569-81142-0

|内容| 路線距離日本一の私鉄・近鉄の魅力に迫る！大都市から山岳地帯までバラエティに富む沿線風景。個性豊かな車両、大都市を結ぶ特急ネットワークetc.貴重な写真満載！

◇近鉄　1　諸河久,杉谷広規共著　大阪　保育社　1998.3　151p　15cm　（カラーブックス─日本の私鉄）　700円　①4-586-50904-X

|内容| 伊勢志摩ライナー（ISL）等、全近鉄特急の最新情報と面白コラムを満載。

◇近鉄　2　諸河久,山邊誠共著　大阪　保育社　1998.4　150p　15cm　（カラーブックス─日本の私鉄）　700円　①4-586-50905-8

◇近鉄沿線謎解き散歩　松尾光編著　KADOKAWA　2013.10　287p　15cm　（新人物文庫　ま-4-2）　857円　①978-4-04-600004-0

|内容| 神話の伝地から現代のグルメまで、近畿・中京圏の有名な史跡・景勝地をめぐるための"必携"ガイド！京都・大阪・奈良・三重・愛知の歴史の「なぜ？」「どうして？」を探求しよう!!

◇近鉄沿線の不思議と謎　天野太郎監修　実業之日本社　2016.5　189p　18cm　（じっぴコンパクト新書289）〈文献あり〉　850円　①978-4-408-11187-2

|内容| 近鉄沿線にひそむ地理・地名・歴史の意外な真実やおもしろエピソードが満載。読めば、ふだんなにげなく見ている駅や沿線風景が違ってみえてくる！　近鉄沿線がもっと好きになる一冊。

◇近鉄大阪線・南大阪線─街と駅の1世紀　昭和の街角を紹介　生田誠著　アルファベータブックス　2016.4　87p　26cm　（懐かしい沿線写真で訪ねる）　1850円　①978-4-86598-811-6

|内容| 昭和の街角を紹介。

◇近鉄京都線・橿原線─街と駅の1世紀　昭和の街角を紹介　生田誠著　アルファベータブックス　2016.6　87p　26cm　（懐かしい沿線写真で訪ねる）　1850円　①978-4-86598-813-0

|目次| 第1部　京都線（京都,東寺,十条,上鳥羽口,竹田,伏見,近鉄丹波橋　ほか）,第2部　橿原線・天理線・田原本線（橿原線,天理線,橿原線,田原本線,橿原線）

◇近鉄電車─大軌デボ1形から「しまかぜ」「青の交響曲」まで100年余りの電車のすべて　三好好三著　JTBパブリッシング　2016.10　239p　21cm　（キャンブックス─鉄道159）〈文献あり〉　1900円　①978-4-533-11435-9

|目次| カラーグラビア（魅惑の近鉄電車）,カラーグラビア（回想の近鉄電車）,特急型車両（大阪・名古屋・奈良・京都線系統,南大阪線系統）,一般型車両（奈良・京都線系統,大阪線系統,名古屋線系統,南大阪線系統）

◇近鉄特急─特急網の形成─70年の歴史と特急車両の変遷　上　田淵仁著　JTB　2004.4　183p　21cm　（JTBキャンブックス）〈年表あり〉　1600円　①4-533-05171-5

|内容| 日本一の私鉄特急網を形成した70年の歴史を綴る。

◇近鉄特急　下　田淵仁著　JTB　2004.6　175p　21cm　（JTBキャンブックス）〈関連タイトル：近畿・東海を結ぶ高速ネットワーク最近の動向と車両のすべて　「下」のサブタイトル：近畿・東海を結ぶ高速ネットワーク最近

の動向と車両のすべて　年表あり〉
1600円　⑭4-533-05416-1
　内容　個性あふれる車両、多彩な運行。日本一の私鉄特急網の魅力に迫る。

◇近鉄名古屋線―街と駅の1世紀 昭和の街角を紹介　牧野和人著　アルファベータブックス　2016.9　87p　26cm〈懐かしい沿線写真で訪ねる〉　1850円　⑭978-4-86598-816-1
　目次　名古屋線・湯の山線・鈴鹿線（近鉄名古屋、米野、黄金、烏森、近鉄八田、伏屋、戸田、近鉄蟹江、富吉、佐古木、近鉄弥富、近鉄長島、桑名、養老鉄道養老線（旧・近鉄養老線）ほか〕

◇近鉄奈良線―街と駅の1世紀 近鉄奈良線各駅今昔散歩 大正・昭和の街角を紹介　藤原浩著　彩流社　2015.4　87p　26cm〈懐かしい沿線写真で訪ねる〉〈年表あり〉　1850円　⑭978-4-7791-2361-0

◇きんてつのでんしゃ　交通新聞社　2018.2　1冊（ページ付なし）　13×13cm　（スーパーのりものシリーズDX）　800円　⑭978-4-330-85818-0

◇きんてつの電車―信頼のネットワーク 楽しい仲間たち　近畿日本鉄道株式会社技術室車両部編　大阪　近畿日本鉄道技術室車両部　1993.12　90p　21×21cm　1800円

◇近鉄の廃線を歩く―懐想の廃止路線40踏査探訪　徳田耕一著　JTBパブリッシング　2006.12　175p　21cm　（JTBキャンブックス）〈年表あり〉　1800円　⑭4-533-06557-0
　目次　懐かしの路線回想、思い出の伊勢線、三重交通時代の鉄軌道各線回顧、青山峠旧線―大阪線・伊賀上津～榊原温泉口、県境越えのルート変更―大阪線・大阪教育大前～関屋、桜井駅構内の変遷―大阪線、奈良線内の路面区間―奈良線・新大宮～近鉄奈良、生駒山地のルート変更―奈良線・石切～生駒、向谷トンネル付近のルート変更―奈良線・生駒～富雄、上本町駅構内配線の変遷―大阪線〔ほか〕

◇サイドビュー近鉄　1　豊中　レイルロード　2001.3　112p　30cm〈他言語標題：Side-view Kintetsu　おもに図　東京　文苑堂東京店（発売）〉　3900円　⑭4-947714-15-8

◇サイドビュー近鉄　2　豊中　レイルロード　2001.3　120p　30cm〈他言語標題：Side-view Kintetsu　おもに図　東京　文苑堂東京店（発売）〉　3900円　⑭4-947714-16-6

◇サイドビュー近鉄　3　豊中　レイルロード　2002.8　136p　30cm〈他言語標題：Side-view Kintetsu　東京　文苑堂東京店（発売）　おもに図〉　4500円　⑭4-947714-19-0

◇サイドビュー近鉄　4　豊中　レイルロード　2002.8　136p　30cm〈他言語標題：Side-view Kintetsu　東京　文苑堂東京店（発売）　おもに図〉　4500円　⑭4-947714-20-4

◇サイドビュー近鉄　5　豊中　レイルロード　2002.12　152p　30cm〈他言語標題：Side-view Kintetsu　東京　文苑堂東京店（発売）　おもに図〉　4500円　⑭4-947714-21-2

◇知れば知るほど面白い近畿日本鉄道　辻良樹編著　洋泉社　2016.8　222p　19cm〈文献あり〉　1600円　⑭978-4-8003-0963-1
　内容　近鉄の歴史、沿線・車両の魅力、駅・路線の謎までぜんぶわかる！ 廃止路線、譲渡線なども随所に掲載！　私鉄路線距離数ナンバーワン！ 全497.8kmにわたる近鉄の魅力を徹底解説！

◇西武鉄道・近畿日本鉄道―輸送力増強と経営多角化のジレンマ　近藤禎夫、安藤陽著　大月書店　1997.2　235p　19cm　（日本のビッグ・ビジネス 19）〈主な参考文献：p222～224〉　1957円　⑭4-272-10219-2
　内容　関東・関西を代表するこの2社も、企業グループの中核企業としての「営利性」の追求と、鉄道事業者としての「公益性」の要請という、両立困難な課題に苦しんでいる。JRとの競争もますます激化する今日、21世紀にむけて大手私鉄は、どのような「ハンドルさばき」を見せるのであろうか。

◇東への鉄路―近鉄創世紀　上　木本正次著　学陽書房　2001.11　241p　19cm　1700円　⑭4-313-83069-3
　内容　大正から昭和初期。何度も危機を迎えながら夢と志を失わず、快適・快速な電車を実現した近鉄の激動の歴史を描く感動のノンフィクション・ノベル。

◇東への鉄路―近鉄創世記　下　木本正次著　学陽書房　2001.11　255p　19cm　1700円　①4-313-83070-7
[内容] 三重を舞台にした伊勢電鉄との熾烈な競争を経て、伊勢、名古屋への道を拓いた近鉄。戦前から戦後にかけて、飛躍への舞台裏を綿密な調査で描く。

◇まるごと近鉄ぶらり沿線の旅　寺本光照編著　七賢出版　1997.3　238p　21cm　(Guide book of Shichiken)　1545円　①4-88304-313-4
[内容] 近畿・東海2府4県を縦断する近鉄の旅・車窓の風景。味・史跡などみどころを紹介。もちろん鉄道ファンには見逃せない情報を一挙公開。

◇まるごと近鉄ぶらり沿線の旅　徳田耕一編著　新版　七賢出版　1999.8　242p　21cm　1600円　①4-88304-405-X
[目次] 車窓の旅・面白情報(難波・奈良線、東大阪線、大阪線、信貴・西信貴鋼索線 ほか)、近畿日本鉄道のすべて(車両カタログ、車両編成表、切符情報、駅一覧表 ほか)

◇まるごと近鉄ぶらり沿線の旅―近畿日本鉄道　徳田耕一編著　河出書房新社　2005.11　207p　21cm〈七賢出版平成11年刊の改訂版〉　1700円　①4-309-22439-3
[内容] 路線ごとに綴る車窓の旅、面白情報、歴史探訪、懐かしの光景、とっておきコラムで日本最大の私鉄・近鉄の魅力を徹底紹介。

012 京王電鉄
【概　要】京王電鉄株式会社。1948(昭和23)年6月1日京王帝都電鉄設立(前身の京王電気軌道株式会社は1910年9月設立)。1998年6月1日会社設立50周年となり、同年7月に京王帝都電鉄株式会社から京王電鉄株式会社に改称。帝都電鉄は1940年に小田原急行鉄道(後の小田急電鉄)と合併するも、1942年の陸上交通事業調整法によって、小田急電鉄が京浜電気鉄道とともに東京横浜電鉄と合併して東京急行電鉄となり、京王電気軌道も1944年に東京急行電鉄と合併した。東京急行電鉄は、1948年6月1日、東京急行電鉄、小田急電鉄、京浜急行電鉄、東横百貨店、京王帝都電鉄の5社に分割された。

◇朝日・読売・毎日新聞社が撮った京王線、井の頭線の街と駅〈1960～80年代〉―懐かしい、あの駅前風景を空から楽しむ　生田誠著　アルファベータブックス　2018.3　127p　26cm〈背のタイトル：朝日・読売・毎日新聞社が撮った京王線、井の頭線の街と駅〉　2200円　①978-4-86598-834-5
[目次] 1章 京王線と支線(新宿駅、初台駅、幡ヶ谷駅、笹塚駅、代田橋駅、明大前駅、下高井戸駅 ほか)、2章 井の頭線(渋谷駅、神泉駅、駒場東大前駅、池ノ上駅、下北沢駅、新代田駅、東松原駅、明大前駅、永福町駅、西永福駅 ほか)

◇井の頭線沿線の1世紀―写真で甦る沿線100年の記録　生活情報センター編、鎌田達也構成・文　生活情報センター　2006.5　157p　31cm　(Archive series)〈年表あり〉　3800円　①4-86126-255-0
[内容] 沿線の失われた風景が甦る。写真総数600点で振り返る井の頭線の歴史と沿線の生活史。

◇京王線・井の頭線沿線の不思議と謎　岡島建監修　実業之日本社　2015.9　191p　18cm　(じっぴコンパクト新書271)〈文献あり〉　850円　①978-4-408-45569-3
[内容] 本当？ 井の頭線の終点は吉祥寺駅じゃなかったかもしれない？？ふだんなにげなく見ている駅や沿線風景にも意外な事実、驚きのエピソードがあった！ 京王線・井の頭線沿線がもっと好きになる知的案内本。

◇京王線・井の頭線昭和の記憶―新都心新宿・渋谷と多摩・相模の街を結ぶ都市派ライナーの多様な軌跡　三好好三編著　彩流社　2012.5　95p　26cm　1900円　①978-4-7791-1713-8
[目次] 第1部 京王線(新宿、初台・幡ヶ谷、笹塚・代田橋、明大前 ほか)、第2部 井の頭線(渋谷、神泉、駒場東大前・池ノ上、下北沢 ほか)

◇京王線・井の頭線―街と駅の1世紀 昭和の街角を紹介　矢嶋秀一著　アルファベータブックス　2016.5　86p　26cm

（懐かしい沿線写真で訪ねる）　1850円　①978-4-86598-812-3

内容 波乱万丈の京王電鉄の歩み、その歴史を沿線の思い出とともに、懐かしい写真で辿る。

◇京王線グリーン車の時代　鈴木洋著　ネコ・パブリッシング　2013.3　47p　26cm　（RM LIBRARY 163）　1200円　①978-4-7770-5339-1

目次 1 2600形（入線当時、2700形との連結による長編成化 ほか）、2 2700形（2700形1次車、初めての制御車クハ2770形入線 ほか）、3 2000形（登場、混合編成に ほか）、4 2010形（1次車入線、2～4次車の増備 ほか）

◇京王線謎解き散歩　私鉄沿線散歩の会著　新人物往来社　2012.7　190p　15cm　（新人物文庫 しー9-1）〈文献あり 年譜あり〉　800円　①978-4-404-04218-7

内容 京王線、井の頭線、相模原線、高尾線の4路線を有する「京王線」。すべての路線の駅を合わせると69を数える。これらの駅の周辺には、歩いて回れる見どころがたくさんある。家族で遊ぶなら、「多摩動物公園」「高尾山」「よみうりランド」、神社仏閣めぐりなら、「高幡不動尊」「深大寺」「大國魂神社」などなど、さまざまなスポットがある。雰囲気を変え、活気ある昔ながらの商店街を歩きたい人には、下高井戸の「駅前市場」がおすすめ。コロッケをかじりながら街歩きを楽しもう。「井の頭公園」や「吉祥寺」の散策もはずせない。全線全駅周辺の見どころを完全掲載。

◇京王線14m車の時代　鈴木洋著　ネコ・パブリッシング　2008.11　47p　26cm　（RM library 111）〈年表あり〉　1000円　①978-4-7770-5245-5

目次 14m級旧型車の系譜、デハ2000形（初代/2001～2010）、デハ2110形（2111～2122）、デハ2150形（2151～2165）、デハ2125形（2125～2130）、デハ2200形（2201～2206）、デハ2300形（2301～2306）、デハ2400形（2401～2406）、デハ2500形（2500）、デハ2501形（2501～2504）、戦災復旧車のこと、旧車改造のサハ2500系、その後の旧車たち

◇京王帝都電鉄　森本富夫解説、荒川好夫写真　ネコ・パブリッシング　2002.7　175p　19cm　（私鉄の車両 復刻版 17）〈初版：保育社刊〉　1429円　④4-87366-300-8

内容 国鉄山手線のターミナル駅新宿と渋谷をそれぞれ起点とする京王線、井の頭線。アイボリーホワイトに赤帯の鋼製車とステンレスカーの数々を写真とデータで紹介。

◇京王電鉄各駅停車　辻良樹著　洋泉社　2015.9　223p　19cm〈文献あり〉　1500円　①978-4-8003-0723-1

内容 京王線＆井の頭線の歴史と魅力がまるわかり！ 新旧の駅舎、古地図、秘蔵写真満載！ 全69駅完全網羅！ 世界的にも珍しい1372mm軌間となった理由は？ 井の頭線を田無まで延伸する計画があった？ わずか10年間だけ八王子を走った路面電車とは？ 新宿・渋谷と多摩のベッドタウン＆高尾山を結ぶ"アイボリーホワイト"と"レインボーカラー"の多彩な魅力を探る！

◇京王電鉄きっぷ大全集―自動券売機編　まるのや乗合南烏山営業所　まるのや乗合書籍部　2004.11　47p　26cm　700円

◇京王電鉄のひみつ　PHP研究所編　PHP研究所　2012.9　223p　19cm〈文献あり 索引あり〉　1524円　①978-4-569-80715-7

内容 京王線には信号機がない!? 調布駅周辺はどう変わる？ 京王線と井の頭線で線路の幅が違うのはなぜ？ 現役車両すべて収録。車両・駅・沿線施設の魅力・ナゾを追う。

◇京王電鉄まるごと探見―100年の歴史・車両・路線・駅　村松功著　JTBパブリッシング　2012.4　175p　21cm　（キャンブックス―鉄道 117）〈年表あり 文献あり〉　1900円　①978-4-533-08562-8

目次 巻頭グラビア 京王電鉄現役の車両たち、第1部 歴史編（京王電気軌道のあゆみ、帝都電鉄のあゆみ、東京急行電鉄の時代、京王帝都電鉄 復興の時代、京王帝都電鉄 発展の時代、京王電鉄 充実の時代、京王電鉄のこれからと未来）、第2部 車両編、第3部 路線編

◇京王電鉄ものがたり　松本典久著　小金井　ネット武蔵野　2003.4　39p　27cm〈年表あり〉　1238円　④4-944237-10-3

◇THE京王電鉄―歴史の香りとニュータウンの明るい空　広岡友紀著　彩流社　2015.5　71p　26cm〈年譜あり〉　1800円　①978-4-7791-2363-4

目次 京王電鉄の魅力！、京王電鉄の路線（軌道線ゲージを採用した京王線、保安装置・

旅客サービスに先鞭 ほか），京王電鉄の沿線カラー（井の頭線・京王線は人気のエリア，古くから栄えていた京王沿線 ほか），京王グループの今日（交通事業，流通事業 ほか），京王電鉄の車両（7000系，8000系 ほか），京王電鉄の略歴

◇日本の私鉄　13　京王帝都　道村博，諸河久共著　大阪　保育社　1993.11　153p　15cm　（カラーブックス 856）　700円　①4-586-50856-6
[目次]　第1章 京王帝都電鉄のプロフィール，第2章 快走！ 京都帝都電鉄，第3章 京王線沿線スケッチ，第4章 京王線の車両，第5章 井の頭線の沿線スケッチと車両，第6章 他社へいった車両，第7章 京王帝都を駆け抜けた車両たち，第8章 輸送を支える，京王帝都電鉄データファイル

◇日本の私鉄京王電鉄　広岡友紀著　毎日新聞社　2009.7　189p　19cm　1500円　①978-4-620-31939-1
[内容]　知っていました？ あなたが毎日乗っている私鉄の歴史。成り立ちの歴史が違う京王線と井の頭線，社運をかけた多摩ニュータウンを貫く京王相模原線，各車の誉れ高い5000系。スマートなイメージの京王電鉄の魅力を一冊に集約。

---

013 **京成電鉄**
　【概　要】京成電鉄株式会社。1909（明治42）年7月，京成電気軌道株式会社設立。1945年6月，商号を京成電鉄株式会社に変更。営業キロ152.3km。保有客車582両。駅数69駅。

◇京成青電ものがたり　石本祐吉著　ネコ・パブリッシング　2012.5　45p　26cm　（RM LIBRARY 153）　1200円　①978-4-7770-5326-1
[目次]　1 創業初期の京成電車，2 昭和10年代の京成電車，3 戦後期の京成電車，4 戦後ではなくなった時代，5 3000形の登場と改軌工事，6 特急車の系譜，7 行商専用車，8 青電その後

◇京成赤電ものがたり　石本祐吉著　ネコ・パブリッシング　2012.6　47p　26cm　（RM LIBRARY 154）　1200円　①978-4-7770-5327-8
[目次]　1 戦後の京成電車，2 赤電前史，3 3000形と3050形，4 改軌工事，5 3100形・3150形，6 3200形・3300形，7 赤電のメーカーと台車，8 赤電世代の「開運」号，9 赤電その後

◇京成押上線物語　澤村英仁著　文芸社　2015.12　142p　21cm〈文献あり 年表あり〉　1300円　①978-4-286-16773-2

◇京成検定1・2・3級　京成電鉄を愛する会編　戎光祥出版　2017.2　199p　21cm〈文献あり 年譜あり〉　1200円　①978-4-86403-119-6
[内容]　京成電鉄の列車，車両，駅，サービス、歴史の問題を収録！ 練習問題300問に加え，巻末には本番問題300問も掲載!!

◇京成電車―観察記録　vol. 1　行商専用車編　長尾幸久著　［出版地不明］　Dream☆Star　1999.12　50p　21cm〈文献あり〉

◇京成電車―観察記録　vol. 2　千葉線編　長尾幸久著　［出版地不明］　Dream☆Star　2000.8　70p　21cm〈文献あり〉

◇京成電車―観察記録　vol. 3　千原線編　長尾幸久著　［出版地不明］　Dream☆Star　2000.12　62p　21cm〈文献あり〉

◇京成電車―観察記録　vol. 4　本線（上野―青砥）編　長尾幸久著　［出版地不明］　Dream☆Star　2001.8　86p　21cm〈文献あり〉

◇京成電車―観察記録　vol. 5　押上線編　長尾幸久著　［出版地不明］　Dream☆Star　2001.12　68p　21cm〈文献あり〉

◇京成電車―観察記録　vol. 6　本線（青砥―中山）編　長尾幸久著　［出版地不明］　Dream☆Star　2002.8　84p　21cm〈文献あり〉

◇京成電車―観察記録　vol. 7　本線（中山―津田沼）編　長尾幸久著　［出版地不明］　Dream☆Star　2003.8　110p　21cm〈文献あり〉

◇京成電車―観察記録　vol. 8　本線（津田沼―佐倉）編　長尾幸久著　［出版地不明］　Dream☆Star　2003.12　122p　22cm〈文献あり〉

◇京成電車―観察記録　vol. 9　本線（佐倉―成田空港）編　長尾幸久著　［出版地不明］　Dream☆Star　2004.12　118p　22cm〈文献あり〉

◇京成電車―観察記録:―特別付録―芝山鉄道編　vol. 10　金町線・東成田線編　長尾幸久著　［出版地不明］　Dream☆Star　2005.8　94p　22cm　〈文献あり〉

◇京成電鉄―新京成電鉄, 北総開発鉄道, 住宅・都市整備公団　成田喜八解説, 諸河久写真　ネコ・パブリッシング　2002.7　172p　19cm　（私鉄の車両　復刻版 12）〈初版：保育社刊〉　1429円　①4-87366-295-8
内容 日本の空の玄関、新東京国際空港（成田空港）へのアクセスを果たすとともに、首都圏東部の通勤輸送を担う京成。それに、新京成、北総、住宅・都市公団で活躍する車両のすべてを紹介。

◇京成電鉄―街と駅の1世紀　生田誠著　アルファベータブックス　2015.5　87p　26cm　（懐かしい沿線写真で訪ねる）　1850円　①978-4-86598-800-0
内容 京成電鉄各駅今昔散歩。大正・昭和の街角を紹介。

◇京成電鉄―AE100形「スカイライナー」の前面展望映像〈京成上野→成田空港〉・特急「開運号」リバイバル運転映像　みんなの鉄道DVD BOOKシリーズ　メディアックス　2015.6　64p　30cm　（メディアックスMOOK 506―メディアックス鉄道シリーズ 29）〈文献あり〉　1800円　①978-4-86201-946-2

◇京成電鉄昭和の記憶―東京下町～千葉・成田を、青電・赤電が走った時代の想い出アルバム　三好好三編著　彩流社　2012.9　95p　26cm　1900円　①978-4-7791-1715-2
内容 東京下町～千葉・成田を、青電・赤電が走った時代の想い出アルバム。

◇京成電鉄・新京成電鉄・北総鉄道電車図鑑　杉﨑行恭写真・文　リブロアルテ　2014.10　63p　30cm〈発売：メディアパル〉　1600円　①978-4-89610-831-6
目次 第1章 京成電鉄（AE形、AE100形、初代AE形、開運号ほか）、第2章 新京成電鉄（8000形、8900形・8800形、N800形、懐かしい時代の新京成）、第3章 北総鉄道（7260形、7300形、7500形、7300形 ほか）、第4章 乗り入れの電車（都営地下鉄浅草線と京浜急行）

◇京成電鉄の世界―身近な鉄道の"本格派"雑学　交通新聞社　2015.8　144p　29cm　（トラベルMOOK　年譜あり）　1600円　①978-4-330-57215-4

◇京成電鉄のひみつ　PHP研究所編　PHP研究所　2013.12　223p　19cm　〈文献あり　索引あり〉　1524円　①978-4-569-81615-9
内容 在来線最速の時速160kmでスカイライナーが疾走！東京の下町と千葉県内を結ぶ沿線・駅情報、多彩な列車種別、100年を超える歴史etc.新旧の車両・風景紹介！

◇京成の駅今昔・昭和の面影―100年の歴史を支えた全駅を紹介　石本祐吉著　JTBパブリッシング　2014.2　175p　21cm　（キャンブックス―鉄道 137）〈文献あり〉　1800円　①978-4-533-09553-5
目次 上野線 京成上野‐青砥、京成本線 青砥‐京成津田沼, 成田線 京成津田沼‐京成成田, 空港線 京成成田‐成田空港ほか, 押上線 押上‐青砥, 白鬚線（廃止）, 金町線 京成高砂‐京成金町, 千葉線 京成津田沼‐千葉中央, 千原線 千葉中央‐ちはら台

◇THE京成電鉄―都心と成田空港を結ぶショートカッター　広岡友紀著　彩流社　2016.7　79p　26cm〈年譜あり〉　1800円　①978-4-7791-2372-6
目次 京成の路線（京成電鉄路線図, 列車種別と停車駅 ほか）, 京成の沿線風景（日本屈指の文化エリアにあるターミナル駅, 京成関屋駅と東武牛田駅の微妙な関係 ほか）, 京成グループ（千葉県と茨城県に幅広く展開する交通事業, 「ららぽーと船橋」事業に隠された思惑 ほか）, 京成の車両（平凡でスマートなデザイン, 京急と共通点が多い車両 ほか）, 京成の略歴（はじまりは寺社参詣客輸送, 国家政策に翻弄された歴史 ほか）

◇日本の私鉄京成　諸河久, 岸上明彦共著　大阪　保育社　1996.10　150p　15cm　（カラーブックス 892）　721円　①4-586-50892-2

◇日本の私鉄京成電鉄　広岡友紀著　毎日新聞社　2011.2　173p　19cm　1500円　①978-4-620-31997-1
内容 下町情緒を感じさせた懐かしの青電、赤電、成田空港開港に振り回された不遇、東京ディズニーランドと京成の関係、戦前の陸軍との密接な関係、ハムや薬品もつくっていた京成の不思議なエピソードが満載。

014 京阪電気鉄道

【概　要】京阪電気鉄道株式会社。1906（明治39）年11月19日、京阪電気鉄道創立。1910年4月15日、運転開始。1943年10月1日、阪神急行電鉄との合併により京阪神急行電鉄に社名変更。1949年11月25日、阪神急行電鉄と分離し京阪電気鉄道を設立。2016年4月1日、持株会社化により京阪ホールディングスに社名変更。営業キロ91.1km。

◇上方遊歩46景—アートエリアB1 5周年記念記録集　松岡正剛監修, 木ノ下智恵子編集　大阪　アートエリアB1　2015.12　304p　15×21cm〈共同発行：大阪大学出版会　文献あり　年表あり〉1800円　Ⓘ978-4-87259-514-7
[目次]アートエリアB1 2006～2013（アートエリアB1履歴, 中之島コミュニケーションカフェ2006～2009, サーチプロジェクトvol.1～vol.3, 鉄道芸術祭vol.0～vol.3）, 5周年記念事業 上方遊歩46景（松岡正剛上方遊歩論, 上方遊歩沿線探訪・出展作家, 上方遊歩沿線情報, 上方遊歩関連企画, 上方遊歩ゲストプロフィール, 上方遊歩沿線情報引用・出典・参考文献）

◇京阪沿線の不思議と謎　天野太郎監修　実業之日本社　2016.12　189p　18cm（じっぴコンパクト新書 301）〈文献あり〉900円　Ⓘ978-4-408-45617-1
[内容]「なぜ京阪の車両に『成田山』のお守りがあるのか？」「カーブばかりの路線網のなかで交野線はまっすぐなワケは？」「かつて石山寺は最寄り駅から○○○で繋がっていた」「なぜ京橋駅の近くに『京橋』がないのか⁉」…など京阪沿線にひそむ地理・地名・歴史の意外な真実やおもしろエピソードが満載。読めば、ふだんなにげなく見ている車両や沿線風景が違って見えてくる！京阪沿線がもっと好きになる一冊。

◇京阪車輛竣功図集　戦後編～S40　豊中レイルロード　1990.5　128p　30cm〈発売：文苑堂東京店〉Ⓘ4-938343-75-4

◇京阪電気鉄道　藤井信夫編　堺　関西鉄道研究会　1991.2　192p　26cm（車両発達史シリーズ 1）〈付：参考文献〉5600円　Ⓘ4-906399-01-0

◇京阪電気鉄道　青野邦明解説, 諸河久写真　ネコ・パブリッシング　2002.7　179p　19cm　（私鉄の車両 復刻版 15）〈初版：保育社刊〉1429円　Ⓘ4-87366-298-2

[内容]京阪間を直結し、琵琶湖へと展開する路線を持つ京阪電車。ロマンスカー、ユニークな5扉車から路面電車、そして貨車まで魅力あふれる車両たちのすべてを紹介する。

◇京阪電車—街と駅の1世紀　生田誠著　彩流社　2015.2　87p　26cm（懐かしい沿線写真で訪ねる）〈年譜あり〉1850円　Ⓘ978-4-7791-2359-7
[内容]京阪電車各駅今昔散歩。大正・昭和の街角を紹介各。

◇京阪電車—1号型・「びわこ号」から「テレビカー」・「プレミアムカー」まで　清水祥史著　JTBパブリッシング　2017.9　191p　21cm（キャンブックス—鉄道162）〈文献あり　年表あり〉2000円Ⓘ978-4-533-12081-7

◇京阪電車車両の100年—細密イラストで見る　大阪　京阪電気鉄道　c2010　143p　31cm〈発売：ネコ・パブリッシング〉2000円

◇京阪電鉄のひみつ　PHP研究所編　PHP研究所　2014.4　223p　19cm〈文献あり　索引あり〉1524円　Ⓘ978-4-569-81827-6
[内容]世界初・日本初・関西初などの称号を持つユニークな車両・サービスの宝庫！テレビカー、5扉車、ダブルデッカー車etc.今昔の車両・風景満載！

◇京阪特急—鳩マークの電車が結んだ京都・大阪間の50年　沖中忠順編著　JTBパブリッシング　2007.3　175p　21cm（JTBキャンブックス）1800円Ⓘ978-4-533-06650-4
[目次]京阪電気鉄道路線図, カラーグラフ 大阪から京都へ京阪特急50分の旅, 沿線案内図に見る京阪特急, メモリアル京阪特急 思い出の車両, 消えた光景, 京阪特急前史戦前の歩み, 戦後の歩み, 特急車両の系譜, 臨時列車と臨時特急, 現在の京阪特急, 関東から見た京阪特急の魅力, 資料編

◇京阪ロマンスカー史　上　エリエイ/プレス・アイゼンバーン　2010.4　90p

30cm （レイル No.73） 3000円
①978-4-87112-473-7
[目次] 京阪ロマンスカーの風景（上）（前史時代とロマンスカー1550号型の登場、新体制発足と本格的特急登場の前後、想い出のカラー、次々登場する新特急車、テレビカー車内カラー、名残の天満橋駅、淀屋橋乗り入れ叶う、蒲生信号所―天満橋間の高架複々線化ほか）、京阪ロマンスカー史 その栄光の100年

◇京阪ロマンスカー史 下 エリエイ／プレス・アイゼンバーン 2010.5 90p 29×21cm （レイル No.74） 3000円
①978-4-87112-474-4
[目次] 京阪ロマンスカーの風景（下）、京阪ロマンスカー番外編、カラーアルバム、京阪ロマンスカーの周辺あれこれ、京阪ロマンスカー図面集、京阪ロマンスカーインテリアと形式写真、京阪ロマンスカー車輛表

◇サイドビュー京阪 1 豊中 レイルロード 1994.5 96p 30cm〈発売：文苑堂東京店 おもに図〉 4300円 ①4-938343-85-1

◇サイドビュー京阪 2 豊中 レイルロード 1994.5 72p 30cm〈発売：文苑堂東京店 おもに図〉 3700円 ①4-938343-86-X

◇THE京阪電鉄―風流の今様を感じながら典雅なる古都、琵琶湖へ 広岡友紀著 彩流社 2016.11 79p 26cm〈年譜あり〉 1850円 ①978-4-7791-2374-0

[目次] 京阪電鉄の路線（京阪電鉄路線図、列車種別と停車駅 ほか）、京阪の沿線風景（ニッポンのパリ 水都・大阪、昔は京街道、今は京阪 沿線に根付いた庶民の暮らし ほか）、京阪グループ（交通事業を核に展開するグループ企業、急増する国内外の観光客に対応するホテル事業 ほか）、京阪電鉄の車両（伝統的車両形態にとらわれず確立した新・京阪スタイル、カルダン駆動の実用化が早かった理由 ほか）、京阪電鉄の歴史（合併を重ねて拡大していった京阪、覇権争いで琵琶湖進出へ ほか）

◇日本の私鉄 9 京阪 沢村達也,諸河久共著 大阪 保育社 1990.2 151p 15cm （カラーブックス 793） 620円
①4-586-50793-4
[目次] 第1章 京阪電車の紹介、第2章 京阪特急の魅力、第3章 複々線のスタアたち、第4章 びわ湖へ―勾配線をかける、第5章 輸送をささえる力、第6章 付録編―洛北へ―八瀬・鞍馬の電車、第7章 京阪電鉄データファイル

◇日本の私鉄京阪電気鉄道 広岡友紀著 毎日新聞社 2011.9 180p 19cm 1500円 ①978-4-620-32000-7
[目次] 1 京阪電気鉄道のプロフィール、2 京阪電気鉄道の歴史、3 京阪電車の「装い」に賛否あり、4 京阪電気鉄道の車両、5 京阪グループ、6 京阪の風情、7 ロマンスカーの元祖「京阪」、8 京阪と東洋電機―電力回生ブレーキについて、9 京阪特急の系譜

---

015 京浜急行電鉄

【概　要】京浜急行電鉄株式会社。1898（明治31）年2月25日、大師電気鉄道株式会社創立。1899年4月25日、京浜電気鉄道に社名変更。1941年11月1日、湘南半島自動車・湘南電気鉄道と合併。1942年5月1日、事業統制により小田急電鉄・東京横浜電鉄と合併し、東京急行電鉄となる。1948年6月1日、東京急行電鉄・小田急電鉄・京王電鉄とともに分割され、京浜急行電鉄が新たに発足。

◇新しい京急電鉄の世界―都心と空港・三浦半島を結ぶ赤い高速電車のひみつ 交通新聞社 2018.2 144p 29cm （トラベルMOOK）〈文献あり 年譜あり〉 1600円 ①978-4-330-84818-1

◇エアポートきゅうこうはっしゃ！ みねおみつ[作] PHP研究所 2013.9 [32p] 24×24cm （PHPにこにこえほん） 1200円 ①978-4-569-78348-2

◇京急沿線謎解き散歩 洞口和夫編著 KADOKAWA 2013.12 319p 15cm （新人物文庫 ほー2-1）〈年譜あり〉 857円 ①978-4-04-600092-7
[内容] 旧東海道や文明開化の歴史、異文化共生、軍港・漁港から清爽な海・山の名所まで「赤い電車」がつなぐ街の魅力が満載!!品川、川崎、横浜、横須賀、三崎の"歴史"と"今"の謎を歩こう！

京浜急行電鉄

◇京急沿線の不思議と謎　岡田直監修　実業之日本社　2015.8　189p　18cm　（じっぴコンパクト新書268）〈文献あり〉　850円　①978-4-408-45567-9
[内容]「通ることができない謎の改札口を持つ駅がある!?」「花月園前には東洋一の大○○○があった！」「三浦按針に由来するはずの安針塚駅。なのに漢字が『按』ではないのはなぜ？」「天空橋の大鳥居にはなぜ神社がないのか？」「京急からJRにつながる秘密の線路があるらしい？」「鈴木町駅の駅名の本当の由来とは？」「三崎口駅はどうして中途半端な位置にあるのか？」…など京急沿線にひそむ地理・地名・歴史の意外な真実やおもしろエピソードが満載。読めば、ふだんなにげなく見ている駅や沿線風景が違って見えてくる！　京急沿線がもっと好きになる一冊。

◇京急おもしろ運転徹底探見—羽田空港への輸送で変貌する京急の運転の妙技　佐藤良介写真・文　JTBパブリッシング　2007.1　112p　22cm　（キャンDVDブックス）　2800円　①4-533-06592-9
[内容]京急の列車併合・切り放しの魅力をBOOKとDVDで紹介。

◇京急クロスシート車の系譜—京濱・湘南電鐵より今日の京急まで歴代の名車を綴る　佐藤良介著　JTB　2003.9　192p　21cm　（JTBキャンブックス）〈年表あり〉　1800円　①4-533-04909-5
[内容]本書では、京急100年の歴史のなか、現れては消えていった過去の車輌と、500系以降のクロスシート車の変遷とそれを取り巻く状況などを織り混ぜて、今日の2100系に至る歴史を振り返る。

◇京急時刻表　2017年版　京急アドエンタープライズ　2017.10　26cm　（JTBのMOOK）〈他言語標題：KEIKYU LINE TIMETABLE　発売：JTBパブリッシング〉　380円　①978-4-533-12225-5

◇京急初代700形　上　佐藤良介著　ネコ・パブリッシング　2015.4　41p　26cm　（RM LIBRARY 188）　1250円　①978-4-7770-5378-0
[目次]1 私鉄高性能電車の台頭、2 京急の軽量高速車輌計画、3 700形試作1次車の概要、4 第一世代の高性能車、5 量産車輌の増備、6 1号線直通運転対応改造、7 600形に改番、8 4輌固定編成化、9 昭和40年代前半までの列車運行

◇京急初代700形　下　佐藤良介著　ネコ・パブリッシング　2015.5　43p　26cm　（RM LIBRARY 189）　1250円　①978-4-7770-5380-3
[目次]1 冷房装置取付けと車輌更新（通勤冷房車の登場、冷房装置、車体、台車および主要機器）、2 更新以降の変化（OK-18台車に車軸ダンパ取付け、水害被災、戸閉保安装置の取付け、配電と編成替、遮光フィルムの取付け、床下冷房機ダクトへの網目カバー取付け）、3 第二世代高性能車登場、4 2000形への代替による廃車、5 冷房車時代の600形運用（季節ダイヤと愛称列車、12輌編成運転とスピードアップ、通勤快特の運転開始、定期運用からの撤退）、6 高松琴平電気鉄道への譲渡

◇京急ダイヤ100年史—1899～1999　吉本尚著　電気車研究会（発売）　1999.4　282p　21cm　3000円　①4-88548-093-

◇京急電車の運転と車両探見—向上した羽田空港アクセスと車両の現況　佐藤良介著　JTBパブリッシング　2014.4　191p　21cm　（キャンブックス—鉄道140）　1900円　①978-4-533-09705-8
[目次]カラーグラフ 赤い電車が走る街 京急電車沿線の風景、運転探見（列車運転の基本、最近の列車ダイヤの変遷、追跡！一日の運転）、車輌探見（車輌総説、1000形、2100形、600形、1500形、2000形、800形、電動貨車、初代1000形、二代目700形、譲渡車輌）、データベース（現有形式車輌表（全車）、廃車一覧表、表示器字幕一覧表）

◇京急電鉄—街と駅の1世紀：懐かしい沿線写真で訪ねる：京急全路線各駅今昔散歩昭和の街角を紹介　西潟正人著　彩流社　2013.1　79p　26cm　〈年譜あり〉　1500円　①978-4-7791-1718-3
[内容]京急全路線各駅今昔散歩。昭和の街角を紹介。

◇京急電鉄各駅停車　矢嶋秀一著　洋泉社　2015.7　223p　19cm　〈文献あり〉　1500円　①978-4-8003-0684-5

◇京急電鉄完全ガイド—実物とNゲージで愉しむ京急　ネコ・パブリッシング　2017.10　114p　30cm　（NEKO MOOK 2634）　1800円　①978-4-7770-2134-5

◇京急電鉄のひみつ　PHP研究所編　PHP研究所　2013.9　223p　19cm〈文献あり　索引あり〉　1524円　①978-4-569-81408-7
　内容　東京・神奈川を結ぶ大動脈「赤い電車」の魅力を徹底解明！

◇京急電鉄明治・大正・昭和の歴史と沿線—京浜・湘南電鉄から115年の歴史を絵葉書・古写真・古地図・新聞等の史料でたどる　宮田憲誠著　JTBパブリッシング　2015.10　256p　26cm〈文献あり　年譜あり〉　2800円　①978-4-533-10675-0
　内容　京浜・湘南電鉄から115年の歴史を絵葉書・古写真・古地図・新聞等の史料でたどる。

◇京急の駅今昔・昭和の面影——○○余年間に存在した全駅を紹介　佐藤良介著　JTBパブリッシング　2006.2　176p　21cm　(JTBキャンブックス)　1800円　①4-533-06175-3
　目次　本線—泉岳寺-浦賀(泉岳寺・品川間、品川・北品川間 ほか)、空港線—京急蒲田-羽田空港(糀谷、大鳥居 ほか)、大師線—京急川崎-小島新田(旧併用軌道線、新設専用軌道線 ほか)、逗子線—金沢八景-新逗子(六浦、神武寺 ほか)、久里浜線—堀ノ内-三崎口(新大津、北久里浜 ほか)

◇京急の車両—現役全形式・徹底ガイド　佐藤良介著　JTB　2004.9　144p　21cm　(JTBキャンブックス)　1600円　①4-533-05546-X
　内容　京浜急行電鉄の現在の車輌の姿をビジュアル的に、またデータベースとして多角的に紹介。

◇京急400・500形—大型吊り掛け駆動車の生涯　上　佐藤良介著　ネコ・パブリッシング　2014.1　47p　26cm　(RM LIBRARY 173)　1200円　①978-4-7770-5359-9
　目次　大型車輌導入への流れ、大東急の統合、戦前の列車運行、戦後の輸送、連合軍専用車、戦災車輌の復旧と東急横浜製作所、大東急の解体、京浜急行電鉄の発足、戦後の運転状況、デハ300形→デハ5300形、デハ400形←デハ5400形、デハ420形

◇京急400・500形—大型吊り掛け駆動車の生涯　中　佐藤良介著　ネコ・パブリッシング　2014.2　47p　26cm　(RM LIBRARY 174)　1200円　①978-4-7770-5360-5
　目次　1 車輌全般の状況と推移、2 緩急結合による列車運行の確立、3 デハ300形、4 デハ400形、5 デハ420形、6 500形、7 600形(600A)、8 更新名義600形(600B・600C)、9 謎の多い600形の台車

◇京急400・500形—大型吊り掛け駆動車の生涯　下　佐藤良介著　ネコ・パブリッシング　2014.3　47p　26cm　(RM LIBRARY 175)　1200円　①978-4-7770-5363-6
　目次　1 車輌全般にわたる工事、2 吊り掛け駆動車の再編による改番と車輌性能改造、3 1000形全盛時代の京急、4 デハ400(2)形←デハ300形、5 サハ480形←デハ480形←デハ400形、6 デハ400形(通称デハ420形)←デハ420A・420B形、7 500形、8 400形(通称440形・460形・470形)←600形、9 デワ40形←デハ400(2)形

◇京急1000形半世紀のあゆみ—都営浅草線相互直通運転とともに　佐藤良介著　JTBパブリッシング　2011.4　191p　21cm　(キャンブックス—鉄道 109)〈文献あり〉　1900円　①978-4-533-08217-7
　目次　1000形総括、第1章 1000形製造年度別解説(昭和33年度車800(I)形、昭和34年度車、昭和35年度車 ほか)、第2章 50年のあゆみ(相互直通運転への道のり、相互直通運転開始、1000形の全盛期と始まる世代交代 ほか)、資料編(1号線直通車両規格(抜粋)、車歴表)

◇京浜急行　井上広和、瀧戸喜代司共著　東大阪　保育社　1998.12　153p　15cm　(カラーブックス—日本の私鉄)　700円　①4-586-50907-4

◇京浜急行今昔物語　吉村光夫著　川崎　多摩川新聞社　1995.5　156p　21cm　1800円　①4-924882-14-3

◇京浜急行昭和の記憶—品川・川崎・横浜・三浦半島を駆け抜けた赤い電車の想い出　吉村光夫写真、高井薫平文　彩流社　2011.8　95p　26cm　1900円　①978-4-7791-1710-7
　目次　京浜急行のあゆみ、第1章 遠い記憶、第2章 名車230形、第3章 300形の頃、第4章 500形の登場、第5章 初の高性能車700形、第6章 1000形による基礎づくり、第7章 京急カラーの記憶

◇京浜急行スゴすぎ謎学　小佐野カゲトシ著　河出書房新社　2016.6　222p

鉄道経営

鉄道経営

15cm （KAWADE夢文庫 K1040）〈企画・編集：夢の設計社　文献あり〉　620円　①978-4-309-49940-6
[内容] 圧倒的なスピード感、独特すぎる運行パターン、個性豊かな車両、優れた運転技術…他社ではなかなか見られない魅力いっぱいの"京急ワールド"を徹底解明!!

◇京浜急行電車と駅の物語　吉川文夫、佐藤良介著　川崎　多摩川新聞社　2001.4　244p　21cm〈年表あり〉　2000円　①4-924882-38-0

◇京浜急行電鉄　花沢政美解説, 諸河久写真　ネコ・パブリッシング　2002.7　171p　19cm　（私鉄の車両　復刻版 18）〈初版：保育社刊〉　1429円　①4-87366-301-6
[内容] 東京から横浜を経て三浦半島に至り、関東私鉄では数少ない1,435mm軌間と高速運転で知られる京浜急行。その魅力的で、スピード感あふれる車両のすべて。

◇京浜急行電鉄—本線、空港線、大師線、逗子線、久里浜線 1950〜1990年代の記録　生田誠, 牧野和人著　アルファベータブックス　2016.11　95p　30cm　1850円　①978-4-86598-818-5
[目次] 泉岳寺、品川、北品川、新馬場、青物横丁、鮫洲、立会川、大森海岸、平和島、大森町、梅屋敷、京急蒲田、糀谷、大鳥居、穴守稲荷、旧・羽田空港、雑色、六郷土手、京急川崎、港町、鈴木町、川崎大師〔ほか〕

◇THE京急電鉄—シーブリーズを感じるエアポートライナー　広岡友紀著　彩流社　2015.7　79p　26cm〈年譜あり〉　1800円　①978-4-7791-2365-8
[目次] 京急沿線の特徴（絶景京急、京浜急行電鉄路線図、列車種別と停車駅、鉄道ファンを魅了する赤い電車、沿線は史跡の宝庫、重要視される羽田空港へのアクセス）、京急グループの今日（流通事業で見える西武との関係、皇族に翻弄されたホテル事業、空港のネットワークは関東一）、京急電鉄の歴史（ルーツは関東最古の電気鉄道、沿線の不動産開発を経営の軸に）、京急電鉄の車両（伝統を継承し進化する車両が魅力、800形—加速減速性能を重視、2000形—快速特急用として設計、1500形—京急初の3扉両開き、600形—登場時は3扉オールクロスシート、2100形—輸入品を多用した車両、1000形—アルミ合金製からステンレス鋼製へ）、京急電鉄の略歴（京急電鉄のあゆみ、会社沿革図）

◇なぜ京急は愛されるのか—"らしさ"が光る運行、車輌、サービス　佐藤良介著　交通新聞社　2018.2　207p　18cm　（交通新聞社新書 120）〈文献あり〉　800円　①978-4-330-86218-7
[内容] 鉄道ファンや沿線住民をはじめ、多くの人から愛される京急。SNSなどでも、その「愛」を語るコメントが、ほかの鉄道会社に比べ目立っている。人々を惹きつけるその個性、取り組みとは何か？　本書では、会社の歴史的"生い立ち"をはじめ、車輌や運行など、独自の思想で鉄道事業を展開してきた数々の事例に触れながら、京急の真髄に迫る。

◇日本の私鉄京浜急行電鉄　広岡友紀著　毎日新聞社　2010.7　189p　19cm　1500円　①978-4-620-31995-7
[内容] 今日もライバル、JR東海道線とデッドヒート。時速120キロで疾走する"走り"が魅力の京急のすべて。ドル箱の羽田空港線、三浦半島の観光地を巡る他社との覇権争い、幻の三浦半島循環鉄道計画など、関東の都市間連絡鉄道の代表格、京急の知られざるエピソード。

◇まるごとわかる！　京急—5路線73駅完全ガイド　JTBパブリッシング　2016.2　16, 94p　26cm　（JTBの交通ムック 29）〈年譜あり〉　1600円　①978-4-533-10839-6

016　相模鉄道

【概　要】相模鉄道株式会社。1917（大正6）年に創立。1943（昭和18）年、神中鉄道を吸収合併した。1976（昭和51）年、いずみ野線が開業（二俣川駅—いずみ野駅間）。2009（平成21）年9月、グループの経営体制強化・利益拡大化を図るため、鉄道事業を分社。相鉄ホールディングス内の鉄道事業承継会社「相模鉄道」となった。

◇相模鉄道　小山育男解説, 井上広和写真　ネコ・パブリッシング　2002.7　179p

西武鉄道

19cm （私鉄の車両 復刻版 20）〈初版：保育社刊〉 1429円 ①4-87366-303-2
[内容] 300万都市横浜と、発展著しい神奈川県中央部を結ぶ相模鉄道。7000系アルミカーに代表される安全性・快適性・経済性を兼ね備えた合理的設計の車両群を、豊富な写真とデータで紹介。

◇相模鉄道—相鉄の過去・現在・未来 広岡友紀著 JTBパブリッシング 2014.12 163p 21cm （キャンブックス—鉄道 146） 1800円 ①978-4-533-10002-4
[目次] 第1章 総説と現況、第2章 相鉄形成史、第3章 相鉄の車両技術、第4章 相鉄の車両、第5章 追憶の中の電車と駅と街、第6章 通行の現状と近未来の相鉄

◇相模鉄道—街と駅の1世紀 相模鉄道本線・いずみ野線各駅今昔散歩大正・昭和の街角を紹介 生田誠、山田亮著 彩流社 2014.2 79p 26cm （懐かしい沿線写真で訪ねる）〈年譜あり〉 1800円 ①978-4-7791-1727-5
[内容] 相模鉄道本線・いずみ野線各駅今昔散歩大正・昭和の街角を紹介。

◇THE相模鉄道—きらめく自然と大都会のマリアージュ 広岡友紀著 彩流社 2016.6 79p 26cm〈年譜あり〉 1800円 ①978-4-7791-2371-9
[目次] 相鉄の路線、相鉄の沿線風景、相鉄グループ、相鉄の車両、5000形や6000系 思い出の名車たち、相鉄の略歴

◇相鉄沿線の不思議と謎 浜田弘明監修 実業之日本社 2017.1 189p 18cm（じっぴコンパクト新書 306）〈文献あり〉 900円 ①978-4-408-45623-2
[内容] 相鉄沿線にひそむ地理・地名・歴史の意外な真実やおもしろエピソードが満載。読めば、ふだんなにげなく見ている駅や沿線風景が違って見えてくる！

◇相鉄線あるある 高島修著、大河原修一画 TOブックス 2017.6 143p 18cm 1000円 ①978-4-86472-576-7
[内容] 地味だけど、奥深い相鉄線のあるあるネタを180本も収録。そして、もちろん…相鉄いずみ野線ネタも収録!!

◇相鉄線物語 サトウマコト編著 横浜230クラブ新聞社 1997.4 251p 21cm 1800円 ①4-931353-22-3

◇日本の私鉄相模鉄道 広岡友紀著 毎日新聞社 2010.2 175p 19cm 1500円 ①978-4-620-31969-8
[内容] 独自技術が光る個性の強い車両、懐かしのユニークなスタイルの5000形、荒地だった横浜駅西口を独力で開発した構想力、相鉄の過去と未来が一冊に。

◇JR相模線物語—相模鉄道がルーツ、砂利鉄と呼ばれ80年 サトウマコト編著 横浜230クラブ 2000.12 251p 21cm 1800円 ①4-931353-33-9
[内容] 1921年、私鉄相模鉄道がルーツ！当初、田名・津久井・八王子ルートだった。

017 **西武鉄道**
【概　要】西武鉄道株式会社。1912（明治45）年5月7日前身である武蔵野鉄道が設立。1927年多摩鉄道と合併。1946年11月15日、西武農業鉄道と合併し、西武鉄道に改称。旅客営業キロ176.6km、駅数92駅（旅客駅のみ）。

◇THE西武鉄道—武蔵野を駆け抜けロマンの里秩父へ 広岡友紀著 彩流社 2016.1 79p 26cm〈年譜あり〉 1800円 ①978-4-7791-2369-6
[目次] 西武鉄道の沿線風景（西武鉄道路線図、列車種別と停車駅 ほか）、西武グループの今昔（大手民鉄の異端児、鉄道とホテルは同格の存在 ほか）、西武鉄道の車両（中古部品を巧みに再利用、「質より量」の社風で生れた車両 ほか）、西武鉄道の概歴（合併を繰り返し誕生した西武鉄道, 石灰石鉱山の開発に参入 ほか）

◇知れば知るほど面白い西武鉄道 辻良樹編著 洋泉社 2016.10 222p 19cm〈文献あり〉 1500円 ①978-4-8003-0860-3
[内容] 西武の歴史、沿線・車両の魅力、駅・路線の謎までぜんぶわかる！廃止路線、貨物輸送も随所に掲載！12路線、176.6kmにわたる西武鉄道の魅力を徹底解説！

鉄道経営

◇西武池袋線―街と駅の1世紀　西武池袋線各駅今昔散歩昭和の街角を紹介　矢嶋秀一著　彩流社　2014.4　79p　26cm　(懐かしい沿線写真で訪ねる)　1800円
①978-4-7791-1729-9
内容 西武池袋線各駅今昔散歩。昭和の街角を紹介。

◇西武沿線の不思議と謎　高嶋修一監修　実業之日本社　2016.1　191p　18cm　(じっぴコンパクト新書 280)〈文献あり〉　850円　①978-4-408-11170-4
内容 西武新宿駅はなぜほかの新宿駅から離れているのか？ ふだんなにげなく見ている駅や沿線風景にも意外な事実、驚きのエピソードがあった！ 西武沿線がもっと好きになる知的案内本。

◇西武新宿線―街と駅の1世紀　西武新宿線各駅今昔散歩昭和の街角を紹介　矢嶋秀一著　彩流社　2014.5　79p　26cm　(懐かしい沿線写真で訪ねる)　1800円
①978-4-7791-2351-1
内容 西武新宿線各駅今昔散歩。昭和の街角を紹介。

◇西武鉄道　町田浩一解説, 荒川好夫写真　ネコ・パブリッシング　2002.7　172p　19cm　(私鉄の車両 復刻版 6)〈初版：保育社刊〉　1429円　①4-87366-289-3
内容 池袋・新宿両幹線を中心に、通勤・レジャーの足として活躍する西武の車両。5000系レッドアロー号から、西武タイプを作り上げた通勤車、新旧取り混ぜた機関車など、車両のすべてを豊富なデータで紹介。

◇西武鉄道―1950～1980年代の記録　矢嶋秀一著　アルファベータブックス　2016.1　96p　30cm　1850円　①978-4-86598-808-6
目次 第1部 池袋線・豊島線・西武有楽町線・狭山線・山口線・西武秩父線(池袋, 椎名町, 東長崎, 江古田, 桜台 ほか)、第2部 新宿線・拝島線・国分寺線・多摩湖線・西武園線・西武多摩川線(西武新宿, 高田馬場, 下落合, 中井, 新井薬師前 ほか)。

◇西武鉄道・近畿日本鉄道―輸送力増強と経営多角化のジレンマ　近藤禎夫, 安藤陽著　大月書店　1997.2　235p　19cm　(日本のビッグ・ビジネス 19)〈主な参考文献：p222～224〉　1957円　①4-272-10219-2

内容 関東・関西を代表するこの2社も、企業グループの中核企業としての「営利性」の追求と、鉄道事業者としての「公益性」の要請という、両立困難な課題に苦しんでいる。JRとの競争もますます激化する今日、21世紀にむけて大手私鉄は、どのような「ハンドルさばき」を見せるのであろうか。

◇西武鉄道昭和の記憶―副都心池袋・新宿と武蔵野・秩父を結ぶ多彩な電車・機関車の想い出　園田正雄編, 三好好三文　彩流社　2011.4　95p　26cm　1900円　①978-4-7791-1711-4
目次 西武鉄道の魅力, カラーでよみがえる西武鉄道, 西武鉄道からの譲渡車両, 西武鉄道の駅舎, 第1章 蒸気機関車, 第2章 客車・気動車, 第3章 電気機関車, 第4章 旧武蔵野鉄道の電車, 第5章 旧西武鉄道の電車, 第6章 西武鉄道の電車, 第7章 西武軌道線の電車。

◇西武鉄道の世界―身近な鉄路の"本格派"雑学　交通新聞社　2015.11　144p　29cm　(トラベルMOOK)〈文献あり 年譜あり〉　1600円　①978-4-330-60815-0

◇西武鉄道のひみつ　PHP研究所編　PHP研究所　2013.2　223p　19cm〈文献あり 索引あり〉　1524円　①978-4-569-80941-0
内容 100年の歴史を誇る西武鉄道の路線、車両、駅の魅力を徹底解説。懐かしの名車から新世代の人気車両まで、アニメファンの聖地・ヤギ小屋etc.の個性的な駅…お宝写真満載。

◇西武鉄道の百年―日本の会社　後編　これからの歩み―100周年記念！　西武鉄道の新たな試み！　日本鉄道車両研究会著, 夢現舎編　彩流社　2016.3　95p　21cm〈文献あり〉　1500円　①978-4-7791-2212-5
目次 西武旅するレストラン52席の至福, その他イベント, 車両紹介, 西武鉄道の取り組み(斬新な取り組み ヤギによる除草, 県民の森 ウェルカムストリート ほか), 新宿線各駅紹介(西武新宿, 高田馬場 ほか)。

◇西武鉄道の百年―日本の会社 100周年記念！　貴重写真と振り返る　前編　これまでの歩み　日本鉄道車両研究会著, 夢現舎編　彩流社　2015.12　95p　21cm〈文献あり〉　1500円　①978-4-7791-2188-3
目次 写真で振り返る西武鉄道100年の歴史, 西武鉄道歴代車両, 西武鉄道グッズ紹介,

西武鉄道の歴史，西武鉄道の歩み，池袋線各駅紹介

◇西武鉄道まるごと探見―車両・駅・運転・歴史… 広岡友紀著 JTBパブリッシング 2011.7 175p 21cm （キャンブックス 鉄道 110）〈年表あり〉 1900円 ①978-4-533-08301-3
目次 巻頭グラビア 西武鉄道現役の車両たち，第1章 西武鉄道の現在を探る，第2章 赤電からスマイルトレインまで，グラビア 西武鉄道思い出の車両たち，第3章 西武鉄道の明日，第4章 西武鉄道あれこれ

◇楽しむ鉄道たち―各地の遊覧鉄道と西武鉄道のおとぎ電車 東村山ふるさと歴史館企画展 おもちゃ鉄道模型展～鉄道玩具と模型鉄道そしておとぎ鉄道まで～展示図録 岡本憲之著，東村山ふるさと歴史館編 東村山 東村山ふるさと歴史館 2008.9 49p 21cm （せまいせんろ特別号 2）

◇徹底カラー図解西武鉄道のしくみ マイナビ出版編集部編 マイナビ出版 2016.8 222p 21cm〈年譜あり〉 1590円 ①978-4-8399-5997-5
内容 車両・駅・線路・車両基地・運転司令所…西武鉄道のしくみと成り立ちがわかる！車両形状＆装置などのデータや，知られざる歴史まで解説。

◇日本の私鉄 12 西武 小林尚智，諸河久共著 大阪 保育社 1990.7 151p 15cm （カラーブックス 799） 620円 ①4-586-50799-3

内容 新形式4000系を中心に，通勤・通学用の各形式，レッドアローなど。

◇日本の私鉄西武鉄道 広岡友紀著 毎日新聞社 2009.6 198p 19cm 1500円 ①978-4-620-31938-4
内容 西武新宿駅誕生秘話，幻の軽井沢までの延長計画，懐かしの赤電，レモンイエロー，そしてアルミカーへ西武鉄道の知られざるエピソードと車両の歴史が満載。

◇レッドアローとスターハウス―もうひとつの戦後思想史 原武史著 新潮社 2012.9 396p 20cm 2000円 ①978-4-10-332841-4
内容 西武と団地は，何を生み出したのか―特急電車と星形住宅が織り成した「思想空間」をあぶりだす力作評論。

◇レッドアローとスターハウス―もうひとつの戦後思想史 原武史著 新潮社 2015.4 531p 16cm （新潮文庫 はー50-2） 750円 ①978-4-10-134581-9
内容 「西武の天皇」と呼ばれた堤康次郎。東京西郊で精力的に鉄道事業を展開し，沿線には百貨店やスーパー，遊園地を建設。公営団地も集まり，「西武帝国」とでもいうべき巨大な文化圏を成した。しかし堤本人の思想と逆行するように，団地は日本共産党の強力な票田となり，コミューン化した「赤い病院」さえ現れた。もうひとつの東京，もうひとつの政治空間でなにが起きていたのか―。

018 東京急行電鉄

【概　要】東京急行電鉄株式会社。1922（大正11）年9月2日設立。1922年9月2日、目黒蒲田電鉄創立。1928年5月5日、田園都市株式会社を合併。1934年10月1日、池上電気鉄道を合併。1939年10月1日、東京横浜電鉄を合併。1939年10月16日、東京横浜電鉄に商号変更。1942年5月1日、京浜電気鉄道、小田急電鉄を合併、東京急行電鉄に商号変更。1944年5月31日、京王電気軌道を合併。1948年6月1日、京王帝都電鉄（現・京王電鉄）、小田急電鉄、京浜急行電鉄を分離。

◇新しい東急電鉄の世界―首都圏西南部を縦横に走る銀色の電車のひみつ 交通新聞社 2018.4 144p 29cm （トラベルMOOK）〈文献あり 年譜あり〉 1600円 ①978-4-330-86718-2

◇回想の東京急行 1 荻原二郎，宮田道一，関田克孝著 大正出版 2001.5 152p 25cm 3800円 ①4-8117-0640-4
内容 郊外電車の東横，目蒲，池上の各電鉄が今日の東急に発展していく過程を，昭和10～30年代を中心に紹介。併せて都市化していく東京郊外風景を観察。

◇回想の東京急行 2 荻原二郎，宮田道

一，関田克孝著　大正出版　2002.8　153p　25cm　3800円　①4-8117-0641-2
[目次] 目蒲線郊外電車時代の風景（目黒，不動前，武蔵小山 ほか），大井町線郊外電車時代の風景（大井町，下神明，戸越公園 ほか），回想の電車たち（戦時期に活躍した車両―大東急成立以前に消えた車両，戦前・戦後に活躍した車両―大東急成立後も活躍した電車，大東急時代に登場した車両―混乱期の新製車と転入車 ほか）

◇THE東急電鉄―民鉄のサラブレッドセレブな街のクリエーター　広岡友紀著　彩流社　2015.11　79p　26cm〈年表あり〉　1800円　①978-4-7791-2368-9
[目次] 東急の路線（東京急行電鉄路線図，列車種別と停車駅 ほか），東急の沿線風景（東急の本拠地・渋谷，住宅地に点在する見どころ ほか），東急グループ（全国に広がる東急の知名度，五島慶太による経営拡大 ほか），東急の車両（すべての技術は東急から，時代の一歩先をゆく東急 ほか），東急の略歴（合併で拡大していった路線，東急電鉄のあゆみ ほか）

◇DT Moment ＋ DT Smile―東急田園都市線開業50周年記念溝の口―長津田間中井精也が撮り下ろした東急田園都市線写真集　中井精也著　東急エージェンシー　2016.10　95p　26cm　1500円　①978-4-88497-126-7
[内容] DTとは東急田園都市線の公式路線記号。田園都市線という舞台で見つけた「瞬間」と「笑顔」がテーマの写真集。東横線渋谷駅メモリアル写真集「DREAM TERMINAL」に続く第2弾！

◇田園都市線50年　上巻　1966-1991　第2版　［出版地不明］　夏の田奈部隊　2016.11　58p　26cm〈文献あり〉

◇田園都市線50年　下巻　1992-2016　［出版地不明］　夏の田奈部隊　2016.12　60p　26cm〈文献あり〉

◇東急沿線の不思議と謎　浜田弘明監修　実業之日本社　2014.11　191p　18cm（じっぴコンパクト新書221）〈文献あり 年表あり〉　850円　①978-4-408-45534-1
[内容] ふだんなにげなく見ている駅や沿線風景にも意外な事実・エピソードがあった！ 東急沿線がもっと好きになる知的案内本。

◇東急おもしろ運転徹底探見　宮田道一文，杉山裕治写真・DVD制作　JTBパブリッシング　2009.10　112p　22cm（キャンDVDブックス）　2800円　①978-4-533-07650-3
[目次] カラーグラフ 東急電車の走る風景，1 東急電鉄の列車運転，2 東急電車一覧・車両の紹介，3 東急のダイヤ，4 他社乗入れ・複々線効果・路線延長，5 車両基地と工場，6 運転保安，7 サービス向上，8 甲種車両輸送と試運転

◇東急今昔物語　宮田道一著　戎光祥出版　2016.4　240p　21cm　1600円　①978-4-86403-180-6
[内容] 東急電鉄OBの著者が車両，路線，駅，沿線を詳解。田園都市線沿線の古写真も多数収録！ 鉄道趣味界で長らく活躍した著者の遺作。

◇東急ステンレスカーのあゆみ―日本のステンレスカーをリードしてきた50年　荻原俊夫著　JTBパブリッシング　2010.11　191p　21cm（キャンブックス―鉄道 106）〈文献あり〉　1900円　①978-4-533-07925-2
[目次] 特別寄稿 ステンレス製鉄道車両のあゆみ守谷之男（産業遺産となった東急のステンレスカー，東急ステンレスカー年表 ほか），1 ステンレスカーの誕生―黎明期のステンレスカー（5200系，6000系），2 オールステンレスカーの登場―海外技術の導入（7000系，7700系 ほか），3 独自開発の軽量ステンレスカー―ビードタイプ（8400系，8090/8590系 ほか），4 規格標準化のステンレスカー―フラットタイプ（新3000系，Y000系 ほか），5 軌道線のステンレスカー（300系），ステンレスカーデータベース

◇東急全線古地図さんぽ―懐かしい東急沿線にタイムトリップ　坂上正一著　フォト・パブリッシング，メディアパル［発売］　2018.4　143p　26cm　1850円　①978-4-8021-3096-7
[目次] 1章 東横線（東横線が新幹線新横浜駅と直結する 渋谷，「渋谷村字下渋谷」がお洒落なファッションタウン に 代官山 ほか），2章 池上線，東急多摩川線，目黒線，大井町線（駅前の繁華の立役者は池上線だった 五反田，関東有数の商店街はこうしてできた 戸越銀座 ほか），3章 田園都市線（玉電が道玄坂発展の起爆剤となった 渋谷，渋谷～大橋間の玉電運賃は3銭だった 池尻大橋 ほか），4章 世田谷線（農村世田谷を変えた

玉電下高井戸線 三軒茶屋、かつては世田谷城の城下町だった 世田谷〜上町 ほか

◇東急電車形式集　1　豊中　レイルロード　1996.4　152p　30cm〈発売：文苑堂東京店　おもに図〉　4900円　ⓃⓋ4-938343-91-6

◇東急電車形式集　2　豊中　レイルロード　1996.4　152p　30cm〈発売：文苑堂東京店　おもに図〉　4900円　ⓃⓋ4-938343-92-4

◇東急電車形式集　3　豊中　レイルロード　1997.10　152p　30cm〈おもに図　東京　文苑堂東京店（発売）〉　4800円　ⓃⓋ4-947714-03-4

◇東急電車新玉川線物語　山本泰史著　川崎　多摩川新聞社　1996.11　221p　21cm　1748円　ⓃⓋ4-924882-21-6

◇東急電車物語　宮田道一著　川崎　多摩川新聞社　1995.10　206p　21cm〈年表：p202〜203〉　1800円　ⓃⓋ4-924882-15-1

◇東急電鉄―街と駅の1世紀　生田誠著　アルファベータブックス　2015.8　95p　26cm　（懐かしい沿線写真で訪ねる）　1900円　ⓃⓋ978-4-86598-803-1
内容　東急電鉄各駅今昔散歩。大正・昭和の街角を紹介。

◇東急電鉄各駅停車　藤原浩著　洋泉社　2016.1　222p　19cm〈文献あり〉　1500円　ⓃⓋ978-4-8003-0798-9
内容　懐かしの沿線風景と歴代の名車両を紹介！　新旧の駅舎、古地図、秘蔵写真満載！　全97駅完全網羅！

◇東急電鉄旧渋谷駅とその周辺―失われた風景　黒田和子著　［出版地不明］　［黒田和子］　2014.4　63p　20×22cm

◇東急電鉄初代7000系―昭和の忙しい通勤電車のおはなし　牛島裕康写真・録音・著　名古屋　ブイツーソリューション　2017.7　39p　19cm　（懐かしの東急線　3）〈発売：星雲社〉　500円　ⓃⓋ978-4-434-23558-0

◇東急電鉄200のなぞ―鉄道ぴあ特別編　ぴあ　2017.4　191p　21cm　（ぴあMOOK）〈文献あり〉　1500円　ⓃⓋ978-4-8356-3234-6

◇東急電鉄のひみつ　PHP研究所編　PHP研究所　2012.8　223p　19cm〈文献あり　索引あり〉　1524円　ⓃⓋ978-4-569-80652-5
目次　1章　日本を代表する鉄道会社、東急電鉄、2章　東急電鉄の駅と車両基地のひみつ、3章　東急電鉄の路線の魅力に迫る、4章　東急電鉄の車両を徹底解剖、5章　東急電鉄の歴史をひもとく、6章　東急電鉄トリビア、7章　東急電鉄で働く人たちのひみつ

◇東急電鉄まるごと探見―歴史・路線・運転・ステンレスカー　宮田道一、広岡友紀著　JTBパブリッシング　2014.3　191p　21cm　（キャンブックス―鉄道138）〈年譜あり〉　1900円　ⓃⓋ978-4-533-09630-3
目次　巻頭グラビア　東急の車両競演、第1章　東京急行電鉄の歴史と特色、第2章　東京急行電鉄の車両、第3章　東急各線区別に見る特徴、第4章　副都心線「相直運行」体系について、第5章　渋谷再開発プロジェクト

◇東急東横線あるある　寺井広樹、村神徳子著、にゃほこ画　TOブックス　2017.3　159p　18cm　1000円　ⓃⓋ978-4-86472-553-8
内容　路線利用者120万は、読んだら常備せざるを得なくなること間違いなし！　鉄道や駅ネタはもちろん、カルチャーや人間像も。沿線利用者なら必ず気になる東横線にまつわる「あるある」をこの一冊に!!　綱島の幻の桃「日月桃」とは？　時たま、エスカレーターが鬼のような速度で動いている!?　渋谷、新宿三丁目、池袋以外の行先が分からない？　レモンサワー発祥のお店があるぞ！　大黒堂の「鮎焼き」は多摩川の鮎をイメージしていた!!　などなどディープな東急東横のあるあるネタを200超収録!!

◇東急の駅今昔・昭和の面影―80余年に存在した120駅を徹底紹介　宮田道一著　JTBパブリッシング　2008.9　192p　21cm　（キャンブックス　鉄道89）　1900円　ⓃⓋ978-4-533-07166-9
目次　東横線、横浜高速鉄道みなとみらい線、目黒線、東急多摩川線、池上線、大井町線、田園都市線、こどもの国線

◇東急碑文谷工場ものがたり　関田克孝、宮田道一著　ネコ・パブリッシング　2000.1　47p　26cm　（RM library 6）　1000円　ⓃⓋ4-87366-191-9

◇東京急行電鉄　宮田道一解説、井上広和写真　ネコ・パブリッシング　2002.7　179p　19cm　（私鉄の車両　復刻版 4）

東京急行電鉄

鉄道経営

47

〈初版：保育社刊〉　1429円　①4-87366-287-7
内容 日本初のステンレスカーを走らせ、回生ブレーキで省エネを達成するなど、常に最新の技術に挑戦してきた東急。通勤・通学に専念する東急車両を、あらゆる角度から解明する。

◇東京急行電鉄5000形　宮田道一, 守谷之男著　ネコ・パブリッシング　2007.10　45p　26cm　(RM library 98)　1000円　①978-4-7770-5220-2
目次 第1章 東急車輌製造株式会社その生い立ち(1945(昭和20)年終戦の頃、横浜製作所の発足、東急横浜製作所の独立、東急車輌製造株式会社へ)、第2章 超軽量電車5000形の開発と改良(概要、張殻構造の車体、内装・設備、連結装置、暖房装置、艤装の軽量化、台車、電気装置、空気ブレーキ装置、その他)、第3章 5000形の誕生から看板電車まで(誕生のいきさつ、5000109輌までの道のり、東横の看板列車、電車技術の発展の役立った5000形の試み)、第4章 資料編(軽量電車、軽量電車新造仕様書、新型電車の計画について、戦後における、電車の発達とその推移、5000形電車完成日一覧、昭和36年12月1日現在 東横線車輌編成表、5000形先頭部車体見付図)

◇日本の私鉄東急　宮田道一, 焼田健共著　大阪　保育社　1997.6　151p　15cm　(カラーブックス)　700円　①4-586-50900-7

内容 9000系ほか東急電車の全てを。7000系の現在、2000系の図解説。

◇日本の私鉄東京急行電鉄　広岡友紀著　毎日新聞社　2011.1　206p　19cm　1500円　①978-4-620-31998-8
内容 年間輸送人員民鉄第1位。私鉄経営のモデル企業、東急。オールステンレスカーが代名詞、新技術が光る歴代の車両、五島慶太・昇父子の夢を引き継ぎ、総合生活産業を目指す東急グループの華麗なる歴史。

◇街と駅80年の情景—東急電鉄記録写真 東横線・池上線・大井町線80周年記念フォトブック　関田克孝監修　東急エージェンシー出版部　2008.5　63p　30cm〈年表あり〉　1600円　①978-4-88497-106-9
内容 東急電鉄所蔵写真を中心に綴る東横線、池上線、大井町線各駅の昭和・平成80年。

◇レイル　No.102　こどもの国線の半世紀とその前史　スイス・ゴッタルト峠訪問 国鉄客車5　エリエイ　2017.4　98p　29×21cm　3600円　①978-4-87112-102-6
目次 こどもの国線の半世紀とその前史、昭和54/1979年3月田園都市線に出現した注目編成、ハイカラ路線田園都市線、公式写真に見る国鉄客車・第5回、スイス・ゴッタルト峠訪問、2016年6月1日ゴッタルトベーストンネルその概要、田辺多知夫さんの尾小屋鉄道訪問記メモ、私の100・追録

019　東武鉄道

【概　要】東武鉄道株式会社。1897(明治30)年11月1日設立。1895年4月6日、東武鉄道創立願提出、1897年設立登記。1913年3月5日、太田軽便鉄道(株)を買収。1920年4月27日、東上鉄道(株)を合併。1944年3月1日、総武鉄道(株)と合併した。営業キロ463.3km。車両数1,920両(2017年3月末現在)。

◇元気を乗せて東武は走る　森彰英著　日本能率協会マネジメントセンター　1995.4　248p　20cm　1500円　①4-8207-1096-6
内容 着実に変貌する東京圏で、関東最大の東武鉄道は21世紀に向けて、どう進むか。広大な沿線網を隈なく歩き、徹底的にレポート。

◇THE東武鉄道—関東平野を疾走するロングライナー　広岡友紀著　彩流社　2016.3　79p　26cm〈年譜あり〉　1800円　①978-4-7791-2370-2
目次 東武鉄道の路線(東武鉄道路線図, 列車種別と停車駅 ほか)、東武鉄道の沿線風景(ターミナル駅として特異な存在・浅草, GHQも注目した橋梁 ほか)、東武グループの今日(沿線に集約されたグループ事業, スカイツリーで期待される波及効果 ほか)、東武鉄道の車両(急速に進む世代交代, 目立たないところに優秀さが光る ほか)、東武鉄道の略歴(延長と合併で拡大した東武鉄

道, 創業以来変わらぬ社名 ほか)

◇写真にみる東武熊谷線―なつかしの妻沼線40年の歩み　熊谷市立図書館編　熊谷　熊谷市立図書館　1992.3　97p　26cm

◇徹底カラー図解東武鉄道のしくみ　マイナビ出版編集部編　マイナビ出版　2016.10　223p　21cm〈年譜あり〉　1590円　⊕978-4-8399-6035-3
|内容| 車両・駅・線路・車両基地・運行管理…東武鉄道のしくみと成り立ちがわかる！西新井駅にある不思議な改札、東上＆日光線を結ぶ秘密のルート。車両形状＆装置などのデータや、知られざる歴史まで解説。

◇東武伊勢崎線・日光線―街と駅の1世紀　東武伊勢崎線と日光線各駅今昔散歩昭和の街角を紹介 東武スカイツリーライン　山下ルミコ著　彩流社　2014.6　86p　26cm　(懐かしい沿線写真で訪ねる)〈年譜あり〉　1850円　⊕978-4-7791-2352-8
|内容| 東武伊勢崎線と日光線、各駅今昔散歩。昭和の街角を紹介。

◇東武沿線の不思議と謎　高嶋修一監修　実業之日本社　2015.11　191p　18cm　(じっぴコンパクト新書275)〈文献あり〉　850円　⊕978-4-408-11159-9
|内容|「東上線と伊勢崎線とはつながっていたかもしれなかった！」「西新井大師と西新井駅が離れている理由とは？」「車両にドアがひとつもない列車がある！」「北西へ向かうのにどうして『東上線』なのか？」「野田線は○○を運ぶために作られたって本当？」「新座市にあるのに『志木駅』、など数ある『地名と不一致な駅名』の謎」…など東武沿線にひそむ地理・地名・歴史の意外な真実やおもしろエピソードが満載。読めば、ふだんなにげなく見ている駅や沿線風景が違って見えてくる！東武沿線がもっと好きになる一冊。

◇東武亀戸線・JR新金線物語　澤村英仁著　文芸社　2015.12　119p　21cm〈文献あり　年表あり〉　1300円　⊕978-4-286-16774-9

◇東武スカイツリーライン〈伊勢崎線〉―街と駅の今昔物語 有名観光地を結ぶ、老舗路線の愛称　日本鉄道車両研究会著, 夢現舎編　彩流社　2015.8　79p　26cm〈文献あり　年譜あり〉　1800円　⊕978-4-7791-2366-5
|目次| 東武スカイツリーラインの歩み、浅草、押上、とうきょうスカイツリー、曳舟、東向島、鐘ヶ淵、堀切、牛田、北千住、小菅、五反野、梅島、西新井、竹ノ塚、谷塚、草加、松原団地、新田、蒲生、越谷、北越谷、大袋、せんげん台、武里、一ノ割、春日部、北春日部、姫宮、東武動物公園

◇東武鉄道　卓はじめ解説, 諸河久写真　ネコ・パブリッシング　2002.7　188p　19cm　(私鉄の車両 復刻版24)〈初版：保育社刊〉　1429円　⊕4-87366-307-5
|内容| 浅草・池袋を起点に、関東北東部の主要都市と観光地を結ぶ大量輸送機関として活躍する東武鉄道。バラエティーに富み、変貌目覚ましい車両群の全てを、写真とデータで紹介する。

◇東武鉄道―私鉄電車ビジュアルガイド　東武電車研究会編著　中央書院　2003.12　109p　21cm　1400円　⊕4-88732-142-2
|内容| 東武電車の「今」を凝縮した中身の濃い一冊！カバー裏面に「東武"車両の顔"図鑑」を一挙大掲載。

◇東武鉄道―伊勢崎線、日光線、亀戸線、大師線、野田線、佐野線、桐生線、小泉線、宇都宮線、鬼怒川線、東上線、越生線 1950～1980年代の記録　牧野和人著　アルファベータブックス　2017.2　103p　30cm　1850円　⊕978-4-86598-821-5
|目次| 伊勢崎線、日光線と沿線支線 (浅草, とうきょうスカイツリー, 押上, 曳舟, 東向島, 鐘ヶ淵, 堀切, 牛田 ほか)、野田線 (大宮, 北大宮, 大宮公園, 大和田, 七里, 岩槻, 東岩槻, 豊春, 八木崎, 春日部 ほか)、東上線、越生線 (池袋, 北池袋, 下板橋, 大山, 中板橋, ときわ台, 上板橋, 東武練馬, 下赤塚 ほか)

◇東武鉄道各駅停車　杉﨑行恭著　洋泉社　2015.7　223p　19cm〈文献あり〉　1500円　⊕978-4-8003-0682-1
|内容| 1都4県に広がる沿線の歴史と魅力がまるわかり！新旧の駅舎、古地図、秘蔵写真満載！全203駅完全網羅！

◇東武鉄道の蒸気機関車―図面資料集成　石島治久構成・作図・解説　エイアールディー　2012.10　31p　21×30cm〈他言語標題：The complete elevations steam locomotives of Tobu Railway 文献あり〉　1500円　⊕978-4-906978-01-4

東武鉄道

鉄道経営

◇東武鉄道のひみつ　PHP研究所編　PHP研究所　2013.3　219p　19cm〈文献あり　索引あり〉　1524円　①978-4-569-80995-3
内容　新名所・東京スカイツリー、浅草駅、豪華特急列車etc.沿線には見どころがいっぱい。

◇東武デラックスロマンスカー――1720系と東武特急の歩み　花上嘉成著　JTB　2004.3　175p　21cm　（JTBキャンブックス）〈折り込み1枚〉　1800円　①4-533-05170-7
内容　通称"デラ"と呼ばれた、1720系デラックスロマンスカー（DRC）。昭和35年（1960）、国鉄（現JR）日光線の電化と157系デラックス準急「日光号」等に対抗すべく、東武鉄道が当時の技術力を結集して作り上げた特急電車である。平成3年（1991）、100系スペーシアに特急の座を譲り、華やかな幕を下したが、独特なボンネットスタイルの風貌と、良くまとめられたサイド、さらにサロン付の豪華設備を誇った電車として、未だにその英姿を惜しむファンは多い。本書では、東武特急の歴史と、1720系の誕生、そして同年代を飾った各私鉄の特急車や名車達とともに、その足跡を辿る。

◇東武電車――関東最大の私鉄を支える車両たち　大沼一英著　JTBパブリッシング　2015.12　175p　21cm　（キャンブックス―鉄道157）〈文献あり〉　1800円　①978-4-533-10779-5
目次　東武鉄道の車両たち、第1章 車両の変遷（過去の車両たち、車体と走行装置の変化、東武鉄道の現有車両）、東武鉄道 懐かしの車両を回顧、第2章 保守検修体制（現在の工場概要、現在の検修区概要、今はなき工場・検修区）、資料編

◇東武東上線――街と駅の1世紀 東武東上線と越生線各駅今昔散歩大正・昭和の街角を紹介　矢嶋秀一著　彩流社　2013.7　79p　26cm　〈懐かしい沿線写真で訪ねる〉〈年譜あり〉　1500円　①978-4-7791-1722-0
内容　東武東上線と越生線各駅今昔散歩大正・昭和の街角を紹介。

◇東武の車両10年の歩み写真集――1997-2007 東武鉄道創立110周年記念　花上嘉成監修、東武博物館学芸課編　東武鉄道東武博物館　2007.11　51p　21×30cm〈年表あり〉

◇東武野田線 新京成電鉄――街と駅の1世紀 昭和の街角を紹介 東武野田線・新京成電鉄の各駅今昔散歩　杉崎行恭著　アルファベータブックス　2015.10　95p　26cm　（懐かしい沿線写真で訪ねる）　1900円　①978-4-86598-805-5
目次　第1部 東武野田線（大宮、北大宮・大宮公園・大和田、七里、岩槻、東岩槻・豊春・八木崎 ほか）、第2部 新京成電鉄（松戸、上本郷・松戸新田・みどり台、八柱、常盤平、五香 ほか）

◇日本の私鉄　10　東武　花上嘉成、諸河久共著　大阪　保育社　1991.8　151p　15cm　（カラーブックス 813）　620円　①4-586-50813-2
目次　第1章 東武鉄道のプロフィール、第2章 新特急「スペーシア」への誘い、第3章 沿線ミニガイド、第4章 変貌する現有車両の魅力、第5章 東武鉄道データファイル

◇日本の私鉄東武鉄道　広岡友紀著　毎日新聞社　2010.9　185p　19cm　1500円　①978-4-620-31996-4
内容　1部4県を縦走する関東私鉄路線長No.1、東武の魅力。浅草と池袋、2つのターミナル駅の誕生秘話、伊勢崎線と東上線を結ぶ幻の"西板線"計画、"電車の博物館"のような新旧車両、今話題の東京スカイツリーの事業主体、東武のすべて。

◇波瀾万丈！ 東武鉄道マン記――車両検修から博物館館長まで、花上嘉成の鉄道人生50年 カラー版　花上嘉成著　交通新聞社　2016.1　231p　18cm　（交通新聞社新書 086）　900円　①978-4-330-63116-5
内容　鉄道への高い関心から鉄道会社への入社を決意し、専門性の高い車両検修部門から営業関係まで40年にわたって勤務した筆者は、現在「東武博物館」名誉館長として東武鉄道を支えている。さまざまな葛藤や苦労を抱えつつも業務で成果を挙げ、自らの趣味も充実させてきた筆者の波瀾万丈の「鉄道人生」を振りかえるとともに、高度経済成長期以降の東武鉄道を中心とした鉄道車両の変遷を紹介する。

020 名古屋鉄道

【概　要】名古屋鉄道株式会社。1894（明治27）年6月25日、愛知馬車鉄道創業。1896年、名古屋電気鉄道と改称。1921年6月13日、郊外線を引き継ぐ新会社の名古屋鉄道を設立。1922年、市内線を名古屋市に譲渡し、名古屋電気鉄道は解散。1930年、美濃電気軌道と合併して名岐鉄道となり、1935年、愛知電気鉄道と合併し、名古屋鉄道と改称。

◇サイドビュー名鉄名古屋本線―白井良和写真集　白井良和［撮影］　豊中　レイルロード　2002.12　160p　30cm〈他言語標題：Side-view Meitetsu　東京　文苑堂東京店（発売）〉　4500円　①4-947714-22-0

◇せとでんの歴史―名鉄瀬戸線史　前島一広著　名古屋　雑論グループ知神Hermes　1990.4　48p　26cm　800円

◇谷汲線―その歴史とレール　ローカル線からかいま見る激動の日本と世界　大島一朗著　［岐阜］　岐阜新聞社　2005.2　255p　26cm〈岐阜　岐阜新聞情報センター（発売）　年表あり　文献あり〉　1714円　①4-87797-096-7

内容　名古屋鉄道谷汲線は、豊かな自然にめぐまれた、レトロな電車が走っていた路線。谷汲線のイメージは、大方こういうものであったであろう。しかし、一方で我々がこの谷汲線のことをどれだけ深く理解していたかについては、資料も少なく、よくわからないというのが実態ではなかろうか。本書では、谷汲線を「歴史」「レール」「廃跡」の三つの面からクローズアップし、この課題に少しでも答を見いだそうとした。

◇谷汲線の四季―名鉄揖斐・谷汲線　井上英樹写真・文　〔岐阜〕　岐阜新聞社　2001.4　59p　17×19cm〈岐阜　岐阜新聞情報センター（発売）　年表あり〉　1143円　①4-87797-008-8

◇鉄road風雪の百年―なるほど・ザ・名鉄　中村隆義筆　名古屋　中部経済新聞社　1995.3　323p　21cm　1262円

◇名古屋鉄道　白井良和解説, 井上広和写真　ネコ・パブリッシング　2002.7　181p　19cm　（私鉄の車両　復刻版 11）〈初版：保育社刊〉　1429円　①4-87366-294-X

内容　デラックス特急から路面電車まで、車両のバラエティーにおいてはわが国私鉄界屈指の存在を誇る名古屋鉄道。古きよき時代の遺物から、新しい時代のスターへの転換期を迎えつつある魅力あふれる車両のすべてを、写真とデータで紹介する。

◇名古屋鉄道　広岡友紀著　毎日新聞社　2012.9　172p　19cm　（日本の私鉄）　1500円　①978-4-620-32004-5

内容　中京圏を網の目のように走る路線網、尾張・三河・美濃を征した"大名企業"名鉄。懐かしきスカーレット色のパノラマカーや個性的な歴代車両、多くのローカル鉄道の集合体としての歴史、もっとも完成された地域独占型経営と評される名鉄の全貌。

◇名古屋鉄道―1世紀の記録　清水武, 田中義人著　アルファベータブックス　2017.1　111p　30cm　1850円　①978-4-86598-820-8

◇名古屋鉄道各駅停車　清水武著　洋泉社　2016.3　251p　19cm　〈文献あり〉　1600円　①978-4-8003-0800-0

内容　名鉄と近鉄が相互直通運転をしていた理由は？　名鉄の豊橋駅ホームはJR飯田線となぜ一緒？　オール一般車の特急が走っているって本当？　新旧の駅舎、古地図、秘蔵写真満載！　全275駅完全網羅！

◇名古屋鉄道　今昔―不死鳥「パノラマカー」の功績　徳田耕一著　交通新聞社　2017.8　255p　18cm　（交通新聞社新書）　800円　①978-4-330-81917-4

内容　愛知県をメインに岐阜県南部まで路線を張りめぐらしている名古屋鉄道。現在の総路線長は近畿日本鉄道、東武鉄道に次ぎ、私鉄第3位の長さだ。路線の多くは、JR名古屋駅前の名鉄百貨店の地下にある名鉄名古屋駅を中心に、放射状に広がっている。昭和の名鉄は、日本初の前面パノラマ式電車「パノラマカー」で一世を風靡したが、それは世界のトヨタのお膝元、クルマ王国＝名古屋への挑戦だった。中部国際空港「セントレア」の開港後は空港アクセスの重責も担い、平成時代は新たな施策で地域の足を担っている。本書は名鉄電車の昭和と平成の比較や歴史、名鉄ならではの営業施策をまとめた"雑学読本"である。

◇名古屋鉄道今昔―不死鳥「パノラマカー」の功績　徳田耕一著　交通新聞社

2017.8　255p　18cm　（交通新聞社新書 112）〈文献あり〉　800円　①978-4-330-81917-4

◇名古屋鉄道のひみつ　PHP研究所編　PHP研究所　2013.11　223p　19cm　〈文献あり　索引あり〉　1524円　①978-4-569-81542-8
内容 444.2kmの長距離路線網で愛知・岐阜の輸送を担う。空港アクセス特急「ミュースカイ」、名鉄の代名詞「パノラマカー」、5秒きざみのダイヤ設定、日本一忙しい!?名鉄名古屋駅etc.歴代の名車両を紹介！

◇西尾鉄道開業百年よもやま話―「けいべん」から「パノラマスーパー」まで　澤田幸雄,長谷寛著　西尾　西尾鉄道開業100年記念誌刊行会　2014.10（第3刷）48p　30cm〈年表あり〉

◇二兆円企業の戦士―名鉄をささえる男たち　「名古屋創生」取材班著,名古屋タイムズ社編　名古屋　名古屋タイムズ社　〔1995〕　268p　21cm　1200円　①4-931184-11-1
内容 名鉄グループのトップの素顔と経営理念に激迫2兆円企業の"メイテツイズム"と。新聞連載中に大好評を得た「名古屋創生」の名鉄本。

◇まるごと名鉄ぶらり沿線の旅　徳田耕一編著　七賢出版　1995.4　238p　21cm　1500円　①4-88304-218-9
内容 名鉄全線（539.3km）何でもガイド。事窓の旅をはじめ、味・銭湯など面白情報が満載。移動の手段が乗る楽しみに。もちろん、鉄道ファンには見逃せない、車両紹介や切符情報などを一挙公開。秘蔵の一冊に。

◇まるごと名鉄ぶらり沿線の旅　徳田耕一編著　新版 ver.2　七賢出版　1998.8　238p　21cm　1600円　①4-88304-377-0
内容 昭和40年代の主要名称列車120点をグラフで紹介。3700系H.L.車の終焉（清水武氏寄稿）、貴重な資料も掲載。戦前のスピード王、超特急「あさひ」に活躍した愛知電気鉄道の名車、デハ3300系物語。平成10年6月1日の西尾・蒲郡間ワンマン化の実状にともなう旅客営業制度の改正も紹介。豊橋鉄道も最新データで紹介。車両カタログ・切符情報などもすべて最新データに基づき訂補。最新ダイヤ（平成10年春改正）に基づき車窓の旅・面白情報を訂補。昭和41年～平成10年春までの名称列車一覧表をさらに詳しく調査。

◇まるごと名鉄ぶらり沿線の旅　徳田耕一編著　新版 ver.3DX　七賢出版　2002.2　238p　21cm〈折り込み1枚〉　1700円　①4-88304-460-2
内容 岐阜県内のローカル線4路線廃止後の新体制と最新ダイヤに基づき本文、写真を大幅改訂。最新の旅客営業規則も詳しく紹介。名鉄全線のほか、名鉄グループ鉄軌道各社（大井川鉄道、豊橋鉄道、北陸鉄道、福井鉄道）も収録した"オール名鉄版"、上飯田連絡用新車300系速報も！面白情報、新コーナー「歴史探訪」も加わり楽しさ倍増。

◇名鉄沿線の不思議と謎　大塚英二監修　実業之日本社　2015.6　191p　18cm　（じっぴコンパクト新書 259）〈文献あり〉　850円　①978-4-408-45558-7
内容 謎！なぜかいつもホームに乗客がいない駅がある！ふだんなにげなく見ている駅や沿線風景にも意外な事実、驚きのエピソードがあった！名鉄沿線がもっと好きになる知的案内本。

◇名鉄岐阜線の電車―美濃電の終焉　上　清水武著　ネコ・パブリッシング　2010.5　45p　26cm　（RM library 129）　1000円　①978-4-7770-5285-1
内容 鉄道線用、軌道線用を問わず、岐阜線（美濃電）ゆかりの車輛の変遷を纏めた一冊。

◇名鉄岐阜線の電車―美濃電の終焉　下　清水武著　ネコ・パブリッシング　2010.6　45p　26cm　（RM library 130）〈文献あり〉　1000円　①978-4-7770-5287-5
目次 6 新・忠節橋の完成と揖斐線への転入車（モ450形・ク2250形・ク2150形、モ160形、モ180形・ク2160形 ほか）、7 戦後の岐阜市内・美濃町線（モ570形、モ580形、モ590形ほか）、8 廃線までの経緯

◇名鉄昭和のスーパーロマンスカー―パノラマカーと共演したSR車たち 名脇役たちの軌跡　徳田耕一著　JTBパブリッシング　2015.9　175p　21cm　（キャンブックス―鉄道 155）〈文献あり〉　1800円　①978-4-533-10639-2
目次 カラーグラフ SR車 昭和の美麗（元祖高性能車5000系、前面貫通型のSR車5200系ほか）、SR車が走った鉄路（名古屋本線、豊川線ほか）、昭和のスーパーロマンスカー初代高性能車トリオ SR車5000番台車両の軌跡（軽量高性能車の開発、パノラマカー登場後のSR車5000番台車両の動向）、"新SR車"

◇(NSR)5700系・5300系の軌跡（"新SR車"(NSR)が輝いた勇姿、"新SR車"(NSR)が彩る沿線の美景 ほか）

◇名鉄瀬戸線―お堀電車廃止からの日々　清水武著　ネコ・パブリッシング　2013.5　47p　26cm　(RM LIBRARY 165)〈文献あり〉　1200円　①978-4-7770-5344-5
[目次] 1 瀬戸線昇圧までの車輌事情とダイヤ、2 部分廃止と栄町乗り入れ、名鉄瀬戸線への思い―600V時代末期の記憶、そして今、3 1500V昇圧、4 昇圧時入線の車輌、5 栄町乗り入れ、6 朝間ラッシュ時の完全4輌化、7 瀬戸線の高架化、8 6750系AL更新車の登場、9 6000系投入と朝間平行ダイヤ、10 瀬戸線新時代

◇名鉄電車昭和ノスタルジー―パノラマカーを支えた吊りかけ電車 流電"いもむし""なまず"ほか　徳田耕一著　JTBパブリッシング　2013.6　183p　21cm　(キャンブックス―鉄道 130)〈文献あり〉　1800円　①978-4-533-09166-7
[目次] カラーグラフ パノラマカーを支えた往年の名車たち、流線"いもむし"3400系物語、人気だった流線型電車"なまず"もこの仲間！、旧型車だが最高時速100kmで疾駆したAL車たち、ローカル線の活性化に貢献した3700系グループ鋼体化HL車たち、"吊りかけ駆動のパノラマカー"7300系、瀬戸線懐古の旅、余剰車を活用した瀬戸線車両の鋼体化、晩年を瀬戸線で飾った往年の名車たち、瀬戸線で最後を迎えた珍車たち、バラエティー豊かな車両が活躍した岐阜地区600V線

◇名鉄名称列車の軌跡―パノラマカーも輝いた魅惑の列車の半世紀　徳田耕一著　JTBパブリッシング　2009.11　207p　21cm　(キャンブックス―鉄道 97)〈文献あり〉　2000円　①978-4-533-07673-2
[目次] 懐かしの「名称列車」スペシャル（パノラマカーも輝いた魅惑の列車、初代高性能車グループ(SR車)も名称列車に大活躍！、名称列車は一般列車にも起用された！、競艇ファンに愛された臨時列車、お宝カラーで偲ぶ懐かしの列車 ほか）、名鉄名称列車ものがたり、昭和41年～平成21年名鉄名称列車アラカルト（昭和41年(1966)、昭和42年(1967)、昭和43年(1968)、昭和44年(1969)、昭和45年(1970) ほか）

◇名鉄木造車鋼体化の系譜―3700系誕生まで　清水武著　ネコ・パブリッシング　2015.3　43p　26cm　(RM LIBRARY 187)〈文献あり〉　1250円　①978-4-7770-5377-3
[目次] 1 名鉄における鋼体化の経緯、2 600V鉄道線の木造車、3 1500V線の木造車、4 第1次計画の実施―3700系の登場、5 第2次計画実施の前に、6 3730・3770系、3780系登場、7 3700系鋼体化車の終焉

021 南海電気鉄道

【概　要】南海電気鉄道株式会社。1885(明治18)年12月27日創業。1884年6月、大阪堺間鉄道敷設認可、のち阪堺鉄道と改称。1895年、紀ል鉄道と合併、南海鉄道となる。1909年浪速電車軌道を合併。1915年、阪堺電気軌道を合併。1922年、高野大師鉄道と大阪高野鉄道を合併。1925年3月高野山電気鉄道設立。1940年、阪和電気鉄道を合併、南海山手線とする。1944年5月、山手線を運輸通信省に譲渡。同年6月、関西急行鉄道と合併、近畿日本鉄道となる。戦後、近畿日本鉄道から分離し、高野山電気鉄道が母体となって新発足することとなる。1947年、社名を南海電気鉄道と改める。営業キロ154.8km。車両数688両。

◇サイドビュー南海　豊中　レイルロード　1995.3　124p　30cm〈発売：文苑堂東京店〉　4900円　①4-938343-88-6

◇THE南海電鉄―日本最古の民鉄歴史を誇る南海　広岡友紀著　彩流社　2017.1　79p　26cm〈年譜あり〉　1850円　①978-4-7791-2375-7
[内容] 日本最古の民鉄。歴史を誇る南海。

◇南海沿線の不思議と謎　天野太郎監修　実業之日本社　2016.3　189p　18cm　(じっぴコンパクト新書 287)〈文献あり〉　850円　①978-4-408-11180-3
[内容] 「南海電鉄にはなぜ『各停』と『普通』の両方があるのか？」「なぜ堺市の住所は

『丁目』ではなく『丁』なのか？」「たった1日だけしか使われなかった市町村名があった！」「合格祈願の学文路駅の意外すぎる由来とは」「住吉大社の目の前は海だった？」「一寸法師は実は難波っ子だった!?」「真田幸村が隠れ住んでいた九度山とは？」…など南海沿線にひそむ地理・地名・歴史の意外な真実やおもしろエピソードが満載。読めば、ふだんなにげなく見ている駅や沿線風景が違って見えてくる！南海沿線がもっと好きになる一冊。

◇南海電気鉄道　藤井信夫解説, 井上広和写真　ネコ・パブリッシング　2002.7　189p　19cm　（私鉄の車両 復刻版 23）〈初版：保育社刊〉　1429円　①4-87366-306-7
[内容] 商都・大阪から泉州の海岸沿いに和歌山市までのびる南海線と、弘法大師が開いた霊場高野山までを結ぶ高野線、そして支線で活躍する車両とともに、泉北高速鉄道も合わせて紹介する。

◇南海電気鉄道　上巻　藤井信夫編　堺　関西鉄道研究会　1996.12　181p　26cm　（車両発達史シリーズ 5）　5600円　①4-906399-05-3

◇南海電気鉄道　下巻　藤井信夫著　堺　関西鉄道研究会　1998.12　184p　26cm　（車両発達史シリーズ 6）　5000円　①4-906399-06-1

◇南海電車—大阪と和歌山を結ぶ日本最古の現役私鉄　高橋修著　JTBパブリッシング　2013.9　175p　21cm　（キャンブックス—鉄道 133）〈文献あり 年譜あり〉　1700円　①978-4-533-09335-7
[目次] 第1章 南海電鉄の歴史と沿線（歴史概要、南海本線、高師浜線 ほか）、第2章 路面電車（阪堺電気軌道、和歌山軌道線）、第3章 車両解説（50000系、10000系、12000系 ほか）

◇南海電鉄昭和の記憶—大阪と和歌山・高野山を結ぶ現存最古の私鉄　藤原浩著　彩流社　2014.12　79p　30cm　1800円　①978-4-7791-2357-3
[目次] 第1部 カラーでよみがえる風景、第2部 モノクロームの情景（難波、新今宮、萩ノ茶屋・天下茶屋、岸ノ里、玉出、住吉公園、住ノ江・堺、浜寺公園・羽衣、北助松・二色浜、貝塚 ほか）

◇南海電鉄・泉北高速鉄道—街と駅の1世紀 昭和の街角を紹介　藤原浩著　アルファベータブックス　2016.2　86p　26cm　（懐かしい沿線写真で訪ねる）　1850円　①978-4-86598-809-3

◇南海電鉄のひみつ　PHP研究所編　PHP研究所　2014.6　223p　19cm〈文献あり 索引あり〉　1524円　①978-4-569-81863-4
[内容] 多種多様な車両形式、急勾配を行き来するケーブルカー 現存する日本最古の純民間資本の私鉄のあゆみetc.路線の見どころ凝縮！

◇日本の私鉄 11 南海　南海電気鉄道車両部, 諸河久, 岩堀春夫共著　大阪　保育社　1991.6　151p　15cm　（カラーブックス）　620円　①4-586-50811-6
[内容] 特急サザン号、こうや号、をはじめ新ズームカー2000系などを中心に。

◇日本の私鉄南海電気鉄道　広岡友紀著　毎日新聞社　2012.1　177p　19cm　1500円　①978-4-620-32001-4
[内容] 最も歴史ある大手民鉄、南海。高野山、堺、和歌山を結ぶルートを独占して発展した歴史から、関空へのアクセスと特急ラピート、難波再開発とグループ各社、思い出のオリエンタルグリーン、名車・1001系など歴代車両を総解説。

022　**西日本鉄道**
【概　要】西日本鉄道株式会社。1908（明治41）年12月17日九州電気軌道株式会社発足。1942年9月22日、交通事業統合政策により、九州鉄道・博多湾鉄道汽船・福博電車・筑前参宮鉄道と合併し、西日本鉄道株式会社が誕生。営業キロ106.1km。車両数330両。

◇筑紫れくいえむ—米機西鐵電車銃撃を追う　坂井美彦, 坂井ひろ子著　福岡　西日本新聞社　2008.7　161p　19cm　1238円　①978-4-8167-0761-2

[内容] 終戦直前の昭和20年8月8日、米軍機が、中学生が乗務する西鉄電車を襲撃した。死者64人（100人超の証言も）、重軽傷多数—原爆投下の陰で検証もなく、かん口令が敷

かれた事件に、戦後60年が過ぎた今、戦中派の夫婦が真実に迫る。

◇西鉄電車―特急電車から高速バス・路線バスまで　吉富実著　JTBパブリッシング　2014.12　207p　21cm　（キャンブックス―鉄道 148）〈文献あり　年表あり〉　1900円　①978-4-533-10077-2
|目次| カラー写真で見る西鉄電車、西日本鉄道の歴史、西日本鉄道の車両、貝塚線と筑鉄のルーツ、西鉄の駅、カラー写真でよみがえる西鉄軌道線、懐かしい写真でよみがえる西鉄バス

◇西鉄電車おもいでアルバム―昭和晩年の福岡市内線・大牟田線急行電車・宮地岳線　大田治彦写真と文　福岡　櫂歌書房　2010.7　168p　30cm〈文献あり　発売：星雲社〉　3800円　①978-4-434-14490-5
|目次| 福岡市内線（貫線、城南線、循環線、貝塚線　ほか）、大牟田線（大牟田本線、甘木線）、宮地岳線、写真撮影について

◇西鉄電車・バスのひみつ　PHP研究所編　PHP研究所　2014.7　223p　19cm　〈文献あり　索引あり〉　1524円　①978-4-569-81934-1
|内容| 4つの鉄道路線網で都市を結び、3,000台以上のバスが走る！個性豊かな駅、新旧の車両、懐かしの路面電車、日本一の規模を誇るバス事業etc.古今の写真満載！

◇西日本鉄道　広岡友紀著　毎日新聞社　2013.2　158p　19cm　（日本の私鉄）　1500円　①978-4-620-32005-2
|内容| 製鉄と炭鉱が育んだ本州以外に存在する唯一の大手民鉄・西鉄。新技術を採り入れた車両たち、路線長を半分にした大胆な合理化、主力のバス事業、筑豊電気鉄道など西鉄グループと車両を解説。

◇西日本鉄道　谷口良忠解説, 荒川好夫写真　ネコ・パブリッシング　2002.7　171p　19cm　（私鉄の車両　復刻版 9）〈初版：保育社刊〉　1429円　①4-87366-292-3
|内容| 福岡都市圏における大量輸送機関として、発展を続ける西鉄電車。筑紫平野をひた走る特急列車から、都市内のメインストリートを闊歩する大量の連接車群まで、多彩な車両を豊富な写真やデータで紹介する。

023　阪急電鉄

【概　要】阪急電鉄株式会社。1907（明治40）年10月19日、箕面有馬電気軌道創立。1918年、阪神急行電鉄に改称。1943年、京阪電気鉄道を合併、京阪神急行電鉄に社名変更。1949年、京阪電気鉄道に京阪線、大津線を譲渡・分離し、京阪神急行電鉄となる。1973年、阪急電鉄に改称。2006年10月1日、親会社の阪急ホールディングスと阪神電気鉄道が経営統合、阪急阪神ホールディングス誕生。営業キロ143.6km。

◇サイドビュー阪急　1　神戸・宝塚線　豊中　レイルロード　1992.11　112p　30cm〈発売：文苑堂東京店　おもに図〉　4300円　①4-938343-90-8

◇サイドビュー阪急　2　京都線　豊中　レイルロード　1992.12　84p　30cm　〈発売：文苑堂東京店　おもに図〉　3700円　①4-938343-81-9

◇知れば知るほど面白い阪急電鉄　野沢敬次著　洋泉社　2016.11　223p　19cm〈文献あり〉　1600円　①978-4-8003-1096-5
|内容| 京阪神を結ぶマルーン車両の1世紀を紹介！阪急の歴史、沿線・車両の魅力、駅・路線の謎まで、ぜんぶわかる！

◇日本の私鉄　7　阪急　阪急電鉄, 諸河久共著　大阪　保育社　1990.5　151p　15cm　（カラーブックス 796）　620円　①4-586-50796-9
|内容| 新形式8000系を中心に三複線や、他社線と併走する阪急電車の魅力を。

◇日本の私鉄阪急電鉄　広岡友紀著　毎日新聞社　2011.7　184p　19cm　1500円　①978-4-620-31999-5
|内容| "阪急マルーン"に象徴される上品な"阪急電車"の車両と他社の追随を許さぬメンテナンス、創業者・小林一三のロマンが今も息づく「創遊事業」を展開する阪急グループの昨日・今日・未来。

◇阪急　阪急電鉄株式会社, 諸河久共著　大阪　保育社　1998.1　151p　15cm

阪急電鉄

（カラーブックス―日本の私鉄）　700円　①4-586-50903-1
目次　阪急電車TODAY，阪急電鉄の基礎知識，マルーンの疾風，他社乗り入れ，大震災を乗り越えて，最近の動き，DATA BOX

◇阪急沿線謎解き散歩　私鉄沿線散歩の会著　中経出版　2013.8　271p　15cm　（新人物文庫　し-12-1）　857円　①978-4-8061-4852-4
内容　阪急線の特色から歴史，名所，祭り，沿線のご当地グルメまで"阪急電車"沿線ガイドの決定版！

◇阪急沿線の不思議と謎　天野太郎監修　実業之日本社　2015.4　191p　18cm　（じっぴコンパクト新書252）〈文献あり〉　850円　①978-4-408-45549-5
内容　阪急電鉄沿線にひそむ地理・地名・歴史の意外な真実や，おもしろエピソードが満載。読めば，ふだんなにげなく見ている駅や沿線風景が違って見えてくる！　阪急沿線のことがもっと好きになる一冊。

◇阪急京都線・千里線―街と駅の1世紀　阪急京都線と千里線・嵐山線各駅今昔散歩　大正・昭和の街角を紹介　生田誠著　彩流社　2013.12　79p　26cm　（懐かしい沿線写真で訪ねる）〈年譜あり〉　1500円　①978-4-7791-1726-8
内容　阪急京都線と千里線・嵐山線各駅今昔散歩。大正・昭和の街角を紹介。

◇阪急神戸線―街と駅の1世紀　阪急神戸線と支線各駅今昔散歩大正・昭和の街角を紹介　山下ルミコ著　彩流社　2013.5　79p　26cm　（懐かしい沿線写真で訪ねる）〈年譜あり〉　1500円　①978-4-7791-1721-3
内容　阪急神戸線と支線，各駅今昔散歩。大正・昭和の街角を紹介。

◇阪急550　レイルロード編　豊中　レイルロード　1992.2　84p　30cm　（車輌アルバム8）〈発売：文苑堂東京店　折り込図1枚〉　3900円　①4-938343-78-9

◇阪急コレクション　阪急電鉄株式会社コミュニケーション事業部企画・編集・著作　大阪　阪急電鉄コミュニケーション事業部　2000.10　140p　26cm　（阪急ワールド全集1）〈開業90周年記念　年表あり〉　1429円　①4-89485-038-9

内容　明治43（1910）年3月10日の開業以来永遠の時を刻みながら走りつづける阪急電車。その沿線では時代の流れとともに，独自のライフスタイルと文化が育まれてきた。90年間に築き上げられた軌跡を集大成した，「阪急コレクション」の世界。その一コマを，楽しんでいただきたい。

◇阪急新1000　レイルロード編　豊中　レイルロード　2014.10　84p　30cm　（車両アルバム18）〈発売：文苑堂〉　2130円　①978-4-947714-33-6

◇阪急ステーション―写真で見る阪急全駅の今・昔　阪急電鉄株式会社コミュニケーション事業部企画・編集・著作　大阪　阪急電鉄コミュニケーション事業部　2001.4　140p　26cm　（阪急ワールド全集4）〈開業90周年記念〉　1429円　①4-89485-051-6
内容　暮らしや，明日への夢を運び，独自の"沿線文化"を育んできた阪急電鉄。『駅』は，絶えまない列車の発着を繰り返しながら今日も，時と人の流れを見つめ，街とともに鼓動し続けている。明治43（1910）年の開業以来，梅田と街を結び，人と人を結んで永遠につむぎ続けられてきた沿線メモリー。新・旧の表情を通して，『駅』のドラマに思いをはせていただきたい。

◇阪急宝塚線・能勢電鉄―街と駅の1世紀　阪急宝塚線と能勢電鉄各駅今昔散歩明治・大正・昭和の街角を紹介　山下ルミコ著　彩流社　2013.9　79p　26cm　（懐かしい沿線写真で訪ねる）〈年譜あり〉　1500円　①978-4-7791-1724-4
内容　阪急宝塚線と能勢電鉄　各駅今昔散歩　明治・大正・昭和の街角を紹介。

◇阪急テクノロジー―阪急電鉄を支える鉄道技術と設備　阪急電鉄株式会社コミュニケーション事業部企画・編集・著作　大阪　阪急電鉄コミュニケーション事業部　2001.3　140p　26cm　（阪急ワールド全集2）〈開業90周年記念〉　1429円　①4-89485-046-X
目次　巻頭グラフ HANKYU TECHNOLOGY，電車のしくみをさぐる，車体「BODY」，軌道―鉄の道のしくみをさぐる，最終電車と始発電車の間で―軌道工事の舞台裏をさぐる，信号・通信設備―鉄道のルールをさぐる，電力設備―電気の道をさぐる，ダイヤグラム―安全輸送のしくみをさぐる，阪急電車テクノロジーの歴史，Q＆Aダイジェスト，阪急テクノロジーデータボックス

鉄道経営

◇阪急電車―その全貌から個性とブランドを探る　山口益生著　JTBパブリッシング　2012.7　239p　21cm　（キャンブックス―鉄道 120）〈年譜あり　文献あり〉　1900円　①978-4-533-08698-4
目次　カラーグラフ　大阪へ神戸へ京都へ宝塚へ　マルーンの電車駆け抜ける，阪急電車の生い立ち，車両の各論，箕面有馬・阪神急行の車両，北大阪・新京阪の車両，京阪神急行の車両その1―標準車体と高性能車両への模索，京阪神急行の車両の収斂，京阪神急行の車両その3―標準車体の破綻と1500V統一，冷房化，阪急の車両―ワンハンドルと統一車体への模索

◇阪急電車青春物語　橋本雅夫著　草思社　1996.8　262p　20cm　1854円　①4-7942-0711-5
内容　京都，大阪，神戸を結び，宅地開発，少女歌劇，デパートや遊園地の経営などで先鞭をつけた阪急電車。その90年に及ぶ歴史を，阪急に長く勤めた著者が，先輩，同僚から聞いた話や著者自身の体験を織り込みながら楽しい読み物として描く。当時の貴重な写真と相まって，阪急電車の古き良き時代を生き生きと再現する。巻末に年譜，車両一覧などを付す。

◇阪急電車フォトカタログ　vol.1　レイルロード編　豊中　レイルロード　2013.5　116p　21×30cm〈発売：文苑堂〉　3000円　①978-4-947714-29-9

◇阪急電車僕らの青春　奥田英夫，正垣修写真・文　神戸　神戸新聞総合出版センター　2011.6　239p　26cm　2500円　①978-4-343-00620-2

◇阪急電鉄　髙田寛解説，諸河久写真　ネコ・パブリッシング　2002.7　172p　19cm　（私鉄の車両　復刻版5）〈初版：保育社刊〉　1429円　①4-87366-288-5
内容　京阪神の大量輸送機関として活躍する阪急。7000・6300系を頂点に，マルーンの色で象徴される阪急車両群のすべてを写真とデータで解説する。

◇阪急電鉄　京都線　藤井信夫著　堺　関西鉄道研究会　1995.2　165p　26cm　（車両発達史シリーズ 4）　5600円　①4-906399-03-7

◇阪急電鉄　神戸・宝塚線　藤井信夫著　堺　関西鉄道研究会　1994.4　165p　26cm　（車両発達史シリーズ 3）　5600円　①4-906399-04-5

◇阪急電鉄あるある　三浦英二著，にゃほこ画　TOブックス　2018.4　159p　18cm　950円　①978-4-86472-671-9
内容　創業者のひ孫は，あの熱い男！　昔のキャッチコピーは「ガラアキ」!?中津駅で味わう恐怖！　タカラジェンヌの乗車時は戦慄が走る！　個人宅専用の踏切が存在する！　駅構内を見渡すと外国人ばかり!?双子のような駅ホーム！　2006年，閑静な住宅街にアニヲタが殺到！　などなど，関西の華の私鉄，阪急電鉄のあるあるネタ200本！

◇阪急電鉄神戸線―伊丹線，今津線，甲陽線，神戸高速線 1950～1990年代の記録　生田誠著　アルファベータブックス　2016.10　95p　30cm　1850円　①978-4-86598-817-8
目次　梅田，中津，十三，神崎川，園田，塚口，武庫之荘，西宮北口，夙川，芦屋川〔ほか〕

◇阪急電鉄神戸線―戦後混乱期の鉄道　京阪神急行電鉄のころ　浦原利穂著　大阪　トンボ出版　2003.1　71p　26cm　1600円　①4-88716-128-X
目次　阪急沿線営業路線図，阪急電鉄の歴史概略，戦後の沿線風景（三宮駅周辺，六甲から岡本へ　ほか），神戸線に活躍した車両たち，今津線に活躍した車両たち，初の全鋼製900形，2両固定編成の920系，事業用電車

◇阪急電鉄昭和の記憶―京阪神を駆け抜けるマルーンの思い出　中西進一郎著　彩流社　2014.11　79p　30cm　1800円　①978-4-7791-2356-6
目次　第1部　カラーでよみがえる風景，第2部　モノクロームの情景，第3部　阪急沿線，想い出の風景（梅田，中津，十三，西宮北口，塚口，夙川，甲陽園，西宮車庫，御影，六甲　ほか）

◇阪急電鉄スゴすぎ謎学　小佐野カゲトシ著　河出書房新社　2017.2　222p　15cm　（KAWADE夢文庫 K1060）〈文献あり〉　680円　①978-4-309-49960-4
内容　きめ細やかなダイヤ設定，伝統の重みと気品あふれる車両，先見性の高い乗客サービス，歌劇に代表される豊かな文化の創造…知れば知るほど"阪急愛"が止まらなくなる!!

◇阪急電鉄―宝塚線，箕面線，京都線，千里線，嵐山線，能勢電鉄 1950～1980年代の記録　生田誠著　アルファベータ

阪急電鉄

ブックス　2016.8　95p　30cm　1850円　Ⓘ978-4-86598-815-4
|目次|第1部 宝塚線、箕面線、能勢電鉄（梅田、中津、十三、三国、庄内、服部天神、曽根、岡町、豊中、蛍池 ほか）、第2部 京都線、千里線、嵐山線（南方、崇禅寺、淡路、上新庄、相川、正雀、摂津市、南茨木、茨木市、総持寺、富田、高槻市 ほか）

◇阪急電鉄200のなぞ―鉄道ぴあ特別編　ぴあ　2017.4　191p　21cm　（ぴあMOOK）〈文献あり〉　1500円　Ⓘ978-4-8356-3055-7

◇阪急電鉄のひみつ　PHP研究所編　PHP研究所　2013.7　223p　19cm〈文献あり 索引あり〉　1524円　Ⓘ978-4-569-81285-4
|内容|100年を超す伝統を持つ関西私鉄の雄の華麗なる舞台裏。世界初の自動改札機、私鉄唯一の3複線、阪急マルーンの名車の数々etc.

◇阪急200・210　レイルロード編　豊中　レイルロード　2017.5　64p　30cm　（車両アルバム 28）〈文献あり　発売：文苑堂〉　2130円　Ⓘ978-4-947714-45-9

◇阪急・能勢P-5　レイルロード編　豊中　レイルロード　2017.5　144p　30cm　（車両アルバム 27）〈発売：文苑堂〉　2500円　Ⓘ978-4-947714-44-2

◇はんきゅうのでんしゃ　交通新聞社　2018.2　1冊（ページ付なし）　13×13cm　（スーパーのりものシリーズDX）　800円　Ⓘ978-4-330-85918-7

◇阪急8000　豊中　レイルロード　1990.3　54p　30cm　（車輛アルバム 4）〈発売：文苑堂東京店 折り込図1枚〉　Ⓘ4-938343-74-6

◇阪急フォト倶楽部　阪急電鉄株式会社コミュニケーション事業部企画・編集・著作　大阪　阪急電鉄コミュニケーション事業部　2001.4　140p　26cm　（阪急ワールド全集 3）〈開業90周年記念〉　1429円　Ⓘ4-89485-050-8
|目次|巻頭特集 鉄道写真の第一人者広田尚敬が語る「私と鉄道写真」、特集1 季節とともに走りゆく阪急電車の春夏秋冬―マルーンの四季、特集2 自慢できる写真を撮るための鉄道写真基礎講座、フォトエッセー 気鋭の鉄道写真家、松本洋一が撮るフォトスケッチ―阪急の一日。, 特別講座 デジカメで鉄道写真をあそぼう―How to デジカメ, スペシャルフォトギャラリー 阪急電車ファン必見の貴重な写真の数々を一挙公開―Portrait of Maroon, 特別付録 知る人ぞ知る阪急電車撮影スポットを紹介―路線ガイド＆マップ

◇阪急2200　レイルロード編　豊中　レイルロード　2016.5　80p　30cm　（車両アルバム 23）〈発売：文苑堂〉　2130円　Ⓘ978-4-947714-40-4

◇阪急2300　レイルロード編　豊中　レイルロード　2014.4　100p　30cm　（車両アルバム 16）〈発売：文苑堂〉　2130円　Ⓘ978-4-947714-31-2

◇阪急3000　レイルロード編　豊中　レイルロード　2011.10　80p　30cm　（車両アルバム 12）〈奥付のタイトル：阪急3000系　発売：文苑堂〉　2000円　Ⓘ978-4-947714-24-4

◇阪急5100　レイルロード編　豊中　レイルロード　2015.10　104p　30cm　（車両アルバム 21）〈発売：文苑堂〉　2500円　Ⓘ978-4-947714-38-1

◇阪急5300　レイルロード編　豊中　レイルロード　2016.10　112p　30cm　（車両アルバム 25）〈発売：文苑堂〉　2500円　Ⓘ978-4-947714-42-8

◇阪急600　レイルロード編　豊中　レイルロード　2015.2　108p　30cm　（車両アルバム 19）〈発売：文苑堂〉　2500円　Ⓘ978-4-947714-34-3

◇阪急6300　vol.1　レイルロード編　豊中　レイルロード　2012.10　80p　30cm　（車両アルバム 14）〈奥付のタイトル：阪急6300系　発売：文苑堂〉　2000円　Ⓘ978-4-947714-27-5

◇阪急6300　vol.2　レイルロード編　豊中　レイルロード　2013.3　64p　30cm　（車両アルバム 15）〈奥付のタイトル：阪急6300系　発売：文苑堂〉　2000円　Ⓘ978-4-947714-28-2

◇阪急7000　vol.1　レイルロード編　豊中　レイルロード　2017.10　112p　30cm　（車両アルバム 30）〈発売：文苑堂〉　2500円　Ⓘ978-4-947714-47-3

◇レイル　No.43　エリエイ　2002.10　90p　30cm　3500円　Ⓘ4-87112-443-6

[内容] 本号では阪急京都線特急の経緯を集大成。

◇レイル　No.47　阪急神戸・宝塚線特急史　エリエイ/プレス・アイゼンバーン　2004.1　98p　30cm　3500円　①4-87112-447-9
　　　[目次] カラーグラフ　阪急電鉄神戸線と宝塚線の特急たち、グラフ　神戸線の特急列車、阪急神戸・宝塚線特急史、グラフ　宝塚線の特急列車、グラフ　身延線の思い出、身延線回顧—1948‐1961年、身延線物語—旧型国電の活躍、ファンの目で見た台車の話16

◇歴史を伝える阪急の保存車両　レイルロード編　豊中　レイルロード　2012.5　64p　30cm　（車両アルバム 13）〈発売：文苑堂〉　2000円　①978-4-947714-25-1

◇Hankyu maroon world—阪急電車のすべて　阪急電鉄総合開発事業本部コミュニケーション事業部企画・編集　大阪　阪急電鉄総合開発事業本部コミュニケーション事業部　2000.10　144p　26cm　1429円　①4-89485-039-7

024　阪神電気鉄道

　　　【概　要】阪神電気鉄道株式会社。1899（明治32）年6月12日、摂津電気鉄道設立。同年中に現社名の阪神電気鉄道に改称。営業開始は1905年4月12日。2006年、阪急ホールディングスと経営統合。営業キロ48.9km。駅数51駅（他社との共同使用駅2駅を含む）。本線・阪神なんば線・武庫川線・神戸高速線の4路線を有す。

◇サイドビュー阪神　豊中　レイルロード　1996.5　128p　30cm〈発売：文苑堂東京店〉　4900円　①4-938343-93-2

◇THE阪神電鉄—インターアーバンの先駆けタイガース・トレインの魅力　広岡友紀著　彩流社　2016.9　79p　26cm〈年譜あり〉　1850円　①978-4-7791-2373-3
　　　[目次] 阪神電鉄の路線（阪神電鉄路線図、列車種別と停車駅 ほか）、阪神電鉄の沿線風景（「萬大慶」の思いを乗せて出発進行、阪急と並走しながら神戸へ ほか）、阪神グループ（鉄道専業色が濃い阪神グループ、事業規模以上に知名度を高めた阪神タイガース ほか）、阪神電鉄の車両（緩急混在ダイヤを可能にした車両の使い分け、無難なデザインの中に自慢の性能が光る ほか）、阪神電鉄の略歴（阪神電鉄の名は今も昔も変わらない、阪急との合併で今後の成長に大きく期待 ほか）

◇日本の私鉄阪神電気鉄道　広岡友紀著　毎日新聞社　2012.3　156p　19cm　1500円　①978-4-620-32002-1
　　　[内容] 小気味よい"走り"と先進技術で定評のある最新車両と往年の名車たち、長年のライバル阪急との経営統合、半世紀以上前からの悲願だった阪神なんば線、相互乗り入れで姫路から奈良までを疾走する阪神の今昔物語。

◇阪神電気鉄道　藤井信夫編　堺　関西鉄道研究会　2002.4　182p　26cm　（車両発達史シリーズ 7）　5000円　①4-906399-07-X

◇阪神電気鉄道　小林庄三解説、井上広和写真　ネコ・パブリッシング　2002.7　162p　19cm　（私鉄の車両 復刻版 21）〈初版：保育社刊〉　1429円　①4-87366-304-0
　　　[内容] 都市間高速電気鉄道の草分けとして、また阪神間の庶民の足として、ジェットカーの開発をはじめ、技術革新で常に民鉄界の先頭にたつ阪神電車のすがたを紹介する。

◇阪神電気鉄道—本線、西大阪線、武庫川線、北大阪線、国道線、甲子園線、尼崎海岸線　1950〜1990年代の記録　生田誠、牧野和人著　アルファベータブックス　2016.12　95p　30cm　1850円　①978-4-86598-819-2
　　　[目次] 阪神本線（梅田、福島、野田、淀川、姫島、千船、杭瀬、大物 ほか）、阪神神戸高速線（元町、高速神戸、新開地、大開、高速長田、西代）、西大阪線（出来島、福、伝法、千鳥橋、西九条）、武庫川線（東鳴尾、洲先、武庫川団地前）、北大阪線、国道線、甲子園線、尼崎海岸線

◇阪神電車—街と駅の1世紀：懐かしい沿線写真で訪ねる：阪神全路線各駅今昔散歩明治・大正・昭和の街角を紹介　上野又勇編著　彩流社　2012.12　79p　26cm〈年譜あり〉　1500円　①978-4-7791-1717-6

地方私鉄（民鉄）

|内容| 阪神全路線各駅今昔散歩。明治・大正・昭和の街角を紹介。

◇阪神電車―歴史・車両・運転・タイガース… 岡田久雄著　JTBパブリッシング　2013.7　207p　21cm　（キャンブックス―鉄道 131）〈文献あり 年譜あり〉　1900円　①978-4-533-09233-6
|目次| 序章 阪神電車の特徴, 第1章 阪神電鉄のあゆみ（創業からの地盤づくり, 都市間高速電車へ, 戦災から復興へ, 高度経済成長への対応, 都市再開発への対応, 震災を乗り越えて, 開業100周年を迎えて）, 第2章 路線・施設, 第3章 車両（現有車両, 過去の車両）, 第4章 運転・運用（運転区間と列車種別, 運行形態の特徴, 相互乗り入れ車両）

◇阪神電車・山陽電鉄昭和の記憶―大阪・兵庫のシーサイドを走る鉄道の想い出　辻良樹著　彩流社　2015.1　79p　30cm　1800円　①978-4-7791-2358-0
|目次| 第1部 カラーでよみがえる風景, 第2部 モノクロームの情景（梅田, 福島, 野田, 姫島, 杭瀬, 大物, 尼崎, 出屋敷, 尼崎センタープール前, 鳴尾 ほか）

◇阪神電鉄のひみつ　PHP研究所編　京都　PHP研究所　2014.11　223p　19cm〈文献あり 索引あり〉　1524円　①978-4-569-82128-3
|内容| 青胴車が加速する。赤胴車がかっ飛ばす。"待たずに乗れる"阪神電車を楽しむ！過密な駅や曲線を克服する車両やダイヤの工夫, キタとミナミに駅を持つ阪神の110年の歴史etc.沿線の魅力満載！

◇阪神なんば線（西大阪延伸線）整備事業誌―神戸・なんば・奈良, つながる　阪神電気鉄道株式会社, 西大阪高速鉄道株式会社編　[大阪]　阪神電気鉄道　2012.1　531p　31cm〈共同刊行：西大阪高速鉄道　年表あり〉

◇阪神3011　レイルロード編　豊中　レイルロード　2015.4　80p　30cm　（車両アルバム 20）〈発売：文苑堂〉　2500円　①978-4-947714-35-0

025　地方私鉄（民鉄）

【概　要】JR各社と大手私鉄以外の中小私鉄のことである。広義には、第三セクター鉄道を含む。地方私鉄は、さらに、大都市高速鉄道と地方旅客鉄道に分ける場合もある。
　地方私鉄（なかでも、大都市高速鉄道）のうち、大都市圏近郊で営業する比較的経営規模の大きな5社を準大手私鉄と呼ぶことがある。準大手私鉄5社とは、千葉県の新京成電鉄、大阪府の泉北高速鉄道と北大阪急行電鉄、兵庫県の神戸高速鉄道と山陽電気鉄道である。北大阪急行電鉄と神戸高速鉄道は、第三セクター鉄道である。
　地方私鉄のなかでも、経営規模の小さな鉄道会社では経営状態の厳しいところが少なくない。ユニークな取り組み（イベントの実施やオリジナル商品の開発など）によって集客や増収に成功しているケースもある。一方で、会社としては存続しているものの鉄道事業から撤退したケースもある。

◇アイラブ岳鉄　鈴木達也著　[富士]　鈴木達也　2001.12　92p　19cm〈静岡静岡新聞社（発売）〉　1200円　①4-7838-9511-2

◇赤穂鉄道の発掘　安保彰夫著　ネコ・パブリッシング　2004.2　47p　26cm　（RM library 55）　1000円　①4-7770-5037-8
|目次| 赤穂と塩と鉄道, 1 赤穂鉄道前史, 2 営業を始めた赤穂鉄道, 3 赤穂鉄道の跡を辿る, 4 赤穂鉄道の車輛, 5 赤穂鉄道の終焉

◇ありがとう・さようなら屋代線　[長野]　長野電鉄　2012.3　1冊（ページ付なし）　21×27cm　1500円

◇有田鉄道　寺田裕一著　ネコ・パブリッシング　2015.6　47p　26cm　（RM LIBRARY 190）〈文献あり〉　1250円　①978-4-7770-5381-0
|目次| 1 みかんを港に運ぶ鉄道, 2 紀勢西線の開業, 3 海岸〜藤並間休止, そして廃止, 4 旅客輸送のピークは昭和40年度, 5 貨物輸送, 湯浅乗り入れ廃止, 6 ついに一日2往復, そして廃止, 7 施設・駅, 8 運転, 9 車輌

◇伊豆急100形―誕生からラストランへ　宮田道一, 杉山裕治著　ネコ・パブリッシング　2002.5　47p　26cm　（RM library 34）　1000円　①4-87366-275-3

地方私鉄（民鉄）

|目次| 開業を控え、試運転へ向け回送、東横線多摩川橋梁を渡る伊豆急100形試運転電車、伊東へ入線、開業も迫り急ピッチで進む準備、開通に沸く沿線、100形との出会い、100形ファミリー、サロ180全室優等車誕生、TS－316台車〔ほか〕

◇伊豆急50年のあゆみ—半世紀の記憶と記録　伊豆急行研究会編　JTBパブリッシング　2012.4　175p　21cm　（キャンブックス—鉄道 116）〈年表あり　文献あり〉　1900円　①978-4-533-08444-7
|目次| 巻頭グラビア 50年の絶景美、第1章 伊豆急50年をたどる、第2章 伊豆急の誕生と名車100系秘話、第3章 リゾート21の時代、第4章 国鉄・JRからの乗り入れ車両、第5章 伊豆急のお召列車、第6章 東急線での運転と他線からの応援車両、第7章 伊豆急各駅今昔、資料編

◇出石鉄道—二千人の株主が支えた鉄道　安保彰夫著　ネコ・パブリッシング　2010.7　45p　26cm　（RM library 131）〈文献あり 年表あり〉　1200円　①978-4-7770-5289-9
|目次| 開業まで、開業した出石鉄道の概要、開通を迎えた2,000人の株主、営業中の出石鉄道、出石鉄道跡ふんわり飛行、出石鉄道の車輌、不要不急路線に認定される、出石鉄道復旧運動、出石鉄道の清算、車輌変遷表、略年表

◇伊勢電・近鉄の80年—桑名から伊勢神宮を結んだ懐かしの鉄道写真集　椙山満、上野結城編　名古屋　郷土出版社　1996.7　234p　31cm〈保存版〉　7500円　①4-87670-084-2
|内容| 昭和11年に姿を消した伊勢電気鉄道—。その礎は近鉄名古屋線として現代に息づく。名阪間の大動脈の知られざる歴史を写真で綴る。

◇一畑電車がゆく—「松江〜出雲」神々の棲まう里を旅する　根宜康広写真　米子　米子今井書店　1999.8　93p　24cm　1800円　①4-89678-040-X
|内容| 出雲の風景をはこんで…運転士が撮った、山陰唯一のローカル私鉄。

◇一畑電車がゆく—〈松江〜出雲〉神々の棲まう里を旅する RAILWAYS特別版　根宜康広写真　増補改訂版　松江　今井書店　2010.6　111p　24cm〈初版：米子今井書店1999年刊　付属資料（DVD-ROM1枚 12cm）：一畑パーク案内図　年表あり〉　1905円　①978-4-89678-079-6

◇一畑電車写真集　米子　今井印刷　2016.10　107p　24×26cm〈他言語標題：ICHIBATA ELECTRIC RAILWAY PHOTOBOOK　発売：今井出版（米子）〉　2000円　①978-4-86611-044-8

◇上田丸子電鉄　上　宮田道一、諸河久著　ネコ・パブリッシング　2005.9　45p　26cm　（RM library 73）〈年表あり〉　1000円　①4-7770-5119-6
|目次| 沿革、丸子線訪問記、丸子町から上田東へ、丸子線の駅、八日堂のこと、丸子線の鉄橋、丸子線の経営努力、丸子線の車輌、上田丸子電鉄年表

◇上田丸子電鉄　下　宮田道一、諸河久著　ネコ・パブリッシング　2005.10　53p　26cm　（RM library 74）　1000円　①4-7770-5120-X
|目次| 別所線、西丸子線、真田傍陽線、施設・運転、上田丸子電鉄とバス、真田傍陽線の車輌、別所・西丸子線の車輌、上田丸子電鉄の貨車、車輌竣工図、車輌の行き来と上田原工機部、車輌図解ノート、別所線、西丸子線で活躍した車輌の経歴、真田傍陽線で活躍した車輌の経歴

◇羽後交通横荘線—オラほの横荘っこ　若林宣著　ネコ・パブリッシング　2004.9　47p　26cm　（RM library 61）　1000円　①4-7770-5060-2
|目次| 1 鉄道敷設、2 積極営業、3 戦時体制、4 戦後輸送、5 無煙・合理化、6 廃止への道、輸送現場に見る横荘線、横荘線の車輌たち（蒸気機関車、ディーゼル機関車、ガソリン動車、ディーゼル動車、客車、貨車）

◇羽後交通雄勝線—追憶の西馬音内電車　若林宣著　ネコ・パブリッシング　2003.11　47p　26cm　（RM library 52）　1000円　①4-7770-5028-9
|内容| 昔、秋田県のある所に、延長がせいぜい10kmという鉄道があった。近くを走る奥羽本線とて電化未だしという時代に、この車輌はポールを振りかざし、文化の香りを乗せて誇らしげに走っていたという。羽後交通雄勝線である。

◇宇品線92年の軌跡　長船友則著　ネコ・パブリッシング　2012.7　47p　26cm

地方私鉄（民鉄）

（RM LIBRARY 155）〈文献あり 年譜あり〉　1200円　ⓘ978-4-7770-5328-5
|目次| 宇品築港と交通問題, 日清戦争と広島停車場—宇品間軍用鉄道建設, 山陽鉄道による旅客営業の開始, 旅客営業廃止と貨物専用線化, 幻の宇品臨港線延長計画, 芸備鉄道のガソリンカーによる旅客営業再開と国有化, 太平洋戦争と原爆被爆, 戦後混乱期の通勤通学輸送, 道路交通の発展と一般旅客営業廃止, 時刻表から消えたゆうれい列車〔ほか〕

◇叡山電車形式集　豊中　レイルロード　1998.10　152p　30cm〈東京 文苑堂東京店（発売）〉　5700円　ⓘ4-947714-07-7

◇江ノ島電鉄＆湘南モノレール—街と駅の今昔物語 湘南の海を駆け抜ける, ふたつの電車の魅力満載！　江ノ島電鉄株式会社, 湘南モノレール株式会社監修, 夢現舎編　彩流社　2015.6　79p　26cm〈文献あり〉　1800円　ⓘ978-4-7791-2364-1
|内容| 湘南の海を駆け抜ける, ふたつの電車の魅力満載！

◇江ノ電　ジェー・アール・アール編　ジェー・アール・アール　1998.3　55p　26cm　（私鉄車両シリーズ 1）　2191円　ⓘ4-88283-501-0

◇江ノ電旧型連接車物語　代田良春著　ネコ・パブリッシング　2007.6　48p　26cm　（RM library 94）　1000円　ⓘ978-4-7770-5201-1
|目次| 江ノ電の歩み, 連接車誕生の背景, 連接車誕生, 鉄道苦難の時, 改良への道, 新造車導入による対応, 竣功図表, 旧型連接車主要諸元表, 江ノ電開業からの全車輌リスト, 線路および施設の概要, 運行の概要

◇江ノ電10kmの奇跡—人々はなぜ引きつけられるのか？　深谷研二著　東洋経済新報社　2015.7　190p　19cm　1500円　ⓘ978-4-492-50276-1
|内容| 全線わずか10kmに, 年間乗客1700万人超！かつての廃線の危機を乗り越え "ローカル鉄道の雄" として異彩を放つ背景には, 効率化・収益重視の風潮に流されない「昭和の鉄道屋の心」や,「変わらないこと」を大事にする戦略などがあった!!

◇江ノ電写真集—湘南の風吹く街を走り抜けた車輌たち　吉川文夫編　生活情報センター　2006.10　158p　31×24cm　3800円　ⓘ4-86126-306-9
|目次| 各駅停車で綴る江ノ電の記憶（藤沢, 石上 ほか）, 沿線の彩り・湘南の華—広告電車（広告電車のはじまり, 昭和時代の広告電車 ほか）, 暮らしの中の江ノ電—今を走り愛され続ける容姿と風貌（交換駅の表情, 正当の面構え—300形 ほか）, 車種の変遷・営業・運行—鉄道・江ノ電の軌跡（四輪単車, 100形, 初代200形 ほか）

◇江ノ電で行こう—江ノ電なんでも手帳　江ノ電ファンクラブ編著　藤沢　江ノ電沿線新聞社　1998.4　88p　19cm　857円

◇江ノ電—懐かしの電車名鑑—湘南の風景の中を走った全車両の記録　湘南倶楽部著　JTB　2003.11　176p　21cm　（JTBキャンブックス）〈年表あり〉　1800円　ⓘ4-533-05006-9
|目次| 第1章 江ノ電 全車両の記録（解明された開業時の木造四輪単車・1～10号車（藤沢～行合間）, 全線開業時の木造単車・11～24号車（藤沢～鎌倉間）, ボギー単行車両の登場（タンコロの仲間たち） ほか）, 第2章 江ノ電 懐かしの記録（江ノ電の運賃, 懐かしの沿線案内, 懐かしの記念乗車券 ほか）, 第3章 100周年を迎えてわかった江ノ電の記録（発見された江ノ電創業の特許状, 日本で始めてのドイツ製電車,「軌道」から「鉄道」 ほか）

◇江ノ電にのってごとごとごっとん　金子章文, 川内松男写真　PHP研究所　2003.7　1冊（ページ付なし）　24×24cm　（PHPにこにこえほん）　1300円　ⓘ4-569-68400-9
|内容| 神奈川県湘南の海べをはしるちいさな電車, 江ノ電。ともちゃんのパパは運転手です。「パパの運転する電車にのってみたいな」。「よし, のせてあげよう」。ともちゃんは江ノ電にのってしゅっぱーつ。

◇江ノ電百年物語　湘南倶楽部編　JTB　2002.5　189p　19cm　（マイロネbooks 6）　1000円　ⓘ4-533-04266-X
|内容| 湘南の海辺をガタゴト走る, 今では日本で2番目に古い電車の話。

◇江ノ電ぶらり旅—33のコラムでたどる江ノ電の歴史と沿線ぶらり旅　君塚利啓文　藤沢　江ノ島電鉄　2010.12　71p　30cm〈年表あり〉　1810円

◇江ノ電ものがたり—映画「DESTINY鎌倉ものがたり」公開記念　TABILISTA

地方私鉄（民鉄）

◇編集部編　双葉社　2017.11　95p　26cm　（［双葉社スーパームック］）〈他言語標題：ENODEN OFFICIAL BOOK　文献あり　年譜あり〉　1500円　①978-4-575-45721-6

◇近江鉄道・写真集　安藤紳次撮影　［出版地不明］［安藤紳次］［2007］　1冊（ページ付なし）　22×22cm

◇大井川鐵道井川線　白井昭著　ネコ・パブリッシング　2007.8　47p　26cm　(RM library 96)　1000円　①978-4-7770-5204-2
　内容　大井川鐵道井川線についてはこれまで多くの文献が記されているが、本書では車輌面より歴史に重点を置き、後年のアプト化に計画責任者として直接関わった知見も加えて集成し、再評価を試みたい。

◇大分交通別大線　田尻弘行編　ネコ・パブリッシング　2006.9　55p　26cm　(RM library 85)〈年表あり〉　1000円　①4-7770-5179-X
　目次　1 明治・大正のころ, 2 昭和になって, 3 大分交通別大線のあゆみ, 4 沿線と停留場の変遷, 5 運行, 6 車輌

◇大阪・神戸・京都・福岡の私鉄　宮脇俊三,原田勝正編　小学館　1993.11　207p　21cm　（JR・私鉄全線各駅停車別巻2）　1650円　①4-09-395412-7
　目次　駅―その表情,エッセイ(駅は見ている―阪急王国の都・梅田駅,乗った駅おりた駅あっとランダム―三条・橿原神宮・須磨寺そして三条),近畿日本鉄道,南海電気鉄道,水間鉄道,大阪府都市開発,阪堺電気鉄道,京阪電気鉄道,京福電気鉄道,叡山電鉄,京都市交通局,大阪市交通局,阪急電鉄,大阪高速鉄道,北大阪急行電鉄,能勢電鉄,阪神電気鉄道,山陽電気鉄道,神戸電鉄,神戸市交通局,北神急行電鉄,神戸新交通,神戸高速鉄道,西日本鉄道,筑豊電気鉄道,福岡市交通局,北九州高速鉄道

◇岡山臨港鐵道　寺田裕一著　ネコ・パブリッシング　2016.1　47p　26cm　(RM LIBRARY 197)〈文献あり〉　1250円　①978-4-7770-5391-9
　目次　1 岡山臨港鐵道前史, 2 地方鉄道として開業, 3 貨物輸送好調で機関車増備, 4 岡山港旅客営業廃止, 5 岡山臨港鐵道を訪ねる, 6 全線廃止へ, 7 線路・駅, 8 運転, 9 車輌

◇尾小屋鉄道　寺田裕一著　ネコ・パブリッシング　2009.4　56p　26cm　(RM library 116)　1000円　①978-4-7770-5254-7
　内容　尾小屋鉄道は、国鉄北陸本線小松駅の裏手に構えていた新小松から山間の尾小屋までの16.8kmを結んでいた。軌間は762mmで動力は内燃、観光用色が強かった西武鉄道山口線を除くと、生活路線として見れば国内最後の非電化軽便鉄道であった。1977(昭和52)年3月20日の廃止から約32年、あの頃の記憶を蘇らせて、最晩年の姿を伝える。

◇尾鉄よ永遠なれ　花井正弘著　新装版　浦和　草原社　1992.12　96p　27cm〈発売：交友社東京支店〉　5340円　①978-4-904775-00-4

◇思い出で包む善白鉄道　柏企画編　長野　柏企画　2006.2　126p　21cm〈年表あり〉　1400円　①4-907788-12-6

◇思いでの秋保電車　宮崎繁幹編　交通新聞社　2004.7　88p　19×26cm　1905円　①4-330-81504-4
　内容　昭和36年5月8日に廃止された、仙台市・長町と秋保(あきう)温泉の間を走っていた秋保電車の記録をまとめた写真集。

◇加越能鉄道加越線―庄川水力電気専用鉄道　服部重敬著　ネコ・パブリッシング　2017.11　47p　26cm　(RM LIBRARY 219)　1250円　①978-4-7770-5416-9
　目次　加越線小史, 路線, 庄川水力電気専用鉄道, 加越能鉄道設立の契機となった富山～金沢間高速電気鉄道計画, 加越線の車輌, さようなら列車

◇鹿児島交通南薩線―南薩鉄道顛末記　上　髙井薫平,田尻弘行著　ネコ・パブリッシング　2008.8　47p　26cm　(RM library 108)　1000円　①978-4-7770-5237-0
　目次　沿革―開業から終戦まで(南薩鉄道の誕生・第一期線の開業,大崎支線の開業(のちの万世支線),第二期線枕崎延長 ほか),沿線(枕崎線,知覧支線,万世支線),南薩鉄道の車輌たち(戦前・戦中)(蒸気機関車,旅客車,内燃動車,客車 ほか)

◇鹿児島交通南薩線―南薩鉄道顛末記　下　髙井薫平,田尻弘行著　ネコ・パブリッシング　2008.9　45p　26cm　(RM library 109)　1000円　①978-4-7770-5238-7
　目次　沿革―終戦から鉄道廃止まで, 運転, 施設関係, 南薩鉄道の車輌たち(戦後), 車輌竣功図表, 主要諸元表, 廃線跡をたどる

鉄道経営

63

◇鹿島鉄道―鹿島参宮鉄道・関東鉄道鉾田線　白土貞夫,中川浩一著　ネコ・パブリッシング　2008.6　55p　26cm（RM library 106）　1000円　Ⓘ978-4-7770-5234-9
　目次　沿革, 施設と運転, 沿線, 車輌（鹿島参宮鉄道―戦前・戦中の車輌, 鹿島参宮鉄道―戦後の車輌, 関東鉄道鉾田線時代と鹿島鉄道の増備車輌）

◇勝谷誠彦の地列車大作戦　勝谷誠彦著　JTB　2002.10　303p　19cm　1600円　Ⓘ4-533-04437-9
　内容　恐れを知らぬコラムニストながら、鉄道については「ズブの素人」。アノ勝谷誠彦が、全国津々浦々のローカル私鉄を巡る"暴挙"に出た！「筋金鉄っちゃん」編集者Iの指令書に従い、慣れぬ取材で悪戦苦闘するハプニング連続のジェットコースター的ルポ。果たしてこの「苦行」、"戦場から南極まで" 百戦錬磨キャリア20年の勝谷に新境地をもたらすのか。

◇河東線 谷街道をゆく　東山繁 ほか撮影, 柏企画編集　長野　柏企画　2013.7　141p　21cm〈文献あり 年譜あり〉　1400円　Ⓘ978-4-907788-23-0
　内容　屋代線、木島線の名で呼ばれた部分は廃止された。しかし、千曲川右岸を貫いた河東線に沿線の地域史が込められる。16人が語る鉄道と地域ふれのドラマ。すばやい敷設で始まった90年史。

◇可部線波乱の軌跡　長船友則著　ネコ・パブリッシング　2017.3　47p　26cm（RM LIBRARY 211）〈文献あり 年表あり〉　1250円　Ⓘ978-4-7770-5406-0
　目次　可部線の生い立ち 軌道条例と広島軌道（株）の設立, 大日本軌道（株）の設立 広島支社として営業開始まで, 可部軌道（株）設立 経営権の譲り受けによる独立経営, 広島電気（株）吸収合併 改軌・電化を推進, 広浜鉄道（株）設立と国有化の実現 陰陽連絡鉄道実現への動き, 日中戦争から太平洋戦争へ, 本郷線布～加計間開通 国鉄総営業路線は2万キロを突破, 太田川放水路建設工事 可部線線路移設, 三段峡への開通, シティ電車運転とサービス向上, 浜田への全線工事着工, 可部～三段峡間路線廃止へ, 一部復活電化延伸へ 可部～三段峡間廃止後の可部線, 今福線建設の挫折と遺構の活用

◇加悦鉄道―丹後ちりめんを運んだ「絹の鉄道」　上　加悦鐵道保存会著　ネコ・パブリッシング　2014.8　47p　26cm（RM LIBRARY 180）　1250円　Ⓘ978-4-7770-5370-4
　目次　加悦鉄道が建設されるまでの経緯, 加悦鉄道の開業, 開業当時の車輌, 北丹後大震災, 丹後ちりめんを運ぶ絹鉄道, 開業10周年, ニッケル鉱の発見と製錬技術の確立, 経営権の移譲, 専用鉄道大江山線の敷設, 専用鉄道岩滝線の敷設と岩滝製錬工場の竣功, ニッケル鉱土の一貫輸送と終戦, 第二次大戦後の状況, 日本冶金工業大江山製造所でのフェロニッケル製造再開, 2号機関車の保存, 加悦鉄道営業線での奮闘, SL広場の開設と廃線

◇加悦鉄道―丹後ちりめんを運んだ「絹の鉄道」　下　加悦鐵道保存会著　ネコ・パブリッシング　2014.9　47p　26cm（RM LIBRARY 181）〈文献あり〉　1250円　Ⓘ978-4-7770-5371-1
　目次　加悦鉄道の車輌（蒸気機関車, 内燃機関車, 内燃動車, 客車, 貨車）, 創業から廃線まで60年間に在籍した車輌一覧, 諸元表, 地形図に見る加悦鉄道・日本冶金工業専用鉄道, 各駅平面図, 線路縦断面図

◇関東鉄道竜ケ崎線―龍崎鉄道・鹿島参宮鉄道竜ケ崎線　上　白土貞夫著　ネコ・パブリッシング　2013.8　47p　26cm（RM LIBRARY 168）　1200円　Ⓘ978-4-7770-5349-0
　目次　1 沿革（実現しなかった龍崎馬車鉄道, 軽便時代の龍崎鉄道と未開業線, 軌間変更後の龍崎鉄道, 鹿島参宮鉄道, 関東鉄道傘下での動向）, 2 施設, 3 運行, 4 車輌（龍崎鉄道軽便用車輌）

◇関東鉄道竜ケ崎線―龍崎鉄道・鹿島参宮鉄道竜ケ崎線　下　白土貞夫著　ネコ・パブリッシング　2013.9　47p　26cm（RM LIBRARY 169）　1200円　Ⓘ978-4-7770-5350-6
　目次　4 車輌（続き）（龍崎鉄道1067mm軌間用車輌, 鹿島参宮鉄道竜ケ崎線の車輌, 関東鉄道竜ケ崎線の車輌）, 5 龍崎鉄道, 竜ケ崎線に関する報告, コラム 竜ケ崎線を描いた文学

◇蒲原鉄道最後の日々　寺田裕一著　ネコ・パブリッシング　2012.11　47p　26cm（RM LIBRARY 159）〈文献あり〉　1200円　Ⓘ978-4-7770-5332-2
　目次　1 沿革（当初は川内村の鉄鉱石輸送を志向, 村松～加茂間開業で全通, 蒲原鉄道の絶頂期）, 2 出会い（1976（昭和51）年春, 1980（昭和55）年初秋の3日間）, 3 豪

地方私鉄（民鉄）

雪（1981（昭和56）年2月, 1985（昭和60）年1月, 会社創立60周年記念列車運転のこと), 4 別れ（加茂～村松間最期の日, そして全廃へ, 代替バスその後), 5 施設・駅（施設, 停車場・停留所), 6 車輌

◇がんばれ！ 銚子電鉄―ローカル鉄道とまちづくり 向後功作著 日経BP社 2008.2 178p 19cm〈発売：日経BP出版センター〉 1400円 ⓘ978-4-8222-4640-2
[内容] 「ぬれ煎餅」を買って困窮する鉄道を救え！ 2週間で1万件の注文が殺到！ 騒動の舞台裏と地方鉄道の未来を電鉄社員が語りおろす。

◇紀勢本線の70年―きのくに線と紀州路の私鉄 名古屋 郷土出版社 1996.10 240p 31cm〈保存版〉 7500円 ⓘ4-87670-087-7

◇北恵那鉄道 清水武著 ネコ・パブリッシング 2002.3 48p 26cm（RM library 32）〈年表あり〉 1000円 ⓘ4-87366-267-2
[目次] 北恵那鉄道の生い立ち, 開通後の北恵那鉄道, 最盛期から廃線へ, 中津町から下付知へ, 車輌たち, 北恵那鉄道の足跡

◇郷愁の別大電車と沿線風景―明治33年5月10日～昭和47年4月4日 写真集 清原芳治編 大分 大分合同新聞社 2005.6 80p 30cm〈年表あり 発売：大分合同新聞文化センター（大分）〉 2381円

◇郷愁のローカル鉄道宇佐参宮線―大正5年3月1日～昭和40年8月20日 写真集 清原芳治編 大分 大分合同新聞社 2003.7 74p 30cm〈付・豊州線（大正3年5月24日―昭和28年9月30日） 年表あり 発売：大分合同新聞文化センター（大分）〉 2000円

◇郷愁のローカル鉄道国東線―大正11年7月7日～昭和41年3月31日 写真集 清原芳治編 大分 大分合同新聞社 2002.5 75p 30cm〈年表あり 発売：大分合同新聞文化センター（大分）〉 2000円

◇郷愁のローカル鉄道耶馬渓線―大正2年12月26日～昭和50年9月30日 写真集 清原芳治編 大分 大分合同新聞社 2004.9 74p 30cm〈年表あり 発売：大分合同新聞文化センター（大分）〉 2000円

◇草軽電鉄の詩―写真集 思い出のアルバム草軽電鉄刊行会編 松本 郷土出版社 1995.9 183p 22cm〈『思い出のアルバム草軽電鉄』（1987年刊）の改題普及版〉 1800円 ⓘ4-87663-296-0

◇草軽電鉄の詩―写真集 思い出のアルバム草軽電鉄刊行会編 新装 松本 郷土出版社 2008.6 183p 22cm〈年表あり〉 1600円 ⓘ978-4-87663-957-1

◇草軽のどかな日々 宮田道一著 ネコ・パブリッシング 2003.12 55p 26cm（RM library 53） 1000円 ⓘ4-7770-5032-7
[目次] 初めての訪問（イメージとしての草軽のルート, 時刻表), 各駅の表情（新軽井沢, 旧軽井沢／三笠, 鶴溜／小瀬温泉 ほか), 絵葉書と文学に綴られた「草軽」の記憶, 草軽の車輌たち（電気機関車, 電車, 客車, 貨車）

◇頸城鉄道 梅村正明著 ネコ・パブリッシング 2006.1 55p 26cm （RM library 77）〈年表あり〉 1000円 ⓘ4-7770-5132-3

◇熊本電気鉄道釣掛電車の時代 高井薫平, 田尻弘行著 ネコ・パブリッシング 2001.8 45p 26cm （RM library 25） 1000円 ⓘ4-87366-254-0
[目次] 熊本電鉄の沿革, その頃の熊本電鉄を回想する, 藤崎宮前から菊池まで, 車輌について, 熊本電鉄車歴一覧

◇江若鉄道の思い出―ありし日の沿線風景 大津市歴史博物館編 彦根 サンライズ出版 2015.2 127p 21cm〈他言語標題：Memories of the Koujaku Railway〉 1600円 ⓘ978-4-88325-554-2
[目次] 浜大津, 三井寺下, 競輪場前, 滋賀, 叡山, 日吉, 雄琴温泉, 堅田, 真野, 和迩〔ほか〕

◇弘南鉄道 上 高井薫平著 ネコ・パブリッシング 2010.8 47p 26cm （RM library 132）〈年表あり〉 1200円 ⓘ978-4-7770-5291-2
[目次] 沿革（計画から開業, 大戦終了まで, 電化と黒石延長, 弘前電気鉄道を吸収合併, 近代化へ), 施設（線路規模, 橋梁, 保安関係, 駅及び設備), 運転, 沿線（弘南線, 大鰐線), 車輌（概説, 開業から電化までの車輌, 電車化当時の車輌, 昇圧時の車輌）

◇弘南鉄道 下 高井薫平著 ネコ・パブリッシング 2010.9 47p 26cm

地方私鉄（民鉄）

（RM library 133）　1200円　①978-4-7770-5293-6

[目次] 車輌（旧弘前電気鉄道の車輌、国電タイプの投入、東急3600系の大量投入、近代化の時代、その他の車輌）、主要諸元表、今後の展望

◇神戸電気鉄道　藤井信夫解説，諸河久写真　ネコ・パブリッシング　2002.7　155p　19cm　（私鉄の車両 復刻版 19）〈初版：保育社刊〉　1429円　①4-87366-302-4

[内容] この巻では、神戸から名湯で名高い有馬、そして三田へと路線を延ばし、更に要の地点・鈴蘭台から分岐して、三木・小野・粟生など東播地方とも便利に結ぶ神戸電鉄の全てを紹介する。

◇ことでん―仏生山工場　GABOMI著　赤々舎　2012.7　1冊（ページ付なし）　19×27cm　2500円　①978-4-903545-82-0

◇ことでん旧塗色の頃―高松琴平電鉄琴平線写真集　吉田明宣著　誠文堂新光社　2008.9　79p　20×22cm　1900円　①978-4-416-80893-1

◇琴電―古典電車の楽園―讃岐に生きる大正浪漫のオールドタイマー　後藤洋志著　JTB　2003.7　144p　21cm　（JTBキャンブックス）　1700円　①4-533-04857-9

[目次] 大正生まれの長尾線オールドタイマー、志度線で活躍中、大手私鉄OBの古典電車、琴電オールドタイマー訪問ガイド―沿線うどん店案内付、懐かしの瓦町駅旧景、琴電を中心とした香川の鉄道史、今に残る鉄道遺産を訪ねて、琴電の車両大全集（現役で活躍中のオールドタイマー、琴電で活躍した往年の車両）

◇ことでん長尾線のレトロ電車―写真と音でつづる「つわもの」80年の歴史　大島一朗文・写真　JTBパブリッシング　2006.7　144p　21cm　（JTBキャンブックス）　1900円　①4-533-06412-4

[内容] 21世紀の今日では想像もつかないレトロ電車たち。この愛すべき高松の「主」に愛着を覚え、ことでん長尾線を旅した記録をお届けする。レトロ電車と、ことでん長尾線のありのままの姿を感じ取っていただきたい。

◇琴電のある風景―高松琴平電鉄志度線・長尾線写真集　吉田明宣著　光書房　2002.8　48p　20×22cm　（Rail Graphic Gallery Vol.13）　1800円　①4-938951-70-3

◇琴電100年のあゆみ―讃岐路を走って一世紀多彩な歴史と車両を綴る　森貴知著　JTBパブリッシング　2012.3　175p　21cm　（キャンブックス―鉄道118）〈年表あり　文献あり〉　1900円　①978-4-533-08563-5

[目次] カラーグラフ（創業100年 現在を走る琴電、レトロ電車 讃岐路を駆ける）、琴電100年の歴史をたどる、思い出の駅・電車、旧型電車ウォークアラウンド、記念切符・企画切符コレクション、ヘッドマーク・パンフレット・行先方向板、車両100年の歴史をたどる、昭和30年前後の琴電 あれこれ話、バス事業の歴史、関連事業のあゆみ、琴電の近代化産業遺産

◇琴平参宮電鉄　宮武浩二著　ネコ・パブリッシング　2016.6　47p　26cm　（RM LIBRARY 202）　1250円　①978-4-7770-5396-4

◇小湊鐵道―鈴木信雄写真集 房総のローカル線　鈴木信雄著　松山　まつやま書房　2008.12　124p　20×22cm　2000円　①978-4-89623-050-5

◇小湊鐵道の今昔―レールは人生を乗せて　遠山あき著　流山　崙書房出版　2004.11　270p　19cm　1800円　①4-8455-1108-8

◇西大寺鉄道　安保彰夫著　ネコ・パブリッシング　2007.1　55p　26cm　（RM library 89）〈年表あり〉　1000円　①4-7770-5189-7

[内容] 本書では西大寺鉄道の建設から、3呎軌間採用の背景、会陽の運行を効率的に行うために監督官庁と繰り返した申請・陳情、会場の乗客輸送と鉄道廃止までをまとめた。

◇三岐鉄道の車輌たち―開業からの50年　南野哲志，加納俊彦著　ネコ・パブリッシング　2004.10　47p　26cm　（RM library 62）　1000円　①4-7770-5068-8

[目次] 三岐鉄道の車輌（蒸気機関車、内燃機関車、電気機関車、借入の電気機関車概要、気動車、客車、電車、貨車）、車輌の変遷、主要諸元表

◇傘寿の挑戦・私鉄全線完乗の旅　津屋英樹著　伊丹　牧歌舎，星雲社〔発売〕　2018.2　383p　19cm　1800円　①978-4-434-24390-5

|内容| 旧国鉄全線の完乗を達成した著者が30年後の傘寿に挑むのは私鉄全線の完乗。若者に負けない体力、気力、判断力、決断力を鍛え、「青春18きっぷ」も活用しながら、トロッコ列車、リニアカー、路面電車、モノレール、ナローゲージ車などの全国の私鉄のすべてに乗りまくったおもしろ旅エッセイの第六弾。「大型客船で地中海・大西洋を航く」、「北海道バス旅1200キロ」、「近江路をめぐる旅」、「新潟・米沢の城下町を歩く」も併載。

◇山陽電気鉄道　藤井信夫解説,小川金治写真　ネコ・パブリッシング　2002.7　163p 19cm　（私鉄の車両 復刻版 7）〈初版：保育社刊〉　1429円　⑪4-87366-290-7
|内容| 神戸・明石・姫路を便利に結ぶ足として、通勤・通学に活躍する山陽電鉄。大手私鉄と競合して発展してきた山陽車両群を、データを中心に全容を解明。

◇山陽電車駅と沿線100年の旅　神戸新聞総合出版センター編　神戸　神戸新聞総合出版センター　2007.8　135p 19cm〈文献あり〉　1300円　⑪978-4-343-00431-4
|目次| 兵庫、長田、西代、板宿、東須磨、月見山、須磨寺、山陽須磨、須磨浦公園、山陽塩屋、滝の茶屋、東垂水、山陽垂水、霞ヶ丘、舞子公園、西舞子、大蔵谷、人丸前、山陽明石、西新町、林崎松枝海岸、藤江、中八木、江井ヶ島、山陽魚住、東二見、西二見、播磨町、別府、浜の宮、尾上の松、高砂、荒井、伊保、山陽曽根、大塩、的形、八家、白浜の宮、妻鹿、飾磨、亀山、手柄、山陽姫路、西飾磨、夢前川、広畑、山陽天神、平松、山陽網干

◇山陽電鉄・神戸電鉄・神戸市営地下鉄―街と駅の1世紀 昭和の街角を紹介　辻良樹著　アルファベータブックス　2016.3　87p 26cm　（懐かしい沿線写真で訪ねる）　1850円　⑪978-4-86598-810-9
|目次| 第1部 神戸高速鉄道・山陽電気鉄道（元町、西元町、（阪急）神戸三宮、花隈、高速神戸、新開地、大開、高速長田、回想の電鉄兵庫駅、西代、板宿 ほか）、第2部 神戸電鉄・神戸市営地下鉄・北神急行電鉄（湊川、長田、丸山、鵯越、鈴蘭台、北鈴蘭台、山の街、箕谷、谷上、花山、大池、神鉄六甲、唐櫃台、有馬口、有馬温泉 ほか）

◇私鉄有情　平野雄司著　［出版地不明］［平野雄司］　2004.5　86p 19cm〈編集協力：交通新聞社〉

◇私鉄沿線　山盛洋介文,山本典義写真　豊橋　春夏秋冬叢書　2004.8　253p 20cm　（はるなつあきふゆ叢書 10 (2004 秋)）〈年表あり〉　3000円　⑪4-901835-11-4
|内容| 天竜浜名湖鉄道、名古屋鉄道蒲郡線、豊橋鉄道渥美線、遠州鉄道。素顔に出会う旅。

◇私鉄紀行―黒潮と小さな汽車の通い道 上　湯口徹著　エリエイ／プレス・アイゼンバーン　2009.12　98p 28×21cm　（レイル No.71）　3800円　⑪978-4-87112-471-3
|目次| 静岡鉄道駿遠線（情景グラフ,あゆみと車輛解説）、大井川鉄道井川線

◇私鉄紀行―黒潮と小さな汽車の通い道 下　湯口徹著　エリエイ／プレス・アイゼンバーン　2010.1　98p 29×21cm　（レイル No.72）　3800円　⑪978-4-87112-472-0
|目次| 沿線の情景、静岡鉄道駿遠線、遠州鉄道奥山線、東濃鉄道笠原線

◇私鉄紀行 瀬戸の駅から 上　昭和30年代中国・四国のローカル私鉄をたずねて　湯口徹著　エリエイ出版部　1992.8　122p 30cm　（レイル No.29）　3400円　⑪4-87112-179-8
|目次| 一畑電気鉄道立久恵線、藤田興業 同和鉱業（片上鉱山）、西大寺鉄道 両備バス、岡山臨港鉄道、玉野市営鉄道（事業局）、倉敷市営鉄道（交通局）水島臨海鉄道、下津井電鉄

◇私鉄紀行 瀬戸の駅から―昭和30年代中国・四国のローカル私鉄をたずねて　下　湯口徹著　エリエイ出版部プレスアイゼンバーン　1992.10　122p 29×21cm　（レイル No.30）　3400円　⑪4-87112-180-1
|目次| 住友金属鉱山（別子鉄道）、伊予鉄道横河原線／森松線、井笠鉄道、鞆鉄道、防石鉄道、船木鉄道、長門鉄道

◇私鉄紀行 丹波の煙伊勢の径―昭和30年代近畿・三重のローカル私鉄をたずねて 下　湯口徹著　エリエイ／プレス・アイゼンバーン　2000.3　116p 30cm　（レイル No.40）　4000円　⑪4-87112-190-9
|目次| 別府鉄道、加悦鉄道、三岐鉄道、三重交通→三重電気鉄道→近畿日本鉄道（北勢／三重／松阪線）

◇私鉄紀行 北陸道 点と線 上 湯口徹著 エリエイ/プレス・アイゼンバーン 2003.7 126p 29×21cm （レイル No.45) 4000円 ⓘ4-87112-445-2
　目次 栃尾鉄道－栃尾電鉄－越後交通栃尾線、頸城鉄道自動車、関西電力（黒部鉄道）－黒部峡谷鉄道

◇私鉄紀行 北陸道 点と線 下 昭和30年代北陸のローカル私鉄をたずねて 湯口徹著 エリエイ 2003.10 122p 30cm （レイル No.46) 4000円 ⓘ4-87112-446-0
　目次 尾小屋鉄道、北陸鉄道能登線、三井金属鉱業（神岡鉄道）、加越能鉄道加越線、エピローグ

◇私鉄史探訪60年 和久田康雄著 JTB 2002.3 190p 19cm （マイロネbooks 1) 1000円 ⓘ4-533-04195-7
　内容 私鉄史の第一人者といわれる著者の「私鉄」への愛の告白。

◇私鉄史ハンドブック 和久田康雄著 電気車研究会 1993.12 210p 27cm 〈他言語標題：Private railways of Japan their networks and fleets–1882 to 1991〉 ⓘ4-88548-065-5

◇私鉄・車両の謎と不思議 広岡友紀著 東京堂出版 2010.5 174p 19cm 1600円 ⓘ978-4-490-20698-2
　内容 車両の新技術導入は、JRよりも私鉄のほうが早い!?特急に乗るには、別料金がかかるのか、かからないのか。なぜダイヤが乱れると先行する列車も時間調整するのか。通勤や観光輸送で活躍する私鉄の謎や不思議を解明する。

◇私鉄電車はしご乗り―はしご乗りは北へ南へ 前島一廣著 ［春日井］［前島一廣］ 1997.4 103p 21cm

◇私鉄廃線25年―36社51線600kmの現役時代と廃線跡を訪ねて 寺田裕一著 JTB 2003.11 171p 21cm （JTBキャンブックス）〈年表あり〉 1800円 ⓘ4-533-04958-3
　内容 廃止線の現役時代と今日の姿（廃線跡）を写真と文章で紹介。

◇志比谷鉄路の風景―永平寺線の記憶 写真集 髙山外記編著 ［前原］ 髙山外記 2007.10 71p 26cm

◇写真でよみがえる長野電鉄地上線 原登撮影, 柏企画編 長野 柏企画 2004.12 118p 21cm 1300円 ⓘ4-907788-10-X
　内容 電車が地下鉄化すると聞いて、撮影を開始した人物がいた。長野市街を分断し交通渋滞の象徴とされてきた長野電鉄長野線。しかし地下鉄となって20余年、かつての写真でそのなつかしさが込み上げる。20人が記す「電車のある街の思い出」。

◇終着駅―蒲原鉄道電車線の77年 写真集 蒲原鉄道株式会社監修 新潟 新潟日報事業社 1999.9 130p 20×21cm 1500円 ⓘ4-88862-779-7
　内容 思い出運んで77年。さよなら、そしてありがとう。写真で綴る「かんてつ」電車線の軌跡。

◇出発進行！ 里山トロッコ列車―小湊鐵道沿線の旅 かこさとし作絵 偕成社 2016.5 31p 20×26cm 1200円 ⓘ978-4-03-352070-4
　内容 千葉県南房総の魅力を伝える列車の旅、それは、全国各地にあるはずの日本の原風景をたずねる旅。90歳のかこさとし氏描きおろし。小学校高学年から。

◇少子高齢化時代の私鉄サバイバル―「選ばれる沿線」になるには 森彰英著 交通新聞社 2017.8 239p 18cm （交通新聞社新書) 800円 ⓘ978-4-330-82017-0
　内容 いま私鉄は、高齢化、少子化、人口減少、ライフスタイルの多様化といった世情の大きな変化を受け、これまでの事業スタイルの変革を迫られている。岐路に立つ私鉄は、事業の根幹である「沿線」の新たな活用、価値向上に取り組もうとしている。著者は、取材歴30年以上のベテラン私鉄ウォッチャー。定住化促進、子育て支援、学校誘致、ショッピングモール、宅地開発といった私鉄沿線の「まちづくり」現場を歩き、その将来像を探っていく。

◇少子高齢化時代の私鉄サバイバル―「選ばれる沿線」になるには 森彰英著 交通新聞社 2017.8 239p 18cm （交通新聞社新書 113)〈文献あり〉 800円 ⓘ978-4-330-82017-0

◇上信電鉄と下仁田―上信国境の峠道 上信電鉄百年のあゆみ 平成10年度秋季企画展 ［下仁田町（群馬県）］ 下仁田町教育委員会 1998.11 24p 26cm

◇上信電鉄百年史―グループ企業とともに 上信電鉄（株）総務部監修 高崎

◇上信電鉄　1995.12　257p 図版［16］枚　31cm〈年表あり〉
◇庄内交通湯野浜線　久保田久雄著　ネコ・パブリッシング　2005.4　47p　26cm　(RM library 68)　1000円　①4-7770-5093-9
◇昭和時代の新京成電車　石本祐吉著　ネコ・パブリッシング　2013.4　47p　26cm　(RM LIBRARY 164)　1200円　①978-4-7770-5343-8
　目次　1 新京成電鉄の概要（戦後生まれの私鉄、新京成線の特徴 ほか）、2 車輌増備の歴史（創業期―1947～1955年、牧歌期―1959～1962年 ほか）、3 グループ毎の車輌の変遷（14m小型車、GE式制御器車 ほか）、4 乗り入れの歴史（松戸全通時代、「九十九里号」ほか）
◇昭和29年夏北海道私鉄めぐり　上　青木栄一著　ネコ・パブリッシング　2004.6　47p　26cm　(RM library 58)　1000円　①4-7770-5055-6
　目次　半世紀前の北海道へ、まずは南部鉄道、いよいよ北海道へ、寿都鉄道を訪ねる、留萌鉄道、羽幌炭砿鉄道、天塩鉄道、旭川電気軌道、旭川市街軌道、士別軌道、日本甜菜製糖磯分内製糖所
◇昭和29年夏北海道私鉄めぐり　下　青木栄一著　ネコ・パブリッシング　2004.7　53p　26cm　(RM library 59)　1000円　①4-7770-5056-4
　目次　雄別炭砿鉄道釧路埠頭線、北海道殖民軌道雪裡線、釧路臨港鉄道、雄別炭砿鉄道、根室拓殖鉄道、雄別炭砿鉄道尺別専用線、十勝鉄道、芦別森林鉄道、三井芦別鉄道、三井奈井江専用鉄道〔ほか〕
◇資料集神々の里に消えた鉄道―島根県・出雲市・雲芸鉄道（仮）・大社宮島鉄道出雲鉄道・一畑電鉄立久恵線　祖田定一著　米子　祖田定一　2006.1　205p　26cm〈年表あり〉　3000円
◇新京成電鉄駅と電車の半世紀―松戸市・鎌ケ谷市・船橋市・習志野市を結ぶ26.5kmの沿線案内　白土貞夫編著　彩流社　2012.3　79p　26cm〈年表あり〉　1500円　①978-4-7791-1712-1
　目次　松戸駅、上本郷駅、松戸新田駅、みのり台駅、八柱駅、常盤平駅、五香駅、元山駅、くぬぎ山駅、北初富駅〔ほか〕

◇図説別府鉄道　安保彰夫著　ネコ・パブリッシング　2002.9　47p　26cm　(RM library 38)　1000円　①4-87366-310-5
　内容　本書では、1962年に著者が初めて別府鉄道を訪ねたときの訪問記を再現しながら、別府鉄道の開業から廃止にいたる63年を車輌を主役にたどっている。
◇西濃鉄道　清水武著　ネコ・パブリッシング　2007.11　47p　26cm　(RM library 99)　1000円　①978-4-7770-5222-6
　目次　1 西濃鉄道前説、2 美濃赤坂線の開設、3 西濃鉄道の建設、4 戦前戦中期の輸送、5 戦前の車輌、6 戦後の西濃鉄道、7 戦後の車輌、8 これからの西濃鉄道
◇せとでんの歴史―名鉄瀬戸線史　前島一広著　名古屋　雑論グループ知神Hermes　1990.4　48p　26cm　800円
◇全国私鉄超決定版電車・機関車・気動車1700　髙井薫平監修, 諸河久, 服部朗宏編著　世界文化社　2014.6　288p　26cm〈文献あり〉　3500円　①978-4-418-14219-4
　内容　大手・準大手・地方各路線を走る最新車両満載！車両基地・博物館など最新情報も盛りだくさん。
◇総天然色のタイムマシーン―フルカラーでよみがえる地方私鉄の黄金時代　諸河久, 吉川文夫著　ネコ・パブリッシング　1998.7　161p　31cm　2800円　①4-87366-174-9
　目次　総論―その頃の私鉄界の状況、運炭鉄道北と南、最後の蒸機運炭鉄道、最北のトロリーライン、雪のみちのく私鉄めぐり、ウマヅラ電車ここにあり、ポール電車と電動貨車と、フルーツラインに咲いた花、のどかな春の軽便詣で、東北・越後路の私鉄たち〔ほか〕
◇総天然色のタイムマシーン―フルカラーでよみがえる地方私鉄の黄金時代　諸河久, 吉川文夫著　新版　ネコ・パブリッシング　2007.3　227p　31cm〈付：K2の時代〉　4762円　①978-4-7770-5198-4
　目次　総論―その頃の私鉄界の状況、運炭鉄道北と南、最後の蒸機運炭鉄道、最北のトロリーライン、雪のみちのく私鉄めぐり、ウマヅラ電車ここにあり、ポール電車と電動貨車と…、フルーツラインに咲いた花、のどかな春の軽便詣で、東北・越後路の私鉄たち〔ほか〕

地方私鉄（民鉄）

鉄道経営

◇タイムスリップ・レール…オノテツ—尾道鉄道データファイル　尾道　尾道学研究会　2011.3　159p　30cm　（尾道学研究会出版事業 #4）〈他言語標題：Time slip Rail Onotetsu　年表あり〉1890円

◇谷汲線—その歴史とレール　ローカル線からかいま見る激動の日本と世界　大島一朗著　［岐阜］　岐阜新聞社　2005.2　255p　26cm　岐阜　岐阜新聞情報センター（発売）　年表あり　文献あり〉1714円　①4-87797-096-7
内容 名古屋鉄道谷汲線は、豊かな自然にめぐまれた、レトロな電車が走っていた路線。谷汲線のイメージは、大方こういうものであったであろう。しかし、一方で我々がこの谷汲線のことをどれだけ深く理解していたかについては、資料も少なく、よくわからないというのが実態ではなかろうか。本書では、谷汲線を「歴史」「レール」「廃線跡」の三つの面からクローズアップし、この課題に少しでも答を見いだそうとした。

◇谷汲線の四季—名鉄揖斐・谷汲線　井上英樹写真・文　［岐阜］　岐阜新聞社　2001.4　59p　17×19cm〈岐阜　岐阜新聞情報センター（発売）　年表あり〉1143円　①4-87797-008-8

◇丹波の煙伊勢の径　上　昭和30年代近畿・三重のローカル私鉄をたずねて　湯口徹著　プレス・アイゼンバーン　2000.2　122p　30cm　（レイル 39—私鉄紀行）　4000円　①4-87112-189-5
内容 この「私鉄紀行」シリーズも、最初の東北編「奥の細道」刊行以来15年という長丁場＝要は思い出した頃にダラダラ＝でやっと近畿地方に到達することができた。75%以上が筆者にとっても初プリントの印画を整理していて、京都に住みながら江若鉄道以外はあまり足を運んでいなかったことを今ごろになって痛感する。

◇地方私鉄路線の駅・車庫・車輌　長門克巳著　SHIN企画　2015.9　95p　26cm〈発売：機芸出版社〉2000円　①978-4-916183-30-9

◇銚子電気鉄道　上　白土貞夫著　ネコ・パブリッシング　2011.6　47p　26cm（RM library 142）　1200円　①978-4-7770-5309-4

目次 1 銚子遊覧鉄道の沿革、2 銚子遊覧鉄道の車輌、3 銚子鉄道・銚子電気鉄道の沿革、4 施設のあらまし、5 沿線と各駅案内、6 運転および運行方式

◇銚子電気鉄道　下　白土貞夫著　ネコ・パブリッシング　2011.7　47p　26cm（RM library 143）　1200円　①978-4-7770-5310-0
目次 7 銚子鉄道・銚子電気鉄道の車輌（内燃、蒸気動力の時代—大正期の車輌、単車全盛時代—戦前・戦中期の車輌、ボギー化完了—戦後期前半の車輌、体質改善の推進—戦後期後半の車輌、近代化車輌登場—平成期の車輌）、8 銚子遊覧鉄道、銚子鉄道、銚子電気鉄道に関する報告

◇できるだけ乗らずに済ます北総線—高運賃をめぐる京成電鉄グループの不都合な真実　北総線値下げ裁判の会編著　印西　月刊千葉ニュータウン　2013.7　215p　19cm〈第3刷　発売：メディアパル〉1000円　①978-4-89610-277-2
内容 100首超もの川柳と本文中随所に描かれた漫画風イラストがあぶり出す北総線高運賃の真実!!

◇徹底解説、三岐鉄道！—平成23年7月23日三岐鉄道開業80周年　南野哲志著　四日市　南野クラフト建築設計室　2011.11　51p　30cm

◇徹底チェック民鉄車両—JR発足後、民鉄はどんな車両をつくってきたか　上　川島令三著　中央書院　2001.12　238p　19cm　1800円　①4-88732-104-X
内容 JR発足（1987年）から現在までに民鉄各社が登場させた通勤形車両と中距離タイプ車両のすべてを川島流にズバリ辛口批評。

◇徹底チェック民鉄車両—JR発足後、民鉄はどんな車両をつくってきたか　下　川島令三著　中央書院　2001.12　238,8p　19cm　1800円　①4-88732-109-0
内容 JR発足（1987年）から現在までに民鉄各社が登場させた特急用デラックス車両、改造車、譲受車、気動車、路面電車、ゴムタイヤ車両などを川島流にズバリ辛口批評。

◇鉄道トリビア探訪記—あっぱれ、すごいぞ、民営鉄道　野村正樹著　時事通信出版局　2009.8　229p　20cm〈発売：時事通信社〉1500円　①978-4-7887-0973-7
内容 頑張っている民営鉄道13のとっておき。

◇鉄道ファンのための私鉄史研究資料—1882 to 2012　和久田康雄著　電気車研究会　2014.4　206p　26cm〈他言語標

地方私鉄（民鉄）

題：Handbook for private railway history studies〉　2685円　ⓘ978-4-88548-124-6

◇東京・横浜・千葉・名古屋の私鉄　宮脇俊三，原田勝正編　小学館　1993.10　247p　21cm　（JR・私鉄全線各駅停車別巻1）　1650円　ⓘ4-09-395411-9
[目次] 駅―その表情，駅は見ている―大手町駅は地下の迷路？，乗った駅おりた駅あっとランダム―浅草雷門・新橋・久米川そして浅草，京浜急行電鉄，東京急行電鉄，小田急電鉄，京王帝都電鉄，西武鉄道，東武鉄道，京成電鉄，成田空港高速鉄道，千葉急行電鉄，総武流山電鉄，山万，千葉都市モノレール，埼玉新都市交通，北総開発鉄道 住宅・都市整備公団，新京成電鉄，帝都高速度交通営団，東京都交通局，東京モノレール，湘南モノレール，横浜市交通局，相模鉄道，横浜新都市交通，江ノ島電鉄，名古屋鉄道，桃花台新交通，名古屋市交通局

◇東濃鉄道　清水武著　ネコ・パブリッシング　2005.8　55p　26cm　（RM library 72）　1000円　ⓘ4-7770-5108-0
[目次] 駄知線の建設，笠原線の建設，東濃鉄道の成立，東濃鉄道，輸送・運転，車輌

◇東武野田線 新京成電鉄―街と駅の1世紀 昭和の街角を紹介 東武野田線・新京成電鉄の各駅今昔散歩　杉﨑行恭著　アルファベータブックス　2015.10　95p　26cm　（懐かしい沿線写真で訪ねる）　1900円　ⓘ978-4-86598-805-5
[目次] 第1部 東武野田線（大宮・北大宮・大宮公園・大和田，七里，岩槻，東岩槻・豊春・八木崎 ほか），第2部 新京成電鉄（松戸，上本郷・松戸新田・みどり台，八柱，常盤平，五香 ほか）

◇東野物語―東野鉄道51年の軌跡　高井薫平著　ネコ・パブリッシング　2000.8　47p　26cm　（RM library 13）　1000円　ⓘ4-87366-206-0

◇同和鉱業片上鉄道　上　寺田裕一著　ネコ・パブリッシング　2010.3　45p　26cm　（RM library 127）　1000円　ⓘ978-4-7770-5279-0
[目次] 私が出会う前の片上鉄道（日本一の硫化鉱産地であった柵原，片上と三石を結ぶ鉄道として計画，片上鉄道開業，そして全通，戦後復興にC11を導入，動力近代化を達成），出会いそして別れ（1973（昭和48）年当時の片上鉄道，1979（昭和54）年の訪問，1981（昭和56）年，全通50周年，1986（昭和61）年が鉱石輸送を目にした最後，廃止表明と3年間の観察期間，ついに最後の瞬間が訪れる），施設と駅（施設，停車場・停留場）

◇同和鉱業片上鉄道　下　寺田裕一著　ネコ・パブリッシング　2010.4　47p　26cm　（RM library 128）〈文献あり 年表あり〉　1000円　ⓘ978-4-7770-5281-3
[目次] 1 蒸気機関車，2 内燃機関車，3 内燃動車，4 客車，5 有蓋貨車，6 無蓋貨車，7 借入車輌

◇土佐電気鉄道　上　山本淳一著　ネコ・パブリッシング　2016.2　47p　26cm　（RM LIBRARY 198）〈年表あり〉　1250円　ⓘ978-4-7770-5392-6
[目次] 1 土佐電気鉄道，2 高知鉄道から安芸線へ，3 鉄道線電化，4 軌道線・鉄道線の直通運転，5 咥 内坂改良工事，6 鉄道線の思い出，7 鉄道線廃止までの土佐電気鉄道，8 鉄道線廃止，9 その後の土佐電気鉄道

◇土佐電気鉄道　下　山本淳一著　ネコ・パブリッシング　2016.3　46p　26cm　（RM LIBRARY 199）〈文献あり〉　1250円　ⓘ978-4-7770-5393-3
[目次] 鉄道線の車輌（蒸気機関車，ガソリンカー，客車，電車，電気機関車，貸車），軌道線の車輌（四輪単車，ボギー車の登場，譲受車，新世代の電車，カラオケ電車と維新号，電動貨車1号，外国電車）

◇土佐電鉄が走る街今昔―現役最古の路面電車定点対比50年　土佐電鉄の電車とまちを愛する会著　JTBパブリッシング　2006.7　159p　21cm　（JTBキャンブックス）〈年表あり〉　1800円　ⓘ4-533-06411-6
[目次] 定点対比 土佐電鉄が走る街，土電安芸線物語―潮風を運んだ電車，土佐電鉄・停留所統廃合の変遷，土佐電鉄のこれまでの歩み―創業前から平成18年まで，土佐電鉄の記念乗車券，土佐電鉄の車両形式，土佐電鉄・電車年表

◇鞆鉄道　湯口徹著　ネコ・パブリッシング　2015.12　47p　26cm　（RM LIBRARY 196）〈文献あり〉　1250円　ⓘ978-4-7770-5390-2
[目次] 発起―軌道から軽便鉄道に，福山城址，開業直前の泥縄手続，最初の開業，開業時の車輌，他例のない連結器，代用客車，芦田川改修・線路付替，運輸量の推移，主任技

鉄道経営

術者/役員/停車場変更, 勾配緩和, 車輛の減少/増加, ガソリンカー導入1, ガソリンカー導入2, やっと国鉄福山に, 不況下の苦闘, 車輛讓渡/讓受, 鞆付近の仮設物件, ガソリンカー改造1, ガソリンカー改造2, 大型機増備, 石炭価格高騰, 戦後の内燃動車, 廃止まで/その後

◇富山地方鉄道―加越能鉄道　西脇恵解説, 諸河久写真　ネコ・パブリッシング　2002.7　171p　19cm　（私鉄の車両　復刻版 10）〈初版：保育社刊〉　1429円　⑭4-87366-293-1
内容　雄大な立山連峰をバックに走る富山地方鉄道の沿線は四季感にあふれ, 地方私鉄の中でも代表的なモハ14760形はじめ, 優秀な車両が多い。高岡市内を走る加越能鉄道の車両を含めて解説。

◇長野電鉄マルーン時代　宮田道一, 村本哲夫著　ネコ・パブリッシング　2006.10　45p　26cm　（RM library 86）　1000円　⑭4-7770-5183-8
内容　昭和30年代の旅行ブームからスキー, 登山・温泉と観光輸送を担った華々しいマルーンの時代の姿を振り返る。

◇南海電鉄・泉北高速鉄道―街と駅の1世紀　昭和の街角を紹介　藤原浩著　アルファベータブックス　2016.2　86p　26cm　（懐かしい沿線写真で訪ねる）　1850円　⑭978-4-86598-809-3

◇南部縦貫鉄道　寺田裕一著　ネコ・パブリッシング　2010.12　47p　26cm　（RM library 136）〈文献あり　年表あり〉　1200円　⑭978-4-7770-5299-8
目次　1 開業（幹線鉄道から離れた七戸, 免許取得に向けて ほか）, 2 出会い（記念乗車券で知る, 1976年夏 ほか）, 3 別れ（用地購入要請と休止, 最後の日 ほか）, 4 施設（施設, 停車場・停留場）, 5 車輛（内燃機関車, 内燃動車 ほか）

◇新潟交通電車線　上　寺田裕一著　ネコ・パブリッシング　2016.7　45p　26cm　（RM LIBRARY 203）　1250円　⑭978-4-7770-5397-1
目次　1 中ノ口電気鉄道設立, 2 新潟電鉄開業, 3 輸送力を増強する新潟電鉄, 4 新潟交通発足, 5 1960年代が最盛期, 6 昭和50～60年代の「電鉄」, 7 廃止へ

◇新潟交通電車線　下　寺田裕一著　ネコ・パブリッシング　2016.8　47p　26cm　（RM LIBRARY 204）〈文献あり〉　1250円　⑭978-4-7770-5398-8
目次　施設（線路・枕木, 駅）, 車輛（電車の変遷, 開業の頃, 戦中・戦後直後の増備車, 正面5枚窓の元東武電車, 国鉄からの讓渡車, 西武鉄道からの讓渡車, 標準車体の新形式, 小田急車体の新形式, 唯一の高性能車, 貨車

◇にっぽん縦断民鉄駅物語―完全網羅！全国162鉄道途中下車の旅　西日本編　櫻井寛著　交通新聞社　2016.8　238p　18cm　（交通新聞社新書 097）　900円　⑭978-4-330-69216-6
内容　全国各地の, 旅客営業を行なっているJR以外のすべての民鉄（私鉄・第3セクター・交通局など）の一駅に途中下車をする。そんな壮大な鉄道旅行が始まったのは, 2012年の春のことだった。新幹線やJRの幹線の駅からローカル鉄道に乗り換え, ふと心惹かれた駅に降り立つ…。それは, それぞれの民鉄やその土地の個性を肌で感じる, まさにきら星を巡るかのような楽しい旅でもあった。足かけ4年にわたり「日本経済新聞」夕刊に2015年7月まで連載された「にっぽん途中下車（私鉄編）」の旅。その終着駅が本書（東日本編・西日本編）である。フォトジャーナリスト・櫻井寛が旅情あふれる写真と軽妙な文章で紡ぐ166の駅物語。

◇にっぽん縦断民鉄駅物語―完全網羅！全国162鉄道途中下車の旅　東日本編　櫻井寛著　交通新聞社　2016.6　237p　18cm　（交通新聞社新書 096）　900円　⑭978-4-330-68116-0

◇日本ニッケル鉄道―上武鉄道開業から終焉まで　高井薫平著　ネコ・パブリッシング　2002.12　47p　26cm　（RM library 41）　1000円　⑭4-87366-323-7
目次　沿革, 沿線, 上武鉄道の車輛, 蒸気機関車, 内燃機関車, 客車, 気動車, 貨車, そして最後の日々

◇日本の私鉄なんでも読本　森彰英著　日本能率協会マネジメントセンター　1996.7　212p　19cm　1300円　⑭4-8207-1196-2
内容　私鉄は常に情報の宝庫。歴史, 経営, 沿線, 車両, 駅, イメージ, キャラクター等々, 情報は限りがない。「私鉄は元気」,「私鉄は面白い」。過去・現在・未来を数々のコラムで描く私鉄の探検。

◇日本の私鉄109　小川金治撮影, 吉川文夫, JRR解説　山と溪谷社　1992.9

地方私鉄（民鉄）

335p　19×26cm　3800円　Ⓘ4-635-62011-5
　目次　都市編（札幌市交通局、仙台市交通局、京成電鉄、新京成電鉄、北総開発鉄道、住宅都市整備公団、千葉都市モノレール、山万、埼玉新都市交通 ほか）、地方編（函館市交通局、津軽鉄道、弘南鉄道、南部縦貫鉄道、十和田観光電鉄、下北交通、岩手開発鉄道 ほか）

◇野上電気鉄道—ありし日の想い出と今　松村康史撮影・編集　タクシー日本新聞社　2006.11　93p　30cm　3000円　Ⓘ4-9903385-0-2

◇野上電気鉄道　寺田裕一著　ネコ・パブリッシング　2013.6　47p　26cm　（RM LIBRARY 166）〈文献あり〉1200円　Ⓘ978-4-7770-5346-9
　目次　1 開業から第一次廃止申請、2 出会い、3 第一次廃止撤回後、4 会社解散へ、5 別れ、6 運転・施設・駅、7 車輌

◇能勢電鉄　藤井信夫著　堺　関西鉄道研究会　1993.8　110p　26cm　（車両発達史シリーズ 51）〈年表：p108〜109〉　4800円　Ⓘ4-906399-11-8

◇能勢電むかしばなし　岡本弥, 高間恒雄著　ネコ・パブリッシング　2008.5　45p　26cm　（RM library 105）　1000円　Ⓘ978-4-7770-5233-2
　内容　苦難の創業期から、幾度の危機を乗り越え、能勢の山並みにのどかなモーター音を響かせながら、昭和40年代初頭のパンタグラフ化されるころまでを纏める。

◇能勢1500　レイルロード編　豊中　レイルロード　2016.11　112p　30cm（車両アルバム 26）〈発売：文苑堂〉2500円　Ⓘ978-4-947714-43-5

◇能勢610　レイルロード編　豊中　レイルロード　2017.10　64p　30cm　（車両アルバム 29）〈発売：文苑堂〉　2130円　Ⓘ978-4-947714-46-6

◇のんびり走ろう！—津軽鉄道応援写真集　津軽鉄道サポーターズクラブ編　小学館　2007.6　1冊（ページ付なし）20×23cm〈他言語標題：Take it slow〉1905円　Ⓘ978-4-09-682013-1

◇白山麓を走った鉄道—金名線　飴野一郎編〔鳥越村（石川県）〕　鳥越村教育委員会　1990.3　184p　21cm〈『石川県鳥越村史』別巻〉

◇箱根登山鉄道と江ノ電の本—小さな私鉄 全車両・全線各駅、全形式竣工図、車輛変遷と歴史　〔エイ〕出版社　2000.4　144p　30cm　（エイムック 216）　2200円　Ⓘ4-87099-316-3

◇走れ江ノ電—海光るロマンの旅　江ノ電ファンクラブ編著　藤沢　江ノ電沿線新聞社　1994.10　88p　19cm　850円

◇走れ、坊っちゃん列車—日本初の軽便鉄道ものがたり　中村英利子著　松山　アトラス出版　2003.7　139p　19cm　1200円　Ⓘ4-901108-31-X
　内容　軽便鉄道としては日本初の伊予鉄道。松山平野を走った坊っちゃん列車には、その誕生から廃止、復活まで、こんなにも面白い歴史があった。明治21年、蒸気機関車を初めて見た人は、その姿を見て米をまき、かしわ手を打って拝んだ。しかし、漱石は小さな客車を見て「マッチ箱のようだ」と小説に書いた。電車の登場で、軽便鉄道の蒸気機関車は片隅に追いやられてしまったが、昭和20年の空襲で電車の大半が燃えてしまい、明治生まれの老朽機関車は再びお客さんを乗せて走ることになった。人々に愛され、親しまれてきた「坊っちゃん列車」の心温まる話が、いっぱい。

◇花巻電鉄　上　湯口徹著　ネコ・パブリッシング　2014.4　47p　26cm　（RM LIBRARY 176）　1200円　Ⓘ978-4-7770-5364-3
　目次　最初の開業、志戸平/花巻延長、鉛〜志戸平間馬車軌道、軌道部分の独占排他使用、志戸平〜大沢間電化、大沢〜西鉛間電化、鉛—西鉛間、鉄道線開業前後、補助申請却下/新会社譲渡、花巻温泉電気鉄道に〔ほか〕

◇花巻電鉄　中　湯口徹著　ネコ・パブリッシング　2014.5　45p　26cm　（RM LIBRARY 177）　1250円　Ⓘ978-4-7770-5365-0
　目次　21 軌道線開業時の車輛とメーカー, 22 軌道線デハ2以降, 23 軌道線ボギー車登場, 24 フェンダーと救助網, 25 鉄道線車輌, 26 花巻特有の連結器, 27 貴賓来往と優等車, 28 軌道線車種記号番号変更, 29 車庫火災

◇花巻電鉄　下　湯口徹著　ネコ・パブリッシング　2014.6　46p　26cm　（RM LIBRARY 178）　1250円　Ⓘ978-4-7770-5366-7
　目次　焼失車輛補充、貨車の増備、戦後の車輛増備、木製車消滅

鉄道経営

73

地方私鉄（民鉄）

鉄道経営

◇阪急・能勢P-5　レイルロード編　豊中　レイルロード　2017.5　144p　30cm　（車両アルバム 27）〈発売：文苑堂〉　2500円　①978-4-947714-44-2

◇阪神電鉄・山陽電鉄昭和の記憶―大阪・兵庫のシーサイドを走る鉄道の想い出　辻良樹著　彩流社　2015.1　79p　30cm　1800円　①978-4-7791-2358-0
[目次] 第1部 カラーでよみがえる風景、第2部 モノクロームの情景（梅田、福島、野田、姫島、杭瀬、大物、尼崎、出屋敷、尼崎センタープール前、鳴尾 ほか）

◇美唄鉄道―北海道運炭鉄道追憶　いのうえ・こーいち編　プレス・アイゼンバーンエリエイ　2000.8　191p　29cm　5800円　①4-87112-321-9

◇広島電鉄　青野邦明解説, 荒川好夫写真　ネコ・パブリッシング　2002.7　172p　19cm　（私鉄の車両 復刻版 3）〈初版：保育社刊〉　1429円　①87366-286-9
[内容] "走る電車博物館"といわれる広電は、西ドイツをはじめ、国内の各都市からの譲受車が活躍する。市民に愛される広電車両の特色を、データ中心に余すところなく解説。

◇琵琶湖を巡る鉄道―湖西線と10路線の四季　清水薫著　彦根　サンライズ出版　2017.5　125p　21cm　2200円　①978-4-88325-614-3
[内容] 滋賀県のど真ん中に位置する琵琶湖。その周囲を取り巻く湖西線と10の魅力的な鉄道路線。フリーランスの写真家になって20年以上にわたり、湖西線を皮切りに県内各地を走るJR、私鉄、第3セクター路線の列車を四季折々の自然豊かな風景とともに作品化してきました。また、今年は奇しくもJRが開業して30年の節目の年にあたります。本書では、各路線で撮影した作品に加え、この30年間に県内を駆け抜けた列車、車両たちの写真をページの許す限りまとめました。

◇福井鉄道　上　清水武著　ネコ・パブリッシング　2016.10　47p　26cm　（RM LIBRARY 206）　1250円　①978-4-7770-5400-8
[目次] 福井鉄道線路略図・福井鉄道沿線御案内, 1 武岡軽便鉄道・南越鉄道, 2 鯖浦電気鉄道, 3 鯖浦電気鉄道, 4 福井鉄道, 5 福井鉄道の再生とLRT化への歩み

◇福井鉄道　下　清水武著　ネコ・パブリッシング　2016.11　47p　26cm　（RM LIBRARY 207）〈文献あり〉　1250円　①978-4-7770-5401-5
[目次] 1 福武電気鉄道の車輌, 2 鯖浦電気鉄道の車輌, 3 福井鉄道の復興, 4 200形誕生, 5 元名鉄車による車輌増強, 6 元金沢市内線の軌道線用車輌, 7 車輌再編の時代, 8 福井鉄道の機関車, 9 冷房車の時代, 10 LRTの時代

◇福井鉄道200形―去りゆく老兵に贈る賛歌 若い仲間と代わります　渡邊誠著　勝山　鉄道友の会福井支部　2017.3　126p　21cm〈年表あり　文献あり〉　1700円　①978-4-9909490-0-6

◇福岡鉄道風土記　弓削信夫著　福岡　葦書房　1999.1　267p　21cm　2200円　①4-7512-0733-4
[内容] 「源じいの森駅」って何線にある？ 汽笛一声、博多駅発車から110年。なぜそこに駅ができたのか、どう191が延びていったのか。福岡県を走る旧国鉄14線33区間すべての歴史とドラマのドキュメント。

◇福島電気鉄道―福島交通阿武隈急行　[橋本俊一][著]　さいたま　高樹屋　2008.8　143p　26cm〈福島交通軌道線開業100th anniversary　阿武隈急行全線電化開業20th anniversary　折り込5枚　年表あり　文献あり〉

◇噴火と闘った島原鉄道　葦書房編著　福岡　葦書房　1998.4　145p　19cm　1500円　①4-7512-0705-9

◇別所線―町に生きる　橋詰芳房撮影, 柏企画編　長野　柏企画　2011.1　141p　21cm〈年表あり〉　1400円　①978-4-907788-20-9
[内容] 高校時代から地域と鉄道を撮り続けた人がいた。別所線への熱い想いを15人が記す。鉄道とともに多くの体験が語られる。70年代の別所線を再現。

◇北丹鉄道―河川敷に消えた小鉄道　山本武男著　ネコ・パブリッシング　2000.9　48p　26cm　（RM library 14）　1000円　①4-87366-209-5
[目次] 北丹鉄道について、北丹鉄道に乗る（福知山、福知山西、河守）、北丹で活躍した車輌（1060（省1060）, 1・2, 3, DC-1 ほか）

◇北海道の私鉄車両　澤内一晃, 星良助著　札幌　北海道新聞社　2016.3　272p　26cm〈文献あり〉　2750円　①978-4-89453-814-6

地方私鉄（民鉄）

|内容| 機関車から内燃動車、客車、貨車まで北海道内44社の私鉄車両の全貌が明らかに。製造、改造、異動先など履歴をまとめた車歴表はもちろん、300点を超える秘蔵写真、組立図や竣功図を収録した資料的価値の高い一冊。平成25年度島秀雄記念優秀著作賞受賞作待望の単行本化。

◇坊っちゃん列車物語―かまたき少年の戦後奮闘記　西井健著　松山　アトラス出版　2003.8　138p　19cm　952円　ⓐ4-901108-32-8
|内容| 昭和20年の空襲で、伊予鉄の電車は大半が燃えてしまった。助かったのは明治生まれの蒸気機関車、坊っちゃん列車。戦後復興期の市民の足にと再び引っ張り出されたのはいいが、老朽化している上に粗悪な石炭で燃えが悪いこともあり、しばしばお客さんに後押してもらう始末。きかん気の強い少年機関助手、健ちゃんもいろいろな事件を巻き起こしながら、古き良き時代を愛すべき坊っちゃん列車とともに突っ走る。

◇まちからうみへはしれ江ノ電　持田昭俊ぶん・しゃしん　小峰書店　2005.8　1冊（ページ付なし）　25cm　（のりものえほん）　980円　ⓐ4-338-00660-9

◇岬へ行く電車―銚子電気鉄道77年のあゆみ　白土貞夫著　東京文献センター　2001.6　189p　19cm　1800円　ⓐ4-925187-21-X
|内容| 本書は、会社が所蔵する文書の閲読はいに及ばず、県庁保存文書、さらには監督官庁である国土交通省にも足を運んでまとめられたものである。地方紙に掲載されるローカルな新聞記事にも関心が注がれ、銚子に来遊した文人の筆も注視されている。

◇水間鉄道　小林庄三著　ネコ・パブリッシング　2006.3　47p　26cm　（RM library 79）〈年表あり〉　1000円　ⓐ4-7770-5143-9
|目次| 沿革、路線・施設、運行、延伸計画について、水間鉄道の車輌、水間鉄道年譜

◇宮崎交通鉄道部　田尻弘行著　ネコ・パブリッシング　2005.5　47p　26cm　（RM library 69）　1000円　ⓐ4-7770-5100-5
|内容| 本書では宮崎鉄道50年の歴史をかいつまんで紹介するとともに、昭和の不況で実現しなかった、もう一つの私鉄、宮崎電気鉄道について概要を述べる。

◇民鉄経営らくがき帖　村上富士登編　交通公論社　1990.12　227p　19cm　2500円

◇名鉄岐阜線の電車―美濃電の終焉　上　清水武著　ネコ・パブリッシング　2010.5　45p　26cm　（RM library 129）　1000円　ⓐ978-4-7770-5285-1
|内容| 鉄道線用、軌道線用を問わず、岐阜線（美濃電）ゆかりの車輌の変遷を纏めた一冊。

◇名鉄岐阜線の電車―美濃電の終焉　下　清水武著　ネコ・パブリッシング　2010.6　45p　26cm　（RM library 130）〈文献あり〉　1000円　ⓐ978-4-7770-5287-5
|目次| 6 新・忠節橋の完成と揖斐線への転入車（モ450形・ク2250形・ク2150形、モ160形、モ180形・ク2160形 ほか）、7 戦後の岐阜市内・美濃町線（モ570形、モ580形、モ590形 ほか）、8 廃線までの経緯

◇モノクロームの私鉄―SINCE 1963-2014　諸河久著　イカロス出版　2015.12　195p　26cm　（イカロスMOOK）〈文献あり　索引あり〉　2000円　ⓐ978-4-8022-0092-9

◇山鹿温泉鉄道　田尻弘行著　ネコパブリッシング　2004.5　47p　26cm　（RM library 57）　1000円　ⓐ4-7770-5051-3
|目次| 歴史（山鹿に鉄道を―幻の山鹿鉄道, 鹿本鉄道の設立から開業まで、郡是製糸とは、交通の要衝山鹿を目指した鉄道、第二次大戦前の鹿本鉄道,、第二次大戦後の鹿本鉄道、自転車道に変身）、沿線・駅など、運行、車輌（機関車、気動車、客車、貨車）

◇山形交通三山線　鈴木洋, 若林宣著　ネコ・パブリッシング　2006.2　47p　26cm　（RM library 78）　1000円　ⓐ4-7770-5141-2
|目次| 三山線初訪問記、沿革（環境、事業開始、工事 ほか）、三山線あれこれ（駅の名前／菊の花、モナ105／車庫の設備、お別れ運転）、三山線、私のメモ帳から、三山線の車輌たち（モハ101・103、モハ105（初代）、モハ105（2代目）／モハ106 ほか）

◇山形交通高畠線・尾花沢線　鈴木洋, 若林宣著　ネコ・パブリッシング　2006.6　55p　26cm　（RM library 82）　1000円　ⓐ4-7770-5169-2
|目次| まず、尾花沢や高畠について（高畠鉄道の沿革、尾花沢鉄道、両鉄道の戦時統合について ほか）、高畠・尾花沢のあれこれ（尾花沢鉄道免許下付に至る不透明点、高畠鉄道

の二等制定顛末記、尾花沢線の動力 ほか）、車輛（尾花沢線の車輛、尾花沢線の車輛諸元、高畠線の車輛 ほか）

◇熊延鉄道　田尻弘行著　ネコ・パブリッシング　2003.1　45p　26cm　（RM library 42）　1000円　①4-87366-324-5
目次　熊延鉄道の歩み、熊延鉄道路線図、駅と沿線、運行、熊延鉄道の車輛（蒸気機関車、ディーゼル機関車、気動車、客車、貨車）、三菱重工業専用線車輛の借入、熊延鉄道車歴一覧

◇夢と暮らしを乗せて走る別所線　上田小県近現代史研究会編　上田　上田小県近現代史研究会　2006.10　93p　21cm　（上田小県近現代史研究会ブックレット no.13）〈年表あり　文献あり〉

◇歴史の里に消えた鉄道—廣瀬鉄道・資料集　島根県・安来市廣瀬鉄道株式会社　廣瀬鉄道～山陰中央鉄道～島根鉄道～一畑電鉄廣瀬線　祖田定一著　米子　祖田定一　2007.5　207p　26cm　3000円

◇ろまん電車の旅—北信濃・千曲川　長野放送編　長野　銀河書房　1990.3　160p　30cm　2500円

◇SLちいさな旅—C5644大井川を行く　清水達也文，眞城恒康写真　国土社　1999.10　31p　27cm　1200円　①4-337-33031-3
内容　静岡県のまんなかを北から南へ流れる大井川にそって、大井川鉄道が通っています。JR東海道線の金谷駅から40キロほど北の千頭駅まで、季節ごとに美しい景色の中をSLが走っています。いま毎日SLが走っているのは、日本ではここだけです。1976（昭和51）年、大井川鉄道に復活したSLですが、なかでもC5644には、たいへんな歴史がありました。

026　地下鉄

【概　要】地下鉄道の略称である。都市部における鉄道路線の一形態であり、地下に路線を敷設して運行している（地上区間のある路線もある）。路面電車の代替手段として建設されたケースもある。

経営形態としては、公営鉄道が多い（札幌市営地下鉄、仙台市地下鉄、東京都営地下鉄、横浜市営地下鉄、名古屋市営地下鉄、京都市営地下鉄、神戸市営地下鉄、福岡市地下鉄など）ものの、近年は民営鉄道（第三セクターを含む）も増えつつある（東京地下鉄、大阪市高速電気軌道、埼玉高速鉄道、横浜高速鉄道など）。このうち、東京地下鉄は、2004（平成16）年4月に帝都高速度交通営団の事業を受け継いだ鉄道会社である。また、大阪市高速電気軌道は、2018年4月に大阪市営地下鉄の事業を受け継いでいる。

地下鉄路線のなかには、大手私鉄やJRの路線と直通運転するものもある。東京圏を例に取ると、前者としては東京地下鉄（東京メトロ）半蔵門線が東京急行電鉄（東急）田園都市線と東武鉄道伊勢崎線（スカイツリーライン）と両端で直通運転を行っているケース、後者としては東京メトロ千代田線がJR常磐（緩行）線と直通運転を行っているケースなどがある。

◇大赤字を隠して進む仙台地下鉄東西線　高橋梓著，美しい仙台を創る会監修　あけび書房　2010.10　219p　19cm〈年表あり〉　1600円　①978-4-87154-095-7
内容　現在の日本では、公共事業の名の下に大規模な開発がおこなわれ、親しんだ風景が失われていく。また、公共事業がきっかけで負債を抱える自治体も少なくない。本書では、行政が推し進める地下鉄東西線建設計画が赤字必至のプロジェクトであること、市民の文化遺産である青葉通りのケヤキを伐採する必要などなかったことを明らかにする。

◇関東電車案内—都心地下鉄ガイド　日地出版編・著　［地図資料］　日地出版　1996.3　地図1枚：色刷　62×86cm（折りたたみ21cm）〈ホルダー入　裏面：都心地下鉄ガイドマップ（1：10000）〉777円　①4-527-01010-7

◇京都駅発着列車—JR西日本・JR東海・近鉄・地下鉄　京都新聞出版センター編　京都　京都新聞出版センター　2008.7　160p　21cm　1400円　①978-4-7638-0603-1

◇神戸市営地下鉄写真集―山と海の街を走る電車　奥田英夫著　神戸　神戸新聞総合出版センター　2012.1　179p　21cm〈年表あり〉　1800円　①978-4-343-00641-7

◇山陽電鉄・神戸電鉄・神戸市営地下鉄―街と駅の1世紀　昭和の街角を紹介　辻良樹著　アルファベータブックス　2016.3　87p　26cm　〈懐かしい沿線写真で訪ねる〉　1850円　①978-4-86598-810-9
|目次| 第1部 神戸高速鉄道・山陽電気鉄道（元町、西元町、(阪急)神戸三宮、花隈、高速神戸、新開地、大開、高速長田、回想の電鉄兵庫駅、西代、板宿 ほか）、第2部 神戸電鉄・神戸市営地下鉄・北神急行電鉄（湊川、長田、丸山、鵯越、鈴蘭台、北鈴蘭台、山の街、箕谷、谷上、花山、大池、神鉄六甲、唐櫃台、有馬口、有馬温泉 ほか）

◇首都東京地下鉄の秘密を探る―歴史・車両・駅から見た地下路線網　渡部史絵著　交通新聞社　2015.12　238p　18cm　〈交通新聞社新書 084〉〈文献あり〉　800円　①978-4-330-62615-4
|内容| 都内の移動に欠かせない足となっている地下鉄。この地下鉄が東京に初めて開通したのが昭和2年（1927）のことだった。浅草～上野間のわずか2.2キロから始まった地下鉄は、どのようにして現在のようなネットワークを築くに至ったのか。なぜ、東京メトロと都営地下鉄の2事業者が運営しているのか。いまではあたりまえに行なわれている私鉄との相互直通運転実現の背景や、車両の変遷、深度化する駅、未来への展望を雑学も交えつつ解説する。

◇図解・地下鉄の科学―トンネル構造から車両のしくみまで　川辺謙一著　講談社　2011.2　254p　18cm　（ブルーバックス B-1717）〈文献あり 索引あり〉　900円　①978-4-06-257717-5
|内容| 地下道やライフラインが複雑に絡み合う地下空間。地下鉄はそれらをくぐり抜けながら、残された場所を探すように、急勾配やカーブを繰り返しながら走っている。その姿はまるで大都会のジェットコースター。トンネル建設には土木技術の粋が集められ、車両や軌道にも工夫が凝らされている。一般にはあまり知られていない地下鉄の高度な技術を豊富な図解を用いて解説する。

◇世界地下鉄物語　ベンソン・ボブリック著,日高敏,田村咲智訳　晶文社　1994.6　293,9p　22cm　3800円　①4-7949-6164-2
|内容| かつて、地下は死者の国だった。この闇の世界を自在に走りぬける地下鉄は、いつ誕生し、どのように発達してきたのか。黄泉の国をめぐる古代の神話と伝説。戦争や治水のための地下水道や運河。鉱山と鉄道の発達。そして一匹の船食い虫がもたらした「シールド工法」による、ロンドンのテームズ・トンネルの完成―。以後、パリやニューヨーク、モスクワをはじめ、世界各地に建設された地下鉄と人々の生活の変遷を描きだす、ユニークな文化史。

◇地下鉄が一番わかる―地下鉄の知られざる魅力を一挙紹介！都市を快適に移動する工夫とは　井上孝司著　技術評論社　2009.4　239p　21cm　〈しくみ図解シリーズ 004〉〈索引あり〉　1580円　①978-4-7741-3809-1
|内容| そもそも地下鉄とは何かという定義から始まって、地下鉄路線ができるまでに必要なさまざまな作業、そこで走る車両、線路や電気関係を初めとする各種設備、地下鉄の大きな特徴である近郊の民鉄線・JR線との相互乗り入れ運転、そして地下鉄ならではの安全対策など、「地下鉄」を構成するさまざまな要素について解説。

◇地下鉄東西線計画25の欠陥―未来の仙台を見据えたまちづくり提案　江刺洋司著　仙台　本の森　2004.4　205p　19cm　1500円　①4-938965-58-5

◇地下鉄七隈線の概要　福岡市交通局監修　［福岡］　福岡市交通局　2007.12　58p　30cm

◇地下鉄の時代　藤本均著　たちばな出版　1997.8　257p　19cm　1500円　①4-88692-738-6
|内容| さっぽろから福岡まで、都心の足・地下鉄を解説・紹介した地下鉄データ本。

◇地下鉄の謎と不思議　谷川一巳著　東京堂出版　2009.4　271p　19cm　1600円　①978-4-490-20662-3
|内容| 新路線が開通したら、運賃が下がった!?　次に来る電車の車両を教えてくれる路線。車内に網棚のない車両が走っていた路線。日本の地下鉄全路線の、開業の経緯や車両の特徴がよくわかる。

◇地下鉄のヒミツ70―知っていると楽しくなる！　イカロス出版　2009.11　167p　19cm〈奥付のタイトル：地下鉄

地下鉄

鉄道経営

のヒミツ　文献あり　年表あり〉　1619円　①978-4-86320-260-3
[内容] いつも乗っている地下鉄にも、実はいろいろなヒミツが隠されている。歴史や運転の仕組み、路線の情報から車両の特徴まで。知っていると地下鉄に乗るのがもっと楽しくなる70のヒミツを、わかりやすく解説。

◇ちかてつのふしぎ　溝口イタルえ、渡辺朝枝文　交通新聞社　2016.8　31p　25cm　（でんしゃのひみつ）　1300円　①978-4-330-68616-5

◇地下鉄のフシギ!?―とても身近な地下鉄のあんなコト、こんなコト　谷川一巳著　山海堂　1999.6　247p　19cm　1400円　①4-381-10335-1
[内容] 定番「地下鉄はどこから入れるのか？」にはじまり、「相互乗り入れ時の車両分担はどう決める？」「小田急ロマンスカーは線路がつながっている営団千代田線を走れるか？」「他社の線路を通らないと自分の車庫に帰れない地下鉄」「欠番路線はなぜあるか？」「地下鉄のドアにいろいろなタイプがあるのはなぜか？」といった、日本の地下鉄のさまざまな疑問をズバリ解決。また「今も走る木造地下鉄」や「まったく地下を走らない地下鉄」、「掘っても掘っても地下を走れない地下鉄」など、世界のおもしろ地下鉄事情もくわしく紹介。

◇地下鉄の不思議な話―思わず人に教えたくなる！　日本博学倶楽部著　PHP研究所　2012.3　228p　15cm　（PHP文庫　に12-65）　629円　①978-4-569-67789-7
[内容] 本書は「トンネルはどうやって掘削しているのか」「なぜ地上を走る区間があるのか」「始発の乗務員はどうやって通勤しているのか」など、札幌から博多までを走る地下鉄10業者について徹底調査。単なる移動手段に留まらない、新たな地下鉄の魅力に迫る。

◇地下鉄の本　PHP研究所編　PHP研究所　1991.6　160p　19cm　（PHP雑学ライブラリー 2）〈付：主な参考文献〉　1100円　①4-569-53254-3
[内容] 「地下鉄」がわかれば「街」が10倍楽しくなる。歴史、技術、エピソード。話題満載で発車進行。

◇地下鉄の歴史―首都圏・中部・近畿圏　佐藤信之著　グランプリ出版　2004.6　239p　21cm〈年表あり　文献あり〉　2200円　①4-87687-260-0
[目次] 日本の地下鉄のはじまり（東京の地下鉄、大阪の地下鉄 ほか）、戦後復興期の鉄道整備―昭和20年代（戦後の東京の地下鉄、営団地下鉄の拡張 ほか）、高度経済成長期の鉄道整備―昭和30〜40年代（郊外私鉄の都心進出の動き、東京地下鉄の新線設定 ほか）、安定成長期の鉄道整備―昭和50〜60年代（昭和50年代の地下鉄建設、運輸政策審議会答申 ほか）、都市鉄道整備の新展開―平成（90年代の交通政策、都心部ネットワークの拡充 ほか）

◇地下鉄びっくり！博学知識―たとえば、地下鉄の駅名に「〇〇三丁目」が多い理由とは？　ロム・インターナショナル編　河出書房新社　2005.3　220p　15cm　（Kawade夢文庫）　514円　①4-309-49570-2
[内容] 地下鉄はいったいどうやって掘っているのか。レールが1本だけの地下鉄が存在する?!…など、大都市の地中に広がる地下鉄の驚きの謎と不思議を大公開。

◇地下鉄は誰のものか　猪瀬直樹著　筑摩書房　2011.2　217, 2p　18cm　（ちくま新書 891）　740円　①978-4-480-06596-4
[内容] 東京の地下鉄利用者に長年にわたり不便を強いてきた二重の運賃体系や駅の壁―これらの問題を解消するには東京メトロと都営地下鉄を経営統合するしかない。だが東京メトロは都営を置き去りにしたままでの完全民営化を狙い、国は利用者本位の交通政策よりもメトロ株式上場による売却益ばかりを考えている。真の受益者たるべき利用者のため、東京都副知事が地下鉄改革に向けて立ち上がった。地下鉄一元化に抵抗する東京メトロ・国土交通省との戦いを描く渾身のドキュメント。

◇徹底解剖！横浜市営地下鉄　第1巻　車両・撮影地編　青線著、交通法規研究会横浜市営地下鉄研究班編　交通法規研究会　2017.8　55p　26cm　1700円　①978-4-909358-00-4

◇徹底解剖！横浜市営地下鉄　第2巻　切符・運用編　青線著、交通法規研究会横浜市営地下鉄研究班編　交通法規研究会　2017.12　45p　26cm　1700円　①978-4-909358-02-8

◇東京地下鉄のりこなし　国際地学協会　2004.4　1冊　15cm　（ユニオンマップ

―ユニオン文庫） 714円 ①4-7718-2504-1

◇東京地下鉄日和 法政大学社会学部加太2ゼミ編著 町田 法政大学加太ゼミ 2002.12 152p 21cm〈監修：山下大厚〉

◇東京超元気―山手線地下鉄化が日本を救う 山田雅夫著 新潟 西村書店 1997.5 190p 20cm〈文献あり〉 1600円 ①4-89013-559-6

内容 旧国鉄債務（28兆円）を即返済。60兆円の内需を生み出す。美しい街東京豊かな高齢化社会をつくる。"東京再生"へ20世紀最大最後のアイデア。

◇東京の地下鉄 デニス・ショウ，諸河久共著 大阪 保育社 1992.7 151p 15cm （カラーブックス 832） 620円 ①4-586-50832-9

内容 東京在住の米国鉄道ファンの東京地下鉄見聞録。歴史、路線、車両解説も。

◇東京の地下鉄がわかる事典―読む・知る・愉しむ 青木栄一監修，日本実業出版社編 日本実業出版社 2004.7 350p 19cm〈文献あり〉 1500円 ①4-534-03765-1

内容 昭和2年、東洋初の地下鉄として走り始めて以来、地下鉄は首都・東京にとって欠かすことのできない交通機関に位置づけられ、多くの乗客を運んできた。では、その地下鉄のことを私たちはどのくらい知っているのだろうか？ 歴史のこと、路線のこと、車両のこと、駅のこと…何気なく使っているだけでは見過ごしてしまうとっておきの話が、実はいっぱいあるはず。通読するもよし、拾い読みするもよし。知識として、情報として、教養として、豊富な内容をコンパクトに収録。誰もが「地下鉄博士」になれる本。

◇東京の地下鉄路線網はどのようにつくられたのか 東京地下鉄研究会著 洋泉社 2017.2 207p 19cm〈文献あり〉 1400円 ①978-4-8003-1155-9

内容 世界の都市のなかでも有数の地下鉄網をもつ東京。網の目のように張り巡らされた路線は複雑に絡み合っている。さらに郊外を走る他社線との相互乗り入れという、日本独自の方式で路線網を形成してきた。昭和初期に、東洋初の地下鉄として開業してから九十年、この複雑な路線網がどのようにつくられてきたのかを振り返る。

◇名古屋地下鉄全駅ガイド 名古屋市交通局監修 人文社 2005.4 301p 18cm 1200円 ①4-7959-1269-6

内容 地下鉄全駅の周辺地図と駅立体案内図付き。バリアフリー対応。乗車降車に便利な乗車位置案内と出口案内。市バスとの乗りつぎに便利な市バスのりば案内。中部国際空港、愛・地球博へのアクセス紹介。駅番号対応。

◇名古屋の地下鉄メモリアル50―市営地下鉄開業50周年記念 名古屋市交通局（総務部広報広聴室）編 名古屋 名古屋市交通局 2008.2 188p 30cm〈年表あり〉 1800円

◇日本縦断！ 地下鉄の謎 小佐野カゲトシ監修 実業之日本社 2016.12 223p 18cm （じっぴコンパクト新書 294）〈文献あり〉 850円 ①978-4-408-11201-5

内容 漠然と「地下を走る電車」と思っている「地下鉄」。でも、首都圏のJR総武・横須賀線や関西のJR東西線は「地下鉄」とは言わないし、53.9kmも地下を走る青函トンネルも「地下鉄」ではありません。では「地下鉄」の定義は？ 全国の地下鉄を見ることで「日本の」地下鉄の特色を探り、各地域の事情や特徴に迫ります。いちばん「深い」のはどの路線!?

◇日本の地下鉄 日本地下鉄協会編 日本地下鉄協会 2002.3 99p 30cm〈他言語標題：Subway in Japan 英文併記〉

◇日本の地下鉄・車両めぐり―都市交通を担うメトロの車両たち 金子元昭著 交通新聞社 2007.3 152p 図版16枚 26cm 2300円 ①978-4-330-93207-1

内容 地下鉄が走り出して80年（2007年）。写真で見る日本の地下鉄車両史。北は札幌から南は福岡の9都市10地下鉄事業者の路線を走る車両を掲載。本書は日本の地下鉄車両の変遷を知る貴重な記録誌。

◇日本の地下鉄 日本地下鉄協会編 改訂版 日本地下鉄協会 2007.3 105p 30cm〈他言語標題：Subways in Japan 英語併記 年表あり〉

◇ビジュアルガイド首都圏の地下鉄―東京メトロ・東京都交通局・横浜市交通局 東京・横浜圏の地下鉄路線・車両形式の最新情報を網羅的に紹介！ 最新版 イカロス出版 2018.1 114p 26cm

（イカロスMOOK）〈文献あり〉　1500円　①978-4-8022-0456-9

◇毎日乗っている地下鉄の謎　梅原淳著　平凡社　2010.10　303p　18cm　（平凡社新書 550）〈文献あり〉　840円　①978-4-582-85550-0

内容 地下鉄は味気ない？ 乗っても楽しくない？ だが、北は札幌、南は福岡まで、全国9都市を走る地下鉄は、もしかしたら多くの人々にとって一番身近な鉄道かもしれない。その歴史から、地下を走る電車の疑問、地下鉄ならではの工夫など、知れば人に話したくなる面白話をたっぷり紹介。明日から地下鉄に乗るのが楽しくなる、うんちく、トリビア満載の"地下鉄百科"。

◇マルコに恋して―大阪地下鉄道20の秘密　Osaka-Subway.com著　［出版地不明］　［Osaka-Subway.com］　2017.12（第3刷）　135p　19cm　1900円

◇もしもで考える地下鉄のこと　［札幌］　札幌市交通局　2014.10　10p　30cm

027　東京メトロ

【概　要】東京地下鉄株式会社。2004（平成16）年4月1日設立。1920年に東京地下鉄道株式会社が創立、1927年に東京の浅草～上野間で初の地下鉄営業が開始される。1941年、帝都高速度交通営団設立。2002年に東京地下鉄株式会社法が公布・施行され、2004年株式会社として設立された。銀座線・丸ノ内線・日比谷線・東西線・千代田線・有楽町線・半蔵門線・南北線・副都心線の9路線を有す（うち7路線で相互直通運転を実施）。営業キロ195.1km。駅数179駅で、輸送人員数は1日平均724万人（2016年度実績）。

◇am TOKYO GIRL'S WAY―廣田あいか×東京メトロ コラボフォトブック　ブックリスタ，SDP〔発売〕　2016.7　112p　26cm　2000円　①978-4-906953-38-7

目次 Massage from aiai, Story1 YOTSUYA 緑と青の中の、赤。, aiai×tokyo metro adventure 01 鉄道ファン垂涎の"秘密基地"検車区に潜入, aiai×tokyo metro adventure 02 実は筋金入りの鉄道好き!?女性駅員さんに会いにいこう！, aiai×tokyo metro adventure 03 東京メトロの人気キャラクターとまさかのコラボ!?星乃みちかさんと『Echika池袋』でデート, aiai×tokyo metro adventure 04 東京メトロのレトロと今を体感しよう！ 地下鉄博物館, あいあいの東京メトロ路線図, Story2 ASAKUSA その先の、光。, 撮影を終えて あいあいから、東京メトロさんへ, 廣田あいかプロフィール

◇営団地下鉄車両写真集―4Sを支えてきた車両たち　金子元昭著　第3版　交通新聞社　2000.6　289p　26cm　2500円　①4-330-67501-3

目次 1 写真でみる路線別車両の変遷（銀座線、丸ノ内線、日比谷線、東西線、千代田線、有楽町線、半蔵門線、南北線）、2編成の推移、3付属資料（営団の年度別営業キロ及び保有車両数、営団車両車歴（竣功・廃車）一覧）

◇営団地下鉄車両写真集―4Sを支えてきた車両たち　金子元昭著　保存版　交通新聞社　2004.5　337p　26cm　2476円　①4-330-79704-6

内容 営団発足から63年の思い出を呼び起こす貴重な車両記録集。昭和2年製造の銀座線の1000形から平成15年全通の半蔵門線08系まで歴代車両を完全網羅。

◇銀座線の90年―東洋初の地下鉄、今昔物語　渡辺雅史著　河出書房新社　2017.12　143p　19cm〈文献あり 年譜あり〉　1300円　①978-4-309-22722-1

内容 開業90周年記念!!地上に最も近い地下鉄は―。地下も地上も、歴史も街も、プラス「徒歩」でもっと楽しく便利に！ あの街・駅にぶらりと立ち寄り、あの時代に途中下車。

◇車両を造るという仕事―元営団車両部長が語る地下鉄発達史　里田啓著　交通新聞社　2014.4　285p　18cm　（交通新聞社新書 066）〈文献あり〉　800円　①978-4-330-46014-7

内容 鉄道にめざめた少年時代から、戦火をくぐり抜け苦学を続けた学生時代、戦後の厳しい世情のなか晴れて営団地下鉄（現・東京メトロ）に就職し、新造車両の開発・設計などに従事した「鉄道人生75年」を記した自伝。戦前日本の世相、一サラリーマン

から見た鉄道会社事情や車両製造の発展など、細微に書き記されたリアルな記録としても貴重なものといえるが、それ以上に、飄々とした文章のなかに綴られた光と影、栄光と辛苦とが交錯するそのサラリーマン人生には、平成の世でも大いに共感し、また、その提言は傾聴に値するものがあるのではないだろうか。

◇地下鉄誕生―早川徳次と五島慶太の攻防　中村建治著　交通新聞社　2013.12　270p　18cm　（交通新聞社新書 061）〈「メトロ誕生」(2007年刊)の改題、加筆　文献あり　年譜あり〉　800円　①978-4-330-43013-3
[内容]　東京で地下鉄を走らせたい―誰もが絵空事だと相手にしなかった壮大な夢を、驚異的な行動力と粘りで、苦闘の末に実現させた"地下鉄の父"早川徳次。浅草～上野間開業日には10万人が乗車、1時間待ちの行列ができる熱狂ぶりとなった。だがその先には"電鉄王"五島慶太との「新橋駅の境界壁」をめぐる壮絶な闘いが待っていた―。宿命のライバルとの激しい意地のぶつかり合いはやがて、根津嘉一郎、大倉喜七郎、佐藤栄作といった大物政財界人も巻き込む抗争へ…果たして、食われるのはどっちか。

◇帝都高速度交通営団　小山育男解説, 荒川好夫写真　ネコ・パブリッシング　2002.7　176p　19cm　（私鉄の車両　復刻版 22）〈初版：保育社刊〉　1429円　①4-87366-305-9
[内容]　首都東京の大量輸送機関として、大きな役割を果たす営団地下鉄。新技術を積極的に導入し、常に時代の先端をゆく車両群を写真と解説、そしてデータで紹介。

◇徹底カラー図解 東京メトロのしくみ　マイナビ出版編集部編, 東京メトロ協力　マイナビ出版　2017.12　223p　21cm　1590円　①978-4-8399-6384-2
[内容]　丸ノ内線にある幻のホーム？　なぜここに踏切が？　もっと東京メトロが好きになる！　車両形状＆装置などのデータや知られざる歴史まで解説。

◇徹底カラー図解東京メトロのしくみ　マイナビ出版編集部編　マイナビ出版　2017.12　223p　21cm〈年譜あり〉　1590円　①978-4-8399-6384-2

◇東京地下鉄　広岡友紀著　毎日新聞社　2013.4　178p　19cm　（日本の私鉄）　1500円　①978-4-620-32201-8
[内容]　私鉄から営団へ、そして再度の民営化に至る歴史、民鉄最大を誇る保有車両数と路線ごとに異なる車種、東京メトロの過去と現在とその未来予想図。

◇東京地下鉄車両のあゆみ―公式パンフレットで見る1000形から1000系まで　東京地下鉄株式会社編　ネコ・パブリッシング　2016.9　269p　30cm　（NEKO MOOK 2267）〈文献あり　年表あり〉　2963円　①978-4-7770-1767-6

◇東京メトロ大都会をめぐる地下鉄　深光富士男文　佼成出版社　2013.10　143p　22cm　（このプロジェクトを追え！）　1500円　①978-4-333-02616-6
[内容]　日本人一大きな地下鉄事業者「東京メトロ」の仕事を追った。副都心線建設当時の担当者、運転士、車掌、駅員、サービスマネージャー、「総合指令所」指令員、車両、線路、電気設備の保守を行う人、安全対策、利用者の利便性、環境への配慮に取り組む人等を取材。専門性の強いさまざまな仕事の紹介と合わせて、地下鉄の各種システムも解説。地下鉄トンネルがどのように建設されるのか、というなぞも解き明かす。

◇東京メトロ東西線・都営地下鉄新宿線―街と駅の半世紀 昭和の街角を紹介　山下ルミコ著　アルファベータブックス　2017.4　87p　26cm　（懐かしい沿線写真で訪ねる）　1850円　①978-4-86598-824-6
[目次]　第1部 東京メトロ東西線（中野, 落合, 高田馬場, 早稲田, 神楽坂 ほか）, 第2部 都営地下鉄新宿線（新宿, 新宿三丁目, 曙橋, 市ケ谷, 九段下・神保町 ほか）

◇東京メトロナビ―この一冊で、もう迷わないのりかえ・出口案内主要駅周辺マップ駅構内図　東京地下鉄　2016.5　98p　22cm

◇東京メトロの世界―身近な鉄路の"本格派"雑学　交通新聞社　2016.4　144p　29cm　（トラベルMOOK）〈文献あり　年譜あり〉　1600円　①978-4-330-65016-6

◇東京メトロのひみつ　PHP研究所編　PHP研究所　2011.3　223p　19cm〈文献あり　索引あり〉　1524円　①978-4-569-79447-1
[内容]　東京の地下は、不思議でおもしろい！　利用客ゼロの駅があった！　路線図にはない秘密の路線とは？　いつのまにか駅が180

メートルも動いた！ 懐かしの車両・車両基地・マナーポスター…貴重な写真満載。

◇日本の私鉄　8　営団地下鉄　大塚和之，諸河久共著　大阪　保育社　1993.9　153p　15cm　(カラーブックス 854)　700円　①4-586-50854-X
[内容]車両解説をはじめ、地下鉄に関わる様々なシステムを歴史に触れつつ紹介。

◇メトロ誕生―地下鉄を拓いた早川徳次と五島慶太の攻防　中村建治著　交通新聞社　2007.7　247p　20cm〈年表あり　文献あり〉　1800円　①978-4-330-93607-9

◇Metro card 517―思いでの一枚　地下鉄トラベルサービス編　地下鉄トラベルサービス　1997.12　75p　22×31cm

028　都営地下鉄

【概　要】東京都が経営する地方公営企業である都営交通（東京都交通局）が運営。1960（昭和35）年に浅草線を開業し、他に三田線・新宿線・大江戸線の4路線を有す。利用者は一日平均約267万人（2016年度実績）。4路線を合わせた営業キロは109.0km、駅数106駅。

◇大江戸線をゆく　菊地由紀著　鷹書房弓プレス　2004.6　246p　19cm　(史跡をたずねて各駅停車)　1300円　①4-8034-0484-4

◇大江戸線建設物語―地下鉄のつくり方―計画から開業まで　東京都交通局監修，大江戸線建設物語編纂委員会編　成山堂書店　2015.7　340p　21cm〈索引あり〉　2700円　①978-4-425-96231-0
[内容]首都・東京の地下をはしる「大江戸線」。その建設は、20世紀の掉尾を飾るビッグプロジェクト。大江戸線にみる、地下鉄建設事業のすべてがここに。

◇東京メトロ東西線・都営地下鉄新宿線―街と駅の半世紀　昭和の街角を紹介　山下ルミコ著　アルファベータブックス　2017.4　87p　26cm　(懐かしい沿線写真で訪ねる)　1850円　①978-4-86598-824-6
[目次]第1部 東京メトロ東西線（中野, 落合, 高田馬場, 早稲田, 神楽坂 ほか）, 第2部 都営地下鉄新宿線（新宿, 新宿三丁目, 曙橋, 市ケ谷, 九段下・神保町 ほか）

◇都営地下鉄・都電・都バスのひみつ　PHP研究所編　PHP研究所　2014.3　223p　19cm〈文献あり　索引あり〉　1524円　①978-4-569-81741-5
[内容]浅草線、三田線、新宿線、大江戸線、荒川線、日暮里・舎人ライナー、モノレール、都バスが大集合！古今の情景・車両掲載！

◇都営地下鉄のすべて―完全保存版　マイナビ出版　2017.3　143p　26cm　1740円　①978-4-8399-6223-4
[内容]最新車両から過去の車両まで完全網羅。都営地下鉄全駅完全ガイド。知られざる車両検修場や特殊車両を大公開。秘蔵写真で巡る都営地下鉄発展の歴史。貴重な記念きっぷや全駅スタンプコレクション収録。

029　大阪市営地下鉄

【概　要】大阪市交通局が運営していた。1933（昭和8）年に梅田～心斎橋間で開業、国内最古の公営地下鉄。2018年4月1日より「大阪市高速電気軌道株式会社」（大阪メトロ）として民営化された。営業キロ137.8km、駅数133駅（2017年度末）、一日平均乗車数2,457,071人（2016年度決算）。御堂筋線・谷町線・四つ橋線・中央線・千日前線・堺筋線・長堀鶴見緑地線・今里筋線の8路線を有す。

◇大阪の地下鉄―創業期から現在までの全車両・全路線を詳細解説　石本隆一著　産調出版　1999.4　190p　26cm　2800円　①4-88282-206-7
[内容]大阪市営地下鉄は、路面電車と同様に公営としては我が国最初の開業で、1号線（御堂筋線）梅田（仮）～心斎橋が昭和8年5月20日に開業した。また、株式会社大阪港トランスポートシステム（OTS）は、元々、港湾事業を司る大阪市の第三セクター（港湾局所管）であったが、南港・港区連絡線の新設に伴いこれを運行する受け皿となり、

現在、市営地下鉄・ニュートラムのネットワークの一翼を担っている。本書は、これら、現在の地下鉄・ニュートラムとOTSについて紹介するものである。

◇万博前夜の大阪市営地下鉄—御堂筋線の鋼製車たち　荻野基著　ネコ・パブリッシング　2004.3　47p　26cm　（RM library 56）　1000円　Ⓘ4-7770-5038-6
目次 大阪市営地下鉄誕生、100形登場、200形、300形、400形、高速車輌工場誕生、500形、600形、第2世代へ 1000形、1000B形〔ほか〕

030　ローカル線

【概　要】地方の鉄道路線のことであるが、しばしば閑散路線の意味合いで用いられる。実態としては、過疎地域を通るなどの理由から、輸送人員が少なく、列車の運行本数も少ない路線が多い。JR北海道の札沼線（浦臼～新十津川）は1日1往復しか列車の運行がなく、また、JR九州の日豊本線（宗太郎～延岡）の普通列車は1日上り2本、下り1本しか運行されていない（2018年3月現在）。これらは究極のローカル路線といえる。

運行実態から見るに、路線は維持されているものの地域住民の足として機能しているかは疑問が残るところもある。その一方で、乗車してみたい路線候補にローカル線を挙げる鉄道ファンは少なくない。鉄道会社や沿線の地方公共団体の取り組み次第で集客につなげられる可能性もあるといえよう。

◇朝から晩までローカル列車三昧　池田光雅著　新人物往来社　2002.5　205p　19cm　1600円　Ⓘ4-404-02971-3
内容 一日数本の列車ダイヤ、トイレの心配、宿の確保…気ままには乗れないローカル線。でも今日もこだわりのひとり旅へ―。

◇朝湯、昼酒、ローカル線―かっちゃんの(鉄)修行　勝谷誠彦著　文藝春秋　2007.12　321p　16cm　（文春文庫plus）〈「勝谷誠彦の地列車大作戦」（JTB2002年刊）の改題〉　629円　Ⓘ978-4-16-771320-1
内容 北は北海道ちほく高原鉄道から南は高千穂鉄道まで、コラムニスト勝谷誠彦が全国の42のローカル線を巡る旅に出た。鉄道にまったく興味のなかった勝谷だが、筋金入りの鉄編集者との丁々発止でいつしか鉄っちゃんの血がうずき始め…。もちろん、各地の名物温泉や旨いもの情報も網羅した爆笑紀行文。

◇飯田線―1897～1997　吉川利明著　豊橋　東海日日新聞社　1997.11　162p　21cm　1400円

◇飯田線の旧型国電―白井良和写真集　白井良和撮影　豊中　レイルロード　1999.8　136p　30cm〈東京 文苑堂東京店（発売）〉　4500円　Ⓘ4-947714-12-3

◇飯田線の60年―三遠南信・夢の架け橋　松本　郷土出版社　1996.7　244p　31cm〈解説：白井良和 保存版〉　7500円　Ⓘ4-87663-341-X

◇飯田線百年ものがたり―1897-2005　東海旅客鉄道株式会社飯田支店監修　飯田　新葉社　2005.12　167p　30cm〈年表あり〉　4500円　Ⓘ4-88242-169-0
目次 第1章 1897（明治30年）～私鉄時代、第2章 1937（昭和12年）～1949（昭和24年）、第3章 1950（昭和25年）～1969（昭和44年）、第4章 1970（昭和45年）～1986（昭和61年）、第5章 1987（昭和62年）～1995（平成7年）、第6章 1996（平成8年）～未来

◇飯田線ものがたり―川村カネトがつないだレールに乗って　太田朋子, 神川靖子著　新評論　2017.7　257p　19cm〈文献あり 年表あり〉　2000円　Ⓘ978-4-7948-1074-8

◇飯田線ろまん100年史―1897―1997　東海旅客鉄道株式会社飯田支店監修　飯田　新葉社　1997.11　188p　31cm　8095円　Ⓘ4-88242-076-7

◇いま乗っておきたいローカル線！―厳選56路線・絶景ローカル線大集合　南正時著　自由国民社　2014.7　143p　21cm　1200円　Ⓘ978-4-426-11793-1
目次 釧網線、根室線（愛称）花咲線、日高線、石勝線（通称）夕張支線、函館線（通称）山線、大湊線、五能線、三陸鉄道（北リアス線・南リアス線）、釜石線、北上線、秋田内陸縦貫鉄道〔ほか〕

ローカル線

鉄道経営

◇いま乗っておきたいローカル線！―厳選56路線　南正時著　新装増補版　自由国民社　2016.4　149p　21cm　1200円　①978-4-426-12085-6
内容　厳選56路線。絶景ローカル線大集合。

◇失われた国鉄ローカル線―特定地方交通線の激闘を振り返る　結解喜幸著，RGG撮影　イカロス出版　2016.10　199p　26cm　（イカロスMOOK）2750円　①978-4-8022-0251-0

◇大糸線四季の旅　宮本佐紀子著　新潟　新潟日報事業社　2009.8　159p　21cm〈年表あり〉　1500円　①978-4-86132-351-5

◇大糸線の80年―アルプス列車が歩んだ大正・昭和の激動のドラマ　松本　郷土出版社　1996.7　233p　31cm〈監修：阿部酉与　執筆：江尻実ほか　保存版〉　7500円　①4-87663-340-1
内容　待望の開業から80年―山河を越え時代を超えて疾走し続けた大糸線の歴史ドラマがいまよみがえる。

◇大糸の四季―光と影を越えて10年前を振り返る　三原徹著　長野　銀河書房　1991.6　125p　26cm　3300円

◇大手私鉄なつかしの名車両をたずねる旅―夜行列車でローカル線へ　松尾定行［著］　講談社　2007.5　216p　18cm（講談社+α新書）　838円　①978-4-06-272437-1
内容　昭和を走り抜けた往年の名車両、田園をゆく!!コース、車両、名物、温泉、実体験ガイド。

◇勝谷誠彦の地列車大作戦　勝谷誠彦著　JTB　2002.10　303p　19cm　1600円　①4-533-04437-9
内容　恐れを知らぬコラムニストながら、鉄道については「ズブの素人」。アノ勝谷誠彦が、全国津々浦々のローカル私鉄を巡る"暴挙"に出た！「筋金鉄っちゃん」編集者Iの指令書に従い、慣れぬ取材で悪戦苦闘するハプニング連続のジェットコースター的ルポ。果たしてこの「苦行」、「戦場から南極まで」百戦錬磨キャリア20年の勝谷に新境地をもたらすのか。

◇関東ローカル線旅日記　1両目　大穂耕一郎著　東松山　まつやま書房　2009.3　260p　21cm　1553円　①978-4-89623-052-9
目次　上毛電鉄、真岡鉄道、茨城交通湊線ひたちなか海浜鉄道、秩父鉄道、銚子電鉄、いすみ鉄道、東急電鉄、小田急電鉄、中央本線

◇関東ローカル線旅日記　1両目　大穂耕一郎著　東松山　まつやま書房　2009.3　260p　21cm　1553円　①978-4-89623-052-9
目次　上毛電鉄、真岡鉄道、茨城交通湊線ひたちなか海浜鉄道、秩父鉄道、銚子電鉄、いすみ鉄道、東急電鉄、小田急電鉄、中央本線

◇関東ローカル線旅日記　2両目　大穂耕一郎著　東松山　まつやま書房　2010.2　290p　21cm　1553円　①978-4-89623-063-5
内容　北関東のJRローカル線である「吾妻線」、「烏山線」、「水郡線」と、第三セクター鉄道の「鹿島臨海鉄道」、私鉄の「小湊線」、JR内房線のこと書いた第二弾。

◇関東ローカル線旅日記　2両目　大穂耕一郎著　東松山　まつやま書房　2010.2　290p　21cm　1553円　①978-4-89623-063-5
内容　北関東のJRローカル線である「吾妻線」、「烏山線」、「水郡線」と、第三セクター鉄道の「鹿島臨海鉄道」、私鉄の「小湊線」、JR内房線のこと書いた第二弾。

◇木次線ローカルガイド　松江　ハーベスト出版　2018.2　88p　25×18cm　1200円　①978-4-86456-263-8
目次　特集 木次線の楽しみ方教えます！、おいしい木次線―グルメ情報、神話・歴史、駅を愛する人たち、取材班おすすめ！ 買って帰りたいおやつ・特産品、番外企画 500円食堂、Topics まだまだある、沿線いろいろ、Info 沿線めぐるお役立ち情報、木次線の歴史

◇吉備線各駅ぶらり散策　倉敷ぶんか倶楽部編　岡山　日本文教出版　2014.10　153p　15cm　（岡山文庫 292）〈文献あり〉　900円　①978-4-8212-5292-3
目次　第1部 吉備線始まりの記（鉄道への願望、山陰山陽の連絡，地元の協力と熱意 ほか）、第2部 吉備線沿線の鉄道遺産（キハ40形、岡山駅の端を発着 ほか）、第3部 吉備線沿線の史跡・旧跡めぐり（宮山墳丘墓、天望台古墳 ほか）、第4部 吉備線各駅ぶらり散策（岡山駅、備前三門駅 ほか）

◇芸備線米寿の軌跡―大正四年、芸備鉄道として開業してから平成の現在に至るまでの芸備線、喜怒哀楽のものがたり。　菁文社出版部編　三次　菁文社　2004.2

255p　31cm〈年表あり　文献あり〉6000円　①4-902368-12-9

|目次| 芸備鉄道の時代, 蒸気機関車の時代, 陰陽連絡急行全盛時代, DL・DC（ディーゼル機関車・気動車）の時代, 民営化以後の時代, 懐かしの駅舎, 芸備線を走った主な車両, 芸備線車窓ガイド, 芸備線路線図, 各駅ガイド

◇元気なローカル線のつくりかた—三陸鉄道 JR東日本八戸線 由利高原鉄道 山形鉄道 上信電鉄 福井鉄道 一畑電車 岳南電車 養老鉄道 江ノ島電鉄 広島電鉄 水間鉄道 高松琴平電鉄　堀内重人著　京都　学芸出版社　2014.6　214p　19cm〈文献あり〉　2000円　①978-4-7615-2572-9

|内容| 新しい経営手法とサービス改善の努力で経営の危機を乗り越え、鉄道復権の時代を拓く各地の取り組みを報告。

◇現在線・廃止線ローカル私鉄探訪　寺田裕一編著・写真　新人物往来社　1999.10　166p　26cm（別冊歴史読本 32—鉄道シリーズ 第9弾）　2200円　①4-404-02732-X

◇現在線・廃止線ローカル私鉄探訪　寺田裕一編著・写真　新人物往来社　1999.10　166p　26cm（別冊歴史読本 32—鉄道シリーズ 第9弾）　2200円　①4-404-02732-X

◇御殿場線ものがたり　宮脇俊三文, 黒岩保美絵　復刊ドットコム　2015.12　1冊（ページ付なし）　29cm〈福音館書店1993年刊の新装〉　2000円　①978-4-8354-5289-0

◇五能線物語—「奇跡のローカル線」を生んだ最強の現場力　遠藤功著　PHP研究所　2016.7　219p　19cm〈文献あり〉　1400円　①978-4-569-83009-4

|内容| 絶体絶命の路線は、こうして「日本一乗りたい路線」になった。JR東日本秋田支社、驚異の仕事を初公開。

◇混合列車　no.42　札幌　北海道大学鉄道研究会　2014.8　80p　26cm〈特集：惜別江差線　文献あり〉

◇混合列車　no.46　札幌　北海道大学鉄道研究会　2016.12　246p　26cm〈特集：ローカル線の現状と今後—廃止と復活　文献あり〉

◇サイドビュー国鉄（JR）飯田線電車—白井良和写真集　白井良和撮影　豊中　レイルロード　1999.8　120p　30cm〈他言語標題：Side-view JNR・EC.2　東京　文苑堂書店（発売）〉　4300円　①4-947714-13-1

◇ザ・五能線　秋田　R2アソシエイツ　1994.12　107p　19×22cm〈発売：星雲社（東京）　五能線、その歩み：p98～99〉　2800円　①4-7952-6913-0

|内容| 奇巌、抉る。激浪、被る。冬、地吹雪く。青は藍より出でて、哀しく撮影—東北の外れに、紅く輝く郷愁線。

◇さよなら江差線　さよなら江差線編集委員会編　札幌　北海道新聞社　2014.6　175p　26cm〈文献あり 年譜あり〉　1759円　①978-4-89453-743-9

|内容| 多くの人に惜しまれながら、鉄路78年の歴史に幕を閉じた江差線。地域の人々の生活を支え、沿線の町の発展を支えてきた江差線にさようなら、そしてありがとうの気持ちをこめて、美しい写真とともにその歴史をふりかえる。さよなら列車を含む最後の一日、SL時代から現代までの沿線風景や車両紹介、郷土のあゆみなど内容はもりだくさん。

◇三江線写真集　米子　今井印刷　2016.7　107p　24×26cm〈他言語標題：SANKO LINE PHOTOBOOK　発売：今井出版（米子）〉　2000円　①978-4-86611-030-1

|内容| 三江線の日常が見えてくる。MAP付。

◇三江線の過去・現在・未来—地域の持続可能性とローカル線の役割　関耕平, 会下和宏, 田中義昭, 岡崎勝彦, 保母武彦, 政森進, 有田恭二, 飯野公央著　米子　今井印刷　2017.3　161p　21cm（山陰研究ブックレット 6）〈発売：今井出版（米子）〉　1111円　①978-4-86611-072-1

|内容| 「田植えする人々」の手元が見えて、人間が人間らしく生きる農村風景を車窓から望むことができる三江線。…廃線で失うものに思いをはせて刊行する1冊。

◇三江線88年の軌跡　長船友則著　ネコ・パブリッシング　2018.2　47p　26cm（RM LIBRARY 222）〈文献あり 年譜あり〉　1250円　①978-4-7770-5421-3

|目次| 三江線前史から三江北線の開通, 幻の大滝線, 芸備線三次駅の変遷, 三江南線の建設と式敷開通, 三江線建設の危機 鉄道か、

ローカル線

江川電源開発か、三江南線式敷～口羽間開通、全線開業に向けて 浜原～口羽間工事着工、三江線全通一日の記録、全通後の三江線、蒸気機関車の運転、江の川の3大水害と列車運休、三江線廃止の動き

◇私鉄ローカル線　諸河久，花井正弘共著　大阪　保育社　1993.8　151p　15cm（カラーブックス）　700円　④4-586-50852-3

[内容] 特選ローカル線の車両走行写真、プロフィール、名物車両に会う旅など。

◇写真集・小海線をゆく―日本一の高原鉄道の80年　『写真集小海線をゆく』刊行会編　松本　郷土出版社　1995.11　155p　26×26cm（信州のローカル線シリーズ 1）　4500円　④4-87663-305-3

◇写真で綴る飯田線の旧型国電　宮下洋一著　ネコ・パブリッシング　2017.3　162p　30cm（NEKO MOOK 2562）〈文献あり〉　2963円　④978-4-7770-2062-1

◇出張ついでのローカル線　野田隆著　メディアファクトリー　2011.10　238p　18cm（メディアファクトリー新書 039）　740円　④978-4-8401-4278-6

[内容] ローカル線をめぐりたい―。そう望んでも、時間や金銭的な制約から、実際に訪れるのは容易ではない。そこで、出張の機会をちゃっかり利用しよう。札幌、仙台、東京、名古屋、福岡といった「出張先の大都市」からほんの少し足を延ばせば、魅惑のローカル線を味わえるのです。さあ、なんとか出張中に3時間を捻出しよう。効率的な移動の方法や、人気路線の見どころなど旅のプランは、すべて本書に載っています。

◇城端線あしたにつなぐ物語　となみ野公共交通創造市民会議編　[南砺]　となみ野公共交通創造市民会議　2015.3　63p　19cm〈年表あり〉　500円

◇昭和に出合える鉄道スケッチ散歩―首都圏から行くローカル線25　村上健絵と文　JTBパブリッシング　2012.11　143p　21cm　1300円　④978-4-533-08800-1

[目次] 1章レトロ列車に揺られてタイムスリップ（魅せられる渓谷美と産業遺産 わたらせ渓谷鐵道、房総半島を走る昭和の記憶 いすみ鉄道 ほか）、2章 途中下車こそ鉄道散歩の楽しみ（思い立ったら小さな旅へ 中央本線、昭和の東京探して町歩き 都電荒川線 ほか）、3章 車窓に映る美しい原風景を探して（汽笛が俺を呼んでいる 磐越西線、湯煙の向こうに見えるあの頃 吾妻線 ほか）、4章 鉄路で見つけたとっておきの四季（昭和の列車百貨店 秩父鉄道―春、北アルプス絶景高原列車 大糸線―初夏 ほか）

◇深名線よ永遠に―加藤泰史写真集　加藤泰史著　光村印刷　1996.6　71p　17×19cm（Bee books）　1200円　④4-89615-549-1

[内容] 深名線―北海道の深川市から幌加内町・風連町を経て名寄市に至る全長121.8kmの鉄道線―。1995年の夏の終わりに71年間の歴史に終止符を打った深名線の、北の大地の四季を駆け抜けた姿の記録です。

◇惜別芸備線急行―さようなら急行みよし　安芸矢口企画編　広島　芸備書房　2007.7　48p　15×21cm　840円

◇絶景路線スペシャル―肥薩線スイッチバック・ループ線空撮＆日本三大車窓＆前面展望映像〈八代～隼人〉 みんなの鉄道DVD BOOKシリーズ　メディアックス　2015.9　33p　30cm（メディアックスMOOK 520―メディアックス鉄道シリーズ 30）〈文献あり〉　1800円　④978-4-86201-960-8

◇絶滅危惧鉄道　2018　さらば三江線!!岐路に立つ中国山地の鉄路　イカロス出版　2018.4　112p　26cm（イカロスMOOK）　1600円　④978-4-8022-0492-7

◇タイムスリップ飯田線　笠原香, 塚本雅啓著　大正出版　2007.5　185p　26cm　3800円　④978-4-8117-0657-3

[目次] 飯田線100年の歩み，飯田線 電車のバラエティ概観，飯田線電気機関車列伝，あの日あの頃飯田線，タイムスリップ飯田線，飯田線に見る廃線遺構探訪

◇武豊線物語―写真集　C11265蒸気機関車保存会, 半田市, 半田市教育委員会編　[半田]　C11265蒸気機関車保存会　2003.3　196p　30cm〈共同刊行：半田市ほか　年表あり〉

◇武豊線物語―本冊　C11265蒸気機関車保存会, 半田市, 半田市教育委員会[編], 市野忠士著, 河合由平監修　半田　一粒社出版部　2008.5　135p　26cm（半田十話物語 3）〈年表あり〉　④978-4-901887-51-9

ローカル線

◇武豊線物語―記録・写真集 東海道線新橋＝神戸間開通百二十周年 東海道線建設の礎になった鉄道 河合由平著 名古屋 交通新聞社 2009.1 199p 30cm〈年表あり〉 2200円 ①978-4-330-04609-9
[目次] 1 駅の今昔, 2 武豊線を走る列車, 3 最初に走った蒸気機関車, 4 武豊線を走った車両, 5 線路・信号設備, 6 海上輸送, 7 鉄道輸送, 8 半田市鉄道資料館

◇追憶の鉄路―北海道廃止ローカル線写真集 工藤裕之著 札幌 北海道新聞社 2011.12 415p 21cm 2500円 ①978-4-89453-619-7
[内容] 駅舎、車両、車窓、まちの風景、鉄路とともに生きた人々の軌跡を貴重な写真で綴った。カラー写真1200点でたどる沿線風景。

◇鉄路の記憶―東北1969～1976 大穂耕一郎著 秋田 無明舎出版 2003.9 205p 21cm 1700円 ①4-89544-346-9
[内容] 国鉄の黄金時代といわれた1970年代―風情豊かなローカル列車を訪ね、活写した、あの日あの時が甦る。

◇東北ローカル線の旅 大穂耕一郎編 秋田 無明舎出版 2005.4 137p 21cm （んだんだブックス） 1600円 ①4-89544-390-6

◇どんこうにっぽん縦断―日本の津々浦々をローカル線各駅停車でたどる part 1（東日本編） 芦原伸著 梛出版社 2011.1 207p 19cm 933円 ①978-4-7779-1837-9

◇どんこうにっぽん縦断―日本の津々浦々をローカル線各駅停車でたどる part 2（西日本編） 芦原伸著 梛出版社 2011.1 191p 19cm 933円 ①978-4-7779-1838-6

◇懐かしのローカル列車―追憶昭和末期の鉄道情景 松尾定行編著 新人物往来社 1999.5 158p 26cm （別冊歴史読本 20―鉄道シリーズ 第8弾） 2200円 ①4-404-02720-6

◇にっぽん縦断ローカル線ここが凄い！ 博学こだわり倶楽部編 河出書房新社 2014.6 223p 15cm （KAWADE夢文庫 K997）〈文献あり〉 620円 ①978-4-309-49897-3
[内容] 1年のうち2日間だけ営業する幻の駅、「こたつ」列車、「グルメライン」の異名をもつ路線など、まさかの鉄道がいっぱい！今すぐ"鉄たび"に出かけたくなる本！

◇日本のローカル私鉄 寺田裕一著 企画室ネコ 1990.7 253p 30cm 3800円 ①4-87366-064-5
[目次] 東北地区（津軽鉄道, 南部縦貫鉄道, 十和田観光電鉄, 小坂製錬小坂鉄道, 岩手開発鉄道, 栗原鉄道）, 関東地区（日立電鉄, 茨城交通湊鉄道, 鹿島鉄道, 銚子電気鉄道, 小湊鉄道）, 上・信越地区（上毛電気鉄道, 富士急行, 上田交通, 松本電気鉄道, 蒲原鉄道, 新潟交通）, 東海・中部・北陸地区（岳南鉄道, 大井川鉄道, 三岐鉄道, 北陸鉄道, 京福電気鉄道福井支社）, 近畿地区（近江鉄道, 叡山電鉄, 野上電気鉄道, 有田鉄道, 紀州鉄道）, 中国・九州地区（同和鉱業片上鉄道, 下津井電鉄, 水島臨海鉄道, 一畑電気鉄道, 島原鉄道, 熊本電気鉄道）

◇日本のローカル私鉄 2000 寺田裕一著 ネコ・パブリッシング 2000.8 296p 30cm〈出版社の名称変更：1990年刊は企画室ネコ〉 3619円 ①4-87366-207-9

◇乗ろうよ！ローカル線―貴重な資産を未来に伝えるために 浅井康次著 交通新聞社 2010.4 213p 18cm （交通新聞社新書 014）〈文献あり〉 800円 ①978-4-330-13610-3
[内容] 過疎化の進展やモータリゼーションの波に押され、廃止・縮小の歴史をたどってきたローカル線。しかし、なかには、街づくりの中核として位置づけられ、さまざまなアイデアによって話題を発信しつづけるミニ鉄道もある。本書では、鉄道を地域の歴史、社会、文化そのものととらえ、それぞれの地域における将来に向けた鉄道活用策を指南する。

◇廃線の危機からよみがえった鉄道 堀内重人著 中央書院 2010.11 238p 21cm〈文献あり〉 1800円 ①978-4-88732-198-4
[内容] 廃止目前から一転、復活をとげた鉄道・軌道5路線のケーススタディをもとに、公共交通の再生・活性化策を提示。

◇八高線―手紙と写真で綴る東京ローカル線ノスタルジア 武相高校鉄道研究会, グループ・エイト・ハイライン著 八王子 のんぶる舎 1995.8 95p 15×21cm 1800円 ①4-931247-33-4

鉄道経営

87

ローカル線

◇八高線は北風に負ケズ—八王子—高崎各駅停車　大穂耕一郎著　東松山　まつやま書房　1993.5　213p　21cm　①4-944003-66-8

◇簸上鉄道の開通と木次線　稲田信,沼本龍著　雲南　八日市地域づくりの会　2017.5　57p　21cm　（木次町ふるさと歴史シリーズ 2）〈年表あり〉　500円

◇肥薩線—九州のローカル線　宇都宮照信,栗原隆司著　福岡　海鳥社　2011.12　143p　21cm　〈文献あり〉　1700円　①978-4-87415-828-9
  内容　「SL人吉」で辿る球磨川の渓谷美、「いさぶろう・しんぺい」で越える日本初のループ線とスイッチバック、「はやとの風」から見る霧島連峰の雄大な眺望—。観光列車でゆく旅の醍醐味。くま川鉄道や吉都線、廃線になった山野線、イベント列車や往時の蒸気機関車も紹介。

◇みまさか鉄道ものがたり　小西伸彦著　津山　みまさかローカル鉄道観光実行委員会　2013.11　302p　21cm　〈文献あり〉　発売：吉備人出版（岡山）〉　2200円　①978-4-86069-375-6
  内容　平成25年、建国1300年を迎え岡山県北部の美作地域。歴史と自然に恵まれた美作は、鉄道遺産の宝庫としても知られている。旧津山扇形機関車庫や、津山駅から四方に伸びる路線に佇む木造駅舎などはその代表だ。鉄道遺産そのものともいえるその風景を求め、全国からたくさんのファンが訪れる。本書は、美作の鉄道の歴史をたどりながら、鉄道に夢とロマンを賭けた人々を描いた力作。

◇魅惑のローカル私鉄—懐かしいあの車両、あの風景を求めて　イカロス出版　1998.10　114p　26cm　（イカロスmook）　1429円　①4-87149-175-7

◇ルポ飯田線の踏切—誰も書かなかった由来を探訪　飯田市・本町踏切—天龍村・鶯巣第一踏切　佐古新一［著］　［飯田］　［佐古新一］　2017.1　71p　26cm　700円

◇ローカル私鉄なるほど雑学　二村高史,宮田幸治著　山海堂　2004.4　263p　19cm　1500円　①4-381-07954-X
  内容　ワンマン列車、タブレットの授受、古色蒼然とした車両、やたらと長い駅名…、ローカル私鉄は小さな驚きの連続だ！時代とともに栄枯盛衰をたどってきたローカル私鉄のなるほど事情が満載。

◇ローカル私鉄廃線100線　寺田裕一編著　新人物往来社　2000.12　157p　26cm　（別冊歴史読本 61—鉄道シリーズ 第12弾）　2400円　①4-404-02761-3

◇ローカル線をゆく—乗っておきたい珠玉の鉄道50線　藤田彰、黒反幸伸写真、杉崎行恭、矢野直美文　阪急コミュニケーションズ　2007.12　225p　21cm　1500円　①978-4-484-07234-0
  内容　鉄子・矢野直美と仲間たちが旅するローカル鉄道、幸せ旅。

◇ローカル線ガールズ　嶋田郁美著　メディアファクトリー　2008.1　191p　19cm　〈他言語標題：Local line girls〉　952円　①978-4-8401-2125-5
  内容　廃線から市民の願いを受けて復活した福井・えちぜん鉄道。「乗客をもてなす」心はアテンダントたちの仕事から生まれている。「心」が結果を生んだ感動実話。

◇ローカル線こだわりの旅　谷川一巳著　角川学芸出版　2005.7　217, 45p　19cm　〈発売：角川書店〉　1500円　①4-04-651971-1
  内容　ローカル線の旅の決定版！ぶらっと日帰りの旅から「青春18きっぷ」を使ったお得な旅の実用例まで。

◇ローカル線で地域を元気にする方法—いすみ鉄道公募社長の昭和流ビジネス論　鳥塚亮著　晶文社　2013.7　277p　19cm　1500円　①978-4-7949-6907-1
  内容　廃止寸前の赤字ローカル線に公募でやってきた社長は、筋金入りの鉄道ファンにして、元外資系航空会社の運行部長。陸も空も知り尽くした「よそ者社長」の斬新なアイデアで、お荷物だった赤字路線は活気を取り戻し、またたく間に地域の観光シンボルに。はたしてその秘密とは？「乗らなくてもいいんです」「来ていただいても何もありません」など意表をつくキャッチフレーズと、鉄道ファンの心をくすぐる抜群の企画力で、いま全国から注目を浴びる著者の、体験的地域ビジネス論。地域とひとを元気にするヒントがここに！

◇ローカル線に明日はあるか—実態検証！地方鉄道・路面電車　浅井康次著　交通新聞社　2004.12　191p　21cm　〈文献あり〉　1238円　①4-330-82104-4
  内容　このまま市場経済原理にまかせておけば、近い将来、この国からローカル線は姿

を消すだろう。鉄道経営の学術書として、ローカル線のあり方を広く社会に問う渾身の著作。

◇ローカル線の旅パーフェクトガイド―保存版！　宝島社　2015.11　176p　26cm　（別冊宝島 2402）　1500円　①978-4-8002-4721-6

◇ローカル線ひとり旅　谷川一巳著　光文社　2004.7　262p　18cm　（光文社新書）　720円　①4-334-03258-3
[内容]「ローカル線」の旅はいい。日常のしがらみから抜け出し、ガッタンゴットンと鈍行に揺られ、駅弁を頬張りながら、美しい風景に想いを馳せる。しかし、旅情あふれる旅をするためには実は"コツ"が必要で、それを知らないと、「こんなはずではなかった！」と後悔させられる。田舎だからといって、イメージするような車両が走っているとは限らないし、人気の有名路線やジョイフルトレインなどは、観光客ばかりだ。一汽車旅を味わえる車両を選ぶ、バスやフェリーと組み合わせる、時刻表の行間を読む、ガイドブックに載るはずもない光景を見に行く、新幹線のない日本地図をたどる…本書では、ローカル線の極意を紹介する。

◇ローカル線ひとり旅　谷川一巳著　光文社　2014.4　268p　16cm　（光文社知恵の森文庫 tた2-2）〈2004年刊の加筆修正〉　680円　①978-4-334-78645-8
[内容]ローカル線に乗って、のんびり旅情あふれる旅がしたいなら、ちょっとした「コツ」がいる。地方路線にも味気ないロングシート車両が走っているし、有名なローカル線ほど観光客だらけでガッカリすることも多いからだ。時刻表の行間を読む、バスやフェリーを組み合わせる、お得なパスを使いこなす…。汽車旅を楽しむための"極意"を紹介する。

◇ローカル線もうひとつの世界　森彰英著　北辰堂出版　2010.8　107p　23cm　（こはるブックス）　2100円　①978-4-86427-005-2
[内容]ノスタルジックだけどどこか新しい。時代の流れとともに朽ちゆく路線、新しい波を捕まえようとする路線。新たなスタートを切る路線―。たくさんのドラマを乗せてローカル線は今日も走る。

◇ローカル鉄道という希望―新しい地域再生、はじまる　田中輝美著　河出書房新社　2016.8　204p　19cm　1500円　①978-4-309-22676-7
[内容]呼び込む。解決する。稼ぐ。乗客と信頼とにぎわいを取り戻した路線では、いったい何が起こっているのか―？ JR完全乗車のローカルジャーナリストが地域の救世主をたずねて日本中の現場を駆けめぐる。未来へのヒントがここにある！

◇ローカル鉄道の解剖図鑑　岩間昌子著　エクスナレッジ　2016.10　143p　21cm〈文献あり〉　1600円　①978-4-7678-2217-4
[内容]日本全国いま乗っておきたい厳選60路線がマルわかり。歴史遺産級のビンテージ列車と駅舎をもつ鉄道から、戦前・戦後の高度成長を支えた産業鉄道、今も地域に愛されている路面電車、ローカル路線まで、その見どころを完全図解。

◇わたしたちの飯田線　吉田忠正著　ぎょうせい　2005.3　47p　27cm　（飯田市歴研ジュニア・ライブラリー 1　飯田市歴史研究所監修）〈シリーズ責任表示：飯田市歴史研究所監修　共同刊行：飯田市　年表あり〉　1143円　①4-324-07668-5

◇20世紀なつかしの国鉄ローカル線　井上廣和写真,坂正博解説　山と溪谷社　2001.12　111p　19×26cm　（ヤマケイレイルブックス 9）　1200円　①4-635-06809-9
[目次]北海道（天北線,興浜北線 ほか）,東北（大畑線,黒石線 ほか）,関東・上信越・中部（赤谷線,魚沼線 ほか）,近畿・中国・四国（信楽線,宮津線 ほか）,九州（香月線,宮田線 ほか）

◇20世紀なつかしのローカル私鉄　井上廣和写真,坂正博解説　山と溪谷社　2001.12　111p　19×26cm　（ヤマケイレイルブックス 10）　1200円　①4-635-06810-2
[目次]北海道・東北（三菱石炭鉱業,十和田観光鉄道,津軽鉄道 ほか）,関東・上信越（筑波鉄道,鹿島鉄道,鹿島臨海鉄道 ほか）,中部・近畿（岳南鉄道,大井川鉄道・大井川本線,豊橋鉄道・渥美線 ほか）,中国・四国・九州（同和鉱業・片上鉄道,下津井電鉄,岡山臨港鉄道 ほか）

031 公営鉄道
【概　要】地方公共団体が経営する鉄道である。地下鉄と路面電車の両方、もしくは、いずれかを営業しており、モノレールと新交通システムの路線を営業しているケースもある。基本的には、「地方公営企業法」に基づく独立採算制が採られている（○○市交通局などの形態）。
　2018（平成30）年4月現在、11の地方公共団体が公営鉄道を営業している。具体的には、札幌市交通局（地下鉄、路面電車）、函館市企業局交通部（路面電車）、仙台市交通局（地下鉄）、東京都交通局（地下鉄、路面電車、モノレール、新交通システム）、横浜市交通局（地下鉄）、名古屋市交通局（地下鉄）、京都市交通局（地下鉄）、神戸市交通局（地下鉄）、福岡市交通局（地下鉄）、熊本市交通局（路面電車）、鹿児島市交通局（路面電車）である。このうち、仙台、横浜、名古屋、京都、神戸の各市では、かつて路面電車を運行していた。このほか、川崎市と北九州市でも、路面電車を運行していた時期があった（北九州市は貨物専用）。なお、大阪市でも2018年3月まで交通局を設けて公営鉄道（地下鉄、新交通システム）を営業していたが、同年4月に民営化し、大阪市高速電気軌道に移行した。

◇一球さん―都電荒川線6152　小幡勇彦写真集　小幡勇彦著　光村印刷　2001.10　59p　20×22cm　（Bee books）　2000円　④4-89615-877-6

◇大阪市営無軌条電車のあゆみ　荻野基、宮武浩二著　ネコ・パブリッシング　2017.2　47p　26cm　（RM LIBRARY 210）　1250円　④978-4-7770-5405-3
　[目次]　1 大阪市営無軌条電車の開業、2 こうもり論争、3 1形（のちの100形）車輌と架線・架線柱、4 開業から最盛期へ、5 200・300形、6 トロリーバスあれこれ、7 ワンマンカー導入、8 トロリーバス廃止へ

◇大阪市交通局　吉谷和典、鹿島雅美解説、諸河久写真　ネコ・パブリッシング　2002.7　171p　19cm　（私鉄の車両 復刻版 16）〈初版：保育社刊〉　1429円　④4-87366-299-0
　[内容]　西日本の中心都市、大阪市を縦横に疾駆し、50有余年の歴史を誇る大阪市営高速鉄道の車両の全容を、各種のデータ中心に紹介。

◇大阪市交通局完全データDVD BOOK　メディアックス　2017.1　97p　30cm　（メディアックスMOOK 576―メディアックス鉄道シリーズ 41）〈文献あり〉　2000円　④978-4-86201-686-7

◇大阪市交通局百年史　資料編　大阪市交通局編　大阪　大阪市交通局　2005.4　289p　27cm　④4-9901724-2-6

◇大阪市交通局百年史　本編　大阪市交通局編　大阪　大阪市交通局　2005.4　1134p　27cm〈年表あり〉　④4-9901724-1-8

◇大阪市交通局30系　vol.1　レイルロード編　豊中　レイルロード　2016.3　88p　30cm　（車両アルバム 22）〈発売：文苑堂〉　2500円　④978-4-947714-39-8

◇大阪市交通局30系　vol.2　レイルロード編　豊中　レイルロード　2016.7　108p　30cm　（車両アルバム 24）〈発売：文苑堂〉　2500円　④978-4-947714-41-1

◇大阪市交通局5000　レイルロード編　豊中　レイルロード　2014.9　84p　30cm　（車両アルバム 17）〈年表あり　発売：文苑堂〉　2500円　④978-4-947714-32-9

◇大阪市電が走った街今昔―水の都の路面電車定点対比　辰巳博著、福田静二編　JTB　2000.12　176p　21cm　（JTBキャンブックス）　1700円　④4-533-03651-1
　[目次]　第一期線（九条新道（花園橋）、境川町 ほか）、第二期線（大阪駅前（梅田停車場）、桜橋 ほか）、第三期線（本田町一丁目、川口町 ほか）、第四期線（動物園前（天王寺公園南口）、阿倍野橋 ほか）、期外線（野田阪神電車前、鶴町二丁目 ほか）

◇大阪市電最後の日々　上　南條久通著　ネコ・パブリッシング　2011.8　45p　26cm　（RM library 144）〈他言語標題：The last days of Osaka city Corporation Tramway〉　1200円　④978-4-7770-5312-4

公営鉄道

|目次| 電車通り, 港車庫前から都島車庫前に向けて, 桜川二丁目から出島まで, 大正区を走る市電, 市内を東西に貫く, 阪急東口から守口まで, 玉船橋から今里車庫前

◇大阪市電最後の日々　下　南條久通著　ネコ・パブリッシング　2011.9　45p　26cm　（RM library 145）〈他言語標題：The Last Days of Osaka City Corporation Tramway〉　1200円　①978-4-7770-5313-1

|目次| 大阪駅前に市電がいたころ, 大阪の正面玄関大阪駅前, ミナミ湊町駅前から難波駅前, その他の主要電停, 撤退大作戦, 車輌の販売, 賀線柱, 賀線, 軌条, 敷石, 電停, 救援車, トラバーサー, 市電廃止行事, 車輌保存と公開, 車輌配転表

◇川崎市電の25年　関田克孝, 宮田道一著　ネコ・パブリッシング　2003.2　47p　26cm　（RM library 43）　1000円　①4-87366-333-4

|目次| 川崎市電の25年（市営環状線構想, 空襲警報下の開通　ほか）, 川崎市電の沿線観察（市電川崎〜上並木, 上並木〜成就院前　ほか）, 川崎市電の車輌（廃止前に消滅した車輌, 廃止時に在籍した車輌）, 2002年の川崎市電跡

◇川崎市電物語―川崎には, かつて市電・トロリーバスが走っていた　原田昌司著　川崎　原田昌司　1992.3　172p　26cm

◇京都市電―回想のアルバム　品川文男著　京都　室町書房　1999.4　125p　15×21cm

◇京都市電が走った街今昔―古都の路面電車定点対比　沖中忠順著, 福田静二編　JTB　2000.3　176p　21cm　（JTBキャンブックス）　1700円　①4-533-03421-7

|内容| 市電の走っていた地域の街路は, 御池, 五条, 堀川, 川端通を除けば現在も大きな変化がない。町並みの変化は戦後50年で括ると大きいが, 10年ごとに見ると中心部を除けば比較的穏やかな変化に感じる。見慣れたものが徐々に変化するせいか, 一変したと見えないのである。これが京都らしいところかもしれない。

◇京都市電最後の日々　上　高橋弘, 高橋修著　ネコ・パブリッシング　2009.5　47p　26cm　（RM library 117）　1000円　①978-4-7770-5255-4

|目次| 京都市電概要, 系統概要, 伏見・稲荷線, ありし日のN電, 四条・千本・大宮線, トロリーバス, 烏丸線, 連結運転と急行運転

◇京都市電最後の日々　下　高橋弘, 高橋修著　ネコ・パブリッシング　2009.6　47p　26cm　（RM library 118）　1000円　①978-4-7770-5256-1

|目次| 丸太町・今出川・白川線（錦林車庫）, 京都駅前, 河原町線・七条線, 4ヵ所の車庫, 外周環状線, 車輌

◇京都市電の廃線跡を探る　中村浩史［著］　［岐阜］　岐阜新聞社　2003.10　144p　21cm〈岐阜　岐阜新聞情報センター（発売）　年表あり〉　1714円　①4-87797-069-X

◇京都市電物語―思い出のアルバム　京都新聞社著　京都　京都新聞出版センター　2008.9　214p　17×19cm〈京都新聞社1978年刊の複製　年表あり〉　1600円　①978-4-7638-0607-9

◇京都の市電―古都に刻んだ80年の軌跡　立風書房　1994.3　172p　27cm〈第3刷（第1刷：1978年）　おもに図　保存版〉　5000円　①4-651-80031-9

|内容| 日本のチンチン電車の発祥の地, 京都。市民の足として愛された京都市電80年の軌跡。明治, 大正, 昭和を走りつづけた懐かしい市電の姿と町並みの記録を集大成。

◇京都の市電―昭和を歩く　街と人と電車と　福田静二編著　大阪　トンボ出版　2015.4　191p　26cm〈他言語標題：KYOTO STREET CAR　文献あり〉　2600円　①978-4-88716-132-0

|内容| 懐かしい街があり人びとの生活があった。その真ん中を市電が走っていた。昭和の時代を走り続けた京都市電のある風景をいま求めて。全線全停留場, 廃止時の163停留場をすべて紹介。

◇今日ものんびり都電荒川線―チンチン電車でめぐる駅前銭湯と下町の風景　武相高校鉄道研究同好会編著　竹内書店新社　1999.11　200p　26cm　1700円　①4-8035-0079-7

|内容| 神田川が流れる新宿区早稲田から路面電車の荒川線に乗って, 沿線に残る駅前銭湯を訪ねる小さな旅に出てみよう。下駄履きでヒョイと気軽に電車に乗って電停脇の銭湯へ。そんな下町ライフを満喫させてくれる銭湯が, 沿線には50軒ほど残る。「チンチン！」と元気な発車ベルを聞きながら, 今

日は一つ先の銭湯にでも行ってみようか。もう少し乗っていたい。そんな気分にもさせてくれる荒川線。今日ものんびりと一つ一つの駅に止まっていく。

◇呉市電の足跡　長船友則著　ネコ・パブリッシング　2009.11　47p　26cm　（RM library 123）〈文献あり〉　1000円　①978-4-7770-5269-1

目次　沿革（発起から呉電気鉄道（株）の発足まで、呉に電車が走るまで、広島水力電気（株）と合併、広島呉電力（株）へ ほか）、路線と設備、電車車輌と運転の推移（呉電気鉄道開業時最初の車輛1形20輌（1～20号）、広島電気最後の新車21形5輌（21～25号）の導入、芸南電気軌道創業時の新車1形10輌（1～10号）ほか）、電車廃止で他の都市に移った電車たち

◇神戸市電が走った街今昔―山手と浜手を結ぶ電車定点対比　金治勉著、福田静二編　JTB　2001.10　175p　21cm　（JTBキャンブックス）　1700円　①4-533-03978-2

目次　山手編 六甲山系の南面を東西に走る（石屋川、常盤木、六甲口 ほか）、中心部編 発展する中心街を東西に結ぶ（三宮駅前、三宮阪急前、三宮阪神前 ほか）、浜手編 兵庫と神戸発祥の浜側を走る（神戸駅前、相生町四丁目、湊町一丁目 ほか）

◇神戸市電と花電車　奥田英夫著　神戸　神戸新聞総合出版センター　2010.12　215p　26cm〈年表あり 索引あり〉　3000円　①978-4-343-00608-0

◇神戸市電・阪神国道線　小林庄三著　大阪　トンボ出版　1998.2　144p　26cm　2300円　①4-88716-120-4

◇神戸市電物語　神戸新聞社編　復刻版　神戸　神戸新聞総合出版センター　2009.9　187p　19cm〈のじぎく文庫昭和46年刊の複製　年表あり〉　1300円　①978-4-343-00538-0

内容　神戸市電の開業から100年。時代を超え、神戸っ子に愛された「東洋一の市電」がよみがえる。開業から廃止までの道のり、さらには当時考えられていた未来の都市交通の構想も紹介された昭和46年発刊「神戸市電物語」の復刻版。

◇神戸の市電と街並み　神戸鉄道大好き会編著　大阪　トンボ出版　2001.10　263p　26cm　3300円　①4-88716-127-1

内容　本書には、東端の石屋川から西端の須磨にいたる各停留所付近の街並みの写真が網羅されている。

◇神戸の市電と街並み　神戸鉄道大好き会編著　大阪　トンボ出版　2009.1　263p 図版8p　21cm　（トンボブックス）　1500円　①978-4-88716-200-6

内容　東端の石屋川から西端の須磨にいたる各停留所付近の街並みの写真、神戸市電の車両について詳細に解説した。路面電車の在りし日の神戸を、そして市民と路面電車のふれあいを知ることができる。

◇札幌市電が走った街今昔―北の都の路面電車定点対比　札幌LRTの会編著　JTB　2003.3　175p　21cm　（JTBキャンブックス）〈年表あり〉　1700円　①4-533-04655-X

目次　西四丁目線、一条線、山鼻線、山鼻西線、鉄北線、北五条線、桑園線、苗穂線、豊平線、定山渓鉄道

◇札幌市電が走る街今昔―未来をめざす北の都定点対比　札幌LRTの会編　JTBパブリッシング　2012.9　175p　21cm　（キャンブックス―鉄道 123）〈他言語標題：Nostalgic Light Rail Transit Scenes in Sapporo　文献あり〉　1800円　①978-4-533-08737-0

目次　第1章 都心部を走る、第2章 一条線から山鼻西線へ、第3章 山鼻線からすすきのへ、第4章「創成川イースト」の各線、第5章 桑園・円山地区の各線、第6章 北へ延びる街とともに

◇札幌・市電の走る街―昨日・今日・明日　札幌LRTの会編著　大阪　トンボ出版　1999.10　216p　26cm　2800円　①4-88716-125-5

◇市電が走った京の街―ワンマンカー時代を中心として 写真集　廣庭基介写真・文　〔京都〕　〔廣庭基介〕　2004.10　122p　22×23cm

◇市電の走る風景―京都写真館　品川文男写真・文　京都　淡交社　2012.3　127p　19×21cm〈年表あり〉　1600円　①978-4-473-03795-4

内容　さよなら京都市電から三十数年の時を経て。

◇瀬戸川の流れの中から・瀬戸市営鉄道の夢　加藤義秀著　〔名古屋〕　〔加藤義秀〕　1992.1　40p　26cm〈和装〉

◇セピア色が語る札幌市電　長南敏雄著　札幌　中西出版　2011.8　180p　19cm〈年表あり〉　1200円　⓵978-4-89115-230-7

◇全盛期の大阪市電―戦後を駆けた車輌たち　宮武浩二著　ネコ・パブリッシング　2003.8　47p　26cm（RM library 49）　1000円　⓵4-7770-5009-2
　目次　大阪市電誕生，戦災からの立ち直り，合理化の時代に，新しい路面電車像を模索して，栄光の時代，衰退の時代へ，車庫配置図

◇全盛期の神戸市電　上　小山敏夫著　ネコ・パブリッシング　2005.11　47p　26cm　（RM library 75）　1000円　⓵4-7770-5128-5
　目次　開業，神戸市電・現場の思い出（神戸市電との出会い，須磨車庫での生活，神戸博覧会の開催　ほか），神戸市電1〜15系統スナップ（1・2系統，3系統，4系統　ほか），工場・車庫見取図（長田車両工場，布引車庫，春日野車庫　ほか）

◇全盛期の神戸市電　下　小西滋男，宮武浩二著　ネコ・パブリッシング　2005.12　47p　26cm　（RM library 76）　1000円　⓵4-7770-5129-3
　目次　神戸市電回想録（古林式神戸市電，200形に始まる鋼製車群，300形の誕生に始まる近代化，戦後の復興　ほか），神戸市電の肖像（戦前型鋼製車，鋼体化車，戦後製造車，大阪市からの転入車　ほか）

◇仙台市電　宮松丈夫著　ネコ・パブリッシング　2007.2　47p　26cm　（RM library 90）　1000円　⓵978-4-7770-5193-9
　内容　30年前にモータリゼーションの波に押し流されて姿を消した仙台市電の"車輌めぐり"を記憶と手元のデータによって再現。

◇玉野市電気鉄道　橋本正夫著　ネコ・パブリッシング　2008.2　45p　26cm　（RM library 102）　1000円　⓵978-4-7770-5228-8
　目次　鉄道敷設の計画，三井造船所の引込線，幻に終わったもう一つの玉野市電，備南電鉄の開通から市営移管まで，路線の延長計画，使用された車輌―電車時代，交通事情の変化と動力変更，使用された車輌―気動車時代，施設，運行，備南環状線の夢消える―市電の廃止，車両の行方，線路跡の現況，宇野線うつりかわり

◇徹底解剖！　横浜市営地下鉄　第1巻　車両・撮影地編　青線著，交通法規研究会横浜市営地下鉄研究班編　交通法規研究会　2017.8　55p　26cm　1700円　⓵978-4-909358-00-4

◇徹底解剖！　横浜市営地下鉄　第2巻　切符・運用編　青線著，交通法規研究会横浜市営地下鉄研究班編　交通法規研究会　2017.12　45p　26cm　1700円　⓵978-4-909358-02-8

◇鉄道今昔よみがえる都電―車両・停留場・街角の記憶　井口悦男，白土貞夫著　学研パブリッシング　2011.6　159p　26cm〈発売：学研マーケティング〉　1800円　⓵978-4-05-404986-4
　内容　路面電車が走った東京の100年。銀座，浅草，渋谷ほか，全41系統。明治〜昭和の貴重な写真と現在の同一視点の景色を比べて辿る都電1世紀の全貌。

◇東京オリンピック時代の都電と街角―昭和30年代〜40年代の記憶　新宿区・渋谷区・港区〈西部〉・中野区・杉並区編　小川峯生，生田誠著　アルファベータブックス　2017.3　63p　30cm　1600円　⓵978-4-86598-823-9

◇東京市電・都電―宮松金次郎・鐵道趣味社写真集　宮松金次郎［撮影］，井口悦男監修，萩原誠法，宮崎繁幹，宮松慶夫編集　ネコ・パブリッシング　2015.12　144p　22×31cm〈文献あり〉　8000円　⓵978-4-7770-5387-2
　目次　馬車鉄道，王子電車，城東電車，向こう岸の電車，ナローゲージの都電，単車400形の足跡，三扉車の系譜，電車日本橋を行く，中型車の活躍，電車は何処から，新型車の時代，貨物電車，私の心の師匠 宮松金次郎さんのこと

◇東京市電名所図絵―絵天然色石版画・絵葉書に見る明治・大正・昭和の東京　林順信著　JTB　2000.8　175p　21cm（JTBキャンブックス）　1700円　⓵4-533-03562-0

◇東京都電回廊の自然―荒川線　小野誠一郎，佐々木洋著　冬青社　2001.9　123p　22cm　2000円　⓵4-924725-96-X
　目次　早稲田，面影橋，学習院下，鬼子母神前，雑司ケ谷，東池袋四丁目，向原，大塚駅前，巣鴨新田，庚申塚〔ほか〕

◇東京都電の時代　吉川文夫著　大正出版　1997.5　146p　25cm　3800円　⑪4-8117-0622-6
[内容]東京都電は昭和30年代に最盛期を迎えた。路線は200km以上に至り、40もの運転系統数を誇っていた。懐かしの街並みから、都電の姿を探る。

◇東京都電慕情　林順信著　JTB　2002.4　159p　26cm　〈ヴィークル・グラフィック〉〈年表あり〉　2000円　⑪4-533-04257-0
[目次]懐かしの洋風建築、いまは昔の瓦葺商家、水の東京に架かる橋、坂を愛でる、江戸の華江戸の由緒、お愉しみは此処、伝統の学び舎、追憶の電車車庫、火の見櫓礼讃、意気揚々と渡る専用軌道、行き交う分岐・交叉点、駅前での出会い、終点・折返し情景、トロリーバスと併走

◇東京都電6000形　江本廣一著　ネコ・パブリッシング　2001.2　45p　26cm（RM library 19）　1000円　⑪4-87366-223-0
[目次]6000形誕生まで、製造年度別による車輛の特徴、スタイルの変化、4000形、3000形、2000形、東京都以外の同形車、6000形の新製配置と移動

◇東京都電—懐かしい風景で振り返る　イカロス出版　2005.10　146p　26cm　〈他言語標題：The Tokyo city tram〉　1714円　⑪4-87149-744-5
[内容]東京の風景。そのなかには、つねに都電が走っていた。懐かしい風景から都電が走っていたころを思い起こす。町並みから振り返る都電系統案内。

◇都営地下鉄・都電・都バスのひみつ　PHP研究所編　PHP研究所　2014.3　223p　19cm〈文献あり　索引あり〉　1524円　⑪978-4-569-81741-5
[内容]浅草線、三田線、新宿線、大江戸線、荒川線、日暮里・舎人ライナー、モノレール、都バスが大集合！古今の情景・車両掲載！

◇都電跡を歩く—東京の歴史が見えてくる　小川裕夫［著］　祥伝社　2013.6　339p　18cm　（祥伝社新書 322）〈文献あり〉　880円　⑪978-4-396-11322-3
[内容]馬車鉄道に始まり、地下鉄やバスに取って代わられた路面電車の歴史は、明治・大正・昭和と大きな変貌を遂げていった東京の街をみごとに映し出す。本書は、都電史をたどるだけでなく、その形成に関わった他の鉄道、道路、都市計画、産業などにわたって、いくつもの興味深い話を教えてくれる。そこから垣間見えてくるのは、東京の発展や復興に賭けた、先人たちの熱意と執念に他ならない。

◇都電荒川線の歴史—王子電気軌道から市電を経て現在まで　付架線・制御器・軌間などの諸々の機器　小林茂多著　小林茂多　2016.12　112p　22cm〈折り込 3枚　年表あり〉

◇都電が走った昭和の東京—40年前、僕らは都電を足に暮らしていた　荻原二郎編　生活情報センター　2006.9　222p　31cm　3800円　⑪4-86126-294-1

◇都電が走った街今昔—激変の東京—定点対比30年　林順信著　日本交通公社出版事業局　1996.12　175p　21cm（JTBキャンブックス）　1648円　⑪4-533-02619-2

◇都電が走った街今昔—20世紀の東京景観—定点対比30年　2　林順信著　JTB　1998.8　175p　21cm　（JTBキャンブックス）　1600円　⑪4-533-03041-6
[目次]日本橋・京橋、銀座・築地、芝・高輪、麻布・赤坂・青山、四谷・牛込・杉並、本郷・小石川、神田・麴町、上野・浅草、荒川・王子・板橋、本所・向島、深川・城東、山手線一周、トロリーバス

◇都電が走った1940年代〜60年代の東京街角風景　稲葉克彦著　フォト・パブリッシング，メディアパル〔発売〕　2018.1　128p　26cm　1800円　⑪978-4-8021-3084-4
[内容]貴重な発掘写真でよみがえる、懐旧の東京アルバム！

◇都電が走っていた懐かしの東京　小川裕夫監修，レッカ社編著　PHP研究所　2010.9　202p　21cm〈文献あり〉　648円　⑪978-4-569-79168-5
[内容]銀座、新宿、池袋、日本橋…60年前、都電が走った東京の街は活気に溢れ、人々には笑顔があった。

◇都電系統案内—ありし日の全41系統　諸河久著　ネコ・パブリッシング　2001.5　48p　26cm　（RM library 22）　1000円　⑪4-87366-229-X

◇都電車両総覧　江本廣一著　大正出版　1999.5　183p　27cm　4700円　⑪4-8117-0631-5

◇都電懐かしの街角―昭和40年代とっておきの東京　天野洋一撮影，BRCプロ編著　明元社　2004.12　179p　26cm〈年譜あり〉　1600円　①4-902622-03-3
◇都電の消えた街―東京今昔対比写真　下町編　諸河久写真，林順信文　大正出版　1993.12　155p　25cm〈改装版　著者の肖像あり〉　3000円　①4-8117-0607-2
◇都電の消えた街―東京今昔対比写真　山手編　諸河久写真，林順信文　大正出版　1993.12　155p　25cm〈改装版　著者の肖像あり〉　3000円　①4-8117-0608-0

|目次| 東京今昔対比写真 (見附の跡どころ，首都の大路をゆく，山手線の駅前風景，山手の街並み，街道に沿って，千代田城を巡る，あの坂この坂，青山・麻布・麴町，玉電とともに)，さようなら都電，都電車庫別配置表

◇都電―都営交通100周年都電写真集　東京都交通局　2011.7　159p　30cm〈他言語標題：Toden〉　3800円
◇名古屋市電　上　服部重敬著　ネコ・パブリッシング　2013.10　46p　26cm（RM LIBRARY 170）　1200円　①978-4-7770-5352-0

|目次| 1 名古屋市電小史1 創業から最盛期へ (馬車鉄道から電気鉄道へ，広がる路線網，電車賃値下げ運動と市営化，市営化から戦前の黄金期，太平洋戦争下の市電，復興から最盛期へ)，2 名古屋市電小史2 全廃への過程 (廃止の背景，路線廃止が具体化，財政再建計画と路面電車事業の廃止，市電廃止の検証)，3 路線の概要 (勾配と曲線，鉄道との交差)，4 運転の概要 (運転系統の特徴，常時系統以外の運行，運転，運輸事務所・車庫と工場)

◇名古屋市電　中　服部重敬著　ネコ・パブリッシング　2013.11　47p　26cm（RM LIBRARY 171）　1200円　①978-4-7770-5355-1
◇名古屋市電　下　服部重敬著　ネコ・パブリッシング　2013.12　47p　26cm（RM LIBRARY 172）〈文献あり〉　1200円　①978-4-7770-5357-5

|目次| 5 路線の廃止と車輌 (つづき) (1971 (昭和46) 年4月1日　秩父通～八熊通間・東新町～黒川間・八事～安田車庫前間，1971 (昭和46) 年12月1日　熱田駅前～西稲永間，1972 (昭和47) 年3月1日　笹島町～稲葉地町間・浄心町～鶴舞公園間・東新町～堀田駅前間，1974 (昭和49) 年2月16日　沢上町～大江町間・沢上町～船方間，1974 (昭和49) 年3月31日　金山橋～市立大学病院間・矢場町四丁目～昭和町間・大久手～安田車庫間)，6 最終日の情景

◇名古屋市電が走った街今昔―電車道はデザイン都市に変貌定点対比30年　徳田耕一編著　JTB　1999.10　176p　21cm　（JTBキャンブックス）　1600円　①4-533-03340-7

|目次| 名古屋駅前，笹島町，柳橋，納屋橋，広小路本町，赤門通～上前津，白川通大津 (南大津通)～矢場町，大津橋，栄，青柳町～安田車庫前〔ほか〕

◇名古屋の市電と街並み　日本路面電車同好会名古屋支部編著　大阪　トンボ出版　2010.1　231p　22cm　（トンボブックス）〈文献あり〉　1500円　①978-4-88716-201-3

|目次| 第1部　名古屋の電車道 (名古屋の玄関・名古屋駅前―名古屋駅前～笹島町，名古屋のメーンストリート・広小路通―笹島町～栄，名古屋の中心・栄　ほか)，第2部　名古屋の電車たち (低床単車，改造単車，1200型　ほか)，第3部　資料編 (乗車券・記念乗車券，車両諸元表，配置表で見る車庫所属車両の変遷　ほか)

◇懐かしの伊勢の市電―山田のチンチン電車　写真集　中野本一写真・資料，勢田川出版のなかま編　伊勢　勢田川出版　1991.3　121p　19×24cm〈奥付・背の書名：伊勢の市電〉　2500円
◇懐かしの都電41路線を歩く　石堂秀夫著　有楽出版社　2004.9　190p　21cm〈東京　実業之日本社（発売）〉　1600円　①4-408-59232-3

|目次| 品川駅前～上野駅前，三田～曙町，品川駅前～飯田橋，五反田駅前～銀座二丁目，目黒駅前～永代橋，渋谷駅前～新橋，四谷三丁目～品川駅前，中目黒～築地，渋谷駅前～浜町中ノ橋，渋谷駅前～須田町〔ほか〕

◇懐かしの横浜市電―あの頃の市電通りへ　天野洋一，武相高校鉄道研究同好会著　竹内書店新社　2000.9　224p　26cm　1700円　①4-8035-0303-6

◇なにわの市電　小林庄三著　大阪　トンボ出版　1995.10　215p　26cm　3400円　①4-88716-093-3
[目次] カラー写真，大阪市電のおいたち，大阪市電のあゆみ，市電路線別開通廃止図，大阪市電アラカルト

◇なにわの市電　小林庄三著　大阪　トンボ出版　2013.2　215p　21cm　（[トンボブックス]）〈1995年刊の再刊　文献あり〉　1500円　①978-4-88716-204-4
[目次] カラー写真，大阪市電のおいたち，大阪市電のあゆみ，市電路線別開通廃止図，形式別車両目次，大阪市電アラカルト，資料編

◇廃線都電路線案内図　［地図資料］　人文社　2007.3　地図1枚：両面色刷　73×94cm（折りたたみ25cm）〈ホルダー入　裏面：最新東京大全図（1：40000）〉　1000円　①978-4-7959-0399-9

◇はしれ！　ちんちんでんしゃ―東京都電荒川線　後藤英雄著　復刊ドットコム　2016.11　1冊（ページ付なし）　29cm　〈小峰書店 1981年刊の再刊〉　1800円　①978-4-8354-5426-9
[内容] 早稲田から三ノ輪橋まで，唯一現存する東京都電・荒川線の沿線を，昭和50年代当時の7000形電車に乗って紹介！

◇名鉄岡崎市内線―岡崎市電ものがたり　藤井建著　ネコ・パブリッシング　2003.7　47p　26cm　（RM library 48）　1000円　①4-7770-5005-X
[目次] 名鉄岡崎市内線の歴史（電車前史（岡崎馬車鉄道の時代），馬車から電車へ（岡崎電気軌道の時代），三河鉄道との合併（三鉄軌道線の時代）ほか），岡崎市内線沿線を歩く（福岡町・岡崎駅前（福県線），岡崎駅前・車庫前，車庫前・殿橋 ほか），岡崎市内線の車輌（最後まで走った20輌，過去の車輌，岡崎電気軌道の車輌 ほか）

◇モノクロームの東京都電―銀座線が消えて半世紀　諸河久著　イカロス出版　2017.12　175p　26cm　（イカロスMOOK）〈文献あり〉　2200円　①978-4-8022-0440-8

◇横浜市電　上　戦災までの歴史とその車輌　岡田誠一，澤内一晃著　ネコ・パブリッシング　2009.7　47p　26cm　（RM library 119）　1000円　①978-4-7770-5258-5
[目次] ハマの街に路面電車が登場，横浜市電気局の誕生，創業時から市営初期までの車輌（1形1～29（7欠），31形31～35，36形36～93, 106, 107, 94形94～105/111形111～120/121形121～130/131形131～150，手荷電車75, 76，電動貨車1～8/散水車1, 2），関東大震災と復興電車，財政難による事業の停滞，焦土と化した横浜，市営後から終戦までの車輌の動き（バラック電車，151形151～166/167形167～191，200形200～228，納涼電車，300形300～380，400形400～431，500形500～559，L形（1000形）1000～1019/M形（1100形）1100～1104，700形701～717，2600形2601～2605/電動貨車9～15/散水車3～6），横浜市電諸元表

◇横浜市電　下　戦後の歴史とその車輌　岡田誠一，澤内一晃著　ネコ・パブリッシング　2009.8　47p　26cm　（RM library 120）〈年表あり〉　1000円　①978-4-7770-5259-2
[目次] 68年を駆け抜けたハマの路面電車，戦時中の状況，終戦後の軍事接収と混乱（成田形　デハ1～6, 11～13, 200形/300形，400形，500形，1000形，1100形，2600形（後の1200形），700形，800形，600形），横浜市交通局としての再出発（3000形（後の1300形）），改軌の実施とビューゲルへの交換（1400形，1500形，1150形，1600形），単車の整理と各種改造（無軌条電車（トロリーバス）について，電動貨車8～13・21～23・牽引機），最盛期を迎えた横浜市電，ワンマン運転そして全廃，横浜市電保存館，横浜市電諸元表，路線開業年表

◇横浜市電が走った街今昔―ハマの路面電車定点対比　長谷川弘和著　JTB　2001.10　176p　21cm　（JTBキャンブックス）　1700円　①4-533-03980-4
[目次] 神奈川線，本牧線，根岸線，中央市場線，六角橋線，浅間町線，平沼線，保土ヶ谷線，井土ケ谷線，日の出町線，本町線，羽衣町線，弘明寺線，花園橋線，長者町線，久保山線，杉田線，トロリーバス，資料編

◇横浜市電の時代　長谷川弘和著　大正出版　1998.3　158p　25cm　3800円　①4-8117-0626-9
[内容] みなと横浜の街を走り続けた電車は，68年間にわたって市民に親しまれ，昭和47年に廃止されていった。その横浜市電の活躍した姿を探る。

◇よみがえる京都市電―市営化から100周年，車両・停車場・街角の懐かしい記憶　高橋弘，高橋修写真・著　学研パブリッ

シング　2012.10　191p　26cm〈発売：学研マーケティング〉　2800円　①978-4-05-405484-4
|内容| 日本初の「電車」、京都市電。古都を走り抜けた懐かしい路面電車の姿が秘蔵写真と共によみがえる。

◇よみがえる東京—都電が走った昭和の街角　三好好三編・著　学研パブリッシング　2010.5　191p　26cm〈年表あり　発売：学研マーケティング〉　2800円　①978-4-05-404572-9
|内容| 出勤に、通学に、買い物に、映画を見に、食事をしに。隣町の知人に挨拶に、賑やかな祭りを見物に、週末の逢瀬を楽しみに。東京で人々が動くとき、その隣には必ず「都電」があった。バスも地下鉄もまだ発展していなかった時代、都電が街によく溶け込んでいる風景を眺めてみれば、"あの頃"をたくましく、そして笑顔を絶やさずに生きていた東京の人々の力強さが浮かび上がってくる。

◇N電—京都市電北野線　吉川文夫、高橋弘著　ネコ・パブリッシング　2002.4　45p　26cm　（RM library 33）　1000円　①4-87366-268-0
|内容| 「N電」として親しまれていた京都市電北野線は1961年の夏に廃止となった。オープンデッキ、トロリーポール、ハンドブレーキと時代が停まったような四輪単車が、狭い道や堀川沿いを走る風景は京都に住む人、京都を訪ねる人に強い印象を与え、いまでも「N電」をなつかしむ人は多い。本書では、京都に住み、ファンとしてN電を長年にわたって撮っていた高橋弘氏の写真を軸にして、N電についてまとめた。

032　第三セクター

【概　要】国や地方公共団体などの第一セクターと私企業の第二セクターではない形態を第三セクターという。第三セクター鉄道という場合、地方公共団体と私企業が合同で設立・出資する企業形態により運営される鉄道事業を指す。
　第三セクター鉄道を運営する会社は、全国に約40社存在するが、地方に多く、もともと旧日本国有鉄道、その後のJR旅客鉄道各社の赤字路線を引き継いでいるケースが目立つ。そのため、厳しい経営状況の鉄道会社が少なくない。また、近年では新幹線の開業にあわせてJRの並行在来線を経営分離する形で第三セクター鉄道に転換するケースもあり、その最初のものは、しなの鉄道（1997年10月に旧信越線の軽井沢〜篠ノ井を移管・開業）である。

◇愛環鉄道歴史歩き　下　豊田・岡崎　小さな鉄道の旅　大下武著　習志野　大巧社　2009.11　182p　18cm　1200円　①978-4-924899-75-9
|目次| 愛知環状鉄道とリニモ、八草駅、豊田市、四郷駅、新豊田駅、新上挙母駅、三河豊田駅、末野原駅、永覚駅、岡崎市〔ほか〕

◇秋田内陸線、ただいま奮闘中！　大穂耕一郎編　秋田　無明舎出版　2011.4　111p　21cm〈年表あり〉　1300円　①978-4-89544-534-4

◇明知線の60年—25キロの沿線に秘められた感動のドラマ　渡利正彦執筆　岐阜　郷土出版社　1996.6　180p　27cm〈監修：荒巻克彦　保存版〉　3800円　①4-87664-101-3
|内容| 大正ロマンの香りを乗せて田園をゆくローカル線。昭和9年の全通から60年—SLからイベント列車までを迫力ある写真で再現。

◇阿武隈急行物語—全線開業十周年を記念して　岡崎真一郎著　仙台　宝文堂　1999.2　134p　19cm　858円　①4-8323-0097-0

◇いすみ鉄道公募社長—危機を乗り越える夢と戦略　鳥塚亮著　講談社　2011.5　195p　19cm　1400円　①978-4-06-216828-1
|内容| 「ムーミン列車」運行、「700万円訓練費用自己負担運転士」募集、「キハ52型ディーゼルカー」の導入…次々と繰り出されるアイデアが、瀕死の赤字ローカル線を救う。「外資系航空会社の部長」と「鉄道DVD会社の社長」を兼業していた男が、鉄道会社の経営に挑んだ。

◇神岡鉄道—三井金属鉱業神岡鉄道　［橋本俊一］［著］　さいたま　高樹屋　2006.12　20p　26cm〈年表あり〉

◇がんばれ！　秋田内陸線　大穂耕一郎編　秋田　無明舎出版　2004.11　90p　21cm　（んだんだブックレット―ノンフィクション講座）　900円　⓪4-89544-382-5

◇北近畿タンゴ鉄道のおはなし　北近畿タンゴ鉄道株式会社監修　［京都］　京都府建設交通部交通対策課　［2009］　[5]枚　21cm

◇北の銀河鉄道―第三セクター経営のゆくえ　佐藤正之著　日本評論社　1996.12　214p　19cm　1648円　⓪4-535-58218-1

|内容| 開基100年を迎えた北海道北見市とワインで有名な池田町の間の140キロを走るふるさと銀河線は、89年6月に第三セクター鉄道として、期待と不安をもって再スタートした。その鉄道と沿線の市町村の100年の歴史から、現在の日本を考える。

◇希望のレール―若桜鉄道の「地域活性化装置」への挑戦　山田和昭著　祥伝社　2016.9　207p　19cm　1400円　⓪978-4-396-61576-5

|内容| 外資系IT業界から過疎の町へ乗り込んだ"鉄ちゃん社長"の戦略と戦術。小さな会社の大きな実験はなぜ成功したのか。

◇サヨナラ！　くりでん―「くりはら田園鉄道」公式メモリアルブック　MGブックス企画・編集　札幌　エムジー・コーポレーション　2007.3　95p　26cm　（MG books）〈年表あり〉　1900円　⓪978-4-900253-28-5

|内容| くりでんは、歴史的にも全国的にも、稀に見る地方鉄道であった。その懐かしさを漂わせる昭和のたたずまいは、駅舎も駅員も、そして走る車両の姿も、風景に溶け込み、風景の一部になっていた。

◇信楽高原鐵道の旅　平野彰男著　［名古屋］　［平野彰男］　2004.8　52p　26cm　476円

◇第3セクター鉄道　諸河久, 松本典久共著　大阪　保育社　1992.5　151p　15cm　（カラーブックス　830）　620円　⓪4-586-50830-2

|内容| 全国三八の鉄道をカラー写真で。路線図・車両解説・運用・沿線案内等も。

◇第三セクター鉄道の世界―経営危機を乗り越えたローカル線の仕組み　谷川一巳監修　宝島社　2016.7　319p　19cm　〈文献あり〉　1300円　⓪978-4-8002-5645-4

|内容| 三陸鉄道から道南いさりび鉄道までの歴史、現況、営業施策を完全網羅！三セク鉄道のすべてを解説するハンドブック、出発進行！

◇高千穂鉄道　栗原隆司著　福岡　海鳥社　2006.4　126p　21cm〈おもに図〉　1800円　⓪4-87415-574-X

|内容| 103の橋と22のトンネルを越え延岡から高千穂への50キロ。それは、遙かな峰々や渓谷に見守られながら清冽な五ヶ瀬川に沿って山懐を行く、小さく美しい旅だった。この鉄道に壊滅的な被害をもたらした2005年の台風―。国鉄時代から現在までの高千穂鉄道の姿を辿る。

◇愛環鉄道歴史歩き　春日井・瀬戸　小さな鉄道の旅　大下武著　習志野　大巧社　2009.11　184p　18cm　1200円　⓪978-4-924899-74-2

|目次| 愛知環状鉄道（「愛環」）を知っていますか？，春日井市高蔵寺、高蔵寺駅、瀬戸市、中水野駅、瀬戸市駅、瀬戸口駅、山口駅、愛環鉄道へ乗入れするJR中央本線駅名案内　名古屋～高蔵寺

◇つくばエクスプレスがやってくる　日本経済新聞社編　日本経済新聞社　2005.7　263p　19cm〈年表あり〉　1600円　⓪4-532-31221-3

|内容| 最先端技術の集積する「つくば」からITの新拠点「アキバ」まで45分。新産業の創出、地域の活性化、快適な居住環境の整備―沿線の期待を乗せ走り出す"一大国家プロジェクト"の全貌を描く。

◇つくばエクスプレス建設物語―構想・施工・新技術の紹介　都市高速鉄道研究会編　成山堂書店　2007.3　205p　21cm〈年表あり〉　2300円　⓪978-4-425-96121-4

|内容| "鉄道と宅地の一体的開発"をキーワードに建設されたつくばエクスプレス。構想から開業までの経緯、土木・軌道・建築・電気・機械など施工にあたり結集された新技術、その特徴である、列車の高速性や安全性、駅施設の利便性、斬新なデザイン、環境との調和などを、くまなくご紹介。

◇つくばエクスプレス最強のまちづくり　塚本一也著　創英社/三省堂書店　2014.10　205p　18cm　1000円　⓪978-4-88142-877-1

[内容] TX延伸で見えてくる、いばらきの近未来。

◇鉄道整備と沿線都市の発展―りんかい線・みなとみらい線・つくばエクスプレスの事例　高津俊司　成山堂書店　2008.6　193p　22cm〈文献あり〉　2600円　①978-4-425-92641-1

　[内容] 鉄道ができることによる波及効果は？ 今後の望ましい鉄道整備手法とは？ 鉄道とまちの自律的な発展とは？ 近年、首都圏で開業された3路線の整備手法や開業効果を事例に、鉄道整備による沿線都市の発展を解説する。都市鉄道開業によるまちづくりの現況を追う一冊。

◇鉄道整備と沿線都市の発展―りんかい線・みなとみらい線・つくばエクスプレスの事例　高津俊司著　成山堂書店　2008.6　193p　22cm〈文献あり〉　2600円　①978-4-425-92641-1

　[内容] 鉄道ができることによる波及効果は？ 今後の望ましい鉄道整備手法とは？ 鉄道とまちの自律的な発展とは？ 近年、首都圏で開業された3路線の整備手法や開業効果を事例に、鉄道整備による沿線都市の発展を解説する。都市鉄道開業によるまちづくりの現況を追う一冊。

◇どうなる北陸新幹線―異議あり！ 第3セクター　野崎弘編著　富山　桂書房　1992.7　111p　21cm　（桂ブックレット no.4）〈関係年表・参考文献：p104～111〉　824円

◇長良川鉄道物語　井爪謙治著　文芸社　2005.8　107p　20cm〈文献あり〉　1300円　①4-286-00074-5

　[内容] 日本人の信仰の源流を探る！ 円空仏と聖母像探求する旅。

◇長良川鉄道ゆるり旅　オカダミノル文　名古屋　ゆいぽおと　2011.9　127p　20cm〈絵：茶畑和也　写真：柏本勝成　発売：KTC中央出版〉　1500円　①978-4-87758-435-1

　[内容] 美濃太田から北濃まで約2時間。車窓を楽しむもよし、降りて街を歩くもよし。はじめてなのになつかしい。

◇成田空港高速鉄道線の歩み　山口真弘著　成田空港高速鉄道　1995.10　395p　21cm〈著書目録：p394～395〉

◇のと鉄道―七尾線・旧能登線　時代に翻弄された鉄路たち　[橋本俊一]［著］増補改訂版　さいたま　高樹屋　2009.6　130p　26cm〈年表あり〉

◇ふるさと銀河線メモリアル文集　訓子府町企画財政課編　[訓子府町（北海道）]　訓子府町　2008.5　48p　30cm　1200円

◇ふるさと長良川鉄道―ローカル線歴史紀行　越美南線・70年の歩み　「ふるさと長良川鉄道」刊行会編　岐阜　郷土出版社　1996.3　163p　26×26cm　4500円　①4-87664-099-8

◇北条鉄道の100年　谷口秀雄著　神戸　神戸新聞総合出版センター　2015.4　111p　19cm〈文献あり 年譜あり〉　1500円　①978-4-343-00844-2

　[内容] 一九一五年、播州鉄道加古川線北条支線として開通。播丹鉄道、国鉄北条線の時代を経て、一九八五年、第三セクターの北条鉄道として開業。地域の足として走り続ける兵庫県の「小さな鉄道」―その一世紀の歩み。

◇三木鉄道　稲継泰朗撮影　[神戸]　友月書房　2007.12　56p　17×19cm　1429円　①978-4-87787-357-8

◇野岩鉄道20年記念誌　野岩鉄道20年記念誌作成委員会編　日光　野岩鉄道　2007.2　157p　30cm

◇よくわかる青い森鉄道の仕事　青森　青森県企画政策部青い森鉄道対策室　2015.3　27p　21cm

◇ヨコハマ「みなとみらい線」誕生物語―計画から開通までのドラマ　廣瀬良一著　横浜　神奈川新聞社　2004.3　204p　20cm〈年表あり〉　1500円　①4-87645-343-8

◇りんてつ（水島臨海鉄道）沿線手帖―くらしきピーポー探偵団が行く！　倉敷商工会議所青年部産学連携委員会企画・編集　[倉敷]　倉敷商工会議所青年部　2017.3　100p　21cm〈発売：吉備人出版（岡山）〉　1000円　①978-4-86069-498-2

　[内容] 地元学生が足で調べたディープな沿線ガイド＆物語。

◇私、フラワー長井線「公募社長」野村浩志と申します―山形鉄道　野村浩志著　ほんの木　2009.10　260p　19cm〈年表あり〉　1500円　①978-4-7752-0071-1

鉄道経営

◇わたらせ渓谷鉄道―布施隆宏写真集 なつかしき足尾線の風景　布施隆宏著　布施隆宏，山と渓谷社〔発売〕　1990.6　79p　22×19cm　(MY BOOKS)　2000円　①4-635-88530-5
　内容　JR足尾線が昨年3月29日に「わたらせ渓谷鉄道」として新しい歴史の1ページをめくることになった。このどこか懐かしい感じのする小さな鉄道を、やはりどこかメルヘン的な視線を持った著者が昭和から平成へ、JR足尾線からわたらせ渓谷鉄道へと時代の変化に直面しながら撮った5年半の四季。どこか懐かしくて楽しい鉄道写真集。

◇わたらせ渓谷鉄道―守ろう鉄路を　大穂耕一郎著　東松山　まつやま書房　2007.4　196p　21cm〈奥付のタイトル：がんばれわたらせ渓谷鉄道〉　1553円　①978-4-89623-037-6

033　鉄道員／鉄道マン
【概　要】鉄道関係の職務に就く者の総称。乗務員（運転士・車掌等）・駅員・駅長のほか、鉄道車両整備士、鉄道保線員など車両・線路・架線・信号等の保守・点検・管理に従事する者を含める場合もある。動力車操縦者運転免許を持ち、車両を操縦する運転士は、安全を確保し乗客の生命を預かる責任の重い仕事である。子供の頃に見た運転士に憧れて鉄道員を目指す人も多い。車掌は列車内の接客を担当し、切符の確認や案内、車内トラブルへの対応のほか、車内アナウンスを行う。また、ドアの開閉確認や追突防止のための後方防護など、運転士を補佐して安全運転に努める。駅員は改札・券売、乗継の案内などのほか、ホームでの乗客の安全確保にあたる。駅の最高責任者である駅長は駅員の管理・指導にあたり、運転取り扱い業務・旅客取り扱い業務を行っている。

◇あなたから買えてよかった！―カリスマ新幹線アテンダントの感動を呼ぶ接客術　齋藤泉著　徳間書店　2012.4　194p　19cm　1200円　①978-4-19-863371-4

◇いちばんでんしゃのうんてんし　たけむらせんじぶん，おおともやすおえ　福音館書店　2013.11　28p　24×26cm　1300円　①978-4-8340-8028-5

◇いちばんでんしゃのしゃしょうさん　たけむらせんじぶん，おおともやすおえ　福音館書店　2011.6　35p　24×26cm　1300円　①978-4-8340-2666-5
　内容　みたかしゃしょうくのしゃしょうさん、あすはいちばんでんしゃのじょうむです。いちばんでんしゃにのるまえに、どんなことをするのでしょう？ みたかえきからとうきょうえきまで、でんしゃとえきとで、することは？ 車掌の仕事のすべてが見える。元車掌が描きだす一番電車のものがたり。

◇運転士（裏）運転手帳―知らなかった「電車運転士」というオシゴトのすべて　奥西次男著　山海堂　1999.11　221p　19cm　1300円　①4-381-10356-4
　内容　各駅停車の近郊電車から日本列島を結ぶ特急まで、32年にわたってさまざまな電車を運転してきた著者が「運転士」という仕事のすべてを語ります。楽しい話、つらい話、怒った話…。ガラス越しからながめているだけでは決してわからない裏話が満載。

◇駅で働く人たち―しごとの現場としくみがわかる！　浅野恵子著　ぺりかん社　2010.1　157p　21cm　（しごと場見学！）　1900円　①978-4-8315-1257-4
　内容　「駅」で働くいろいろな職種を網羅。「駅」の現場としくみがわかります。本書を読むことにより、「駅」のバーチャル体験ができます。実際に「駅」で働く人たちのインタビューにより、具体的な将来のビジョンが描けます。

◇買わねぐていいんだ。―JR東日本で売り上げナンバー1を誇る新幹線アテンダント　茂木久美子著　インフォレスト　2010.3　171p　19cm　1200円　①978-4-86190-834-7
　内容　JR東日本で売上げナンバーワンを誇る新幹線アテンダント。同じ商品なのになぜ売れる？

◇九州レール・レディ　奥村美幸著　メディアファクトリー　2008.10　191p　19cm　952円　①978-4-8401-2466-9
　内容　地の利に恵まれない九州で今、列車旅行のお客さまが急増中だ。独特なデザインで鉄道ファンの目を引く列車群と、乗客を満足させずにはおかない客室乗務員のサー

ビス。特に「つばめレディ」に始まる彼女たち客室乗務員は、自発的な努力で高いホスピタリティを実現させてきた。「お客様に最も感謝される客室乗務員」が語るプライドとやりがい。

◇コギャルだった私が、カリスマ新幹線販売員になれた理由　茂木久美子著　日本経済新聞出版社　2014.11　197p　15cm　(日経ビジネス人文庫 も7–1)　700円　①978–4–532–19745–2

[内容] マニュアルを学んだうえで、マニュアルを超える。どうすればお客さまが喜んでくれるかを考える—。落ちこぼれで、プータローのコギャルだった彼女が、通常の5倍という驚異的な売上を達成できた背景には、仕事の意味を考え抜き、絶えざる工夫を重ねたことにあった。伝説の山形新幹線アテンダントが説く「おもてなしのこころ」。

◇JRジプシー日記—国労の仲間達とともに　村山良三著　新日本文学会　1992.6　223p　19cm　1854円

[内容] 国鉄分割民営化して5年JR職場の暗部を抉る。不当な圧迫に抵抗しつづける労働者が、身をもってJR職場の実態を暴露した貴重なドキュメント。

◇JRにおける労働者の権利　青木宗也, 中山和久編著　日本評論社　1993.12　371p　22cm〈年表国鉄「分割・民営化」と国鉄労働組合：p270〜291〉　4120円　①4–535–58142–8

◇私鉄駅員奮闘記　栗山勇輝著　新風舎　2005.12　227p　19cm　1600円　①4–7974–7916–7

[内容] 思わず笑ってしまうこと、意外性にびっくりすること、厳しさに戸惑うこと等—駅員生活40余年の人間模様を描く。

◇車掌(裏)乗務手帳—知らなかった「車掌」というオシゴトのすべて　坂本衛著　山海堂　1998.11　256p　19cm　1300円　①4–381–10319–X

[内容] 列車のなかは人生の縮図。久しぶりの遠出に浮かれる家族連れ、せわしくページをめくりながら電卓のキーをたたくビジネスマン、失恋でもしたのか、うつろな目でぼんやりと窓の外を眺める女の子。列車はそんな人々の喜怒哀楽を詰め込んで、目的地に向かってひた走る。もちろん「明」と「暗」の乗客同士が隣り合わせることもある。だからトラブルも起きる。振り返って、よくぞ無事で…と背筋が寒くなるような話から、思わず腹を抱えて笑ってしまうような愉快な話まで、そんな車掌の裏話を満載。

◇車掌(真)乗務手帳—まだまだ知らなかった「車掌」というオシゴトのすべて　坂本衛著　山海堂　2000.3　223p　19cm　1300円　①4–381–10364–5

[内容] 鉄道員なんて人々を感動させるようなカッコイイ職業でもなければ、キレイごとの職場でもない。薄給に甘んじ、食うのに精一杯。毎日事故と隣り合わせの生活。人間の生理を無視した徹夜の過酷な勤務スケジュール。どう責任を回避して身に降りかかる火の粉を振り払うか。いかに健康管理に気を配って定年まで身を持たせるか。自分のためにも家族を守るためにも必死の毎日。その攻防をホンネで語った27年間の歳月。

◇車掌だけが知っているJRの秘密　斎藤典雄著　アストラ　1999.5　237p　19cm〈東京 リーブル(発売)〉　1500円　①4–947620–43–9

◇車掌だけが知っているJRの秘密　斎藤典雄著　アストラ　1999.5　237p　19cm　1500円　①4–901203–02–9

◇車掌の仕事　田中和夫著　札幌　北海道新聞社　2009.10　279p　19cm　1500円　①978–4–89453–518–3

◇車掌の本音—JRに本日も乗車中　斎藤典雄著　アストラ　2002.7　239p　19cm　1500円　①4–901203–14–2

◇新幹線ガール　徳渕真利子著　メディアファクトリー　2007.3　191p　19cm　952円　①978–4–8401–1782–1

[内容] 新幹線が好き、人に喜んでもらうのは、もっと好き—。1日に300本以上の列車が走り、40万人近くが利用する「日本の大動脈」東海道新幹線。その多くの車両で働いているのが、全社900名の新幹線パーサーたちだ。その厳しい訓練ぶりと哀歓、日々の仕事のやりがいを豊富な写真とともに紹介。

◇新幹線の運転—運転士が見た鉄道の舞台裏　にわあつし著　ベストセラーズ　2010.4　199p　19cm〈他言語標題：The Operation of the Super Express"SHINKANSEN"〉　1429円　①978–4–584–13228–9

[内容] 運転士が描いた運転台の舞台裏は、さすがである。走行中は何を考えてる？ もしトイレに行きたくなったら？ 人身事故が起きてしまったら？ 元・国鉄職員だから、ここまで書けた。

鉄道員/鉄道マン

◇「図説」鉄道のプロフェッショナル─「鉄道の匠」たちの知られざる技・仕事・道具　学習研究社　2008.12　166p　26cm　（歴史群像シリーズ）　1900円　①978-4-05-605271-8

◇ダイヤに輝く鉄おとめ　矢野直美著　JTBパブリッシング　2010.3　208p　19cm　1580円　①978-4-533-07757-9
内容　最前線ではたらく"鉄おとめ"大集合。

◇「つばさ」アテンダント驚きの車販テク─3秒で売る山形新幹線の女子力　松尾裕美著　交通新聞社　2010.2　201p　18cm　（交通新聞社新書 012）〈文献あり　年表あり〉　800円　①978-4-330-12210-6
内容　山形新幹線「つばさ」に乗務し、車内販売を担当するカリスマ・アテンダントがいる。限られた時間と空間の中で、一人、手ぎわよく、コーヒーをいれ、弁当やサンドウィッチを売り、山形弁で沿線のみやげものをすすめ、しかも、ワンランク上の売上げを確保する驚きの車販テクニックを、そのカリスマに密着取材した。そこから見えてきたのは─。

◇鉄道員裏物語─現役鉄道員が明かす鉄道の謎　大井良著　彩図社　2008.2　207p　19cm　1200円　①978-4-88392-627-5

◇鉄道員裏物語─現役鉄道員が明かす鉄道の謎　大井良著　彩図社　2010.11　223p　15cm　590円　①978-4-88392-765-4

◇鉄道員になるには　土屋武之著　ぺりかん社　2015.11　158p　19cm　（なるにはBOOKS 26）　1200円　①978-4-8315-1419-6
内容　通勤通学などで身近な鉄道は、私たちの日常に欠かせないもの。ひと口に鉄道員といっても仕事は幅広く、今では男女も関係ありません。列車運行にたずさわる運転士や車掌、駅係員だけでなく、総合職や線路の保守点検にたずさわる保線係など、さまざまな職種があります。知っているようで知らないことも多い鉄道の世界。さまざまな鉄道員の姿を紹介します。

◇鉄道員に魅せられて─SLからリニアを夢見て　粕渕輝雄著　堺　ニシダ印刷製本　2010.5　222p　19cm　1200円　①978-4-9904420-1-9

◇鉄道員のぶっちゃけ話　大井良著　彩図社　2016.6　191p　15cm　619円　①978-4-8013-0153-5
内容　大きく変わった人身事故の処理、ICカードの導入、大震災のとき、鉄道は？　駅の治安維持の現状…、この10年で一変した鉄道のリアルを大暴露！　ベストセラー『鉄道員裏物語』の著者が描く鉄道の今。

◇鉄道員ホントの話!?─外からではわからない、鉄道員の不思議な日常　とんきち企画著　山海堂　2003.1　287p　19cm　1600円　①4-381-10446-3
内容　現役鉄道マンならではのリアルな内容で人気のメールマガジン『鉄子の部屋』がついに単行本になって登場!!鉄道の安全で正確な運行を守るために、日々奮闘する鉄道マン。しかし彼らが裏でどんなに大変な仕事をしているかは、あまり人々の目に触れることはありません。そんな裏方的存在である鉄道員たちの舞台裏を、普段は口に出せないホンネとともに面白おかしく紹介しています。

◇鉄道員は見た！　難波とん平,梅田三吉著　新潮社　2009.6　231p　16cm　（新潮文庫　な-67-1）〈『鉄道員ホントの話!?』（山海堂2003年刊）の改題、増補・改訂〉　400円　①978-4-10-114171-8
内容　豪雨時のブレーキに神経を研ぎ澄まし、車両の電球交換中に感電、師匠の結婚スピーチに泣かされる、運転士。痴漢逮捕に奔走し、ラッシュの対応にへとへとになり、お客様の言葉に元気づけられる、駅員。現役鉄道員二名が本音で書いた、汗と涙と笑いのエッセイ集。我々が毎日お世話になっている鉄道のことが、この一冊で分かります。それでは出発進行。

◇鉄道噂の真相─現役鉄道員が明かす鉄道のタブー　大井良著　彩図社　2008.7　251p　19cm　524円　①978-4-88392-640-4
内容　鉄道にまつわる噂や謎、その真相が明かされる。

◇鉄道乗務員の暴露話　中沢佑史著　彩図社　2014.2　221p　15cm　619円　①978-4-88392-971-5

◇鉄道なう！─はたらく人たちと車両　全速前進　キッズ鉄道探検隊著　図書館版　いかだ社　2013.4　63p　27cm　（KIDS鉄っちゃん）　2000円　①978-4-87051-402-7

鉄道人（関係人物）

|内容|鉄道マンの仕事を紙上体験！ 車両の疑問もすべて解決。

◇鉄道なう！―はたらく人たちと車両 全速前進　キッズ鉄道探検隊著　いかだ社　2013.4　63p　26cm　（KIDS鉄っちゃん）　1400円　①978-4-87051-399-0

◇鉄道の仕事まるごとガイド　村上悠太写真・文　交通新聞社　2017.2　79p　19cm　（ぷち鉄ブックス）〈イラスト：かとうとおる〉　1000円　①978-4-330-74917-4

|内容|鉄道にかかわる仕事をくわしく紹介！運転士から時刻表づくりまであらゆる仕事に密着！

◇鉄道マン―線路を守るのがわが生きがい　千葉たかし著　実業之日本社　1997.4　198p　19cm　（仕事―発見シリーズ 45）　1200円　①4-408-41615-0

|内容|鉄道マンといえば新幹線や列車の運転士、あるいは主要駅の駅長を思いうかべるかもしれない。しかし釧路で生まれ育った著者にとっては、鉄道の仕事といえば豪雪との闘いだった。国鉄の民営化によっていまはJR東日本で働き、文学にも打ちこむ保線区長の奮闘ぶりをうかがう。中学生・高校生むき。

◇鉄道マンになるには　ジェー・アール・アール編著　ぺりかん社　1998.10　131p　19cm　（なるにはbooks 26）　1170円　①4-8315-0778-4

|内容|通勤・通学の足となり、また楽しい旅を演出してくれる鉄道。そんな鉄道の世界も、時代とともに大きく変わってきました。でも、いつの時代も、鉄道マンは「安全でより快適」を目指しています。鉄道マンの本質は変わらないのです。本書は鉄道マンの仕事の実際を具体的に紹介し、併せてなり方も解説しています。

◇東海道新幹線運転席へようこそ　にわあつし著　新潮社　2014.1　217p　16cm　（新潮文庫 に-28-1）　520円　①978-4-10-125471-5

|内容|元新幹線運転士が、あなたを運転台にご招待。まずは、35年前の東京駅から初代0系「ひかり」号で出発。懐かしのエピソードやウラ話に耳を傾けつつ、桜咲く東海道をご一緒に復路は現在の新大阪駅より、最新型N700A「のぞみ」号で発進。日本が誇

るハイテク装備やプロフェッショナルから見た車両発達史など初公開の話題も満載。

◇なりたい鉄道マンあこがれ帽子＆ものしりブック　交通新聞社　2015.3　17p　26cm　（トラベルムック）　1800円　①978-4-330-54415-1

◇ぼくは少年鉄道員　西森聡写真・文　福音館書店　2010.2　39p　26cm　（たくさんのふしぎ傑作集）〈他言語標題：I'm a railwayman〉　1300円　①978-4-8340-2489-0

◇またあなたから買いたい！―カリスマ新幹線アテンダントの一瞬で心をつかむ技術　齋藤泉著　徳間書店　2009.8　209p　19cm　1200円　①978-4-19-862785-0

◇目指せ!!電車運転士　イカロス出版　1998.4　102p　26cm　1429円　①4-87149-150-1

《034 鉄道人（関係人物）》

◇熱き男たちの鉄道物語―関西の鉄道草創期にみる栄光と挫折　大阪府立大学観光産業戦略研究所, 関西大学大阪都市遺産研究センター, 大阪府, 新なにわ塾叢書企画委員会編著　大阪　ブレーンセンター　2012.4　460p　18cm　（新なにわ塾叢書 4）〈文献あり〉　2000円　①978-4-8339-0704-0

|内容|かつて鉄道の草創期にあまた登場したパワフルで独創的な熱き男たち。逆境をものともせず夢叶えた者。また努力むなしく夢破れた者。時代を輝かせたそんな"つわものどもが夢の跡"を本書はひとつひとつ追いかけてゆきます。苦難の時代を生き抜く私たちに彼らは大切ななにかを語りかけています。

◇井上勝―職掌は唯クロカネの道作りに候　老川慶喜著　京都　ミネルヴァ書房　2013.10　322,16p　20cm　（ミネルヴァ日本評伝選）〈文献あり 年譜あり 索引あり〉　3500円　①978-4-623-06697-1

|内容|井上勝（一八四三～一九一〇）明治期の鉄道専門官僚。幕末の一八六三（文久三）年、英国ロンドンに密航留学し「採長補短」の精神で西欧の近代技術を学び、明治維新直後に帰国、鉄道専門官僚となって近代日本の鉄道システムをつくり上げた井上勝。本書では、その生涯を鉄道の発展と重ね合わせながら実証的にたどる。

鉄道人（関係人物）

◇宇和島鉄道と山村豊次郎　木下博民著　小金井　南豫奨学会　2009.12　40p　21cm　（南豫明倫館文庫）

◇奇跡の職場―新幹線清掃チームの"働く誇り"　矢部輝夫著　あさ出版　2013.12　215p　19cm　1400円　ⓘ978-4-86063-657-9
|内容|『新幹線お掃除の天使たち』で話題沸騰―3K職場だったTESSEI（テッセイ）が、世界最強の「おもてなし集団」に変わるまで。

◇執念が生んだ新幹線―老友90歳・戦闘機が姿を変えた　NHKプロジェクトX制作班原作・監修，六田登作画・脚本　宙出版　2004.8　157p　23cm　（まんがプロジェクトX挑戦者たち ジュニア版 5）　950円　ⓘ4-7767-9033-5
|内容|戦後日本の復活の象徴となった夢の超特急 "新幹線"。そのいしずえを築いたのは、同じ戦争で心に深い傷を負った旧日本軍の研究者たちだった。ゼロ戦、銀河、そして人間爆弾桜花…。研究者たちの想いや信念は、やがて平和技術への執念となった。

◇新幹線を航空機に変えた男たち―超高速化50年の奇跡　前間孝則著　さくら舎　2014.6　290p　19cm　〈文献あり〉　1600円　ⓘ978-4-906732-77-7
|内容|新幹線誕生から時速320キロ突破までの鉄道マンと航空機、技術者の挑戦！新幹線の知られざる誕生エピソード！最先端の空気流体力学や「遺伝的アルゴリズム」を駆使した超高速化！膨大な証言を基に奇跡の躍進を描く渾身のノンフィクション！

◇新幹線お掃除の天使たち―「世界一の現場力」はどう生まれたか？　遠藤功著　あさ出版　2012.8　189p　19cm　1400円　ⓘ978-4-86063-547-3
|内容|テッセイの『新幹線劇場』。新幹線清掃のスタッフたちがつむぎだす、本当にあった心温まるストーリー。おもてなしの心、最強のチーム力の原点がここにあります。

◇新幹線をつくった男―島秀雄物語　高橋団吉著　小学館　2000.5　287p　22cm　（Lapita books）〈折り込1枚 文献あり〉　1800円　ⓘ4-09-341031-3
|内容|鉄道史上に残る大傑作「デゴイチ」と「新幹線」。驀進する黒い鋼鉄と軽やかに滑る流線型ボディ、漆黒の重量感とホワイト＆ブルーのスピード感、過去と未来、戦前と戦後、何もかもが正反対の2つの乗り物を、計画し、設計し、実現させた男がいた。今世紀日本が生んだ最大のエンジニア・島秀雄である。

◇新幹線をつくった男―伝説のエンジニア・島秀雄物語　高橋団吉著　PHP研究所　2012.1　332p　15cm　（PHP文庫 た84-1）〈文献あり〉　『新幹線をつくった男島秀雄物語』（小学館2000年刊）の改題、再編集〉　667円　ⓘ978-4-569-67742-2
|内容|新幹線を設計した鉄道技師・島秀雄は、なぜ東海道新幹線開通式に出席しなかったのか？一本書は、戦前と戦後を通じて、国有鉄道という大組織の中で「デゴイチ」や「0系」など、世界鉄道史上に残る数々の傑作を生み出し続けたエンジニアの半生を描く。歴史に翻弄されながらも真っ直ぐに職人魂を貫き続けた男の姿に、胸が熱くなる一冊。

◇新幹線を走らせた男―国鉄総裁十河信二物語　高橋団吉著　デコ　2015.10　735p　19cm　〈文献あり〉　1900円　ⓘ978-4-906905-12-6

◇新幹線開発百年史―東海道新幹線の礎を築いた運転技術者たち　中村信雄著　成山堂書店　2016.4　312p　22cm　〈文献あり 索引あり〉　3200円　ⓘ978-4-425-96251-8
|内容|2014年10月1日に開業50年を迎えた東海道新幹線。その新幹線の基盤ともいえる日本国有鉄道の百年以上にわたる歴史を解説した。明治時代にさかのぼる新幹線のルーツとそれを支えた運転技術者たちの試行錯誤の日々をお届けする。

◇十河信二文書目録―西条市立西条図書館所蔵　十河信二文書研究会編　［西条］西条市教育委員会　2016.3　22, 320p　30cm　〈共同刊行：西条市立西条図書館〉

◇地下鉄誕生―早川徳次と五島慶太の攻防　中村建治著　交通新聞社　2013.12　270p　18cm　（交通新聞社新書 061）〈「メトロ誕生」（2007年刊）の改題、加筆 文献あり 年譜あり〉　800円　ⓘ978-4-330-43013-3
|内容|東京で地下鉄を走らせたい―誰もが絵空事だと相手にしなかった壮大な夢を、驚異的な行動力と粘りで、苦闘の末に実現させた "地下鉄の父" 早川徳次。浅草〜上野間開業日には10万人が乗車、1時間待ちの行列ができる熱狂ぶりとなった。だがその先には "電鉄王" 五島慶太との「新橋駅の境界壁」をめぐる壮絶な闘いが待っていた

一。宿命のライバルとの激しい意地のぶつかり合いはやがて、根津嘉一郎、大倉喜七郎、佐藤栄作といった大物政財界人も巻き込む抗争へ…果たして、食われるのはどっちか。

◇超高速に挑む―新幹線開発に賭けた男たち　碇義朗著　文芸春秋　1993.2　318p　20cm〈主要参考文献：p317～318〉　1500円　①4-16-347190-1
内容 高度成長の出発点となった巨大プロジェクトを成功させた男たちの感動の軌跡。零戦から新幹線へ。国産技術が再び世界を凌駕した。

◇鉄道医 走る―お客さまの安全・安心を支えて　村山隆志著　交通新聞社　2011.10　195p　17cm　（交通新聞社新書）　800円　①978-4-330-23811-1
内容 産業医とは企業の従業員の健康管理を行なう医師のことだが、公共交通を運営し、乗客の命を預かる鉄道会社では一般企業でいう産業医のことを特別に「鉄道医」と呼んでいる。重大な事故を防ぐための、運転士をはじめとする従業員の健康管理には、一般企業の産業医とは違った独自の視点と手法が必要なのだ。本書は、JR東日本で「鉄道医」として従事した経験をもとに、安全を脅かすヒューマン・リスク・ファクターについて考える。

◇鉄道王たちの近現代史　小川裕夫著　イースト・プレス　2014.8　326p　18cm　（イースト新書 034）〈文献あり〉　907円　①978-4-7816-5034-0
内容 二一世紀の日本でスケールの大きな経営者といえば、坂本龍馬を尊敬し、つねに「この国のかたち」の変革を目指して経営を続けるソフトバンク社長の孫正義が知られている。明治から昭和戦前の日本でも、孫に負けずとも劣らない経営者たちが、日本を世界に通用する国に変革すべく鎬を削っていた。現在の日本人が当たり前のように享受している電力やエンタテインメント、インフラと、憩いを提供する観光地のほとんどは、「鉄道王」たちの周到な経営戦略によってつくられたものだった。彼らの悪戦苦闘の物語をひもとく。

◇鉄道技術者白井昭―パノラマカーから大井川鐵道SL保存へ　高瀬文人著　平凡社　2012.1　270p　20cm〈文献あり〉　1700円　①978-4-582-83507-6

内容 「未来の乗り物」を次々と世に送り出し、高度経済成長を猛烈サラリーマンとして駆け抜けた男は、ある日突然、経営危機のローカル鉄道に出向を命じられる。最後の生き残り策は、未来とは一八〇度逆の、蒸気機関車の動態保存だった…。保存鉄道への再生で鉄道を守った男のいつか地域の再生にまで及んだ。名鉄パノラマカー、東京モノレール、名神高速養老SA、アプト式鉄道建設、そしてSL動態保存…。複眼思考で「夢の乗り物」を作り続けた男の、特急人生。

◇伝説の鉄道記者たち―鉄道に物語を与えた人々　堤哲著　交通新聞社　2014.12　270p　18cm　（交通新聞社新書）　800円　①978-4-330-52514-3
内容 ほんの140年程前、日本が丁髷の国から一気に近代国家へと転換していくなかで、鉄道は極めて重要な国家事業であった。ほぼ同時期に瓦版から生まれ変わり、成長していったのが「新聞」だ。そんな背景の中で「鉄道記者」はどのように誕生し、活躍の場を広げていったのか。ほとばしる情熱と才気をみなぎらせ、ペンを手に時代のうねりを発信し、鉄道に物語を付与した記者たち。本書では元「鉄道記者」である著者が、多岐にわたる資料を丹念に拾いながら記者たちや周辺の人々の足取りを読み解く。密接に絡み合う鉄道史と新聞史双方が明らかになる、貴重な記録。

◇電鉄日和　高木敦子著、渡辺heavy文撮影　新潟　新潟日報事業社（製作・発売）　2001.3　92p　26cm　800円　①4-88862-851-3
内容 本書は、新潟交通電鉄職員の父を持つ著者が、廃止される電鉄を形にして残そうと書いたものである。

◇東海道新幹線安全への道程―戦後国鉄の輸送近代化に尽力した鉄道マンの信念と奮闘　齋藤雅男著　鉄道ジャーナル社　2014.9　607p　18cm〈発売：成美堂出版〉　1000円　①978-4-415-31925-4
内容 まだ蒸気機関車が当たり前だった昭和39年にそれは登場した。未知なる領域200km/hで走るその舞台裏とは？　新幹線の「安全」はこうして築かれた！

◇東海道線誕生―鉄道の父・井上勝の生涯　中村建治著　イカロス出版　2009.4　255p　19cm　1619円　①978-4-86320-175-0
内容 全線開通から120年を迎えた東海道線。建設のリーダーは鉄道の父と敬愛された井上勝。彼の生涯と開業に至るまでのナゾと

回顧/回想/証言

フシギに満ちたエピソードの数々…。ニッポンの大動脈完成・開通までの壮大なドラマがここに繰り広げられる。

◇都市型サービス産業としての鉄道業―五島慶太と堤康次郎　太田雅彦［著］　法政大学イノベーション・マネジメント研究センター　2012.8　25p　30cm　（Working paper series no.131―日本の企業家活動シリーズ no.53）〈年譜あり　文献あり〉

◇日本鉄道物語　橋本克彦著　講談社　1993.3　422p　15cm　（講談社文庫）　600円　①4-06-185352-X

内容　鉄道に賭けた父子二代の熱き技術者魂を描く。草創期の蒸気機関車・磨墨からC53、D51を経て新幹線まで、島安次郎・秀雄の情熱は、燃えに燃えた。彼らが取り組んだ鉄道の仕事は、日本の近代技術史上の一大エポックとなった。外国の技術を日本の条件のなかへ移植し、さらに発展させた父子のドラマを追う。

◇日本の鉄道をつくった人たち　小池滋、青木栄一、和久田康雄編　悠書館　2010.6　289p　20cm〈文献あり〉　2500円　①978-4-903487-37-3

内容　「日本の鉄道の父」井上勝、「投機界の魔王」雨宮敬次郎、「地下鉄の父」早川徳次など12人の巨人たちの生涯を再現し、彼らがなぜ鉄道に心血を注ぎ、どのような哲学のもとに活動したかを描き出す。

◇不屈の春雷―十河信二とその時代　上　牧久著　ウェッジ　2013.9　365p　20cm〈年譜あり〉　1800円　①978-4-86310-115-9

内容　鉄道院初代総裁・後藤新平との出会い、関東大震災の復興に携わるなか、贈収賄の嫌疑をかけられる。無罪を勝ち取ったが鉄道省を去り、満鉄の理事となって動乱の中国へ。一代の風雲児、波乱の前半生―。「新幹線の父」十河信二の生涯、青雲篇！

◇不屈の春雷―十河信二とその時代　下　牧久著　ウェッジ　2013.9　413p　20cm〈文献あり　年譜あり〉　1800円　①978-4-86310-116-6

内容　関東軍参謀・石原莞爾との出会い、日中戦争の拡大を阻止せんと、東条内閣の打倒に奮迅する。戦後は71歳で国鉄総裁に就任し、広軌新幹線建設の夢に賭ける。一代の風雲児、激動の後半生―。「新幹線の父」十河信二の生涯、挑戦篇！

◇メトロ誕生―地下鉄を拓いた早川徳次と五島慶太の攻防　中村建治著　交通新聞社　2007.7　247p　20cm〈年表あり　文献あり〉　1800円　①978-4-330-93607-9

◇「夢の超特急」、走る！―新幹線を作った男たち　碇義朗著　文藝春秋　2007.10　391p　16cm　（文春文庫）「「超高速に挑む」（1993年刊）の増補　文献あり〉　657円　①978-4-16-771748-3

内容　昭和39年（1964年）10月1日午前6時、新幹線「ひかり」1号と2号が同時に東京と新大阪の駅をスタートした。しかし記念すべきその場に、最大の功労者ともいうべき、前国鉄総裁・十河信二、技師長・島秀雄、建設担当常務・大石重成の姿はなかった。世紀の一大プロジェクトに果敢に挑んだ男たちの姿を描く感動のノンフィクション。

◇夢の超特急ひかり号が走った―十河信二伝　マンガ・文　つだゆみマンガ・文、十河光平監修　吹田　西日本出版社　2013.8　196p　21cm〈文献あり　年譜あり〉　1300円　①978-4-901908-80-1

内容　元満鉄理事にして、多くの障害を押し切って新幹線を走らせた、第四代国鉄総裁十河信二。満州で夢見た高速鉄道を日本に走らせたいという思い、そんなものは必要ないという、政治的圧力と世間の批判、すべてを乗り越えて、夢の超特急"ひかり"は誕生した。忘却のかなたにあった真実を照らす、マンガ＆ノンフィクション。

◇夢の扉を開けた男―北海道新幹線は札幌へ　綱島洋一著　札幌　中西出版　2017.10　152p　21cm〈年表あり〉　1500円　①978-4-89115-340-3

《035　回顧/回想/証言》

◇赤い腕章―昭和の国鉄車掌物語　檀上完爾著　クラッセ　2013.5　237p　19cm〈3版　鉄道図書刊行会　昭和52年刊の加筆、改筆〉　1500円　①978-4-902841-16-9

◇ある機関士の回想　川端新二著　イカロス出版　2006.9　225p　26cm〈年表あり〉　3333円　①4-87149-861-1

目次　庫内手―鉄道省入省のころ、C57―最初と最後に付き合った思い出のカマ、C53―ほんのわずかな付き合い、B6―機関助士としてひとり立ちしたころ、C51―学生時代の憧れとの出逢い、C55―手のかかる厄介

者，C11―武豊線でのんびりとした付き合い，機関車のクセ，機関士のクセ―生き物に似た機械の個性，C59―最も愛着のあるカマ，進駐軍専用列車―戦後の苦渋の象徴〔ほか〕

◇駅長の帽子―鉄道人生―24人の軌跡　檀上完爾著　心交社　2001.7　389p　20cm　1800円　④4-88302-615-9
内容 鉄道員になったなら誰もが夢見る金筋二本の制帽。駅長のシンボルであるこの帽子をかぶるまでにはさまざまなドラマがあった…24人の男たちの人間ドキュメント。

◇角本良平オーラル・ヒストリー　角本良平［述］，二階堂行宣，鈴木勇一郎，老川慶喜編　交通協力会　2015.3　327p　30cm〈年表あり　著作目録あり〉

◇汽笛の記憶―鉄道員のオーラル・ヒストリー　鳥栖市誌編纂委員会，中村尚史編　鳥栖　鳥栖市　2006.12　501p　26cm（鳥栖市誌研究編　第5集）〈年表あり〉2500円

◇国鉄マン・父ちゃんの記―風雪と陽光と酷暑と　内山政和著　上越　内山千枝　2000.10　183p　19cm

◇車両を造るという仕事―元営団車両部長が語る地下鉄発達史　里田啓著　交通新聞社　2014.4　285p　18cm　（交通新聞社新書　066）〈文献あり〉　800円　①978-4-330-46014-7
内容 鉄道にめざめた少年時代から，戦火をくぐり抜け苦学を続けた学生時代，戦後の厳しい世情のなか晴れて営団地下鉄（現・東京メトロ）に就職し，新造車両の開発・設計などに従事した「鉄道人生75年」を記した自伝。戦前日本の世相，一サラリーマンから見た鉄道会社事情や車両製造の発展など，細微に書き記されたリアルな記録としても貴重なものといえるが，それ以上に，飄々とした文章のなかに綴られた光と影，栄光と辛苦とが交錯するそのサラリーマン人生には，平成の世でも大いに共感し，また，その提言は傾聴に値するものがあるのではないだろうか。

◇15歳の機関助士―戦火をくぐり抜けた汽車と少年　川端新二著　交通新聞社　2012.12　228p　18cm　（交通新聞社新書　051）〈文献あり〉　800円　①978-4-330-33812-5

内容 幼い頃から蒸気機関車に憧れていた少年が国鉄に入ったのは，戦時中の昭和18年，14歳だった。名古屋機関区の一員となり，機関車掃除をする庫内手に。全身が真っ黒になる辛い機関車磨きの日々を乗り越え，鉄道教習所での厳しい訓練を終えると，晴れて機関助士に。やがて，花形の東海道本線に乗務する。機関士と機関助士の固い絆，空襲の中での命がけの乗務と仲間の殉職。終戦の日，敗戦のショックで茫然自失の中，機関士に励まされていつも通り機関車を走らせた…。機関車乗務員の青春の記録。

◇終戦直後の「渉外」の回想―京都駅を軸にして　文集　〔高槻〕　京渉会　1992.12　54p　26cm

◇蒸気機関車EX（エクスプローラ）　Vol.22（2015Autumn）　特集蒸機乗務員回顧録　函館本線五稜郭機関区D52/国鉄の流儀長門機関区D51　本州最後のドラフト　イカロス出版　2015.10　154p　29cm　（イカロスMOOK）〈他言語標題：Steam Locomotive EXplorer　jtrain特別編集　タイトルは背による.表紙のタイトル：蒸気機関車〉　2200円　①978-4-8022-0059-2

◇蒸気機関車EX（エクスプローラ）　Vol.23（2016Winter）　特集国鉄本線蒸気廃止40年　追分機関区D51/蒸気乗務員回顧録　留萌本線・羽幌線D61　イカロス出版　2016.1　153p　29cm　（イカロスMOOK）〈他言語標題：Steam Locomotive EXplorer　jtrain特別編集　タイトルは背による.表紙のタイトル：蒸気機関車〉　2222円　①978-4-8022-0109-4

◇「証言」日本国有鉄道―いま明かされる現場あのとき　国鉄OBインタビュー集05　イカロス出版　2015.11　122p　26cm　（イカロスMOOK）〈jtrain特別編集〉　1713円　①978-4-8022-0083-7

◇昭和の車掌さん乗務録　坂本衛著　宝島社　2014.5　253p　19cm　1300円　①978-4-8002-2509-2
内容 国鉄在職35年，一車掌として職務を全うした筆者が，鉄道業務で体験したエピソードの数々を綴る。仕事での失敗談から乗客の苦情対応まで，車掌という職種だからこそ知り得た，列車内の人生模様の数々を笑いとペーソスを交えて語りつくす。退職した現在もなお，車掌であったことを誇りに余生を楽しむ"生涯一車掌"を掲げる筆者が書き綴った渾身のエッセイ。

回顧/回想/証言

鉄道経営

◇昭和の車掌奮闘記─列車の中の昭和ニッポン史　坂本衛著　交通新聞社　2009.8　204p　18cm　（交通新聞社新書 007）　800円　①978-4-330-08809-9
[内容]戦後復興期の昭和28年に国鉄に入社し、昭和35年に念願の車掌となる。その後、専務車掌に昇格し、退職する昭和62年まで「一車掌」として働き続けた著者による列車の中の昭和史。戦後復興期から高度経済成長時代を経て昭和の終焉へと至る時代の涙あり、笑いありの体験記録。

◇しり押し部隊─国鉄学生班日誌　松野恵一著　新風舎　2006.4　143p　15cm　（新風舎文庫）　650円　①4-7974-9965-6
[内容]大学時代の四年間「しり押し部隊」のアルバイトをやり続けた著者が、勤務地の赤羽駅を舞台に仲間と奮闘した日々を綴った日記エッセイ。初めて経験する仕事での苦労話や淡い恋心など、だれもがかつて経験したであろう"青春"がぎっしりつまっている。1960年（昭和35年）～1964年（昭和39年）国内外を賑わせたニュースや流行歌とともに当時を振り返る。

◇新幹線運転士に人生を翔けた男　川村守継著　文芸社　2004.9　209p　20cm　1500円　①4-8355-7916-X
[内容]世界に誇る新幹線の運転士として無事故の記録を達成するとともに、後進の指導と訓練に32年余にわたり献身的な情熱を注いだ。筋ジストロフィーで亡くなった長男・高世へ捧げる鎮魂の書。

◇新幹線を運転する　早田森著　メディアファクトリー　2011.2　221p　18cm　（メディアファクトリー新書 022）〈文献あり〉　740円　①978-4-8401-3839-0
[内容]時速270kmの超高速ながら、時間には正確。乗り心地も快適。だが、高速で疾走する新幹線を操っているのも人間である。そんな事実を忘れるほどスムーズな操縦の陰には、どんな工夫があるのか。また、運転席から見える風景とはどういうものだろう？　東海道新幹線の運転士たちが、その技術と本音を明かす初めての本。

◇新幹線発案者の独り言─元日本鉄道建設公団総裁・篠原武司のネットワーク型新幹線の構想　篠原武司, 高口英茂著　パンリサーチ出版局　1992.2　199p　20cm〈著者の肖像あり〉　1500円　①4-89352-046-6
[内容]定まった時間で安全に大量に、しかも省エネルギーで人や物を運べる輸送機関・鉄道が最近再評価されつつある。その鉄道の力をフルに出させることのできるネットワーク型新幹線がいま求められている。新幹線発案者が語る過去と未来。

◇鉄道一族三代記─国鉄マンを見て育った三代目はカメラマン　米屋こうじ著　交通新聞社　2015.2　227p　18cm　（交通新聞社新書 075）〈文献あり〉　800円　①978-4-330-53715-3
[内容]国鉄が分割民営化されてからすでに四半世紀、国鉄やその周辺で働いていた職員たちも高齢化、鬼籍に入る人も増えてきた。しかし、戦後復興期から日本を支えてきた国鉄の貴重な記録・記憶が埋もれていくのは、なんと忍びないことか。膨大な数の職員一人ひとりが、巨大組織のなかで誇りをもって積み重ねてきた日常の仕事の記録を、今こそ書き留めておきたい一家長の祖父、駅売店販売員の母、鉄道公安官や機関区、電気工事局、通信区で働いていた叔父たちなど、一生を国鉄に捧げた親戚に囲まれて育った著者が、やがて鉄道少年から鉄道カメラマンとなった自らの半生とともに、そのルーツとなった"国鉄一族"のヒストリーを紡いでいく。

◇鉄道員物語　橋本克彦他著　宝島社　1999.7　396p　16cm　（宝島社文庫）〈『国鉄に生きてきた』（1986年刊）の改題〉　571円　①4-7966-1544-X
[内容]「激動の時代を生きた機関士たちの昭和史」「"神様"と呼ばれた職人たちの生き様」─鉄路とともに生きてきた、かつて「国鉄」職員だった人々の、生の声を収録した心を揺さぶるノンフィクション。蒸気機関車の機関士、機関区員、あるいは線路工手として「国鉄」に生きた人たち、そしてその家族の人生には、鈍色の哀愁と現場で戦った誇りが溢れていた。「鉄道員」の真実がここにある。

◇鉄道員物語　橋本克彦, 鎌田慧, 野田峯雄ほか著　宝島社　2006.12　396p　15cm　（宝島社文庫）〈『別冊宝島58「国鉄に生きてきた』』改題書〉　762円　①4-7966-5596-4
[内容]「激動の時代を生きた機関士たちの昭和史」「"神様"と呼ばれた職人たちの生き様」─鉄路とともに生きてきた、かつて「国鉄」職員だった人々の、生の声を収録した心を揺さぶるノンフィクション。蒸気機関車の機関士、機関区員、あるいは線路工手とし

回顧/回想/証言

て「国鉄」に生きた人たち、そしてその家族の人生には、鈍色の哀愁と現場で戦った誇りが溢れていた。「鉄道員」の真実がここにある。

◇鉄路100万キロ走行記　宇田賢吉著　グランプリ出版　2004.9　261p　21cm　2200円　④4-87687-263-5

[目次] 第1章 入社から機関助士時代、第2章 機関士時代、第3章 電車運転士時代、第4章 指導担当時代、第5章 JR発足の前後、第6章 再び第一線での乗務

◇電鉄日記―私鉄鉄道員が見た終戦直後の電鉄物語　脇田繁明著　グリーンアロー出版社　2000.10　358p　20cm　1800円　④4-7663-3320-9

[内容] 終戦直後における一私鉄の一部職場の、そのまた一側面を日記体で記述したもの。

◇東海道新幹線三十年に際して―回想と随想　南光政治郎著〔高槻〕〔南光政治郎〕1994.10　207p　19cm　1000円

◇峠の鉄道物語 箱根＆碓氷越え―天険鉄道伝説　きむらけん著　JTB　2002.12　190p　19cm　(マイロネBOOKS)　1000円　④4-533-04528-6

[内容] "天険"といわれる峠で、鉄道を支えた人びとの物語。

◇浪速の駅の裏話―ある駅員の記録　河野章男著　文芸社　2010.5　204p　19cm　1200円　①978-4-286-08831-0

◇寝ても覚めても国鉄マン―妻が語る、夫と転勤家族の20年　石井妙子著　交通新聞社　2016.4　191p　18cm　(交通新聞社新書 093)〈文献あり〉　800円　①978-4-330-66716-4

[内容] 昭和42(1967)年、夫の転勤先の四国・高松で長男を産んだ。線路際の宿舎の横を蒸気機関車が現役で走っていた。以来、長くて4年、短いときは1年で引っ越しを繰り返す―。夜中に帰ってきたとたん電話が鳴って職場に引き返すなど昼も夜もなく仕事に奔走する夫、赴任地で生まれ成長していく子どもたち、夫の上司夫妻との交流や国鉄アパートでの人間模様…。国鉄職員の仕事ぶりとそれを支えた家族の記憶が、国鉄が変革を迫られていく時代風景とともに語られていく。国鉄マンの妻が紡ぐ、"あの時代"の物語。

◇遙かなる鉄路を歩みて―ある鉄道マンの激動の軌跡　滝山養著　丹精社、明文

書房〔発売〕　2005.4　193p　19cm　1600円　①4-8391-1009-3

[目次] 生い立ちから小学校、中学時代、高校から大学時代、東京改良事務所時代、新潟鉄道局勤務、建設局停車場課勤務、華北交通へ出向、軍需省時代、鳥栖管理部長時代、施設局管理課長補佐〔ほか〕

◇星さんの鉄道昔ばなし　星晃、米山淳一著　JTB　2004.7　190p　19cm　(マイロネbooks 19)〈年譜あり〉　1000円　④4-533-05486-2

[内容] 国鉄旅客車の設計屋、星晃が語る。

◇昔の「富士」はいまいずこ　西沢有著　交通新聞社出版局　1994.3　212p　19cm　1400円　④4-87513-031-7

[内容] あらゆる種類の列車に乗務員(車掌)として乗務していた頃の、さまざまな車内風景、秘話、列車運転事故等をボロボロに汚れたメモ帳と、いまだにはっきり記憶に残っていること等を頼りに、後世に書き残そうと思い立ち書き綴った実話、体験談です。

◇矢田貝淑朗オーラル・ヒストリー　矢田貝淑朗［述］、二階堂行宣、中村尚史編　交通協力会　2016.3　246p　30cm

◇山梨交通鉄道線回想録　花上嘉成著　ネコ・パブリッシング　1999.12　47p　26cm　(RM library 5)　1000円　④4-87366-190-0

◇レールを見詰めて―国鉄の現場人　田中休太郎著　太陽出版　1992.8　147p　22cm〈著者の肖像あり〉

◇我が国鉄道を始めた人々―自叙伝風　平岡長太郎著　西宮　エスエル出版、鹿砦社〔発売〕　1990.4　181p　19cm　2060円

[目次] 第1章 鉄道創始時代(第1代関川恒太郎 英国人技師の通訳となる、武者満歌氏・松永芳正氏と関川恒太郎、京都疏水工事の思い出、伊藤博文公のこと、第二代関川恒太郎伝―関川式製針機の発明、第5回全国勧業博覧会の頃、私の人生の恩師、松永六二先生、松永千鶴さんのこと、松永六二先生とともに大阪に出る、日本で最初のラッカー塗装、松永六二先生と日本の原子爆弾製造秘話)、第2章 東福寺の話(山本うめ女史と西郷隆盛公の約束、山本うめ女史と原敬氏のお通夜の話、九条家と皇室の話、長谷清太郎君、良子女王陛下の御召自動車の運転手となる、涅槃像掛軸の逸話、東福寺での神田先生との再会、三聖病院と宇佐玄雄先生、「津村」に遊ぶ、大谷伯爵の車で橋のない川

109

車輛

◇我が国鉄道を始めた人々—自叙伝風 平岡長太郎著 西宮 エスエル出版会 1990.4 181p 20cm〈発売：鹿砦社〉 2060円

◇SL蒸気機関車の思い出 今井吉郎著 文芸社 2004.10 233p 19cm 1400円 ④4-8355-8087-7
[内容] その昔、大いに活躍した堂々として立派なSL蒸気機関車！ 機関士と機関助士はどのように列車を運転したのか。子供たちにSLの真の姿を知ってもらうとともに、SLに携わり苦労した多くの先輩に捧げるヒューマン・ドキュメント。

---

036 車輛

【概 要】鉄道車両は、機関車、旅客車、貨車の3つに大きく分類することができる。このほかに保線作業などに用いられる事業用車もある。

　機関車は、動力を持たない旅客車や貨車を牽引する際などに用いられる車両である。電車や気動車の普及によって機関車牽引の旅客列車はほとんど見られなくなり、貨車の牽引が中心である（貨物列車）。機関車には、蒸気機関車（SL）、ディーゼル機関車（DL）、電気機関車（EL）などがある。蒸気機関車は、定期運用からは引退し、一部の鉄道会社において観光列車の牽引で不定期に運用されている（真岡鉄道、秩父鉄道、大井川鉄道など）。代わって、現在では、非電化区間中心にディーゼル機関車が、電化区間では電気機関車が活躍している。

　旅客車は、旅客を輸送するための車両である。動力の有無によって、動力を持つ電車（電動車）と気動車、動力を持たない客車に大別できる。後者は前述の機関車の牽引によって走行する。現在では、電車と気動車が旅客列車のほとんどを占めている。電車の動力源は電気であるが、気動車の動力源はディーゼルである。また、旅客車は、車内仕様や使用目的などによって、座席車（普通車、グリーン車など）、寝台車、食堂車、荷物車、郵便車などに分けることができる（荷物車、郵便車は貨車ではなく旅客車である）。

　貨車は、貨物を輸送するための車両である。貨物電車もわずかながら存在するが、動力を持たない貨車が大半のため、機関車牽引による貨物列車がほとんどを占める。貨車は、用途別では、一般用貨車、専用貨車に大別できる。また、車両の構造からは、有蓋貨車、無蓋貨車、タンク貨車、ホッパ貨車などに分けることができる。

◇あの電車を救え！—親友・岸由一郎とともに 笹田昌宏著 JTBパブリッシング 2009.8 223p 20cm〈著作目録あり 年譜あり〉 1500円 ④978-4-533-07613-8
[内容] ボロボロで解体寸前だった車両たちそれを救おうと全国を走りまわった日々…彼の後ろには「誇り」を取り戻した車両たちがあった。鉄道を愛し、鉄道とともに生きた岸由一郎氏を偲び、彼の活動や著作、保存復元してきた車両たちの写真や資料を掲載、その思い出の地を訪ねる。すべての鉄道愛好家に捧げる回顧録。

◇今しか乗れない国鉄型名車ガイド 松本典久著 並木書房 2002.2 191p 19cm 1500円 ④4-89063-144-5
[内容] 本書は、今ならかろうじて見たり乗ったりできる国鉄型車輛をいくつか選び、ルポの形でその魅力を紹介。さらに各車輛ごとの性能と特徴、国鉄時代の運行状況、今後の動向を詳しく解説した最後の国鉄型車輛カタログ。

◇叡山電車形式集 豊中 レイルロード 1998.10 152p 30cm〈東京 文苑堂東京店（発売）〉 5700円 ④4-947714-07-7

◇営団地下鉄車両写真集—4Sを支えてきた車両たち 金子元昭著 交通新聞社 1999.6 289p 26cm 2500円 ④4-87513-082-1
[内容] この写真集では著者の学生時代にさかのぼり、1954（昭和29）年に撮影したもの数枚と、退職後ファンとして撮影したものを加えて40年あまりにわたる営団を走った車両変遷の一端を表している。その中には日本の地下鉄車両の原点である銀座線1000形から1997（平成9）年に登場した南北線9000

系3次車まで、相互直通運転を行っている各社の乗り入れ用車両も含めて記載した。

◇江ノ電―懐かしの電車名鑑―湘南の風景の中を走った全車両の記録　湘南倶楽部著　JTB　2003.11　176p　21cm　(JTBキャンブックス)〈年表あり〉1800円　①4-533-05006-9
　目次　第1章 江ノ電 全車両の記録(解明された開業時の木造四輪単車・1〜10号車(藤沢〜行合間)、全線開業時の木造四輪単車・11〜24号車(藤沢〜鎌倉間)、ボギー単行車両の登場(タンコロの仲間たち) ほか)、第2章 江ノ電 懐かしの記録(江ノ電の運賃、懐かしの沿線案内、懐かしの記念乗車券 ほか)、第3章 100周年を迎えてわかった江ノ電の記録(発見された江ノ電創業の特許状、日本で始めてのドイツ製電車、「軌道」から「鉄道」へ ほか)

◇小田急電車回顧　第3巻　深谷則雄、宮崎繁幹、八木邦英編　[出版地不明]　多摩湖鉄道出版部　2006.7　128p　19×26cm〈おもに図　発売：ネコ・パブリッシング〉　2857円　①4-7770-5176-5
　内容　本書では、まずABF車ではあるが、前巻に収めることができなかった2100系を収録した。次いで、ノッチ数を多段化したことでABFM車とも呼称される、全電動車方式の2200系以降の高性能電車群を取り上げた。

◇小田急電車回顧　別巻　深谷則雄、宮崎繁幹、八木邦英編　[出版地不明]　多摩湖鉄道出版部　2006.12　144p　19×26cm〈おもに図　文献あり　発売：ネコ・パブリッシング〉　3048円　①4-7770-5192-7
　目次　荷物電車、ピンチランナー、ディーゼルカー、電気機関車、思い出のひとこま

◇小田急電車回顧〈セレクション〉　深谷則雄、宮崎繁幹、八木邦英編　復刊ドットコム　2017.7　207p　19×26cm〈「小田急電車回顧 第1巻〜第3巻・別巻」(多摩湖鉄道出版部 2005〜2006年刊)の改題、再編集したセレクション版〉　3800円　①978-4-8354-5502-0
　内容　HB車から新性能2200系まで。戦前からの小田急電鉄の変遷を、数々の貴重な車輌写真とともに広く紹介。駅別、沿線別に未発表写真、カラー写真も収録した小田急電車ファン垂涎の一冊！ 想い出の沿線風景と、なつかしい車輌たち。

◇小田急電鉄　小山育男解説、諸河久写真　ネコ・パブリッシング　2002.7　188p　19cm　(私鉄の車両 復刻版2)〈初版：保育社刊〉　1429円　①4-87366-285-0
　内容　首都圏西南部における大量輸送機関として、重要な役割を果たす小田急。ロマンスカーに代表される洗練された魅力あふれる車両群のすべてを展開。

◇小田急電鉄の車両―1形から30000系まで　小田急の車両のすべて　大幡哲海著　JTB　2002.12　192p　21cm　(JTBキャンブックス)　1700円　①4-533-04469-7
　内容　往年の名車から現代のロマンスカーまで。走り続ける小田急車両の魅力に迫る。全車両の歴史と現況を一冊に。

◇俺たちの旅―We are Kobe Club　上巻　Kobe Club撮影　豊中　レイルロード　1996.12　125p　30cm〈発売：文苑堂東京店〉　3800円　①4-947714-00-X

◇俺たちの旅―We are Kobe Club　下巻　Kobe Club撮影　豊中　レイルロード　1996.12　238p　30cm〈発売：文苑堂東京店〉　3600円　①4-947714-01-8

◇ガイドブック最盛期の国鉄車輌　12　交流電気機関車3 交直流電気機関車　浅原信彦著　ネコ・パブリッシング　2016.7　175p　30cm　(NEKO MOOK 2481)　2222円　①978-4-7770-1981-6

◇ガイドブック最盛期の国鉄車輌　13　蒸気機関車　1　浅原信彦著　ネコ・パブリッシング　2018.3　153p　30cm　(NEKO MOOK 2682)　2222円　①978-4-7770-2182-6

◇カメラと共に　野口昭雄著　[吹田]　[野口昭雄]　[1997]　62p　28cm〈おもに図　はり込図1枚〉　2800円

◇関西大手私鉄の譲渡車たち　上　高橋修著　ネコ・パブリッシング　2001.6　47p　26cm　(RM library 23)　1000円　①4-87366-237-0
　目次　転進した関西大手私鉄の電車、京阪電気鉄道、近畿日本鉄道、京阪神急行電鉄(現・阪急電鉄)

◇関西大手私鉄の譲渡車たち　下　高橋修著　ネコ・パブリッシング　2001.7　48p　26cm　(RM library 24)　1000円　①4-87366-238-9

車輛

鉄道経営

◇阪神電気鉄道（601形→淡路モハ600形・野上モハ20形，831形→京福京都デナ500形，831形→京福京都デナ500形，831形→京福井ホクハ31形・野上モハ50形・クハ200形，881形→高松琴平30・50形 ほか），南海電気鉄道（デニホ10形・デホ11形・デニホ51形→弘南デニホ10・デホ11・デニホ51，デホ30形・淡路モハニ1000形，デホ30形・ホフ101形・淡路モハニ1000形，水間モハ111形，電5形・福井モハ80・90形・淡路モハ1000形 ほか）

◇消えゆく鉄道車両図鑑—「絶滅危惧種」を探す旅　安田就視，岩谷徹編著　彩流社　2000.3　111p　21cm　（オフサイド・ブックス 10）　1200円　Ⓘ4-88202-610-4

内容 いま見ておかないと、二度と会えないかもしれない。JR＆私鉄の代表的な「絶滅危惧」車両や希少車を地域別に解説・紹介する初の試み。

◇「稀」車両—存在しながらも、なかなか出会えない、選りすぐりの変わり種車両　高橋政士著　講談社　2013.6　159p　26cm　（鉄道・秘蔵記録集シリーズ）〈文献あり〉　2800円　Ⓘ978-4-06-270310-9

内容 特殊な運用に就く事業用・保守用車、営業用になれなかった試作車や初出写真をはじめとする400点に及ぶ「稀」に車両たちの「稀」なシーン。縁の下の力持ち、幸薄かった車両、普通の車両では見たこともないユニークな形状の車両などなどが秘められたエピソードとともに多彩に登場!!

◇旧型国電車両台帳—決定版　沢柳健一，高砂雍郎編　ジェー・アール・アール　1997.5　431p　26cm　6000円　Ⓘ4-88283-901-6

◇旧型国電車両台帳　院電編　沢柳健一，高砂雍郎編　ジェー・アール・アール　2006.3　95p　26cm　2191円　Ⓘ4-88283-906-7

◇九州鉄道株式会社車輛図　鉄道史資料保存会編　大阪　鉄道史資料保存会　1991.10　175枚　22×31cm〈複製〉　11000円　Ⓘ4-88540-074-0

◇九州鉄道の記憶—名列車・名場面・廃止線：永久保存版　宇都宮照信編　福岡　西日本新聞社　2002.10　282p　26cm　3500円　Ⓘ4-8167-0559-7

内容 まず、昭和40年代から平成元年にかけて廃止されたローカル線に、近年、1駅間を残して廃止された博多臨港線の生い立ちと最後などを紹介。次いで、昭和36年の北九州電化から50年の新幹線開業まで、九州で活躍した名列車や新幹線登場で消えていった在来線の列車、蒸気機関車、電気機関車、ディーゼル機関車、それらの列車が通った景勝地、名場面を紹介。最後に、日本最後となった国鉄色普通客車列車の筑豊本線と久大本線を紹介する。

◇九州鉄道の記憶—名列車・名場面・廃止線：永久保存版 2　宇都宮照信編　福岡　西日本新聞社　2004.2　287p　26cm　3500円　Ⓘ4-8167-0589-9

目次 四季を行く列車たち、消えた名列車（昭和50年～平成15年）、九州で活躍したジョイフルトレインとオリエント急行、復活SLあそBOY、関門トンネルを通った列車、九州私鉄列車、九州私鉄廃止線、消えた炭鉱の機関車たち、廃止線の歴史

◇九州鉄道の記憶—永久保存版 3　宇都宮照信編　福岡　西日本新聞社　2004.10　239p　26cm〈「3」のサブタイトル：心に残る駅の風景〉　3500円　Ⓘ4-8167-0612-7

目次 九州新幹線、鹿児島本線、支線、日豊本線と、その支線、九州を横断する2線、長崎本線と、佐賀・長崎県下各線、福岡県下の支線と山陽本線、第三セクター

◇九州鉄道の記憶—永久保存版 5　宇都宮照信編　福岡　西日本新聞社　2007.3　299p　26cm〈「5」のサブタイトル：蒸気から近代化へ〉　3500円　Ⓘ978-4-8167-0716-2

目次 特集 ブルートレインのある風景、第1章 客車急行時代、特集 関門トンネル開通の記録、第2章 気動車列車誕生、特集 昭和38年12月1日新博多駅開業、第3章 特急、急行電車、特集 九州、電化の歩み

◇仰天列車—鉄道珍車・奇車列伝　藤崎一輝著　秀和システム　2006.12　286p　21cm　1500円　Ⓘ4-7980-1547-4

内容 試作車・実用車を問わず、怪作・珍作・駄作・失敗作・問題作、思わずのけぞる『仰天列車』がここに集結す。

◇近代化の旗手、鉄道　堤一郎著　山川出版社　2001.5　104p　21cm　（日本史リブレット 59）〈文献あり〉　800円　Ⓘ4-634-54590-X

内容 鉄道は、私たちにとって大変身近な交通機関であるとともに、近代化の担い手で

もありました。また、機械・電気・土木・情報通信など多くの技術の集合で、日本の技術史を考える上でも重要な存在といえます。本書では、一八七二（明治五）年新橋・横浜間の鉄道開業から国情にあわせた車両誕生の歴史を通して、そこに見られる日本人の創造性の足跡をもう一度振り返り、橋梁・トンネル・レールなどにもふれながら、鉄道の技術展開の歴史を概観します。

◇京急初代700形　上　佐藤良介著　ネコ・パブリッシング　2015.4　41p　26cm　（RM LIBRARY 188）　1250円　①978-4-7770-5378-0
[目次]　1 私鉄高性能電車の台頭, 2 京急の軽量高速車輌計画, 3 700形試作1次車の概要, 4 第一世代の高性能車, 5 量産車輌の増備, 6 1号線直通運転対応改造, 7 600形に改番, 8 4輌固定編成化, 9 昭和40年代前半までの列車運行

◇京急初代700形　下　佐藤良介著　ネコ・パブリッシング　2015.5　43p　26cm　（RM LIBRARY 189）　1250円　①978-4-7770-5380-3
[目次]　1 冷房装置取付けと車輌更新（通勤冷房車の登場, 冷房装置, 車体, 台車および主要機器）, 2 更新以降の変化（OK-18台車に車輌ダンパ取付け, 水害被災, 戸閉保安装置の取付け, 配置と編成替, 遮光フィルムの取付け, 床下冷房機ダクトへの網目カバー取付け）, 3 第二世代高性能車登場, 4 2000形への代替による廃車, 5 冷房車時代の600形運用（季節ダイヤと愛称列車, 12輌編成運転とスピードアップ, 通勤快特の運転開始, 定期運用からの撤退）, 6 高松琴平電気鉄道への譲渡

◇京急電車の運転と車両探見―向上した羽田空港アクセスと車両の現況　佐藤良介著　JTBパブリッシング　2014.4　191p　21cm　（キャンブックス―鉄道140）　1900円　①978-4-533-09705-8
[目次]　カラーグラフ 赤い電車が走る街 京急電車沿線の風景, 運転探見（列車運転の基本, 最近の列車ダイヤの変遷, 追跡！ 一日の運転）, 車輌探見（車輌総説, 1000形, 2100形, 600形, 1500形, 2000形, 800形, 電動貨車, 初代1000形, 二代目700形, 譲渡車輌）, データベース（現有形式車歴表（全車）, 廃車一覧表, 表示器字幕一覧表）

◇京急の車両―現役全形式・徹底ガイド　佐藤良介著　JTB　2004.9　144p　21cm　（JTBキャンブックス）　1600円　①4-533-05546-X
[内容]　京浜急行電鉄の現在の車両の姿をビジュアル的に, またデータベースとして多角的に紹介。

◇京急400・500形―大型吊り掛け駆動車の生涯　上　佐藤良介著　ネコ・パブリッシング　2014.1　47p　26cm　（RM LIBRARY 173）　1200円　①978-4-7770-5359-9
[目次]　大型車輌導入への流れ, 大型吊り掛け駆動車の技術的あゆみ, 大東急の統合, 戦前の列車運行, 戦後の輸送, 連合軍専用車, 戦災車輌の復旧と東急横浜製作所, 大東急の解体, 京浜急行電鉄の発足, 戦後の運転状況, デハ300形←デハ5300形, デハ400形←デハ5400形, デハ420形

◇京急400・500形―大型吊り掛け駆動車の生涯　中　佐藤良介著　ネコ・パブリッシング　2014.2　47p　26cm　（RM LIBRARY 174）　1200円　①978-4-7770-5360-5
[目次]　1 車輌全般の状況と推移, 2 緩急結合による列車運行の確立, 3 デハ300形, 4 デハ400形, 5 デハ420形, 6 500形, 7 600形（600A）, 8 更新名義600形（600B・600C）, 9 謎の多い600形の台車

◇京急400・500形―大型吊り掛け駆動車の生涯　下　佐藤良介著　ネコ・パブリッシング　2014.3　47p　26cm　（RM LIBRARY 175）　1200円　①978-4-7770-5363-6
[目次]　1 車輌全般にわたる工事, 2 吊り掛け駆動車の再編による改番と車輌性能改造, 3 1000形全盛時代の京急, 4 デハ400（2）形←デハ300形, 5 サハ480形←デハ400形, 6 デハ400形（通称デハ420形）←デハ420A・420B形, 7 500形, 8 400形（通称440形・460形・470形）←600形, 9 デワ40形←デハ400（2）形

◇京急1000形半世紀のあゆみ―都営浅草線相互直通運転とともに　佐藤良介著　JTBパブリッシング　2011.4　191p　21cm　（キャンブックス―鉄道109）　〈文献あり〉　1900円　①978-4-533-08217-7
[目次]　1000形総括, 第1章 1000形製造年度別解説（昭和33年度車800（I）形, 昭和34年度車, 昭和35年度車 ほか）, 第2章 50年のあゆみ（相互直通運転への道のり, 相互直通運転開始, 1000形の全盛期と始まる世代交

代 ほか)，資料編(1号線直通車両規格(抜粋)，車歴表〉

◇京阪車輛竣功図集　戦後編～S40　豊中レイルロード　1990.5　128p　30cm〈発売：文苑堂東京店〉　①4-938343-75-4

◇京阪電気鉄道　藤井信夫編　堺　関西鉄道研究会　1991.2　192p　26cm（車両発達史シリーズ　1）〈付：参考文献〉　5600円　①4-906399-01-0

◇京阪電車車両の100年―細密イラストで見る　大阪　京阪電気鉄道　c2010　143p　31cm〈発売：ネコ・パブリッシング〉　2000円

◇決定版平成型車両厳選140形式　講談社編　講談社　2011.10　192p　21cm〈文献あり〉　1500円　①978-4-06-217181-6
内容　究極の技術で創り出された"夢"車両、23年間の「ベストオブベスト」大公開。平成期のJR・私鉄・第3セクターから選び抜かれた傑作車両140形式の誕生秘話から完全スペックまで徹底検証。

◇国鉄形車両事故の謎とゆくえ　池口英司，梅原淳著　東京堂出版　2005.9　229p　19cm〈文献あり〉　1600円　①4-490-20563-5
内容　事故や故障で運命が変わった鉄道車両はいま、どこに？　廃車・解体された車両。静態保存された車両。修理されて甦った車両。惜しまれつつ消えてゆく国鉄の名車たちの波瀾万丈のあゆみを振り返る。

◇国鉄・JR悲運の車両たち―名車になりきれなかった車両列伝　寺本光照著　JTBパブリッシング　2014.2　175p　21cm　(キャンブックス―鉄道　136)〈文献あり〉　1700円　①978-4-533-09552-8
目次　1章　蒸気機関車篇，2章　電気機関車篇，3章　ディーゼル機関車篇，4章　電車篇，5章　気動車篇，6章　客車篇

◇国鉄車両一覧―昭和61年11月1日現在　日本交通公社編　JTB　2002.11　511p　27cm　8500円　①4-533-04446-8
内容　約400形式の全車両群を車種、系列ごとに分類し、それぞれについて、概要、性能、形式解説など最新データで解説。また主な形式図をイラストで、詳細な運転線区地図もあわせて掲載。

◇国鉄車輌誕生―車輌開発の黄金時代　上　星晃著　ネコ・パブリッシング　2007.12　96p　26cm　(RM library 100)　2000円　①978-4-7770-5223-3
内容　「こだま」「はつかり」「ひので」…そして東海道新幹線0系。元国鉄副技師長秘蔵のカラーフィルムで綴る昭和を代表する国鉄車輌開発の黄金時代。

◇国鉄車輌誕生―車輌開発の黄金時代　下　星晃著　ネコ・パブリッシング　2008.1　96p　26cm　(RM library 101)　2000円　①978-4-7770-5224-0
目次　夢の超特急―新幹線誕生(走り出した夢―A編成とB編成、O系誕生)，高度成長を支える電車たち(成熟期の通勤・近郊形電車、その後のこだま形、旧国電死後の輝き)，世界初寝台電車誕生、新時代の物流の主役たち(蒸機に代わって―ディーゼル機関車、新時代の電気機関車、animals化する貨車)，客車・気動車の新潮流(全国津々浦々―気動車が行く、変貌する客車列車、ブルーとレイン誕生)

◇国鉄車両名鑑　芦山公佐著　交友社　2013.11　1冊(ページ付なし)　30cm〈他言語標題：Stars of previous Japanese National Railways〉　2000円　①978-4-7731-0006-8
目次　電車，気動車，客車，(皇室用)，蒸気機関車，電気機関車，ディーゼル機関車，新幹線

◇国鉄色を撮る！　古川克也著　福岡　弦書房　2005.8　71p　21×23cm〈おもに図〉　2000円　①4-902116-39-1

◇国鉄DF40・90　豊中　レイルロード　1990.11　58p　30cm　(車輌アルバム 5)〈発売：文苑堂東京店　折り込図1枚〉　①4-938343-76-2

◇国鉄DD50　豊中　レイルロード　1990.12　94p　30cm　(車輌アルバム 6)〈折り込図1枚〉

◇国鉄の車両―鉄魂―てつだまー甦る国鉄　昭和を疾走した国鉄名車100選　朝日新聞出版　2017.12　113p　29cm　(AERA Mook)　1500円　①978-4-02-279171-9

◇国電車両写真集―写真と車歴で見る1950年代に走った国電車両　金子元昭著　交通新聞社　2001.12　292p　26cm　2800円　①4-330-67301-0

◇ 内容 この本は著者が一番集中して撮影した1950年代に在籍していた国電について、写真とともに回想してみたものである。

◇ここまできた！ 鉄道車両―しくみと働き 宮本昌幸著 オーム社 1997.3 171, 4p 19cm （テクノライフ選書） 1500円 ①4-274-02345-1

◇これからの鉄道車両が求める新素材―通勤電車から浮上式鉄道まで 荒井汎ほか著 冬樹社 1990.7 127p 19cm （新素材100 97）〈文献：p119～120〉 780円 ①4-8092-9019-0
目次 1 ようこそ、レールウェイ・ワールドへ！, 2 車体設計の前提条件（外的負荷、強度、難燃化基準等）, 3 構体の軽量化とアルミニウム合金の適用, 4 ステンレス鋼とハイブリッド構体, 5 腰掛, 6 窓、戸、遮光装置、内装部品, 7 壁、天井、床, 8 断熱材と防音材, 9 その他の部分（台車、ブレーキ、前面部、タンク類等）, 10 浮上式鉄道入門, 11 浮上式鉄道の機器とその材料, 12 21世紀の鉄道輸送システムと材料

◇最新車両集―日本の鉄道大動脈を形作る新幹線 最新新幹線 山崎友也写真 山と溪谷社 2007.11 111p 19×26cm （ヤマケイ・レイル・グラフィックス） 2500円 ①978-4-635-06831-4
目次 新幹線N700系, 東海道新幹線, 新幹線700系, 山陽新幹線, 新幹線500系, 新幹線700系レールスター, 九州新幹線, 九州新幹線800系, 東北新幹線, 東北新幹線200系リニューアル車：東北新幹線E2系, 山形新幹線, 山形新幹線400系, 秋田新幹線, 秋田新幹線E3系, 上越新幹線, 上越新幹線E1系, 常設新幹線E4系, 長野新幹線, 電気・軌道試験車, JR東日本E926系, JR東海・西日本923系

◇最新車両集 2 最新首都圏の電車―メガロポリス・東京から縦横に延びる交通網 山崎友也写真 山と溪谷社 2007.11 103p 19×26cm （ヤマケイ・レイル・グラフィックス） 2500円 ①978-4-635-06832-1
目次 山手線, 京浜東北線, 東海道本線, 横須賀線, 中央線, 青梅線, 武蔵野・五日市・八高線, 宇都宮線, 高崎線・湘南新宿ライン埼京線, 常磐線, 京葉線, 総武線, 東京メトロ銀座線, 丸の内, 方南町支線・東西・日比谷・千代田線, 半蔵門・南北・有楽町線, 都営浅草線, 新宿線, 三田線, 大江戸線・上野モノレール・都電・日暮里・舎人ライナー, 京浜急行, 東京急行, 小田急電鉄, 京王帝都, 井の頭線, 西武鉄道, 多摩川・山口線, 東武鉄道, 京成電鉄, つくばエクスプレス, ゆりかもめ, 東京臨海鉄道, 東京モノレール, 多摩都市モノレール・湘南モノレール〔ほか〕

◇最新・鉄道車輛 森本宏著 第3版 ［出版地不明］ 春日部薫 1994.4 168p 26cm 2000円

◇三岐鉄道の車両たち―開業からの50年 南野哲志, 加納俊彦著 ネコ・パブリッシング 2004.10 47p 26cm （RM library 62） 1000円 ①4-7770-5068-8
目次 三岐鉄道の車輛（蒸気機関車, 内燃機関車, 電気機関車, 借入の電気機関車概要, 気動車, 客車, 電車, 貨車）, 車輛の変遷, 主要諸元表

◇残響走り去った列車たち 斉木実, 米屋浩二撮影・録音 弘済出版社 1999.4 93p 29cm （トラベルmook―写音集 3） 2381円 ①4-330-55099-7

◇残念な鉄道車両たち―もしかしたら名車だったかも？ な不遇の車両たちの足跡 池口英司著 イカロス出版 2017.10 359p 19cm 1700円 ①978-4-8022-0433-0
目次 D51形蒸気機関車, EF55形電気機関車, E10形蒸気機関車, キハ01・02・03形レールバス, EH10形電気機関車, オシ16・オシ17形食堂車, キハ81形特急形気動車, クロ151形展望車, DD54形ディーゼル機関車, 581・583系特急電車〔ほか〕

◇JR新幹線・特急全車両大図鑑―世界に誇るスーパートレイン 原口隆行編著, 井上廣和写真 世界文化社 2014.5 143p 26cm 〈他言語標題：JR's Railway Cars〉 2200円 ①978-4-418-14210-1
内容 最新のE7系をはじめ、日本が世界に誇る新幹線27種。また、287系、E657系などの新型車両から臨時列車、団体専用車まで完全収録。特急車両をはじめ人気のイベント列車には、車両編成、走行区間、走行距離、所要時間、列車本数、表定速度などの詳細な最新情報をつけた。廃車になった車両のうち、歴史的価値のあるもの、また、JR線に乗り入れる私鉄・第三セクターの車両のうち、特筆すべきものはコラムで紹介。

◇JR全車両大図鑑 原口隆行編著, 井上廣和写真 最新版 世界文化社 2017.12

車輌

◇JR鉄道車両パーフェクト―現役のJR車両&列車コレクション　交通新聞社　2016.10　160p　29cm　（トラベルMOOK）〈他言語標題：JR Perfect collection　索引あり〉　1600円　①978-4-330-72116-3

◇JR東日本はこうして車両をつくってきた―多種多様なラインナップ誕生の舞台裏　白川保友,和田洋著　交通新聞社　2017.12　239p　18cm　（交通新聞社新書 118）　800円　①978-4-330-84517-3

◇JR全車両大図鑑―決定版　井上広和写真,原口隆行編著　世界文化社　1996.12　215p　27cm　5000円　①4-418-96905-5
|目次| 電車（新幹線,特急型,急行型,通勤型,近郊型,旧型,事業用車）,気動車（特急型,急行型,近郊型,事業用車）,機関車（電気機関車,ディーゼル機関車,蒸気機関車）,ブルートレイン客車（特急,急行,客車）,ジョイフルトレイン（電車,気動車,客車）,国鉄車両発達史,鉄道車両の形式,基本用語解説

◇JRの車両　東日本 2　荒川好夫写真,JRR解説　大阪　保育社　1990.1　159p　19cm　1500円　①4-586-53023-5
|内容| 人口約3,000万人、東京は大都市圏でみるならば、文句なく世界一の都市だ。そしてこの東京圏は文字どおり、JR東日本のドル箱である。これにふさわしいレベルアップをはかるべく、ここには現在大きな変化が見られる。新形車両の投入、施設の改良、スピードアップ、深夜の増発などである。

◇JRの車両　西日本 2　荒川好夫写真,JRR解説　大阪　保育社　1990.3　159p　19cm　1500円　①4-586-53026-X
|目次| 西日本のプロフィール―あいつぐ組織改正を中心に、西日本の特急列車、西日本の急行列車、西日本のローカル列車たち―電車・気動車・客車、北陸本線にみる「幹線電化」史、西日本・車両の解説（新幹線,電気機関車,ディーゼル機関車,電車,気動車,客車）,路線,車両基地状況図,車両諸元一覧表

◇JRの車両　貨物　荒川好夫写真,JRR解説　大阪　保育社　1990.10　159p　19cm　1500円　①4-586-53029-4
|目次| 貨物のプロフィール―多難のスタート、そして光明,貨物の電気機関車/ディーゼル機関車,何を運んできたのか―鉄道貨物輸送の歴史,貨物の貨車/コンテナ,JR貨物の列車走行線路図,車両諸元一覧表

◇JRの車両　東海　荒川好夫写真,JRR解説　大阪　保育社　1990.5　159p　19cm　1500円　①4-586-53024-3
|内容|「JR東海」は、新幹線とリニアモーター・カーにその社運を賭けている。すなわち東海道新幹線での売上げは全収入の90%近くに達しているし、その輸送力がひっ迫する21世紀初頭には「中央リニア・エクスプレス」を実現させようと意気ごんでいる。しかし、在来線の充実も忘れてはいない。

◇JRの車両　北海道　荒川好夫写真,JRR解説　大阪　保育社　1990.8　159p　19cm　1500円　①4-586-53021-9
|目次| 北海道のプロフィール,北海道―主要線区と特急列車,北海道―ローカル輸送と急行列車ほか,北海道で消えた22線区、1453.7km―第3セクター化も1線区のみ,北海道一車両の解説,国鉄末期からJR化後にかけて北海道で廃止された路線図,路線,車両基地状況図,車両諸元一覧表

◇私鉄遺産―各地に生きる譲渡車両　東日本編　白川淳著　マガジンハウス　2012.6　95p　21cm〈文献あり〉　1800円　①978-4-8387-2445-1
|内容| 日本各地から世界におよぶ移籍先で新しい人生をおくる車両。第二の舞台で走り続ける、私鉄の名車たち。その履歴と、現在の姿を活写する。カラーグラフ「今も走る歴代の名車両」。

◇私鉄車両年鑑 2016　大手15社営業用車両完全網羅/2016年4月1日現在編成・配置表　イカロス出版　2016.6　262p　26cm　（イカロスMOOK）　2407円　①978-4-8022-0167-4

◇私鉄車両年鑑 2017　大手15社営業用車両完全網羅/2017年4月1日現在編成・配置表　イカロス出版　2017.6　262p　26cm　（イカロスMOOK）〈文献あり〉　2407円　①978-4-8022-0342-5

◇私鉄・車両の謎と不思議　広岡友紀著　東京堂出版　2010.5　174p　19cm　1600円　①978-4-490-20698-2
|内容| 車両の新技術導入は、JRよりも私鉄のほうが早い!?特急に乗るには、別料金がかか

るのか、かからないのか。なぜダイヤが乱れると先行する列車も時間調整するのか。通勤や観光輸送で活躍する私鉄の謎や不思議を解明する。

◇私鉄の風景　竹中泰彦著　モデルスイモン（発売）　2008.8　144p　30cm　2838円

◇車両の見分け方がわかる！　関西の鉄道車両図鑑　来住憲司著　大阪　創元社　2017.9　366p　19cm〈文献あり〉　2200円　①978-4-422-24078-7
［内容］いま関西で見られる現役車両の全タイプを収録。各車両の性能や外見的特徴のポイントを解説した「車両を識別する」ためのハンドブック！

◇譲渡された鉄道車両―旅する電車たちが大集結　渡部史絵著　東京堂出版　2015.1　249p　21cm〈文献あり〉　1800円　①978-4-490-20891-7
［内容］あの車両たちは、今どこに―京王3000系、東急5000系、西武101系、南海21000系…そして、小田急ロマンスカーや京阪テレビカーまで第二の職場向けに改造されて旅立ち、活躍する車両たち。付録として、譲渡された車両たちの一覧を掲載。

◇譲渡車両今昔―ところを変えて生き続ける車両人生　吉川文夫著　JTB　2003.5　176p　21cm　（JTBキャンブックス）　1800円　①4-533-04768-8
［内容］本書では、今昔対比としてその車両が走り出した鉄道での姿と譲渡先での姿を写真で対比してみることにより、特定の車両の車両人生を述べた。

◇新幹線車両名鑑―全形式・全編成・全車両を網羅　JTBパブリッシング　2016.3　352p　26cm〈文献あり　年表あり〉　2800円　①978-4-533-10955-3
［内容］0系からH5系までの全形式全番台の解説と車両履歴、本邦初公開の全編成変遷図をビジュアルで紹介。新幹線車両バイブルの決定版！

◇図説絶版国鉄車両　松本典久[著]　講談社　2008.10　285p　16cm　（講談社+α文庫）　724円　①978-4-06-281232-0
［内容］当時の列車の風景がよみがえる！憧れだった新幹線やブルートレインから、いつもの街に溶け込んでいた近郊形電車まで、さまざまな車両を日本全国追い求めて、乗って書き下ろした旧型車評論。国鉄時代の忘れえぬ列車の数々に、思わず自分の人生とリンクさせてしまうかも!?豊富な写真と解説で、現役を引退＆引退寸前の古い車両を懐かしむ、ファン必携の回顧録。

◇「図説」鉄道車両はこうして生まれる―名車たちの誕生までの軌跡と車両製造のいま　学習研究社　2007.3　166p　26cm　（歴史群像シリーズ）　1900円　①978-4-05-604648-9

◇図説鉄道の博物誌―ものづくり技術遺産〈鉄道の革新〉　石田正治、山田俊明編著、池森寛、大島一朗、緒方正則、菅а彦、堤一郎著　秀和システム　2017.4　412p　21cm〈索引あり〉　2200円　①978-4-7980-4875-8
［内容］考えつくしたものは美しい！鉄道技術の美と真髄！近代化の原動力・鉄道の「機械技術史」。日本をつくった鉄道をめぐる機械技術の歴史を一望！一生に一度は見ておきたい技術遺産！技術はアートだ！

◇すばらしき国鉄遺産　塩塚陽介著　ベストセラーズ　2012.9　223p　18cm　（ベスト新書385―ヴィジュアル新書）　1000円　①978-4-584-12385-0

◇青春の軌跡―濱勲国鉄写真集　濱勲[撮影],鉄道史資料保存会編　大阪　鉄道史資料保存会　2007.8　124p　30cm　3810円　①4-88540-115-1

◇世界鉄道百科図鑑―蒸気、ディーゼル、電気の機関車・列車のすべて：1825年から現代　デイヴィッド・ロス編著,小池滋,和久田康雄訳　悠書館　2007.8　544p　30cm　20000円　①978-4-903487-03-8
［内容］蒸気439種、ディーゼル252種、電気248種を1000点近い写真とイラストとともに収録。創成期から現代にいたる世界各地の機関車を網羅し、製造工場や鉄道会社、各車のたどった歴史も詳述。全長、重量、車輪配列、動力、最高速度、牽引力、軸重、ゲージなど機関車の機構がすべてわかる詳細データ（諸元表）を完備。世界最古の機関車から現代の超高速列車にいたる世界の機関車の総合ガイド。蒸気、ディーゼル、電気の機関車・列車を種類ごと年代順に紹介。二度の大戦や動力資源の変遷、近年の環境問題といった世界情勢の移り変わりを背景とした、各車の開発経緯やデザイン面での進化発展を丁寧に解説。

◇惜別乗車で広がる鉄の世界―絶滅危惧車両の事情がわかる本　井上孝司著

秀和システム　2010.6　191p　21cm　1800円　ⓘ978-4-7980-2634-3
　内容　乗っておきたい要注意車両がわかる！遭遇のためのポイントも徹底解説。

◇戦後を走った車両たち　国鉄編　渡利正彦著　［岐阜］　岐阜新聞社　2004.8　150p　27cm〈発売：岐阜新聞情報センター（岐阜）〉　2381円　ⓘ4-87797-083-5
　目次　岐阜付近、長森〜鵜沼、美濃太田付近、白川口〜飛騨金山、高山付近、大垣付近、米原付近、柳ヶ瀬線、稲沢付近、名古屋付近、新守山〜高蔵寺、多治見付近、恵那付近、中津川付近、弥富・桑名付近、亀山付近、加太越え、松阪付近、大府〜半田、豊橋付近

◇戦後を走った車両たち　名古屋鉄道編　渡利正彦著　［岐阜］　岐阜新聞社　2004.1　151p　27cm〈年表あり　発売：岐阜新聞情報センター（岐阜）〉　2381円　ⓘ4-87797-074-6
　内容　現在、様々な分野で昔の姿を調査しまた記録する活動が活発です。本書は、「名鉄電車」を対象に、様々な電車が各地で元気に活躍していたころの姿や街の情景を振り返って、見ていただこうと思い、「写真」と「思い出文」に調査結果をまとめた「資料編」を付け加えまとめたものです。

◇戦後を走った木造車　1　若尾侑編著　大正出版　1999.12　151p　25cm　3800円　ⓘ4-8117-0629-3
　内容　昭和30年代まで生き続けた木造車体の鉄道車両を写真で集大成。第1巻は東日本エリアの私鉄で活躍した電車・客車・気動車を収録。

◇戦後を走った木造車　2　若尾侑編著　大正出版　2000.3　156p　25cm　3800円　ⓘ4-8117-0630-7
　内容　昭和30年代まで生き続けた木造車体の鉄道車両を写真で集大成。第2巻は中部・西日本エリアの私鉄の電車・客車・気動車と、国鉄の木造車を掲載。

◇戦後日本の鉄道車両　塚本雅啓著　グランプリ出版　2002.4　268p　21cm　2000円　ⓘ4-87687-232-5
　目次　第1章　機関車（蒸気機関車、電気機関車ほか）、第2章　旅客車（客車、電車（郊外・地下鉄用）ほか）、第3章　貨車、第4章　事業用車（新幹線の事業用車、在来線の事業用車）

◇立入厳禁―軌間1067mm以上の旅客鉄道以外の本　「立入厳禁」編集委員会編　［町田］　「立入厳禁」編集委員会　1999.7　268p　26cm　2476円

◇知識をひろげるまなぶっく図鑑電車・列車　アミーカ編、RGG写真　メイツ出版　2005.6　128p　21cm　（まなぶっく）　1500円　ⓘ4-89577-888-6
　内容　最新型からめずらしいモデルまで、日本全国の車輌をたくさん紹介します。

◇珍列車・新列車コレクション―撮ったぞ！　鉄道おもしろシーン　『鉄道ダイヤ情報』編集部編　交通新聞社　2016.3　112p　26cm　（DJプラチナ）　1600円　ⓘ978-4-330-67016-4
　内容　おっ！こんな列車が走ったんだ。2015年の新型車両、リニューアル車両も満載！

◇徹底チェック民鉄車両―JR発足後、民鉄はどんな車両をつくってきたか　上　川島令三著　中央書院　2001.12　238p　19cm　1800円　ⓘ4-88732-104-X
　内容　JR発足（1987年）から現在までに民鉄各社が登場させた通勤形車両と中距離タイプ車両のすべてを川島流にズバリ辛口批評。

◇徹底チェックJR一般車両　川島令三著　中央書院　2001.9　214p　19cm　（JRはどんな車両をつくってきたか　下）　1800円　ⓘ4-88732-101-5
　内容　"乗客本位の車両""乗客軽視の車両"は、これだ！JR発足（1987年）から現在までに、各社が登場させた一般車両（通勤形と近郊形の新製車及び改造車）のすべてを川島流にズバリ辛口批評。

◇鉄道車両色見本帳―慶応義塾大学鉄道研究会創立70周年記念写真集　1（国鉄・JR編）　鉄研三田会　2005.6　208p　26cm〈発売：交友社〉　3800円　ⓘ4-7731-0002-8

◇鉄道車両色見本帳―慶応義塾大学鉄道研究会創立75周年記念写真集　2（大手私鉄・地下鉄編）　鉄研三田会　2009.10　151p　26cm〈発売：交友社〉　2600円　ⓘ978-4-7731-0004-4

◇鉄道車輌ガイド　vol.21　クモハ12とクモニ13―長寿を全うした17m級国電　ネコ・パブリッシング　2015.11　112p　26cm　（NEKO MOOK 2393―RM MODELS ARCHIVE）　2500円　ⓘ978-4-7770-1893-2

◇鉄道車輌ガイド vol.22 東急デハ3450―半世紀に渡って活躍し続けた東急吊掛電車の代名詞! ネコ・パブリッシング 2016.5 113p 26cm (NEKO MOOK 2462―RM MODELS ARCHIVE)〈文献あり〉 2500円 ①978―4―7770―1962―5

◇鉄道車輌ガイド vol.23 クモニ83と仲間たち―郵便・荷物電車概論 モデラーの目で見た郵便・荷物電車 モデルで楽しむクモニ83と仲間たち ネコ・パブリッシング 2016.10 98p 26cm (NEKO MOOK 2505―RM MODELS ARCHIVE) 2500円 ①978―4―7770―2005―8

◇鉄道車輌ガイド vol.24 元祖ブルートレイン20系客車 ネコ・パブリッシング 2017.1 114p 26cm (NEKO MOOK 2454―RM MODELS ARCHIVE)〈文献あり〉 2500円 ①978―4―7770―1954―0

◇鉄道車輌ガイド vol.25 西武の赤電時代―3扉通勤車の系譜 ネコ・パブリッシング 2017.8 114p 26cm (NEKO MOOK 2621―RM MODELS ARCHIVE)〈文献あり〉 1800円 ①978―4―7770―2121―5

◇鉄道車輌ガイド vol.26 東急7000系 ネコ・パブリッシング 2017.9 98p 26cm (NEKO MOOK 2595―RM MODELS ARCHIVE)〈文献あり〉 2500円 ①978―4―7770―2095―9

◇鉄道車輌ガイド vol.27 80系湘南電車最後の頃 ネコ・パブリッシング 2018.3 114p 26cm (NEKO MOOK 2688―RM MODELS ARCHIVE) 2500円 ①978―4―7770―2188―8

◇鉄道車両形式写真集 伊藤丈浩撮影・執筆 [出版地不明] [伊藤丈浩] 2011.12 1冊(ページ付なし) 30cm

◇鉄道車輌ディテール・ファイル―RM models archive 001 北海道時代のC62 2・3 ネコ・パブリッシング 2009.8 48p 26cm 1000円 ①978―4―7770―5261―5
|内容| 鉄道モデリングの参考になる写真をまとめた資料集。

◇鉄道車輌ディテール・ファイル―RM models archive 002 ひさし付車体のEF10(1〜16) ネコ・パブリッシング 2009.9 48p 26cm 1000円 ①978―4―7770―5262―2
|内容| EF10は鉄道省初の量産F級貨物用電気機関車として1934(昭和9)年に登場。総計41輌が1942(昭和17)年まで製造され、1970年代までの長きに渡って活躍した。非常に多くのバリエーションを有しているのが特徴だ。『ディテール・ファイル』002ではその第一陣、「ひさし付車体」1〜16号機のディテールを追う。

◇鉄道車輌ディテール・ファイル―RM models archive 3 九州のD50 ネコ・パブリッシング 2009.10 48p 26cm 1000円 ①978―4―7770―5267―7

◇鉄道車輌ディテール・ファイル―RM models archive 004 丸型車体のEF10(17〜24) ネコ・パブリッシング 2009.11 48p 26cm 1000円 ①978―4―7770―5270―7
|内容| 41輌が製造されたEF10は、車体形状が大きく3種に分類される。その中で最も少数派だったのは、「丸型車体」EF10 17〜24号機。『ディテール・ファイル』004では、独特なスタイルとなったこの8輌の仲間を見ていく。

◇鉄道車輌ディテール・ファイル―RM models archive 005 筑豊のD60 ネコ・パブリッシング 2009.12 48p 26cm 1000円 ①978―4―7770―5272―1
|内容| 大正時代に登場したD50を種車に戦後従台車2軸化改造したD60が最後まで活躍したのが筑豊地区。九州独特の装備に加え、ほかの地域からの転入機が形態バリエーションを拡大したD60たちを本号では見ていく。

◇鉄道車輌ディテール・ファイル―RM models archive 006 飯田線のED18 ネコ・パブリッシング 2010.1 48p 26cm 1000円 ①978―4―7770―5274―5
|内容| デッカーと呼ばれた英国機のうち、最後まで国鉄で稼動したED18。台車を改造して軸重を軽減したユニークなこの機関車を、飯田線で活躍中の形態の変化から2号機の浜松工場入換機時代、そして動態復元時までを含め、振り返ってみる。

◇鉄道車輌ディテール・ファイル―RM models archive 007 角型車体のEF10(25〜41) ネコ・パブリッシング 2010.2 48p 26cm 1000円 ①978―4―7770―5278―3

◇鉄道車輌ディテール・ファイル―RM models archive 008 松戸電車区のモハ60 ネコ・パブリッシング 2010.3 48p 26cm 1000円 ①978-4-7770-5280-6

内容 『ディテール・ファイル』初の電車、優美な半流線型車体のモハ60が本号の題材である。戦前製20m級3扉ロングシート車を代表する存在だった本形式のうち、戦後の常磐線における姿を見る。

◇鉄道車輌ディテール・ファイル―RM MODELS ARCHIVE 009 飯田線のED19 ネコ・パブリッシング 2010.4 48p 26cm 1000円 ①978-4-7770-5282-0

内容 『ディテール・ファイル』009の題材はED19。日本の電機黎明期の輸入機の一員で、当初は旅客用だったものを貨物用に改造して生まれた形式である。国鉄最後のアメリカ製電機として飯田線北部で貨物牽引に活躍した晩年の姿を見ていく。

◇鉄道車輌ディテール・ファイル―RM MODELS ARCHIVE 010 1灯ライトのEF60 ネコ・パブリッシング 2010.5 48p 26cm 1000円 ①978-4-7770-5286-8

内容 国鉄直流電機の標準的な車軸配置がB‐B‐Bとなって久しいが、その草分けはEF60だった。本形式のうち初期から中期に製造された前照灯が1灯の仲間たちを『ディテール・ファイル』010で取り上げる。

◇鉄道車輌ディテール・ファイル―RM MODELS ARCHIVE 011 現役～動態復元開始までのC61 20 ネコ・パブリッシング 2010.6 48p 26cm 1000円 ①978-4-7770-5288-2

内容 JR東日本から動態復元計画が発表され注目の的となっているC61 20。同機の現役当時を振り返るとともに、復元に向けて分解された際の貴重なチャンスを生かし、ふだんは見ることのできない内部にもスポットを当てる。

◇鉄道車輌ディテール・ファイル―RM models archive 12 会津若松のC11 part 1 ネコ・パブリッシング 2010.7 48p 26cm 1000円 ①978-4-7770-5290-5

内容 東北地方の南部に位置する会津若松。そこには1974年までC11が配置され、会津、只見、日中で活躍していた。『ディテール・ファイル』では、このC11たちを2回に分けて取り上げる。今回のPART1には、若番から200番代半ばまでが登場。

◇鉄道車輌ディテール・ファイル―RM models archive 13 瀬野機関区のEF59 part 1 ネコ・パブリッシング 2010.8 48p 26cm 1000円 ①978-4-7770-5292-9

内容 山陽本線最大の難所セノハチ。この勾配区間における上り列車の後部補機として20余年にわたり活躍した古豪EF59。国鉄最後の戦前製電機となった本形式24輌の仲間を本号PART1と近刊PART2、2回に分けて見ていく。

◇鉄道車輌ディテール・ファイル―RM MODELS ARCHIVE 014 会津若松のC11 part2 ネコ・パブリッシング 2010.11 48p 26cm 1238円 ①978-4-7770-5298-1

内容 首都圏から近くSLブームの時代に人気だった、会津若松のC11。今回のPart2では289号機以降を取り上げ、ディテールを見て行く。

◇鉄道車輌ディテール・ファイル―RM models archive 15 瀬野機関区のEF59 part 2 ネコ・パブリッシング 2010.12 48p 26cm 1238円 ①978-4-7770-5300-1

◇鉄道車輌ディテール・ファイル 019 名鉄7000系 ネコ・パブリッシング 2016.3 82p 26cm (NEKO MOOK 2394―RM MODELS ARCHIVE)〈文献あり〉 1800円 ①978-4-7770-1894-9

◇鉄道車輌ディテール・ファイル 020 ED11とED14 ネコ・パブリッシング 2016.8 82p 26cm (NEKO MOOK 2455―RM MODELS ARCHIVE) 2500円 ①978-4-7770-1955-7

◇鉄道車輌ディテール・ファイル 021 阪急8000・8300系 ネコ・パブリッシング 2017.5 82p 26cm (NEKO MOOK 2557―RM MODELS ARCHIVE) 2315円 ①978-4-7770-2057-7

◇鉄道・車両の謎と不思議　梅原淳著　東京堂出版　2001.9　293p　19cm　1600円　①4-490-20444-2
内容　地下鉄電車はどこから地下に入れるの。回収された切符はどこに集めてどうするの。スイッチバックはなぜ進行方向が反対になるの。そう言われてみれば何故？　鉄道ファンもそうでない人もちょっとは気になったあの話題が目からウロコの納得解説で満載。あなたの胸のつかえをスッキリ。

◇鉄道車両ビジュアル大全　1　東京駅―昭和39年東海道新幹線の開業せまる　講談社編　講談社　2012.10　31p　26cm　850円　①978-4-06-217959-1
内容　東京駅で、昭和39（1964）年10月ダイヤ改正によって、新旧交代した10本の列車、60形式の車両を図解。

◇鉄道車両ビジュアル大全　2　大阪駅―昭和43年"よん・さん・とお"の輝き　講談社編　講談社　2012.11　32p　26cm〈折り込1枚〉　850円　①978-4-06-217960-7
内容　"よん・さん・とお"の合い言葉で呼ばれた昭和43年10月1日のダイヤ改正で大阪駅に発着するようになった列車、車両を特集。ポスター、イラスト、写真を使って「名列車・画期的鉄道車両」のすべてをビジュアル詳説。

◇鉄道車両ビジュアル大全　3　上野駅―昭和57年東北・上越新幹線が開業　講談社編　講談社　2012.12　31p　26cm〈折り込1枚〉　850円　①978-4-06-217961-4
目次　発掘記憶写真館　地平ホームに特急電車が並ぶ、昭和57年11月　上野駅に立つ、車両図鑑　581系・583系　特急形交直流電車、列車名鑑　特急はつかり、列車名鑑　特急はくつる、もの知りコラム　静電アンテナの働き、駅前駅チカ駅んなか、回想エッセイ　信越電車特急は今いずこ、車両図鑑　485系、列車名鑑　特急ひばり〔ほか〕

◇鉄道車両ビジュアル大全　4　札幌駅―昭和63年「北斗星」デビュー　講談社編　講談社　2013.1　32p　26cm　850円　①978-4-06-217962-1
目次　発掘記憶写真館　空から見た札幌駅界隈、昭和63年春　札幌駅に立つ、列車名鑑　特急北斗星、車両図鑑　24系25形特急形客車（「北斗星」用）車両図鑑　24系25形特急形客車（「北斗星」用）ロイヤル/ソロ/デュエット/ツインデラックス、車両図鑑　24系25形特急形客車（「北斗星」用）B寝台車/電源・荷物車、車両図鑑　24系25形特急形客車（「北斗星」用）食堂車/ロビーカー、駅前駅チカ駅んなか　札幌駅の高架化もビッグな話題、回想エッセイ　"63・3"と『ザ　クリスタル　レールウェイ北海道』、車両図鑑　キハ183系・キハ183系500番台〔ほか〕

◇鉄道車両ビジュアル大全　5　博多駅―昭和50年"ひかりライン"海を渡る　講談社編　講談社　2013.2　32p　26cm　850円　①978-4-06-217963-8
目次　発掘記憶写真館「あさかぜ1号」が堂々の編成で博多駅に到着、昭和50（1975）年3月博多駅に立つ、列車名鑑　特急つばめ、車両図鑑　485系特急形交直流電車、車両図鑑　581系・583系、列車名鑑　特急月光、駅前駅チカ駅んなか、回想エッセイ　福岡駅への改称はいつ？、車両図鑑　ED73形・20系、列車名鑑　特急あさかぜ1号・2号〔ほか〕

◇鉄道車両ビジュアル大全　6　東京駅2（昭和61年国鉄最後のダイヤ改正）　講談社編　講談社　2013.3　32p　26cm　850円　①978-4-06-217964-5
目次　発掘記憶写真館　114回目の鉄道記念日を迎えた東京駅、昭和61（1986）年秋　東京駅に立つ、車両図鑑　100系新幹線電車、車両図鑑　100系3000番台、車両図鑑　0系、列車名鑑　特急ひかり・特急こだま、駅前駅チカ駅んなか　国鉄本社の玄関から国鉄の表札が外された、回想エッセイ　思い出す「東京駅」、車両図鑑　EF66形・24系25形、列車名鑑　特急はやぶさ〔ほか〕

◇鉄道車両銘板　岩堀春夫著　西宮　ないねん出版　2002.5　132p　26cm　3200円　①4-931374-33-6

◇鉄道車両メカニズム図鑑　川辺謙一著　学研パブリッシング　2012.5　233p　19cm〈折り込1枚〈超図説〉鉄道車両を知りつくす(2007年刊)の再構成・加筆、修正　文献あり　発売：学研マーケティング〉　571円　①978-4-05-405338-0
内容　400点以上の図・写真で、鉄道車両の秘密に迫る。

◇鉄道湘南スタイル―懐かしの前面2枚窓車両　石塚純一監修　枻出版社　2011.8　125p　21cm〈文献あり〉　1200円　①978-4-7779-2048-8

◇鉄道「新車」レビュー―利用者本位の車両づくりを求めて　v.1　川島令三著

車輌

鉄道経営

中央書院　2003.7　213p　21cm　1900円　⑭4-88732-140-6

内容　この分野きっての専門家が、該博な鉄道知識と実際の乗車体験をもとに、最近2年間の「新車」(新形式車および大幅改造車)をあらゆる角度から徹底評価(5評価項目について5段階評価)。利用者本位の車両づくりを願って鉄道事業者にあえて辛口提言する。

◇鉄道図鑑　大手私鉄編 v.2　イカロス出版　1998.12　208p　30cm　(イカロスムック)　3048円　⑭4-87149-184-6

◇鉄道図鑑　JR・国鉄編　イカロス出版　1998.4　184p　30cm　(イカロス・ムック)　3000円　⑭4-87149-146-3

◇鉄道なう！―はたらく人たちと車両　全速前進　キッズ鉄道探検隊著　図書館版　いかだ社　2013.4　63p　27cm　(KIDS鉄っちゃん)　2000円　⑭978-4-87051-402-7

内容　鉄道マンの仕事を紙上体験！車両の疑問もすべて解決。

◇鉄道なう！―はたらく人たちと車両　全速前進　キッズ鉄道探検隊著　いかだ社　2013.4　63p　26cm　(KIDS鉄っちゃん)　1400円　⑭978-4-87051-399-0

◇鉄道の顔―国鉄・JRの名車両　超細密イラストで楽しむ　石井光智イラスト，松本典久文　学研パブリッシング　2010.8　127p　21cm〈他言語標題：Train's Face　発売：学研マーケティング〉　1900円　⑭978-4-05-404620-7

内容　顔が命の、鉄道車両。0系新幹線、20系ブルトレ…写真よりもリアルに描いた驚きの車両図鑑。

◇鉄道の情景―1953～2002　西野保行著　成山堂書店　2004.2　150p　25×31cm〈他言語標題：The railway scene　英文併記〉　4600円　⑭4-425-96041-6

目次　蒸気機関車が美しかった頃、国鉄とJRの電気機関車、私鉄の小型電気機関車、四季の水田を行く、川を渡る、架線柱―電気鉄道の大道具、集合住宅―都市鉄道の大顧客、非電化複線区間、輸入トラス橋健在、私のお気に入りの隣人―池上線、ドイツの印象、カリフォルニアの印象

◇鉄道番外録―Inconspicuous supporters 1　岩堀春夫編　西宮　ないねん出版　1994.8　64p　26cm　1900円

◇鉄道番外録―Inconspicuous supporters 2　岩堀春夫編　西宮　ないねん出版　1995.5　80p　26cm　1900円

◇鉄道番外録―Inconspicuous supporters 3　岩堀春夫編　西宮　ないねん出版　1995.12　80p　26cm　1900円　⑭4-931374-05-0

◇鉄道番外録―Inconspicuous supporters 4　岩堀春夫編　西宮　ないねん出版　1996.10　80p　26cm　1900円　⑭4-931374-09-3

◇鉄道番外録 5　岩堀春夫編　西宮　ないねん出版　1998.3　80p　26cm〈他言語標題：Inconspicuous supporters〉　1900円　⑭4-931374-16-6

◇鉄道番外録 6　岩堀春夫編　西宮　ないねん出版　1999.9　80p　26cm〈他言語標題：Inconspicuous supporters〉　1900円　⑭4-931374-21-2

目次　ダムを作った機関車，最近の話題，大阪湾岸の貨物線 和田岬線，機械番号への興味，電気機関車の走る貨物線 近江鉄道，内燃機関車のプロフィール，貨車移動機リスト

◇鉄道番外録 7　岩堀春夫編　西宮　ないねん出版　2001.4　80p　26cm〈他言語標題：Inconspicuous supporters〉　1900円　⑭4-931374-27-1

◇鉄道番外録 8　岩堀春夫著編　西宮　ないねん出版　2003.3　96p　26cm〈他言語標題：Inconspicuous supporters〉　1900円　⑭4-931374-37-9

目次　太平洋炭鉱の鉄道，裏口から見た車両メーカー，明治鉱業平山鉱業所，大阪湾岸の貨物線 飾磨港線・北沢産業，伊勢路の小型機関車，最近の話題，記録写真を考える

◇鉄道番外録 9　岩堀春夫著編　西宮　ないねん出版　2004.5　96p　26cm〈他言語標題：Inconspicuous supporters〉　1900円　⑭4-931374-44-1

◇鉄道番外録 10　岩堀春夫編著　西宮　ないねん出版　2005.6　96p　26cm〈他言語標題：Inconspicuous supporters〉　1900円　⑭4-931374-49-2

◇鉄道番外録 11　岩堀春夫編著　西宮　ないねん出版　2007.8　96p　26cm〈他言語標題：Inconspicuous supporters〉　1900円　⑭978-4-931374-70-6

◇鉄道レア車両大百科―120形式掲載：完全保存版　レア車両研究会編著　廣済

堂出版　2012.3　143p　19cm〈索引あり　文献あり〉　1600円　①978-4-331-51625-6
　内容 「ドクター・イエロー」をはじめ貴重なレア車両だけを徹底紹介。走行写真はオールカラー完全掲載。どこで会える？　など裏情報も満載。

◇電車を創る　土岐実光著　名古屋　交友社　1994.12　283p　21cm　1800円

◇電車の顔図鑑―JR線を走る鉄道車両　江口明男著　天夢人　2017.9　159p　21cm　（旅鉄BOOKS 002）〈発売：山と溪谷社〉　1600円　①978-4-635-82014-1
　内容 JR7社と国鉄の名車198形式484両の顔が鉄道模型スケールで並ぶ、イラスト大図鑑。見分けるポイントがわかる！

◇電車の顔図鑑　2　国鉄時代の鉄道車両　江口明男著　天夢人　2018.3　158p　21cm　（旅鉄BOOKS 008）〈発売：山と溪谷社〉　1600円　①978-4-635-82045-5
　内容 国鉄時代を駆けた名車の顔が鉄道模型スケールで並ぶイラスト大図鑑。改造車や塗色変更車も収録。

◇東急電車形式集　1　豊中　レイルロード　1996.4　152p　30cm〈発売：文苑堂東京店　おもに図〉　4900円　①4-938343-91-6

◇東急電車形式集　2　豊中　レイルロード　1996.4　152p　30cm〈発売：文苑堂東京店　おもに図〉　4900円　①4-938343-92-4

◇東急電車形式集　3　豊中　レイルロード　1997.10　152p　30cm〈おもに図　東京　文苑堂東京店（発売）〉　4800円　①4-947714-03-4

◇東南アジアを走るニッポンの廃車両―海を渡って活躍する日本の名車たち　斎藤幹雄著　枻出版社　2011.6　142p　21cm〈文献あり〉　1200円　①978-4-7779-1973-4

◇東北の汽笛―東北地方の鉄道1958～1978　星良助写真集　星良助著　西宮　ないねん出版　2005.4　136p　26cm　2600円　①4-931374-48-4

◇日本の地下鉄・車両めぐり―都市交通を担うメトロの車両たち　金子元昭著　交通新聞社　2007.3　152p　図版16枚　26cm　2300円　①978-4-330-93207-1
　内容 地下鉄が走り出して80年（2007年）。写真で見る日本の地下鉄車両史。北は札幌から南は福岡の9都市10地下鉄事業者の路線を走る車両を掲載。本書は日本の地下鉄車両の変遷を知る貴重な記録誌。

◇日本の鉄道車輌史　久保田博著　グランプリ出版　2001.3　320p　21cm〈年表あり　文献あり〉　2500円　①4-87687-220-1
　内容 身近な鉄道車両の130年にわたる進歩の歴史的経過について、蒸気機関車などの一部車種を除いては、全般に解説記録したものは見当たりません。機関車・電車・内燃動車・客車・貨車などのすべての車種にわたり、高踏の技術的専門でなく、個人的な趣味に走らずに、進歩改善の経過や成功失敗の記録を正確に記すこと容易でありませんが、著者が30年近くにわたって鉄道車両に直接に関与し、またその後も研究してきた長年にわたる蓄積を本書にまとめました。

◇人気列車カタログ　2000年　井上廣和写真, 坂正博解説　山と溪谷社　2000.8　127p　19×26cm　（ヤマケイレイルブックス 6）　1200円　①4-635-06806-4

◇能勢電鉄　藤井信夫著　堺　関西鉄道研究会　1993.8　110p　26cm　（車両発達史シリーズ 51）〈年表：p108～109〉　4800円　①4-906399-11-8

◇乗らずに死ねるか！―列車を味わいつくす裏マニュアル　黒田一樹著　大阪　創元社　2014.6　198p　21cm〈文献あり〉　1500円　①978-4-422-24068-8
　内容 鉄道会社の思惑と全く無関係に独断と偏見でよりすぐった列車を凄腕の経営コンサルタントが入魂のプロモーション！

◇パーツ別電車観察学―鉄道車両のパーツ　石本祐吉著　アグネ技術センター　2004.7　187p　21cm〈文献あり〉　2000円　①4-901496-17-4
　内容 通勤に、通学に、お出かけに、毎日のように目にしている電車だが、その部分部分はどうなっているのか？　同じ線を走っている電車でも、パーツで見るといろいろ違うようだ。昔はどうだったのか？　新しいものはどこが改良されたのか？　そんな疑問を豊富な写真と図でわかりやすく解明する。

車輌

◇広田尚敬が撮った！ JR名車両100選　広田尚敬撮影・構成，JRR解説　講談社　1998.1　175p　26cm〈年表あり〉　2600円　①4-06-208590-9
内容 消えていった名車両，誕生した名車両，鉄道写真家・広田尚敬が追った名車両の軌跡。

◇福井鉄道200形—去りゆく老兵に贈る賛歌 若い仲間と代わります　渡邊誠著　勝山　鉄道友の会福井支部　2017.3　126p　21cm〈年表あり　文献あり〉　1700円　①978-4-9909490-0-6

◇星晃が手がけた国鉄黄金時代の車両たち　福原俊一著　交通新聞社　2014.11　255p　19cm　（KOTSUライブラリ 009）　1800円　①978-4-330-51814-5
内容 国鉄の副技師長などを歴任した星晃氏は，その在職期間中の大半を，旅客車の企画・開発から設計にわたる仕事に携わられ，数多くの車両を世に送り出してきた。それは，80系湘南形電車や10系軽量客車に端を発し，ビジネス特急「こだま」の151系をはじめとする中・長距離用の新性能電車を経て，世界初の寝台電車581系へとつながる，まさに国鉄黄金時代を象徴するような名車両ばかりである。本書は，星晃氏がどのような思いで設計し，試行錯誤を繰り返し，どのような形で実際の車両に結実させたかをたどる，ある種の「物語」でもある。

◇星晃さんのアルバムから国鉄車輌誕生秘話　星晃写真・資料，岡田誠一解説　ネコ・パブリッシング　2018.2　143p　31cm〈2014年刊の再編集　年譜あり〉　3241円　①978-4-7770-5422-0
目次 軽量客車誕生―ナハ10形とナハネ10形（1955～1956），試作と試験―交流電化を目前にして（1958～1960），続・試作と試験―ユニークな形状と装備（1958～1967），新性能電車の嚆矢90系電車―金魚と呼ばれた通勤電車（1958），ひので・きぼう出発進行―155形電車登場（1959），日光をめざして157系電車登場（1959），パーラーカー登場―クロ151形のすべて（1960），パンタグラフ付き電源車カニ22―"さくら" "みずほ" "あさかぜ"（1960～1968），第2回アジア鉄道首脳者懇談会―（1960），貴賓電車クロ157-1の製造―国鉄が総力を結集した電車の頂点（1960）〔ほか〕

◇星さんの鉄道昔ばなし　星晃，米山淳一著　JTB　2004.7　190p　19cm　（マイロネbooks 19）〈年譜あり〉　1000円　①4-533-05486-2
内容 国鉄旅客車の設計屋，星晃が語る。

◇北海道の私鉄車両　澤内一晃，星良助著　札幌　北海道新聞社　2016.3　272p　26cm〈文献あり〉　2750円　①978-4-89453-814-6
内容 機関車から内燃動車，客車，貨車まで北海道内44社の私鉄車両の全貌が明らかに。製造，改造，異動先などの履歴をまとめた車歴表はもちろん，300点を超える秘蔵写真，組立図や竣功図を収録した資料的価値の高い一冊。平成25年度島秀雄記念優秀著作賞受賞作待望の単行本化。

◇北海道JR系現役鉄道車両図鑑―北海道で在籍しているJR車両を全解説　加藤勝文・写真　札幌　エムジー・コーポレーション　2009.3　111p　26cm〈年表あり〉　1900円　①978-4-900253-61-2

◇幻の国鉄車両―夢の広軌化計画と，未成の機関車・客車・気動車・電車　JTBパブリッシング　2007.11　191p　21cm　（キャンブックス　鉄道 81）　2300円　①978-4-533-06906-2
内容 本書は，計画されたものの，さまざまな理由から実現するに至らず，人々にはほとんど知られることのなかった幻の国鉄車両の貴重な記録である。

◇木造車両と単車　小林庄三著　大阪　トンボ出版　1998.12　208p　26cm　2800円　①4-88716-122-0

◇モハ63形―国鉄鋼製電車史　上巻　藤本邦彦著　新座　車両史編さん会　2016.12　207p　30cm　6500円

◇モハ63形―国鉄鋼製電車史　中巻　藤本邦彦著　新座　車両史編さん会　2017.12　207p　30cm　6500円

◇モハ63形―国鉄鋼製電車史　中巻　藤本邦彦著　新座　車両史編さん会　2017.12　207p　30cm　6500円

◇よみがえる鉄道文化財―小さなアクションが守る大きな遺産　笹田昌宏著　交通新聞社　2015.4　187p　18cm　（交通新聞社新書 079）　800円　①978-4-330-56115-8
内容 鉄道文化財は，すべてが最初から歴史的価値を見出されていたものばかりではない。なかには歴史的価値を否定され，廃棄物として処分されかけた車両や施設などもある。しかし，そのような状況から市民の

手で救い出され、磨き上げられたとき、それは一転して鉄道文化財としての輝きを放つようになった。ゴミとして山のように積まれていた国鉄コンテナが、1個3000円で買い取られ、のちに「鉄道博物館」に展示された話など、小さなアクションが大きな鉄道文化財を残すことにつながった、日本および海外の事例とその舞台裏を、人間ドラマを交えながら紹介する。

◇流線型伝説─鉄道車両進化の系譜　池田邦彦著　イカロス出版　2005.1　201p　21cm　(のりもの選書 10)　1619円　①4-87149-638-4
内容 機能に並んで重要視される鉄道車両のカタチ。特に優等列車と呼ばれるグループでは斬新なデザインを生み出すために、つねに流線型を追求し続けてきた。卓抜した走行性能を象徴するフォルム、歴史に残る流線型車両の系譜をひもとく。

◇レイル　No.56　エリエイ　2006.4　98p　30cm　3500円　①4-87112-456-8
目次 日本の妻面5枚窓車輌のすべて 前編、全国の妻面5枚窓車輌図面、グラフ5枚窓の車輌たち東西南北 前編、戦前の鉄道の思い出雑記

◇レイル　No.57　エリエイ　2006.7　98p　29×21cm　3500円　①4-87112-457-6
目次 日本の妻面5枚窓車輌のすべて 後編、全国の妻面5枚窓車輌図面、グラフ 5枚窓の車輌たち東西南北 後編

◇ローカル私鉄車輌20年　路面電車・中私鉄編　寺田裕一著　JTB　2003.4　183p　21cm　(JTBキャンブックス)　1700円　①4-533-04718-1
内容 本書では、1980年4月1日以降、2003年1月1日までに在籍した「路面電車」と「中私鉄」の車両を、写真と文字で紹介する。

◇ローカル私鉄車輌20年　第3セクター・貨物専業編　寺田裕一著　JTB　2003.1　173p　21cm　(JTBキャンブックス)〈サブタイトル：全国61社247形式922両データ掲載〉　1700円　①4-533-04512-X
目次 北海道ちほく高原鉄道、下北交通、弘南鉄道黒石線、秋田内陸縦貫鉄道、由利高原鉄道、山形鉄道、三陸鉄道、阿武隈急行、野岩鉄道、会津鉄道〔ほか〕

◇ローカル私鉄車輌20年　西日本編　寺田裕一著　JTB　2002.2　190p　21cm　(JTBキャンブックス)　1700円　①4-533-04102-7
目次 富山地方鉄道、加越能鉄道、黒部峡谷鉄道、北陸鉄道石川総線、北陸鉄道浅野川・小松線、京福電気鉄道福井総線、福井鉄道、豊橋鉄道、三岐鉄道、近江鉄道〔ほか〕

◇ローカル私鉄車輌20年　東日本編　寺田裕一編著　JTB　2001.10　191p　21cm　(JTBキャンブックス)　1700円　①4-533-03982-0
目次 カラーグラフ北海道・東北編(三菱石炭鉱業大夕張鉄道、津軽鉄道、弘南鉄道弘南線 ほか)、カラーグラフ関東編(日立電鉄、鹿島臨海鉄道鹿島臨港線、茨城交通 ほか)、カラーグラフ甲信越・東海編(上毛電気鉄道、上信電鉄、蒲原鉄道 ほか)

◇JR全車両─ビジュアル決定版　原口隆行編著、井上廣和写真　世界文化社　2009.7　231p　27cm〈索引あり〉　5000円　①978-4-418-09905-4

◇JR全車両大図鑑　井上廣和写真、原口隆行編著　最新版　世界文化社　2000.8　215p　27cm　5000円　①4-418-00902-7

◇JR全車両大図鑑　原口隆行編著、井上廣和写真　新版　世界文化社　2004.8　223p　27cm　5000円　①4-418-04912-6

◇JR東日本─全72線区の駅・運転・車両のすべてを徹底解説　鉄楽舎著　山海堂　2000.4　255p　21cm　(JRパーフェクト 1)　2000円　①4-381-10361-0
内容 従来、車両や路線等、別々に語られてきた内容を、JR各会社別に総合的に紹介する新しい鉄道シリーズです。本書は、JR東日本の各路線のプロフィール、駅、列車、車両、事業内容などを簡潔にまとめ、JR東日本の全体像をあきらかにします。

◇JR東日本はこうして車両をつくってきた─多種多様なラインナップ誕生の舞台裏　白川保友, 和田洋著　交通新聞社　2017.12　239p　18cm　(交通新聞社新書)　800円　①978-4-330-84517-3
内容 1987(昭和62)年、国鉄の分割・民営化によって誕生したJR東日本は、1万両を超す車両を保有する日本最大の鉄道会社となる。しかし発足した当初は、国鉄時代の古いタイプの車両が大半を占め、技術革新の遅れも目立っていた。民間会社に移行し、顧客優先の志向のなかで、どのようにしてJR東日本独自の車両が生み出されていっ

グリーン車

たのか。その過程と舞台裏を、JR東日本で運輸車両部長などを歴任し、運転計画や車両開発に深く関わってきた、白川保友氏の証言によって浮き彫りにする。

◇SVカタログ 3 岩堀春夫撮影 西宮ないねん出版 1997.12 144p 26cm

3800円 ①4-931374-14-X

◇SVカタログ 4 岩堀春夫撮影 西宮ないねん出版 1998.12 144p 26cm 〈他言語標題：Side-view catalogue〉 3800円 ①4-931374-19-0

037 グリーン車

【概 要】JR旅客鉄道会社6社と一部の民営鉄道会社(私鉄)で導入されている特別車両であり、座席仕様や車内サービスなどで普通車との差別化を図っている。乗車には運賃のほかに料金（グリーン料金）がかかる。1969（昭和44）年5月に旧日本国有鉄道において導入され、従前の一等車に当たる。

　グリーン車というと、新幹線列車や特別急行（特急）列車のワンランク上の車両というイメージが強い。しかし、東日本旅客鉄道（JR東日本）では、首都圏の5方面（東海道線、東北線、常磐線、総武線、中央線）のうち、中央線を除く4方面の全普通列車に2階建てグリーン車を連結している（ただし、京浜東北線など電車特定区間内のみを運行する列車を除く）。中央線においても、2023年度末に導入する予定と発表されている。

◇グリーン車の不思議—特別車両「ロザ」の雑学 佐藤正樹著 交通新聞社 2012.8 259p 18cm （交通新聞社新書 047）〈文献あり〉 800円 ①978-4-330-30212-6
内容 昭和44年5月、国鉄の等級制度が廃止されると同時に誕生した「グリーン車」。本書は誕生から現在までの歴史や社会背景、鉄道事情など、ありとあらゆる角度からグリーン車を考察し、トリビア的知識を織り交ぜながらまとめあげた。グリーン車はなぜ「グリーン」なのか。議員パスで「グランクラス」もタダで乗れるのか。首都圏のグリーン車の元祖は…。グリーン車を熟知した著者が分かりやすく解説する。

◇贅沢な出張全国鉄道ガイド—最新グリーン車案内 川島令三［著］ 角川書店 2006.2 214p 18cm （角川oneテーマ21 B-79） 743円 ①4-04-710028-5
内容 全国の特急・通勤ライナーから厳選。「ちょっと贅沢」な列車利用のすすめ。

038 車掌車

【概 要】かつて貨物列車の最後尾に連結されていた、車掌が乗務する車両のことである。貨物列車の運転性能の向上や短編成化などの理由から、1985（昭和60）年3月のダイヤ改正によって車掌車の連結は原則として行われなくなった。

　車掌車は、現在でもわずかながら日本貨物鉄道（JR貨物）などに在籍しているものの、多くは廃車となっている。廃車後は、ローカル線の無人駅の駅舎として改造・使用されていたり、博物館や公園で展示されているケースもある。

◇国鉄貨車明細図集—1960年代〈1〉 巻次・部編番号 1 有蓋車/冷蔵車/車掌車 鉄道史資料保存会編 鉄道史資料保存会（大阪） 1993.7 200p 30cm 8,000円 ①4-88540-082-1

◇車掌車—個性派「貨車」のディープな世界 キュートでユニーク 笹田昌宏著 イカロス出版 2016.8 169p 21cm （IKAROS MOOK） 1500円 ①978-4-8022-0190-2

039 客貨車

【概 要】客車・貨車。鉄道車両のうち、客車は一般的に旅客・郵便物、その他に手荷物等を輸送するための車両を指し、貨車は貨物を積む設備が施され、輸送するための車両を

指す。また車掌車や雪搔き車、操縦車などは荷物の積載を主な目的としてはいないが、構造上から貨車とみなされることもある。

◇オハ31形（オハ44400）の一族―魚腹形台枠、モニター屋根の客車　上巻　藤本邦彦著　新座　車両史編さん会　2004.12　431p　30cm　（国鉄鋼製客車史 第1編）〈資料：三橋克己, 葛英一〉　8500円

◇オハ31形（オハ44400）の一族―魚腹形台枠、モニター屋根の客車　下巻　三橋克己監修, 藤本邦彦著　新座　車両史編さん会　2005.6　431p　30cm　（国鉄鋼製客車史 第1編）〈背のタイトル：オハ31（オハ44400）形の一族　資料：三橋克己, 葛英一〉　8500円

◇オハ35形（スハ33650）の一族―長形台枠、丸屋根の客車　上巻　三橋克己監修, 藤本邦彦著　新座　車両史編さん会　2008.6　463p　30cm　（国鉄鋼製客車史 第4編）〈資料：三橋克己ほか〉　10000円

◇オハ35形（スハ33650）の一族―長形台枠、丸屋根の客車　中巻　三橋克己監修, 藤本邦彦著　新座　車両史編さん会　2008.12　447p　30cm　（国鉄鋼製客車史 第4編）〈背のタイトル：オハ35（スハ33650）形の一族　資料：三橋克己ほか〉　10000円

◇オハ35形（スハ33650）の一族―長形台枠、丸屋根の客車　下巻　三橋克己監修, 藤本邦彦著　新座　車両史編さん会　2009.8　447p　30cm　（国鉄鋼製客車史 第4編）〈背のタイトル：オハ35（スハ33650）形の一族　資料：三橋克己ほか〉　10000円

◇オハ61形の一族―鋼体化客車　上巻　三橋克己監修, 藤本邦彦著　新座　車両史編さん会　2009.12　447p　30cm　（国鉄鋼製客車史 第7編）〈背のタイトル：オハ61形（鋼体化客車）の一族　資料：三橋克己ほか〉　10000円

◇オハ61形の一族―鋼体化客車　下巻　三橋克己監修, 藤本邦彦著　新座　車両史編さん会　2010.8　463p　30cm　（国鉄鋼製客車史 第7編）〈背のタイトル：オハ61形（鋼体化客車）の一族　資料：三橋克己ほか〉　10000円

◇オハ71形の一族―戦災復旧客車　上巻　三橋克己監修, 藤本邦彦著　新座　車両史編さん会　2011.6　447p　30cm　（国鉄鋼製客車史 第6編）〈背のタイトル：オハ71形（戦災復旧客車）の一族　資料：三橋克己ほか〉　10000円

◇オハ71形の一族―戦災復旧客車　下巻　三橋克己監修, 藤本邦彦著　新座　車両史編さん会　2011.12　447p　30cm　（国鉄鋼製客車史 第6編）〈背のタイトル：オハ71形（戦災復旧客車）の一族　資料：三橋克己ほか〉　10000円

◇回想の旅客車―特ロ・ハネ・こだまの時代　上　星晃著　学習研究社　2008.3　187p　27cm　3800円　①978-4-05-403708-3
内容　自営車から寝台・座席両用特急電車まで国鉄旅客車設計の第一人者による貴重な記録。

◇回想の旅客車―特ロ・ハネ・こだまの時代　下　星晃著　学習研究社　2008.5　178p　27cm　3800円　①978-4-05-403760-1
内容　進駐軍用客車、食堂車の復興、形式改正、塗色とデザイン…。第一人者が記した戦後復興・高度成長期の国鉄旅客車事情と「欧米鉄道見聞記」。

◇客車・貨車　広田尚敬写真　山と溪谷社　2007.7　239p　20×27cm　（ヤマケイ・レイル・グラフィックス―国鉄車両形式集 8）　4800円　①978-4-635-06828-4
目次　20系寝台車, 14系寝台車, 24系寝台車, 12系客車, 14系客車, 50系, 一般形客車, イベント用客車, 皇室車, 荷物車, 事業用車, 貨車

◇客車・好き―戦前型国鉄客車　いのうえ・こーいち著　JTBパブリッシング　2006.3　128p　22cm　（いのうえ・こーいち鉄道ノスタルジー 1）　1200円　①4-533-06249-0
目次　「17m級Wルーフ」, 「20m級Wルーフ」, 「Wルーフの完成形」, 展望車, 「丸屋根の時代」, 「丸屋根広窓」, 戦前型鋼製客車系列一覧

◇客車の迷宮―深淵なる客車ワールドを旅する　和田洋著　交通新聞社　2016.3　240p　18cm　（交通新聞社新書 091）

〈文献あり〉　800円　①978-4-330-65616-8
[内容] かつて国鉄に1万両以上が在籍した客車は、現在はイベント用などにわずかの両数を数えるだけになった。そんな「絶滅危惧種」に近い客車だが、個性豊かな車種や形式の多さは、電車などと比べてもなんら遜色がない。むしろ画一化された最近の車両と違い、極端にいえば1両ごとにさまざまなスタイルの差や変化があり、その個性は際立っている。鉄道の全盛期に、客車は多くのヒトやモノを運び、そのためにきめ細かい工夫や改良を重ねながら複雑な変遷をたどってきた。そんな客車の摩訶不思議な魅力を、マニア歴50年の筆者が掘り起こす。

◇旧形国電&国鉄客車ガイド―昭和56年頃旧形国電晩年の実録　昭和60年3月改正国鉄末期の客車動向　ジェー・アール・アール篇　復刻版　交通新聞社　2014.11　163p　26cm〈文献あり　「旧形国電ガイド」(ジェー・アール・アール1981年刊)の複製　「国鉄客車ガイド2」(ジェー・アール・アール1985年刊)の複製　3000円　①978-4-330-52614-0
[目次] 旧形国電ガイド(カラーグラフ　最期の旧形国電、カラーグラフ　さようなら旧形国電、『旧形国電ガイド』の発行について、旧形国電へ贈る言葉、旧形国電の今後の動向 ほか)、国鉄客車ガイド2(最近の客車の動向について、カートレインの運転計画について、ファンの目からみた最後の一般形客車100両、東北本線盛岡〜青森間の一般形客車置替えについて、急行列車編成表 ほか)

◇九州鉄道客貨車番号一覧　鉄道史資料保存会編　大阪　鉄道史資料保存会　1991.11　78p　30cm　2500円　①4-88540-075-9

◇京王5000系―ファンの目から見た33年　鈴木洋著　ネコ・パブリッシング　2011.10　47p　26cm　(RM library 146)　1200円　①978-4-7770-5316-2
[目次] 京王5000系とは、5000系誕生、5000系全盛期へ、通勤冷房車の誕生、5000系から6000系の時代へ、廃車・譲渡の開始

◇鋼製雑形客車のすべて　藤田吾郎著　ネコ・パブリッシング　2007.9　47p　26cm　(RM library 97)　1000円　①978-4-7770-5218-9

[目次] 1 ワキ転用車グループ(ホシ80形→ホシ860形→ホシ1860形、ホミ80形→ホミ800形→ホミ1800形、ホミ81形→ホミ810形→ホミ1810形 ほか)、2 買収私鉄グループ(青梅電気鉄道、南武鉄道、相模鉄道 ほか)、3 その他の鋼製雑形客車(ホニ90形→チホニ900形→チホニ1900形、ナヤ6566→ナエ2703、ニ800形、ほか)

◇国鉄客車ガイド　ジェー・アール・アール編集・製作　復刻版　交通新聞社　2013.12　111p　26cm〈ジェー・アール・アール1983年刊の複製〉　3000円　①978-4-330-42613-6
[内容] 1983(昭和58)年7月20日ジェー・アール・アール発行『国鉄客車ガイド』を再現した復刻版。巻頭グラビアを新規に追加するとともに、『別冊付録』として、『国鉄気動車・客車編成表'83年版』から「客車編成表」と「機関車・客車配置表」を収録した。

◇国鉄鋼製客車　1　岡田誠一著　JTBパブリッシング　2008.12　239p　21cm　(キャンブックス　鉄道 88-1)〈「1」のサブタイトル：オハ31系からスハ43系までの新製車を網羅〉　2000円　①978-4-533-07318-2
[内容] 貴重な写真と形式図を満載。

◇国鉄鋼製客車　2　10系以降の新製客車と事業用客車を網羅　岡田誠一著　JTBパブリッシング　2009.5　239p　21cm　(キャンブックス―鉄道 88-2)〈文献あり〉　2000円　①978-4-533-07526-1
[目次] 10系軽量客車、20系固定編成客車、12系客車、14系客車、24系客車、50系客車、格下げ客車・通勤形客車、郵便荷物車、事業用車、暖房車、事業用車、JR発足後に登場した客車

◇国鉄暖房車のすべて　岡田誠一著　ネコ・パブリッシング　2003.3　47p　26cm　(RM library 44)　1000円　①4-87366-334-2
[目次] 客車暖房事始め、昭和23年までに登場した暖房車、スヌ6850形とオヌ6880形の炭水容量増加工事、連合軍に接収された暖房車、暖房車の改番について、深刻な暖房車不足、マヌ34形の登場、簡易暖房車のヌ100形とヌ200形、高圧式と大気圧式、暖房車の燃費、蒸気発生装置の実用化、電気暖房について、暖房車の管理と所属、暖房車を動かす人、暖房車の晩年

◇図解客貨車名称事典　大久保寅一著　新装版　国書刊行会　1998.7　243p　16×22cm〈「最新客貨車名称鑑」(昭和

14年刊）の複製〉　2800円　①4-336-01740-9
内容 昭和14年大久保寅一著「最新客貨車名称図鑑」の復刻版。昭和54年12月刊行の新装版。

◇スハ32形（スハ32600）の一族―長形台枠、モニター屋根の客車　上巻　三橋克己監修, 藤本邦彦著　新座　車両史編さん会　2005.12　431p　30cm　（国鉄鋼製客車史 第2編）〈背のタイトル：スハ32（スハ32600）形の一族　資料：三橋克己ほか〉　9000円

◇スハ32形（スハ32600）の一族―長形台枠、モニター屋根の客車　下巻　三橋克己監修, 藤本邦彦著　新座　車両史編さん会　2006.7　431p　30cm　（国鉄鋼製客車史 第2編）〈背のタイトル：スハ32（スハ32600）形の一族　資料：三橋克己ほか〉　9000円

◇スハ32形（スハ32800）の一族―長形台枠、丸屋根の客車　上巻　三橋克己監修, 藤本邦彦著　新座　車両史編さん会　2007.4　463p　30cm　（国鉄鋼製客車史 第3編）〈資料：三橋克己ほか〉　10000円

◇スハ32形（スハ32800）の一族―長形台枠、丸屋根の客車　下巻　三橋克己監修, 藤本邦彦著　新座　車両史編さん会　2007.10　463p　30cm　（国鉄鋼製客車史 第3編）〈資料：三橋克己ほか〉　10000円

◇スハ43形の一族―長形台枠、切妻の客車　上巻　藤本邦彦著　新座　車両史編さん会　2012.6　447p　30cm　（国鉄鋼製客車史 第8編）〈背のタイトル：スハ43形（長形台枠切妻の客車）の一族　編集：藤本邦彦ほか〉　10000円

◇スハ43形の一族―長形台枠、切妻の客車　下巻　藤本邦彦著　新座　車両史編さん会　2012.12　447p　30cm　（国鉄鋼製客車史 第8編）〈背のタイトル：スハ43形（長形台枠切妻の客車）の一族　編集：藤本邦彦ほか〉　10000円

◇東武の車両10年の歩み写真集―1997-2007 東武鉄道創立110周年記念　花上嘉成監修, 東武博物館学芸課編　東武鉄道東武博物館　2007.11　51p　21×30cm〈年表あり〉

◇特ロのすべて―特別2等車の誕生と盛衰　和田洋著　ネコ・パブリッシング　2017.12　47p　26cm　（RM LIBRARY 220)〈文献あり〉　1250円　①978-4-7770-5419-0

◇ナハ10形の一族―軽量構造の客車　上巻　藤本邦彦著　新座　車両史編さん会　2013.7　447p　30cm　（国鉄鋼製客車史 第9編）〈背のタイトル：ナハ10形（軽量構造の客車）の一族　編集：藤本邦彦ほか〉　10000円

◇ナハ10形の一族―軽量構造の客車　中巻　藤本邦彦著　新座　車両史編さん会　2014.1　447p　30cm　（国鉄鋼製客車史 第9編）〈背のタイトル：ナハ10形（軽量構造の客車）の一族　編集：藤本邦彦ほか〉　10000円

◇ナハ10形の一族―軽量構造の客車　下巻　藤本邦彦著　新座　車両史編さん会　2014.8　447p　30cm　（国鉄鋼製客車史 第9編）〈背のタイトル：ナハ10形（軽量構造の客車）の一族　編集：藤本邦彦ほか〉　10000円

◇日本鉄道客車略図・貨車略図　鉄道史資料保存会編　大阪　鉄道史資料保存会　1991.2　87, 66枚　21×35cm〈複製〉　10000円　①4-88540-072-4

◇日本の客車―写真で見る客車の90年　日本の客車編さん委員会編著　復刻版　電気車研究会鉄道図書刊行会　2010.5　29p 図版264p　27cm　11000円　①978-4-88548-115-4

◇はたらく鉄道　1　人をはこぶ車両　鉄太郎監修, こどもくらぶ編　あすなろ書房　2018.3　31p　31cm〈索引あり〉　2800円　①978-4-7515-2901-0
目次 1 新幹線, 2 JRの特急列車, 3 私鉄の特急列車, 4 観光列車, 5 ローカル列車, 6 通勤列車, 7 地下鉄, 8 かわったしくみの鉄道

◇マニ60・61形スユニ60・61形　上　藤田吾郎著　ネコ・パブリッシング　2011.2　47p　26cm　（RM library 138)〈文献あり〉　1200円　①978-4-7770-5302-5

◇マニ60・61形スユニ60・61形　下　藤田吾郎著　ネコ・パブリッシング　2011.3　47p　26cm　（RM library 139)〈文献あり〉　1200円　①978-4-7770-5303-2

|目次| はじめに、2 マニ61形の分類、3 スユニ60形の分類、4 スユニ61形の分類、5 種車の形態、6 事業用車への改造、7 保存車・廃車体

◇レイル No.102 こどもの国線の半世紀とその前史 スイス・ゴッタルト峠訪問 国鉄客車5 エリエイ 2017.4 98p 29×21cm 3600円 ①978-4-87112-102-6

|目次| こどもの国線の半世紀とその前史、昭和54/1979年3月田園都市線に出現した注目編成、ハイカラ路線田園都市線、公式写真に見る国鉄客車・第5回、スイス・ゴッタルト峠訪問、2016年6月1日ゴッタルトベーストンネルその概要、田辺多知夫さんの尾小屋鉄道訪問記メモ、私の100・追録

◇20世紀なつかしの国鉄客車列車 井上廣和、栗原隆司写真、坂正博解説 山と溪谷社 2002.11 111p 19×26cm (ヤマケイレイルブックス 14) 1200円 ①4-635-06814-5

|目次| 北海道(宗谷本線雑型、釧網本線雑型 ほか)、東北(東北本線雑型、東北本線お座敷 ほか)、上信越(高崎線雑型、上越線12系 ほか)、東海道・北陸(東海道本線14系、東海道本線20系 ほか)、近畿(紀勢本線雑型、紀勢本線12系 ほか)、中国(山陰本線雑型、山陰本線12系 ほか)、四国(予讃本線雑型、予讃本線50系 ほか)、九州(鹿児島本線雑型、筑肥線雑型 ほか)

◇20世紀なつかしの国鉄客車列車 井上廣和、栗原隆司写真、坂正博解説 山と溪谷社 2002.11 111p 19×26cm (ヤマケイレイルブックス 14) 1200円 ①4-635-06814-5

|目次| 北海道(宗谷本線雑型、釧網本線雑型 ほか)、東北(東北本線雑型、東北本線お座敷 ほか)、上信越(高崎線雑型、上越線12系 ほか)、東海道・北陸(東海道本線14系、東海道本線20系 ほか)、近畿(紀勢本線雑型、紀勢本線12系 ほか)、中国(山陰本線雑型、山陰本線12系 ほか)、四国(予讃本線雑型、予讃本線50系 ほか)、九州(鹿児島本線雑型、筑肥線雑型 ほか)

040 食堂車

【概 要】旅客用の列車に設置されており、旅客者に対し食事(軽食含む)を提供する用途の車両。食堂や調理室などが設けられており、テーブル席が配置されている。車窓を見ながら食事をすることができ、かつては特急列車などに連結されていたが、列車の高速化が進むにつれ食堂車の利用客が減り、東海道・山陽新幹線では2000(平成12)年3月に食堂車の営業を終了した。

◇幸福な食堂車―九州新幹線のデザイナー水戸岡鋭治の「気」と「志」 一志治夫著 プレジデント社 2012.7 319p 20cm〈文献あり〉 1800円 ①978-4-8334-2014-3

|目次| コンセプトとはすなわち「志」―「富士山駅」、色への狂気「絶対色感」―大阪「サンデザイン」、ヨーロッパで出会った洗練とタフネス―イタリア「シルビオ・コッポラ事務所」、パース画の世界を切り拓く―「ドーンデザイン研究所」設立、成功へと導く「気」の存在―福岡「ホテル海の中道」、初の鉄道デザインは挑戦的な「花仕事」を―58系気動車「アクアエクスプレス」、100億円の価値を生むデザイン―高速船「ビートル」、なぜ電車が大切なのか―787系特急「つばめ」、感動は注ぎ込まれたエネルギーの量―883系「ソニック」、885系特急「かもめ」、和の素材・伝統・意匠を新幹線に―800系新幹線「つばめ」、「ローカル線」で日本の田舎を再生する―ゆふいんの森2、九州横断特急、SL人吉、いさぶろう・しんぺい、はやとの風、海幸山幸/―MOMO、KURO(ともに岡山電気軌道)/―いちご電車、たま電車(ともに和歌山電鐵)、合理主義・効率主義への抵抗―博多駅ビル「JR博多シティ」、答えは子どものころに見聞きした中にある―コミュータートレイン、「鹿児島中央駅」

◇幸福な食堂車―九州新幹線のデザイナー水戸岡鋭治の物語 一志治夫著 小学館 2016.9 309p 15cm (小学館文庫プレジデントセレクト Pい2-1)〈プレジデント社 2012年刊の改稿 文献あり〉 680円 ①978-4-09-470009-1

|内容| 偉ぶらず、媚びない。自分を語らず、自慢の類いはついぞしない。ノンフィクショ

ン作家が出会った、JR九州の列車デザイナー、水戸岡鋭治はそんな"目立たない"男だった―。旧国鉄ゆずりの体質に疑問を投げかけ、様々な出会いを繰り返しながら慣習を打ち破り、誰をも魅了する夢の列車を次々と生み出していく。タブーとされた木材を多用し、地元の伝統工芸をふんだんに施したクルーズトレイン「ななつ星 in 九州」は、日本中の熱狂をさらった。寡黙な男が内に秘めた熱いエネルギーの源泉とは。未来をデザインすることに賭けた男の、がむしゃらな半生記。

◇5感で味わう鉄道ごはん―乗って揺られて見て食べて　結解喜幸, 池口英司著　交通新聞社　2016.3　112p　26cm　（DJプラチナ）〈背のタイトル：鉄道ごはん〉　1600円　①978-4-330-66916-8
目次　はじめに レストラン列車の予約, "鉄道ごはん"列車体験記, 第1章 王道の"鉄道ごはん"列車, 第2章 お気軽"鉄道ごはん", 第3章 東西駅弁20傑, 第4章 せめて雰囲気だけでも!?, 第5章 食堂車の歴史

◇食堂車乗務員物語―あの頃、ご飯は石炭レンジで炊いていた　宇都宮照信著　交通新聞社　2009.12　220p　18cm　（交通新聞社新書 010）〈文献あり〉　800円　①978-4-330-11009-7
内容　今では一部の寝台列車に残るのみだが、かつては贅沢な旅の象徴であり、憧れの鉄道旅行シーンの代表格であった食堂車。本書は、その食堂車の全盛期に乗務をしていた著者による体験談、歴史秘話。読み進めるうちに、思い出の車窓風景や懐かしのメニューがよみがえる。

◇食堂車ノスタルジー―走るレストランの繁盛記　岩成政和著　イカロス出版　2005.3　191p　21cm　（のりもの選書 13）　1619円　①4-87149-653-8
内容　流れゆく景色を眺めながら、ゆったりと食事を楽しむのは、鉄道ならではの楽しみだった。そんな食堂車も少なくなる一方だ。大切な鉄道文化のひとつを担う食堂車の大人の楽しみを味わおう。

◇食堂車の明治・大正・昭和　かわぐちつとむ著　グランプリ出版　2002.12　243p　21cm　2000円　①4-87687-240-6
目次　1 明治時代（事始めは山陽鉄道（現山陽本線）, 官設鉄道の列車食堂の始まりほか）, 2 大正時代（鉄道省運輸局のころ, 大正時代の食堂車両 ほか）, 3 昭和時代初期（不況の中での営業活動, 昭和初期における営業活動 ほか）, 4 昭和時代中期（戦後の窮乏の中での営業再開, 列車食堂営業の複数営業の時代の始まり ほか）, 5 昭和時代後期（東海道新幹線開業直後の営業, 日本万国博のころの営業活動 ほか）

◇食堂車バンザイ！―国鉄食堂車の繁盛記　岩成政和著　イカロス出版　2016.2　186p　19cm〈文献あり〉　1700円　①978-4-8022-0149-0
内容　あちこちで食堂車が復活しているが、むかしとはちょっと意味合いが異なる。旅の目的としてではなく、だれもが気軽に足を向けられして、ちょっと大人の空間だった、国鉄時代の食堂車をちょっと思い出そう。

◇特殊仕様車両「食堂車」　三宅俊彦著　講談社　2012.8　159p　26cm〈文献あり 年譜あり〉　2800円　①978-4-06-217835-8
内容　食堂車研究の重鎮が秘蔵していた官設鉄道「和食堂車」や南海鉄道の「喫茶室」の車内写真, 残存していたことが奇跡！みかど食堂, 精養軒, 東松軒, 浅田屋列車食堂, 帝国ホテル, 日本食堂, ビュフェとうきょう等のメニューや車内案内広告。貴重な明治期の列車から新幹線までの食堂車連結列車の詳細編成図も完全網羅。

◇「トワイライトエクスプレス」食堂車ダイナープレヤデスの輝き―栄光の軌跡と最終列車の記録　伊藤博康著　大阪創元社　2015.9　182p　21cm〈文献あり〉　1500円　①978-4-422-24071-8
内容　国内最高峰の食堂車の知られざる舞台裏。1989年のデビュー以来、大阪～札幌間を走り続け、つねに最高級のサービスを提供してきたフレンチレストランの物語。

◇日本の食堂車　鉄道友の会客車気動車研究会著　ネコ・パブリッシング　2012.2　111p　26cm　（RM library 150）〈他言語標題：Dining Cars in Japan　文献あり〉　2381円　①978-4-7770-5320-9
目次　食堂車へようこそ―まえがきにかえて, 雑形客車（単車）, 雑形客車（ボギー客車）, 木製客車, 鋼製客車（戦前製）, 鋼製客車（戦後編）, 固定編成客車, 気動車, 電車, 新幹線, 皇室用客車, 車歴表

041 御料車

【概　要】いわゆる「御召（おめし）列車」を指す。天皇、皇后、皇太后が使うために特別に運行される列車。例えば、2007年に完成したJR東日本E655系「なごみ（和）」などが挙げられる

◇お召し列車―EF5861とその仲間たち　持田昭俊著　人類文化社　2002.4　71p　19×27cm〈他言語標題：Royal train　おもに図　発売：桜桃書房〉　1900円　①4-7567-1917-1

内容　陛下御乗用の「御料車」、随員控え用の「供奉車」そして、けん引用「ロイヤルエンジン」日本で唯一"列車番号"を持たない超特別列車の魅力のすべて。

◇御召列車―知られざる皇室専用列車の魅力　白川淳著　マガジンハウス　2010.6　111p　21cm〈文献あり〉　2000円　①978-4-8387-2096-5

内容　御召列車の歴史、栄光の牽引機、代々の御料車…鉄道ファン垂涎の的、御召列車・珠玉のすべてがこの一冊に。

042 女性専用車両

【概　要】女性専用として主に通勤時間帯に提供されている車両。1912年1月31日に東京府の中央線で朝夕の通勤・通学ラッシュ時間帯に運行した「婦人専用電車」が最初とされている。その後、廃止・新規車両導入を繰返し、2000年以降になって本格的に運用された

◇女たちよ、女性専用車両に乗れ！　通勤電車環境向上委員会編　小学館　2009.4　191p　19cm　1000円　①978-4-09-389714-3

◇女性専用車両の社会学　堀井光俊著　秀明出版会;SHI〔発売〕　2009.11　191p　19cm　1,400円　①978-4-915855-25-2

目次　第1章 序論（古今東西の女性専用車両、女性専用サービスのいろいろ ほか），第2章 女性専用車両導入の経緯と性差別（女性の人権に関する動向，性犯罪被害者保護への社会的関心 ほか），第3章 治安対策と女性専用車両（治安悪化神話と女性専用車両の導入拡大，犯罪としての痴漢 ほか），第4章 痴漢の構造（通勤電車の身体技法，汚穢とエロス ほか），第5章 ジェンダーと女性専用車両（日本の男女平等，「ニオイ」を排除する意味 ほか）

◇鉄道の謎と不思議に答える本―マニアも知らない知的雑学―たとえば、女性専用車両に男性がうっかり乗るとどうなるの？　博学こだわり倶楽部編　河出書房新社　2006.8　221p　15cm

(Kawade夢文庫)　514円　①4-309-49623-7

目次　1 ふと頭をよぎった「電車内」の大疑問―座席の一人ぶんの幅から、車内広告の儲けのしくみまで，2 そういえば謎だらけな「駅」の不思議―「キヨスク」のルーツから、ホームのかたちまで，3 知ってビックリの「切符・料金」のしくみ―使用ずみ切符のその後から、日本一安い鉄道まで，4 制服制帽で働く「鉄道員」のヒミツ―車掌のポケットの中身から、白い手袋の秘密まで，5 ニッポンが世界に誇る「鉄道輸送」のスゴさ―職人技の精密ダイヤから、路線名の決め方まで，6 列島を疾走する「新幹線」の驚異―超特急のオモシロ素顔から、"鼻"が長くなったワケまで，7 地中に張り巡らされた「地下鉄」の謎―アナウンスの方法から、トンネルの掘り方まで，8 復活の兆しをみせる「路面電車と蒸気機関車」の魅力―日本初の路面電車から、蒸気機関車が消えた理由まで，9 過密ダイヤを支える「設備」のウラ側―レールの構造から、列車用信号機の読み方まで，10 マニアもうなる「メカ」のからくり―電車の寿命から、ブレーキのかけ方まで

043 除雪車

【概　要】元来は「雪かき車」の名称で、動力を持たず機関車とともに用いられた。現在で

は、動力車に除雪装置を取り付けた車両やモーターカーによる除雪が一般的

◇私鉄の除雪車ミニ図鑑　黒田陽一著
［越谷］［黒田陽一］　2016.3　88p
26cm
◇はたらく鉄道　3　鉄道を守る車両　鉄太郎監修, こどもくらぶ編　あすなろ書房　2018.3　31p　31cm〈索引あり〉2800円　ⓘ978-4-7515-2903-4
目次 1 ドクターイエロー（新幹線電気・軌道総合試験車）, 2 JRのいろいろな検測車, 3 私鉄の検測車, 4 保線作業用の車両, 5 除雪機関車・除雪車

044　郵便客車
【概　要】郵便車。郵便物を輸送する目的で利用された車両。旅客列車に連結して運転されているので客車と同じ構造となっている。国鉄所属の車両と郵政省所属の車がある

◇急行形電車―郵便・荷物電車, 事業用電車　福原俊一編著　電気車研究会　1997.12　93p　15×21cm　（JR電車ライブラリー 6）〈執筆：新井泰〉　1048円　ⓘ4-88548-088-4
◇国鉄鋼製郵便客車　上　藤田吾郎著　ネコ・パブリッシング　2012.8　47p　26cm　（RM LIBRARY 156）〈文献あり〉　1200円　ⓘ978-4-7770-5329-2
目次 鉄道郵便の略史, 鉄道郵便の用語, 郵便車の構造, 軽量化以前の鋼製郵便客車の概要, スユ30形, マユ31形, マユ32形, マユ33形, マユ34形, マユ35形〔ほか〕
◇国鉄鋼製郵便客車　中　藤田吾郎著　ネコ・パブリッシング　2012.9　45p　26cm　（RM LIBRARY 157）〈文献あり〉　1200円　ⓘ978-4-7770-5330-8
目次 13 スユ41形, 14 スユ42形, 15 スユ43形, 16 オユ60形, 17 オユ61形, 18 スユ71・スユ72形, 19 軍用郵便車, 20 オユ10形
◇国鉄鋼製郵便客車　下　藤田吾郎著　ネコ・パブリッシング　2012.10　47p　26cm　（RM library 158）〈文献あり〉　1200円　ⓘ978-4-7770-5331-5
目次 オユ11形, オユ12形・スユ13形, オユ14形, スユ15形, スユ16形, スユ44形, 未成の形式, 他形式への改造, 保存車・廃車体
◇荷物車・郵便車の世界―昭和50年代のマニ・オユの記録　西橋雅之, 石橋一郎編著　第4版　モア　2011.7　249p　30cm　4762円

045　展望（客）車
【概　要】旅客が列車の車窓から沿線の風景を展望できるように、窓の全部または一部を一般車両より広くしたり、展望台を設けたりした特殊な車両。

◇日本の展望客車　上　鉄道友の会客車気動車研究会著　ネコ・パブリッシング　2016.4　111p　26cm　（RM LIBRARY 200）　2500円　ⓘ978-4-7770-5394-0
内容 特急「富士」や「つばめ」の編成掉尾を務めた豪華展望車から視察用途の特殊車まで、国鉄に在籍した合計20タイプの展望客車の全貌に迫る！
◇日本の展望客車　下　鉄道友の会客車気動車研究会著　ネコ・パブリッシング　2016.5　103p　26cm　（RM LIBRARY 201）〈文献あり〉　2500円　ⓘ978-4-7770-5395-7
◇日本のパノラマ展望車―迫力満点！前面眺望の醍醐味　徳田耕一著　JTBパブリッシング　2012.10　175p　21cm　（キャンブックス―鉄道 124）〈文献あり〉　1900円　ⓘ978-4-533-08765-3
目次 カラーグラフ パノラマ展望室で運転士気分を満喫！, JR北海道（北海道旅客鉄道）, JR東日本（東日本旅客鉄道）, JR東海（東海旅客鉄道）, JR西日本（西日本旅客鉄道）, 智頭急行, 北近畿タンゴ鉄道, JR九州（九州旅客鉄道）, JR四国（四国旅客鉄道）, 土佐くろしお鉄道阿佐線（愛称：ごめん・なはり線）〔ほか〕

ジョイフルトレイン

046 ジョイフルトレイン

【概　要】お座敷や欧米風など斬新なスタイルを有し、JR各社が所有した列車の総称。かつてはディスコスペースやカラオケ設備が施された列車も存在した。昭和30年代ごろから国鉄が団体旅行の貸切専用列車として製作、とくに1980年代のバブル期には社員旅行などのツアーで多く利用された。その後、社員旅行などの減少や稼動率の少なさから、維持費がかかるジョイフルトレインは次第に衰退、JR各社とも数を減らしていった。

◇ジョイフルトレイン　檀上完爾作, 南正時写真　岩崎書店　1992.4　32p　29×23cm　（鉄道だいすき〈9〉）　2,500円（本体2,427円）　①4-265-04029-2

◇ジョイフルトレイン―おもしろでんしゃ あつまれ　小学館　1992.4　1冊　27×20cm　（フォト絵本〈6〉）　330円　①4-09-760106-7

◇ジョイフルトレイン図鑑―国鉄からJRへ。時代を駆け抜けた花形列車の記録　小賀野実著　JTBパブリッシング　2010.1　159p　21cm　（キャンブックス―鉄道 98）〈文献あり〉　2300円　①978-4-533-07720-3

◇熱狂！ジョイトレ時代―あの熱かった日々がよみがえる！　イカロス出版　2018.1　135p　26cm　（イカロスMOOK）　1800円　①978-4-8022-0451-4

047 ドクターイエロー

【概　要】新幹線区間の線路・架線状態を検査するための事業用車両の「新幹線電気軌道総合試験車」、いわゆる検測車の愛称。車体は黄色に青線が施されている。1ヶ月に3回は「のぞみ」のダイヤグラム、2ヶ月に1回は「こだま」のダイヤグラムで走行。車体床下にあるセンサーで線路状態を感知し、検測データは走行日には保線所へ送信され保線作業に使用される。JR東日本では同じ用途の車体が白色で赤線が施された「電気軌道総合試験車」（East i イーストアイ）が使用されている。

◇きっぷでGo！―ドクターイエローに会う方法　豊田巧原作, 田伊りょうき作画　ポプラ社　2017.8　175p　18cm　（ポプラポケット文庫 501-1―コミック）　780円　①978-4-591-15521-9
内容　鉄道ファンの山口悠真（撮り鉄）、加藤葵（鉄道初心者）、林翔（音鉄）。小学5年生の3人組が、列車や時刻表など、鉄道の知識を活用して、さまざまな事件を解決していく！　小学校中級〜

◇しあわせのドクターイエロー　溝口イタルえ, 平岩美香文　交通新聞社　2013.12　31p　25cm　（でんしゃのひみつ）　1300円　①978-4-330-42513-9
内容　「でんしゃのひみつ」は、鉄道にまつわる謎を、絵と文章でわかりやすく紹介する絵本シリーズです。第1弾は、お子さまに人気の「ドクターイエロー」の謎に迫ります。なにをしている新幹線か？　なかはどうなっているか？　左右に大きく開く観音開きのページでは、あっ！と驚いていただけますでしょうか。

◇しんかんせんドクターイエローT4　マシマ・レイルウェイ・ピクチャーズ写真, 川辺謙一監修, ヨシムラヨシユキイラスト　学研教育みらい　2013.7　[10p]　5.0×19cm　（のびのびずかん）〈原案：コッペ平沢　折本　発売：学研マーケティング〉　580円　①978-4-05-203822-8
内容　特殊カメラによるスリット撮影、新幹線の解説・秘密もたっぷり。

◇ドクターイエロー＆イーストアイ―新幹線事業用車両徹底ガイド　イカロス出版　2016.10　130p　29cm　（［イカロスMOOK］）〈新幹線EX特別編集タイトルは背による.表紙のタイトル：ドクターイエロー＆East-i〉　1389円　①978-4-8022-0229-9

◇はたらく鉄道 3　鉄道を守る車両　鉄太郎監修, こどもくらぶ編　あすなろ書房　2018.3　31p　31cm〈索引あり〉　2800円　①978-4-7515-2903-4
目次　1 ドクターイエロー（新幹線電気・軌道総合試験車）, 2 JRのいろいろな検測車, 3

私鉄の検測車，4 保線作業用の車両，5 除雪機関車・除雪車

◇みんな知りたい！ ドクターイエローのひみつ　飯田守著　講談社　2014.10　171p　20cm　（世の中への扉）〈文献あり〉　1200円　ⓘ978-4-06-287005-4
内容　日ざしをあびて黄金色にかがやく新幹線。時刻表にものっていない，たくさんのなぞにつつまれた「ドクターイエロー」。開業から50年，東海道新幹線の安全を守ってきた，新幹線のお医者さん。T4編成のイエローに乗ったり，名古屋の「リニア・鉄道館」をたずねて先輩イエローに会ったり，ドクターイエローと新幹線の「ひみつ」を，たくさん取材！　小学中級から。

048 蒸気機関車（汽車）

【概　要】蒸気機関を原動力とする機関車で，SL（Steam Locomotive）と略称される。1804年にイギリスのリチャード・トレビシックが世界初の蒸気機関車を製作した。1814年，ジョージ・スティーブンソンが石炭輸送用の蒸気機関車「ブリュッヘル号」の試運転に成功。1825年には「ロコモーション号」が世界初の客車を牽引してストックトン〜ダーリントン間を走行し，公共鉄道の実用化に成功した。国内では1871（明治4）年にイギリスから輸入した1号機関車等が最初の実用車で，翌年に新橋〜横浜間で開業。1893年，イギリス人技師の指導により初の国産機関車860形が製造された。1936年以降，「デコイチ」の愛称で知られるD51形，「貴婦人」のC57形，「シゴナナ」と呼ばれるC57形などが製造され，蒸気機関車は最盛期を迎えるが，1948年のE10形を最後に国鉄での製造を終了。鉄道の電化・ディーゼル化により，1975年12月に国鉄での営業運転を終了した。姿を消して行く蒸気機関車を惜しみ，1960年代中頃から全国で起こったSLブームを受けて保存活動の気運が高まり，1970年に大井川鉄道が蒸気機関車の動態保存を目的とした遊覧運転を開始。1976年7月9日には本線で営業運転が復活した。国鉄でも，1979年8月1日から山口線の一部で「SLやまぐち号」が運転を再開。その後も各地で復活運転が行われ，鉄道ファンのみならず多くの人々に今なお愛されている。

◇雨の奥中山―臼井茂信作品集　東北北部編　重連の領域　臼井茂信撮影，本島三良撮影　エリエイプレス・アイゼンバーン　2013.11　184p　29×37cm〈年譜あり〉　17000円　ⓘ978-4-87112-334-1

◇ありし日の汽笛―鉄道燦歌　南部忠恭著　タクト・ワン　2005.8　224p　20cm　1809円　ⓘ4-902128-50-0

◇一度は行ってみたいヨーロッパSLの旅　川井聡，青森恒憲編著　成美堂出版　2001.9　141p　26cm　1400円　ⓘ4-415-09668-9

◇いってみよう！　大井川鐵道トーマス号となかまたち　小賀野実写真・文　ポプラ社　2017.6　47p　20×24cm　（THOMAS & FRIENDS）　1300円　ⓘ978-4-591-15473-1

◇愛しの蒸気機関車　竹島紀元［著］　祥伝社　2007.11　267p　18cm　（祥伝社新書）　780円　ⓘ978-4-396-11089-5
内容　「鉄道ジャーナル」元編集長による『日本の名列車』第2弾。自らも蒸気機関車を動かした，昭和，平成の"生き証人"による鉄道史。

◇今を駆ける蒸気機関車―春夏秋冬煙情日記　都築雅人著　交通新聞社　2017.10　159p　21cm　（DJ鉄ぶらブックス　線路端のたのしみを誘う本 024）　1500円　ⓘ978-4-330-82517-5
目次　新登場（東武鉄道SL「大樹」，山口線SLやまぐち号），秋の煙情日記（函館本線SLニセコ号，只見線SL只見線紅葉号 ほか），冬の煙情日記（釧網本線SL冬の湿原号，留萌本線NHKロケ列車「すずらん」ほか），春の煙情日記（釜石線SL銀河，羽越本線SL村上ひな街道号 ほか），夏の煙情日記（釜石線SL銀河，羽越本線SLうまさぎっしり庄内号 ほか）

◇今こそ乗りたい蒸気機関車の旅　飛鳥出版　2018.5　112p　30cm　（ASUKAビジュアルシリーズ）　1500円　ⓘ978-4-7801-0075-4
内容　全国11路線・18両の現役蒸気機関車を完全網羅！　鉄道系博物館の保存車を紹介！

◇海をわたる機関車―近代日本の鉄道発展とグローバル化　中村尚史著　吉川弘文館　2016.2　252p　22cm〈他言語

蒸気機関車（汽車）

標題：Trading Locomotives　文献あり索引あり〉　3900円　①978-4-642-03851-5

[内容] 鉄道が急速に発展した明治時代、機関車はいかにして日本にもたらされたのか。イギリスの独占ではじまった機関車輸入は、アメリカ・ドイツの参入によって多様化し、自国技術の確立に結実していく。19・20世紀転換期に出現した第一次グローバル化の時代を背景に、世界的な機関車産業の動向と、日本鉄道業の発展の歴史を統一的な視点で描く。

◇梅小路蒸気機関車館―あの日に帰りたい懐かしき蒸気機関車たち　京都新聞出版センター編　京都　京都新聞出版センター　2011.8　64p　26cm　952円　①978-4-7638-0653-6

◇梅小路90年史　[大阪]　西日本旅客鉄道　2004.10　288p　30cm〈折り込1枚　発売：ネコ・パブリッシング〉　4571円　①4-7770-5071-8

[内容] 「つばめ」、「かもめ」の栄光の時代から蒸気機関車館の現在まで未公開写真と資料で綴る日本の蒸気機関車保存の中心地、梅小路のすべて。

◇うんてんしよう！　おおいがわてつどうSL C11　交通新聞社　2006.11　1冊（ページ付なし）　19×19cm　（おとのでるスーパーのりものシリーズ）〈音声情報あり〉　1381円　①4-330-90006-8

[内容] SLは、おきゃくさんをのせたきゃくしゃをひっぱってはしるちからもち。まどのそとには、まあるいあたまのちいさなきが、たくさんみえます。おおいがわてつどうのSLがはしるしずおかけんでゆうめいな、おちゃのはたけです。みぎにもひだりにもみえます。

◇エイヴォンサイドの機関車・ハンスレットの機関車・ディック・カーの機関車・ホーエンツォレルンの機関車追録　金田茂裕著　吹田　機関車史研究会　1995.10　76p　28cm　7000円

◇栄光の日本の蒸気機関車―写真・解説・イラストでたどる主要85形式　久保田博解説、広田尚敬写真、片野正巳イラスト　JTBパブリッシング　2007.6　271p　31cm　6000円　①978-4-533-06747-1

[目次] 日本の蒸気機関車概史、創業期のSL、明治期のタンク機関車、明治期のテンダー機関車、急勾配区間専用機関車＆マレー形機関車、国有化後の大型機関車＆大正期の国産標準型機関車、大正期の革命的機関車、3シリンダー機関車、近代化タンク機関車＆簡易線用機関車、準近代化旅客機関車、近代化標準型機関車、特急牽引機関車、軸重軽減改造後のD形機関車、戦中・戦後設計の特殊用途機関車ほか

◇駅スタンプの旅　SL編　松井信幸著　枻出版社　2004.2　171p　15cm　（[エイ]文庫）　650円　①4-7779-0018-5

◇SLM（スイス）の機関車・A.ボルジッヒの機関車・クレイン機関車追録　金田茂裕著　吹田　機関車史研究会　1993.11　88p　28cm〈部分タイトル：A.ボルジッヒの機関車　部分タイトル：クレイン機関車追録〉　10000円

◇SL銀河―C58 239復活の道のり　DJプラチナ　河村和彦著　交通新聞社　2015.4　111p　26cm〈年譜あり〉　1800円　①978-4-330-55815-8

[内容] ふたたび岩手の空に汽笛が鳴り響く。C58 239を追い続けた2年半の記録。

◇煙舞曲第2番―Myanmar-1, Indonesia (Jawa-1) 新田義人写真集　新田義人著　光村印刷　1997.10　47p　17×19cm　（Bee books 254）〈他言語標題：Steam waltz no.2〉　1000円　①4-89615-254-9

◇大井川鉄道　白井良和解説、荒川好夫写真　ネコ・パブリッシング　2002.7　163p　19cm　（私鉄の車両　復刻版 14）〈初版：保育社刊〉　1429円　①4-87366-297-4

[内容] 大井川に沿って、川根の茶畑を行く大井川本線。そこにはSL急行「かわね路」をはじめ、由緒ある車両の活躍が見られる。また、ミニサイズの井川線車両も、他では見られない貴重な存在である。

◇大井川鐵道　はしれ！　トーマスごうすすめ！　ジェームスごう　小学館　2016.7　33p　26cm　（小学館のカラーワイド）　900円　①978-4-09-112544-6

◇大井川鐵道SL撮影ガイド　一城楓汰[著]　彩風社　2008.10　127p　21cm　（旅写人 vol.2）　1900円　①978-4-904193-02-0

[内容] 本書は、レトロな駅舎とともに、大井川沿いを走るSLの雄姿を撮影できるポイントを紹介しています。SLそして沿線風景という被写体を、古き良き時代へタイムスリッ

蒸気機関車（汽車）

プして、それぞれの記憶とともに写してみませんか？ あなたを、『旅写人』として、過ぎ去りし日の面影を運ぶ大井川鐵道の世界へ誘います。

◇大塚康生の機関車少年だったころ　大塚康生著, 南正時責任編集　多摩クラッセ　2016.5　191p　21cm〈年譜あり〉　2000円　①978-4-902841-20-6

[目次] 口絵カラー, 機関車小僧が見た敗戦間際の機関車絵, 機関車小僧が見た魅惑の機関車写真, 大塚康生・南正時対談『機関車少年だったころ』, 大塚康生を語る, 大塚康生・足跡

◇おじいちゃんのSLアルバム　佐竹保雄写真・原案, 小風さち文　福音館書店　2009.10　40p　26cm　（たくさんのふしぎ傑作集）〈他言語標題：Granpa gave me the album of SL photos he took〉　1300円　①978-4-8340-2472-2

[内容] おじいちゃんが小さい時に写したSLの貴重な写真がいっぱいの絵本。

◇おもいでのSL　西日本　安田就視写真, 原田勝正, 種村直樹文　毎日新聞社　1992.12　135p　31cm　（鉄道開通120年記念 2）　4500円　①4-620-60289-2

[内容] 蒸気の脈動的な響き、頑強な体軀から沸き上がる煙。いつも魂を共鳴させながら、その雄姿に接していたSL。カメラが鮮やかにとらえた言葉では伝えきれない魅力。時を超えて新たなロマンを呼び起こす鉄道風景写真集。

◇おもいでのSL　東日本　安田就視写真, 宮脇俊三［ほか］文　毎日新聞社　1992.10　135p　31cm　（鉄道開通120年記念 1）　4500円　①4-620-60288-4

[内容] 季節ごとに表情を変える美しい風土。故郷の山河を、大地を、力強く疾走するSL。心の奥深くに刻まれたあの場所、あの時の"想い"がよみがえる写真集。

◇思い出の汽車電車―辻圭吉写真集　辻圭吉著, 岩堀春夫編　西宮　ないねん出版　1995.10　80p　26cm〈著者の肖像あり〉　1900円　①4-931374-04-2

◇思い出の蒸気機関車写真集―呉線・東北本線と北海道　南部忠恭［著］　タクト・ワン　2005.1　112p　19×26cm〈奥付のタイトル：「思い出の蒸気機関車」〉　2381円　①4-902128-11-X

◇カメラと機關車　吉川速男著　アテネ書房　1993.2　195p　21cm（復刻鉄道名著集成　星晃, 渡辺寿男監修, 和久田康雄, 加藤新一編）〈原本：玄光社昭和13年刊〉

◇関西を走った汽車・電車　髙橋弘著　JTBパブリッシング　2009.1　192p　31cm　（達人が撮った鉄道黄金時代 2）　7000円　①978-4-533-07352-6

[内容] 山科大築堤・C62つばめ・N電・P-6・タマゴ型電車―関西の鉄道、その黄金時代がよみがえる。

◇機関区と機関車―蒸気機関車写真集 37（C55）　隅野成一, 田澤義郎, 三竿喜正, 三谷真人, 藤崎良行, 坊之本泰明［撮影］　タクト・ワン　2006.9　128p　19×26cm　2667円　①4-902128-30-6

◇機関区と機関車―蒸気機関車写真集 38（常磐・東北のハドソン）　タクト・ワン　2007.6　96p　19×26cm　2190円　①978-4-902128-31-4

◇機関区と機関車―蒸気機関車写真集 39（常磐・東北のハドソン 2）　タクト・ワン　2007.10　112p　19×26cm　2381円　①978-4-86323-000-2

◇機関区と機関車―蒸気機関車写真集 40（九州のD51）　坊之本泰明［著］　タクト・ワン　2007.12　89p　19×26cm　2095円　①978-4-86323-001-9

◇機関区と機関車―蒸気機関車写真集 41　C51・55補遺+C54　隅野成一, 田澤義郎［著］　タクト・ワン　2008.3　112p　19×26cm　2381円　①978-4-86323-002-6

◇機関区と機関車―蒸気機関車写真集 42　九州のC55・C57　坊之本泰明［著］　タクト・ワン　2008.12　96p　19×26cm　2190円　①978-4-86323-003-3

[目次] 機関区の風景（若松機関区, 宮崎機関区, 鹿児島機関区）, C55形式写真, C57形式写真, 九州のC57変遷について, C57走行写真

◇機関区と機関車　43　九州のハドソン　タクト・ワン　2009.8　112p　19×26cm　2381円　①978-4-86323-004-0

◇機関区と機関車　44　北海道・北東北の機関区　タクト・ワン　2010.1　112p　19×26cm　2286円　①978-4-86323-005-7

[目次] 北海道編（稚内機関区, 名寄機関区, 旭川機関区, 北見機関区, 遠軽機関区, 釧路機

鉄道経営

137

蒸気機関車(汽車)

関区、池田機関区、帯広管理所、室蘭機関区、鷲別機関区、追分機関区苫小牧支区、静内車両分所、追分機関区、苗穂機関区、岩見沢機関区、深川機関区、滝川機関区、深川機関区留萌支区、小樽築港機関区、倶知安機関区、長万部機関区、五稜郭機関区)、北東北編(青森機関区、尻内機関区、花輪線管理所、盛岡機関区、盛岡機関区北上支区、一ノ関機関区、釜石機関区、横手機関区)

◇機関区と機関車 45 C62形式写真集―山陽・常磐・函館 タクト・ワン 2010.4 112p 19×26cm 2381円 ①978-4-86323-006-4

◇きかんしゃ おがのみのるしゃしん ポプラ社 2004.3 17p 13×13cm (ポプラ社の新のりものずかん 4) 450円 ①4-591-08093-5

◇きかんしゃ おがのみのる写真・文 JTBパブリッシング 2008.1 1冊(ページ付なし) 15×15cm (のりもの 7) 450円 ①978-4-533-07000-6

◇きかんしゃだいしゅうごう 実業之日本社 2008.9 48p 26cm (ヤングセレクション) 838円 ①978-4-408-61714-5

◇機関車に片思い 宇都宮照信著 福岡書肆侃侃房 2007.10 285p 21cm 2857円 ①978-4-902108-65-1

◇機関車表―フル・コンプリート版DVDブック RM 30th anniversary 沖田祐作著 [電子資料] ネコ・パブリッシング 2014.3 DVD-ROM 1枚 12cm 4000円 ①978-4-7770-5362-9
[目次] 国鉄編、官公署編、私鉄・専用線編、鉱山編、建設業編、極東地域外国編、機関車製造台帳国産編、機関車製造台帳外国製編、三代車故録

◇機関車よ、峠を越えて走れ! 竹島紀元著 ダイヤモンド・ビッグ社 2009.12 159p 21cm (地球の歩き方books―地球の歩き方思い出の昭和鉄道風景 1) 〈年表あり 発売:ダイヤモンド社〉 1800円 ①978-4-478-07082-6
[内容] 函館本線のC62形重連、伯備線のD51形三重連、阿蘇外輪山の9600形…かつて激しいドラフトを響かせながら、勾配区間を登った数々の名機関車たちの姿はもはやなく、その勇姿を記した文献も今や貴重なものと

なった。激動の昭和を生き抜き、人生のすべてを汽車に捧げた、鉄道ジャーナリズムの"生き字引"である竹島紀元が記した貴重な記事の数々を厳選・再編した珠玉の鉄道名作集。

◇汽車煙景 戸田吉紀、戸田崇雄写真 名古屋 風媒社 1996.4 70p 19×19cm 1550円 ①4-8331-5081-6
[内容] 風景とともにSLをとらえた、清冽で躍動感あふれる写真集。

◇汽車景色 川根路・春夏秋冬―松浦貞夫写真集 松浦貞夫写真 袋井 松浦貞夫, 静岡新聞社〔発売〕 1991.7 96p 26cm 2500円 ①4-7838-9034-X
[内容] 静岡県の中部、金谷町、川根町、中川根町、本川根町の四町を、大井川に沿って走る大井川鉄道、ここに昭和五十一年七月に復活したSLを追い始めてから、早いもので十五年の歳月が流れ去ろうとしている。嵐の中、灼熱の太陽の下、杉花粉の飛び散る中…風邪にも負けず、二日酔いにも負けず、ただひたすらに撮り続けた。

◇汽車・水車・渡し舟―失われゆく心のふるさとを訪ねて・旅の記録写真集 橋本正夫編 〔玉野〕 橋本正夫 1993.5 152p 26cm 〈製作:日本文教出版(岡山)〉 2500円

◇汽車・水車・渡し舟―失われゆく心のふるさとを訪ねて・旅の記録写真集 2 橋本正夫編 [出版地不明] 橋本正夫 2006.7 141p 26cm 2400円

◇汽車旅雑学おもしろノート 所澤秀樹著 有楽出版社 2003.8 238p 19cm 〈東京 実業之日本社(発売)〉 1400円 ①4-408-59205-6
[内容] 旅とは、本来、「線」のはずだった。それが「点」と「点」を結ぶだけになり、風情が失われてしまった! 汽車旅はそんな「線」の感覚を取り戻してくれる。

◇汽車・電車・市電―昭和の名古屋鉄道風景 服部重敬編著 大阪 トンボ出版 2016.7 207p 26cm 〈文献あり〉 2600円 ①978-4-88716-133-7
[目次] カラーページ(空から見た国鉄名古屋駅かいわい、金山と大曽根 ほか)、ターミナル駅かいわい(名古屋の玄関 名古屋駅、名古屋最大の繁華街 栄 ほか)、思い出の鉄道沿線(名古屋城のお堀を走っていた都会のローカル線 名鉄・瀬戸線、名古屋と豊田を結ぶ新設路線 名鉄・豊田新線 ほか)、忘れえぬ車両たち(ふたつの流線型車両 名鉄3400系と850系、憧れの前面展望車 名鉄パ

蒸気機関車（汽車）

ノラマカー ほか), 名古屋市電停留場めぐり (1969 (昭和44) 年の運転系統図, 運行車両一覧, 広小路通を走る ほか)

◇汽車との散歩　宮脇俊三著　新潮社　1990.6　250p　15cm　（新潮文庫）360円　①4-10-126808-8
内容 日本中の鉄道を乗り尽くし, それでも足りず外国にまで足をのばす…。時刻表の無味乾燥な数字の羅列の中に旅の無上の喜びを見出し, ダイヤグラムまで自分で作ってしまう…。そんな著者が, 鉄道ひとすじ50年のウンチクを傾けた無類に楽しい一巻。鉄道をめぐる状況がいかに変わろうと, 鉄路をゴトゴト走る汽車の魅力は永遠不滅なのだ！ なつかしい旅心と新鮮な発見を満載。

◇汽車との散歩　宮脇俊三著　グラフ社　2007.4　237p　19cm〈新潮社1990年刊の改訂復刊〉　1238円　①978-4-7662-1055-2
内容 今, よみがえる紀行文学の名著！ 宮脇俊三の代表的エッセイ集が誘う極上の鉄道散歩。時刻表から旅先の味覚まで, 駅と線路に沿って広がる愉悦の風物誌。エピローグに, 在りし日の作家と作品をめぐる娘の想いを添えた。

◇汽車のあった風景―SL終焉期の昭和日本　西日本篇　安田就視写真　交通新聞社　2015.12　144p　21cm　（DJ鉄ぶらブックス　線路端のたのしみを誘う本 007）　1500円　①978-4-330-62515-7
目次 東海北陸, 対談 東海北陸を走った汽車, 関西, 対談 関西を走った汽車, 中国, 対談 中国地方を走った汽車, 九州, 対談 九州を走った汽車

◇汽車のあった風景―SL終焉期の昭和日本　東日本篇　安田就視写真　交通新聞社　2015.12　144p　21cm　（DJ鉄ぶらブックス　線路端のたのしみを誘う本 006）　1500円　①978-4-330-62415-0
目次 北海道, 対談 北海道を走った汽車, 東北, 対談 東北を走った汽車, 関東甲信越, 対談 関東甲信越を走った汽車

◇汽車茫々―独りよがりの鉄道社会学　大庭幸雄著　交通新聞社　2004.6　253p　30cm　2857円　①4-330-79904-9
内容 大動力で鉄道を疾駆したSL（蒸気機関車）の時代から今日まで数多の車両, 沿線風景, 当時の社会情勢を克明に記録。半世紀に渡り鉄道を追い続けた著者ならではの鉄道趣味の幅広さと奥深さが満載。

◇汽車ぽっぽ最後の時代―昭和40年代追懐　原口隆行著　国書刊行会　2011.10　203p　27cm　4000円　①978-4-336-05439-5
内容 蒸気機関車の最後の10年間となった, 昭和40年代当時残存していた蒸気機関車の全形式を, 日本中に追い求めフィルムに焼き付けた―愛惜と郷愁を誘う約300枚の写真と, 撮影当時の思い出をつづった文章とで, 昭和のひとつの時代を浮かび上がらせる, 紀行写真集。

◇汽車ポッポ判事の鉄道と戦争　ゆたかはじめ著　福岡 弦書房　2015.5　209p　19cm　1800円　①978-4-86329-117-1
内容 判事の眼がとらえた"昭和"の世相がよみがえる。鉄道とともに生きた自らの体験をもとに, 戦前から戦中・戦後を回想, さらに未来まで展望する。鉄道からみた貴重な昭和史。

◇北九州のSL　岩堀春夫著　西宮 ないねん出版　1997.9　144p　26cm　（岩堀春夫の鉄道記録集 3）〈おもに図〉　3800円　①4-931374-13-1
目次 筑豊本線―中間付近 1969～1972, 筑豊本線―直方駅 1969～1974, 直方機関区 1969～1972, 筑豊本線―飯塚付近 1972・2－11, 筑豊本線―冷水峠と原田 1972・3・3, 若松機関区 1970・3・30, 筑前宮田と貝島炭鉱 1972～1976, 門司機関区 1970・4・2, 後藤寺線の9600 1972～1973, 行橋機関区 1970～1972, 北九州 その他 1970～1973, 久大本線 日田付近 1970・4・2, 熊本機関区 1973・7・7, 豊肥本線の9600 1970・10・31

◇北の大地を駆けた蒸機たち　奥野和弘著　JTBパブリッシング　2009.1　196p　31cm　（達人が撮った鉄道黄金時代 1）　7000円　①978-4-533-07351-9
内容 C62ていね・上目名・キューロク・神居古潭・狩勝峠―北海道の蒸気機関車, その黄金時代がよみがえる。

◇北のold American―北海道に残された米国製機関車を追って　Kemuri Pro.著　［出版地不明］　南軽出版局　2016.10　157p　28cm　2800円

◇汽笛とけむり―写真集 昭和40年代, 全国を走る蒸気機関車　永井勝著　里文出版　2002.7　162p　19×26cm〈付属資料：CD1枚（12cm）〉　3400円　①4-89806-173-7

139

蒸気機関車（汽車）

|目次| 写真集 汽笛とけむり（北海道地方、東北地方、関東・中部地方、近畿・中国地方、九州地方）、本文（日本の蒸気機関車全形式図、鉄道年表、思い出の蒸気機関車）

◇キマロキ百話―冬の鉄路を守った北の勇姿　「キマロキ百話」編集委員会編　名寄　名寄SL排雪列車（キマロキ）保存会　1992.3　112p　21cm

◇九州を走った汽車・電車　奈良崎博保著　JTBパブリッシング　2009.11　200p　31cm　（達人が撮った鉄道黄金時代 6）　6000円　①978-4-533-07674-9

◇九州鉄道の記憶―永久保存版　4　加地一雄編　福岡　西日本新聞社　2005.7　306p　26cm〈「4」のサブタイトル：蒸気機関車の雄姿〉　3500円　①4-8167-0646-1

|目次| 第1章 SL特急（さくら・はやぶさ・みずほ・あさかぜ・かもめ）、第2章 峠道（立石峠・冷水峠・金辺峠・西添峠・笹原峠・油須原越え・釈迦岳越え・矢岳越え・立野越え）、第3章 蒸気機関車の時代、第4章 華麗なるサイドビュー、第5章 オールドファンの写真（奈良崎博保、小沢利満、福井弘、中村貞之、井村勉、宇都宮照信）

◇九州の蒸気機関車　鉄道少年探偵団編　福岡　海鳥社　2005.5　127p　26cm　2300円　①4-87415-521-9

|内容| 昭和40年代の鉄道風景。遠くで響く汽笛、迫りくるドラフト音、燃え盛る石炭の匂い…モノクロ写真に凝縮された蒸気の記憶。各地の路面電車をはじめ、消えた名列車も多数掲載。

◇九州の蒸機特急時代　山本正夫［撮影］　タクト・ワン　2004.7　96p　19×26cm　2095円　①4-902128-42-X

|目次| 蒸機特急、鹿児島本線の列車、香稚線風景、機関区風景、思い出の蒸機たち、博多で撮った客車

◇九州SL紀行―栗原隆司写真集　栗原隆司著、岩堀春夫編　西宮　ないねん出版　2000.1　208p　26cm　4600円　①4-931374-23-9

◇郷愁の煙―長谷川英紀写真集　長谷川英紀著　東京新聞出版局　1996.2　1冊（頁付なし）　25×26cm　3800円　①4-8083-0557-7

|内容| 昭和50年12月に最後の蒸気機関車が走り終えてから20年がたった。明治5年、最初の汽笛一声をあげてから103年間、日本の発展と旅心をはぐくみながら走りつづけた。20年を振りかえって、なぜか郷愁を感じる。美しかった日本の風景と疾走するSLの思い出が募る。

◇郷愁の蒸気機関車―8ミリフィルムから甦る昭和40年代～50年代の蒸気機関車の情景　昭和の鉄道DVD BOOKシリーズ　関東・中部・近畿・中国・九州編　メディアックス　2016.8　47p　30cm　（メディアックスMOOK 558―メディアックス鉄道シリーズ 38）〈北海道・東北編は「甦る蒸気機関車」が該当　文献あり〉　1800円　①978-4-86201-998-1

◇記録写真C62　タクト・ワン　2004.3　128p　19×26cm　2857円　①4-902128-39-X

|内容| C62は、戦後生まれの旅客用蒸気機関車で主要幹線での使用を目的として製造されたものです。「特急」が真の特別急行列車として運転されていた時代に、その牽引の大役を担ったこの機関車の人気は常に高く、今も注目する多くの鉄道ファンがいます。活躍の様子を記録した写真集も過去にいろいろと出版されていますが、これまで未発表の写真をもって、ここに新たな写真集を出版することとしました。

◇近畿地方のSL　岩堀春夫著　西宮　ないねん出版　1997.3　144p　26cm　（岩堀春夫の鉄道記録集 1）〈おもに図〉　3800円　①4-931374-11-5

|目次| 吹田第一機関区、城東貨物線、生瀬の工臨、関西本線 平野駅付近、湊町のデゴイチ、竜華機関区、王寺機関区、片町線のC11、奈良運転所、デゴイチ伊賀号、山陰本線 京都口、宮津線の夏、福知山から西舞鶴へ、宮津線再訪、最後の日々

◇クラウスの機関車　追録　近藤一郎著　［長岡京］　機関車史研究会　2000.7　66p　28cm〈折り込6枚〉　4500円

◇黒岩保美蒸気機関車の世界―8mm映画・モノクローム写真・鉄道絵画でたどる　1　北海道編　黒岩保美著　JTBパブリッシング　2008.8　128p　22cm　（キャンDVDブックス）　3000円　①978-4-533-07163-8

|内容| C62重連『風雪急行』『狩勝越』『常紋』『原野を走る釧網・根室本線』など往年の道内名撮影地100分の感動をふたたび。

◇黒岩保美蒸気機関車の世界―8mm映画・モノクローム写真・鉄道絵画でたど

140

る 2 本州編 其の1 黒岩保美著 JTBパブリッシング 2008.8 128p 22cm （キャンDVDブックス） 3000円 ①978-4-533-07164-5

内容 みちのくの三重連、足尾線のC12など本州の蒸気機関車シーン満載。EF57、ED19などの旧型電機、伊那路の旧型国電など感動の94分。

◇黒岩保美蒸気機関車の世界―8mm映画・モノクローム写真・鉄道絵画でたどる 3 本州編 其の2 九州編 黒岩保美著 JTBパブリッシング 2008.8 128p 22cm （キャンDVDブックス） 3000円 ①978-4-533-07165-2

内容 『C55』『C57』『C58』など"門デフ"蒸気機関車の活躍や、高森線・日南線のC12、西鉄北九州市内線などの感動の100分。

◇形式写真集 蒸機1 豊中 レイルロード 1993.10 48p 21×30cm〈発売：文苑堂東京店 おもに図〉 2500円 ①4-938343-83-5

◇形式写真集 蒸機2 豊中 レイルロード 1997.9 47p 21×30cm〈東京 文苑堂東京店（発売）〉 2400円 ①4-947714-02-6

◇決定版日本の蒸気機関車 宮澤孝一著 講談社 1999.2 394p 20cm （Kodansha sophia books） 2400円 ①4-06-269052-7

内容 かつて日本の津々浦々を力走していた蒸気機関車のうち、選りすぐりの76形式を収録。膨大な中から厳選した肉迫写真をはじめ、図版や主要仕様データとともに形式別にわかりやすく解説する。加えて、歴史やシステムの基礎知識、鉄道開業にまつわる話などを交え、マニアならずとも楽しめる一冊。半世紀にわたって蒸気機関車を見続けてきた著者が、ここにSL黄金時代を甦らせる。蒸気機関車データ一覧付き。

◇現役蒸気機関車のすべて―現代を走る日本の保存蒸機全73両 白川淳著 JTBパブリッシング 2005.9 159p 21cm （JTBキャンブックス） 1800円 ①4-533-06052-8

目次 第1章 国鉄形蒸機運転線区（梅小路蒸気機関車館、北海道旅客鉄道、東日本旅客鉄道 ほか）、第2章 保存施設の蒸機たち（丸瀬布いこいの森、小樽交通記念館、三笠鉄道記念館 ほか）、第3章 動態保存蒸機完全ガイ

ド（国鉄形蒸気機関車、私鉄・専用線機関車 1067mm軌間、私鉄・専用線機関車 914mm軌間 ほか）

◇高原のポニー「C56」―塚本和也写真集 塚本和也著 グラフィック社 1998.2 199p 27×22cm 3800円 ①4-7661-1022-6

目次 第1部 高原のポニー, 第2部 C56のローカル線, 第3部 それからのポニー, 機関車C56の記録, 形式C56全165輛の履歴簿, C56の資料及びイラストコレクション, C56物語

◇鋼鐵の走者・昭和40年代モノクロームの残影 田邊厚夫著 交通新聞社 2004.6 151p 16×20cm

◇小型蒸気機関車全記録 西日本編 高井薫平著 講談社 2012.2 191p 21cm〈文献あり〉 2200円 ①978-4-06-217265-3

内容 個性派揃いの小さな機関車が全国各地で大活躍。

◇小型蒸気機関車全記録 東日本編 高井薫平著 講談社 2012.1 191p 21cm〈文献あり〉 2200円 ①978-4-06-217264-6

内容 貴重な初出写真を満載した永久保存版。個性派揃いの小さな機関車が全国各地で大活躍。

◇国鉄型蒸気機関車の系譜D50 エリエイ出版部 1998.7 89p 30cm （レイル No.37） 3300円 ①4-87112-187-9

目次 グラフ D50の足跡, 欧風電車の秘密, 国鉄型蒸気機関車の系譜, 故 島秀雄さんと全軸駆動方式列車, 回想 汽車会社をめぐって, カラー 昭和30年代に汽車会社東京支店が手掛けた国鉄車輛たち, 追悼 黒岩保美, ファンの目で見た台車の話, ポールそして方向幕, レイルサロン

◇国鉄機関車事典―国鉄時代の蒸気・電気・ディーゼル機関車主要66形式 いのうえ・こーいち著 山海堂 1999.9 190p 21cm 1600円 ①4-381-10338-6

内容 国鉄時代の代表的な蒸気機関車・電気機関車・ディーゼル機関車66形式を解説した事典。機関車の特徴やサイズ、製造された両数、活躍していた時期・路線、牽いていた列車などを記載している。巻末に用語解説がある。

◇国鉄時代アーカイブズ vol.7 日本の蒸気機関車 1 ネコ・パブリッシング 2016.11 128p 30cm （NEKO

蒸気機関車（汽車）

MOOK 2511）　1944円　Ⓘ978-4-7770-2011-9

◇国鉄時代アーカイブズ　vol.8　日本の蒸気機関車 2　ネコ・パブリッシング　2017.11　128p　30cm　（NEKO MOOK 2657）　1944円　Ⓘ978-4-7770-2157-4

◇国鉄・蒸気機関区の記録　小関与四郎写真・解説　アーカイブス出版　2008.1　177p　31cm　9500円　Ⓘ978-4-903870-33-5

◇国鉄蒸気機関車 最終章　對馬好一，橋本一朗著　洋泉社　2017.1　191p　30cm　〈文献あり〉　3700円　Ⓘ978-4-8003-1087-3
 内容　秘蔵写真280点超でよみがえる昭和40年代の情景。流氷の網走から鹿児島機関区まで、日本全国を駆け抜けた鉄路の記憶。

◇国鉄蒸気機関車史　髙木宏之著　ネコ・パブリッシング　2015.4　237p　27cm　〈他言語標題：Steam Locomotive Development in Japan　文献あり〉　4444円　Ⓘ978-4-7770-5379-7
 内容　国鉄制式蒸気研究の金字塔。9600形からC63形に至る開発史を縦横に語り尽くす。未発表・秘蔵写真も豊富に収録し、C63形の組立図も収載。蒸機ファン必携の一冊。

◇国鉄蒸気機関車156機関区全図鑑—北端の稚内から南端の鹿児島まで栄光の車輛基地のすべて　いのうえこーいち著　世界文化社　2016.4　287p　26cm　〈文献あり〉　3700円　Ⓘ978-4-418-16216-1
 内容　北端の稚内から南端の鹿児島まで「機関区」全網羅。ターンテーブル、コールタワー、扇形機関庫、構内配線図…配属機関車輛数はじめデータ完備。よみがえる鉄路の王者蒸気機関車の世界。

◇国鉄蒸機の装備とその表情　上　西尾恵介著　ネコ・パブリッシング　2005.1　48p　26cm　（RM library 65）　1000円　Ⓘ4-7770-5083-1
 目次　1 機関車前面（前部標識灯、ナンバープレート、煙室周り手摺り、架線注意表示、煙室ハンドル ほか）、2 煙室周り（デフレクタ、集煙装置、回転式火の粉止め、ギースルエジェクター、バイパス弁点検蓋）

◇国鉄蒸機の装備とその表情　中　西尾恵介著　ネコ・パブリッシング　2005.2　48p　26cm　（RM library 66）　1000円　Ⓘ4-7770-5088-2
 内容　「車両研究会」が組織されて、大正11（1923）年から昭和27（1952）年まで34回、502件が発表・審議され、我国の蒸気機関車の発展に大きく寄与してきた。国鉄蒸気機関車の最も生き生きとした時代の生態は、この車両研究会のたゆまぬ研鑽と、各工場の切磋琢磨によって培われたといって間違いない。上巻に引き続き、この中巻ではボイラ周りの装備と改造について紹介していきたい。

◇国鉄蒸機の装備とその表情　下　西尾恵介著　ネコ・パブリッシング　2005.3　55p　26cm　（RM library 67）　1000円　Ⓘ4-7770-5089-0
 内容　国鉄蒸気機関車は、担当工場と配属機関区、運転区間により同じ形式ながら、大きく表情を変えている。本書では、地域の特徴に焦点をあて、蒸機現役時代を記した。

◇心に残る蒸機鉄道　杉江弘著　書泉　2005.4　151p　23×31cm　〈他言語標題：The most impressive world steam lines　英語併記　おもに図〉　3800円　Ⓘ4-9902436-0-9

◇心に残る日本の蒸気機関車—写真集　久保順写真　［岐阜］　岐阜新聞社　2003.9　75p　22×25cm　〈岐阜 岐阜新聞情報センター（発売）〉　2095円　Ⓘ4-87797-068-1
 目次　第1章 現在復活した蒸気機関車（釧網本線、留萌本線、函館本線、磐越西線 ほか），第2章 現役時代の蒸気機関車（石北本線、標津線、宗谷本線、名寄本線 ほか）

◇心のふるさと蒸気機関車　齊藤常一著　遊人工房　2001.9　83p　20×22cm　2000円　Ⓘ4-946562-23-0

◇最新JR機関車　広田尚敬写真，坂正博解説　山と溪谷社　2002.3　111p　19×26cm　（ヤマケイレイルブックス 12）　1200円　Ⓘ4-635-06812-9
 内容　今、活躍しているJRの機関車を電気機関車、ディーゼル機関車、蒸気機関車別に紹介。

◇最果ての機関車たち—上野を出てから22時間・そこには北海道の寒さと闘う機関車たちが生きていた。　1　白き大地を走った現役時代のアルバム　小河原博写真　札幌　中西出版　2009.8　63p　17×19cm　1200円　Ⓘ978-4-89115-185-0

◇細密イラストで綴る日本蒸気機関車史　片野正巳著　ネコ・パブリッシング　2017.3　216p　31cm〈文献あり 索引あり〉　3900円　①978-4-7770-5407-7
　内容　1号機関車からC63まで。日本の歴代蒸気機関車162形式を、寸法入りの細密なカラーイラストで詳しく解説！蒸機ファン・模型ファン必携の一冊。復刻収録、国鉄輸送局作成「動力車主要数値表」

◇雑誌機関車―全10号・別冊2号 昭和23年～昭和28年　アテネ書房　1993.2　1冊　27cm　（復刻鉄道名著集成　星晃, 渡辺寿男監修, 和久田康雄, 加藤新一編）

◇The favorite汽車　三谷烈弐著　〔三谷烈弐〕　〔1992〕　32p　21cm〈付（1枚）〉

◇しあわせなクラウス―宇佐神宮の蒸気機関車 we love Krauss 26　宇佐　三和文庫運営協議会　2007.6　31p　31cm　1000円

◇JR機関車年鑑　2017-2018　電気・ディーゼル・蒸気機関車の全形式・主要塗装網羅　イカロス出版　2017.7　130p　26cm　（イカロスMOOK）〈他言語標題：LOCOMOTIVE ANNUAL〉　1713円　①978-4-8022-0360-9

◇疾駆！ 昭和の蒸気機関車遥かなる旅路　南正時著　講談社　2009.11　111p　21cm　1400円　①978-4-06-215889-3
　内容　人気の「デゴイチ」、老雄「ハチロク」「キューロク」、大型「デゴニ」の迫力、小回りのきいたC11…人、モノ、そして夢まで運んだ勇姿がよみがえる！ SL「かわね路号」「やまぐち号」など現役も完全網羅。

◇私鉄機関車30年―激減した私鉄の機関車 全形式写真と解説で30年間を記録 全国83社570両データ掲載　寺田裕一著　JTBパブリッシング　2005.12　175p　21cm　（JTBキャンブックス）　1900円　①4-533-06149-4
　目次　北海道・東北・北関東編（北海道・東北・北関東機関車変遷表, 太平洋石炭販売輸送, 十勝鉄道 ほか）, 関東大手・上信越・東海編（関東大手・上信越・東海機関車変遷表, 東武鉄道, 西武鉄道 ほか）, 中京・北陸・西日本編（中京・北陸・西日本機関車変遷表, 東濃鉄道駄知線, 東濃鉄道笠原線 ほか）

◇終戦直後の蒸気機関車―昭和20年代の鉄道風景 浦原利穂写真集　浦原利穂著, 岩堀春夫編　西宮　ないねん出版　2004.12　136p　26cm　2600円　①4-931374-47-6

◇じょうききかんしゃ　交通新聞社　2010.4　1冊（ページ付なし）　13×13cm　（スーパーのりものシリーズ）　448円　①978-4-330-12910-5
　内容　日本で活躍している蒸気機関車を集めた写真絵本。蒸気機関車の説明や走る時期などを掲載。走れる状態で保存してある "動態保存機" も載っています。

◇蒸気機関車―昭和40年代　木村昭彦編　〔名古屋〕　木村昭彦　2000.10　171p　26×36cm〈おもに図〉

◇蒸気機関車―中国・四国・近畿の鉄道風景　鉄道少年探偵団編　福岡　海鳥社　2005.7　128p　26cm　2300円　①4-87415-530-8
　目次　山陰, 山陽, 伯備, 関西, 四国

◇蒸気機関車　ネオテクノロジー　2012.8　1冊（ページ付なし）　22cm　（特許図面シリーズ アメリカ19世紀末）　1000円　①978-4-906707-50-8

◇蒸気機関車　三重県編　小菅一己著　城陽　小菅一己　〔2005〕　42p　25×26cm　（小菅一己小写真集 第5集　小菅一己著）　500円

◇蒸気機関車　京都府南部編　小菅一己著　城陽　小菅一己　〔2002〕　39p　25×26cm　（小菅一己小写真集 第2集　小菅一己著）　500円

◇蒸気機関車　京都府北部編　小菅一己著　城陽　小菅一己　〔2003〕　38p　25×26cm　（小菅一己小写真集 第3集　小菅一己著）　500円

◇蒸気機関車　滋賀県編　小菅一己著　城陽　小菅一己　〔2005〕　38p　25×26cm　（小菅一己小写真集 第4集　小菅一己著）　500円

◇蒸気機関車　大阪府・兵庫県編　小菅一己著　城陽　小菅一己　〔2007〕　38p　25×26cm　（小菅一己小写真集 第7集　小菅一己著）　500円

◇蒸気機関車　和歌山線編　小菅一己著　城陽　小菅一己　〔2006〕　38p　25×26cm　（小菅一己小写真集 第6集　小菅一己著）　500円

蒸気機関車(汽車)

◇蒸気機関車EX(エクスプローラ)　Vol. 22(2015Autumn)　特集蒸機乗務員回顧録 函館本線五稜郭機関区D52/国鉄の流儀長門機関区D51 本州最後のドラフト　イカロス出版　2015.10　154p　29cm　(イカロスMOOK)〈他言語標題：Steam Locomotive EXplorer jtrain特別編集　タイトルは背による.表紙のタイトル：蒸気機関車〉　2200円　①978-4-8022-0059-2

◇蒸気機関車EX(エクスプローラ)　Vol. 23(2016Winter)　特集国鉄本線蒸気廃止40年 追分機関区D51/蒸気乗務員回顧録 留萌本線・羽幌線D61　イカロス出版　2016.1　153p　29cm　(イカロスMOOK)〈他言語標題：Steam Locomotive EXplorer jtrain特別編集　タイトルは背による.表紙のタイトル：蒸気機関車〉　2222円　①978-4-8022-0109-4

◇蒸気機関車EX(エクスプローラ)　Vol. 24(2016Spring)　特集スワロー・エンゼル物語/長万部機関区C62・D52 特別付録C62「ニセコ」走行音　イカロス出版　2016.4　162p　29cm　(イカロスMOOK)〈他言語標題：Steam Locomotive EXplorer jtrain特別編集　タイトルは背による.表紙のタイトル：蒸気機関車〉　2296円　①978-4-8022-0144-5

◇蒸気機関車EX(エクスプローラ)　Vol. 25(2016Summer)　特集スポーク動輪の競演2若松機関区/御殿場線D52国府津機関区椎橋俊之　イカロス出版　2016.7　154p　29cm　(イカロスMOOK)〈他言語標題：Steam Locomotive EXplorer jtrain特別編集　タイトルは背による.表紙のタイトル：蒸気機関車〉　2222円　①978-4-8022-0188-9

◇蒸気機関車EX(エクスプローラ)　Vol. 26(2016Autumn)　特集北限のパシフィックC55 旭川機関区 椎橋俊之/国鉄の流儀 小海線 中込機関区C56　イカロス出版　2016.10　136p　29cm　(イカロスMOOK)〈他言語標題：Steam Locomotive EXplorer jtrain特別編集　タイトルは背による.表紙のタイトル：蒸気機関車〉　2200円　①978-4-8022-0230-5

◇蒸気機関車EX(エクスプローラ)　Vol. 27(2017Winter)　特集鹿児島機関区OB座談会 C60・C61、ハドソン物語/鉄の馬と兵ども芸備線三次機関区 椎橋俊之　イカロス出版　2017.1　146p　29cm　(イカロスMOOK)〈他言語標題：Steam Locomotive EXplorer jtrain特別編集　タイトルは背による.表紙のタイトル：蒸気機関車〉　2222円　①978-4-8022-0274-9

◇蒸気機関車EX(エクスプローラ)　Vol. 28(2017Spring)　特集糸崎機関区C59・C62急行「安芸」急客機の牙/鉄の馬と兵ども久大本線豊後森機関区 椎橋俊之　イカロス出版　2017.4　154p　29cm　(イカロスMOOK)〈他言語標題：Steam Locomotive EXplorer jtrain特別編集　タイトルは背による.表紙のタイトル：蒸気機関車〉　2200円　①978-4-8022-0313-5

◇蒸気機関車EX(エクスプローラ)　Vol. 29(2017Summer)　特集和田山機関支区OB対談パシフィックの里、播但線/鉄の馬と兵ども高山本線高山機関区 椎橋俊之　イカロス出版　2017.7　154p　29cm　(イカロスMOOK)〈他言語標題：Steam Locomotive EXplorer jtrain特別編集　タイトルは背による.表紙のタイトル：蒸気機関車〉　2200円　①978-4-8022-0356-2

◇蒸気機関車EX(エクスプローラ)　Vol. 30(2017Autumn)　特集C62「ゆうづる」・常磐線蒸機ものがたり1 原ノ町機関区OB座談会　イカロス出版　2017.10　162p　29cm　(イカロスMOOK)〈他言語標題：Steam Locomotive EXplorer jtrain特別編集　タイトルは背による.表紙のタイトル：蒸気機関車〉　2222円　①978-4-8022-0404-0

◇蒸気機関車EX(エクスプローラ)　Vol. 31(2018Winter)　特集常磐線蒸機ものがたり2 平機関区OB座談会/鉄の馬と兵ども函館機関区 椎橋俊之　イカロス出版　2018.1　154p　29cm　(イカロスMOOK)〈他言語標題：Steam Locomotive EXplorer jtrain特別編集　タイトルは背による.表紙のタイトル：蒸気機関車〉　2222円　①978-4-8022-0459-0

◇蒸気機関車EX（エクスプローラ）　Vol. 32（2018Spring）　特集ヨン・サン・トオ50年1　盛岡機関区OB座談会/鉄の馬と兵ども陸羽東線C58　椎橋俊之　イカロス出版　2018.4　162p　29cm　（イカロスMOOK）〈他言語標題：Steam Locomotive EXplorer　jtrain特別編集　タイトルは背による.表紙のタイトル：蒸気機関車〉　2200円　Ⓘ978-4-8022-0493-4

◇蒸気機関車SLのすべて　広田尚敬,広田泉写真　新訂版　講談社　2015.1　1冊（ページ付なし）　26cm　（講談社のアルバムシリーズ—のりものアルバム〈新〉13）　650円　Ⓘ978-4-06-195493-9

◇蒸気機関車形式写真集　1　小野治男著　タクト・ワン　2002.1　96p　19×26cm　2190円　Ⓘ4-925188-15-1

◇蒸気機関車形式写真集　2　小野治男著　タクト・ワン　2002.2　136p　21×30cm　2952円　Ⓘ4-925188-16-X

◇蒸気機関車形式写真集　3　小野治男著　タクト・ワン　2002.3　160p　21×30cm　3429円　Ⓘ4-925188-17-8
　|目次| 9600形式, D50形式, D51形式, D52形式, D60形式, D61形式, D62形式

◇蒸気機関車形式写真集　西日本編　西村慶明［撮影］　タクト・ワン　2003.11　127p　19×26cm　2667円　Ⓘ4-902128-36-5

◇蒸気機関車形式写真集　東日本編　西村慶明［撮影］　タクト・ワン　2003.12　127p　19×26cm　2667円　Ⓘ4-902128-37-3

◇蒸気機関車形式D51　伊藤久巳著　イカロス出版　1996.12　140p　26cm　（イカロスmook）〈折り込み1枚〉　1748円　Ⓘ4-87149-074-2

◇蒸気機関車再発見の旅　松尾定行著　筑摩書房　2000.8　293p　15cm　（ちくま文庫）　880円　Ⓘ4-480-03579-6
　|内容| 静かなブームをむかえている蒸気機関車。ある年代には懐かしく、若者や子どもたちには新鮮な思いを抱かせるが、現存する多くは、公園や記念館で保存・展示されている。その蒸気機関車の現状を知るべく全国を旅した著者が30数年前に撮影した大地を力強く走る勇姿と、静かに休みについている今日の姿、その両方の写真を対比しながら、思いを綴る。

◇蒸気機関車写真集—昭和26年〜36年の記録　山下節夫［撮影］　タクト・ワン　2003.10　128p　19×26cm　2857円　Ⓘ4-902128-35-7

◇蒸気機関車写真集　1　鈴木武夫［撮影］, 月刊「Helicopter Japan」編集部編　タクト・ワン　2001.9　175p　18×26cm　3714円　Ⓘ4-925188-26-7

◇蒸気機関車写真集　2　鈴木武夫［撮影］, 月刊「Helicopter Japan」編集部編　タクト・ワン　2002.7　175p　19×26cm　2857円　Ⓘ4-925188-27-5
　|内容| 本書は、関東1都6県を対象に、各都県の線区別に、駅構内をはじめ、沿線風景、機関区などを背景とした蒸気機関車の写真集としてまとめたものである。

◇蒸気機関車写真集　3　鈴木武夫［撮影］　タクト・ワン　2003.2　111p　19×26cm　2571円　Ⓘ4-925188-28-3

◇蒸気機関車写真集　4　鈴木武夫［撮影］　タクト・ワン　2003.5　103p　19×26cm　2476円　Ⓘ4-925188-29-1

◇蒸気機関車写真集—機関区と機関車　32（C51 中）　タクト・ワン　2005.11　88p　19×26cm〈「31」のタイトル：昭和40年代の蒸気機関車写真集〉　2095円　Ⓘ4-902128-23-3

◇蒸気機関車—写真集 団塊の世代が情熱を注いだ青春譜　寺井洋一, なめくじ会編著　光村印刷　2006.11　167p　30cm　（Bee books）　3800円　Ⓘ4-89615-993-4

◇蒸気機関車青春の記憶—関西・能登・木曽路をゆく　正垣修写真・文　神戸新聞総合出版センター　2015.8　157p　26cm　2600円　Ⓘ978-4-343-00862-6
　|内容| ハチロク（8620）・C11・C12・C56・C57・C58・C62・D51…昭和の時代に活躍した、数々の蒸機たち。その懐かしい姿を記録した写真230点を収録!

◇蒸気機関車たち—広田尚敬写真集　広田尚敬著　ネコ・パブリッシング　2006.8　311p　31cm　9524円　Ⓘ4-7770-5178-1

◇蒸気機関車誕生—メカ異聞＆製造工場見学記　松尾定行著　多摩　クラッセ

2013.10 197p 19cm〈文献あり 索引あり〉 1600円 ①978-4-902841-17-6

内容 製造工程のルポルタージュを進めるなかで、メカニズムの摩訶不思議にタテ書きで切りこむという、渾身の力をこめた空前の試み。蒸気機関車のメカニズムで常識となっている、ある事柄に著者なりの疑問をぶつけてみた。

◇蒸気機関車誕生物語　水島とほる著　グランプリ出版　2004.5　236p　21cm〈年表あり〉　2000円　①4-87687-259-7

目次 第1章 産業革命の基礎をつくった時計工業、第2章 馬車の発達と軌道の変遷、第3章 産業革命に貢献した人たち、第4章 火のエンジンの発明、第5章 川蒸気の開発、第6章 陸蒸気の開発、第7章 ストックトン〜ダーリントン鉄道の建設、第8章 リバプール〜マンチェスター鉄道の建設、第9章 グレイト・ウエスタン鉄道とゲージ戦争、第10章 その後のイギリス鉄道の変遷

◇蒸気機関車D51大事典　荒川好夫,成瀬京司著　戎光祥出版　2014.8　175p　26cm〈文献あり 索引あり〉　1800円　①978-4-86403-121-9

内容 3D精密イラストを用いて国鉄蒸機を代表する名機D51形のメカニズムを詳述。

◇蒸気機関車熱狂時代最期の爆煙―昭和の煤けた残像 彷徨った落日の日々　源明輝著　ロングランドジェイ　2017.1　127p　30cm　（G-MOOK 120）〈発売：ジーウォーク〉　2500円　①978-4-86297-635-2

◇蒸気機関車のあった風景　南正時写真・文　家の光協会　1998.4　135p　20×21cm　2800円　①4-259-54540-X

内容 オールカラーで蘇る懐かしの50路線。

◇蒸気機関車の技術史　齋藤晃著　交通研究協会　2009.1　227p　19cm　（交通ブックス 117）〈索引あり〉　発売：成山堂書店　1600円　①978-4-425-76161-6

内容 誕生から200年でその使命を終えた蒸気機関車。しかし、第一次機械文明の星として近代社会の発展に貢献した役割は計り知れない。表舞台から去った今も人々に愛され続けている。力強く、より速く走ることをめざした開発の努力―そこには人類の英知が

結集された。本書は、その技術の側面にスポットを当て生涯をたどった。

◇蒸気機関車の技術史　齋藤晃著　改訂増補版　交通研究協会　2018.3　244p　19cm　（交通ブックス 117）〈索引あり　発売：成山堂書店〉　1600円　①978-4-425-76162-3

内容 誕生から200年でその使命を終えた蒸気機関車。しかし、第一次機械文明の星として近代社会の発展に貢献した役割は計り知れない。表舞台から去った今も人々に愛され続けている。力強く、より早く走ることをめざした開発の努力―そこには人類の英知が結集された。本書は、その技術の側面にスポットをあて生涯をたどった。改訂増補版では、列車の速度や重量を増加させるのに欠かせないブレーキの技術についての章を追加。有効なブレーキの普及に100年以上の年月を要した。その歴史に埋もれそうな技術を紹介。

◇蒸気機関車の汽笛が聞こえる―亀田国宏写真集 新・北陸写真風土記　亀田国宏著　金沢　能登印刷出版部　2008.10　48p　20×22cm　2000円　①978-4-89010-494-9

◇蒸気機関車の記録　1（昭和32-38年）　辻坂昭浩［撮影］　タクト・ワン　2003.6　127p　19×26cm　2667円　①4-902128-33-0

◇蒸気機関車の記録　2（昭和38-46年）　辻阪昭浩［撮影］　タクト・ワン　2003.7　127p　19×26cm　2667円　①4-902128-34-9

目次 掲載線区名、掲載機関区名、掲載機関車一覧

◇蒸気機関車の興亡　斎藤晃著　NTT出版　1996.1　327p　22cm〈折り込図1枚〉　3500円　①4-87188-416-3

◇蒸気機関車のすべて　久保田博著　グランプリ出版　1999.3　296p　21cm　2600円　①4-87687-201-5

内容 幼年時代からSLを身近に成長した著者は、終戦の翌年に学業を終えて旧国鉄に入職、SLの運転を体験し、鉄道工場、鉄道管理局、支社、本社に勤務、SLの消える直前までの期間に、当時在籍のSLのほとんどの形式に、直接または間接に関与することができました。国鉄退職後は海外の鉄道とともに各国のSLを見るよう努めましたが、1975年以降は現役のSLは中国のみで、その他の国については鉄道博物館などで現物に接して、SLの活躍した時代を偲びました。これらの体験と、長年にわたる取材、資料収集

◇蒸気機関車の挑戦　齋藤晃著　NTT出版　1998.9　274p　22cm　3000円　①4-7571-4002-9
[内容]日本の技術は世界に誇れるものだったのか!?高速運転に挑む各国の努力と、日本人の関わった蒸気機関車時代の鉄道に、機関車メカの面から迫る。前著『蒸気機関車の興亡』に続く意欲作。

◇蒸気機関車の動態保存―地方私鉄の救世主になりうるか　青田孝著　交通新聞社　2012.8　252p　18cm　（交通新聞社新書 045）〈文献あり 年譜あり〉800円　①978-4-330-30012-2
[内容]一度火を落とした蒸気機関車を再び走らせる状態に戻す「動態保存」。その復活はニュースになり、観光の目玉となる。だがそこには「マニア趣味」「郷愁」「客寄せパンダ」の動機だけでは決してない、数多くの男たちの崇高な使命感と仕事人生を懸けた奮闘があった。動態保存を成し遂げ今も格闘中の大井川・秩父・真岡の3社と、中核的存在の国鉄～JRの事例から、その歴史と現状、今後の課題を、かかわった人々の熱い思いを織り込みつつ検証する。

◇蒸気機関車の風景―1967-1975　遠藤純撮影・文　ユーリード出版　2002.11　111p　25cm　（ユーリード・アーカイヴズ）　1800円　①4-901825-05-4
[内容]軽やかに、時に荒々しく、煙と蒸気の渦を空高く噴き上げ疾駆した追憶の蒸気機関車たち。重連C62の牽引する急行「ニセコ」最後の日をはじめ惜別の時代のドラマを記録した貴重な写真集。

◇蒸気機関車の道―ある20世紀文明の終焉 photo+design+essey　文珠四郎義博企画・撮影・編集・構成・装幀・挿画　文珠デザインスタジオ　1999.12　1冊（ページ付なし）　26×26cm〈発売：弘済出版社〉　3200円　①4-330-57599-X

◇蒸気機関車百景―昭和を駆け抜けた栄光のSL　藤田弘基著　平凡社　2013.2　135p　23×31cm　3800円　①978-4-582-27791-3
[目次]C57形式―室蘭本線・志文 - 栗沢（北海道）、9600形式―深名線・北母子里 - 天塩弥生（北海道）、C11形式―会津線・会津長野 - 田部原（福島県）、C11形式―会津線・湯野上駅（福島県）, C11形式―会津線・桑原駅（福島県）, C11形式―只見線・塔寺駅（福島県）, D51形式―関西本線・笠置 - 大河原（京都府）, D51形式―関西本線・大河原 - 笠置（京都府）, D51形式―関西本線・笠置 - 大河原（京都府）, C11形式―会津線・湯野上 - 桑原（福島県）〔ほか〕

◇蒸気機関車よ永遠に―1960〈昭和35〉～73〈昭和48〉年 B20からE10までの記録 杉江弘写真集　杉江弘著　イカロス出版　2017.8　144p　29cm　2130円　①978-4-8022-0415-6
[目次]1 原形を保った九州の蒸機, 2 山陽路の大形蒸機, 3 中国地方の蒸機, 4 山陰路のパシフィック, 5 関西圏の蒸機, 6 中部地方の蒸機, 7 関東圏の蒸機, 8 東北地方の蒸機, 9 北海道の蒸機

◇蒸気機関車・リゾート列車　結解学写真　国土社　2004.11　55p　27cm　（電車ものしりずかん 4）　2800円　①4-337-16604-1

◇蒸気機関車100選―よみがえる風景　南正時文・写真　京都　淡交社　1999.12　215p　21cm　1800円　①4-473-01699-4
[内容]雪の日も風の日も、いつも蒸気機関車を見つめている人がいた。蒸気機関車が疾走するあの頃のニッポン。昭和四十年代後半の日本の風景のなかを疾走する漆黒の蒸気機関車たち。本書は鉄道写真家・南正時さん秘蔵のなつかしい写真と、愉しいエッセイでつづる好評「100選」シリーズ第七弾。

◇蒸気機関車200年史　齋藤晃著　NTT出版　2007.4　462p　23cm〈年表あり 文献あり〉　4200円　①978-4-7571-4151-3
[内容]美しき「鉄のいき物」たち、蒸気機関車の生涯。鉄道を愛するすべての人におくる、蒸気機関車研究の決定版。貴重な写真やイラスト、全390点を収録。

◇蒸気機関車「SL」のすべて　広田尚敬, 広田泉写真　講談社　2008.4　1冊（ページ付なし）　26cm　（のりものアルバム 13）　650円　①978-4-06-195460-1

◇少年技師ハンドブック　復刻版　誠文堂新光社　2003.2　2冊　19cm〈原本：昭和25年刊, 昭和34年刊〉　5200円　①4-416-30303-3
[目次]電気機関車の作り方（模型電気機関車はどんな構造になつているか, 線路のはばと

蒸気機関車(汽車)

模型の大きさ、製作材料のはなし、必要な工作道具とその使い方、B型電気機関車の作り方 ほか〉、蒸気機関車の作り方(総論、汽缶、エンジン、弁装置、フレーム及び車輌 ほか

◇昭和の記憶—カラーで顧みる1950年代の汽車・電車　三谷烈弐著　ネコ・パブリッシング　2003.9　93p　26cm（RM library 50）　2000円　Ⓝ4-7770-5010-6
　内容　戦後復興から高度成長前夜…昭和を駆け抜けた思い出の汽車・電車。

◇C62「巨体の咆哮」　講談社、宮澤孝一監修　講談社　2010.12　15p　29×23cm（名SLシリーズ—キングレコードオリジナル音源が蘇った！　2)〈付属資料：CD1〉　1800円　Ⓝ978-4-06-216611-9
　内容　路線＆線路縦断図図・秘蔵写真満載の特別BOOK。

◇C62 2 final　いのうえこーいち著　メディアパル　2018.2　141p　19×27cm〈本文は日本語〉　3200円　Ⓝ978-4-8021-1015-0
　内容　蒸気機関車C62 2のすべて。300枚超のディテール詳細フォト、究極写真集。

◇新発見！　日本の蒸気機関車—非電化5路線徹底撮影地ガイド　山口線、磐越西線、真岡鐵道、肥薩線、釜石線　コスミック出版　2016.6　145p　29cm（COSMIC MOOK）　1602円　Ⓝ978-4-7747-8193-8

◇新編H.K.ポーターの機関車—J.A.マッファイの機関車追録『クラウスの機関車追録』の補遺　近藤一郎著　長岡京機関車史研究会　2011.12　137p　28cm　8400円

◇図解機関車名称事典　武井明通著　新装版　国書刊行会　1998.7　332p　16×22cm〈『最新機関車名称図解』（昭和11年刊）の複製〉　3000円　Ⓝ4-336-01739-5
　内容　昭和11年武井明通著『最新機関車名称図解』の復刻版。194図を収録。昭和54年12月刊行の新装版。

◇図説国鉄蒸気機関車全史　いのうえこーいち著　JTBパブリッシング　2014.6　319p　26cm〈他言語標題：Illustrated Steam Locomotives of National Railways　文献あり〉　3800円　Ⓝ978-4-533-09795-9
　内容　すべての蒸気機関車の「誕生」と「変遷」と「かたち」が解る。楽しめる。700点超のイラストで網羅。

◇図説絶版機関車　松本典久［著］　講談社　2009.6　285p　16cm（講談社＋α文庫 D60・2）　724円　Ⓝ978-4-06-281293-1
　内容　ブルートレイン廃止、貨物列車の縮小など、客車や貨車とともに日本経済を牽引してきた「機関車」の存在意義が小さくなってきている。それに反して、「機関車」への羨望が膨らんでいく…。蒸気機関車、電気機関車、ディーゼル機関車の名車50両を豊富な写真とともに徹底解説。50両を選んだ基準は、「名機関車」はもちろんのこと、「今も保存されている」こと。各車両項目の最後に「保存場所」を明記。

◇青春の記録—思い出の蒸気機関車たち　石井英正著　榛原町（静岡県）　石井英正　1998.12　193p　27cm〈製作：朝日新聞東京本社朝日新聞出版サービス〉　5000円

◇全国蒸気機関車紀行—沿線風景、機関区、形式写真で見る　学習院大学鉄道研究会OB会編　タクト・ワン　2004.6　128p　19×26cm　2667円　Ⓝ4-902128-41-1

◇全盛期の蒸気機関車写真集—昭和26～42年　三竿喜正［著］　タクト・ワン　2004.1　128p　19×26cm　2857円　Ⓝ4-902128-38-1

◇全盛期の蒸気機関車写真集—2（昭和26～48年）　三竿喜正［著］　タクト・ワン　2004.4　128p　19×26cm　2762円　Ⓝ4-902128-40-3

◇全盛期の蒸気機関車写真集　3　隈野成一編　タクト・ワン　2004.8　128p　19×26cm　2667円　Ⓝ4-902128-44-6
　目次　北海道の蒸機、東北の蒸機、関東の蒸機、中部地方の蒸機、関西地方の蒸機、中国地方の蒸機、九州の蒸機

◇全盛期の蒸気機関車写真集　4　八並匡介［編］　タクト・ワン　2004.9　128p　19×26cm　2762円　Ⓝ4-902128-45-4
　目次　北海道・東北の煙、関東の煙、中部地方の煙、関西の煙、中国・四国の煙、九州の煙

◇全盛期の蒸気機関車写真集　5　三竿喜正、八並匡介、隈野成一［著］　タクト・

蒸気機関車（汽車）

ワン　2004.11　128p　19×26cm　2667円　⑪4-902128-47-0
◇全盛期の蒸気機関車写真集　6　藤田幸一著　タクト・ワン　2004.12　96p　19×26cm　2000円　⑪4-902128-49-7
◇全盛期の蒸気機関車写真集　7　小林庄三著　タクト・ワン　2005.4　112p　19×26cm　2381円　⑪4-902128-16-0
◇只見線SL撮影ガイド　一城楓汰［著］　彩風社　2009.6　127p　21cm〈旅写人〉　1900円　⑪978-4-904193-04-4
　[内容]本書は、奥会津の大自然のなか、山間に汽笛を響かせて走るSLの雄姿を撮影できるポイントを紹介しています。SLそして沿線風景という被写体を、甲高い汽笛やドラフト音を聞きながら、のんびりと写してみませんか？　あなたを、『旅写人』として、懐かしいSLが走る只見線の世界へ誘います。
◇タンク機関車―蒸気機関車の視角　小寺康正写真集　上巻　小寺康正撮影　エリエイプレス・アイゼンバーン　2011.6　252p　26×34cm　18000円　⑪978-4-87112-329-7
◇筑豊のSL―栗原隆司写真集　栗原隆司著,岩堀春夫編　西宮　ないねん出版　1998.6　144p　26cm　3800円　⑪4-931374-17-4
◇中国地方のSL　岩堀春夫著　西宮　ないねん出版　1998.10　144p　26cm〈岩堀春夫の鉄道記録集　5　岩堀春夫著〉　3800円　⑪4-931374-18-2
◇中部地方のSL　岩堀春夫著　西宮　ないねん出版　1997.5　144p　26cm〈岩堀春夫の鉄道記録集　2　岩堀春夫著〉〈おもに図〉　3800円　⑪4-931374-12-3
◇中部の蒸気機関車―関西本線・紀勢本線・樽見線・草津線・小浜線　岡田年宣写真　［岐阜］　岐阜新聞社　2003.8　62p　20×23cm〈岐阜　岐阜新聞情報センター（発売）〉　1619円　⑪4-87797-064-9
◇追憶・美しき蒸気の時代―杉江弘写真集　杉江弘著　横浜　ブックス二宮　1993.12　96p　20×22cm〈付・C51百形、全国に求めて　発売：星雲社〉　2480円　⑪4-7952-3170-2

[内容]「SLは生きている」の著者が綴るSL黄金時代の鉄道情景。
◇追憶のSLC62―勇者シロクニに捧げる讃歌　深田高一写真・文　日本交通公社出版事業局　1996.5　128p　21cm（JTBキャンブックス）〈付属資料（録音ディスク1枚 8cm 袋入）〉　2060円　⑪4-533-02475-0
　[目次]郷愁へのいざない、北辺の大地を駆ける、命ある鋼鉄、汽車との語らい、永遠の彼方へ、大いなる旅路―蘇ったC62・3号、C62・3号物語―現役機としてのC62・3の生涯、栄光の機関車C62の軌跡〔ほか〕
◇追憶の機関車たち―ふるさとをゆくDF50終焉の蒸気機関車　河野弘俊写真集　河野弘俊著　西条　河野弘俊　2008.8　98p　26×27cm
◇追憶の汽車電車―高田隆雄写真集　高田隆雄［撮影］,鉄道友の会編　名古屋　交友社　1998.2　197p　27cm　5600円
◇追憶の蒸気機関車―水谷茂写真集　水谷茂撮影・著　東員町（三重県）　水谷茂　2000.12　60p　23×25cm〈名古屋朝日新聞名古屋本社編集制作センター（製作）〉　2500円
◇追憶の蒸気機関車　久保田博著　グランプリ出版　2002.9　204p　21cm〈文献あり〉　1800円　⑪4-87687-237-6
　[目次]追憶の蒸気機関車（『義経』たちの7100形式、明治の代表貨物機B6形式、国産標準機第1号の強力9600形式、国産標準機第2号の快速8620形式、極小形タンク機のB20形式　ほか）、日本の蒸気機関車103年史（創業期のSL、2B型機の活躍、最初の国産機と機関車メーカーの開設、特殊型SLの採用、B6機の大量増備　ほか）、資料編
◇D51「魅惑の爆走」　講談社,宮澤孝一監修　講談社　2010.12　15p　9×23cm〈名SLシリーズ―キングレコードオリジナル音源が蘇った！　1）〈付属資料：CD1〉　1800円　⑪978-4-06-216610-2
　[内容]路線＆線路縦断面図・秘蔵写真満載の特別BOOK。
◇鉄道讃歌　けむりプロ著　復刊ドットコム　2016.8　196p　29cm〈交友社1971年刊の加筆・修正〉　5000円　⑪978-4-8354-5380-4
　[内容]1970年、7人の若者の目がとらえた日本、台湾、インドの鉄道とSteam Locomotive達。驚きと感動は今も伝説として語られる「けむりプロ」幻の一冊がここに復刊。

149

蒸気機関車（汽車）

◇鉄道賛歌―懐かしの蒸気機関車グラフ　旅行作家の会編　現代旅行研究所　2009.6　157p　21cm　（旅行作家文庫27）　1800円　①978-4-87482-098-8
目次　蒸気機関車に魅せられた男、グラフ 懐かしの蒸気機関車、流線形の系譜、東武東上線誕生秘話 東上線が運んだ"大正の風"、エドモント・モレルと陸蒸気、国境トンネルが誘う『雪国の』世界、駅の記憶、熱海へは東海道線で、「大人の休日倶楽部」活用の旅、現役旧型旅客列車

◇鉄道聯隊の軽便機関車　上　花井正弘編著　さいたま　草原社　2011.3　116p　26cm〈他言語標題：Narrow gauge of the imperial Japanese army　発売：交友社〉　5400円　①978-4-904775-06-6
目次　つわものどもの夢の跡（臼井茂信）、鉄道聯隊の内燃機関車（花井正弘）、津田沼鐵道第二聯隊（花井正弘）、千葉県営鉄道の双合機関車（臼井茂信）、千葉県営鉄道多古線と八街線（花井正弘）、成田鉄道ガ201・202（湯口徹）、愛媛鉄道のボールドウイン（臼井茂信）、宮崎県営鉄道および県営軌道（臼井茂信）、宮崎県営鉄道飫肥線の車輛（湯口徹）

◇鉄路の名優たち―黒岩保美・鉄道画集　黒岩保美著・編　黒岩保美　1997.10　80p　21×24cm〈発売：エリエイ出版部プレス・アイゼンバーン〉　9000円　①4-87112-316-2

◇でんしゃ・きかんしゃ フォト・クリエーション写真　草炎社　2005.4　17p　9.0×18cm　（ちょうワイドえほん 3）　457円　①4-88264-076-7

◇東京に汽車があった頃―昭和40年代のカメラ少年　山口雅人著　交通新聞社　2017.7　143p　21cm　（DJ鉄ぶらブックス 線路端のたのしみを誘う本 022）　1500円　①978-4-330-79617-8
目次　序章 ちょっとマセた鉄道少年だった、第1章 上野駅に一日過ごす、第2章 埼玉方面の蒸気機関車、第3章 神奈川県の山間部と海沿いで、第4章 両国から千葉方面へ、第5章 いろいろな出来事、第6章 渋谷と新宿の路面電車、第7章 東京駅

◇峠を越えて―加藤正写真集　1　加藤正著, 岩堀春夫編　西宮　ないねん出版　2002.1　136p　26cm　2600円　①4-931374-32-8
目次　北海道、東北、関東、信越、東海、北陸、近畿、中国・四国、九州

◇峠を越えて―加藤正写真集　2　加藤正著, 岩堀春夫編　西宮　ないねん出版　2003.1　144p　26cm　2600円　①4-931374-36-0
目次　北海道（宗谷本線、名寄本線 ほか）、東北（津軽線、奥羽本線 ほか）、関東（常磐線、足尾線 ほか）、甲信越（赤谷線、羽越本線 ほか）、東海（大井川鉄道、二俣線 ほか）、北陸（越美北線、七尾線）、近畿（梅小路機関区、東海道本線 ほか）、中国（若桜線、倉吉線 ほか）、九州（筑豊本線、添田線 ほか）

◇峠を越えて―加藤正写真集　3　加藤正著, 岩堀春夫編　西宮　ないねん出版　2004.2　144p　26cm　2600円　①4-931374-43-3
目次　北海道、東北、信越～関西、中国、九州

◇動態保存機物語　1　花井正弘編著　浦和　草原社　1996.2　136p　27cm　（The last runners vol.6）〈発売：交友社〉　4854円　①978-4-904775-04-2

◇どうなってるの？ きしゃとでんしゃのなか―めくって楽しい64のしかけ　エミリー・ボーン文、コリン・キング絵、福本友美子訳、菅建彦監修　ひさかたチャイルド　2013.10　17p　29cm　1800円　①978-4-89325-989-9
内容　蒸気機関車はどうして動くの？いちばんはやく走った蒸気機関車は時速何キロメートル？ 超高速で走るマグレブは、どうやって車体をうかせるの？ 海峡トンネルはどうやってほるの？ 機関車や電車のしくみが知りたいとき、鉄道の歴史が知りたいとき、この本でしらべよう。しかけをめくれば、くわしくわかるよ。

◇東武鉄道の蒸気機関車―図面資料集成　石島治久構成・作図・解説　エイアールディー　2012.10　31p　21×30cm〈他言語標題：The complete elevations steam locomotives of Tobu Railway 文献あり〉　1500円　①978-4-906978-01-4

◇東北の蒸気機関車―青森を中心として　樋口慶一写真集　上巻（1954-1963年）　樋口慶一撮影　エリエイ／プレス・アイゼンバーン　2002.12　152p　26×34cm　12000円　①4-87112-324-3

◇東北の蒸気機関車―青森を中心として　樋口慶一写真集　下巻（1964-1972年）　樋口慶一撮影　エリエイ／プレス・アイ

蒸気機関車（汽車）

◇ゼンバーン　2005.5　192p　26×34cm　14000円　①4-87112-325-1
◇遠い汽笛　鈴木一雄著　文芸社　2000.10　113p　15×21cm　1800円　①4-8355-0739-8
　内容　勤続25年の現役鉄道員が撮り続けた古き良き時代を駆け抜けたSLたちの風景。
◇遠い日のSLの記憶—大畑のループ線と冷水峠越え　阪田收写真集　阪田收著　幻冬舎ルネッサンス　2008.5　82p　21×23cm　1500円　①978-4-7790-0326-4
◇轟—今を生きる蒸気機関車　丸山衆樹著　七賢出版　1996.11　91p　27cm〈おもに図〉　2900円　①4-88304-319-3
　内容　SLファンに贈る復活蒸機の本格写真集。蒸気機関車は単なる機械ではない。ノスタルジックなだけのものでもない。汽車に憑かれた一人の男が、渾身の力をこめて撮った雄姿。今を生き、今を走る蒸機への熱き思い。
◇トーマスごうがはしるよ—きかんしゃトーマスとなかまたち　小賀野実写真・文　ポプラ社　2015.7　［16p］　18×19cm　（350シリーズ—トーマスのほん 6）　350円　①978-4-591-14595-1
◇なつかしの蒸気機関車—鉄路の抒情 CD版　広田尚敬カラー写真, 竹島紀元解説　朝日ソノラマ　1991.10　63p　27cm〈付属資料（録音ディスク1枚 12cm ホルダー入）〉　3800円　①4-257-03323-1
◇日本最初の機関車群　金田茂裕著　吹田　機関車史研究会　1990.5　100p　29cm〈折り込み図19枚：組立図についてのノート〉　28000円
◇日本鉄道事始め—NHKニッポンに蒸気機関車が走った日　髙橋団吉, NHK「ニッポンに蒸気機関車が走った日」制作班編著　NHK出版　2018.4　206p　19cm　1700円　①978-4-14-081740-7
　内容　明治5年（1872）9月12日、日本初の蒸気機関車が新橋を出発する。4号車には鉄道事業を牽引した大隈重信と反対派の西郷隆盛が隣り合わせていた。明治政府の「夢」と「思惑」を乗せた列車は、品川沖の"海上"を走り抜ける—。知られざる鉄道開業の経緯をQ＆Aで紐解き、「明治150年」の原点にせまる。
◇日本の蒸機—陸蒸気から復活SLまで　伊藤久巳著　イカロス出版　2005.5　191p　21cm　（のりもの選書 14）　1619円　①4-87149-681-3
　内容　鉄道車両のなかで、もっとも人間に近いといわれるSL。いまや観光目的で残るのみだが、その魅力は色あせない。SLのたどった歴史からメカニズム、現役SLの詳説から撮影ガイドまで、あらゆる視点でSLに迫る。
◇日本の蒸気機関車　ネコ・パブリッシング　1994.10　289p　21cm　1800円　①4-87366-115-3
　目次　そして…蒸機ありき, 33.3％に挑む—キャブから見たハチロク, 動態保存蒸機徹底ガイド, D51 498 復活後5年間の足跡, いよいよ復活！ C12 66, B6 2109—102年目に得た"永遠の命", 日本全国小さな汽笛—全国動態保存蒸機ガイド〔ほか〕
◇日本の蒸気機関車—動態保存アルバム　三村雅人著　札幌　北海道新聞社　2014.12　173p　26cm　1759円　①978-4-89453-759-0
　内容　現代を走る蒸気機関車の魅力満載の写真集。日本各地で黒煙を噴き上げ力強く疾走する姿を収録。走行シーンだけでなく、点検作業、タブレット交換などの作業風景や蒸気暖房、石炭といった蒸気機関車のメカニズムも詳しく紹介。この一冊で、蒸気機関車のすべてがわかる。
◇日本の蒸気機関車のすべて—1号機関車から現役SLまで　交通博物館監修　毎日新聞社　1997.12　154p　30cm　（毎日ムック）　2000円　①4-620-79088-5
◇日本の蒸機列車1960年代—庄野鉄司作品集　上巻　庄野鉄司著　プレス・アイゼンバーン　2000.1　184p　26×34cm　9000円　①4-87112-319-7
◇日本の蒸機列車1960年代—庄野鉄司作品集　下巻　庄野鉄司著　プレス・アイゼンバーン　2000.9　184p　26×34cm　9000円　①4-87112-320-0
◇乗って旅する全国SLパーフェクトガイド　野沢敬次写真, 講談社パートワーク編集部編　講談社　2011.7　126p　24cm　（ヴィジュアルガイド）　1800円　①978-4-06-389546-9
◇走れ!!機関車　ブライアン・フロッカ作絵, 日暮雅通訳　偕成社　2017.1　57p　31cm〈文献あり〉　2400円　①978-4-03-348340-5

蒸気機関車（汽車）

◇遥かな汽笛―滝口忠雄写真集　滝口忠雄著　光村印刷　1991.11　47p　17×19cm　971円　①4-89615-125-9

内容　1869年、夏。ひとつの家族がアメリカ大陸の東から西へ向かって旅立った。開通したばかりの大陸横断鉄道に乗って。鉄の馬！煙とともにやってきた大きな機械、蒸気機関車は西へ続く鉄の道をひたすら走りつづける。コルデコット賞受賞！小学校高学年から。

◇遥かなりC56―ポニーの詩情と宿命の行路　塚本和也写真・文　JTB　2002.1　184p　21cm　（JTBキャンブックス）1700円　①4-533-04070-5

目次　第1部 小海線のC56、第2部 C56のローカル線、第3部 遥かなりC56、機関車C56の生涯―苦闘と栄光 ローカル機関車39年の風雪（昭和10年11月～49年11月）、泰緬鉄道・悲劇の戦場の記録―チョンカイとヒントク、ナンバープレート「C5647」ものがたり―海を渡ったC56唯一枚の形見、C56の空襲被害―米艦戦機に機銃攻撃されたC56、イベント時代を生きる2両のC56

◇遥かなる汽車旅　種村直樹著　日本交通公社出版事業局　1996.8　270p　20cm　1500円　①4-533-02531-5

内容　汽車と共に歩んだ昭和の鉄道青春記。

◇二俣線機関車物語　大隅祐司郎著　豊岡村（静岡県）　大隅祐司郎　2003.8　99p　19×27cm　〈発売：静岡新聞社（静岡）〉　①4-7838-9570-8

目次　第1章 機関車賛歌（機関車少年、就職、二俣線、機関助士見習、機関助士、機関士、山登りの詩、終焉）、第2章 汽車の風景

◇復活SL完全ガイド―乗るにも撮るにも役に立つ 最新版　伊藤久巳著　イカロス出版　1999.5　351p　19cm　（イカロスmook―マニアの王道）　1600円　①4-87149-211-7

◇「へっつい」の系譜―低重心超小型機関車の一族　湯口徹著　ネコ・パブリッシング　2012.12　46p　26cm　（RM LIBRARY 160）　1200円　①978-4-7770-5336-0

目次　「へっつい」以前、真島磯五郎の縦型ボイラー機、ボールドウィン機登場、「へっつい」の範囲・定義、国産第一次コピー群、第二次コピー群―雨宮鉄工所、パーツ使いまわし、「へっつい」のバラエティ、「へっつい」の輛数、救助網と逆位運転、5.5トンサドルタンク「準へっつい」、5.5トンサドルタンク機2、「へっつい」機再起例、燃料/沿線火災、大日本軌道の連結器、軌道連結輛数制限、速度制限緩和、3.5～3.8トン「脱へっつい機」、軌道専用機関車の終焉

◇ホーエンツォレルンの機関車　金田茂裕著　吹田　機関車史研究会　1994.9　76p　28cm　9000円

◇北海道のSL　岩堀春夫著　西宮　ないねん出版　1999.10　143p　26cm　（岩堀春夫の鉄道記録集6　岩堀春夫著）　3800円　①4-931374-22-0

◇北海道北部地方蒸気機関車変遷史―1897→1975　加藤達也［著］　滝川　空知古書店　1996.11　96p　26cm〈他言語標題：The steam locomotives in North Hokkaido　年表あり　文献あり〉

◇ボールドウィンの中・小形機関車完結編　近藤一郎著　長岡京　機関車史研究会　2018.3　66p　28cm〈付・『新編H.K.ポーターの機関車』の補遺・訂正〉3800円

◇南九州のSL　岩堀春夫著　西宮　ないねん出版　1998.2　144p　26cm　（岩堀春夫の鉄道記録集4　岩堀春夫著）　3800円　①4-931374-15-8

目次　宮崎機関区と大淀川、日豊本線日向沓掛、SLジャンクション―都城、終着駅鹿児島、鹿児島機関区、煙の里吉松、矢岳越えのD51、夕暮れの人吉、南のローカル線

◇真岡の四季を翔ける―C12 SL写真集　コットンウェイ寫眞倶樂部著　光村印刷　1997.3　71p　21×23cm　（Bee books）　2500円　①4-89615-732-X

◇モノクロームの国鉄蒸機形式写真館　諸河久著　イカロス出版　2016.10　187p　26cm　（イカロスMOOK）〈文献あり〉2200円　①978-4-8022-0228-2

◇門鉄デフ物語―切取式除煙板調査報告　関崇博著　ネコ・パブリッシング　2009.7　168p　27cm〈文献あり〉3600円　①978-4-7770-5257-8

内容　伝説の―「門鉄デフ調査レポート」ついに単行本化―「門鉄デフ」に代表される切取式除煙板を装備した蒸気機関車は15形式216輛。40年の歳月を掛けてそのすべてを克明に調べ上げ分類した本書は、蒸気機関車ファンはもちろんのことながら、模型ファンにも必読・必携の一冊。

蒸気機関車（汽車）

◇夢 C623よ再び！―大関一泰写真集　大関一泰著　光村印刷　1996.7　71p　20×22cm　（Bee Books）　2500円　ⓘ4-89615-722-2
　内容　昭和50年12月14日、北海道室蘭本線で旅客用蒸気機関車（C57135号機）が姿を消して以来13年ぶりに函館本線、通称山線（小樽―ニセコ間72.9km）において復活した日本最大の旅客用蒸気機関車"C623号機"。本書は、その8年間の軌跡である。

◇よしつねごうとせきたんこちゃん―きかんしゃとせきたん　簔谷和臣絵, 歴史文化研究所監修　小樽　北海道中小企業家同友会しりべし・小樽支部青年経営者懇談会　2011.1　1冊（ページ付なし）　21cm　（おたるものがたり 2）

◇甦る蒸気機関車―8ミリフィルムから甦る昭和40年代～50年代の蒸気機関車の情景 昭和の鉄道DVD BOOKシリーズ 北海道・東北編　メディアックス　2016.7　49p　30cm　（メディアックス MOOK 550―メディアックス鉄道シリーズ 37）〈文献あり〉　1800円　ⓘ978-4-86201-990-5

◇浪漫の旅SLを追って―現役SLの走行写真集 リバイバルSLの全国撮影ガイド　谷野隆二著　大阪　新風書房　2008.8　128p　26cm　1500円　ⓘ978-4-88269-659-9

◇和歌山の汽車・電車―撮り続けて半世紀　和田康之著　大阪　トンボ出版　2005.12　207p　26cm　3300円　ⓘ4-88716-130-1

◇B6回顧録 国鉄編　瀬古龍雄著　ネコ・パブリッシング　2000.11　45p　26cm　（RM library 16）　1000円　ⓘ4-87366-216-8
　目次　戦前のB6概説（形式2100, 形式2400, 形式2120, 形式2500）, 戦後のB6とその動向（改造機新旧番号対照表, 台湾に行ったB6, 昭和10年12月10日現在の台湾のB6の配置）, 戦後国鉄のB6（昭和23年9月のB6全配置表, 戦後昭和23年までの廃車, 昭和30年8月1日B6全国配置表）, スタイルから見たB6の異なり

◇B6回顧録 私鉄・専用鉄道・専用線編　瀬古龍雄著　ネコ・パブリッシング　2000.12　48p　26cm　（RM library 17）　1000円　ⓘ4-87366-217-6
　内容　B6の歴年譲渡明細をはじめ、各鉄道におけるB6を写真とともに記録。

◇C54悲運のパシフィック　村樫四郎, 浅原信彦, 林嶢著　ネコ・パブリッシング　2004.1　47p　26cm　（RM library 54）　1000円　ⓘ4-7770-5035-1
　内容　蒸気機関車C54は昭和6年末～7年春に、わずか17輌が製造されただけであった。C51の増備として期待もされたが、いわゆる試作機として製造当初は各地に1～3輌が分散配置された。そしてC54は後になって改良機C55を生み出す基礎ともなった。戦後は福知山機関区で山陰、福知山線に、晩年には浜田機関区で山陰本線出雲路（須佐～鳥取）の主に旅客列車牽引作業についた。独特のスタイルと美しいスポーク動輪、早くから廃車された機も多く希少な存在であったゆえ一部の注目を集めていたが、C51に先立ち昭和38年には全廃された。ここにC54はどんな機関車であったかを振り返ってみたい。

◇C56「日本の原風景を往く」―故郷を走り続けた、わが国随一の軽量テンダ蒸気機関車　枻出版社　2001.8　94p　26cm　（エイムック 381―鉄道黄金時代シリーズ no.3）　2800円　ⓘ4-87099-497-6

◇C57近代蒸気機関車の華―ライトパシのラストランナー 鉄道画報EX　齋藤晃, 宮地元, 林嶢, 杉江弘著　誠文堂新光社　2009.7　143p　30cm　2800円　ⓘ978-4-416-30920-9
　目次　カラーに見るC57, 日本のパシフィックとC57（齋藤）, 北海道―C57最後の舞台, 東北、北陸地方―C57 1, 180の故郷（林）, 関東―常磐路, 総武地方, 関西本線, 参宮線, 福知山線―武庫川渓谷を行く, 播但線―生野越え, 山陰本線東部―梅小路区と保津峡, 山陰本線西部―日本海に沿って〔ほか〕

◇C62―Hudson for limited express　松本謙一, 平井憲太郎編　4版　エリエイ/プレス・アイゼンバーン　2003.8　276p　29×29cm〈付属資料：1枚　本文は日本語　おもに図　折り込み1枚〉　22000円　ⓘ4-87112-201-8

◇C62「団塊の蒸気機関車」―日本最大、最速の蒸気機関車C62、全49両の軌跡を辿る　枻出版社　2001.4　94p　26cm　（エイムック 327―鉄道黄金時代シリーズ no.1）　2800円　ⓘ4-87099-439-9

蒸気機関車（汽車）

◇C62伝説　ミキスト著　光村印刷　1998.4　47p　20×22cm　（BeeBooks）1800円　Ⓘ4-89615-758-3

◇C62日本最大の蒸気機関車―「ニセコ」「ゆうづる」「安芸」の時代　鉄道画報EX　齋藤晃,三品勝暉,林嶢,杉江弘著　誠文堂新光社　2008.12　143p　30cm　2800円　Ⓘ978-4-416-80883-2
　目次　C62に思いを寄せて,常磐線SLブームと「ゆうづる」,山陽本線のC62,瀬戸内に残ったC62,「ニセコ」雪中力行C62重連,激闘「まりも」添乗記,追想C62,C62と私

◇C62の肖像―日本最大、最速の蒸気機関車C62写真集　いのうえ・こーいち写真　枻出版社　2001.7　112p　26cm　（エイムック 362―鉄道黄金時代graphic pt. 1）　3800円　Ⓘ4-87099-479-8

◇D51木曽路を走る　二村博文著　長野　信濃毎日新聞社　2007.1　140p　25×26cm〈おもに図〉　3000円　Ⓘ978-4-7840-7044-2
　内容　信州木曽路で活躍したD51思い出の記録写真集。

◇D51日本蒸気機関車の象徴―デゴイチ山越えの魅力　齋藤晃,宮地元,林嶢,杉江弘著　誠文堂新光社　2010.3　143p　30cm　（鉄道画報EX）　2800円　Ⓘ978-4-416-31010-6
　目次　カラーに見るD51,「D51」その存在,肥薩線―大畑,各地のD51(1),柏ımı線―布原,関西本線―加太越え,中央西線―木曽路のD51,篠ノ井線―姨捨,信越本線―名山を背に,北陸本線,昭和27年に於ける大館機関区の業務,東北本線―奥中山越え,石北本線―常紋信号場,根室本線―狩勝峠,室蘭本線,夕張線

◇D51のメカニズム―3Dイラストレーション DVDブック　成瀬京司著　山海堂　2007.5　183p　27cm　5000円　Ⓘ978-4-381-02280-6
　内容　D51フルスケルトン蒸気機関車の秘密全解明。複雑な配管まで内部構造をフルCGで再現。

◇D52物語　肥沼陽一,高村俊一［著］　京都　D52物語制作委員会　2003.12　200p　22×31cm〈折り込1枚〉　10000円

◇DVDエンターテインメント―SLと車窓編　宝島社　2000.6　32p　28cm　（宝島mook）〈付属資料：DVD1枚（12cm）〉　3143円　Ⓘ4-7966-1832-5

◇DVDエンターテインメント―SLばんえつ物語　宝島社　2000.8　32p　28cm　（宝島mook）　3143円　Ⓘ4-7966-1901-1

◇SL有情　荒川義清著　金沢　北國新聞社出版局　2008.5　318p　21cm　1524円　Ⓘ978-4-8330-1626-1
　内容　汽笛の響き、黒煙の匂い…。個性豊かな機関車、駅や沿線の情景、運転室の緊張感を元国鉄機関士が多彩な写真とともにつづる。

◇SLが輝いた日々―釧網本線「1969-1973」　藤泰人著　札幌　北海道新聞社　2002.10　230p　21cm〈おもに図〉　1800円　Ⓘ4-89453-236-0
　内容　舞台は昭和四十年代後半の道東の空の下、蒸気を吐き、汽笛を響かせて169・1キロを疾走する、霧の釧路から、流氷の網走に至るSLたちの物語。

◇SL現役の頃―昭和40年代の記録　井澤伸雄著　光村印刷　2016.3　119p　24×25cm　2000円　Ⓘ978-4-89615-312-5

◇SL残照―登坂良雄遺作鉄道写真集　登坂良雄［撮影］,登坂健二郎編　十日町　登坂健二郎　2008.5　114p　27cm〈肖像あり〉

◇SLじょうききかんしゃ　交通新聞社　2007.3　1冊（ページ付なし）　13×13cm　（スーパーのりものシリーズ）　400円　Ⓘ978-4-330-91107-6
　内容　蒸気機関車の写真絵本。

◇SL蒸気機関車の思い出　今井吉郎著　文芸社　2004.10　233p　19cm　1400円　Ⓘ4-8355-8087-7
　内容　その昔、大いに活躍した堂々として立派なSL蒸気機関車！機関士と機関助士はどのように列車を運転したのか。子供たちにSLの真の姿を知ってもらうとともに、SLに携わり苦労した多くの先輩に捧げるヒューマン・ドキュメント。

◇SL情報年鑑　2000年　弘済出版社　2000.5　112p　26cm　（トラベルムック）〈折り込2枚〉　1429円　Ⓘ4-330-60100-1

◇SLちいさな旅―C 5644大井川を行く　清水達也文,眞城恒康写真　国土社

1999.10　31p　27cm　1200円　①4-337-33031-3
　内容　静岡県のまんなかを北から南へ流れる大井川にそって、大井川鉄道が通っています。JR東海道線の金谷駅から40キロほど北の千頭駅まで、季節ごとに美しい景色の中をSLが走っています。いま毎日SLが走っているのは、日本ではここだけです。1976（昭和51）年、大井川鉄道に復活したSLですが、なかでもC5644には、たいへんな歴史がありました。
◇SLの旅―懐かしの五能線　五能線活性化倶楽部監修,東奥日報社編　青森　東奥日報社　2005.7　78p　19×26cm　1143円　①4-88561-074-5
◇SLばんえつ物語を追う！　一城楓汰文・写真　彩風社　2009.3　135p　21cm　1700円　①978-4-904193-03-7
　内容　構図は？　絞りは？　シャッタースピードは？　月一回の撮影行を課したカメラマンは、撮影ポイントとして何処を選択したのか、どのようなイメージを持って撮影に挑んだのか実践したものでなければ決して語れない、真の撮影マニュアル登場。
◇「SLばんえつ物語」号の旅　JTBパブリッシング　2009.4　47p　22cm（キャンDVDブックス）〈付属資料（DVD-Video2枚 12cm）　年表あり〉2200円　①978-4-533-07492-9
　内容　新潟から会津若松まで、揺れと熱と煙との格闘約4時間。2カメラによる機関室からの貴重な展望映像。
◇SLばんえつ物語撮影ガイド―磐越西線フォト紀行　一城楓汰［著］　彩風社　2008.6　125p　21cm（旅写人）　1900円　①978-4-904193-01-3
　内容　本書は、魅力溢れる磐越西線を疾走するSLの雄姿を撮影できるポイントを紹介しています。SLそして沿線風景という被写体を、"今"という時とともに、それぞれの思いを込めて写してみませんか？あなたを、『旅写人』として、SL C57 180号機が走る磐越西線の世界へ誘います。
◇SL復活物語　日本鉄道保存協会編　JTB　2003.6　190p　19cm（マイロネbooks 15）〈年表あり〉　1000円　①4-533-04812-9
　目次　第1章 SLの盛衰と保存（鉄道史の中の蒸気機関車開業時から戦後復興時までの活躍、そして消滅）、第2章 トラストトレイン15年のあゆみ（「トラストトレイン」は日本初の市民参加によるSL保存列車、SL乗車対談「走れトラストトレイン」）、第3章 全国各地で走るSL列車（それぞれの役割を果たし動態保存されている蒸気機関車たち、復活蒸気機関車の本線運転のあるC10・C11・C56形など（大井川鉄道）ほか）、第4章 今後のSL保存について（SL乗車対談「楽しく、あせらず、末永く」）
◇SLモノクロームの残影―全国の路線を旅して　向山賢寿,向山賢一郎写真・文　近代出版社　2002.7　217p　28cm　2500円　①4-907816-06-5
　内容　全国の路線を旅し、著者はSLの姿を撮り続けた。もう現役の姿を見ることは出来ない。しかしその力強い走りは、この写真の中に健在である。
◇SLやまぐち撮影ガイド　一城楓汰［著］　彩風社　2009.9　121p　21cm（旅写人 vol.4）　1900円　①978-4-904193-05-1
　内容　本書は、山口県新山口と島根県津和野とを結ぶSLやまぐちの雄姿を撮影できるポイントを紹介しています。SLそして沿線風景という被写体を、重厚な汽笛やドラフト音を聞きながら、のんびりと写してみませんか？あなたを、『旅写人』として、貴婦人C57 1号機が走る山口線の世界へ誘います。

049　気動車（ディーゼルカー）

【概　要】旅客車・荷物車に搭載したディーゼル機関（エンジン）を動力として自走する鉄道車両。ディーゼル動車とも称され、広義ではこの動力車に連結して使用される制御車・付随車を含む。本来、気動車とは蒸気機関・内燃機関を動力として自走する鉄道車両（蒸気動車・ガソリン動車・ディーゼル動車・ガスタービン動車）の総称であるが、国内で使用される気動車の殆どがディーゼルカーであるため、一般にこれを指して気動車と呼ぶことが多い。発電所・変電所・架線など電力系統の地上設備が不要であるため、地方の非電化区間で近距離用の車両として発達したが、1953（昭和28）年に液体変速機（トルク

コンバータ）を用いた総括制御が可能となってからは、長距離用として特急・急行等にも使用されている。1928年に雨宮製作所が長岡鉄道向けに製造したものが国内初のディーゼルカーとされるが、当時の技術力では運用が難しく、戦前にはあまり普及しなかった。戦後1950年以降、戦前のガソリン動車に代わってディーゼルカーが最盛期を迎えるが、主要幹線の電化に伴い、1980年代以降は非電化のローカル線・亜幹線を中心に運用されている。近年ではJR東日本がディーゼルエンジンと大容量蓄電池を搭載したハイブリッド気動車・キハE200形を開発し、2007年小海線で世界初の営業運転を開始。この発展型として、2010年にHB-E300系、2015年にはHB-E210系が導入された。また、2018年には電気式気動車GV-E400系が完成。2019年度までに新潟地区、2020年度までに秋田地区への導入が予定されている。

◇関東鉄道―筑波鉄道・鹿島鉄道　森本富夫解説，諸河久写真　ネコ・パブリッシング　2002.7　163p　19cm　（私鉄の車両 復刻版 8）〈初版：保育社刊〉　1429円　①4-87366-291-5
　内容 茨城県下に広がる非電化4路線。これが関東鉄道・筑波鉄道・鹿島鉄道である。各線で活躍するバラエティーに富んだ車両達を1形式ずつ余すところなく解説。

◇気動車　広田尚敬写真　山と渓谷社　2007.7　223p　20×27cm　（ヤマケイ・レイル・グラフィックス―国鉄車両形式集 2）　4800円　①978-4-635-06822-2
　目次 キハ80系，キハ181系，キハ183系，キハ185系，キハ27系キハ28系，キハ23系，キハ30系，キハ40系，キハ67系，地域密着形気動車，イベント用気動車，荷物用気動車，事業用車

◇キハ07ものがたり　上　岡田誠一著　ネコ・パブリッシング　2002.6　47p　26cm　（RM library 35）　1000円　①4-87366-277-X
　内容 本書は、RM POCKET10『キハ58と仲間たち』に収録した「キハ07ものがたり」を基に、その後に入手した資料や当事者のインタビューを盛り込み、大幅に加筆訂正したものである。その波乱に富んだ製造から現在に至るまでの一生を、貴重な写真と共に紹介してゆく。

◇キハ07ものがたり　下　岡田誠一著　ネコ・パブリッシング　2002.7　47p　26cm　（RM library 36）　1000円　①4-87366-278-8
　内容 本書では、昭和30年代に施行された各種改造や、地方鉄道に譲渡された仲間たちの概略をまとめた。キハ07の終焉に至るまでの足跡を、多くの貴重な写真と共に振り返る。

◇キハ08とその一族　岡田誠一著　ネコ・パブリッシング　2006.5　48p　26cm　（RM library 81）　1000円　①4-7770-5166-8
　目次 なぜ客車をディーゼル動車に改造するのか，1960（昭和35）年度の気動車事情，客車用の台車をそのまま使用する計画，具体的な改造のスタート，従台車となったTR23の出自，キハ40 1の完成，性能試験の実施，14輌のプロフィール，客車改造ディーゼル動車車歴表・主要諸元，短命に終わった生涯，加悦鉄道に譲渡されたキハ08 3

◇キハ41000とその一族　上　岡田誠一著　ネコ・パブリッシング　1999.8　47p　26cm　（RM library 1）　1000円　①4-87366-183-8
　内容 キハ41000―今では忘れられた存在。気動車ファンとしてはどうにかして、後世に記録を残したい。そんなことから、長年の懸案であったキハ41000の一族についてまとめた。

◇キハ41000とその一族　下　岡田誠一著　ネコ・パブリッシング　1999.9　48p　26cm　（RM library 2）　1000円　①4-87366-186-2

◇キハ47物語―ローカル線の主役一般形キハの歩み　石井幸孝著　JTBパブリッシング　2009.3　191p　21cm　（キャンブックス―鉄道 93）〈文献あり 索引あり〉　①978-4-533-07427-1
　目次 ローカル線の主役 気動車のいる風景，一般形内燃動車100年の歩み，自走する客車―蒸気動車，計画的なガソリン動車開発，ディーゼル動車のおこり，戦後の気動車復活，液体式ディーゼル動車に挑戦，本格的液体式ディーゼル動車時代始まる，横型機関で客室内快適に，ディーゼル動車も電車と互角時代〔ほか〕

◇キハ58物語―津々浦々くまなく走ったディーゼル急行1900両　石井幸孝著　JTB　2003.11　176p　21cm　（JTB

気動車（ディーゼルカー）

キャンブックス）　1700円　①4-533-05007-7
[目次]　日本の鉄道史のなかでのキハ58、内燃車両の発展—キハ58への過程、キハ58誕生に向けて、急行形キハ58系の基本設計、エンジンとトルクコンバータ、新生キハ58系グループ・ラインナップ、ディーゼル急行全盛期の活躍、急行形冷房化への道、国鉄時代の改造、キハ58系から大出力への展開、JR誕生とキハ58系、私鉄のキハ58系、海を渡ったキハ58系、名優キハ58系の引退

◆キハ601のカケラ—舞のかしてつダイアリー2007年3月—2008年5月　鉾田駅保存会公式活動記録2007年12月—2008年5月　舞、鉾田駅保存会［著］　［出版地不明］［舞］　2008.7　112p　21cm　1050円

◆キハ82物語—「はつかり」で始まったディーゼル特急半世紀の物語　石井幸孝著　JTBパブリッシング　2005.8　192p　21cm　（JTBキャンブックス）〈年表あり〉　1700円　①4-533-05988-0
[目次]　グラフ「はつかり」のデビュー、そして全国特急網へ、ディーゼル特急「はつかり」の生い立ち、キハ81系「はつかり」の誕生、華やかな「はつかり」のデビュー、世界のディーゼル特急の潮流と日本流儀、「はつかり」の光と影、特急全国網の立役者キハ82系、キハ80系全国網をつくる、新系列ディーゼル動車への道、大馬力ディーゼル動車の開発、新系列ディーゼル動車キハ181系、新系列特急の発展型、JRの誕生とディーゼル特急、ディーゼル特急半世紀と今後、資料編

◆国鉄F級ディーゼル機関車　岩成政和著　ネコ・パブリッシング　2015.7　47p　26cm　（RM LIBRARY 191）　1250円　①978-4-7770-5383-4
[目次]　1 F級ディーゼル機関車概説（国鉄・JRのF級ディーゼル機関車の概要、なぜEFは多くDFは少ないのか）、2 DF50 電機達に評価されたい電気式DL（登場の経緯、DF50の構造とスペック）、3 知られざるDF 5輛の試作機（カラフルな借入機たち、DF40（二代目DF91）ほか）、4 911形 日本最速最大のディーゼル機関車（無視されつづけた日本一のディーゼル機関車、求められた性能とその理由　ほか）

◆国鉄キハ10 vol.1　3版　豊中　レイルロード　1993.7　98p　30cm　（車輛ア ルバム 3）〈発売：文苑堂東京店　おもに図　折り込図1枚〉　3900円　①4-938343-72-X

◆国鉄DF50 vol.1　豊中　レイルロード　1991.7　130p　30cm　（車輛アルバム 7）〈発売：文苑堂東京店　おもに図　折り込図1枚〉　①4-938343-77-0

◆国鉄DF50 vol.2　豊中　レイルロード　1992.6　108p　30cm　（車輛アルバム 9）〈発売：文苑堂東京店　おもに図〉　3900円　①4-938343-79-7

◆国鉄DF50 vol.3　豊中　レイルロード　1993.3　136p　30cm　（車輛アルバム 10）〈発売：文苑堂東京店　おもに図〉　4900円　①4-938343-82-7

◆国鉄DF50 vol.4　豊中　レイルロード　1994.12　152p　30cm　（車輛アルバム 11）〈発売：文苑堂東京店　おもに図〉　4900円　①4-938343-87-8

◆国鉄DD13形ディーゼル機関車　上　岩成政和著　ネコ・パブリッシング　2017.5　45p　26cm　（RM LIBRARY 213）〈文献あり〉　1250円　①978-4-7770-5410-7
[目次]　1 DD13形概論（DD13とは、時代背景、設計上の概要）、2 次数別製作輌数（製造実績表、製作会社）、3 次数別製作変更点詳説（第1次DD13 1～DD13 15、第2次DD13 16～DD13 40、第3次DD13 41～DD13 50、第4次DD13 51～DD13 80、第5次DD13 81～DD13 84、第6次DD13 85～DD13 110）

◆国鉄DD13形ディーゼル機関車　中　岩成政和著　ネコ・パブリッシング　2017.6　47p　26cm　（RM LIBRARY 214）〈文献あり〉　1250円　①978-4-7770-5411-4
[目次]　3 次数別製作変更点詳説（第7次DD13 111、第8次DD13 112～DD13 141、第9次DD13 142・DD13 143、第10次DD13 144～DD13 150、第11次DD13 151～DD13 170、第12次DD13 171～DD13 177、第13次DD13 178～DD13 202、第14次DD13 203～DD13 218、第15次DD13 219～DD13 264 DD13 501～DD13 518、第16次DD13 301～DD13 339 DD13 601～DD13 611）

◆国鉄DD13形ディーゼル機関車　下　岩成政和著　ネコ・パブリッシング　2017.7　47p　26cm　（RM LIBRARY 215）〈文献あり〉　1250円　①978-4-7770-5412-1
[目次]　3 次数別製作変更点詳説、4 製作輌数推移と重連型登場の疑問、5 寒地型について、

気動車（ディーゼルカー）

6 後天的な改造について，7 各地での使用状況，8 改造機・私鉄譲渡機など

◇国鉄郵便・荷物気動車の歩み　上　千代村資夫著　ネコ・パブリッシング　2001.3　48p　26cm　(RM library 20)　1000円　ⓘ4-87366-224-9

目次　1 気動車における郵便車・荷物車の沿革，2 戦前の郵便・荷物気動車，3 機械式改造車，4 レールバス改造車，5 10系元電気式改造車，6 10系改造車

◇国鉄郵便・荷物気動車の歩み　下　千代村資夫著　ネコ・パブリッシング　2001.4　47p　26cm　(RM library 21)　1000円　ⓘ4-87366-227-3

内容　本書では10系後編と20系以降の列車の動きをまとめた。

◇国鉄レールバスその生涯　岡田誠一著　ネコ・パブリッシング　2000.2　47p　26cm　(RM library 7)　1000円　ⓘ4-87366-194-3

◇混合列車　36号（40周年記念号）「特集」キハ40系　札幌　北海道大学鉄道研究会　2010.12　124p　26cm　〈文献あり　年表あり〉　1000円

◇産業ロコ―岩堀春夫写真集　岩堀春夫著　西宮　ないねん出版　1999.3　144p　26cm〈他言語標題：Japanese industrial locomotives〉　4000円　ⓘ4-931374-20-4

内容　著者が産業ロコに興味を持ちだしたのは1975年からだった。地元の西ノ宮駅には、アサヒビールに鋳物台枠の加藤がいたし、住友セメントには川崎製の15トン機がいた。川崎製のDLには本線用機関車と同じような長方形の製造所銘板が付いていて、これも機関車なのだという印象を受けた。それ以来全国を回って、車窓から入換え機関車を見つけては撮影を続けた。本書では、これまでの趣向を変えて、産業ロコが働いていた姿を中心にセレクトしてみた。全国各地で目立つことなく使われた機関車の記録である。

◇JR機関車―ビジュアルガイド　2016 SERIES：EF64・65・66・67・200・210/EF81・510/EH200・500・800/ED75・76/DD51・DE10 etc…　イカロス出版　2016.2　131p　26cm　(イカロスMOOK)　1389円　ⓘ978-4-8022-0129-2

◇私鉄気動車30年―全国67社1056両データ掲載 全形式を写真と解説で記録　寺田裕一著　JTBパブリッシング　2006.11　175p　21cm　(JTBキャンブックス)　1900円　ⓘ4-533-06532-5

内容　全国の私鉄に30年間在籍した気動車全形式を写真と解説で記録。

◇図説絶版機関車　松本典久［著］　講談社　2009.6　285p　16cm　(講談社+α文庫 D60・2)　724円　ⓘ978-4-06-281293-1

内容　ブルートレイン廃止、貨物列車の縮小など、客車や貨車とともに日本経済を牽引してきた「機関車」の存在意義が小さくなってきている。それに反して、「機関車」への羨望が膨らんでいく…。蒸気機関車、電気機関車、ディーゼル機関車の名車50両を豊富な写真とともに徹底解説。50両を選んだ基準は、「名機関車」はもちろんのこと、「今も保存されている」こと。各車両項目の最後に「保存場所」を明記。

◇石油発動機関車―福岡駒吉とわが国初の内燃機関車　湯口徹著　ネコ・パブリッシング　2009.3　39p　26cm　(RM library 115)　1000円　ⓘ978-4-7770-5253-0

目次　明治期の軌道と官庁文書、福岡駒吉、石油発動車登場、筑後軌道が大量採用、7馬力に改造強化、冷却方式と重量、逆転機改良、第二次需要期、「駒吉機関車」の価格、「駒吉機関車」の信頼性、仙南鉄道の残存図、1067mm軌間事例、燃料、駒吉の死、写真、幻の「雨宮式」石油発動車など、「窯吉」以降の内燃機関車，豆相人車鉄道幻の石油発動車

◇戦後生まれの私鉄機械式気動車　上　湯口徹著　ネコ・パブリッシング　2006.11　46p　26cm　(RM library 87)　1000円　ⓘ4-7770-5185-4

内容　本書では、戦後地方鉄道に新たに出現した機械式56輛の内燃動車を扱う。うち7輛（根室拓殖鉄道2、豊羽鉱山1、西大寺鉄道2、山鹿温泉鉄道2）が単端式車。さらにそのうち2輛は戦前を引きずったウォーム、3輛はチェーン駆動である。

◇戦後生まれの私鉄機械式気動車　下　湯口徹著　ネコ・パブリッシング　2006.12　47p　26cm　(RM library 88)　1000円　ⓘ4-7770-5186-2

◇中国鉄道の気動車とその行方　高井薫平著　ネコ・パブリッシング　2006.4

気動車（ディーゼルカー）

47p　26cm　（RM library 80）　1000円　①4-7770-5144-7
目次　第1章 国有化前の中国鉄道（概要，中国鉄道の車輛について，気動車について，買収前後の岡山機関区と旧中国鉄道の路線），第2章 全国に散った中国鉄道の気動車たちを追う（島原鉄道の5兄弟，なぞの気動車，三岐鉄道キハ82，地元に残った4輌（岡山臨港鉄道・倉敷市交通局），芸備との競演（防石鉄道→東濃鉄道）ほか

◇鉄道クラブ　Vol.1　特集最後の砦 愛知機関区DD51と門司機関区EF81/武蔵野線レール工臨徹底解剖！　コスミック出版　2016.12　145p　29cm　（COSMIC MOOK）　1600円　①978-4-7747-8266-9

◇電気機関車とディーゼル機関車　石田周二，笠井健次郎著　改訂版　交通研究協会　2017.9　270p　19cm　（交通ブックス 124）〈文献あり　索引あり　発売：成山堂書店〉　1800円　①978-4-425-76232-3
内容　日本は一時は世界経済の機関車と呼ばれていたこともありますが「機関車」は，日本の工業技術の発展を語るうえで欠かせない存在です。本書では内外の電気機関車とディーゼル機関車について，その構造と技術の発展の経過，各国の状況とメーカーの変遷などを長らく車両の開発・設計に携わってきた2人の著者が詳細に解説しました。改訂版では，旧版から2年間の世界情勢の変化，たとえば中国での各社勢力の変化と生産の急減，インドの技術導入の開始，ヨーロッパ3強ではボンバルディアの経営問題，主なメーカーの現地生産と投資の進展，とくに目覚ましいディーゼル機関車でのGEの進出などが追加され，技術的には粘着の解析に関することやスイスの状況と操舵台車のことが追加されています。

◇内燃動車発達史　上巻（戦前私鉄編）　湯口徹著　ネコ・パブリッシング　2004.12　344p　30cm　9524円　①4-7770-5087-4
内容　本書は我国私鉄（軌道・地方鉄道，計約160）で，1945年8月15日の第二次大戦（太平洋戦争）敗戦までに存在・活躍した内燃動車（ガソリンカー・ディーゼルカー）について，各私鉄およびメーカーの両面から記したものである。それも新製車ばかりと

は限らず，客貨車や自動車からの改造車もあって総数653両におよんでいる。

◇内燃動車発達史　下巻（戦前メーカー編）　湯口徹著　ネコ・パブリッシング　2005.7　272p　30cm　9524円　①4-7770-5118-8
内容　本書では20を超える個々のメーカーについて，その製造に係る内燃動車を解説した。

◇懐かしのローカル線キハヨンマル――去り行く国鉄形車両　牧野和人著　椎出版社　2011.7　157p　21cm　1200円　①978-4-7779-1995-6

◇日本の蒸気動車　上　湯口徹著　ネコ・パブリッシング　2008.3　45p　26cm　（RM library 103）　1000円　①978-4-7770-5229-5
目次　1 外国製車の時代（東京馬車鉄道電化前の売り込み合戦，ボールドウィン路面用動車，セレポレー式活動車 ほか），2 国産車の時代（深川式発動車，工藤式蒸汽自動客車，工藤式の内実 ほか），3 各鉄道・軌道使用例（樺太庁鉄道，夕張鉄道，余市臨港軌道 ほか）

◇日本の蒸気動車　下　湯口徹著　ネコ・パブリッシング　2008.4　47p　26cm　（RM library 104）　1000円　①978-4-7770-5230-1
目次　3 各鉄道・軌道使用例（続き）（河南鉄道→大阪鉄道，播州鉄道→播丹鉄道，篠山軽便鉄道，中国鉄道，小野田軽便鉄道，阿南鉄道，博多湾鉄道，小倉鉄道，筑前参宮鉄道，東肥鉄道→九州肥筑鉄道，九州電燈鉄道→東邦電力），4 鉄道院→鉄道省→運輸省（ガンツ式，工藤式），5 1940年以降の蒸気動車使用例（西武鉄道，名古屋鉄道，名古屋近辺軍需工場，博多湾鉄道汽船→西日本鉄道，鹿本鉄道，熊延鉄道，国東鉄道，口之津鉄道→島原鉄道），6 機関・走行部のみ再生事例（三菱造船長崎造船所，台湾総督府納品機関部，大阪瓦斯京都工場），7 客車としての購入事例（天塩鉄道，常総鉄道→常総筑波鉄道，江若鉄道，芸備鉄道）

◇日本の内燃動車　湯口徹著　交通研究協会　2013.9　185p　19cm　（交通ブックス 121）〈索引あり　発売：成山堂書店〉　1800円　①978-4-425-76201-9
内容　内燃動車（気動車）は，原動機＝ガソリン/ディーゼル機関を搭載する客車です。新しくはハイブリッド車，路面・鉄路とも走行できるDMVも含まれます。わが国で最初の内燃動車が登場したのは1920年。以来90年余の歴史を通して，ほぼ国産の技術をもって研究・開発されてきました。本書では，国鉄（JR）・私鉄を問わず，これらはほ

気動車（ディーゼルカー）

すべての内燃動車を取り上げて、できる限り多くの写真を添えて解説しました。

◇日本レールバス大全―国産軽量気動車のすべて　斎藤幹雄，岡本憲之著　芸文社　2010.5　156p　21cm　(Geibun visual books)　1800円　①978-4-86396-060-2

目次　第1章 最後のレールバス紀行（今を生きるレールバス 最後の2軸レールバス―紀州鉄道キテツ1・2、レールバスを次世代に伝える 路線廃止後も走り続ける「50年選手」―南部縦貫鉄道キハ101・102 ほか），第2章 レールバス黎明期の系譜（レールバス登場前史，自動車をレールで走らせた車両の初登場 ほか），第3章 新世代のレールバス（新世代レールバスの誕生1982・1984，「NDC初期車」と「LE・Car2」が運行開始1984・1986 ほか），第4章 レールバスのしくみ（台車/エンジンのしくみ，運転台のしくみ）

◇八高線の詩―赤い気動車最後の一年間を追う 写真集　田口聡史著　東松山まつやま書房　1997.2　91p　21×23cm　2000円　①4-944003-98-6

◇振子気動車に懸けた男たち―JR四国2000系開発秘話　福原俊一著　交通新聞社　2016.2　191p　18cm　(交通新聞社新書 090)　800円　①978-4-330-64116-4

内容　昭和62年4月に発足したJR四国は、高松と西条・高知を結ぶ高速道路の建設が進められるなど、厳しい経営環境に置かれていた。そこで、都市間輸送のスピードアップが重要課題と判断したJR四国は、曲線区間の多い四国の鉄道に合った振子車両2000系気動車の開発を進める。同社の命運をかけた特急車両を成功させようと、ルビコン河を渡る思いで決断を下した経営陣、それを受けて、実現までには立ちはだかった幾多の難関をブレークスルーした鉄道マンたち。当時の関係者への綿密な取材を基に、その苦闘の足跡を克明に綴る。

◇森製作所の機関車たち　名取紀之著　ネコ・パブリッシング　2000.12　128p　29cm　3619円　①4-87366-221-4

内容　戦後の一時期、燃料事情が逼迫する中で"蒸気機関車のディーゼル機関車化改造"という奇想天外な手法を売り物に、十輌ほどのディーゼル機関車を地方鉄道に送り込み、そして忽然と鉄道車輛の世界から姿を消したと信じられていた森製作所は現在も盛業中だった。本書は、同社に残されていた写真類と、会長・社長の証言を交え、数々の資料を傍証として森製作所の機関車たちの全貌を詳らかにしたものである。

◇よみがえるキハ80系・181系―全国各地を駆け巡った特急型気動車の勇姿　三品勝暉著　学研パブリッシング　2013.5　175p　26cm〈文献あり　発売：学研マーケティング〉　2800円　①978-4-05-405628-2

内容　「サン・ロク・トオ」ダイヤ大改正で大量投入されその後、日本各地を駆け巡った特急型気動車キハ80系と、キハ181系。充実の秘蔵カラー写真と設計資料に加え定期運用されたすべての特急解説で今、よみがえる。

◇レイル　No.50　エリエイ，プレス・アイゼンバーン　2004.10　98p　29×21cm　3500円　①4-87112-450-9

目次　私が写した山陰のキハ55・58系，キハ55系気動車の概要，あれぇ？ あの線路は…，＋現状のレポート，松鷹文庫に見る大正時代の田端，レイルサロン 神戸市電の日本車輌製E形マキシマム台車，ヤードマン

◇80系気動車特急物語　花井正弘編著　浦和　草原社　1995.1　98p　27cm　(The last runners vol.5)〈発売：交友社〉　4369円　①978-4-904775-03-5

◇DD51物語―国鉄ディーゼル機関車2400両の開発と活躍の足跡　石井幸孝著　JTBパブリッシング　2004.12　191p　21cm　(JTBキャンブックス)　1700円　①4-533-05661-X

目次　日本の風土に溶け込んだDLの活躍，日本のディーゼル機関車発展史のあらまし，ディーゼル機関車発展の紆余曲折，ディーゼル機関車の世界潮流から学ぶ，国産への執念とDD13の誕生，ディーゼル機関車開発の大命題，本格的機関車用エンジンとトルクコンバーターの開発，液体式本線用DD51誕生，DD54との葛藤とDE50，DD20からDE10へ―DD20・DE10・DE11・DD16，ディーゼル機関車の大量計画生産，除雪兼用ディーゼル機関車―DD21・DD53・DE15・DD16（除雪用）・DD18，DD19，DD51・DE10系の活躍像とその変貌，国鉄改革とJR各社での現況

◇The気動車―旅心をそそるディーゼル列車の鼓動に酔う　三推社　2007.10　113p　30cm　(別冊ベストカー)〈共同刊行：講談社〉　1905円　①978-4-06-366260-3

050 電車

【概　要】電車は、車両としては、動力を持つ旅客車（電動車）を指す。電車というとき、一般には、車両単体というよりは、電動車のみ、もしくは、電動車と編成を組むために造られた動力を持たない旅客車（付随車）とともに編成された列車（電車列車）を指すことが多い。なお、数は少ないものの、貨車の電車も実用化されている（貨物電車）。

電車は、架線から電気の供給を受けなければ走行できないため、非電化路線に乗り入れることはできない。しかし、近年は、蓄電池電車が実用化され、電化路線走行中などに充電し、そのまま非電化路線に直通運転することができるようになった（2018年4月現在、JR東日本の烏山線、男鹿線、JR九州の筑豊線で運用）。

なお、リニアモーターカーも電車の一種である。

◇あつまれ！でんしゃ　交通新聞社　2017.6　1冊（ページ付なし）　13×13cm　〈スーパーのりものシリーズDX〉　800円　①978-4-330-78017-7

◇思い出の汽車電車―辻圭吉写真集　辻圭吉著, 岩堀春夫編　西宮　ないねん出版　1995.10　80p　26cm〈著者の肖像あり〉　1900円　①4-931374-04-2

◇面白いほどよくわかる電車のしくみ―車両のしくみと電車が走るメカニズム　所澤秀樹監修　日本文芸社　2009.3　231p　19cm　〈学校で教えない教科書〉〈文献あり　索引あり〉　1400円　①978-4-537-25665-9
[目次]第1章 電車を定義してみよう, 第2章 電車はどうやって電気を取り入れるか, 第3章 電車が走るメカニズム, 第4章 電車が止まるメカニズム, 第5章 車両のしくみ, 第6章 線路の構造, 第7章 いろいろな施設, 第8章 いろいろな保安装置, 第9章 電車の運転

◇片野正巳の吊掛電車プロファイル―日本の旧性能電車60年358形式の歴史　保存版!! 1900〜1950年代　片野正巳著　ネコ・パブリッシング　2013.11　130p　26cm　〈RM MODELS ARCHIVE〉　2286円　①978-4-7770-5358-2
[内容]1900〜1950年代。Nゲージ（SCALE1：150）サイズのカラーイラストで吊掛電車全盛期が蘇る！

◇関西を走った汽車・電車　髙橋弘著　JTBパブリッシング　2009.1　192p　31cm　〈達人が撮った鉄道黄金時代 2〉　7000円　①978-4-533-07352-6
[内容]山科大築堤・C62つばめ・N電・P・6・タマゴ型電車―関西の鉄道、その黄金時代がよみがえる。

◇汽車・電車・市電―昭和の名古屋鉄道風景　服部重敬編著　大阪　トンボ出版　2016.7　207p　26cm　〈文献あり〉　2600円　①978-4-88716-133-7
[目次]カラーページ（空から見た国鉄名古屋駅かいわい, 金山と大曽根 ほか）, ターミナル駅かいわい（名古屋の玄関 名古屋駅, 名古屋最大の繁華街 栄 ほか）, 思い出の鉄道沿線（名古屋城のお堀を走っていた都会のローカル線 名鉄・瀬戸線, 名古屋と豊田を結ぶ新設路線 名鉄・豊田新線 ほか）, 忘れえぬ車両たち（ふたつの流線型車両 名鉄3400系と850系, 憧れの前面展望車 名鉄パノラマカー ほか）, 名古屋市電停留場めぐり（1969（昭和44）年の運転系統図, 運行車両一覧, 広小路通を走る ほか）

◇九州を走った汽車・電車　奈良崎博保著　JTBパブリッシング　2009.11　200p　31cm　〈達人が撮った鉄道黄金時代 6〉　6000円　①978-4-533-07674-9

◇きんてつのでんしゃ　交通新聞社　2018.2　1冊（ページ付なし）　13×13cm　〈スーパーのりものシリーズDX〉　800円　①978-4-330-85818-0

◇ぐるぐるまわるやまのてせん　溝口イタルえ, 平岩美香文　交通新聞社　2014.12　31p　25cm　〈でんしゃのひみつ〉　1300円　①978-4-330-51714-8

◇国鉄電車回想 1　巴川享則著　大正出版　1997.11　140p　25cm〈おもに図〉　3800円　①4-8117-0623-4
[内容]国鉄電車は昭和30年代に大きな変化を迎えた。それ以前の旧型電車に高性能の新鋭電車が加わり、新幹線が誕生した時代で、東海道本線で活躍した当時の新旧電車を探る。

◇国鉄電車回想 2　巴川享則著　大正出版　1998.6　153p　25cm〈おもに図〉　3800円　①4-8117-0624-2

内容 国鉄電車の近代化は、昭和30年代に始まった。さまざまなスタイルの高性能電車が各地に登場し、従来の電車は旧型電車と呼ばれる時代が到来した。東日本の各地に、新旧交代の過渡期の姿を追う。

◇国鉄電車回想 3 巴川享則編著 大正出版 1998.12 152p 25cm〈おもに図〉 3800円 ⓘ4-8117-0625-0
内容 昭和30年代の関西の国鉄電車は、まさに百花繚乱―。戦前形電車が第一線を走り、高性能電車が華を添えた。ローカル線ではかつてのスターが看板電車として活躍。数々のスタイルの国鉄電車を中部・西日本の各地に見る。

◇国鉄特急電車物語 直流電車編 福原俊一著 JTBパブリッシング 2010.3 207p 21cm (キャンブックス―鉄道101)〈文献あり〉 1900円 ⓘ978-4-533-07805-7
目次 ビジネス特急の計画、こだま形電車の誕生、大成功を収めたビジネス特急「こだま」、「こだま」の成長と「つばめ」「はと」電車化、東海道電車特急黄金時代、161系の誕生と東海道電車特急の終焉、181系へのパワーアップ、電車特急黄金時代の181系、第2世代の特急形直流電車たち、181系の晩年〔ほか〕

◇最後の国鉄直流特急型電車―183・185・381系物語 梅原淳編著、栗原景、渡辺雅史、東良美季著 JTBパブリッシング 2015.5 191p 21cm (キャンブックス―鉄道152) 1900円 ⓘ978-4-533-10431-2
目次 最後の活躍 国鉄直流特急型電車、国鉄直流特急型電車前史、国鉄直流特急型電車運転物語、国鉄直流特急型電車の長い日、思い出の国鉄直流特急型電車、国鉄直流特急型電車各形式解説、バーチャル紀行 国鉄直流特急型電車、全系列・全列車の早まわり乗り継ぎ、知って得する国鉄直流特急型電車、国鉄直流特急型電車を理解するために 新製車編/改造車編

◇昭和電車少年 実相寺昭雄著 JTB 2002.1 287p 20cm 1600円 ⓘ4-533-04082-9
内容 本書には電車の形式の説明は勿論、その電車が走り始めた頃の環境や時代背景が描かれ、若い君たちの知らないことが多い。それに還暦過ぎのオジさんの文章だからなかなか味がある。学校を出てテレビ局に勤め、映画監督になった著者の表現力はさすが。

◇昭和電車少年 実相寺昭雄著 筑摩書房 2008.5 383p 15cm (ちくま文庫) 880円 ⓘ978-4-480-42441-9
内容 昭和には電車がよく似合う。ウルトラマンなどで知られた映画監督が、鉄道オタクぶりを発揮する。戦前中国大陸で見た雄大な風景から、東京の街をかけめぐった路面電車の姿まで、少年時代の電車体験をいきいきと描く。さらには、いまも地方で活躍する名車両や寝台車など、現役で走る電車の楽しさを訪ね歩く。思い出と現実のあわいを行き来しながら、昭和の電車風景へと読者をいざなう。

◇昭和の記憶―カラーで顧みる1950年代の汽車・電車 三谷烈弌著 ネコ・パブリッシング 2003.9 93p 26cm (RM library 50) 2000円 ⓘ4-7770-5010-6
内容 戦後復興から高度成長前夜へ―昭和を駆け抜けた思い出の汽車・電車。

◇昭和の電車 関三平著 大阪 保育社 2014.5 207p 19×27cm 3500円 ⓘ978-4-586-08533-0

◇寝台・座席両用581・583系特急形交直流電車 福原俊一、佐藤哲也、中村剛著 新座 車両史編さん会 1999.11 237p 30cm (国鉄新性能電車 1) 4000円

◇図解雑学電車のしくみ 宮本昌幸監修 ナツメ社 2005.9 223p 19cm〈奥付のタイトル:電車のしくみ〉 1350円 ⓘ4-8163-3943-4
内容 モーターやブレーキを用いた走行のしくみ、台車やパンタグラフの構造、レールや架線の働きなどを、基礎からわかりやすく解説。

◇図解・電車のメカニズム―通勤電車を徹底解剖 宮本昌幸編著 講談社 2009.12 270p 18cm (ブルーバックス B-1660)〈文献あり 索引あり〉 940円 ⓘ978-4-06-257660-4
内容 絶対安全運転でなければならない、できるだけ快適な乗り心地にしたい、省エネへのあくなき工夫。そのために開発された驚きの装置、素材、システム。通勤客は知らない「そこまでやるか!?」なメス。

◇ぜんぶわかる東京の電車ものしりずかん 中井精也、山崎友也監修 成美堂出版 2005.7 79p 22×22cm 850円 ⓘ4-415-03073-7

◇ぜんぶわかる東京の電車ものしりずかん　中井精也,山崎友也監修　成美堂出版　2007.10　79p　22×22cm　850円　①978-4-415-30171-6
　内容　新幹線、特急、通勤電車、地下鉄、東京の電車ぜ〜んぶあつまれ。

◇たっぷりでんしゃずかん—写真たっぷり155点！　でんしゃがだいすきなきみへ！　山中則江写真・文　大阪　ひかりのくに　2017.7　［24p］　16×18cm（0〜3さいのえほん—カルタのようにゆびさしあそび）　750円　①978-4-564-24264-9

◇たのしくうんてん！でんしゃ—新幹線・特急電車・通勤電車・SLがたのしめる！　山﨑たかし絵　成美堂出版　2017.11　23p　21cm（音と光のでる絵本）〈音声情報あり〉　2200円　①978-4-415-32423-4
　内容　新幹線・特急電車・通勤電車・SLがたのしめる！25種類の効果音とアナウンスでなりきりあそび！運転士、駅員、車内販売。

◇たのしくうんてん！でんしゃ—新幹線・特急電車・通勤電車・SLがたのしめる！　山﨑たかし絵　成美堂出版　2017.11　23p　21cm（音と光のでる絵本）〈音声情報あり〉　2200円　①978-4-415-32423-4
　内容　新幹線・特急電車・通勤電車・SLがたのしめる！25種類の効果音とアナウンスでなりきりあそび！運転士、駅員、車内販売。

◇ちゅうおうせん—うんてんしよう！　交通新聞社　2011.7　1冊（ページ付なし）　19×19cm　（おとのでるスーパーのりものシリーズ）〈写真：高木英二ほか　音声情報あり〉　1524円　①978-4-330-22811-2

◇徹底カラー図解電車のしくみ　曽根悟監修　マイナビ出版　2016.12　223p　21cm〈文献あり　索引あり〉　1690円　①978-4-8399-6094-0
　内容　わかる！わかる！わかる!!進化する「運転のしくみ」「駅のはたらき」「車体・台車・制御装置・ブレーキなど走行メカニズム」

内容　新幹線、特急、通勤電車、地下鉄、東京の電車がいっぱい。

◇鉄道もの知り百科—毎日乗る電車の「仕組み」が手に取るように解る！　岩上篤行著　電波新聞社　2002.9　173p　26cm　（ここが「知りたい」シリーズ1）　1800円　①4-88554-721-0
　内容　電車の「仕組み」にこだわる。写真と図で楽しく学ぶ103項目。

◇でんしゃ・きかんしゃ　フォト・クリエーション写真　草炎社　2005.4　17p　9.0×18cm　（ちょうワイドえほん 3）　457円　①4-88264-076-7

◇でんしゃだいすき　交通新聞クリエイト写真,こどものほん編集部文・構成　交通新聞社　2017.11　1冊（ページ付なし）　7.9×12cm　（はじめてカードずかん）　800円　①978-4-330-83517-4

◇でんしゃだいすき！ブック　ネコ・パブリッシング　2017.12　66p　29cm（NEKO MOOK 2669）　537円　①978-4-7770-2169-7

◇電車の顔　鈴木さちこ著　鉄道ジャーナル社　2011.8　183p　17cm〈発売：成美堂出版〉　1000円　①978-4-415-31098-5
　内容　「鉄道ジャーナル」の人気連載が本になりました。新たな"顔"も加わり、寝台特急カシオペア、九州新幹線の書き下ろしコミックルポ、旅先で出合った名産品、おすすめスポットも収録！誰もがきっと、お気に入りの顔に出合える鉄道旅。

◇電車のしくみ　川辺謙一著　筑摩書房　2011.5　221p　18cm　（ちくま新書903）〈文献あり〉　740円　①978-4-480-06607-7
　内容　電車はなぜ動くのか？この素朴な疑問に徹底的に答えるこれまでになかった電車本。一両でもバスや乗用車よりも大きく、多くの車両を連結して一度に数千人も運ぶ。そんな巨体を電気でどう動かしているのか。新しい電車が静かに走り、乗り心地がよくなったのはなぜか。これらを理解するための鍵は「電車の動きを注意深く感じ取ること」にある。身近な乗り物でありながら、意外に知られていない電車のメカニズムを、図解を交えてわかりやすく解説。知ると乗るのが楽しくなる。

◇『電車の進化』大研究—メカニズムの基本知識と鉄道輸送の未来　広岡友紀著　中央書院　2008.9　222p　19cm　1700円　①978-4-88732-187-8

電車

◇電車の進歩細見―ようこそ。電車の発達史へ　渡部史絵著　交通新聞社　2016.10　127p　21cm　(DJ鉄ぶらブックス　線路端のたのしみを誘う本 016)　1400円　①978-4-330-73116-2
[内容] 新車・新技術が次々に登場し、鉄道趣味も広まる半面、ファンでも意外に曖昧な「電車」の基本知識。民鉄を中心に長年、研究を続けている著者が「電車」に焦点を当て、車両のさまざまなメカニズムや、輸送の安全を支える技術をわかりやすく紹介。さらに、利用者から見た快適な車両の条件や都市圏通勤輸送のありかたも考察する。
[目次] プロローグ 日本の電車の誕生―それは上野公園からはじまった, 車体の進化(電車体の素材―木製車体から鋼製車体へ, 地下鉄道車両の登場―東洋初の技術が開花したほか), 技術の進歩(集電装置の黎明期―トロリーポールからビューゲルへ, ボギー台車―鉄道車両の高速化・安定化の立役者ほか), 快適な旅の設備(電車の客室内にテレビを設置―"昭和三種の神器"といわれたアイテムのひとつ, 2階建て電車の観光から大量輸送までほか), 人に優しい設備(車内貫通扉のマジックドア―昭和30年代は不思議だったのだろうか？, 都電7000形更新車―路面電車初の車椅子スペース ほか)

◇でんしゃのずかん　五十嵐美和子作, 近藤圭一郎監修　白泉社　2017.5　1冊(ページ付なし)　18×18cm　(コドモエのえほん)　1000円　①978-4-592-76206-5
[内容] 新幹線・特急・地下鉄・在来線から、SL・貨物・リニアまで！ 日本全国のいろんな鉄道車両が全部でなんと76種類！

◇電車のデザイン―カラー版　水戸岡鋭治著　中央公論新社　2009.12　205p　18cm　(中公新書ラクレ 336)　980円　①978-4-12-150336-7
[内容] 新幹線800系つばめや787系リレーつばめ、883系ソニック、885系かもめから「たま電車」まで。話題の車両デザインを手がけ、数々の賞を受賞した水戸岡鋭治の人と仕事を一冊で紹介する。

◇電車のはなし―誕生から最新技術まで　宮田道一, 守谷之男著　交通研究協会　2009.11　236, 18p　19cm　(交通ブックス 118)　〈発行元：成山堂書店　文献あり　索引あり〉　1800円　①978-4-425-76171-5
[内容] 電車はどのように発達してきたか―本書では、電車の誕生から最新技術にいたるまで、その時代を走ってきた名車やターニングポイントとなった技術などを、数々の事例を用いてわかりやすく紹介します。様々な分野での進歩とともに発展してきた「電車王国日本」ならではの技術。その概要がわかり、ますます電車が好きになる一冊です。

◇電車の話―國民産業物語　宮本政幸著　アテネ書房　1993.2　252, 13p　21cm　(復刻鉄道名著集成　星晃, 渡辺寿男監修, 和久田康雄, 加藤新一編)〈原本：陽文社昭和19年刊〉

◇でんしゃの本　ジャミ・プルニエール, ガリマール・ジュネス社原案・制作, ジャミ・プルニエール絵, 手塚千史訳　岳陽舎　2005.11　1冊(ページ付なし)　19cm　(はじめての発見 39)　1200円　①4-907737-64-5
[内容] この『でんしゃの本』をひらけばでんしゃが、どのようにつかわれ、人々の役にたっているのか発見できるだろう。アメリカのじょう気かん車から日本の新幹線までたくさんのでんしゃが、かわいい旅をプレゼントしてくれる。

◇電車100点　講談社　2018.1　1冊(ページ付なし)　26cm　(講談社のアルバムシリーズ―のりものアルバム〈新〉17)　680円　①978-4-06-197158-5

◇東京駅と電車100点　講談社　2013.2　1冊(ページ付なし)　26cm　(講談社のアルバムシリーズ―のりものアルバム 24)　650円　①978-4-06-195484-7

◇東京近郊電車案内―JR・地下鉄・私鉄　日地出版著　[地図資料]　日地出版　1991.1 (20刷)　地図1枚：両面色刷　62×86cm(折りたたみ21cm)〈タイトルはホルダーによる　図のタイトル：東京近郊路線図　ホルダー入　裏面：23区電車案内(1：57000)〉　①4-527-01008-5

◇東京近郊電車案内―JR・地下鉄・私鉄　日地出版著　[地図資料]　日地出版　1992.1 (21刷)　地図1枚：両面色刷　62×86cm(折りたたみ21cm)〈タイトルはホルダーによる　図のタイトル：東京近郊路線図　ホルダー入　裏面：23区電車案内(1：57000)〉　①4-527-01008-5

◇東京近郊電車案内―JR・地下鉄・私鉄　日地出版著　[地図資料]　日地出版　1992.4 (22刷)　地図1枚：両面色刷　62

電車

×86cm（折りたたみ21cm）〈タイトルはホルダーによる　図のタイトル：東京近郊路線図　ホルダー入　裏面：23区電車案内（1：57000）〉　①4-527-01008-5

◇東京近郊電車案内―JR・地下鉄・私鉄　日地出版著　［地図資料］　日地出版　1993.4（23刷）　地図1枚：両面色刷　62×86cm（折りたたみ21cm）〈タイトルはホルダーによる　図のタイトル：東京近郊路線図　ホルダー入　裏面：23区電車案内（1：57000）〉　①4-527-01008-5

◇東京近郊電車案内―JR・地下鉄・私鉄　日地出版著　［地図資料］　日地出版　1994.1（24刷）　地図1枚：両面色刷　62×86cm（折りたたみ21cm）〈タイトルはホルダーによる　図のタイトル：東京近郊路線図　ホルダー入　裏面：23区電車案内（1：57000）〉　①4-527-01008-5

◇東京近郊電車案内―JR・地下鉄・私鉄　日地出版著　［地図資料］　日地出版　1994.9（25刷）　地図1枚：両面色刷　62×86cm（折りたたみ21cm）〈タイトルはホルダーによる　図のタイトル：東京近郊路線図　ホルダー入　裏面：23区電車案内（1：57000）〉　①4-527-01008-5

◇東京近郊電車案内―JR・地下鉄・私鉄　日地出版著　［地図資料］　日地出版　1995.4（26刷）　地図1枚：両面色刷　62×86cm（折りたたみ21cm）〈タイトルはホルダーによる　図のタイトル：東京近郊路線図　ホルダー入　裏面：23区電車案内（1：57000）〉　①4-527-01008-5

◇とうきょうの電車大百科―首都圏を走るカラフルな電車たち　旅と鉄道編集部編　天夢人　2017.12　79p　26cm　〈発売：山と溪谷社〉　1200円　①978-4-635-82027-1

◇東京のでんしゃのいちにち　もちだあきとしぶん・しゃしん　小峰書店　2017.1　［46p］　27cm　（こみねのりもの写真えほん　3）　1200円　①978-4-338-29403-4
　内容　東京の電車たちは、どんな1日をすごしているのかな？　始発から終電まで電車の1日をおいかけよう！

◇東京の電車ものしり百科　学研パブリッシング　2009.12　79p　30cm　（きらり！　好奇心）〈付属資料（DVD-Video1枚　12cm）：東京の私鉄大集合！　発売：学研マーケティング〉　1600円　①978-4-05-203229-5

◇西日本の電車おもしろ百科　学研パブリッシング　2010.12　79p　30cm　（きらり！　好奇心）〈発売：学研マーケティング〉　1600円　①978-4-05-203379-7
　内容　関西・東海・北陸・山陽・山陰・四国・九州エリアを走るJR路線や新幹線、私鉄、地下鉄、路面電車などをもうらした本格的な鉄道ずかん。あこがれの新幹線の運転士さんと車掌さんの仕事をレポート。電車のおもしろ＆ものしり情報がいっぱいで、鉄道はかせになれる。かっこいい人気電車の車内のようすがわかるDVD付き。

◇日本の電車物語　旧性能電車編　福原俊一著　JTBパブリッシング　2007.10　159p　21cm　（キャンブックス　鉄道　80-1）〈旧性能電車編のサブタイトル：創業時から初期高性能電車まで〉　1900円　①978-4-533-06867-6
　目次　第1章　電車の創業時代（電車誕生前夜、日本の電車のはじめ、大師電気鉄道とボギー車の誕生　ほか）、第2章　鋼製電車の誕生そして戦前の隆盛時代（鋼製車体と電動発電機の誕生、共同設計による国鉄鋼製車の誕生、ロマンスカーのはじめ　ほか）、第3章　戦後の復興と高性能電車の誕生（占領下の復興に貢献した63形電車、運輸省規格形電車と私鉄特急電車の運転、長距離電車列車の先駆け80系湘南形電車　ほか）

◇日本の電車物語　新性能電車編　福原俊一著　JTBパブリッシング　2008.3　175p　21cm　（キャンブックス　鉄道　80-2）〈新性能電車編のサブタイトル：SE車からVVVF電車まで〉　1900円　①978-4-533-06965-9
　目次　第4章　鉄道黄金時代を彩った電車（軽量・連接構造の特急専用車小田急SE車、国鉄最初の新性能電車101系、本格的高性能電車の誕生　ほか）、第5章　ハイテク電車の台頭と鉄道復権の時代（電気指令式空気ブレーキと静止形インバータ（SIV）、通勤・近郊形電車の冷房化、電機子チョッパ制御車の誕生　ほか）、第6章　平成5年以降に誕生した話題の車両（JR四国8000系/営団05系、近鉄23000系/JR東海・西日本285系、JR東海・西日本700系/熊本市交通局9700形　ほか）

◇乗ってみようみてみよう　楽しい東京の電車たち　イカロス出版　2011.2　97p

鉄道経営

165

26cm （イカロスmook） 933円　①978-4-86320-381-5

◇はじめてのしんかんせん＆でんしゃだいずかん―人気列車300せいぞろい　マシマ・レイルウェイ・ピクチャーズ写真・監修　交通新聞社　2017.9　88p　27cm〈文献あり　索引あり〉　1700円　①978-4-330-82417-8
[内容] 本書では、日本全国を走る数多くの車両の中から、300列車を厳選して紹介しています。小さなお子さまにもわかりやすいよう、背景を消して車両だけを掲載し、列車名はひらがなで大きく表しました。巻末には、おうちのかた向けの列車のワンポイント解説を収録しています。オススメ3〜5さい。

◇はしれ！ぐるぐるやまのてせん　もちだあきとしぶん・しゃしん　小峰書店　2016.1　[42p]　27cm　（こみねのりもの写真えほん 2）　1200円　①978-4-338-29402-7
[内容] 品川、渋谷、池袋、上野…にぎやかな東京のまんなかを山手線がぐるっとひとまわり。

◇はんきゅうのでんしゃ　交通新聞社　2018.2　1冊（ページ付なし）　13×13cm　（スーパーのりものシリーズDX）　800円　①978-4-330-85918-7

◇みんな大すき！ゴーゴーでんしゃ!!　GPミュージアムソフト　[20—]　13p　19×19cm　1429円

◇やまのてせん―うんてんしよう！ E231（にいさんいち）けい　交通新聞社　2009.4　1冊（ページ付なし）　19×19cm　（おとのでるスーパーのりものシリーズ）〈音声情報あり〉　1429円　①978-4-330-06009-5

◇米子を走った電車―日ノ丸自動車法勝寺電車部・米子電車軌道　白土貞夫著　ネコ・パブリッシング　2017.1　47p　26cm　（RM LIBRARY 209）　1250円　①978-4-7770-5403-9
[目次] 第1章 日ノ丸自動車法勝寺電車部(沿革、施設と運行、車輛)、第2章 米子電車軌道(沿革、施設、運行、車輛)、第3章 法勝寺電車・米子電車軌道に関する文献

◇わが国水力発電・電気鉄道のルーツ―あなたはデブロー氏を知っていますか　高木誠著　京都　かもがわ出版　2000.10　207p　19cm　1900円　①4-87699-552-4
[内容] 電気王と呼ばれた明治の田舎侍・高木文平は、なぜデブロー氏に深い謝意を表したのか？訪米調査でわかった新事実とは。

◇和歌山の汽車・電車―撮り続けて半世紀　和田康之著　大阪　トンボ出版　2005.12　207p　26cm　3300円　①4-88716-130-1

◇私の戦後「電車」史―1955-1995　川島令三著　PHP研究所　1995.12　274p　20cm　1500円　①4-569-55000-2
[目次] 1 昭和三十年代の京阪神地区、2 東海道新幹線開業のころ、3「ヨンサントウ」大改正の前後、4 大阪万博以後

◇私の電車史―昭和30年代の関西私鉄から最新鉄道事情まで　川島令三著　PHP研究所　2001.9　343p　15cm　（PHP文庫）〈「私の戦後「電車」史」(1995年刊)の増訂〉　648円　①4-569-57608-7

051 電気機関車

【概　要】電気を動力とする機関車で、EL（Electric Locomotive）と略称される。架線もしくは第3軌条から集電し、車上に搭載した電動機を駆動させて走行する。走行区間の電気方式により、直流・交流・交直流（両用）の3種に分けられる。蒸気機関車よりもエネルギー効率が高く、また燃料の積載が不要で煤煙や排出ガスを出さないという利点があり、鉄道の電化に伴って機関車の主流となった。1879年、ドイツのヴェルナー・フォン・ジーメンスが初めて実用化に成功。国内では、1912（明治45）年に信越本線の碓氷峠区間（横川〜軽井沢）でドイツ製の10000形（のちEC40形）が初の営業運転を開始。1919年には初の国産電気機関車ED40形が同区間に増強された。戦後、1950年代になると国鉄における交流電化が進み、1957年に北陸本線の田村〜敦賀間で交流電気機関車ED70形が運行を開始。1962年には常磐線向けに交直流電気機関車EF80形の製造が開始されたが、国鉄における電気機関車の技術革新は1960年代でほぼ終了し、その後は停滞。1987年の

国鉄民営化後に電気機関車を新造したのはJR貨物とJR東日本のみで、国鉄から引き継いだ電気機関車の使用はJR各社で減少している。2000年以後、JR貨物では国鉄時代の電気機関車と置き換えるため、新世代の交直流電気機関車EH500形およびEF510形、直流電気機関車EH200形の量産を開始した。日本では電車が主流だが、ヨーロッパ・アジアでは電気機関車が牽引する客車列車が現在も輸送の主力となっている。

◇EF18形電気機関車―異端電機の生涯　小林正義著　ネコ・パブリッシング　2014.7　47p　26cm　（RM LIBRARY 179）〈文献あり〉　1250円　①978-4-7770-5369-8
目次　1 EF18形電気機関車のこと，2 EF18形電気機関車誕生の経緯，3 EF18形電気機関車の種車の仕様について，4 貨物用への改造と各部の整備，5 EF18形電気機関車の概要，6 EF18形電気機関車の改造，7 EF18形のポートレートとアングル，8 EF18形の活躍，9 EF18形の最期，10 EF18形の使い勝手と乗り心地

◇栄光の特急電機―斎藤和正写真集 EF65形500番代　斎藤和正著　光村印刷　2002.9　59p　20×22cm　（Bee books）　2200円　①4-89615-885-7
内容　EF65形500番代は東海道・山陽本線の特急旅客牽引用として製造され、ブルートレインブームの火付け役として、また新型貨車による特急貨物（後の高速貨物）列車の専用機として、輝かしき功績を持つ国内屈指の名機関車である。その彼等も後に登場したEF65形1000番代やEF66形によって第一線を追われ、国鉄末期には関東のローカル貨物列車を担当、JR発足後は501号機がJR東日本高崎運転所、502～542号機はJR貨物高崎機関区に配置となり、全機が高崎を起点に第二の人生が始まった。著者はいずれ去り行く特急色500番代の活躍を記録しようと、元々趣味であったカメラを手に取り、地元横浜の地の利をもって高島線に出向いた。そしていつしか運用を調べ、その撮影範囲は関東一円にまで広がり、完全に虜になってしまった。ここに、駆け巡った日々の記録を留め、再びその活躍を脳裏に焼き付ける。

◇想い出の電気機関車　岩沙克次，浅原信彦，林嶢著　誠文堂新光社　1997.9　125p　31cm〈おもに図〉　4400円　①4-416-39711-9
内容　電気機関車発祥の地碓氷線。1997年9月104年の歴史が終わる。峠の主・ED42がアプト式鉄道で活躍し電気機関車たちが生き生きと輝いていたそんな時代を鮮やかに再現。電気機関車をこよなく愛する3人のベテランファンが碓氷線への特別の想いを込めて贈る旧形電気機関車の記録。電気運転初期の輸入機からF級大型機を中心に今では見られなくなった1960年代初期の近代機も網羅した電機愛好家待望の珠玉写真集。

◇関東のEL　岩堀春夫著　西宮　ないねん出版　2000.4　144p　26cm　（岩堀春夫の鉄道記録集 7　岩堀春夫著）　3800円　①4-931374-24-7

◇きかんしゃ　おがのみのるしゃしん　ポプラ社　2004.3　17p　13×13cm　（ポプラ社の新のりものずかん 4）　450円　①4-591-08093-5

◇きかんしゃ　おがのみのる写真・文　JTBパブリッシング　2008.1　1冊（ページ付なし）　15×15cm　（のりもの 7）　450円　①978-4-533-07000-6

◇機関車―電気機関車・ディーゼル機関車・蒸気機関車　広田尚敬写真　山と溪谷社　2007.7　183p　20×27cm　（ヤマケイ・レイル・グラフィックス―国鉄車両形式集 1）　4800円　①978-4-635-06821-5
目次　電気機関車（直流電気機関車，交直流電気機関車，交流電気機関車，保存電気機関車），ディーゼル機関車（除雪用ディーゼル機関車，保存ディーゼル機関車），蒸気機関車（保存蒸気機関車）

◇きかんしゃだいしゅうごう　実業之日本社　2008.9　48p　26cm　（ヤングセレクション）　838円　①978-4-408-61714-5

◇機関車表―フル・コンプリート版DVDブック RM 30th anniversary　沖田祐作著　[電子資料]　ネコ・パブリッシング　2014.3　DVD-ROM 1枚　12cm　4000円　①978-4-7770-5362-9
目次　国鉄編，官公署編，私鉄・専用線編，鉱山編，建設業編，極東地域外国編，機関車製造台帳国産機編，機関車製造台帳外国製編，三代事故録

◇北のEF58ストーリー　花井正弘編著　3版　浦和　草原社　1991.12　92p

26cm （The last runners vol.1）〈発売：交友社〉　3010円　⓵978-4-904775-01-1

◇交直流電気機関車EF81 0〈75以降〉・300番代―EF8175以降EF81301以降　1973　イカロス出版　2016.5　269p　30cm（J-train鉄道史料 4―復刻国鉄車両資料集 03）〈タイトルは奥付等による・標題紙のタイトル：EF81形式交直流電気機関車〉　5800円　⓵978-4-8022-0181-0
|目次| 1章 一般, 2章 台車および歯車装置, 3章 車体, 4章 電気機器, 5章 空気ブレーキ装置およびその他の空気装置, 6章 ぎ装, 7章 作用および運転

◇国鉄アプト式電気機関車　上　小林正義著　ネコ・パブリッシング　2011.11　47p　26cm　（RM library 147）〈他言語標題：Japanese National Railway Electric Locomotive for Abt Rack-and-System〉　1200円　⓵978-4-7770-5317-9
|目次| 1 序章（粘着式鉄道における登坂限界, 滑落の問題）, 2 碓氷線略史（碓氷線の建設, 蒸気機関車時代 ほか）, 3 10000形（EC40）形電気機関車（製造（輸入）, 構造一般 ほか）, 4 10020（ED40）形電気機関車（製造, 構造一般 ほか）

◇国鉄アプト式電気機関車　中　小林正義著　ネコ・パブリッシング　2011.12　45p　26cm　（RM library 148）〈他言語標題：Japan National Railway Electric Locomotives for Abt Rack-and-pinion System〉　1200円　⓵978-4-7770-5318-6
|目次| 4 10020（ED40）形電気機関車（続き）（10020（ED40）形の活躍, ED40形の改造（その1）, ED40形の改造（その2） ほか）, 5 10040形（ED41）形電気機関車（製造（輸入）, 構造一般, 車体まわり ほか）, 6 ED42形電気機関車（誕生の経緯, 製造, 構造一般 ほか）

◇国鉄アプト式電気機関車　下　小林正義著　ネコ・パブリッシング　2012.1　45p　26cm　（RM library 149）　1200円　⓵978-4-7770-5319-3
|目次| 6 ED42形電気機関車（続き）, 7 粘着運転への挑戦, 8 運転上の重大事故, 9 アプト式の終焉, 10 ED42形の保存

◇国鉄EF12形電気機関車　小林正義著　ネコ・パブリッシング　2015.11　46p　26cm　（RM LIBRARY 195）〈文献あり〉　1250円　⓵978-4-7770-5388-9
|目次| EF10形電気機関車のこと, EF10形からEF12形への改良と熟成, EF12形電気機関車誕生の背景, EF12形の製造, EF12形の登場, EF12形の外観, EF12形の改造, EF12形の活躍, EF12形の各号機回送, EF12形の乗り心地, EF12形の最期, 究極の戦時設計型EF13形へのつながり

◇国鉄電気機関車名鑑―古き良き国鉄時代の旧型電機オールガイド（形式図つき）　浅原信彦, 齋藤晃, 林嶢, 三品勝暉, 宮地元編著　JTBパブリッシング　2010.2　207p　30cm　2800円　⓵978-4-533-07758-6
|内容| 古き良き国鉄時代の旧型電機オールガイド（形式図つき）。

◇国鉄輸入電機の系譜　上　吉川文夫著　ネコ・パブリッシング　2000.6　48p　26cm　（RM library 11）　1000円　⓵4-87366-202-8

◇国鉄輸入電機の系譜　下　吉川文夫著　ネコ・パブリッシング　2000.7　48p　26cm　（RM library 12）　1000円　⓵4-87366-203-6

◇国鉄EF 13形―戦時型電機の生涯　上　小林正義著　ネコ・パブリッシング　2010.1　47p　26cm　（RM library 125）　1000円　⓵978-4-7770-5273-8
|目次| 1 新形式電気機関車EF13形誕生の背景, 2 EF13形の設計上の特徴, 3 EF13形の誕生, 4 第1次装備改造, 5 箱型への改装, 6 第2次装備改造（車体載せ替え改造）

◇国鉄EF 13形―戦時型電機の生涯　下　小林正義著　ネコ・パブリッシング　2010.2　47p　26cm　（RM library 126）〈文献あり〉　1000円　⓵978-4-7770-5277-6
|目次| 7 箱型EF13の概要, 8 凸型と箱型の混在, 9 箱型EF13の形態, 10 箱型時代の活躍, 11 晩年の活躍, 12 EF13形の終焉, 13 EF13形が残したもの

◇最新JR機関車　広田尚敬写真, 坂正博解説　山と渓谷社　2002.3　111p　19×26cm　（ヤマケイレイルブックス 12）　1200円　⓵4-635-06812-9
|内容| 今, 活躍しているJRの機関車を電気機関車, ディーゼル機関車, 蒸気機関車別に紹介。

電気機関車

◇さようならEF62　小口喜生著　PHP研究所　1997.5　125p　21cm〈おもに図〉　1619円　①4-569-55628-0
内容 JR最急勾配66.7‰の牽引車EF62。いま、その35年間の役目を終えようとしている。四季折々、信濃路の疾走シーンを活写した永久保存版。鉄道ファン待望の秘蔵フォト収録。

◇JR機関車―ビジュアルガイド　2016 SERIES：EF64・65・66・67・200・210/EF81・510/EH200・500・800/ED75・76/DD51・DE10 etc…　イカロス出版　2016.2　131p　26cm（イカロスMOOK）　1389円　①978-4-8022-0129-2

◇JR機関車年鑑　2017–2018　電気・ディーゼル・蒸気機関車の全形式・主要塗装網羅　イカロス出版　2017.7　130p　26cm（イカロスMOOK）〈他言語標題：LOCOMOTIVE ANNUAL〉　1713円　①978-4-8022-0360-9

◇私鉄の除雪車ミニ図鑑　黒田陽一著　［越谷］　［黒田陽一］　2016.3　88p　26cm

◇首都圏のEF65PF　SHIN企画　1998.11　46p　26cm〈東京　機芸出版社（発売）〉　2200円　①4-916183-20-7

◇少年技師ハンドブック　復刻版　誠文堂新光社　2003.2　2冊　19cm〈原本：昭和25年刊, 昭和34年刊〉　5200円　①4-416-30303-3
目次 電気機関車の作り方（模型電気機関車はどんな構造になつているか, 線路のはばと模型の大きさ, 製作材料のはなし, 必要な工作道具とその使い方, B型電気機関車の作り方 ほか）, 蒸気機関車の作り方（総論, 汽缶, エンジン, 弁装置, フレーム及び車輌 ほか）

◇図説国鉄電気機関車全史　いのうえこーいち著　メディアパル　2017.9　153p　26cm〈他言語標題：Illustrated Electric Locomotives of National Railways　文献あり　索引あり〉　2800円　①978-4-8021-1009-9
内容 すべての電気機関車の「生まれ」と「動き」と「かたち」が解る。楽しめる。200点超のイラストで国鉄電機を網羅。

◇図説絶版機関車　松本典久［著］　講談社　2009.6　285p　16cm（講談社+α文庫 D60・2）　724円　①978-4-06-281293-1
内容 ブルートレイン廃止、貨物列車の縮小など、客車や貨車とともに日本経済を牽引してきた「機関車」の存在意義が小さくなってきている。それに反して、「機関車」への憧憬が膨らんでいく…。蒸気機関車、電気機関車、ディーゼル機関車の名車50両を豊富な写真とともに徹底解説。50両を選んだ基準は、「名機関車」はもちろんのこと、「今も保存されている」こと。各車両項目の最後に「保存場所」を明記。

◇西武の赤い電機　後藤文男著　交友社（発売）　2001.7　284p　26cm〈おもに図　折り込図4枚〉　3000円　①4-7731-0001-X

◇全盛期のEF58型電気機関車写真集　3　タクト・ワン　2015.3　128p　19×26cm〈2は「EF58型電気機関車写真集」が該当〉　2315円　①978-4-86323-007-1
目次 東京機関区風景, 東京駅風景, 東海道線に沿って, 上野から尾久機関区, 東北・高崎・信越本線, その他の線区

◇直流電気機関車　1　ネコ・パブリッシング　2017.7　145p　30cm（NEKO MOOK 2604―RM Archives Vol.1）　1389円　①978-4-7770-2104-8

◇鉄道クラブ　Vol.1　特集最後の砦 愛知機関区DD51と門司機関区EF81/武蔵野線レール工臨徹底解剖！　コスミック出版　2016.12　145p　29cm（COSMIC MOOK）　1600円　①978-4-7747-8266-9

◇鉄道クラブ　Vol.3　EF64徹底攻略！ロクヨン牽引貨物の魅力―現況と運用状況を徹底解剖！　コスミック出版　2017.12　145p　29cm（COSMIC MOOK）　1600円　①978-4-7747-8410-6

◇鉄路の名優たち―黒岩保美・鉄道画集　黒岩保美著・編　黒岩保美　1997.10　80p　21×24cm〈発売：エリエイ出版部プレス・アイゼンバーン〉　9000円　①4-87112-316-2

◇電気機関車とディーゼル機関車　石田周二, 笠井健次郎著　交通研究協会　2015.6　269p　19cm（交通ブックス 124）〈文献あり　索引あり　発売：成山堂書店〉　1800円　①978-4-425-76231-6

鉄道経営

電気機関車

◇電気機関車とディーゼル機関車　石田周二,笠井健次郎著　改訂版　交通研究協会　2017.9　270p　19cm　（交通ブックス 124）〈文献あり　索引あり　発売：成山堂書店〉　1800円　①978-4-425-76232-3

[内容] 内外の電気機関車とディーゼル機関車について、その構造と技術の発展の経過、各国の状況とメーカーの変遷などを長らく車両の開発・設計に携わってきた2人の著者が詳細に解説。

[内容] 日本は一時は世界経済の機関車と呼ばれていたこともありますが「機関車」は、日本の工業技術の発展を語るうえで欠かせない存在です。本書では内外の電気機関車とディーゼル機関車について、その構造と技術の発展の経過、各国の状況とメーカーの変遷などを長らく車両の開発・設計に携わってきた2人の著者が詳細に解説しました。改訂版では、旧版から2年間の世界情勢の変化、たとえば中国での各社勢力の変化と生産の急減、インドの技術導入の開始、ヨーロッパ3強ではボンバルディアの経営問題、主なメーカーの現地生産と投資の進展、とくに目覚ましいディーゼル機関車のGEの進出などが追加され、技術的には粘着の解析に関することやスイスの状況と操舵台車のことが追加されています。

◇電気機関車のディテール─新性能直流機の細部形態　橋本真編　SHIN企画　2000.11　155p　27cm〈東京　燃焼社（発売）〉　5000円　①4-916183-23-1

◇電機の記憶─国鉄電気機関車の忘れ得ぬ光景　山本英登写真集　山本英登著　光村印刷　2002.8　83p　20×22cm（Bee books）　2850円　①4-89615-884-9

[内容] 蒸気機関車がなくなるころ、その陰で旧型電気機関車も相次いで主役を退いた。その後に誕生した新型さえも、合理化や技術革新によって世代交代を余儀なくされ、すでにその多くが私たちの前にない。本書は、そんな「電機」の晩年を、記憶の彼方からよみがえらせる。テーマを昭和50年代の直流電気機関車に絞り、さらにモノクロでまとめた。

◇でんしゃ・きかんしゃ　フォト・クリエーション写真　草炎社　2005.4　17p　9.0×18cm（ちょうワイドえほん 3）　457円　①4-88264-076-7

◇でんしゃ・きかんしゃ　フォト・クリエーション写真　草炎社　2005.4　17p　9.0×18cm（ちょうワイドえほん 3）　457円　①4-88264-076-7

◇西のEF58─岩堀春夫写真集　岩堀春夫著　エリエイ出版社　1990.4　152p　29cm　3980円　①4-87112-415-0

[目次] 走り去ったEF58, 西のEF58, 撮影ノート

◇ニチユ〈日本輸送機〉機関車図鑑　岡本憲之編・著　イカロス出版　2018.1　255p　29cm　（[イカロスMOOK]）〈他言語標題：NIPPON YUSOKI'S LOCOMOTIVES　文献あり〉　4167円　①978-4-8022-0431-6

◇夜汽車よ永遠に──Blue train　斉木実, 米屋浩二撮影・録音　弘済出版社　1999.11　93p　29cm　（トラベルmook─写音集 4）〈付属資料：CD1枚（12cm）〉　2381円　①4-330-56699-0

◇レイル　No.42　鉄道省で輸入した電気機関車たち　エリエイ　2002.3　106p　30cm　4000円　①4-87112-442-8

[目次] グラフ パイオニアたちの軌跡, 鉄道省の輸入電気機関車, 資料 形式図, TABLE OF ELECTRIC LOCOMOTIVES, グラフ 電気機関車車輛写真集, 幹線電気運転の経過, 国鉄輸入電機の形態変化概説, 異国の同形機, レイルサロン

◇20世紀なつかしの機関車　広田尚敬写真　山と溪谷社　2000.8　111p　19×26cm（ヤマケイレイルブックス 2）　1200円　①4-635-06802-1

[目次] 直流電気機関車, 交流電気機関車, 交直流両用電気機関車, ディーゼル機関車, なつかしの機関車たち その後

◇EB・EC・ED旧型電気機関車写真集　タクト・ワン　2003.9　87p　19×26cm　2381円　①4-902128-13-6

◇EF58型電気機関車黄金時代写真集　タクト・ワン　2003.8　143p　19×26cm（電気機関車写真集）　2857円　①4-902128-12-8

◇EF58ざんまい　谷口孝志著　大阪　トンボ出版　2000.10　191p　26cm〈おもに図〉　2800円　①4-88716-126-3

[内容] 全国にEF58を愛するファンが多くいますが、ここに関西で撮影したものを中心に一冊の写真集としてまとめることになりま

した。この本を通じて思いを共有することができれば幸いです。

◇EF58「セピア色の流線形」―昭和を駆け抜けた旅客用電気機関車の花形EF58　〔エイ〕出版社　2001.10　94p　26cm　（エイムック 406―鉄道黄金時代シリーズ no.4）　2800円　①4-87099-523-9

◇EF58の肖像―昭和を駆け抜けた急客機の花形EF58写真集　〔エイ〕出版社　2002.6　222p　26cm　（エイムック 511―鉄道黄金時代graphic pt.2）　5800円　①4-87099-642-1

◇EF5861ヒストリー　花井正弘編著　浦和　草原社　1991.12　88p　26cm　（The last runners vol.4）〈発売：交友社〉　3107円　①978-4-904775-02-8

052 路面電車

【概　要】道路上に敷設された軌道を走行する電車。日本では「チンチン電車」と呼ばれ、親しまれている。ドイツのヴェルナー・フォン・ジーメンスが発明し、1879年にベルリン博覧会で公開。1881年、ベルリン郊外で試行運転を開始した。国内では1890（明治23）年に開催された第3回内国勧業博覧会でアメリカ製のスプレーグ式電車が紹介され、1895年に京都電気鉄道が東洞院塩小路～伏見油掛間で運転を開始。19世紀末以降、世界各国の主要都市で都市交通の主力として活躍した。第2次世界大戦後、自動車交通の発達によって衰退を余儀なくされ、1950年代にはイギリス・フランスで廃止、アメリカでも一部を除いて廃止された。日本でも1970年代に次々と廃線。2018年4月末現在、長崎電気軌道や広島電鉄、札幌市電、都電荒川線などが営業運転している。

◇秋田の路面電車―写真帖　秋田県立博物館編　秋田　無明舎出版　2017.10　113p　21cm〈年譜あり〉　1800円　①978-4-89544-637-2

内容　明治の馬車鉄道から、本格的に路面電車の運行がはじまったのが大正11年。そして昭和26年、市民悲願の秋田駅前‐土崎間が全面開通した。しかし、わずか14年で消えた秋田市電の「あの日あの時」を、230葉の写真で再現。半世紀を経てよみがえる鉄路の響きとなつかしい記憶の数々！

◇あの日、玉電があった―玉電100周年記念フォトアルバム　玉電アーカイブス研究会編　東急エージェンシー出版部　2007.3　38p　30cm〈年表あり〉　952円　①978-4-88497-103-8

内容　明治40（1907）年3月6日、「玉電（玉川電気鉄道）」は道玄坂上～三軒茶屋間の単線として誕生した。同年中に玉川まで全通するが、開業当時は客車が砂利貨物車を連結して走っていたことから「ジャリ電」とも呼ばれ親しまれていた。昭和44年5月10日に、その大部分の使命を終えるまで60年以上の歳月にわたり、沿線の人々に愛されその生活を力強く支えていた。玉電は多くの人々を運び、さまざまな街や暮らしの変遷を見つめながら走り続けた。現在、路面電車としては世田谷線にその姿を残すのみとなったが、その後玉電の役割は、昭和52年に開通した新玉川線（現・田園都市線）へと引き継がれた。平成19年（2007）3月6日、玉電は誕生から100周年を迎えた。本書では、その歩みを写真でたどっている。

◇ありがとう富山港線、こんにちはポートラム　「ありがとう富山港線、こんにちはポートラム」編集委員会編　〔富山〕TC出版プロジェクト　2006.5　135p　26cm〈年表あり　発売：シー・エー・ピー（富山）〉　1429円　①4-91618-121-2

◇ありし日の玉電　宮田道一, 関田克孝著　ネコ・パブリッシング　2000.10　47p　26cm　（RM library 15）　1000円　①4-87366-213-3

内容　「たまでん」の資料はあるようでない、ないようであるとも言える。人の伝承、メモによって現場のあり様から、ありし日の佇まいが知らされる。「たまでん」には、こんな事もあったのか、とご理解いただけると嬉しい。

◇伊香保軌道線―思い出のチンチン電車写真集　狩野信利, 高橋潔, 大島史郎共編　藪塚本町（群馬県）　あかぎ出版　1998.3　204p　21cm　3800円

◇一球さん―都電荒川線6152 小幡勇彦写真集　小幡勇彦著　光村印刷　2001.10　59p　20×22cm　（Bee books）　2000円　①4-89615-877-6

171

路面電車

◇茨城交通水浜線　中川浩一著　ネコ・パブリッシング　2004.11　47p　26cm　(RM library 63)　1000円　⓪4-7770-5073-4
[目次]沿革(浜田〜磯浜間がまず開業、多角経営で事態を処する、屋台骨は電灯電力業が負う、企業統合案で意見対立、復興輸送の立役者となる、市議会に見離され窮地にたつ)、茨城交通水浜線との出会い、路線(水戸駅前〜上水戸、水戸駅前〜大洗、大洗〜湊)、施設と運転、車輌

◇今よみがえる玉電の時代と世田谷の街　武相高校鉄道研究同好会編著　TAC出版事業部　2009.7　166p　27cm　2500円　⓪978-4-8132-3282-7

◇伊予鉄が走る街今昔—坊っちゃん列車の街松山の路面電車定点対比50年　大野鐵、速水純著　JTBパブリッシング　2006.7　159p　21cm　(JTBキャンブックス)〈年表あり〉　1800円　⓪4-533-06410-8
[目次]定点対比　いよてつが走る街　市内線編(城南線、城北線、本町線)、定点対比　いよてつが走る街　郊外線編(松山市駅、高浜線、横河原線、郡中線、森松線)

◇大阪市営無軌条電車のあゆみ　荻野基、宮武浩二著　ネコ・パブリッシング　2017.2　47p　26cm　(RM LIBRARY 210)　1250円　⓪978-4-7770-5405-3
[目次]1 大阪市営無軌条電車の開業、2 こうもり論争、3 1形(のちの100形) 車輌と架線・架線柱、4 開業から最盛期へ、5 200・300形、6 トロリーバスあれこれ、7 ワンマンカー導入、8 トロリーバス廃止へ

◇大阪市電が走った街今昔—水の都の路面電車定点対比　辰巳博著、福田静二編　JTB　2000.12　176p　21cm　(JTBキャンブックス)　1700円　⓪4-533-03651-1
[目次]第一期線(九条新道(花園橋)、境川町ほか)、第二期線(大阪駅前(梅田停車場)、桜橋　ほか)、第三期線(本田町一丁目、川口町　ほか)、第四期線(動物園前(天王寺公園南口)、阿倍野橋　ほか)、期外線(野田阪神電車前、鶴町二丁目　ほか)

◇大阪市電最後の日々　上　南條久通著　ネコ・パブリッシング　2011.8　45p　26cm　(RM library 144)〈他言語標題：The last days of Osaka city Corporation Tramway〉　1200円　⓪978-4-7770-5312-4
[目次]電車通り、港車庫前から都島車庫前に向けて、桜川二丁目から出島まで、大正区を走る市電、市内を東西に貫く、阪急東口から守口まで、玉船橋から今里車庫前

◇大阪市電最後の日々　下　南條久通著　ネコ・パブリッシング　2011.9　45p　26cm　(RM library 145)〈他言語標題：The Last Days of Osaka City Corporation Tramway〉　1200円　⓪978-4-7770-5313-1
[目次]大阪駅前に市電がいたころ、大阪の正面玄関大阪駅前、ミナミ湊町駅前から難波駅前、その他の主要電停、撤退大作戦、車輌の販売、賀線柱、賀線、軌条、敷石、電停、救援車、トラバーサー、市電廃止行事、車輌保存と公開、車輌配転表

◇岡山の路面電車　楢原雄一編著　岡山日本文教出版　1999.11　157p　15cm　(岡山文庫 202)　800円　⓪4-8212-5202-3

◇岡山路面電車各駅街歩き　倉敷ぶんか倶楽部編　岡山　日本文教出版　2012.2　153p　15cm　(岡山文庫 276)〈文献あり〉　860円　⓪978-4-8212-5276-3
[目次]第1章 岡電の路面電車一〇〇年(創業から苦難の大正時代、大転換、岡山の鉄道史—私鉄の歩み、戦後の復興と一時の黄金期、路面電車の再評価と新展開)、第2章 岡山の路面電車各駅街歩き(岡山駅街歩き、西川緑道公園街歩き、柳川街歩き、城下街歩き、県庁通り街歩き　ほか)

◇おきなわの路面電車—甦れ！チンチン電車　松崎洋作絵、船越義彰文　那覇　ニライ社　2006.7　46p　27cm〈発売：新日本教育図書〉　1500円　⓪4-931314-65-1
[内容]大正三年から昭和八年までちょうど二十年、人々とともに在り、大正浪漫と戦世との継ぎ目のあたりで姿を消した電車とその沿線を、一駅ごとに絵と文で回顧。

◇思い出ガタゴト東京都電diary　東京都交通局編　東京新聞　2017.10　160p　21cm〈他言語標題：OMOIDE GATA GOTO TOKYO TODEN DIARY　表紙のタイトル：東京都電diary　企画：東京都交通局ほか〉　1500円　⓪978-4-8083-1022-6
[内容]都電の音、あの日の思い出、ずっと。東京都交通局が、平成28年5月20日から8月15

日まで一般募集した「東京都電diary」。戦時中から現在のエピソードまで、応募総数500点。そのすべてが、家族や大切な人とのかけがえのない思い出でした。ここに収録されているのは、その中から選ばれた50のエピソード。東京新聞での連載が話題を呼び、2つの広告賞を受賞。プロの作家には決して書けない、宝物のような掌編が1冊の本になりました。ページをめくれば、懐かしい都電のガタゴトが、あなたの心にも響き出す！日本新聞協会新聞広告大賞、中日新聞社広告大賞最優秀賞、W受賞！

◇鹿児島市電が走る街今昔―花と緑あふれる南国の路面電車定点対比　水元景文著　JTBパブリッシング　2007.7　159p　21cm　（JTBキャンブックス）〈年表あり〉　1800円　①978-4-533-06776-1

[目次] 超低床連接車7000形「ユートラム2」デビュー!!、鹿児島市電が走る風景、鹿児島市電のカラーバリエーション―電車の色いろいろ、花電車、記念乗車券類アラカルト、1系統、2系統、伊敷線（廃止路線）、上町線（廃止路線）、昭和20年代の鹿児島市電をめぐる

◇川崎市電の25年　関田克孝, 宮田道一著　ネコ・パブリッシング　2003.2　47p　26cm　（RM library 43）　1000円　①4-87366-333-4

[目次] 川崎市電の25年（市営環状線構想, 空襲警報下の開通 ほか）, 川崎市電の沿線観察（市電川崎〜上並木, 上並木〜成就院前〜ほか）, 川崎市電の車輛（廃止前に消滅した車輛, 廃止時に在籍した車輛）, 2002年の川崎市電跡

◇川崎市電物語―川崎には、かつて市電・トロリーバスが走っていた　原田昌司著　川崎　原田昌司　1992.3　172p　26cm

◇がんばれ！路面電車　二村高史, 宮田幸治著　山海堂　2000.8　287p　19cm　1500円　①4-381-10379-3

[内容] 路面電車の時代が再びやってくる！つい最近まで、「路面電車」ということばには、決まって「なつかしの」とか「消えゆく」といった"枕詞"が付いたものでした。すでに、日本の大都市の路面電車はほとんどが姿を消しており、路面電車は古くさくて時代おくれのものだというのが共通の認識だったようです。しかし、ここにきて明らかに時代の風向きが変わってきました。エネルギー問題や環境問題への関心が高まり、高齢化社会への移行が進むとともに、路面電車を見直そうという動きが日本でも起きてきたのです。

◇岐阜のチンチン電車―岐阜市内線と美濃町・揖斐・谷汲線の85年 保存版　名古屋　郷土出版社　1997.11　239p　31cm〈解説：伊藤正ほか〉　7500円　①4-87670-097-4

◇京都市電―回想のアルバム　品川文男著　京都　室町書房　1999.4　125p　15×21cm

◇京都市電が走った街今昔―古都の路面電車定点対比　沖中忠順著, 福田静二編　JTB　2000.3　176p　21cm　（JTBキャンブックス）　1700円　①4-533-03421-7

[内容] 市電の走っていた地域の街路は、御池、五条、堀川、川端通を除けば現在も大きな変化がない。町並みの変化は戦後50年で括ると大きいが、10年ごとに見ると中心部を除けば比較的穏やかなように感じる。見慣れたものが徐々に変化するせいか、一変したと見えないのである。これが京都らしいところかもしれない。

◇京都市電最後の日々　上　高橋弘, 高橋修著　ネコ・パブリッシング　2009.5　47p　26cm　（RM library 117）　1000円　①978-4-7770-5255-4

[目次] 京都市電概要、系統概要、伏見・稲荷線、ありし日のN電、四条・千本・大宮線、トロリーバス、烏丸線、連結運転と急行運転

◇京都市電最後の日々　下　高橋弘, 高橋修著　ネコ・パブリッシング　2009.6　47p　26cm　（RM library 118）　1000円　①978-4-7770-5256-1

[目次] 丸太町・今出川・白川線（錦林車庫）, 京都駅前, 河原町線・七条線, 4ヵ所の車庫, 外周環状線, 車輛

◇京都市電の廃線跡を探る　中村浩史［著］　［岐阜］　岐阜新聞社　2003.10　144p　21cm〈岐阜 岐阜新聞情報センター（発売）　年表あり〉　1714円　①4-87797-069-X

◇京都市電物語―思い出のアルバム　京都新聞社著　京都　京都新聞出版センター　2008.9　214p　17×19cm〈京都新聞社1978年刊の複製　年表あり〉　1600円　①978-4-7638-0607-9

◇京都の市電―古都に刻んだ80年の軌跡　立風書房　1994.3　172p　27cm〈第3

刷(第1刷:1978年) おもに図 保存版〉 5000円　①4-651-80031-9
[内容] 日本のチンチン電車の発祥の地、京都。市民の足として愛された京都市電80年の軌跡。明治、大正、昭和を走りつづけた懐かしい市電の姿と町並みの記録を集大成。

◇京都の市電—昭和を歩く 街と人と電車と　福田静二編著　大阪　トンボ出版　2015.4　191p　26cm〈他言語標題:KYOTO STREET CAR　文献あり〉2600円　①978-4-88716-132-0
[内容] 懐かしい街があり人びとの生活があった。その真ん中を市電が走っていた。昭和の時代を走り続けた京都市電のある風景をいま求めて。全線全停留場、廃止時の163停留場をすべて紹介。

◇京都の電車—市電・嵐電・叡電・京津電車　高橋裕編著　大阪　トンボ出版　1998.5　183p　26cm　2800円　①4-88716-121-2

◇京都の電車—市電・嵐電・叡電・京津電車　高橋裕編著　大阪　トンボ出版　2011.12　183p　21cm （トンボブックス）〈文献あり〉　1500円　①978-4-88716-203-7
[目次] 1 市電(京都駅前、烏丸通・四条通 ほか)、2 嵐電(嵐山本線、北野線)、3 叡電(叡山本線、鞍馬線)、4 京津電車(三条京阪、東山三条 ほか)、番外編 京都の電車(京阪本線、奈良電 ほか)

◇今日ものんびり世田谷線—サヨナラ玉電時代の旧型電車　武相高校鉄道研究同好会著　竹内書店新社　2000.12　120p　26cm　1200円　①4-8035-0318-4

◇今日ものんびり都電荒川線—チンチン電車でめぐる駅前銭湯と下町の風景　武相高校鉄道研究同好会編著　竹内書店新社　1999.11　200p　26cm　1700円　①4-8035-0079-7
[内容] 神田川が流れる新宿区早稲田から路面電車の荒川線に乗って、沿線に残る駅前銭湯を訪ねる小さな旅に出てみよう。下駄履きでヒョイと気軽に電車に乗って電停脇の銭湯。そんな下町ライフを満喫させてくれる銭湯が、沿線には50軒程残る。「チンチン!」と元気な発車ベルを聞きながら、今日は一つ先の銭湯にでも行ってみようか。もう少し乗っていたい。そんな気分にもさ

せてくれる荒川線。今日ものんびりと一つ一つの駅に止まっていく。

◇熊本市電が走る街今昔—城下町の路面電車定点対比　中村弘之著　JTBパブリッシング　2005.7　160p　21cm （JTBキャンブックス)〈年表あり〉1800円　①4-533-05990-2
[目次] 健軍線、上熊本線、子飼橋線(廃止路線)、坪井線(廃止路線)、春竹線(廃止路線)、川尻線(廃止路線)

◇呉市電の足跡　長船友則著　ネコ・パブリッシング　2009.11　47p　26cm (RM library 123)〈文献あり〉1000円　①978-4-7770-5269-1
[目次] 沿革(発起から呉電気鉄道(株)の発足まで、呉に電車が走るまで、広島水力電気(株)と合併、広島呉電力(株)へ ほか)、路線と設備、電車車輌と運転の推移(呉電気鉄道開業時最初の車輌1形20輌(1~20号)、広島電気最後の新車21形5輌(21~25号)の導入、芸南電気軌道創業時の新車1形10輌(1~10号) ほか)、電車廃止で他の都市に移った電車たち

◇神戸市電が走った街今昔—山手と浜手を結ぶ電車定点対比　金治勉著、福田静二編　JTB　2001.10　175p　21cm (JTBキャンブックス)　1700円　①4-533-03978-2
[目次] 山手編 六甲山系の南面を東西に走る(石屋川、常盤木、六甲口 ほか)、中心部編 発展する中心街を東西に結ぶ(三宮駅前、三宮阪急前、三宮阪神前 ほか)、浜手編 兵庫と神戸発祥の浜側を走る(神戸駅前、相生町四丁目、湊町一丁目 ほか)

◇神戸市電と花電車　奥田英夫著　神戸神戸新聞総合出版センター　2010.12　215p　26cm〈年表あり 索引あり〉3000円　①978-4-343-00608-0

◇神戸市電・阪神国道線　小林庄三著　大阪　トンボ出版　1998.2　144p　26cm　2300円　①4-88716-120-4

◇神戸市電物語　神戸新聞社編　復刻版　神戸　神戸新聞総合出版センター　2009.9　187p　19cm〈のじぎく文庫昭和46年刊の複製　年表あり〉1300円　①978-4-343-00538-0
[内容] 神戸市電の開業から100年。時代を超え、神戸っ子に愛された「東洋一の市電」がよみがえる。開業から廃止までの道のり、さらには当時考えられていた未来の都市交通の構想も紹介された昭和46年発刊「神戸市電物語」の復刻版。

◇神戸の市電と街並み　神戸鉄道大好き会編著　大阪　トンボ出版　2001.10　263p　26cm　3300円　①4-88716-127-1

内容　本書には、東端の石屋川から西端の須磨にいたる各停留所付近の街並みの写真が網羅されている。

◇神戸の市電と街並み　神戸鉄道大好き会編著　大阪　トンボ出版　2009.1　263p　図版8p　21cm　（トンボブックス）　1500円　①978-4-88716-200-6

内容　東端の石屋川から西端の須磨にいたる各停留所付近の街並みの写真を網羅。神戸市電の車両について詳細に解説した。路面電車の在りし日の神戸を、そして市民と路面電車のふれあいを知ることができる。

◇札幌市電が走った街今昔—北の都の路面電車定点対比　札幌LRTの会編著　JTB　2003.3　175p　21cm　（JTBキャンブックス）〈年表あり〉　1700円　①4-533-04655-X

目次　西四丁目線,一条線,山鼻線,山鼻西線,鉄北線,北五条線,桑園線,苗穂線,豊平線,定山渓鉄道

◇札幌市電が走る街今昔—未来をめざす北の都定点対比　札幌LRTの会編　JTBパブリッシング　2012.9　175p　21cm　（キャンブックス—鉄道 123）〈他言語標題：Nostalgic Light Rail Transit Scenes in Sapporo　文献あり〉　1800円　①978-4-533-08737-0

目次　第1章 都心部を走る, 第2章 一条線から山鼻西線へ, 第3章 山鼻線からすすきのへ, 第4章「創成川イースト」の各線, 第5章 桑園・円山地区の各線, 第6章 北へ延びる街とともに

◇札幌・市電の走る街—昨日・今日・明日　札幌LRTの会編著　大阪　トンボ出版　1999.10　216p　26cm　2800円　①4-88716-125-5

◇静岡鉄道秋葉線—石松電車始末記　吉川文夫,花上嘉成著　ネコ・パブリッシング　2001.1　47p　26cm　（RM library 18）　1000円　①4-87366-219-2

目次　秋葉線乗り歩き—遙かなる思いでの旅（"石松電車"は遠かった、静岡鉄道駿遠線の誘惑、のどかな駅前風景、ホームの無い始発駅「新袋井」ほか）、秋葉線のあゆみ（あらまし、馬車鉄道として開業、駿遠電気から静岡電気鉄道、静岡鉄道秋葉線となる）、秋葉線の車輛（車輛の概要、モハ1・2・3（初代）、モハ1・2・3（2代目）、モハ5・6・7ほか）

◇市電が走った京の街—ワンマンカー時代を中心として　写真集　廣庭基介写真・文　[京都]　[廣庭基介]　2004.10　122p　22×23cm

◇市電と共に、マイペース・マイ豊橋　[豊橋]　豊橋市広報広聴課　2012.3　49p　26cm　（知るほど豊橋 ふるさと再発見ガイドブック その8）　286円

◇市電の走る風景—京都写真館　品川文男写真・文　京都　淡交社　2012.3　127p　19×21cm〈年表あり〉　1600円　①978-4-473-03795-4

内容　さよなら京都市電から三十数年の時を経て。

◇昭和を走ったチンチン電車　うゑださと士絵と文　新日本出版社　2014.2　63p　23cm〈文献あり〉　2000円　①978-4-406-05779-0

内容　昭和の東京の街を、懐かしい都電やトロリーバス、オート三輪がとろとろと走っている。温もりのある絵で少年時代にタイムスリップ。当時を思い出し、モノクロの写真集を参考に描き下ろした54点。

◇昭和の路面電車—関東・甲信越編　生方良雄著　講談社　2011.2　191p　21cm〈文献あり〉　1900円　①978-4-06-216201-2

内容　初出の写真満載、車両解説も充実した永久保存版。

◇進化する路面電車—超低床電車はいかにして国産化されたのか　史絵.,梅原淳著　交通新聞社　2010.6　196p　18cm　（交通新聞社新書 018）〈文献あり〉　800円　①978-4-330-14610-2

◇世田谷線の車窓から　東京急行電鉄株式会社,世田谷区都市整備公社まちづくりセンター編集・企画　東京急行電鉄　2004.10　106p　21×21cm〈京都　学芸出版社（発売）　共同刊行：世田谷区都市整備公社まちづくりセンター〉　1238円　①4-7615-1194-X

目次　インタビュー 世田谷線の車窓から、今、路面電車が見直されています、特別寄稿 住民参加と路面電車（望月真一）、特別寄稿 なぜ路面電車なのか？（家田仁）、世田谷線の生い立ち、最近の世田谷線の取り組み、座

◇世田谷・たまでん時代　宮脇俊三,宮田道一編著　大正出版　1994.5　158p　25cm　3500円　①4-8117-0606-4
[内容]鉄道紀行作家宮脇俊三をはじめ、世田谷在住の執筆者を中心に多角的に構成し、東急電鉄車両部長宮田道一が全般をまとめる。現在の世田谷線を楽しく紹介し、懐かしの玉電と街を、新発掘の写真や資料で回想。

◇世田谷のちんちん電車―玉電今昔　林順信編著　第3版　大正出版　1993.5　158p　25cm　3200円　①4-8117-0605-6
[目次]世田谷線・玉川線、乗車券の歴史、玉電車両の歩み、追憶の玉電、玉電の消えた街、玉電消えて十五年、駅と街と人と、世田谷線乗り歩き、世田谷の交通小史、玉電アラカルト、タルゴ君の夜話

◇セピア色が語る札幌市電　長南敏雄著　札幌　中西出版　2011.8　180p　19cm〈年表あり〉　1200円　①978-4-89115-230-7

◇全国懐かしの路面電車　山田京一,小野打真編　新人物往来社　1998.7　166p　26cm　(別冊歴史読本 74)　2200円　①4-404-02624-2

◇全盛期の大阪市電―戦後を駆けた車輌たち　宮武浩二著　ネコ・パブリッシング　2003.8　47p　26cm　(RM library 49)　1000円　①4-7770-5009-2
[目次]大阪市電誕生、戦災からの立ち直り、合理化の時代に、新しい路面電車像を模索して、栄光の時代、衰退の時代へ、車庫配置図

◇全盛期の神戸市電　上　小山敏夫著　ネコ・パブリッシング　2005.11　47p　26cm　(RM library 75)　1000円　①4-7770-5128-5
[目次]開業、神戸市電・現場の思い出(神戸市電との出会い、須磨車庫での生活、神戸博覧会の開催 ほか)、神戸市電1～15系統スナップ(1・2系統、3系統、4系統 ほか)、工場・車庫見取図(長田車両工場、布引車庫、春日野車庫 ほか)

◇全盛期の神戸市電　下　小西滋男,宮武浩二著　ネコ・パブリッシング　2005.12　47p　26cm　(RM library 76)　1000円　①4-7770-5129-3
[目次]神戸市電回想録(古典式神戸市電, 200形に始まる鋼製車群、300形の誕生に始まる近代化、戦後の復興 ほか)、神戸市電の肖像(戦前型鋼製車、鋼体化車、戦後製造車、大阪市からの転入車 ほか)

◇仙台市電　宮松丈夫著　ネコ・パブリッシング　2007.2　47p　26cm　(RM library 90)　1000円　①978-4-7770-5193-9
[内容]30年前にモータリゼーションの波に押し流されて姿を消した仙台市電の"車輌めぐり"を記憶と手元のデータによって再現。

◇玉電が走った街今昔―世田谷の路面電車と街並み変遷一世紀　林順信編著　JTB　1999.9　174p　21cm　(JTBキャンブックス)　1600円　①4-533-03305-9
[内容]玉川線廃止直前の三十年前、廃止後の十五年前の景観と現在との三段階の対比写真を各所に掲載したほか、可能な限り四十年・五十年を越す写真も掲載し、対比写真を試みる。

◇地図で歩く路面電車の街―全国現役廃止路面電車路線図付　今尾恵介著　立川　けやき出版　1998.6　253p　19cm　1500円　①4-87751-049-4
[内容]本書は、路面電車の64の手書き路線図を掲載。昭和前期と戦後の最盛期の停留所名が一目で分かる。

◇チンチン電車沿線をゆく　榎本實著　[土浦]　筑波書林　2004.4　77p　12×18cm〈発売：茨城図書(土浦)〉　800円　①4-86004-043-0

◇鉄道今昔よみがえる玉電―車両・停留場・街角の記憶　井口悦男,三瓶嶺良著　学研パブリッシング　2011.10　159p　26cm〈発売：学研マーケティング〉　1900円　①978-4-05-404987-1
[内容]東京西郊の人々の暮らしを支え続けた玉電。激変した沿線風景、懐かしの名車両など二度と見られない秘蔵写真で辿る今昔対比。

◇鉄道今昔よみがえる都電―車両・停留場・街角の記憶　井口悦男,白土貞夫著　学研パブリッシング　2011.6　159p　26cm〈発売：学研マーケティング〉　1800円　①978-4-05-404986-4

|内容| 路面電車が走った東京の100年。銀座、浅草、渋谷ほか、全41系統。明治〜昭和の貴重な写真と現在の同一視点の景色を比べて辿る都電1世紀の全貌。

◇東京市電・都電―宮松金次郎・鐵道趣味社写真集　宮松金次郎[撮影]、井口悦男監修、萩原誠法、宮崎繁幹、宮松慶夫編集　ネコ・パブリッシング　2015.12　144p　22×31cm〈文献あり〉　8000円　①978-4-7770-5387-2

|目次| 馬車鉄道、王子電車、城東電車、向こう岸の電車、ナローゲージの都電、単車400形の足跡、三扉車の系譜、電車日本橋を行く、中型車の活躍、電車は何処から、新型車の時代、貨物電車、私の心の師匠　宮松金次郎さんのこと

◇東京市電名所図絵―総天然色石版画・絵葉書に見る明治・大正・昭和の東京　林順信著　JTB　2000.8　175p　21cm　（JTBキャンブックス）　1700円　①4-533-03562-0

◇東京都電回廊の自然―荒川線　小野誠一郎、佐々木洋著　冬青社　2001.9　123p　22cm　2000円　①4-924725-96-X

|目次| 早稲田、面影橋、学習院下、鬼子母神前、雑司ヶ谷、東池袋四丁目、向原、大塚駅前、巣鴨新田、庚申塚〔ほか〕

◇東京都電の時代　吉川文夫著　大正出版　1997.5　146p　25cm　3800円　①4-8117-0622-6

|内容| 東京都電は昭和30年代に最盛期を迎えた。路線は200km以上に至り、40もの運転系統数を誇っていた。懐かしの街並みから、都電の姿を探る。

◇東京都電慕情　林順信著　JTB　2002.4　159p　26cm　（ヴィークル・グラフィック）〈年表あり〉　2000円　①4-533-04257-0

|目次| 懐かしの洋風建築、いまは昔の瓦葺商家、水の東京に架かる橋、坂を愛でる、江戸の華江戸の由緒、お愉しみは此処、伝統の学び舎、追憶の電停、火の見櫓礼讃、意気揚々と渡る専用軌道、行き交う分岐・交叉点、駅前での出会い、終点・折返し情景、トロリーバスと併走

◇東京都電6000形　江本廣一著　ネコ・パブリッシング　2001.2　45p　26cm　（RM library 19）　1000円　①4-87366-223-0

|目次| 6000形誕生まで、製造年度別による車輌の特徴、スタイルの変化、4000形、3000形、2000形、東京都以外の同形車、6000形の新製配置と移動

◇東京都電―懐かしい風景で振り返る　イカロス出版　2005.10　146p　26cm　〈他言語標題：The Tokyo city tram〉　1714円　①4-87149-744-5

|内容| 東京の風景。そのなかには、つねに都電が走っていた。懐かしい風景から都電が走っていたころを思い起こす。町並みから振り返る都電系統案内。

◇土佐電鉄が走る街今昔―現役最古の路面電車定点対比50年　土佐電鉄の電車とまちを愛する会著　JTBパブリッシング　2006.7　159p　21cm　（JTBキャンブックス）〈年表あり〉　1800円　①4-533-06411-6

|目次| 定点対比　土佐電鉄が走る街、土電安芸線物語―潮風を運んだ電車、土佐電鉄・停留所統廃合の変遷、土佐電鉄のこれまでの歩み―創業前から平成18年まで、土佐電鉄の記念乗車券、土佐電鉄の車両形式、土佐電鉄・電車年表

◇土佐電鉄軌道線と電車通り界隈―1960年と2008年　西田博嘉[著]　[出版地不明]　[西田博嘉]　2008.10　65p　26cm〈文献あり〉

◇都電跡を歩く―東京の歴史が見えてくる　小川裕夫[著]　祥伝社　2013.6　339p　18cm　（祥伝社新書 322）〈文献あり〉　880円　①978-4-396-11322-3

|内容| 馬車鉄道に始まり、地下鉄やバスに取って代わられた路面電車の歴史は、明治・大正・昭和と大きな変貌を遂げていった東京の街をみごとに映し出す。本書は、都電史をたどるだけでなく、その形成に関わった他の鉄道、道路、都市計画、産業などにわたって、いくつもの興味深い話を教えてくれる。そこから垣間見えてくるのは、東京の発展や復興に賭けた、先人たちの熱意と執念に他ならない。

◇都電荒川線の歴史―王子電気軌道から市電を経て現在まで　付架線・制御器・軌間などの諸々の機器　小林茂多著　小林茂多　2016.12　112p　22cm〈折込3枚　年表あり〉

◇都電が走った昭和の東京―40年前、僕らは都電を足に暮らしていた　荻原二郎編　生活情報センター　2006.9　222p　31cm　3800円　①4-86126-294-1

◇都電が走った1940年代〜60年代の東京街角風景―貴重な発掘写真でよみがえる、懐旧の東京アルバム！　稲葉克彦著　フォト・パブリッシング　2018.1　128p　26cm〈写真：江本廣一ほか　発売：メディアパル〉　1800円　①978-4-8021-3084-4

◇都電が走った街今昔―激変の東京―定点対比30年　林順信著　日本交通公社出版事業局　1996.12　175p　21cm　（JTBキャンブックス）　1648円　①4-533-02619-2

◇都電が走った街今昔―20世紀の東京景観―定点対比30年　2　林順信著　JTB　1998.8　175p　21cm　(JTBキャンブックス)　1600円　①4-533-03041-6
　目次　日本橋・京橋、銀座・築地、芝・高輪、麻布・赤坂・青山、四谷・牛込・杉並、本郷・小石川、神田・麹町、上野・浅草、荒川・王子・板橋、本所・向島、深川・城東、山手線一周、トロリーバス

◇都電が走った1940年代〜60年代の東京街角風景　稲葉克彦著　フォト・パブリッシング、メディアパル〔発売〕　2018.1　128p　26cm　1800円　①978-4-8021-3084-4
　内容　貴重な発掘写真でよみがえる、懐旧の東京アルバム！

◇都電が走っていた懐かしの東京　小川裕夫監修、レッカ社編著　PHP研究所　2010.9　202p　21cm〈文献あり〉　648円　①978-4-569-79168-5
　内容　銀座、新宿、池袋、日本橋…60年前、都電が走った東京の街は活気に溢れ、人々には笑顔があった。

◇都電系統案内―ありし日の全41系統　諸河久著　ネコ・パブリッシング　2001.5　48p　26cm　（RM library 22）　1000円　①4-87366-229-X

◇都電車両総覧　江本廣一著　大正出版　1999.5　183p　27cm　4700円　①4-8117-0631-5
　内容　本書は、都電車両90年の歴史を都電が誕生した明治時代にまでさかのぼり、車両総覧として紹介したものである。

◇都電懐かしの街角―昭和40年代とっておきの東京　天野洋一撮影、BRCプロ編著　明元社　2004.12　179p　26cm〈年譜あり〉　1600円　①4-902622-03-3

◇都電の消えた街―東京今昔対比写真　下町編　諸河久写真、林順信文　大正出版　1993.12　155p　25cm〈改版版　著者の肖像あり〉　3000円　①4-8117-0607-2

◇都電の消えた街―東京今昔対比写真　山手編　諸河久写真、林順信文　大正出版　1993.12　155p　25cm〈改版版　著者の肖像あり〉　3000円　①4-8117-0608-0
　目次　東京今昔対比写真（見附の跡どころ、首都の大路をゆく、山手線の駅前風景、山手の街並み、街道に沿って、千代田城を巡る、あの坂この坂、青山・麻布・麹町、玉電とともに）、さようなら都電、都電車庫別配置表

◇都電―都営交通100周年都電写真集　東京都交通局　2011.7　159p　30cm〈他言語標題：Toden〉　3800円

◇富山港線改メ富山ライトレール　[橋本俊一][著]　さいたま　高樹屋　2006.8　51p　26cm〈折り込1枚　年表あり〉

◇富山地方鉄道富山市内軌道線　さいたま　高樹屋　2010.8　45p　26cm〈富山地方鉄道創立80周年　奥付のタイトル：富山地方鉄道市内軌道線　折り込2枚　年表あり〉

◇豊橋今昔市電のある風景/設楽残像なつかしの田口線　伊奈彦定著　豊橋　豊川堂　1996.9　1冊（ページ付なし）　26×27cm　（伊奈彦定画集　第2集）　3690円　①4-938403-00-5

◇豊橋のチンチン電車―夢を乗せて走る市内線の70年　写真集　名古屋　郷土出版社　1998.9　196p　27cm　3800円　①4-87670-109-1

◇トラムのある街　宮田親平著　光人社　2001.11　228p　20cm　2000円　①4-7698-1025-3
　内容　四つの大陸で出会ったチャーミングなトラムの仲間たち。歴史と伝統が息づく新しい都市空間に走る魅惑の路面電車を巡る冒険旅行。

◇長崎「電車」が走る街今昔―海と坂の街定点対比　田栗優一著　JTBパブリッシング　2005.7　160p　21cm　（JTBキャンブックス）〈年表あり〉　1800円　①4-533-05987-2
　目次　路面電車が走る海と坂の街, 長崎電軌の乗車券・記念券類のあゆみ, 本線, 運転系統図の変遷, 桜町・蛍茶屋支線, 大浦支線, 宮

松兼次郎が見た終戦直後の長崎, 長崎電気軌道の車両解説—開業から現在まで

◇長崎のチンチン電車　田栗優一, 宮川浩一著　福岡　葦書房　2000.3　199p　19cm　1500円　Ⓘ4-7512-0764-4

内容 100円で走る元気な電車。15年余も続く低料金の謎？銀行にも見習って欲しいこの経営努力。日本の電車事情から欧米の路面電車復活まで。

◇名古屋市電　上　服部重敬著　ネコ・パブリッシング　2013.10　46p　26cm（RM LIBRARY 170）　1200円　Ⓘ978-4-7770-5352-0

目次 1 名古屋市電小史1 創業から最盛期へ（馬車鉄道から電気鉄道へ, 広がる路線網, 電車賃値下げ運動と市営化, 市営化から戦前の黄金期, 太平洋戦争下の市電, 復興から最盛期へ）, 2 名古屋市電小史2 全廃への過程（廃止の背景, 路線廃止が具体化, 財政再建計画と路面電車事業の廃止, 市電廃止の検証）, 3 路線の概要（勾配と曲線, 鉄道との交差）, 4 運転の概要（運転系統の特徴, 常時系統以外の運行, 運転, 運輸事務所・車庫と工場）

◇名古屋市電　中　服部重敬著　ネコ・パブリッシング　2013.11　47p　26cm（RM LIBRARY 171）　1200円　Ⓘ978-4-7770-5355-1

◇名古屋市電　下　服部重敬著　ネコ・パブリッシング　2013.12　47p　26cm（RM LIBRARY 172）〈文献あり〉　1200円　Ⓘ978-4-7770-5357-5

目次 5 路線の廃止と車輌（つづき）（1971（昭和46）年4月1日 秩父通—八熊通間・東新町～黒川間・八事～安田車庫前間, 1971（昭和46）年12月1日 熱田駅前—西稲永間, 1972（昭和47）年3月1日 笹島町～稲葉地町・浄心町～鶴舞公園間・東新町～堀田駅前間, 1974（昭和49）年2月16日 沢上町～大江町間・沢上町～船方間, 1974（昭和49）年3月31日 金山橋～市立大学病院間・矢町四丁目～昭和町間・大久手～安田車庫前間）, 6 最終日の情景

◇名古屋市電が走った街今昔—電車道はデザイン都市に変貌定点対比30年　徳田耕一編著　JTB　1999.10　176p　21cm　（JTBキャンブックス）　1600円　Ⓘ4-533-03340-7

目次 名古屋駅前, 笹島町, 柳橋, 納屋橋, 広小路本町, 赤門通～上前津, 白川通大津（南大津通）～矢場町, 大津橋, 栄, 青柳町～安田車庫前〔ほか〕

◇名古屋の市電と街並み　日本路面電車同好会名古屋支部編著　大阪　トンボ出版　1997.10　232p　26cm　3300円　Ⓘ4-88716-095-X

◇名古屋の市電と街並み　日本路面電車同好会名古屋支部編著　大阪　トンボ出版　2010.1　231p　22cm　（トンボブックス）〈文献あり〉　1500円　Ⓘ978-4-88716-201-3

目次 第1部 名古屋の電車道（名古屋の玄関・名古屋駅前—名古屋駅前～笹島町, 名古屋のメーンストリート・広小路通—笹島町～栄, 名古屋の中心・栄 ほか）, 第2部 名古屋の電車たち（低床単車, 改造単車, 1200型 ほか）, 第3部 資料編（乗車券・記念乗車券, 車両諸元表, 配置表で見る車庫所属車両の変遷 ほか）

◇懐かしの伊勢の市電—山田のチンチン電車 写真集　中野本一写真・資料, 勢田川出版のなかま編　伊勢　勢田川出版　1991.3　121p　19×24cm〈奥付・背の書名：伊勢の市電〉　2500円

◇懐かしの都電41路線を歩く　石堂秀夫著　有楽出版社　2004.9　190p　21cm〈東京　実業之日本社（発売）〉　1600円　Ⓘ4-408-59232-3

目次 品川駅前～上野駅前, 三田～曙町, 品川駅前～飯田橋, 五反田駅前～銀座二丁目, 目黒駅前～永代橋, 渋谷駅前～新橋, 四谷三丁目～品川駅前, 中目黒～渋谷駅前～浜町中ノ橋, 渋谷駅前～須田町〔ほか〕

◇懐かしの横浜市電—あの頃の市電通りへ　天野洋一, 武相高校鉄道研究同好会著　竹内書店新社　2000.9　224p　26cm　1700円　Ⓘ4-8035-0303-6

◇なつかしの路面電車視録　吉川文夫, 塚本雅啓著　大正出版　2002.2　153p　25cm　3800円　Ⓘ4-8117-0642-0

◇なにわの市電　小林庄三著　大阪　トンボ出版　1995.10　215p　26cm　3400円　Ⓘ4-88716-093-3

目次 カラー写真, 大阪市電のおいたち, 大阪市電のあゆみ, 市電路線別開通廃止図, 大阪市電アラカルト

◇なにわの市電　小林庄三著　大阪　トンボ出版　2013.2　215p　21cm　（[トンボブックス]）〈1995年刊の再刊　文献あり〉　1500円　Ⓘ978-4-88716-204-4

◇日本全国路面電車の旅　小川裕夫編著　平凡社　2005.5　237p　18cm　（平凡社新書）　840円　①4-582-85275-0

内容　自動車に押されて姿を消していった路面電車。ところが、人に優しい公共交通として、また観光資源として見直され、新型車両の導入やレトロな電車の復活も進んでいる。全国の路面電車に乗車し、路線、車体、車窓風景、観光スポットなどを丁寧に紹介し、電車を愛する地元の人々と出会う。

◇日本の市内電車―1895―1945　和久田康雄著　成山堂書店　2009.3　240p　22cm〈索引あり〉　3400円　①978-4-425-96151-1

内容　紳士淑女から庶民まで、多くの人々に利用され親しまれた往時の市内電車を、多数の写真・図版とともに紹介しました。わが国で初めて営業運転を始めた京都電気鉄道から、全盛期の1920〜30年代、そして壊滅的な状態で敗戦を迎えるまで半世紀の、北は旭川から南は那覇に至る全事業者の車両の消長をたどった貴重な記録です。

◇日本の路面電車―カラー版　遠森慶著　宝島社　2013.11　191p　18cm　（宝島社新書421）　952円　①978-4-8002-1906-0

内容　北は札幌、南は鹿児島まで、「新旧混交」で今日も走る20路線。最新車両も続々登場！"萌える"路面電車のすべて。

◇日本の路面電車　1　現役路線編―暮らしに生きる軌道線　原口隆行著　JTB　2000.3　192p　21cm　（JTBキャンブックス）　1700円　①4-533-03420-9

内容　現在全国で活躍している路面電車の現況をまとめたハンドブック。現在の路線や沿線はどうなっているのか、使用されている車両はどのようなタイプか、どのような歩みをたどったのかの3点にポイントを置いている。データは平成11年(1999年)11月30日現在。各交通機関ごとに開業、路線と距離、停留場数、軌間、電圧直流、車両数などを掲載。

◇日本の路面電車　2　廃止路線・東日本編―思い出に生きる軌道線　原口隆行著　JTB　2000.4　160p　21cm　（JTBキャンブックス）　1700円　①4-533-03459-4

目次　旭川電気軌道、旭川市街軌道、登別温泉軌道、大沼電鉄、花巻電気（花巻電鉄）、秋田電気軌道（秋田市交通局）、仙台市交通局、秋保電気軌道（仙南交通）、大崎水電（松島電車）、福島電気鉄道（福島交通）〔ほか〕

◇日本の路面電車　3　廃止路線・西日本編―思い出に生きる軌道線　原口隆行著　JTB　2000.6　160p　21cm　（JTBキャンブックス）　1700円　①4-533-03486-1

目次　カラーグラフ　黄金時代の路面電車大集合―カラー写真でしのぶ懐かしのチンチン電車、宮川電気（三重交通神郡線）、桑名電軌、越中電気軌道（富山地方鉄道射水線）、金沢電気軌道（北陸鉄道金沢市内線）、松金電車軌道（北陸鉄道松金線）、金石電気鉄道（北陸鉄道金石線）、京都電気鉄道（京都市交通局）、京都市電気部（京都市交通局―無軌条電車）、大阪市工務課（大阪市交通局）、阪堺電鉄（大阪市電気局）〔ほか〕

◇日本の路面電車ハンドブック　1997年版　路面電車ハンドブック編集委員会編　多摩　日本路面電車同好会　1997.10　150p　21cm　（シュタットバーン14号）　1500円

◇日本の路面電車ハンドブック　2001年版　路面電車ハンドブック編集委員会編　多摩　日本路面電車同好会　2001.12　166p　21cm　（シュタットバーン16号）　1500円

◇日本の路面電車ハンドブック　2011年版　路面電車ハンドブック編集委員会編　多摩　日本路面電車同好会　2011.10　220p　21cm　（シュタットバーン18号）〈他言語標題：Tramways of Japan〉　1429円

◇日本の路面電車ハンドブック　2006年版　路面電車ハンドブック編集委員会編　多摩　日本路面電車同好会　2006.7　190p　21cm　（シュタットバーン17号）〈他言語標題：Tramways of Japan〉　1429円

◇博多チンチン電車物語　平山公男著　福岡　葦書房　1999.7　195p　19cm　1500円　①4-7512-0744-X

内容　福博の街からチンチン電車が消えて20年。元運転士さんが愛惜をこめてつづる、車窓風景の変貌とチンチン電車への鎮魂歌。

◇函館の路面電車100年　函館市企業局交通部編　札幌　北海道新聞社　2013.6

175p　26cm〈年表あり〉　1700円
①978-4-89453-702-6
|内容| 街角の記憶がよみがえる懐かしい写真を多数収録した永久保存版！　大正から平成まで、函館の街を走る路面電車の生誕から現在にいたる100年の軌跡をたどります。

◇はしれ！　ちんちんでんしゃ―東京都電荒川線　後藤英雄著　復刊ドットコム　2016.11　1冊（ページ付なし）　29cm〈小峰書店 1981年刊の再刊〉　1800円
①978-4-8354-5426-9
|内容| 早稲田から三ノ輪橋まで、唯一現存する東京都電・荒川線の沿線を、昭和50年代当時の7000形電車に乗って紹介！

◇阪堺電気軌道―昭和3年生まれの80歳現役最長老の車両が走る大阪―堺の沿線風景　三冬社　2008.7　63p　26cm（路面電車シリーズ 1）〈年表あり〉　1900円　①978-4-904022-38-2

◇阪堺電軌・和歌山軌道線　小林庄三著　大阪　トンボ出版　1996.7　208p　26cm　3400円　①4-88716-094-1
|目次| 阪堺電気軌道、さよなら平野線、新会社発足、花（装飾）電車、新造車両の搬入、保存車両、さよなら電車、救援車と事故車、集電装置、台車〔ほか〕

◇阪堺電車物語―我輩はモ161である　長岡靖久著　論創社　2011.11　146p　19cm　1200円　①978-4-8460-1033-1
|内容| 大阪と堺を結ぶチンチン電車のレトロ復活。日本最高齢、昭和三年生まれで八十余歳のモ「モ161」が恵美須町～浜寺駅前（阪堺線）と、天王寺駅前～住吉公園（上町線）を今日も元気一杯走り抜ける。「モ161」「モ501」「モ701」による架空座談会も。

◇阪神国道電車―1975年廃止その昭和浪漫を求めて　神戸鉄道大好き会編著　大阪　トンボ出版　2014.3　191p　26cm〈他言語標題：HANSHIN KOKUDO LINE　文献あり〉　2600円
①978-4-88716-131-3
|目次| 巻頭カラー（昭和の浪漫を漂わせて…大阪から神戸へ、国道電車が行く、阪神国道電車コレクション、よみがえった"金魚鉢"）、阪神国道電車の歴史、阪神国道電車路線図、阪神国道電車の車両、写真撮影者一覧、六甲山系を望み、神戸から芦屋・西宮へ―国道電車で東神戸～西灘～上甲子園15.3km、武庫川、淀川を渡って、尼崎・大阪へ―国道線上甲子園～野田10.7km、甲子園球場、阪神パークへ人々を運ぶ―甲子園線上甲子園～浜甲子園2.8km、国道電車の意外な働き場所―武庫川線、尼崎海岸線、なにわの街を行く路面電車―北大阪線野田～天神橋筋六丁目4.3km、大勢の人々に見送られて、去って行った―最終日の国道電車、全停留場標識、阪神国道線停留場一覧、定点対比　あの場所は、いま、甲子園線の思い出、そして79号保存のこと、"金魚鉢"79号電車　保存への道程　金魚救いの会

◇広島電鉄　青野邦明解説、荒川好夫写真　ネコ・パブリッシング　2002.7　172p　19cm　（私鉄の車両　復刻版 3）〈初版：保育社刊〉　1429円　①4-87366-286-9
|内容| "走る電車博物館"といわれる広電は、西ドイツをはじめ、国内の各都市からの譲受車が活躍する。市民に愛される広電車両の特色を、データ中心に余すところなく解説。

◇広島のチンチン電車―市内線と宮島線　波乱に富んだ86年のドラマ　保存版　名古屋　郷土出版社　1998.10　238p　31cm　8500円　①4-87670-110-5

◇福岡・北九州市内電車が走った街今昔―西鉄の路面電車・定点対比　奈良崎博保著　JTB　2002.4　176p　21cm（JTBキャンブックス 36）　1700円
①4-533-04207-4
|目次| 福岡編（貫線・呉服町線、循環線・吉塚線（貨物支線を含む）、城南線、貝塚線）、北九州編（北九州本線、戸畑線、枝光線、北方線、田野浦線）

◇福島交通軌道線　上　高井薫平著　ネコ・パブリッシング　2013.1　44p　26cm　（RM LIBRARY 161）　1200円
①978-4-7770-5337-7
|目次| 1 沿革（雨宮敬次郎と信達軌道、大日本軌道の時代、大日本軌道の解散と第2次信達軌道、福島電気鉄道）、福島交通軌道線略年表、2 路線、3 施設、4 福島市内を行く（福島駅前、福島駅前～北町、北町～松川橋グランド前、松川橋グランド前～瀬上荒町～幸橋）

◇福島交通軌道線　下　高井薫平著　ネコ・パブリッシング　2013.2　47p　26cm　（RM LIBRARY 162）〈文献あり〉　1200円　①978-4-7770-5338-4
|目次| 5 運転、6 伊達郡を行く（幸橋～長岡分岐点、長岡分岐点～湯野町、伊達駅前、長岡分岐点～保原　ほか）、7 車輌（創業期の車輌―電化以前、電車の概要、1101・1104/1102・1103・1105・1107・1109・1111・1106・

181

1108・1110/1112・1113, 1114/1115・1116 ほか

◇松本のチンチン電車―懐かしき浅間線の40年 写真と思い出話で綴る路面電車・浅間線の物語 写真集　石川欣一解説執筆　松本　郷土出版社　1997.5　166p　25cm　2600円　④4-87663-366-5

◇マニアの路面電車　原口隆行著　小学館　2002.5　141p　15cm　(小学館文庫)　657円　④4-09-411491-2

◇万葉線とRACDA高岡5年間の軌跡　路面電車と都市の未来を考える会・高岡編著　高岡　路面電車と都市の未来を考える会・高岡　2004.3　189p　19cm〈年表あり〉　1500円　④4-9901992-0-0

◇三重交通神都線の電車　中野本一著　ネコ・パブリッシング　2011.1　47p　26cm　(RM library 137)　1200円　①978-4-7770-5301-8
目次　神都線略史, 神都線の運転, 車輌(モ501形式, モ511形式, モ531形式, モ541形式, モ500形式, モ580形式, 事業用車, 朝熊線の車輌)

◇名鉄岡崎市内線―岡崎市電ものがたり　藤井建著　ネコ・パブリッシング　2003.7　47p　26cm　(RM library 48)　1000円　④4-7770-5005-X
目次　名鉄岡崎市内線の歴史(電車前史(岡崎馬車鉄道の時代), 馬車から電車へ(岡崎電気軌道の時代), 三河鉄道との合併(三鉄軌道線の時代) ほか), 岡崎市内線沿線を歩く(福岡町‐岡崎駅前(福岡線), 岡崎駅前‐車庫前, 車庫前‐殿橋 ほか), 岡崎市内線の車輌(最後まで走った20輌, 過去の車輌, 岡崎電気軌道の車輌 ほか)

◇名鉄600V―岐阜市内・近郊線写真集　Group Red Winds写真　[岐阜]　岐阜新聞社　2004.1　80p　22×26cm〈岐阜 岐阜新聞情報センター(発売)〉　1905円　④4-87797-071-1

◇モノクロームの東京都電―銀座線が消えて半世紀　諸河久著　イカロス出版　2017.12　175p　26cm　(イカロスMOOK)〈文献あり〉　2200円　①978-4-8022-0440-8

◇横浜市電　上　戦災までの歴史とその車輌　岡田誠一, 澤内一晃著　ネコ・パブリッシング　2009.7　47p　26cm　(RM library 119)　1000円　①978-4-7770-5258-5
目次　ハマの街に路面電車が登場, 横浜市電気局の誕生, 創業時から市営初期までの車輌(1形1～29(7欠), 31形31～35, 36形36～93, 106, 107, 94形94～105/111形111～120/121形121～130/131形131～150, 手荷電車75, 76, 電動貨車1～8/散水車1～2), 関東大震災と復興事業, 財政難による事業の停滞, 焦土と化した横浜, 市営後から終戦までの車輌の動き(バラック電車, 151形151～166/167形167～191, 200形200～228, 納涼電車, 300形300～380, 400形400～431, 500形500～559, L形(1000形)1000～1019/M形(1100形)1100～1104, 700形701～717, 2600形2601～2605/電動貨車9～15/散水車3～6), 横浜市電諸元表

◇横浜市電　下　戦後の歴史とその車輌　岡田誠一, 澤内一晃著　ネコ・パブリッシング　2009.8　47p　26cm　(RM library 120)〈年表あり〉　1000円　①978-4-7770-5259-2
目次　68年を駆け抜けたハマの路面電車, 戦時中の状況, 終戦後の軍事接収と混乱(成田形 デハ1～6, 11～13, 200形/300形, 400形, 500形, 1000形, 1100形, 2600形(後の1200形), 700形, 800形, 600形), 横浜市交通局としての再出発(3000形(後の1300形)), 改番の実施とビューゲルへの交換(1400形, 1500形, 1150形, 1600形), 単車の整理と各種改造(無軌条電車(トロリーバス)について, 電動貨車8～13・21～23・牽引機), 最盛期を迎えた横浜市電, ワンマン運転そして全廃, 横浜市電保存館, 横浜市電諸元表, 路線開業年表

◇横浜市電が走った街今昔―ハマの路面電車定点対比　長谷川弘和著　JTB　2001.10　176p　21cm　(JTBキャンブックス)　1700円　④4-533-03980-4
目次　神奈川線, 本牧線, 根岸線, 中央市場線, 六角橋線, 浅間町線, 平沼線, 保土ケ谷線, 井土ケ谷線, 日の出町線, 本町線, 羽衣町線, 弘明寺線, 花園橋線, 長者町線, 久保山線, 杉田線, トロリーバス, 資料編

◇横浜市電の時代　長谷川弘和著　大正出版　1998.3　158p　25cm　3800円　④4-8117-0626-9
内容　みなと横浜の街を走り続けた電車は, 68年間にわたって市民に親しまれ, 昭和47年に廃止されていった。その横浜市電の活躍した姿を探る。

◇よみがえる京都市電―市営化から100周年、車両・停車場・街角の懐かしい記憶 高橋弘,高橋修写真・著 学研パブリッシング 2012.10 191p 26cm〈発売:学研マーケティング〉 2800円 ①978-4-05-405484-4
内容 日本初の「電車」、京都市電。古都を走り抜けた懐かしい路面電車の姿が秘蔵写真と共によみがえる。

◇よみがえる東京―都電が走った昭和の街角 三好好三編・著 学研パブリッシング 2010.5 191p 26cm〈年表あり 発売:学研マーケティング〉 2800円 ①978-4-05-404572-9
内容 出勤に、通学に、買い物に、映画を見に、食事をしに。隣町の知人に挨拶に、賑やかな祭りを見物に、週末の逢瀬を楽しみに。東京で人々が動くとき、その隣には必ず「都電」があった。バスも地下鉄もまだ発達していなかった時代、都電が街によく溶け込んでいる風景を眺めてみれば、"あの頃"をたくましく、そして笑顔を絶やさずに生きていた東京の人々の力強さが浮かび上がってくる。

◇路面電車―画集 関根達郷著 〔京都〕〔関根達郷〕 1993.9 87p 26cm〈製作:嵯峨野書院 片面印刷〉 2472円 ①4-7823-0179-0

◇路面電車―ライトレールをめざして 和久田康雄著 交通研究協会 1999.6 181,6p 19cm (交通ブックス 111)〈東京 成山堂書店(発売)〉 1500円 ①4-425-76101-4
内容 乗り降りのしやすい超低床車両の導入や排気ガスを出さないことなどから「人と環境にやさしい交通機関」として見直されている路面電車。本書は、戦後の日本の路面電車について、その技術から経営まで幅広く解説し、次世代の都市交通手段として期待される「ライトレール」への道を探ります。

◇路面電車―未来型都市交通への提言 今尾恵介著 筑摩書房 2001.3 222p 18cm (ちくま新書) 680円 ①4-480-05886-9
内容 北は北海道から南は鹿児島まで、今も現役で活躍し続ける路面電車。高度成長期に自動車社会の到来とともに、次々と姿を消していったこの路面電車が、環境問題や渋滞解消、またバリアフリーなどの観点から、いまあらためて注目されている。行き詰まりを見せている都市交通問題を大きく打開する可能性をもったシステムとしての路面電車を考える。

◇路面電車―懐かしい仲間たち 高橋弘著 名古屋 交友社 2005.11 289p 22×29cm (高橋弘作品集 3 高橋弘著)〈おもに図〉 6000円 ①4-7731-0003-6

◇路面電車―故郷の風景 神達雄著 大阪 トンボ出版 2011.1 191p 21cm (トンボブックス)〈文献あり〉 1500円 ①978-4-88716-202-0
目次 都電を追って―起点・終点,都電全線図,都電アラカルト,さよなら玉電,どっこい生きている(花電車・都電荒川線),故郷の風景・旅先での出会い,別大電車の思い出 茅の葉擦れ,それぞれの故郷の風景 路面電車出会い旅

◇路面電車―Tram、Tramway、Streetcar 宮原要撮影,宮原要著 広島 ミヤハラ 2016.5 1冊(ページ付なし) 22×29cm

◇路面電車EX vol.06(2015) 特集長崎電気軌道100周年―多彩な車両と特徴的な積極経営で独特の存在感! イカロス出版 2015.11 143p 26cm (イカロスMOOK) 1700円 ①978-4-8022-0073-8

◇路面電車EX vol.07(2016) 特集・都電荒川線いまむかし―ひとりぼっちの都電の歴史と車両を振り返る イカロス出版 2016.5 139p 26cm (イカロスMOOK) 1700円 ①978-4-8022-0156-8

◇路面電車EX vol.08(2016) 特集・日本のLRVのあゆみとこれから イカロス出版 2016.11 143p 26cm (イカロスMOOK) 1700円 ①978-4-8022-0243-5

◇路面電車EX vol.09(2017) 特集・広島電鉄 イカロス出版 2017.5 139p 26cm (イカロスMOOK) 1700円 ①978-4-8022-0326-5

◇路面電車EX vol.10(2017) 特集・新潟トランシス イカロス出版 2017.11 132p 26cm (イカロスMOOK) 1700円 ①978-4-8022-0423-1

◇路面電車時代　吉川文夫編著　大正出版　1995.12　154p　25cm　3800円　①4-8117-0621-8
[内容]1960年代は、路面電車の全盛期であった。全国59地区、63路線で道路の主役として活躍し、庶民の足となっていた。戦後路面電車のすべてを語る懐かしの記録集。

◇路面電車すごろく散歩　鈴木さちこ著　木楽舎　2014.9　191p　21cm　（[翼の王国books]）　1400円　①978-4-86324-076-6
[内容]全国の路面電車21路線をぜーんぶお散歩しました。「旅鉄」の著者による路線図とお散歩エッセイ・イラスト・写真を収録！ANA機内誌『翼の王国』人気連載が書籍化！

◇路面電車全線探訪記　柳沢道生著, 旅行作家の会［編］　再版　現代旅行研究所　2008.6　224p　21cm　（旅行作家文庫）　1800円　①978-4-87482-096-4
[内容]浪漫派・環境派交通機関路面電車、全国19都市21路線をくまなく巡る。

◇路面電車で広がる鉄の世界―チンチン電車と都市計画がわかる本　小川裕夫著　秀和システム　2012.9　318p　21cm〈文献あり　索引あり〉　1800円　①978-4-7980-3498-0
[内容]あの市電＆都電にはこんな役割があったのか。豊富な写真と図表の数々から路面電車の過去と現在を見る。

◇路面電車と街並み―岐阜・岡崎・豊橋　日本路面電車同好会名古屋支部編著　大阪　トンボ出版　1999.6　263p　26cm　3300円　①4-88716-124-7

◇路面電車年鑑　2016　イカロス出版　2016.2　167p　26cm　（イカロスMOOK）　1800円　①978-4-8022-0122-3

◇路面電車年鑑　2017　イカロス出版　2017.2　167p　26cm　（イカロスMOOK）　1800円　①978-4-8022-0288-6

◇路面電車年鑑　2018　イカロス出版　2018.2　167p　26cm　（[イカロスMOOK]）　1800円　①978-4-8022-0465-1

◇路面電車の記憶―昭和20年代・30年代のアルバム　江本廣一写真, 和久田康雄文　彩流社　2013.2　111p　30cm〈文献あり〉　2400円　①978-4-7791-1719-0
[目次]北海道・東北・信越北陸地方（札幌市交通局, 函館市交通局 ほか）, 関東地方（茨城交通（水浜線）, 東武鉄道（日光軌道線） ほか）, 東海地方（駿豆鉄道（軌道線）, 静岡鉄道（清水市内線） ほか）, 近畿地方（京都市交通局, 京阪電気鉄道（石山坂本線） ほか）, 中国・四国地方（岡山電気軌道, 呉市交通局 ほか）, 九州地方（西日本鉄道（北九州線）, 西日本鉄道（北方線） ほか）

◇路面電車の技術と歩み　吉川文夫著　グランプリ出版　2003.9　232p　21cm　1900円　①4-87687-250-3
[内容]日本の路面電車は明治28年（1895）の京都電気鉄道の開業によって始まった。今から約110年前のことである。路面電車の歴史はモーター、制御器、台車などの輸入品もあったし、最近では海外の超低床電車に影響されて、日本も超低床電車が各地で登場する時代となる…といったことで、外国との比較を存分に入れて作成。

◇路面電車の基礎知識―黄金の趣味世界へ　谷川一巳, 西村慶明, 水野良太郎著　イカロス出版　1999.8　239p　19cm　（イカロスmook―マニアの王道）　1600円　①4-87149-227-3

◇路面電車の謎―思わず乗ってみたくなる「名・珍路線」大全　小川裕夫［著］　イースト・プレス　2017.5　207p　18cm　（イースト新書Q　Q028）〈「路面電車で広がる鉄の世界」（秀和システム2012年刊）の改題, 改訂　文献あり〉　880円　①978-4-7816-8028-6
[内容]昭和40年代までは各地の大都市で必ず見ることができた路面電車。その後のクルマ社会の発展で風前の灯かと思われたが、21世紀に入ってから、新路線の開業や、バリアフリー対応の最新鋭車両の導入などの積極策が見られるようになった。その歴史から、線路・車両・施設・運行の謎、全国21事業者の魅力、今後の計画まで、鉄道と地方自治の第一人者が、マニアの視点から初心者にもわかりやすく解説。

◇路面電車の謎と不思議　史絵著　東京堂出版　2013.3　269p　19cm〈文献あり〉　1600円　①978-4-490-20820-7
[内容]路線、車両、装備、保線、運賃、停留場…懐かしい車両から、最新のLRV・超低床電車まで路面電車ワールドへ、出発進行。

◇路面電車発展史―世界を制覇したPCCカーとタトラカー　大賀寿郎著　戎光祥出版　2016.3　143p　21cm　（戎光

祥レイルウェイブレット 1)〈索引あり〉 1500円 ⓘ978-4-86403-196-7
内容 路面電車の技術開発の歴史を詳解！路面電車の揺籃期から現代までの発展の歴史を、鉄道研究がライフワークの著者が徹底解説!!

◇路面電車はゆく高知―明治37年開通 人々の暮らしと共に〔高知〕高知新聞社 1998.10 125p 26cm〈表紙のタイトル：路面電車はゆく 高知 高知新聞企業（発売）〉 1714円 ⓘ4-87503-268-4

◇わが心の路面電車 上 小林茂著 エリエイ出版部/プレスアイゼンバーン 1994.1 114p 29cm （The rail no.32） ⓘ4-87112-182-8
目次 絵はがきと路面電車, ミニミニ市内電車, 東海路の電車, 野を横切り丘を越え, 走れタンコロ西東, 海辺の電車, 山ぐにの電車, 山坂にいどむ電車, 木造ボギー車の晩年, 参宮電車, 城下町の電車, みなと町の電車, 工都の電車, 南国の電車, 北ぐにの電車, 西の都会の電車

◇わが心の路面電車 下 小林茂著 エリエイ出版部/プレスアイゼンバーン 1994.11 119p 29cm （The rail no.33） ⓘ4-87112-183-6
目次 最初のワンマンカー, 大都会の電車, 都会外周の電車, 無音電車, ジャンボ電車大集合, 急行電車, 異軌な電車, 花巻の軽便電車, 貨物電車, 広告電車〔ほか〕

◇1960年代路面電車散歩―日本の電車道 東京オリンピックの頃 諸河久写真・文 リブロアルテ 2011.5 111p 26cm〈文献あり 発売：メディアパル〉 1900円 ⓘ978-4-89610-791-3
目次 札幌市交通局, 旭川電気軌道, 函館市交通局, 花巻電鉄鉛線, 秋田市交通局, 仙台市交通局, 福島交通軌道線, 茨城交通水浜線, 東武鉄道日光軌道線, 東京都交通局〔ほか〕

◇N電―京都市電北野線 吉川文夫, 高橋弘著 ネコ・パブリッシング 2002.4 45p 26cm （RM library 33） 1000円 ⓘ4-87366-268-0
内容 「N電」として親しまれていた京都市電北野線は1961年の夏に廃止となった。オープンデッキ, トロリーポール, ハンドブレーキと時代が停ったような四輪単車が, 狭い道や堀川沿いを走る風景は京都に住む人, 京都を訪ねる人に強い印象を与え, いまでも「N電」をなつかしむ人は多い。本書では, 京都に住み, ファンとしてN電を長年にわたって撮っていた高橋弘氏の写真を軸にして, N電についてまとめた。

053 LRT
【概　要】軽量軌道交通を意味するLight Rail Transit（ライトレールトランジット）の略称。次世代型の路面電車で、軽快電車、ライトレールとも称される。第2次世界大戦後、自動車交通の発達によって路面電車の廃線が続出したが、1990年代に欧米で環境保護・省エネルギーの観点から再評価され、近代的なLRTとして復活した。地下化・高架化等により大部分を専用軌道化し、道路交通と分離することで高速走行を実現。バスと地下鉄の中間に位置する新たな交通機関として多数導入されている。自動車による大気汚染・騒音の軽減や渋滞解消のほか、路面から20～30cmの超低床型車両が多く、高齢者や身障者でも乗降が容易であることから、バリアフリー実現の方策としても評価されている。国内では2006（平成18）年にJR西日本の富山港線がLRT化され、富山ライトレール富山港線が誕生。各地でLRTの導入に向けた取り組みが進められている。

◇ありがとう富山港線、こんにちはポートラム 「ありがとう富山港線、こんにちはポートラム」編集委員会編 ［富山］TC出版プロジェクト 2006.5 135p 26cm〈年表あり 発売：シー・エー・ピー（富山）〉 1429円 ⓘ4-91618-121-2

◇富山港線改メ富山ライトレール ［橋本俊一］［著］ さいたま 高樹屋 2006.8 51p 26cm〈折り込1枚 年表あり〉

◇富山ライトレールの誕生―日本初本格的LRTによるコンパクトなまちづくり 富山市監修, 富山ライトレール記録誌編集委員会編 富山 富山市 2007.9 111p 30cm〈発売：鹿島出版会〉 3143円 ⓘ978-4-306-08515-2

◇廃線の危機からよみがえった鉄道　堀内重人著　中央書院　2010.11　238p　21cm〈文献あり〉　1800円　①978-4-88732-198-4
内容　廃止目前から一転、復活をとげた鉄道・軌道5路線のケーススタディをもとに、公共交通の再生・活性化策を提示。

◇ひと中心の都心—次の一手…トランジットモールが街を変える　LRTさっぽろ編　札幌　LRTさっぽろ　2002.9　109p　30cm　1000円

◇広電が走る街今昔—LRTに脱皮する電車と街並み定点対比　長船友則著　JTBパブリッシング　2005.5　160p　21cm（JTBキャンブックス）　1800円　①4-533-05986-4
目次　LRTを目指して脱皮する広島の路面電車、広電の乗車券類・名所案内図のあゆみ、本線、宇品線、白島線、横川線、江波線、皆実線、宮島線

◇路面電車—ライトレールをめざして　和久田康雄著　交通研究協会　1999.6　181, 6p　19cm（交通ブックス111）〈東京　成山堂書店（発売）〉　1500円　①4-425-76101-2
内容　乗り降りのしやすい超低床車両の導入や排気ガスを出さないことなどから「人と環境にやさしい交通機関」として見直されている路面電車。本書は、戦後の日本の路面電車について、その技術から経営まで幅広く解説し、次世代の都市交通手段として期待される「ライトレール」への道を探ります。

◇路面電車—未来型都市交通への提言　今尾恵介著　筑摩書房　2001.3　222p　18cm（ちくま新書）　680円　①4-480-05886-9
内容　北は北海道から南は鹿児島まで、今も現役で活躍し続ける路面電車。高度成長期に自動車社会の到来とともに、次々と姿を消していったこの路面電車が、環境問題や渋滞解消、またバリアフリーなどの観点から、いまあらためて注目されている。行き詰まりを見せている都市交通問題を大きく打開する可能性をもったシステムとしての路面電車を考える。

内容　LRTが街を変える。ライトレールによる都市再生手法をビジュアルにまとめた参考手引書。

◇路面電車—運賃収受が成功のカギとなる!?　柚原誠著　交通研究協会、成山堂書店〔発売〕　2017.12　212p　19cm（交通ブックス127）　1800円　①978-4-425-76261-3
内容　LRTと路面電車は異なる乗り物なのか？いや、本質的には何ら変わるものではない。日本でも"現代の路面電車""次世代型路面電車"として注目を浴びて久しいが、欧米に比べて、なぜ普及・浸透してこなかったのか？著者はそのカギを運賃収受の方法にあると指摘する。ヨーロッパ、アメリカ、オーストラリアなどの海外事例と比較・検証し、大量輸送かつ定時運行が可能なLRT（路面電車）導入成功のための改善策を提案。LRT（路面電車）が"速くて便利な公共交通"になり得るか否か、その可能性に迫る一冊！

◇路面電車が街をつくる—21世紀フランスの都市づくり　望月真一著　鹿島出版会　2001.3　231p　19cm　2500円　①4-306-07230-4
内容　本書ではフランスの都市整備政策の背景、制度、異なる意見評価なども含めて理解できるよう紹介しました。

◇路面電車新時代—LRTへの軌跡　服部重敬編著　山海堂　2006.5　397p　26cm〈年表あり　文献あり〉　4200円　①4-381-01816-8
内容　地球温暖化、高齢化社会の到来、中心市街地の活力低下など、都市が抱える問題の解決策として、路面電車の再評価が進んでいる。まちづくりに路面電車をどのように活かしたら良いのか。郷愁から未来へ。今、路面電車が動き出す。

◇路面電車とまちづくり—人と環境にやさしいトランジットモデル都市をめざして　路面電車と都市の未来を考える会編著　京都　学芸出版社　1999.5　246, 7p　22cm　2500円　①4-7615-2210-0
内容　自動車交通の行き詰まり、環境問題の深刻化、高齢少子化社会の到来、中心市街地の空洞化など、日本の都市は多くの問題を抱えている。これらの問題解決の切り札として、いま新しい路面電車＝LRTが注目されている。路面から段差なく乗り降りできる超低床車、音も静かで、デザインもスマート、スピードも速い。さらに、CO_2排出量も少なく環境にやさしい、建設費も安いという、新しい都市の装置である。

◇路面電車の大逆襲！　21世紀都市交通国民会議編　水曜社　1999.9　111p　26cm　1600円　①4-88065-012-9

[内容] この数年来、欧米では都市中心部の自動車を規制して、進化した路面電車・LRTが続々登場。本書はその様子を紹介しながら、日本の都市交通の現状を鋭く問う衝撃的リポートである。

◇路面電車ルネッサンス　宇都宮浄人著　新潮社　2003.9　205p　18cm　（新潮新書）〈文献あり〉　680円　①4-10-610034-7

[内容] 路面電車を、昔の乗り物と思い込んではいないだろうか。新世紀の都市交通の主役として、ヨーロッパ、そしてクルマ社会のアメリカでも、今や路面電車の建設ラッシュである。クルマの排気ガスによる大気汚染や渋滞、さらに中心市街地の衰退―。現在の都市が抱える問題を解決し、都市再生の切り札として、路面電車が再び脚光を浴びているのだ。地球環境にも人にも優しい路面電車を、豊富な事例に加え、経済学の視点とさまざまなデータを駆使して、冷静に捉え直す。

◇LRT（エルアールティ）―次世代型路面電車とまちづくり　ライトレール・トランジット　宇都宮浄人,服部重敬共著　交通研究協会　2010.12　223p　19cm　（交通ブックス119）〈タイトル：LRT　文献あり　索引あり〉　発売：成山堂書店　1800円　①978-4-425-76181-4

[内容] 「人にやさしい」「環境にやさしい」都市交通―LRT。先進国で次々に取り入れられる次世代型路面電車は、街にどのような恩恵をもたらすのか。本書は歴史的経緯から特徴、まちづくりと経済効果、市民意識の重要性などを解説。LRT導入により豊かなまちづくりを実現した海外および日本の事例も豊富に紹介し、LRTの本質に迫る。

◇LRTが京都を救う―都大路まちづくり大作戦　土居靖範,近藤宏一,榎田基明共著　京都　つむぎ出版　2004.1　100p　21cm　（京都の交通今日と明日パート4）〈折り込1枚〉　714円　①4-87668-138-4

◇LRTが走る2015年の札幌―新型路面電車システムの導入によるまちづくりの提案　LRTさっぽろ編　札幌　LRTさっぽろ　1999.9　159p　30cm

◇LRTと持続可能なまちづくり―都市アメニティの向上と環境負荷の低減をめざして　青山吉隆,小谷通泰編著　京都　学芸出版社　2008.3　223p　26cm〈文献あり〉　4200円　①978-4-7615-4082-1

◇LRTによる都市づくり　土木学会関西支部LRTによる都市づくりに関する調査研究委員会編　大阪　土木学会関西支部　2002.10　201p　30cm　（講習会テキスト　平成14年度）

054 モノレール

【概　要】1本のレールまたは軌道桁を走行する鉄道。単軌鉄道とも称され、車両がレールをまたぐ跨座式と、レールに吊下る懸垂式に大別される。1824年にイギリスのヘンリー・パーマーが、レールに吊るされた籠を馬が引く懸垂式モノレールを実用化。フランスのシャルル・ラルティーグが蒸気機関車を用いた跨座式のモノレールを開発し、1888年にアイルランドのリストウェル～バリバニオン間で営業を開始した。その後は技術上の問題や電車・バス等の発達によりあまり発展しなかった。のち第2次世界大戦後、交通渋滞緩和のため、バスや路面電車に代わる新たな近距離都市交通として普及し、観光地や遊園地でも活躍している。国内では1957（昭和32）年に上野動物園の懸垂式モノレールが建設されたのが最初である。1964年に開業した東京モノレール羽田線（浜松町～羽田空港間）は世界初の本格的な旅客輸送用モノレールで、跨座式を採用。東京オリンピック関係者の輸送にも活躍した。ほか、北九州モノレール（1985年開業）、大阪モノレール（1990年開業）、多摩都市モノレール（1998年開業）、沖縄都市モノレール（2003年開業）等が跨座式を採用。湘南モノレール（1970年開業）、千葉都市モノレール（1988年開業）等は懸垂式を採用している。長所として、建設工費が安く脱線・踏切事故がないこと、バス・路面電車に比べ高速・大量輸送が可能な点が挙げられる。

◇江ノ島電鉄＆湘南モノレール―街と駅の今昔物語　湘南の海を駆け抜ける、ふ

新交通システム

たつの電車の魅力満載！　江ノ島電鉄株式会社, 湘南モノレール株式会社監修, 夢現舎編　彩流社　2015.6　79p　26cm　〈文献あり〉　1800円　①978-4-7791-2364-1
[内容] 湘南の海を駆け抜ける、ふたつの電車の魅力満載！

◇東京モノレールガイドブック—駅から散歩　高橋美江著, 遠藤純写真　芸術新聞社　2014.9　143p　19cm　1500円　①978-4-87586-410-3
[目次] モノレールに乗ろう！（浜松町駅, 天王洲アイル駅, 大井競馬場前駅, 流通センター駅, 昭和島駅, 整備場駅, 天空橋駅, 羽田空港国際線ビル駅, 新整備場駅, 羽田空港第1ビル駅, 羽田空港第2ビル駅）, モノレールを知ろう！（Report 昭和島車両基地を見に行く, メカニック編, サービス編, Special 社長にインタビュー, ミニ知識Q＆A, 東京モノレール・ヒストリー）

◇東京モノレールのすべて—東京モノレール開業50周年記念企画　東京モノレール株式会社監修　戎光祥出版　2015.8　208p　21cm〈文献あり　年譜あり〉　1600円　①978-4-86403-134-9
[内容] 日本のモノレール雄として、首都圏の大動脈として、ますます発展を続ける東京モノレール初のビジュアルガイドブックです。全面監修のもと、路線、車両、駅、歴史を詳述。これまでにないスケールで東京モノレールの魅力に迫ります。歴代全形式の図面や、開業から現在に至る各時代の写真を収録するなど、各種資料も充実。さらに、制服、各種プロモーション、グッズ、イメージソングなど、東京モノレールに関連するさまざまな情報を収録。東京モノレールのファンや鉄道ファンの皆さまはもちろん、東京モノレールをご利用になる皆さまにもお楽しみ頂ける内容です！

◇東京モノレール50年史—1964-2014　東京モノレール株式会社社史編纂委員会　東京モノレール　2014.9　266p　28cm〈年表あり〉

◇東京モノレール50年史—1964-2014　東京モノレール株式会社社史編纂委員会編　［電子資料］　東京モノレール　2014.9　DVD-ROM 1枚　12cm

◇モノレールガールズ—Osaka monorail girls　澤みゆき著　メディアファクトリー　2009.5　189p　19cm　952円　①978-4-8401-2778-3

◇モノレールと新交通システム　佐藤信之著　グランプリ出版　2004.12　248p　21cm〈年表あり　文献あり〉　2200円　①4-87687-266-X
[目次] 世界のモノレール, モノレールの開発, モノレールの実用化, 都市モノレール, 新交通システムの開発, 新交通システム（国庫補助, 補助対象外）, 新しい交通システム, 日本技術の海外移転

◇モノレールのたび　みねおみつさく　福音館書店　2017.9　26p　26cm（かがくのとも絵本）　900円　①978-4-8340-8348-4

◇ゆいレール駅周辺物語—沖縄都市モノレール・ガイドブック　那覇　沖縄都市モノレール　2003.6　183p　30cm　1239円

◇夢をつないで—千葉都市モノレール20年のあゆみ　千葉都市モノレール20年のあゆみ社史編纂委員会編　千葉　千葉都市モノレール　1999.12　149p　31cm〈年表あり〉

055　新交通システム

【概　要】ゴムタイヤの車輪と案内レールによって専用軌道を走行する交通機関。モノレールと同程度の中量軌道輸送システムで、コンピューター制御によって自動走行する案内軌条式鉄道（AGT：Automated Guideway Transit）を指すことが多い。走行車輪とは別に案内用の車輪があり、案内レールにガイドされて走行する。神戸市の「ポートライナー」（神戸新交通ポートアイランド線・1981年2月開業）、大阪市の「ニュートラム」（大阪市高速電気軌道南港ポートタウン線・1981年3月開業）、東京都の「ゆりかもめ」（東京臨海新交通臨海線・1995年11月開業）、「日暮里・舎人ライナー」（東京都交通局・2008年3月

> 開業)等がある。

◇新交通システムをつくる　斎間亨著　筑摩書房　1994.9　219p　19cm　(ちくまプリマーブックス84)　1100円　①4-480-04184-2
[内容]新交通機関は、なぜ必要か。新交通システム開発の第一人者が、自らの体験を通して語るそのすべて。めずらしい写真がいっぱい。

◇日暮里・舎人ライナー秘話―私の見てきた三十六年間　三原將嗣著　産経新聞出版　2011.3　290p　19cm〈文献あり〉　1600円　①978-4-86306-082-1

鉄道

◇くらべる鉄道　川辺謙一著　東京書籍　2011.10　122p　21cm〈文献あり〉　1800円　ⓘ978-4-487-80567-9
　内容　メカニズム、客室、路線、楽しみ方。くらべてわかる鉄道の魅力。

◇最新鉄道とっておき物語　雑喉謙著　河出書房新社　1990.5　228p　20cm　2000円　ⓘ4-309-00623-X
　内容　日本の山野には、輸送機関としても風景としても、高速道路より鉄道がマッチする。鉄道の黄金時代よ、再び！鉄道をこよなく愛する建設会社部長が旅情ゆたかに綴る最新列車・新路線の初試乗奮戦記と甘辛口の熱烈な鉄道讚歌。

◇知られざる鉄道―リニアモーターカーからトロッコまで200選　けいてつ協会編著　JTB　1997.3　191p　21cm　（JTBキャンブックス）　1700円　ⓘ4-533-02660-5
　内容　専用鉄道・遊覧鉄道・特殊鉄道全リスト。

◇知られざる鉄道　2　せんろ商會編著　JTB　2003.8　192p　21cm　（JTBキャンブックス）〈サブタイトル：鉄道はこんなにも怪しく愉しい!!〉　1700円　ⓘ4-533-04854-1
　目次　楽しく愉快な営業鉄道、知られざる鉄道スポット、怪し～い廃線跡めぐり、せまいせんろ＝ナローゲージ鉄道、人は乗れません貨物専用線、鉄道風味なモノ達、夢の遊覧鉄道、斜面を登るケーブルカー、安全なつなわたりロープウェイ、単軌鉄道というモノレール、新しい鉄道システム、鉄道文化を保存する、ふしぎな鉄道保存車両

◇知られざる鉄道決定版―公園の鉄道遊具からリニアモーターカーまで300　岡本憲之著　JTBパブリッシング　2014.5　191p　21cm　（キャンブックス―鉄道　141）〈文献あり〉　1900円　ⓘ978-4-533-09763-8
　目次　なんて素敵な遊覧鉄道の世界、俺なりの鉄道たち、"知られざる鉄道"なお店たち、新幹線の"曲った"愛し方、動態保存な鉄道たち、乗ってみよう！分類不能な知られざる鉄道の世界、気になる静態保存車両たち、人は乗れない貨物専用の鉄道たち、公園のモドキ鉄道礼賛、特殊鉄道というジャンル、軌道を走らない鉄道たち、普通鉄道に潜む"知られざる鉄道"

◇森林鉄道からトロッコまで　青木栄一，三宅俊彦著　大正出版　2005.3　185p　26cm　3800円　ⓘ4-8117-0654-4
　目次　森林鉄道からトロッコまで（森林鉄道、鉱山鉄道、工場内軌道、旅客運輸も行った軽便の専用鉄道、簡易軌道、遊覧鉄道、砂利採取軌道、工事用軌道）、黎明期の森林鉄道、タイムスリップ木曽森林鉄道、タイムスリップ歌登町営軌道、軽便鉄道の車両メーカー、若津鉄工所について、軽便車両の形態観、小さな小さな鉄道の大きな魅力、軽便鉄道の模型を楽しむ

◇雪煙に霞む追憶の鉄道―2000年からの記録　三栄書房　2017.2　128p　29cm　（サンエイムック）〈『男の隠れ家』別冊〉　778円　ⓘ978-4-7796-3130-6

◇絶滅危惧鉄道　2017　今こそ訪れたい路線、降りたい駅、乗りたい列車を完全網羅!!　イカロス出版　2017.3　113p　26cm　（イカロスMOOK）〈文献あり〉　1600円　ⓘ978-4-8022-0318-0

◇楽しむ鉄道たち―各地の遊覧鉄道と西武鉄道のおとぎ電車　東村山ふるさと歴史館企画展　おもちゃ鉄道模型展～鉄道玩具と模型鉄道そしておとぎ鉄道まで～展示図録　岡本憲之著，東村山ふるさと歴史館編　東村山　東村山ふるさと歴史館　2008.9　49p　21cm　（せんろせんろ特別号　2）

◇旅の栞―鉄道要覧　井上かおる編纂　青山ライフ出版　2013.2　298p　21cm　1500円　ⓘ978-4-86450-060-9

◇徹底図解鉄道のしくみ―カラー版　新星出版社編集部編　新星出版社　2006.7　223p　21cm〈他言語標題：The visual encyclopedia of railroad〉　1400円　ⓘ4-405-10653-3

◇鉄道の基礎知識　所澤秀樹著　大阪創元社　2010.2　411p　21cm〈文献あり　索引あり〉　2300円　①978-4-422-24067-1
[内容]探求心旺盛な著者が、長年の調査・研究の成果を惜しげもなく披露、鉄道システム全般を語り尽くす。初心者からベテランまで、すべての鉄道ファンに捧げる珠玉の一冊。

◇鉄道101の謎―どこまで速くなる？　日本の「鉄道」は世界一！　梅原淳監修　河出書房新社　2008.9　95p　26cm　933円　①978-4-309-22490-9
[内容]読めば納得、意外と知らない鉄道の全て。最新「鉄道」情報101選。最新鋭「新幹線」から「線路」の謎まで完全網羅。

◇トコトンやさしい鉄道の本　佐藤建吉編著, 日本技術史教育学会著　日刊工業新聞社　2007.7　157p　21cm　（B&Tブックス―今日からモノ知りシリーズ）　1400円　①978-4-526-05907-0
[目次]第1章　鉄道っていったいなんだろう？, 第2章　世界の鉄道の発達, 第3章　日本近代化と鉄道の発展, 第4章　日本の鉄道は優れもの, 第5章　鉄道のスピードへの挑戦, 第6章　鉄道の安全を支える技術, 第7章　おもしろい鉄道と駅舎のはなし

◇「ビジュアル」全国「ユニーク鉄道」ガイド―旅行がもっと！面白くなる　川島令三著　PHP研究所　2009.7　119p　21cm　680円　①978-4-569-77113-7
[内容]一度は乗ってみたい豪華列車から、見ているだけで楽しくなるユニーク車両、そして旅情を誘うご当地列車…全国各地のよりすぐりの鉄道、大集合。

◇読んで楽しむ鉄道の本―見たい、乗りたい、遊びたい　所澤秀樹著　ベストセラーズ　1997.11　222p　15cm　（ワニ文庫）　495円　①4-584-30558-7
[内容]宇宙基地や河童の顔そっくりの駅舎からなつかしのSLや超豪華列車まで、情報満載。

◇わくわくがとまらない日本の鉄道77―読んだら乗りたくなる！　鉄道の達人倶楽部編著　ロングセラーズ　2014.5　219p　18cm　（［ロング新書］）　926円　①978-4-8454-0932-7
[内容]被災地に元気を運んだ、全線開通の「三陸鉄道」から、最上級の和みの列車ともてなし「ななつ星in九州」スリルとダイナミックな峡谷を堪能する「黒部峡谷トロッコ電車」まで、列車、駅舎、駅弁…最新の鉄道情報を満載！

056　人車鉄道
【概　要】いわゆる「人道軌道」を指す。定員10人程度の車両を人が後ろから押し進めるもので、日本では1900～20年頃に存在していた

◇汽車に乗った明治の文人たち―明治の鉄道紀行集　出口智之編　教育評論社　2014.1　286p　19cm　2400円　①978-4-905706-81-6
[内容]明治の人たちは、どんなふうに鉄道の旅を楽しんでいたのだろう？　明治20～30年代の鉄道紀行から、黎明期の鉄道旅行の姿がありありとよみがえる。明治二十七年・総武線（正岡子規）や明治四十年・豆相人車鉄道（国木田独歩）など、文人たちによる明治の汽車旅へと誘う18作品。

◇幻の人車鉄道―豆相人車の跡を行く　伊佐九三四郎著　河出書房新社　2000.5　214p　20cm　2500円　①4-309-26416-6
[内容]漱石も乗った！芥川龍之介も名作『トロッコ』に描いた幻の人車・軽便鉄道―。明治の中期、加速する文明開化の片すみで、庶民の足として人気を呼び、やがてひっそりと消えていった人車鉄道。その盛衰の顛末を克明に再現した、鉄道ファン必読のノンフィクション・ロマン。

057　鉱山鉄道
【概　要】鉱石を運搬する目的で敷設された鉄道。かつては多くの炭鉱鉄道が存在していた

が，炭砿の閉山とともに衰退した。現在でも運行されているのは太平洋石炭販売輸送臨港線（釧路臨港鉄道）などごくわずかである。

◇貝島炭礦鉄道―1961-1964　Kemuri Pro.著　第2版　［出版地不明］　南軽出版局　2016.2　102p　28cm　2600円

◇紀州鉱山専用軌道―その最後の日々　名取紀之著　ネコ・パブリッシング　2017.4　47p　26cm　（RM LIBRARY 212）　1250円　①978-4-7770-5408-4
[目次]風伝峠を越えて，閉山目前の紀州鉱山，紀州鉱山の盛衰，板屋駅，小口谷駅，湯ノ口駅，惣房駅，架空線式電気機関車，蓄電池式電気機関車，客車（人車），貨車（鉱車），その後の紀州鉱山，紀州鉱山と専用軌道の歩み，喫茶「すずらん」にて―あとがきにかえて

◇全国鉱山鉄道―鉄道の原点"ヤマ"軌道をもとめて　岡本憲之著　JTB　〔2001.9〕　128p　21cm　（JTBキャンブックス）　1400円　①4-533-03981-2
[内容]坑道内の切羽を行き交い，鉱物を選鉱場まで運ぶ鉄道が，鉱山鉄道である。本書では，北海道から九州まで，各地に展開していた"すばらしい鉄道情景"を一挙公開する。

◇美唄鉄道―北海道運炭鉄道追憶　いのうえ・こーいち編　プレス・アイゼンバーンエリエイ　2000.8　191p　29cm　5800円　①4-87112-321-9

> **058　軽便鉄道**
> 【概　要】一般より線路の幅が狭く（車両等も小型），小規模の鉄道。中でも専用の用地を有する場合を指す。日本では国鉄（現JR）が在来線で1067mm軌間を多用したため，1000mm，914mm，762mmなどの軌間は軽便鉄道とみなされてきた（国際的には新幹線などで利用されている1435mm軌間）。

◇井笠鉄道―追憶の軽便鉄道　いのうえ・こーいち編著　エリエイ出版部プレス・アイゼンバーン　〔1997〕　152p　29cm　3800円　①4-87112-315-4

◇沖縄軽便（ケイビン）鉄道　松崎洋作絵，ゆたかはじめ文　福岡　海鳥社　2009.8　94p　26cm　1700円　①978-4-87415-741-1
[内容]戦前の沖縄を走っていた沖縄軽便鉄道与那原線・嘉手納線・糸満線の各駅33景をはじめ41枚のイラストで再現。金城功氏の「沖縄県鉄道概史」付。

◇軽便探訪　新井清彦著　機芸出版社　2003.6　259p　27cm　6190円　①4-905659-14-0

◇軽便追想　高井薫平著　ネコ・パブリッシング　1997.4　224p　29cm　〈文献あり〉　4762円　①4-87366-143-9
[内容]本書は著者が昭和30年頃から40年代にかけて軽便鉄道の情景を求めて歩いた20の鉄道の記録である。

◇軽便鉄道―市制施行40周年記念展　藤枝市郷土博物館編　藤枝　藤枝市郷土博物館　1994.3　56p　26cm　〈折り込図1枚　付：主要参考文献〉

◇軽便鉄道　青木栄一，三宅俊彦著　大正出版　2004.5　185p　26cm　3800円　①4-8117-0652-8
[目次]日本の軽便鉄道序説（日本一の軽便鉄道会社大日本軌道，軽便王国伊勢平野，戦前の三重県下の軽便機関車），昭和戦後の軽便鉄道　旅客鉄道編（北海道地方，東北地方，信越地方，関東地方，北陸地方，東海地方，近畿地方，中国地方，九州地方）

◇軽便鉄道時代―北海道から沖縄まで"せまいせんろ"の軌跡　岡本憲之著　JTBパブリッシング　2010.2　224p　21cm　（キャンブックス―鉄道99）　〈文献あり〉　1900円　①978-4-533-07756-2
[目次]根室拓殖鉄道，早来鉱道，苫小牧軽便鉄道，日高拓殖鉄道，沙流鉄道，鉄道院湧別軽便線，湧別軌道，十勝鉄道，河西鉄道，士別軌道〔ほか〕

◇軽便の思い出―日本一の軽便鉄道・静岡鉄道駿遠線　阿形昭著　［御前崎］　阿形昭　2005.4　158p　19cm　〈静岡　静岡

新聞社（発売）　年表あり　文献あり〉
1600円　①4-7838-9628-3

◇写真でつづる静岡鉄道駿遠線―日本一の軽便鉄道　阿形昭著　［御前崎］　阿形昭　2006.9　162p　27cm〈年表あり　発売：静岡新聞社（静岡）〉　2800円　①4-7838-9676-3
内容 写真には、発見がある。軽便が走っていた情景がよみがえる。駅ごとに綴られた在りし日の軽便の姿。

◇写真でつづる懐かしの沼尻軽便鉄道―沿線人々の暮らし・よろこび　『懐かしの沼尻軽便鉄道』編集委員会編　猪苗代町（福島県）『懐かしの沼尻軽便鉄道』刊行委員会　2000.2　211p　21×27cm〈背のタイトル：懐かしの沼尻軽便鉄道　年表あり　発売：歴史春秋出版（会津若松）〉　1429円　①4-89757-402-1
目次「高原列車はゆく」―懐かしの沼尻鉄道、温泉天国、岩本善吉と中ノ沢こけし、東北最古のスキー場、日本硫黄・沼尻鉱山、開拓地の人々、町中を走ったトロッコ森林軌道、沿線周辺の史跡・名勝、沿線案内、沼尻軽便鉄道と周辺のあゆみ

◇写真でつづる懐かしの沼尻軽便鉄道　続　『懐かしの沼尻軽便鉄道』編集委員会編　猪苗代町（福島県）『懐かしの沼尻軽便鉄道』刊行委員会　2000.2　226p　21×27cm〈背のタイトル：懐かしの沼尻軽便鉄道　発売：歴史春秋出版（会津若松）〉　1429円　①4-89757-427-7

◇湘南を走った小さな汽車　秦野市・中井町・二宮町・大磯町広域行政推進協議会湘南軽便鉄道1世紀記念事業専門部会編　［秦野］　秦野市・中井町・二宮町・大磯町広域行政推進協議会　2013　49p　30cm〈湘南軽便鉄道1世紀記念事業　限定版特製冊子　文献あり　年表あり〉

◇湘南軽便メモワール　渡邊喜治著　東京図書出版　2012.5　150p　19cm〈文献あり　年譜あり　発売：リフレ出版〉　1200円　①978-4-86223-561-9
内容 いま、鮮やかに蘇る湘南の軽便。地元鉄道ファンが徹底調査、今は無き軽便鉄道の全て。

◇駿遠線物語―巨大軽便の横顔　中村修編著　［出版地不明］　夢現出版　2005.4　164p　30cm〈年表あり〉　2381円

◇全国軽便鉄道―失われたナローゲージ物語300選　岡本憲之著　JTB　1999.4　223p　21cm　（JTBキャンブックス）　1700円　①4-533-03198-6
目次 想い出の軽便鉄道、人車軌道、馬車鉄道、簡易軌道、森林鉄道、鉱山・炭鉱鉄道、工事軌道、工場軌道、遊覧鉄道〔ほか〕

◇楽しい軽便鉄道　吉川文夫著　大阪保育社　1992.8　151p　15cm　（カラーブックス 833）　700円　①4-586-50833-7
内容 本書では、いま走っているミニ鉄道を紹介し、お役目を終えて産業史の一コマを飾った証人として保存展示されている車両をたずね、そして去って行ったなつかしい、思い出のミニ鉄道を写真を混じえながら構成してみました。

◇懐かしの軽便鉄道いまむかし―駿河岡部駅から地頭方駅まで28駅37キロをたどる　藤枝市郷土博物館編　藤枝　藤枝市郷土博物館　2001.3　52p　30cm

◇奈良県の軽便鉄道―走りつづけた小さな主役たち　松藤貞人著　奈良　やまと崑崙企画　2003.10　130p　21cm〈文献あり　発売：星雲社〉　1800円　①4-7952-8709-0
目次 1 宗教路線―天理軽便鉄道、2 地域活性化路線―大和鉄道、3 こぼれ話（ゲージとメートル法、軽便以前の軽便（人車鉄道と坊ちゃん列車）、運賃と物の値段）、4 観光路線―初瀬軽便鉄道、5 山地と平野を結ぶ路線―吉野軽便鉄道、6 日本最古のケーブルカー―生駒山鋼索電気軽便鉄道、軽便以後の局地鉄道、資料紹介と信貴生駒電鉄社史

◇奈良県の軽便鉄道―走りつづけた小さな主役たち　松藤貞人著　増補版　奈良　やまと崑崙企画　2004.10　134p　21cm〈文献あり　発売：星雲社〉　1800円　①4-434-05028-1
目次 1 宗教路線―天理軽便鉄道、2 地域活性化路線―大和鉄道、3 こぼれ話（ゲージとメートル法、軽便以前の軽便（人車鉄道と坊ちゃん列車）、運賃と物の値段）、4 観光路線―初瀬軽便鉄道、5 山地と平野を結ぶ路線―吉野軽便鉄道、6 日本最古のケーブルカー―生駒山鋼索電気軽便鉄道、軽便以後の局地鉄道、資料紹介と信貴生駒電鉄社史

◇走れ、坊っちゃん列車―日本初の軽便鉄道ものがたり　中村英利子著　松山

アトラス出版　2003.7　139p　19cm　1200円　①4-901108-31-X
[内容] 軽便鉄道としては日本初の伊予鉄道。松山平野を走った坊っちゃん列車には、その誕生から廃止、復活まで、こんなにも面白い歴史があった。明治21年、蒸気機関車を初めて見た人は、その姿を見て米をまき、かしわ手を打って拝んだ。しかし、漱石は小さな客車を見て「マッチ箱のようだ」と小説に書いた。電車の登場で、軽便鉄道の蒸気機関車は片隅に追いやられてしまったが、昭和20年の空襲で電車の大半が燃えてしまい、明治生まれの老朽機関車は再びお客さんを乗せて走ることになった。人々に愛され、親しまれてきた「坊っちゃん列車」の心温まる話が、いっぱい。

◇三重の軽便鉄道―廃線の痕跡調査　三重県立博物館,三重県立博物館サポートスタッフ民俗グループ編　[津]　三重県立博物館　2011.3　191p　30cm〈共同刊行:三重県立博物館サポートスタッフ民俗グループ　年表あり　文献あり〉

◇村山を通った軽便鉄道―えっ！　わが町にも鉄道があったの？　特別展　武蔵村山市立歴史民俗資料館編　武蔵村山　武蔵村山市立歴史民俗資料館　1994.8　20p　26cm〈年表・参考文献:p19～20〉

◇両備軽便鉄道に見る歴史のロマン―神辺・駅家・新市の歴史観光トレイル　福山の歴史産業観光研究会企画・執筆　福山　[府中（広島県）]　福山市観光協会　コトブキ印刷　2013.3　70p　21cm〈委託:福山市観光課ほか　文献あり　年表あり〉　667円　①978-4-9906949-0-6

◇レイル　No.53　エリエイ　2005.7　98p　29×21cm　3500円　①4-87112-453-3
[目次] 鞍手軽便鉄道ものがたり, 再録 鉄路早廻り紀行 その6 鹿本鉄道・筑豊鉱業鉄道, 北九州で働いた 古典ロコ終末期のころ, 小倉鉄道 昭和10年代半ば, 昭和35/1960年 桑名あたりで, カラーグラフ 桑名あたりで, 戦前の鉄道の思い出雑記 その1, 三重交通神都線電車の台車のことなど, 米本義之さんの神都電車

◇歴史に残る静岡鉄道駿遠線―日本一の軽便鉄道　阿形昭著　[御前崎]　阿形昭　2015.3　180p　27cm〈文献あり 年表あり　発売:静岡新聞社（静岡）〉　4600円　①978-4-7838-9893-1

◇列島縦断消えた軽便鉄道を歩く　軽便倶楽部編　新人物往来社　1999.3　160p　26cm　（別冊歴史読本 11―鉄道シリーズ 第7弾）　2000円　①4-404-02711-7

059　森林鉄道
【概　要】特に林産物を搬出する目的で敷設した産業用鉄道を指す。1901（明治34）年、長野県の御料林内に、初の森林鉄道といえる「阿寺軽便鉄道」が敷設された。その後、1904年に、和歌山県九度山国有林において、「土場連絡用軌道」が建設されたのが農商務省所管国有林としては最初といわれる。動力車が牽引するタイプの鉄道では、1908年に「津軽森林鉄道」が運用を開始した。その後各地の国有林で森林鉄道が整備され、合計で1,174路線、8,180kmにまで及んだが、戦後トラックなど陸上車両の性能向上や道路整備などが進み、昭和30年代後半から急速に激減した。現在は、国有林では屋久島の安房森林鉄道と、京都大学の芦生演習林森林軌道のみ稼働。

◇木曽谷の森林鉄道　西裕之著　改訂新版　ネコ・パブリッシング　2006.11　319p　26cm　9524円　①4-7770-5181-1
[内容] 1987（昭和62）年の初版、1997（平成9）年の再版以後、ながらく品切れとなっていた名著『木曽谷の森林鉄道』が、未公開カラー画像を大幅に追加して今ここに甦る！木曽の森林鉄道を語るうえで絶対に欠くことのできない決定版中の決定版。

◇近代化遺産 国有林森林鉄道全データ 中部編　矢部三雄編著　長野　信濃毎日新聞社　2015.7　271p　26cm　2500円　①978-4-7840-7270-5
[目次] 1 中部地方の森林鉄道, 2 特別寄稿「追憶の付知森林鉄道」, 3 旧長野営林局広報から, 4 中部地方の森林鉄道の変遷, 5 中部地方の森林鉄道の消長と路線位置図, 6 林業パンフレット類から, 7 写真で振り返る

森林鉄道の記憶，8 中部地方の森林鉄道一覧表

◇賛歌千頭森林鉄道　谷ケ部英雄著　文芸社　2016.7　170p　30cm〈文献あり〉　1800円　①978-4-286-17290-3

◇特撰 森林鉄道情景　西裕之著　講談社　2014.11　159p　26cm　（鉄道・秘蔵記録集シリーズ）　2800円　①978-4-06-270312-3
[内容]北海道から屋久島まで、森林鉄道・森林軌道30をセレクトした記録集。詳細路線図・保存車・全国森林鉄道リスト等の、関連データを網羅！

◇魚梁瀬森林鉄道　舛本成行著，寺田正写真　ネコ・パブリッシング　2001.12　47p　26cm　（RM library 29）　1000円　①4-87366-258-3
[目次]寺田正と魚梁瀬森林鉄道，高知営林局の誕生，営林局の移り変わり，高知営林局の森林鉄道，高知営林局管内森林鉄道分布図，高知営林局の森林鉄道の技術革命，魚梁瀬森林鉄道の誕生，魚梁瀬森林鉄道の車輌たち，高知営林局内燃機関車一覧表(自動トロリー一覧表)，野村組工作所について，谷村鉄工所について，魚梁瀬森林鉄道の旅，魚梁瀬森林鉄道の終焉，森林鉄道の復活

060 登山鉄道

【概　要】登山客の輸送を目的とした鉄道。山岳鉄道とも。急な勾配や曲線のある地形に敷設するため、特殊構造や設備などを有する車両が走行することが可能である。登山鉄道は、その構造や形式により粘着式・歯車式・鋼索式の3種類と分けることができる。
　粘着式は動力車の動輪と軌条面の粘着力によって運転、軌道構造自体は普通鉄道と大きな差はないが車輪の制動装置が特別装備されているもの。
　歯車式は、軌道に歯軌条を敷設、動力車に装備した歯車とのかみ合わせて急勾配を運転する。
　鋼索式はいわゆるケーブルカーのことで、車両にロープを緊結し、山上にある巻上滑車により、車両を上下に運転する鉄道で、粘着式および歯車式より急勾配に対応することが可能。日本には高野山へ向かう山岳路線の南海電鉄高野線、京都洛北を走る叡山電車、神戸から六甲山方面へ向かう神戸電鉄、箱根湯本を出発点とし、スイッチバックを行いながら登る箱根登山鉄道、富士山の河口湖までを登る富士急行、日本唯一のアプト式列車大井川鐵道の南アルプスアプトラインなどの登山電車がある。

◇全国登山鉄道‰会完全データDVD BOOK―箱根登山鉄道/富士急行/大井川鐵道/叡山電鉄/南海電気鉄道/神戸電鉄の前面展望映像を収録　メディアックス　2016.10　113p　30cm　（メディアックスMOOK 562―メディアックス鉄道シリーズ 39）〈文献あり〉　2400円　①978-4-86201-672-0

◇箱根登山鉄道と江ノ電の本―小さな私鉄 全車両・全線各駅、全形式竣工図、車輌変遷と歴史　〔エイ〕出版社　2000.4　144p　30cm　（エイムック 216）　2200円　①4-87099-316-3

◇箱根登山鉄道125年のあゆみ―天下の険に挑む日本屈指の山岳鉄道　生方良雄著　JTBパブリッシング　2013.10　175p　21cm　（キャンブックス―鉄道 134）〈文献あり 年譜あり〉　1800円　①978-4-533-09374-6

[目次]カラーグラビア（箱根登山鉄道四季の彩り，絵葉書・古写真で綴る明治・大正時代 ほか），第1章 軌道編（小田原馬車鉄道，小田原電気鉄道 ほか），第2章 鉄道編（鉄道線の誕生，建設工事そして開業 ほか），第3章 鋼索線編（開業からの足跡），カラーグラビア 昭和から平成へ―箱根登山鉄道のあゆみ，カラー特集 車両の外部塗装，資料編（車両諸元表，鉄道線車両履歴表 ほか）

◇箱根の山に挑んだ鉄路―『天下の険』を越えた技　青田孝著　交通新聞社　2011.8　244p　18cm　（交通新聞社新書 032）〈文献あり〉　800円　①978-4-330-23111-2
[内容]日本を代表する大温泉地であり、また、明治以降早くから高級別荘地として開け、首都・東京の奥座敷として発展してきた「箱根」。その麓に位置する箱根湯本と山間の強羅間8・9kmを結ぶ標高差445mの鉄道が箱根登山鉄道だ。本書は、その誕生の経緯、

そして粘着方式の鉄道では日本第1位、世界でも第2位の急勾配を克服した技術に焦点を当てながら、箱根の知られざる一面に迫る。

◇夢の山岳鉄道　宮脇俊三著　日本交通公社出版事業局　1993.6　209p　20cm　(JTB railway books)　1300円　①4-533-01982-X
内容 日本の山岳景勝地に次々と鉄道が敷かれる。仕掛人は鉄建私団宮脇組。現地踏査に基づく鉄道愛好家究極の本。

◇夢の山岳鉄道　宮脇俊三著　新潮社　1995.10　237p　15cm　(新潮文庫)　440円　①4-10-126812-6
内容 上高地への道路に代えて鉄道を敷いてみたら。渋滞、事故、駐車場確保から解放されて、澄んだ空気に穂高岳もぐっと鮮やか…。でもこれはまだ夢の話。鉄道旅行の達人が夢を託して架空の鉄道計画を大胆に提案。「富士山鉄道・五合目線」「屋久島自然林保存鉄道」「蔵王鉄道」等々。実現が可能な路線を含め、壮大さと優しさを兼ね備えた夢列車が出発のベルを待つ、未来形の鉄道エッセイ。

061 アプト(式)鉄道

【概　要】急勾配の線路を昇り降りする鉄道で、2〜3条のラックレール(歯軌条)を敷いた上に、アプト式電気機関車の床下に設けられたラックギア(歯車)を噛み合わせたもの。スイスで発明された代表的な歯車式鉄道。日本では1893(明治26)年信越本線の横川〜軽井沢間に設備されたのが最初(1963年廃止)。1990年10月に運転を開始した大井川鐵道井川線のアプトいちしろ〜長島ダム間に導入された。この区間は1000分の90という日本一の急勾配と言われており、列車の前後で10mの高低差がある。

◇アプト式鉄道資料—アプトの記録を残すために　平田一夫編　〔前橋〕　〔平田一夫〕　1991.2　178p　30cm

◇アプトの道　薮塚本町(群馬県)　あかぎ出版　1998.8　70p　20cm　(碓氷線シリーズ)〈編者：浦野護〉　2000円
目次 碓氷線概要(アプトの道誕生、電化の時代、橋梁・隧道位置表)、アプトの道(空撮が据えた碓氷線、横川から軽井沢へ、アプトの道、名所は今)、アプトの道年譜

◇碓氷線物語—急勾配とのたたかい　八木富男著　〔高崎〕　碓氷線物語刊行委員会　1997.8(4刷)　220p　図版10枚　22cm〈昭和53年刊の復製　発行所：あさを社(高崎)〉　1500円

◇碓氷峠を越えたアプト式鉄道—66.7パーミルへの挑戦　清水昇著　交通新聞社　2015.2　230p　18cm　(交通新聞社新書 076)〈文献あり 年表あり〉　800円　①978-4-330-53815-0
内容 万葉の時代から東西の人々の交通の要であった「碓氷峠」。開国後、政府により国内の鉄道建設が進んでいくなか、東海道につづき、中山道経由の鉄道も建設がすすめられた。そこに立ちはだかったのが最大勾配66・7パーミルの「碓氷峠」だ。この峠を鉄道で越えるために導入されたのが「アプト式」だった。急勾配に加えて26カ所もの隧道(トンネル)では煤煙に包まれ運転は命がけであった。隧道番や保線区員の奮闘に支えられ、日本初の第3軌条採用、幹線電化と進化した碓氷線。昭和38年に粘着運転方式の新線への切り換えを経て、長野新幹線開通によって廃止されるまで、幾多の艱難辛苦を乗り越えてきた碓氷線104年間の歴史をつづる。

◇国鉄アプト式電気機関車　上　小林正義著　ネコ・パブリッシング　2011.11　47p　26cm　(RM library 147)〈他言語標題：Japanese National Railway Electric Locomotive for Abt Rack-and-System〉　1200円　①978-4-7770-5317-9
目次 1 序章(粘着式鉄道における登坂限界、滑落の問題)、2 碓氷線略史(碓氷線の建設、蒸気機関車時代 ほか)、3 10000形(EC40)形電気機関車(製造(輸入)、構造一般 ほか)、4 10020(ED40)形電気機関車(製造、構造一般 ほか)

◇国鉄アプト式電気機関車　中　小林正義著　ネコ・パブリッシング　2011.12　45p　26cm　(RM library 148)〈他言語標題：Japan National Railway Electric Locomotives for Abt Rack-and-pinion System〉　1200円　①978-4-7770-5318-6

索道（ロープウェイ等）

|目次| 4 10020（ED40）形電気機関車（続き）（10020（ED40）形の活躍、10020（ED40）形の改造（その1）、ED40形の改造（その2）ほか）、5 10040（ED41）形電気機関車（製造（輸入）、構造一般、車体まわり ほか）、6 ED42形電気機関車（誕生の経緯、製造、構造一般 ほか）

◇国鉄アプト式電気機関車 下 小林正義著 ネコ・パブリッシング 2012.1 45p 26cm （RM library 149） 1200円 ①978-4-7770-5319-3
|目次| 6 ED42形電気機関車（続き）、7 粘着運転への挑戦、8 運転上の重大事故、9 アプト式の終焉、10 ED42形の保存

◇さよなら碓氷線 碓氷線を記録する会著 薮塚本町（群馬県） あかぎ出版 1997.8 359p 25cm〈折り込1枚〉 10000円

062 鋼索鉄道（ケーブルカー等）

【概　要】いわゆるケーブルカー。車両に結びつけた鋼索（ワイヤロープ、ケーブル）を地上に設置した巻上機で巻き上げ、急勾配を昇り降りする車両を運転する特殊鉄道。登山鉄道。日本で最初のケーブルカーは、生駒山上参詣のために作られた1918（大正7）年開業の生駒鋼索鉄道（奈良県。現近畿日本鉄道生駒鋼索線の鳥居前〜宝山寺間）。線路延長1km、高低差150m。

◇ケーブルカー――信貴山・高野山・六甲山 中西研二編著 東京文献センター 2004.5 112p 21cm〈年譜あり〉 1800円 ①4-925187-37-6
|内容| 本書は、大正時代から昭和初期に開業した関西地方のケーブルカー三線の建設に携わられた技術者、中西龍吉氏の遺品として残された六甲越有馬鉄道（→六甲摩耶鉄道・現存）、高野山電気鉄道鋼索線および鉄道線（→南海電気鉄道・現存）の建設工事中写真、信貴生駒電気鉄道鋼索線（→信貴生駒電鉄→近畿日本鉄道東信貴鋼索線・廃止）の開業直後の写真をメインに、ご令息の中西研二氏が、解説を加えまとめられたものです。

◇四国のケーブルカー・ロープウェイ変遷誌　西田博嘉［著］　［出版地不明］　［西田博嘉］　2013.12　64p　26cm〈文献あり〉

◇岳のケーブルカー――朝熊登山鉄道展 伊勢市立郷土資料館編　伊勢　伊勢市立郷土資料館　1998.2　19p　30cm（特別展図録 第11冊）〈第9回特別展：平成10年2月28日〜3月29日　年表あり〉

◇立山黒部貫光30年史　立山黒部貫光30年史編集委員会編　富山　立山黒部貫光　1995.10　514p　31cm

063 索道（ロープウェイ等）

【概　要】空中に鋼製ロープ（鋼索）などを張り、山谷の急斜面などに支柱を建設してこれに運搬器を吊るした輸送装置。山上でロープを巻き上げて上下させる。空中ケーブル。空中索道。架空索道。閉鎖式搬器で旅客・貨物を輸送する普通索道、椅子式搬器で輸送する特殊索道、貨物のみの利用の貨物索道に分類される。特殊索道は更にスキーリフトなどにも区分される。

◇一万尺索道物語　美精著　長野　ほおずき書籍　2004.12　225p　19cm〈東京　星雲社（発売）〉　1500円　①4-434-05356-6

◇四国のケーブルカー・ロープウェイ変遷誌　西田博嘉［著］　［出版地不明］　［西田博嘉］　2013.12　64p　26cm〈文献あり〉

◇絶景！日本全国ロープウェイ・ゴンドラコンプリートガイド　中島信著　扶桑社　2017.9　187p　19cm〈文献あり〉　1700円　①978-4-594-07781-5

◇日本のロープウェイ・ゴンドラ全ガイド　中島信著　千早書房　2010.8　110p　19cm〈文献あり〉　1400円　①978-4-88492-444-7

荷物車

◇日本のロープウェイと湖沼遊覧船　兵頭二十八著　教育システム　2000.11　254p　23cm　2300円　①4-907849-02-8

◇ロープウエイ探訪―昭和の希望を運んだ夢の乗り物！　松本晋一著　グラフィック社　2016.7　159p　21cm〈文献あり〉　1700円　①978-4-7661-2933-5

《064 荷物車》

◇荷物車・郵便車の世界―昭和50年代のマニ・オユの記録　西橋雅之, 石橋一郎編著　第4版　モア　2011.7　249p　30cm　4762円

◇マニ35・36・37形―改造荷物車のバリエーション　上　藤田吾郎著　ネコ・パブリッシング　2010.10　47p　26cm　(RM library 134)　1200円　①978-4-7770-5296-7
目次　1 改造荷物車登場の背景, 2 形態分類方法, 3 マニ36形の概要, 4 マニ36形の形態分類(スロネ30グループ, スロ34グループ, オロ35グループ, オロ36グループ, オロ40グループ, スロ50グループ, スロ60グループ, スロハ31グループ, スロハ32グループ, スハ32グループ, オハ35グループ, スハニ35グループ)

◇マニ35・36・37形―改造荷物車のバリエーション　下　藤田吾郎著　ネコ・パブリッシング　2010.11　47p　26cm　(RM library 135)〈文献あり〉　1200円　①978-4-7770-5297-4
目次　5 マニ35形の概要, 6 マニ35形の形態分類, 7 マニ37形の概要, 8 マニ37形の形態分類, 9 救援車への改造, 10 保存車・廃車体, 11 未成のグループ, 12 番号変遷表

065　貨物車・貨物列車
【概　要】貨車を連結して貨物の輸送を目的とした列車。客車と貨車を一緒に輸送する列車は混合列車と呼ばれる。高度経済成長を経て、高速道路などの整備がされると中距離輸送はトラックなどの直行輸送が利用されたが、JR貨物が2004年にコンテナ電車による東京―大阪間の宅配便貨物輸送方式による営業運転を開始した。

◇大物車のすべて　上　吉岡心平著　ネコ・パブリッシング　2007.3　47p　26cm　(RM library 91)〈年表あり〉　1000円　①978-4-7770-5195-3
内容　本書は国鉄に在籍した大物車について、貨車ファンの立場からその全貌をまとめたものである。全3巻の上巻である本書では、大物車の分類と歴史について述べた後、形式解説として低床式大物車の中型まで、その筆を進める。

◇大物車のすべて　中　吉岡心平著　ネコ・パブリッシング　2007.4　47p　26cm　(RM library 92)　1000円　①978-4-7770-5196-0
内容　大物車、それは「貨車の王」だ。全3巻の中巻である本書では、低床式大物車の大型編からスタートし、その後継である分割低床式、戦前からの老舗である落し込み式、そして変圧器輸送用の分割落し込み式大物車について紹介しよう。

◇大物車のすべて　下　吉岡心平著　ネコ・パブリッシング　2007.5　55p　26cm　(RM library 93)　1000円　①978-4-7770-5200-4
内容　大物車、それは「貨車の王」だ。本書では、まず稀な存在だった低床落し込み式と平床式の大物車を取り上げる。続いて「大物車の中の大物車」たる吊掛式大物車について、その全貌を初めて明らかにする。最後は異形の者達であるモノレール・フレキシバン、そして熔銑輸送用の大物車を訪ねる。

◇貨物列車の世界―あの貨車やコンテナは何をどこへ運んでいるのか？　交通新聞社　2017.8　175p　29cm　(トラベルMOOK)　1800円　①978-4-330-80917-5

◇貨物列車のひみつ　PHP研究所編　PHP研究所　2013.5　223p　19cm〈文献あり　索引あり〉　1524円　①978-4-569-81194-9
内容　どんな機関車、貨車がある？どこからどこへ、何を運んでいる？国鉄型・JR型機関車、各種貨車カタログetc.見て知って楽しむ入門書。

◇客車・貨車　広田尚敬写真　山と渓谷社　2007.7　239p　20×27cm　〈ヤマケイ・レイル・グラフィックス―国鉄車両形式集 8〉　4800円　⓵978-4-635-06828-4
　目次　20系寝台車, 14系寝台車, 24系寝台車, 12系客車, 14系客車, 50系, 一般形客車, イベント用客車, 皇室車, 荷物車, 事業用車, 貨車

◇車を運ぶ貨車　上　渡辺一策編　ネコ・パブリッシング　2006.7　47p　26cm　〈RM library 83〉　1000円　⓵4-7770-5172-2
　内容　本書「車を運ぶ貨車」上巻では歴史のかなたに去った馬車輸送車, 国鉄貨物最盛期の物資別輸送に貢献した新車乗用車輸送車, そして新車オートバイ輸送車について紹介した。

◇車を運ぶ貨車　下　渡辺一策編　ネコ・パブリッシング　2006.8　47p　26cm　〈RM library 84〉　1000円　⓵4-7770-5173-0
　内容　昭和末期～平成ひとケタ年代は国鉄民営化と前後して, 旅客の乗用車, オートバイを運ぶカートレイン, モトトレイン用車輌, トラックを運ぶ4トンピギーバック車, タンクローリピギーバック車, そして各種自動車用コンテナなどが続々登場して一通りの役者が揃い, 貨車ファンにとって実に楽しい年代であった。下巻では短い年月ではあったが, 並存した各ジャンルの「車を運ぶ貨車(及び客車, コンテナ)」たちを紹介する。

◇現金輸送車物語―タブーとなったマニ34・30形　和田洋著　ネコ・パブリッシング　2016.12　47p　26cm　〈RM LIBRARY 208〉〈文献あり〉　1250円　⓵978-4-7770-5402-2
　内容　なぜ紙幣は運ばれるか, マニ車への乗り組み　日銀関係者からの聞き書き, 運用, 配置の特徴, 難航する専用荷物車の構想, マニ34の新製, 寝台を座席に　第1次改造(1954年), 電気暖房の取り付け(1959年), 荷物室の安全強化　第2次改造(1961年), 冷房化と自車電源装備　第3次改造(1965年), 形式変更でマニ30にタブーの始まり(1970年), ブレーキ方式の変更　20系との併結(1976年), 2次車への置き換え　30年ぶりの刷新(1978年), JR貨物への移管　コンテナ列車での運行(1987年), 現金輸送の廃止(2003年度), 小樽での保存　思惑のからまる転籍, 保守と検修・改造　日銀と国鉄の契約

◇国鉄貨車―岩堀春夫写真集　岩堀春夫著　西宮　ないねん出版　2001.6　144p　26cm　3400円　⓵4-931374-31-X

◇国鉄冷蔵車の歴史　上　渡辺一策著　ネコ・パブリッシング　2001.10　47p　26cm　〈RM library 27〉　1000円　⓵4-87366-256-7
　内容　本書では国鉄冷蔵車について, その誕生から消滅に至るまでのあらゆる事項を時代別, 形式別に出来る限り系統的に解説した。上巻には, 国鉄冷蔵庫の誕生から戦後初期の連合軍専用冷蔵車の出現までを掲載。

◇国鉄冷蔵車の歴史　下　渡辺一策著　ネコ・パブリッシング　2001.11　47p　26cm　〈RM library 28〉　1000円　⓵4-87366-257-5
　目次　6 戦後初期の冷蔵車, 7 冷蔵・有蓋兼用車, 8 冷凍機付冷蔵車, 9 最後の2軸冷蔵車, 10 高速鮮魚列車と高速ボギー冷蔵車

◇全盛期の国鉄貨車　2　豊中　レイルロード　1998.8　104p　30cm〈他言語標題：Freight cars of JNR〉　3800円　⓵4-947714-06-9

◇ながいながいかもつれっしゃ　溝口イタルえ, 渡辺朝枝文　交通新聞社　2017.10　31p　25cm　〈でんしゃのひみつ〉　1300円　⓵978-4-330-81017-1

◇名古屋臨海鉄道―岩堀春夫写真集　岩堀春夫著　西宮　ないねん出版　2003.10　72p　20×21cm〈年表あり〉　1500円　⓵4-931374-41-7

◇日本鉄道客車略図・貨車略図　鉄道史資料保存会編　大阪　鉄道史資料保存会　1991.2　87, 66枚　21×35cm〈複製〉　10000円　⓵4-88540-072-4

◇はたらく鉄道　2　物をはこぶ車両　鉄太郎監修, こどもくらぶ編　あすなろ書房　2018.3　31p　31cm〈索引あり〉　2800円　⓵978-4-7515-2902-7
　目次　1 貨物列車の機関車, 2 貨物列車全国地図, 3 貨物列車専用の駅, 4 いろいろなコンテナ輸送, 5 タンク車などでの輸送, 6 新品の車両をはこぶ

◇控車のすべて　吉岡心平著　ネコ・パブリッシング　2018.1　47p　26cm　〈RM LIBRARY 221〉　1250円　⓵978-4-7770-5420-6
　目次　1 総説(控車の概要, 控車の構造, 控車の配置　ほか), 2 戦前型(ヒ1(旧ヒ1000M44

形式，ヒ100（旧ヒ1050M44）形式，ヒ150（旧ヒ1100M44）形式　ほか），3　戦後型（ヒ300形式，ヒ400形式，ヒ500形式　ほか）

◇無蓋ホッパ車のすべて　上　吉岡心平著　ネコ・パブリッシング　2012.3　47p　26cm　（RM library 151）〈他言語標題：All about Uncovered Hopper Wagon〉　1200円　①978-4-7770-5322-3

目次　1　ホッパ車の分類，2　側開き式石炭車（オテセ9500M44形式，セキ1（←オテセ11000M44）形式，セキ600（←オテセ10500M44）形式，セキ1000形式，セキ3000形式　ほか），3　側開き式無蓋ホッパ車（ホキ二代（旧1400）形式，ホキ150形式，ホキ400形式，ホキ600（旧4000←セキ4000）形式，ホキ2900（旧500）形式　ほか）

◇無蓋ホッパ車のすべて　下　吉岡心平著　ネコ・パブリッシング　2012.4　47p　26cm　（RM library 152）〈他言語標題：All about Uncovered Hopper Wagon〉　1200円　①978-4-7770-5323-0

目次　1　底開き式石炭車（セム4000・4500形式，セム6000・8000・セラ1形式），2　底開き式無蓋ホッパ車（ホキ300（旧100）形式，新幹線937形式，ホキ350（旧200）形式，ホキ5200二代（旧1800）形式，ホキ7200形式，ホキ10000形式），3　流し板付側開き式無蓋ホッパ車（ホキ700形式，ホキ800形式，新幹線931（旧3000）形式，ホキ8000形式），ホッパ車形式別輛数変遷表

◇有蓋ホッパ車のすべて　上　吉岡心平著　ネコ・パブリッシング　2011.4　47p　26cm　（RM library 140）　1200円　①978-4-7770-5306-3

内容　バラエティに富むホッパ車の中から屋根付きで積荷を自重で落下させるタイプの車輛について、その全貌をまとめたもの。

◇有蓋ホッパ車のすべて　下　吉岡心平著　ネコ・パブリッシング　2011.5　47p　26cm　（RM library 141）　1200円　①978-4-7770-5307-0

◇よみがえる貨物列車―明治から平成へ　秘蔵写真でつづる1世紀の貨車車両総覧　吉岡心平著　学研パブリッシング　2012.5　191p　26cm〈文献あり　索引あり　発売：学研マーケティング〉　2800円　①978-4-05-405322-9

内容　明治・大正からJR時代まで、我が国貨車の主要形式を完全網羅。

066　列車・電車編成

【概　要】旅客や貨物を輸送する目的で鉄道車両を1両以上編成したものを列車という。列車という言葉から2両以上のものと思われがちだが、1両（の編成）でも列車である。

列車には、輸送対象や用途によって、旅客列車、貨物列車、事業用列車に分けられる。かつては、旅客車と貨車を混合して編成した混合列車もあった。

このうち、旅客列車には、都市部で運行される通勤列車（近距離列車）、都市部と郊外や都市同士を結ぶ中・長距離列車のほか、観光列車や団体専用列車などもある。かつては、長距離列車の代名詞ともいえるブルートレイン（夜行の寝台列車）が多数運行されていたが、新幹線網の発達などによって、そのほとんどが姿を消した。観光列車では、列車そのものに観光を意識した車内設備やサービスが充実している。

首都圏の通勤列車では、8両や10両の固定編成が多い。一方、郊外に向かう中距離列車（東海道線や東北線など）では、途中駅で編成の増解結を行い、最長15両で運行する列車もある。

中・長距離列車では、運賃以外の特別料金不要で乗車できる普通列車（快速列車なども含む）と、急行料金や特別急行料金が必要な急行列車や特別急行（特急）列車（新幹線列車もこれに該当）がある。後者の場合、ほとんどの列車には、列車名や愛称が付されているので、急行や特別急行という種別よりも列車名（「のぞみ」「あずさ」など）で呼ぶ人も多い。また、通勤列車でも、通勤時間帯に座席指定券などを購入して乗車する「ホームライナー」などを運行している路線もある。

◇伊豆急100系―名車"ハワイアンブルーの100系"走り続けた40年　小口喜生著　毎日新聞社　2003.12　127p　21cm　1619円　①4-620-60601-4

[内容]斬新な色とスタイル "第二の黒船" 100系のすべて。2002年4月に使命を終えた100系。伊豆の美しい自然と共に、その最後の勇姿を活写する伊豆急公認、ファン垂涎の写真集！知られざるエピソード満載。

◇一度は乗りたい鉄道　1999年度版　松本典久著、中井精也写真　並木書房　1999.1　254p　19cm　1800円　①4-89063-103-8
[内容]21世紀の鉄道をさぐる全国新型車輌ガイド。新幹線700系から路面電車まで、試乗記＆最新データ満載。

◇美しき半流国電―40・51系電車　長谷川明著　ネコ・パブリッシング　2004.8　47p　26cm　（RM library 60）　1000円　①4-7770-5057-2
[内容]本書では、当時の省線電車の特徴のひとつであったスマートな形態を持つ「半流線型の40系と51系」に絞って、戦後の整備が終わり、その後の「更新修繕2」が行われるまでの、1950年代後半の美しかった姿を写真主体にお目にかける。

◇エアポートきゅうこうはっしゃ！　みねおみつ[作]　PHP研究所　2013.9　[32p]　24×24cm　（PHPにこにこえほん）　1200円　①978-4-569-78348-2

◇関西新快速物語―急電の誕生から225系まで　寺本光照,福原俊一著　JTBパブリッシング　2011.10　175p　21cm　（キャンブックス　鉄道 113）〈年表あり〉　1900円　①4-533-08368-6
[目次]新快速の車両基地　網干総合車両所、223・225系の保守―網干総合車両所検修スタッフに聞く、アーバンネットワークの総合指令所―大阪総合指令所輸送指令長・運用指令長に聞く、新快速前史　京阪神線区を走った名車たち、より早く、より便利に　歴代の新快速電車、15分ヘッド・最高130km/h・オール転換クロスシート　新快速「極上の旅」、急電・快速・新快速　その80年の歴史　関西急電の誕生から225系まで、急電から快速電車へ　わが80年の時代、新快速用新製車両ガイド、JR西日本221系から225系まで―車両設計室　松岡成康・大森正樹氏に聞く、40年を迎えた新快速―西岡泰樹氏に聞く

◇関西発の名列車―山陽最急行からトワイライトエクスプレスまで　寺本光照著　JTBパブリッシング　2016.12　191p　21cm　（キャンブックス―鉄道 160）〈文献あり　年表あり〉　1900円　①978-4-533-11362-8
[目次]1章　阪神間鉄道開業から敗戦まで（1874～1945）、2章　蒸気機関車牽引列車の舞台だった戦後復興の時代（1945～1956）、3章　東海道全線電化と電車・気動車による優等列車の発展（1956～1964）、4章　東海道・山陽は新幹線の時代へ（1964～1975）、5章　電化幹線は優等列車の特急一極化進む（1975～1987）、6章　JR化後の関西発名列車（1987～）、資料篇「関西発の名列車関連略年表」

◇旧型国電50年―30系から80系まで―吊掛式電車各形式を全網羅　1　沢柳健一著　JTB　2002.11　191p　21cm　（JTBキャンブックス）　1800円　①4-533-04376-3
[内容]本書は鉄道ファンの方々が一番関心の高い30系から80系までの生い立ちとともに、形態と写真を主体としたものである。

◇旧型国電50年　2　沢柳健一著　JTB　2003.9　223p　21cm　（JTBキャンブックス）〈折り込1枚　サブタイトル：戦後の全盛期から終焉までの変遷を完全網羅〉　1800円　①4-533-04717-3
[内容]貴重な写真と形式図を満載。

◇急行形電車―郵便・荷物電車,事業用電車　福原俊一編著　電気車研究会　1997.12　93p　15×21cm　（JR電車ライブラリー 6）〈執筆：新井泰〉　1048円　①4-88548-088-4

◇郷愁の鈍行列車　種村直樹著　和光SiGNal　2005.9　235p　19cm　1143円　①4-902658-05-4

◇仰天!?乗りたい！　日本と世界の長距離列車　土屋武之監修,造事務所編著　実業之日本社　2016.9　223p　18cm　（じっぴコンパクト新書 295）〈文献あり〉　800円　①978-4-408-11200-8
[内容]シベリア鉄道のロシア号が世界最長の列車なのは有名ですが、世界を見渡せば、ほかにも数千km規模の列車がたくさん！寝台特急がほぼ全廃された日本では、一番長い距離を走るのは新幹線「のぞみ」かと思ったら、札幌発福岡行きがあるとか、1日に300km以上走る車両があるとか、仰天事実がたくさん！どれも乗ってみたいけれど、えっ、どうやっても乗れない列車もあるの!?

◇近郊形交直流・交流電車　福原俊一編著,新井泰著　電気車研究会　1995.10

129p　15×21cm　（JR電車ライブラリー 4）　1500円　ⓘ4-88548-078-7

◇豪華列車とたのしい鉄道100点　広田尚敬, 広田泉写真, 坂正博構成・文　講談社　2017.5　1冊（ページ付なし）26cm　（講談社のアルバムシリーズ—のりものアルバム〈新〉28）　680円　ⓘ978-4-06-197154-7

◇鋼体化国電モハ50系とその仲間たち　長谷川明著　ネコ・パブリッシング　2008.12　47p　26cm　（RM library 112）　1000円　ⓘ978-4-7770-5247-9
[内容]鋼体化国電の年次による形態変化について、1950年代前期を中心とした写真とともにまとめたもの。

◇工大祭冊子　2014年　通勤ラッシュ＆寝台列車　東京工業大学鉄道研究部　2014.10　118p　26cm〈年表あり〉

◇工大祭冊子 2015年　つばめ vol. 56　東京工業大学鉄道研究部　2015.9　108p　26cm

◇工大祭冊子 2016年　つばめ vol. 57　東工大鉄道研究部　2016.9　186p　26cm

◇交直両用特急形電車形式485系　イカロス出版　2000.2　2冊（別冊付録とも）27cm〈別冊付録（95p）：交直両用特急形電車形式485系データブック〉　9524円　ⓘ4-87149-254-0
[内容]昭和39年12月25日、日本初の交直両用特急形電車として運転を開始した485系電車。以来35年にわたって北は北海道から南は九州鹿児島まで、日本全国を走り続けている。国鉄の特急形電車として最も多く製造され、最も多くの形式が生まれた485系。その誕生からJRへと継承された現在まで、運転と車両の両面から活躍の軌跡を詳細なデータとともにトレースする。

◇交流系電車　近郊編　広田尚敬写真　山と溪谷社　2007.7　183p　20×27cm　（ヤマケイ・レイル・グラフィックス—国鉄車両形式集 7）　4800円　ⓘ978-4-635-06827-7
[目次] 451系・453系・471系・455系・457系・475系、401系・403系、421系・423系、415系、417系、711系、713系、715系・419系、717系・413系、事業用車

◇交流系電車　新幹線・特急編　広田尚敬写真　山と溪谷社　2007.7　231p　20×27cm　（ヤマケイ・レイル・グラフィックス—国鉄車両形式集 6）　4800円　ⓘ978-4-635-06826-0
[目次] 新幹線0系、新幹線100系、新幹線200系、新幹線事業用車、483系・485系、489系、583系、781系

◇国鉄急行電車物語—80系湘南形から457系まで国鉄急行形電車の足跡　福原俊一著　JTBパブリッシング　2006.9　207p　21cm　（JTBキャンブックス）1800円　ⓘ4-533-06472-8
[目次] 1 湘南形電車と電車準急の誕生, 2 東海形（新湘南形）電車の誕生と電車準急の伸展, 3 修学旅行電車の誕生と伸展, 4 日光形157系日光準急用特別電車, 5 急行「なにわ」電車化そして東海道電車急行の黄金時代, 6 東北・北陸地区に鉄道近代化を告げる急行形交直流両用電車, 7 急行形電車のパワーアップ, 8 電車急行が躍進した40年10月と43年10月白紙ダイヤ改正, 9 その後の電車急行

◇国鉄準急列車物語—戦後の名称列車を網羅　岡田誠一著　JTBパブリッシング　2012.12　175p　21cm　（キャンブックス—鉄道 126）〈文献あり〉1900円　ⓘ978-4-533-08851-3
[目次] 国鉄準急列車総論, 全国各地を駆け巡った準急列車（石北, エルム, たるまえ, ニセコ, らいでん, 石狩, えさし, おくしり, ひやま, 松前 ほか）

◇国鉄新性能電車履歴表　ジェー・アール・アール編　ジェー・アール・アール　2001.4　703p　26cm　4600円　ⓘ4-88283-902-4
[内容] 本書は、モハ90型としてデビューした101系から、国鉄が終焉を迎えた昭和61（1986）年度にデビューした213系、121系までのすべての国鉄新性能電車の新製月日から移動歴、そして冷房改造工事などの大きな改造歴を各車号ごとに掲載しています。

◇国鉄電車編成表86年版・JR電車編成表87年版　ジェー・アール・アール著　復刻版　交通新聞社　2017.6　2冊（セット）　26cm　6000円　ⓘ978-4-330-79517-1
[内容] 1987（昭和62）年4月1日、日本国有鉄道から7つのJRグループに分割民営化し、すでに30年が経ちました。その間に各社はそれぞれに個性を培って、特色ある鉄道へと成長してきました。本書は、日本史の重要なエポックとなったこの出来事を、電車編成や配置区の側面から記録した

2冊です。そしていま、待望の復刻版として刊行しました。

◇国鉄名列車編成史—デジタル版　急行・普通列車篇　高信直通CG, 佐藤正樹編集・制作　コウサイクリエイツ　2001.4　94p　29cm　(トラベルmook)〈発売：弘済出版社〉　3429円　①4-330-62901-1

◇国鉄/JR列車編成の謎を解く—編成から見た鉄道の不思議と疑問　佐藤正樹著　交通新聞社　2010.10　203p　18cm　(交通新聞社新書 022)〈文献あり〉　800円　①978-4-330-17410-5

内容　列車は1両1両の車両が繋がって編成を組み運転されている。その編成は、実は意味なく連なっているわけではなく、鉄道のシステムやサービス、車両のメカニズムはもちろん、社会状況や地域性とも密接な関係を持っている。本書は、かつての国鉄からJRに至る鉄道の歴史を概観しながら、列車編成の基本的ルールや法則、列車編成が持つさまざまな事情と理由を、豊富な実例とともに解きあかす。

◇この列車がすごい　川島令三, 横見浩彦著　メディアファクトリー　2010.1　191p　18cm　(メディアファクトリーの新書)〈『すごい列車！』(2008年刊)の加筆〉　720円　①978-4-8401-3149-0

内容　鉄道総延長2万kmを誇る日本で、いま乗るべき列車は何か？　水と油の論客2人が、決裂覚悟で互いの主張をぶつけ合う奇跡の対談集。

◇これでいいのか、急行・快速　寺本光照著　中央書院　1992.12　311p　19cm　1600円　①4-924420-72-7

内容　急行列車快速列車の現状と問題点を、利用者の視点で徹底批評。JRの急行と快速、民鉄の有料急行を全列車収録。

◇最後の国鉄電車ガイドブック—今、振り返る国鉄時代ラストを飾る360形式　広田尚敬写真, 坂正博, 梅原淳, 栗原景文　誠文堂新光社　2017.8　447p　13×19cm　3400円　①978-4-416-61731-1

内容　1963年(昭和38年)の『電車ガイドブック』以降多数刊行されてきた「鉄道ガイドブックシリーズ」の系譜を踏襲しつつ国鉄最晩年に活躍した電車をほぼ網羅しカラー写真で紹介するものである。特徴のある電車に関しては形式図もともに掲載した。JR化に向かう激動の時代をのりきった国鉄電車を当時の技術や、JR化後の動向を含めて解説する。

◇さようなら、僕の愛した列車たち　神野誠一著, 神野裕子編　文芸社　2010.3　55p　16×22cm　1800円　①978-4-286-08444-2

◇さよなら急行列車—波瀾と栄光の122年　寺本光照著　JTBパブリッシング　2016.2　191p　21cm　(キャンブックス—鉄道 158)〈他言語標題：Good-bye EXPRESS TRAIN　文献あり〉　1900円　①978-4-533-10882-2

目次　カラー写真で見る全国の鉄路を駆け抜けた急行列車、第1章 急行列車の誕生から戦禍による壊滅まで(1882〜1945)、第2章 長距離客車急行の全盛時代(1945〜1958)、第3章 気動車・電車急行の登場と発展(1957〜1964)、第4章 環境の変化により急行の相対的地位が低下(1964〜1971)、第5章 優等列車の特急一極化により、急行は衰退へ(1972〜1987)、第6章 JR化もカンフル剤にならず、衰退の道へ(1987〜2016)、歴史に輝く名急行10選

◇JRにしにほんのれっしゃ　交通新聞社　2018.2　1冊(ページ付なし)　13×13cm　(スーパーのりものシリーズ DX)　800円　①978-4-330-85718-3

◇時刻表に見る〈国鉄・JR〉列車編成史　三宅俊彦, 寺本光照著　JTBパブリッシング　2011.9　239p　21cm　(キャンブックス 鉄道 112)　2300円　①978-4-533-08344-0

内容　時刻表・昭和25年10月号以降、特徴のあるダイヤ改正号を中心に編成表ページを掲載、解説や車両にまつわるエピソードなどを加える。

◇車両編成で広がる鉄の世界—列車の決まりがわかる本　中村信之著　秀和システム　2012.3　239p　22cm　〈索引あり〉　1500円　①978-4-7980-3264-1

内容　『列車』を見るのが楽しくなる。あの編成にはこんな事情があったのか。豊富な写真と表の数々から編成のイロハを読み解く。

◇昭和を走った列車物語—鉄道史を彩る十五の名場面　浅野明彦著　JTB　2001.11　192p　21cm　(JTBキャンブックス)　1700円　①4-533-03948-0

目次　「国威」を賭けて驀進した一快走！ 戦前の特急列車、世界と結ばれていた日本の鉄道—国際連絡列車、戦後の鉄道物語(1)「復員・引揚列車」と「買出し列車」、戦

列車・電車編成

後の鉄道物語(2)「異文化」を乗せて走った連合軍専用車, 戦後の鉄道物語(3)子供たちの夢を乗せて走った「象列車」, 東海道を照らす月明り—夜行普通列車変遷史, 戦後の東海道本線昼行特急史—「へいわ」から「こだま」まで, ブルートレインの元祖—寝台特急「あさかぜ」45年の軌跡, 青春の思い出を乗せて—修学旅行列車, 津軽海峡を渡る風—青函連絡船と「接続列車」の物語, 「金の卵」たちを運んだ集団就職列車, 人気の旅行先と, その列車編成—新婚旅行は一等車で!, 高度経済成長時代を駆け抜けた—「寝台・座席両用特急電車」の軌跡, 瀬戸は日暮れて—宇高連絡船と四国連絡列車, 中央本線夜行普通列車の歴史—アルプス定期便

◇新たのしい鉄道ベスト100点　広田尚敬, 広田泉写真　講談社　2010.3　1冊 (ページ付なし)　26cm　(のりものアルバム 28)　650円　①978-4-06-195470-0

◇新・名列車列伝　寺本光照著　JTB　2003.4　240p　19cm　(マイロネbooks 13)〈年表あり〉　1000円　①4-533-04736-X

|目次| 第1章 鉄道創業から敗戦にかけての時代—鉄道創業～昭和20年 (京浜間急行列車, 官鉄東海道線急行列車 ほか), 第2章 客車急行の時代—昭和20年～昭和31年 (駐留軍専用列車, 復員・引揚者専用列車 ほか), 第3章 鉄道近代化の時代—昭和31年～昭和39年 (あさかぜ, さくら・はやぶさ・みずほ ほか), 第4章 新幹線と特急の時代—昭和39年～昭和62年 (ひかり・こだま, つばめ2・はと2 ほか), 第5章 JRの時代—昭和62年～ (北斗星・カシオペア・しおかぜ・南風 ほか)

◇すごい列車!　川島令三, 横見浩彦著　メディアファクトリー　2008.7　189p　19cm　(ナレッジエンタ読本 10)　900円　①978-4-8401-2372-3

|内容| 『全国鉄道事情大研究』シリーズや報道番組において, わかりやすい解説が評判の鉄道アナリスト・川島令三と, 『鉄子の旅』で鉄道旅の魅力を世に知らしめた全駅下車ライター・横見浩彦が, 列車をめぐって真っ向勝負! ともに鉄道ファンでありながら世代も嗜好も異なるふたりが, それぞれの鉄道人生をかけてせめぎ合い, 「すごい列車」を決定する。これを読めば, 通勤通学電車から観光用の列車まで, いますぐ乗りたくなること間違いなし。

◇1950年代の戦前型国電　上　長谷川明著　ネコ・パブリッシング　2018.3　47p　26cm　(RM LIBRARY 223)〈文献あり〉　1250円　①978-4-7770-5423-7

|目次| 旧型国電の生い立ちと変遷, 1 30系 (30系の特徴, 30系の基本形式と改造形式, 30系の配置), 2 31系 (31系の特徴, 31系の基本形式, 31系の改造等 ほか), 3 32系 (32系の特徴, 32系の基本形式, 32系の改造と動き)

◇全国版優等列車編成順序表—昭和43年10月1日国鉄白紙ダイヤ改正 含, 列車運用図表　復刻版　ネコ・パブリッシング　2007.1　356p　30cm　4762円　①978-4-7770-5194-6

|内容| 東北本線全線複線電化完成を受けて, 国鉄ダイヤ史上に残る白紙大改正となった「ヨン・サン・トォ」は, 全国の特急網を構築するとともに, 数々の名列車・名車輛を生み出した。昭和43 (1968) 年10月1日改正後, 全国の優等列車はどう編成され, そしてどう運用されてきたのか…その実状を語り継ぐ第一級の資料集。

◇たのしい鉄道ベスト100点　広田尚敬, 広田泉写真　新訂版　講談社　2005.2　1冊 (ページ付なし)　26cm　(ゴールデンブック—のりものアルバム 28)　650円　①4-06-195442-3

◇直流系電車　近郊編　広田尚敬写真　山と渓谷社　2007.7　175p　20×27cm　(ヤマケイ・レイル・グラフィックス—国鉄車両形式集 4)　4800円　①978-4-635-06824-6

|目次| 111系・113系, 115系, 117系, 119系, 211系, 121系・123系・213系

◇直流系電車　通勤編　広田尚敬写真　山と渓谷社　2007.7　159p　20×27cm　(ヤマケイ・レイル・グラフィックス—国鉄車両形式集 5)　4800円　①978-4-635-06825-3

|目次| 101系, 103系, 105系, 201系, 203系, 205系, 207系, 301系, 旧形電車, 保存車両

◇通勤電車テクノロジー—電車の基本技術とその歩み　佐藤芳彦著　山海堂　2005.9　235p　図版6p　22cm〈文献あり〉　2800円　①4-381-08854-9

|内容| 国鉄およびJR各社に絞って, 電車の基本技術とその歩みをまとめた一冊。

◇通勤電車の謎とふしぎ　PHP研究所編　京都　PHP研究所　2016.6　191p　19cm〈文献あり〉　1500円　①978-4-569-82871-8
　目次　第1章 東京VS大阪 通勤電車対決、第2章 通勤電車の二大潮流、第3章 国鉄方式から脱却するJRの通勤電車、第4章 個性派揃いの私鉄・地下鉄通勤電車、第5章 通勤電車のしくみ、第6章 通勤電車トリビア、第7章 通勤電車の進化を見比べる、第8章 通勤電車の進化の歴史

◇鉄道クラブ　Vol.2　特集E235系量産開始激変！　山手線 E231系500番台置き換え計画始動！　コスミック出版　2017.6　145p　29cm　（COSMIC MOOK）　1600円　①978-4-7747-8338-3

◇てつどうだいしゅうごう　小賀野実写真・文　JTBパブリッシング　2016.10　1冊（ページ付なし）　15×15cm　（のりもの 2）　450円　①978-4-533-11442-7

◇伝説の旅列車の歴史—世界中で有名な列車や鉄道のお話　フィリップ・スティール文、マイケル・R. ベイリー監修、みましょうこ訳　大日本絵画　2012　30p　21×30cm　（しかけえほん）〈索引あり〉　2700円　①978-4-499-28424-0
　内容　出発進行！ 蒸気機関車の発明から最新技術の高速鉄道まで、わくわくするような列車の歴史物語の旅に、さあ、でかけましょう。ページの横にあるしかけをぐーんとひっぱると、迫力満点の列車のイラストがあらわれます。ほかにもしかけをめくると、ロバート・スティーブンソンやアガサ・クリスティ、小説の中のエルキュール・ポワロといった乗客たちと会えるでしょう。すばらしい工業技術から歴史的発明、社会情勢、世界旅行など、列車に関する情報がたっぷりつまったこのしかけえほんは、小さなお子さまから大人まで、列車ファンにはぜひおすすめします。

◇東海の快速列車117系栄光の物語—国鉄改革"功労車"の軌跡 117系全車歴 "本家"関西仕様車の動向も収録！　徳田耕一著　JTBパブリッシング　2016.12　175p　21cm　（キャンブックス—鉄道 161）〈文献あり 年表あり〉　2000円　①978-4-533-11545-5
　目次　117系が走った鉄路、国鉄改革の"功労車"・JRシティ電車の礎 117系栄光の物語、"本家"117系が活躍する光景、伊勢路で頑張る韋駄天列車 快速「みえ」と根性物語、快速列車にも活躍した"生活気動車"懐かしの名場面、JR東海快速電車のバラエティ、JR東海の快速電車に活躍する車両たち

◇なつかしの通勤電車　関西編　広岡友紀著　彩流社　2017.10　95p　21cm　1700円　①978-4-7791-2389-4
　内容　関西の民鉄を愛する著者が、昭和のあの頃の通勤風景を描く。関西圏の民鉄（阪急電鉄・阪神電鉄・南海電鉄・京阪電鉄・近鉄）の情報が満載。昭和30〜50年代に活躍した、大阪・京都・神戸を中心に走った私鉄の通勤・通学電車。高度経済成長期に、関西・私鉄大手各社を支えた代表車両の形式を紹介。歴史と伝統、やさしさとこころ配りが息づく街の情景の変遷。

◇なつかしの通勤電車　関東編　広岡友紀著　彩流社　2017.9　83p　21cm　1700円　①978-4-7791-2349-8
　内容　昭和30〜50年代に、東京・神奈川・千葉・埼玉を中心に走ったなつかしの通勤・通学電車。ターミナル駅周辺の変遷と経済界の意外な裏面史。女性らしい暮らしの変化への視点と読者を引きつける目からウロコの文章。

◇205系物語—最後の国鉄通勤型電車1500両の軌跡　池口英司著　JTBパブリッシング　2015.10　175p　21cm　（キャンブックス—鉄道 156）　1800円　①978-4-533-10674-3
　目次　205系最後の活躍、最後の国鉄通勤型電車205系、205系投入線区よもやまばなし、イラストで見た205系の考察、持田昭俊 武蔵野線205系最後の活躍を追う、富士山麓のヒルクライマー富士急行6000系・6500系、205系全車両配置履歴一覧表

◇日本全国ユニーク列車の旅　中村薫著　文芸社　1999.2　369p　20cm　1400円　①4-88737-225-6
　内容　国鉄・私鉄全線完乗の著者によるユニーク列車乗りつぶしの旅。JR発足後10年間に登場した最新列車の魅力を特色・設備・機能・乗り心地など余すところなく掲載！ JRの誇る俊足500系「のぞみ」から、在来線を行くミニ新幹線「つばさ」「こまち」、究極の豪華寝台特急「トワイライトエクスプレス」、2階建てオール個室寝台電車特急の「サンライズ出雲」、展望ハイデッカー「スーパービュー踊り子」、さらにジョイフルトレイン、エアポートシャトル、青函トンネ

ルや瀬戸大橋を行く列車まで、50以上のユニーク列車を収録。

◇日本懐かし←→鉄道大全　櫻田純著　辰巳出版　2017.8　125p　21cm　（タツミムック）〈文献あり　年表あり〉　1300円　①978-4-7778-1906-5

◇日本の鉄道―萌えながらグングン身につく入門編　ワークショップ・エム著　ウィーヴ　2009.4　143p　19cm〈発売：ヴィレッジブックス〉　1600円　①978-4-86332-147-2
[内容] SLからリニアモーターカーまでの代表的な60種を萌えイラストで大紹介。

◇日本の名列車　竹島紀元［著］　祥伝社　2006.7　265p　18cm　（祥伝社新書）　800円　①4-396-11043-X
[内容] 汽車、列車に思い出のない人はまずいないだろう。仕事に旅行に、四季を問わず私たちは列車にお世話になっている。幼い頃から熱心なレールファンの著者による、昭和、平成の"生きた鉄道史"。

◇乗って楽しい日本の列車100選　南正時文・写真　京都　淡交社　1998.10　213p　21cm　1800円　①4-473-01627-7
[内容] トロッコ列車から超特急まで…。旅人にバラエティに富んだ楽しみを提供する、さまざまな列車たち。本書は、鉄道写真家としておなじみの南正時さんが、「乗って楽しめる」ことをテーマに全国100の列車を厳選。旅の視点から、その魅力をたっぷりと紹介します。好評『鉄道の旅100選』の姉妹編。

◇乗入れ列車を追いかけて　北川祥賢著　横浜　北川祥賢　2010.11　239p　18cm　（気まぐれ鉄道日記1）　762円　①978-4-9905481-1-7

◇乗入れ列車ハンドブック―国鉄・JR～私鉄・第三セクター　三宅俊彦, 寺本光照著　新人物往来社　2004.4　145p　26cm　（別冊歴史読本78号―鉄道シリーズ19）　2200円　①4-404-03078-9

◇103系物語―戦後日本の高度成長を支えた通勤型電車　毛呂信昭著　JTBパブリッシング　2012.7　239p　21cm　（キャンブックス―鉄道121）〈文献あり〉　1900円　①978-4-533-08699-1
[目次] 1 新性能電車の誕生、2 103系製造の歴史、3 国鉄時代の改造、4 線区別運転の変遷、5 JR継承後の車両、6 JR各社の運用

◇111・113系物語―近郊形電車50年・3000両の軌跡　福原俊一著　JTBパブリッシング　2013.8　207p　21cm　（キャンブックス―鉄道132）〈文献あり〉　1900円　①978-4-533-09284-8
[目次] 国鉄時代の111系・113系（111系の誕生、113系0番台の誕生、昭和39～43年度の動き、113系1000番台の誕生、昭和44～46年の動き ほか）、JR時代の111・113系（民営化後の冷房改造工事, 民営化後の変遷（JR東日本）, 民営化後の変遷（JR東海）, 民営化後の変遷（JR西日本）, 民営化後の変遷（JR四国））

◇115系物語―"無事是名車"山用近郊電車50年の記録　福原俊一著　JTBパブリッシング　2014.8　191p　21cm　（キャンブックス―鉄道143）〈文献あり〉　1900円　①978-4-533-09923-6
[目次] 115系0番台の誕生、昭和39～47年度の動き、115系300番台の誕生、昭和48～51年度の動き、115系1000番台・2000番台の誕生、昭和52～57年度の動き、115系3000番台の誕生、国鉄時代の形式間改造車と冷房改造工事, 民営化後の冷房改造工事, 民営化後の変遷（JR東日本, JR東海, JR西日本）

◇普通列車の謎と不思議　谷川一巳著　東京堂出版　2010.11　278p　19cm　1800円　①978-4-490-20715-6
[内容] 「普通」と「各停」の違いはあるのか？冬にだってトロッコ列車は走っている!?日本一長い運転区間の普通列車はどこ？ラッシュ時の通勤・通学輸送、観光地へ旅客を運ぶローカル列車…地域の顔である普通列車の「運賃」「速度」「車両」の種類と特徴。

◇北海道の赤い電車―さよなら711系　チーム711編　札幌　北海道新聞社　2015.4　96p　26cm　1000円　①978-4-89453-778-1
[内容] 昭和43年に北海道初の国鉄電車として導入された711系は、「赤い電車」の愛称で約半世紀にわたって道民に親しまれてきた。「赤電」とともに歩んできた沿線の風景や人々の暮らしをきれいなカラー写真で振り返る。

◇悠久の急行列車　国鉄からJRへ　種村直樹著　和光　SiGNal　2006.12　221p　19cm　1300円　①4-902658-07-0

◇悠久の急行列車　国鉄編　種村直樹著　和光　SiGNal　2006.7　221p　19cm　1300円　①4-902658-06-2

◇よみがえる中央本線―黄金時代を走りぬけた名列車・名車両たち　小川峯生, 岡田誠一著　学研パブリッシング　2012.7　191p　26cm〈発売：学研マーケティング〉　2800円　①978-4-05-405416-5
　内容　首都圏の通勤通学の足であり、山梨・長野県～首都・中京圏を結ぶ大動脈として走り続ける中央本線。昭和20～40年代の列車や駅舎風景が幻の写真で鮮やかによみがえる。

◇よみがえる東海道本線―黄金時代を走りぬけた名列車・名車両たち　白土貞夫編・著　学研パブリッシング　2011.9　191p　26cm〈発売：学研マーケティング〉　2800円　①978-4-05-405072-3
　内容　「つばめ」「はと」「こだま」…。東西の大動脈を颯爽と駆け抜けた名列車たちが今、よみがえる。駅舎、沿線列車、名車・珍車、"あの頃"の東海道本線のすべてがここに。

◇よみがえる東北本線・常磐線―黄金時代を走りぬけた名列車・名車両たち　小川峯生, 荒川好夫著　学研パブリッシング　2012.3　191p　26cm〈年表あり　発売：学研マーケティング〉　2800円　①978-4-05-405230-7
　内容　「はつかり」「ひばり」「上野駅」…。幻の名列車、懐かしの駅舎、思い出の路線。二度と出会えない東北の鉄道が秘蔵写真で全てよみがえる。

◇415系物語―近郊形交直流電車の完成版　福原俊一著　JTBパブリッシング　2015.8　207p　21cm（キャンブックス―鉄道　154）〈文献あり〉　1900円　①978-4-533-10592-0
　目次　国鉄時代の415系一族と試作交直流・交流電車, 交流電化の成功と交直流・交流電車の試作, 401・421系交直流電車の誕生, 昭和36～39年度の動き, 403・423系の誕生と昭和39～43年度の動き, 415系の誕生と昭和44～51年度の動き, 415系100・500・700番台の概要, 昭和53～60年度の動き, 415系1500番台の概要, 冷房改造工事, 民営化後の変遷（JR東日本）, 民営化後の変遷（JR西日本）, 民営化後の変遷（JR九州）

◇れっしゃいっぱいトッキュウジャー　おがのみのるしゃしん　小学館　2014.3　40p　15×15cm　（テレビ超ひゃっか）　800円　①978-4-09-750409-2

◇列車大集合　小賀野実監修・写真　ポプラ社　2012.9　64p　26cm（大解説！のりもの図鑑DX　7）　850円　①978-4-591-13056-8
　内容　新幹線、特急列車から蒸気機関車まで日本を走る列車がたくさん集合。

◇1番線に現代の名列車がまいります　マシマ・レイルウェイ・ピクチャーズ写真［静止画資料］　交通新聞社　2014.10　絵はがき1組（52枚）　11×16cm（小さな鉄道写真図鑑　いまを走る名列車篇）〈外形の大きさ：11×21cm〉　1800円　①978-4-330-50914-3
　内容　本書は、鉄道の魅力をストレートに伝えるために、シンプルな図鑑仕立てとしています。第1巻はJRで活躍中の代表的な列車を52点収録しています。読んだあと、お好みで写真部分を切り離して飾ることや、ハガキとして使用することができます。全部切り離したあとでも、表紙を切りそろえていただくと、豆鉄道図鑑になります。

◇1950年代の戦前型国電　中　長谷川明著　ネコ・パブリッシング　2018.4　47p　26cm（RM LIBRARY 224）　1250円　①978-4-7770-5424-4
　内容　1953（昭和28）年の称号改正前後、多くの車輌が製造時に近い姿をとどめていた更新修繕‐2前を対象とし、その登場年度毎の変化を、形式図とガーランド型ベンチレータを搭載時代の写真によって記述。

◇2番線にノスタルジアがまいります　マシマ・レイルウェイ・ピクチャーズ写真　交通新聞社　2014.10　103p　11×21cm〈付属資料：ポストカード〉　1800円　①978-4-330-51014-9
　内容　本書は、鉄道の魅力をストレートに伝えるために、シンプルな図鑑仕立てとしています。第2巻は1970～80年代を中心に、懐かしい日本の鉄道を52点収録しています。読んだあとに、お好みで写真部分を切り離して飾ることや、ハガキとして使用することができます。全部切り離したあとでも、表紙を切りそろえていただくと、豆鉄道図鑑になります。

◇20世紀なつかしの旧型国電　沢柳健一写真, 坂正博解説　山と溪谷社　2001.4　111p　19×26cm　（ヤマケイレイルブックス　7）　1200円　①4-635-06807-2
　内容　1950年代からその終焉となった1980年代の"お別れ"運転までの旧型国電を路線別に紹介。

◇20世紀なつかしの国鉄新性能電車　沢柳健一写真,坂正博解説　山と渓谷社　2002.11　111p　19×26cm　（ヤマケイレイルブックス 13）　1200円　①4-635-06813-7

内容　本書では、国鉄最初の新性能電車101系から、「ヨン・サン・トウ」の全国特急新時代が始まった1968(昭和43)年までにデビューした車両を中心に掲載している。

◇20世紀なつかしの東京・大阪の電車　広田尚敬写真,吉川文夫解説　山と渓谷社　2000.8　127p　19×26cm　（ヤマケイレイルブックス 5）　1200円　①4-635-06805-6

目次　首都圏の鉄道（首都圏の鉄道,中央線201系,京浜東北線103系,東海道線EF65「あさかぜ」,京浜東北線103系,東海道線113系,山手線103系 ほか）,京阪神の鉄道（京阪神の鉄道,阪急6300系,阪急6300系、2800系,国鉄117系,阪神7801形,国鉄キハ80系 ほか）

067　パノラマカー

【概　要】名古屋鉄道の特急電車の愛称。狭義では運転室が2階にあり、1階の客席を車両の最前部まで設けた前面展望席のある7000系・7500系を指す。車体側面の広い連続窓からの眺望が満喫でき、前面展望席では運転手になった気分も楽しめる。1961(昭和36)年より運行を開始した7000系は、1962年に第5回鉄道友の会のブルーリボン賞を受賞。名鉄の伝説的な名車として、鉄道ファンに愛されている。一般的には、改造車の7100系および前面展望席のない7300系・7700系を含めた7000番台の車両を「パノラマカー」と総称することが多い。2005年に7500系の全車が廃車となり、2009年には7000系車両がすべて退役した。後継として1984年に運行を開始した8800系「パノラマDX」(2005年退役)は、最前部の展望席に高床式のハイデッカー構造を採用した車両で、1985年に鉄道友の会の第28回ブルーリボン賞を受賞。1988年に登場した1000系以降の「パノラマSuper」なども含めて、広義の「パノラマカー」と呼ぶ場合もある。

◇ありがとうパノラマカー　中日新聞社出版部編,名古屋鉄道株式会社監修　名古屋　中日新聞社　2009.4　109p　31cm〈文献あり〉　2190円　①978-4-8062-0588-3

◇美しきパノラマカー——不朽の名車7000系と知多半島の四季の風景　久米宣弘著　名古屋　風媒社　2011.6　79p　30cm　3143円　①978-4-8331-5227-3

◇パノラマカー栄光の半世紀—"名古屋名物"走るパノラマ展望車　徳田耕一著　JTBパブリッシング　2009.3　207p　21cm　（キャンブックス―鉄道 94）〈文献あり〉　2000円　①978-4-533-07428-8

目次　輝く赤い光彩—パノラマカーが走った鉄路（名古屋本線、豊川線、犬山線 ほか）、"パノラマ家族"の車両カタログ(7000系・7500系・7700系・7300系、「パノラマDX」8800系、「パノラマSuper」グループ)、"パノラマ家族"半世紀の軌跡(7000系におけるクーラーの形式について、ND-701型台車のこと、8800系新製に伴う台車の流用 ほか)、パノラマカーが活躍した懐かしの名称列車アラカルト、あの頃の名鉄—パノラマカー登場時から全盛期までの名鉄車両の動向、パノラマカー全盛期の営業制度、切符あれこれこぼれ話

◇パノラマ☆ファンタジー　小林弘雄,林英樹,和田浩著　大阪　パレード,星雲社〔発売〕　2008.12　64p　26cm　1000円　①978-4-434-12438-9

◇僕はパノラマカー——古池直之写真集　古池直之著　［出版地不明］　［古池直之］　2008.1　60p　17×19cm　1900円　①978-4-9903880-0-3

◇名鉄パノラマカー——日本初の前面展望式電車の軌跡　徳田耕一著　JTB　2001.2　176p　21cm　（JTBキャンブックス）　1700円　①4-533-03727-5

内容　昭和36年6月1日、日本初の前面展望式電車として登場した名鉄パノラマカーの華麗なる名車の軌跡をまとめた。

068 リゾート列車・観光列車

【概　要】移動手段ではなく、乗ること自体を目的とした観光用の列車。内外装に趣向をこらし、「眺望と食事を楽しむ・日本酒・カフェ・ギャラリー」等、特定のコンセプトやテーマの下に新造・改造したものが多い。1989年、大阪～札幌間を運行する寝台特急列車「トワイライトエクスプレス」(JR西日本・東日本・北海道)が登場。豪華な個室寝台や、本格フレンチが楽しめる食堂車が人気を集めた。1999年、同様のコンセプトで上野～札幌間を運行する豪華寝台特急列車「カシオペア」が誕生。のち、2013年に運行を開始したJR九州の「ななつ星in九州」を皮切りに、豪華寝台列車でクルーズ船のように贅沢な鉄道周遊旅行を楽しむ「クルーズトレイン」が登場。2017年にはJR東日本の「TRAIN SUITE四季島」、JR西日本の「TWILIGHT EXPRESS瑞風」が運行を開始した。ほかに、JR東日本の「リゾートしらかみ」(臨時快速列車)、「伊豆クレイル」(快速列車)、JR九州の「海幸山幸」(臨時特急列車)、肥薩おれんじ鉄道の「おれんじ食堂」(快速列車)など様々なものがある。

◇憧れのリゾート観光列車全国鉄道トラベルGUIDE—「鉄道の旅」を楽しみたい大人のための徹底ガイド　ベストフィールズ著　メイツ出版　2015.9　144p　21cm〈他言語標題：RAILROAD TRAVEL GUIDES THROUGHOUT JAPAN　索引あり〉 1580円　⓵978–4–7804–1641–1
|内容| グルメやビューが自慢のリゾート列車、お座敷・座敷・こたつなど個性派観光列車、レトロ感あふれるトロッコ・SL、今こそ乗りたい！ 夜行・寝台列車―。豪華クルーズ鉄道だけではない！ 全150列車を掲載！

◇ありがとうトワイライトエクスプレス—我らが愛し、憧れた「走る豪華ホテル」よ、永遠なれ！　学研プラス　2016.4　96p　29cm　（学研ムック）1600円　⓵978–4–05–611054–8

◇カシオペアvsトワイライトエクスプレス―2大豪華寝台特急の愉しみ方 カラー版　梅原淳,中嶋茂夫著　洋泉社　2011.3　191p　18cm　（Color新書y）　1000円　⓵978–4–86248–685–1
|内容| 東西の人気寝台特急の魅力を車上対談。車窓から眺める海岸線、食堂車での豪華ディナー、流れ行く星空―。一昼夜の "極上の旅" を提供するカシオペアとトワイライトエクスプレス。その人気の秘密は、どこにあるのか？ 鉄道ジャーナリストの梅原淳と寝台特急ヘビーユーザーの中嶋茂夫が、実際にカシオペアに乗車し、両列車を徹底比較。ガイドブックには載っていない、達人ならではの "乗り方、愉しみ方" を語りつくす。

◇観光列車が旅を変えた―地域を拓く鉄道チャレンジの軌跡 カラー版　堀内重人著　交通新聞社　2016.12　207p　18cm　（交通新聞社新書 105）〈文献あり〉　900円　⓵978–4–330–74316–5
|内容| 観光列車は戦前から運転され、都市部と海・山・湖やレジャー施設などを結び、今でも多くの乗客を輸送している。しかし近年は、乗ること自体が観光目的となる魅力的な列車が多数登場し、観光の新たなコンテンツとして人気を集めている。これらの列車には、事業者の地道な努力やさまざまなアイデアが活かされており、沿線地域の自治体や企業、住民が運行に協力するケースも増えている。本書は、観光列車の歴史を概観したあと、SLやトロッコ、グルメなど観光列車の代表的な事例を紹介するとともに、事業者と地元との連携にも注目。観光列車の進化形である「クルーズトレイン」の現状と展望についても考える。

◇観光列車スペシャル―4社の前面展望映像と列車の魅力、駅業務や車両検査などを収録 みんなの鉄道DVD BOOKシリーズ　メディアックス　2017.9　49p　30cm　（メディアックスMOOK 623—メディアックス鉄道シリーズ 47)〈文献あり〉　2000円　⓵978–4–86201–873–1

◇観光列車データブック―JR、私鉄、第三セクター鉄道の現役93列車を網羅 各種資料を用いて現役93列車を徹底解説　双葉社　2016.7　143p　26cm　（[双葉社スーパームック]）〈索引あり〉 1500円　⓵978–4–575–45621–9

◇消えゆく夜行列車寝台特急「カシオペア」―2016年3月で列車廃止　イカロス出版　2016.3　130p　26cm　（イカロ

リゾート列車・観光列車

スMOOK―j trainアーカイブス〉　1389円　①978-4-8022-0135-3

◇さようなら、カシオペア―栄光の豪華・寝台列車　宝島社　2016.4　95p　30cm〈別冊宝島 2441号〉〈他言語標題：Good-bye CASSIOPEIA〉　1200円　①978-4-8002-5014-8

◇しんだいとっきゅうカシオペア―うんてんしよう！　マシマ・レイルウェイ・ピクチャーズ, 交通新聞サービス写真　交通新聞社　2012.3　1冊（ページ付なし）　19×19cm　（おとのでるスーパーのりものシリーズ）〈音声情報あり〉　1524円　①978-4-330-27512-3

◇寝台特急カシオペア―車窓展望・カシオペアスイート〈メゾネットタイプ〉乗車映像〈上野～札幌〉みんなの鉄道DVD BOOKシリーズ　メディアックス　2015.12　33p　30cm　（メディアックスMOOK 531―メディアックス鉄道シリーズ 33）〈文献あり〉　1800円　①978-4-86201-971-4

◇全国現役観光列車図鑑　レイルマンフォトオフィス著　マイナビ出版　2017.6　222p　21cm〈索引あり〉　1880円　①978-4-8399-6188-6
[内容]車両外観、車両内装、サービス、楽しみ方。日本全国を走る観光列車全128車種を完全収録。

◇全国最新行楽列車　井上広和写真, 坂正博解説　山と溪谷社　2003.3　111p　19×26cm　（ヤマケイレイルブックス 15）　1200円　①4-635-06815-3
[目次]北海道（SLすずらん、SLニセコ ほか）、東北・関東（ストーブ列車、リアスシーライナー ほか）、東海・北陸（トロッコファミリー号、ワイドビューひだ ほか）、関西・中国（トワイライトエクスプレス、SLやまぐち ほか）、四国（おおぼけトロッコ号、清流しまんと号 ほか）、九州（あそBOY、シーボルト ほか）

◇旅が10倍面白くなる観光列車―SLからイベント列車まで　野田隆著　平凡社　2011.5　207p　18cm　（平凡社新書 588）　760円　①978-4-582-85588-3
[内容]鉄道の旅は楽しい。けれど、ちょっと特別な列車での旅なら、もっと楽しい！　SLに、リゾート列車、イベント列車…。日本にはこんなにたくさんの"面白列車"が走っていたんだ！　次の休みには、さあ、どれに乗ろうか？　一度は乗ってみたい日本全国のユニークな「観光列車」を大紹介。

◇「トワイライトエクスプレス」食堂車ダイナープレヤデスの輝き―栄光の軌跡と最終列車の記録　伊藤博康著　大阪創元社　2015.9　182p　21cm〈文献あり〉　1500円　①978-4-422-24071-8
[内容]国内最高峰の食堂車の知られざる舞台裏。1989年のデビュー以来、大阪～札幌間を走り続け、つねに最高級のサービスを提供してきたフレンチレストランの物語。

◇トワイライトEXP.レディ　森由香著　メディアファクトリー　2008.11　191p　19cm〈他言語標題：Twilight Express lady〉　952円　①978-4-8401-2611-3
[内容]日本一の豪華夜行列車「トワイライトエクスプレス」。その夢時間は往復3日間、ほぼ不眠不休でお客様に心を配り続けるクルーたちが支えている。最高級サービスの裏の努力を描く感動ノンフィクション。

◇ななつ星in九州―画集　水戸岡鋭治著　河出書房新社　2014.11　95p　19×27cm〈他言語標題：CRUISE TRAIN SEVEN STARS IN KYUSHU　索引あり〉　2600円　①978-4-309-22616-3

◇「ななつ星」「四季島」「瑞風」ぜんぶ乗ってきた！―豪華クルーズトレイン完全乗り比べ　中嶋茂夫著　河出書房新社　2017.12　222p　19cm　1500円　①978-4-309-22723-8
[内容]一生に一度は乗ってみたい!!車内、料理、絶景車窓、沿線住民の歓迎、クルーのおもてなし。実際に乗ったからこそわかる、日本3大豪華寝台列車の魅力とは？

◇「ななつ星」物語―めぐり逢う旅と「豪華列車」誕生の秘話　一志治夫著　小学館　2014.4　237p　20cm　1400円　①978-4-09-388354-2
[内容]人生を変える夢の列車。クルーズトレイン開発の軌跡。贅を尽くした車両とおもてなしの舞台裏。至福の旅に挑んだプロジェクトストーリー。この列車にかけた人々の熱い想いと挑戦、夢を描く渾身のノンフィクション。

◇"日本一貧乏な観光列車"が走るまで―「ながまれ海峡号」の奇跡　佐藤優子著, 永山茂監修　ぴあ　2018.3　191p　19cm　1400円　①978-4-8356-3847-8

[内容]「ながまれ海峡号」をプロジェクト立ち上げから牽引したのは観光のプロフェッショナルであり、筋金入りの鉄道愛好家である日本旅行北海道の永山茂。鉄道商品を次々と手掛けてきた彼がこのプロジェクトをいかに成功に導いたのかを描き出す1冊。そこからは地方創生における観光の在り方も見えてくる。旅行会社と鉄道会社、地域住民の三位一体で「鉄旅オブザイヤー2016」グランプリ受賞。

◇日本を満喫できるリゾート列車完全ガイド―全国93列車詳細レポート　笠倉出版社　2014.3　176p　21cm　(万物図鑑シリーズ)　900円　①978-4-7730-8705-5

[目次]最高のおもてなしでゆったりとした時間を味わう、これぞリゾート列車の究極の姿JR九州「ななつ星in九州」乗車記、三陸の海を眺めながら食事を楽しむ「東北レストラン鉄道」JR東日本TOHOKU EMOTION/東北エモーション、寝台列車の旅、寝台列車で札幌に到着したらリゾート列車に乗って観光地へ行こう！、東北のリゾート列車、震災復興のシンボル、三陸鉄道がついに全通！自慢の観光列車と「あまちゃん」のロケ地を見に行こう！、関東のリゾート列車、中部のリゾート列車、関西＆中国のリゾート列車、九州のリゾート列車〔ほか〕

◇日本おもてなし鉄道―観光列車で楽しむ日本のデザイン　日経デザイン編　日経BP社　2015.12　215p　21cm〈発売：日経BPマーケティング〉　2000円　①978-4-8222-3508-6

[内容]ななつ星に続け！豪華クルーズ列車続々登場！おもてなし鉄道の第一人者、水戸岡鋭治の思想。世界的工業デザイナー、奥山清行の挑戦―。伝統の技、最新のデザインで実現したジャパン・クオリティのおもてなし。

◇日本の豪華・寝台列車―ななつ星in九州ほか、豪華・寝台・観光列車42！　最新版　宝島社　2015.11　111p　23cm（TJ MOOK）　580円　①978-4-8002-4673-8

◇夫婦で行く豪華寝台列車の旅　川島令三[著]　角川書店　2007.2　201p　18cm　(角川oneテーマ21 B-92)〈発売：角川グループパブリッシング〉　743円　①978-4-04-710083-1

[内容]豪華列車をリーズナブルに、「走るホテル」で最高のひとときを。妻を誘って最高の二人旅。

◇横尾忠則ラッピング電車故郷を走る　横尾忠則,酒井忠康文,織作峰子 ほか写真　京都　淡交社　2012.12　125p　21cm〈他言語標題：WRAPPING TRAIN TADANORI YOKOO〉　2000円　①978-4-473-03841-8

[内容]兵庫県北播磨の日常風景を一変させた強烈なパワー！横尾ワールド全開のアート列車のすべて。

◇リゾート列車の育て方―えちごトキめきリゾート雪月花誕生秘話　黒崎直史著　鉄道ジャーナル社,成美堂出版〔発売〕　2018.5　263p　18cm　800円　①978-4-415-32494-4

[内容]地方三セク鉄道最大のミッション。本格リゾート列車を立ち上げ、全国区に押し上げた三年間の葛藤。

069　トロッコ列車

【概　要】貨車を改造したり、通常の客車の窓ガラスを外して車体の上部を開放した観光用の列車。外気に触れながら美しい風景を楽しむことができ、景色がよく自然の豊かな路線で、観光シーズンや休日に運行されることが多い。国内では1953(昭和28)年に関西電力株式会社黒部鉄道(1971年より黒部峡谷鉄道)が「トロッコ電車」の運行を開始。1984年には国鉄初のトロッコ列車として、四国の予土線で無蓋貨車を改造して簡単な屋根とベンチを設置した「清流しまんと号」が登場。以後、各地で同様の列車が運行するようになった。当初は殆どが貨車であったが、1990年代以降は乗り心地を配慮して客車や気動車も登場した。

◇駅スタンプの旅　トロッコ列車編　松井信幸著　枻出版社　2004.10　187p　15cm　（[エイ]文庫）　650円　①4-7779-0200-5

寝台列車（寝台特急）

内容 旅好きなニッポン人が生み出した"駅スタンプ"文化。駅スタンプには、旅人たちの思い出をそれぞれの心に残すべくさまざまな情景や逸話が刻み込まれている。今回はそんな駅スタンプの中から日本全国のトロッコ列車が走る路線を特集する。

◇黒部の谷のトロッコ電車　横溝英一文・絵　福音館書店　2015.3　39p　26cm　〈たくさんのふしぎ傑作集〉〈他言語標題：LET'S RIDE ON KUROBE GORGE RAILWAY TRAIN　文献あり〉　1300円　①978-4-8340-8150-3

◇出発進行！里山トロッコ列車―小湊鐵道沿線の旅　かこさとし作絵　偕成社　2016.5　31p　20×26cm　1200円　①978-4-03-352070-4

内容 千葉県南房総の魅力を伝える列車の旅、それは、全国各地にあるはずの日本の原風景をたずねる旅。90歳のかこさとし氏描きおろし。小学校高学年から。

◇全国トロッコ列車―ファミリーで楽しむ愉快なレイルウェイたち　笹田昌宏,岸由一郎著　JTB　2001.5　176p　21cm　（JTBキャンブックス）　1700円　①4-533-03861-1

内容 北は北海道・オホーツク海から、南は九州・阿蘇まで、全国17ヵ所のトロッコ列車をメインに、すべて実地調査取材し、その詳細な情報を豊富な写真、資料とともに多面的に紹介。

◇トロッコ鉄道展―けいてつ協会＆せんろ商會プロデュース　岡本憲之,東村山ふるさと歴史館編　東村山　東村山ふるさと歴史館　2005.7　48p　21cm　（けいてつ協会＆せんろ商會公式ガイドブック　2005―せまいせんろ特別号）

070 寝台列車（寝台特急）

【概　要】旅客が夜間に就寝できるよう、座席の代わりに寝台を設けた寝台車を主体とする夜行列車。このうちの特急列車が寝台特急。寝台車の構造は開放式寝台（プルマン式）と個室寝台に大別される。国内では、1900（明治33）年に山陽鉄道が神戸～徳山間の急行列車に寝台車を連結したのが最初である。1956年、戦後初の夜間特急列車として国鉄が「あさかぜ」の運行を開始し、1958年、日本初の固定編成客車として20系客車を導入。外部塗装が青色であることからブルートレインと称され、その後も「はやぶさ」「みずほ」「富士」など20系客車のブルートレインが続々と誕生。1970年代に大ブームとなった。のち、青函トンネルが開業した1988年に「北斗星」が登場したが、新幹線のほか飛行機・高速バスなど他の交通機関の発達により利用者が減少し、寝台列車は順次廃止された。2015年8月、最後のブルートレイン「北斗星」が運行を終了。2018年4月現在、「サンライズ出雲」「サンライズ瀬戸」のみが定期寝台列車として運行している。

◇ありがとうトワイライトエクスプレス―我らが愛し、憧れた「走る豪華ホテル」よ、永遠なれ！　学研プラス　2016.4　96p　29cm　（学研ムック）　1600円　①978-4-05-611054-8

◇ありがとう！北斗星＆夜行列車―完全保存版　マイナビ　2015.7　111p　26cm　1200円　①978-4-8399-5595-3

内容 北斗星の27年間をふりかえる―コラム＆インタビュー。まだ乗れる現役夜行列車。乗車記＆室内ガイド。

◇栄光の九州ブルートレイン―24POSTCARDS　宇都宮照信,栗原隆司写真　福岡　海鳥社　2009.3　1冊　20×19cm　1200円　①978-4-87415-721-3

◇栄光のブルートレイン寝台特急富士はやぶさ　［映像資料］　朝日新聞出版　2009.2　ビデオディスク2枚（131分）：DVD　（アサヒDVDブック）〈カラー　ステレオ　スタンダード〉　5985円　①978-4-02-350130-0

内容 唯一の九州寝台特急として孤高の走りを見せる「富士・はやぶさ」。東京から終着の大分・熊本まで、1200キロの旅路にカメラが同乗。栄光の列車番号1を戴き、一路西を目指す「青い流れ星」の全行程を追う。田町車両センター出区、東京・下関・門司での切り離し・連結、「はやぶさ」をけん引するED76の運転台前面展望、EF66交番検査など、特撮映像満載で「富士・はやぶさ」の魅力に迫る。

◇思い出のブルートレイン―青の貴公子たち　石井英正著　牧之原　石井英正　2015.3　158p　27cm〈制作：朝日新聞出版〉　4000円

◇思い出のブルートレイン―青の貴公子たち　石井英正著　牧之原　石井英正　2015.3　158p　27cm〈制作：朝日新聞出版〉　4000円

◇思い出のブルートレイン―よみがえる寝台列車の旅　鉄道ジャーナル編集部編　鉄道ジャーナル社　2017.8　128p　26cm〈発売：成美堂出版〉　1500円　①978-4-415-32358-9

内容　2009年「九州特急」全廃、2015年には最後のブルートレイン「北斗星」が運転を取りやめた。1950年代に颯爽と登場、以来およそ半世紀もの間、夜を徹して走り続けてきた寝台特急ブルートレイン。次第に退潮傾向が明らかとなった後も、愛用者に支えられて活躍を続けてきた。本書は、2000年から2009年の間に「鉄道ジャーナル」に掲載された数多の乗車取材レポートから厳選、再編集した8編を収録したブルートレイン最終期の記録である。

◇カシオペアvsトワイライトエクスプレス―2大豪華寝台特急の愉しみ方　カラー版　梅原淳,中嶋茂夫著　洋泉社　2011.3　191p　18cm（Color新書y）　1000円　①978-4-86248-685-1

内容　東西の人気寝台特急の魅力を車上対談。車窓から眺める海岸線、食堂車での豪華ディナー、流れ行く星空―。一昼夜の"極上の旅"を提供するカシオペアとトワイライトエクスプレス。その人気の秘密は、どこにあるのか？　鉄道ジャーナリストの梅原淳と寝台特急ヘビーユーザーの中嶋茂夫が、実際にカシオペアに乗車して比較。両線を徹底比較。ガイドブックには載っていない、達人ならではの"乗り方、愉しみ方"を語りつくす。

◇消えゆく夜行列車寝台特急「カシオペア」―2016年3月で列車廃止　イカロス出版　2016.3　130p　26cm（イカロスMOOK―j trainアーカイブス）　1389円　①978-4-8022-0135-3

◇九州発最後のブルートレイン　宇都宮照信,栗原隆司著　福岡　海鳥社　2009.3　173p　26cm〈文献あり〉　2800円　①978-4-87415-717-6

内容　誕生から半世紀、東京・関西と九州とを結び、各地を駆け巡ったブルートレインたち。一世を風靡した時代から「富士・はやぶさ」最後の旅路まで、その雄姿を振り返る。全国のブルートレインや夜行寝台特急の懐かしの姿も収録。

◇個室寝台列車を完全乗り比べ　一個人編集部編　決定版　ベストセラーズ　2009.11　142p　20cm〈『一個人』特別編集〉　476円　①978-4-584-16603-1

内容　豪華寝台列車から懐かしのブルートレインまで寝台列車の旅を完全網羅。

◇最後の寝台列車トラベルガイド―完全保存版　マイナビ　2015.2　127p　26cm　1220円　①978-4-8399-5467-3

内容　ラストラン・トワイライトエクスプレス―大阪～札幌乗車記、ダイナープレヤデスセミファイナルメニュー。臨時列車化・北斗星―上り下り乗車記、食堂車グランシャリオ。客室イラスト図解。憧れの海外寝台列車シチリア～ナポリ。過ぎ去った列車たち全盛期系統図。

◇さようなら、カシオペア―栄光の豪華・寝台列車　宝島社　2016.4　95p　30cm（別冊宝島 2441号）〈他言語標題：Good-bye CASSIOPEIA〉　1200円　①978-4-8002-5014-8

◇さようなら寝台特急あさかぜ―名門ブルートレイン栄光の軌跡　朝日新聞社　2005.4　31p　22cm（アサヒDVDブック）〈年表あり〉　3800円　①4-02-350112-3

◇さらば栄光のブルートレイン―カラー版　伊藤岳志著　洋泉社　2008.5　190p　18cm（Color新書y）　1000円　①978-4-86248-268-6

内容　列車の走る音に耳を傾けながら眠りにつき、朝、目が覚めるとそこは見知らぬ土地―。ブルトレの魅力は、その独特の「旅情」にある。しかし、新幹線や航空網の発達、車両の老朽化などにより近年、ブルトレは続々と姿を消している。そこで、「あさかぜ」を始めとする懐かしき九州ブルトレから「北斗星」まで、五〇年の歴史上に登場し、消えていった全ブルトレ＋夜行急行列車をカラーで紹介。あの頃の思い出が、乗車記と当時の貴重な写真を通して蘇る。

◇さらばブルートレイン！―昭和鉄道紀行　芦原伸著　講談社　2008.7　331p　20cm（The new fifties）〈年表あり〉　1800円　①978-4-06-269276-2

寝台列車（寝台特急）

内容 "走るホテル"と呼ばれた寝台特急のホイッスルが鳴り響く。「銀河」「あかつき」「富士」「はやぶさ」「北陸」「日本海」「あけぼの」全行程乗車記。昭和を駆け抜けたブルトレ全32列車の貴重な記録。

◇三大「大陸鉄道」豪華寝台特急の旅　櫻井寛写真・文　世界文化社　2000.6　205p　22cm　2800円　①4-418-00510-2

内容 『オリエント急行の旅』から二年。大陸横断鉄道への想いはまたしても大きく膨らんだ。オーストラリア大陸に突如誕生した「グレート・サウス・パシフィック・エクスプレス」、北米大陸をめぐる「アメリカン・オリエント・エクスプレス」、アフリカ大陸の誇る「ザ・ブルー・トレイン」。世界を駆けめぐる大陸横断鉄道を追い続ける著者渾身の書き下ろし写真エッセイ。その行間には鉄道写真紀行第一人者のたぐいまれな経験が溢れる。

◇寝台急行「銀河」物語─東海道の夜に輝いた60年…　三宅俊彦著　JTBパブリッシング　2008.3　175p　21cm　（キャンブックス　鉄道 87）　1900円　①978-4-533-07067-9

目次 巻頭グラビア、「銀河」─その華麗なる生涯、東京～関西間寝台列車第二の人生、「銀河」の車両、伝説の夜行急行全盛時代、車両運用の話、カラー特集、「あかつき」「なは」物語、銀河にまつわるあれこれ、巻末資料。

◇寝台車の世界─時代とともに走る"憧れ"の鉄道車両　交通新聞社　2017.4　143p　29cm　（トラベルMOOK）　1800円　①978-4-330-75717-9

◇寝台特急あさかぜ＆ブルトレ客車　pt.1　イカロス出版　1999.8　121p　26cm　（イカロスmook─名列車列伝シリーズ 10）　1714円　①4-87149-221-4

◇しんだいとっきゅうカシオペア─うんてんしよう！　マシマ・レイルウェイ・ピクチャーズ、交通新聞サービス写真　交通新聞社　2012.3　1冊（ページ付なし）　19×19cm　（おとのでるスーパーのりものシリーズ）〈音声情報あり〉　1524円　①978-4-330-27512-3

◇寝台特急カシオペア─車窓展望・カシオペアスイート〈メゾネットタイプ〉乗車映像〈上野～札幌〉みんなの鉄道DVD BOOKシリーズ　メディアックス　2015.12　33p　30cm　（メディアックスMOOK 531─メディアックス鉄道シリーズ 33）〈文献あり〉　1800円　①978-4-86201-971-4

◇寝台特急スペシャル─寝台特急日本海と寝台特急あけぼのの展望・車両・乗車ルポをアンコール収録　みんなの鉄道DVD BOOKシリーズ　メディアックス　2015.11　33p　30cm　（メディアックスMOOK 530─メディアックス鉄道シリーズ 32）〈文献あり　年表あり〉　1800円　①978-4-86201-970-7

◇寝台特急北斗星＆カシオペア＋ブルトレ客車part 2　イカロス出版　1999.10　122p　26cm　（イカロスmook─名列車列伝シリーズ 11）　1714円　①4-87149-230-3

◇寝台列車再生論─寝台夜行列車の存続・活性化に向けての提言　堀内重人著　戎光祥出版　2015.7　239p　21cm〈文献あり　年表あり〉　1800円　①978-4-86403-152-3

内容 「あけぼの」「トワイライト」は廃止されるしかなかったのか？「北斗星」「カシオペア」に再生の手立てはないのか？気鋭の運輸評論家が寝台列車復活に向けた方策を提言。

◇寝台列車─写真集　EF81けん引の記録　滝田善博著　秋田　無明舎出版　2014.11　57p　26cm　1800円　①978-4-89544-590-0

内容 EF81形交・直流電気機関車195両（改番機31両を含む）を完全撮影！1969年、寝台特急「日本海」から始まったEF81のけん引から45年間、北は青森から南は大分まで、広範囲にあますことなく日本の寝台車を支えてきた機関車の勇姿を収録！

◇寝台列車トラベルガイド─完全保存版　マイナビ　2014.8　143p　26cm　1380円　①978-4-8399-5243-3

内容 きっぷの買い方、車内での過ごし方などひとり旅から家族旅行までお役立ち情報満載！臨時夜行列車紹介（ムーンライトながら／ムーンライト信州／尾瀬夜行／スノーパル）。詳細マップ付き旅のモデルプランを列車別に紹介。寝台列車の基礎知識Q＆A20。豪華クルーズトレイン紹介、ななつ星in九州。

◇寝台列車の図鑑　栗原景著　KADOKAWA　2015.3　191p　17cm

寝台列車（寝台特急）

〈年表あり 索引あり〉 1400円 ①978-4-04-067448-3
内容 国鉄時代から毎日走り続けてきた寝台列車は、今、新たな世代にバトンを渡して、静かに歴史の幕を閉じようとしています。本書は、1958年の「あさかぜ」登場以来、日本の鉄道で活躍してきた寝台列車の歩みをコンパクトにまとめました。

◇寝台列車の旅—時間をかける贅沢旅行 『サライ』編集部編 小学館 2002.3 123p 21cm （Shotor travel） 1500円 ①4-09-343174-4
内容 動く豪華ホテル＝寝台車に乗って日本列島を旅する。もうそろそろ、そんな旅をしてもいい頃になった。各路線ガイド、切符の入手法などの実用情報も満載。

◇<図解>新説全国寝台列車未来予想図—ブルートレイン「銀河」廃止の本当の理由 川島令三著 講談社 2008.3 268p 19cm 1600円 ①978-4-06-214575-6
内容 寝台列車が"東京中心"の世の中を変える！人気アナリストが明かす、鉄道ファンも知らなかった「真実」。

◇旅の終りは個室寝台車 宮脇俊三著 河出書房新社 2010.3 237p 15cm （河出文庫 み4-3） 680円 ①978-4-309-41008-1
内容 『銀河』『富士』『はやぶさ』『北陸』…寝台列車が毎年のように姿を消していく。25年前、本書に「楽しい列車や車両が合理化の名のもとに消えていくのは淋しいかぎり」と記した宮脇俊三の旅路がいよいよ失われていく。「最鈍貨行列車の旅」等々、鉄道嫌いの編集者を伴った津々浦々の鉄道旅を締めくくるのは今はなき寝台特急『はやぶさ』だった…。

◇定本さらばブルートレイン！ 芦原伸著 天夢人 2017.10 317p 19cm （旅鉄LIBRARY 002）〈「さらばブルートレイン！」（講談社 2008年刊）の改題、一部を再編集 年表あり 発売：山と溪谷社〉 1500円 ①978-4-635-82021-9
内容 乗り鉄の王様、芦原伸の乗車記で、"ブルートレイン"の記憶が甦る。ブルートレインの終焉を見送った、10の列車の乗車記を収録。

◇伝説のブルートレイン全列車—昭和の青い寝台列車パーフェクト 結解喜幸、結解学著 交通新聞社 2015.1 160p 21cm （DJ鉄ぶらブックス 線路端のたのしみを誘う本 001） 1500円 ①978-4-330-53415-2
目次 巻頭特集 最後の寝台客車列車, 歴代ブルートレイン全列車カタログ（東京駅発着、近畿圏発着, 上野駅発着, 北海道・九州内発着）、ブルートレイン客車ガイド, 資料篇 ブルートレイン客車編成の変遷

◇特殊仕様車両寝台車 三宅俊彦著 講談社 2012.12 159p 26cm （鉄道・秘蔵記録集シリーズ）〈文献あり 年表あり〉 2800円 ①978-4-06-270311-6
内容 110年に及び、全国を走り続けた「夜を過ごす列車」の物語。車窓から昼夜の街を眺める「鉄道の旅」その隆盛と衰退のすべて。巻末特別資料「寝台車・夜行列車のすべての変遷がわかる列車と路線の関連年表」。

◇「トワイライトエクスプレス」食堂車ダイナープレヤデスの輝き—栄光の軌跡と最終列車の記録 伊藤博康著 大阪創元社 2015.9 182p 21cm〈文献あり〉 1500円 ①978-4-422-24071-8
内容 国内最高峰の食堂車の知られざる舞台裏。1989年のデビュー以来、大阪～札幌間を走り続け、つねに最高級のサービスを提供してきたフレンチレストランの物語。

◇トワイライトEXP.レディ 森由香著 メディアファクトリー 2008.11 191p 19cm〈他言語標題：Twilight Express lady〉 952円 ①978-4-8401-2611-3
内容 日本一の豪華夜行列車「トワイライトエクスプレス」。その夢時間は往復3日間、ほぼ不眠不休でお客様に心を配り続けるクルーたちが支えている。最高級サービスの裏の努力を描く感動ノンフィクション。

◇ななつ星in九州—画集 水戸岡鋭治著 河出書房新社 2014.11 95p 19×27cm〈他言語標題：CRUISE TRAIN SEVEN STARS IN KYUSHU 索引あり〉 2600円 ①978-4-309-22616-3

◇西の鉄路を駆け抜けたブルートレイン＆583系 加地一雄撮影 JTBパブリッシング 2009.4 47p 22cm （キャンDVDブックス） 2000円 ①978-4-533-07493-6
内容 東京から西へ旅立ったブルートレインが全ներ。夢と歴史を乗せた思い出の名シーンが満載。

◇日本縦断個室寝台特急の旅 櫻井寛写真・文 世界文化社 2001.10 205p 22cm 2800円 ①4-418-01519-1

215

寝台列車（寝台特急）

◇日本縦断個室寝台特急の旅　続　櫻井寛写真・文　世界文化社　2005.11　207p　22cm　2800円　Ⓘ4-418-05519-3

[内容]日本最高の豪華寝台列車「夢空間」、北の大地を豪華展望室からのぞむ「カシオペア・スイート」、「トワイライトエクスプレス・スイート」、最後の九州行きブルートレイン「富士」、上野・青森を結ぶ旅情豊かな「あけぼの」を掲載する著者渾身の書き下ろし作品。

◇日本の豪華・寝台列車―ななつ星in九州ほか、豪華・寝台・観光列車42！　最新版　宝島社　2015.11　111p　23cm　（TJ MOOK）　580円　Ⓘ978-4-8002-4673-8

◇秘蔵ブルートレイン「輝かしき軌跡」南正時著　講談社　2009.6　111p　21cm　1400円　Ⓘ978-4-06-215537-3

[内容]さくら・富士・はやぶさ・みずほ・あかつき・出羽・明星・ゆうづる天歴代の名列車がよみがえるラストラン。

◇夫婦で行く豪華寝台列車の旅　川島令三［著］　角川書店　2007.2　201p　18cm　（角川oneテーマ21 B-92）〈発売：角川グループパブリッシング〉　743円　Ⓘ978-4-04-710083-1

[内容]豪華列車をリーズナブルに、「走るホテル」で最高のひとときを。妻を誘って最高の二人旅。

◇ブルートレイン―夢を運んで半世紀　三宅俊彦著　JTBパブリッシング　2009.1　175p　21cm　（キャンブックス 鉄道92）〈年表あり〉　1900円　Ⓘ978-4-533-07350-2

[目次]巻頭グラビア 昭和を駆けぬけたブルートレイン、日本の夜を今も走る現役寝台列車たち、ブルートレイン物語―50年の歩みを振返って、ブルートレイン愛称メモリーズ、ブルートレイン歴代車両編成、ブルートレイン用客車のバリエーション、寝台特急よもやま話、「富士」「はやぶさ」、帰らざる旅へ―半世紀の"伝説"を体験する、ブルートレインの記憶―あの日、あの時、「あさかぜ」と「カシオペア」―輝く寝台特急それぞれの時代

◇ブルートレインさくらごう　中島章作え、砂田弘ぶん　復刊ドットコム　2017.9　1冊（ページ付なし）　25cm　〈小峰書店 1983年刊の再刊〉　1800円　Ⓘ978-4-8354-5517-4

◇ブルートレイン寝台列車ひとり旅―ラストラン！惜別走破「はやぶさ/富士」Infasパブリケーションズ　2008.12　111p　30cm　（Infas books）　1800円　Ⓘ978-4-900785-75-5

[内容]ラストラン！惜別走破「はやぶさ/富士」。全国寝台列車を最新・完全走破！「北斗星」「カシオペア」「トワイライトエクスプレス」「あけぼの」「日本海」etc.日本列島縦断2500km。

◇ブルートレイン誕生50年―20系客車の誕生から、今後の夜行列車へ　堀内重人著　多摩　クラッセ　2012.1　230p　21cm　（Klasse books）〈文献あり〉　1800円　Ⓘ978-4-902841-13-8

[目次]1部 概論（20系客車誕生以前の寝台車、20系客車、世界初の寝台電車583系、14系・24系客車、1980年代のブルートレイン、バブル崩壊後のブルートレイン），2部 ブルートレイン活性化に向けた提言（今後のブルートレインへの提言、MM（モビリティー・マネジメント）の展開、観光産業の育成とブルートレイン）

◇ブルートレイン伝説―青い流れ星の光跡　利根川信之介著　イカロス出版　2004.9　207p　21cm　（のりもの選書6）　1619円　Ⓘ4-87149-588-4

[内容]夜汽車。闇の向こうに待つ明日へ向かう寝台特急は、いつでも夢を運ぶあこがれの列車だった。なかでも20系に始まるブルトレの系譜は、さまざまな伝説に彩られて光を放ち、特別な存在として、なお輝きを増している。そんなブルトレ特急の歴史といまを、詳細に解き明かしていく。

◇ブルートレインプレミアム・ボックス　学研パブリッシング　2014.9　165p　31cm〈タイトルは奥付による.背・表紙のタイトル：Blue Train Premium Box タイトルは奥付による.標題紙のタイトル：ブルートレイン　箱入　発売：学研マーケティング〉　14800円　Ⓘ978-4-05-406051-7

寝台列車（寝台特急）

◇「北斗星」乗車456回の記録　鈴木周作著　小学館　2015.2　221p　18cm（小学館新書 235）　720円　①978-4-09-825235-0
内容 鉄道ファンはもとより、北海道を目指す旅人の憧れであり続けた寝台特急「北斗星」。上野・札幌間を約16時間かけて走破するこの列車を26年間記録し続けた画家が、その魅力を語り尽くす。食堂車の存在意義、発見に満ちた車窓風景、ロビーカーでの出会いや乗務員の横顔。さらには有珠山噴火や東日本大震災の影響、大雪や豪雨での遅延・運行停止の際の乗務員の対応などのリアルなエピソードが心を打つ。なぜ北斗星なのか？それを知り尽くした男の軌跡。

◇もう乗れない！見られない！寝台＆懐かし列車の旅　学研プラス　2015.12　79p　29cm　（学研ムック）　880円　①978-4-05-610988-7

◇もう乗れない！見られない！寝台列車の旅　学研プラス　2015.10　79p　29cm　（学研ムック）　880円　①978-4-05-610918-4

◇夜行列車＆ブルートレイン大全─完全保存版　洋泉社編集部編　洋泉社　2016.3　191p　21cm〈年表あり〉　1600円　①978-4-8003-0876-4
内容 消えていった青き流れ星…歴代ブルトレ＆夜行列車ガイド。夢をのせて走り続けた60年の全軌跡！

◇夜行列車よ永遠に─人気ブルートレインから記憶に残る名列車まで NIGHT TRAIN CHRONICLES since 1956　「旅と鉄道」編集部編　天夢人　2018.2　159p　21cm　（旅鉄BOOKS 004）〈発売：山と渓谷社〉　1500円　①978-4-635-82031-8
目次 第1章 往年の名夜行列車ルポ、第2章 今乗れる夜行列車ルポ、第3章 「北斗星」クロニクル、第4章 食堂車フォーエバー、第5章 夜行列車アーカイブス、第6章 夜を駆け抜けた名列車たち、第7章 夜行列車の名コンビ客車寝台と機関車

◇夜汽車よ永遠に─Blue train　斉木実，米屋浩二撮影・録音　弘済出版社　1999.11　93p　29cm　（トラベルmook─写音集 4）〈付属資料：CD1枚（12cm）〉　2381円　④4-330-56699-0

◇よみがえる583系─昼夜兼行で走り抜けた「本邦初の寝台電車」の集大成　寺本光照著　学研パブリッシング　2014.9　175p　26cm〈文献あり　年表あり　発売：学研マーケティング〉　2800円　①978-4-05-406109-5
内容 高度経済成長期を象徴するかのように日本各地を昼夜問わず駆け抜けた国鉄唯一の昼夜兼用寝台電車・583系。秘蔵カラー写真や各形式のプロフィールなど貴重な資料でその全貌が今、よみがえる！

◇よみがえるブルートレイン─日本の夜を駆け抜けた「走るホテル」のすべて　諸河久写真，今田保文　学研パブリッシング　2013.10　175p　26cm〈文献あり　年表あり　発売：学研マーケティング〉　2800円　①978-4-05-405804-0
内容 ブルートレイン全盛期・昭和40〜50年代の秘蔵カラー写真を中心に、日本全国を走った各列車ごとの沿革・時刻表・編成図等を織り交ぜて、「走るホテル」の全貌に迫る！

◇20世紀なつかしのブルートレイン　広田尚敬写真　山と渓谷社　2001.4　111p　19×26cm　（ヤマケイレイルブックス 8）〈「ブルートレイン」(1979年刊)の複製〉　1200円　①4-635-06808-0
内容 1970年代後半に活躍した「あさかぜ」「富士」「さくら」など、なつかしのブルートレインカタログ。

◇581・583系物語─月光・みどりからきたぐにまで　福原俊一著　JTBパブリッシング　2011.3　175p　21cm　（キャンブックス─鉄道 108）〈文献あり　年表あり〉　1900円　①978-4-533-08156-9
目次 巻頭グラビア、1 寝台・座席両用電車の誕生、2 昭和42年10月運用開始─「よんさんとお」の主役へ、3 583系寝台電車の黄金時代、4 新幹線網拡大の陰で、5 民営化後の583系、6 715.419系寝台電車改造近郊形電車

◇715系・419系寝台電車改造近郊形電車　佐藤哲也，福原俊一著　新座　車両史編さん会　2002.1　247p　30cm　（国鉄新性能電車 3）　4000円

071 夜行列車

【概　要】夜間に運行する列車。国内では明治時代中期以降、夜行列車の運行が開始された。当初は座席車のみであったが、1900(明治33)年に山陽鉄道で寝台車が登場。戦後、東海道新幹線の開通を控えた1963年から1964年にかけ、最盛期を迎えた。夜間の非活動時間帯を有効活用した移動手段だが、新幹線や他の交通手段の発達により、1970年代後半以後は低迷。移動手段としての意義を失い、1990年代から2000年代にかけて次々と廃止を余儀なくされた。アメリカでもかつては多くの夜行列車が運行されていたが、飛行機が長距離移動の主流となった現在では大幅に減少している。一方、広大な国土を持つ中国・インドや、多数の国が陸続きにあるヨーロッパでは、現在でも多くの夜行列車が活躍している。

◇ありがとう！　北斗星＆夜行列車―完全保存版　マイナビ　2015.7　111p　26cm　1200円　①978-4-8399-5595-3
|内容| 北斗星の27年間をふりかえる―コラム＆インタビュー。まだ乗れる現役夜行列車。乗車記＆室内ガイド。

◇上野発の夜行列車・名列車―駅と列車のものがたり　山田亮著　JTBパブリッシング　2015.4　191p　21cm　(キャンブックス―鉄道 151)〈文献あり〉1900円　①978-4-533-10349-0
|目次| 第1章 カラー写真で見る上野発の列車（東北本線の列車、常磐線の列車、上信越線の列車 ほか）、第2章 上野駅の歴史（開業から終戦まで、戦後～高度経済成長の時代、新幹線建設から開業まで ほか）、第3章 夜行列車・名列車（はつかり、ひばり、やまびこ ほか）

◇これでいいのか、夜行列車―JR夜行全列車徹底分析　寺本光照著　中央書院　1991.4　310p　19cm　1450円　①4-924420-52-2
|内容| JRの夜行列車86本すべてを対象に、実現可能な改善策を提示。「夜行列車」再生への提言。

◇混合列車　no.43　札幌　北海道大学鉄道研究会　2014.12　174p　26cm〈特集：JR化後の夜行特急・急行　文献あり〉

◇去りゆく星空の夜行列車　小牟田哲彦著　草思社　2015.2　294p　16cm　（草思社文庫　こ2-1)〈扶桑社 2009年刊の再刊〉　850円　①978-4-7942-2105-6
|内容| 豪華寝台特急「トワイライトエクスプレス」がまもなく引退、「北斗星」も姿を消す見込みとなった。夜汽車にゴトゴトと揺られて、日本列島を旅する―憧れの存在として、あるいは長距離移動の手段として長く愛されてきた夜行列車。だが、いまやその体験は幻になりつつある。失われた旅情を求めて、すでに姿を消した「富士」「さくら」などの伝統あるブルートレイン、青春18きっぷで乗れる快速「ムーンライト」シリーズ、そして憧れの「カシオペア」最高級スイートの一夜まで、著者が体験した19の夜行列車の旅を綴る。路線図や時刻表をたどりながら、去りゆく夜汽車の紙上乗車体験を。

◇時刻表でたどる夜行列車の歴史　三宅俊彦著　JTBパブリッシング　2010.3　175p　21cm　（キャンブックス―鉄道 103)〈文献あり　年表あり〉1900円　①978-4-533-07807-1
|目次| 巻頭グラビア 日本鉄道史に燦然と輝く夜行列車たちの記憶、残された夜行急行列車を追う、さよなら寝台特急「北陸」―またもやブルートレインに削減の嵐、鉄道史における夜行列車の発達概史―その半世紀の歩みを振り返って、食堂車の話、日本の夜を彩る夜行列車13、夜行列車の切符いろいろ、夜行列車の特徴的なダイヤを探見する、夜行名列車列伝、国鉄～JR夜行列車列車名変遷一覧表、海を渡る列車、夜行列車関係の年表（昭和31年（1956）年以降）

◇追憶の夜行列車　種村直樹著　和光SiGnal　2005.2　237p　19cm　1143円　①4-902658-04-6

◇追憶の夜行列車　2　さよなら〈銀河〉　種村直樹著　和光 SiGnal　2008.12　233p　19cm　1300円　①978-4-902658-11-8
|内容| 2008年3月、東海道の夜を駆け続けた急行"銀河"が惜しまれつつ姿を消し、2009年春には、ブルートレイン"はやぶさ""富士"もその使命を終えようとしている。これら名高い三列車をはじめ、昭和から平成の鉄道史を飾った夜汽車の雄姿を追った、

レイルウェイ・ライターの夜行ルポ選集第2弾。最後に乗車した"銀河"の模様から鉄道の未来までを語り合った、松本典久氏との対談も併録する。

◇夜行列車＆ブルートレイン大全—完全保存版　洋泉社編集部編　洋泉社　2016.3　191p　21cm〈年表あり〉1600円　①978-4-8003-0876-4
内容 消えていった青き流れ星…歴代ブルトレ＆夜行列車ガイド。夢をのせて走り続けた60年の全軌跡！

◇夜行列車の記録—時代を走り抜けた名ランナーたち　富田康裕編著，荒川好夫写真　自由国民社　2009.3　159p　21cm　1800円　①978-4-426-10565-5
目次 夜行列車の思い出、東京発着の夜行列車，名古屋・京都・大阪発着の夜行列車，上野発着の夜行列車，北海道内発着の夜行列車，九州内発着の夜行列車，各地の線区発着の夜行列車，現行の夜行列車，憧れのブルートレイン——一通の手紙から，夜行列車きっぷコレクション，鉄道写真と夜行列車

◇夜行列車よ永遠に—人気ブルートレインから記憶に残る名列車まで NIGHT TRAIN CHRONICLES since 1956　「旅と鉄道」編集部編　天夢人　2018.2　159p　21cm　（旅鉄BOOKS 004）〈発売：山と溪谷社〉　1500円　①978-4-635-82031-8
目次 第1章 往年の名夜行列車ルポ，第2章 今乗れる夜行列車ルポ，第3章「北斗星」クロニクル，第4章 食堂車フォーエバー，第5章 夜行列車アーカイブス，第6章 夜を駆け抜けた名列車たち，第7章 夜行列車の名コンビ客車寝台と機関車

072 列車名・愛称

【概　要】個々の列車にはその名前とも言うべき列車番号が付されている（お召列車・御乗用臨時列車は除く）。列車を区別するための業務上の識別子で、規定された付番方法に従って付与された列車番号により、その列車の大体の性質がわかるようになっている。この列車番号のほかに、旅客への宣伝を目的とした愛称を付けることがある。日本では1929（昭和4）年に鉄道省が東京〜下関間を運行する特急列車2往復に対し、一般公募による「富士」「櫻」という愛称を付けたのが最初である。戦後1949年、国鉄が列車愛称を復活させ、特急「へいわ」・急行「銀河」・準急「いでゆ」と命名。列車の増発に伴い、国鉄・私鉄とも全国に普及した。

◇名鉄名称列車の軌跡—パノラマカーも輝いた魅惑の半世紀　徳田耕一著　JTBパブリッシング　2009.11　207p　21cm　（キャンブックス—鉄道97）〈文献あり〉　2000円　①978-4-533-07673-2
目次 懐かしの「名称列車」スペシャル（パノラマカーも輝いた魅惑の列車，初代高性能車グループ（SR車）も名称列車に大活躍！，名称列車は一般列車にも起用された！，競艇ファンに愛された臨時列車，お宝カラーで偲ぶ懐かしの列車　ほか），名鉄名称列車ものがたり，昭和41年〜平成21年名鉄名称列車アラカルト（昭和41年（1966），昭和42年（1967），昭和43年（1968），昭和44年（1969），昭和45年（1970）ほか）

◇列車愛称の「謎」—列車の名がおりなす数々のドラマ　所澤秀樹著　山海堂　2002.9　271p　19cm　1700円　①4-381-10435-8

内容 列車のなかでも特急列車や特別列車などには、『のぞみ』や『カシオペア』といった「列車愛称」がつけられている。本書は、こういった列車愛称がいつごろどのように生まれ、どんな名前の列車があったのか、そしてどのように変遷してきたのか、あるいはネーミングの由来や分類など、列車の名にまつわる雑学知識を肩のこらない読み物として紹介していく。最近人気の国鉄時代の特急列車の貴重な写真も数多く収録している。

◇列車名徹底大研究　曽田英夫著　JTB　2002.5　224p　19cm　（マイロネbooks 5）　1000円　①4-533-04265-1
内容 70余年の歴史をもつ列車名に真剣に取り組んだ！徹底レポート。

◇列車名の謎—鉄道ファンも初耳の「名・珍列車」伝説　寺本光照［著］　イースト・プレス　2016.11　271p　18cm

(イースト新書Q Q023)〈文献あり〉 920円 ⓘ978-4-7816-8023-1
内容 50年以上にわたる研究から国鉄・JRの約600の列車名を網羅した大著『国鉄・JR列車名大事典』を編纂した鉄道史研究の第一人者が、90年間に運行された列車名のデータを完全解析。誰も調べなかった細かすぎる雑学を、日本一マニアックに掘り起こす!

◇列車名変遷大事典　三宅俊彦著　ネコ・パブリッシング　2006.9　526p　31cm〈写真：結解学　年表あり〉　11429円 ⓘ4-7770-5182-X

073 線路

【概　要】列車または車両が走行する通路全体のこと。広義ではトンネルや信号機、架線電柱など全ての施設を含む。狭義では路盤・道床・枕木・レール(軌条)からなる軌道を指して言う。一般に「レール」を「線路」と呼ぶが、レールは線路を構成する要素の一つである。

◇写真で見る電車線路とビームの話—形鋼から鋼管へ　大塚節二著　日刊工業新聞社　2016.4　102p　21cm〈文献あり 索引あり〉　1600円 ⓘ978-4-526-07563-6
目次 第1章 電車線路支持物の歴史(電車線構造の歴史, 電車線構造とその支持方法 ほか), 第2章 電車線路支持物の基本(単独装柱設備, 門形装柱設備 ほか), 第3章 電車線路支持物の特徴など(鉄柱・コン柱から鋼管柱へ, 鋼材強度の変遷 ほか), 第4章 鋼管ビームの計算例(単材ビーム2線路用, 単材ビーム4線跨用 ほか), 参考資料

◇図解よくわかる電車線路のはなし　大塚節二, 猿谷應司, 鈴木安男著　日刊工業新聞社　2009.5　205p　21cm（B&Tブックス）〈文献あり 索引あり〉 1800円 ⓘ978-4-526-06279-7
目次 第1章 電車線路の基礎のきそ, 第2章 き電線のはなし, 第3章 電車線のはなし, 第4章 帰線のはなし, 第5章 支持物のはなし, 第6章 諸設備のはなし, 第7章 電車線路と安全のはなし

◇線路を楽しむ鉄道学　今尾恵介著　講談社　2009.5　230p　18cm（講談社現代新書1995）　740円 ⓘ978-4-06-287995-8
内容 路線変更の理由、峠越えの技術、乗り換えの名所、車窓から見る地形。

◇線路を残してほしい　中村和重著　新風舎　2006.3　61p　19cm　800円 ⓘ4-7974-4457-6
内容 一言では言えないけれど何か大切なものが、そこにはある。いつまでも残してほしい大切な線路。

◇線路観察学—写真と図解で楽しむ　石本祐吉著　アグネ技術センター　2008.10　238p　21cm　2200円 ⓘ978-4-901496-45-2
内容 線路を構成する上での主役であるレール、分岐器、PCまくらぎについてそれぞれの製造工場を、また貨物駅や製鉄所などの特殊な線路の現場を取材しまとめた一冊。

◇線路端のひみつ—車窓から見えるあの物体は何？　小佐野カゲトシ著　交通新聞社　2016.5　111p　21cm（DJ鉄ぶらブックス 線路端のたのしみを誘う本 011）　1300円 ⓘ978-4-330-67116-1
内容 電車に乗っているときに、ふと目にする標識や建造物の数々…。それらは一体何なのか？ 鉄道に関するちょっとした疑問を探ります。

◇鉄道線路のはなし　西野保行著　交通研究協会　1994.7　224, 6p　19cm（交通ブックス 103）〈発売：成山堂書店〉　1500円 ⓘ4-425-76021-2
目次 線路とは、輸送機能からみた鉄道の分類, 鉄道線路をどこに通すか(その基本論, その具体論, 線路の規格, 曲線とこう配), 線路の施設(運転のための施設, 営業のための施設), 線路の構造(軌道, 構造物), 線路の保守, 線路の改良

◇鉄道線路のはなし　西野保行著　改訂版　交通研究協会　1997.3　226, 6p　19cm（交通ブックス 103）〈発売：成山堂書店〉　1500円 ⓘ4-425-76022-0
目次 第1章 線路とは, 第2章 輸送機能からみた鉄道の分類, 第3章 鉄道線路をどこに通すか—その基本論, 第4章 鉄道線路をどこに通すか—その具体論, 第5章 線路の規格, 第6章 曲線とこう配, 第7章 線路の施設—運転のための施設, 第8章 線路の施設—営業のための施設, 第9章 線路の構造—軌道,

第10章 線路の構造―構造物, 第11章 線路の保守, 第12章 線路の改良

◇鉄道線路のはなし　西野保行著　三訂版　交通研究協会　1999.7　226,6p　19cm　（交通ブックス 103）〈東京 成山堂書店（発売）〉　1500円　①4-425-76023-9

内容 鉄道の線路を法規を一つの中心に据えて解説。正しい用語を頭に入れることを念頭に置いた。

◇鉄道線路のはなし　西野保行著　新訂　交通研究協会　2006.2　226,6p　19cm　（交通ブックス 103）〈発売：成山堂書店〉　1800円　①4-425-76024-7

内容 鉄道を安全かつ円滑に運行する、大切な役目をになう線路。その実態を、線路をとりまくマクロ・ミクロの視点から丁寧に解説する。線路の基礎・仕組みや対する取組みがよくわかる一冊。

◇鉄のほそ道―写真で綴る線路のはなし　石本祐吉著　アグネ技術センター　1996.10　145p　21cm　（アグネ叢書 12）〈発売：アグネ〉　2060円　①4-7507-0858-5

内容 どこまでも続く「鉄のほそ道」！ 2本のレールは一見か細くとも、がっちりと列車を支える頼もしい力持ちである。鉄道の魅力の半分は車輪よりも下にある、という著者が、30年以上にわたって自ら撮影した豊富な写真を添えて線路への興味の数々を綴った異色のエッセイ集。

◇鉄のほそ道―写真で綴る線路のはなし　石本祐吉著　増補版　アグネ技術センター　1998.10　180p　21cm　（アグネ叢書）　2000円　①4-900041-53-X

◇レールの旅路　太田幸夫著　札幌 エフ・コピント・富士書院　1994.5　181p　19cm　〈道内におけるレール年表：p164～172 参考文献：p176～177〉　1500円　①4-89391-255-0

◇JRのレールが危ない　安田浩一著　金曜日　2006.4　124p　19cm　900円　①4-906605-12-5

内容 レールの破断が相次ぐ「JR東日本」。高架・橋梁のコンクリートがボロボロになっている「JR西日本」。国鉄民営化以降、安全よりも効率化を求め続けてきたJR。「世界一安全で正確」といわれてきた日本の鉄道で、いま何が起こっているのか。現場労働者がJR当局の恫喝を覚悟の上で、その誇りをかけて取材に協力した渾身のルポ。

074 鉄道ルート・路線

【概　要】鉄道の運行経路を線で表したもの。鉄道の起点から終点までの区間。または、ある地点から別の地点に至る道筋をいう。路線名は一般に「○○線」「○○本線」と呼ばれる。

◇愛知県駅と路線の謎　野田隆著　洋泉社　2016.7　189p　18cm　（新書y 299）〈文献あり 年表あり〉　950円　①978-4-8003-0926-6

内容 東海地方で最大の都市・名古屋を擁する愛知県。名鉄、近鉄やJR、地下鉄などの列車が所狭しと走る駅や路線には、首を傾げたくなるような多くの不思議や謎が存在する。終着駅なのに線路の続く駅がある？ 同じ路線同士の乗り換えなのに、わざわざ改札を通過する？ 名古屋人だけが読める難読駅名とは？ バスが走る鉄道がある？ 約五〇路線、約五〇〇ある駅のなかから厳選した疑問・発見の数々を紹介！ あなたの知らないもう一つの「愛知」が見えてくる！

◇愛知県の鉄道―昭和～平成の全路線 県内の現役路線と廃線　牧野和人著　アルファベータブックス　2017.8　127p　26cm　〈年表あり〉　2400円　①978-4-86598-828-4

目次 第1章 国鉄・JR（東海道新幹線, 東海道本線, 関西本線, 中央本線 ほか）, 第2章 私鉄・公営交通（名古屋鉄道, 近畿日本鉄道, 豊橋鉄道, 名古屋市営地下鉄 ほか）

◇沿線格差―首都圏鉄道路線の知られざる通信簿　首都圏鉄道路線研究会著　SBクリエイティブ　2016.8　237p　18cm　（SB新書 354）　820円　①978-4-7973-8865-7

内容 勝ち組10路線と負け組8路線を発表！ ブランドタウン充実路線から、酒盛り列車と呼ばれる路線まで、各沿線の愛すべき個性を徹底分析！

鉄道ルート・路線

◇大阪府の鉄道―昭和～平成の全路線 大阪府の現役全路線と廃線 野沢敬次著 アルファベータブックス 2017.7 127p 26cm〈年表あり〉 2400円 ①978-4-86598-827-7
目次 第1章 国鉄・JR（東海道新幹線、山陽新幹線、東海道本線 ほか）、第2章 公営交通・私鉄（大阪市交通局（地下鉄）、北大阪急行電鉄南北線、阪急電鉄宝塚本線、箕面線 ほか）、第3章 廃止路線（国鉄・JRの廃止路線、大阪市交通局（大阪市電）、大阪市交通局（トロリーバス） ほか）

◇関西圏の鉄道のすべて PHP研究所編 京都 PHP研究所 2015.10 223p 19cm〈文献あり〉 1600円 ①978-4-569-82820-6
目次 第1章 関西圏路線のプロフィール、第2章 関西圏の廃止線、第3章 関西圏を走る列車たち、第4章 関西圏の名駅舎、第5章 関西圏の鉄道シーン、第6章 関西圏の鉄道遺産、第7章 鉄道の博物館を楽しむ、第8章 関西圏車両基地の姿を見る、第9章 関西圏鉄道イエローページ

◇岐阜県の鉄道―昭和～平成の全路線 岐阜県内の現役全路線と廃線 清水武著 アルファベータブックス 2018.2 96p 26cm〈文献あり〉 1850円 ①978-4-86598-833-8
目次 1章 国鉄・JR（東海道新幹線、東海道本線 ほか）、2章 私鉄（名古屋鉄道 名古屋本線、名古屋鉄道 各務原線 ほか）、3章 消えた路線（岩村電気軌道、名古屋鉄道 岐阜市内線 ほか）、4章 第三セクター鉄道（樽見鉄道 樽見線、長良川鉄道 越美南線 ほか）

◇首都圏鉄道完全ガイド 2016-2017年版 JR編 地図、停車駅、速度……あらゆるデータにより首都圏JR路線がわかる！ 双葉社 2016.6 161p 26cm（双葉社スーパームック）〈文献あり〉 1500円 ①978-4-575-45619-6

◇知られざる鉄道路線の謎 杉山淳一監修 宝島社 2015.12 189p 18cm〈文献あり〉 980円 ①978-4-8002-4870-1
内容 意外と知らない全国鉄道50路線の謎学！

◇新線と廃線―時代・社会に合わせて変化する鉄道の役割 小林寛則著、こどもくらぶ編 旺文社 2006.10 47p 27cm（ここが知りたい！日本の鉄道） 2600円 ①4-01-071932-X

目次 1 どんどんできる新しい鉄道（新幹線のこれまでとこれから、新幹線おもしろ情報、大都市にできる新しい鉄道、地方の新しい鉄道）、2 消えていく線（使命を終えた鉄道）、3 もっとくわしく見てみよう！（生まれかわる路線）

◇「図説」鉄道路線はこうして生まれる―あの路線・施設はなぜ、どのようにつくられたのか 学習研究社 2007.12 168p 26cm （歴史群像シリーズ） 1900円 ①978-4-05-604933-6

◇千葉の鉄道―北総から南房総まで、千葉県を網羅する多彩な41路線を紹介 白土貞夫編著 彩流社 2013.11 95p 30cm 1900円 ①978-4-7791-1725-1
内容 北総から南房総まで、千葉県を網羅する多彩な41路線を紹介。

◇〈超図説〉鉄道路線・施設を知りつくす―駅、車両基地から軌道、トンネルまで「つくる」という視点から日本の鉄道システムを詳解 都市鉄道研究会著 学習研究社 2009.4 142p 26cm〈文献あり〉 1900円 ①978-4-05-404118-9
内容 線路の配線、信号装置から鉄道建設の手順まで意外と知らない仕組みと技術を徹底的にわかりやすく解説。鉄道ファン必携、入門者必読。

◇鉄道駅と路線の謎と不思議 梅原淳著 東京堂出版 2004.9 333p 19cm〈文献あり〉 1600円 ①4-490-20531-7
内容 人が乗り降りする旅客駅、貨物を運ぶ貨物線、行き違いや分岐のための信号場。駅と路線の命名の由来や、知られざる意外な所有者の話題などを満載。

◇鉄道駅・路線不思議読本（とくほん） 梅原淳著 朝日新聞出版 2010.6 364p 15cm （朝日文庫 う14-4）〈タイトル：鉄道駅・路線不思議読本 『鉄道駅と路線の謎と不思議』（東京堂出版2004年刊）の増補、再編集 文献あり〉 800円 ①978-4-02-261668-5
内容 東京駅はなぜ「東京」と命名されたのか、「品川駅」はなぜ品川区にないのか、大阪環状線の起点と終点はどこなのか―ふと疑問に思う駅と路線の謎を、詳細なデータと資料で解明。さらに付章では、東海道線と弾丸列車の歴史を多様な角度から掘り下げた、鉄道ファン垂涎の1冊。

◇鉄道ルート形成史―もう一つの坂の上の雲 高松良晴著 日刊工業新聞社 2011.7 461p 21cm （B＆Tブック

ス)〈文献あり〉 2400円 ①978-4-526-06714-3

|目次| 第1編 幹線鉄道(鉄道創業から東京駅開業まで、広軌鉄道への夢が育てた新幹線網)+第2編 都市鉄道(街に電気が点いた、私鉄の勃興、東京五方面作戦と相互直通運転)

◇鉄道路線変せん史探訪 5 北海道の鉄道 守田久盛、坂本真一著 吉井書店 1992.7 208p 21cm〈発売：産業図書〉 2400円 ①4-946439-33-1

|内容| 本書は北海道の鉄道建設に情熱を燃やした先達の気概や、酷寒・人跡未踏・疾病等の悪条件のもとで従事した人たちの苦難の状況等を交え、その生い立ちを纏られました。

◇鉄道路線変せん史探訪 6 鉄道の生いたちを訪ねて 守田久盛著 吉井書店 1993.8 269p 19cm〈発売：産業図書〉 2400円 ①4-946439-36-6

|目次| 第1部 鉄道の黎明期(東京・横浜間の開通、日本鉄道会社線の創設)、第2部 幹線の創成期(東北線大宮・青森間の建設、常磐線の開通、総武線群の開通、東西幹線のルート、東海道線の開通、広軌論始末記、熱海線と丹那トンネル)

◇兵庫県の鉄道―昭和～平成の全路線 兵庫県内の現役全路線と廃線 野沢敬次著 アルファベータブックス 2018.1 95p 26cm 1850円 ①978-4-86598-832-1

|目次| 1章 国鉄・JR(山陽新幹線、東海道本線、山陽本線 ほか)、2章 私鉄・公営鉄道(阪急電鉄 宝塚本線、阪急電鉄 神戸本線、阪急電鉄 伊丹線 ほか)、3章 廃止路線(三木鉄道三木線、国鉄鍛冶屋線、国鉄高砂線 ほか)

◇広島県の鉄道―昭和‐平成の全路線 広島県内の現役路線と廃線 牧野和人著 アルファベータブックス 2018.4 123p 26cm 1850円 ①978-4-86598-835-2

|目次| 1章 国鉄・JR(山陽新幹線、山陽本線、福塩線、芸備線、呉線、可部線、木次線、三江線(廃線)、宇品線(廃線))、2章 路面電車・私鉄・新交通等(広島電鉄、広島高速交通、井笠鉄道神辺線(廃線)、井原鉄道、尾道鉄道(廃線)、呉市電(廃線)、鞆鉄線(廃線)、スカイレール)

075 ゲージ(狭軌)

【概　要】鉄道線路の2本のレール頭部内面間の最短距離をゲージ(軌間)という。イギリスの鉄道の軌間1435mmを標準軌間とし、これより広いものを広軌、狭いものを狭軌と呼ぶ。イギリスをはじめ、アメリカ・フランス・ドイツ・中国など海外では標準軌が最も多く、ロシア・インドなどで広軌、南アフリカや東南アジアでは狭軌を採用。国内では新幹線と私鉄の一部が標準軌だが、JR在来線をはじめ殆どが1067mmの狭軌を採用している。多額の建設費・車両費がかかる広軌鉄道は高速・大量輸送に適するが、日本の狭軌鉄道は標準軌や広軌鉄道に匹敵する性能がある。

◇イーグルよ翔べーナローゲージ鉄道下電の戦後五十年 福屋嘉平著 驢馬出版 1997.7 275p 20cm 2300円 ①4-89802-011-9

◇失われた「狭い線路」の記録集―究極のナローゲージ鉄道2 岡本憲之著 講談社 2015.6 159p 26cm (鉄道・秘蔵記録集シリーズ)〈文献あり〉 2900円 ①978-4-06-270313-0

|内容| まだまだあるぞ！ 軽便軌道！ 村山・山口貯水池(大規模土木工事)、東京王子の軍用軌道、鉱山、製紙所、遊覧鉄道、そして寒天工場…ひっそりと、各地で活躍した軽便軌道がまたも蘇る『究極のナローゲージ鉄道～せまい鉄道の記録集～』の続刊。車両製造を中止した高田機工の鉄道車両記録、静かに眠る廃車体など初公開の資料が満載！ あなたの知らない『鉄道』がここにある。

◇究極の現役ナローゲージ鉄道 岡本憲之著 講談社 2013.4 159p 26cm (鉄道・秘蔵記録集シリーズ)〈文献あり〉 2800円 ①978-4-06-218034-4

|内容| 亜炭を産出するナローゲージ「日豊鉱業武蔵野鉱山」、現役の牛舎内運搬軌道「斎藤牧場」、シールドトンネル内を走るバッテリーロコ「トンネル工事用ナローゲージ」、農業支援ナローゲージ鉄道「熊野簡易軌道」、超重量級の鋼鈑コイルを運搬する場内軌道

「東洋鋼鈑」など。非公開・取材禁止・訪問厳禁の軌道や工場10ヵ所を渾身探訪！特別公開の「お宝」限定画像や豊富な路線図、車両で綴る現在に生きるナローゲージ鉄道たちを活写。

◇究極のナローゲージ鉄道―せまい鉄路の記録集　岡本憲之著　講談社　2012.5　159p　26cm〈文献あり〉　2800円　①978-4-06-217735-1
内容　消えてしまった！「特殊な」30の廃線軌道。400点にも及ぶ、「初出記録写真」が映し出す響きの光景。見ることのできなかった「幻」の軽便鉄道が蘇る。

◇鉄道ゲージ戦争　小池滋著　岩波書店　1995.1　192p　19cm　（シリーズ旅の本箱）　2200円　①4-00-003839-7
内容　風刺週刊誌『パンチ』小脇に、紳士の列車はどこへ。「揺れていないと駄目なんです」ご存じ、小池大先生の東西レール考、出発進行。

◇私が見た特殊狭軌鉄道　第1巻　今井啓輔著　豊中　レイルロード　2011.7　120p　26cm〈発売：文苑堂〉　2500円　①978-4-947714-23-7

◇私が見た特殊狭軌鉄道　第2巻　今井啓輔著　豊中　レイルロード　2012.7　112p　26cm〈発売：文苑堂〉　2500円　①978-4-947714-26-8

◇私が見た特殊狭軌鉄道　第3巻　今井啓輔著　豊中　レイルロード　2015.7　88p　26cm〈発売：文苑堂〉　2200円　①978-4-947714-36-7

◇私が見た特殊狭軌鉄道　第4巻　今井啓輔著　豊中　レイルロード　2015.8　88p　26cm〈発売：文苑堂〉　2200円　①978-4-947714-37-4

076　鉄道地図・地形図
【概　要】鉄道路線を中心にした地図や地形図。パノラマ式や塗り潰し・書き込み式のほか、旅行ガイドやチェックリストが付いているもの、歴史を読み解くものなど様々な種類がある。

◇頭の冴えた人は鉄道地図に強い―仕事と人生のプロになる「強化書」　野村正樹著　ごま書房　2007.7　237p　19cm〈文献あり〉　1300円　①978-4-341-08359-5
内容　鉄道地図は日々の仕事や生活を円滑にするための「武器」である。問題発見から問題解決を導く有能な「秘書」であり、人と人との距離を縮めてくれる人間関係づくりの「名脇役」にもなる。

◇頭の冴えた人は鉄道地図に強い　野村正樹［著］　講談社　2010.8　253p　15cm（講談社文庫の16-1）〈ごま書房2007年刊の改題、加筆修正　文献あり〉　476円　①978-4-06-276727-9
内容　「東京を走る中央線には、日本で三番目に長い直線区間がある」。鉄道マニアには有名な雑学だが「ならば日本一はどこか？」「なぜ中央線の線路はまっすぐに敷かれたのか？」。鉄道地図から浮かび上がる小さな疑問が、歴史や地理と交錯し大きな発見に！鉄路の様々な「なぜ」がわかる鉄道推理雑学エンターテインメント。

◇今尾恵介責任編集地図と鉄道　今尾恵介編著　洋泉社　2017.6　159p　21cm　1500円　①978-4-8003-1213-6
内容　鉄道の歴史、路線の謎、廃線の理由…すべての答えは地図にあり。地図のカリスマが厳選！謎とドラマに満ちた鉄道エンターテインメント。

◇えんぴつで日本全駅　私鉄編　エヌ・アンド・エス企画編　メディアファクトリー　2007.6　127p　30cm　1300円　①978-4-8401-1863-7
内容　日本全国、えんぴつの旅。私鉄全線全駅4878駅を想いのままになぞって乗りつくそう。

◇拡大字鉄道地図　［亀岡］　点友会　2016.3　45p　26cm〈参考資料「JTB時刻表」・「鉄道旅行（昭文社）」〉

◇関西―鉄道地図帳　梅原淳監修　昭文社　2010　95p　26cm　（レールウェイマップル）〈文献あり　索引あり〉　800円　①978-4-398-65305-5

◇関東―鉄道地図帳　梅原淳監修　昭文社　2010　95p　26cm　（レールウェイ

マップル)〈文献あり 索引あり〉 800円 Ⓘ978-4-398-65303-1

◇九州—鉄道地図帳 梅原淳監修 昭文社 2010(2刷) 87p 26cm (レールウェイマップル)〈文献あり 索引あり〉 800円 Ⓘ978-4-398-65307-9

◇古地図でたどる鉄道の知恵線路の不思議 井口悦男著 草思社 2010.5 125p 26cm 1900円 Ⓘ978-4-7942-1759-2
内容 全国31か所のおもしろポイントを地図・時刻表・写真などの資料で読み解く鉄道話あれこれ。

◇こども鉄道日本地図—正確な縮尺でわかる鉄道路線&日本地図 海老原美宜男監修 永岡書店 2009.2 64p 26cm 1500円 Ⓘ978-4-522-42581-7

◇JR私鉄全線地図でよくわかる鉄道大百科—鉄道キッズ集まれ! 鉄道の基本も全国の路線図も! JTBパブリッシング 2017.8 96p 30cm 1400円 Ⓘ978-4-533-12061-9
内容 日本全国の全駅、全路線を掲載。路線地図は都市圏も含め、すべて正確な縮尺、ふりがなつき。地理や漢字の勉強にも最適! 鉄道のしくみ、車両の種類など、鉄道の基本を豊富なイラストや写真でわかりやすく解説。エリア別の車両図鑑は、地図とリンクしていて覚えやすい! 親子で楽しめる、四コママンガや車両イラストのクイズつき。

◇四季日本の鉄道 佐々倉実写真・文 扶桑社 1997.11 158p 21cm 1333円 Ⓘ4-594-02374-6
内容 美しく移り変わる日本の四季、写真と地図で訪れる、とっておきの場所。春風に舞う花びら・初夏の抜けるような青空。山々を錦に染める紅葉・静かに降り続く雪。その中を華麗に駆け抜ける鉄道車両の数々。

◇図解地図と歴史で読み解く! 鉄道のひみつ—幕末の鉄道計画からリニア中央新幹線まで 日本の鉄道愛好会著 PHP研究所 2014.5 159p 18cm〈文献あり〉 1000円 Ⓘ978-4-569-81844-3
内容 明治維新から対外戦争、戦後の復興、そして経済成長まで、日本の歩みは常に鉄道が支えてきた。日本人と鉄道の切っても切れぬ深い関係を地図とデータで詳しく解説。世界一の鉄道大国はこうしてできた。

◇図説鉄道パノラマ地図—〈沿線案内〉にみる美しき日本 石黒三郎、アイランズ編 河出書房新社 2010.4 127p 22cm (ふくろうの本)〈文献あり〉 1800円 Ⓘ978-4-309-76142-8
内容 全国各地で鉄道が整備され、観光ブームが沸き起こった昭和初期。各鉄道会社は横長蛇腹折り畳みスタイルの"沿線案内"を刊行した。吉田初三郎や金子常光など人気絵師の手によるものもあれば、無名の絵師たちが描いたものもある。その多くは鳥の目で空から下界を眺めた絵図であり、まさに鉄道パノラマ地図であった。沿線ごとに紹介するパノラマの世界を紙上に再現。

◇絶景鉄道地図の旅 今尾恵介著 集英社 2014.1 203p 18cm (集英社新書 0721) 720円 Ⓘ978-4-08-720721-7
内容 地形図からは鉄道に起きた様々な出来事も読み解くことが可能だ。例えば駅と駅との間隔が極端に短い路線がある理由や、単線・複線が混在する事情など、隠された秘密も明かされる。本書では、貴重な地図を多数収録し、日本の名勝を走る鉄道を紹介。鉄道ファンならずとも時空を超えた旅を味わうことができる。地図研究家、鉄道愛好家として絶大な人気を集める著者が贈る珠玉の一冊。

◇全国新線・新駅交通地図—極秘資料が証す 矢田晶紀著 産能大学出版部 1993.12 352p 21cm〈折り込図2枚〉 3800円 Ⓘ4-382-05203-3
内容 本書は、一般には入手しがたい極秘資料と徹底調査により、新しい交通地図の全貌を明らかにし、計画に伴う沿線の将来像も見込んで、パワーアップの期待できる地域、魅力あるゾーンに生まれ変わる地域等、行き届いた情報を提供する。首都圏を中心に、北海道新幹線から戦後鉄道皆無地帯であった沖縄都市モノレール構想まで全国123線、新線・新駅の詳細な場所を明示した交通地図の決定版。

◇全国鉄道絶景パノラマ地図帳—週刊鉄道絶景の旅 『週刊鉄道絶景の旅』編集部編 集英社 2010.10 103p 30cm 1500円 Ⓘ978-4-08-780584-0
内容 66の絶景路線を絶景のパノラマ地図で表現。

◇全国鉄道ものしり地図帳 学習研究社 2009.6 91p 30cm (きらり! 好奇心) 1600円 Ⓘ978-4-05-203167-0

◇全國鐵道旅行繪圖 今尾恵介解説 立川 けやき出版 2011.4 253p 21cm

〈文献あり〉　1900円　①978-4-87751-437-2
目次 京成電車沿線案内（京成電鉄）、銚子へ銚子鉄道（銚子電気鉄道）、城東電車沿線案内（東京都電―廃止）、王子電気軌道沿線案内（東京都電荒川線ほか）、西武電車沿線御案内（西武鉄道）、京王電車沿線名所図絵（京王電鉄）、奥多摩 青梅電気鉄道（JR青梅線）、小田原急行鉄道沿線名所案内（小田急電鉄）、小田急沿線案内（小田急電鉄）、目黒蒲田・東京横浜電鉄沿線名所案内（東急電鉄）〔ほか〕

◇全国鉄道旅行図―JR旅客6社と全民鉄　[地図資料]　昭文社　1991.4　地図2枚：両面色刷　26×44―26×107cm（折りたたみ26cm）〈タイトルはホルダーによる　ホルダー入〉　①4-398-72021-9

◇全日本鉄道バス旅行地図帳―最新2016年版　小学館クリエイティブ　2016.3　96p　30cm　（小学館GREEN MookーマップマガジンN 8）〈タイトルは表紙による.奥付・背のタイトル：全日本鉄道旅行地図帳　発売：小学館〉　1400円　①978-4-7780-5008-5

◇全日本鉄道バス旅行地図帳―最新2017年版　小学館クリエイティブ　2017.3　96p　30cm　（小学館GREEN Mookーマップマガジン 9）〈タイトルは表紙による.奥付・背のタイトル：全日本鉄道旅行地図帳　発売：小学館〉　1500円　①978-4-7780-5009-2

◇地形図で辿る廃線跡―古地図とともにいまはなき鉄道を歩く　吉田恭一著　心交社　1998.6（第2刷）　213p　21cm　1600円　①4-88302-345-1
内容 新旧地形図を初めて完全収録!!いま人気の鉄道廃線跡。各線の詳細なガイドとともに、廃線前と現在の地形図を全線網羅。歴史を伝える痕跡の魅力あふれるスナップも多数収録。鉄道ファン、地図ファン熱望の一冊。

◇地図で歩く鉄道の峠　今尾恵介著　立川　けやき出版　1997.5　238p　19cm　1500円　①4-87751-013-3
内容 新幹線は日本全国を時速300kmで走り抜けることをめざすという。車窓には峠も山も谷もない。求めるのはひたすらスピードだ。そんな時代に、果敢に汽車が峠に挑んでいた風景に想いを馳せ、じっくりと地図を眺めながら鉄道と歩きで峠越えを楽しんでみよう。

◇地図で歩く廃線跡―失われた鉄道の痕跡を辿る　今尾恵介著　二期出版　1998.4　302,8p　19cm　（シリーズ週末の達人）　1500円　①4-89050-366-8
内容 北海道から九州までひと味違う廃線歩き。地図にだけ存在した幻の駅探し。突然現れた中国様式の建築物に遭遇。幌内線、松前線などの旧国鉄から、片上鉄道、加悦鉄道などの私鉄まで網羅。本書掲載の廃線を歩くための地形図一覧つき。

◇ちず鉄　2　関西・東海北陸　山崎友也著　東京地図出版　2008.11　159p　21cm　1300円　①978-4-8085-0953-8
内容 「乗る」黒部、嵯峨野の観光トロッコや"生駒ケーブル"など、おもしろ列車を堪能する。「撮る」海と紀勢本線、山と高山本線など、路線の特徴を生かした撮影地実践ガイド。「知る」各地の鉄道博物館をはじめ、廃線、鉄道遺産、保存車両や駅なども情報満載。「食べる」鉄道模型が走るカフェ大集結。グルメ列車や各地の一押し駅弁もたっぷり。

◇地図で見てみよう！　日本の鉄道　小賀野実監修・写真　ポプラ社　2014.4　64p　26cm　（大解説！のりもの図鑑DX 10）　850円　①978-4-591-13744-4

◇中国・四国―鉄道地図帳　梅原淳監修　昭文社　2010　87p　26cm　（レールウェイマップル）〈文献あり　索引あり〉　800円　①978-4-398-65306-2

◇中部―鉄道地図帳　梅原淳監修　昭文社　2010　95p　26cm　（レールウェイマップル）〈文献あり　索引あり〉　800円　①978-4-398-65304-8

◇鉄道いっぱい！　日本地図の本　松本典久監修・文　交通新聞社　2015.9　79p　19cm　（ぷち鉄ブックス）〈イラスト：かとうとおるほか〉　1000円　①978-4-330-61015-3

◇鉄道車窓絵図―西日本の28路線を手描きマップで完全解説！　西日本編　今尾恵介著　JTBパブリッシング　2010.2　208p　26cm　1600円　①978-4-533-07723-4
内容 車窓絵図と縦断面図で路線を網羅！車窓解説と詳細な駅情報付き。

◇鉄道車窓絵図―東日本の28路線を手描きマップで完全解説！　東日本編　今尾恵介著　JTBパブリッシング　2010.2　208p　26cm　1600円　①978-4-533-07722-7
[内容]車窓絵図と縦断面図で路線を網羅！車窓解説と詳細な駅情報付き。

◇鉄道地図から読みとく秘密の世界史―歴史を動かしてきた"真実"がここにある！　宮崎正勝監修　青春出版社　2001.10　195p　18cm　（プレイブックス）　830円　①4-413-01844-3
[内容]オリエント急行、シベリア鉄道…世界を走る鉄道がもたらしてくれる楽しみは、旅情だけではない。本書では、いわば「文明の象徴」であった鉄道の建設に秘められたエピソードから、知られざる歴史の側面を読みとくことを試みた。民族の交流や興亡、そして野望―鉄道地図から浮かび上がる、歴史の新しい楽しみ方を提示する。

◇鉄道地図世界で一番のネタ帳―思わず旅に出たくなる！　櫻田純監修　青春出版社　2009.9　220p　19cm〈文献あり〉　476円　①978-4-413-10925-3
[内容]「鉄道ファン」も知ってビックリ。鉄道地図の意外な読み方、教えます。

◇鉄道地図の楽しい読み方―時刻表には夢と不思議がいっぱい　所澤秀樹著　ベストセラーズ　1998.11　235p　15cm（ワニ文庫）　562円　①4-584-30597-8
[内容]時刻表の「さくいん地図」をはじめとする鉄道地図には、多くの謎がいまでも隠されている。それは、明治5年に鉄道が開通して以来の歴史の縮図といえる。「どうして線路がとぐろを巻いたように敷かれているのか」「ひとつの線路なのに途中で2つのルートが存在する理由は」…時刻表に隠された奥深い謎解きの楽しみを、ぜひ味わってください。

◇鉄道地図の「謎」―路線図に隠された鉄道の憂鬱　所澤秀樹著　山海堂　2002.2　271p　19cm〈年表あり　文献あり〉　1700円　①4-381-10423-4
[内容]たんねんに「鉄道地図」をながめていると、さまざまな疑問につきあたる。「どうしてこんなに使いにくい路線図になってしまったのか？」「同じような赤字路線なのにどうして片方だけ廃止されてしまったのか？」「3000キロも鉄道路線が減ってしまっ

たのはどこに問題があったのか？」等々、それらを調べていくと政治に翻弄された鉄道の『悲哀』が見えてくる。本書はこういったオモテ事情・ウラ事情を、歴史的な背景を押さえつつ、肩がこらない読み物として紹介していく。

◇鉄道地図は謎だらけ　所澤秀樹著　光文社　2008.3　259p　18cm　（光文社新書）　780円　①978-4-334-03447-4
[内容]寝床で、通勤電車で、"紙上旅行"を楽しむ。時刻表に付いている索引地図をたよりに、日本全国の鉄道に秘められたエピソードを探る。

◇鉄道地図は謎だらけ　所澤秀樹著　光文社　2013.4　275p　16cm　（光文社知恵の森文庫　tし3-2）〈2008年刊の加筆・修正　文献あり〉　667円　①978-4-334-78625-0
[内容]日本の鉄道路線には、思わず首を傾げたくなる箇所がいくつも存在する。なぜかー駅間だけ途切れているJR四国の路線。駅名も乗り換えも面倒くさい近鉄線の不思議。ややこしい路線のダブリや、鉄道会社の境界の話…。索引地図の謎をめぐって旅をすれば、知らなかった鉄道の真実が見えてくる！誰かに話したくなる鉄道雑学が満載の一冊。

◇鉄道でゆく凸凹地形の旅　今尾恵介著　朝日新聞出版　2014.5　269p　18cm　（朝日新書　463）　780円　①978-4-02-273563-8
[内容]日本の鉄道線路は、かくもダイナミックな勾配や曲線を描いていた！豊富な地図で見るユニークな線路。

◇鉄道ものしりスーパー地図帳　最強完全版　学研プラス　2016.7　91p　30cm（最強のりものヒーローズブックス）〈最強のりものヒーローズ特別編集　初版のタイトル等：全国鉄道ものしり地図帳〔学研2009年刊〕〉　1500円　①978-4-05-204482-3
[内容]地図の上で楽しむ、鉄道の旅に出よう!!全駅名にふりがな付き！北海道新幹線、北陸新幹線もカバー！鉄道ものしりコラムで、鉄道がもっと詳しく、もっと大好きに！

◇鉄道旅行日本全線乗りつぶしMAP―JR・私鉄・地下鉄はもちろん路面電車も網羅した最新路線地図　双葉社　2016.7　64p　30cm　（双葉社スーパームック）〈文献あり〉　1200円　①978-4-575-45622-6

◇東北―鉄道地図帳　梅原淳監修　昭文社　2010　95p　26cm　（レールウェイマップル）〈文献あり　索引あり〉　800円　①978-4-398-65302-4

◇日本一周！　鉄道大百科―国内全路線図付き　山崎友也監修　成美堂出版　2012.11　96p　30cm　1200円　①978-4-415-31328-3

◇NIPPON鉄道全線のりつぶし―付録JR・私鉄全線のりつぶしチェックリスト　人文社　2006.8　31p　27×11cm　〈付属資料：チェックリスト〉　1000円　①4-7959-0398-0
内容　本書は約2万7000kmにおよぶ日本全国鉄道全線完全乗車をめざす君たちへの究極ののりつぶしMAPです。

◇日本が見える「線路」の地図帳　エディット著, 立松和雄絵　PHP研究所　2008.9　79p　26cm　1400円　①978-4-569-70210-0
内容　JR特急列車・新幹線がこんなにたくさんいろんな場所を走っている。地域の地図とイラストで見るビジュアル・ブック。

◇日本全国「駅名」地図帳　浅井建爾著　成美堂出版　2012.3　219p　16cm　（成美文庫　あ-7-4）　524円　①978-4-415-40194-2
内容　思わず誰かに話したくなる駅名の謎が満載。ひと目でわかる路線図つき。

◇日本鉄道地図―どんな路線？　なぜ生まれた？　インターナショナル・ワークス編著　幻冬舎　2004.4　95p　26cm　1000円　①4-344-00603-8

内容　本書では、路線図をはじめとする多数の関連図版を用いて、日本各地の鉄道にまつわる謎を解き明かしていった。

◇ぬりつぶし式鉄道地図手帖　学習研究社　2009.3　191p　19cm　1000円　①978-4-05-404062-5
内容　JR・私鉄全線を網羅した書き込み式のオールカラー鉄道地図。1987年（JR発足）以降の廃線図も収録。臨時停車駅、貨物停車駅、名物駅弁の買える駅など各種アイコン付き。全国の鉄道博物館、得する切符活用ガイドなど使えるデータを収録。

◇ぬりつぶし「ローカル線」の旅手帖　関東・中部編　旅と鉄道編集部著　技術評論社　2017.1　127p　21cm　（大人の趣味採集帳シリーズ）　1480円　①978-4-7741-8613-9
内容　関東・中部に展開する魅力的なローカル線。昔乗ったあの車両にまた出会えるかも。地図には鉄道撮影ポイントも。乗ってみたい車両解説付き。

◇北海道―鉄道地図帳　梅原淳監修　昭文社　2010　79p　26cm　（レールウェイマップル）〈文献あり　索引あり〉　800円　①978-4-398-65301-7

◇めざせ鉄道博士！　日本全国鉄道路線地図―完全版　子供鉄道ファン必読!!　地理情報開発編　永岡書店　2016.5　96p　30cm　1300円　①978-4-522-43446-8

◇めざせ鉄道博士！　日本の鉄道路線地図―完全版　鉄道のことが何でもわかる！　子供鉄道ファン必読!!　地理情報開発編　永岡書店　2013.4　96p　30cm　1600円　①978-4-522-43189-4

077　鉄道路線図

【概　要】鉄道の路線と駅を単純な図で表したもの。旅客が目的の駅と路線・経路・乗換地点を把握するため、主に駅構内や列車内で掲示あるいは配布されている。都市部の複雑な路線図などは、見やすさを考慮して事業者・路線ごとに色分けされていることが多い。列車の停車駅を線で表したものは、「停車駅案内図」とも呼ばれる。

◇1/31の路線図―かくちまさひろ遺稿集　託雅広著　富山　北日本新聞開発センター　2003.12　299p　22cm　〈年譜あり〉　1500円　①4-907852-10-X

◇昭和19年の鉄道路線図と現在の鉄道路線図　［地図資料］　塔文社　［2005］

地図1枚　21×106cm（折りたたみ21cm）（塔文社レトロマップシリーズ7）〈数値データ：［縮尺不定］　付属資料：1冊：鐵道案内圖　タイトルはホルダーによる　ホルダー入（23cm）〉　1500円　①4-88678-471-2

◇全国鉄軌道路線図―長尺版　所澤秀樹監修，創元社「鉄道手帳」編集部編　[地図資料]　第2版　大阪　創元社　2017　地図1枚：両面色刷　28×180cm（折りたたみ28cm）〈「鉄道手帳」の別冊　裏面：京阪神拡大図ほか　分図：福岡市営地下鉄（福岡市交通局）ほか　ホルダー入〉　1200円　①978-4-422-24077-0

◇全国鉄道路線大全―JR・私鉄の全路線データを完全網羅!!　2017　イカロス出版　2017.9　253p　26cm　（イカロスMOOK）　2600円　①978-4-8022-0394-4

◇東京電車地図―通勤通学を楽にする知恵　松尾定行著　ランダムハウス講談社　2009.3　190p　19cm　1300円　①978-4-270-00475-3

◇日本全国鉄道めいろ―地図をおぼえよう！　1（名所めぐり編）　恵知仁作　汐文社　2011.1　31p　32cm　1800円　①978-4-8113-8739-0
[内容]全国の鉄道路線を使っためいろゲームの本。問題をときながらゴールをめざそう。

◇日本全国鉄道めいろ―地図をおぼえよう！　2（名物めぐり編）　恵知仁作　汐文社　2011.3　31p　32cm　1800円　①978-4-8113-8740-6

[内容]全国の鉄道路線を使っためいろゲーム。「司令」を読んで問題を解きながらゴールをめざそう。

◇日本全国鉄道めいろ―地図をおぼえよう！　3（日本一周編）　恵知仁作　汐文社　2011.3　31p　32cm　1800円　①978-4-8113-8741-3
[内容]全国の鉄道線路を使っためいろゲームの本。

◇乗りつぶしスルッと全国路線メモ　宮崎健之介著　創英社　2004.6　133p　19cm〈[東京]三省堂書店（発売）〉　880円　①4-88142-249-9
[目次]特選　路線メモ，JR北海道，JR四国，JR九州，JR西日本，JR東海，JR東日本，新幹線

◇ミウラ折り東京関東路線図　miura-ori lab（発売）　[2016]　地図(1枚)　43×58cm（折りたたみ12cm）　500円　①978-4-9903299-2-1

◇列車で行こう！―JR全路線図鑑　櫻井寛写真・文　世界文化社　2017.8　351p　26cm〈文献あり　索引あり〉　3200円　①978-4-418-17224-5
[内容]2017年7月現在で運行されている189路線を網羅。圧倒的！充実のビジュアル。本文の漢字に全て読みがな。路線データも盛りだくさん。五十音順INDEX付き。

078　配線
【概　要】停車場（駅，信号場，操車場等）構内での線路の配置のこと。本線（列車の発着や通過）と側線・分岐線（車両の留置などで使用）などとで連絡する。また，そのように配置された線路を指す。廃線を表わすのには，「配線図（廃線略図）」がある。

◇山陽・山陰ライン―全線・全駅・全配線　第1巻　神戸・姫路エリア　川島令三編著　講談社　2011.11　79p　26cm（〈図説〉日本の鉄道）〈文献あり〉　980円　①978-4-06-295151-7
[内容]列車ダイヤ&解説。オールカラー化した配線図でさらに詳しく。累計121駅を収録。

◇山陽・山陰ライン―全線・全駅・全配線　第2巻　北神戸・福知山エリア　川島令三編著　講談社　2011.12　79p　26cm（〈図説〉日本の鉄道）〈文献あり〉　980円　①978-4-06-295152-4
[目次]鉄道名所クローズアップ　山を駆け下りる通勤電車，特集　なぜ三木鉄道は生き残れ

なかったのか？，配線図（神戸電鉄有馬線（新開地‐北鈴蘭台），神戸電鉄粟生線（鈴蘭台‐見津信号所），神戸電鉄粟生線（木幡‐葉多）ほか），列車ダイヤ（山陰・福知山線，舞鶴・小浜線，加古川線 ほか）

◇山陽・山陰ライン―全線・全駅・全配線　第3巻　京都北部・兵庫エリア　川島令三編著　講談社　2012.1　79p　26cm（〈図説〉日本の鉄道）〈文献あり〉　980円　①978-4-06-295153-1

◇山陽・山陰ライン―全線・全駅・全配線　第4巻　兵庫西部・岡山エリア　川島令三編著　講談社　2012.2　79p　26cm

（〈図説〉日本の鉄道）〈文献あり〉 980円 ①978-4-06-295154-8

内容 JR山陽線・岡山‐福山間を中心として、6つの鉄道会社の15路線を掲載。山陽線岡山‐北長瀬間に広がるJR、JR貨物、新幹線などの留置線群は必見。外から見るだけでは全貌を把握できないJR貨物の東福山駅、水島臨海鉄道の貨物ヤードも完全網羅。

◇山陽・山陰ライン──全線・全駅・全配線 第5巻 鳥取・出雲・尾道エリア 川島令三編著 講談社 2012.3 79p 26cm （〈図説〉日本の鉄道）〈文献あり〉 980円 ①978-4-06-295155-5

内容 今号では、山陰線・伯備線の特急と普通の接続方法に着目。JR山陽線・福山‐三原間を中心として、3つの鉄道会社の9路線を掲載。山陽線では旧・糸崎機関区の配線に注目。山陰線、伯備線では、複線化のメカニズムを詳述。山陽新幹線、山陽線、山陰線、境線、一畑電車などの全駅の開業日、連絡、乗場を紹介。今号では、境線の妖怪駅名もすべて掲載。コラムは、米子空港拡張整備に伴う境線の線路付け替えなど5本掲載。

◇山陽・山陰ライン全線・全駅・全配線 第6巻 広島東部・呉エリア 川島令三編著 講談社 2012.4 79p 26cm （〈図説〉日本の鉄道）〈文献あり〉 980円 ①978-4-06-295156-2

内容 広島駅周辺の留置線群が織り成す壮大なパノラマ。JR山陽線、JR呉線、JR吉備線ほか列車ダイヤ&解説。累計155駅を収録する。

◇山陽・山陰ライン──全線・全駅・全配線 第7巻 広島エリア 川島令三編著 講談社 2012.5 95p 26cm （【図説】日本の鉄道） 1100円 ①978-4-06-295157-9

目次 特集 幻の陰陽連絡線・今福可部線広島‐浜田間、広島市内の鉄道整備計画の現状、配線図、列車ダイヤ、駅データ

◇山陽・山陰ライン全線・全駅・全配線 第8巻 山口エリア 川島令三編著 講談社 2012.6 95p 26cm （〈図説〉日本の鉄道）〈文献あり〉 1100円 ①978-4-06-295158-6

目次 配線図（山陽新幹線（徳山）/山陽線（徳山）、山陽線（新南陽‐福川）、山陽線（戸田‐四辻）ほか）、列車ダイヤ（山陽新幹線、美祢線、山陽線 ほか）、駅データ（山陽線、山陽新幹線、山口線 ほか）

◇四国・九州ライン全線・全駅・全配線 第1巻 四国東部エリア 川島令三編著 講談社 2013.5 95p 26cm （〈図説〉日本の鉄道）〈文献あり〉 1200円 ①978-4-06-295160-9

目次 配線図（山陽新幹線（岡山）/宇野線（岡山‐久々原）、本四備讃線（茶屋町‐上の町）/宇野線（茶屋町‐常山）、本四備讃線（児島）/宇野線（八浜‐宇野）、本四備讃線（宇多津）/予讃線（讃岐府中‐宇多津）、予讃線（香西‐国分） ほか）、駅データ（宇野線・本四備讃線、阿佐海岸鉄道阿佐東線 ほか）

◇四国・九州ライン全線・全駅・全配線 第2巻 四国西部エリア 川島令三編著 講談社 2013.6 95p 26cm （〈図説〉日本の鉄道）〈文献あり〉 1200円 ①978-4-06-295161-6

内容 どこにも公開されていない鉄道配線図を著者自ら全線乗車取材して作成する、壮大なプロジェクト。全点撮り下ろしの貴重写真満載！

◇四国・九州ライン全線・全駅・全配線 第3巻 北九州・筑豊エリア 川島令三編著 講談社 2013.7 95p 26cm （〈図説〉日本の鉄道）〈文献あり〉 1200円 ①978-4-06-295162-3

目次 配線図（鹿児島本線（門司港‐小森江）/平成筑豊鉄道門司港レトロ観光線（九州鉄道記念館‐関門海峡めかり）、鹿児島本線（門司‐北九州貨物ターミナル）、山陽新幹線（小倉）/鹿児島本線（東小倉‐西小倉）/日豊本線（小倉/西小倉）/北九州モノレール（小倉‐平和通）、鹿児島本線（浜小倉‐スペースワールド）/帆柱ケーブル（山麓‐山上）、鹿児島本線（八幡‐黒崎）/筑豊電鉄（黒崎駅前‐熊西） ほか）、（山陽新幹線、山陽本線・鹿児島本線、香椎本線・篠栗線、日豊本線 ほか）

◇四国・九州ライン全線・全駅・全配線 第4巻 福岡エリア 川島令三編著 講談社 2013.8 95p 26cm （〈図説〉日本の鉄道）〈文献あり〉 1200円 ①978-4-06-295163-0

内容 どこにも公開されていない鉄道配線図を著者自ら全線乗車取材して作成する、壮大なプロジェクト。全点撮り下ろしの貴重写真満載！ 貨物、専用線…70年代福岡周辺の配線も。インデックスとして使える新・駅データ累計190駅を収録!!

◇四国・九州ライン全線・全駅・全配線　第5巻　長崎・佐賀エリア　川島令三編著　講談社　2013.9　95p　26cm　(〈図説〉日本の鉄道)〈文献あり〉　1200円　①978-4-06-295164-7
[内容] どこにも公開されていない鉄道配線図を著者自ら全線乗車取材して作成する、壮大なプロジェクト。全点撮り下ろしの貴重写真満載！

◇四国・九州ライン全線・全駅・全配線　第6巻　熊本・大分エリア　川島令三編著　講談社　2013.10　95p　26cm　(〈図説〉日本の鉄道)〈文献あり〉　1200円　①978-4-06-295165-4
[内容] どこにも公開されていない鉄道配線図を著者自ら全線乗車取材して作成する、壮大なプロジェクト。全点撮り下ろしの貴重写真満載！第6巻では、鹿児島本線および九州新幹線の久留米‐新八代間、それに西鉄天神大牟田線の試験場前‐大牟田間、日豊本線の大分‐宮崎間とし、この東西を結ぶ豊肥本線などを取り上げる。

◇四国・九州ライン全線・全駅・全配線　第7巻　宮崎・鹿児島・沖縄エリア　川島令三編著　講談社　2013.11　103p　26cm　(〈図説〉日本の鉄道)〈文献あり〉　1300円　①978-4-06-295166-1
[内容] どこにも公開されていない鉄道配線図を著者自ら全線乗車取材して作成する、壮大なプロジェクト。全点撮り下ろしの貴重写真満載！

◇〈図解〉配線で解く「鉄道の不思議」　中部ライン編　川島令三[著]　講談社　2013.1　189p　16cm　(講談社+α文庫 G181-5)〈文献あり〉　819円　①978-4-06-281501-7
[内容] 全国・全路線の鉄道配線を紹介する唯一の書籍として、ファンから熱狂的な支持を受ける『図説日本の鉄道』シリーズの、特集ページを再編集した文庫オリジナル版。配線図からわかる鉄道のミステリーを、豊富なカラー写真とともに著者ならではの洞察、分析で解き明かしていきます。第2弾は「中部ライン編」。JR中央線・信越線・北陸本線にスポットを当て、膨大な取材データをもとに、その歴史と謎に迫ります。

◇〈図解〉配線で解く「鉄道の不思議」　山陽・山陰ライン編　川島令三[著]　講談社　2013.2　172p　16cm　(講談社+α文庫 G181-6)〈「山陽・山陰ライン全線・全駅・全配線 全8巻」(2011～2012年刊)、「特別編成山陽・九州新幹線ライン全線・全駅・全配線」(2011年刊)からの再編集　文献あり〉　819円　①978-4-06-281508-6
[内容] 全国・全路線の鉄道配線を紹介する唯一の書籍として、ファンから熱狂的な支持を受ける『図説 日本の鉄道』シリーズの、特集ページを再編集した文庫オリジナル版。配線図からわかる鉄道のミステリーを、豊富なカラー写真とともに著者ならではの洞察、分析で解き明かしていきます。第3弾は「山陽・山陰ライン編」。神戸から下関へ、山陽・山陰地区を縦横無尽に駆け抜ける路線にスポットを当て、その歴史と謎に迫ります。

◇〈図解〉配線で解く「鉄道の不思議」　東海道ライン編　川島令三[著]　講談社　2012.12　189p　16cm　(講談社+α文庫 G181-4)〈「発掘・発見！鉄道・配線のミステリー」(2010年刊)の改題・再編集　文献あり〉　819円　①978-4-06-281500-0
[内容] 全国・全路線の鉄道配線を紹介する唯一の書籍として、ファンから熱狂的な支持を受ける『図解 日本の鉄道』シリーズの、特集ページを再編集した「保存版」を文庫化。配線図からわかる鉄道のミステリーを、豊富なカラー写真とともに著者ならではの洞察、分析で解き明かしていきます。第1弾は「東海道ライン編」。日本の鉄道の大動脈として物流を支えてきた東海道線は知られざるミステリーの宝庫。歴史と謎の正体から鉄道の真実に迫ります。

◇中部ライン―全線・全駅・全配線　第1巻　東京駅―三鷹エリア　川島令三編著　講談社　2010.4　95p　26cm　(〈図説〉日本の鉄道)〈文献あり〉　933円　①978-4-06-270061-0
[内容] ホームのカーブ再現、トンネル、廃止された駅の遺構など、配線図が進化。駅データは電略、駅構造など情報量アップ、かぶりつき写真もよりワイドに。

◇中部ライン―全線・全駅・全配線　第2巻　三鷹駅―八王子エリア　川島令三編著　講談社　2010.5　95p　26cm　(〈図説〉日本の鉄道)〈文献あり〉　933円　①978-4-06-270062-7
[内容] 小田急線、多摩モノレール延伸!?鉄道会社の壮大な夢と野望が明らかに。東京都西部のJR・私鉄・貨物・モノレール、横浜市営地下鉄を網羅。電略・車庫・側線・トン

配線

ネル・貨物ターミナルも充実、写真もワイドに。リニア・新幹線の試作車など「秘宝」がずらり。累計149駅を収録。

◇中部ライン─全線・全駅・全配線　第3巻　八王子駅─松本エリア　川島令三編著　講談社　2010.6　95p　26cm　(〈図説〉日本の鉄道)〈文献あり〉　933円　①978-4-06-270063-4
目次　特集 元スイッチバック駅の大解剖、鉄道名所クローズアップ(中央線絶景 桃源郷と山梨の"四"名山、富士山を仰ぎ走る富士急行線、今も残る三塩軌道線跡)、配線図、綴じ込みワイド配線図、駅データ

◇中部ライン─全線・全駅・全配線　第4巻　塩尻駅─名古屋東部　川島令三編著　講談社　2010.7　95p　26cm　(〈図説〉日本の鉄道)〈文献あり〉　933円　①978-4-06-270064-1
内容　138本のトンネルと深山幽谷が織りなす秘境路線・飯田線の配線美。「消えた鉄道」木曽森林鉄道・名鉄美濃町線の廃線跡・保存車両を紹介。長野県南部・静岡県西部・岐阜県・愛知県東部のJR・私鉄・貨物を網羅。あなたの旅を10倍ワクワクさせる配線図。

◇中部ライン─全線・全駅・全配線　第5巻　米原駅─加賀温泉駅　川島令三編著　講談社　2010.8　95p　26cm　(〈図説〉日本の鉄道)〈文献あり〉　933円　①978-4-06-270065-8
目次　特集(北陸線・旧線跡は語る、琵琶湖・若狭湾快速鉄道、福井市内線路大改良計画)、鉄道名所クローズアップ「びわ湖バレイ」から見た湖西線、配線図(北陸線(米原-余呉)、湖西線(比叡山坂本-新旭)、湖西線(近江今津-永原) ほか)、駅データ(北陸線、湖西線、JR貨物北陸線・湖西線 ほか)

◇中部ライン─全線・全駅・全配線　第6巻　加賀温泉駅-富山エリア　川島令三編著　講談社　2010.9　95p　26cm　(「図説」日本の鉄道)〈文献あり〉　933円　①978-4-06-270066-5
目次　配線図、綴じ込みワイド配線図、駅データ

◇中部ライン─全線・全駅・全配線　第7巻　富山・糸魚川・黒部エリア　川島令三編著　講談社　2010.10　95p　26cm　(〈図説〉日本の鉄道)〈文献あり〉　933円　①978-4-06-270067-2
内容　史上初、「日本最後の事業用機動￥」の全配線図。累計165駅を収録。

◇中部ライン─全線・全駅・全配線　第8巻　糸魚川駅─新潟エリア　川島令三編著　講談社　2010.11　95p　26cm　(〈図説〉日本の鉄道)〈文献あり〉　933円　①978-4-06-270068-9
目次　特集 北陸新幹線ルート決定までの舞台裏、鉄道名所クローズアップ─湯沢高原ロープウェイから見た上越回廊、配線図(北陸線(糸魚川-谷浜)、信越線(脇野田-直江津) ほか)、綴じ込みワイド配線図(信越線(保内-亀田)、信越線(越後石山)/JR貨物(新潟貨物ターミナル) ほか)、駅データ(北陸線、北陸新幹線 ほか)

◇中部ライン─全線・全駅・全配線　第9巻　信州・信越エリア　川島令三編著　講談社　2010.12　95p　26cm　(〈図説〉日本の鉄道)〈文献あり〉　933円　①978-4-06-270069-6
内容　見逃せないイチオシポイント！JR東日本長野総合車両センターから北長野駅までの壮大な配線、しなの鉄道に残された、信越線時代の貨物ヤード。

◇中部ライン─全線・全駅・全配線　第10巻　上越・秩父エリア　川島令三編著　講談社　2011.1　95p　26cm　(〈図説〉日本の鉄道)〈文献あり〉　933円　①978-4-06-270070-2
内容　今しか見られない。ダムで消える線路、保存版。

◇中部ライン─全線・全駅・全配線　第11巻　埼玉南部・東京多摩北部　川島令三編著　講談社　2011.2　95p　26cm　(〈図説〉日本の鉄道)〈文献あり〉　933円　①978-4-06-270071-9
目次　配線図(西武池袋線(秋津-所沢)/西武新宿線(新所沢-所沢)、西武池袋線(狭山ケ丘-飯能)、西武池袋線(高麗-吾野)/西武秩父線(吾野-西武秩父)、武蔵野線(北朝霞-新座貨物ターミナル)/東武東上線(朝霞-志木)、川越線(日進-指扇)/東武東上線(柳瀬川-上福岡) ほか)、駅データ(川越線、八高線、青梅線、五日市線、武蔵野線 ほか)

◇中部ライン─全線・全駅・全配線　第12巻　東京都心北部　川島令三編著　講談社　2011.3　95p　26cm　(〈図説〉日本の鉄道)〈文献あり〉　1143円　①978-4-06-270072-6

内容　旅客列車も走らせ混雑緩和を図る、東北貨物線・山手貨物線。西武池袋線・東武東上線の、地下鉄との接続と配線の妙。

◇鉄道配線大研究―乗る、撮る、未来を予測する　川島令三著　講談社　2017.2　253p　19cm　（〈図説〉日本の鉄道）〈文献あり〉　1700円　①978-4-06-295182-1
　目次　鉄道配線の基礎知識,第1章 ターミナル駅の配線,第2章 単線路線の行違パターン,第3章 中間折返駅の構造,第4章 複々線の配線,第5章 路面電車・地下鉄などの配線,第6章 貨物駅・車両基地の配線

◇東海道ライン―全線・全駅・全配線　第1巻　東京駅―横浜エリア　川島令三編著　講談社　2009.3　95p　26cm　（〈図説〉日本の鉄道）〈文献あり〉　933円　①978-4-06-270011-5
　内容　知られざる地下鉄連絡線も激写！ 駅の構造がわかる貴重写真満載。旅のおともに最適！ 列車が今、どこを通っているかがわかる配線路線図。東海道本線周辺のJR・私鉄・地下鉄・貨物線・信号場も徹底網羅。

◇東海道ライン―全線・全駅・全配線　第2巻　横浜駅―熱海エリア　川島令三編著　講談社　2009.4　95p　26cm　（〈図説〉日本の鉄道）〈文献あり〉　933円　①978-4-06-270012-2
　内容　「これから行く駅」「自分が乗っている路線」「乗り換え方法」がよくわかる。東海道線周辺のJR・私鉄・貨物線も！ 史上空前の「配線路線図」を公開。必見、個性たっぷりの楽しい駅スタンプ、駅の構造がわかる貴重写真満載。構想30年、横浜駅変貌の歴史まるわかり。人気の江ノ電・湘南モノレール・箱根登山鉄道は全駅掲載。累計247駅を収録。

◇東海道ライン―全線・全駅・全配線　第3巻　熱海駅―豊橋エリア　川島令三編著　講談社　2009.5　95p　26cm　（〈図説〉日本の鉄道）〈文献あり〉　933円　①978-4-06-270013-9
　内容　累計220駅を収録。「配線図」だから解ける"鉄道の謎"。

◇東海道ライン―全線・全駅・全配線　第4巻　豊橋駅―名古屋エリア　川島令三編著　講談社　2009.6　111p　26cm　（〈図説〉日本の鉄道）〈文献あり〉　933円　①978-4-06-270014-6
　内容　名古屋地区の貨物線構想の全貌。新車両がたどる「6回のスイッチバック」搬入ルートを公開。累計347駅を収録。東海道線周辺のJR・私鉄・貨物線も、史上空前の「配線路線図」を公開。必見！ 個性たっぷりの楽しい駅スタンプ、名所案内板、貴重写真が満載。

◇東海道ライン―全線・全駅・全配線　第5巻　名古屋駅―米原エリア　川島令三編著　講談社　2009.7　95p　26cm　（〈図説〉日本の鉄道）〈文献あり〉　933円　①978-4-06-270015-3

◇東海道ライン―全線・全駅・全配線　第6巻　米原駅―大阪エリア　川島令三編著　講談社　2009.8　95p　26cm　（〈図説〉日本の鉄道）〈文献あり〉　933円　①978-4-06-270016-0
　内容　ついに本巻で東海道本線・東京‐神戸間貫通。空前のオリジナル配線路線図。東海道線周辺のJR・私鉄・貨物線も！ 地図にない運転ルートが見える。必見！ 個性たっぷりの楽しい駅スタンプ、先頭車かぶりつき写真満載。

◇東海道ライン―全線・全駅・全配線　第7巻　大阪エリア―神戸駅　川島令三編著　講談社　2009.3　111p　26cm　（〈図説〉日本の鉄道）〈文献あり〉　933円　①978-4-06-270017-7
　内容　知られざる地下鉄連絡線も激写！ 駅の構造がわかる貴重写真満載。旅のおともに最適！ 列車が今、どこを通っているかがわかる配線路線図。東海道本線周辺のJR・私鉄・地下鉄・貨物線・信号場も徹底網羅。

◇東海道ライン―全線・全駅・全配線　第8巻　名古屋南部・紀勢東部　川島令三編著　講談社　2009.9　95p　26cm　（〈図説〉日本の鉄道）〈文献あり〉　933円　①978-4-06-270018-4
　内容　話題沸騰・史上空前のオリジナル配線路線図、ついに紀伊半島へ上陸。地図にない運転詳細ルート、車庫、四日市工業地帯の貨物配線がわかる。必見！ 先頭車かぶりつき写真、個性たっぷりの楽しい駅スタンプ満載。

◇東海道ライン―全線・全駅・全配線　第9巻　奈良・東大阪　川島令三編著　講談社　2009.10　95p　26cm　（〈図説〉日本の鉄道）〈文献あり〉　933円　①978-4-06-270019-1
　内容　大阪ミナミ、そして奈良へ！ 史上空前のオリジナル配線路線図が上陸。JR・私鉄・

貨物線も網羅！ 地図ではわからない運転ルートが見える。必見！ 先頭車かぶりつき写真、個性たっぷりの楽しい駅スタンプ満載。

◇東海道ライン——全線・全駅・全配線　第10巻　阪南・紀勢西部　川島令三編著　講談社　2009.11　111p　26cm　（〈図説〉日本の鉄道）〈文献あり〉　933円　①978-4-06-270020-7

[内容] 和歌山県の全域と南海全線を制覇、史上空前のオリジナル配線路線図。JR・私鉄・路面電車も網羅！ 地図ではわからない運転ルートが見える。必見！ 先頭車かぶりつき写真、個性たっぷりの楽しい駅スタンプ満載。

◇東海道ライン——全線・全駅・全配線　第11巻　東京南東部・千葉北西部　川島令三編著　講談社　2009.12　95p　26cm　（〈図説〉日本の鉄道）〈文献あり〉　933円　①978-4-06-270021-4

[内容] 配線図で読み解く鉄道のシナリオ。JR・私鉄・貨物線を網羅、地図ではわからない運転ルートが見える。必見、先頭車かぶりつき写真、個性たっぷりの楽しい駅スタンプ満載。累計273駅を収録。

◇東海道ライン——全線・全駅・全配線　第12巻　東京北東部・埼玉南東部　川島令三編著　講談社　2010.1　95p　26cm　（〈図説〉日本の鉄道）〈文献あり〉　933円　①978-4-06-270022-1

[内容] 東海道ライン編、ついに完結。話題沸騰・史上空前のオリジナル配線図。JR・私鉄・貨物線を網羅！ 地図ではわからない運転ルートが見える。必見！ 先頭車かぶりつき写真、個性たっぷりの楽しい駅スタンプ満載。

◇東北ライン全線・全駅・全配線　第1巻　両毛エリア　川島令三編著　講談社　2014.7　95p　26cm　（〈図説〉日本の鉄道）〈文献あり〉　1300円　①978-4-06-295168-5

[内容] どこにも公開されていない鉄道配線図を著者自ら全線乗車取材して作成する、壮大なプロジェクト。全点撮り下ろしの貴重写真満載！

◇東北ライン全線・全駅・全配線　第2巻　常磐エリア　川島令三編著　講談社　2014.8　95p　26cm　（〈図説〉日本の鉄道）〈文献あり〉　1300円　①978-4-06-295169-2

[目次] 配線図（常磐線（土浦 - 神立）、常磐線（高浜 - 石岡）、常磐線（羽鳥 - 友部）/水戸線（友部 - 笠間）、常磐線（内原 - 偕楽園（臨））、常磐線（水戸）/水郡線（水戸）/鹿島臨海鉄道大洗鹿島線（水戸 - 東水戸）ほか）、駅データ（常磐線、水戸線、真岡鐵道真岡線、水郡線（奥久慈清流ライン）、磐越東線（ゆうゆうあぶくまライン）ほか）

◇東北ライン全線・全駅・全配線　第3巻　房総エリア　川島令三編著　講談社　2014.9　95p　26cm　（〈図説〉日本の鉄道）〈文献あり〉　1300円　①978-4-06-295170-8

[目次] 配線図（総武本線（西千葉 - 東千葉）/外房線（千葉）/京葉線（千葉みなと）/京成千葉線（京成千葉）/千葉都市モノレール（千葉みなと - 栄町）（千葉 - スポーツセンター）、総武本線（都賀）/千葉都市モノレール（動物公園 - 千城台）、総武本線（四街道 - 佐倉）/成田線（佐倉）、総武本線（南酒々井 - 八街）/成田線（酒々井）、成田線（日向 - 松尾）/東金線（福俵 - 成東）ほか）、駅データ（京成電鉄千葉線・千原線、総武本線、東金線、成田線、外房線 ほか）

◇東北ライン全線・全駅・全配線　第4巻　日光・宇都宮エリア　川島令三編著　講談社　2014.10　95p　26cm　（〈図説〉日本の鉄道）〈文献あり〉　1300円　①978-4-06-295171-5

[内容] 貴重な取材資料で1988年の配線を再現！ インデックスとして使える駅データ累計147駅を収録!!全駅写真掲載！

◇東北ライン全線・全駅・全配線　第5巻　福島エリア　川島令三編著　講談社　2014.11　95p　26cm　（〈図説〉日本の鉄道）〈文献あり〉　1300円　①978-4-06-295172-2

[内容] 配線図＆特撮写真だからわかる鉄道の魅力。どこにも公開されていない鉄道配線図を著者自ら全線乗車取材して作成する、壮大なプロジェクト。全点撮り下ろしの貴重写真満載！ 東北・山形新幹線の分岐形態＆新在直通。インデックスとして使える駅データ累計176駅を収録!!全駅写真掲載！

◇東北ライン全線・全駅・全配線　第6巻　仙台・山形エリア　川島令三編著　講談社　2015.4　95p　26cm　（〈図説〉日本の鉄道）〈文献あり〉　1300円　①978-4-06-295173-9

[目次] 配線図（東北本線（館腰 - 名取）/仙台空港鉄道仙台空港線（仙台空港 - 名取）、地下

鉄南北線(富沢)/東北本線(南仙台), 地下鉄南北線(長町南 - 河原町)/地下鉄東西線(八木山動物公園 - 青葉通 - 番町)/東北本線(太子堂 - 長町), 地下鉄南北線(愛宕橋 - 広瀬通)/地下鉄東西線(仙台 - 連坊)/仙石線(あおば通 - 榴ケ岡)/仙山線(仙台)/東北新幹線(仙台), 地下鉄東西線(薬師堂 - 荒井)/仙石線(宮城野原 - 苦竹)/東北貨物線(仙台貨物ターミナル) ほか), 駅データ(東北新幹線, 東北本線, 東北本線(利府支線)/東北貨物東北ライン), 仙台空港鉄道仙台空港線, 仙石線 ほか)

◇東北ライン全線・全駅・全配線　第7巻　盛岡・三陸エリア　川島令三編著　講談社　2015.5　95p　26cm　(〈図説〉日本の鉄道)〈文献あり〉　1300円
①978-4-06-295174-6
内容 どこにも公開されていない鉄道配線図を著者自ら全線乗車取材して作成する, 壮大なプロジェクト。全点撮り下ろしの貴重写真満載！

◇東北ライン全線・全駅・全配線　第8巻　岩手・青森エリア　川島令三編著　講談社　2015.7　95p　26cm　(〈図説〉日本の鉄道)〈文献あり〉　1300円
①978-4-06-295175-3
目次 配線図(東北新幹線(盛岡)/山田線(盛岡)/IGRいわて銀河鉄道(盛岡)/IGRいわて銀河鉄道(青山 - 巣子)/IGRいわて銀河鉄道(滝沢 - 岩手川口)/東北新幹線(いわて沼宮内)/IGRいわて銀河鉄道(いわて沼宮内 - 奥中山高原)/IGRいわて銀河鉄道(小繋 - 一戸) ほか), 駅データ(東北新幹線, IGRいわて銀河鉄道いわて銀河鉄道線, 青い森鉄道青い森鉄道線, 山田線, 三陸鉄道北リアス線 ほか)

◇東北ライン全線・全駅・全配線　第9巻　秋田エリア　川島令三編著　講談社　2015.8　95p　26cm　(〈図説〉日本の鉄道)〈文献あり〉　1300円　①978-4-06-295176-0
目次 配線図(羽越本線(坂町 - 越後早川), 羽越本線(桑川 - 府屋), 羽越本線(鼠ケ関 - 三瀬)/羽越本線(羽前水沢 - 余目)/陸羽西線(余目), 羽越本線(北余目 - 酒田)/JR貨物(酒田 - 酒田港) ほか), 駅データ(羽越本線, 奥羽本線(山形線)(山形新幹線)(秋田新幹線), 陸羽東線, 陸羽西線, 北上線 ほか)

◇東北ライン全線・全駅・全配線　第10巻　白神・津軽エリア　川島令三編著　講談社　2015.9　95p　26cm　(〈図説〉日本の鉄道)〈文献あり〉　1300円
①978-4-06-295177-7
内容 どこにも公開されていない鉄道配線図を著者自ら全線乗車取材して作成する, 壮大なプロジェクト。全点撮り下ろしの貴重写真満載！

◇特別編成京阪神スペシャル全線・全駅・全配線　川島令三編著　講談社　2012.11　93p　26cm　(〈図説〉日本の鉄道)〈文献あり〉　1300円　①978-4-06-295159-3
内容 京都・大阪, 神戸, 進化を続ける大都市の最新配線図。

◇特別編成山陽・九州新幹線ライン—全線・全駅・全配線　川島令三編著　講談社　2011.9　79p　26cm　(〈図説〉日本の鉄道)〈文献あり〉　980円　①978-4-06-270073-3
目次 特集(鉄道絶景 新幹線を俯瞰する, 未完の九州新幹線計画「東九州新幹線」放置された用地, 未完の九州新幹線計画「西九州ルート」開業への「切り札」, 幻の新幹線計画「弾丸列車」のルートを追え！, 山陽・九州新幹線ダイヤグラム, 山陽・九州新幹線 車両図鑑, 大解剖！ 鳥飼車両基地), 配線図(山陽新幹線, 山陽・九州新幹線, 博多南線, 九州新幹線), 駅データ(山陽新幹線, 博多南線, 九州新幹線), 路線紹介(山陽新幹線, 博多南線, 九州新幹線)

◇特別編成首都近郊スペシャル全線・全駅・全配線　川島令三編著　講談社　2014.4　99p　26cm　(〈図説〉日本の鉄道)〈文献あり〉　1300円　①978-4-06-295167-8
内容 今まで詳細図がなかった車両基地や保守用側線までを徹底網羅したオリジナルの配線図を掲載。新シリーズ「東北ライン」につながるエリアの最新情報。

◇配線略図で広がる鉄の世界—路線を読み解く＆作る本　井上孝司著　秀和システム　2009.3　303p　21cm〈索引あり〉　1800円　①978-4-7980-2200-0
内容 あの配線にはこんな理由があったのか。150以上の構内配線から配線のしくみを徹底解剖。

◇配線略図で広がる鉄の世界　井上孝司著　第2版　秀和システム　2013.3　335p　21cm〈索引あり〉　1800円
①978-4-7980-3753-0

[内容] 配線の原理・原則を中心に解説。鉄道ファンの注目を集めた"アノ"話題作が4年ぶりに大改訂。第35回交通図書賞奨励賞受賞。魅惑の配線175を紹介。空から見た配線写真を新たに収録。小竹向原駅、京急蒲田駅、調布駅など、改良工事があった配線情報をアップデート。解説・配線図をすべて見直してよりわかりやすくした増補+大改訂版。

◇発掘・発見！ 鉄道・配線のミステリー――東海道ライン編 保存版　川島令三著　講談社　2010.3　79p　26cm　（〈図説〉日本の鉄道）〈文献あり〉　933円
①978-4-06-270023-8
[内容] 「鉄道の不思議」の謎が解ける。貴重写真・図版満載でおくる豪華オールカラー29テーマ。

◇北海道ライン全線・全駅・全配線　第1巻　道南エリア　川島令三編著　講談社　2015.11　95p　26cm　（〈図説〉日本の鉄道）〈文献あり〉　1400円
①978-4-06-295178-4
[内容] どこにも公開されていない鉄道配線図を著者自ら全線乗車取材して作成する、壮大なプロジェクト。全点撮り下ろしの貴重写真満載！

◇北海道ライン全線・全駅・全配線　第2巻　道央エリア　川島令三編著　講談社　2015.12　95p　26cm　（〈図説〉日本の鉄道）〈文献あり〉　1400円
①978-4-06-295179-1
[内容] どこにも公開されていない鉄道配線図を著者自ら全線乗車取材して作成する、壮大なプロジェクト。全点撮り下ろしの貴重写真満載！

◇北海道ライン全線・全駅・全配線　第3巻　道東・道北エリア　川島令三編著　講談社　2016.1　127p　26cm　（〈図説〉日本の鉄道）〈文献あり〉　1600円
①978-4-06-295180-7
[内容] どこにも公開されていない鉄道配線図を著者自ら全線乗車取材して作成する、壮大なプロジェクト。全点撮り下ろしの貴重写真満載！

079 廃線

【概　要】鉄道路線としての営業をやめること、または、営業をやめた鉄道路線（廃止路線）のこと。一般には、後者を指すことが多い。

1980年代以降、旧日本国有鉄道やJR旅客鉄道各社を中心に、経営合理化の一環で、地方の赤字ローカル線の廃線が相次いだ。2018年3月にも、西日本旅客鉄道（JR西日本）が運行していた三江線（広島県三次駅～島根県江津駅）が廃線となった。

また、自然災害で被害を受けて復旧ならずに廃線となったケース（高千穂鉄道高千穂線、JR東日本岩泉線など）や路線の付け替えにより不要になった区間を廃線としたケース（京阪電気鉄道京津線（京津三条駅～御陵駅）、東京急行電鉄東横線（横浜駅～桜木町駅）など）もある。

一度廃線となったものの部分的に復活した珍しいケースもある。JR西日本の可部線は、2003年12月に可部駅から三段峡駅までの区間が廃線となった。しかし、宅地化の進展や沿線住民の復活を求める声などもあって、可部駅からあき亀山駅の区間が再整備され、2017年3月に開業（復活）した。

廃線跡は、そのまま放置されているケース、部分的に公園などの形で保存されているケース、遊歩道やサイクリングロード、バス専用道などとして整備されているケースなど様々である。廃線跡などの鉄道遺構の探訪を楽しむ鉄道ファンもいる。

◇昭島消えた五つの鉄道　昭島　昭島市教育委員会生涯学習部社会教育課　2017.11　130p　21cm　（昭島近代史調査報告書5―ブックレット2017）〈調査・文・編集：三村章　年表あり〉　500円

◇今は昔しずおか懐かし鉄道　静岡新聞社編　静岡　静岡新聞社　2006.6　142p　18cm　（静新新書）　819円
①4-7838-0324-2
[内容] 本書は静岡新聞が昭和五十五年に「鉄道物語」として連載し、翌年に「静岡県鉄道物語」のタイトルで単行本化したものの中から、とうの昔に廃線になった鉄道を中心に「今は昔 しずおか懐かし鉄道」として再構成し、一部書き下ろしを加えた。

◇失われた国鉄・JR駅―今は見ることができない鉄道風景―1980年代から現在まで、廃止・転換された駅を網羅！　西崎さいき著　イカロス出版　2018.4　240p　26cm　（イカロスMOOK）〈文献あり〉　2480円　①978-4-8022-0494-1

◇失われた鉄道を求めて　宮脇俊三著　文芸春秋　1992.9　254p　16cm　（文春文庫）　380円　①4-16-733104-7
内容「廃線跡」はいいものだ。路盤、切通し、橋脚、トンネル…。そこにたたずむと、いまにもシュッシュッポッポッと古く懐かしい汽車が現われそうな気分になる―。北は北海道から南は沖縄、さらにはサイパン、ティニアンまでいまはなき鉄道跡を探訪した、鉄道ファンなら読まずにいられない「鉄道考古学」入門書。

◇失われた鉄道を求めて　宮脇俊三著　新装版　文藝春秋　2011.5　260p　15cm　（文春文庫）　552円　①978-4-16-733107-8
内容　無駄のない文体と諧謔の裡に、限りなく深い鉄道への憧憬をにじませた宮脇俊三の紀行文学は、歿後もその輝きを失わない。日本国内のみならず、サイパン、ティニアンなどの廃線跡を探訪した本書は、鉄道考古学という新ジャンルを確立しただけでなく、のちの廃線跡ブームの先駆けともなった記念碑的作品。

◇失われた鉄道100選―廃線跡の旅は続く…　2　南正時文・写真　京都　淡交社　1998.11　205p　21cm　1800円　①4-473-01577-7
内容　本書は、鉄道写真家の南正時さんが全国100の失われた路線をたどる。廃線となった鉄道の全盛時、そして現在の廃線跡の様子を旅情豊かに紹介します。

◇碓氷線・EF63の道―峠の廃線紀行　写真集　浦野護編・著　薮塚本町（群馬県）　あかぎ出版　1999.12　94p　20cm　（碓氷線シリーズ）〈奥付のタイトル：EF63の道〉　2400円　①4-901189-31-X

◇加越線廃線41年後の風景　今井春継編　南砺　今井春継　2013.9　41p　30cm　〈年表あり〉

◇加越能鉄道加越線―庄川水力電気専用鉄道　服部重敬著　ネコ・パブリッシング　2017.11　47p　26cm　（RM LIBRARY 219）〈文献あり　年表あり〉　1250円　①978-4-7770-5416-9

◇関東・甲信越鉄道廃線跡ルートガイド―失われた路線を求めて歩く26コース　西本裕隆監修　メイツ出版　2011.7　128p　21cm　1600円　①978-4-7804-1016-7
内容　失われた路線を求めて歩く26コース。

◇消えた鉄道の記録―1985～2001　新人物往来社　2001.11　159p　26cm　（別冊歴史読本　91―鉄道シリーズ　第15弾）　2400円　①4-404-02791-5

◇消えた鉄路へのレクイエム　伊藤博康、服部重敬、山本高英著　大阪　トンボ出版　1999.4　139p　31cm　3800円　①4-88716-123-9

◇消えた鉄路尾道鉄道　前田六二編　尾道　前田六二　1992.2　123p　26cm

◇消えた！　東京の鉄道310路線―現地を訪ねる探す見る歩鉄でひもとく首都廃線跡　中村建治著　イカロス出版　2018.4　194p　21cm　（イカロスMOOK）〈文献あり〉　1600円　①978-4-8022-0498-9

◇消えゆく鉄道の風景―さらば、良き時代の列車たち　終焉間近のローカル線と、廃線跡をたどる旅　田中正恭著　自由国民社　2006.11　231p　19cm　1600円　①4-426-75302-3
内容　さらば、良き時代の列車たち。終焉間近のローカル線と、廃線跡をたどる旅。

◇消えゆく鉄道の風景―さらば、良き時代の列車たち　終焉間近のローカル線と、廃線跡をたどる旅　田中正恭著　増補版　自由国民社　2008.7　241p　19cm　1600円　①978-4-426-10469-6
目次　第1章　消えゆく鉄道の風景（篠山線のセピア色の想い出（兵庫県），見納めのオホーツク流氷ライン（北海道），ご臨終の大嶺支線へ最後のお見舞い（山口県），老兵奮闘・終焉間近の蒲原鉄道（新潟県）ほか），第2章　消えた鉄道の風景（日中線の幽霊屋敷・熱塩駅再訪（福島県），西寒川再訪記（神奈川県），ドリームランド・夢の跡（神奈川県），日高川残像（和歌山県）ほか），緊急増補　島原鉄道南線とキハ20惜別の旅（長崎県）

◇旧国鉄筑肥線そこに駅があった　樋口庄造著　福岡　西日本新聞社　2015.3

237

119p 26cm〈年表あり 索引あり〉2000円 ⓘ978-4-8167-0898-5
|目次| 姪浜、沿線残映（室見川、南庄〜福陵町）、西新、鳥飼、小笹、筑前高宮、筑前簔島、筑肥線写真館 博多・姪浜廃線30年

◇京都市電の廃線跡を探る 中村浩史［著］ ［岐阜］ 岐阜新聞社 2003.10 144p 21cm〈岐阜 岐阜新聞情報センター（発売） 年表あり〉 1714円 ⓘ4-87797-069-X

◇今日ものんびり谷汲線—サヨナラ名鉄4路線/廃止残念号 武相高校鉄道研究同好会著 竹内書店新社 2001.7 104p 26cm 1200円 ⓘ4-8035-0330-3

◇近鉄の廃線を歩く—懐想の廃止路線40踏査探訪 徳田耕一著 JTBパブリッシング 2006.12 175p 21cm（JTBキャンブックス）〈年表あり〉 1800円 ⓘ4-533-06557-0
|目次| 懐かしの路線回想、思い出の伊勢線、三重交通時代の鉄軌道各線回顧、青山峠旧線—大阪線・伊賀上津〜榊原温泉口、県境越えのルート変更—大阪線・大阪教育大前〜関屋、桜井駅構内の変遷—大阪線、奈良市内の路面区間—奈良線・新大宮〜近鉄奈良、生駒山地のルート変更—奈良線・石切〜生駒、向谷トンネル付近のルート変更—奈良線・生駒〜富雄、上本町駅構内配線の変遷—大阪線〔ほか〕

◇光明電気鉄道—廃線跡を訪ねて 静岡県立磐田西高等学校社会部編 ［磐田］ 平成17年度静岡県立磐田西高等学校社会部 2006.3 194p 30cm〈文献あり〉

◇国鉄・JR廃線4000キロ 三宅俊彦編著・写真 新人物往来社 1999.12 199p 26cm （別冊歴史読本 35） 2000円 ⓘ4-404-02735-4

◇混合列車 no.34 特集廃線を超えて 札幌 北海道大学鉄道研究会 2008.12 110p 26cm〈文献あり 年表あり〉 1200円

◇三江線88年の軌跡 長船友則著 ネコ・パブリッシング 2018.2 47p 26cm （RM LIBRARY 222）〈文献あり 年譜あり〉 1250円 ⓘ978-4-7770-5421-3
|目次| 三江線前史から三江北線の開通、幻の大滝線、芸備線三次駅の変遷、三江南線の建設と式敷開通、三江線建設の危機 鉄道から江川電源開発か、三江南線式敷〜口羽間開通、全線開業に向けて 浜原〜口羽間工事着工、三江線全通一日の記録、全通後の三江線、蒸気機関車の運転、江の川の3大水害と列車運休、三江線廃止の動き

◇私鉄の廃線跡を歩く—この50年間に廃止された全私鉄の現役時代と廃線跡を訪ねて 1（北海道・東北編） 寺田裕一著 JTBパブリッシング 2007.9 183p 21cm （キャンブックス 鉄道 78-1）〈年表あり〉 2000円 ⓘ978-4-533-06847-8
|目次| 根室拓殖鉄道、十勝鉄道、仙台鉄道、秋保電気鉄道、釧路臨港鉄道、天塩炭砿鉄道、宮城バス仙北鉄道、南部鉄道、北海道拓殖鉄道、寿都鉄道〔ほか〕

◇私鉄の廃線跡を歩く—この50年間に廃止された全私鉄の現役時代と廃線跡を訪ねて 2（関東・信州・東海編） 寺田裕一著 JTBパブリッシング 2008.1 183p 21cm （キャンブックス 鉄道 78-2） 2000円 ⓘ978-4-533-06991-8
|目次| 東武鉄道矢板線、名古屋鉄道平坂支線、名古屋鉄道高富線、九十九里鉄道、上田丸子電鉄西丸子線、名古屋鉄道安城支線、三重交通北勢線桑名京橋〜西桑名間、草軽電気鉄道、名古屋鉄道岡崎市内線・福岡線、山梨交通電車線〔ほか〕

◇私鉄の廃線跡を歩く—この50年間に廃止された全私鉄の現役時代と廃線跡を訪ねて 3（北陸・上越・近畿編） 寺田裕一著 JTBパブリッシング 2008.5 183p 21cm （キャンブックス 鉄道 78-3） 2000円 ⓘ978-4-533-07145-4
|目次| 近畿日本鉄道伊勢線、近畿日本鉄道伊賀線伊賀神戸〜西名張間、三井金属鉱業神岡鉄道、南海電気鉄道北島支線、山陽電気鉄道本線 電鉄兵庫〜西代間、京福電気鉄道丸岡線、富山地方鉄道黒部支線、江若鉄道、北陸鉄道石川線 白菊町〜野町間〔ほか〕

◇私鉄の廃線跡を歩く—この50年間に廃止された全私鉄の現役時代と廃線跡を訪ねて 4（中国・四国・九州編） 寺田裕一著 JTBパブリッシング 2008.9 183p 21cm （キャンブックス 鉄道 78-4） 2000円 ⓘ978-4-533-07245-1
|目次| 一畑電気鉄道広瀬線、山powering温泉鉄道、船木鉄道、宮崎交通、両備バス大夫寺鉄道、日本鉱業佐賀関鉄道、琴平参宮電鉄、熊延鉄道、防石鉄道、一畑電気鉄道立久恵線〔ほか〕

◇私鉄廃線25年―36社51線600kmの現役時代と廃線跡を訪ねて　寺田裕一著　JTB　2003.11　171p　21cm　（JTBキャンブックス）〈年表あり〉　1800円　①4-533-04958-3
[内容] 廃止線の現役時代と今日の姿（廃線跡）を写真と文章で紹介。

◇写真探訪信州の廃線紀行　小林宇一郎,黒澤眞一監修　松本　郷土出版社　1998.5　166p　21cm　1800円　①4-87663-395-9

◇定山渓鉄道　久保ヒデキ著　札幌　北海道新聞社　2018.1　327p　26cm〈文献あり　年譜あり〉　2800円　①978-4-89453-887-0
[内容] 大正・昭和期に定山渓と札幌市中心部を結び、昭和44年に廃止になった定山渓鉄道を徹底紹介。昭和30～40年代の懐かしい沿線風景、駅舎や車両、失われつつある廃線跡など貴重な写真を1200枚以上収録しました。当時の町並み、人々の暮らしの様子など、懐かしい札幌がよみがえります。駅舎や車両の竣工図など、鉄道ファン必見の図版も多数掲載した保存版です。

◇新・鉄道廃線跡を歩く　1（北海道・北東北編）　今尾恵介編著　JTBパブリッシング　c2010　224p　26cm　1800円　①978-4-533-07858-3
[内容] 失われた鉄道の痕跡を実地調査でくまなく紹介。豊富な写真と詳細地図で臨場感たっぷり。

◇新・鉄道廃線跡を歩く　2（南東北・関東編）　今尾恵介編著　JTBパブリッシング　c2010　224p　26cm　1800円　①978-4-533-07859-0
[内容] 失われた鉄道の痕跡を実地調査でくまなく紹介。豊富な写真と詳細地図で臨場感たっぷり。

◇新・鉄道廃線跡を歩く　3（北陸・信州・東海編）　今尾恵介編著　JTBパブリッシング　c2010　224p　26cm　1800円　①978-4-533-07860-6
[内容] 失われた鉄道の痕跡を実地調査でくまなく紹介。豊富な写真と詳細地図で臨場感たっぷり。

◇新・鉄道廃線跡を歩く　4（近畿・中国編）　今尾恵介編著　JTBパブリッシング　c2010　224p　26cm　1800円　①978-4-533-07861-3

[内容] 失われた鉄道の痕跡を実地調査でくまなく紹介。豊富な写真と詳細地図で臨場感たっぷり。

◇新・鉄道廃線跡を歩く　5（四国・九州編）　今尾恵介編著　JTBパブリッシング　c2010　224p　26cm　1800円　①978-4-533-07862-0
[内容] 失われた鉄道の痕跡を実地調査でくまなく紹介。豊富な写真と詳細地図で臨場感たっぷり。

◇新廃線紀行　嵐山光三郎著　光文社　2017.3　382p　16cm　（光文社文庫　あ5-6）〈2009年刊の加筆修正〉　800円　①978-4-334-77443-1
[内容] 廃線旅行は、鉄道の歌枕を訪ねる旅である―。"現代の芭蕉"嵐山光三郎が、消えた鉄道の残影を求め、全国26路線を踏破する痛快紀行。重要文化財を擁する絶景廃線に、ご当地グルメと温泉を堪能する極楽廃線、追悼旅行で訪れた朽ちゆく思い出のローカル線…。苔むした線路を辿ってみれば、よみがえるのはムカシの匂い。読めばあなたも、きっと廃線の虜になる。

◇絶滅危惧鉄道　2018　さらば三江線!!岐路に立つ中国山地の鉄路　イカロス出版　2018.4　112p　26cm　（イカロスMOOK）　1600円　①978-4-8022-0492-7

◇多摩幻の鉄道廃線跡を行く　山田俊明著　八王子　のんぶる舎　1999.7　169p　21cm　1600円　①4-931247-69-5
[内容] 高尾駅に国産最古のレール。多摩は鉄道遺跡の宝庫だ！　幻の国鉄スワローズ球場専用線「武蔵野競技場線」他。

◇地形図で辿る廃線跡―古地図とともにいまはなき鉄道を歩く　吉田恭一著　心交社　1998.6（第2刷）　213p　21cm　1600円　①4-88302-345-1
[内容] 新旧地形図を初めて完全収録!!いま人気の鉄道廃線跡。各線の詳細なガイドとともに、廃線前と現在の地形図を全線網羅。歴史を伝える痕跡の魅力あふれるスナップも多数収録。鉄道ファン、地図ファン熱望の一冊。

◇地図で歩く廃線跡―失われた鉄道の痕跡を辿る　今尾恵介著　二期出版　1998.4　302,8p　19cm　（シリーズ週末の達人）　1500円　①4-89050-366-8
[内容] 北海道から九州までひと味違う廃線歩き。地図にだけ存在した幻の駅探し。突然現れた中国様式の建築物に遭遇。幌内線、

◇鉄道廃墟―棄景1971・　丸田祥三著　JTB〔2001.3〕127p　26cm（ヴィークルグラフィック）　1700円　⓵4-533-03823-9

目次 黄色い都電の走った風景―東京都電1000形,透明な汽車―天竜浜名湖鉄道天竜二俣駅,雪より綺麗な街―越後交通長岡線,百年前に造られたトンネル―東海道本線石部隧道,ロイスダールの森林鉄道―入川森林鉄道,掘りつくされた無人の野―持倉鉱山,廃墟の蛾―国鉄丸山変電所,避暑地に行くまでに見えたもの―信越本線碓氷第六橋梁,ロープウェイの少女―小河内観光開発川野駅,川のふちを走りつづけた電車―大井川鉄道モハ306

◇鉄道廃線跡を歩く―全国廃線鉄道史全データ 失われた鉄道実地調査60　宮脇俊三編著　日本交通公社出版事業局　1995.11　191p　21cm　（JTBキャンブックス）　1600円　⓵4-533-02337-1

◇鉄道廃線跡を歩く　2　宮脇俊三編著　日本交通公社出版事業局　1996.9　191p　21cm　（JTBキャンブックス）〈「2」の副書名：全国廃線私鉄の停車場一覧 実地踏査消えた鉄道60〉　1648円　⓵4-533-02533-1

内容 全国廃線私鉄の停車場一覧。鉄道構造物の見方・調べ方。

◇鉄道廃線跡を歩く　3　宮脇俊三編著　JTB 1997.5　185,38p　21cm　（JTBキャンブックス）〈「3」のサブタイトル：全国廃線鉄道地図 今も残る消えた鉄路の痕跡60　文献あり〉　1700円　⓵4-533-02743-1

目次 廃線探訪・南薩鉄道（鹿児島交通），鉄道廃景（3），廃駅跡をたどる，廃線路を地形図に探る，鉄道構造物の見方・調べ方（廃線トンネル実践編），全国廃線鉄道地図（都道府県別）

◇鉄道廃線跡を歩く―地図から消えた鉄道実地踏査60　7　宮脇俊三編著　JTB 2000.1　239p　21cm　（JTBキャンブックス）〈文献あり〉　1700円　⓵4-533-03376-8

目次 美幸線（美深～仁宇布）（未成区間：仁宇布～北見枝幸），興浜北線（浜頓別～北見枝幸）（未成区間：北見枝幸～雄武），興浜南線（雄武～興部），深名線（深川～名寄），名寄本線（名寄～興部），相生線（美幌～北見相生），雄別炭礦鉄道（釧路～雄別炭山），白糠線（白糠～北進），留萌鉄道（恵比島～昭和炭礦），夕張鉄道の専用鉄道（鹿ノ谷～熊の沢他）〔ほか〕

◇鉄道廃線跡を歩く　8　宮脇俊三編著　JTB 2001.8　223p　21cm　（JTBキャンブックス）〈「8」のサブタイトル：全国線路変更区間一覧 失われた鉄路の情景実地踏査60〉　1700円　⓵4-533-03907-3

目次 廃線探訪・信越本線碓氷峠，「廃線」と「新線」―名鉄美濃町線にみる新しい動き，小倉裏線―日露戦争に貢献した幻の軍用鉄道，鉄道廃景8，根室拓殖鉄道―根室～歯舞，名寄本線2―興部～遠軽，羽幌線2―遠別～幌延，天北線2―浜頓別～南稚内，温根湯森林鉄道―留辺蘂～温根湯～大町，層雲峡，雄別炭鉱尺別鉄道―尺別～尺別炭山〔ほか〕

◇鉄道廃線跡を歩く　9　宮脇俊三編著　JTB 2002.8　192p　21cm　（JTBキャンブックス）〈「9」のサブタイトル：全国主要線路変更区間地図 実地踏査消えた鉄道50〉　1700円　⓵4-533-04374-7

目次 士別軌道―士別～奥士別，士別森林鉄道―奥士別～奔天塩，日曹炭鉱天塩砿業所専用線―豊富～日曹炭鉱，十勝上川森林鉄道―屈足～十勝川源流，根室本線旧線―直別～尺別，芦別森林鉄道―上芦別～奥芦別事業区・二股，根室本線旧線―下金山～金山～東鹿越，早来軌道―早来～厚真～幌内，夕張鉄道―野幌～栗山，芽沼炭鉱軌道―芽沼炭鉱～旧積出し港〔ほか〕

◇鉄道廃線跡を歩く　10　宮脇俊三編　JTB 2003.10　256p　21cm　（JTBキャンブックス）〈「10」のサブタイトル：全国主要線路変更区間地図 失われた鉄道実地踏査80〉　2000円　⓵4-533-04908-7

目次 廃線跡探訪回顧―宮脇俊三と歩いた廃線跡，経緯・要因別にみた東海地域の「廃線」，鉄道廃景10（鴻紋軌道（紋別～鴻之舞鉱山元山），三菱鉱業茶志内炭砿専用鉄道（茶志内～茶志内坑），函館本線南美唄支線（美唄～南美唄）・三美鉱業専用線（旧三井美唄炭鉱専用線）（南美唄～三井美唄鉱），東京帝国大学北海道演習林森林軌道（下金山～西達布）（布部～麓郷）ほか，戦前に時速200kmを目指した幻の弾丸列車計画，

――

松前線などの旧国鉄から、片上鉄道、加悦鉄道などの私鉄まで網羅。本書掲載の廃線を歩くための地形図一覧つき。

ロシア・サハリンに残る日本時代の未成線,全国主要線路変更区間地図(西日本編)

◇鉄道廃線区間を歩く―国鉄廃線区間の変遷史 実地踏査失われた鉄道60 4 宮脇俊三編著 JTB 1997.12 223p 21cm (JTBキャンブックス) 1700円 ①4-533-02857-8

目次 廃線探訪・矢立峠と大釈迦越え―奥羽本線旧線,鉄道廃景,廃駅跡をたどる,新旧地形図でたどる水浜電車の跡,鉄道構造物の見方・調べ方(廃線アーチ橋実践編),国鉄廃線区間の変遷史

◇鉄道廃線跡を歩く―全国廃線国鉄の停車場一覧 消えた鉄道実地踏査60 5 宮脇俊三編著 JTB 1998.6 224p 21cm (JTBキャンブックス) 1700円 ①4-533-03002-5

目次 廃線探訪・南大東島の砂糖鉄道,鉄道廃景,廃駅跡をたどる,地形図に見る路線変更と廃線跡,鉄道構造物の見方・調べ方(廃線橋梁実践編),全国廃線国鉄の停車場一覧

◇鉄道廃線跡を歩く―全国廃線国鉄の停車場一覧 6 宮脇俊三編著 JTB 1999.3 223p 21cm (JTBキャンブックス) 1700円 ①4-533-03150-1

◇鉄道廃線跡紀行 舟越健之輔著 JTB 1997.11 269p 19cm 1500円 ①4-533-02858-6

内容 23の廃線跡を歩く。そこには暮らしがあった。人と人とのふれあいがあった。駅前には賑わいがあった。消えた鉄路を歩いてみたら昔の町が見えてきた。

◇鉄道廃線跡の旅 宮脇俊三[著] 角川書店 2003.4 187p 15cm (角川文庫) 〈「七つの廃線跡」(JTB2001年刊)の改題〉 438円 ①4-04-159810-9

内容 生い茂る雑草をかき分け、ぬかるみに足をとられながら道なき道を進む…、目指すはトンネル、橋梁、築堤、レールや犬釘。かつては隆盛を極めた鉄道の痕跡だ。廃線跡の探訪には、こうして遺物を探し出す考古学的な面白さと、史跡めぐりというふたつの楽しさがある。廃線跡探訪のブームをつくった著者が、夕張鉄道、南薩鉄道、南大東島の砂糖鉄道など、七つの廃線跡をめぐり、その魅力を余すところなく洒脱に綴る、鉄道廃線跡紀行の決定版。

◇鉄道廃線ウオーク 上(東日本編) 舟越健之輔著 新人物往来社 2001.2 271p 20cm 2500円 ①4-404-02887-3

内容 「鉄道廃線ウオーク」は移り変わる。日本列島縦断の旅。廃墟の風景を歩くセンチメンタルジャーニー。

◇鉄道廃線ウオーク 下(西日本編) 舟越健之輔著 新人物往来社 2001.2 263p 20cm 2500円 ①4-404-02888-1

内容 あの「消えた鉄道」を探しに行く。捨てられた鉄路や駅舎、トンネルの廃墟の風景に日本の原点を求めて。

◇鉄道廃線めぐり―消えたレールの跡はいま― 大野哲編著 竹書房 2013.9 108p 21cm 571円 ①978-4-8124-9657-2

内容 秘境!!水中に眠る幻の鉄橋とトンネル「ステーションデパート」とは!?…その知られざる最期。蔵出し！忘れられた廃駅員室に眠る貴重な記録。絶滅寸前！全国に眠る'60車輛を一挙公開。特別収録「全国主要鉄道廃止路線リスト」。

◇とうほく廃線紀行 無明舎出版編 秋田 無明舎出版 1999.12 125p 21cm (んだんだブックス) 1600円 ①4-89544-225-X

◇富山廃線紀行 草卓人著 富山 桂書房 2008.7 163p 21cm 1800円 ①978-4-903351-52-0

◇懐かしの廃線紀行 小川清之監修 マガジンランド 2008.10 63p 26cm 1905円 ①978-4-944101-53-5

内容 失われつつある廃線の風景を収めた超貴重映像。南部縦貫レールバス愛好会が全面協力、動態運転を映像化。

◇七つの廃線跡 宮脇俊三著 JTB 2001.1 222p 20cm 1500円 ①4-533-03724-0

内容 『鉄道廃線跡を歩く』第1集～第7集より、二十一世紀へ語り継ぎたい廃線跡紀行。

◇新潟県の廃線を歩く―鉄道歴史探訪ガイドブック 廃線の旅・駅の旅 新潟 新潟日報事業社 2006.5 127p 21cm 1600円 ①4-86132-170-0

◇新潟県の廃線鉄道―創業から廃線までを網羅した感動のドキュメント 保存版 瀬古龍雄監修・解説 松本 郷土出版社 2000.1 238p 31cm 7500円 ①4-87663-468-8

◇日本最南端鉄道物語―記録と記憶の29年　樋渡直竹写真集　樋渡直竹著　鹿児島　南方新社　2004.3　145p　26cm　2800円　①4-86124-012-3

内容　九州新幹線が来た。でも、ゆっくり走れば見えてくる風景もある。南九州、現存7線・廃線5線の全記録。

◇日本廃線鉄道紀行　大倉乾吾著　文藝春秋　2004.10　239p　16cm　（文春文庫plus）　562円　①4-16-766066-0

内容　報道カメラマンとして勇名を馳せる著者のもう一つの顔が鉄道ファン。子供の頃から汽車を追いかけ、全国を経巡った。長じてからも、折々にいまはなき幻の鉄道を求めて、赤錆びた路線跡をたどり、巨大な橋脚をみつめ、保存される客車やSLに出会った。南部縦貫鉄道、長野電鉄河東線、JR可部線…。その、せつない風景を、写真とエッセイで綴る。

◇廃線跡懐想　中部信越編　JTB　2002.4　159p　26cm　（ヴィークル・グラフィック）〈折り込1枚　年表あり〉　2000円　①4-533-04200-7

目次　思い出の探訪記（中部信越篇）、草軽電気鉄道、布引電気鉄道、上田丸子電鉄丸子線、上田丸子電鉄真田傍陽線、善光寺白馬電鉄、篠ノ井線旧線、中央本線旧線立場川橋梁、中央本線旧線、北陸本線旧線杉津越え〔ほか〕

◇廃線跡懐想　北海道編　JTB　2002.4　159p　26cm　（ヴィークル・グラフィック）〈折り込1枚　年表あり〉　2000円　①4-533-04199-X

目次　歌登町営簡易軌道、美幸線、天北線、根室拓殖鉄道、名羽線（未成線）、北海道拓殖鉄道、根室本線旧線狩勝峠、函館本線旧線神居古潭、白糠線、士幌線〔ほか〕

◇廃線跡の旅―失われた風景を訪ねて　佐々倉実著　ベストセラーズ　2000.11　127p　21cm　1200円　①4-584-16521-1

内容　草木に埋もれた駅、錆びたレール…。あるいは、かつて鉄道が存在したことさえ忘れられた場所もある、それでも一旅人は廃線跡を行く。懐かしさとロマンを求めて。四季の鉄道をテーマに撮影を続けている著者の写真集。

◇廃線紀行―もうひとつの鉄道旅　カラー版　梯久美子著　中央公論新社　2015.7　205p　18cm　（中公新書2331）　1000円　①978-4-12-102331-5

内容　「絶景廃線」と呼びたくなる路線がある。瀬戸大橋の見える下津井電鉄、景勝地・耶馬渓の真ん中を走る大分交通耶馬渓線などだ。他方で、ありふれた景色の中を通っているが、歩いてみると何とも楽しい路線も少なくない。鉄道をこよなく愛する著者が五年をかけて全国の廃線跡を踏破。往時の威容に思いを馳せつつ、現在の姿を活写する。北は道東の国鉄根北線から南は鹿児島交通南薩線まで、精選五〇路線を紹介する廃線案内。

◇廃線終着駅を訪ねる　国鉄・JR編　三宅俊彦著　JTBパブリッシング　2010.4　191p　26cm　〈文献あり　年表あり〉　1800円　①978-4-533-07863-7

内容　現役当時の貴重な写真と「最後の時刻表」で終着駅の旅情が今よみがえる。

◇廃線探訪　鹿取茂雄著　彩図社　2011.12　239p　19cm　1400円　①978-4-88392-825-5

◇廃線探訪の旅―日本の鉄道　原口隆行編著　ダイヤモンド社　2004.6　158p　21cm　1800円　①4-478-96089-5

内容　かつての日々に思いをはせながら、今は失われてしまった日本全国の廃止37路線を歩いてたどる。

◇廃線都電路線案内図　［地図資料］　人文社　2007.3　地図1枚：両面色刷　73×94cm（折りたたみ25cm）〈ホルダー入　裏面：最新東京大全図（1：40000）〉　1000円　①978-4-7959-0399-9

◇ひょうご懐かしの鉄道―廃線ノスタルジー　神戸新聞総合出版センター編　神戸　神戸新聞総合出版センター　2005.12　203p　19cm〈文献あり〉　1500円　①4-343-00322-1

◇兵庫の鉄道廃線を歩く―四季に出会える道　神戸新聞総合出版センター編　神戸　神戸新聞総合出版センター　2013.4　115p　21cm〈文献あり〉　1600円　①978-4-343-00689-9

目次　但馬・丹波（出石鉄道、明延鉄道（一円電車）、明延神新軌道　ほか）、播磨（波賀森林鉄道、赤穂鉄道、播電鉄道（龍野電気鉄道）ほか）、神戸・阪神（神戸市電、阪急・上筒井支線、阪神・滝道地上本線、国鉄・神戸港臨港線　ほか）、淡路（淡路鉄道）

◇北海道　地図の中の廃線―旧国鉄の廃線跡を歩く追憶の旅　堀淳一著　札幌

亜璃西社　2017.12　443p　21cm〈付属資料：復刻版「北海道鉄道地図（昭和37年）」　特製リーフレット〉　6000円　①978-4-906740-30-7
[内容]『地図の中の札幌』『北海道 地図の中の鉄路』に続く三部作が遂に完結！ 卒寿の著者、渾身の書き下ろし。レールの残照、廃墟の風景。

◇北海道の大地をゆく―廃線の旅　山谷正著　愛育社　2004.6　143p　21cm　1600円　①4-7500-0171-6
[内容]本書はこれまでに廃止された北海道の旧国鉄やJRの鉄道路線を偲び、今や忘れられようとしているこれら各路線の歴史や役割、実際に乗車した思い出などをまとめたものである。

◇北海道の鉄道廃線跡　本久公洋著　札幌　北海道新聞社　2011.9　416p　21cm　2400円　①978-4-89453-612-8
[内容]北海道にはかつて縦横無尽に鉄道網が敷かれていた。北海道内の鉄道廃線跡を徹底取材した永久保存版。廃線、廃駅など、失われた鉄道の痕跡を辿り、廃線跡の現状、路線の歴史や廃線に至る経緯をカラー写真と詳しい解説で紹介。

◇北海道廃線駅跡写真集　亀畑清隆写真・文　札幌　柏艪舎　2006.5　161p　21×21cm〈発売：星雲社〉　3200円　①4-434-07737-6
[内容]廃線駅跡をたどるにつれて、北海道の自然の豊かさとその強靱さに圧倒されるだろう。

◇名鉄の廃線を歩く―愛執の30路線徹底踏査　徳田耕一編著　JTB　2001.8　176p　21cm　（JTBキャンブックス）　1700円　①4-533-03923-5
[内容]過去の廃止線・ルート変更区間・廃駅もまとめた名鉄回顧の永久保存版。

◇名鉄600V線の廃線を歩く―惜別の"岐阜線"と空港線誕生　徳田耕一著　JTBパブリッシング　2005.3　159p　21cm　（JTBキャンブックス）〈年表あり〉　1700円　①4-533-05883-3
[目次]惜別 岐阜のトロリーライン名場面（岐阜市内線, 揖斐線 ほか）, 廃止路線 思い出の情景・沿線の旅（岐阜市内線―岐阜駅前～忠節, 揖斐線―忠節～黒野 ほか）, すでに廃線となった思い出の路線（谷汲線―黒野～谷汲, 鏡島線―千手堂～西鏡島 ほか）, 廃止路線主要駅の今昔（岐阜市内線, 岐阜市内線・揖斐線 ほか）, 新顔鉄道見参！（中部国際空港への鉄道系アクセス, 名古屋臨海高速鉄道 "あおなみ線" ほか）

◇夢をのせた信州の鉄道―失われた鉄道の軌跡 夏季企画展　長野県立歴史館編　千曲　長野県立歴史館　2016.7　59p　30cm〈年表あり〉

◇ローカル私鉄廃線100線　寺田裕一編著　新人物往来社　2000.12　157p　26cm　（別冊歴史読本 61―鉄道シリーズ 第12弾）　2400円　①4-404-02761-3

---

080 **保線**
【概　要】鉄道会社の有する施設や設備の中で, 線路や建造物、附帯用地、保安設備等において, 常時運転に支障ないように保守・点検・管理をする業務のこと。

◇北の保線―線路を守れ、氷点下40度のしばれに挑む　太田幸夫著　交通新聞社　2011.8　211p　18cm　（交通新聞社新書 033）〈文献あり〉　800円　①978-4-330-23211-9
[内容]平成23年3月11日に発生した東日本大震災でも、線路をはじめとする鉄道施設の大規模な被害があったことは記憶に新しい。その復旧の最前線で活躍しているのが保線員という名のプロフェッショナル集団だ。本書では、過酷な自然環境の北海道の大地で、貴重なライフラインである線路や鉄道施設を守る保線員たちの仕事を紹介する。長年、北海道で保線に関わった著者ならではの歴史的エピソードも満載だ。

◇新幹線保線ものがたり―東海道新幹線、安全・超高速・快適へのあくなき挑戦　仁杉巖監修, 深澤義朗編著　山海堂　2006.2　381p　20cm　2500円　①4-381-01657-2
[内容]社会資本を支える土木構造物のなかで、なぜ鉄道線路だけが当初から守りの保線集団を抱えなければならないのか。道路、鉄道、港、空港、ダムなど地図に載る仕事を

保存（保存鉄道）

誇りとする土木屋のなかで、三K（キケン、キタナイ、キツイ）職場と言われた保線集団の誇りは何か、なぜ高いモラルが維持できているのかが本書のメインテーマです。

◇鉄路の安全を守る―土と水との闘い　仁杉巌監修，久保村圭助，池田俊雄，吉村恒編著　山海堂　1998.3　238p　19cm　2200円　①4-381-02157-6
[内容] 鉄道技術者と土・水との闘いの物語。降雨・雪・地下水・地震・特殊な地盤など、わが国の厳しい自然を克服して、いかに鉄路を造ってきたか、またその安全を守ってきたか。鉄道技術者の苦闘を克明に記した感動の物語。

◇鉄路のいしずえ　伊能忠敏著　鉄道現業社　2005.4　248p　19cm　953円　①4-88539-004-4

◇はたらく鉄道　3　鉄道を守る車両　鉄太郎監修，こどもくらぶ編　あすなろ書房　2018.3　31p　31cm〈索引あり〉2800円　①978-4-7515-2903-4
[目次] 1 ドクターイエロー（新幹線電気・軌道総合試験車），2 JRのいろいろな検測車，3 私鉄の検測車，4 保線作業用の車両，5 除雪機関車・除雪車

◇漫画で学ぶ事故物語―軌道工事の安全を願って…　髙幸建設株式会社総務部編，關達也漫画　逗子　髙幸建設総務部〔2011〕180p　30cm

081 保存（保存鉄道）

【概　要】過去における鉄道路線について、復活や継承として運用する路線。日本においてはかつて存在した路線の車両の動態保存や静態保存についてみなされることもある。国鉄（現JR）は、1958（昭和33）年に鉄道遺産を保護することを目的に鉄道記念物制度を発足させた。また、文化庁でも幕末から戦前に建設された近代化遺産の保護に取り組み、碓氷峠鉄道施設群などが1993（平成5）年に国指定重要文化財（近代化遺産）に指定された。

◇全国保存鉄道―鉄道を駆けた名優たち　白川淳著　日本交通公社出版事業局　1993.6　160p　21cm　（JTBキャンブックス）〈監修：日本鉄道保存協会〉1500円　①4-533-01972-2

◇全国保存鉄道　2　白川淳著　日本交通公社出版事業局　1994.11　176p　21cm（JTBキャンブックス）〈「2」の副書名：懐かしのオールドタイマー　保存車両全リスト3700両　監修：日本鉄道保存協会〉1600円　①4-533-02091-7

◇全国保存鉄道　3（東日本編）　白川淳著，日本鉄道保存協会監修　JTB　1998.11　175p　21cm　（JTBキャンブックス）〈サブタイトル：鉄道史を飾った栄光の車両たち〉　1600円　①4-533-03096-3
[目次] 小樽交通記念館、北海道鉄道技術館・JR北海道、北海道開拓の村、北海道開拓記念館、札幌市交通資料館、定山渓郷土博物館、振内鉄道記念館、幌似鉄道記念公園〔ほか〕

◇全国保存鉄道―追憶の鉄路を走った車両たち　4（西日本編）　白川淳著，日本鉄道保存協会監修　JTB　1998.12　175p　21cm　（JTBキャンブックス）1600円　①4-533-03097-1

[目次] 静岡県、愛知県、岐阜県、三重県、長野県、福井県、滋賀県、京都府〔ほか〕

◇全国歴史保存鉄道―日本の動態保存・歴史的鉄道を訪ねて　白川淳編著　JTBパブリッシング　2008.4　159p　21cm（キャンブックス Can books 鉄道 86）1800円　①978-4-533-07066-2
[内容] 北海道の片田舎を走る蒸気機関車、鉱山町のトロッコ、急峻な峰を登る森林鉄道。保存用、イベント用、事業用など、その用途はさまざまだが、貴重な鉄道遺産ともいえる車両たちが、今も現役で頑張る姿が見られるのは喜ばしい。本書では、これら歴史的な車両の活躍場所を一挙にまとめた。

◇保存車大全コンプリート―3000両超保存車を完全網羅　笹田昌宏著　イカロス出版　2017.7　249p　21cm　（イカロスMOOK）〈文献あり〉　1800円　①978-4-8022-0384-5

◇歴史を伝える阪急の保存車両　レイルロード編　豊中　レイルロード　2012.5　64p　30cm　（車両アルバム 13）〈発売：文苑堂〉2000円　①978-4-947714-25-1

082 未完成鉄道路線（未成線）

【概　要】構想・計画されていたものの実現しなかった鉄道路線や、計画そのものは存続しているものの進展のみられない鉄道路線、実際に着工されたものの営業開始に至らなかった鉄道路線のことである。未成線となる要因は、開業しても採算が取れない、建設事業費が予想以上にかさむなど、様々である。
　　　　着工後に工事が止まってしまった場合、完成部分を他の用途（バス専用道、一般道など）に転用するケースや、そのまま残されているケースなどがある。後者の場合、廃線の一部として捉える人もいる。

◇全国未成線ガイド―知られざる鉄道路線　草町義和監修　宝島社　2016.2　319p　19cm〈他言語標題：Miseisen Guide in Japan　文献あり　索引あり〉1300円　⓵978-4-8002-4841-1
　内容　いつものあの道も、線路だったのかも。日本各地に存在する幻の線路。歴史に眠る「未成線」のルートやその背景を探る。計画されては消えた幻の線路81路線収録。

◇鉄道未完成路線を往く―生まれなかった幻の鉄道路線　草町義和著　講談社ビーシー　2011.8　167p　19cm〈文献あり　発売：講談社〉1400円　⓵978-4-06-217131-1
　内容　一次資料に基づく正確な情報で未成線を紹介！　新情報も掲載。

◇鉄道未成線を歩く―夢破れて消えた鉄道計画線実地踏査　国鉄編　森口誠之編著　JTB　2002.6　191p　21cm（JTBキャンブックス）1700円　⓵4-533-04208-2
　内容　本書は、国鉄線として開業されることを期待されながら、未完成のまま中途で放棄された路線を対象として扱っている。

◇鉄道未成線を歩く―夢破れて消えた鉄道計画線実地踏査　私鉄編　森口誠之編著　JTB　2001.9　191p　21cm（JTBキャンブックス）1700円　⓵4-533-03922-7
　内容　本書は、事業者によって計画されながらも、様々な事情によって未完成に終わった鉄道路線を対象として扱っている。

◇東京消えた！　鉄道計画―歴史秘話から読み解く首都未成766線　中村建治著　イカロス出版　2017.1　189p　21cm（イカロスMOOK）1600円　⓵978-4-8022-0283-1

◇幻の鉄道路線を追う―未開業新線はこうすれば実現する！　川島令三著　PHP研究所　2003.3　390p　15cm（PHP文庫）〈「幻の鉄路を追う」（中央書院1996年刊）の改訂〉724円　⓵4-569-57911-6
　内容　全国各地でみられる、未開業のまま放置されていた鉄道の高架橋などの設備や用地。実はこれらは眠れる資源であり、活用する方法はまだまだある。そのままにしておくには惜しいものばかりなのだ！　本書は、着工が決まった北海道新幹線から、都市部や地方の幻の路線まで、現地取材をふまえ、高速車両・狭軌新幹線・カートレイン線など、著者独特の発想でその再生方策を提示する。

◇幻の鉄路を追う―未開業新線再生への提言　川島令三著　中央書院　1996.12　318p　19cm〈奥付の書名：幻の鉄道を追う〉1700円　⓵4-88732-030-2
　内容　「未成線」は有効活用できる！　建設途上の設備や用地を放置しておくのはもったいない。高速車両の導入・狭軌新幹線・カートレイン線など、現地取材をふまえ、新しい発想で再生策を探る。

083 盲腸線

【概　要】起点または終点のいずれかが行き止まりになっている路線。他路線に接続しておらず、あたかも消化器官の「盲腸」にみえることから呼ばれている俗称。途中から先の区間が廃止されたり、何らかの理由で建設されなかったりして出現した。

盲腸線

◇新・盲腸線紀行　村上義晃著　伊丹　牧歌舎　2008.7　240p　20cm〈発売：星雲社〉　1900円　①978-4-434-12052-7
[内容] ひなびた路線、活気ある路線—現代日本をかいま見る盲腸線の旅はさらに続く…待望の第三弾。38路線詳細乗車データ、車両写真（カラー口絵）付。

◇全国終着駅と盲腸線の旅—終着駅から始まる新たな旅　人文社　2008.5　127p　26cm　1600円　①978-4-7959-1213-7
[内容] JR全81駅の終着駅を徹底取材！北海道から沖縄まで全終着356駅を一挙公開。

◇盲腸線—行（い）き止まり駅—の旅　村上義晃著　明治書院　2009.7　183p　19cm　（学びやぶっく 14—せいかつ）　1200円　①978-4-625-68424-1
[内容] 鉄道の幹線からはみ出した短区間の行き止まり線を訪ねて。そこには、様々な風景と人と…。消えゆく路線・車両・駅も…。全国盲腸線（282線）一覧付き。

◇盲腸線紀行　村上義晃著　新風舎　2006.8　220p　20cm　1900円　①4-289-00592-6
[内容] 行き止まっても終わらない盲腸線めぐりは、果てしなく続く…ファン待望の一冊、遂に刊行！厳選33路線詳細乗車データ、カラー口絵（駅ホームの車両）付。

◇盲腸線紀行　続　村上義晃著　新風舎　2007.2　232p　20cm　1900円　①978-4-289-02487-2
[内容] どこへ行ってもそれほど変わらない日本の沿線風景だが、見るたびに新鮮なものを感じる。花や紅葉で色づいた山だとか雪景色、あるいは田植えの終わった田や刈り入れ風景など、季節の動きを目にするとシャッターを切らなければ収まらない。本書には、前の本に収めなかった路線から22、その後の乗車から16を収録した。

◇ワケあり盲腸線探訪—全国行き止まり路線ガイド 事実と妄想を混載した盲腸線の短編ストーリー　大野雅人著　柵出版社　2011.7　144p　21cm　1200円　①978-4-7779-1996-3

鉄道建設

◇高架鉄道と東京駅　上　レッドカーペットと中央停車場の源流　小野田滋著　交通新聞社　2012.2　204p　18cm　(交通新聞社新書 038)〈索引あり　文献あり〉　800円　①978-4-330-26712-8
　[内容] 東京の南北を貫通して、新橋と上野を結ぶ鉄道が計画されたが、すでに市街化していたため、踏切のない高架鉄道を建設することとなった。赤煉瓦のアーチ橋と鉄桁を組み合わせた最新式の高架橋は、ベルリンをモデルとし、ドイツ人技師の指導を受けながら完成した。そして、大正3年には赤煉瓦の東京駅が完成し、日本の玄関としての風貌を整えた。本書では、新しい都市鉄道を実現し、世界に誇る停車場を建設しようと考えた明治時代の鉄道技術者たちの志を、膨大な資料を基に浮き彫りにした。上巻では、高架鉄道と中央停車場の計画がどのように進められたかを振り返る。

◇高架鉄道と東京駅　下　レッドカーペットと中央停車場の誕生　小野田滋著　交通新聞社　2012.2　219p　18cm　(交通新聞社新書 039)　800円　①978-4-330-26812-5
　[内容] 東京の南北を貫通して、新橋と上野を結ぶ鉄道が計画されたが、すでに市街化していたため、踏切のない高架鉄道を建設することとなった。赤煉瓦のアーチ橋と鉄桁を組み合わせた最新式の高架橋は、ベルリンをモデルとし、ドイツ人技師の指導を受けながら完成した。そして、大正3年には赤煉瓦の東京駅が完成し、日本の玄関としての風貌を整えた。本書では、新しい都市鉄道を実現し、世界に誇る停車場を建設しようと考えた明治時代の鉄道技術者たちの志を、膨大な資料を基に浮き彫りにした。下巻では、高架鉄道と中央停車場の計画がどのように実現したのかを明らかにする。

◇寒い地域・暖かい地域の鉄道―日本の多様な気候に合わせた鉄道の工夫　小林寛則著, こどもくらぶ編　旺文社　2007.2　47p　27cm　(ここが知りたい！日本の鉄道)　2600円　①978-4-01-071934-3
　[内容] 日本の鉄道は、多様な気候のなか、地域や季節を問わず、日夜運行し続けてきました。そのため、1872(明治5)年の開業以来、寒さ、雪、暑さ(風雨)など、気候との戦いをくり返してきました。そして、こうした多様な気候に合わせ、さまざまな工夫も考えられてきました。そこで、この本では、寒い地域、暖かい地域ならではの鉄道の工夫を、具体的に紹介していきます。

◇つくばエクスプレス建設物語―構想・施工・新技術の紹介　都市高速鉄道研究会編　成山堂書店　2007.3　205p　21cm　〈年表あり〉　2300円　①978-4-425-96121-4
　[内容] "鉄道と宅地の一体的開発"をキーワードに建設されたつくばエクスプレス。構想から開業までの経緯、土木・軌道・建築・電気・機械など施工にあたり結集された新技術、その特徴である、列車の高速性や安全性、駅施設の利便性、斬新なデザイン、環境との調和などを、くまなくご紹介。

◇鉄道を科学する―日々の運行を静かに支える技術　川辺謙一著　ソフトバンククリエイティブ　2013.8　206p　18cm　(サイエンス・アイ新書 SIS-285)〈文献あり　索引あり〉　1000円　①978-4-7973-6247-3
　[内容] 本書では、誕生から現在までの鉄道の歴史を振り返りながら、その間に発達した車両や線路、駅、運用などの技術や工夫を紹介し、鉄道がどんな交通機関であるかを解説します。

◇鉄道の話題あれこれ―船についても　交通計画特論　宮田一,祖田圭介著　鎌倉冬花社　2013.5　537p　21cm〈奥付のタイトル：鉄道の話あれこれ　折り込1枚　文献あり　年表あり〉　2000円　①978-4-925236-88-1

◇七隈線建設史　福岡市交通局監修　[福岡]　福岡市交通局　2007.12　473p　30cm〈折り込7枚　年表あり〉

◇ぼくの町に電車がきた　鈴木まもる文・絵　岩崎書店　2006.7　32p　23×

27cm （ちしきのぽけっと 3） 1400円 ①4-265-04353-4
|内容| いつもなにげなく見ているものの中にとってもおもしろいことやびっくりすることがかくれています。あたりまえにのっている電車だってはしれるようになるにはいろいろなことがあったのです。伊豆半島は、山やがけがおおくて、ずっと、電車がはしることができませんでした。そんな伊豆半島に、ついに路線をしくことになりました。この絵本は、著者の祖父がはなしてくれた電車の線路をしく工事のお話です。

◇山と海の鉄道——日本独特の地形にいどむ鉄道の知恵　小林寛則著, こどもくらぶ編　旺文社　2006.12　47p　27cm（ここが知りたい！日本の鉄道）　2600円　①4-01-071933-8

084 鉄道構造物

【概　要】橋梁やトンネルに代表される、鉄道を運行するために建設された構造物の総称。広義では土木構造物、建造物、構造物、施設の一種とされ、線路構造物、鉄道施設等とも称される。材料別でみると鋼・合成構造物、鋼とコンクリートの複合構造物、コンクリート構造物、土構造物等がある。

◇ダムと鉄道——大事業の裏側にいつも列車が走っていた　武田元秀著　交通新聞社　2011.12　267p　18cm（交通新聞社新書 036）〈文献あり〉　800円　①978-4-330-25711-2
|内容| 日本列島にはダムを建設するために造られた鉄道が多くある。人気の観光路線として知られる黒部峡谷鉄道は黒部川水系の発電所工事のために施設されたものである し、JR只見線の会津川口～只見間は田子倉ダム建設のために、また、大井川鐵道井川線のアプト式区間は長島ダムとのかかわりの中で誕生した。本書は、日本におけるダムと鉄道の密接な関係を、写真や建設資料とともに紹介する異色の現地レポートである。

◇鉄道建設・土木「秘話」—防災・輸送近代化・新幹線への挑戦の記録　久保村圭助著　日刊工業新聞社　2005.6　275p　19cm　1500円　①4-526-05486-0
|目次| 防災―斜面、防火、防雪、地盤沈下、地震（アイオン台風で足尾線の斜面大崩壊…半世紀前の災害現場を訪ねて、ブルドーザー日本で初めて各地で転戦…鉄道防災工事で大活躍, 地盤沈下で大手術をした大阪駅高架橋…日本で初めてのアンダーピニング ほか）、輸送の近代化―自営電力、軌道強化、混雑緩和（ピーク電力は信濃川水力のアースダムから…夏場でも毎日天気とにらめっこ, 安全作業のリズムはトコショット節で…東北本線で重軌条交換, 東京駅丸の内広場下で大地下駅建設…北口煉瓦ドームは壊さなくてよかった）、新幹線の建設―東海道, 山陽（夢の超特急東海道新幹線の建設…東京都内超過密の市街地の中で, 東京国際マラソンコースの新八ッ山橋の架設…東海道線など一八〇〇本の線路上空で, 新幹線・品鶴線共用の広い座布団桁…曲芸同然の大橋りょう取替え工事 ほか）

◇鉄道構造物を支えた技術集団―国鉄構造物設計事務所の足跡　構造史編集研究会編　日本鉄道施設協会　2009.9　264p 図版4p　21cm〈文献あり　年表あり〉　2000円

◇鉄道構造物探見―トンネル, 橋梁の見方・調べ方　小野田滋著　JTB　2003.1　208p　21cm（JTBキャンブックス）1700円　①4-533-04101-9
|目次| カラーグラフ 鉄道構造物を歩く, 第1章 材料の見方・調べ方, 第2章 トンネルの見方・調べ方, 第3章 アーチ橋の見方・調べ方, 第4章 橋梁（桁橋・トラス橋）の見方・調べ方, 第5章 ラーメン・高架橋の見方・調べ方, 第6章 橋脚・橋台の見方・調べ方, 第7章 土構造物の見方・調べ方

085 鉄道施設

【概　要】鉄道の運行に必要な線路、信号通信施設、電力施設、駅施設などの施設・建造物

車両基地

の総称。

◇新しい鉄道施設懐かしの鉄道施設　機芸出版社　2002.6　94p　26cm　（シーナリィ＆ストラクチャーガイド 2）　2476円　①4-905659-13-2

◇碓氷峠の旧鉄道施設　平田一夫撮影・編輯　前橋　平田一夫　1995.3　174p　26×26cm

◇「図説」鉄道路線はこうして生まれる—あの路線・施設はなぜ、どのようにつくられたのか　学習研究社　2007.12　168p　26cm　（歴史群像シリーズ）　1900円　①978-4-05-604933-6

◇〈超図説〉鉄道路線・施設を知りつくす—駅、車両基地から軌道、トンネルまで「つくる」という視点から日本の鉄道システムを詳解　都市鉄道研究会著　学習研究社　2009.4　142p　26cm〈文献あり〉　1900円　①978-4-05-404118-9
[内容]　線路の配線、信号装置から鉄道建設の手順まで意外と知らない仕組みと技術を徹底的にわかりやすく解説。鉄道ファン必携、入門者必読。

◇鉄道施設がわかる本—駅周辺の設備から、分岐器や信号設備、標識、橋りょうや踏切、架線、車両基地まで、鉄道施設の役割がよくわかる　坂本衛著　山海堂　2004.2　159p　21cm　1700円　①4-381-10495-1
[内容]　駅周辺の設備に始まり、線路や分岐器、信号設備、踏切、橋りょう、車両基地まで、鉄道施設の基本がよくわかる絶好の入門書。鉄道趣味に、模型製作に、鉄道旅行のお供にもどうぞ。

◇鉄道施設50選　鉄道施設50選選考特別委員会企画・編集　日本鉄道施設協会　2003.10　56p　30cm〈協会50周年記念事業〉

◇SRTS（Specified Railway Turnout System）—fromレイルエンヂニアリング　大町パルク著　[出版地不明]　レイルエンヂニアリング　2017.12　1冊（ページ付なし）　15×15cm〈タイトルは奥付による〉

◇STS（Special Turnout Switches）—fromレイルエンヂニアリング　大町パルク著　[出版地不明]　レイルエンヂニアリング　2017.12　140p　21cm

086　車両基地
【概　要】鉄道車両を収容し、車体洗浄や車内清掃、検査・修繕・整備や組成等を行う施設。一般的には「車庫」と呼ばれることが多い。車両の運用に関連するため、運転士など乗務員の拠点を兼ねる場合が多く、車両と乗務員を一体的に管理運営している。

◇空撮JR車両基地—詳細・大迫力の写真ルポ　朝日新聞出版編　朝日新聞出版　2015.2　240p　30cm〈文献あり〉　3800円　①978-4-02-331378-1
[内容]　鮮明・大迫力の空撮写真。基地内の詳細なルポルタージュ。最新の配置車両データを掲載。"鳥の目・アリの視点"で全貌丸わかり。

◇車両基地　2　萩原雅紀撮影・文　メディアファクトリー　2009.11　1冊　17×19cm　1600円　①978-4-8401-3108-7
[内容]　広大な北海道の基地や関西私鉄の基地など、多彩な36基地を収録。

◇車両基地—知られざる鉄道バックヤード　カラー版　柴田東吾著　交通新聞社　2016.12　223p　18cm　（交通新聞社新書 104）　900円　①978-4-330-74216-8
[内容]　鉄道では、列車を運行するために多くの人が関わっている。しかし車両基地でがんばっている人たちを見る機会はあまりない。イベントで公開する基地もあるが、普段の姿として、どんなことが行われているのか。本書では、新幹線・JR在来線・地下鉄・モノレール・大手私鉄・路面電車・新交通システムなどさまざまな車両基地を取材。蒸気機関車やディーゼルカーの整備を含め、基地でしか見られない車両の姿や設備、作業の様子を、写真をふんだんに掲載して紹介する。

◇車両基地で広がる鉄の世界—鉄道輸送の舞台裏を探る本　井上孝司著　秀和

システム　2012.4　285p　21cm〈索引あり〉　1800円　①978-4-7980-3340-2
[内容]車両のネグラをのぞいてみよう。車両の留置、検査、補修、改造、解体。車両基地のすべてを徹底解剖。

◇吹操物語　近成昌之編著　［神戸］友月書房　2009.8　305,7p　21cm〈年表あり〉　①978-4-87787-420-9

◇電車基地とその設備―資料　SHIN企画　2009.3　46p　26cm〈発売：機芸出版社〉　2500円　①978-4-916183-29-3

◇特別編成全国新幹線ライン全駅・全車両基地　川島令三編著　講談社　2016.6　111p　26cm　（〈図説〉日本の鉄道）〈表紙のタイトル：全国新幹線ライン　文献あり〉　1600円　①978-4-06-295181-4
[内容]どこにも公開されていない鉄道配線図を著者自ら全線乗車取材して作成する、壮大なプロジェクト。全点撮り下ろしの貴重写真満載！

《087 機関区》

◇機関区と機関車―蒸気機関車写真集　37（C55）　隅野成一、田澤義郎、三竿喜正、三谷真人、藤崎良行、坊之本泰明［撮影］　タクト・ワン　2006.9　128p　19×26cm　2667円　①4-902128-30-6

◇機関区と機関車―蒸気機関車写真集　38（常磐・東北のハドソン）　タクト・ワン　2007.6　96p　19×26cm　2190円　①978-4-902128-31-4

◇機関区と機関車―蒸気機関車写真集　39（常磐・東北のハドソン2）　タクト・ワン　2007.10　112p　19×26cm　2381円　①978-4-86323-000-2

◇機関区と機関車―蒸気機関車写真集　40（九州のD51）　坊之本泰明［著］　タクト・ワン　2007.12　89p　19×26cm　2095円　①978-4-86323-001-9

◇機関区と機関車―蒸気機関車写真集　41　C51・55補遺＋C54　隅野成一、田澤義郎［著］　タクト・ワン　2008.3　112p　19×26cm　2381円　①978-4-86323-002-6

◇機関区と機関車―蒸気機関車写真集　42　九州のC55・C57　坊之本泰明［著］　タクト・ワン　2008.12　96p　19×26cm　2190円　①978-4-86323-003-3
[目次]機関区の風景（若松機関区、宮崎機関区、鹿児島機関区）、C55形式写真、C57形式写真、九州のC57変遷について、C57走行写真

◇機関区と機関車　43　九州のハドソン　タクト・ワン　2009.8　112p　19×26cm　2381円　①978-4-86323-004-0

◇機関区と機関車　44　北海道・北東北の機関区　タクト・ワン　2010.1　112p　19×26cm　2286円　①978-4-86323-005-7
[目次]北海道編（稚内機関区、名寄機関区、旭川機関区、北見機関区、遠軽機関区、釧路機関区、池田機関区、帯広管理所、室蘭機関区、鷲別機関区、追分機関区苫小牧支区、静内車両分所、追分機関区、苗穂機関区、岩見沢機関区、深川機関区、滝川機関区、深川機関区留萌支区、小樽築港機関区、倶知安機関区、長万部機関区、五稜郭機関区）、北東北編（青森機関区、尻内機関区、花輪線管理所、盛岡機関区、盛岡機関区北上支区、一ノ関機関区、釜石機関区、横手機関区）

◇機関区と機関車　45　C62形式写真集―山陽・常磐・函館　タクト・ワン　2010.4　112p　19×26cm　2381円　①978-4-86323-006-4

088　トンネル

【概　要】鉄道輸送用に山腹や海底などを掘り貫き、地下に建造した人工的な通路。建設地域によって山岳トンネル・都市トンネル・水底トンネルに分類され、施工法により山岳トンネル・シールドトンネル・開鑿（開削）トンネル等に分けられる。また、単線の軌道を内包したものを単線トンネル、複線のものは複線トンネルと呼ばれる。国内では、1871（明治4）年に大阪～神戸間の石屋川トンネルが初の鉄道トンネルとして竣工。1874年に供用が開始され、複々線工事のため1919年に解体された。1887年に完成した東海道本線の清水谷戸トンネル上り線が、現役では日本最古である。1988年3月13日に開通し

たJR津軽海峡線の青函トンネル（全長53.85km）は長らく世界最長であったが、2016年6月1日にスイスで全長57.1kmのゴッタルドベーストンネルが開通した。

◇「動く大地」の鉄道トンネル―世紀の難関「丹那」「鍋立山」を掘り抜いた魂　峯崎淳著　交通新聞社　2011.10　219p　17cm　（交通新聞社新書）　800円
①978-4-330-23911-8
内容　平成23年3月に発生した東日本大震災で、私たち日本人は、地球レベルでの複雑な大地の動きに打ちのめされるという経験をした。しかし私たちはまた、この複雑きわまりない大地を相手に敢然と戦いを挑んできた歴史も持つ。本書では、世界的な難工事であった新潟県の北越急行ほくほく線鍋立山トンネルの工事記録から、技術者たちの苦闘とそれを乗り越えた技術力、人間力をクローズアップする。

◇鉄道とトンネル―日本をつらぬく技術発展の系譜　小林寛則, 山崎宏之著　京都　ミネルヴァ書房　2018.4　314, 4p　21cm　（シリーズ・ニッポン再発見 8）　2200円　①978-4-623-08111-0
内容　トンネルを抜けるとそこは…鉄道トンネル敷設の歴史的背景とその発展を紐解く。

089 **鉄橋**
【概　要】鉄道橋。鉄道線路が河川や道路などを横断する場合に、列車が通行できるように架設した橋。鉄鋼製の橋を意味する場合は「鋼橋」と称される。河川や海を渡るものを橋梁、鉄道を地平より高くする場合に使用するものを高架橋といい、道路を渡るものを架道橋、線路を渡るものを線路橋という。鋼材や鉄筋コンクリート、合成桁などが用いられるが、近年ではプレストレストコンクリート製のものが多い。また、ガーダー橋、トラス橋、アーチ橋、ラーメン橋、吊橋など様々な構造がある。国内で現役最古の鉄道橋は山形県の全錬鉄製ダブルワーレントラス橋・最上川橋梁で、JR左沢線のものは1921（大正10）年、フラワー長井線のものは1923年に竣工。1887年に旧東海道本線の木曽川に掛けられた橋梁を移築した双子橋で、明治時代の貴重な土木遺産である。

◇余部鉄橋―さようなら！ありがとう！そして後世へ…余部鉄橋の有終を刻む余部鉄橋架替記念事業記念誌　香美町（兵庫県）　香美町　2007.2　44p　30cm〈折り込1枚〉

◇余部鉄橋と花の谷―デジタルCanon EOS 30Dの世界　柴田太一郎著　［出版地不明］　柴田太一郎　2008.1　55p　30cm〈製作・発売：神戸新聞総合出版センター（神戸）〉　1800円　①978-4-343-00448-2
目次　主役は鉄橋、舞台は余部、春爛漫、黄砂が舞った2007年4月1日、白と黄色が春競う、長谷川に映る、春夜更け菩薩の母子が星を見る、田植え後の水田に映る列車、逆さ夜行列車に光る苗、起工記念式典のころ、源平合戦〔ほか〕

◇余部鉄橋と花の谷　凍てつく鉄橋編　柴田太一郎著　［出版地不明］　柴田太一郎　2009.3　55p　30cm〈制作・発売：神戸新聞総合出版センター（神戸）〉　1800円

◇余部鉄橋物語　田村喜子著　新潮社　2010.7　193p　20cm〈文献あり〉　1500円　①978-4-10-313506-7
内容　さよなら、旧橋。時代を越え、日本海の風雪に耐え、天空に架かる鉄橋は生き抜いてきた…。2010年夏、新線開通とともに、長き使命を終える旧橋と直下に暮らす人々の100年を描くノンフィクションノベル。

◇今は鉄橋渡るぞと―明治以来、天空を翔る鉄の花道を渡った列車　清川忠男, 坂井淇祐, 林明良, 千崎密夫, 福井惣一郎, 田中茂［撮影］, 柴田太一郎編集　神戸　神戸新聞総合出版センター（制作・発売）　2012.7　84p　30cm〈文献あり〉　1800円　①978-4-343-00696-7
内容　5千枚以上も鉄橋の写真を撮り続けた人達のアルバムから。

◇交通体系を変えた瀬戸大橋　竹内努著　〔新居浜〕　〔竹内努〕　1990.7　151p　21cm　1200円

◇昭和の余部鉄橋今昔物語―鉄橋写真のパイオニア千崎密夫氏の喜寿を祝う　餘部駅開設50周年の記念に　千崎密夫写

真，柴田太一郎編　［出版地不明］　柴田太一郎　2010.1　51p　30cm〈制作：神戸新聞総合出版センター（神戸）〉1000円

◇鉄橋コレクション―変わりゆく風景、変わらない風景　広田尚敬著　講談社　2010.11　175p　26cm　3800円　①978-4-06-216523-5
[内容]鉄道写真の第一人者・広田/尚敬、写業60周年記念出版。愛蔵版、鉄道橋の集大成。もう見られないあの雄姿も。

◇鉄橋物語―日本の歴史的鉄道橋梁を訪ねて　塚本雅啓著，レイルマンフォトオフィス写真　鉄道ジャーナル社　2013.8　200p　22cm〈文献あり　発売：成美堂出版〉　1200円　①978-4-415-31678-9
[内容]山間に静かにたたずむ鉄橋、水量の多い大河を渡る鉄橋。古いものでは明治時代に架けられて今日まで百年以上も使われている。当時は太く頑丈な鋼材を製作することができず、長い鉄橋では細い部材を使い三角形の枠をつないでいくトラス構造の橋桁が多く架設された。それらは見た目の印象は華奢でも重い列車を支えて揺るがない、その機能性ゆえに繊細な構造美を感じさせるものといえる。本書は、そうした歴史的にも貴重な鉄道の鉄橋から古いもの、均整がとれて美しいもの、特異な形態のものなど計30橋を取り上げ、カラー写真とともに橋梁の概要と架設の経緯、構造と機能などについて詳細にわたり解説・紹介したものである。

◇魅惑の鉄道橋―レンズを通して見つめた鉄道風景　都築雅人著　交通新聞社　2016.11　159p　21cm　(DJ鉄ぶらブックス　線路端のたのしみを誘う本 017)　1500円　①978-4-330-73816-1
[目次]永山新川橋梁―北海道・JR宗谷本線、宮守川橋梁・達曽部川橋梁―岩手県・JR釜石線、第二広瀬川橋梁―宮城県・JR仙山線、最上川橋梁―山形県・山形鉄道、一ノ戸川橋梁―福島県・JR磐越西線、第一只見川橋梁―福島県・JR只見線、大谷川橋梁―福島県・JR只見線、毛渡沢橋梁―新潟県・JR上越線、鬼怒川橋梁―栃木県・JR東北本線、第二渡良瀬川橋梁・第一松木川橋梁―栃木県・わたらせ渓谷鐵道〔ほか〕

◇めがね橋よもやま話　水原義人編著　遠野　新町自治振興会　2010.10　35p　21cm〈年表あり〉

090　信号・信号機

【概　要】「鉄道信号」は鉄道で使用する信号・合図・標識の総称で、いずれも形・色・音などによる。このうち、「信号」は列車・車両に対して一定区間を運転するときの条件を指示するものをいい、常置信号・臨時信号・手信号・特殊信号に細分される。常置信号は地上や車内の一定箇所に常設され、先行列車の位置や適切な速度を現示する。常置信号機には場内・出発・閉塞・誘導・入換の主信号機と、遠方・地上・中継の従属信号機があり、信号付属機として進路表示機・進路予告機がある。臨時信号は線路の故障等により、所定速度で運転できない場合に該当箇所に臨時に現示する。信号機がない場合に灯や旗によって現示するのが手信号である。また、特殊信号は列車・車両を緊急停止する場合に火炎や音などで現示する。なお、信号機の現示には、停止・警戒・注意・減速・進行・誘導の6種がある。日本では1872（明治5）年の鉄道開業時から腕木式の常置信号機が使用され、1904年には自動信号機が登場した。現在では人間の視聴覚による信号だけではなく、自動列車制御装置（ATC）、自動列車停止装置（ATS）、列車集中制御装置（CTC）等の情報装置が大幅に導入され、安全運行の確保に貢献している。

◇さよなら腕木式信号機＆タブレット　君島靖彦撮影・著　現代企画室　2000.8　127p　29×25cm　3800円　①4-7738-0003-8
[内容]著者が腕木式信号機に目覚めたのは、木原・真岡・足尾線が第3セクター化に際して自動化し、既にその大半が姿を消していたことにふと気付いた時でした。それから全国行脚を始め、目的地はその大半が非自動区間となり、タブレットも織り交ぜつつ腕木式信号機に明け暮れる日々が続きました。しかし著者の「釣り場」は環境の変化に伴い年々減り続け、昨年には遂にJR花輪線からも別れを告げる時が訪れ、さすがに心の支えを失った思いでした。それを境に、次々と失われて行く非自動閉塞を今書

き残さねばの一念で本格的に調査し、半年以上を費やしてようやくまとめ上げることが出来たのが本書です。かつて実際的且つ包括的な研究の殆どなされていなかった分野であり、他に類を見ない資料に仕上がりました。

◇標識と信号で広がる鉄の世界　磯兼雄一郎,井上孝司著　秀和システム　2010.4　295p　21cm　2000円　①978-4-7980-2581-0
[内容] 運転士の目線で線路が見えてくる。豊富な図解と写真の数々から鉄道の標識、標、信号を解説。

091 踏切
【概　要】鉄道線路と道路が平面交差する部分で、踏切道とも称される。保安設備（遮断機・警報機）により、4種に分類される。第1種：自動遮断機が設置されているか、昼夜を通じ踏切保安係が遮断機を操作しているもの。第2種：一定の時間に限り、踏切保安係が遮断機を操作しているもの。JR・私鉄とも全て廃止。第3種：遮断機がなく、踏切警報機のみが設置されているもの。第4種：遮断機・警報器がなく、踏切保安係も配置されていないもの。踏切警報機と自動遮断機は列車が一定の距離に近づくと自動的に作動し、道路交通を調整して列車運行と道路交通の安全を確保している。現行法令では踏切の新設は厳しく制限されており、立体交差化、統廃合などにより減少傾向にある。

◇仙山線踏切ものがたり―土の道と鉄の道の交差点　仙台市広瀬市民センター主催事業「仙山線の歴史を辿る」講座編［仙台］　関山街道フォーラム協議会　2014.3　52p　30cm

◇日本の"珍々"踏切　フミキリスト11編,伊藤博康監修　東邦出版　2005.9　159p　21cm　1500円　①4-8094-0423-4
[目次] 1 踏切の先には何がある？, 2 踏切を通り過ぎるもの, 3 踏切のある風景, 4 我輩はフミキリである, 5「開かずの踏切」を考える, 6 がんばる踏切, 7 踏切でのドラマ, ドラマのなかの踏切, 8 時のなかの踏切

◇踏切天国　小川裕夫著　秀和システム　2010.2　215p　21cm〈文献あり〉1900円　①978-4-7980-2512-4
[内容] 豊富な写真と丁寧な見所解説で、踏切の魅力を余すところなく味わってください！日本全国の珍しい・面白い踏切88を収録。

◇ルポ飯田線の踏切―誰も書かなかった由来を探訪 飯田市・本町踏切―天龍村・鶯巣第一踏切　佐古新一［著］　［飯田］　［佐古新一］　2017.1　71p　26cm　700円

092 切符・乗車券
【概　要】鉄道の乗車券のことを切符（チケット）と呼ぶことが多い。しかし、切符は、必ずしも鉄道の乗車券だけを指すものではなく、船舶の乗船券や航空機の搭乗券なども切符である。

　鉄道の乗車券には、普通乗車券のほかに、定期乗車券、回数乗車券、一日乗車券、企画乗車券、団体乗車券などがある。普通乗車券には、片道乗車券、往復乗車券、連続乗車券がある（往復乗車券や連続乗車券は発売していない鉄道会社もある）。

　乗車券というと、かつては紙（硬券、軟券、ロール紙）や磁気カードの乗車券がメインであったが、2001（平成13）年にSuica（JR東日本）が登場して以降、ICカードの乗車券が急速に普及している。

　乗車券は、券売窓口のある有人駅であれば発券可能であるが、自動券売機での購入が主流となりつつある。鉄道会社の経営合理化により、駅の無人化とそれに伴う券売窓口の閉鎖、機械化などが進行しており、交通弱者（高齢者や障害者など）にとっては、"使いにくい""分かりにくい"状況も生じている。

◇関西からの安いきっぷの買い方―時刻表と一緒にご覧下さい　木村勇著　近

代文芸社　1994.9　199p　21cm〈練習問題付き〉　1700円　①4-7733-2739-1

◇きっぷの話　徳江茂著　交通研究協会　1994.12　212, 7p　19cm　（交通ブックス 102）〈発売：成山堂書店〉　1500円　①4-425-76011-5

内容　この本は、主に鉄道乗車券についてその歴史から現在に至るまでを簡単に解説し、関連分野まで収載範囲を広げた。

◇きっぷの話　徳江茂著　改訂　交通研究協会　1998.8　212, 7p　19cm　（交通ブックス 102）〈東京 成山堂書店（発売）〉　1500円　①4-425-76012-3

目次　第1章 乗車券の始まりとその生い立ち、第2章 乗車券とその仕組み、第3章 乗車券のいろいろ、第4章 料金券のいろいろ、第5章 特殊な乗車券、第6章 入場券と整理券、第7章 駅務自動化と乗車券、第8章 乗車券アラカルト

◇きっぷのルールハンドブック　土屋武之著　実業之日本社　2014.8　207p　19cm　1700円　①978-4-408-11083-7

内容　「営業キロ＋換算キロ」は乗車券だけ？　特急券は？　三セクや私鉄を通過する列車の運賃はどう計算する？　旅行途中で列車がトラブル、運転打ち切りになったら？　きっぷのルールはゲームのように楽しくユニーク。「発想」次第でオトクで便利に！

◇決定版！オールカラー鉄道切符ガイドブック　澤村光一郎著　ミリオン出版　2017.8　127p　26cm〈文献あり　年表あり　発売：大洋図書〉　2000円　①978-4-8130-2268-8

内容　今、「切符」が密かに熱い！消費税8%導入をはじめ近年日本国内で次々に起こる「異変」により日本の「鉄道切符」は総リニューアル状態。ICカードの登場で静かに消えていくものと思われていたがいまだかつてない「激変」の時代を迎えている。本書は来たる消費税10%時代を前に、日本における古今東西の「鉄道切符」を体系的にまとめ上げた見ているだけでも楽しい決定版ガイドブックである。

◇国鉄乗車券類大事典―115年の乗車券・運賃料金・旅客サービス　近藤喜代太郎, 池田和政著　JTB　2004.1　512p　27cm〈年表あり〉　8500円　①4-533-04858-7

内容　鉄道の旅客サービスは、時代によって大きく動き、さまざまな制度が発生した。そしてその度に新たな乗車券類が誕生した。よって、「きっぷ」という小さな紙片とは、明治維新からの日本の近代史を雄弁に物語る"小さな証人"と言える。本書では、明治5年の鉄道寮から運輸省に至る官設鉄道、そして戦後昭和24年から発足した日本国有鉄道が発行した乗車券類をなるべく完全に図示し、その旅客営業の流れを追うという試みをした。

◇JR乗り放題きっぷの最強攻略術―鈍行日帰りからグリーン車日本一周まで　小林克己著　交通新聞社　2018.2　255p　18cm　（交通新聞社新書 119）　800円　①978-4-330-86118-0

内容　本書は青春18きっぷや、秋のJR全線乗り放題パス、北海道＆東日本パス、フルムーン夫婦グリーンパス、大人の休日倶楽部パスなどJRの各種乗り放題パスを利用したお得で上手な、そしてユニークな利用法のガイドである。パスの一番の魅力は、乗り放題だから、どの列車に乗ってもよく、途中下車も、戻るのも自由なこと。人生と同様、旅でも自由が最も大切で不可欠だが、移動の自由に関しては「各種JR乗り放題パス」があれば100%可能になる。あらゆる旅を可能にしてくれるのがJRの乗り放題パスなのである。

◇JR切符のかしこい買い方　はらひろし著　風濤社　1992.12　203p　19cm　1300円　①4-89219-111-6

内容　旅好きだから旅行代理店に勤めてしまった著者は、社内で「JR担当部長」と呼ばれるJR通。JR利用のうまい手はまだまだあると、手の内を大公開。

◇JR切符のかしこい買い方　パート2　はらひろし著　風濤社　1993.8　220p　19cm　1300円　①4-89219-114-0

内容　大好評"JR運賃シリーズ"の第4弾。今回は、利用の仕方でガラリと変わり、うま味が十分の周遊券を中心に運賃研究をさらに深く掘り下げる。

◇JR定期券安乗りマップ―東京駅版　下前雄著, JR定期券安乗り調査会編　データハウス　1995.2　62p　15cm　600円　①4-88718-295-3

◇知って得する鉄道なるほど旅行術―割引きっぷのしくみから旅の裏ワザまで　所澤秀樹著　PHP研究所　2001.3　444p　15cm　（PHP文庫）　724円　①4-569-57527-7

内容「特急列車で往復したほうが、普通列車利用より安いきっぷがある!?」「乗り越し精算したほうが、安くなる場合がある!?」…本書は、きっぷを徹底的に研究した鉄道旅行ファンである著者が、豊富な知識を活かし、有名無名数ある割引きっぷの上手な活用法、運賃・料金の規定や謎、乗車券を駆使した意外な裏ワザまでを伝授、旅行ファンならずとも役に立つ、鉄道で旅する時の必携本。

◇新きっぷのルールハンドブック　土屋武之著　実業之日本社　2017.4　223p　19cm〈索引あり〉　1700円　①978-4-408-45646-1
内容「営業キロ+換算キロ」は乗車券だけ？特急券は？　三セクや私鉄を通過する列車の運賃はどう計算する？　旅行途中で列車がトラブル、運転打ち切りになったら？　18きっぷで乗れるのはどこ？　きっぷは考え方を理解すれば、たちどころにルールもわかる！

◇新・全国フリーきっぷガイド——一枚のきっぷでこんなにある特典の数々!!　2007–2008　松本典久監修, 旅ジャーナリスト会議編　人文社　2007.7　111p　26cm　1500円　①978-4-7959-1211-3
目次　特集 JR東日本の「土・日きっぷ」で日本最長の信濃川をさかのぼる旅、第1章 JR、第2章 第3セクター・私鉄、第3章 大手私鉄、第4章 路面電車、第5章 都市交通・地下鉄

◇全国トクトクきっぷガイド　1993　弘済出版社　1993.10　195p　26cm　（トラベルムック）　1200円

◇全国トクトクきっぷガイド　1994　弘済出版社　1994.7　219p　26cm　（トラベルムック）　1200円

◇全国トクトクきっぷガイド　1995　弘済出版社　1995.7　219p　26cm　（トラベルムック）　1200円

◇全国トクトクきっぷガイド　1996　弘済出版社　1996.7　240p　26cm　（トラベルムック）　1200円

◇全国トクトクきっぷガイド　1997　弘済出版社　1997.7　240p　26cm　（トラベルムック）　1190円　①4-330-47097-7

◇全国トクトクきっぷガイド　1998–1999　弘済出版社　1998.7　288p　26cm　（トラベルムック）　1429円　①4-330-52098-2

◇全国トクトクきっぷガイド　1999–2000　弘済出版社　1999.7　304p　26cm　（トラベルムック）　1524円　①4-330-56099-2

◇全国トクトクきっぷガイド　2000–2001　弘済出版社　2000.8　320p　26cm　（トラベルmook）　1524円　①4-330-60500-7

◇全国トクトクきっぷガイド　2001–2002　弘済出版社　2001.8　328p　26cm　（トラベルmook）　1524円　①4-330-64401-0

◇秩父鉄道乗車券類集　鉄道ノ部・索道ノ部　郷土史料保存会・鉄道分会編　下田出版　2011.7　97p　21cm　3000円　①978-4-905224-12-9

◇鉄道裏ワザ大全——お得なきっぷガイドから絶景駅、レア車両情報まで　鉄道ファンも納得のテク192　造事務所編著　三才ブックス　2016.3　159p　21cm　（三才ムック Vol.860）　1000円　①978-4-86199-856-0

◇鉄道切符コレクション　澤村光一郎［著］　ミリオン出版　2008.3　127p　21cm〈年表あり　発売：大洋図書〉　1600円　①978-4-8130-2067-7
内容　史上初！ 1300点オールカラー。国鉄、JR、私鉄を問わず明治の創業時から現在までの切符全種を徹底網羅。汽船やバス、地域や時代の特色や制度なども理解できる鉄道ファン必読の一冊。

◇鉄道きっぷ大図鑑——小さな紙から始まる魅惑の世界　鉄道きっぷ研究会編　双葉社　2008.12　191p　21cm　1600円　①978-4-575-30097-0

◇鉄道フリーきっぷ達人の旅ワザ　所澤秀樹著　光文社　2014.7　268p　18cm　（光文社新書 705）　800円　①978-4-334-03809-0
内容　一定のエリア・期間内で乗り放題となる割引きっぷを「フリーきっぷ」と本書では定義。フリーきっぷは全国のほとんどの鉄道会社で売られ、このきっぷを使えば、途中下車や寄り道、行きつ戻りつや行き当たりばったりなど何でもアリの自由奔放な旅が味わえる！　フリーきっぷだからこそ可能な鉄道旅行の楽しみ方と、使いこなし術を大公開。実践編として、著者による大井川鐵道・週末の旅、地下鉄一日乗車券を

運賃

使った「メトロ双六in東京」、「週末パス」で巡る関東甲信越＆南東北早回りの旅の体験記つき。

◇鉄道旅行術—きしゃ・きっぷ・やど　種村直樹著　新版　日本交通公社出版事業局　1991.7　325p　19cm　（JTBのガイドシリーズ—401）　1010円　①4-533-00846-1

|目次| 旅に出よう、旅立つ前に、きっぷの知識、さあ出発だ、車中の楽しみ、現地にて、旅から帰った

◇割引切符でめぐるローカル線の旅　谷川一巳著　平凡社　2013.9　231p　18cm　（平凡社新書 698）　800円　①978-4-582-85698-9

|内容| 「安さ」と「便利さ」、これが割引切符の魅力である。JR全線（快速列車まで）が丸々一日乗り放題の「青春18きっぷ」、各線独自の工夫が魅力の私鉄の○○フリーパスなど、日本各地には、季節や名所名景をめぐる割引切符がある。知らない町をのんびりと旅するもよし、住んでいる町を再発見するもよし…。さあ、ローカル線に乗って、心ときめく旅に出発進行！

◇JRきっぷの大研究　JR運賃研究会編　風濤社　2010.7　163p　19cm　1200円　①978-4-89219-333-0

|内容| 乗車券、定期券、回数券など「JRきっぷ」は、買い方使い方をちょっと工夫するだけで、トクをする。さがすのは、あなた！時刻表片手に、いざしゅっぱつ。

093　運賃

【概　要】鉄道による旅客や貨物の輸送（利用）の対価として支払う費用のことである。旅客の場合、乗車券を購入する形で支払っている。鉄道会社ごとに営業キロに応じて決められており、旅客に対しては運賃表などの形で明示される。

小学生までの子どもの運賃は大人の半額、障害者（障害者手帳所持者とその介護者）に対しては割引運賃としている鉄道会社が多い。また、2014（平成26）年4月の消費税率の改定以降、明示されている運賃表の運賃額とICカード乗車券利用時の運賃額との間にわずかながら差が生じているケースがある（ICカード乗車券利用時のほうが若干安くなるケースが多い）。

◇JR運賃のワンダフルガイド　JR運賃研究会編　風濤社　1996.5　221p　21cm　1300円　①4-89219-145-0

|目次| 運賃と料金は違います、運賃のきめ方、運賃の計算法、値上がりしたのは、JR北海道・四国・九州、運賃計算の特例があります、定期券のしくみと上手な買い方、新幹線の運賃と料金はどうなっている、特急券の活用法、中央線の大研究、トクトクきっぷはいい奴だ

◇私鉄運賃の研究—大都市私鉄の運賃改定 1945～95年　森谷英樹著　日本経済評論社　1996.1　274p　22cm　3605円　①4-8188-0826-1

|内容| この五十年の間に、大都市私鉄の運賃改定は二十回にも及んだ。戦後から村山内閣に至る歴代内閣の私鉄運賃政策を検討しながらその政治的・経済的過程を明らかにし、なぜ混雑緩和のための投資が進まなかったのかを解明する。

◇首都圏電車運賃表—JR・私鉄・地下鉄　一季出版　1998.9　239p　19cm　762円　①4-87265-052-2

|内容| 首都圏のJR、私鉄、地下鉄の大人運賃を掲載した運賃表。各路線運賃は、1998年（平成10年）8月31日現在。

◇ぼくらのトクトク旅行術　河端良治, 中村伊知郎著　風濤社　1994.1　223p　19cm　1300円　①4-89219-119-1

◇よくわかるJR運賃・料金計算　JR運賃制度研究会編　中央書院　1993.8　153p　19cm　1800円　①4-924420-83-2

|内容| 複雑なJR運賃料金のしくみを簡潔に整理。項目ごとにQ＆A式の問題演習を豊富に収録。重要ポイントは一目でわかるよう図表化、コンパクトな「解説書」＋実践的な「問題集」

094 青春18きっぷ

【概　要】期間限定で販売・使用できる特別企画乗車券であり、JR旅客鉄道各社（一部の第三セクター鉄道線を含む）の普通列車（快速列車を含む）が1日乗り放題になる。1982（昭和57）年3月に販売したのが最初である。主に長期休業期間中の学生の使用を想定して、この名称が付けられた。しかし、購入と使用に年齢制限はない。
　現在、年に春季、夏季、冬季の3回、販売・使用期間が設定されている。

◇おとなの青春18きっぷの旅さらに得る達人プラン　おとなの青春18きっぷの旅編集部［編］　学研パブリッシング　2010.3　223p　19cm〈発売：学研マーケティング〉　1000円　ⓘ978-4-05-404479-1
　|内容|1日たった2300円でJR普通列車が乗り降り自由のお得きっぷをさらにお得に使いたおす。駅近グルメ＆温泉、旅ワザから、人気の夜行列車プランまで、"青春18きっぷ"よくばりガイドが登場。

◇きっぷでGo！　［2］　青春18きっぷ—東京〜出雲の旅　豊田巧原作　田伊りょうき作画　ポプラ社　2016.7　143p　21cm　（鉄道コミック 2）〈キャラクター原案：木野コトラ　文献あり〉　1000円　ⓘ978-4-591-15078-8
　|内容|鉄道のおもしろさをつめ込んだ、「鉄道コミック」の決定版!!電車が大好きな「撮り鉄」の山口悠真。鉄道ファンになりたての加藤葵。そして新たな鉄トモ、林翔。この3人で「青春18きっぷ」を使い、埼玉県の大宮駅から島根県の出雲市駅を目指す！953.6キロの旅に出発進行!!

◇青春18きっぷで楽しむおとなの鉄道旅行　小林克己著　大和書房　2015.7　231p　15cm　（だいわ文庫 301-1E）　650円　ⓘ978-4-479-30547-7
　|内容|今、「青春18きっぷ」利用者が急増している！若者に限らず、熟年層にもファンの多い青春18きっぷのオトクな利用法＆旅のおすすめプランを大公開！　青春18きっぷ利用歴32年の大ベテランが、そのノウハウを語り尽くします。安いのに楽しい全43コース！「秋の乗り放題パス」など、姉妹きっぷのモデルプラン付。

◇青春18きっぷで愉しむぶらり鈍行の旅　所澤秀樹著　光文社　2015.7　285p　16cm　（光文社知恵の森文庫 tし3-3）〈「鉄道を愉しむ鈍行の旅」（ベストセラーズ 2010年刊）の改題、大幅に修正加筆〉　680円　ⓘ978-4-334-78677-9
　|内容|日本の若者の旅スタイルを変えたと言われる「青春18きっぷ」。今ではシニア層にも愛用され、"鈍行旅"派の強い味方になっている。1日でどこまで行ける？ モトがとれる距離は？ 鈍行以外も乗れる？ JR線の袋小路の注意点は？ 乗り継ぎのテクニックから旅のプランニングのコツまで。「18きっぷ」の使いこなし術を、鉄道旅の名人が伝授する。

◇「青春18きっぷ」ポスター紀行　込山富秀著　講談社　2015.5　159p　26cm〈他言語標題：Retracing the scenes on journeys with Japan Railways"Seishun 18 kippu"〉　1800円　ⓘ978-4-06-219279-8
　|内容|あの一枚が、あなたを旅人にした。JR「青春18きっぷ」ポスター25年分を一挙掲載！

◇青春18きっぷ達人の旅ワザ　松尾定行著　ランダムハウス講談社　2008.2　214p　19cm　1200円　ⓘ978-4-270-00298-8
　|内容|たった2300円で一日乗り放題の「青春18きっぷ」を10倍活用する方法教えます。

◇青春18きっぷで愉しむ鉄道の旅　青春18きっぷ探検隊編　小学館　2004.7　233p　15cm　（小学館文庫）　514円　ⓘ4-09-411581-1
　|内容|「青春18きっぷ」デビューを目指す人のために、「青春18きっぷ」使用上のルールや、どう使えばどのくらいお得なのかといった基礎知識から、夜行列車を使った長距離旅行のノウハウまでを、わかりやすく解説。日帰り旅行、一泊二日旅行などのモデルコースも多数紹介。

◇鉄道を愉しむ鈍行の旅—「青春18きっぷ」手づくり旅行　所澤秀樹著　ベストセラーズ　2010.7　223p　18cm　（ベスト新書 289）　781円　ⓘ978-4-584-12289-1

鉄道ファン

[内容] この国では、春と夏と冬の学校が休みになる時期に、全国のJR主要路線で奇妙な現象が起こる。「青春18きっぷ」を利用して鈍行列車を乗り継ぎ、相当な距離を移動する老若男女が激増するのである。そのネーミングや、学校が休みの時期に合わせて発売されることから、学生しか使えないものと勘違いされることもあるが、使用者の年齢制限はない。そこで近年は、現役を引退したシニア層のグループ旅行などにも大いに活用されている。本書では、著者なりの「青春18きっぷ」の活用法や、鈍行旅行の楽しみについて提案。

095 鉄道ファン

【概　要】鉄道愛好者のことである。鉄道全般を対象とするファンもいれば、ある対象に特化したファンもいる。例えば、鉄道写真や動画などを撮ることを愛好する「撮り鉄」、様々な鉄道路線に乗車してまわること（鉄道旅行）を愛好する「乗り鉄」、ダイヤグラムや時刻表を愛好する「スジ鉄」などである。

　鉄道ファンというと、男性が多い印象を持たれやすい。しかし、近年は、女性の鉄道ファンも増えている。特に、子育て世代の母親が、鉄道好きの子どもに感化されて鉄道ファンになるケースも少なくない（「ママ鉄」や「親子鉄」などともいう）。また、木村裕子、斉藤雪乃、古谷あつみなど、鉄道ファンを公言する女性タレントも活躍している。

◇お客様に鉄ヲタはいらっしゃいませんか？　　大島篤著, 二平瑞樹漫画　リイド社　2013.6　192p　18cm　900円　①978-4-8458-4406-7
[目次] 1番線 乗り鉄あるあるベスト100, 2番線 乗り鉄女子にインタビュー, 3番線 乗り鉄ご当地あるある, 4番線 乗り鉄をもっと楽しむ, 5番線 乗り鉄上下線, 6番線 乗り鉄あるある番外編, 7番線 鉄ヲタコレクション

◇おもしろ鉄道チャレンジ＆コレクション　日本交通公社出版事業局　1993.4　128p　26cm　(るるぶ情報版－全国 2)　950円

◇素晴らしき哉、鉄道人生　野田隆著　ポプラ社　2005.3　190p　19cm　1300円　①4-591-08598-8
[内容] 記録、収集、会社運営妄想…。ここは永遠の少年とマニアな方々でたいへんな賑わいです。彼らだけが知っている、シアワセのつくり方。

◇「世界の鉄道」趣味の研究　小島英俊著　近代文芸社　1996.5　206p　20cm　1500円　①4-7733-5388-0
[内容] 趣味は何であれ些細な事にこだわらず先ずは岡目八目でもよいから広く楽しく入りたい。広く楽しい世界の鉄道。

◇「鉄道趣味」を旅する。－2010年度一橋祭研究　国立　一橋大学鉄道研究会　2010.11　132p　26cm〈文献あり〉

◇鉄道趣味がわかる本　いのうえ・こーいち著　枻出版社　2008.1　189p　21cm（趣味の教科書）〈他言語標題：Let's understand railway hobby！〉　1300円　①978-4-7779-0929-2

◇鉄道趣味リターンズ 1　いのうえ・こーいち著　枻出版社　2005.8　203p　15cm　（[エイ]文庫）　740円　①4-7779-0398-2
[内容] 昔、憧れた鉄道趣味の世界へ戻りましょう。鉄道少年だったあの頃の、感動のフラッシュバックだけではない、円熟の時を迎えた今だから分かる鉄道の楽しみ。

◇鉄道好きの知的生産術－自分の「鉄道」探究の成果をどう発信するか　佐藤信之著　中央書院　2002.7　236p　19cm　1800円　①4-88732-123-6
[内容] 鉄道を科学するための"知の技法"。ITツールを活用した「調べる」「書く」「発表する」ノウハウを、気鋭の研究者が体験的に伝授。

◇鉄道ばんざい　小池滋著　青蛙房　1992.4　281p　20cm　2060円　①4-7905-0351-8
[目次] 序章 余はいかにして鉄道愛好者となりしか, 第1章 鉄道の旅あれこれ, 第2章 英語をまじえた鉄道物語, 第3章 ソフト・レイルウェイ, 第4章 イギリスの鉄道あれこれ, 第5章 鉄道好きのひとりごと, 終章 鉄道は文化財である

◇鉄道ファン生態学　日下部みどり子著　JTB　2002.10　190p　19cm　(マイロネbooks 8)　1000円　①4-533-04337-2

[内容] 趣味の王様といわれる“鉄道”は、こうして楽しむ！ 鉄道ファン生態学。

◇鉄道ファンのための私鉄史研究資料―1882 to 2012　和久田康雄著　電気車研究会　2014.4　206p　26cm〈他言語標題：Handbook for private railway history studies〉　2685円　①978-4-88548-124-6

◇鉄道ファンのためのトレインビュー・ホテル　伊藤博康編著　東京堂出版　2011.2　166p　21cm　1900円　①978-4-490-20726-2

[内容] 一人で景色を独占・二人で迫力に驚愕・家族で仲良く堪能…北海道から九州まで、全国から厳選した、「見える！」「撮れる！」列車が間近のホテルを一挙公開。部屋にいながらにして、レア車両までバッチリ。あまりに列車が見えすぎて、寝るのが惜しくなる、至高の鉄道ビュー。

◇鉄道ファンのパソコン実用入門―eホビーのすすめ　阿波純著　中央書院　2002.8　229p　21cm　1800円　①4-88732-124-4

[内容] 本書では、パソコンやインターネットをどのように鉄道趣味に利用するかを、いろいろな例を挙げて紹介していく。鉄道趣味をもっと楽しくするための、「これだけ知っていれば大丈夫」という基本操作にマトを絞った“使える入門書”。

◇「鉄道フォーラム」公式ガイドブック　鉄道フォーラム編　トラベルジャーナル　1998.9　189p　21cm〈他言語標題：Ftrain official guidebook〉　2000円　①4-89559-441-6

[内容] 約3万人の会員数を誇る通信ネットワーク組織「NIFTY SERVE鉄道フォーラム」の見どころ、便利な活用法を余すところなく一冊に凝縮。創設から11年の歩みをはじめ、電子会議室やオフライン・ミーティングの妙味をダイジェストした、本邦初の鉄道趣味ネットワーク案内書。

◇鉄道マニアの基礎知識　伊藤久巳著　イカロス出版　1996.3　288p　19cm（マニアの王道）　1800円　①4-87149-044-0

◇鉄道マニアの常識　伊藤久巳著　イカロス出版　1996.7　215p　19cm（マニアの王道）　1600円　①4-87149-062-9

◇鉄道・旅行マニアが教えるネット副業で稼いで夢を叶える方法―鉄ビズ　中嶋茂夫著　ソシム　2010.11　239p　21cm　1480円　①978-4-88337-732-9

[内容] 「駅弁の包装紙」や「使用済み寝台券」が1, 000円に！「知らなかった」じゃ損をする趣味を「お金」にする方法教えます。

◇電車マニア　中町隆二著　堺　文芸同好会　1994.5　32p　18cm（Jupiter叢書 237）

◇パソコンでGO！ デジタル鉄道マニュアル　ソフトバンク出版事業部　1998.12　160p　21cm（Softbank mook）　952円　①4-7973-0449-9

◇モハようございます。―あの人はなぜ、鉄道にハマるのか？　吉田一紀著　オーム社　2008.4　221p　21cm　1200円　①978-4-274-06718-1

[内容] 軟鉄、硬鉄、織りまぜてやさしく解説、鉄の路。木村裕子さん、小倉沙耶さん、向谷実さんほかスペシャルインタビュー収録。

◇余はいかにして鉄道愛好者となりしか　小池滋著　ウェッジ　2007.10　277p　16cm（ウェッジ文庫）〈「鉄道ばんざい」（青蛙房1992年刊）の改題〉　667円　①978-4-86310-010-7

[内容] ディケンズ研究の第一人者にして無類の鉄道マニアとしても知られる小池滋が綴った鉄道への熱いオマージュ。懐かしき戦前の鉄道をめぐる思い出、映画、文学、ミステリーに描かれた鉄道、時刻表はいかにして生れたか、イギリスの鉄道旅行の愉しみ方、アメリカの鉄道とフォークロア、地下鉄の発展史について等々、多彩なエピソードと蘊蓄によって鉄道の奥深い魅力を伝える。

◇六角精児「呑み鉄」の旅　六角精児著　世界文化社　2016.8　191p　19cm　1300円　①978-4-418-16237-6

[内容] 列車に乗って大好きなお酒をチビチビ、旅先でもチビチビ。僕がおすすめする列車旅。

《*096* 撮り鉄》

◇大井川鐵道本線撮影ノート　彩風社編集部編　彩風社　2010.1　127p　21cm（PhotoNote Vol.1）　1700円　①978-4-904193-06-8

[内容] 高低図や白地図を利用して撮影ポイントを確認。その場で撮影状況を記入できる。自宅で詳細な情報を記入したり、プリントを添えるのもOK。

撮り鉄

◇大井川鐵道SL撮影ガイド　一城楓汰［著］　彩風社　2008.10　127p　21cm　（旅写人 vol.2）　1900円　⓵978-4-904193-02-0

[内容] 本書は、レトロな駅舎とともに、大井川沿いを走るSLの雄姿を撮影できるポイントを紹介しています。SLそして沿線風景という被写体を、古き良き時代へタイムスリップして、それぞれの記憶とともに写してみませんか？ あなたを、『旅写人』として、過ぎ去りし日の面影を運ぶ大井川鐵道の世界へ誘います。

◇只見線SL撮影ガイド　一城楓汰［著］　彩風社　2009.6　127p　21cm　（旅写人）　1900円　⓵978-4-904193-04-4

[内容] 本書は、奥会津の大自然のなか、山間に汽笛を響かせて走るSLの雄姿を撮影できるポイントを紹介しています。SLそして沿線風景という被写体を、甲高い汽笛やドラフト音を聞きながら、のんびりと写してみませんか？ あなたを、『旅写人』として、懐かしいSLが走る只見線の世界へ誘います。

◇中国最後のSL撮影ガイド―2005年春いよいよ終煙!!　小竹直人著　枻出版社　2004.8　203p　15cm　（［エイ］文庫）　750円　⓵4-7779-0149-1

[内容] 早ければあと数ヶ月。中国大陸の各所で活躍してきたSLがオリンピックを前についに終焉の時を迎えることになる。広大な大地をドレインを上げ駆け抜ける最後の勇姿をフィルムに納めることができる時間は、あと僅かしかない。過去、40回に渡り中国撮影行を果たした著者が、最後の中国SL楽園で撮影するための貴重な情報を綴る。

◇テツは熱いうちに撮れ！―鉄道撮影0泊数日1980年の追蹤　結解学著　交通新聞社　2016.8　159p　21cm　（DJ鉄ぶらブックス　線路端のたのしみを誘う本 013）　1500円　⓵978-4-330-71316-8

[目次] 東北特急「ひばり」―上野発の特急王者, 北海道のキハ82系―北国の女王に拝謁, 北海道の"ナナロク"―厳寒の地を走ったED76形, ED75形が牽引した"ゆうづる"―ブルートレインを牽引した"ナナゴ", 東北急行455系―ボックスシートやビュフェを堪能, 東北本線のED71形―出会いの機会を失いかけた赤い電機, 十和田観光電鉄―ホテルの敷地を通っていたローカル鉄道, 磐越西線のED77形―雪景色が似合う赤い電機, 赤い電機と2枚窓の電車 栗原電鉄―お

とぎ話のような小さな鉄道, 常磐線の401・403・415系―トップナンバーを逃した無念〔ほか〕

◇「撮り鉄」入門―中高年・初心者のための撮影術　南正時著　講談社　2010.7　111p　21cm　1300円　⓵978-4-06-216321-7

[内容] 撮影歴40年の「ノウハウ」を全公開。この一冊であなたも名カメラマン。

◇北海道鉄道撮影地ガイドbest 60+2―地元鉄道ファンがオススメ撮影ポイントをナビゲート　MGブックス企画・編集　札幌　エムジー・コーポレーション　2006.12　143p　30cm　（MG books）　2200円　⓵4-900253-26-X

[内容] 地元鉄道ファンがオススメ撮影ポイントをナビゲート。

◇北海道鉄道撮影地ガイドNAVI・59―地元ファンが教える魅力の撮影地　札幌　エムジー・コーポレーション　2008.8　159p　30cm　（MG BOOKS）　2400円　⓵978-4-900253-55-1

[内容] 迫力のラッセルを狙う。復活蒸気機関車, 北の大地に映える雄姿。北海道車両データ、個性的な車両群を全紹介。ファイナルカウントダウンが始まった国鉄色、DD51の活躍も撮り逃すな。注目の貨物列車通過時刻も記載。

◇魅惑の東北ローカル線―乗車＆撮影ガイド　北東北編　仙台　河北新報出版センター　2010.4　146p　26cm　1500円　⓵978-4-87341-242-9

[内容] エリア全18路線を、乗る。撮る。

◇魅惑の東北ローカル線―乗車＆撮影ガイド　南東北編　仙台　河北新報出版センター　2010.4　142p　26cm　1500円　⓵978-4-87341-243-6

[内容] エリア全16路線を、乗る。撮る。

◇よどせんとりてつマップ―鉄道カメラマンドツボさんと行く！　坪内政美監修・取材・撮影　改訂版　［四万十］　高知県予土線利用促進対策協議会　2016.11　81p　18cm

◇SLばんえつ物語撮影ガイド―磐越西線フォト紀行　一城楓汰［著］　彩風社　2008.6　125p　21cm　（旅写人）　1900円　⓵978-4-904193-01-3

[内容] 本書は、魅力溢れる磐越西線を疾走するSLの雄姿を撮影できるポイントを紹介しています。SLそして沿線風景という被写体

を、"今"という時とともに、それぞれの思いを込めて写してみませんか？あなたを、『旅写人』として、SL C57 180号機が走る磐越西線の世界へ誘います。

◇SLやまぐち撮影ガイド　一城楓汰［著］　彩風社　2009.9　121p　21cm　（旅写人 vol.4）　1900円　①978-4-904193-05-1

内容　本書は、山口県新山口と島根県津和野とを結ぶSLやまぐちの雄姿を撮影できるポイントを紹介しています。SLそして沿線風景という被写体を、重厚な汽笛やドラフト音を聞きながら、のんびりと写してみませんか？あなたを、『旅写人』として、貴婦人C57 1号機が走る山口線の世界へ誘います。

《097 音鉄》

◇駅メロ！THE BEST―山手線、メトロ、京急、山陽電鉄ほかオリジナル音源CD＆楽譜付き　塩塚博著　扶桑社　2013.4　151p　22cm　2100円　①978-4-594-06801-1

内容　東京駅・新橋駅・中野駅・有楽町駅・御茶ノ水駅など…JRほか京急、メトロなど200駅で使用中。JRでもっとも親しまれている駅メロ「SHシリーズ」作者で駅メロの第一人者、塩塚博が解説する駅メロのすべて。ココだけのディープな駅メロ話が満載。

◇音鉄―耳で楽しむ鉄道の世界　片倉佳史著　ワニブックス　2016.3　255p　19cm　1600円　①978-4-8470-9427-9

内容　鉄道の魅力、再発見！駅メロディから走行音、踏切、車内放送…無限大に広がる音鉄ワールド。新しい鉄道趣味のスタイルをご提案！全国各地の「音鉄ネタ」250本を収録。

◇走行音で広がる鉄の世界―列車のしくみを聴き分ける本　澤井俊佑著　秀和システム　2012.4　127p　21cm　1700円　①978-4-7980-3317-4

内容　豊富な音源と写真の数々で音鉄の世界を読み解く。解説音源を全てCDに収録。

◇鉄道の音　向谷実著　アスキー・メディアワークス　2009.3　190p　18cm　（アスキー新書 100）〈発売：角川グループパブリッシング〉　790円　①978-4-04-867666-3

内容　改札を抜けると構内アナウンス、電車の接近音、走行音、ドア開閉のガタガタい

う音や発車メロディがサラウンドで迫ってくる。列車に乗れば、ドアの閉まるエア音にモーター音、車内アナウンス、レールのジョイント音が響く―。音楽業界随一の鉄道ファンが、奥が深くて楽しい鉄道の音＝「鉄音」の魅力を存分に語る。

《098 ママ鉄》

◇子鉄＆ママ鉄の電車を見よう！電車に乗ろう！―首都圏版　棚澤明子著　プレジデント社　2016.8　159p　18cm　〈他言語標題：train watching guide for kids & moms〉　1100円　①978-4-8334-2185-0

内容　公園、跨線橋、河川敷、車両基地、ショッピングセンター、レストラン…安全に電車ウオッチできるスポット52。憧れの電車に乗る日帰り旅行ルート10。

《099 子鉄》

◇親子でたのしむ福岡子鉄おでかけガイド　髙田勉著　福岡　書肆侃侃房　2015.10　127p　21cm　1300円　①978-4-86385-202-0

内容　福岡県内の列車ビュースポット55掲載！子鉄のためのべんきょうドリルつき！

◇子鉄＆ママ鉄の電車を見よう！電車に乗ろう！―首都圏版　棚澤明子著　プレジデント社　2016.8　159p　18cm　〈他言語標題：train watching guide for kids & moms〉　1100円　①978-4-8334-2185-0

内容　公園、跨線橋、河川敷、車両基地、ショッピングセンター、レストラン…安全に電車ウオッチできるスポット52。憧れの電車に乗る日帰り旅行ルート10。

◇鉄道で遊ぶ！―KIDS鉄を100倍楽しむ本　安全確認　キッズ鉄道探検隊著　図書館版　いかだ社　2013.4　63p　27cm　（KIDS鉄っちゃん）　2000円　①978-4-87051-403-4

目次　時刻表から始まる鉄道の旅、時刻表ってどんなもの？、時刻表の中身を見てみよう、時刻表を使ってみよう、鉄道日本1のところへ行ってみよう！、鉄道の楽しみ方、鉄道を楽しむためのマナー、鉄道の博物館へ行こう、鉄道とわたしたちの生活、この路線はどんな路線？〔ほか〕

◇鉄道で遊ぶ！―KIDS鉄を100倍楽しむ本　安全確認　キッズ鉄道探検隊著　いかだ社　2013.4　63p　26cm　（KIDS

乗り鉄

鉄っちゃん）　1400円　①978-4-87051-400-3
[内容] 調べる・乗る・見る・撮る・つくる—ぜんぶまとめて遊び鉄。

《100 乗り鉄》

◇おんなふたり、ローカル線めぐり旅　うっかり鉄道　能町みね子著　メディアファクトリー　2010.10　205p　19cm　1100円　①978-4-8401-3545-0
[内容] 木造駅舎、海辺の駅、地元のカフェ…テツかわいい旅！女子鉄・能町みね子が全国ローカル線をめぐる、乗り鉄イラストエッセイ。

◇カラー版「乗り鉄」バイブル　櫻田純著　中経出版　2010.6　318p　15cm　（中経の文庫 さ-9-2）〈標題紙のタイトル：鉄ちゃん・鉄子のカラー版「乗り鉄」バイブル　文献あり〉　686円　①978-4-8061-3724-5
[内容] ふだん乗っている鉄道の施設や車両に目を凝らしてみると、そこにはじつに興味深い事実が潜んでいます。たとえば線路際になにげなく設けられた標識にも、鉄道の運行を左右する重要な役割があるのです。本書は、マニアはもちろん、"鉄ちゃん・鉄子"予備群の読者にもわかりやすいよう、写真や図版を数多く使いながら解説していきます。

◇近所鉄道　梅田十三著　現代書館　2015.1　270p　19cm　1800円　①978-4-7684-5753-5
[内容] 活字で乗り鉄、列車に揺られて53路線。何となく近所の鉄道に出掛けては、何となく呟き続ける、かなり古風で微妙に新鮮な汽車ぽっぽ物語。

◇テツはこう乗る—鉄ちゃん気分の鉄道旅　野田隆著　光文社　2006.4　253p　18cm　（光文社新書）　740円　④4-334-03352-0
[内容] 鉄道旅行は好きだけど、いつも目的地までボーッと乗っているだけ。きれいな車窓とおいしい駅弁で、なんとなく満足してしまっている。でも、ホントは、もっと鉄道の旅を楽しんでみたい…。そんなあなた！今からでも遅くはありません。今日から私たち「鉄ちゃん」の一員になってみませんか？まわりの視線なんて気にすることはありません。今こそ自信を持って堂々と、「テ

ツです！」とカミングアウトしましょう。そうすれば、生涯楽しめる趣味ができて、人生が豊かになります。本書は、鉄道ならぬテツ入門—テツの先輩として、みなさんに鉄道の楽しみ方を伝授しましょう。

◇東京の電車に乗ろう！—JR・私鉄・地下鉄の電車と駅ものしり大図鑑 特急新幹線もあるよ　長谷川章監修　昭文社　2008（2刷）　79p　30cm　（なるほどkids）　1600円　①978-4-398-14628-1
[内容] 首都圏鉄道路線の車両写真・主要ターミナル駅であえる列車マップ、首都圏全線・全駅路線図など「乗り鉄」を楽しむ情報満載の1冊。

◇呑み鉄、ひとり旅—乗り鉄の王様がゆく　芦原伸著　東京新聞　2016.9　302p　19cm　1500円　①978-4-8083-1014-1
[内容] 人に酔い、車窓に酔い、酒に酔う、春夏秋冬20路線。

◇乗りテツ大全—鉄道旅行は3度楽しめ！　野田隆著　平凡社　2008.5　315p　18cm　（平凡社新書）　880円　①978-4-582-85423-7
[内容] 鉄道旅行には「テツの流儀」というものがある。「妄想旅行」から、実際の鉄道旅行、そして帰ってきてからの楽しみまでを、トリビア、ノウハウ、こだわりもいっぱいに紹介！そろそろあなたも乗りテツデビュー？テツ歴半世紀の著者が案内する、「乗りテツ」の魅力とその実践。

◇ぼくは乗り鉄、おでかけ日和。一日本全国列車旅、達人のとっておき33選　杉山淳一著　幻冬舎　2013.12　297p　19cm　1400円　①978-4-344-02498-4
[内容] 懐かしのローカル線、憧れの豪華寝台特急、迫力のSL列車…。「日本の鉄道90%踏破の」乗り鉄が安い、楽しい、おいしい旅を厳選して紹介！

◇魅惑の東北ローカル線—乗車＆撮影ガイド 北東北編　仙台　河北新報出版センター　2010.4　146p　26cm　1500円　①978-4-87341-242-9
[内容] エリア全18路線を、乗る。撮る。

◇魅惑の東北ローカル線—乗車＆撮影ガイド 南東北編　仙台　河北新報出版センター　2010.4　142p　26cm　1500円　①978-4-87341-243-6
[内容] エリア全16路線を、乗る。撮る。

鉄道建設

《*101* 乗りつぶし》

◇キロポスト―国内鉄軌道完乗へのみちのり　平和広著　〔富里町(千葉県)〕〔平和広〕　1994.1　72p　17cm

◇傘寿の挑戦・私鉄全線完乗の旅　津屋英樹著　伊丹　牧歌舎, 星雲社〔発売〕　2018.2　383p　19cm　1800円　①978-4-434-24390-5

|内容| 旧国鉄全線の完乗を達成した著者が30年後の傘寿に挑むのは私鉄全線の完乗。若者に負けない体力、気力、判断力、決断力を鍛え、「青春18きっぷ」も活用しながら、トロッコ列車、リニアカー、路面電車、モノレール、ナローゲージ車などの全国の私鉄のすべてに乗りまくったおもしろ旅エッセイの第六弾。「大型客船で地中海・大西洋を航く」、「北海道バス旅1200キロ」、「近江路をめぐる旅」、「新潟・米沢の城下町を歩く」も併載。

◇JR私鉄全線乗りつぶし地図帳　JTBパブリッシング　2016.3　111p　26cm　(JTBのMOOK)　930円　①978-4-533-10926-3

◇JR北海道全路線完乗記―北海道7日間2万5500円の旅　南慶一著　本の泉社　2013.3　175p　19cm　1300円　①978-4-7807-0920-9

|目次| JR北海道全線を7日間で旅する, 第一日目(6月23日・土曜日) 札幌～旭川～名寄～稚内～名寄(函館本線、宗谷本線)―利尻富士を眺めながら, 第二日目(6月24日・日曜日) 名寄～旭川～網走～東釧路～根室(宗谷本線、石北本線、釧網本線、根室本線)―原生花園から釧路湿原を通って, 第三日目(6月25日・月曜日) 根室～釧路～富良野～旭川～留萌(根室本線、富良野線、函館本線、留萌本線)―狩勝峠を越えて〔ほか〕

◇新幹線100系乗りつぶし・食べつくし物語　小川修著　成山堂書店　2001.4　186p　21cm　2000円　①4-425-92411-8

|内容| 二代目ひかり号として人気を集めてきた100系。その全六六編成と全一六食堂車の利用達成を目標に掲げ、挑戦を続けること四年と三か月! 本書は、単なる乗車記録にとどまらず、目標完遂までの喜悲劇、客車内や食堂車内で繰り広げられた人間模様を生き生きと描いた物語である。

◇鉄ちゃんでいこう　2　江頭剛著　小学館　1999.4　206p　19cm　(エスノブックス)〈他言語標題：Let's go! railroad freak!　2のサブタイトル：乗った走った!　全線完乗〉　1400円　①4-09-385136-0

|内容| 鉄チャンは乗って乗って乗りまくる! ご当地有名車両ガイド満載。

◇鉄道の旅ノート―乗りつぶし記録帖　2017～2018　実業之日本社　2017.2　65p　26cm　(ブルーガイド・グラフィック)〈文献あり〉　926円　①978-4-408-06349-2

◇鉄道旅行日本全線乗りつぶしMAP―JR・私鉄・地下鉄はもちろん路面電車も網羅した最新路線地図　双葉社　2016.7　64p　30cm　(双葉社スーパームック)〈文献あり〉　1200円　①978-4-575-45622-6

◇ニッポン鉄道全線完乗―愛と執着の二万八〇〇〇キロ　菊地忠昭著　三一書房　1997.6　236p　19cm　1600円　①4-380-97250-X

|目次| 序 発車ッ!, 1 鬼ヤンマと居眠り, 2 夢の跡, 3 走る風景, 4 旅の忘れもの, 5 レールの果て, 6 路線の貌, 7 東京周遊旅気分

◇NIPPON鉄道全線のりつぶし―付録　JR・私鉄全線のりつぶしチェックリスト　人文社　2006.8　31p　27×11cm〈付属資料：チェックリスト〉　1000円　①4-7959-0398-0

|内容| 本書は約2万7000kmにおよぶ日本全国鉄道全線完全乗車をめざす君たちへの究極ののりつぶしMAPです。

◇日本鉄道全線踏破記録手帳　田中正隆編著　日本文芸社　2011.3　159p　18cm〈付(64p)：JR全線全駅名一覧〉　1600円　①978-4-537-20887-0

|内容| 九州新幹線、全線開業情報に対応。駅舎名、名車窓、駅弁、車両などの情報も充実。記録用小冊子付き。

◇乗りつぶしスルッと全国路線メモ　宮崎健之介著　創英社　2004.6　133p　19cm〈[東京]三省堂書店(発売)〉　880円　①4-88142-249-9

|目次| 特選 路線メモ, JR北海道, JR四国, JR九州, JR西日本, JR東海, JR東日本, 新幹線

◇JR全線読みつぶし・乗りつぶし　恵知仁文・写真・イラスト　白夜書房　2008.7　399p　21cm　1900円　①978-4-86191-434-8

内容 JR全路線・全駅名を紹介。車窓風景・歴史・車両・駅弁など、「乗り鉄」の楽しさを一冊に凝縮したガイドブック。

《102 親子鉄》

◇親子でたのしむ福岡子鉄おでかけガイド　髙田勉著　福岡　書肆侃侃房　2015.10　127p　21cm　1300円　①978-4-86385-202-0

内容 福岡県内の列車ビュースポット55掲載！子鉄のためのべんきょうドリルつき！

◇親子で楽しむSL旅行+撮影ガイド　西沢あつし著　山と溪谷社　2004.5　167p　21cm　1500円　①4-635-24207-2

内容 どこか懐かしい風景を、家族みんなでゆっくりとしたスピードで旅してみませんか？　家族全員の思い出に残るSL旅行をサポートする、SLガイドブック。全国16の定期運行路線＋不定期運行路線の情報を掲載。

◇親子テツ　細川貂々著　朝日新聞出版　2012.12　135p　21cm　1200円　①978-4-02-251040-2

内容 親子で鉄道好きになっちゃいました！とても身近な東西線、高崎線から江ノ電、新幹線でちょっと先までどこへ行くにも鉄道、鉄道、鉄道！オールカラーコミックエッセイ。

◇名古屋発子どもと楽しむ！鉄道BOOK　中日新聞社出版部編　名古屋　中日新聞社　2011.7　157p　22cm〈文献あり〉　1524円　①978-4-8062-0627-9

《103 鉄ちゃん》

◇鉄ちゃんでいこう　江頭剛著　小学館　1998.8　205p　19cm〈他言語標題: Let's go！ railroad freak！〉　1400円　①4-09-385133-6

目次 第1章 「鉄道が好き!!」という趣味，第2章 鉄道マニアの人生双六，第3章 隠れ鉄道マニア，第4章 鉄道写真百態，第5章 鉄道写真を撮りに行きませんか？，第6章 おまけのページ

◇鉄ちゃん、鉄子の面白すぎる鉄道雑学の旅　慶應義塾大学鉄道研究会著　河出書房新社　2009.1　218p　15cm（Kawade夢文庫）　514円　①978-4-309-49711-2

内容 鉄道にも「ハイブリッド車両」が登場したって?!一日4本、しかも特急しか停まらない駅がある！…など、マニアも思わずうなる最新ネタが詰まった「鉄道博学本」の決定版。

◇鉄ちゃんに学ぶ「テツ道」入門　野田隆著　光文社　2010.10　269p　16cm（光文社知恵の森文庫 cの4-2）〈『テツはこう乗る』(2006年刊)の加筆修正〉　590円　①978-4-334-78565-9

内容 鉄道旅行は好きだけど、いつもボーッと乗っているだけ…それは実にもったいない！　きれいな車窓が好き、おいしい駅弁を食べてみたい、飛行機より鉄道の旅が好み、どんなことでも鉄道を楽しむ入口になります。本書は、テツ歴半世紀・筋金入りの鉄ちゃん＝テツである著者が、鉄道ならぬ「テツ道」の豊かな世界へご案内。読んであなたも「テツ」デビューしよう。

◇鉄道ヲタあるある―愛すべき鉄ちゃんの生態図鑑　梶本愛貴文,畦原雄治絵　トランスワールドジャパン　2013.5　175p　18cm（TWJ BOOKS）〈文献あり〉　1000円　①978-4-86256-123-7

◇「鉄」道の妻たち―ツマだけが知っている、鉄ちゃん夫の真実　田島マナオ著　交通新聞社　2010.12　285p　18cm（交通新聞社新書 024）　800円　①978-4-330-18210-0

内容 子鉄やママ鉄などの造語も登場するなど、広く浸透してきた鉄道趣味。それでも鉄ちゃんのイメージといえば相も変わらずマニアやオタク…。本書では、そんな鉄ちゃんと結婚した「鉄妻」たちが、鉄道趣味に明け暮れる夫の姿をどう見ているかを徹底調査。日ごろフィーチャーされている夫に代わり、「鉄妻」たちが、これまで大声で語ることのなかった思いのたけを、リアルに告白。

◇ホリプロ鉄道オタクマネージャーの鉄ちゃん　南田裕介著　ゴマブックス　2008.4　159p　19cm　1300円　①978-4-7771-0907-4

内容 私は鉄ちゃんです。業界につとめているので、いうなら「ちゃん鉄」です。鉄道ファン待望の真打登場、出発進行。

《104 鉄子（鉄女/女子鉄）》

◇おんなふたり、ローカル線めぐり旅　うっかり鉄道　能町みね子著　メディアファクトリー　2010.10　205p　19cm　1100円　①978-4-8401-3545-0

鉄子（鉄女／女子鉄）

内容 木造駅舎、海辺の駅、地元のカフェ…テツかわいい旅！女子鉄・能町みね子が全国ローカル線をめぐる、乗り鉄イラストエッセイ。

◇木村裕子の鉄道一直線　木村裕子著　ぶんか社　2008.8　125p　21cm　1600円　ⓘ978-4-8211-0979-1
内容 鉄道アイドル木村裕子の、始めての単行本。愛する鉄道のすべてを、ゆゆが語りつくします。

◇女子鉄　女子鉄制作委員会著、横見浩彦監修　マーブルトロン　2007.12　111p　21cm　(Marble books)〈文献あり　発売：中央公論新社〉　1500円　ⓘ978-4-12-390179-6
内容 男子鉄に負けない心意気！女子鉄の本音満載！全編「女子ならではの乗って楽しい、読んで楽しい鉄道の旅」から「女子鉄は男子鉄をこう思っている!?」まで。超人気！「鉄道博物館」女子的大満足ナビ、鉄カリスマトラベルライター・横見浩彦がプロデュースする「フリー切符の旅」、イラストレーター・おおたうにの「女子鉄基本スタイル」もタノシミ！これを読めば、通勤電車も一味変わる。

◇女子と鉄道　酒井順子著　光文社　2006.11　231p　20cm　1300円　ⓘ4-334-97509-7
内容 茶道、華道、鉄道。女子にも乗れる鉄道入門。

◇女子と鉄道　酒井順子著　光文社　2009.7　247p　16cm　(光文社文庫 さ25-1)　495円　ⓘ978-4-334-74626-1

◇鉄子と駅男―電車でひゅるるん無人駅　関東版　すずきさちこ著　エムディエヌコーポレーション　2004.8　93p　16×16cm〈東京 インプレスコミュニケーションズ（発売）〉　880円　ⓘ4-8443-5757-3
内容 電車に乗るの幸せ。気ままにお出かけ駅散歩。地元の人々に出会い、その駅にしかない魅力をとことん味わう旅のお話。テレビCMでおなじみ、あのキノコ組の「すずきさちこ」のイラストエッセイ第一弾。

◇鉄子の全国鉄道ものがたり　矢野直美著　札幌　北海道新聞社　2011.11　239p　19cm　1400円　ⓘ978-4-89453-618-0
内容 鉄道フォトライターが全国四季折々のとっておきの鉄道スポットを紹介。鮮やか

◇鉄子の旅―カラー特別版　菊池直恵,横見浩彦著　小学館　2007.12　6冊（別冊とも）　21cm　(Ikkicomix special)
〈鉄子の旅「限定版」銚子電鉄応援box「北海道編」「東日本編」「東海編」「西日本編」「四国＆九州編」に分冊刊行　別冊(30p)：鉄子の旅銚子電鉄応援冊子箱入(30cm)〉　全4571円　ⓘ978-4-09-941505-1

◇鉄子の旅―カラー特別版　四国＆九州編　菊池直恵,横見浩彦著　小学館　2007.12　92p　21cm　(Ikkicomix special)〈折り込1枚〉　762円　ⓘ978-4-09-188396-4

◇鉄子の旅―カラー特別版　西日本編　菊池直恵,横見浩彦著　小学館　2007.12　92p　21cm　(Ikkicomix special)〈折り込1枚〉　762円　ⓘ978-4-09-188395-7

◇鉄子の旅―カラー特別版　東海編　菊池直恵,横見浩彦著　小学館　2007.12　92p　21cm　(Ikkicomix special)〈折り込1枚〉　762円　ⓘ978-4-09-188394-0

◇鉄子の旅―カラー特別版　東日本編　菊池直恵,横見浩彦著　小学館　2007.12　92p　21cm　(Ikkicomix special)〈折り込1枚〉　762円　ⓘ978-4-09-188393-3

◇鉄子の旅―カラー特別版　北海道編　菊池直恵,横見浩彦著　小学館　2007.12　92p　21cm　(Ikkicomix special)〈折り込1枚〉　762円　ⓘ978-4-09-188392-6

◇鉄子の旅写真日記　矢野直美著　阪急コミュニケーションズ　2008.8　182p　19cm　1500円　ⓘ978-4-484-08219-6
内容 恋する鉄道。乗り鉄、撮り鉄、旅鉄…みんな大好き。

◇鉄子の部屋　神田ぱん,屋敷直子,さくらいよしえ,H岩美香著　交通新聞社　2007.12　159p　21cm　1300円　ⓘ978-4-330-97407-1
内容 鉄道が嫌いじゃない貴女におくる、女子力アップのヒント集。『JR時刻表』『交通新聞』『鉄道ダイヤ情報』などでおなじみ

鉄子（鉄女／女子鉄）

の交通新聞社が、満を持してお届けする、女子による女子のための鉄道エッセイ＆ガイド本。

◇鉄子のDNA　豊田巧著　小学館　2009.8　187p　18cm　（小学館101新書 045）〈年表あり〉　700円　ⓘ978-4-09-825045-5

内容 鉄子（＝鉄道趣味の女性）が最近増えています。鉄子という言葉自体、昔からあったのではなく、ここ数年で急速に広まりました。それまでの鉄道趣味は、あくまでも男性が中心で、女性が入り込む余地はありませんでした。なぜ今、鉄子が増えているのか。SLブームやブルトレブームという、鉄道趣味のルーツにさかのぼり、また著者が関わってきた『電車でGO！』と『鉄子の旅』という鉄道エンターテインメントの二大ヒット作にも触れながら、その謎に迫ります。

◇鉄ちゃん、鉄子の面白すぎる鉄道雑学の旅　慶應義塾大学鉄道研究会著　河出書房新社　2009.1　218p　15cm　（Kawade夢文庫）　514円　ⓘ978-4-309-49711-2

内容 鉄道にも「ハイブリッド車両」が登場したって?!一日4本、しかも特急しか停まらない駅がある！…など、マニアも思わずうなる最新ネタが詰まった「鉄道博学本」の決定版。

◇鉄道乙女のちいさな旅　横見浩彦責任編集、人文社編集部編　人文社　2009.7　127p　21cm　1600円　ⓘ978-4-7959-1220-5

内容 乗り鉄必見！ 横見浩彦乗り鉄マップ付き。掲載路線の見どころ一挙公開。

◇鉄分多め。関東編　鈴川絢子著　ヨシモトブックス，ワニブックス〔発売〕　2015.7　93p　21×15cm　1380円　ⓘ978-4-8470-9360-9

内容 新世代のYouTuberタレント、初の鉄道フォトガイドブック。

鉄道雑学

◇駅名から日本地図を旅する本―「ごめん駅」の隣りに「ありがとう駅」があるって、ホントの話?! 博学こだわり倶楽部編 河出書房新社 2009.4 223p 15cm （Kawade夢文庫 K821）〈文献あり〉 514円 ①978-4-309-49721-1

◇おもしろ鉄道雑学94―知ってて損はない! ライトな鉄道ファンからディープな鉄ちゃんまで楽しめる! 大門真一編 日本文芸社 2005.11 223p 18cm （パンドラ新書 26） 838円 ①4-537-25344-4
[内容] 鉄道歴史の雑学から毎日利用する駅の雑学、新幹線の謎と不思議、鉄道旅行のおすすめスポット、車輛と施設の秘密や地下鉄の不思議、通勤・出張の裏技など、知らなくてもいいけど、知れば知るだけ楽しく、興味深く、けっして損はしない鉄道の雑学をコンパクトにまとめました。

◇「快速」と「準急」はどっちが速い?―鉄道のオキテはややこしい 所澤秀樹著 光文社 2015.7 273p 18cm （光文社新書 766）〈文献あり〉 820円 ①978-4-334-03869-4
[内容] 本書は、(1)「のぞみ」や「はやぶさ」といった "列車名"、(2)「快速急行」や「通勤快速」などの "列車種別"、(3) 首都圏でよく見られる他社線との "直通運転"、(4) 直通列車に関する "特急券の発売"、(5) 運賃計算に代表されるJRの "旅客営業制度"、という5つのテーマを勝手に選び、各々にまつわるややこしいネタを掘り起こして味わう企画。テツ必見の珍しい列車や懐かしの切符の写真もふんだんに掲載。なんでそんなにややこしいのか解せないが、なぜか気になる、知って楽しい鉄道雑学があふれたディープな一冊。

◇関西の鉄道関東の鉄道―その違いに驚く本 博学こだわり倶楽部編, 夢の設計社企画・編集 河出書房新社 2012.11 250p 19cm〈「関西の鉄道関東の鉄道」(2010年刊)「地下鉄びっくり! 博学知識」(2005年刊)の合本・再編集〉 524円 ①978-4-309-65189-7
[内容] 例えば、車内アナウンス。関東より関西のほうが聞き取りやすいって?! 丸い「大阪環状線」と「山手線」、似ているようで、まるで違うって?! 中央線が「オレンジ色」、後堂筋線が「赤」で塗られた理由とは? ファンが選ぶ「優秀車両」賞、受賞回数はどっちが多い? 東西が誇る「豪華駅弁」の驚きの値段と、そのスゴイ中身とは?「通勤・通学ラッシュ」、地獄度が高いのは大阪? 東京? 女性専用車両は、なぜ、東京より関西で普及したのだろう? あれこれ比べてみれば大違い。東西ガチンコ対決の面白本。

◇関西の鉄道関東の鉄道その違いに驚かされる本 博学こだわり倶楽部編 河出書房新社 2010.12 222p 15cm （Kawade夢文庫 K881）〈文献あり〉 543円 ①978-4-309-49781-5
[内容] 関西の車内アナウンスが、関東よりも聞き取りやすい秘密は? 東では消えた車両が、西では走りつづける謎…など、あれこれ大違いの鉄道事情。西と東、どっちが凄いかわかるオモシロ対決本。

◇関東VS関西おもしろ対決 鉄道&沿線篇 小倉信一著 二見書房 2000.11 235p 15cm （二見WAi WAi文庫） 495円 ①4-576-00704-1
[内容] おなじ日本でも、こんなに違う。東と西、どちらが勝つか? 電車が100倍楽しくなる本。

◇クレヨンしんちゃんのまんが親子で鉄道なるほどブック―路線図が付いて旅行にも役立つ! 臼井儀人キャラクター原作, リベロスタイル編集・構成 双葉社 2014.11 205p 19cm （クレヨンしんちゃんのなんでも百科シリーズ）〈文献あり〉 900円 ①978-4-575-30778-8
[内容] 車両のしくみから各地の路線まで鉄道のすべてがまるわかり! 路線図が付いて旅行にも役立つ!

◇Go go! 鉄道かるた ［静止画資料］ 交通新聞社 2017.9 かるた 1組（絵札46枚, 読札46枚） 8×8cm （交通新聞社こどものほん）〈付属資料: 冊子1冊

（11×15cm）：遊び方＆車両ミニ図鑑　箱入（17×21cm）〉　1200円　①978-4-330-82317-1

◇最強の鉄道雑学王—メッチャおもしろくて、タメになる！　天才ものしり王国編　河出書房新社　2013.4　191p　20cm　1300円　①978-4-309-02175-1
内容　大好きな鉄道の「なんで？」「どうして？」がわかっちゃう本！　みんなに自慢できる"超特急"ネタがいっぱいだよ。

◇最新歴史でひも解く鉄道の謎　櫻田純編著　東京書籍　2009.5　207p　19cm〈文献あり〉　1300円　①978-4-487-80374-3
内容　時代の流れのなかで人知れず消えていった鉄道とそれにまつわるロマン。懐かしくもあり、あらためて驚きの、歴史でひも解く鉄道雑学。

◇知られざる鉄道路線の謎　杉山淳一監修　宝島社　2015.12　189p　18cm〈文献あり〉　980円　①978-4-8002-4870-1
内容　意外と知らない全国鉄道50路線の謎学！

◇知れば知るほど面白い鉄道雑学157　杉山淳一著　リイド社　2007.7　255p　15cm　（リイド文庫）　476円　①978-4-8458-3227-9
内容　平成の鉄道ブーム、フルスロットルでばく進中!!「乗り鉄」が指南する使える鉄道ウンチク。

◇紳士の鉄道学　赤門鉄路クラブ編著　青蛙房　1997.6　220p　20cm　1900円　①4-7905-0352-6
内容　「鉄道」にこだわる。執筆陣は鉄道専門誌でおなじみの東京大学鉄道研究会のOB「赤門鉄路クラブ」のメンバー10人。

◇図解雑学日本の鉄道　西本裕隆著　ナツメ社　2003.3　237p　19cm〈奥付のタイトル：日本の鉄道〉　1300円　①4-8163-3455-6
内容　本書は、知ってるようで知らない鉄道の雑学から、アッと驚く事実まで、鉄道の面白いエピソードを紹介します。その内容も、新幹線をはじめとして、JR、各私鉄、時刻表、切符、駅弁に至るまでを網羅しました。

◇図解雑学よくわかる鉄道のしくみ—オールカラー　鉄道技術研究会著　ナツメ社　2007.8　223p　19cm〈奥付のタイトル：よくわかる鉄道のしくみ〉　1500円　①978-4-8163-4376-6
内容　19世紀前半にイギリスで誕生し、明治時代の初めに日本に登場して以来、鉄道はより速く、より安全に、より快適を目指して、進歩し続けてきた。私たちにとって身近な鉄道を、さまざまな角度からわかりやすく解説。オールカラー、迫力の鉄道大図鑑。

◇世界で一番おもしろい鉄道の雑学　櫻田純監修　青春出版社　2008.5　232p　19cm〈文献あり〉　476円　①978-4-413-00947-8
内容　「鉄道ファン」なら見逃せない。つい誰かに教えたくなるとっておきのネタ、一挙公開。

◇全国鉄道おもしろ雑学事典—最新事情！　川島令三著　PHP研究所　2004.9　221p　19cm　1300円　①4-569-63682-9
内容　関東vs関西通勤電車対決から全国鉄道スピードランキングまで読んで楽しい最新情報を満載。

◇全国鉄道なるほど事情　川島令三著　PHP研究所　2008.8　311p　15cm（PHP文庫）〈「全国鉄道おもしろ雑学辞典」（2004年刊）の増訂〉　590円　①978-4-569-67075-1
内容　通勤・通学で毎日のように利用する電車—。車両やサービスなど、自分では「これが当たり前」と思っていたことが、他の地域だと全然そうではなかったり？　本書は、日本各地の"鉄道なるほど事情"を徹底解説。「山手線の電車はもう『定年』？」「名úŤの『どこでもドアスイッチ』」「関東vs関西、通勤電車はどっちがスゴい!?」など、明日、人に教えたくなる話ばかり。

◇全国ユニーク鉄道雑学事典—最新事情！　川島令三著　PHP研究所　2005.9　205p　19cm　1300円　①4-569-64100-8
内容　全国のユニークな鉄道事情に加えて、愛知万博で話題の「リニモ」、JR福知山線尼崎事故など、最新情報も満載。

◇全国「ユニーク鉄道」徹底ガイド　川島令三著　PHP研究所　2009.1　280p　15cm（PHP文庫　か28-8）〈『全国ユニーク鉄道雑学事典』（2005年刊）の改題、加筆・修正〉　590円　①978-4-569-67154-3
内容　旅行や出張先でご当地独特の鉄道事情に触れ、「あれっ？」と思ったことはないだ

ろうか？本書は、車両からサービス、駅のホームまで、日本各地に存在する"ユニーク鉄道"を徹底ガイド！「初期の新幹線の座席に座れる車両」「日本一怖いホームはどこになったか」「霊界路線になりつつある境線」など、鉄道ファンならずとも思わず"記念"に乗りたくなる一冊だ。

◇線路まわりの雑学宝箱―鉄道ジャンクワード44　杉﨑行恭著　交通新聞社　2014.8　214p　18cm　〈交通新聞社新書 069〉〈文献あり〉　800円　Ⓣ978-4-330-48814-1
[内容] みかん、ばす、野球、バイクにブルース…鉄道界隈の雑学が満載！日本中世界中を旅してきた著者が、思い出と知識の宝箱から紡ぎ出す、44の鉄道トピックス。

◇旅の尻尾―役に立たないムダ知識　横田耕治著　小学館　2004.11　237p　15cm　〈小学館文庫〉　695円　Ⓣ4-09-418611-5
[内容] 「駅の蕎麦のつゆは、東西でどう違う？その境目は一体どうなっているのか？」…素朴な疑問から、数々の鉄道で途中下車を繰り返し、ひたすら蕎麦を食べ続けた著者。そんな鉄道や旅に関する、くだらないけれど思わず笑っちゃうネタを集めてみました。「箱根駅伝、電車移動で先頭集団を何回見られる？」「決定！国民的"吊革の握り方"」「駅のエスカレーターは右空け？左空け？」「急行と快速、どっちが速い？」「"トイレは駅の左"の謎」…ほか、どうでもいいけどミョーに気になる疑問にディープに迫ります。通勤のお供に一冊、もうラッシュも退屈させません。

◇誰かに話したくなる大人の鉄道雑学―新幹線や通勤電車の「意外に知らない」から最新車両の豆知識、基本のしくみまで　土屋武之著　SBクリエイティブ　2016.9　190p　18cm　〈サイエンス・アイ新書 SIS-364〉〈文献あり 索引あり〉　1000円　Ⓣ978-4-7973-8663-9
[内容] 出張や旅行で使う新幹線、朝夕に乗る通勤電車…。多いときは列車1本で1000〜4000人をも安全に走らせる、日本の鉄道。それらを支えるすごいシステムはもちろん、多彩な車両や設備の豆知識もお伝えします。身近な鉄道を見る目が変わる1冊です。

◇知識ゼロからの憧れの鉄道入門　櫻井寛著　幻冬舎　2015.1　159p　21cm
〈他言語標題：Yearning for the Railways　文献あり 索引あり〉　1300円　Ⓣ978-4-344-90290-9
[内容] 世界101列車、一度は乗ってみたい夢の鉄道。車窓から眺める絶景、知って楽しい雑学満載。

◇つい誰かに教えたくなる鉄道雑学―知れば100倍おもしろい！　所澤秀樹著　ベストセラーズ　2009.11　255p　19cm〈『鉄道地図の楽しい読み方』(1998年刊)の加筆修正　文献あり〉　476円　Ⓣ978-4-584-16602-4
[内容] 鉄道には謎がいっぱい。鉄道の意外な真相、知られざる秘密。

◇通勤電車なるほど雑学事典―全国路線別情報、地下鉄の謎、気になる新線計画　川島令三編著　PHP研究所　2000.3　302p　15cm　（PHP文庫）　552円　Ⓣ4-569-57377-0
[内容] 通勤や通学で毎日のように利用する身近な電車…そんな通勤電車には、不思議で楽しい秘密がたくさん隠されている！本書は、路線別の通勤電車にまつわる裏話から、「地下鉄こぼれ話」「JRと私鉄のライバル鉄道物語」「おトクで便利な通勤裏ワザ集」まで、マニアならずとも興味津々の話題を徹底紹介。路線延伸などの最新通勤新線計画や幻の駅・ホームなどのマル秘情報も満載！文庫書き下ろし。

◇ツウになる！鉄道の教本―鉄道好きとの会話が盛り上がる！　土屋武之著　秀和システム　2017.12　183p　21cm〈文献あり 索引あり〉　1600円　Ⓣ978-4-7980-5379-0
[内容] 鉄道会社から車両の仕組み、きっぷ、相互乗り入れ、鉄道No.1まで。基礎から旬ネタ、さらに認定証つき。ツウCheckテストであなたも鉄道ツウの仲間入り!!

◇テツ語辞典―鉄道にまつわる言葉をイラストと豆知識でプーン！と読み解く　栗原景文,池田邦彦絵　誠文堂新光社　2018.2　199p　21cm　1400円　Ⓣ978-4-416-51813-7
[内容] 鉄道にまつわる言葉を、縦横無尽に集めて50音順に並べました。初心者から自称マニアまで、多くの鉄道ファンが楽しめる情報満載の本です。

◇鉄塾―関東VS関西教えて！都市鉄道のなんでやねん？　中川家礼二,原武史著　ヨシモトブックス　2011.8　193p　19cm〈発売：ワニブックス〉　1238円　Ⓣ978-4-8470-1999-9

鉄道雑学

269

鉄道雑学

　内容　芸人が学者に学ぶ言いたい放題「鉄道論」！「笑う鉄道」特別講義。

◇鉄ちゃん、鉄子の面白すぎる鉄道雑学の旅　慶應義塾大学鉄道研究会著　河出書房新社　2009.1　218p　15cm　（Kawade夢文庫）　514円　①978-4-309-49711-2
　内容　鉄道にも「ハイブリッド車両」が登場したって?!一日4本、しかも特急しか停まらない駅がある！…など、マニアも思わずうなる最新ネタが詰まった「鉄道博学本」の決定版。

◇鉄道裏ワザ大全―お得なきっぷガイドから絶景駅、レア車両情報まで　鉄道ファンも納得のテク192　造事務所編著　三才ブックス　2016.3　159p　21cm　（三才ムック Vol.860）　1000円　①978-4-86199-856-0

◇鉄道を良く知る基礎知識―深遠なるマニアの世界への第一歩　池口英司著　イカロス出版　2015.2　277p　19cm　1700円　①978-4-86320-977-0
　目次　1 車両に詳しくなろう（鉄道車両の種類を覚えよう、車両形式がつけられる法則を知ろう　ほか）、2 列車に詳しくなろう（列車とは何なのか、明治時代に「急行」「特急」が誕生。ほか）、3 鉄道会社の生い立ちと仕組みを知ろう（まず日本の鉄道の生い立ちを知ろう、1872年新橋～横浜間に日本最初の鉄道が開業　ほか）、4 鉄道施設の構造を知ろう（分かったようで分からない用語、線路の幅にもいろいろある　ほか）、5 鉄道の楽しみ方さまざま（鉄道に乗ることを楽しもう、鉄道に乗る　ほか）、6 鉄道ファンの情報収集法（情報を集めて、もっと鉄道に詳しくなろう、鉄道雑誌に投稿するために　ほか）

◇鉄道雑学館　武田忠雄監修　成美堂出版　2002.5　249p　16cm　（成美文庫）　524円　①4-415-06983-5
　内容　自動改札機の大人と子供の見分け方、新幹線の鼻先がだんだん長くなってきているその理由、運行終了後の深夜の地下鉄でおこなわれている事とは？…ふだん何気なく乗っている鉄道に満ち溢れた疑問・謎を次々と解明！この1冊を読めば、アナタも『鉄道通』の仲間入り。

◇鉄道雑学館　2　武田忠雄監修　成美堂出版　2003.6　251p　16cm　（成美文庫）　524円　①4-415-07025-6

　内容　上越新幹線「とき」復活のウラにはトキの繁殖が関係していた！　近鉄「鮮魚列車」は文字通り新鮮な魚が乗客!?一般の人が外に出られない駅が実在する!?…ふだん何気なく乗っている鉄道の気になる疑問・謎を次々と解明。

◇鉄道雑学のススメ　所澤秀樹著　山海堂　1999.3　287p　19cm　1500円　①4-381-10323-8
　内容　「4灯ある信号の意味は？」「ポイントは誰がどこで動かしているのか？」「運転手になるには？」「一番短い路線は？」など、鉄道に関する素朴な疑問やびっくり知識から、マニアも納得するおもしろ知識まで、読んで楽しい話を幅広く集めてみました。

◇鉄道そもそも話―これだけは知っておきたい鉄道の基礎知識　福原俊一著　交通新聞社　2014.6　190p　18cm　（交通新聞社新書 068）〈文献あり〉800円　①978-4-330-47314-7
　内容　実は「鉄道」の定義を明文化した日本の法令文書はない?!では「鉄道」ってそもそも何？　道＝レールがない新交通システムや磁気浮上式などは鉄道なの？…そんな素朴な疑問を糸口に、あらゆる角度から鉄道の「そもそも」をおさらい。省令や解釈基準等の詳解のみならず、その経緯にも触れ、いかにして今日の「安全な日本の鉄道」が作り上げられ、日々運行されているかを再認識することができる。世界で輸送機関の安全性が問われている今だからこそ、改めて「日本の鉄道」の基礎知識をおさえておきたい。

◇鉄道楽しすぎる大雑学　慶應義塾大学鉄道研究会著、夢の設計社企画・編集　河出書房新社　2011.7　250p　19cm　476円　①978-4-309-65158-3
　内容　マニアやファンならずともたちまち興奮まちがいなしの"特急"ネタがぎっしり。

◇鉄道と生物・運命の出会い　高橋敬一著　現代書館　2011.10　251p　19cm〈文献あり〉1800円　①978-4-7684-5667-5
　内容　この出会いは必然か、偶然か―鉄道と生物をめぐるウンチク対話から浮き彫りになる、驚きの新知識。

◇鉄道なぜなぜおもしろ読本　新鉄道システム研究会編著　山海堂　2003.10　257p　21cm〈文献あり〉　2500円　①4-381-01550-9
　内容　本書は鉄道について一般の人々が持つ疑問や興味をひきそうな話題を、わかりやす

く理解してもらえるように説明したもの。「鉄道のなりたち」、「人と物を運ぶ鉄道」、「鉄道のいろいろ」、「鉄道の仕組み」、「環境にやさしい鉄道」、「鉄道をつくる」などの視点から疑問点を取り上げた。特に、鉄道施設の重要な要素である鉄道駅、トンネルと橋梁などについても平易にまとめている。

◇鉄道なぜなにブック　渡部史絵監修・文　交通新聞社　2016.3　79p　19cm　（ぷち鉄ブックス）〈写真：結解学, イラスト：かとうとおる〉　1000円　①978-4-330-65516-1

内容　鉄道の「どうして」にわかりやすく回答！大人も「なるほど」のくわしさ。めずらしい車両もいろいろ登場！

◇鉄道なるほど雑学事典―おもしろ列車、幻の駅弁、マニアも驚く"ウラ話"　川島令三編著　PHP研究所　1998.12　258p　15cm　（PHP文庫）　514円　①4-569-57220-0

内容　「山手線にも"上り""下り"がある？」「JR対私鉄！関西の仁義なき闘い!?」「線路もないのに新幹線の駅が!?」「地下鉄の意外な新線計画」「老舗料亭がつくる超豪華1万円の駅弁」…思わず乗りたくなる変わりダネ列車から、有名駅弁こぼれ話、ドラマにあふれた廃線物語まで、マニアも知らないとっておき話を徹底紹介。あなたの通勤電車に隠された線路別マル秘情報も満載した、鉄道雑学の決定版。

◇鉄道なるほど雑学事典―路線別(秘)情報、新線計画、マニアも知らない最新データ　2　川島令三編著　PHP研究所　1999.9　317p　15cm　（PHP文庫）　533円　①4-569-57313-4

内容　新型新幹線や超豪華寝台列車の秘密、廃線をめぐるドラマ、あなたが使う列車の新線計画…。鉄道には、不思議で楽しい話があふれている。一本書は、「一両の定員が6名だけの超豪華列車」「新大阪駅にある謎の構造物」「距離が長くなるほど安くなるJR運賃？」「東京＆関西の私鉄こぼれ話」など、おもしろ知識と最新情報を徹底紹介。通勤・通学時間が楽しくなる鉄道雑学の決定版。

◇鉄道なんでも日本一―車両・路線・駅から「日本初」までを徹底調査！　櫻田純著　PHP研究所　2004.11　290p　15cm　（PHP文庫）〈文献あり〉　552円　①4-569-66286-2

内容　通勤通学の足として、旅情を誘う乗り物として、鉄道は無くてはならないもの。だから、全国には無数の鉄道路線、車両、駅がある。そのなかで「一番」をさがしてみると…？　本書では、「ジェットコースター顔負けの高さを誇る名所とは？」「日本一なんだかわからない名前の駅って？」など、思わず現地へ行って確認したくなるネタから、鉄道史の「日本初」までを徹底紹介する。

◇鉄道200のひみつ―鉄道ぴあ特別編　ぴあ　2015.11　191p　21cm　（ぴあMOOK）〈文献あり　索引あり〉　980円　①978-4-8356-2532-4

◇鉄道の疑問がわかる本　二村高史, 宮田幸治著　山海堂　2002.11　235p　19cm　1500円　①4-381-10440-4

内容　「通勤電車の乗車率の計算法は？」「車内吊り広告の料金は？」「列車を遅れさせたときの損害賠償って？」「車両の値段っていくら？」などなど、鉄道を利用していて思わず感じる素朴な疑問をわかりやすく解説。

◇鉄道の雑学大全―通も知らない驚きのネタ！　櫻田純監修　青春出版社　2017.3　379p　19cm〈「世界で一番おもしろい鉄道の雑学」(2008年刊)と「鉄道地図世界で一番のネタ帳」(2009年刊)の改題、加筆修正の上、再編集　文献あり〉　1000円　①978-4-413-11208-6

内容　つい誰かに話したくなる！選りすぐりのネタ170項。世界で一番おもしろい、鉄道雑学の決定版！

◇鉄道の大常識　梅原淳監修, 梅原淳, 広田泉文　ポプラ社　2007.1　143p　22cm　（これだけは知っておきたい！37）　880円　①978-4-591-09558-4

内容　鉄道が大好き！そんなキミのために鉄道のひみつ大公開!!鉄道博士を目指して、「鉄道の大常識」の旅にいざ出発進行。

◇鉄道の達人　横見浩彦監修, 松岡大悟執筆　竹書房　2008.3　247p　15cm　（竹書房文庫）　600円　①978-4-8124-3395-9

内容　一度は行きたい駅、何度も乗りたい路線。最新でテツな情報満載。

◇鉄道の達人　2　降りたい駅乗ってみたい路線　松岡大悟執筆, 横見浩彦監修　竹書房　2010.7　247p　15cm　（竹書房文庫）〈文献あり〉　619円　①978-4-8124-4221-0

鉄道雑学

鉄道雑学

◇鉄道の達人　3　旅に出たくなる車両知って得する切符　松岡大悟執筆、横見浩彦監修　竹書房　2010.7　247p　15cm　（竹書房文庫　よ1-3）〈文献あり〉　619円　①978-4-8124-4261-6

内容　車両もレールも、ついでに切符、時刻表、鉄道員もテツが喜ぶ情報が満員。珍しい写真もいっぱい。

◇鉄道の謎と不思議に答える本―マニアも知らない知的雑学　たとえば、女性専用車両に男性がうっかり乗るとどうなるの？　博学こだわり倶楽部編　河出書房新社　2006.8　221p　15cm　（Kawade夢文庫）　514円　①4-309-49623-7

内容　つり革の形に○と△があるのはどうして？　電車は定員をオーバーして走ってもいいの？…など、車両、料金の謎から鉄道員、新幹線、地下鉄の秘密まで、鉄道のすべてがわかる本。

◇鉄道の謎なるほど事典　所澤秀樹著　PHP研究所　1999.11　297p　15cm　（PHP文庫）　533円　①4-569-57331-2

内容　「新幹線は実はたった一線区しかない!?」「なんとホームに水族館がある？」「1日に1本も列車が来ない駅がある？」…毎日なにげなく乗っている鉄道には、"ふしぎ"と"謎"がたくさん隠されています。本書は、おかしな線名・ビックリ駅から、怖くて不思議な「鉄道の怪談」、知って納得の「鉄道クイズ」まで、マニアならずとも興味津々の話題を満載した、鉄道雑学の決定版。

◇鉄道のひみつ―「超」図説講義　川辺謙一著　学研パブリッシング　2010.3　220p　18cm　（学研新書　075）〈文献あり　発売：学研マーケティング〉　720円　①978-4-05-404512-5

内容　電車の車体はじつは上に反っている…、自動改札機は身長まで測っている…、新幹線の架線は左右にジグザグに張られている…。車両からきっぷまで、ファンも知らない意外な事実をふんだんに盛りこみ、図解とともにわかりやすく解説するまったくあたらしい鉄道入門書！　鉄道を見る目がガラリと変わる。

◇鉄道びっくり！　博学知識　早稲田大学鉄道研究会著　河出書房新社　2002.10　221p　15cm　（Kawade夢文庫）　476円　①4-309-49455-2

内容　「新幹線も特急も来ない県庁所在地の駅は？」「どこまで乗っても100円の鉄道会社がある?!」などなど、鉄道をめぐる驚きの発見がぎっしり詰まった魅惑の博学本。

◇鉄道ふしぎ探検隊　河尻定著　日本経済新聞出版社　2018.2　254p　18cm　（日経プレミアシリーズ　366）　870円　①978-4-532-26366-9

内容　「東海道新幹線、なぜ品川で折り返さない？」「池袋駅、東が西武で、西、東武なわけ」「快速、急行、快速急行―最も速いのは？」…。鉄道にまつわる、数々の「ふしぎ」。日経記者が深く追求すると、そこには意外な真実が。知れば誰かに話したくなる、面白ネタが満載。本書を読めば、電車を、駅を見る目がきっと変わります。

◇鉄道不思議読本　梅原淳著　朝日新聞出版　2008.7　325p　15cm　（朝日文庫）〈文献あり〉　667円　①978-4-02-261579-4

内容　「地下鉄の電車はどうやって地下に入れるのか？」「使い終わった切符はどこにいくのか？」「レールは何でできているのか？」―鉄道にまつわる本格的な謎から、トリビア的雑学まで、人気の鉄道ジャーナリストが解説。写真や資料も満載、知れば知るほど鉄道の面白さにはまっていく。

◇鉄道メカ博士リターンズ―鉄道技術の「？」にお答えします　川辺芭蕉著　自由国民社　2005.1　191p　19cm　1200円　①4-426-75202-7

内容　鉄道技術の疑問にお答えします。最新情報も満載。

◇鉄道メカ博士リターンズ―鉄道技術の「？」にお答えします　川辺芭蕉著　増補版　自由国民社　2006.10　191p　19cm　1200円　①4-426-75216-7

目次　第1章　鉄道線路のメカニズム（なぜ鉄道が誕生したのですか？、レールはなぜ2本なのですか？　ほか）、第2章　鉄道運用のメカニズム（信号機はなぜ必要なのですか？、新幹線の線路に信号機がないのはなぜですか？　ほか）、第3章　鉄道車両のメカニズム（欠点が多かった蒸気機関車が長く活躍したのはなぜですか？、機関車が引く列車が少ないのはなぜですか？　ほか）、第4章　鉄道の未来（高速鉄道が実現するとどんなよいことがあるのですか？、LRTってどんなものですか？　ほか）

◇鉄道ものしり雑学―思わず人に話したくなる　造事務所企画・編集, 和田由紀夫監修　インデックス・コミュニケーションズ　2005.1　159p　21cm　1500円　①4-7573-0284-3
[内容] 鉄道の歴史から最新情報まで、意外と知られていない鉄道トピックスを満載した特出しスペシャル！車両記号などの定番情報や、鉄道に関する押さえておきたい情報をできるだけわかりやすく説明！車両の写真や路線の図解などを豊富に盛り込んであるので、眺めるだけでも楽しい資料集。

◇鉄道用語の不思議　梅原淳著　朝日新聞社　2007.12　282p　18cm　（朝日新書）〈文献あり〉　762円　①978-4-02-273188-3
[内容] 「私鉄」と「民鉄」、「線路」と「路線」、「運賃」と「料金」の違いは？「新幹線」は路線、それとも電車を指す？新進気鋭の鉄道ジャーナリストが、知ってるようで知らない鉄道用語を総ざらい。鉄道ファン必携の1冊。

◇東海道新幹線で楽しむ「一駅雑学」―東京から新大阪まで、退屈しのぎの面白ネタ　日本博学倶楽部著　PHP研究所　2004.12　305p　15cm　（PHP文庫）〈文献あり〉　600円　①4-569-66303-6
[内容] 東京駅で読み始め、新大阪駅で読み終わる。新大阪からでもよし、途中下車も大歓迎。東海道新幹線開通40周年にちなみ、沿線にまつわる面白ネタを集めました！「静岡県に開通前から『新幹線』があった!?」「伊吹山の積雪記録は世界一!?」など、車窓の景色を眺めつつページをめくれば、移動時間は雑学ワンダーランド！駅ごとの駅弁コラムもついて、旅行・出張のおともに最適。

◇なぜ南武線で失くしたスマホがジャカルタにあったのか―「鉄道最前線」ベストセレクション　東洋経済オンライン編　集英社　2017.4　363p　19cm　1400円　①978-4-08-781625-9
[内容] 鉄道産業の裏側が見える！日々のビジネスのヒントになる!!そして、誰かに話したくなる!!!東洋経済オンラインで圧倒的ページビューの鉄道ニュースサイト、待望の書籍化！

◇なるほど！鉄道雑学100番勝負!!　櫻田純監修　廣済堂出版　2005.9　230p　16cm　（廣済堂文庫―ヒューマン文庫）　571円　①4-331-65384-6
[内容] いつも使ってるものなのに、身近なようで身近じゃない。だから、たまらない、だから、尽きない鉄道の魅力。電車男も電車女も、みんな知りたい鉄道雑学を平成の「100番勝負」でお届けします。

◇日本全国「鉄道」の謎　インフォペディア編　光文社　2010.3　356p　16cm　（光文社知恵の森文庫 tい6-2）〈文献あり〉　686円　①978-4-334-78550-5
[内容] 全国各地の路線に隠されていたエピソードから、時刻表の謎、鉄道マンの日常への素朴な疑問まで、初心者も鉄道マニアも楽しめる雑学知識が満載。

◇日本の鉄道なるほど事典　種村直樹編著　実業之日本社　2002.11　267p　19cm　1400円　①4-408-39505-6
[内容] 本書は、きわめて身近な乗りものである電車や新幹線などについて、分かっているようで分からないミニ知識をまとめた。

◇日本の鉄道名所100を歩く　川島令三［著］　講談社　2004.9　221p　18cm　（講談社＋α新書）　838円　①4-06-272278-X
[内容] 思わず行ってみたくなる北海道列車の旅をはじめ、新幹線の雑学、通がうなる日本各地の名所が満載!!鉄道博士を自認する著者ならではのマニアックな視点が光る。

◇日本の鉄道140年の大雑学―あなたも知らない秘話が満載！　博学こだわり倶楽部編　河出書房新社　2010.2　222p　15cm　（Kawade夢文庫 K850）〈文献あり〉　514円　①978-4-309-49750-1
[内容] 第二次大戦中に「防空壕つき列車」が走っていた！山手線の外側を走る「第2山手線計画」があった?!…など、鉄道史を彩ったオモシロ話が満載。

◇眠れないほど面白い鉄道雑学の本　ライフサイエンス著　三笠書房　2005.7　254p　15cm　（王様文庫）〈文献あり〉　524円　①4-8379-6293-9
[内容] 鉄道の謎、歴史、不思議がすべてわかる。

◇阪急電鉄あるある　三浦英二著, にゃほこ画　TOブックス　2018.4　159p　18cm　950円　①978-4-86472-671-9
[内容] 創業者のひ孫は、あの熱い男！昔のキャッチコピーは「ガラアキ」!?中津駅で味わう恐怖！タカラジェンヌの乗車時は戦慄が走る！個人宅専用の踏切が存在する！駅構内を見渡すと外国人ばかり!?双子のよ

鉄道雑学

うな駅ホーム！ 2006年、閑静な住宅街にアニヲタが殺到！ などなど、関西の華の私鉄、阪急電鉄のあるあるネタ200本！

◇ビジネス脳を鍛える電車力トレーニング　野村正樹著　東洋経済新報社　2006.7　206p　19cm　1400円　Ⓘ4-492-04257-1
[内容] 電車力を有効活用すると、あなたの脳に奇跡が起きる！電車(TRAIN)でトレーニング(TRAINING)する脳トレニンニングで、朝のラッシュ時から頭がぐんぐん冴えてくる！並み居るライバルに差をつける脳トレ本の決定版。

◇普通列車の謎と不思議　谷川一巳著　東京堂出版　2010.11　278p　19cm　1800円　Ⓘ978-4-490-20715-6
[内容]「普通」と「各停」の違いはあるのか？冬にだってトロッコ列車は走っている!?日本一長い運転区間の普通列車はどこ？ラッシュ時の通勤・通学輸送、観光地へ旅客を運ぶローカル列車…地域の顔である普通列車の「運賃」「速度」「車両」の種類と特徴。

◇ボクの鉄道あれこれ学—のぞみからSLまで（得）情報がいっぱい！　ヒサクニヒコ編　同文書院　1994.7　262p　19cm　1300円　Ⓘ4-8103-7209-X

◇漫画・うんちく鉄道　筆吉純一郎著，杉浦誠監修　KADOKAWA　2013.10　186p　18cm　（メディアファクトリー新書 089）〈表紙のタイトル：うんちく鉄道漫画　文献あり〉　840円　Ⓘ978-4-04-066055-4
[内容] 日本でいちばん高価な駅弁は15万7500円。丸い線路を走る山手線の、始点は品川で終点は田端。新幹線は何人組でもバラけないような座席の配置になっている。どこからともなく現れては蘊蓄を語り倒す男、雲竹雄三の「うんちくシリーズ」第3弾は、鉄道や駅が舞台。山手線、地下鉄、変わった駅、駅弁、車内販売、東京駅…など役に立つかどうかはともかく、鉄道がもっと楽しくなる鉄道蘊蓄集大成！

◇見る乗る学ぶ！鉄道を楽しむ本　小学館　2012.7　124p　26cm　（小学館の学習ムック第3号）　648円　Ⓘ978-4-09-106805-7

◇みんなが知りたい！「鉄道」のことがわかる本　カルチャーランド著　メイツ出版　2008.10　128p　21cm　1500円　Ⓘ978-4-7804-0496-8
[目次] 第1章 鉄道の歴史，第2章 鉄道の設備，第3章 新幹線が走る，第4章 都市生活と鉄道，第5章 ローカル線，第6章 長距離鉄道，第7章 いろいろな列車，第8章 鉄道博物館，第9章 鉄道の安全を守る

◇めざせ！鉄道ものしり王　JTBパブリッシング　2007.8　79p　30cm　（JTBのmook）　1600円　Ⓘ978-4-533-06809-6

◇もっと知ればさらに面白い鉄道雑学256　杉山淳一著　リイド社　2009.7　317p　15cm　（リイド文庫 すー2-2）　619円　Ⓘ978-4-8458-3742-7
[内容] にわか鉄ちゃんにも親切な鉄の"キホン"雑学からベテラン鉄をも唸らせるレッドデータなどなど知って得してタメになる掘り出しモンのレアな鉄道雑学ネタ＆情報満載。

◇列車おもしろ話　西沢有著　交通新聞社　1996.8　95p　19cm　650円
[内容] 本書は、特急「富士」の専務車掌であった著者が、数々のエピソードを記述したもので、格式張ったものではなく、ごくポピュラーなものから、一般の人々が知らなかった列車に関しての不思議な話を満載している。

◇列車おもしろ話　西沢有著　交通新聞社　1996.8　95p　18cm　631円　Ⓘ4-87513-054-6
[内容] 今はなき小荷物専用列車「カラス号」やアメリカ進駐軍専用列車であった「オクタゴニアン号」、乗客不在の「オイラン列車」や「救援列車」、さらには、御召列車や昭和初期の夜行列車の車内風景など、特急「富士」の専務車掌であった著者が、数々のエピソードで綴ったこぼれ話を満載。

◇列島快走へんな列車!?　所澤秀樹著　山海堂　1998.3　255p　19cm　1400円　Ⓘ4-381-10310-6
[目次] 第1章 ユニークでおもしろいへんな列車，第2章 奇抜な外観が自慢!?JRのサイケデリックな列車たち，第3章「エッ！列車にこんな設備が？」変わり種列車総登場，第4章 とにかく安く遠くへ行きたい人の味方 激安列車＆乗り得列車，第5章 へんな列車＆路線の雑学

◇笑う鉄道—関西私鉄読本　中川家礼二責任編集，梅原淳監修　ヨシモトブックス　2008.5　179p　21cm〈発売：ワニブックス〉　1500円　Ⓘ978-4-8470-1769-8
[内容] 昔からずっと不思議に思ってた、「ホーム傾いてるんとちゃう？」「なんでこん

大きな木があんねん?」「駅と駅の間が近すぎるやん!」そんな関西の鉄道への"つっこみ"を全部1冊にした。

◇笑う鉄道―関東私鉄読本　上京編　中川家礼二責任編集，梅原淳監修　ヨシモトブックス　2009.6　189p　21cm〈発売：ワニブックス〉　1505円　①978-4-8470-1844-2
[目次]礼二の上京乗車ルポルタージュ　山手線民鉄めぐり，面白&マニアックに大特集!　関東7大私鉄ツッコミ大調査，知れば知るほどハマります!　駅ナカ完全攻略，電車&ホームから見える!　珍看板，関東私鉄博物館探訪，行き止まり駅，こんなことになってます，もう，かわいさ通り越してます　ゆるキャラ天国，関東民鉄列車顔戦―電車は顔が命!?暴走対決，鉄道偏愛座談会―こんな鉄愛もあるんです。，鉄マニア垂涎　列車びゅーPOINT，小田急ロマンスカー&伊豆箱根鉄道大雄山線　礼二の乗り&乗りドキュメント，小っちゃな模型世界の大っきな謎。

105　社会文化

【概　要】鉄道は社会や文化と密接に結びついて発展してきた。駅構内や列車内では，様々な階層・年齢の人々が同じ空間を共有する。このため，鉄道は社会の縮図といわれる。そこに集まる人々の話す言語や服装，行動様式を観察すれば，文化の違いを直接感じることができる。また，駅の雰囲気もその国や地域の文化を反映している。鉄道の歴史は社会の歴史であり，文化を映す鏡ともいえる。

◇駅の社会史　原田勝正著　中央公論新社　2015.11　241p　16cm　（中公文庫　は70-1）〈中央公論社 1987年刊の再刊〉　800円　①978-4-12-206196-5
[内容]夏目漱石『三四郎』冒頭の名古屋駅，「勝負に打って出る玄関の駅」と言った升田幸三の大阪駅，出征・帰還の軍用列車が発着した品川駅…。明治初年の岩倉使節団で久米邦武が見出したように，「駅」は近代文明の本質を表わす場となった。大衆化・大量化する鉄道とともに変貌していく駅の姿を辿り，鉄道史から近代をとらえ直す。

◇汽車から電車へ―社会史的観察　原田勝正著　日本経済評論社　1995.4　246p　20cm　1854円　①4-8188-0787-7
[内容]社会とのかかわりから観た鉄道「進化」論。

◇競馬と鉄道―あの"競馬場駅"はこうしてできた　矢野吉彦著　交通新聞社　2018.4　255p　18cm　（交通新聞社新書）　800円　①978-4-330-87718-1
[内容]競馬は，日本の近代スポーツの中で最も古くから鉄道との関わりを持ち続けてきた競技のひとつ。本書では，そのさきがけとなった明治天皇根岸競馬行幸のお召し列車や，全国各地に設けられた"競馬場駅"，競馬観戦用臨時列車など，鉄道と競馬の"深い絆"を示す実話の数々を，豊富な資料をもとにひもといてゆく。また，競馬場を沿線に持つ鉄道会社間の乗客争奪戦や，現在も行われている競馬観戦客輸送の工夫，鉄道会社が関わるレース，さらには海外競馬場のアクセス駅についても，アナウンサーらしい客観的な視点で幅広く紹介する。

◇子どもはなぜ電車が好きなのか―鉄道好きの教育〈鉄〉学　弘田陽介著　京都冬弓舎　2011.2　221p　19cm〈文献あり〉　1800円　①978-4-925220-27-9
[内容]鉄道の魅力と子どもの成長の関わりを人文諸ジャンルを縦横に駆使して，今一度とらえ直す。実践教育としての鉄道学＝教育"鉄"学の試み。日欧の鉄道おもちゃや絵本に関する巻末資料も充実。

◇聖地鉄道　渋谷申博著　洋泉社　2011.12　223p　17cm　（新書y）　860円　①978-4-86248-835-0
[内容]伊勢神宮へと向かうJR参宮線をはじめ，全国には多くの「参詣のための鉄道」＝「聖地鉄道」が存在する。「聖地」と「鉄道」は切っても切れない関係なのだ。本書では，全国42の路線と聖地を取り上げ，その歴史や沿線風景などを解説。鉄道ファン，聖地ファンならずとも一度は行きたい聖地ガイド。

◇徹底比較!　世界と日本の鉄道なるほど事情　谷川一巳著　山海堂　2001.5　259p　19cm　1600円　①4-381-10399-8
[内容]動力方式，高速鉄道，サービス，システム，車両構造…，日ごろ当たり前のように利用している日本のさまざまな鉄道も，

社会文化

鉄道雑学

世界のなかでは全然当たり前じゃない!?世界の鉄道事情と比較することによって日本の鉄道が持つ特異性、独自性を明らかにする、"比較鉄道学"入門書。

◇鉄道沿線と文化　関西鉄道協会都市交通研究所編　［大阪］関西鉄道協会都市交通研究所　2011.5　165p　30cm　（IUT 1039—研究シリーズ no.39）〈年表あり〉

◇鉄道が変えた社寺参詣—初詣は鉄道とともに生まれ育った　平山昇著　交通新聞社　2012.10　244p　18cm　（交通新聞社新書 049）〈文献あり〉　800円　①978-4-330-32512-5
　内容　日本人にとって最もメジャーかつ"伝統的"な年中行事「初詣」は、意外にも新しい行事だった…?!そしてその誕生の裏には、近代化のなかで変化する人々の生活スタイルと、鉄道の開業・発展、そして熾烈な集客競争があった。"社寺参詣のために敷設された鉄道は多い"という語り方で語られてきた「鉄道と社寺参詣」の関係に一石を投じ、綿密な史料調査をもとに通時的に解き明かす、鉄道史・民俗学を結ぶ画期的な一冊。

◇鉄道カレンダー—全国とことん楽しむ行動案内12ヵ月　川島令三［著］　講談社　2005.5　222p　18cm　［講談社+α新書］　838円　①4-06-272318-2
　内容　鉄道史、名物列車、季節限定イベント、名所紹介—1月から12月まで鉄道漬けの日々。1年中楽しい、行動派に贈るワクワク歳時記。

◇鉄道という文化　小島英俊著　角川学芸出版　2010.1　238p　19cm　（角川選書 452）〈文献あり　発売：角川グループパブリッシング〉　1500円　①978-4-04-703452-5
　内容　1830年、イギリスに鉄道が開通し、世界は大きく変貌していく。鉄道の誕生により人々の生活はどうかわったのか？ 社会はいかに変容したのか？ 人間と鉄道のかかわりを、文学作品、新聞記事、評論、写真、絵画、デザインなどのさまざまな文化的表現の中に探る。鉄道を文化として捉え、その歩みを日本との比較を軸にグローバルな視点でたどった意欲作。

◇鉄道と刑法のはなし　和田俊憲著　NHK出版　2013.11　246p　18cm　（NHK出版新書 420）〈索引あり〉　780円　①978-4-14-088420-1
　内容　鉄道史に残る重大事件から、鉄道営業の問題・不祥事や身辺に広がる軽犯罪まで。実際に起きたさまざまな事件のなかに、気鋭の刑法学者が鉄道と刑法の確かな結びつきを見出していく。奇聞・逸聞を交えた豊富なエピソードで、レールファンからサスペンスファンまでを幅広く紙上の旅へと誘う「法鉄学」書！

◇鉄道時計ものがたり—いつの時代も鉄道員の"相棒"　池口英司, 石丸かずみ著　交通新聞社　2010.6　199p　18cm　（交通新聞社新書 016）〈文献あり〉　800円　①978-4-330-14410-8
　内容　現在の日本人の時間感覚は、明治6年、明治新政府が太陰暦から太陽暦への改暦を実施したことにより新たに作られてきた。それは、日本における時計の歴史、さらには明治5年以来の日本の鉄道発展の歴史にぴったり寄り添うように重なっている。本書は、世界一正確だといわれる日本の鉄道の定時運行確保の歩みを、明治初年以来の「鉄道時計」発達の歴史を中心にたどる。

◇鉄道と旅する身体の近代—民謡・伝説からディスカバー・ジャパンへ　野村典彦著　青弓社　2011.10　562p　22cm　（越境する近代 10）〈索引あり〉　3400円　①978-4-7872-2044-8
　内容　近代日本で鉄道が全国に敷設されたとき、地域は煙をあげて驀進する乗り物をどう受け入れ、人々は車窓から風景をどういう思いで眺め、生活に鉄道というメディアを織り込んでいったのか。民謡集や伝説集、案内記、旅行雑誌、広告などから鉄道と旅の想像力の歴史をたどり、身体感覚の変容を描き出す。

◇鉄道日本文化史考　宇田正著　京都思文閣出版　2007.3　329, 12p　22cm　5500円　①978-4-7842-1336-8
　目次　序章「文化の鏡」としての鉄道、1章 鉄道初体験と近代への文化的覚醒、2章 日本人一般の鉄道認識の形成、3章 鉄道の発達と伝統文化的契機、4章 国民教育と鉄道の役割、5章 地域社会と鉄道・駅

◇鉄道はメディアの大舞台　森彰英著　交通新聞社　1996.3　275p　19cm　1300円　①4-87513-050-3
　内容　メディアに登場してくる鉄道・沿線風景は、抒情にあふれ、旅情をかきたてる。ジャーナリスト森彰英氏が書き下ろした鉄道沿線文化論的な珠玉の随筆集。

◇電車が好きな子はかしこくなる―鉄道で育児・教育のすすめ　弘田陽介著　交通新聞社　2017.12　183p　18cm　（交通新聞社新書）　800円　ⓘ978-4-330-84417-6
　内容　車両などの形や色、路線名、駅名といった様々な情報があふれる鉄道の世界は、記憶力などの「認知スキル」の向上に有益です。加えてサポート次第で、人付き合いや自分との関わりについての力「非認知スキル」を強化し、新しい大学入試にも役立つ力を養うことができる。本書は、教育学・心理学の視点から、改めて子どもの本当のかしこさを問う、鉄道好きのお子さまをお持ちの保護者の皆様が、自信を持てる一冊。

◇レッドアローとスターハウス―もうひとつの戦後思想史　原武史著　新潮社　2012.9　396p　20cm　2000円　ⓘ978-4-10-332841-4
　内容　西武と団地は、何を生み出したのか―特急電車と星形住宅が織り成した「思想空間」をあぶりだす力作評論。

◇レッドアローとスターハウス―もうひとつの戦後思想史　原武史著　新潮社　2015.4　531p　16cm　（新潮文庫　はー50-2）　750円　ⓘ978-4-10-134581-9
　内容　「西武の天皇」と呼ばれた堤康次郎。東京西郊で精力的に鉄道事業を展開し、沿線には百貨店やスーパー、遊園地を建設。公営団地も集まり、「西武帝国」とでもいうべき巨大な文化圏を成した。しかし堤本人の思想と逆行するように、団地は日本共産党の強力な票田となり、コミューン化した「赤い病院」さえ現れた。もうひとつの東京、もうひとつの政治空間でなにが起きていたのか―。

◇私の電車主義宣言―生き残りのカギを探し求めて　永井英慈著　プレジデント社　1998.12　236p　20cm　1600円　ⓘ4-8334-9037-4
　内容　交通渋滞解消のカギ、環境問題のカギ、政治のカギ、行政のカギ、景気のカギ、経営のカギ、危機管理のカギ、旅行のカギ、健康のカギ、そして幸せのカギ…ユニークな発想と新鮮な思想性を持った「カギは電車にあり」宣言。

《*106* 鉄道論》

◇公共交通機関として欠くことのできない鉄道　竹内努著　新居浜　のぞみ事務所　1998.7　205p　19cm　1715円

◇乗客の書いた交通論―永続的な交通を求めて　上岡直見著　北斗出版　1994.4　308p　20cm　2781円　ⓘ4-938427-74-5

　内容　車か、移動の自由か―私たちは、車が欲しいのか、それとも永続的な移動の自由が欲しいのかを選ばなければならない。安全・快適・公平な交通体系を実現するには、車を減らして鉄道やバスを充実するしかない。本書は『鉄道は地球を救う』『交通のエコロジー』に続く、利用者の視点からの交通論の集大成である。

◇人口減少時代の鉄道論　市川宏雄著　洋泉社　2015.1　207p　19cm　1400円　ⓘ978-4-8003-0549-7
　内容　北陸新幹線、北海道新幹線、リニア開通で、東京、大阪、名古屋、金沢、札幌、地方はどう変わる!?鉄道×都市から見る日本の未来!!

◇鉄道学のススメ　原口隆行著　JTB　2003.9　192p　19cm　（マイロネbooks 16）　1000円　ⓘ4-533-04911-7
　内容　鉄道先生たちが語る鉄道学とは。

◇鉄道再生論―新たな可能性を拓く発想　川島令三著　中央書院　2002.8　334p　19cm　1900円　ⓘ4-88732-125-2
　内容　「鉄道」生き残りのためには何が必要か。どうすれば、より多くの利用者の利便性が高められるのか。―"常識"化した見方を根本から覆し、「鉄道」がもつ公共交通機関としての新たな可能性を探る。

◇鉄道の未来予想図　土屋武之著　実業之日本社　2013.6　214p　19cm　1400円　ⓘ978-4-408-11000-4
　内容　鉄道と交通の未来を、ともに見つめ、考えよう。新時代のモビリティへの期待と夢を描く、架空の鉄道ルポ。

◇鉄道は誰のものか　上岡直見著　緑風出版　2016.7　225p　20cm　2500円　ⓘ978-4-8461-1610-1
　内容　日本の鉄道の混雑は、異常である。大都市圏の通勤、通学は、不快であるだけでなく、危険もあり、混雑ゆえのトラブル、乗客同士のいさかいも多発している。鉄道事業者は、マナーを呼びかけ、秩序を維持しようと必死だが、それで問題が解決するわけではない。混雑を解消するために必要なことは、第1に鉄道事業者の姿勢の問い直しであり、第2は、交通政策、政治の転換である。本書は、混雑の本質的な原因を指摘すると共に、鉄道が本来持っている存在価値、特にローカル線の存在価値を再確認すると共に、リニア新幹線の負の側面についても言及する。

◇日本「鉄道」改造論―魅力ある交通機関の条件　川島令三著　中央書院　1992.2　326p　19cm　1600円　ⓘ4-924420-63-8

制服

107 制服
【概　要】日本では旅客および公衆に対する職務を行う鉄道係員には、鉄道営業法第22条で制服の着用が定められている。明治政府が官公吏服に洋服を採用し、1872(明治5)年に鉄道員の制服が定められたのが最初である。鉄道会社により独自性があるものの、国鉄時代の制服を基礎としたものが多く、近年ではスーツスタイルが一般的である。また、車掌と駅員の制服は同じ場合が多いが、運転士と車掌は制服が違う場合が多く、普通列車と優等列車で異なる場合もある。制帽や名札・肩章・バッジの着用を義務付けている会社も多い。駅長の制帽は腰部分の色や線の本数が駅員と異なり、外見上から識別できる。

◇鉄道の謎と不思議に答える本　博学こだわり倶楽部編　河出書房新社　2006.8　221p　15cm　(KAWADE夢文庫)　514円　①4-309-49623-7
[内容] つり革の形に○と△があるのはどうして？電車は定員をオーバーして走ってもいいの？制服で働く鉄道員の秘密って？…など、車両、料金の謎から鉄道員、新幹線、地下鉄の秘密まで、鉄道のすべてがわかる本。

◇鉄道連絡船細見—海峡を結ぶ"動く架け橋"をたずねて　古川達郎著　JTBパブリッシング　2008.12　191p　21cm　(キャンブックス)　2400円　①978-4-533-07319-9
[目次] イラストでたどる鉄道連絡船の変遷、1 "呼び名"いろいろ、2 鉄道連絡船の位置付け—鉄道連絡船は特殊船か、3 旅客用水陸連絡施設の変遷、4 鉄道連絡船の主な建造所、鉄道連絡船華やかなりし頃の情景、5 船舶塗装規程—国鉄連絡船の制服、6 青函航路の寝台車航送、7 十勝丸2の進水、8 進水記念絵ハガキ

108 鉄道手帖/手帳
【概　要】鉄道情報を多数掲載した鉄道ファンのためのダイアリー。創元社の『鉄道手帳』は2008(平成20)年から毎年発行されており、全国の路線図や列車一覧、イベント情報のほか、初心者向けの形式記号・番号の読み方など様々な資料が盛り込まれている。

◇鉄道手帖　西日本編　今尾恵介監修　東京書籍　2009.9　191p　21cm〈文献あり　索引あり〉　1900円　①978-4-487-80390-3
[内容] 路線ごとに全鉄道情報を網羅。初めて一冊に。正縮尺地図、路線情報、見どころ、列車名、車両、そして特急・快速等の停車駅まで。

◇鉄道手帳　2010年版　所澤秀樹責任編集、創元社編集部編　大阪　創元社　2009.10　1冊　19cm　1200円　①978-4-422-24057-2
[内容] ダイアリーは見開き1週間を採用、さらに使いやすく。鉄道の歴史・蘊蓄も大増強。資料編は大幅差し替え。「寝台特急半世紀の運転系統の変遷」「全国相互乗り入れ・片乗り入れ運転概況」ほか、ファン必見の新資料を追加。

◇鉄道手帳　2011年版　所澤秀樹責任編集　大阪　創元社　2010.10　1冊　19cm　1200円　①978-4-422-24058-9

[内容] イベント列車運行から車両基地見学、新型車両導入まで、鉄軌道各社の協力を得て、現時点で予定されているイベントを掲載(290件以上)。「日本の鉄道事業者・軌道経営者一覧」(全204社)「JR各社の車両(検修)基地・乗務員基地一覧」「世界の高速鉄道」ほか、今までありそうでなかった資料を満載。

◇鉄道手帳　2018年版　所澤秀樹責任編集　大阪　創元社　2017.10　62p　19cm　1200円　①978-4-422-24065-7
[内容] 2018年版の特長：新資料「全国の鉄軌道　電化方式一覧図」「電化区間のセクションと饋電方式の概要」のほか、「複線区間一覧図」も大改訂のうえ収録。定番資料もきっちり更新。2017年12月〜2018年11月までの鉄軌道各社のイベント予定を掲載。この1冊で毎日どっぷり鉄道漬け!!

◇鉄道手帳　東日本編　今尾恵介監修　東京書籍　2009.9　191p　21cm〈文献あり　索引あり〉　1900円　①978-4-487-80389-7

内容 路線ごとに全鉄道情報を網羅。初めての一冊に。正縮尺地図、路線情報、見どころ、列車名、車両、そして特急・快速等の停車駅まで。

◇日本鉄道全線踏破記録手帳　田中正隆編著　日本文芸社　2011.3　159p　18cm〈付（64p）：JR全線全駅名一覧〉　1600円　①978-4-537-20887-0

内容 九州新幹線、全線開業情報に対応。駅舎名、名車窓、駅弁、車両などの情報も充実。記録用小冊子付き。

《109 鉄道パズル》

◇鉄道ミステリー・パズル—推理列車の指定席　part 1　光文社　1991.9　228p　16cm　（光文社文庫）〈監修：西村京太郎〉　440円　①4-334-71391-2

内容 電車より速く走れる少年が募集されたのはなぜ？　西村作品に登場する列車を乗り継いで、日本一周ができる？　などなど、古今東西の鉄道のナゾをパズルで楽しむ。99問を解き終えれば、あなたはトラベル・ミステリーの名探偵。

◇鉄道ミステリー・パズル　part 2　光文社　1992.9　210p　16cm　（光文社文庫）〈part 2の副書名：不思議列車の周遊券　監修：西村京太郎〉　420円　①4-334-71578-8

◇ニコリの鉄道パズル—大鉄難問パズル　もっと鉄道にくわしくなろう！　ニコリパズル制作, 長谷川章監修　オレンジページ　2007.11　98p　15×26cm　（オレンジページムック）　619円　①978-4-87303-533-8

◇ニコリの鉄道パズル—小鉄かんたんパズル　鉄道にくわしくなろう！　ニコリパズル制作, 長谷川章監修　オレンジページ　2007.11　98p　15×26cm　（オレンジページムック）　619円　①978-4-87303-532-1

《110 映像》

◇映像でよみがえる昭和の鉄道　第1巻　（昭和20年—昭和25年）　小学館　2008.3　47p　22cm　（小学館DVD book）〈第1巻のサブタイトル：占領下の鉄道—焼け跡からの再出発　折り込1枚　年表あり〉　3500円　①978-4-09-480341-9

内容 関東大震災、終戦前後の混乱期の「学童疎開列車」「引き揚げ列車」「買い出し列車」など、「鉄道」とともに国民の生活が立ち直っていくさまを報道映像で追います。

◇映像でよみがえる昭和の鉄道　第2巻　（昭和26年—昭和30年）　小学館　2008.4　47p　22cm　（小学館DVD book）〈第2巻のサブタイトル：戦後全盛期：よみがえる鉄道の魅力—戦後全盛期への序曲　折り込1枚　年表あり〉　3500円　①978-4-09-480342-6

目次 見逃せない映像満載！　DVD編収録映像のご紹介, プロローグエッセイ 鉄道が夢を実現できた爽快なひと時（三好好三）, TOPICS レール・トピックス・昭和26年〜30年, 昭和の忘れられない名車両2 マンモス機関車EH10形直流電気機関車の登場, 昭和の名物駅弁で舌鼓2 鶏の駅弁, 三横綱が揃い踏み, 解説 ここが変わったダイヤ改正 昭和26年〜30年, 昭和を走り抜けた名列車2 特急「かもめ」号, 食堂車から見た鉄道2 戦争に翻弄された食堂車, 昭和と鉄道2 私小説に見る, 夜行列車の記憶 三浦哲郎『帰郷』, おもしろ昭和の時刻表必読法2 駅の記号で文化の変遷を知る, エピローグエッセイ メトロって何のこと？, 昭和26年〜30年 鉄道年表, 巻末鉄道路線図が100倍楽しめる!!「鉄道路線図」が語る昭和—昭和28年：戦後復興期の国有鉄道線路図

◇映像でよみがえる昭和の鉄道　第3巻　（昭和31年—昭和35年）　小学館　2007.11　47p　22cm　（小学館DVD book）〈第3巻のサブタイトル：戦後の鉄道黄金時代—新型車両と旅行ブーム　折り込1枚　年表あり〉　3500円　①978-4-09-480343-3

内容 昭和の「鉄道ニュース」フィルム300本から選りすぐった鉄道情景の映像を徹底解説。知られざるエピソード、開発秘話もご紹介。

◇映像でよみがえる昭和の鉄道　第4巻　（昭和36年—昭和40年）　小学館　2007.11　47p　22cm　（小学館DVD book）〈第4巻のサブタイトル：新幹線時代の幕開け—高速化で列島が縮まる　折り込1枚　年表あり〉　3500円　①978-4-09-480344-0

内容 昭和の「鉄道ニュース」フィルム300本から選りすぐった鉄道情景の映像を徹底解説。知られざるエピソード、開発秘話もご紹介。

◇映像でよみがえる昭和の鉄道　第5巻　（昭和41年—昭和45年）　小学館　2008.

1　47p　22cm　（小学館DVD book）〈第5巻のサブタイトル：高度成長期と鉄道の明暗―ヨン・サン・トオ（43年10月）ダイヤ改正で在来線大幅スピードアップ　折り込1枚　年表あり〉　3500円　①978-4-09-480345-7
[内容]　東京・横浜港間に運転された「さよなら蒸気機関車」号、足尾線のC12形重連の「さよなら運転」号など、全国のSLブームを報道映像で追います。また、経済高度成長期の担い手を運んだ「集団就職列車」映像など、感動の70分。

◇映像でよみがえる昭和の鉄道　第6巻（昭和46年―昭和50年）　小学館　2008.2　47p　22cm　（小学館DVD book）〈第6巻のサブタイトル：幹線の盛況と進む合理化―苦難の時代を乗り切るために　折り込1枚　年表あり〉　3500円　①978-4-09-480346-4
[内容]　国鉄からついにSLが全廃、この勇姿を残す「梅小路蒸気機関車館」オープン！　新幹線博多開業で便利になる反面、廃止される各地の森林鉄道を報道映像で追います。

◇映像でよみがえる昭和の鉄道　第7巻（昭和51年―昭和55年）　小学館　2008.5　47p　22cm　（小学館DVD book）〈第7巻のサブタイトル：栄光のブルートレイン―「走るホテル」の全盛時代　折り込1枚　年表あり〉　3500円　①978-4-09-480347-1
[内容]　SLブームが去り、鉄道ファンは新しいヒーロー「ブルートレイン」に殺到！　C57形1号機が国鉄山口線に復活して、ふたたび爆煙と汽笛を轟かせた。国鉄終焉が迫る中、最後の国鉄型車両の奮闘にご期待ください。

◇映像でよみがえる昭和の鉄道　第8巻（昭和56年―昭和62年）　小学館　2008.6　47p　22cm　（小学館DVD book）〈第8巻のサブタイトル：昭和の鉄道から21世紀の鉄道へ―回顧と明日への展望　折り込1枚　年表あり〉　3500円　①978-4-09-480348-8
[内容]　シリーズ最終巻は一冊まるごと「昭和の鉄道」を回顧。戦後の復興から、進駐軍の支配を解かれて再び世界最高峰にのぼりつめた国鉄。その終焉の映像をご覧下さい。

◇湘南新宿ライン―E231系〈逗子～宇都宮〉の前面展望映像と路線の全容を収録　みんなの鉄道DVD BOOKシリーズ　メディアックス　2017.3　33p　30cm　（メディアックスMOOK 593―メディアックス鉄道シリーズ 43）〈文献あり〉　1800円　①978-4-86201-793-2

◇スーパーでんしゃDVD図鑑―新幹線、特急、オールスターが大集合!!　人気特急のてんぼう映像・ごうかDVDつき!!　メディアックス　2016.12　82p　27cm　（メディアックスMOOK 572）　1500円　①978-4-86201-682-9

◇東海道本線―223系・新快速〈米原～神戸〉の前面展望映像と路線の全容を収録　みんなの鉄道DVD BOOKシリーズ　メディアックス　2016.3　49p　30cm　（メディアックスMOOK 538―メディアックス鉄道シリーズ 35）〈文献あり〉　1800円　①978-4-86201-978-3

◇山手線―E231系〈東京総合車両センター～大崎発・外回り〉の前面展望映像と路線の全容を収録　みんなの鉄道DVD BOOKシリーズ　メディアックス　2016.11　33p　30cm　（メディアックスMOOK 567―メディアックス鉄道シリーズ 40）〈文献あり〉　1800円　①978-4-86201-677-5

《111 デザイン》

◇あと1%だけ、やってみよう―私の仕事哲学　水戸岡鋭治著　集英社インターナショナル　2013.11　220p　20cm〈発売：集英社〉　1500円　①978-4-7976-7256-5
[内容]　日本初の豪華クルーズトレイン「ななつ星」デザイナーが、いま伝えたい仕事論とは。「水戸岡デザイン」発想の原点は、ここにあった！

◇駅をデザインする　赤瀬達三著　筑摩書房　2015.2　254p　18cm　（ちくま新書）　980円　①978-4-480-06816-3
[内容]　駅の出口の案内は黄色。東京の地下鉄の案内表示は各ラインカラーの「○」―こうした日本の駅のデザインを決めてきたサイン設計の第一人者が、駅のデザインを、自身の手がけた豊富な実例をもとに語り尽くす。案内表示に求められるものは何か、そのデザイン思想とはいかなるものか、一九七〇年代に始まった日本の空間・サイン整備の歴史をたどりつつ論じ、現在の日本と海外の駅とを比較。混迷を深める日本の

デザイン

公共空間を批判的に検討し、利用者本位の、交通システムのあるべき姿を展望する。

◇駅再生―スペースデザインの可能性　鹿島出版会編　鹿島出版会　2002.11　211p　21cm　2400円　①4-306-04429-7

[目次]動きはじめた次世代の駅づくり(駅とインフラデザイン―鉄道の技術者と建築の設計者が切磋琢磨してつくる、「土木の後の建築」からの脱却―飯田橋駅では設計以前の制度改革が重要だった)、1 駅空間を把握する(駅のタイポロジー、駅空間の基本4要素 ほか)、2 駅をめぐる協調と実践(土木×建築×…＝コラボレーション時代の駅展開、状況に対応するリノベーション事例 ほか)、3 駅デザインのグローバリティ(見聞・ヨーロッパのステーションフロント、ブルネル賞とワトフォード会議)、4 駅再生へのフィールドワーク(潜在力をスキャンする、駅にまつわるキーワード80)

◇公共交通機関のユニバーサルデザイン―福岡市営地下鉄七隈線トータルデザイン10年の記録　福岡市交通局監修,地下鉄3号線JVグループ, 日本サインデザイン協会編　地下鉄3号線JVグループ　2005.4　141p　30cm〈他言語標題：A universal design for public transportation　東京 宣伝会議（発売）共同刊行：日本サインデザイン協会〉　2667円　①4-88335-134-3

[目次]1 七隈線ユニバーサルデザインのはじまり(事業のプロセス、ユニバーサルデザインの課題 ほか)、2 トータルデザインの手法(デザインの目標1・明るい空間を実現するために、デザインの目標2・見通しがよく、広がりのある空間を実現するため ほか)、3 七隈線の駅(橋本、次郎丸 ほか)、4 開業(市民とのふれあい,実施設計・施工者コメント ほか)

◇幸福な食堂車―九州新幹線のデザイナー水戸岡鋭治の「気」と「志」　一志治夫著　プレジデント社　2012.7　319p　20cm〈文献あり〉　1800円　①978-4-8334-2014-3

[目次]コンセプトとはすなわち「志」―「富士山駅」、色への狂気「絶対色感」―大阪「サンデザイン」、ヨーロッパで出合った洗練とタフネス―イタリア「シルビオ・コッポラ事務所」、パース画の世界を切り拓く―「ドーンデザイン研究所」設立、成功へと導く「気」の存在―福岡「ホテル海の中道」、初の鉄道デザインは挑戦的な「花仕事」を―58系気動車「アクアエクスプレス」、100億円の価値を生むデザイン―高速船「ビートル」、なぜ食堂車が大切なのか―787系特急「つばめ」、感動は注ぎ込まれたエネルギーの量―883系「ソニック」、885系特急「かもめ」、和の素材・伝統・意匠を新幹線に―800系新幹線「つばめ」、「ローカル線」で日本の田舎を再生する―ゆふいんの森2、九州横断特急、SL人吉、いさぶろう・しんぺい、はやとの風、海幸山幸／―MOMO、KURO（ともに岡山電気軌道）／―いちご電車、たま電車（ともに和歌山電鐵）、合理主義・効率主義への抵抗―博多駅ビル「JR博多シティ」、答えは子どものころに見聞きした中にある―コミュータートレイン、「鹿児島中央駅」

◇幸福な食堂車―九州新幹線のデザイナー水戸岡鋭治の物語　一志治夫著　小学館　2016.9　309p　15cm（小学館文庫プレジデントセレクト Pい2-1)〈プレジデント社 2012年刊の改稿　文献あり〉　680円　①978-4-09-470009-1

[内容]偉ぶらず、媚びない。自分を語らず、自慢の類いはついぞしない。ノンフィクション作家が出会った、JR九州の列車デザイナー、水戸岡鋭治はそんな"目立たない"男だった―。旧国鉄ゆずりの体質に疑問を投げかけ、様々な出会いを繰り返しながら慣習を打ち破り、誰をも魅了する夢の列車を次々と生み出していく。タブーとされた木材を多用し、地元の伝統工芸をふんだんに施したクルーズトレイン「ななつ星 in 九州」は、日本中の熱狂をさらった。寡黙な男が内に秘めた熱いエネルギーの源泉とは。未来をデザインすることに賭けた男の、がむしゃらな半生記。

◇されど鉄道文字―駅名標から広がる世界　中西あきこ著　鉄道ジャーナル社　2016.2　296p 図版16p　18cm〈文献あり　発売：成美堂出版〉　800円　①978-4-415-32089-2

[内容]鉄道ジャーナルが贈る知られざる鉄道物語。近代鉄道100年にわたる手書きのロマン。駅名標・車輛標記・ナンバープレート、鉄道文字の源流をたどる。

◇新幹線をデザインする仕事―「スケッチ」で語る仕事の流儀 Advanced Design;Towards the Future Communication, Teamwork, Action　福田哲夫著　SBクリエイティブ　2015.

鉄道雑学

281

デザイン

7 239p 19cm 1600円 ①978-4-7973-8069-9
内容 N700系デザイナーが"スケッチ"で語る仕事の流儀。乗客が目にするその"カタチ"には、多くの性能向上を実現すべく智慧と工夫が詰まっている。どこを走るのか、誰が乗るのか。そうした条件に対し最善を尽くすべく、多くの技術者たちが集まるプロジェクトチーム。その一員として、デザイナーは、いったいどのような仕事をしているのか―。

◇旅するデザイン―鉄道でめぐる九州 水戸岡鋭治のデザイン画集 水戸岡鋭治著 小学館 2007.6 143p 27cm 3000円 ①978-4-09-682012-4
内容 九州を走るJRの鉄道車両デザインを中心に、多種多様なイラストレーションを収録。

◇鉄道駅スタンプのデザイン―47都道府県、史跡名勝セレクション 関田祐市監修 京都 青幻舎 2014.6 255p 15cm〈他言語標題：Railroad Station Stamp Designs 背・表紙のタイトル：日本鉄道駅スタンプのデザイン〉 1200円 ①978-4-86152-443-1

◇鉄道車両のデザイン―デザイナーは何を考え、何をするのか 南井健治著 学研パブリッシング 2013.9 263p 21cm〈他言語標題：INDUSTRIAL DESIGN FOR ROLLING STOCK 文献あり 発売：学研マーケティング〉 1600円 ①978-4-05-405797-5
内容 個性あふれる鉄道車両たちはどのようにデザインされているのか。コンセプト作りから生産性の問題、先頭形状から塗色、そして理想の車両とは何かまで、ブルーリボン賞、ローレル賞ほか、デザインした車両が数々の賞を受賞した、日本を代表する車両デザイナーの著者が、知られざる車両デザインと車両デザイナーの仕事のすべてを語りつくす。

◇鉄道デザインの心―世にないものをつくる闘い 水戸岡鋭治著 日経BP社 2015.6 220p 21cm〈発売：日経BPマーケティング〉 2000円 ①978-4-8222-7541-9
内容 JR九州側に立たないでデザインしていいですか。僕は利用者の立場でありたい―「ななつ星」「或る列車」から駅・街まで、水戸岡が仕事の心構えと覚悟を語る本はこれが最後。

◇鉄道ルネッサンス―未来へのデザイン 東日本旅客鉄道株式会社編 丸善 1991.4 303p 27cm 7725円 ①4-621-03561-4
目次 鉄道事業におけるデザインの意義(鉄道事業から総合生活サービス事業めざして―東日本旅客鉄道、すぐれたクオリティと収益―イギリス国鉄〈BR〉、鉄道よ、汝を知れ―イギリス国鉄、デザインによるマネジメント―デンマーク国鉄〈DSB〉)、列車ダイヤと車両(列車ダイヤのデザイン、車両デザインの原点、651系特急電車「スーパーひたち」のデザイン〔ほか〕

◇電車をデザインする仕事―「ななつ星in九州」のデザイナー水戸岡鋭治の流儀 水戸岡鋭治著 日本能率協会マネジメントセンター 2013.11 237p 19cm 1500円 ①978-4-8207-1886-4
内容 経済性や効率化だけを優先するな！利用する人の喜びを追求せよ！本当に優れたデザインとは何か―。未だかつて無いものを生み出す発想術・仕事術。

◇電車をデザインする仕事―ななつ星、九州新幹線はこうして生まれた！ 水戸岡鋭治著 新潮社 2016.11 238p 16cm (新潮文庫 み-59-1)〈日本能率協会マネジメントセンター2013年刊の再刊〉 590円 ①978-4-10-120656-1
内容 豪華寝台列車なのに予約はいつも満員の「ななつ星 in 九州」。「縦長の目」が印象的な800系新幹線「つばめ」。斬新で魅力的なデザインはどのようにして生み出されたのか。「最高レベルのものを提供し、お客様に圧倒的な感動を五感で味わってもらう」というコンセプトを軸に、JR九州のD&S(デザイン&ストーリー)列車が大成功した経緯と今後について語る、プロデザイナーの発想術。

◇電車の顔 鈴木さちこ著 鉄道ジャーナル社 2011.8 183p 17cm〈発売：成美堂出版〉 1000円 ①978-4-415-31098-5
内容 「鉄道ジャーナル」の人気連載が本になりました。新たな"顔"も加わり、寝台特急カシオペア、九州新幹線の書き下ろしコミックルポ、旅先で出合った名産品、おすすめスポットも収録！ 誰もがきっと、お気に入りの顔に出合える鉄道旅。

◇電車のデザイン―カラー版　水戸岡鋭治著　中央公論新社　2009.12　205p　18cm　（中公新書ラクレ 336）　980円　①978-4-12-150336-7
[内容]新幹線800系つばめや787系リレーつばめ、883系ソニック、885系かもめから「たま電車」まで。話題の車両デザインを手がけ、数々の賞を受賞した水戸岡鋭治の人と仕事を一冊で紹介する。

◇トレインイロ　下東史明企画・著　朝日出版社　2009.6　253p　19cm〈他言語標題：Train iro〉　1500円　①978-4-255-00479-2
[内容]気鋭のコピーライター下東史明＆アートディレクター小杉幸一がコトバとデザインでくりひろげる新しい「トレインの世界」。

◇26駅のデザイン　東京都地下鉄建設　1992.8　160p　31cm

◇水戸岡鋭治の「正しい」鉄道デザイン―私はなぜ九州新幹線に金箔を貼ったのか？　水戸岡鋭治著　交通新聞社　2009.8　199p　18cm　（交通新聞社新書 006）　800円　①978-4-330-08709-2
[内容]九州新幹線「つばめ」やJR九州の特急列車を中心に、常に話題作を発表し続けてきたデザイナー・水戸岡鋭治。ユニバーサルデザインやバリアフリー対策、さらには地産地消の考えをも取り込んだ、彼の独特な鉄道デザインの原点にあるものを、個々の「仕事」を通して展望する。

112 クイズ／検定

【概　要】鉄道のうんちくを扱う鉄道クイズは、老若男女に親しまれている。
　鉄道をテーマとした本格的な検定試験も一時期実施されていた。具体的には、鉄道旅行検定試験（旅行地理検定協会主催）、時刻表検定試験（時刻表検定協会主催）、九州鉄道検定試験（九州旅客鉄道主催）、鉄道テーマ検定試験（日本鉄道テーマ検定実行委員会主催）があった。いずれも、短命に終わり、現在実施されているものはない。

◇駅Q―駅が大好きになる100問　冨田行一著　実業之日本社　2013.5　207p　18cm　（鉄道クイズシリーズ）　743円　①978-4-408-10995-4
[内容]これ一冊で駅名超マスターに。駅が大好きになる楽しい問題が100問。

◇きみも鉄道マスターをめざせ！　駅クイズ120　坂正博著　そうえん社　2008.4　136p　19cm　（鉄男と鉄子の鉄道の本 1）　980円　①978-4-88264-350-6
[内容]これを読めば今日からみんな鉄道博士。鉄道大すき！のきみにおくる、日本全国・駅のクイズ120問。

◇きみも鉄道マスターをめざせ！　駅名漢字クイズ120　坂正博著　そうえん社　2008.7　143p　19cm　（鉄男と鉄子の鉄道の本 3）　980円　①978-4-88264-352-4
[内容]『駅名漢字』にかんするクイズが120問。鉄道大すき！のきみに挑戦。

◇きみも鉄道（レール）マスターをめざせ！　新幹線クイズ100　坂正博著　そうえん社　2009.3　127p　19cm　（鉄男と鉄子の鉄道の本 4）〈背のタイトル：新幹線クイズ100きみも鉄道マスターをめざせ！〉　980円　①978-4-88264-353-1

◇クイズ鉄道王決定戦　クイズ鉄道王決定戦制作委員会著　扶桑社　2009.12　423p　19cm　1300円　①978-4-594-06110-4
[内容]auケータイで大反響！　あの「鉄道王決定戦」がついに書籍化！　参加者7万4320人（全問正解9人）が熱中した伝説のクイズ1000問をすべて掲載。

◇クイズ鉄道100線の歌　村山茂著　成山堂書店　1999.2　246p　19cm　1500円　①4-425-92311-1
[内容]クイズと歌でめぐる鉄道の旅。出題は全国のJR線から100線。さあ、今すぐチャレンジしよう。

◇京成検定1・2・3級　京成電鉄を愛する会編　戎光祥出版　2017.2　199p　21cm〈文献あり　年譜あり〉　1200円　①978-4-86403-119-6
[内容]京成電鉄の列車、車両、駅、サービス、歴史の問題を収録！　練習問題300問に加え、巻末には本番問題300問も掲載!!

クイズ/検定

◇検定クイズ100鉄道―雑学　近藤圭一郎監修,検定クイズ研究会編　ポプラ社　2013.10　167p　18cm　（ポケットポプラディア 18）　780円　①978-4-591-13606-5

◇検定クイズ100鉄道―雑学　近藤圭一郎監修,検定クイズ研究会編　図書館版　ポプラ社　2014.4　167p　18cm　（ポケットポプラディア 18）　1000円　①978-4-591-13901-1

◇これわかる？　鉄道クイズ200　佐藤正樹監修,佐藤正樹,草町義和,ぶち鉄ブックス編集部文　交通新聞社　2017.7　79p　19cm　（ぶち鉄ブックス）〈イラスト：かとうとおる〉　1000円　①978-4-330-78317-8

◇新幹線検定―電車で行こう！ スペシャル版!!　豊田巧作,裕龍ながれ絵　集英社　2017.7　188p　18cm　（集英社みらい文庫 と-1-26）　700円　①978-4-08-321385-4
　内容　新幹線に超くわしくなっちゃう本!!新幹線の問題が50問！＋歴代新幹線のカラー図鑑！小学中級から。

◇超クイズ＆パズル鉄道編　鉄道パズル研究会著　日本交通公社出版事業局　1996.2　125p　19cm　（Pブックス）　780円　①4-533-02423-8
　目次　1 まずは初級編で腕慣らし, 2 鉄道ファン公認レベル問題集, 3 そろそろ時刻表が手放せない, 4 カルト級問題にも挑戦しよう

◇鉄道クイズ　ワン・ステップ編　金の星社　2016.1　126p　22cm　（めざせ！乗り物クイズマスター）　2200円　①978-4-323-05842-9
　目次　1 初級編（新幹線の名前をこたえよう！, 写真クイズこれなーんだ？, みどりの窓口のマークは？, 知ってる？ ミニ新幹線, 新幹線の仕事ホント・ウソ ほか）, 2 中級編（すごいぞ！ リニアモーターカー, 新幹線開業のひみつ, 無人で走る電車はどれ？, すごいぞ！ N700系新幹線, 北陸新幹線クイズ ほか）

◇鉄道検定―the（知）検定　路線、車両、駅、時刻表、切符、駅弁、歴史―7科目からの出題で"鉄道力"を総合判定！　横見浩彦監修　河出書房新社　2007.3　223p　19cm〈年表あり〉　1200円　①978-4-309-61601-8
　内容　「こうきたかっ！」鉄道ファンもひざを打つ難問、珍問、常識問題満載！ ていねいな解説で"鉄分"濃度もアップ。

◇鉄道のクイズ図鑑　学研教育出版　2013.10　199p　15cm　（ニューワイド学研の図鑑）〈発売：学研マーケティング〉　850円　①978-4-05-203825-9
　内容　100問の楽しくてためになるクイズ！

◇「鉄道」もの識りクイズ　岡田篤著　明治図書出版　1994.11　176p　21cm　（学級づくりに使える面白クイズ 3）　1860円　①4-18-191304-X
　目次　第1章 鉄道基礎知識クイズ, 第2章 面白駅名クイズ, 第3章 鉄道日本一クイズ, 第4章 面白列車名クイズ, 第5章 不思議な地下鉄クイズ, 第6章 役に立つ切符クイズ, 第7章 鉄道マルチバラエティークイズ, 第8章 鉄道歴史クイズ―鉄道博士への道

◇鉄道1000問ドリル　大日本鐵道研究会編著　講談社　2006.6　206p　19cm　952円　①4-06-213444-6
　内容　ひとはだれでも「鉄ちゃん」である。知っていそうで知らない鉄道の奥深き世界へ出発進行！ あっと驚く鉄道トリビア満載です。

◇電車検定―電車で行こう！ スペシャル版!!　豊田巧作,裕龍ながれ絵　集英社　2015.8　236p　18cm　（集英社みらい文庫 と-1-16）　700円　①978-4-08-321278-9
　内容　T3&KTTと一緒に電車問題100問に挑戦だ！ 100問解くと、ぬりつぶし全国新幹線マップが完成！ 小学中級から。

◇東海道新幹線クイズ100―読んで、乗って、楽しい！　鉄道クイズ研究会著　ウェッジ　2016.9　239p　18cm〈表紙のタイトル：Shinkansen QUIZ 100　文献あり〉　1000円　①978-4-86310-166-1
　内容　1964年のデビューから52周年を迎え、これまでに59億人を運んだ東海道新幹線だけをテーマにしたクイズ本の登場です。東海道新幹線のしくみ、魅力、歴史と未来など、そのすべてがわかるクイズを100問、揃えました。より速く、快適な新幹線の開発に奮闘する研究者や、安全で正確な運行を実現するプロフェッショナル集団、快適な旅のサポートをしてくれる人々など、新幹線にまつわるちょっといい話もたくさん。ドクターイエローや保守用車などかっこいいけどなかなか見られない車両図鑑や、2020

鉄道雑学

年度デビュー予定の新型車両・N700Sの最新情報も充実。読めば乗りたくなる、乗ればわかる、東海道新幹線の旅がもっと楽しくなる！

◇日本全国鉄道クイズ―鉄道で都道府県がわかる！　鉄太郎監修　幻冬舎エデュケーション　2010.6　127p　19cm　(クイズでかんぺき！ 社会科シリーズ 1)〈索引あり　発売：幻冬舎〉　850円　①978-4-344-97735-8

[内容] 写真と地図がまんさいだから、社会科の勉強につながる！ 156問のクイズで、都道府県にどんどんくわしくなる。

◇はじめてのでんしゃクイズ　交通新聞社　2015.9　80p　17×19cm〈文献あり〉　900円　①978-4-330-60115-1

[内容] お子さまが「知ってる！」と言えるような問題を多く取り入れました。躍動感のある、かっこいい電車の写真をたくさん使用しています。クイズにするにはちょっと難しいことをコラムで解説しています。親子でなぞなぞを出し合ったり、新たななぞなぞを考えたりしてみましょう。オススメ4さいから。

◇めざせ！ 鉄王(テツキング)JR特急クイズ　山﨑友也監修　ポプラ社　2017.12　159p　18cm　890円　①978-4-591-15683-4

[内容] JR特急のすべてがわかる!!JR特急のヒミツが全130問。子どもも大人もJR特急クイズに答えて"鉄"分補給!!!

◇めざせ！ 鉄王(テツキング)新幹線クイズ　山﨑友也監修　ポプラ社　2017.12　159p　18cm　890円　①978-4-591-15595-0

[内容] 新幹線のすべてがわかる!!知ってること、知らないこと、新幹線には楽しいがいっぱい！ 新幹線のヒミツが全130問。

◇めざせ！ 鉄王(テツキング)全国私鉄クイズ　山﨑友也監修　ポプラ社　2018.2　159p　18cm　890円　①978-4-591-15703-9

[内容] 全国私鉄のヒミツが全130問。全国の私鉄を制覇して、"鉄王"になろう！

◇列Q―列車と時刻表の旅100問　栗原景著　実業之日本社　2013.5　206p　18cm　(鉄道クイズシリーズ)〈文献あり〉　743円　①978-4-408-10996-1

[内容] 新幹線から通勤電車まで、今すぐ乗って確かめたくなる100問。

113 ヘッドマーク/愛称板

【概　要】ヘッドマークや愛称板は、列車名や愛称を車体前面や側面に掲出するための板状(ホーローなどの金属製)のもの。形状は丸や四角が多い。列車の行き先を側面に掲出するための板状のものは行先板(行先標)やサボと呼ばれる。行先板については、列車ごとに入れ替える必要がある。作業の省力化や効率化のために、近年は、幕(方向幕という)やLEDといった運転台で行き先表示を操作できる方式が主流となっている。ヘッドマークや愛称板についても同様である。

使用されなくなったヘッドマーク、愛称板、行先板は、鉄道会社が開催するイベントなどで有償で頒布(販売)されることがある。鉄道ファン向けの専門店で販売されているものもある。

◇昭和30年代の国鉄列車愛称板　上　佐竹保雄, 佐竹晁著　ネコ・パブリッシング　2003.4　47p　26cm　(RM library 45)　1000円　①4-87366-346-6

[目次] 国鉄列車愛称板の変遷(列車愛称と愛称板の起源, 列車愛称の設定の仕方, 愛称板の制作・取り付けの仕方, 昭和30年代の列車名の特徴, ヘッドマークとテールマーク), 昭和30年代の列車愛称板そのバラエティー(あさぎり/あらお/阿波/アルプス, あさかぜ, 伊豆・いづ/いでゆ/おくいづ, 伊吹/いよ/奥久慈/おくたま, いずも ほか)

◇昭和30年代の国鉄列車愛称板　下　佐竹保雄, 佐竹晁著　ネコ・パブリッシング　2003.5　47p　26cm　(RM library 46)　1000円　①4-87366-348-2

[目次] つばめ, 天竜/東海, ときわ/土佐/十和田/なぎさ/なすの, 南風/日光, のりくら・乗鞍, のとじ/のとつばめ, はくつる, はくと/はつかり, はと, はやぶさ〔ほか〕

◇特急・急行トレインマーク図鑑　鼠入昌史, 松原一己著　双葉社　2015.8　127p　21cm〈文献あり〉　648円　①978-4-575-30931-7

鉄道雑学

記念物（ノベルティ）

【内容】地域風土や特産物を盛り込んだ独特な絵柄と、かわいいロゴ。戦後の国鉄時代に走っていた特急・急行のトレインマークデザインをメインに収録。車両データなどはもちろん、マークの意味合いや、その列車の意義も解説。

◇ヘッドマーク・テールマーク図面集―国鉄ブルートレイン 列車名板・列車名字幕・標記文字 あさかぜ・さくら・はやぶさ・みずほ・富士・瀬戸・出雲・いなば 紀伊・はくつる・ゆうづる・あけぼの・北星・北陸・出羽 あかつき・彗星・明星・安芸・なは・日本海・つるぎ・銀河 イカロス出版 2017.1 98p 29cm （イカロスMOOK）〈jtrain特別編集〉2296円 ①978-4-8022-0281-7

114 記念物（ノベルティ）

【概　要】ノベルティとは、宣材とも呼ばれ、企業が宣伝のために作った粗品のことである。例えば、会社名や会社のキャラクターが入ったボールペン、クリアファイルなど。鉄道会社では、イベントなどを開催した際に参加者にノベルティを頒布することがある。めったに手に入らないノベルティもあり、ネットオークションに出品され、高値で取引されることもある。
　なお、鉄道会社によっては、販売用に鉄道グッズを製造し、駅の売店などで販売するケースもある。

◇鉄道グッズ大図鑑　櫻井寛写真・文　トラベルジャーナル　1999.5　190p　21cm　2500円　①4-89559-459-9

【内容】傑作グッズでめぐる史上初の大コレクション。1,000点以上の鉄道グッズを収録。

115 鉄道模型

【概　要】一定のスケール（縮尺）とゲージ（軌間）で鉄道の路線、駅舎、車両などを再現した模型のことである。模型といっても静態にとどまらず、実際に駆動できるようにしているケースが多い。周辺情景を含めて再現した模型展示を鉄道ジオラマという。
　鉄道ファンのなかには、鉄道模型をメインに愛好する者も多い。鉄道模型の専門メーカー、専門店もある。また、鉄道模型ショウ（日本Nゲージ鉄道模型工業会主催、毎年7月末開催）、日本鉄道模型ショウ（日本鉄道模型協会主催、毎年10月末開催）などのイベントも開催されている。

◇狭軌鉄道―鉄道情景の原点・1/1の模型世界 日本、そして世界。人に身近だった狭軌鉄道を振り返る　1　枻出版社　2002.3　94p　26cm　（エイムック 468―鉄道黄金時代シリーズ no.6）　2800円　①4-87099-598-0

◇鉄道旅とジオラマ・ミニ鉄道―18歳から始まる、大人の鉄道アラカルト　AKIRA TATSUMI著　まむかいブックスギャラリー　2015.9　171p　21cm　〈文献あり〉　1600円　①978-4-904402-04-7

【目次】1章 日本―「精密」「高速」に至った日本の鉄道交通ヒストリー、2章 ドイツ―必要なことをシステム化したドイツの鉄道、3章 スイス―アルプスの山岳地帯で技術力を磨いたスイスの鉄道、4章 イギリス―鉄道発祥の国イギリスに見る鉄道と町の発展、5章 アメリカ―国の発展とともに力をつけたアメリカの鉄道、6章 ジオラマ模型―日本、ドイツ、アメリカのジオラマ・ミニ鉄道

◇日本と世界の鉄道模型カタログ　成美堂出版編　成美堂出版　1994.5　161p　29cm　1800円　①4-415-03690-2

【内容】NゲージからHOゲージ、ライブスチームまで。最新鉄道模型のトレンドを一挙公開。

116 コレクション

【概　要】鉄道関連の収集物品。収集を主な楽しみとする鉄道ファンは「収集鉄」とも呼ばれる。コレクションの対象は切符やスタンプ、廃車部品を中心に、駅弁の包装紙や鉄道会社の公式・記念グッズなど多岐に渡る。切符はイベント等の記念切符や駅名変更の前後のものが対象とされることが多く、廃止路線の記されたものや古い年代のものは稀少価値が高い。駅スタンプには通常のスタンプのほかイベント時の記念スタンプがあり、これらを収集する人は「押し鉄」とも呼ばれる。鉄道会社がファンに放出する廃車部品等の不要物品では、車両製造銘板やナンバープレート、行先表示板、方向幕などの人気が高い。

◇おもしろ鉄道チャレンジ＆コレクション　日本交通公社出版事業局　1993.4　128p　26cm　（るるぶ情報版—全国 2）950円

◇達人に学ぶ鉄道資料整理術　柳澤美樹子著　JTB　2003.2　190p　19cm（マイロネbooks 12）　1000円　①4-533-04599-5
　内容　達人に学ぶ鉄道資料整理術。鉄道趣味を極めた人々のノーハウ大公開。

◇鉄道切符コレクション　澤村光一郎［著］　ミリオン出版　2008.3　127p　21cm〈年表あり　発売：大洋図書〉1600円　①978-4-8130-2067-7
　内容　史上初！ 1300点オールカラー。国鉄、JR、私鉄を問わず明治の創業時から現在までの切符全種を徹底網羅。汽船やバス、地域や時代の特色や制度なども理解できる鉄道ファン必読の一冊。

◇鉄道グッズ大図鑑　櫻井寛写真・文　トラベルジャーナル　1999.5　190p　21cm　2500円　①4-89559-459-9
　内容　傑作グッズでめぐる史上初の大コレクション。1,000点以上の鉄道グッズを収録。

117 鉄道唱歌

【概　要】明治時代の主要路線の駅名と沿線の見どころなどを織り込んだ唱歌のことである。「汽笛一声新橋を はや我汽車は離れたり 愛宕の山に入りのこる 月を旅路の友として」ではじまる第1集東海道篇1番は有名である。1900(明治33)年5月に発表された第1集の作詞は大和田建樹であり、作曲は多梅稚と上眞行の2バージョンがある。

　各集で歌われている主な路線は次の通りである。第1集東海道篇（東海道線）、第2集山陽・九州篇（山陽線、鹿児島線、日豊線、長崎線）、第3集奥州・磐城篇（東北線、常磐線）、第4集北陸篇（信越線、北陸線など）、第5集関西・参宮・南海篇（関西線、紀勢線、参宮線、南海線など）、第6集北海道篇（函館線、室蘭線、夕張線など）。

◇歌で楽しむ鉄道昔と今—ポップス・唱歌100選　松尾定行著　彩流社　2016.9　223p　19cm　2000円　①978-4-7791-2262-0
　内容　鉄道界に、エポックメークの出来事がある。音楽界に歌い継ぎたい「鉄道の歌」がある。名曲の調べにのせて列車・駅・線路・車両を語る「鉄道の本」！ 鉄道と音楽は仲良しだった。口ずさみながら読んでください。

◇各駅停車新・徳島県鉄道唱歌　岡田義生著　徳島　徳島出版　2010.10　96p　26cm　1500円　①978-4-88627-527-1

◇鉄道唱歌と地図でたどるあの駅この街　今尾恵介　朝日新聞出版　2016.7　231p　19cm　1500円　①978-4-02-251394-6
　内容　100年以上前の大ベストセラーが現代に伝える旅情あふれる鉄道史。よみがえる鉄道草創期・明治の車窓風景。

◇鉄道唱歌の旅　大和田建樹作歌, 交通博物館, 交通科学博物館編　第6版　交通文化振興財団　1994.1　223p　18cm〈標題紙のタイトル：鉄道唱歌〉

◇鉄道唱歌の旅　大和田建樹作歌, 交通博物館ほか編　第7版　交通文化振興財団

◇鉄道唱歌の旅東海道線今昔―愛唱歌でたどる東海道本線各駅停車　原口隆行著　JTB　2002.9　176p　21cm　（JTBキャンブックス）　1700円　⓵4-533-04394-1

[目次]　東京駅、有楽町駅、烏森駅（現新橋駅）、浜松町駅、田町駅、品川駅、大井町駅、大森駅、蒲田駅、川崎駅〔ほか〕

◇「鉄道唱歌」の謎―「汽笛一声」に沸いた人々の情熱　中村建治著　交通新聞社　2013.4　252p　18cm　（交通新聞社新書）　800円　⓵978-4-330-36913-6

[内容]　明治33（1900）年の発表以降、1世紀以上にわたって歌い継がれている「鉄道唱歌」。その誕生の裏には"新進気鋭の出版プロデューサー"と"マルチに活躍する売れっ子作詞家"、2つの才能の奇跡的な邂逅と、時代をとらえた"ヒットの仕掛け"があった！ 企画の閃き・立ち上げから、オファー、意見の衝突と苦闘、発売後の販売・宣伝戦略まで、商品をいかに大衆に売るか、そして類似商品の乱発にどう対応していくか…現代にも通ずる明治の人々の奮闘ぶりとヒットの秘密を、当時の大衆歌謡史や世相を紐解きながら検証する。

118 鉄道博物館

【概　要】鉄道を主題として扱う博物館施設のことである。「博物館法」に基づく施設からそうでない施設、大規模な施設から小規模な施設、そして、設置主体も鉄道会社から地方公共団体まで、その実態は多様である。日本で最も古い鉄道博物館は1921（大正10）年10月に設けられた「鉄道博物館」（現在の「鉄道博物館」（さいたま市）の前身）である。

　規模が大きく知名度も高い博物館施設としては、さいたま市の「鉄道博物館」や京都市の「京都鉄道博物館」がある。前者は、前述の「鉄道博物館」（のちの「交通博物館」）の後継施設として2007年10月に開館した。運営は、公益財団法人東日本鉄道文化財団である。東日本では最も規模が大きい。一方、後者は、大阪市にあった「交通科学博物館」（1962年開館）を前身施設として、2016年4月に開館した。運営は、西日本旅客鉄道（JR西日本）と公益財団法人交通文化振興財団である。展示面積や展示車両数では、日本最大規模である。

◇貨物鉄道博物館official guidebook　貨物鉄道博物館事務局編　四日市　貨物鉄道博物館事務局　2013.10　74p　26cm

◇貨物鉄道博物館official guidebook　貨物鉄道博物館事務局編　第2版　四日市　貨物鉄道博物館事務局　2016.11　76p　26cm

◇「郷愁と哀愁」の鉄道博物館　南正時［著］　講談社　2009.2　230p　18cm　（講談社＋α新書 394-3D）　895円　⓵978-4-06-272546-0

[内容]　旧新橋停車場、加悦SL広場、ゆいレール展示館、地下鉄博物館…日本の歴史が見える。SL、ブルトレ、0系新幹線の秘蔵写真満載。

◇国鉄・JR博物館リニア・鉄道館保存車全ガイド　白川淳著　マガジンハウス　2011.3　95p　21cm〈文献あり〉　2000円　⓵978-4-8387-2236-5

[内容]　「リニア・鉄道館」、名古屋に誕生。129km/hのC62から、581km/hのMLX01まで。世界最速をめざした想い出の車両と、未来の高速鉄道への夢が、ここに集結。

◇全国鉄道アミューズメント完全ガイド　講談社編　講談社　2011.6　192p　19×26cm　（ヴィジュアルガイド）　1800円　⓵978-4-06-216833-5

[目次]　巻頭特集 日本3大鉄道模型ジオラマ紹介、北海道・東北エリア、関東エリア、中部・東海・甲信越エリア、関西エリア、中国・四国・九州エリア

◇全国鉄道博物館―鉄道文化の殿堂「鉄道博物館」＆全国の施設セレクト30　白川淳著　JTBパブリッシング　2007.11　173p　21cm　（キャンブックス Can books 鉄道 82）　1900円　⓵978-4-533-06907-9

[目次]　鉄道博物館グラフィティー（鉄道史に輝く名車たち、楽しく経験しながら学ぶ、ドキュメント 名車の殿堂入り）、鉄道博物館のすべて（「鉄道博物館」徹底探見, 鉄道博物館の軌跡, 鉄道博物館保存車両完全紹介）、

全国鉄道博物館セレクト30（小樽市総合博物館，三笠鉄道記念館，札幌市交通資料館，北海道鉄道技術館，石炭の歴史村SL館，青函連絡船記念館摩周丸，青函トンネル記念館，新幹線総合車輌センター，新津鉄道資料館，碓氷峠鉄道文化むら，青梅鉄道公園，旧新橋停車場，地下鉄博物館，東武博物館，電車とバスの博物館，横浜市電保存館（トラムポート），山梨県立リニア見学センター，佐久間レールパーク，博物館明治村，レトロでんしゃ館，貨物鉄道博物館，長浜鉄道スクウェア，加悦SLヒロバ，梅小路蒸気機関車館，交通科学博物館，市電保存館・車両保存館，井笠鉄道記念館，四国鉄道文化館，九州鉄道記念館，ゆいレール展示館）

◇ダーリンハニー吉川の全国縦断鉄博巡り　吉川正洋著　メタモル出版　2009.4　262p　19cm　1800円　①978-4-89595-671-0

内容　お笑い界屈指のテツ，ダーリンハニー吉川が全国80ヵ所以上の鉄道博物館をナビゲート。ありそうでなかった究極の「鉄博」ガイドブック。カシオペア向谷実氏との特別対談を掲載。

◇鉄道博物館読本　洋泉社編集部編　洋泉社　2016.9　174p　21cm　1700円　①978-4-8003-1019-4

内容　撮影ポイント、名車両、ジオラマ、運転シミュレーター、ヘッドマーク…etc.達人だけが知っている隠れた見どころ満載！

◇「ボロ貨車」博物館出発進行！　笹田昌宏著　JTB　2004.7　206p　19cm（マイロネbooks 20）　1000円　①4-533-05487-0

内容　世界初！　貨物鉄道博物館を実現したボランティアたちの奮闘記。

《119 鉄道博物館（埼玉）》

◇Welcome to The Railway Museum［さいたま］　鉄道博物館　2007.10　1冊（ページ付なし）　19×26cm〈本文は日本語　おもに図〉

◇鉄道博物館を楽しむ99の謎　鉄道博物館を楽しむ研究会著　二見書房　2008.10　223p　15cm（二見文庫）　600円　①978-4-576-08150-2

内容　「義経号」は実は「弁慶号」だった。江戸時代の日本製蒸気機関車が現存。

◇鉄道博物館こだわり徹底ガイド—日本における鉄道文化の頂点「鉄道博物館」をすみずみまでご紹介。：まるごと!!"鉄博"　関東鉄路探検隊著　メイツ出版　2011.7　128p　21cm〈索引あり〉1600円　①978-4-7804-1011-2

内容　展示されている全車両の詳細な情報はもちろん，各施設のデータも満載。まるごと，"鉄博"，日本における鉄道文化の頂点をすみずみまで紹介。

◇鉄道博物館　さいたま　鉄道博物館　2007.10　255p　31cm〈他言語標題：The Railway Museum〉　5000円

◇鉄道博物館　改訂［さいたま］　鉄道博物館　2010.4　259p　31cm〈他言語標題：The Railway Museum　共同刊行：東日本鉄道文化財団　年表あり〉5000円

◇てっぱくにいこう！—鉄道博物館完全ガイド　恵知仁著，[宮田道一]［監修］　小学館クリエイティブ　2009.4　111p　26cm〈鉄道博物館の近くで見られる車両図鑑付き！　発売：小学館〉　1333円　①978-4-7780-3705-5

◇てっぱく発鉄道れきし旅物語　鉄道博物館編著　朝日学生新聞社　2014.4　87p　19×26cm　1300円　①978-4-907150-31-0

内容　鉄道の歴史がやさしく学べる。てっぱく所蔵の貴重な写真がいっぱい。鉄道から世の中の移り変わりがみえる。子どもから大人まで楽しく読める。

《120 鉄道博物館（京都）》

◇京都鉄道博物館Walker　KADOKAWA　2016.4　98p　26cm（ウォーカームック No.628）　980円　①978-4-04-895554-6

◇京都鉄道博物館を攻略—展示車両搬入大作戦の記録　鉄道ジャーナル編集部編，レイルマンフォトオフィス写真　鉄道ジャーナル社　2016.5　144p　22cm〈発売：成美堂出版〉　1200円　①978-4-415-32175-2

内容　鉄道ジャーナルが総力を投じて贈る展示車両の陸送・搬入・据え付けの一部始終を追った京都鉄道博物館メイキング写真集！　古典蒸機から500系新幹線まで実車展示53両のプロフィール紹介。

◇京都鉄道博物館ガイド—保存車両が語る日本の鉄道史　付JR・関西の鉄道ミュージアム案内　来住憲司著　大阪

撮影

◇京都鉄道博物館公式ガイドブック　京都　京都鉄道博物館　2016.4　127p　30cm〈他言語標題：Official guide book　年表あり〉

内容 日本最大級の鉄道ミュージアムをまるごと解説。蒸気機関車から新幹線まで、53両の略歴や各種展示の見所・楽しみ方を紹介。博物館見学が10倍面白くなる必携の1冊！

◇京都鉄道博物館のすべて　JTBパブリッシング　2016.5　16, 79p　26cm（JTBのMOOK）　1000円　①978-4-533-11072-6

121 撮影

【概　要】鉄道を主題にした写真の撮影を鉄道撮影といい、対象は列車・車両をはじめ、駅舎や鉄道橋などの構造物から人物まで多岐に渡る。鉄道趣味のジャンルとして古くから存在し、近年では撮影を主とする鉄道ファンを「撮り鉄」と呼ぶこともある。一眼レフカメラによる撮影が中心で、以前はフィルム式であったが、2000年代に入ってからは、デジタル式の普及が進んでいる。

◇大井川鐵道本線撮影ノート　彩風社編集部編　彩風社　2010.1　127p　21cm（PhotoNote Vol.1）　1700円　①978-4-904193-06-8

内容 高低図や白地図を利用して撮影ポイントを確認。その場で撮影状況を記入できる。自宅で詳細な情報を記入したり、プリントを添えるのもOK。

◇大井川鐵道SL撮影ガイド　一城楓汰［著］　彩風社　2008.10　127p　21cm（旅写人 vol.2）　1900円　①978-4-904193-02-0

内容 本書は、レトロな駅舎とともに、大井川沿いを走るSLの雄姿を撮影できるポイントを紹介しています。SLそして沿線風景という被写体を、古き良き時代へタイムスリップして、それぞれの記憶とともに写してみませんか？　あなたを、『旅写人』として、過ぎ去りし日の面影を運ぶ大井川鐵道の世界へ誘います。

◇カメラと機關車　吉川速男著　アテネ書房　1993.2　195p　21cm（復刻鉄道名著集成　星晃、渡辺寿男監修、和久田康雄、加藤新一編）〈原本：玄光社昭和13年刊〉

◇只見線SL撮影ガイド　一城楓汰［著］　彩風社　2009.6　127p　21cm（旅写人）　1900円　①978-4-904193-04-4

内容 本書は、奥会津の大自然のなか、山間に汽笛を響かせて走るSLの雄姿を撮影できるポイントを紹介しています。SLそして沿線風景という被写体を、甲高い汽笛やドラフト音を聞きながら、のんびりと写してみませんか？　あなたを、『旅写人』として、懐かしいSLが走る只見線の世界へ誘います。

◇中国最後のSL撮影ガイド―2005年春いよいよ終煙!!　小竹直人著　枻出版社　2004.8　203p　15cm（［エイ］文庫）　750円　①4-7779-0149-1

内容 早ければあと数ヶ月。中国大陸の各所で活躍してきたSLがオリンピックを前についに終焉の時を迎えることになる。広大な大地をドレインを上げ駆け抜ける最後の勇姿をフイルムに納めることができる時間は、今を僅かにしかない。過去、40回に渡り中国撮影行を果たした著者が、最後の中国SL楽園で撮影するための貴重な情報を綴る。

◇テツは熱いうちに撮れ！―鉄道撮影0泊数日1980年の追蹤　結解学著　交通新聞社　2016.8　159p　21cm（DJ鉄ぶらブックス　線路端のたのしみを誘う本 013）　1500円　①978-4-330-71316-8

目次 東北特急「ひばり」―上野発の特急王者、北海道のキハ82系―北国の女王に拝謁、北海道の"ナナロク"―厳寒の地を走ったED76形、ED75形が牽引した「ゆうづる」―ブルートレインを牽引した"ナナゴ"、東北急行455系―ボックスシートやビュフェを堪能、東北本線のED71形―出会いの機会を失いかけた赤い電機、十和田観光電鉄―ホテルの敷地を通っていたローカル鉄道、磐越西線のED77形―雪景色が似合う赤い電機、赤い電機と2枚窓の電車　栗原電鉄―おとぎ話のような小さな鉄道、常磐線の401・403・415系―トップナンバーを逃した無念〔ほか〕

◇「撮り鉄」入門―中高年・初心者のための撮影術　南正時著　講談社　2010.7

111p　21cm　1300円　⑪978-4-06-216321-7
[内容]撮影歴40年の「ノウハウ」を全公開。この一冊であなたも名カメラマン。

◇北海道鉄道撮影地ガイドbest 60+2—地元鉄道ファンがオススメ撮影ポイントをナビゲート　MGブックス企画・編集　札幌　エムジー・コーポレーション　2006.12　143p　30cm　（MG books）　2200円　⑪4-900253-26-X
[内容]地元鉄道ファンがオススメ撮影ポイントをナビゲート。

◇北海道鉄道撮影地ガイドNAVI‐59—地元ファンが教える魅力の撮影地　札幌　エムジー・コーポレーション　2008.8　159p　30cm　（MG BOOKS）　2400円　⑪978-4-900253-55-1
[内容]迫力のラッセルを狙う。復活蒸気機関車、北の大地に映える雄姿。北海道車両データ、個性的な車両群を全紹介。ファイナルカウントダウンが始まった国鉄色、DD51の活躍も撮り逃すな。注目の貨物列車通過時刻も記載。

◇魅惑の東北ローカル線—乗車＆撮影ガイド　北東北編　仙台　河北新報出版センター　2010.4　146p　26cm　1500円　⑪978-4-87341-242-9
[内容]エリア全18路線を、乗る。撮る。

◇魅惑の東北ローカル線—乗車＆撮影ガイド　南東北編　仙台　河北新報出版センター　2010.4　142p　26cm　1500円　⑪978-4-87341-243-6
[内容]エリア全16路線を、乗る。撮る。

◇よどせんとりてつマップ—鉄道カメラマンドツボさんと行く！　坪内政美監修・取材・撮影　改訂版　［四万十］　高知県予土線利用促進対策協議会　2016.11　81p　18cm

◇SLばんえつ物語撮影ガイド—磐越西線フォト紀行　一城楓汰［著］　彩風社　2008.6　125p　21cm　（旅写人）　1900円　⑪978-4-904193-01-3
[内容]本書は、魅力溢れる磐越西線を疾走するSLの雄姿を撮影できるポイントを紹介しています。SLそして沿線風景という被写体を、"今"という時とともに、それぞれの思いを込めて写してみませんか？あなたを、『旅写人』として、SL C57 180号機が走る磐越西線の世界へ誘います。

◇SLやまぐち撮影ガイド　一城楓汰［著］　彩風社　2009.9　121p　21cm　（旅写人 vol.4）　1900円　⑪978-4-904193-05-1
[内容]本書は、山口県新山口と島根県津和野とを結ぶSLやまぐちの雄姿を撮影できるポイントを紹介しています。SLそして沿線風景という被写体を、重厚な汽笛やドラフト音を聞きながら、のんびりと写してみませんか？あなたを、『旅写人』として、貴婦人C57 1号機が走る山口線の世界へ誘います。

122　フォト/写真

【概　要】走行中の列車全体を撮影したものを構成写真といい、列車写真・編成写真・走行写真とも呼ばれる。駅のホームなどに停車している列車全体もしくは車両1両だけを撮影したものは、形式写真（記録写真）と呼ばれる。比較的撮影が容易で、入門者にも人気がある。鉄道を風景の一部として撮影したものは風景写真という。また、流し撮りで列車のスピード感を演出するなど、様々なテクニックを用いて表現したいイメージに合わせて撮影したものはイメージ写真と呼ばれる。ほか、駅舎写真、遺構写真、車内写真など様々な種類がある。

◇am TOKYO GIRL'S WAY—廣田あいか×東京メトロ コラボフォトブック　ブックリスタ, SDP〔発売〕　2016.7　112p　26cm　2000円　⑪978-4-906953-38-7
[目次]Massage from aiai, Story1 YOTSUYA 緑と青の中の、赤。, aiai×tokyo metro adventure 01 鉄道ファン垂涎の"秘密基地"検車区に潜入, aiai×tokyo metro adventure 02 実は筋金入りの鉄道好き!?女性駅員さんに会いにいこう！, aiai×tokyo metro adventure 03 東京メトロの人気キャラクターとまさかのコラボ!?駅乃みちかさんと『Echika池袋』でデート, aiai×tokyo metro adventure 04 東京メトロのレトロと今を体感しよう！地下鉄博物館, あいあい的東京

フォト/写真

メトロ路線図、Story2 ASAKUSA その先の、光。、撮影を終えて あいあいから、東京メトロさんへ、廣田あいかプロフィール

◇国鉄広報部専属カメラマンの光跡―レンズの奥の国鉄時代　荒川好夫著　交通新聞社　2017.3　143p　21cm　（DJ鉄ぶらブックス　線路端のたのしみを誘う本019）　1500円　①978-4-330-76417-7
[目次]　1969(昭和44)年7月4日 僕は泳ぎたいとカメラは言った？―室蘭本線礼文〜大岸（旧線）、1969(昭和44)年8月15日頃 着替えを入れたバッグに宿代を払う一四国の「阿波おどり」、1970(昭和45)年頃ほか 後楽園球場―東京都文京区、1970(昭和45)年頃ほか 駅長がグリーン車まで出迎えに…〔ほか〕

◇国鉄マンが撮った昭和30年代の国鉄・私鉄カラー鉄道風景―美しいカラー写真でよみがえる半世紀前の鉄道記録　稲葉克彦著、野口昭雄、日比野利朗写真撮影　フォト・パブリッシング　2017.12　128p　26cm〈発売：メディアパル〉　1800円　①978-4-8021-3079-0
[目次]　1 国鉄の記録（「夢の超特急」東海道新幹線、東京駅を出発する準急「日光」、急行型車両153系とキハ28の台頭、特急「はと」「つばめ」、東海道本線の客車列車 ほか）、2 私鉄、路面電車等の記録（西武鉄道池袋線、都営トロリーバスと営地下鉄、東急玉川線と都電、名古屋鉄道の特急、名古屋鉄道瀬戸線、福井鉄道 ほか）

◇古写真で見る明治の鉄道―保存版　原口隆行編著　世界文化社　2001.7　247p　26cm　3800円　①4-418-01218-4
[内容]　明治5年に鉄道が開業してから、2002年には鉄道130周年を迎える。これを記念して各地に秘蔵されている鉄道古写真を、全国的に取材して構成、当時の貴重な写真により黎明期の日本の鉄道の姿を浮き彫りにした初めての書。

◇山陽本線―昭和の思い出アルバム 懐かしい写真でよみがえる昭和の時代の鉄道記録　牧野和人著、荻原二郎、野口昭雄、林嵩、安田就視写真撮影　フォト・パブリッシング　2017.12　128p　26cm〈年譜あり　発売：メディアパル〉　1800円　①978-4-8021-3082-0

◇四季日本の鉄道　佐々倉実写真・文　扶桑社　1997.11　158p　21cm　1333円　①4-594-02374-6

[内容]　美しく移り変わる日本の四季、写真と地図で訪れる、とっておきの場所。春風に舞う花びら・初夏の抜けるような青空。山々を錦に染める紅葉・静かに降り続く雪。その中を華麗に駆け抜ける鉄道車両の数々。

◇写真でつづる懐かしの沼尻軽便鉄道―沿線人々の暮らし・よろこび　『懐かしの沼尻軽便鉄道』編集委員会編　猪苗代町（福島県）　『懐かしの沼尻軽便鉄道』刊行委員会　2000.2　211p　21×27cm〈背のタイトル：懐かしの沼尻軽便鉄道　年表あり　発売：歴史春秋出版（会津若松）〉　1429円　①4-89757-402-1
[目次]　「高原列車はゆく」―懐かしの沼尻鉄道、温泉天国、岩本善吉と中ノ沢こけし、東北最古のスキー場、日本硫黄・沼尻鉱山、開拓地の人々、町中を走ったトロッコ森林軌道、沿線周辺の史跡・名勝、沿線案内、沼尻軽便鉄道と周辺のあゆみ

◇写真でつづる懐かしの沼尻軽便鉄道　続　『懐かしの沼尻軽便鉄道』編集委員会編　猪苗代町（福島県）　『懐かしの沼尻軽便鉄道』刊行委員会　2000.2　226p　21×27cm〈背のタイトル：懐かしの沼尻軽便鉄道　発売：歴史春秋出版（会津若松）〉　1429円　①4-89757-427-7

◇写真で見る北海道の鉄道　上巻　北海道新聞社編、田中和夫監修　札幌　北海道新聞社　2002.7　319p　26cm　2500円　①4-89453-220-4

◇写真で見る北海道の鉄道　下巻　北海道新聞社編、田中和夫監修　札幌　北海道新聞社　2002.12　319p　26cm　2500円　①4-89453-237-9
[内容]　D51、C62、9600、C58の走る勇姿客貨車や地方鉄道・森林鉄道・市電も駅弁売りなど駅の風景満載。

◇ジュラ電からSL終焉まで―鉄道写真　宮澤孝一写真・文　弘済出版社　1998.9　223p　29cm　（トラベルmook）　2667円　①4-330-52398-1

◇ジュラ電からSL終焉まで―鉄道写真　続　宮澤孝一写真・文　弘済出版社　2000.5　207p　29cm　（トラベルmook）　2667円　①4-330-59300-9

◇ジュラ電からSL終焉まで―鉄道写真　続・続　宮澤孝一写真・文　弘済出版社　2001.5　207p　29cm　（トラベルmook）　2667円　①4-330-63501-1

◇ジュラ電からSL終焉まで―鉄道写真完　宮澤孝一写真・文　交通新聞社　2002.1　215p　29cm　（トラベルmook）〈編集：コウサイクリエイツ「続・続」までの出版者：弘済出版社〉　2667円　①4-330-66901-3

◇昭和30年代鉄道原風景―発掘カラー写真　国鉄編　J.Wally Higgins著　JTBパブリッシング　2006.1　159p　31cm〈解説：吉川文夫〉　7000円　①4-533-06177-X

[目次]蒸気機関車，電気機関車，ディーゼル機関車，電車，気動車，貨車，新幹線

◇昭和30年代鉄道原風景―発掘カラー写真　西日本私鉄編　J.Wally Higgins著　JTBパブリッシング　2005.1　159p　31cm　7000円　①4-533-05643-1

[目次]富山地方鉄道，北陸鉄道浅野川線，北陸鉄道金石線，北陸鉄道石川総線，北陸鉄道小松線，北陸鉄道加南線，尾小屋鉄道，京福電気鉄道（福井支社），福井鉄道鯖浦線，福井鉄道福武線〔ほか〕

◇昭和30年代鉄道原風景―発掘カラー写真　東日本私鉄編　J.Wally Higgins著　JTBパブリッシング　2005.1　159p　31cm　7000円　①4-533-05642-3

[目次]鶴居村営軌道，十勝鉄道，三菱美唄鉄道，定山渓鉄道，十和田観光鉄道，南部鉄道，松尾鉱業鉄道線，同和鉱業小坂鉄道線，秋田中央交通，羽後交通雄勝線〔ほか〕

◇昭和30年代鉄道原風景―発掘カラー写真　路面電車編　J.Wally Higgins著　JTBパブリッシング　2005.1　159p　31cm　7000円　①4-533-05644-X

[目次]旭川電気軌道，札幌市交通局，函館市交通局，秋田市交通局，花巻電気鉄道軌道線，仙台市交通局，福島電気鉄道軌道線，茨城交通水浜線，東京都交通局，東京急行電鉄玉川線〔ほか〕

◇昭和30年代乗物のある風景―発掘カラー写真　西日本編　J.Wally Higgins著　JTBパブリッシング　2007.4　159p　31cm〈他言語標題：Showa 30's historic vehicle scenes〉　7000円　①978-4-533-06695-5

[目次]陽が沈むと活気づく大阪の街，明治を伝える京都市電10号系統"N電"，和歌山の帰りに出会った爽やかな仲間達，古い友人だった奈良ドリームランド，観光地はなくても市電が魅力の名古屋，近代と現代が入り混じった東海地方，初の遠出は信州4日間の旅，松本で初めて泊まった日本旅館，古い車両が多かった北陸の鉄道，山陰は雨，山陽は晴れ〔ほか〕

◇昭和30年代乗物のある風景―発掘カラー写真　東日本編　J.Wally Higgins著　JTBパブリッシング　2007.4　159p　31cm〈他言語標題：Showa 30's historic vehicle scenes〉　7000円　①978-4-533-06694-8

[目次]初めての日本，東京は丸の内から始まった，活気あふれる，魅力ある東京都心部，東京タワーから見下ろす新しい東京の眺め，朝は静かで，夜に活気づく新宿，鉄道模型や本を求めに行った神田，上野で見られた蒸機列車，トロリーバスも走っていた池袋，買い物，食事にもってこいの渋谷，道路上を行く玉電の魅力，横浜市電ではまだ2軸の単車が走っていた〔ほか〕

◇昭和40年代鉄道風景―発掘カラー写真　西日本編　J.Wally Higgins著　JTBパブリッシング　2008.10　159p　31cm　7000円　①978-4-533-07275-8

[目次]関西（京都市電―自動車に巻き込まれて走るワンマンカー，京福電鉄（叡電）―ロリーポールに心がなごむ　ほか），日本万国博覧会（EXPO'70―新時代の鉄道も勢ぞろい），東海（飯田線―名鉄と並行するお気に入りの場所，豊橋鉄道―廃止直前の田口線に乗る　ほか），中国・四国（宇部線―窓の開くチョコレート色の電車，岡山電気軌道―各地の路面電車と再会　ほか），九州（筑豊本線―新線が開通してもすぐに廃止，西鉄北九州市内線―独特のスタイルの連接車　ほか）

◇昭和40年代鉄道風景―発掘カラー写真　東日本編　J.Wally Higgins著　JTBパブリッシング　2008.10　159p　31cm　7000円　①978-4-533-07274-1

[目次]関東（東京の国電―大きく変容する前の基盤づくりの時代，鶴見線―たった1両だけの電車　ほか），北海道（宗谷本線―10年前と変わらない光景，幌延町営鉄道―ミルク缶を運ぶ小さな列車　ほか），東北（みちのくを巡る―大きく変わった東北の国鉄・私鉄，五能線―時間をかけて混合列車が行く　ほか），信越・北陸（羽越本線―蒸機の牽く列車の旅，上田交通―社名は変わっても電車は変わらず　ほか），静岡（静岡付近の国鉄―夜に東海道本線を走るブルトレ・急行，

鉄道雑学

フォト/写真

東海道新幹線―当たり前の移動手段に ほか）

◇新聞社が見た鉄道―朝日新聞フォトアーカイブ Vol.001 昭和30年代、関東の鉄道 1 前里孝監修 イカロス出版 2017.6 48p 29cm （イカロスMOOK） 1111円 ⓘ978-4-8022-0343-2

◇新聞社が見た鉄道―朝日新聞フォトアーカイブ Vol.002 昭和30年代、関東の鉄道 2 前里孝監修 イカロス出版 2017.8 48p 29cm （イカロスMOOK） 1111円 ⓘ978-4-8022-0380-7

◇新聞社が見た鉄道―朝日新聞フォトアーカイブ Vol.003 流線形の時代 前里孝監修 イカロス出版 2017.10 48p 29cm （イカロスMOOK） 1111円 ⓘ978-4-8022-0405-7

◇新聞社が見た鉄道―朝日新聞フォトアーカイブ Vol.004 昭和30年代、関西の鉄道 前里孝監修 イカロス出版 2017.12 48p 29cm （イカロスMOOK） 1111円 ⓘ978-4-8022-0438-5

◇空鉄今昔―昭和から平成へ空から見る鉄道変遷 吉永陽一, 花井健朗撮影・文 講談社 2016.1 127p 26cm 2000円 ⓘ978-4-06-219904-9

目次 新旧対比！空撮で迫る鉄道絶景 空鉄今昔（田町、札幌 ほか）, 01 線形の微妙な移ろいを楽しむ 車両基地いまむかし（JR東日本東京総合車両センター田町センター（東京都）, JR東日本東京総合車両センター（東京都） ほか）, 02 駅も街も、時代とともに変化する ステーションいまむかし（JR東日本新宿駅（東京都）, JR東日本渋谷駅（東京都） ほか）, 03 ふたりが捉えた空からの勇姿 走行シーンいまむかし（箱根登山鉄道の峠道（神奈川県）, JR東日本篠ノ井線桑ノ原信号場（長野県） ほか）, 04 今となっては二度と見られない名列車 懐かしの車両いまむかし（旧・南部縦貫鉄道（青森県）, 旧・信越本線横川～軽井沢間碓氷峠（群馬県・長野県） ほか）

◇鉄道アルバム北海道の列車 朝倉政雄著 札幌 北海道新聞社 2010.10 399p 21cm 2200円 ⓘ978-4-89453-565-7

内容 現役列車から廃止列車まで北海道の列車を形式ごとに紹介。著者が30年以上の歳月をかけて撮りつづけた膨大な数の写真の中から、1300点あまりを選び出し、北の大地の鉄道風景を生き生きと描き出した。

◇鉄道古写真帖 三宅俊彦著 新人物往来社 2003.6 177p 26cm （別冊歴史読本 48―鉄道シリーズ 第18弾） 2200円 ⓘ4-404-03048-7

◇鉄道写真が語る昭和 「旅と鉄道」編集部編 天夢人 2018.3 175p 21cm （旅鉄BOOKS 005）〈年表あり 発売：山と溪谷社〉 1500円 ⓘ978-4-635-82035-6

内容 膨大なアーカイブから厳選した懐かしい「昭和の鉄道風景」を多彩なエピソードとともに紹介。

◇鉄道写真が語る昭和 2 「旅と鉄道」編集部編 天夢人, 山と溪谷社〔発売〕 2018.4 175p 21cm （旅鉄BOOKS 009） 1500円 ⓘ978-4-635-82047-9

内容 膨大なアーカイブから厳選した懐かしい「昭和の鉄道風景」を、多彩なエピソードでつづる第2弾。

◇鉄道写真の魅力―ブルートレインの思い出 吉田明宣著 誠文堂新光社 2015.9 95p 20cm 1400円 ⓘ978-4-416-91571-4

目次 ブルートレインの思い出, 鉄道写真の魅力, 鉄道車両の魅力, 重連の魅力

◇鉄道青春時代―国電：鉄道写真記録集 3 私鉄で活躍した国電 久保敏, 小山政明編 電気車研究会鉄道図書刊行会 2012.8 137p 26cm （鉄道ピクトリアル別冊） 2190円

◇鉄道青春時代―国電 鉄道写真記録集 1 久保敏, 小山政明編 電気車研究会・鉄道図書刊行会 2011.2 123p 26cm （鉄道ピクトリアル別冊） 2190円

◇鉄道青春時代―国電 鉄道写真記録集 2 久保敏, 小山政明編 電気車研究会鉄道図書刊行会 2011.6 130p 26cm （鉄道ピクトリアル別冊） 2190円

◇鉄道青春時代―上信越線 鉄道写真記録集 久保敏, 小山政明編 電気車研究会 2003.12 125p 26cm〈年表あり〉 2143円 ⓘ4-88548-104-X

◇鉄道青春時代―東海道線 鉄道写真記録集 久保敏, 小山政明編 電気車研究会 2007.6 137p 26cm〈年表あり〉 2381円 ⓘ978-4-88548-109-3

◇鉄道青春時代―東北・常磐線 鉄道写真記録集 久保敏, 小山政明編 電気車研究会 2005.10 133p 26cm〈年表あり〉 2190円 ①4-88548-107-4

◇東京でぃ～ぷ鉄道写真散歩―歩いて見つけた都会の線路 山口雅人著 交通新聞社 2016.2 127p 21cm (DJ鉄ぶらブックス 線路端のたのしみを誘う本 009) 1400円 ①978-4-330-65916-9 目次 山手線とその内側の駅(JR御茶ノ水駅界隈, JR水道橋駅界隈, JR千駄ケ谷駅界隈 ほか), 山手線の外側の駅(JR錦糸町駅界隈, JR上中里駅界隈, 東武鉄道浅草駅界隈 ほか), ウォーターフロント(JR越中島貨物駅界隈, 東京メトロ深川車両基地界隈, 東京メトロ新木場車両基地界隈 ほか)

◇都電が走った1940年代～60年代の東京街角風景―貴重な発掘写真でよみがえる, 懐旧の東京アルバム！ 稲葉克彦著 フォト・パブリッシング 2018.1 128p 26cm〈写真：江本廣一ほか 発売：メディアパル〉 1800円 ①978-4-8021-3084-4

◇撮らずにはいられない鉄道写真 中井精也著 学研パブリッシング 2010.6 159p 18cm (学研ビジュアル新書 V.002)〈発売：学研マーケティング〉 933円 ①978-4-05-404573-6 内容 いつもの風景写真に「鉄道」というアイテムを写しこむことによって生まれる「ちょっといい写真」の魅力を, とっておきの写真とエッセイで綴る。バリ鉄さんはもちろん, 旅と写真が好きな人たちも, カバンにカメラを忍ばせたくなること間違いなし。

◇ドローン空撮鉄道―史上初！ 見たことがないアングルの駅や列車の写真・動画集 西本裕隆編著, 森本一範, 森本幸広撮影 廣済堂出版 2018.3 120p 26cm 2200円 ①978-4-331-52140-3 内容 低空「鳥目線」の迫力ビジュアルで, 新幹線・秘境駅・車両基地などに迫る!!駅・列車・スイッチバック・橋ほかの詳細解説, レアデータ, 写真の見どころ・秘話, 撮影入門!!

◇日本鉄道切手夢紀行 櫻井寛写真・文 日本郵趣出版 2015.10 125p 21cm (切手ビジュアルトラベル・シリーズ)〈文献あり 索引あり 発売：郵趣サービス社〉 1400円 ①978-4-88963-787-8 内容 「かがやき」登場に沸く新幹線。「ななつ星」が話題の寝台列車からご当地色満載のローカル線まで。当代随一の鉄道写真家が, 日本の鉄道切手に描かれた列車の魅力と楽しみを熱く語ってくれます。

◇走れ, さんてつ！―三陸鉄道のある風景よ, もう一度！！ 中井精也インタビュー・写真 徳間書店 2012.2 113p 30cm〈特別編集『GoodsPress』〉 2000円 ①978-4-19-863351-6 内容 東日本大震災で甚大な被害を受けた「三陸鉄道」。地元の人々から"さんてつ"の愛称で親しまれる同路線は三陸の"あの頃の景色"になくてはならない, 地元の誇り。震災の翌週には運転を開始するなど復興のシンボルとして走り出した"さんてつ"のこの1年を鉄道写真の第一人者, 中井精也さんの心温まる作品とエッセイで綴る。

◇秘蔵鉄道写真に見る戦後史 上 昭和20年代 須田寛監修, 原口隆行解説 JTBパブリッシング 2012.10 159p 30cm〈文献あり 年表あり〉 2500円 ①978-4-533-08738-7 内容 終戦直後の苦難の時代を闘った鉄道10年の記録。

◇秘蔵鉄道写真に見る戦後史 下 昭和30年代 須田寛監修, 原口隆行解説 JTBパブリッシング 2012.10 159p 30cm〈文献あり 年表あり〉 2500円 ①978-4-533-08739-4 内容 戦後経済成長の礎を築いた鉄道10年の記録。

◇未公開鉄道古写真―各地の消えた鉄道が現代に甦る 三宅俊彦[著] 新人物往来社 2007.2 173p 26cm (別冊歴史読本 57) 1800円 ①978-4-404-03357-4

◇21世紀に残したい鉄道風景 川井聡編著・写真 成美堂出版 2000.7 141p 26cm 1400円 ①4-415-01086-5 目次 カラーグラフ 鉄路が紡ぐ物語, 旅路を彩る鉄道風景, "ぽっぽや"のいる終着駅―津軽線, 現役に乗る―キハ58・クモハ42, 現役の美景を撮る, 無人駅のぬくもり―留萌本線, 厳寒地に生き延びた鉄路―北海道ちほく高原鉄道, 長く遙かな盲腸線―札沼線, ワイルドに風を切る―旧美幸線, 日本海質実剛健列車―五能線〔ほか〕

123 写真集

【概　要】鉄道写真を集め、1冊の本にしたもの。プロの鉄道写真家による市販の写真集のほか、近年ではアマチュア写真家が自分の撮影した鉄道写真を集め、ホームページ等で鉄道写真集と称して公開することも多い。

◇あそboyがくるよ—みどりの国、熊本のロマンを走る　中野弘視写真集　中野弘視著　光村印刷　1996.12　47p　17×19cm　（Bee books）　971円　①4-89615-237-9

◇雨の奥中山—臼井茂信作品集　東北北部編　重連の領域　臼井茂信撮影, 本島三良撮影　エリエイプレス・アイゼンバーン　2013.11　184p　29×37cm〈年譜あり〉　17000円　①978-4-87112-334-1

◇営団地下鉄車両写真集—4Sを支えてきた車両たち　金子元昭著　交通新聞社　1999.6　289p　26cm　2500円　①4-87513-082-1
[内容] この写真集では著者の学生時代にさかのぼり、1954（昭和29）年に撮影したものの数枚と、退職後ファンとして撮影したものを加えて40年あまりにわたる営団を走った車両変遷の一端を表している。その中には日本の地下鉄車両の原点である銀座線1000形から1997（平成9）年に登場した南北線9000系3次車まで、相互直通運転を行っている各社の乗り入れ用車両も含めて記載した。

◇営団地下鉄車両写真集—4Sを支えてきた車両たち　金子元昭著　保存版　交通新聞社　2004.5　337p　26cm　2476円　①4-330-79704-6
[内容] 営団発足から63年の思い出を呼び起こす貴重な車両記録集。昭和2年製造の銀座線の1000形から平成15年全通の半蔵門線08系まで歴代車両を完全網羅。

◇江ノ電写真集—湘南の風吹く街を走り抜けた車輌たち　吉川文夫編　生活情報センター　2006.10　158p　31×24cm　3800円　①4-86126-306-9
[目次] 各駅停車で綴る江ノ電の記憶（藤沢、石上 ほか）、沿線の彩り・湘南の華—広告電車（広告電車のはじまり、昭和時代の広告電車 ほか）、暮らしの中の江ノ電—今を走り愛され続ける容姿と風貌（交換駅の表情、正当な面構え—300形 ほか）、車種の変遷・営業・運行—鉄道・江ノ電の軌跡（四輪単車、100形、初代200形 ほか）

◇近江鉄道・写真集　安藤紳次撮影　[出版地不明]　[安藤紳次]　[2007]　1冊（ページ付なし）　22×22cm

◇おもいでのSL　西日本　安田就視写真, 原田勝正, 種村直樹文　毎日新聞社　1992.12　135p　31cm　（鉄道開通120年記念 2）　4500円　①4-620-60289-2
[内容] 蒸気の脈動的な響き、頑強な体躯から沸き上がる煙。いつも魂を共鳴させながら、その雄姿に接していたSL。カメラが鮮やかにとらえた言葉では伝えきれない魅力。時を超えて新たなロマンを呼び起こす鉄道風景写真集。

◇おもいでのSL　東日本　安田就視写真, 宮脇俊三［ほか］文　毎日新聞社　1992.10　135p　31cm　（鉄道開通120年記念 1）　4500円　①4-620-60288-4
[内容] 季節ごとに表情を変える美しい風土。故郷の山河を、大地を、力強く疾走するSL。心の奥深くに刻まれたあの場所、あの時の"想い"がよみがえる写真集。

◇思い出の蒸気機関車写真集—呉線・東北本線と北海道　南部忠恭［著］　タクト・ワン　2005.1　112p　19×26cm〈奥付のタイトル：「思い出の蒸気機関車」〉　2381円　①4-902128-11-X

◇風のレールウェイ—下津井電鉄創立100周年記念写真集　秋山雅紀著　岡山　吉備人出版　2011.9　127p　26cm　2400円　①978-4-86069-298-8

◇神奈川鉄道写真集—懐かしのアルバム　岩田武編著　静岡　郷土出版社　1993.3　166p　26×26cm〈監修：原田勝正〉　4800円　①4-87665-041-1
[内容] 文明開化の夢をのせた陸蒸気、その120年のドラマを写真で再現。いまよみがえるあの駅、あの街並み。

◇関西の電車僕らの青春　国鉄編　奥田英夫, 正垣修写真・文　神戸　神戸新聞総合出版センター　2014.9　223p　26cm　2500円　①978-4-343-00810-7

◇関西の電車僕らの青春　私鉄編　奥田英夫,正垣修写真・文　神戸　神戸新聞総合出版センター　2014.5　303p　26cm　2700円　①978-4-343-00781-0

内容 関西を駆け巡った国鉄の電車を中心に、懐かしい鉄道写真350点を収めました。同時代に活躍した気動車、客車も登場します。

内容 550枚の写真で、私鉄王国・関西を走り続けた車輛の数々と駅や沿線の風景が甦る！

◇汽車煙景　戸田吉紀,戸田崇雄写真　名古屋　風媒社　1996.4　70p　19×19cm　1550円　①4-8331-5081-6

内容 風景とともにSLをとらえた、清冽で躍動感あふれる写真集。

◇汽車景色　川根路・春夏秋冬―松浦貞夫写真集　松浦貞夫写真　袋井　松浦貞夫,静岡新聞社〔発売〕　1991.7　96p　26cm　2500円　①4-7838-9034-X

内容 静岡県の中部、金谷町、川根町、中川根町、本川根町の四町を、大井川に沿って走る大井川鉄道、ここに昭和五十一年七月に復活したSLを追い始めてから、早いもので十五年の歳月が流れ去ろうとしている。嵐の中、灼熱の太陽の下、杉花粉の飛び散る中…風邪にも負けず、二日酔いにも負けず、ただひたすらに撮り続けた。

◇北国の汽笛―星良助写真集　1　星良助著　西宮　ないねん出版　2000.11　208p　26cm　4600円　①4-931374-26-3

◇北国の汽笛―星良助写真集　2　星良助著　西宮　ないねん出版　2001.7　208p　26cm〈著作目録あり〉　4600円　①4-931374-30-1

目次 国鉄（国鉄の話題,小樽の鉄道,札幌 ほか）,私鉄（札幌市交通局,定山渓鉄道,夕張鉄道 ほか）,その他（三菱鉱業芦別専用鉄道,油谷鉱業所専用線,日曹炭礦天塩礦業所専用鉄道 ほか）

◇北国の汽笛―星良助写真集　3　星良助著　西宮　ないねん出版　2002.11　202p　26cm　4600円　①4-931374-35-2

◇北国の汽笛―星良助写真集　4　星良助著　西宮　ないねん出版　2003.12　202p　26cm　4600円　①4-931374-42-5

◇汽笛とけむり―写真集　昭和40年代、全国を走る蒸気機関車　永From勝著　里文出版　2002.7　162p　19×26cm〈付属資料：CD1枚（12cm）〉　3400円　①4-89806-173-7

目次 写真集　汽笛とけむり（北海道地方,東北地方,関東・中部地方,近畿,中国地方,九州地方）,本文（日本の蒸気機関車全形式図,鉄道年表,思い出の蒸気機関車）

◇急行「ていね」―写真詩集　末吉哲撮影構成編集　所沢　末吉哲　1994.11　102p　19×26cm〈解説：小川英男ほか〉　2200円

◇九州鉄道の記憶―名列車・名場面・廃止線：永久保存版　宇都宮照信編　福岡　西日本新聞社　2002.10　282p　26cm　3500円　①4-8167-0559-7

内容 まず、昭和40年代から平成元年にかけて廃止されたローカル線、それに近年、1駅間を残して廃止された博多臨港線の生い立ちと最後などを紹介。次いで、昭和36年の北九州電化から50年の新幹線開業まで、九州で活躍した名列車や新幹線登場で消えていった在来線の列車、蒸気機関車、電気機関車、ディーゼル機関車、それらの列車が通った景勝地、名場面を紹介。最後に、日本最後となった国鉄色普通客車列車の筑豊本線と久大本線を紹介する。

◇九州鉄道の記憶―名列車・名場面・廃止線：永久保存版　2　宇都宮照信編　福岡　西日本新聞社　2004.2　287p　26cm　3500円　①4-8167-0589-9

目次 四季を行く列車たち,消えた名列車（昭和50年～平成15年）,九州で活躍したジョイフルトレインとオリエント急行,復活SLあそBOY,関門トンネルを通った列車,九州私鉄列車,九州私鉄廃止線,消えた炭鉱の機関車たち,廃止線の歴史

◇九州鉄道の記憶―永久保存版　3　宇都宮照信編　福岡　西日本新聞社　2004.10　239p　26cm〈「3」のサブタイトル：心に残る駅の風景〉　3500円　①4-8167-0612-7

目次 九州新幹線、鹿児島本線、支線、日豊本線と、その支線、九州を横断する2線、長崎本線と、佐賀・長崎県下各線、福岡県下の支線と山陽本線、第三セクター

◇九州鉄道の記憶―永久保存版　4　加地一雄編　福岡　西日本新聞社　2005.7　306p　26cm〈「4」のサブタイトル：蒸気機関車の雄姿〉　3500円　①4-8167-0646-1

|目次| 第1章 SL特急（さくら・はやぶさ・みずほ・あさかぜ・かもめ）、第2章 峠道（立石峠・冷水峠・金辺峠・西谷峠・笹原峠・油須原越え・釈迦岳越え・矢岳越え・立野越え）、第3章 蒸気機関車の時代、第4章 華麗なるサイドビュー、第5章 オールドファンの写真（奈良崎博保、小沢利満、福井弘、中村弘之、井村勉、宇都宮照信）

◇九州鉄道の記憶―永久保存版　5　宇都宮照信編　福岡　西日本新聞社　2007.3　299p　26cm〈「5」のサブタイトル：蒸気から近代化へ〉　3500円　ⓘ978-4-8167-0716-2

|目次| 特集 ブルートレインのある風景、第1章 客車急行時代、特集 関門トンネル開通の記録、第2章 気動車列車誕生、特集 昭和38年12月1日新博多駅開業、第3章 特急、急行電車、特集 九州、電化の歩み

◇九州の鉄道1963–2000―写真集　宇都宮照信著　福岡　葦書房　2000.6　327p　22cm　3000円　ⓘ4-7512-0772-5

◇九州SL紀行―栗原隆司写真集　栗原隆司著、岩堀春夫編　西宮　ないねん出版　2000.1　208p　26cm　4600円　ⓘ4-931374-23-9

◇記録写真C62　タクト・ワン　2004.3　128p　19×26cm　2857円　ⓘ4-902128-39-X

|内容| C62は、戦後生まれの旅客用蒸気機関車で主要幹線での使用を目的として製造されたものです。「特急」が真の特別急行列車として運転されていた時代に、その牽引の大役を担ったこの機関車の人気は常に高く、今も注目する多くの鉄道ファンがいます。活躍の様子を記録した写真集も過去にいろいろと出版されていますが、これまで未発表の写真をもって、ここに新たな写真集を出版することとしました。

◇草軽電鉄の詩―写真集　思い出のアルバム草軽電鉄刊行会編　松本　郷土出版社　1995.9　183p　22cm〈『思い出のアルバム草軽電鉄』（1987年刊）の改題普及版〉　1800円　ⓘ4-87663-296-0

◇草軽電鉄の詩―写真集　思い出のアルバム草軽電鉄刊行会編　新装　松本　郷土出版社　2008.6　183p　22cm〈年表あり〉　1600円　ⓘ978-4-87663-957-1

◇形式写真集　蒸機1　豊中　レイルロード　1993.10　48p　21×30cm〈発売：文苑堂東京店　おもに図〉　2500円　ⓘ4-938343-83-5

◇形式写真集　蒸気2　豊中　レイルロード　1997.9　47p　21×30cm〈東京 文苑堂東京店（発売）〉　2400円　ⓘ4-947714-02-6

◇景私記―札幌発since 1965 鉄道モノクロ写真集　真船直樹著　笠倉出版社　1997.12　127p　19×26cm　3143円　ⓘ4-7730-0230-1

|目次| 第1章 景私記、第2章 汽車の風景、第3章 汽車の残像（仙台のハドソン三特急、ベーリング鉄道最終列車、2003年2月20日 C623）

◇玄冬の車止メ―松本謙一遺言写真集　松本謙一撮影・編集・解説　エリエイプレス・アイゼンバーン（発売）　2015.9　200p　29×37cm　〈汽車はこう写す How have I been taking the railway pictures？　1/3？〉〈他言語標題：At the end of a frozen track〉　22000円　ⓘ978-4-87112-335-8

◇高原のポニー「C56」―塚本和也写真集　塚本和也著　グラフィック社　1998.2　199p　27×22cm　3800円　ⓘ4-7661-1022-6

|目次| 第1部 高原のポニー、第2部 C56のローカル線、第3部 それからのポニー、機関車C56の記録、形式C56全165輌の履歴簿、C56の資料及びイラストコレクション、C56物語

◇鋼鐵の走者・昭和40年代モノクロームの残影　田邊厚夫著　交通新聞社　2004.6　151p　16×20cm

◇神戸市営地下鉄写真集―山と海の街を走る電車　奥田英夫著　神戸　神戸新聞総合出版センター　2012.1　179p　21cm〈年表あり〉　1800円　ⓘ978-4-343-00641-7

◇国鉄色を撮る！　古川克也著　福岡　弦書房　2005.8　71p　21×23cm〈おもに図〉　2000円　ⓘ4-902116-39-1

◇ここから始まる。　広田泉著　[出版地不明]　ホームキュービック　2011.6　1冊（ページ付なし）　21×27cm　2300円　ⓘ978-4-905406-00-6

◇湖北旅情―四季の鉄道写真集　石角強著　名古屋　ブイツーソリューション　2017.7　36p　30cm　1000円　ⓘ978-4-86476-507-7

◇サイドビュー国鉄（JR）飯田線電車―白井良和写真集　白井良和撮影　豊中　レイルロード　1999.8　120p　30cm〈他言語標題：Side-view JNR-EC.2 東京 文苑堂書店（発売）〉　4300円　①4-947714-13-1

◇さようなら、僕の愛した列車たち　神野誠一著, 神野裕子編　文芸社　2010.3　55p　16×22cm　1800円　①978-4-286-08444-2

◇さらば日本国有鉄道―今よみがえる懐かしの名車の勇姿　復刻版　世界文化社　2006.8　286p　30cm〈年表あり〉　2800円　①4-418-06237-8
内容　わが国の社会、経済、文化の近代化に、偉大なる役割を果たした"国鉄"。開業した明治五年から、民営化した昭和六十二年までの百十五年間、何百万人もの人が事業に携わり、国民の大半が国鉄を利用してきた。本書は、そんな国鉄が歩み続けてきた「栄光の記録」である。

◇三江線写真集　米子　今井印刷　2016.7　107p　24×26cm〈他言語標題：SANKO LINE PHOTOBOOK　発売：今井出版（米子）〉　2000円　①978-4-86611-030-1
内容　三江線の日常が見えてくる。MAP付。

◇静岡県鉄道写真集―懐かしのアルバム　静岡　郷土出版社　1993.7　167p　26×26cm〈監修：山本義彦〉　4800円　①4-87665-047-0
内容　文明開化の夢をのせた陸蒸気、その100年のドラマを写真で再現。いまよみがえるあの駅、あの街並み。400枚の写真でつづる静岡の鉄道100年史。

◇私鉄の風景　竹中泰彦著　モデルスイモン（発売）　2008.8　144p　30cm　2838円

◇写真集・小海線をゆく―日本一の高原鉄道の80年　『写真集小海線をゆく』刊行会編　松本　郷土出版社　1995.11　155p　26×26cm　（信州のローカル線シリーズ 1）　4500円　①4-87663-305-3

◇写真集前橋駅―思い出の駅舎と沿線風景　阿部勇一著　［出版地不明］　［阿部勇一］　2015.12　80p　19×26cm

◇終戦直後の蒸気機関車―昭和20年代の鉄道風景 浦原利穂写真集　浦原利穂著, 岩堀春夫編　西宮　ないねん出版　2004.12　136p　26cm　2600円　①4-931374-47-6

◇終着駅―蒲原鉄道電車線の77年 写真集　蒲原鉄道株式会社監修　新潟　新潟日報事業社　1999.9　130p　20×21cm　1500円　①4-88862-779-7
内容　思い出運んで77年。さようなら、そしてありがとう。写真で綴る「かんてつ」電車線の軌跡。

◇趣味の鉄道写真鉄日和撮影日記―四季の日本を追って　山井美希著　鉄道ジャーナル　2017.9　143p　22cm〈発売：成美堂出版〉　1200円　①978-4-415-32325-1
内容　鉄道写真撮影にかける意欲と情熱。四季折々の風景のなか、列車が走る迫力と詩情に魅せられての撮影行の成果。

◇上越線国境―鉄道写真集　安井寛著　イカロス出版　2017.3　81p　26cm　1204円　①978-4-8022-0335-7
内容　あれから30年。国境の峠越えに挑む国鉄時代のEF64 1000。重連、雪の行路…「山男」の勇姿が今、甦る。

◇蒸気機関車―昭和40年代　木村昭彦編〔名古屋〕　木村昭彦　2000.10　171p　26×36cm〈おもに図〉

◇蒸気機関車　三重県編　小菅一己著　城陽　小菅一己　［2005］　42p　25×26cm　（小菅一己小写真集 第5集 小菅一己著）　500円

◇蒸気機関車　京都府南部編　小菅一己著　城陽　小菅一己　［2002］　39p　25×26cm　（小菅一己小写真集 第2集 小菅一己著）　500円

◇蒸気機関車　京都府北部編　小菅一己著　城陽　小菅一己　［2003］　38p　25×26cm　（小菅一己小写真集 第3集 小菅一己著）　500円

◇蒸気機関車　滋賀県編　小菅一己著　城陽　小菅一己　［2005］　38p　25×26cm　（小菅一己小写真集 第4集 小菅一己著）　500円

◇蒸気機関車　大阪府・兵庫県編　小菅一己著　城陽　小菅一己　［2007］　38p　25×26cm　（小菅一己小写真集 第7集 小菅一己著）　500円

写真集

◇蒸気機関車　和歌山線編　小菅一己著　城陽　小菅一己　[2006]　38p　25×26cm　(小菅一己小写真集　第6集　小菅一己著)　500円

◇蒸気機関車形式写真集　1　小野治男著　タクト・ワン　2002.1　96p　19×26cm　2190円　ⓘ4-925188-15-1

◇蒸気機関車形式写真集　2　小野治男著　タクト・ワン　2002.2　136p　21×30cm　2952円　ⓘ4-925188-16-X

◇蒸気機関車形式写真集　3　小野治男著　タクト・ワン　2002.3　160p　21×30cm　3429円　ⓘ4-925188-17-8
|目次| 9600形式, D50形式, D51形式, D52形式, D60形式, D61形式, D62形式

◇蒸気機関車形式写真集　西日本編　西村慶明[撮影]　タクト・ワン　2003.11　127p　19×26cm　2667円　ⓘ4-902128-36-5

◇蒸気機関車形式写真集　東日本編　西村慶明[撮影]　タクト・ワン　2003.12　127p　19×26cm　2667円　ⓘ4-902128-37-3

◇蒸気機関車写真集—昭和26年～36年の記録　山下節夫[撮影]　タクト・ワン　2003.10　128p　19×26cm　2857円　ⓘ4-902128-35-7

◇蒸気機関車写真集　1　鈴木武夫[撮影], 月刊「Helicopter Japan」編集部編　タクト・ワン　2001.9　175p　18×26cm　3714円　ⓘ4-925188-26-7

◇蒸気機関車写真集　2　鈴木武夫[撮影], 月刊「Helicopter Japan」編集部編　タクト・ワン　2002.7　175p　19×26cm　2857円　ⓘ4-925188-27-5
|内容| 本書は、関東1都6県を対象に、各都県の線区別に、駅構内をはじめ、沿線風景、機関区などを背景とした蒸気機関車の写真集としてまとめたものである。

◇蒸気機関車写真集　3　鈴木武夫[撮影]　タクト・ワン　2003.2　111p　19×26cm　2571円　ⓘ4-925188-28-3

◇蒸気機関車写真集　4　鈴木武夫[撮影]　タクト・ワン　2003.5　103p　19×26cm　2476円　ⓘ4-925188-29-1

◇蒸気機関車写真集—機関区と機関車　32（C51中）　タクト・ワン　2005.11　88p　19×26cm〈「31」のタイトル：昭和40年代の蒸気機関車写真集〉　2095円　ⓘ4-902128-23-3

◇蒸気機関車—写真集　団塊の世代が情熱を注いだ青春譜　寺井洋一, なめくじ会編著　光村印刷　2006.11　167p　30cm　(Bee books)　3800円　ⓘ4-89615-993-4

◇蒸気機関車青春の記憶—関西・能登・木曽路をゆく　正垣修写真・文　神戸　神戸新聞総合出版センター　2015.8　157p　26cm　2600円　ⓘ978-4-343-00862-6
|内容| ハチロク（8620）・C11・C12・C56・C57・C58・C62・D51…昭和の時代に活躍した、数々の蒸機たち。その懐かしい姿を記録した写真230点を収録！

◇蒸気機関車たち—広田尚敬写真集　広田尚敬著　ネコ・パブリッシング　2006.8　311p　31cm　9524円　ⓘ4-7770-5178-1

◇蒸気機関車の汽笛が聞こえる—亀田国宏写真集　新・北陸写真風土記　亀田国宏著　金沢　能登印刷出版部　2008.10　48p　20×22cm　2000円　ⓘ978-4-89010-494-9

◇蒸気機関車の記録　1（昭和32-38年）　辻坂昭浩[撮影]　タクト・ワン　2003.6　127p　19×26cm　2667円　ⓘ4-902128-33-0

◇蒸気機関車の記録　2（昭和38-46年）　辻阪昭浩[撮影]　タクト・ワン　2003.7　127p　19×26cm　2667円　ⓘ4-902128-34-9
|目次| 掲載線区名, 掲載機関区名, 掲載機関車一覧

◇蒸気機関車よ永遠に—1960〈昭和35〉～73〈昭和48〉年　B20からE10までの記録　杉江弘写真集　杉江弘著　イカロス出版　2017.8　144p　29cm　2130円　ⓘ978-4-8022-0415-6
|目次| 1 原形を保った九州の蒸機, 2 山陽路の大形蒸機, 3 中国地方の蒸機, 4 山陰路のパシフィック, 5 関西圏の蒸機, 6 中部地方の蒸機, 7 関東圏の蒸機, 8 東北地方の蒸機, 9 北海道の蒸機

◇昭和の鉄道—写真集　荒川好夫写真, 芦原伸文　講談社　2008.12　167p　22cm　(The new fifties)〈年表あり〉　2400円　ⓘ978-4-06-269279-3

◇昭和鉄道の「春夏秋冬」（春―関西本線，夏―根室本線，秋―中央西線，冬―青函連絡船），第1部 昭和の鉄道風景，第2部 鉄道昭和史（高度成長期の日本列島を走る，日本列島に特急が走った日，全国津々浦々に登場した特急たち，新幹線，東海道を走るほか）

◇昭和の鉄道情景―野口昭雄写真集　1　野口昭雄著，岩堀春夫編　西宮　ないねん出版　2005.11　128p　26cm　2600円　⓲4-931374-51-4

◇昭和の電車がいっぱい―関西の私鉄 写真集　中田安治写真文　成山堂書店　2009.1　94p　22×31cm〈文献あり〉　3600円　⓲978-4-425-96141-2

◇昭和40年代の鉄道―記録写真集　第1集　渡辺芳夫，田島常雄著　光村印刷　2000.2　111p　27cm　（Bee books）　3800円　⓲4-89615-939-X
[内容] いわゆるヨンサントオ以前の、魅力ある車両たちが活躍するよき時代のラストステージ。今回の北海道編では、昭和43年からSLの終ばくを迎える昭和50年頃までの、主に国鉄のSLを中心とした車両を著者たち二人の眼で追っている。

◇昭和40年代の鉄道―記録写真集　第2集　渡辺芳夫，田島常雄著　光村印刷　2000.8　111p　27cm　（Bee books）　3800円　⓲4-89615-963-2
[内容] 本書では、昭和40年から奥羽本線秋田～青森間電化完成の、昭和46年ごろまでの、国鉄のSLを中心とした車両を、やはり私たち二人の著者の眼で追っている。

◇昭和40年代の鉄道―記録写真集　第3集　渡辺芳夫，田島常雄著　光村印刷　2001.3　111p　27cm　（Bee books）　3800円　⓲4-89615-967-5
[目次] 1 常磐線・成田線, 2 総武本線・房総東線, 西線, 3 川越線, 4 八高線, 5 御殿場線, 6 新鶴見・横浜・浜川崎…, 7 関東各地にひろう, 8 番外編

◇昭和40年代の鉄道―記録写真集　第4集　渡辺芳夫，田島常雄著　光村印刷　2001.12　111p　27cm　（Bee books）　3800円　⓲4-89615-972-1
[内容] 本巻「九州編」は、「北海道編」「東北編」「関東編」に続く第4集。昭和40年代の九州の鉄道の写真集。

◇昭和40年代の鉄道―記録写真集　第5集　渡辺芳夫，田島常雄著　光村印刷　2002.12　111p　27cm　（Bee books）　3800円　⓲4-89615-978-0
[目次] 1 小海線, 2 中央東線・篠ノ井線, 3 高山本線, 4 中部地区点描, 5 関西本線・参宮線ほか, 6 米原ジャンクション, 7 大阪界隈, 8 伯備線・芸備線, 9 呉線, 10 中国地区点描, 11 九州再び, 12 番外編

◇昭和40年代の鉄道―記録写真集　第6集（北海道編2）　渡辺芳夫，田島常雄著　光村印刷　2004.12　119p　27cm　（Bee books）　3800円　⓲4-89615-988-8

◇昭和40年代の鉄道―記録写真集　第7集　東北編 2　渡辺芳夫，田島常雄著　光村印刷　2017.5　119p　27cm　（Bee books）　3600円　⓲978-4-89615-313-2
[目次] 1 みちのくのハドソン（C60, C61, C62）, 2 東北型蒸気機関車のバラエティー（C57, C58, D50, D51, D60, 9600, 8620）, 3 各線区の情景（東北本線沼宮内, 奥羽本線矢立峠, 花輪線龍ヶ森, 磐越東線江田信号所, 常磐線久ノ浜）, 4 コマとコマの間の宝物（電気機関車・電車）

◇C62 2 final　いのうえこーいち著　メディアパル　2018.2　141p　19×27cm〈本文は日本語〉　3200円　⓲978-4-8021-1015-0
[内容] 蒸気機関車C62 2のすべて。300枚超のディテール詳細フォト、究極写真集。

◇青春の軌跡―濱勲国鉄写真集　濱勲［撮影］, 鉄道史資料保存会編　大阪　鉄道史資料保存会　2007.8　124p　30cm　3810円　⓲4-88540-115-1

◇瀬戸電のHL―さようなら3780形 古池直之写真集　古池直之著　光スタジオ　1996.5　48p　17×19cm　（Rail graphic gallery）　1500円

◇全国蒸気機関車紀行―沿線風景、機関区、形式写真で見る　学習院大学鉄道研究会OB会編　タクト・ワン　2004.6　128p　19×26cm　2667円　⓲4-902128-41-1

◇全盛期の蒸気機関車写真集―昭和26～42年　三竿喜正［著］　タクト・ワン　2004.1　128p　19×26cm　2857円　⓲4-902128-38-1

◇全盛期の蒸気機関車写真集―2（昭和26～48年）　三竿喜正［著］　タクト・ワ

鉄道雑学

写真集

301

写真集

ン　2004.4　128p　19×26cm　2762円　①4-902128-40-3

◇全盛期の蒸気機関車写真集　3　隈野成一編　タクト・ワン　2004.8　128p　19×26cm　2667円　①4-902128-44-6
[目次]北海道の蒸機、東北の蒸機、関東の蒸機、中部地方の蒸機、関西地方の蒸機、中国地方の蒸機、九州の蒸機

◇全盛期の蒸気機関車写真集　4　八並匡介[編]　タクト・ワン　2004.9　128p　19×26cm　2762円　①4-902128-45-4
[目次]北海道・東北の煙、関東の煙、中部地方の煙、関西の煙、中国・四国の煙、九州の煙

◇全盛期の蒸気機関車写真集　5　三竿喜正,八並匡介,隅野成一[著]　タクト・ワン　2004.11　128p　19×26cm　2667円　①4-902128-47-0

◇全盛期の蒸気機関車写真集　6　藤田幸一著　タクト・ワン　2004.12　96p　19×26cm　2000円　①4-902128-49-7

◇全盛期の蒸気機関車写真集　7　小林庄三著　タクト・ワン　2005.4　112p　19×26cm　2381円　①4-902128-16-0

◇空鉄―鉄道鳥瞰物語　吉永陽一撮影・文　講談社　2012.10　127p　26cm　1900円　①978-4-06-217958-4
[内容]肥薩線大畑駅の大ループ線路やスイッチバック、数十本のレールが敷き詰められた尾久車両センターをはじめとする巨大車両基地群と新幹線基地、大都会のビルの谷間で貨車が行き交う貨物ターミナル駅、高度約4000フィートから俯瞰した東京スカイツリー駅など、鳥の目となって目撃する鉄道絶景。

◇武豊線物語―写真集　C11265蒸気機関車保存会,半田市,半田市教育委員会編[半田]　C11265蒸気機関車保存会　2003.3　196p　30cm〈共同刊行：半田市ほか　年表あり〉

◇武豊線物語―記録・写真集　東海道線新橋＝神戸間開通百二十周年　東海道線建設の礎になった鉄道　河合由平著　名古屋　交通新聞社　2009.1　199p　30cm〈年表あり〉　2200円　①978-4-330-04609-9
[目次]1 駅の今昔、2 武豊線を走る列車、3 最初に走った蒸気機関車、4 武豊線を走った

車両,5 線路・信号設備,6 海上輸送,7 鉄道輸送,8 半田市鉄道資料館

◇谷汲村の谷汲線―「あかでん」と呼ばれた電車　駒田匡紀著　調布　クムラン　2011.10　63p　24×24cm　（Art book series vol.6）〈発売：星雲社〉　1300円　①978-4-434-16139-1
[内容]廃止から10年…あの美しい村の景色とあかでんにもう一度会いたい！ 谷汲線の世界が今蘇る、幻の写真集。「名鉄揖斐谷汲線」改訂復刻版。

◇追憶の汽車電車―高田隆雄写真集　高田隆雄[撮影],鉄道友の会編　名古屋　交友社　1998.2　197p　27cm　5600円

◇追憶の鉄路―北海道廃止ローカル線写真集　工藤裕之著　札幌　北海道新聞社　2011.12　415p　21cm　2500円　①978-4-89453-619-7
[内容]駅舎、車両、車窓、まちの風景、鉄路とともに生きた人々の軌跡を貴重な写真で綴った。カラー写真1200点でたどる沿線風景。

◇鉄道黄金時代のカラー写真記録―1950年代～1960年代　関西編　辻良樹文, J. WALLY HIGGINS写真　フォト・パブリッシング　2017.2　127p　26cm〈発売：メディアパル〉　2500円　①978-4-8021-3047-9
[目次]第1章 大手私鉄（新型車から旧型車まで世代交代前夜の時代 近畿日本鉄道、近鉄、京阪と相互直通運転をした奈良電 奈良電気鉄道、近鉄合併前のいにしえの時代 信貴生駒電鉄 ほか）、第2章 準大手私鉄、地方私鉄、公営交通（旧型車や近江形が活躍した滋賀の私鉄 近江鉄道、ポール集電が懐かしい京福電気鉄道時代の各線 京福電気鉄道叡山本線、鞍馬線、牧歌的な風景だった半世紀以上前の沿線 京福電気鉄道嵐山本線、北野線 ほか）、第3章 路面電車（民間から始まった日本初の路面電車 京都市電、公営初として開業、商都を支えた路線網 大阪市電、技術開発でも名を馳せた、港町・神戸のみどりの市電 神戸市電 ほか）

◇鉄道写真家30人の絶景―撮影ガイド付き傑作選　『週刊鉄道絶景の旅』編集部編　集英社　2010.10　135p　19×26cm　1500円　①978-4-08-780583-3
[内容]鉄道写真家30人が参加した「鉄道絶景写真」の集大成。全国を網羅した総計97点にも及ぶ力作が勢揃い。巻末には、秘密のデータ、知りたい撮影場所も公開。

◇鉄道写真図鑑―櫻井寛さん×中井精也さんセレクト　2015　朝日新聞出版　2015.4　89p　30cm　（ASAHI

ORIGINAL）〈アサヒカメラ特別編集〉 907円　①978-4-02-272470-0

◇鉄道車両形式写真集　伊藤丈浩撮影・執筆　[出版地不明]　[伊藤丈浩] 2011.12　1冊（ページ付なし）　30cm

◇鉄道青春時代―湘南電車・横須賀線　鉄道写真記録集　久保敏，小山政明編　電気車研究会　2002.6　107p 図版12枚 26cm〈年表あり〉　2095円　①4-88548-100-7

◇鉄道のある風景、旅で見た駅―世界の写真家たちによる旅の記録　MdN編集部編　エムディエヌコーポレーション 2014.7　191p　25cm〈発売：インプレスコミュニケーションズ〉　2200円 ①978-4-8443-6429-0
[内容]広大な大地を駆け抜ける寝台列車、険しい山々を登る山岳鉄道、歴史ある観光列車、鬱蒼とした森林を貫く高速鉄道、郷愁漂う街並をゆく列車、観光名所を巡る鉄道、美しい海岸線をなぞって走る鉄道、古城や教会のある街中を通るトラム。世界の写真家たちによる旅で出会った鉄道のある風景と駅の記録。

◇鉄道の四季―光と風を追いかけて　絶景写真集　真島満秀写真・文　ベストセラーズ　2000.5　159p　15cm（ワニ文庫）　648円　①4-584-38035-X
[内容]満開の桜の下を行くローカル線、雪煙を蹴立てて疾走する特急電車、人々の思いを乗せて走る夜行列車、灼熱の太陽の光を浴びて猛スピードで飛ばす新幹線…。鉄道という日常の交通機関が「被写体」になると、その姿はまったく別のものになる。本書は、カメラがとらえた四季折々の列車の表情であり、鉄道写真でつづる旅情あふれる日本の春夏秋冬の景色である。

◇鉄道の情景―1953～2002　西野保行著 成山堂書店　2004.2　150p　25×31cm〈他言語標題：The railway scene　英文併記〉　4600円　①4-425-96041-6
[目次]蒸気機関車が美しかった頃、国鉄とJRの電気機関車、私鉄の小型電気機関車、四季の水田を行く、川を渡る、架線柱―電気鉄道の大道具、集合住宅―都市鉄道の大顧客、非電化複線区間、輸入トラス橋健在、私のお気に入りの隣人―池上線、ドイツの印象、カリフォルニアの印象

◇鉄道旅情100景　中井精也著　クレオ 2008.6　109p　15×21cm〈他言語標題：Rail healing〉　1800円　①978-4-87736-122-8
[目次]最果ての霊峰・利尻富士、原生花園の中を、知床連山と流氷、斜里岳夕景、釧路湿原をゆく、タンチョウの飛来する駅、吹雪の仮乗降場、美瑛・丘の風景、太平洋の絶壁をゆく、昆布干しの浜を〔ほか〕

◇鉄原人―福岡発since 1964 鉄道モノクロ写真集　宇都宮照信著　笠倉出版社 1997.12　127p　19×26cm　3143円 ①4-7730-0229-8
[目次]第1章 鉄原人、第2章 ブルートレインをひいた機関車たち、第3章 汽車電車 不朽の記録 SINCE1964（汽車が好きになったころ、機関士にはなれなかったけれど、101回目の鉄道記念日、「SLやまぐち号」とブルートレイン）

◇鉄・夢追いかけて―すべてのレールファンに捧げる　伊藤義郎撮影・文　大阪エンタイトル出版　2007.11　83p 30cm　1800円　①978-4-903715-19-3

◇鉄路の記録―荒川好夫写真集　荒川好夫写真，いのうえ・こーいち編　枻出版社　2009.1　159p　29cm　3000円 ①978-4-7779-1252-0

◇鉄路の旅路　辻栄一，渡部誠著　横浜 横浜からの旅人　2014.8　162p　19cm 3000円　①978-4-9908172-2-0

◇電車の肖像―西尾克三郎組立カメラ作品集 関西を中心とした私鉄・市営交通 上巻　西尾克三郎撮影　エリエイ／プレス・アイゼンバーン　2001.6　140p 26×34cm　13000円　①4-87112-417-7

◇電車の肖像―西尾克三郎組立カメラ作品集 関西を中心とした私鉄・市営交通 下巻　西尾克三郎撮影　エリエイ／プレス・アイゼンバーン　2002.2　144p 26×34cm　13000円　①4-87112-418-5

◇電信柱とシグナル―小坂鉄道と鉄道員たち 写真集　千葉裕之著　秋田　無明舎出版（製作）　1999.10　73p　17×26cm　1800円　①4-89544-227-6

◇峠を越えて―加藤正写真集　1　加藤正著，岩堀春夫編　西宮　ないねん出版 2002.1　136p　26cm　2600円　①4-931374-32-8
[目次]北海道、東北、関東、信越、東海、北陸、近畿、中国・四国、九州

◇峠を越えて―加藤正写真集　2　加藤正著，岩堀春夫編　西宮　ないねん出版　2003.1　144p　26cm　2600円　⓵4-931374-36-0
　目次　北海道(宗谷本線，名寄本線　ほか)，東北(津軽線，奥羽本線　ほか)，関東(常磐線，足尾線　ほか)，甲信越(赤谷線，羽越本線　ほか)，東海(大井川鉄道，二俣線　ほか)，北陸(越美北線，七尾線　ほか)，近畿(梅小路機関区，東海道本線　ほか)，中国(若桜線，倉吉線　ほか)，九州(筑豊本線，添田線　ほか)

◇峠を越えて―加藤正写真集　3　加藤正著，岩堀春夫編　西宮　ないねん出版　2004.2　144p　26cm　2600円　⓵4-931374-43-3
　目次　北海道，東北，信越～関西，中国，九州

◇東武の車両10年の歩み写真集―1997-2007 東武鉄道創立110周年記念　花上嘉成監修，東武博物館学芸課編　東武鉄道東武博物館　2007.11　51p　21×30cm〈年表あり〉

◇特急「おき」を追って―写真集　鈴木武夫著　創林社　2007.10　71p　21×28cm〈発売：刊行社〉　1800円　⓵978-4-906153-19-0

◇DREAM TERMINAL―東横線渋谷駅メモリアル写真集　中井精也著　東急エージェンシー　2013.3　127p　26cm　2000円　⓵978-4-88497-117-5
　内容　東京メトロ副都心線との相互乗り入れによって，その姿を消す東横線渋谷駅。鉄道写真家・中井精也が，その想い出と人々との一期一会で撮り下ろした東横線渋谷駅へのオマージュ。

◇鈍行列車紀行―1961～1970 写真集　杉田修写真・文　青谷舎　1994.7　2冊　27×34cm　全30000円

◇名古屋臨海鉄道―岩堀春夫写真集　岩堀春夫著　西宮　ないねん出版　2003.10　72p　20×21cm〈年表あり〉　1500円　⓵4-931374-41-7

◇懐かしの鉄道パノラマコレクション　講談社編　講談社　2011.6　159p　19×26cm〈ヴィジュアルガイド〉　2000円　⓵978-4-06-216834-2
　目次　春(桜並木と秩父鉄道「パレオエクスプレス」，早春の冬鳥越を駆けた蒲原鉄道モハ61 ほか)，夏(函館本線のDD51牽引コンテナ列車，加世田駅で行き違う鹿児島交通キハ100形とキハ300形 ほか)，秋(黄金色の山里を走るC57「SLばんえつ物語」号，りんごの季節を行く弘南鉄道キハ22形 ほか)，冬(倶知安駅停車中のC62重連「ニセコ」，雪景色を行く南部縦貫鉄道キハ102 ほか)

◇ニッポンの絶景鉄道　山梨晴典，小川秀一，富田文雄，山梨勝弘，佐藤尚写真　パイインターナショナル　2015.6　127p　26cm　1800円　⓵978-4-7562-4653-0
　内容　海沿い，紅葉の山々，そびえ立つ名峰，田園風景といった絶景を背景に，走り抜ける列車の姿を捉えた鉄道写真。日本全国の絵になるローカル線の絶景写真集。

◇日本最南端鉄道物語―記録と記憶の29年　樋渡直竹写真集　樋渡直竹著　鹿児島　南方新社　2004.3　145p　26cm　2800円　⓵4-86124-012-3
　内容　九州新幹線が来た。でも，ゆっくり走れば見えてくる風景もある。南九州，現存7線・廃線5線の全記録。

◇日本の蒸気機関車―動態保存アルバム　三村雅人著　札幌　北海道新聞社　2014.12　173p　26cm　1759円　⓵978-4-89453-759-0
　内容　現代を走る蒸気機関車の魅力満載の写真集。日本各地で黒煙を噴き上げ力強く疾走する姿を収録。走行シーンだけでなく，点検作業，タブレット交換などの作業風景や蒸気暖房，石炭といった蒸気機関車のメカニズムも詳しく紹介。この一冊で，蒸気機関車のすべてがわかる！

◇日本の蒸気列車1960年代―庄野鉄司作品集　上巻　庄野鉄司著　プレス・アイゼンバーン　2000.1　184p　26×34cm　9000円　⓵4-87112-319-7

◇日本の蒸気列車1960年代―庄野鉄司作品集　下巻　庄野鉄司著　プレス・アイゼンバーン　2000.9　184p　26×34cm　9000円　⓵4-87112-320-0

◇人気列車カタログ　2000年　井上廣和写真，坂正博解説　山と溪谷社　2000.8　127p　19×26cm　〈ヤマケイレイルブックス 6〉　1200円　⓵4-635-06806-4

◇のんびり走ろう！―津軽鉄道応援写真集　津軽鉄道サポーターズクラブ編　小学館　2007.6　1冊(ページ付なし)　20×23cm〈他言語標題：Take it slow〉　1905円　⓵978-4-09-682013-1

◇芳賀路の汽笛―渡邉乙弘写真集　渡邉乙弘著　光村印刷　1997.7　59p　17×19cm　（Bee books）　1200円　Ⓘ4-89615-562-9

◇白秋の信号機―松本謙一遺言写真集　著作活動50年記念　松本謙一撮影・編集・解説　エリエイプレス・アイゼンバーン（発売）　2017.7　232p　29×37cm（汽車はこう写す How have I been taking the railway pictures？　2/3？）〈他言語標題：A lone signal under the clear sky of Autumn〉　23000円　Ⓘ978-4-87112-336-5

◇阪神間鉄道回顧録―辻圭吉写真集　辻圭吉著，岩堀春夫編　第2版　西宮　ないねん出版　1995.5　80p　26cm　1900円　Ⓘ4-931374-02-6

◇法勝寺電車・記録写真集―懐かしい想いで　大鉄道展・開催記念　小型保存版　祖田定一著〔米子〕　山陰鉄道研究会　2002.8　55p　21×23cm　1500円

◇北陸線写真帖―機関車駅舎鉄道マン　北國新聞社編　金沢　北國新聞社　2007.12　255p　26cm〈年表あり〉　4000円　Ⓘ978-4-8330-1602-5
内容　北國新聞社と地元愛好家のカメラがとらえた金沢-富山、開業110年の軌跡。

◇僕はパノラマカー―古池直之写真集　古池直之著　［出版地不明］　［古池直之］　2008.1　60p　17×19cm　1900円　Ⓘ978-4-9903880-0-3

◇北海道の赤い電車―さよなら711系　チーム711編　札幌　北海道新聞社　2015.4　96p　26cm　1000円　Ⓘ978-4-89453-778-1
内容　昭和43年に北海道初の国鉄電車として導入された711系は、「赤い電車」の愛称で約半世紀にわたって道民に親しまれてきた。「赤電」とともに歩んできた沿線の風景や人々の暮らしをきれいなカラー写真で振り返る。

◇北海道廃線駅跡写真集　亀畑清隆写真・文　札幌　柏艪舎　2006.5　161p　21×21cm〈発売：星雲社〉　3200円　Ⓘ4-434-07737-6
内容　廃線駅跡をたどるにつれて、北海道の自然の豊かさとその強靱さに圧倒されるだろう。

◇三河を走って85年―保存版写真集　神谷力編集責任　名古屋　郷土出版社　1999.12　239p　31cm　（ふるさとの鉄路シリーズ）　7500円　Ⓘ4-87670-129-6
内容　矢作川水系を南北に結んで人・物・文化を運び続けた85年の歳月。名鉄三河線・挙母線の歴史を知られざる沿線のエピソードとともに紹介。

◇南満洲鉄道―写真集　市原善積，小熊米雄，永田龍三郎編著　誠文堂新光社　1998.7　136p　27cm「おもいでの南満州鉄道」（昭和45年刊）の新装版〉　5000円　Ⓘ4-416-89828-2

◇夢幻煙―藤沢発since 1961 鉄道モノクロ写真集　山上敏夫著　笠倉出版社　1997.12　127p　19×26cm　3143円　Ⓘ4-7730-0228-X
目次　第1章 夢幻煙（中国，韓国，北朝鮮，台湾，フィリピン，タイ ほか），第2章 汽車電車不朽の記録 SINCE1961（「山ちゃんの写真館」へようこそ，蒸気機関車は"生きもの"だ）

◇もっと空鉄―鳥瞰鉄道探訪記　吉永陽一撮影・文　講談社　2013.12　127p　26cm　1900円　Ⓘ978-4-06-295308-5
内容　驚異の18段連続スイッチバック（立山砂防工事専用軌道）や、大迫力の東京貨物ターミナル、根室本線の狩勝峠越え、小海線の大築堤、新大阪駅と宮原の車両基地など、全国各地の鉄道美景に迫っています！

◇山形の鉄道情景―昭和30～40年代：松木壽雄写真集　上　松木壽雄撮影　エリエイ　2011.9　112p　29cm〈解説・考証：藤本富美雄，進藤義朗　共同刊行：プレス・アイゼンバーン〉　3600円　Ⓘ978-4-87112-331-0
目次　第1章 奥羽本線C51の時代（鉄道生活出発の駅 芦沢駅／ジョルダン雪掻車キ707，ロータリー雪掻車キ624／DF50登場，山形植樹祭 御召列車運転／予備機C11 359，ディーゼル準急"月山""あさひ"運転，電機入線試験 仙山電化間近 ほか），第2章 奥羽本線C57と特急登場（山形始発 特急"やまばと"運転，山形駅・山形機関区にて，行在所（北上ノ山駅）の桜，山形駅 秋田方／霞城の大壕端，奥羽本線 天童・漆山／430列車での定期気動車回送 ほか）

◇山形の鉄道情景―昭和30～40年代：松木壽雄写真集　下　松木壽雄撮影　エリエイ　2011.10　112p　29cm〈解説・

考証：藤本富美雄，進藤義朗　共同刊行：プレス・アイゼンバーン〉　3600円　Ⓘ978-4-87112-332-7
　目次　第3章 奥羽本線板谷峠と米沢周辺、第4章 米坂・長井線の9600、第5章 左沢線C11そして、第6章 陸東・陸西のC58、第7章 羽越本線、山形の汽車バカ一代記―あとがきに代えて

◇ユニークな鉄道の本　土屋直樹著　名古屋　ブイツーソリューション　2010.12　31p　13×19cm　1200円　Ⓘ978-4-902218-27-5

◇夢の車窓―桜井寛写真集　桜井寛、宮脇俊三著　講談社　1994.12　81p　18×20cm　1500円　Ⓘ4-06-207332-3

◇夢 C623よ再び！―大関一泰写真集　大関一泰著　光村印刷　1996.7　71p　20×22cm　(Bee Books)　2500円　Ⓘ4-89615-722-2
　内容　昭和50年12月14日、北海道室蘭本線で旅客用蒸気機関車（C57135号機）が姿を消して以来13年ぶりに函館本線、通称山線（小樽―ニセコ間72.9km）において復活した日本最大の旅客用蒸気機関車"C623号機"。本書は、その8年間の軌跡である。

◇ライカ鉄道写真全集　1　西尾克三郎著　エリエイ出版部プレス・アイゼンバーン　1993.2　146p　25×25cm〈総合監修：黒岩保美　著者の肖像あり〉　5500円　Ⓘ4-87112-421-5

◇ライカ鉄道写真全集　2　西尾克三郎著　エリエイ出版部プレス・アイゼンバーン　1992.11　154p　25×25cm〈総合監修：黒岩保美　著者の肖像あり〉　5500円　Ⓘ4-87112-422-3

◇ライカ鉄道写真全集　3　西尾克三郎著　エリエイ出版部プレス・アイゼンバーン　1993.7　134p　25×25cm〈総合監修：黒岩保美　著者の肖像あり〉　5500円　Ⓘ4-87112-423-1

◇ライカ鉄道写真全集　4　西尾克三郎著　エリエイ出版部プレス・アイゼンバーン　1994.4　162p　25×25cm〈総合監修：黒岩保美　著者の肖像あり〉　5500円　Ⓘ4-87112-424-X

◇ライカ鉄道写真全集　5　西尾克三郎著　エリエイ出版部プレス・アイゼンバーン　1998.3　170p　26×26cm　5400円　Ⓘ4-87112-425-8

◇ライカ鉄道写真全集　6　西尾克三郎［著］　エリエイプレス・アイゼンバーン　2004.8　158p　26×26cm　6600円　Ⓘ4-87112-426-6

◇ライカ鉄道写真全集　7　西尾克三郎［著］　エリエイプレス・アイゼンバーン　2006.12　174p　25×25cm　6600円　Ⓘ9784871124270

◇ライカ鉄道写真全集　8　西尾克三郎［著］　エリエイプレス・アイゼンバーン　2010.3　202p　25×25cm　7600円　Ⓘ978-4-87112-428-7

◇浪漫の旅SLを追って―現役SLの走行写真集 リバイバルSLの全国撮影ガイド　谷野隆二著　大阪　新風書房　2008.8　128p　26cm　1500円　Ⓘ978-4-88269-659-9

◇0からの鉄道なんでも記録―亀井一男想い出のカメラ関西紀行　亀井一男［撮影］、神戸鉄道大好き会編著　大阪　トンボ出版　2004.12　215p　26cm　2800円　Ⓘ4-88716-129-8

◇0系新幹線から始まる昭和の鉄道風景　南正時著　実業之日本社　2008.11　222p　18cm　（じっぴコンパクト 23）　762円　Ⓘ978-4-408-42010-3
　内容　昭和39年の東海道新幹線開業と共に走り始めた0系新幹線の引退で、昭和の国鉄黄金時代を築いた車両は、ほぼ第一線を退くことになる。全国各地のローカル線が姿を消し、国鉄がJRに生まれ変わるなかで、私たちが見失ってしまった心に残る「鉄道風景」を、鉄道写真界の第一人者である著者が、秘蔵の写真と珠玉のエッセイでまとめた一冊。鉄道ファンならずとも、思わず心動かされるレトロなシーンを多数掲載。

◇1700の肖像―JR東日本全駅写真集　ジェイアール東日本建築設計事務所　2009.6　295p　31cm　4762円　Ⓘ978-4-903793-02-3

◇20世紀なつかしの旧型国電　沢柳健一写真、坂正博解説　山と溪谷社　2001.4　111p　19×26cm　（ヤマケイレイルブックス 7）　1200円　Ⓘ4-635-06807-2
　内容　1950年代からその終焉となった1980年代の"お別れ"運転までの旧型国電を路線別に紹介。

写真集

◇21世紀鉄道名景　真島満秀写真・文　JTB　2001.4　144p　26cm　（JTBの mook）　1700円　①4-533-03781-X

◇NORTH DRAFT―服部敏明写真集　服部敏明写真　光村印刷　1995.2　47p　20×22cm　（BeeBooks）　1500円　①4-89615-691-9

◇SRTS（Specified Railway Turnout System）―fromレイルエンヂニアリング　大町パルク著　［出版地不明］　レイルエンヂニアリング　2017.12　1冊（ページ付なし）　15×15cm〈タイトルは奥付による〉

◇STS（Special Turnout Switches）―fromレイルエンヂニアリング　大町パルク著　［出版地不明］　レイルエンヂニアリング　2017.12　140p　21cm

録音・音響研究

◇碓氷峠ロクサン惜別の旋律―写音集 斉木実,米屋浩二撮影・録音 弘済出版社 1997.8 95p 29cm (トラベルmook)〈付属資料：録音ディスク1枚 (12cm)〉 2190円 ⓘ4-330-47597-9

◇うんてんしよう！ おおいがわてつどう SL C11 交通新聞社 2006.11 1冊（ページ付なし） 19×19cm （おとのでるスーパーのりものシリーズ）〈音声情報あり〉 1381円 ⓘ4-330-90006-8
内容 SLは,おきゃくさんをのせたきゃくしゃをひっぱってはしるちからもち。まどのそとには,まあるいあたまのちいさなきが,たくさんみえます。おおいがわてつどうのSLがはしるしずおかけんでゆうめいな,おちゃのはたけです。みぎにもひだりにもみえます。

◇うんてんしよう！ おだきゅうロマンスカー―VSE50000がた 交通新聞社 2005.5 1冊（ページ付なし） 19cm （おとのでるスーパーのりものシリーズ）〈音声情報あり〉 1300円 ⓘ4-330-82705-0

◇うんてんしよう！ ジェイアールしこくアンパンマンれっしゃ 交通新聞社 2006.5 1冊（ページ付なし） 19cm （おとのでるスーパーのりものシリーズ）〈音声情報あり〉 1429円 ⓘ4-330-86506-8

◇うんてんしよう！ JRしこくアンパンマンれっしゃだいしゅうごう 交通新聞社 2017.1 1冊（ページ付なし） 19×19cm （おとのでるスーパーのりものシリーズ）〈音声情報あり〉 1800円 ⓘ978-4-330-73917-5

◇うんてんしよう！ ジェイアールほっかいどうあさひやまどうぶつえんごう 交通新聞社 2007.8 1冊（ページ付なし） 19×19cm （おとのでるスーパーのりものシリーズ）〈音声情報あり〉 1429円 ⓘ978-4-330-94807-2

◇うんてんしよう！ しんかんせん―500けいのぞみごう 交通新聞社 2004.10 1冊（ページ付なし） 19cm （おとのでるスーパーのりものシリーズ）〈音声情報あり〉 1300円 ⓘ4-330-81604-0
内容 汽笛をならして合図をしたら,大活躍の1日が始まる。新幹線のぞみ号の写真絵本。

◇うんてんしよう！ しんかんせんせいぞろい 交通新聞サービス,レイルマンフォトオフィス写真 交通新聞社 2016.7 1冊（ページ付なし） 19×19cm （おとのでるスーパーのりものシリーズ）〈音声情報あり〉 1700円 ⓘ978-4-330-67816-0

◇うんてんしよう！ しんかんせんだいしゅうごう マシマ・レイルウェイ・ピクチャーズ,交通新聞サービス,レイルマンフォトオフィス写真 交通新聞社 2013.3 1冊（ページ付なし） 19×19cm （おとのでるスーパーのりものシリーズ）〈音声情報あり〉 1600円 ⓘ978-4-330-36413-1

◇うんてんしよう！ やまのてせん 交通新聞社 2003.10 1冊（ページ付なし） 19cm （おとのでるスーパーのりものシリーズ）〈音声情報あり〉 1300円 ⓘ4-330-78203-0

◇NHKラジオ深夜便鉄道・音の旅CD BOOK―NHKラジオ深夜便「鉄道・音の旅」オンエア音源を収録！ 宝島社 2017.5 47p 30cm 980円 ⓘ978-4-8002-7088-7

◇C62「巨体の咆哮」 講談社,宮澤孝一監修 講談社 2010.12 15p 29×23cm （名SLシリーズ―キングレコードオリジナル音源が蘇った！ 2）〈付属資料：CD1〉 1800円 ⓘ978-4-06-216611-9
内容 路線＆線路縦断面図・秘蔵写真満載の特別BOOK。

◇しんだいとっきゅうカシオペアーうんてんしよう！ マシマ・レイルウェイ・ピクチャーズ,交通新聞サービス写真 交通新聞社 2012.3 1冊（ページ付なし） 19×19cm （おとのでるスー

パーのりものシリーズ）〈音声情報あり〉　1524円　①978-4-330-27512-3

◇たのしくうんてん！　でんしゃ―新幹線・特急電車・通勤電車・SLがたのしめる！　山﨑たかし絵　成美堂出版　2017.11　23p　21cm　〈音と光のでる絵本〉〈音声情報あり〉　2200円　①978-4-415-32423-4
[内容] 新幹線・特急電車・通勤電車・SLがたのしめる！　25種類の効果音とアナウンスでなりきりあそび！　運転士、駅員、車内販売。

◇ちゅうおうせん―うんてんしよう！　交通新聞社　2011.7　1冊（ページ付なし）　19×19cm　（おとのでるスーパーのりものシリーズ）〈写真：高木英二ほか　音声情報あり〉　1524円　①978-4-330-22811-2

◇D51「魅惑の爆走」　講談社, 宮澤孝一監修　講談社　2010.12　15p　29×23cm　（名SLシリーズ―キングレコードオリジナル音源が蘇った！　1)〈付属資料：CD1〉　1800円　①978-4-06-216610-2
[内容] 路線&線路縦断面図・秘蔵写真満載の特別BOOK。

◇とっきゅうなりたエクスプレス―うんてんしよう！　交通新聞社　2010.7　1冊（ページ付なし）　19×19cm　（おとのでるスーパーのりものシリーズ）〈写真：高木英二ほか　音声情報あり〉　1524円　①978-4-330-14910-3

◇やまのてせん―うんてんしよう！　E231（にいさんいち）けい　交通新聞社　2009.4　1冊（ページ付なし）　19×19cm　（おとのでるスーパーのりものシリーズ）〈音声情報あり〉　1429円　①978-4-330-06009-5

◇夜汽車よ永遠に―Blue train　斉木実, 米屋浩二撮影・録音　弘済出版社　1999.11　93p　29cm　（トラベルmook―写真集 4)〈付属資料：CD1枚（12cm）〉　2381円　①4-330-56699-0

◇JRしこくなんぷうアンパンマンれっしゃ―うんてんしよう！　マシマ・レイルウェイ・ピクチャーズ写真　交通新聞社　2010.3　1冊（ページ付なし）　19×19cm　（おとのでるスーパーのりものシリーズ）〈音声情報あり〉　1429円　①978-4-330-12010-2

124　鉄道の音

【概　要】鉄道に関する各種の音。これらを録音して楽しむ鉄道ファンは「音鉄」とも呼ばれる。発車メロディ・接近メロディ・車内メロディ等のメロディ類や、列車の接近音・走行音、ドアの開閉音や警笛、モーター音・エンジン音・コンプレッサ音などの駆動音、駅の構内放送・車内放送など様々な音が愛好・研究の対象となっている。

◇駅メロ！　THE BEST―山手線、メトロ、京急、山陽電鉄ほかオリジナル音源CD&楽譜付き　塩塚博著　扶桑社　2013.4　151p　22cm　2100円　①978-4-594-06801-1
[内容] 東京駅・新橋駅・中野駅・有楽町駅・御茶ノ水駅など…JRほか京急、メトロなど200駅で使用中。JRでもっとも親しまれている駅メロ「SHシリーズ」作者で駅メロの第一人者、塩塚博が解説する駅メロのすべて。ココだけのディープな駅メロ話が満載。

◇音鉄―耳で楽しむ鉄道の世界　片倉佳史著　ワニブックス　2016.3　255p　19cm　1600円　①978-4-8470-9427-9
[内容] 鉄道の魅力、再発見！　駅メロディから走行音、踏切、車内放送…無限大に広がる音鉄ワールド。新しい鉄道趣味のスタイルをご提案！　全国各地の「音鉄ネタ」250本を収録。

◇鉄道の音　向谷実著　アスキー・メディアワークス　2009.3　190p　18cm　（アスキー新書 100)〈発売：角川グループパブリッシング〉　790円　①978-4-04-867666-3
[内容] 改札を抜けると構内アナウンス、電車の接近音、走行音、ドア開閉のガタガタいう音や発車メロディがサラウンドで迫ってくる。列車に乗れば、ドアの閉まるエア音にモーター音、車内アナウンス、レールのジョイント音が響く―。音楽業界随一の鉄道ファンが、奥が深くて楽しい鉄道の音＝「鉄音」の魅力を存分に語る。

125 走行音

【概　要】走行中の列車の車輪がレールの継ぎ目の上を通過する際に出る「ガタン、ゴトン」という音。ジョイント音とも呼ばれる。通常、レールは25mの定尺レールを継ぎ目板とボルトで接続するが、近年では定尺レールを溶接して繋ぎ、長くしたものが導入されている。25m以上200m未満のものを長尺レール、200m以上のものはロングレールと呼ばれる。安定走行や乗り心地の向上を目的に、継ぎ目を減らすために導入されたロングレール・長尺レールの普及により、ジョイント音を聞く機会は減少傾向にある。

◇走行音で広がる鉄の世界—列車のしくみを聴き分ける本　澤井俊佑著　秀和システム　2012.4　127p　21cm　1700円　①978-4-7980-3317-4
[内容] 豊富な音源と写真の数々で音鉄の世界を読み解く。解説音源を全てCDに収録。

旅行・乗車

◇今でも乗れる昭和の鉄道　小牟田哲彦著　東京堂出版　2008.2　233,2p　19cm〈文献あり〉　1600円　①978-4-490-20627-2
内容 懐かしい車両思い出の光景！団子鼻の新幹線、国電や国鉄色塗装の車両。駅などの鉄道施設に残る昭和の頃の面影。海外で今も現役の、日本が造った鉄道。いずれ消えゆく昭和の鉄道に出合う方法。全国の硬券切符発売駅のリストを掲載。

◇嫌なことがあったら鉄道に乗ろう―元気と希望が湧く旅　野村正樹著　日本経済新聞社　2004.4　278p　19cm　1500円　①4-532-16461-3
内容 レールの響きと流れる風景に身をまかせれば、憂うつな気分も雲散霧消。仕事と人生における鉄道の魅力、効用、楽しみ方を説いた会心作。

◇嫌なことがあったら鉄道に乗ろう―元気と希望が湧く旅　野村正樹著　日本経済新聞出版社　2007.8　324p　15cm（日経ビジネス人文庫）　714円　①978-4-532-19407-9
内容 仕事の失敗を忘れたい、都会の雑踏に疲れた、定年後の人生をふと考えた―。レールの響きと流れる風景に身をまかせれば、憂鬱な気分も雲散霧消。仕事と人生における鉄道の魅力と、効用、楽しみ方を説いた話題作を文庫化。第30回交通図書賞受賞作。

◇来た！見た！乗った！―鉄道の新生を見る慶び　雑喉謙著　興陽館書店　1993.4　219p　19cm　1500円　①4-906113-95-8
目次 1最新イベントを追って、2都市鉄道、近代化のいろいろ、3活性化、地方でも、4工事中の難題対処を偲びつつ

◇グッとくる鉄道―見て乗って感じる、胸騒ぎポイントガイド　鈴木伸子著　リトルモア　2011.5　155p　18cm　1500円　①978-4-89815-307-9
内容 急カーブポイント、具合のいいカーブ多数。都心の鉄道体験のクライマックスは、カーブにある。眺めていい、渡っていい鉄橋の数々など。踏切や貨物列車、車庫情報、新幹線展望ポイントなど満載。鶴見線と大師線で海辺の工業地帯を行く。東京シブい私鉄の旅。などなど、鉄道趣味への第一歩。

◇新顔鉄道乗り歩き　種村直樹著　中央書院　1990.2　302p　19cm　1400円　①4-924420-44-1
内容 乗り歩きルポ 東北の変わり種駅めぐりをはじめ、話題の路線や駅に足を運んだ"レイルウェイ・ライター"選り抜きのルポ22篇を収録。

◇高山線の全駅乗歩記　澤井泰著　文芸社　2016.10　323p　19cm（出会い・発見の旅 第4部）〈文献あり〉　1600円　①978-4-286-16551-6

◇鉄道が主役だった頃―戦中～新幹線前夜 昭和17年～昭和37年、鉄道乗車記　佐藤勉著　八王子 白山書房　2005.3　96p　21cm　1400円　①4-89475-091-0
目次 戦時下の房総西線,常磐線土浦駅三重衝突(昭和18年),疎開先の東武東上線(昭和20年),蒸気だった東武野田線(昭和21年),静粛な発車(昭和23年、東海道本線),荒廃、狼藉の横須賀線(昭和23～24年),おとぎ列車(昭和24年、房総東線),東武日光線(昭和24年、小学6年修学旅行),幻の軍用軌道,塩原・中学修学旅行(昭和27年、東北本線)〔ほか〕

◇東海道新幹線で楽しむ「一駅雑学」―東京から新大阪まで、退屈しのぎの面白ネタ　日本博学倶楽部著　PHP研究所　2004.12　305p　15cm（PHP文庫）〈文献あり〉　600円　①4-569-66303-6
内容 東京駅で読み始め、新大阪駅で読み終わる。新大阪からでもよし、途中下車も大歓迎。東海道新幹線開通40周年にちなみ、沿線にまつわる面白ネタを集めました！「静岡県に開通前から『新幹線』があった!?」「伊吹山の積雪記録は世界一!?」など、車窓の景色を眺めつつページをめくれば、移動時間は雑学ワンダーランド！駅ごとの駅弁コラムもついて、旅行・出張のおともに最適。

鉄道旅行・紀行

◇東京・首都圏のりものりこなし　国際地学協会　2004.4　190p　15cm　(ユニオン文庫)　550円　①4-7718-2502-5

◇乗らずに死ねるか！―列車を味わいつくす裏マニュアル　黒田一樹著　大阪　創元社　2014.6　198p　21cm〈文献あり〉　1500円　①978-4-422-24068-8

[内容]鉄道会社の思惑と全く無関係に独断と偏見でよりすぐった列車を凄腕の経営コンサルタントが入魂のプロモーション！

◇わくわく仲間と乗る冒険の一日―電車やバスとなかよくなる本　豊田都市交通研究所監修　豊田　豊田都市交通研究所　2007.3　1冊(ページ付なし)　26cm

126　鉄道旅行・紀行

【概　要】鉄道で旅行することである。旅行は、観光のみならず業務で他の地に移動することも含む概念である。かつて、遠距離移動の手段が鉄道に限られていた時代には、鉄道旅行もこの意味で用いられていた。しかし、現在においては、航空機や長距離バスなど、遠距離移動の手段が多様化している。こうした状況にあって、鉄道旅行という言葉を用いる場合、目的地に到達するまでの鉄道移動そのものを楽しむという意味合いを込めている場合が多い。鉄道旅行を深く愛好する人を「乗り鉄」と呼ぶこともある。
　鉄道会社も、鉄道旅行客に着目して、各地で観光列車を運行している。また、列車に何泊もしながら旅行が楽しめる豪華寝台列車（クルーズトレイン）も予約が取れないほどの人気を博している。例えば、九州旅客鉄道(JR九州)の「ななつ星in九州」、東日本旅客鉄道(JR東日本)の「TRAIN SUITE四季島」、西日本旅客鉄道(JR西日本)の「TWILIGHT EXPRESS瑞風」がある。

◇愛環鉄道歴史歩き　下　豊田・岡崎　小さな鉄道の旅　大下武著　習志野　大巧社　2009.11　182p　18cm　1200円　①978-4-924899-75-9
[目次]愛知環状鉄道とリニモ、八草駅、豊田市、四郷駅、新豊田駅、新上挙母駅、三河豊田駅、末野原駅、永覚駅、岡崎市〔ほか〕

◇一両列車のゆるり旅　下川裕治, 中田浩資著　双葉社　2015.6　364p　15cm　(双葉文庫　し-13-17)　694円　①978-4-575-71436-4
[内容]夏の北アルプス、吹雪の日本海、里山の無人駅―超ローカル線の車窓をぼーっと眺め、昭和の名残漂う駅前旅館に泊まる旅。JR地方交通線「身延線・大糸線」「水郡線・只見線」「日田彦山線・久大本線・豊肥本線・肥薩線」「鳴門線・牟岐線・徳島線・予土線・内子線」「陸羽東線・陸羽西線・五能線・津軽線」「留萌本線・宗谷本線」のほか、台湾・韓国のローカル線と駅前宿の旅コラムも収録。

◇行ったぞ鉄道―列島がたごと日誌　伊東徹秀著　札幌　柏艪舎, 星雲社〔発売〕　2009.7　188p　19cm　1300円　①978-4-434-13086-1
[内容]日本列島鉄道目線。ゆっくりとがたごとゆえにアッ、そうか、のローカル色。なるほどに、たしかに、行ったぞ鉄道。

◇今こそ乗りたい蒸気機関車の旅　飛鳥出版　2018.5　112p　30cm　(ASUKAビジュアルシリーズ)　1500円　①978-4-7801-0075-4
[内容]全国11路線・18両の現役蒸気機関車を完全網羅！鉄道系博物館の保存機を紹介！

◇羽越線の全駅乗歩記　澤井泰著　文芸社　2014.8　323p　19cm　(出会い・発見の旅　第3部)〈文献あり〉　1600円　①978-4-286-15299-8

◇英国鉄道紀行2万キロ　宮田進著　成山堂書店　2000.4　214p　19cm　1800円　①4-425-92341-3
[内容]英国鉄道を乗りつぶせ！ビールと路線図を手に2万キロをかけめぐる。

◇駅を楽しむ！テツ道の旅　野田隆著　平凡社　2007.5　237p　18cm　(平凡社新書)　760円　①978-4-582-85374-2
[内容]ごめん駅でごめん。とっても寒い駅わっさむ。鬼太郎駅にねずみ男駅。JR最南端の西大山からさいはての駅稚内まで…。「テツ」目線で駅を観察すれば、鉄道旅行がますます楽しい！にっぽん全国、列車に乗って「駅」めぐり！あなたの知っている駅はいくつある。

◇駅を旅する　種村直樹著　和光SiGnal　2007.12　245p　19cm　1300円　①978-4-902658-10-1

鉄道旅行・紀行

◇駅再発見の旅　岡並木著　NTT出版　1992.11　229p　19cm　1500円　④4-87188-191-1

内容 やさしさと愛情あふれる語り口で汽車旅ファンを魅了したエッセイ集に、夕張駅再訪のルポを加えて復刊。静まりかえった雪原の駅、喧噪に包まれた街の駅、澄みわたる空を仰ぐ高原の駅など、北は宗谷から南は西大山まで、さまざまな表情を見せる駅のたたずまいを描く。全国スイッチバック駅・信号場（所）、国鉄臨時・仮乗降場など、国鉄の終焉を目前にひかえた1984年当時の貴重な資料も収録。

◇駅旅入門―行ってみたい駅50　杉崎行恭著　JTBパブリッシング　2010.3　223p　21cm　1580円　①978-4-533-07808-8

目次 稚内（宗谷本線），遠軽（石北本線），知床斜里（釧網本線），川湯温泉（釧網本線），美瑛（富良野線），銭函（函館本線），比羅夫（函館本線），陸別（ふるさと銀河線りくべつ鉄道），津軽五所川原（津軽鉄道），芦野公園（津軽鉄道）〔ほか〕

◇大手私鉄なつかしの名車両をたずねる旅―夜行列車でローカル線へ　松尾定行［著］　講談社　2007.5　216p　18cm　（講談社+α新書）　838円　①978-4-06-272437-1

内容 昭和を走り抜けた往年の名車両、田園をゆく!!コース、車両、名物、温泉、実体験ガイド。

◇沖縄の鉄道と旅をする―ケイビン・ゆいレール・LRT　ゆたかはじめ著　那覇　沖縄タイムス社　2013.8　256p　19cm　1900円　①978-4-87127-210-0

◇おんなふたり、ローカル線めぐり旅　うっかり鉄道　能町みね子著　メディアファクトリー　2010.10　205p　19cm　1100円　①978-4-8401-3545-0

内容 木造駅舎、海辺の駅、地元のカフェ…テツかわいい旅！女子鉄・能町みね子が全国ローカル線をめぐる、乗り鉄イラストエッセイ。

◇快速特急記者の旅―レイルウェイ・ライターの本　種村直樹著　日本交通公社出版事業局　1993.5　334p　19cm〈著者の肖像あり　種村直樹の本ラインナップ：p307〜312〉　1400円　④4-533-01973-0

内容 レイルウェイ・ライター20周年の傑作集。巻末に1993年現在のJR・民鉄旅客営業線一覧掲載。

◇かながわレールの旅　松井幸夫著　横浜　神奈川新聞社　1995.9　203p　15cm　（かもめ文庫 50）〈企画：神奈川県県民部文化室　発売：かなしん出版〉

◇可愛い子には鉄道の旅を―6歳からのおとな講座　村山茂著　交通新聞社　2009.6　229p　18cm　（交通新聞社新書 001）　800円　①978-4-330-07209-8

内容 元国鉄の専務車掌で、今は現役の小学校教師が、実体験にもとづいて提案する子どもたちのための100項目の社会体験教育講座。鉄道が単なる移動手段であったり、マニア的興味の対象であるばかりでなく、子どもたちの成長に多大な効果をもたらす「教材」でもあることを、実際の体験の中から教えてくれる。家族旅行のあり方や初等教育の行く末についてのヒントも満載の一冊。

◇かわいい鉄道の旅―ローカル線でグルメ＆おみやげさんぽ　伊予美樹著　メディアファクトリー　2011.8　127p　21cm　1100円　①978-4-8401-3988-5

内容 江ノ電、憧れの北斗星、青春18きっぷ、九州新幹線、ストーブ列車、蒸気機関車…。ご当地の名所・おいしいもの満載のイラスト＆エッセイ。全国ローカル線、女子旅ガイド。

◇関東近郊 鉄道の旅100　南正時著　山海堂　1996.9　207p　19cm　（旅の達人シリーズ）　1250円　④4-381-01089-2

内容 車窓風景や沿線の見所など鉄道の旅を紹介したガイド。関東を中心としてJR線・私鉄・地下鉄別に計100の鉄道沿線の旅を収める。鉄道沿線名を見出しに、沿線区間・開通年月・終点までの所要時間・特徴を鉄道写真とともに掲載する。

◇関東私鉄デラックス列車ストーリー―のったりゆったりプチ鉄道旅行　渡部史絵著　交通新聞社　2018.3　111p　21cm　（DJ鉄ぶらブックス 025）　1400円　①978-4-330-86918-6

目次 THE CURRENT DELUXE CARS，東武鉄道，西武鉄道，京成電鉄，京王電鉄，京浜急行電鉄，小田急電鉄，中小私鉄

◇消えゆく鉄道の風景―さらば、良き時代の列車たち 終焉間近のローカル線と、廃線跡をたどる旅　田中正恭著　自由

鉄道旅行・紀行

国民社　2006.11　231p　19cm　1600円　Ⓣ4-426-75302-3

[内容] さらば、良き時代の列車たち。終焉間近のローカル線と、廃線跡をたどる旅。

◇消えゆく鉄道の風景―さらば、良き時代の列車たち　終焉間近のローカル線と、廃線跡をたどる旅　田中正恭著　増補版　自由国民社　2008.7　241p　19cm　1600円　Ⓣ978-4-426-10469-6

[目次] 第1章 消えゆく鉄道の風景（篠山線のセピア色の想い出（兵庫県）、見納めのオホーツク流氷ライン（北海道）、ご臨終の大嶺支線へ最後のお見舞い（山口県）、老兵奮闘・終焉間近の蒲原鉄道（新潟県）ほか）、第2章 消えた鉄道の風景（日中線の幽霊屋敷・熱塩駅再訪（福島県）、西寒川再訪記（神奈川県）、ドリームランド・夢の跡（神奈川県）、日高川残像（和歌山県）ほか、緊急増補 島原鉄道南線とキハ20惜別の旅（長崎県）

◇北の無人駅から　渡辺一史著、並木博大写真　札幌　北海道新聞社　2011.10　791p　19cm　2500円　Ⓣ978-4-89453-621-0

[内容] 単なる「ローカル線紀行」や「鉄道もの」ではなく丹念な取材と深い省察から浮き彫りになる北海道と、この国の「地方」が抱える困難な現実―。新たな紀行ノンフィクションの地平を切り拓く意欲作。

◇絹の道ものがたり―横浜・東京・群馬・長野　炭焼三太郎、土日カンパニー編　日本地域社会研究所　2009.7　140p　21cm　（鉄道旅手帳）　1200円　Ⓣ978-4-89022-899-7

[内容] 絹の道とは、旅する自遊人からのメッセージ、炭焼三太郎の由来、三太郎の週休5日制の土日カンパニー、電車でスタンプして歩く絹の道ものがたり、特別読見物 絹の道ものがたり、絹の道ものがたり鉄道ぶらり途中下車案内、旅の記録

◇九州・鉄道の旅―カラー版・全路線ガイド　栗原隆司著　福岡　海鳥社　2003.10　165p　21cm　1900円　Ⓣ4-87415-458-1

[内容] 九州新幹線、沖縄・ゆいレールも収録、九州の鉄道全路線を完全紹介。沿線風景、代表的車両、駅舎など写真440点、九州の「美」発見の旅。

◇極めよ、ソフテツ道！―素顔になれる鉄道旅　村井美樹著　小学館　2012.8　186p　19cm　（IKKI BOOKS）　1400円　Ⓣ978-4-09-359208-6

[内容] 漫画『新・鉄子の旅』と連動した話題のブログが単行本化！"美才"女優がハマった「ちょっとディープな鉄道旅」のすすめ。「ソフテツ」とは、ソフトな鉄道ファンのこと。

◇近所鉄道　梅田十三著　現代書館　2015.1　270p　19cm　1800円　Ⓣ978-4-7684-5753-5

[内容] 活字で乗り鉄、列車に揺られて53路線。何となく近所の鉄道に出掛けては、何となく呟き続ける、かなり古風で微妙に新鮮な汽車ぽっぽ物語。

◇「銀づくし」乗り継ぎ旅―列車に揺られて25年　銀水〈福岡〉発・銀山〈北海道〉ゆき5泊6日3300キロ　種村直樹著　徳間書店　2000.7　258p　19cm　1400円　Ⓣ4-19-861211-0

[内容] 限られた旅程で日本縦断をいかに楽しむか―。列車を乗り継いで四半世紀。その節目を飾る記念の旅は、"銀"と縁のある乗りもの・土地をめぐるこだわりの日本縦断。「還暦」を祝しての記念乗り継ぎぐるり旅も収録。

◇豪華寝台特急の旅―世界の鉄道紀行　櫻井寛写真・文　世界文化社　2006.11　205p　22cm　〈著作目録あり〉　2800円　Ⓣ4-418-06531-8

[内容] ファンタジーの世界をめぐるスコットランドの「ロイヤル・スコッツマン」世界一豪華と謳われる南アフリカの「ロボス・レイル」大自然の中を駆け抜けるカナダの「カナディアン」スイス・ドイツ・オーストリアを鉄路で結ぶ「シティナイトライン」常に世界の鉄道の最前線をめぐる筆者渾身の書き下ろし写真エッセイ。

◇豪華寝台列車とローカル線の旅　一個人編集部編　ベストセラーズ　2008.11　143p　20cm　476円　Ⓣ978-4-584-16592-8

[目次] 西村京太郎が乗るトワイライトエクスプレス スイート展望車の旅、窓いっぱいに広がる銀世界を愉しむ 冬のカシオペアの旅、「冬限定の特別列車」を乗り比べ！、絶景！雪見列車の感動の旅、あったか雪見列車に乗ろう、ローカル列車に乗って名湯・秘湯を巡る、ローカル列車で温泉へ1 田中健が久大本線で"温泉天国"大分の絶景露天風呂を横断、ローカル列車で温泉へ2 旅行作家・野口冬人がすすめる陸羽東線で雪見の露天風呂を巡る、ローカル線に乗って冬の4大カニを食べに行く！、レイルウェ

鉄道旅行・紀行

イ・ライター 種村直樹流「はやぶさ」の愉しみ方、冬の「日帰り」ローカル線の旅プラン

◇国際鉄道時刻表旅行術 ヨーロッパ編 木村英夫著 自由国民社 1998.5 247p 19cm 1800円 ①4-426-88700-3
[内容]鉄道の旅をこよなく愛する著者が贈る"時刻表"による海外旅行の楽しみ。

◇こだわりの鉄道ひとり旅 池田光雅著 光人社 2000.1 225p 19cm 1700円 ①4-7698-0948-4
[内容]国鉄からJRに移り変わって10年余―SLブームの時代に青春の真っ只中を過ごした著者が、地方色豊かな駅や町、人々の情に触れながら、時にはのんびりと、時に駆け足でまわるチョッピリ変わったひとり旅。九州、北陸、北海道をめぐり、思うままにつづるこだわりの鉄道紀行。

◇子どもに絶対ウケる!「パパ鉄」バイブル―大満足の全国鉄道スポット55 笹田昌宏著 講談社 2011.10 126p 21cm (講談社の実用book) 1200円 ①978-4-06-299750-8
[内容]乗る、撮る、遊ぶ、学ぶ。家族みんなを笑顔にする、充実の鉄道旅行プラン満載。面白列車、絶景、博物館、レストラン、ホテル…乗りたい、行きたい場所をギュギュッと凝縮。

◇最新鉄道旅行術 種村直樹著 JTB 1997.1 339p 19cm 1236円 ①4-533-02640-0
[目次]A 旅に出よう、B 時刻表に親しむ、C 計画をたてる、D 旅を彩る列車たち、E きっぷの知識、F どこに泊まるか、G 出発から車中まで、H 線路と駅の魅力、I 旅先での楽しみ、J 旅から帰って

◇埼玉のローカル線のんびり旅 のんびり旅製作委員会編 さいたま 幹書房 2013.7 141p 21cm 1500円 ①978-4-906799-26-8
[内容]駅をめぐる小さな発見の旅へ。駅の楽しみ方・車両説明・各鉄道の歴史や沿線のイベント&花ごよみまで情報満載。

◇「最長片道切符の旅」取材ノート 宮脇俊三著 新潮社 2010.11 440p 21cm (新潮文庫) 590円 ①978-4-10-126815-6
[内容]昭和52年、国鉄全線乗車を果たした稀代の「乗り鉄」宮脇俊三。翌年、北海道から鹿児島まで一筆書きに乗り継ぐ「日本一遠回りの旅」に挑み鉄道紀行文学の金字塔となった『最長片道切符の旅』を書き上げる。本書は乗車距離13319.4キロ、全34日に及んだその旅の間に、著者が記した詳細な取材メモと手描き地図を完全収録。「伝説の旅」の舞台裏が、圧倒的な臨場感とともにいま甦る。

◇最長片道切符11195.7キロ―日本列島ジグザク鉄道の旅 原口隆行著 学習研究社 2008.7 375p 21cm 1900円 ①978-4-05-403804-2
[内容]宮脇俊三の『最長片道切符の旅』から30年、ベテラン鉄道ライターが稚内から肥前山口まで43日間の「ばかばかしくもまた、壮大な遠回り」に挑んだ―。

◇斉藤雪乃の鉄道旅案内―関西版 大阪 京阪神エルマガジン社 2017.3 143p 21cm 1300円 ①978-4-87435-536-7
[内容]鉄道大好きタレントがお気に入りの路線や車両、街や店を案内!

◇されど汽笛よ高らかに―文人たちの汽車旅 佐藤喜一著 成山堂書店 2002.9 220p 19cm 1600円 ①4-425-96001-7
[内容]かつての文人たちや小説の主人公たちは、どんな思いで汽車に乗り、いかなる感懐を抱いて、停車場に降り立ったんだろう? 時刻表・鉄道資料片手にとことん追究した、画期的な鉄道エッセイ。

◇山河鉄道紀行―にっぽんの清流を走る絶景路線ガイド インターナショナル・ラグジュアリー・メディア 2011.10 127p 30cm〈文献あり〉 1429円 ①978-4-905144-44-1

◇傘寿の挑戦・私鉄全線完乗の旅 津屋英樹著 伊丹 牧歌舎,星雲社〔発売〕 2018.2 383p 19cm 1800円 ①978-4-434-24390-5
[内容]旧国鉄全線の完乗を達成した著者が30年後の傘寿に挑むのは私鉄全線の完乗。若者に負けない体力、気力、判断力、決断力を鍛え、「青春18きっぷ」も活用しながら、トロッコ列車、リニアカー、路面電車、モノレール、ナローゲージ車などの全国の私鉄のすべてに乗りまくったおもしろ旅エッセイの第六弾。「大型客船で地中海・大西洋を航く」、「北海道バス旅1200キロ」、「近江路をめぐる旅」、「新潟・米沢の城下町を歩く」も併載。

旅行・乗車

鉄道旅行・紀行

◇三大大陸鉄道の旅―世界の鉄道紀行　櫻井寛写真・文　世界文化社　2006.11　174p　21cm　（ほたるの本）〈「三大「大陸鉄道」豪華寝台特急の旅」（2000年刊）の改訂　著作目録あり〉　1800円　①4-418-06530-X

|内容| ザ・ガン（オーストラリア）、アメリカン・オリエント・エクスプレス（北米）、ザ・ブルートレイン（アフリカ）。好評『三大「大陸鉄道」豪華寝台特急の旅』が改訂軽装版になって登場。

◇JR北海道全路線完乗記―北海道7日間2万5500円の旅　南慶一著　本の泉社　2013.3　175p　19cm　1300円　①978-4-7807-0920-9

|目次| JR北海道全線を7日間で旅する、第一日目（6月23日・土曜日）札幌～旭川～名寄～稚内～名寄（函館本線、宗谷本線）―利尻富士を眺めながら、第二日目（6月24日・日曜日）名寄～旭川～網走～東釧路～根室（宗谷本線、石北本線、釧網本線、根室本線）―原生花園から釧路湿原を通って、第三日目（6月25日・月曜日）根室～釧路～富良野～旭川～留萌（根室本線、富良野線、函館本線、留萌本線）―狩勝峠を越えて〔ほか〕

◇信楽高原鐵道の旅　平野彰男著　[名古屋]　[平野彰男]　2004.8　52p　26cm　476円

◇至高の名列車名路線の旅　川島令三[著]　講談社　2006.11　222p　18cm　（講談社＋α新書）　838円　①4-06-272408-1

|内容| 日本の3大車窓とは？　絶対に行ってみたい鉄道名所とは？　新線と復活線の極秘情報。

◇時刻表に載っていない鉄道に乗りにいく―おとなは青春鉄道で遊ぶ　遠森慶著・写真　講談社　2011.7　174p　21cm〈文献あり〉　1333円　①978-4-06-217003-1

|内容| 線路幅が狭いだけで心が踊る、吊り掛け音を聞くと涙がこぼれる、登山したら無意識に林鉄跡を探してる…、そんなあなたを震わせるスポット全国厳選36ヵ所＋付録。

◇静岡発　ローカル線てくてく歩記　清邦彦著　静岡　静岡新聞社　2008.11　175p　19cm　1400円　①978-4-7838-2227-1

|内容| あの日あの町、線路の旅。今もひっそりそこにある、ノスタルジアの風景。古い駅舎と駅前の味に出会う人情紀行。

◇車窓紀行　鉄道全線三十年―昭和・平成…乗った、撮った、また乗った!!　田中正恭著　心交社　2002.6　371p　19cm　1600円　①4-88302-741-4

|内容| 筋金入りの鉄道ファンがJR・第三セクター・会社線からケーブルカー・モノレール・路面電車まで日本鉄道全線を三十年にわたって乗り歩き完乗、国鉄全駅の入場券を集めることにも成功した。国鉄からJRへと大きく変貌を遂げた鉄道は、高度成長からバブル崩壊へと変遷した日本社会の縮図でもある。時代の流れ、人々の営みを車窓からクールに見つめた痛快紀行エッセイ。

◇終着駅　宮脇俊三著　河出書房新社　2012.1　232p　15cm　（河出文庫　み4-5）　680円　①978-4-309-41122-4

|内容| デビュー作『時刻表2万キロ』と『最長片道切符の旅』の間に執筆されていた幻の連載「終着駅」。当連載を含む発掘作品で構成される、最後の随筆集。あらゆる鉄道を最果てまで乗り尽くした著者が注いだ鉄道愛は、果てなくどこまでも続く、消えゆくローカル線の旅情を紡いだ「鉄道紀行文学の父」が届ける車窓の記憶。

◇週末鉄道紀行　西村健太郎[著]　アルファポリス　2009.7　281p　19cm〈発売：星雲社〉　1400円　①978-4-434-13312-1

|内容| 通勤電車で吊革を握りながら見た蒼い空、鉄橋を渡る音、北の国の観光ポスター、客がまばらな反対方向への列車、帰路の車窓に流れていく光の帯、ターミナル駅で出会った長距離列車。ありふれた日常に「旅」を感じる一瞬、自分の中の逃避願望が湧いてきて、ふらりと鉄道に乗って日常からの脱出を試みる。アルファポリス旅行記大賞受賞。

◇週末鉄道旅行　ニッポン鉄道旅行研究会著　宝島社　2013.12　255p　18cm　（宝島社新書　427）　800円　①978-4-8002-1920-6

|内容| 多忙な現代人に許された短い自由時間をフルに使い、鉄道の旅に一家言をもつ著者たちが、これぞ至高と推す旅程を紹介する。新幹線で約9万円かけて日本を縦断する旅から、土地土地の美味なる20個もの駅弁を食べ尽くしたり、はるばる日本海で美しい夕陽に癒される旅まで、ストイックでありながら、ゆったり癒されるプランを網羅。行く先々の観光地をことごとく無視しながら、それが快感ですらある鉄道の旅が続く。

旅行・乗車

316

鉄道旅行・紀行

あなたの鉄道旅行に対する価値観を揺さぶる一冊。

◇週末夜汽車紀行　西村健太郎著　アルファポリス, 星雲社〔発売〕　2010.6　293p　19cm　1400円　①978-4-434-14642-8
内容 夜の海が見たいとか、家に帰りたくないとか、いつもと違う電車に乗って遠くへ行きたいとか、取るに足らない類の身勝手な空想だったものが、あまりに思いが大きくなったり、時間的な空白ができて緊張の糸が途切れたりすると、実行に移してしまうことがある―。夜だからこそ味わえる鉄道旅行の醍醐味！　週末の夜汽車旅行記3編と小さな夜旅7編を収録。

◇出張ついでのローカル線　野田隆著　メディアファクトリー　2011.10　238p　18cm　(メディアファクトリー新書039)　740円　①978-4-8401-4278-6
内容 ローカル線をめぐりたい―。そう望んでも、時間や金銭的な制約から、実際に訪れるのは容易ではない。そこで、出張の機会をちゃっかり利用しよう。札幌、仙台、東京、名古屋、福岡といった「出張先の大都市」からほんの少し足を延ばせば、魅惑のローカル線を味わえるのだ。さあ、なんとか出張中に3時間を捻出しよう。効率的な移動の方法や、人気路線の見どころなど旅のプランは、すべて本書に載っています。

◇首都圏 日帰り鉄道の旅　松本典久文・写真　ペガサス　2017.3　142p　21cm　1500円　①978-4-89332-069-8
内容 首都圏周辺、「鉄旅」が楽しめるおすすめ路線24選。

◇準急特快記者の旅―レイルウェイ・ライターの本　種村直樹著　JTB　2003.5　318p　19cm〈肖像あり　著作目録あり〉　1600円　①4-533-04777-7
内容 レイルウェイ・ライター30周年の傑作集。巻末に2003年現在のJR・民鉄旅客業線一覧掲載。

◇詳細イラストマップで日本全チンチン電車の一日旅　遠森慶文・写真・イラスト　講談社　2003.9　206p　21cm　1300円　①4-06-274121-0
内容 懐かしさと意外性に満ちた路面電車で思い立ったらすぐ、気軽なプチ旅行をしよう！　北海道から九州まで、全国20都市22路線。

◇じょっぱり先生の鉄道旅行　小池滋著　文芸春秋　1996.4　229p　20cm　1400円　①4-16-351510-0
内容 列車でなくては味わえない、どっきり感激漫遊記。

◇信州四季の駅旅　越信行著　長野　信濃毎日新聞社　2012.7　133p　21cm〈文献あり　索引あり〉　1500円　①978-4-7840-7195-1
内容 駅と列車、山と川と田園と…。懐かしくて美しい"ふるさと"の風景に、癒やしとメルヘンを求める旅。駅が魅せる季節の表情。長野県内全駅の写真付き一覧や車両紹介のコラムも収録。

◇人生これから列車の旅へ出発進行　外浪凛太郎著　日本随筆家協会　2008.7　265p　20cm　(現代名随筆叢書 97)　1500円　①978-4-88933-335-0
内容 世界の列車を乗り継いで、鉄道への夢を馳せる著者のロマンを展開する傑作。

◇新編 秘められた旅路―ローカル線に乗って　岡田喜秋著　天夢人, 山と溪谷社〔発売〕　2017.12　237p　19cm　(旅鉄LIBRARY 003)　1350円　①978-4-635-82024-0
内容 雑誌「旅」の名編集長が、若き日に発見した自然と人間。60年の歳月を経て、復刊！　地方路線の―なにげない―窓外の風景との出会い…21線収録。

◇スケッチでたどる信州の駅紀行―ちょっといい旅素敵なローカル駅　高力正行絵, 徳永靖写真, 高力一浩文, プランニングルーム桑の実編　松本　郷土出版社　1995.8　127p　15×21cm　1600円　①4-87663-290-1
内容 駅から始まる新しい旅、発見。信州の玄関口の駅、ホームから見える風景が自慢の駅、そして思わず途中下車したくなる駅―。とっておきの30駅をスケッチで紹介。

◇スタンプでめぐる鉄道の旅―JR西日本約550駅　山と溪谷社　2008.8　575p　21cm　2000円　①978-4-635-06180-3
内容 山陽新幹線からローカル線までJR西日本48路線。1ページに一駅。すべてのスタンプの由来解説付き。

◇スロー・トラベル 各駅下車で行こう！　カベルナリア吉田文・写真　東京書籍　2003.4　197p　21cm　1500円　①4-487-79883-3
内容 何気ないローカル列車の、名もない駅で降りてみる。そこには、普段着の街が、人

鉄道旅行・紀行

が、自然が、出会いが、たくさん詰まっています。魅力ある12路線、合計155駅（！）降り歩き旅。

◇聖地鉄道　渋谷申博著　洋泉社　2011.12　223p　17cm　（新書y）　860円　①978-4-86248-835-0
内容 伊勢神宮へと向かうJR参宮線をはじめ、全国には多くの「参詣のための鉄道」＝「聖地鉄道」が存在する。「聖地」と「鉄道」は切っても切れない関係なのだ。本書では、全国42の路線と聖地を取り上げ、その歴史や沿線風景などを解説。鉄道ファン、聖地ファンならずとも一度は行きたい聖地ガイド。

◇絶景秋列車の旅―陸羽東線西線から山陰本線まで　櫻井寛文・写真　東京書籍　2000.9　159p　21cm　2200円　①4-487-79474-9
内容 列車、駅、鉄道員、乗客、背後に広がる風景・風土。すぐれた写真家による日本の四季折々の絶景と文章。

◇絶景鉄道地図の旅　今尾恵介著　集英社　2014.1　203p　18cm　（集英社新書0721）　720円　①978-4-08-720721-7
内容 地形図からは鉄道に起きた様々な出来事も読み解くことが可能だ。例えば駅と駅との間隔が極端に短い路線がある理由や、単線・複線が混在する事情など、隠された秘密も明かされる。本書では、貴重な地図を多数収録し、日本の名勝を走る鉄道を紹介。鉄道ファンならずとも時空を超えた旅を味わうことができる。地図研究家、鉄道愛好家として絶大な人気を集める著者が贈る珠玉の一冊。

◇絶景夏列車の旅―富良野線から南紀一周黒潮線まで　櫻井寛文・写真　東京書籍　2000.5　157p　21cm　2200円　①4-487-79473-0
目次 富良野線（旭川～富良野）、根室本線（花咲線）（釧路～根室）、箱根登山鉄道（小田原～強羅）、小海線（小諸～小淵沢）、江ノ島電鉄（藤沢～鎌倉）、三陸鉄道リアス線（盛～釜石/宮古～久慈）、瀬戸大橋線（岡山～高松）、土讃線（多度津～窪川）、指宿枕崎線（西鹿児島～枕崎）、南紀一周黒潮線（名古屋～天王寺）

◇絶景春列車の旅―内房線から中央山岳縦貫線まで　櫻井寛文・写真　東京書籍　2000.2　159p　21cm　2200円　①4-487-79472-2

内容 待ち望んだ萌え出る春の旅。さまざまな花が車窓を飾ってくれる。すぐれた写真家による日本の四季折々の絶景と文章。

◇絶景冬列車の旅―宗谷本線から日本海縦貫線まで　櫻井寛文・写真　東京書籍　1999.11　159p　21cm　2200円　①4-487-79471-4
内容 春夏秋冬という四季を全面に打ち出した、著者が選んだ四季の絶景ベストテン路線。

◇絶対この季節に乗りたい鉄道の旅　佐々倉実写真，植村誠文　東京書籍　2009.9　191p　21cm　1800円　①978-4-487-80411-5
目次 春（『肥薩線』―九州の屋根を越える超展望路線，『いすみ鉄道・小湊鉄道』―房総半島を横断する山里のローカル線 ほか），夏（『山陰本線』―中国地方を縦貫する長大な田舎幹線，『南阿蘇鉄道』―阿蘇外輪山に沿って走る観光路線 ほか），秋（『陸羽東線』―湯治場へと続く南東北の横断路線，『長野電鉄』―東北信の町を結ぶどころの多い地方私鉄 ほか），冬（『釧網本線』―流氷が望める唯一の鉄道路線，『仙石線』―仙台市街から石巻までの都市路線 ほか）

◇全国私鉄特急の旅　小川裕夫著　平凡社　2006.10　229p　18cm　（平凡社新書343）　840円　①4-582-85343-9
内容 東武の「スペーシア」、西武の「ニューレッドアロー号」、京成の「スカイライナー」、小田急の「ロマンスカー」、名鉄の「ミュースカイ」「パノラマsuper」、近鉄の「伊勢志摩ライナー」、南海の「ラピート」…。特急は鉄道会社の顔であり、シンボルである。観光に、ビジネスに、各種の用途に使われる、大手私鉄一四社の特急に乗りまくる。

◇全國鐵道旅行繪圖　今尾恵介解説　立川　けやき出版　2011.4　253p　21cm　〈文献あり〉　1900円　①978-4-87751-437-2
目次 京成電車沿線案内（京成電鉄）、銚子へ銚子鉄道（銚子電気鉄道）、城東電車沿線案内（東京都電―廃止）、王子電気軌道沿線案内（東京都電荒川線ほか）、西武電車沿線御案内（西武鉄道）、京王電車沿線名所図絵（京王電鉄）、奥多摩 青梅電気鉄道（JR青梅線）、小田原急行鉄道沿線名所案内（小田急電鉄）、小田急沿線案内（小田急電鉄）、目黒蒲田・東京横浜電鉄沿線名所案内（東急電鉄）〔ほか〕

◇全国鉄道旅行図―JR旅客6社と全民鉄　［地図資料］　昭文社　1991.4　地図2枚：両面色刷　26×44-26×107cm（折

りたたみ26cm)〈タイトルはホルダーによる　ホルダー入〉 ①4-398-72021-9

◇全国フシギ乗り物ツアー　二村高史, 宮田幸治著　山海堂　2005.10　237p　19cm　1400円　①4-381-08584-1

[内容] 現在によみがえった保存鉄道、時刻表に載っているのに「ヘン」な鉄道、そしてクセモノぞろいのおかしな乗り物たち…、オモシロフシギな乗り物たちがズラリとそろって出発進行。

◇全線開業！ 新幹線と観光列車でめぐる九州の旅　日本鉄道旅行地図帳編集部編　新潮社　2011.2　95p　21cm　1200円　①978-4-10-320522-7

[内容] 九州新幹線・博多 - 鹿児島中央間が満を持して全線開業！ 新特急「あそぼーい！」「指宿のたまて箱」もお目見えで、ますます楽しくなる九州の鉄道の旅。鉄道地図や名駅弁、名駅舎に加え、行ってみたいあの場所や食べてみたいこの味など九州の魅力を紹介します。

◇全線全駅鉄道の旅　1　北海道JR私鉄2800キロ　宮脇俊三, 原田勝正編　小学館　1991.1　207p　21cm〈電化年表：p196 鉄道年表：p205〜207〉 1450円　①4-09-395301-5

[目次] エッセイ(宗谷本線と北辺の廃線跡めぐり, 花弁のようにひろがる線路網), JR線(海峡線, 函館本線, 室蘭本線・千歳線, 日高本線, 根室本線, 石北本線, 釧網本線, 宗谷本線, 留萠本線), 第3セクター(北海道ちほく高原鉄道), 公営鉄道(函館市交通局, 札幌市交通局), 特集(失われた鉄道を行く, コラム 今でも会える国鉄の名車たち), 資料編(線路増設一覧表, 電化年表, 駅名一覧, 廃止線一覧, 鉄道年表)

◇全線全駅鉄道の旅　1　宮脇俊三, 原田勝正編　［電子資料］　日本障害者リハビリテーション協会　1999.10　CD-ROM1枚　12cm〈平成10年度厚生省委託事業　原本：小学館 1991　収録時間：8時間22分〉

◇全線全駅鉄道の旅　2　東北JR私鉄3000キロ　宮脇俊三, 原田勝正編　小学館　1991.6　215p　21cm〈電化年表：p205 鉄道年表：p214〜215〉 1450円　①4-09-395302-3

[目次] 鉄道のある風景, 駅弁めぐり, 東北をめぐる中小私鉄と第3セクター, 北上山地、茫洋汽車旅, 縦貫線を軸にした鉄道網, JR線(新幹線, 東北本線), 第3セクター(野岩鉄道, 会津鉄道, 阿武隈急行, 三陸鉄道), 私鉄・公営鉄道(福島交通, 茨城交通, 日立電鉄, 仙台市交通局, 岩手開発鉄道, 栗原電鉄, 十和田観光電鉄, 南部縦貫鉄道, 下北交通), コラム 東北地方の消えた私鉄, 資料編(線路増設一覧表, 電化年表, 駅名一覧, 鉄道年表)

◇全線全駅鉄道の旅　3　奥羽・羽越JR私鉄1800キロ　宮脇俊三, 原田勝正編　小学館　1991.9　191p　21cm〈電化年表：p182〜183 鉄道年表：p190〜191〉 1450円　①4-09-395303-1

[目次] エッセイ(クマと美人の秋田内陸縦貫鉄道, 線路の接続方向を考える), JR線(奥羽本線, 羽越本線, 田沢湖線, 花輪線, 男鹿線, 五能線, 津軽線), 第3セクター(山形鉄道, 秋田内陸縦貫鉄道, 由利高原鉄道, コラム 奥羽地方・転換交付線の車両), 私鉄(小坂製錬, 弘南鉄道, 津軽鉄道, みどころ山かげに消えた小私鉄), 資料編(線路増設一覧表, 電化年表, 駅名一覧, 鉄道年表)

◇全線全駅鉄道の旅　4　関東JR私鉄2100キロ　宮脇俊三, 原田勝正編　小学館　1991.8　239p　21cm〈電化年表：p223〜225 鉄道年表：p237〜239〉 1450円　①4-09-395304-X

◇全線全駅鉄道の旅　5　東海道JR私鉄1900キロ　宮脇俊三, 原田勝正編　小学館　1990.11　231p　21cm〈付(1枚)：JR線走破マップ　電化年表：p222〜223 鉄道年表：p230〜231〉 1450円　①4-09-395305-8

[目次] 口絵(鉄道のある風景, 駅弁めぐり, TRAIN, 東海道をめぐる私鉄), エッセイ(大井川鉄道のアプト式新線, 東海道と東海道線), JR線(新幹線, 東海道本線, 御殿場線, 伊東線, 身延線, 飯田線, 武豊線), 第3セクター(天竜浜名湖鉄道, 愛知環状鉄道, 樽見鉄道), 私鉄(箱根登山鉄道, 伊豆箱根鉄道, 伊豆急行, 伊豆箱根鉄道, 岳南鉄道, 静岡鉄道, 大井川鉄道, 遠州鉄道, 豊橋鉄道), 資料編(線路増設一覧表, 電化年表, 駅名一覧, 鉄道年表)

◇全線全駅鉄道の旅　6　中央・上信越JR私鉄2200キロ　宮脇俊三, 原田勝正編　小学館　1991.3　215p　21cm〈電化年表：p206 鉄道年表：p214〜215〉 1450円　①4-09-395306-6

[目次] 口絵(鉄道のある風景, 駅弁めぐり, 中央・上信越をめぐる車両), エッセイ(塩の

道・大糸線,地域の発展に貢献した線路網),JR線（新幹線,信越本線,中央本線,高山本線),第3セクター（明知鉄道,長良川鉄道,神岡鉄道),私鉄（上田交通,長野電鉄,蒲原鉄道,新潟交通,富士急行,松本電気鉄道),資料編（線路増設一覧表,電化年表,駅名一覧,鉄道年表）

◇全線全駅鉄道の旅　7　北陸・山陰JR私鉄2300キロ　宮脇俊三,原田勝正編　小学館　1991.5　215p　21cm〈電化年表：p206　鉄道年表：p214〜215〉　1450円　ⓘ4-09-395307-4

目次　鉄道のある風景,駅弁めぐり,北陸・山陰をめぐる車両,エッセイ（北近畿タンゴ鉄道の陰翳礼讃,「京—大阪」を中心とする北陸・山陰への線路網),JR線（北陸本線,山陰本線 ほか),第3セクター（のと鉄道,北近畿タンゴ鉄道,若桜鉄道),私鉄（福井鉄道,京福電気鉄道,北陸鉄道,加越鉄道,富山地方鉄道,黒部峡谷鉄道,一畑電気鉄道),資料編（線路増設一覧表,電化年表,駅名一覧,鉄道年表）

◇全線全駅鉄道の旅　8　近畿JR私鉄1300キロ　宮脇俊三,原田勝正編　小学館　1991.4　207p　21cm〈電化年表：p198〜199　鉄道年表：p206〜207〉　1450円　ⓘ4-09-395308-2

目次　鉄道のある風景,駅弁めぐり,近畿をめぐる車両,エッセイ（紀勢本線ひとめぐり,京阪神間を軸とした線路網),JR線（大阪環状線,桜島線,福知山線,播但線,加古川線,関西本線,奈良線,片町線,桜井線,草津線,紀勢本線,名松線,参宮線,和歌山線,阪和線),第3セクター（三木鉄道,北条鉄道,信楽高原鉄道,伊勢鉄道),私鉄（近江鉄道,三岐鉄道,紀州鉄道,有田鉄道,野上電気鉄道),資料編

◇全線全駅鉄道の旅　9　山陽・四国JR私鉄3300キロ　宮脇俊三,原田勝正編　小学館　1991.2　231p　21cm〈電化年表：p219　鉄道年表：p230〜231〉　1450円　ⓘ4-09-395309-0

目次　鉄道のある風景,駅弁めぐり,山陽・四国をめぐる車両,エッセイ（瀬戸大橋線の見どころ,交通路の歴史を塗り変える),JR線（新幹線・博多南線,山陽本線・宮島航路,津山線,宇野線・本四備讃線・宇高航路 ほか),第3セクター（錦川鉄道,土佐くろしお鉄道),私鉄（同和鉱業片上鉄道,岡山電

気軌道 ほか),コラム 広島電鉄の電車,資料編

◇全線全駅鉄道の旅　10　九州JR私鉄2500キロ　宮脇俊三,原田勝正編　小学館　1991.7　215p　21cm〈電化年表：p203　鉄道年表：p214〜215〉　1450円　ⓘ4-09-395310-4

目次　エッセイ（松浦鉄道は変幻多彩,九州の島にめぐらされた鉄道網),JR線（鹿児島本線,筑豊本線,長崎本線,久大本線,豊肥本線,日豊本線),第3セクター（甘木鉄道,くま川鉄道,平成筑豊鉄道,松浦鉄道,南阿蘇鉄道,高千穂鉄道),私鉄・公営鉄道（熊本電気鉄道,熊本市交通局,鹿児島市交通局,島原鉄道,長崎電気軌道),特集（失われた鉄道—筑豊炭田の廃止線区),資料編（線路増設一覧表,廃止線一覧・電化年表,駅名一覧,鉄道年表）

◇全線全駅鉄道の旅　別巻1　東京・横浜・千葉・名古屋の私鉄　宮脇俊三,原田勝正編　小学館　1991.11　199p　21cm　1450円　ⓘ4-09-395311-2

目次　鉄道のある風景,私鉄をめぐる車両 東日本編,千葉県のニュータウン鉄道,競争から公共性への転換,京浜急行電鉄,東京急行電鉄,小田急電鉄,京王帝都電鉄,西武鉄道,東武鉄道,総武流山電鉄,埼玉新都市交通,千葉都市モノレール・山万,京成電鉄,新京成電鉄,北総開発鉄道・住宅・都市整備公団,帝都高速度交通営団,東京都交通局,東京モノレール,横浜市交通局,横浜新都市交通,湘南モノレール,相模鉄道,名古屋鉄道,名古屋市交通局,桃花台新交通

◇全線全駅鉄道の旅　別巻 2　大阪・神戸・京都・福岡の私鉄　宮脇俊三,原田勝正編　小学館　1991.10　183p　21cm〈鉄道年表：p180〜183〉　1450円　ⓘ4-09-395312-0

目次　鉄道のある風景,私鉄をめぐる車両/西日本編,神戸の鉄道は多彩,大都市間の競争路線と地方の産業路線,近畿日本鉄道,南海電気鉄道,阪堺電気軌道,大阪府都市開発,水間鉄道,京阪電気鉄道,京福電気鉄道,叡山電鉄,京都市交通局,嵯峨野観光鉄道,大阪市交通局,大阪高速鉄道,阪急電鉄,北大阪急行電鉄,能勢電鉄,阪神電気鉄道,山陽電気鉄道,神戸電鉄,北神急行電鉄,神戸高速鉄道,神戸市交通局,神戸新交通,西日本鉄道,福岡市交通局,筑豊電気鉄道,北九州高速鉄道

◇全日本鉄道バス旅行地図帳—最新2018年版　小学館クリエイティブ　2018.3　104p　30cm　〈小学館GREEN MooK—マップマガジン 10〉〈タイトル

鉄道旅行・紀行

は表紙による.奥付・背のタイトル：全日本鉄道旅行地図帳　発売：小学館〉1500円　①978-4-7780-5013-9

◇線路の果てに旅がある　宮脇俊三著　小学館　1994.1　221p　20cm　1300円　①4-09-387097-7
内容　鉄道の名所をたずね、車窓の四季を楽しみ、旅はどこまでも続く。自由自在の鉄道紀行。

◇線路の果てに旅がある　宮脇俊三著　新潮社　1997.1　227p　15cm　（新潮文庫）　400円　①4-10-126813-4
内容　旅に出たい。遠くへ行きたい。それなら汽車旅がいい。ローカル線はもちろんのこと、廃線跡を歩いて在りし日の情景に思いを馳せ、大都市の新線で見知らぬ世界に乗り込む。「宗谷本線と北辺の廃線跡めぐり」、「千葉県のニュータウン鉄道」、神戸の私鉄を乗り比べた「阪神の私鉄の面白さ」、「紀勢本線ひとまわり」など、旅情に溢れた、汽車旅の魅力が再発見できる鉄道紀行文十八篇を収録。

◇ぞっこん鉄道今昔―昭和の鉄道撮影地への旅　櫻井寛写真・文　朝日新聞出版　2012.8　205p　21cm　2300円　①978-4-02-331112-1
内容　中学生時代、父親の二眼レフ「リコーフレックス」で撮り始めた故郷の鉄道風景。それから三十数年後、鉄道写真家、櫻井寛が思い出の地を再訪問する鉄道旅紀行。

◇台湾鉄道の旅―ベストルートで台湾の魅力を余すところなく楽しもう！2018　イカロス出版　2017.10　138p　26cm　（イカロスMOOK）　1700円　①978-4-8022-0410-1

◇種村直樹の汽車旅相談室　種村直樹著　新版　自由国民社　2000.7　243p　19cm〈初版：実業之日本社刊〉　1400円　①4-426-54802-0
目次　第1章 旅に出る前に、第2章 普通きっぷのルール、第3章 特急券などのルール、第4章 トクトクきっぷのルール、第5章 変更・払い戻しとトラブル、第6章 汽車旅の雑学

◇旅ゆくrailman―鉄道は、わが命の綱・人の暮らしの宝物　東日本編　桜井詞著　京都　ウインかもがわ、（京都）かもがわ出版〔発売〕　2017.6　157p　19cm　1200円　①978-4-903882-84-0

目次　JR東海道新幹線―富士山がくっきり見えれば幸せ気分、JR東海道本線―名古屋→東京 沿線産業の盛衰想う、JR中央西線―次から次に無人駅、「秘境列車」も、JR高山線―昔ながらのまちの風情にふれながら、JR東日本八高線―「お蚕」地帯に残る非電化単線、JR中央東線―山塊を縫って走る風景を楽しむ、JR東北本線―震災・原発に思いを寄せながら、JR北陸新幹線―首都圏と直結した新しい顔、JR東北・北海道新幹線―「4時間の壁」への挑戦を実感、JR北海道―広がる大地は空気も違って魅せられる、札幌―京都 トワイライト号―夢がかなった神の贈り物、秋田内陸縦貫鉄道―廃線の危機との熱い闘いを実感、首都圏新都市鉄道つくばエクスプレス―未来をイメージして走る、日本一長いバス路線―大和八木（奈良）→新宮（和歌山）、スイス列車の旅―あこがれのアルプス山岳鉄道を満喫

◇旅は自由席　宮脇俊三著　新潮社　1991.12　239p　20cm〈付：宮脇俊三著作目録〉　1250円　①4-10-333508-4
内容　通勤通学電車や特急列車ばかりが鉄道ではない。鉄道好きの旅と日常とユニークな発想を綴って自在な旅心をさそうエッセイ集。

◇旅は自由席　宮脇俊三著　新潮社　1995.3　283p　15cm　（新潮文庫）　440円　①4-10-126811-8
内容　暇ではないのに今日も思いつきの旅に出る。春夏秋冬、東西南北、雨天炎天、美味礼賛。どんなに小さな旅行でも、二つと同じ旅はない。まだまだ知らない日本を訪ねて自由席から車窓をスケッチ。「最後 青函連絡船」「瀬戸大橋の美と気概」「日本最短"7.2mのトンネル"の優しさ」そして「名物を食う"万平"さんのこと」等々。変わりゆく鉄道と変わらない旅情をみつめた宮脇流紀行文集。

◇旅は自由席　宮脇俊三著　グラフ社　2007.5　270p　19cm〈新潮社1995年刊の復刊〉　1238円　①978-4-7662-1062-0
内容　『終着駅は始発駅』『汽車との散歩』に続く宮脇俊三珠玉のエッセイ集。喜怒哀楽さまざまな旅の息づかいを、気のおけない"自由席"でたっぷり味わう愉しみ。巻末には、在りし日の作家と作品を振り返る娘の解説を付した。

◇小さな鉄道旅日和―訪ねてみたいローカル線　杉崎行恭文写真、小野寺光子イラスト　JTBパブリッシング　2012.3

旅行・乗車

321

127p　21cm　1300円　①978-4-533-08561-1

|目次| 線路の先に見えるか鳥海山期待の旅―由利高原鉄道、実り豊かな長井盆地を青春列車は走る―山形鉄道フラワー長井線、緑とあかがね色 谷を行く列車は足尾の町へ―わたらせ渓谷鐵道、潮風の台地を進む懐かし列車は渚行く―ひたちなか海浜鉄道、木造駅舎と産業遺産をたどる999号―信楽鉄道、房総半島を走るキハで早春列車の旅―小湊鐵道、丸窓のむこうに信州の山並みと終着駅が見えた―上田電鉄、歴史と産業の高岡 個性派トラムの旅―万葉線、宿場町と煙突と駿河湾のミニ鉄道―岳南鉄道、濃尾平野から根尾谷へカラフルな列車は行く―樽見鉄道〔ほか〕

◇愛環鉄道歴史歩き　春日井・瀬戸 小さな鉄道の旅　大下武著　習志野　大巧社　2009.11　184p　18cm　1200円　①978-4-924899-74-2

|目次| 愛知環状鉄道（「愛環」）を知っていますか？，春日井市高蔵寺，高蔵寺駅，瀬戸市，中水野駅，瀬戸市駅，瀬戸口駅，山口駅，愛環鉄道へ乗入れするJR中央本線駅名案内 名古屋～高蔵寺

◇地図で歩く鉄道の峠　今尾恵介著　立川　けやき出版　1997.5　238p　19cm　1500円　①4-87751-013-3

|内容| 新幹線は日本全国を時速300kmで走り抜けることをめざすという。車窓には峠も山も谷もない。求めるのはひたすらスピードだ。そんな時代に、果敢に汽車が峠に挑んでいた風景に想いを馳せ、じっくりと地図を眺めながら鉄道と歩きで峠越えを楽しんでみよう。

◇父・宮脇俊三が愛したレールの響きを追って　宮脇灯子著　JTBパブリッシング　2008.8　223p　19cm〈他言語標題：Searching for the sound of the railway my father loved　写真：小林写函〉　1500円　①978-4-533-07200-0

|目次| 銚子電気鉄道、鹿島線・鹿島臨海鉄道、釜石線、山田線、五能線、小海線、土讃線、豊肥本線、肥薩線、山陰本線、石勝線（夕張支線）、釧網本線

◇出会い・発見の旅―中央線全駅乗り歩き　澤井泰著　リバティ書房　1998.5　225p　19cm　1300円　①4-89810-008-2

|内容| 鉄道・駅そして人・自然・町・文化との出会い、新たな発見を求めて、あなたも各駅停車の旅に出かけませんか。「鉄道は私の人生の一部です」と語る筆者が綴る、中央線のロマンあふれる旅の案内。

◇定年からの鉄道ひとり旅　野田隆著　洋泉社　2012.5　221p　18cm　（新書y 263）　800円　①978-4-86248-930-2

|内容| 家族や仕事に追われていた日々では、考えられなかった自由な時間が目の前にある。ならば、いつか行こうと思いながら、実現できなかった鉄道の旅に出てみよう！ おトクな切符で絶景路線を愉しむもよし、大都市からちょっと足を伸ばして「ついで旅」を愉しむもよし。さらには、豪華な列車で優雅な気分に浸るのもよし。テツ旅の達人が、その魅力と愉しみ方を伝授する。

◇定年からの鉄道旅行のススメ　野田隆著　洋泉社　2013.6　190p　18cm　（新書y 275）　800円　①978-4-8003-0106-2

|内容| 日本で味わえる鉄道の旅は多彩である。ゆったりとローカル線に揺られる愉しみもあれば、個性的な私鉄やユニークな観光列車に乗っても面白い。「青春18きっぷ」を片手に普通列車の旅をしても、豪華な特急車両に乗車すれば、少しトクした気分になれる。初めて訪れる街を路面電車の車窓から満喫してみたり一風変わった駅で途中下車してみるのも鉄道旅行の醍醐味だ。時間にも予定にも縛られない鉄道旅行の魅力をカリスマ「乗りテツ」の著者が伝授する！

◇デザイン満開九州列車の旅　INAXギャラリー企画委員会企画　INAX出版　2008.9　71p　21×21cm　（INAX booklet）〈他言語標題：Riding in style on the trains of Kyushu〉　1500円　①978-4-87275-845-0

|目次| ゆふいんの森（鹿児島本線・久大本線），あそ1962（豊肥本線），九州横断特急（豊肥本線・鹿児島本線・肥薩線），いさぶろう・しんぺい（肥薩線），はやとの風（肥薩線・日豊本線），はなのはなDX（指宿枕崎線），つばめ（九州新幹線），リレーつばめ（鹿児島本線），ソニック885系（鹿児島本線・日豊本線），ソニック883系（鹿児島本線・日豊本線），公共のものにこそ、最高のデザインを―インタビュー 水戸岡鋭治，鉄道遺産に近代を見る、ローカル線で長崎へ、鉄子、九州を行く

◇鉄子と駅男―電車でひゅるるん無人駅関東版　すずきさちこ著　エムディエヌコーポレーション　2004.8　93p　16×16cm〈東京 インプレスコミュニケー

ションズ（発売）〉　880円　①4-8443-5757-3

[内容]電車に乗るの幸せ。気ままにお出かけ駅散歩。地元の人々に出会い、その駅にしかない魅力をとことん味わう旅のお話。テレビCMでおなじみ、あのキノコの組の「すずきさちこ」のイラストエッセイ第一弾。

◇鉄子の旅—カラー特別版　菊池直恵,横見浩彦著　小学館　2007.12　6冊（別冊とも）　21cm　（Ikkicomix special）〈鉄子の旅「限定版」銚子電鉄応援box「北海道編」「東日本編」「東海編」「西日本編」「四国＆九州編」に分冊刊行　別冊（30p）：鉄子の旅銚子電鉄応援冊子　箱入（30cm）〉　全4571円　①978-4-09-941505-1

◇鉄子の旅—カラー特別版　四国＆九州編　菊池直恵,横見浩彦著　小学館　2007.12　92p　21cm　（Ikkicomix special）〈折り込み1枚〉　762円　①978-4-09-188396-4

◇テツ旅デビューのススメ　鈴木翔著　ミヤオビパブリッシング　2017.9　166p　19cm〈発売：宮帯出版社（京都）〉　1200円　①978-4-8016-0122-2

[内容]きっぷと時刻表の知識を持てば、お金と時間をコントロールできます。テツ旅62の基礎知識。

◇鉄ちゃんアナウンサー羽川英樹の「鉄漫」関西ぶらり列車旅　羽川英樹著　扶桑社　2009.4　192p　19cm〈背のタイトル：鉄漫鉄ちゃんアナウンサー羽川英樹の関西ぶらり列車旅〉　1200円　①978-4-594-05915-6

[内容]鉄道マニア・羽川アナがご案内します。安上がり、そしてノスタルジックな列車の旅。日帰り、一泊、二泊三日。一人のいいけど二人も楽しい。B級グルメに温泉情報、旅館ガイドも満載です。

◇鉄ちゃん、鉄子の面白すぎる鉄道雑学の旅　慶應義塾大学鉄道研究会著　河出書房新社　2009.1　218p　15cm（Kawade夢文庫）　514円　①978-4-309-49711-2

[内容]鉄道にも「ハイブリッド車両」が登場したって?!一日4本、しかも特急しか停まらない駅がある！…など、マニアも思わずなる最新ネタが詰まった「鉄道博学本」の決定版。

◇鉄道を愉しむ鈍行の旅—「青春18きっぷ」手づくり旅行　所澤秀樹著　ベストセラーズ　2010.7　223p　18cm　（ベスト新書 289）　781円　①978-4-584-12289-1

[内容]この国では、春と夏と冬の学校が休みになる時期に、全国のJR主要路線で奇妙な現象が起こる。「青春18きっぷ」を利用して鈍行列車を乗り継ぎ、相当な距離を移動する老若男女が激増するのである。そのネーミングや、学校が休みの時期に合わせて発売されることから、学生しか使えないものと勘違いされることもあるが、使用者の年齢制限はない。そこで近年は、現役を引退したシニア層のグループ旅行などにも大いに活用されている。本書では、著者なりの「青春18きっぷ」の活用法や、鈍行旅行の楽しみについて提案。

◇鉄道乙女のちいさな旅　横見浩彦責任編集,人文社編集部編　人文社　2009.7　127p　21cm　1600円　①978-4-7959-1220-5

[内容]乗り鉄必見！　横見浩彦乗り鉄マップ付き。掲載路線の見どころ一挙公開。

◇鉄道再発見の旅　栗原隆司著　福岡海鳥社　2007.9　133p　26cm　2800円　①978-4-87415-648-3

[内容]廃線や鉄道遺産、秘められた歴史、車窓を彩る風景や個性豊かな駅。あさかぜ、さくら、金星など、なつかしの名列車から鉄道旅行の楽しみ方まで。

◇鉄道世界旅行—絵入り　小池滋著,鈴木伸一絵　晶文社　1990.8　158p　22cm　1900円　①4-7949-5885-4

[内容]アメリカ大陸横断鉄道。シベリア鉄道「ロシア」号。オーストラリア横断特急列車。スイスの山岳鉄道…。鉄道ファン垂涎の的の、鉄道ファンならずとも一度は乗ってみたい、世界の名物鉄道が続々登場。それに加えて、鉄道博物館、市内電車、時刻表、駅、キップ、文学や映画や音楽や絵画にあらわれる鉄道の話題もいっぱい。

◇鉄道旅へ行ってきます　酒井順子,関川夏央,原武史著　講談社　2010.12　229p　20cm　1600円　①978-4-06-216693-5

[内容]「男二人＋女一人」という鉄道趣味史上初めての試み。希代の鉄道乗り三人が織りなす日本一の車窓旅。

◇鉄道旅で「道の駅”ご当地麺”」—全国66カ所の麺ストーリー　鈴木弘毅著　交通新聞社　2016.3　236p　18cm　（交

通新聞社新書 092） 800円 ⓘ978-4-330-65816-2
  内容 道の駅は、実は鉄道の駅から近いところも多い。また、東のそば、西のうどんのみならず、ラーメン、焼きそば、パスタなどを含め、麺類といえば、日本全国あらゆる場所に地域色豊かなメニューがある。本書では、全国47都道府県にある1079の道の駅のなかから、鉄道駅から歩いて10分以内で、ご当地ならではの麺類を出す、66ヵ所を紹介。おいしいことはもちろん、それぞれのメニューからは、地域の文化や歴史、風土が見えてくる。

◇鉄道旅とジオラマ・ミニ鉄道―18歳から始まる、大人の鉄道アラカルト AKIRA TATSUMI著 まむかいブックスギャラリー 2015.9 171p 21cm〈文献あり〉 1600円 ⓘ978-4-904402-04-7
  目次 1章 日本―「精密」「高速」に至った日本の鉄道交通ヒストリー、2章 ドイツ―必要なことをシステム化したドイツの鉄道、3章 スイス―アルプスの山岳地帯で技術力を磨いたスイスの鉄道、4章 イギリス―鉄道発祥の国イギリスに見る鉄道と町の発展、5章 アメリカ―国の発展とともに力をつけたアメリカの鉄道、6章 ジオラマ模型―日本、ドイツ、アメリカのジオラマ・ミニ鉄道

◇鉄道でゆく凸凹地形の旅 今尾恵介著 朝日新聞出版 2014.5 269p 18cm（朝日新書 463） 780円 ⓘ978-4-02-273563-8
  内容 日本の鉄道線路は、かくもダイナミックな勾配や曲線を描いていた！ 豊富な地図で見るユニークな線路。

◇鉄道でゆく東海絶景の旅 内藤昌康著 名古屋 風媒社 2010.5 146p 21cm（爽BOOKS） 1500円 ⓘ978-4-8331-0141-7
  内容 駅からちょっと足を延ばせば別世界！ カメラマンに人気の有名撮影地から、地元の人しか知らない穴場まで…気軽に楽しめる眺望スポット満載。

◇鉄道と旅する身体の近代―民謡・伝説からディスカバー・ジャパンへ 野村典彦著 青弓社 2011.10 562p 22cm（越境する近代 10）〈索引あり〉 3400円 ⓘ978-4-7872-2044-8
  内容 近代日本で鉄道が全国に敷設されたとき、地域は煙をあげて驀進する乗り物をどう受け入れ、人々は車窓から風景をどういう思いで眺め、生活に鉄道というメディアを織り込んでいったのか。民謡集や伝説集、案内記、旅行雑誌、広告などから鉄道と旅の想像力の歴史をたどり、身体感覚の変容を描き出す。

◇鉄道にっぽん！ 47都道府県の旅 1 北海道・東北・関東めぐり 山﨑友也監修 教育画劇 2017.2 55p 31cm 3500円 ⓘ978-4-7746-2088-6

◇鉄道にっぽん！ 47都道府県の旅 2 中部・近畿めぐり 山﨑友也監修 教育画劇 2017.3 52p 31cm 3500円 ⓘ978-4-7746-2089-3

◇鉄道にっぽん！ 47都道府県の旅 3 中国四国・九州沖縄めぐり 山﨑友也監修 教育画劇 2017.3 53p 31cm 3500円 ⓘ978-4-7746-2090-9

◇鉄道のある風景、旅で見た駅―世界の写真家たちによる旅の記録 MdN編集部編 エムディエヌコーポレーション 2014.7 191p 25cm〈発売：インプレスコミュニケーションズ〉 2200円 ⓘ978-4-8443-6429-0
  内容 広大な大地を駆け抜ける寝台列車、険しい山々を登る山岳鉄道、歴史ある観光列車、鬱蒼とした森林を貫く高速鉄道、郷愁漂う街並をゆく列車、観光名所を巡る鉄道、美しい海岸線をなぞって走る鉄道、古城や教会のある街中を通るトラム。世界の写真家たちによる旅で出会った鉄道のある風景と駅の記録。

◇テツ道のすゝめ―乗る、撮る、気ままに途中下車 野田隆著 名古屋 中日新聞社 2016.6 207p 19cm 1300円 ⓘ978-4-8062-0710-8
  内容 奥深いテツの世界へようこそ！ 人気の長距離列車から各地の観光列車、都市近郊の知られざる鉄道、ヨーロッパの列車まで。中日新聞、東京新聞連載に書き下ろし原稿を加えて充実のラインアップ！

◇鉄道の旅―途中下車自由自在 関東・甲信越編 松尾定行著 こうき社 2006.4 317p 19cm〈折り込1枚〉 1300円 ⓘ4-906664-20-2
  目次 大糸線、飯山線、只見線、上越線、吾妻線、信越線、中央本線、小海線、わたらせ渓谷鐵道、秩父鉄道、関東・甲信越の旅にありがたいトクトクきっぷ

鉄道旅行・紀行

◇鉄道の旅　西日本編　真島満秀写真・文　小学館　2008.4　207p　27cm　2600円　①978-4-09-395502-7
　内容　汽車旅の楽しみは、なんだろう？　風土、車窓、お国訛りの記憶。心を映す日本の旅がいまはじまる。日本を愛する人に贈る珠玉の鉄道写真とエッセイ。

◇鉄道の旅　東日本編　真島満秀写真・文　小学館　2007.3　207p　27cm　2600円　①978-4-09-395501-0
　目次　北海道（宗谷本線―旭川～稚内、石北本線―新旭川～網走、釧網本線―東釧路～網走ほか）、東北（五能線―東能代～川部、大湊線―野辺地～大湊、男鹿線―追分～男鹿ほか）、関東甲信越（信越本線―篠ノ井～新潟、飯山線―豊野～越後川口、大糸線―松本～糸魚川ほか）

◇鉄道の旅―こんな頭のいい方法があったのか　もっとお得、さらに快適な旅の裏ワザ・隠しワザ　暮らしの達人研究班編　河出書房新社　2004.5　223p　15cm　（Kawade夢文庫）　476円　①4-309-49530-3
　内容　超お得なきっぷの買い方、時刻表の賢い活用術、安心な旅を楽しむ秘訣…この天オワザの数々を実践すれば、あなたの鉄道旅行はだんぜん素敵になる。

◇鉄道の旅手帖―乗った路線をぬりつぶしてつくる自分だけの旅の記録　改訂新版　実業之日本社　2015.2　191p　19cm　〈文献あり〉　1200円　①978-4-408-11125-4
　内容　乗った路線をぬりつぶしてつくる自分だけの旅の記録。JR・私鉄の全路線・全駅（一部を除く）を地図とリストで再現。1980年以降に廃止になった路線・ルート・駅や、列車交換のある信号場も収録。「全駅下車」をめざす人に使いやすい、充実したメモ欄。北陸新幹線開業に対応。

◇鉄道の旅手帖―車窓ガイド増結　100年前の名文車窓ガイド乗りつぶし地図駅チェックリスト　カラー版　西日本編　ブルーガイド編集部企画・編集　実業之日本社　2010.6　175p　19cm　〈文献あり〉　1100円　①978-4-408-00823-3
　内容　JR全路線・全駅、私鉄全線・全駅（一部を除く）を地図とリストで表現。1980年以降に廃止になった路線・ルート・駅や、列車交換のある信号場、主要な車両基地も収録。「全駅下車」をめざす人に使いやすい、充実したメモ欄。車窓の風景や、廃止路線のプロフィールを地図上にコメント。

◇鉄道の旅手帖―車窓ガイド増結　100年前の名文車窓ガイド乗りつぶし地図駅チェックリスト　カラー版　東日本編　ブルーガイド編集部企画・編集　実業之日本社　2010.6　175p　19cm　〈文献あり〉　1100円　①978-4-408-00822-6
　内容　JR全路線・全駅、私鉄全線・全駅（一部を除く）を地図とリストで表現。1980年以降に廃止になった路線・ルート・駅や、列車交換のある信号場、主要な車両基地も収録。「全駅下車」をめざす人に使いやすい、充実したメモ欄。車窓の風景や、廃止路線のプロフィールを地図上にコメント。

◇鉄道の旅ノート―乗りつぶし記録帖　2017～2018　実業之日本社　2017.2　65p　26cm　（ブルーガイド・グラフィック）〈文献あり〉　926円　①978-4-408-06349-2

◇鉄道ひとり旅―郷愁の昭和鉄道紀行　芦原伸著　講談社　2008.10　363p　20cm　（The new fifties）　1900円　①978-4-06-269277-9
　内容　鉄道の旅の懐かしい記憶と貴重な記録が一冊に！　蒸気機関車C62の勇姿、廃線跡、名物路線、名物列車などの完全乗車記。

◇鉄道ひとり旅入門　今尾恵介著　筑摩書房　2011.6　221p　18cm　（ちくまプリマー新書　161）　840円　①978-4-480-68863-7
　内容　あえて遅い列車に乗り、ひとり旅に出よう。車窓の風景に目をこらして、想像をめぐらせばその土地の営みや、過去や未来も見えてくる。鉄道旅の初心者から達人まで、読んで乗って楽しい一冊。

◇鉄道ファンのためのトレインビュー・ホテル　伊藤博康編著　東京堂出版　2011.2　166p　21cm　1900円　①978-4-490-20726-2
　内容　一人で景色を独占・二人で迫力に驚愕・家族で仲良く堪能…北海道から九州まで、全国から厳選した、「見える！」「撮れる！」列車が間近のホテルを一挙公開。部屋にいながらにして、レア車両までバッチリ。あまりに列車が見えすぎて、寝るのが惜しくなる、至高の鉄道ビュー。

◇鉄道文学の旅　野村智之著　郁朋社　2009.9　183p　19cm　〈文献あり〉　1000円　①978-4-87302-450-9

325

鉄道旅行・紀行

◇鉄道マンが行く日本縦断JR56の旅　小寺雅夫著　広島　南々社　2006.6　150p　21cm　1000円　①4-931524-56-7
[内容]本書は、余暇を利用し、日本全国56か所を旅して歩き回った現役鉄道マンによる旅行記であり、国内以外にも最近訪れた「韓国」「シンガポール」「クアラルンプール」「中国」「上海」などの海外旅行記も合わせて収録した。

◇鉄道旅行週末だけでこんなに行ける！　所澤秀樹著　光文社　2013.7　284p　18cm　（光文社新書 653）〈文献あり〉　820円　①978-4-334-03756-7
[内容]東京発（金・夜）→阿蘇山（土・昼）→別府温泉（土・夜）→八幡浜ちゃんぽん（日・朝）→大歩危・かずら橋（日・夕）→讃岐うどん（日・夜）→月朝出勤。こんなテンコ盛りプランが有休なしで実現できる！忙しい現代人に贈る大胆で豪快な鉄道旅行術。

◇鉄道旅行術―きしゃ・きっぷ・やど　種村直樹著　新版　日本交通公社出版事業局　1991.7　325p　19cm　（JTBのガイドシリーズ―401）　1010円　①4-533-00846-1
[目次]旅に出よう、旅立つ前に、きっぷの知識、さあ出発だ、車中の楽しみ、現地にて、旅から帰って

◇鉄道旅行術　種村直樹著　新版　自由国民社　2014.4　191p　19cm〈初版：日本交通公社出版事業局 1977年刊〉　1200円　①978-4-426-11754-2
[目次]A 旅に出よう、B 時刻表・列車、C きっぷ、D 出発から車中、旅先での楽しみ、E 線路と駅の魅力、F 旅から帰って

◇鉄道旅行日本全線乗りつぶしMAP―JR・私鉄・地下鉄はもちろん路面電車も網羅した最新路線地図　双葉社　2016.7　64p　30cm　（双葉社スーパームック）〈文献あり〉　1200円　①978-4-575-45622-6

◇鉄道旅行のたのしみ　宮脇俊三［著］　角川書店　2008.11　243p　15cm　（角川文庫）〈発売：角川グループパブリッシング〉　514円　①978-4-04-159812-2
[内容]鉄道でどこかに行くことだけではなく、鉄道に乗ることそのもののたのしさが分かる1冊。東海道、関東、近畿、九州、東北

など、その土地ごとの路線の乗りこなし方と、逃したくない見どころ、地方線ならではの味わいなどを紹介。また、時刻表の読み方や、路線の歴史、ちょっとした雑学などをひもときながら、これからはじめて鉄道旅行をたのしみたいという人にも分かりやすく、その魅力と奥深さを伝えます。

◇鉄道旅行の歴史―19世紀における空間と時間の工業化　ヴォルフガング・シヴェルブシュ著，加藤二郎訳　法政大学出版局　2007.6　268,7p　21cm　3200円　①978-4-588-27641-5
[目次]原動力の機械化、機械のアンサンブル、鉄道の空間と鉄道の時間、パノラマ風の旅行、仕切った車室、米国の鉄道、鉄道旅行の病理学、事故、鉄道事故、鉄道性脊柱、外傷性ノイローゼ、刺戟保護、または工業化した意識、都市への入り口 駅、都市の中の鉄道線路

◇鉄道ルポルタージュ秘録―レールの上のこぼれ話　池口英司著　交通新聞社　2016.12　143p　21cm　（DJ鉄ぶらブックス 線路端のたのしみを誘う本 018）　1500円　①978-4-330-75116-0
[目次]序章 江ノ電という身近な存在―わがブログのことはじめ、第1章 話題の列車に乗ったこと（新幹線再発見―新幹線の旅をもっと楽しむためのくふう、やっぱりSLがいちばん？保存蒸機の話―全国で復活がつづく蒸気機関車 ほか）、第2章 地方を旅したこと（三陸の鉄道を訪ねる―大震災で変わったもの、変わらないもの、余部橋梁の変貌―トラス橋の時代・コンクリート橋の時代 ほか）、第3章 鉄道の現場を訪ねたこと（九州鉄道記念館訪問―心から鉄道を愛する副館長の日課、運転士はいつも遅刻の夢を見る―乗務員に聞いた現場の苦労 ほか）、第4章 地域の活力をもらったこと（大井川鐵道に通う―生き残りを探るローカル私鉄、天竜浜名湖鉄道で「国鉄」の旅を―積極的に鉄道遺産を保存する第三セクター鉄道 ほか）

◇鉄トレ！―謎解き鉄道ミニトリップ　屋敷直子著，結解喜幸監修　交通新聞社　2018.3　207p　21cm　（散歩の達人POCKET）　1300円　①978-4-330-86518-8
[内容]箱根ゴールドコース/富士山の麓で鉄道三昧/両端2駅しかない盲腸線/何度も都県境を越える路線/相互乗り入れ最長列車が通過する駅/なぜか列車が12時間半の大回りに挑戦/地下鉄を一筆書きで巡る/モノレールで空中散歩/東京湾をフェリーで渡

る/路線図にない路線に乗る/鉄道界の"ナンバーワン"/東京駅特急列車ウォッチング/温泉駅」を訪ねる、ほか、「いつもの電車」「近くの路線」がもっと楽しくなる!?

◇テツに学ぶ楽しい鉄道旅入門　野田隆著　ポプラ社　2016.4　213p　18cm　（ポプラ新書 092）〈「素晴らしき哉、鉄道人生」（2005年刊）の改題、加筆・修正〉　780円　①978-4-591-14997-3
内容 記録、収集、会社運営まで。あなたの旅が深まる、鉄道趣味の数々。新幹線開業やローカル観光列車の増加など、旅の変化に合わせ、独自の進化を続ける鉄道マニア＝テツたち。こだわりすぎて一見不可解・不自由に見える彼らの行動は、極めることの楽しさ、わが道を貫くたくましさに満ちている。絶景、グルメもひと味違う、旅と人生を謳歌するヒント満載。

◇「鉄のぬけ道」をあるく―知ってて得する88のルート　松尾定行著　東京堂出版　2007.12　281, 3p　19cm　1600円　①978-4-490-20622-7
内容 駅と駅を結ぶ鉄の細道ぶらり旅。路線と路線を徒歩連絡して、時間短縮・運賃節約!!「あと5分早くこの電車が着いてくれれば、1本早い電車に乗り継げるのに」「2回も乗り換えるのは面倒。少し歩いてもいいから1回で済ませたい」時間を節約して、しかも安く行ける、裏ワザの「ぬけ道」を紹介。

◇テツはこんな旅をしている―鉄道旅行再発見　野田隆著　平凡社　2014.3　222p　18cm　（平凡社新書 722）　760円　①978-4-582-85722-1
内容 鉄道ブームもすっかり定着。車窓から絶景を眺め、観光列車にも乗った。それも楽しいけれど、もっと深く鉄道旅行を楽しみたい…。そこでテツ歴半世紀余の著者が、こだわりと工夫に満ちた8つの鉄道旅を開陳！

◇電車でお得に日常を離れる週末「テツたび」ライフ　鈴木翔著　幻冬舎メディアコンサルティング　2016.12　158p　19cm〈発売：幻冬舎〉　1100円　①978-4-344-91016-4
内容 月イチ土日、1万円から始められる小旅行。「お金がない×時間がない＝リフレッシュできない」人必見！15年以上鉄道の旅を満喫してきた「乗り鉄」著者が語る、鉄道旅の魅力が詰まった1冊。

◇東海道新幹線各駅停車の旅　甲斐みのり著　ウェッジ　2013.6　175p　21cm　1400円　①978-4-86310-111-1
内容 お江戸散歩の品川、町ごと博物館のような小田原、懐かしい昭和の雰囲気漂う熱海、富士山を仰ぐ新富士、おでんがおいしい静岡、クラシックな建物づくしの米原、ロマンチックな大阪…。見て、歩いて、食べて、それぞれの街を存分に味わいつくした、全17駅。

◇東京～札幌鉄タビ変遷記―青函連絡船から北海道新幹線へ　佐藤正樹著　交通新聞社　2016.2　262p　18cm　（交通新聞社新書 089）〈文献あり〉　800円　①978-4-330-64016-7
内容 平成28年3月26日、北海道に念願の新幹線が開業する。学生時代から近年にかけて東京～札幌間を鉄道で何度となく行き来した筆者が、乗車した過去の列車の思い出を中心に、40年近くにおよぶ東京～札幌間の鉄路による旅の歴史を振り返る。また、資料篇として、明治時代から北海道新幹線開業前まで東京～札幌間を最速で結んだ列車の変遷や北海道新幹線開業にまつわる動きも紹介する。

◇東北ローカル線の旅　大穂耕一郎編　秋田　無明舎出版　2005.4　137p　21cm　（んだんだブックス）　1600円　①4-89544-390-6

◇途中下車の愉しみ　櫻井寛著　日本経済新聞出版社　2011.2　229p　18cm　（日経プレミアシリーズ 110）　850円　①978-4-532-26110-8
内容 桃の花一色に染まる新府駅、東京湾の絶景が見られる浜金谷駅、駅名から想像が膨らむ帯解駅、上下駅、御免駅。海面下140メートルの竜飛海底駅、杉の美林に囲まれた智頭駅―。あなたものんびり訪ねてみませんか。日経夕刊連載「にっぽん途中下車」から、寄り道して楽しめる駅を紹介。

◇十津川警部とたどるローカル線の旅　西村京太郎著　角川学芸出版, 角川グループパブリッシング〔発売〕　2012.9　195, 6p　18cm　（角川oneテーマ21）　724円　①978-4-04-653415-6
内容 旅好きに、鉄道好きに、トラベル・ミステリーの第一人者・西村京太郎が、旅の楽しみ方を「伝授」。名探偵・十津川警部が巡った全国のローカル線を、温泉、絶景、リゾート地、文学、歴史と共に、著者ならではの視点で案内する。鉄道と旅をもっと満喫するためのトラベルガイド。

鉄道旅行・紀行

◇とやま電車王国―いまは山中、いまは浜ぐる〜り富山を鉄道の旅　富山　北日本新聞社　2011.11　183p　19cm〈文献あり〉　1800円　①978-4-86175-060-1

◇鈍行列車紀行―1961〜1970 写真集　杉田修写真・文　青谷舎　1994.7　2冊　27×34cm　全30000円

◇懐かしの北海道鉄道の旅―明治・大正・昭和期　矢島睿著　札幌　中西出版　2012.11　241p　21cm〈文献あり〉　1200円　①978-4-89115-269-7

◇にっぽん観光列車の旅―絶景の達人太鼓判　K＆Bパブリッシャーズ　2015.5　238p　22cm（地球新発見の旅）　1500円　①978-4-902800-49-4
[内容]決定版！人気列車と沿線観光地旅ガイド。1泊2日モデルプランと沿線地図・見どころ紹介。レストラン列車/SL/トロッコ列車/展望列車/ラッピング車両…

◇にっぽん縦断ローカル線ここが凄い！　博学こだわり倶楽部編　河出書房新社　2014.6　223p　15cm（KAWADE夢文庫 K997）〈文献あり〉　620円　①978-4-309-49897-3
[内容]1年のうち2日間だけ営業する幻の駅、「こたつ」列車、「グルメライン」の異名をもつ路線など、まさかの鉄道がいっぱい！今すぐ"鉄たび"に出かけたくなる本！

◇日本全国鉄道旅行―鉄道ものしり博士になっちゃおう！　昭文社　2007（3刷）　79p　30cm（なるほどkids）　1600円　①4-398-14605-9
[内容]きみは、旅行やおでかけをするとき、鉄道を利用することがあるよね。毎日、電車で通学している人もいるかもしれないね。この本では、日本じゅうを走っているぼくたちのなかまをしょうかいしていくよ。すがたや形、走るスピードや動くしくみなどがちがう、いろいろな個性をもったたくさんのなかまたちが、今日もかつやくしているよ。ぼくたちのじこしょうかいが終わったら、つぎは、地図を見ながら、いっしょに日本全国を旅してみよう。山をこえ、川をわたり、海ぞいを走るのは、とてもきもちいいよ。

◇ニッポン鉄道全線完乗―愛と執着の二万八〇〇〇キロ　菊地忠昭著　三一書房　1997.6　236p　19cm　1600円　①4-380-97250-X

◇ニッポン鉄道の旅68選　谷川一巳著　平凡社　2016.6　246p　18cm（平凡社新書 817）　820円　①978-4-582-85817-4
[目次]序 発車ッ！，1 鬼ヤンマと居眠り，2 夢の跡，3 走る風景，4 旅の忘れもの，5 レールの果て，6 路線の貌，7 東京周辺旅気分

◇にっぽんローカル鉄道の旅　野田隆著　平凡社　2005.10　210p　18cm（平凡社新書）　780円　①4-582-85292-0
[内容]今、全国各地のローカル鉄道は厳しい経営状況にあえいでいる。近い将来、廃止されるかもしれない路線もある。だが、「ローカル鉄道」という言葉ほど旅心をそそるものはない。時には気ままな旅人のように、どこか遠くの小さな町へ。遠回りをして、いつか行ったあの場所へ。今日もけなげに走る電車や列車たちが、私たちを連れていってくれる。中小私鉄・3セクの中から著者独自の視点で選んだ17路線の鉄道紀行。頑張るローカル鉄道へのエール。

◇日本縦断「ローカル列車」を乗りこなす　種村直樹著　青春出版社　2006.6　205p　18cm（青春新書インテリジェンス）　730円　①4-413-04147-X
[内容]消えゆく路線、地図にも載らない見所…日本の鉄道全線を知りつくした著者の世界でいちばん楽しい鉄道の旅。

◇日本全国駅の旅―あの駅・この駅フォトスケッチ　真島満秀写真・文　講談社　1997.5　119p　21cm（講談社カルチャーブックス 118）　1600円　①4-06-198122-6
[目次]プロローグ 駅の四季，第1章 駅の美学―歴史を映す駅，第2章 途中下車―文化が香る駅，第3章 旅の途中で―温泉が楽しめる駅，第4章 駅の造形―ユニークな駅，データ編

◇日本全国絶景鉄道の旅―すべての人に乗り鉄の楽しさを！　2015年版　横見浩彦監修　戎光祥出版　2015.2　127p　26cm　1500円　①978-4-86403-143-1
[内容]本書では、関東甲信越地方の絶景路線に加え、関西地方のケーブルカーの情報を収録。各路線の魅力に迫ります。旅人には、鉄道アイドル、紀行作家、ノンフィクション作家など、乗り鉄のプロたち

鉄道旅行・紀行

を起用するとともに、女子鉄、親子鉄、夫婦鉄、お一人様、呑み鉄、祖母鉄など様々な要素の旅を紹介。様々な視点の鉄道旅行をご提案いたします。さらに、「各駅停車ガイド」では、駅から徒歩圏内の名所案内を収録するなど実用的な情報も満載です。また、コラムでは鉄道旅行を楽しむために必要な情報を紹介しています。

◇日本全国絶景列車の旅　櫻井寛写真・文　世界文化社　2007.8　319p　26cm〈折り込1枚〉　3200円　①978-4-418-07508-9
　内容 北海道から沖縄まで全国2万キロ以上の路線・列車を網羅。鉄道紀行の第一人者・櫻井寛が全面執筆。主要路線は全線3Dマップ付。ビジュアル鉄道本の決定版。

◇日本全国鉄道旅行―鉄道ものしり博士になっちゃおう！　長谷川章監修　昭文社　2008（4刷）　79p　30cm（なるほどkids）　1600円　①978-4-398-14614-4
　内容 鉄道ものしり博士になっちゃお。ぜーんぶの駅がのっているよ。空から全国の駅をながめてみよう。小学生向け鉄道入門本。

◇日本全国ローカル列車ひとり旅　遠森慶文・イラスト・写真　双葉社　2005.11　253p　19cm　1500円　①4-575-29847-6
　内容 観光ガイド、鉄道雑学、駅弁・グッズ紹介。イラスト＆写真解説付き。

◇日本全国路面電車の旅　小川裕夫編著　平凡社　2005.5　237p　18cm（平凡社新書）　840円　①4-582-85275-0
　内容 自動車に押されて姿を消していった路面電車。ところが、人に優しい公共交通として、また観光資源として見直され、新型車両の導入やレトロ電車の復活も進んでいる。全国の路面電車に乗車し、路線、車体、車窓風景、観光スポットなどを丁寧に紹介し、電車を愛する地元の人々と出会う。

◇日本の鉄道各駅停車の旅　原口隆行著　ダイヤモンド社　2004.5　158p　21cm　1500円　①4-478-96088-7
　内容 どこか懐かしい風景と、日本の四季を求めて旅に出よう。日本をネットするJR路線と郷愁をそそるローカル私鉄線からおすすめの37路線を厳選。

◇日本の鉄道ナンバーワン＆オンリーワン―日本一の鉄道をたずねる旅　伊藤博康著　大阪　創元社　2014.12　253p　19cm〈文献あり〉　1200円　①978-4-422-24069-5
　内容 鉄道好きなら一度は行きたい、知っておきたい。あらゆる日本一、日本唯一を日本最大の有料鉄道趣味サイト「鉄道フォーラム」代表がご案内。お馴染みの知識からマニアックなネタまで、必読・必見・必乗の一冊。

◇日本廃線鉄道紀行　大倉乾吾著　文藝春秋　2004.10　239p　16cm（文春文庫plus）　562円　①4-16-766066-0
　内容 報道カメラマンとして勇名を馳せる著者のもう一つの顔が鉄道ファン。子供の頃から汽車を追いかけ、全国を経巡った。長じてからも、折々にいまはなき幻の鉄道を求めて、赤錆びた路線跡を歩き、巨大な橋脚をみつめ、保存された客車やSLに会合う。南部縦貫鉄道、長野鉄道河東線、JR可部線…。その、せつない風景を、写真とエッセイで綴る。

◇入門おとなの鉄道旅ドリル　種村直樹監修　ダイヤモンド・ビッグ社　2006.2　95p　26cm（地球の歩き方）〈発売：ダイヤモンド社〉　1000円　①4-478-07992-7
　目次 第1章 旅は鉄道に乗って（駅,JRの路線,駅弁 ほか）、第2章 旅先にて「鉄道」を楽しむ（廃線,鉄道写真,きっぷ ほか）、第3章 鉄道の世界は奥深い（列車,鉄道史,時刻表 ほか）

◇乗って旅する全国SLパーフェクトガイド　野沢敬次写真,講談社パートワーク編集部編　講談社　2011.7　126p　24cm（ヴィジュアルガイド）　1800円　①978-4-06-389546-9

◇乗ってみたい路線鉄道の旅100選　南正時文・写真　京都　淡交社　1994.5　206p　21cm　1800円　①4-473-01333-2
　内容 本書では、ローカル線を中心に話題の路線を紹介します。

◇呑み鉄、ひとり旅―乗り鉄の王様がゆく　芦原伸著　東京新聞　2016.9　302p　19cm　1500円　①978-4-8083-1014-1
　内容 人に酔い、車窓に酔い、酒に酔う、春夏秋冬20路線。

◇乗り放題きっぷで行く週末ぶらり鉄道旅　関西・東海編　小林克己著　大和書房　2017.6　295p　15cm（だいわ文庫 301-6E）　700円　①978-4-479-30656-6

旅行・乗車

鉄道旅行・紀行

内容 超おトクな乗り放題きっぷで、関西・東海地方を遊びつくそう！ JR東海のほぼ全線に1日乗り放題！「青空フリーパス」京阪神の見どころを1日でまわれる！「阪急阪神1dayパス」知る人ぞ知る最強パス！「伊勢・鳥羽・志摩スーパーパスポート"まわりゃんせ"」次の休日が、待ち遠しくてたまらなくなる！ プチ贅沢な鉄道旅へご案内。

◇のんびり各駅停車　谷崎竜著　講談社　2009.6　229p　15cm　（講談社文庫）　857円　①978-4-06-276382-0

内容 速く楽にという時代、各駅停車で旅を深く楽しむ。奥羽本線、上越線、北陸本線、関西本線、高徳線、鹿児島本線。車窓から眺めただけでは見ることのできない駅周辺の風景や、街の歴史や人情が、すべての駅に降りることで見えてくる。JR完乗の著者が厳選した路線を、写真と文で綴る贅沢な旅。

◇のんびり行く磐越西線の旅　水谷暢男著　会津若松　歴史春秋出版　2002.11　186p　19cm　（歴春ふくしま文庫 79）　1200円　①4-89757-647-4

◇廃駅紀行　年藤晶之著　石狩　出版工房さくら　2000.12　83p　26cm　500円

◇廃駅紀行　2　年藤晶之写真・文　札幌　出版工房さくら　2003.2　77p　26cm　500円

◇廃線紀行―もうひとつの鉄道旅　カラー版　梯久美子著　中央公論新社　2015.7　205p　18cm　（中公新書 2331）　1000円　①978-4-12-102331-5

内容 「絶景廃線」と呼びたくなる路線がある。瀬戸大橋の見える下津井電鉄、景勝地・耶馬渓の真ん中を走る大分交通耶馬渓線などだ。他方で、ありふれた景色の中を通っているが、歩いてみると何とも楽しい路線も少なくない。鉄道をこよなく愛する著者が五年をかけて全国の廃線跡を踏破。往時の威容に思いを馳せつつ、現在の姿を活写する。北は道東の国鉄根北線から南は鹿児島交通南薩線まで、精選五〇路線を紹介する廃線案内。

◇函館本線へなちょこ旅　舘浦あざらし著　双葉社　2015.7　302p　15cm　（双葉文庫 た-42-01）〈文献あり 年表あり〉　630円　①978-4-575-71437-1

内容 心に染みる懐かしい風景。港町の人情酒場。遠く聞こえる汽笛の音。夕間暮れの田園を走る一両編成の気動車。旅の空の下、故郷の知己に綴った手紙。詩情あふれる美文で紡ぐ珠玉の旅情派紀行第一弾！―というのは嘘です。ごめんなさい。「横着不精へなちょこコンビが遊惰に歩いては辛口トークを炸裂させる、抱腹絶倒旅エッセイ第一弾！」が正解です。

◇函館本線へなちょこ旅　2　北海道のローカル線に愛をこめて　舘浦あざらし著　双葉社　2016.6　318p　15cm　（双葉文庫 た-42-02）〈文献あり 年表あり〉　648円　①978-4-575-71455-5

内容 気ままに登中下車をして駅周辺で旅情を感じる…なんて旅とは無縁で、路線数や距離ばかり自慢するムッシュも、車両には興味があっても駅前の商店には無関心のアミーゴも、いくつもの無人駅やキハ40が消えていくのに北海道新幹線開通で浮かれているセニョリータも避けやがれ！ へなちょこコンビのお通りだぜい！

◇函館本線へなちょこ旅　3　北海道の無人駅と恋のトレイントレイン　舘浦あざらし著　双葉社　2017.6　318p　15cm　（双葉文庫 た-42-03）〈文献あり 年表あり〉　648円　①978-4-575-71468-5

内容 素にして野だが卑に非ず。そんな在野の矜持を胸に秘めた男一匹あざらしと、自侭にして放縦だけど不実に非ずを標榜するぶぶまるが織りなす旅も、ついにクライマックス。単線の無人駅や一両で走るキハ40を愛するがせコンビは無事に函館駅にたどり着けるのかな。ブブブと笑える旅エッセイの感動の最終章だぜ！ ぶひーっ！

◇パソ鉄の旅―デジタル地図に残す自分だけの鉄道記　横見浩彦監修, 片岡義明著　インプレスジャパン, インプレスコミュニケーションズ〔発売〕　2010.5　111p　26cm　1500円　①978-4-8443-2857-5

内容 トラベルライター横見浩彦氏と伊藤桃ちゃんが「わたらせ渓谷鐵道の旅」に出発！ スナップ写真とともに思い出の鉄道記をつづります。ホームに入線する列車の動画や車両のモーター音といったデータも地図にアップ。GPSを使った便利な機能も紹介。配線図を作って地図とリンクさせたり廃線を地図に再現。さらに構想線のルートを描いて未来の時刻表も作成します。

◇ひとり、ふらっと鉄道　大野雅人著　イースト・プレス　2012.9　143p　18cm　1000円　①978-4-7816-0842-6

内容 いま、すぐにでも行ける鉄道55選を紹介。

鉄道旅行・紀行

◇ぶらり鉄道、街道散歩　芦原伸著　ベストセラーズ　2010.11　237p　18cm（ベスト新書）　819円　①978-4-584-12308-9
[内容]鉄道が日本ではじめて走ったのは、明治五年（一八七二）。鉄道は、交通の要だった街道にそって作られた。街道は参勤交代などに使う幕府の官道、生活物資を運ぶ道、また信者が寺社に詣でるための祈りの道でもあった。まさに歴史の流れとともに発達してきたのが街道であり、鉄道であったのだ。本書は、全国の歴史街道を著者が一つひとつ丁寧に「鉄道で」訪ね歩き、旅の楽しさ、そこに息づく歴史の魅力を伝える一冊である。移りゆく車窓の風景が、土地の歴史を語りかけてくれるだろう。

◇ふるさとを旅する―肥薩線に乗って　鈴木信也著　新風舎　2004.3　47p　19cm　600円　①4-7974-3997-1
[目次]1 肥薩線のルーツ、2 鉄道旅行の楽しみ、3 くまがわ3号に乗って、4 球磨川に沿って、5 人吉駅から鈍行列車で、6 吉松駅より、終点・隼人駅へ

◇北陸線の全駅乗歩記―出会い・発見の旅　澤井泰身　文芸社　2012.12　381p　19cm〈文献あり〉　1600円　①978-4-286-12648-7

◇北海道幸せ鉄道旅　矢野直美著　札幌　北海道新聞社　2005.7　223p　21cm　1800円　①4-89453-341-3
[内容]各駅停車で北海道をめぐろうと思った。ひと駅ごとに足を停めて、走る列車に乗って、ゆっくりゆっくり見て、聞いて、かいで、味わって、感じながらただ旅することを目的にした旅がしたかった。ゴールなんか決めず、行けるところで進もう。スタートにこだわらず、その場所から始めてみよう。時にはイベント列車にも乗ってみよう。自分への約束事はひとつだけ、決して急がないこと。各駅停車を軸にした、北海道をめぐる列車の旅、それは二〇〇二年から二〇〇五年まで続いた。

◇北海道幸せ鉄道旅15路線―鉄子が見つけた、とっておきの車窓・駅・名物　矢野直美[著]　講談社　2009.7　267p　16cm　（講談社+α文庫　D62・1）〈『北海道幸せ鉄道旅』（北海道新聞社2005年刊）の改題、加筆、改筆、再編集〉　838円　①978-4-06-281276-4

[内容]ガイドブックにない風景との出合いを求めた、約3年にわたる各駅停車の旅。「鉄子ブーム」のパイオニア的存在として知られる著者が、出身地・北海道の鉄道の魅力を旅情あふれる写真と文章でていねいに綴ります。廃止された「ふるさと銀河線」の貴重な写真を含め、15路線を徹底網羅。北海道と鉄道旅がもっと好きになる、旅のおともに最適の一冊。

◇北海道のんびり鉄道旅　矢野直美著　札幌　北海道新聞社　2007.6　213p　20cm　1700円　①978-4-89453-414-8
[内容]女性鉄道フォトライター矢野直美が道内沿線の四季折々の自然風景、人気観光スポット、こだわりの名店などを写真とエッセーで紹介。見て楽しい、読んで楽しい、鉄道旅の醍醐味が凝縮されたとっておきの一冊。

◇北海道列車の旅―全線ガイド　矢野直美著　札幌　北海道新聞社　2001.8　200p　21cm　1700円　①4-89453-161-5
[目次]夏（留萌本線（深川－増毛）、日高本線（苫小牧－様似）ほか）、秋（石北本線（新旭川－網走）、富良野線（旭川－富良野）ほか）、冬（ふるさと銀河線（北見－池田）、釧網本線（網走－東釧路）ほか）、春（千歳線（白石－沼ノ端）、函館本線「海線」（函館－森）ほか）

◇まみこの日本旅行―鉄旅編　阿部真美子著　文芸社　2012.1　295p　19cm　1500円　①978-4-286-11021-9

◇まるごと近鉄ぶらり沿線の旅　寺本光照編著　七賢出版　1997.3　238p　21cm　（Guide book of Shichiken）　1545円　①4-88304-313-4
[内容]近畿・東海2府4県を縦断する近鉄の旅・車窓の風景。味・史跡などみどころを紹介。もちろん鉄道ファンには見逃せない情報を一挙公開。

◇まるごと近鉄ぶらり沿線の旅　徳田耕一編著　新版　七賢出版　1999.8　242p　21cm　1600円　①4-88304-405-X
[内容]車窓の旅・面白情報（難波・奈良線、東大阪線、大阪線、信貴・西信貴鋼索線　ほか）、近畿日本鉄道のすべて（車両カタログ、車両編成表、切符情報、駅一覧表　ほか）

◇まるごと近鉄ぶらり沿線の旅―近畿日本鉄道　徳田耕一編著　河出書房新社　2005.11　207p　21cm〈七賢出版平成11年刊の改訂版〉　1700円　①4-309-22439-3

331

◇まるごとJR東海在来線ぶらり沿線の旅　徳田耕一編著　七賢出版　1996.5　269p　21cm　〈Guide book of Shichiken〉〈奥付の書名：JR東海ぶらり沿線の旅〉　1500円　①4-88304-297-9

内容　車窓の旅をはじめ、味・見処・銭湯・駅長さんからの情報ボックスなど面白情報が満載。もちろん鉄道ファンに見逃せない車両アラカルト・ハチマル物語・新型特急車開発の舞台裏・廃線跡ウオッチング・トクトクきっぷなど一挙公開。

◇まるごと名古屋の電車ぶらり沿線の旅　名鉄・地下鉄（名市交）ほか編　徳田耕一著　河出書房新社　2011.5　183p　21cm　〈文献あり〉　1900円　①978-4-309-22545-6

内容　最新ダイヤに基づき各社・局全線の最新情報を一挙公開。車窓の旅、面白情報、とっておきコラムに加え、新コーナー「ミニ鉄道ヒストリー」を新設。「徳さんのここが気になる」もリニューアル。掲載路線は名鉄、豊鉄、名市交（地下鉄）、愛知高速交通、名古屋臨海高速鉄道、名古屋ガイドウェイバス。新時代に突入した「名古屋の電車」の魅力を徹底紹介。

◇まるごと名古屋の電車ぶらり沿線の旅　JR・近鉄ほか編　徳田耕一著　河出書房新社　2012.1　183p　21cm　〈文献あり〉　1900円　①978-4-309-22555-5

内容　愛知、三重、岐阜県下の各社各線のほか、主要路線は、静岡、滋賀、和歌山、長野、富山県下の区間も加えたワイド版。乗って楽しい、撮って楽しい「名古屋の電車」の魅力が満載。

◇まるごと名古屋の電車ぶらり旅してここが気になる　徳田耕一著　河出書房新社　2008.1　175p　21cm　1800円　①978-4-309-22476-3

内容　鉄道旅行博士の徳さんが、愛知・岐阜県下の鉄軌道各線と三重県東部の同主要路線をぶらり旅して徹底踏査！「車窓の旅」は新たに書き下ろし、新コーナー「徳さんのここが気になる」では各線の改善策を利用者の立場になり、辛口トークを交えて提案。

◇まるごと西鉄ぶらり沿線の旅─西日本鉄道　徳田耕一編著　河出書房新社　2006.10　159p　21cm　1700円　①4-309-22456-3

内容　車窓の旅、路線略史、面白情報、歴史探訪、懐かしの光景、豊富なコラムで元気モリモリの福岡を走る西鉄の魅力を紹介する。

◇まるごとにっぽん鉄道紀行　徳田耕一著　七賢出版　2000.5　227p　21cm　1600円　①4-88304-457-2

内容　北は北海道の"スーパー宗谷"から、南は九州の"白いかもめ"まで、"徳さん流"の鉄道の旅をお楽しみ下さい。もちろん徳得情報も満載!!中日新聞『レジャー最前線』に寄稿した鉄道の旅が本書に集結。

◇まるごと名鉄ぶらり沿線の旅　徳田耕一編著　七賢出版　1995.4　238p　21cm　1500円　①4-88304-218-9

内容　名鉄全線（539.3km）何でもガイド。事窓の旅をはじめ、味・銭湯など面白情報が満載。移動の手段が乗る楽しみに。もちろん、鉄道ファンには見逃せない、車両紹介や切符情報などを一挙公開。秘蔵の一冊に。

◇まるごと名鉄ぶらり沿線の旅　徳田耕一編著　新版 ver.2　七賢出版　1998.8　238p　21cm　1600円　①4-88304-377-0

内容　昭和40年代の主要名称列車120点をグラフで紹介。3700系H.L.車の終焉（清水武氏寄稿）、貴重な資料も掲載。戦前のスピード王、超特急「あさひ」に活躍した愛知電気鉄道の名車、デハ3300系物語。平成10年6月1日の西尾‐蒲郡間ワンマン化の実状とそれに伴う旅客営業制度の改正も紹介。豊橋鉄道も最新データで紹介。車両カタログ・切符情報などもすべて最新データに基づき訂補。最新ダイヤ（平成10年春改正）に基づき車窓の旅・面白情報を訂補。昭和41年～平成10年春までの名称列車一覧表をさらに詳しく調査。

◇まるごと名鉄ぶらり沿線の旅　徳田耕一編著　新版 ver.3DX　七賢出版　2002.2　238p　21cm　〈折り込1枚〉　1700円　①4-88304-460-2

内容　岐阜県内のローカル線4路線廃止後の新体制と最新ダイヤに基づき本文、写真を大幅改訂。最新の旅客営業規則も詳しく紹介。名鉄全線のほか、名鉄グループ鉄道各社（大井川鉄道、豊橋鉄道、北陸鉄道、福井鉄道）も収録した"オール名鉄版"、上飯田連絡線用新車300系速報も！　面白情報、新コーナー「歴史探訪」も加わり楽しさ倍増。

鉄道旅行・紀行

◇まるごと名鉄ぶらり沿線の旅　徳田耕一著　河出書房新社　2004.7　207p　21cm　1700円　ⓘ4-309-22414-8
内容　名鉄沿線、各駅停車の旅を満喫できる。沿線のお得な情報やユニークな話題が満載。隠れた名所・旧跡を訪れ、いにしえを学ぶ。貴重な資料と往年の光景を懐かしい写真で綴る新コーナー。人気の「車両ガイド」「他社で元気な元名鉄車両」も充実。

◇まるごと名鉄ぶらり沿線の旅next　徳田耕一著　河出書房新社　2005.7　207p　21cm　1700円　ⓘ4-309-22430-X
内容　「セントレア」中部国際空港へのアクセスを担う空港線開業、岐阜地区600V線廃止、拠点駅の駅名改称、ダイヤ大改正、旅客営業制度変更など、最新ダイヤに基づき大幅改訂。「新しい名鉄」を徹底紹介。

◇まるごとJR東海ぶらり沿線の旅　徳田耕一編著　新版　七賢出版　1998.3　266p　21cm　1700円　ⓘ4-88304-339-8
内容　最新・JR東海各線の現状と展望、産業文化財を訪ねる旅ほか。車窓の旅は最新ダイヤに基づき本文を改訂。面白情報も大幅改訂。JR東海10年のあゆみがひと目でわかる年表掲載。JR東海の知られざる路線「西名古屋港線」。廃止された鉄道跡の探訪。得々切符情報など、盛りだくさん。在来線に加え、東海道新幹線も掲載した、ズバリ「まるごと版」。カラーページも大幅増量！最新情報満載。

◇まるごとJR東海ぶらり沿線の旅　徳田耕一著　河出書房新社　2004.11　207p　21cm　1700円　ⓘ4-309-22419-9
内容　東海道新幹線・品川駅開業、御殿場線・長泉なめり駅開業など、最新ダイヤと最新情報に基づき各線の現状を詳しく紹介。JR各線のほか、主要駅で接続する大井川鉄道・愛知環状鉄道・樽見鉄道など「沿線の私鉄」が充実。平成16年10月6日に開業の名古屋臨海高速鉄道"あおなみ線"も徹底紹介！新コーナー「懐かしの光景」「産業観光探訪」を新設して楽しく解説。

◇まるごとJR東海ぶらり沿線の旅　ver.2　徳田耕一編著　新版　七賢出版　2000.9　238p　21cm　1600円　ⓘ4-88304-455-6
内容　2000年春の新ダイヤに基づき本文を大幅改訂。新コーナー『歴史探訪』も加わり、魅力アップ！人気の車両カタログを一部カラー化。『廃止された鉄道跡の探訪』では"清水港線"などを紹介。懐かしの読みものも掲載。

◇まるごとJR東海ぶらり沿線の旅　ver.2 DX　徳田耕一編著　新版　七賢出版　2001.6　238p　21cm〈折り込1枚〉　1700円　ⓘ4-88304-459-9
内容　平成13年春の新ダイヤに基づき本文を訂補。面白情報の一部を新たに書き下ろし、車両編成表も最新版に刷新！JR東海代表取締役会長須田寛氏の特別寄稿付き。

◇マンガでんしゃ遠足隊―マンガと写真でめぐる！うさお&ちびうさの　1号車　ひらら著　ネコ・パブリッシング　2012.7　96p　26cm　（NEKO MOOK　1793）〈鉄おも！特別編集〉　933円　ⓘ978-4-7770-1293-0

◇ミッキーたちと電車に乗って出かけよう！　交通新聞社　2007.4　48p　26cm〈他言語標題：Let's go out！by train〉　1429円　ⓘ978-4-330-92507-3
内容　冒険へのレールがいっぱい！時刻表の出版社が"はじめての旅行"をお手伝いします。楽しい路線図ポスター付き。

◇南正時のRailways―蒸気機関車から新幹線まで鉄路を駆け抜けた撮り歩記　南正時著　多摩クラッセ　2011.1　221p　19cm　（Klasse books）　1600円　ⓘ978-4-902841-08-4
目次　SL旅日記（まえがきに代わる南正時のアーカイブス、鉄道というものごころ、初めての汽車旅、北陸本線の夜明け ほか）、Railwaysつれづれ日記（2006年8月22日～29日 尾道・呉線・広島、越美北線の活性化、沖カメラマンの死、清水へ寿司を食べに行ってきました ほか）

◇宮脇俊三―鉄道に魅せられた旅人　平凡社　2007.1　159p　29cm　（別冊太陽）〈著作目録あり　年譜あり〉　2300円　ⓘ978-4-582-94503-4

◇桃のふわり鉄道旅　伊藤桃著　開発社　2016.11　240p　21cm　1800円　ⓘ978-4-7591-0156-0
内容　全てのJR路線を乗車した鉄道アイドル伊藤桃が約85路線を厳選紹介！

◇ゆったり鉄道の旅―ぐるっと日本30000キロ　東北　佐々倉実写真、松本典久文　山と渓谷社　2006.5　144p　22×17cm　1700円　ⓘ4-635-01222-0
目次　東北1　東北（JR東北本線（福島～仙台間）、JR仙石線、JR石巻線、JR大船渡線、JR

旅行・乗車

333

釜石線 ほか〕、東北2 奥羽・羽越（JR奥羽本線（福島～米沢間）、JR左沢線、JR仙山線、JR陸羽東線、JR陸羽西線 ほか）

◇ゆったり鉄道の旅—ぐるっと日本30000キロ　北海道　片山虎之介写真・文　山と溪谷社　2006.6　135, 15p　22×17cm　1700円　①4-635-01221-2

[目次]　北の三都へ〔JR海峡線・江差線、函館市電、JR函館本線(1)・室蘭本線、JR函館本線(2) ほか〕、道東、道北へ〔JR日高本線、JR石勝線・根室本線(1)、JR根室本線(2)、JR釧網本線 ほか〕

◇歴史鉄道 酔余の町並み　米山淳一写真・文　駒草出版　2012.2　235p　21cm　2400円　①978-4-905447-00-9

[内容]　歴史の町へ時を重ねた鉄道に乗って降り立てば、由緒ある武家屋敷やずらりと並ぶ土蔵、漂うような「うだつ」と昔なつかしい道具の並ぶ商家の店先…歩き疲れたあとは、風情あるお店で地物を肴にちょっと一杯。たっぷりの写真とともに綴る、笑顔になれる大人旅。歴史の薫る町、全国31県43か所を紹介。

◇列島縦断毎日が乗り物酔い　杉崎行恭写真・文　小学館　2002.8　223p　21cm　（ラピタ・ブックス）　1300円　①4-09-341071-2

[内容]　毎日でも乗っていたい！ 北海道から沖縄まで、陸海空の乗り物紀行。『ラピタ』好評連載『毎日が乗り物酔い』の単行本化。

◇レール見聞録—全国全鉄道乗車の記録　森下武信著　文芸社　2002.7　310p　19cm　1400円　①4-8355-4071-9

[目次]　鉄道に乗ってみよう—若桜鉄道、三江線、JR全線乗り放題きっぷ—芸備線、伯備線、コンサートのあとさき—和田岬、関西空港線、鉄道に乗る「仕事」—牟岐線、土佐くろしお鉄道、タクシー観光お断り—日南線、指宿枕崎線、新年度、まず残雪の信州路—大糸線、飯山線、東海道本線を下って一身延線、天竜浜名湖鉄道、通学児童で満員電車—越後線、新潟交通、「神戸行」のない電車—山陽電車、神戸、金沢墓参のついでに一仕事—富山地鉄、福井〔ほか〕

◇老骨の鉄道ひとり旅　道明幸三郎著　宝塚　三帆舎　2017.10　257p　19cm　1800円　①978-4-908341-10-6

[目次]　夜行急行列車「能登」の旅、札幌とんぼ返り大回りの旅、御陳乗太鼓撮影の旅、「日の出」「月光」の旅、寝台急行「きたぐに」の旅、「日本海」と「あけぼの」の旅、「カ

シオペア」で行く、北陸本線を行く、「あけぼの」が消えた、知床旅情、留萌本線の旅、369列車の旅、もう一つのシレトコ

◇ローカル線をゆく—乗っておきたい珠玉の鉄道50線　藤田彰、黒阪幸伸写真、杉崎行恭、矢野直美文　阪急コミュニケーションズ　2007.12　225p　21cm　1500円　①978-4-484-07234-0

[内容]　鉄子・矢野直美と仲間たちが旅するローカル鉄道、幸せ旅。

◇ローカル線ひとり旅　谷川一巳著　光文社　2004.7　262p　18cm　（光文社新書）　720円　①4-334-03258-3

[内容]　「ローカル線」の旅はいい。日常のしがらみから抜け出し、ガッタンゴットンと鈍行に揺られ、駅弁を頬張りながら、美しい風景に想いを馳せる。しかし、旅情あふれる旅をするためには実は「コツ」が必要で、それを知らないと、「こんなはずではなかった！」と後悔させられる。田舎だからといって、イメージするような車両が走っているとは限らないし、人気の有名路線やジョイフルトレインなどは、観光客ばかりだ。一汽車旅を味わえる車両を選ぶ、バスやフェリーと組み合わせる、時刻表の行間を読む、ガイドブックに載るはずもない光景を見に行く、新幹線のない日本地図をたどる…本書では、ローカル線の極意を紹介する。

◇ローカル線ひとり旅　谷川一巳著　光文社　2014.4　268p　16cm　（光文社知恵の森文庫 tた2-2）〈2004年刊の加筆修正〉　680円　①978-4-334-78645-8

[内容]　ローカル線に乗って、のんびり旅情あふれる旅がしたいなら、ちょっとした「コツ」がいる。地方路線にも味気ないロングシート車両が走っているし、有名なローカル線ほど観光客だらけでガッカリすることも多いからだ。時刻表の行間を読む、バスやフェリーを組み合わせる、お得なパスを使いこなす…。汽車旅を楽しむための"極意"を紹介する。

◇忘れじの温泉電車—温泉へ向かう鉄道今昔　池口英司著　交通新聞社　2016.1　111p　21cm　（DJ鉄ぶらブックス 線路端のたのしみを誘う本 008）　1300円　①978-4-330-64216-1

[目次]　北海道・東北地方（定山渓鉄道、登別温泉軌道→登別温泉 ほか）、関東・信越地方（塩原軌道→塩原電車、下野電気鉄道→東武鉄道鬼怒川線 ほか）〔ほか〕

127 鉄道情景・風景

【概　要】四季折々の風景の中を走る電車、郷愁を感じさせる田園風景を背景に走る蒸気機関車、異国情緒あふれる駅に佇む列車など、鉄道のある情景は見ているだけで旅情を誘う。日常目にするものとは異なる旅先の駅や列車は、思わず写真に収めたくなるものだ。車窓を流れる美しい景色や楽し気に笑う子供たち、聞きなれない言葉を話す人々など、車中や駅で見る光景も鉄道旅行の楽しみの一つである。

◇沿線風景　原武史［著］　講談社　2013.2　289p　15cm　（講談社文庫　は91-2）〈2010年刊の加筆・修正〉　629円　ⓘ978-4-06-277457-4
　内容 鉄道とバスを乗りつぎ、移ろう車窓の景色に眼を凝らし、降り立った土地の食を楽しみ、関連する本に思いをめぐらす。昭和の雰囲気を忠実に残す郊外の団地、天皇や皇族にちなんだ場所、宗教施設やその跡地、さらに浅間山荘、旧上九一色村など戦後史の重要な舞台を訪ね、読書と旅の風景をつなぐ日帰り"書評"エッセイ。

◇沿線風景　原武史著　講談社　2010.3　284p　18cm〈他言語標題：A perfect day for railway travel〉　1400円　ⓘ978-4-06-216092-6
　内容 書を手にせよ、鉄道に乗ろう─『鉄道ひとつばなし』の著者による極上の"日帰りエッセイ"。

◇郷愁の別大電車と沿線風景―明治33年5月10日～昭和47年4月4日　写真集　清原芳治編　大分　大分合同新聞社　2005.6　80p　30cm〈年表あり　発売：大分合同新聞文化センター（大分）〉　2381円

◇江若鉄道の思い出―ありし日の沿線風景　大津市歴史博物館編　彦根　サンライズ出版　2015.2　127p　21cm〈他言語標題：Memories of the Koujaku Railway〉　1600円　ⓘ978-4-88325-554-2
　目次 浜大津、三井寺下、競輪場前、滋賀、叡山、日吉、雄琴温泉、堅田、真野、和邇〔ほか〕

◇志比谷鉄路の風景―永平寺線の記憶　写真集　高山外記編著　［前原］　高山外記　2007.10　71p　26cm

◇昭和30年代の鉄道風景―新幹線登場と鉄道近代化の時代　小川峯生著　JTBパブリッシング　2014.11　207p　21cm　（キャンブックス―鉄道 147）　1900円　ⓘ978-4-533-10039-8

　目次 第1章 カラー写真で見る30年代、第2章 昭和30年代の鉄道、第3章 北海道・東北、第4章 首都圏・関東、第5章 東海・北陸、第6章 近畿、第7章 中国・四国、第8章 九州

◇昭和の鉄道情景―野口昭雄写真集　1　野口昭雄著, 岩堀春夫編　西宮　ないねん出版　2005.11　128p　26cm　2600円　ⓘ4-931374-51-4

◇昭和の鉄道情景「活写」―1971年、小樽築港。　いのうえ・こーいち著　枻出版社　2004.2　203p　15cm　（［エイ］文庫）　750円　ⓘ4-7779-0020-7

◇昭和の鉄道情景「活写」　2　いのうえ・こーいち著　枻出版社　2004.10　203p　15cm　（［エイ］文庫）〈「2」のサブタイトル：1969年、10月17日。伯備線布原信号所〉　750円　ⓘ4-7779-0203-X
　内容 好評を博した昭和の鉄道情景「活写」シリーズの最新作。今回は昭和40年代、中国地方の鉄道情景を取り上げます。貴重な布原D51三重連添乗の記憶、呉線のC59…鉄道が輝いていた時代を、今もう一度振り返ってみる。

◇総天然色で見る昭和30年代の鉄道　西日本編　荻原二郎著　JTBパブリッシング　2009.4　159p　31cm　（達人が撮った鉄道黄金時代 5）　7000円　ⓘ978-4-533-07495-0
　内容 カラー写真でよみがえる昭和30年代の鉄道風景。

◇総天然色で見る昭和30年代の鉄道　東日本編　荻原二郎著　JTBパブリッシング　2009.4　160p　31cm　（達人が撮った鉄道黄金時代 4）　7000円　ⓘ978-4-533-07494-3
　内容 カラー写真でよみがえる昭和30年代の鉄道風景。

◇筑豊/能登/碓氷峠　いのうえ・こーいち著　山海堂　1997.9　182p　21cm　（すばらしき鉄道情景シリーズ 3）　1800円　ⓘ4-381-10259-2

鉄道情景・風景

内容 あの線路端で過ごした愉しい日々を今ふたたび。かつて繰り広げられた煙のドラマの名所はどうなっているのか？あの日、あの時、「そこ」にいた著者が20数年ぶりに現在と過去を旅する待望の鉄道情景シリーズ第3弾。

◇鉄道黄金時代1970's―ディスカバー・ジャパン・メモリーズ　二村高史著　日経BP社　2014.12　287p　21cm〈発売：日経BPマーケティング〉　1800円　①978-4-8222-5059-1

内容 なつかしい駅、かわいい車両、りりしい鉄道員…。いつまでも記憶に残したい美しい日本の鉄道風景を1冊に。

◇鉄道（珍）名所三十六景　関西編　所澤秀樹著　山海堂　2003.8　239p　19cm　1600円　①4-381-10480-3

目次 南海と羽車の切っても切れても切れぬ仲、連続する有形文化財駅は景勝地の証、南海沿線の隠れた名駅、JR線の大家でもある南海、阪堺線の線路に沿ってはられた謎のフェンス、鉄道屋に育てられた"高速チンチン"、ホームの形が物語る天王寺駅の素性、沿線開発に力を注いだ阪和電気鉄道の面影、羽車の王国に舞い降りた東急電車、鉄道ブランドの価値は永久不滅々〔ほか〕

◇鉄道（珍）名所三十六景　関東編　所澤秀樹著　山海堂　2004.3　255p　19cm　1600円　①4-381-10481-1

内容 関東の鉄道新名所・三十六ヶ所を紹介！鉄道ファンならずとも一度は訪れたい鉄道新名所。

◇鉄道風景懐古　1　鉄道探検隊編著　大正出版　1998.10　156p　25cm　3800円　①4-8117-0627-7

内容 昭和20年代から40年代の駅や沿線風景を懐かしい写真で構成。消滅した設備や生き残っている施設などを多岐にわたり紹介。

◇鉄道風景懐古　2　鉄道探検隊編著　大正出版　1999.9　152p　25cm　3800円　①4-8117-0628-5

内容 昭和20年代から40年代の駅や沿線風景を懐かしい写真で構成。消滅した設備や生き残っている施設などを多岐にわたり紹介。

◇鉄道風景懐古　3　鉄道探検隊編著　大正出版　2000.8　152p　25cm　3800円　①4-8117-0631-5

内容 昭和20年代から40年代の駅や沿線風景を懐かしい写真で構成。消滅した設備や生き残っている施設などを多岐にわたり紹介。

◇鉄道風景30題―過ぎ去ったときを再現する　河田耕一著　機芸出版社　2008.11　148p　27cm　2700円　①978-4-905659-16-7

◇鉄道物語―はじめて汽車に乗ったあの日　佐藤美知男著　河出書房新社　2002.8　135p　21cm　（らんぷの本）　1400円　①4-309-72719-0

内容 思い出の汽車に乗ってあの日を探す旅に出よう。鉄道のある風景。

◇東京1980's―山口雅人のアルバム　鉄道青年の頃　山口雅人著　イカロス出版　2000.4　124p　26cm　（イカロスmook―鉄道情景シリーズ 1）　1500円　①4-87149-266-4

◇遠い日の鉄道風景―明治のある日人車や馬車鉄道が走り始めた　宮田憲誠著　町田　径草社　2001.12　252p　21×30cm〈年表あり〉

◇ドキュメント感動の所在地―忘れえぬ鉄道風景　1　椎橋俊之著　ネコ・パブリッシング　2001.4　209p　30cm　（Neko mook 196）　1714円　①4-87366-696-1

◇ドキュメント・感動の所在地―忘れえぬ鉄道情景　2　椎橋俊之著　ネコ・パブリッシング　2001.12　233p　30cm　（Neko mook 280）〈折り込1枚〉　1714円　①4-87366-780-1

◇ドキュメント・感動の所在地―忘れえぬ鉄道情景　3　椎橋俊之著　ネコ・パブリッシング　2002.8　312p　30cm　（Neko mook 386）〈折り込1枚〉　2095円　①4-87366-886-7

◇都電が走った1940年代～60年代の東京街角風景―貴重な発掘写真でよみがえる、懐旧の東京アルバム！　稲葉克彦著　フォト・パブリッシング　2018.1　128p　26cm〈写真：江本廣一ほか　発売：メディアパル〉　1800円　①978-4-8021-3084-4

◇とれいん・があるず―色鉛筆イラストでめぐる日本の鉄道風景　2番線　金塚実著　交通新聞社　2012.7　63p　21cm〈共同刊行：My Book工房〉

◇とれいん・があるず　3號車　金塚実著　交通新聞社　2013.8　19p　21cm

◇とれいん・があるず　04式　金塚実著　交通新聞社　2016.8　48p　21×30cm

◇なつかしい電車風景銀座界隈　巴川享則著　〔川崎〕　多摩川新聞社　2001.11　149p　27cm〈川崎 多摩川出版社(発売)〉　3800円　①4-924882-40-2

◇ニセコ/野辺山/浜川崎　いのうえ・こーいち著　山海堂　1997.3　181p　21cm　(すばらしき鉄道情景シリーズ 1)　1854円　①4-381-10250-9

[内容] 「あの頃」、あの列車が走っていた場所は今どうなっているのだろうか？ 20数年前、ただひたすら蒸気機関車を追い続けた著者が、「ニセコ」「野辺山」など、かつての有名撮影ポイントを今ふたたび訪れて、ありし日を偲んだ。当時の写真、編成表など、資料も豊富に掲載。

◇日本(にっぽん)鉄道美景　田中和義写真, 今尾恵介風景地形解説　新潮社　2011.11　126p　26cm〈タイトル：日本鉄道美景〉　2300円　①978-4-10-331631-2

[内容] 週刊新潮のグラビアを飾った珠玉の鉄道風景。見過ごされていた奇蹟の車窓がこの1冊に。

◇にっぽん鉄道100景　野田隆著　平凡社　2013.3　237p　18cm　(平凡社新書 673)　840円　①978-4-582-85673-6

[内容] 絶景の中を行く鉄道、郷愁を誘う懐かしい風景、思わず吹き出してしまうような風景、そして、ちょっぴり哀しい風景—。今、日本のどこかで日常的に見られる鉄道風景を読みきり一〇〇編のコラムで紹介。

◇「布原/龍ヶ森/伊那松島」　いのうえ・こーいち著　山海堂　1997.5　182p　21cm　(すばらしき鉄道情景シリーズ 2)　1800円　①4-381-10253-3

[内容] 「あのすばらしい鉄道情報をもう一度」「あの時代」、私たちはつき動かされるような思いでカメラ片手に線路端に立ち続けていた。好評「ニセコ・野辺山・浜川崎」に続く鉄道情報シリーズ第2弾。

◇残したい日本の鉄道風景—JR全173路線・絶景大図鑑　南正時著　双葉社　2011.7　225p　21cm　1800円　①978-4-575-30312-4

[内容] 釧路湿原の雄大な風景を楽しむ—釧網本線、日本海の奇岩怪石の絶景が続く—五能線、左右の車窓にアルプスが広がる—飯田線、富山湾越しに立山連峰を望む—氷見線、風光明媚な瀬戸内の風景が続く—予讃線、陽光の日向灘を行く—日豊本線、ほか、心のふるさとを探す写真集。

◇北海道の大地から消えた鉄道風景—国鉄末期とJR懐かしの1500km　上田哲郎撮影, 鉄道で旅する北海道編集部編　札幌　エムジー・コーポレーション　2012.3　175p　26cm　(MG books)　1800円　①978-4-900253-70-4

[目次] 消えた鉄路—廃止ローカル線, 道北(天北線, 興浜北線, 羽幌線 ほか), 道東(相生線, 標津線, 白糠線 ほか), 道央・道南(幌内線, 万字線, 歌志内線 ほか), 車両でたどる北海道の国鉄動力近代化, もう見ることのできない鉄道風景

◇北海道の大地から消えた鉄道風景—国鉄末期とJR線。まぶたに残る懐かしの1638km　上田哲郎撮影, 鉄道で旅する北海道編集部編集　江差線増補版　札幌　エムジー・コーポレーション　2016.3　183p　26cm　(MG BOOKS)　1800円　①978-4-900253-78-0

[内容] 懐かしい鉄道風景に忘れかけていた旅の記憶が蘇る。国鉄末期とJR線。まぶたに残る懐かしの1638km。

◇宮脇俊三と旅した鉄道風景　櫻井寛写真・文　ダイヤモンド・ビッグ社, ダイヤモンド社〔発売〕　2013.3　141p　18×19cm　2000円　①978-4-478-04412-4

[内容] 宮脇俊三×櫻井寛。鉄道作家最強のコラボレーション。

◇山形の鉄道情景—昭和30～40年代：松木壽雄写真集　上　松木壽雄撮影　エリエイ　2011.9　112p　29cm〈解説・考証：藤本富美雄, 進藤義朗　共同刊行：プレス・アイゼンバーン〉　3600円　①978-4-87112-331-0

[目次] 第1章 奥羽本線C51の時代(鉄道生活出発の駅 芦沢駅/ジョルダン雪掻車キ707, ロータリー雪掻車キ624/DF50登場, 山形植樹祭 御召列車運転/予備機C11 359, ディーゼル準急“月山”“あさひ”運転, 電機入線試験 仙山電化間近 ほか), 第2章 奥羽本線C57と特急登場(山形始発 特急“やまばと”運転, 山形駅・山形機関区にて, 行在所(北上ノ山駅)の桜, 山形駅 秋田方/霞城のお壕端, 奥羽本線 天童 - 漆山/430列車での定期気動車回送 ほか)

◇山形の鉄道情景—昭和30〜40年代：松木壽雄写真集　下　松木壽雄撮影　エリエイ　2011.10　112p　29cm〈解説・考証：藤本富美雄, 進藤義朗　共同刊行：プレス・アイゼンバーン〉　3600円　①978-4-87112-332-7
[目次]第3章 奥羽本線板谷峠と米沢周辺, 第4章 米坂・長井線の9600, 第5章 左沢線C11 そして, 第6章 陸東・陸西のC58, 第7章 羽越本線, 山形の汽車バカ一代記―あとがきに代えて

◇ローカル鉄道の風景 西日本編　遠藤純撮影・文　ユーリード出版　2003.10　112p　25×19cm　(ユーリード・アーカイヴズ)　1980円　①4-901825-17-8
[内容]ホームから走り去る想い出のあの列車たち—みかん畑のなかを, 清水の湧き出る山中を, 光と風のなかを。地元の人々とともに走り続けてきた列車たちのなつかしい息づかいが聞こえてくるユーリード・アーカイヴズ第3弾。「ローカル鉄道の風景東日本編」に続くシリーズ続編。

◇ローカル鉄道の風景 東日本編　遠藤純撮影・文　ユーリード出版　2003.3　112p　25×19cm　(ユーリード・アーカイヴズ)　1980円　①4-901825-10-0
[内容]ストーブ列車, 丸窓電車, 住宅地を走り抜ける運炭トロッコ。木のぬくもりを感じさせる駅舎で地元の乗降客と笑顔であいさつを交わす改札係。失われつつある日本の懐かしい風景を再現するユーリード・アーカイヴズ第2弾。

◇忘れえぬ東北・ふるさとの鉄道風景　日本鉄道写真作家協会,東北を応援する写真家たち著　世界文化社　2011.9　175p　26cm　2000円　①978-4-418-11229-6
[内容]JR八戸線, 山田線, 大船渡線, 気仙沼線…, 三陸鉄道北リアス線, 南リアス線ほか, 19路線の被災前の風景を1冊に収録。昭和の写真もある。

◇0系新幹線から始まる昭和の鉄道風景　南正時著　実業之日本社　2008.11　222p　18cm　(じっぴコンパクト 23)　762円　①978-4-408-42010-3
[内容]昭和39年の東海道新幹線開業と共に走り始めた0系新幹線の引退で, 昭和の国鉄黄金時代を築いた車両は, ほぼ第一線を退くことになる。全国各地のローカル線が姿を消し, 国鉄がJRに生まれ変わるなかで, 私たちが見失ってしまった心に残る「鉄道風景」を, 鉄道写真界の第一人者である著者が, 秘蔵の写真と珠玉のエッセイでまとめた一冊。鉄道ファンならずとも, 思わず心動かされるレトロなシーンを多数掲載。

◇21世紀に残したい鉄道風景　川井聡編著・写真　成美堂出版　2000.7　141p　26cm　1400円　①4-415-01086-5
[目次]カラーグラフ 鉄路が紡ぐ物語, 旅路を彩る鉄道風景, "ぽっぽや"のいる終着駅—津軽線, 現役に乗る—キハ58・クモハ42, 現役の美景を撮る, 無人駅のぬくもり—留萌本線, 厳寒地に生き延びた鉄路—北海道ちほく高原鉄道, 長く遙かな盲腸線—札沼線, ワイルドに風を切る—旧美幸線, 日本海質実剛健列車—五能線 〔ほか〕

128　車窓

【概　要】鉄道旅行の醍醐味の1つは, 何といっても列車の車窓から見える風景が楽しめることである。座席の横にある窓から見える風景はもちろん, 列車の先頭車両の前面（運転台）から列車が進むさまを眺めるのも乙なものである（前面展望）。観光列車のなかには, 窓を大きくしたり, 座席の配置を工夫して, 車窓から見える風景を一層楽しめるようにした車両（展望車）もある。
　鉄道写真や動画を愛好する「撮り鉄」といわれる鉄道ファンのなかには, 車窓から見える風景や前面展望を中心に撮影している人もいる。

◇国立公園鉄道の探索—記憶に残る景勝区間　山形誠司著　栄光出版社　2016.9　190p　19cm　〈文献あり〉　1000円　①978-4-7541-0157-2
[内容]国立公園内を走る鉄道の紹介と風景の発見!!異色の車窓案内記。

◇国立公園鉄道の探索—記憶に残る景勝区間　山形誠司著　栄光出版社　2016.12（2刷）　194p　19cm　〈文献あり〉　1000円　①978-4-7541-0157-2

◇国立公園鉄道一〇一景　山形誠司著　日本文学館　2013.1　209p　19cm　1000円　①978-4-7765-3411-2

◇車窓のことば　真島満秀写真・文　世界文化社　2007.3　175p　22cm　2800円　①978-4-418-07500-3
内容 鉄道は人の想いを運び、写真家は心の風景を写す。大切なあなたに伝えたい！　真島満秀が綴る、旅と人生の物語。風のようなことばと写真が心に沁みる。

◇車窓はテレビより面白い　宮脇俊三著　徳間書店　1992.8　254p　16cm　（徳間文庫）　460円　①4-19-597265-5
内容 西に瀬戸大橋線試運転列車に乗るチャンスがあれば行って海と島の眺望を満喫し、北で湧網線廃止と聞けば何はさておき駆けつける。またある時は、京都祇園祭の雑踏をかいくぐり宮福鉄道の開業列車にとり急ぐ。すでに旧国鉄全線を踏破した鉄道マニアの著者でもこの"病い"は治らない。JRの発足とともに各地に誕生した第三セクターのローカル線に挑む。著者の時刻表片手の旅は続く。

◇新幹線車窓の発見！　高崎康史著　彩図社　2007.8　190p　15cm　571円　①978-4-88392-603-9
目次 東京駅、品川駅、新横浜駅、小田原駅、熱海駅、三島駅、新富士駅、静岡駅、掛川駅、浜松駅、豊橋駅、三河安城駅、名古屋駅、岐阜羽島駅、米原駅、京都駅、新大阪駅

◇新幹線の車窓から　東海道新幹線編　栗原景著　メディアファクトリー　2009.3　127p　17cm　952円　①978-4-8401-2739-4
内容 車窓から見える謎の看板全部で何枚あるでしょう？　海側の窓に見える富士山、線路脇の看板、気になるモノの正体が、すべてわかる。東京←→新大阪の2時間半が100倍楽しくなる本。

◇世界最速「車窓案内」―東海道新幹線開業50周年記念　今尾恵介著　新潮社　2014.8　127p　26cm〈文献あり〉　2000円　①978-4-10-336331-6
内容 日本一見られている車窓を地図地形の第一人者が徹底紹介。名だたる川、遠望する名山の数々、日本を代表するメーカーの工場群……一瞬で通過するからこそ焼き付く残像の正体がここにある。

◇日本の鉄道車窓絶景100選　今尾恵介,杉崎行恭,原武史,矢野直美著　新潮社　2008.6　201p　18cm　（新潮新書）　680円　①978-4-10-610268-4
内容 本当に乗って楽しい区間はどこか？　日本屈指の「乗りテツ」4人が集まって、100箇所の「車窓絶景区間」を選び出した。白波洗う海岸路線、視界が開けた山岳路線、山紫水明の川沿い路線、果ては工場を縫って走るローカル線まで。意外な路線が浮上して、有名どころが落選し、紆余曲折の議論の果てに選び抜かれたのは…。旅のお供に最適な、ガイドとしても読み物としても楽しめる一冊。

◇日本の鉄道　車窓より―旧国鉄2万キロ全線乗車の記録　森田信吉著　大阪　トンボ出版　1991.1　219p　26cm　2300円　①4-88716-080-1

◇夢の車窓―桜井寛写真集　桜井寛,宮脇俊三著　講談社　1994.12　81p　18×20cm　1500円　①4-06-207332-3

《129 四季》

◇湖北旅情―四季の鉄道写真集　石角強著　名古屋　ブイツーソリューション　2017.7　36p　30cm　1000円　①978-4-86476-507-7

◇四季日本の鉄道　佐々倉実写真・文　扶桑社　1997.11　158p　21cm　1333円　①4-594-02374-6
内容 美しく移り変わる日本の四季、写真と地図で訪れる、とっておきの場所。春風に舞う花びら・初夏の抜けるような青空。山々を錦に染める紅葉・静かに降り続く雪。その中を華麗に駆け抜ける鉄道車両の数々。

◇鉄道の四季―光と風を追いかけて　絶景写真集　真島満秀写真・文　ベストセラーズ　2000.5　159p　15cm　（ワニ文庫）　648円　①4-584-38035-X
内容 満開の桜の下を行くローカル線、雪煙を蹴立てて疾走する特急電車、人々の思いを乗せて走る夜行列車、灼熱の太陽の光を浴びて猛スピードで飛ばす新幹線…。鉄道という日常の交通機関が「被写体」になると、その姿はまったく別のものになる。本書は、カメラがとらえた四季折々の列車の表情であり、鉄道写真でつづる旅情あふれる日本の春夏秋冬の景色である。

130 時刻表

【概　要】列車などの運行時分を表形式にしたもの、およびそれを集めた冊子体やデータベースのことである。一般旅客にとって、今日では、冊子体の時刻表よりも、インターネット上でアクセス可能な時刻検索サイトで運行時分を調べるほうが主流となりつつある。したがって、時刻「表」としての認識は薄れてきている。

定期刊行される冊子体の時刻表は、1894(明治27)年創刊の「汽車汽船旅行案内」(月刊、庚寅新誌社)が最初である。1925年4月には「汽車時間表」(月刊、日本旅行文化協会)が創刊され、これが現在の「JTB時刻表」(月刊、JTBパブリッシング)である。

全国版の大型時刻表としては、前述の「JTB時刻表」と「JR時刻表」(月刊、交通新聞社)がある。これらの時刻表には、鉄道列車の運行時分はもちろんのこと、駅弁を販売している駅やみどりの窓口を設置している駅なども把握できるようになっている。また、主要なバス、船舶、航空機の運行時分も掲載されているほか、旅館の情報なども載っている旅行の一大情報誌である。

これら大型時刻表のほかに小型時刻表も発行されている。また、他社も含めて地域版(例えば、「北海道時刻表」「九州時刻表」など)も発行されており、旅先の思い出として入手するのもよいだろう。

なお、鉄道ファンにはよく知られているが、貨物列車の運行時分だけを掲載した「JR貨物時刻表」(年刊、鉄道貨物協会)も発行されている。

◇駅すぱあと徹底活用術—鉄道全線時刻表対応(Windows)版　石村高子著　ローカス　2000.6　157p　21cm　(超コツシリーズ 6)〈東京 角川書店(発売)〉付属資料：CD-ROM1枚(12cm)〉　1800円　①4-89814-115-3
内容　目的地までの早くて安い経路探索。それは「駅すぱあと」がもっとも得意で、誰もが知っている機能。その機能を使って、例えば出張や家族旅行に、出発時刻や到着時刻を指定して探索したり、乗りたい列車や飛行機の便を指定して探索したりなど、もっと様々に活用できる方法を詳細にわかりやすく紹介します。ちょっとしたお出かけの際にも、事前に駅の出口や周辺の様子を確認したり、バスの乗り入れ路線を把握しておければ大助かりです。「駅すぱあと」が持っている情報と探索機能をフルに活用してみましょう。

◇貨物時刻表　1998　JR貨物監修　鉄道貨物協会　1998.10　366p　26cm〈平成10年10月ダイヤ改正　付属資料：図3枚(袋入)〉　2000円

◇汽車汽船旅行案内　アテネ書房　1993.2　1冊　19cm　(復刻鉄道名著集成　星晃、渡辺寿男監修, 和久田康雄, 加藤新一編)〈原本：旅行案内社昭和14年刊〉

◇京急時刻表　2017年版　京急アドエンタープライズ　2017.10　192p　26cm　(JTBのMOOK)〈他言語標題：KEIKYU LINE TIMETABLE　発売：JTBパブリッシング〉　380円　①978-4-533-12225-5

◇国際鉄道時刻表旅行術　ヨーロッパ編　木村英夫著　自由国民社　1998.5　247p　19cm　1800円　①4-426-88700-3
内容　鉄道の旅をこよなく愛する著者が贈る"時刻表"による海外旅行の楽しみ。

◇時刻表アーカイブス鉄道黄金時代　1　東海道本線編・山陽本線編・鹿児島本線編　寺本光照, 曽田英夫, 今尾恵介, 藤原浩解説　JTBパブリッシング　2009.4　3冊(セット)　26cm　14000円　①978-4-533-07377-9
内容　鉄道黄金時代といわれた昭和30年代から50年代の東海道本線、山陽本線、鹿児島本線(＋北陸本線)をそれぞれの時刻表を再現しながら時系列的にふりかえる。カラーページには時刻表から抜粋した路線図と解説、車窓ガイド、関連年表を掲載。時刻表アーカイブスには、時刻表と曽田・寺本両氏の解説がついている。

◇時刻表を旅する本—「数字の森」には魅力がいっぱい　松本典久編著　ベストセラーズ　2000.12　271p　15cm　(ワニ文庫)　562円　①4-584-30685-0
内容　あなたは「時刻表」をどのように使っていますか。旅行に出るとき？　出張に行くとき？　もちろん乗物の時刻を調べるのが「時刻表」ですが、じつは、使い方によっ

ては、とても楽しい本になります。鉄道ミステリーよろしく列車の追い抜きを推理したり、机上旅行を楽しんだり、さらに復刻版の時刻表から世相をさぐってみたり…。本書は、蘊蓄を交えながら、「時刻表」の楽しみ方からお得な情報までをまとめた一冊です。

◇時刻表を読みこなす 牛山隆信著 メディアファクトリー 2010.3 199p 19cm 952円 ⓘ978-4-8401-3266-4
内容 難解に思われがちな時刻表は、基本をおさえれば簡単に「読める」ものだった。本書は、時刻表を読みこなすことで得られる「机上旅行」の楽しみや旅をつくりだす喜びを、旅のエキスパート・牛山隆信が伝える時刻表本の決定版。

◇時刻表最新情報 三宅俊彦著 荒地出版社 2001.12 182,8p 20cm〈年表あり〉 1900円 ⓘ4-7521-0123-8
内容 2000年から2001年にかけて市販・配布された鉄道関係の時刻表大コレクション。大判サイズからカード式サイズまで約150種を写真付きで紹介。郷土カラー満載の貴重な地方限定販売時刻表も収録。

◇時刻表昭和史 宮脇俊三著 増補版 角川書店 1997.8 297p 20cm〈年表あり 文献あり 著作目録あり〉 1500円 ⓘ4-04-883481-9
内容 終戦の日、「日本の汽車は時刻表通りに走っていた」。激動の時代の家族の風景と青春の日々を、時刻表を通して振り返る体験的昭和史。新たに戦後篇を収録。

◇時刻表昭和史 宮脇俊三著 増補版 角川書店 2001.6 329p 15cm （角川文庫）〈年表あり〉 533円 ⓘ4-04-159808-7
内容 昭和八年、老いたハチ公を眺めてから、初めて子ども同士で山手線に乗ったのは小学校一年生のときのこと。二・二六事件の朝もいつものように電車を乗継いで小学校に通い、「不急不要の旅行」を禁止された戦時下にも汽車や電車で出かけていた私は、終戦の日も時刻表通りに走る汽車に乗り、車窓風景に見入っていた…。時刻表好きの少年の眼を通して、「昭和」という激動の時代と家族の風景、青春の日々がいきいきと描き出される、宮脇俊三の体験的昭和史。

◇時刻表昭和史 宮脇俊三[著] 増補版改訂 KADOKAWA 2015.4 329p 15cm （[角川ソフィア文庫][L122-1]）〈増補版：角川文庫 2001年刊 文献あり 年表あり〉 960円 ⓘ978-4-04-409482-9
内容 二銭の切符を買い、初めて子ども同士で山手線に乗ったのは小学一年生のときのこと。二・二六事件の朝も、いつものように電車を乗り継いで小学校に通い、「不急不要の旅行」が禁止された戦時下にも、父や級友と旅に出かけていた私は、終戦の日も敗戦後の混乱期も、時刻表通りに走る汽車や電車に乗り、車窓風景に見入っていた―激動の昭和と家族の風景、自らの青春の日々を、時刻表を通して振り返る、不朽の体験的昭和史。

◇時刻表昭和史探見―戦時下の鉄道地図から家電広告まで近代日本を誌上発掘 曽田英夫著 JTB 2001.4 191p 21cm （JTBキャンブックス） 1500円 ⓘ4-533-03761-5
内容 本書は、「時刻表」を書誌学的な観点からまとめたものである。

◇時刻表タイムトラベル 所澤秀樹著 筑摩書房 2011.7 270p 18cm （ちくま新書 913）〈文献あり〉 820円 ⓘ978-4-480-06616-9
内容 ネット検索が全盛の時代、もはや経路検索に利用されることが少なくなった時刻表。それでも、読み物としての価値は薄れることがない。昔の時刻表を紐解けば、過ぎ去りし日を思い出し、昔話に花が咲く。相当悪かった列車内でのマナー。懐かしき食堂車のカレーライス。戦前の海外までの連絡切符。栄枯盛衰の夜行列車。さあ、時をかける紙上の旅へ。

◇時刻表探検―数字に秘められた謎を解く 「旅と鉄道」編集部編 天夢人 2017.7 175p 21cm （旅鉄BOOKS 001）〈発売：山と溪谷社〉 1500円 ⓘ978-4-635-82008-0
内容 数字の羅列を読んで何が楽しい？『時刻表』にハマった達人が、その魅力を解き明かす！

◇時刻表でたどる新幹線発達史―時代とともにあゆんだ新幹線半世紀の物語 寺本光照著 JTBパブリッシング 2013.3 191p 21cm （キャンブックス―鉄道 128）〈文献あり 年表あり〉 1900円 ⓘ978-4-533-08973-2
目次 序章 東海道新幹線開業まで, 第1章「超特急」が存在した時代, 第2章「ひかり」は西へ, 第3章 北に進むグリーンストライプ, 第4章 JR化と豪華新幹線列車登場, 第5章

旅行・乗車

在来線に新幹線電車走る，第6章 各地で新幹線開業，第7章 高速化が進む新幹線

◇時刻表でたどる鉄道史―"数字の森"から時代が見える！　宮脇俊三編著，原口隆行企画・執筆　JTB　1998.1　192p　21cm　（JTBキャンブックス）　1700円　①4-533-02872-1

[目次] 時刻表への感謝，安全運転を支える列車ダイヤと運行システム，時刻表「営業案内」にみる鉄道営業のあゆみ，時刻表でたどる鉄道史，カラーグラフ，ダイヤ改正の思い出，百年を越す時刻表の歩み，鉄道史略年表

◇時刻表でたどる特急・急行史―明治・大正・昭和を駆けた花形列車たち　原口隆行著　JTB　2001.6　191p　21cm　（JTBキャンブックス）　1700円　①4-533-03869-7

[目次] 急行の誕生～特急の誕生―明治・大正時代（明治27年～大正15年），愛称特急の始まり～特急の消滅―昭和時代前期（昭和2年～昭和19年），特急の復活～黄金時代を迎えた特急―昭和時代中期（昭和20年～昭和38年），新幹線の開業～国鉄の終焉―昭和時代後期（昭和39年～昭和62年）

◇時刻表でたどる夜行列車の歴史　三宅俊彦著　JTBパブリッシング　2010.3　175p　21cm　（キャンブックス―鉄道103）〈文献あり　年表あり〉　1900円　①978-4-533-07807-1

[目次] 巻頭グラビア　日本鉄道史に燦然と輝く夜行列車たちの記憶，残された夜行急行列車を追う，さよなら寝台特急「北陸」―またもやブルートレインに削減の嵐，鉄道史における夜行列車の発達概史―その半世紀の歩みを振り返って，食堂車の話，日本の夜を彩る夜行列車13，夜行列車の切符いろいろ，夜行列車の特徴的なダイヤを探求する，夜行名列車伝，国鉄～JR夜行列車列車名変遷一覧表，海を渡る列車，夜行列車関係の年表（昭和31年(1956)年以降）

◇時刻表に見る〈国鉄・JR〉電化と複線化発達史　三宅俊彦，寺本光照，曾田英夫，澤井弘之著　JTBパブリッシング　2011.3　159p　21cm　（キャンブックス―鉄道107）〈文献あり〉　1900円　①978-4-533-08155-2

[内容] 昭和31・39年の時刻表にはなかった「電化と複線区間図」を初公開。

◇時刻表に見る〈国鉄・JR〉列車編成史　三宅俊彦，寺本光照著　JTBパブリッシング　2011.9　239p　21cm　（キャンブックス　鉄道112）　2300円　①978-4-533-08344-0

[内容] 時刻表・昭和25年10月号以降，特徴のあるダイヤ改正号を中心に編成表ページを掲載，解説や車両にまつわるエピソードなどを加える。

◇時刻表の達人―使える・遊べる・勉強できる！　福岡健一著　PHP研究所　2005.3　191p　19cm　1100円　①4-569-68530-7

[内容] 本書では，いちばん使われている時刻表のひとつ『JR時刻表』の図や表をたくさん使って，時刻表の内容，時刻表のみかたや調べかた，時刻表の知識などを説明する。

◇時刻表の楽しい読み方―駅員さんも知らなかった！　博学こだわり倶楽部編　河出書房新社　1998.4　222p　15cm　（Kawade夢文庫）　476円　①4-309-49237-1

[内容] 日曜日には列車もお休みする路線とは？駅長が2人いる駅があるってホント?!…など驚きと面白さ満点の時刻表と遊ぶ本。

◇時刻表の謎　三宅俊彦著　新人物往来社　2003.6　173p　20cm　1900円　①4-404-03130-0

[内容] 眺めているだけでは気がつかない，時刻表の数字や記号の謎を解く。

◇時刻表のヒミツ　三宅俊彦著　洋泉社　2009.8　191p　18cm　（新書y 221）〈『時刻表の謎』（新人物往来社2003年刊）の加筆・修正〉　740円　①978-4-86248-457-4

◇時刻表百年のあゆみ　三宅俊彦著　3訂　交通研究協会　1997.10　1冊　19cm　（交通ブックス 107）〈東京　成山堂書店（発売）〉　1500円　①4-425-76063-8

[目次] 第1章 明治時代，第2章 大正時代，第3章 昭和時代（戦前），第4章 昭和時代（戦後），第5章 平成時代

◇時刻表ファン1000万人の"発見"　グッたいむ研究会編　JTB　2002.7　192p　19cm　（マイロネbooks 7）　1000円　①4-533-04336-4

[内容] 本書は，JTB時刻表の読者投稿欄「たいむたいむてぇぶる」(1979年5月開始)，および「グッたいむ」(1989年7月開始)に寄せられた投稿文の中から，約700点を選んで紹介している。

◇「時刻表」舞台裏の職人たち　時刻表OB会編　JTB　2002.10　190p　19cm（マイロネbooks 9）　1000円　①4-533-04438-7
内容　「時刻表」舞台裏の職人たち。創刊900号を超す、月刊誌のベストセラーは、こうして作られてきた。

◇「時刻表」はこうしてつくられる─活版からデジタルへ、時刻表制作秘話　時刻表編集部OB編著　交通新聞社　2013.6　209p　18cm　（交通新聞社新書 056）　800円　①978-4-330-37713-1
内容　『全国観光時間表』創刊から半世紀、時刻表編集のOBたちが語る制作秘話。

◇時刻表1000号物語─表紙で見る「時刻表」のあゆみと鉄道史 1925→2009　交通情報部編　JTBパブリッシング　2009.5　160p　21cm　（キャンブックス─鉄道 95）　1900円　①978-4-533-07525-4

◇昭和43年10月（ヨン・サン・トオ）改正時刻表を愉しむ本　三宅俊彦監修　永久保存版　洋泉社　2014.3　199p　26cm〈2010年刊の再刊〉　2200円　①978-4-8003-0363-9
内容　時刻表、編成表、写真、達人の解説で伝説の白紙ダイヤ大改正「ヨン・サン・トオ」を読み解く!!データでたどる懐かしの国鉄特急・急行列車。復刻!!昭和43年10月改正前の「旅客事務用鉄道線路図」。

◇昭和43年10月（よん・さん・とお）貨物時刻表　復刻版　交通新聞社　2010.3　16, 620p　26cm〈（日本国有鉄道貨物局刊）の複製〉　4762円　①978-4-330-12510-7

◇資料・琵琶湖を挟む船車連絡等時刻表─汽車・汽船　明治十三～二十二年　佐々木義郎編　〔西宮〕　藤田卯三郎　2000.10　74p　27cm〔付属資料：2枚、8枚　複製　折り込1枚〕

◇震災復興時刻表─保存版：東北7県全鉄道事業者・ダイヤ復旧までの記録　越前勤監修　仙台　アルファ模型出版部　2011.10　348p　21cm〈CDデータ内容印刷版〉　2190円　①978-4-9906093-0-6

◇全線開通版・線路のない時刻表　宮脇俊三著　講談社　1998.2　221p　15cm（講談社文庫）　400円　①4-06-263721-9
内容　時速140キロの超高速特急、大阪─鳥取二時間半の振子式気動車、南国情緒あふれるローカル線など、国鉄末期に建設中止となった路線への夢を描いた時刻表がグレードアップして現実のものとなった。新路線を完成して、全線開通後の乗車記を文庫読者のために書き下ろした『線路のない時刻表』完全開通版。

◇全線開通版線路のない時刻表　宮脇俊三［著］　講談社　2014.3　251p　15cm（講談社学術文庫 2225）〈年譜あり〉　880円　①978-4-06-292225-8
内容　開通が待ち望まれた鉄道新線。国鉄の末期、完成間近になって工事中止となった新線への思い断ちがたく、著者は計画上の路線をたどり、すでに敷かれた路盤に立って、車窓から眺められたはずの風景や現地で出会った関係者との交流を描いた。本書は、第三セクターによる開業までの経緯と開通後の乗車記を加えた完全開通版。付録として著者の年譜も収録。

◇鉄道時刻表事始め─ブラドショオ創刊150周年　小松芳喬著　早稲田大学出版部　1994.5　196, 12p　22cm〈ヂョオヂ・ブラドショオの肖像あり〉　4800円　①4-657-94523-8
目次　1 イギリス近代鉄道小略、2「鉄道時代」生成阻害因の開離、3 ヂョオヂ・ブラドショオ、4『ブラドショオ・鉄道時刻表』の先蹤、5 一八三九年十月十九日、6 一八三九年十月二十五日、7 一八四一年十二月一日、8『ブラドショオ』三誌鼎立期、9 大陸時刻表の掲載と『大陸ブラドショオ』の創刊、10 号数の水増し、11 国内の時差、12 終刊まで、付（鉄道史研究への『ブラドショオ』の貢献と限界─シマンズの「覚え書」撮記、ブラドショオの『ブラドショオ』以外の出版活動）

◇鉄道時刻表の暗号を解く　所澤秀樹著　光文社　2017.8　285p　18cm　（光文社新書 899）　820円　①978-4-334-04305-6
内容　いまやスマホで全てが瞬時に分かる。でも、紙の時刻表が売れ続けているのはなぜか？　それは、ネットでは安・近・短の"正解"は分かっても、「広域の乗り継ぎ」「途中下車の自由時間」を俯瞰して知りたい場合は紙が圧倒的に便利だから。運賃手計算はボケ防止にもなる。「目的地にラクに着く」という視点を離れれば、好奇心を掻き立てる広大な世界が目の前に。紙の時刻表

◇東京日帰り全駅全終電—標準時刻表'97　JR・私鉄・新交通・地下鉄125路線2191駅　交通情報研究会企画・制作　ワールドマガジン社　1997.6　220p　19cm〈東京　青人社（発売）〉　762円　①4-88296-808-8

内容　近郊から日帰り出来る首都圏のJR、私鉄、地下鉄、新都市交通システム125路線2191駅全ての終電発車時刻を掲載。

◇名古屋圏全電車線時刻表—秋のダイヤ大改正号!!　八峰出版　1995.11　223p　19cm　880円　①4-89372-070-8

◇発掘！　明治初頭の列車時刻—鉄道黎明期の『時刻表』空白の20余年　曽田英夫著　交通新聞社　2016.8　223p　18cm（交通新聞社新書 099）〈文献あり〉800円　①978-4-330-69416-0

内容　我が国最初の月刊時刻表は明治27（1894）年10月5日に、東京・京橋の庚寅新誌社から発行された。つまり、明治5年（1872）年旧暦9月12日の鉄道開業後22年間は一般に販売される時刻表の発行はなかった。本書では、この鉄道黎明期の『時刻表』空白期間の歴史を明らかにすべく、種々の資料を探し出して体系化し、現代の様式に似せて時刻表を再現することにより、当時の鉄道の運転・運輸の状況を明らかにしようと試みる。

◇東日本大震災復興時刻表—東北七県全鉄道事業者ダイヤ復旧までの記録：保存版　越前勤著　［電子資料］　金沢　桐文社　2012.1　CD-ROM 1枚　12cm〈ホルダー入（20cm）　発売：星雲社〉2190円　①978-4-434-16414-9

◇東日本大震災「復興」時刻表—臨時ダイヤで検証する東北53被災路線の全貌：保存版　越前勤著　講談社　2012.3　175p　26cm〈文献あり〉　2500円　①978-4-06-217570-8

内容　被災地在住の列車ダイヤ研究家が、市販の時刻表には載ることのない「臨時ダイヤ」を、「3・11」から9ヵ月におよび、東北7県の駅と鉄道事業所を駆け回り、収集、作成した復興への道のり！　なにが起きていたのか！　収集困難な臨時運行の記録が、東北鉄道復旧の真実を映し出す。

◇北海道化石としての時刻表　柾谷洋平著　札幌　亜璃西社　2009.2　269p　19cm〈文献あり〉　1600円　①978-4-900541-79-5

◇幻の時刻表　曽田英夫著　光文社　2005.1　280p　図版8p　18cm　（光文社新書）〈文献あり〉　780円　①4-334-03290-7

内容　戦前の時刻表に当たっていると、現在とは違う鉄道の姿をそこに見出して驚かされることが多い。戦後生まれの著者は、これらの路線が現役で活躍していたころのことを知らない。時刻表を眺めたり、資料に当たったりしながら、当時の姿を思い浮かべるばかりである。本書は、そんな戦前の時刻表の頁をめくりながら、今では「幻」と化した路線の面影をたどる試みだ。読者に代わって筆者が時刻表のページを繰り、ときには乗客役に、ときには車掌役になって読者を「幻」の時刻表の世界に誘うつもりである。旅支度は特に要らない。読んでは目を閉じ、読んでは目を閉じるごとに、あなたの瞼の裏に、ありし日の路線、かつての日本の様子が立ち上ってくるだろう。

◇幻の時刻表　曽田英夫著　光文社　2014.5　285p　16cm　（光文社知恵の森文庫 tそ1-1）〈2005年刊の加筆修正文献あり〉　780円　①978-4-334-78649-6

内容　日本・莫斯科・羅馬・伯林・倫敦・巴里。かつて日本と欧州は鉄道で結ばれていた。戦前の時刻表には、現在とは違った鉄道の姿が残されている。当時の貴重な時刻表をめくりながら、今では「幻」と化した路線の面影をたどり読者に代わって著者が、ときには乗客役に、ときには車掌役になって、幻の時刻表の世界に誘う。

◇満州朝鮮復刻時刻表—附 台湾・樺太復刻時刻表　日本鉄道旅行地図帳編集部編　新潮社　2009.11　4冊（セット）21×16cm〈付属資料：時刻表3〉　2800円　①978-4-10-320521-0

内容　古書市場で買えば数万円はする、しかも滅多に出回らないレアものの復刻。欧亜連絡、日満連絡にはじまり、「税関検査に就いて」「支那方面旅行者の心得」などの注意書きもあり、国際色豊かなのも内地時刻表にはない大きな特徴。「あじあ」号の停車駅だけではなく、通過駅も楽しめるのだ。この復刻版には、時刻表ファンや鉄道ファン「千夜の悦び」が凝縮されている。

◇満洲朝鮮復刻時刻表　日本鉄道旅行地図帳編集部編　新潮社　［2009］　2冊　20cm〈タイトルは箱による　箱入

（21cm）〉　全2800円　ⓟ978-4-10-320521-0
◇30年後も永久永遠の時刻表2万キロ　時刻表2万キロ―全時刻・全経路掲載徹底解説!!旅行行程表（宮脇先生、30年後）　達靖志著, 達靖志編　市田印刷出版　2009.4　256, 182p　15cm〈チャレンジ「時刻表2万キロ」企画クイズ・基準付き　発売：星雲社〉　743円　ⓟ978-4-434-12841-7
[内容] 本書は宮脇俊三先生の名著「時刻表2万キロ」の行程を30年後の同一期日日に著者自らができるだけ同じように旅行した行程を再現したものを本にまとめたものです。本文の他に、うしろから読めるように仕立てた、マニア垂涎の時刻表2万キロと30年後の全時刻・全経路を掲載した旅行行程予定表やチャレンジ「時刻表2万キロ」企画（基準・クイズなど）が満載されております。面白いこと請け合いです。

◇JR貨物時刻表　2000　鉄道貨物協会　2000.3　366p　26cm〈平成12年3月ダイヤ改正〉　2000円

◇JR貨物時刻表　2002　鉄道貨物協会　2002　260p　26cm〈付属資料：3枚　平成14年3月ダイヤ改正〉

◇JR貨物時刻表　2003　鉄道貨物協会　2003.10　247p　26cm〈付属資料：3枚　平成15年10月ダイヤ改正〉　2100円

131　ダイヤグラム
【概　要】列車の運行計画を表したグラフ状の図のことである。距離と停車場名（駅名、信号場名）を縦軸に、時間を横軸にとり、一列車の動きを1本の線で表している。この線のことをスジという。各スジには、列車を特定する列車番号（数字と記号の組み合わせが多い。例えば、「501M」など）、発着番線などが付されている。ダイヤグラムは定期的に見直しと更新が行われ（年に1～2回）、これをダイヤ改正（京王電鉄では2013年までダイヤ改定と呼称）という。
　ダイヤグラムは業務用であり、旅客が列車の運行時分を知りたいときに用いるのが時刻表である。
　鉄道ファンのなかには、架空の路線を設定してダイヤグラム作りを楽しむ人もいる。

◇京急ダイヤ100年史―1899～1999　吉本尚著　電気車研究会（発売）　1999.4　282p　21cm　3000円　ⓟ4-88548-093-0

◇国鉄懐かしのダイヤ改正―1964（昭和39）～1987（昭和62）　新人物往来社　2000.7　158p　26cm　（別冊歴史読本49―鉄道シリーズ 第11弾）　2400円　ⓟ4-404-02749-4

◇国鉄列車ダイヤ千一夜―語り継ぎたい鉄道輸送の史実　猪口信著　交通新聞社　2011.2　251p　18cm　（交通新聞社新書 026）　800円　ⓟ978-4-330-19311-3
[内容] 国鉄の輸送関係部署に約25年間勤務し、列車ダイヤの作成に深く関わった著者によるダイヤ作成秘話。本書では、昭和45年の万博輸送、昭和50年3月の山陽新幹線博多開業、昭和60年3月の東北・上越新幹線上野開業等で手掛けたダイヤ改正や新線開業、臨時臨車設定などの際のお宝エピソードを大公開。路線上に空いている時間帯を探し、車両や人員を確保し、日本全国に効率よく列車を走らせる。その悪戦苦闘の話の中には、当時の世相も垣間見える。また、チマタの疑問「ダイヤはどうやって作るのか?」の答もここにある。

◇ダイヤグラムで広がる鉄の世界―運行を読み解く&スジを引く本　井上孝司著　秀和システム　2009.11　279p　21cm〈索引あり〉　1800円　ⓟ978-4-7980-2412-7
[内容] あの時刻表にはこんな意図があったのか―豊富な図解と写真の数々からダイヤのしくみを徹底解析。

◇定刻運行を支える技術―遅延要因・運転整理の手法　梅原淳著　秀和システム　2016.9　109p　21cm〈文献あり　索引あり〉　1300円　ⓟ978-4-7980-4705-8
[内容] 京急・東京メトロ鉄道事業者に聞く運転整理の実際。元JR駅員の鉄道タレント「古谷あつみ」さんに聞く駅務の実際。

◇定刻発車―日本社会に刷り込まれた鉄道のリズム　三戸祐子著　交通新聞社

ダイヤグラム

2001.2　335p　20cm　1848円　①4-87513-099-6

◇定刻発車―日本の鉄道はなぜ世界で最も正確なのか？　三戸祐子著　新潮社　2005.5　404p　16cm　〈新潮文庫〉〈交通新聞社平成13年刊の増補〉　590円　①4-10-118341-4

内容　電車が2〜3分遅れるだけで腹を立てる日本人。なぜ私たちは"定刻発車"にこだわるのか。その謎を追うと、江戸の参勤交代や時の鐘が「正確なダイヤ」と深く関わり、大正期の優れた作業マニュアル、鉄道マンによる驚異の運転技術やメンテナンス、さらに危機回避の運行システムなどが定時運転を支えていた！ 新発見の連続に知的興奮を覚える鉄道本の名著。交通図書賞・フジタ未来経営賞受賞。

◇鉄道ダイヤを支える技術―閉そく・信号・合図・標識　梅原淳著　秀和システム　2016.3　149p　21cm　2200円　①978-4-7980-4630-3

内容　信号の意味、連動装置とは、鉄道への興味が深まる安全への工夫の数々。

◇鉄道ダイヤに学ぶタイム・マネジメント　野村正樹著　講談社　2007.3　236p　15cm　〈講談社プラスアルファ文庫〉　648円　①978-4-06-281099-9

内容　世界一正確といわれる日本の鉄道ダイヤ。複雑な運行スケジュールを、安全・安定をもって毎日こなし続けるその秘密は、いったいどこにあるのか。ダイヤグラム作成、危機管理、ライバルとの競争を通して、あらゆるムリ、ムダ、ムラを削ぎ落としてきた、もっとも身近な"時間管理のプロ集団"の極意に迫る。デキるビジネスパーソンは「鉄道スタイル」で定時に帰ろう。

◇鉄道ダイヤのつくりかた　富井規雄編著　オーム社　2012.3　235p　21cm〈索引あり〉　2600円　①978-4-274-21175-1

目次　1 列車ダイヤとは、2 ダイヤづくりの制約、3 ダイヤづくりのむつかしさ―すべては利用者のために、4 ダイヤづくりの手順、5 ダイヤづくりの実際、6 ダイヤづくりの今後、7「無計画停電」と列車の運転

◇鉄道とコンピュータ　情報処理学会編、脇田康隆、富井規雄、藤森聡二、後藤浩一、青木俊幸著　共立出版　1998.2　125p　19cm　（情報フロンティアシリーズ 19）　1500円　①4-320-02838-4

内容　本書では、座席予約システム、列車ダイヤをつくるシステム、列車の運行を管理するシステムだけでなく、列車の乗り心地をよくするために使われているコンピュータ、また、駅でのお客様の流れをシミュレーションして、駅の構造を改良しようとする研究などについても記述しています。さらに、将来の切符の代わりになることが期待される、ICカードについても触れています。

◇列車ダイヤから鉄道を楽しむ方法―時刻表からは読めない多種多彩な運行ドラマ！　杉山淳一著　河出書房新社　2016.11　215p　19cm〈他言語標題：How to enjoy the railway from train diagram　企画・編集：夢の設計社〉　1400円　①978-4-309-22678-1

内容　定刻どおり！ 今日も全国の路線で驚きのダイヤが進行中!!追い越し、すれ違い、スピード設定、停車駅の決定…。世界に誇る"安全・精密な運行システム"の秘密を解く！

◇列車ダイヤのひみつ―定時運行のしくみ　富井規雄著　成山堂書店　2005.2　189, 3p　22cm〈文献あり〉　2600円　①4-425-96071-8

内容　スジ屋ってなに？ ダイヤはどうやって作るの？ 日本はいつから定時運行なの？ 電車が遅れたらどうやって時刻表通りに戻すの？ 日頃利用していて不思議に感じる鉄道運行の仕組みをわかりやすく解説。

◇列車ダイヤはこう進化を遂げた―日本の鉄道はニーズにどう答えてきたのか　和佐田貞一著　交通新聞社　2017.10　238p　18cm　（交通新聞社新書 116）〈文献あり〉　800円　①978-4-330-83017-9

内容　鉄道輸送において列車は「商品」であり、利用者から求められる品質とは、「速い（所要時間が短い）」「直行する（乗り換えずに行ける）」「乗りたいときに乗れる（本数が多い）」の「便利3要素」ということになる。品質の向上には車両や軌道などハード面の改良は不可欠であるが、そのハードの能力に最適化された「列車ダイヤ」を設定することによってようやく「便利3要素」が達成される。―列車ダイヤの基礎や運行計画の考え方をわかりやすく説明した上で、JR発足時から30年を経て如何に「便利3要素」を達成した「列車ダイヤ」が数多く誕生し、目覚ましく進化したのか詳しく解説。

◇ローカル私鉄列車ダイヤ25年　西日本編　寺田裕一著　JTB　2004.10　199p

26cm〈西日本編のサブタイトル：60線1600kmのダイヤ変遷史〉 2800円 ①4-533-05585-0
[目次] 三岐鉄道三岐線、三岐鉄道北勢線、伊勢鉄道、樽見鉄道、明知鉄道、長良川鉄道、神岡鉄道、万葉線、黒部峡谷鉄道、富山地方鉄道〔ほか〕

◇ローカル私鉄列車ダイヤ25年　東日本編　寺田裕一著　JTB　2004.7　200p　26cm〈東日本編のサブタイトル：42線800kmのダイヤ変遷史〉 2800円 ①4-533-05484-6
[内容] ローカル私鉄の25年間の変遷を「列車運行」を主眼に概観。

132 駅

【概　要】列車への旅客の乗降や、貨物の積降を行う鉄道施設である。路面電車の場合は、電停や停留場ともいわれる。駅と、旅客の乗降などを伴わない信号場などをあわせて停車場と呼ぶこともある。地方によっては、駅前まで続く県道に「○○停車場線」という名称を付けているケースもある。

駅には、旅客駅と貨物駅がある。また、常備駅と臨時駅に分けることもできる。臨時駅は、特定の季節や期間のみ臨時で営業される駅のことである。例えば、観梅シーズンのみ営業される常磐線の偕楽園駅など。さらに、有人駅と無人駅がある。有人駅といっても、そこに勤務するのは鉄道会社の社員とは限らない。近年、鉄道会社から関連企業などに駅の業務を委託するケースが増えているからである。また、鉄道会社の経営合理化の一環で、無人駅も増えてきている。

駅の構造物としては、駅舎、プラットホーム、待合室などがある。ただし、無人駅の場合、プラットホームしか設置されていないところも少なくない。なお、駅の設けられている位置をもとに、地上駅、地下駅、高架駅という分類もできる。

◇愛知県駅と路線の謎　野田隆著　洋泉社　2016.7　189p　18cm　（新書y 299）〈文献あり 年表あり〉 950円 ①978-4-8003-0926-6
[内容] 東海地方で最大の都市・名古屋を擁する愛知県。名鉄、近鉄やJR、地下鉄などの列車が所狭しと走る駅や路線には、首を傾げたくなるような多くの不思議や謎が存在する。終着駅なのに線路の続く駅がある？ 同じ路線同士の乗り換えなのに、わざわざ改札を通過する？ 名古屋人だけが読める難読駅名とは？ バスが走る鉄道がある？ 約五〇路線、約五〇〇ある駅のなかから厳選した疑問・発見の数々を紹介！ あなたの知らないもう一つの「愛知」が見えてくる！

◇あなたの知らない大阪「駅」の謎　米屋こうじ著　洋泉社　2016.5　189p　18cm　（新書y 297）〈文献あり 年表あり〉 950円 ①978-4-8003-0924-2
[内容] JRや私鉄の路線が網の目のように張り巡らされる大阪。なかでも、さまざまな車両、たくさんの人が行き交う「駅」には、首を傾げたくなるような多くの謎が存在する。およそ五〇〇ある大阪の駅のなかから、厳選した疑問・発見の数々を紹介。あなたの知らないもう一つの「大阪」が見えてくる！

◇岩美驛百周年記念誌　［岩美町（鳥取県）］　岩美駅百周年記念事業実行委員会　［2010］　22p　30cm〈折り込1枚年表あり〉

◇上野発の夜行列車・名列車―駅と列車のものがたり　山田亮著　JTBパブリッシング　2015.4　191p　21cm　（キャンブックス―鉄道 151）〈文献あり〉 1900円 ①978-4-533-10349-0
[目次] 第1章 カラー写真で見る上野発の列車（東北本線の列車,常磐線の列車,上信越線の列車 ほか），第2章 上野駅の歴史（開業から終戦まで，戦後～高度経済成長の時代，新幹線建設から開業まで ほか），第3章 夜行列車・名列車（はつかり，ひばり，やまびこ ほか）

◇羽前千歳駅物語　酒井利悦著　山形村山民俗学会　2014.3　83p　26cm〈共同刊行：羽前千歳駅物語出版企画〉

◇駅員も知らない!?東京駅の謎　話題の達人倶楽部編　青春出版社　2012.10　206p　15cm　（青春文庫 わ-30）〈文献あり〉 686円 ①978-4-413-09555-6
[内容] 首都圏の通勤ラッシュを緩和するために作られたという東京駅の地下5階ホーム。現在、総武線快速、横須賀線、千葉方面への特急などが発着している、この地下ホー

ム。じつは、水に浮いている…？　その理由は…？　それ1冊で東京駅の新旧が面白いほどわかる。

◇駅を楽しむ！　テツ道の旅　野田隆著　平凡社　2007.5　237p　18cm　（平凡社新書）　760円　①978-4-582-85374-2

内容　ごめん駅でごめん。とっても寒い駅わっさむ。鬼太郎駅にねずみ男駅。JR最南端の西大山からさいはての駅稚内まで…。「テツ」目線で駅を観察すれば、鉄道旅行がますます楽しい！　にっぽん全国、列車に乗って「駅」めぐり！　あなたの知っている駅はいくつある。

◇駅を旅する　種村直樹著　和光SiGnal　2007.12　245p　19cm　1300円　①978-4-902658-10-1

内容　やさしさと愛情あふれる語り口で汽車旅ファンを魅了したエッセイ集に、夕張駅再訪のルポを加えて復刊。静まりかえった雪原の駅、喧噪に包まれた街の駅、澄みわたる空を仰ぐ高原の駅など、北は声間から南は西大山まで、さまざまな表情を見せる駅のたたずまいを描く。全国スイッチバック駅・信号場(所)、国鉄臨時・仮乗降場など、国鉄の終焉を目前にひかえた1984年当時の貴重な資料も収録。

◇「駅」面白すぎる博学知識　博学こだわり倶楽部編　河出書房新社　1999.12　222p　15cm　（Kawade夢文庫）　476円　①4-309-49318-1

内容　思わず行きたくなるビックリ駅舎から、ヘンな駅名のマル珍由来、あの駅に秘められた驚きのドラマ、人気駅弁の裏話…まで、"駅のとっておき話"がギッシリの鉄道雑学本。旅行好き、鉄道マニアもびっくり仰天。

◇駅開業100周年記念誌―秋田駅―東能代駅間　秋田　東日本旅客鉄道秋田支社　2003.1　190p　29cm〈年表あり　発売：東日本旅客鉄道秋田支社駅開業100周年記念誌頒布事務局(秋田)〉　2858円　①4-9901497-0-X

◇駅格差―首都圏鉄道駅の知られざる通信簿　首都圏鉄道路線研究会著　SBクリエイティブ　2017.5　253p　18cm　（SB新書 392）　820円　①978-4-7973-9022-3

内容　誰もが日頃使っている鉄道駅。自宅と職場の最寄り駅以外にも乗り換え駅や得意

先がある駅、買い物に訪れる駅など、そんな駅の特徴、性格などを各種ランキング化することで改めて気づく首都圏(1都3県)のダイナミズム！　通勤時意外と座れる駅から、本当に住みやすい駅(街)まで、「駅のコスパ」を徹底分析！『沿線格差』に続く第2弾!!

◇駅から駅へつなぐみんなの物語　加東市編　加東　加東市　2013.12　720p　19cm

◇駅Q―駅が大好きになる100問　冨田行一著　実業之日本社　2013.5　207p　18cm　（鉄道クイズシリーズ）　743円　①978-4-408-10995-4

内容　これ一冊で駅名超マスターに。駅が大好きになる楽しい問題が100問。

◇駅再発見の旅　岡並木著　NTT出版　1992.11　229p　19cm　1500円　①4-87188-191-1

◇駅スタンプの旅　SL編　松井信幸著　枻出版社　2004.2　171p　15cm　（［エイ］文庫）　650円　①4-7779-0018-5

◇駅スタンプの旅　トロッコ列車編　松井信幸著　枻出版社　2004.10　187p　15cm　（［エイ］文庫）　650円　①4-7779-0200-5

内容　旅好きなニッポン人が生み出した"駅スタンプ"文化。駅スタンプには、旅人たちの思い出をそれぞれの心に残すべくさまざまな情景や逸話が刻み込まれている。今回はそんな駅スタンプの中から日本全国のトロッコ列車が走る路線を特集する。

◇駅勢一班　第1巻（其1 大連―馬伊屯）［南満洲鐵道株式會社運輸課］［編纂］文生書院　2006.9　346p　27cm　（Bunsei Shoin digital library）〈南満州鉄道運輸課刊の複製　折り込27枚〉　①4-89253-315-7

◇駅勢一班　第2巻（其2 遼陽―開原）［南満洲鐵道株式會社運輸課］［編纂］文生書院　2006.9　340p　27cm　（Bunsei Shoin digital library）〈南満州鉄道運輸課刊の複製　折り込10枚〉　①4-89253-315-7

◇駅勢一班　第3巻（其3 金溝子―長春/旅順支線）［南満洲鐵道株式會社運輸課］［編纂］文生書院　2006.9　315p　27cm　（Bunsei Shoin digital library）〈南満州鉄道運輸課刊の複製　折り込9枚〉　①4-89253-315-7

◇駅勢一班　第4巻（其4 營口支線/撫順支線/安奉線）［南滿洲鐵道株式會社運輸課］［編纂］　文生書院　2006.9　346p　27cm　（Bunsei Shoin digital library）〈南満州鉄道運輸課刊の複製　折り込14枚〉　①4-89253-315-7

◇駅勢一班　第5巻（吉長鉄道之部/東清鉄道之部）［南滿洲鐵道株式會社運輸部］［編纂］　文生書院　2006.9　74, 130p　27cm　（Bunsei Shoin digital library）〈複製　折り込8枚〉　①4-89253-315-7

◇駅旅入門―行ってみたい駅50　杉崎行恭著　JTBパブリッシング　2010.3　223p　21cm　1580円　①978-4-533-07808-8

[目次] 稚内（宗谷本線），遠軽（石北本線），知床斜里（釧網本線），川湯温泉（釧網本線），美瑛（富良野線），銭函（函館本線），比羅夫（函館本線），陸別（ふるさと銀河線りくべつ鉄道），津軽五所川原（津軽鉄道），芦野公園（津軽鉄道）〔ほか〕

◇驛の記憶　真島満秀写真，山川啓介詞　小学館　2003.10　191p　22cm　2200円　①4-09-681602-7

◇駅の大図鑑―たんけんしよう！　全国をむすぶ身近な交通　川島令三監修　PHP研究所　2006.5　79p　29cm　2800円　①4-569-68604-4

[内容] 駅の知られざる機能や設備、利用のしかたなどをいっしょに学習。

◇駅の旅物語―関東の駅百選　「鉄道の日」関東実行委員会監修　人文社　2000.10　232p　21cm〈他言語標題：Travel story of stations〉　1600円　①4-7959-1280-7

[目次] 東京都（東京駅（JR東海道線），上野駅（JR東北線）ほか），神奈川県（若葉台駅（京王相模原線），日吉駅（東急東横線）ほか），埼玉県（航空公園駅（西武新宿線），高坂駅（東武東上線）ほか），群馬県（館林駅（東武伊勢崎線），西桐生駅（上手電気鉄道線）ほか），千葉県（舞浜駅（JR京葉線），鎌ヶ谷大仏駅（新京成線）ほか），茨城県（新守谷駅（関東鉄道常総線），ひたち野うしく駅（JR常磐線）ほか），栃木県（足利駅（JR両毛線），佐野駅（JR両毛線）ほか），山梨県（大月駅（JR中央線），勝沼ぶどう郷駅（JR中央線）ほか）

◇駅の博物誌　高橋育郎著　日本文学館　2010.4　143p　19cm　800円　①978-4-7765-2189-1

◇駅のはなし―明治から平成まで　交建設計・駅研グループ著　改訂版　交通研究協会，成山堂書店〔発売〕　1996.2　234, 9p　19cm　（交通ブックス）　1500円　①4-425-76032-8

[目次] 第1章 まえがき―駅舎はドラマである，第2章 創業時代（明治5年～明治40年），第3章 鉄道院の時代（明治41年～大正9年），第4章 鉄道省の時代（大正9年～昭和20年），第5章 戦災復興から民衆駅へ，第6章 新幹線の時代，第7章 駅ビルの時代，第8章 JRの時代

◇駅のはなし―明治から平成まで　交建設計・駅研グループ著　改訂二版　交通研究協会，成山堂書店〔発売〕　1997.1　234, 8p　19cm　（交通ブックス）　1500円　①4-425-76033-6

[目次] 第1章 まえがき～駅舎はドラマである，第2章 創業時代（明治5年～明治40年），第3章 鉄道院の時代（明治41年～大正9年），第4章 鉄道省の時代（大正9年～昭和20年），第5章 戦災復興から民衆駅へ，第6章 新幹線の時代，第7章 駅ビルの時代，第8章 JRの時代

◇駅別乗降者数総覧―東京大都市圏・京阪神圏　エンタテインメントビジネス総合研究所編　エンタテインメントビジネス総合研究所　2008.7　281p　26cm　15000円　①978-4-901526-17-3

[目次] 東京大都市圏駅別乗降者数データ（路線別駅順乗降者数，乗換駅会社線別乗降者数，駅別乗降者数ランキング，駅別構成路線（五十音順）），京阪神圏駅別乗降者数データ

◇駅は見ている　宮脇俊三著　小学館　1997.11　205p　20cm　1400円　①4-09-387237-6

[内容] 緩急自在の鉄道の旅。駅は箱ではない！人々のドラマの舞台駅の素顔に迫る。

◇駅は見ている　宮脇俊三著　［電子資料］　日本障害者リハビリテーション協会　1999.9　CD-ROM1枚　12cm〈電子的内容：録音データ　DAISY ver.2.0　平成10年度厚生省委託事業　原本：小学館 1997　収録時間：6時間〉

◇駅は見ている　宮脇俊三著　角川書店　2001.10　220p　15cm　（角川文庫）　438円　①4-04-159809-5

[内容] 北海道の夕張駅は二度も移転した珍しい駅だ。石炭産業の衰微によって路線が短

駅

くされ、その度に駅は移された。古い駅には、近年ふえている機能主義の新改築駅にはない味わいがある。乗降客のこと、そこに働く人びとの思い、鉄道の移り変わり…。駅はすべてを見ている。駅の素顔と人間模様、ふらりと気ままに出かける旅の楽しさを軽妙に綴り、大人の旅心をくすぐるエッセイ集。

◇奥羽・陸越480駅　宮脇俊三，原田勝正編　小学館　1993.9　167p　21cm　（JR・私鉄全線各駅停車 3）　1650円　①4-09-395403-8
[内容]　本巻では、奥羽本線とその支線、羽越本線とその支線、東北本線の西側に分岐する支線、陸羽東線、陸羽西線および奥羽・羽越地方の第三セクター・私鉄の旅客営業をしている駅を収録した。

◇大阪駅の歴史　西日本旅客鉄道株式会社監修，大阪ターミナルビル株式会社駅史編集委員会編著　大阪　大阪ターミナルビル　2003.4　201p 図版10枚　30cm〈他言語標題：History of Osaka station　年表あり〉

◇小田急電鉄各駅停車　辻良樹著　洋泉社　2015.11　222p　19cm〈文献あり〉1500円　①978-4-8003-0789-7
[内容]　新宿と箱根、江ノ島を結ぶ沿線の歴史と魅力がまるわかり！　新旧の駅舎、古地図、秘蔵写真満載！　全70駅完全網羅！

◇思い出背負って―東京駅・最後の赤帽　山崎明雄著　栄光出版社　2001.9　180p　20cm　1300円　①4-7541-0038-7
[内容]　赤帽稼業45年。お客さんと交わす何げない会話がたまらなく好きでした。

◇各駅停車新・徳島県鉄道唱歌　岡田義生著　徳島　徳島出版　2010.10　96p　26cm　1500円　①978-4-88627-527-1

◇神奈川駅尽くし―神奈川県内の停車場・バス駅・宿駅のすべて　みんな駅が好きだった　渡邊喜治著　東京図書出版　2016.3　342p　21cm〈発売：リフレ出版〉　1800円　①978-4-86223-926-6
[内容]　駅の名称は明治22年の鉄道局年報で公式デビュー。大正9年旅客及荷物運送規則で駅が定義された。神奈中バス駅も徹底解剖！

◇華麗なる駅　布施正栄著　日本図書刊行会　1998.2　170p　34cm〈東京　近代

文芸社（発売）〉　1500円　①4-89039-649-7
[内容]　駅員たった一人という駅が、都心にあった。東京上野公園の山の下、国会議事堂とよく似た駅舎を持つ京成電鉄・博物館動物園駅。パンダ初来日やモナリザ展開催もそこで見届けた"駅長"が語る、心あたたまる、そしてちょっぴり切ないエピソードの数々。

◇関西圏の鉄道のすべて　PHP研究所編　京都　PHP研究所　2015.10　223p　19cm〈文献あり〉　1600円　①978-4-569-82820-6
[目次]　第1章　関西圏路線のプロフィール、第2章　関西圏の廃止線、第3章　関西圏を走る列車たち、第4章　関西圏の名駅舎、第5章　関西圏の鉄道シーン、第6章　関西圏の鉄道遺産、第7章　鉄道の博物館を楽しむ、第8章　関西圏車両基地の姿を見る、第9章　関西圏鉄道イエローページ

◇関東首都圏鉄道電話帳　中谷芳子著　文芸社　2004.3　57p　30cm　1300円　①4-8355-7296-3
[内容]　JR、私鉄、地下鉄、モノレール各駅の電話番号のほか、路線図、乗り換え案内も網羅した便利な一冊。

◇関東700駅　宮脇俊三，原田勝正編　小学館　1993.4　247p　21cm　（JR・私鉄全線各駅停車 4）　1650円　①4-09-395404-6
[目次]　JR（総武本線、京葉線、内房線、外房線、久留里線、東金線、鹿島線、成田線）、第3セクター（わたらせ渓谷鉄道、真岡鉄道、いすみ鉄道、鹿島臨海鉄道）、私鉄（秩父鉄道、上毛電気鉄道、上信電鉄、関東鉄道、鹿島鉄道、小湊鉄道、銚子電気鉄道）

◇関東の名駅途中下車―小さな旅で訪ねたい、いい駅100　原口隆行著　世界文化社　1998.7　144p　21cm　1500円　①4-418-98518-2
[内容]　平成9（1997）年10月、「関東の駅百選　あなたの自慢の駅26駅」が発表された。歴史を重ねた駅、斬新なデザインの駅、それぞれの駅は個性的なたたずまいで、人々の行き来を見つめつづける…。26駅を中心に、関東の名駅を多数選んでその魅力を綴った、駅をめぐる小さな旅案内。

◇北の無人駅から　渡辺一史著，並木博夫写真　札幌　北海道新聞社　2011.10　791p　19cm　2500円　①978-4-89453-621-0
[内容]　単なる「ローカル線紀行」や「鉄道もの」ではなく丹念な取材と深い省察から浮き彫りになる北海道と、この国の「地方」が抱

◇汽笛一聲・安城駅120年—企画展　安城市歴史博物館編　安城　安城市歴史博物館　2011.5　87p　30cm

◇岐阜駅物語　渡利正彦著　〔岐阜〕　岐阜新聞社　2001.11　181p　31cm〈岐阜　岐阜新聞情報センター（発売）〉　4571円　①4-87797-023-1

内容　本書は、現在、高架下施設の完成でにぎわい何かと話題の多い「岐阜駅」を中心にして、明治20年1月に初代岐阜駅が加納駅として誕生以来、現在まで何代も変わった「駅の変遷」、「岐阜駅を走ったいろいろの列車」、それに、計画していた「鉄道高架工事記録」を含め、「岐阜駅全般」について総合的にまとめてみたものである。

◇旧国鉄・JR鉄道線廃止停車場一覧　高山拡志編　高山拡志　1996.8　187p　26cm〈附・朝鮮総督府鉄道台湾総督府鉄道南満洲鉄道（株）鉄道線駅一覧〉　3000円

◇旧国鉄・JR鉄道線廃止停車場一覧　高山拡志編著　補訂第2版　高山拡志　2000.5　489p　26cm〈附・旧植民地鉄道停車場一覧〉　4400円

◇九州830駅　宮脇俊三,原田勝正編　小学館　1993.3　231p　21cm　（JR・私鉄全線各駅停車　10）　1650円　①4-09-395410-0

内容　JR 鹿児島本線・日豊本線ほか。私鉄 島原鉄道・長崎電気軌道ほか。第3セクター 松浦鉄道ほか。

◇暁鐘　國富千春著　文芸社　2001.7　146p　19cm　1000円　①4-8355-1962-0

◇京都駅物語—駅と鉄道130年のあゆみ　荒川清彦著　京都　淡交社　2008.2　191p　21cm〈年表あり　文献あり〉　1800円　①978-4-473-03440-3

内容　明治10年、初代駅の設置から数えて130年。京都の近代化を支えてきた京都駅のあゆみと鉄道の変遷をたどる。

◇京都駅120年のあゆみ—京都駅開業120周年記念発刊　荒川清彦編著　京都　留那工房　1997.7　183p　22cm

◇近畿470駅　宮脇俊三,原田勝正編　小学館　1993.1　191p　21cm　（JR・私鉄全線各駅停車　8）　1650円　①4-09-395408-9

内容　近畿470駅、全駅新取材・新撮影全国9000駅の情報を満載。

◇京王電鉄各駅停車　辻良樹著　洋泉社　2015.9　223p　19cm〈文献あり〉　1500円　①978-4-8003-0723-1

内容　京王線＆井の頭線の歴史と魅力がまるわかり！新旧の駅舎、古地図、秘蔵写真満載！全69駅完全網羅！世界的にも珍しい1372mm軌間となった理由は？井の頭線を田無まで延伸する計画があった？わずか10年間だけ八王子を走った路面電車とは？新宿・渋谷と多摩のベッドタウン＆高尾山を結ぶ"アイボリーホワイト"と"レインボーカラー"の多彩な魅力を探る！

◇京急電鉄各駅停車　矢嶋秀一著　洋泉社　2015.7　223p　19cm〈文献あり〉　1500円　①978-4-8003-0684-5

◇京成の駅今昔・昭和の面影—100年の歴史を支えた全駅を紹介　石本祐吉著　JTBパブリッシング　2014.2　175p　21cm　（キャンブックス—鉄道 137）〈文献あり〉　1800円　①978-4-533-09553-5

目次　上野線 京成上野・青砥、京成本線 青砥・京成津田沼、成田線 京成津田沼・成田、空港線 京成成田・成田空港ほか、押上線 押上・青砥、白鬚線（廃止）、金町線 京成高砂・京成金町、千葉線 京成津田沼・千葉中央、千原線 千葉中央・ちはら台

◇競馬と鉄道—あの"競馬場駅"はこうしてできた　矢野吉彦著　交通新聞社　2018.4　255p　18cm　（交通新聞社新書）　800円　①978-4-330-87718-1

内容　競馬は、日本の近代スポーツの中で最も古くから鉄道との関わりを保ち続けてきた競技のひとつ。本書では、そのさきがけとなった明治天皇根岸競馬行幸のお召し列車や、全国各地に設けられた"競馬場駅"、競馬観戦用臨時列車など、競馬と鉄道との"深い絆"を示す実話の数々を、豊富な資料をもとにひもといてゆく。また、競馬場を沿線に持つ鉄道会社間の乗客争奪戦や、現在も行われている競馬観戦客輸送の工夫、鉄道会社が関わるレース、さらには海外競馬場のアクセス駅についても、アナウンサーらしい客観的な視点で幅広く紹介する。

◇京浜東北線〈東京〜大宮〉、埼京線〈赤羽〜大宮〉街と鉄道の歴史探訪—昭和7年全通の京浜東北線、昭和60年開業の埼

旅行・乗車

京線　生田誠著　フォト・パブリッシング　2017.10　126p　26cm〈年表あり　発売：メディアパル〉　1800円　①978-4-8021-3074-5

内容　昭和7年全通の京浜東北線、昭和60年開業の埼京線、2路線32駅すべて掲載！

◇京浜東北線〈東京～横浜〉根岸線、鶴見線街と鉄道の歴史探訪―東京湾の海沿いを走る、通勤・通学等の大動脈路線　生田誠著　フォト・パブリッシング　2017.11　127p　26cm〈年表あり　発売：メディアパル〉　1800円　①978-4-8021-3075-2

内容　東京湾の海沿いを走る、通勤・通学等の大動脈路線。3路線37駅すべて掲載！

◇国鉄JR廃止駅写真集　西崎さいき著　岡山　西崎章夫　1998.10　285p　21cm〈発売：吉備人出版（岡山）〉　1524円　①4-86069-071-0

◇小牛田駅百年史〔小牛田町（宮城県）〕小牛田駅開業百年史編集委員会　1990.10　53p　27cm

◇心のふるさとあゝ上野駅―ありがとう、18番ホーム　読売新聞社会部編　東洋書院　2000.2　159p　22cm　1400円　①4-88594-287-X

内容　甦る往時の熱い鼓動！　数多くの人間ドラマを映し出したあの18番ホームが姿を消した。一世を風靡した「あゝ上野駅」のメロディーを胸懐に、上野駅の今昔をたどる―。

◇五反田駅はなぜあんなに高いところにあるのか―東京周辺鉄道おもしろ案内　長谷川裕著　草思社　2010.4　142p　21cm〈イラストレーション：穂積和夫、村上健〉　1600円　①978-4-7942-1755-4

内容　池上線五反田駅はなぜ高所にあるのか。鶴見線海芝浦駅の絶景スポット。廃駅となった並木橋駅の痕跡です。東京周辺の変てこな駅を見て歩くこと、レールの幅につての歴史的悲喜劇や火災事故の教訓が電車を変えてきた話など、鉄道のうんちく話や楽しみ方を教えるおもしろエッセイ。

◇山陰駅旅―001-180　西日本旅客鉄道株式会社米子支社監修　米子　今井印刷　2015.10　303p　21cm〈発売：今井出版（米子）〉　1852円　①978-4-906794-90-4

目次　山陰本線・東、因美線、若桜鉄道、智頭急行、伯備線、境線、山陰本線・西、木次線、三江線、山口線

◇山陽・山陰ライン―全線・全駅・全配線　第1巻　神戸・姫路エリア　川島令三編著　講談社　2011.11　79p　26cm（《図説》日本の鉄道）〈文献あり〉　980円　①978-4-06-295151-7

内容　列車ダイヤ＆解説。オールカラー化した配線図でさらに詳しく。累計121駅を収録。

◇山陽・山陰ライン―全線・全駅・全配線　第2巻　北神戸・福知山エリア　川島令三編著　講談社　2011.12　79p　26cm（《図説》日本の鉄道）〈文献あり〉　980円　①978-4-06-295152-4

目次　鉄道名所クローズアップ　山を駆け下りる通勤電車、特集　なぜ三木鉄道は生き残れなかったのか？、配線図（神戸電鉄有馬線（新開地‐北鈴蘭台）、神戸電鉄粟生線（鈴蘭台‐見津信号所）、神戸電鉄粟生線（木幡‐葉多）ほか）、列車ダイヤ（山陰・福知山線、舞鶴・小浜線、加古川線　ほか

◇山陽・山陰ライン―全線・全駅・全配線　第3巻　京都北部・兵庫エリア　川島令三編著　講談社　2012.1　79p　26cm（《図説》日本の鉄道）〈文献あり〉　980円　①978-4-06-295153-1

◇山陽・山陰ライン―全線・全駅・全配線　第4巻　兵庫西部・岡山エリア　川島令三編著　講談社　2012.2　79p　26cm（《図説》日本の鉄道）〈文献あり〉　980円　①978-4-06-295154-8

内容　JR山陽線・岡山‐福山間を中心として、6つの鉄道会社の15路線を掲載。山陽線岡山‐北長瀬間に広がるJR、JR貨物、新幹線などの留置線群は必見。外から見るだけでは全貌を把握できないJR貨物の東福山駅、水島臨海鉄道の貨物ヤードも完全網羅。

◇山陽・山陰ライン―全線・全駅・全配線　第5巻　鳥取・出雲・尾道エリア　川島令三編著　講談社　2012.3　79p　26cm（《図説》日本の鉄道）〈文献あり〉　980円　①978-4-06-295155-5

内容　今号では、山陰線・伯備線の特急と普通の接続方法に着目。JR山陽線・福山―三原間を中心として、3つの鉄道会社の9路線を掲載。山陽線では旧・糸崎機関区の配線に注目。山陰線、伯備線では、複線化のメカニズムを詳述。山陽新幹線、山陽線、山陰線、境線、一畑電車などの全線の開業日、連絡、乗場を紹介。今号では、境線の妖怪駅名もすべて掲載。コラムは、米子空港拡

張整備に伴う境線の線路付け替えなど5本掲載。

◇山陽・山陰ライン――全線・全駅・全配線 第7巻 広島エリア 川島令三編著 講談社 2012.5 95p 26cm 〈図説〉日本の鉄道〉 1100円 ⓘ978-4-06-295157-9
目次 特集 幻の陰陽連絡線・今福可部線広島‐浜田間, 広島市内の鉄道整備計画の現状, 配線図, 列車ダイヤ, 駅データ

◇山陽・山陰ライン全線・全駅・全配線 第6巻 広島東部・呉エリア 川島令三編著 講談社 2012.4 79p 26cm (〈図説〉日本の鉄道)〈文献あり〉 980円 ⓘ978-4-06-295156-2
内容 広島駅周辺の留置線群が織りなす壮大なパノラマ。JR山陽線, JR呉線, JR吉備線ほか列車ダイヤ&解説。累計155駅を収録する。

◇山陽・山陰ライン全線・全駅・全配線 第8巻 山口エリア 川島令三編著 講談社 2012.6 95p 26cm (〈図説〉日本の鉄道)〈文献あり〉 1100円 ⓘ978-4-06-295158-6
目次 配線図(山陽新幹線(徳山)/山陽線(徳山), 山陽線(新南陽‐福山)/山陽線(戸田‐四辻) ほか), 列車ダイヤ(山陽新幹線, 美祢線, 山陽線 ほか), 駅データ(山陽線, 山陽新幹線, 山口線 ほか)

◇山陽・四国920駅 宮脇俊三, 原田勝正編 小学館 1993.8 223p 21cm (JR・私鉄全線各駅停車 9) 1650円 ⓘ4-09-395409-7
目次 エッセイ(駅は見ている「松山駅と松山市駅」, 乗った駅おりた駅あっとランダム「尾道・光・岩国・堀江」), 山陽本線, 赤穂線, 呉線, 岩徳線, 宇部線, 小野田線〔ほか〕

◇四国・九州ライン全線・全駅・全配線 第1巻 四国東部エリア 川島令三編著 講談社 2013.5 95p 26cm (〈図説〉日本の鉄道)〈文献あり〉 1200円 ⓘ978-4-06-295160-9
目次 配線図(山陽新幹線(岡山)/宇野線(岡山‐久々原), 本四備讃線(茶屋町‐上の町)/宇野線(茶屋町‐常山), 本四備讃線(児島)/宇野線(八浜‐宇野), 本四備讃線(宇多津)/予讃線(讃岐府中‐宇多津), 予讃線(香西‐国分) ほか), 駅データ(宇野線・本四備讃線, 阿佐海岸鉄道阿佐東線 ほか)

◇四国・九州ライン全線・全駅・全配線 第2巻 四国西部エリア 川島令三編著 講談社 2013.6 95p 26cm (〈図説〉日本の鉄道)〈文献あり〉 1200円 ⓘ978-4-06-295161-6
内容 どこにも公開されていない鉄道配線図を著者自ら全線乗車取材して作成する, 壮大なプロジェクト。全点撮り下ろしの貴重写真満載!

◇四国・九州ライン全線・全駅・全配線 第3巻 北九州・筑豊エリア 川島令三編著 講談社 2013.7 95p 26cm (〈図説〉日本の鉄道)〈文献あり〉 1200円 ⓘ978-4-06-295162-3
目次 配線図(鹿児島本線(門司港‐小森江)/平成筑豊鉄道門司港レトロ観光線(九州鉄道記念館‐関門海峡めかり), 鹿児島本線(門司‐北九州貨物ターミナル), 山陽新幹線(小倉)/鹿児島本線(東小倉‐西小倉)/日豊本線(小倉/西小倉)/北九州モノレール(小倉‐平和通), 鹿児島本線(浜小倉‐スペースワールド), 帆柱ケーブル(山麓‐山上), 鹿児島本線(八幡‐黒崎)/筑豊電鉄(黒崎駅前‐熊西) ほか), 駅データ(山陽新幹線, 山陽本線・鹿児島本線, 香椎線, 筑豊本線・篠栗線, 日豊本線 ほか)

◇四国・九州ライン全線・全駅・全配線 第4巻 福岡エリア 川島令三編著 講談社 2013.8 95p 26cm (〈図説〉日本の鉄道)〈文献あり〉 1200円 ⓘ978-4-06-295163-0
内容 どこにも公開されていない鉄道配線図を著者自ら全線乗車取材して作成する, 壮大なプロジェクト。全点撮り下ろしの貴重写真満載! 貨物, 専用線…70年代福岡周辺の配線も。インデックスとして使える新・駅データ累計190駅を収録!!

◇四国・九州ライン全線・全駅・全配線 第5巻 長崎・佐賀エリア 川島令三編著 講談社 2013.9 95p 26cm (〈図説〉日本の鉄道)〈文献あり〉 1200円 ⓘ978-4-06-295164-7
内容 どこにも公開されていない鉄道配線図を著者自ら全線乗車取材して作成する, 壮大なプロジェクト。全点撮り下ろしの貴重写真満載!

◇四国・九州ライン全線・全駅・全配線 第6巻 熊本・大分エリア 川島令三編著 講談社 2013.10 95p 26cm (〈図説〉日本の鉄道)〈文献あり〉 1200円 ⓘ978-4-06-295165-4

旅行・乗車

内容 どこにも公開されていない鉄道配線図を著者自ら全線乗車取材して作成する、壮大なプロジェクト。全点撮り下ろしの貴重写真満載！第6巻では、鹿児島本線および九州新幹線の久留米 - 八代間、それに西鉄天神大牟田線の試験場前 - 大牟田間、日豊本線の大分 - 宮崎間とし、この東西を結ぶ豊肥本線などを取り上げる。

◇四国・九州ライン全線・全駅・全配線 第7巻 宮崎・鹿児島・沖縄エリア 川島令三編著 講談社 2013.11 103p 26cm 《〈図説〉日本の鉄道》〈文献あり〉 1300円 ①978-4-06-295166-1

内容 どこにも公開されていない鉄道配線図を著者自ら全線乗車取材して作成する、壮大なプロジェクト。全点撮り下ろしの貴重写真満載！

◇渋谷駅の形成と大山街道―特別展 白根記念渋谷区郷土博物館・文学館編 白根記念渋谷区郷土博物館・文学館 2017.10 61p 30cm〈会期・会場：平成29年10月28日―平成30年1月21日 白根記念渋谷区郷土博物館・文学館 年表あり〉

◇下関駅百年―戦前の関門・山口の交通 斎藤哲雄著 新人物往来社 2001.9 351p 20cm〈年表あり〉 2000円 ①4-404-02939-X

内容 戦前の下関は神戸以西では西日本一賑わった。スリ、誘拐、朝鮮から来た人への詐欺、客引きのケンカ、家出人の保護、駅でのお産、捨て子、子供のタダ乗り、関釜連絡船での投身者の急増、駅頭では不審者を片っ端から特高のオッサン達がつかまえた等話題満載。

◇下関駅物語 斉藤哲雄著 近代文芸社 1995.4 369p 20cm〈参考文献：p355～359〉 1800円 ①4-7733-3980-2

目次 1 下関駅誕生まで、2 明治の下関駅、3 大正の下関駅、4 昭和の下関駅

◇写真集前橋駅―思い出の駅舎と沿線風景 阿部勇一著 ［出版地不明］ ［阿部勇一］ 2015.12 80p 19×26cm

◇昭和八年渋谷駅 宮脇俊三著 PHP研究所 1995.12 178p 20cm 1350円 ①4-569-54950-0

目次 1 昭和初期という時代、2 昭和八年 渋谷駅（山手線、玉電の思い出、地下鉄と渋谷、私の東京論）、3 渋谷での思い出（青山師範附属小学校、生きているハチ公、東横百貨店の誕生と道玄坂の賑わい ほか）

◇新幹線佐久平駅ができるまで 神津義久著 佐久 神津義久 2001.9 426p 22cm

◇新京成電鉄駅と電車の半世紀―松戸市・鎌ケ谷市・船橋市・習志野市を結ぶ26.5kmの沿線案内 白土貞夫編著 彩流社 2012.3 79p 26cm〈年表あり〉 1500円 ①978-4-7791-1712-1

目次 松戸駅、上本郷駅、松戸新田駅、みのり台駅、八柱駅、常盤平駅、五香駅、元山駅、くぬぎ山駅、北初富駅〔ほか〕

◇新・世界の駅―Stations パインターナショナル 2017.2 191p 15×15cm 1800円 ①978-4-7562-4857-2

内容 前衛的な建築の巨大ターミナル駅、世界遺産に登録された駅、小さなかわいいローカル線の駅、山の頂に建つ絶景の駅etc.「美しい」から「かわいい」「スゴイ」まで。世界中の旅情あふれる107の鉄道駅を収録。

◇新橋駅の考古学 福田敏一著 雄山閣 2004.5 278p 22cm 4600円 ①4-639-01840-1

◇新橋駅発掘―考古学からみた近代 福田敏一著 雄山閣 2004.10 277p 19cm〈文献あり〉 2600円 ①4-639-01857-6

内容 日本最初の鉄道駅として開業した旧新橋駅の変遷と洋皿、酒・インク・化粧びん、汽車土瓶、乗車切符等構内から出土した生活用品や鉄道関係品を通して私たちにとって「近代」とは何か―を問う。

◇スケッチでたどる信州の駅紀行―ちょっといい旅素敵なローカル駅 高力正行絵, 徳永靖写真, 高力一浩文, プランニングルーム桑の実編 松本 郷土出版社 1995.8 127p 15×21cm 1600円 ①4-87663-290-1

内容 駅から始まる新しい旅、発見。信州の玄関口の駅、ホームから見える風景が自慢の駅、そして途中下車したくなる駅―。とっておきの30駅をスケッチで紹介。

◇すごい駅！ 横見浩彦, 牛山隆信著 メディアファクトリー 2007.11 221p 19cm（ナレッジエンタ読本 3）〈折り込1枚〉 900円 ①978-4-8401-2105-7

◇すごい駅 横見浩彦, 牛山隆信著 メディアファクトリー 2010.10 221p 18cm （メディアファクトリー新書

014)〈2007年刊の加筆・修正〉 740円 Ⓘ978-4-8401-3539-9

[内容] 駅は、単なる旅の出入り口ではない。ロケーション、駅舎、歴史など、駅そのものがさまざまな魅力に溢れており、旅の目的地にも充分になり得る。日本中の駅すべてに降り立ったことのある横見浩彦と、秘境駅探訪のプロフェッショナル・牛山隆信が、一度は訪れたい魅惑の95駅を紹介する駅ガイドの決定版。本書を読んだあなたは、きっと「駅への旅」に出たくなる。

◇すごい駅！―秘境駅、絶景駅、消えた駅 横見浩彦,牛山隆信著 文藝春秋 2016.8 328p 16cm (文春文庫 う33-1)〈メディアファクトリー 2007年刊の再刊〉 750円 Ⓘ978-4-16-790687-0

[内容] 前人未到の完全下車を達成した"降り鉄の神"と秘境駅ブームの立役者による伝説的対談が、ついに文庫化！ 板切れホームの哀愁漂う北星駅、超絶崖っぷちの定光寺駅、日本三大車窓がじっくり望める姨捨駅。惜しまれつつ廃止となった駅寝確定の大志田駅や石北本線の金華、上白滝、下白滝の三駅も収録。鉄旅必携100駅ガイド！

◇世界の駅―世界65カ国350駅の"旅情" 三浦幹男,杉江弘著 JTB 2002.4 160p 21cm (JTBキャンブックス) 1700円 Ⓘ4-533-04209-0

◇世界の駅に行ってみる 谷川一巳著 大和書房 2015.4 270p 15cm (ビジュアルだいわ文庫) 740円 Ⓘ978-4-479-30533-0

[内容] 鉄道の旅に出たくなる写真が満載！―実際に訪れた著者だから書けるリアルな駅の物語。

◇世界の駅・日本の駅 小池滋,青木栄一,和久田康雄編 悠書館 2010.6 277p 19cm〈文献あり〉 2500円 Ⓘ978-4-903487-38-0

[内容] 啄木が"ふるさと"をなつかしみ求め、帝国主義をとる欧米列強が"権力誇示"の装置として用い、大手私鉄会社が集客のための"宣伝媒体"として用いた鉄道駅。時代・地域に応じて多様なイメージを集束してきた鉄道駅を丹念に読み解く11章。

◇世界の駅 三浦幹男,三浦一幹写真 ピエ・ブックス 2009.7 191p 15×15cm〈他言語標題：Stations〉 1800円 Ⓘ978-4-89444-789-9

◇そうだったのか、乗りかえ駅―複雑性と利便性の謎を探る 西森聡著 交通新聞社 2016.2 246p 18cm (交通新聞社新書 088)〈文献あり〉 800円 Ⓘ978-4-330-63916-1

[内容] なぜこれほど乗りかえに時間がかかるのか？ どうして辺鄙なこの駅が乗りかえ駅になっているのか？ われわれが日常的に接している鉄道交通機関の「乗りかえ」には、思いおこせばさまざまな疑問がつきまとっている。本書では、駅そのものの特徴的な構造や立地、路線の乗り入れや乗り継ぎ、新規開業や統廃合などの鉄道発展の諸エピソードなどから、ユニークな視点で「乗りかえ駅」を考察する。また、旅カメラマンとして、鉄道愛好家として全国各地を鉄道で旅してきた著者ならではの、懐かしい鉄道や乗りかえ駅の数々も振りかえる。

◇探検！ 世界の駅―くらしと文化が見えてくる 谷川一巳監修 PHP研究所 2017.12 63p 29cm (楽しい調べ学習シリーズ)〈索引あり〉 3000円 Ⓘ978-4-569-78724-4

◇茅ヶ崎駅の一世紀―駅と駅前から見る明治・大正・昭和 本宮一男著 茅ヶ崎 茅ヶ崎市 2008.3 48p 21cm (茅ヶ崎市史ブックレット 10 茅ヶ崎市史編集員会編) 350円

◇地図にない駅―カラー版 牛山隆信監修 宝島社 2017.4 191p 18cm (宝島社新書 474)〈文献あり〉 1000円 Ⓘ978-4-8002-6410-7

[内容] 全国各地の鉄道路線に設置された新旧の信号場、臨時駅、仮乗降場を一挙大掲載。「非正規の乗降施設」の魅力と楽しみ方に迫ります！

◇中央・上信越590駅 宮脇俊三,原田勝正編 小学館 1993.2 199p 21cm (JR・私鉄全線各駅停車 6)〈編集・製作：第二アートセンター〉 1650円 Ⓘ4-09-395406-2

[目次] 駅―その表情,エッセイ(駅は見ている「横川駅の晩秋の午後」,乗った駅おりた駅あっとランダム「清水越えの駅」),JR,第3セクター,私鉄,コラム(スキー場と直結したガーラ湯沢駅,駅舎ウォッチング―駅弁あれこれ,おもしろスタンプ―切符・オレンジカード,明知鉄道 飯沼駅,上田交通 別所温泉駅),資料編(廃止停車場の変遷,貨物駅・信号場・操車場の変遷,旧国鉄・JR線路の開業・変更・止)

◇中部ライン―全線・全駅・全配線　第1巻　東京駅―三鷹エリア　川島令三編著　講談社　2010.4　95p　26cm　(〈図説〉日本の鉄道)〈文献あり〉　933円　①978-4-06-270061-0

内容　ホームのカーブ再現、トンネル、廃止された駅の遺構など、配線図が進化。駅データは電略、駅構造など情報量アップ、かぶりつき写真もよりワイドに。

◇中部ライン―全線・全駅・全配線　第2巻　三鷹駅―八王子エリア　川島令三編著　講談社　2010.5　95p　26cm　(〈図説〉日本の鉄道)〈文献あり〉　933円　①978-4-06-270062-7

内容　小田急線、多摩モノレール延伸!?鉄道会社の壮大な夢と野望が明らかに。東京都西部のJR・私鉄・貨物・モノレール、横浜市営地下鉄を網羅。電略・車庫・側線・トンネル・貨物ターミナルも充実、写真もワイドに。リニア・新幹線の試作車など「秘宝」がずらり。累計149駅を収録。

◇中部ライン―全線・全駅・全配線　第3巻　八王子駅―松本エリア　川島令三編著　講談社　2010.6　95p　26cm　(〈図説〉日本の鉄道)〈文献あり〉　933円　①978-4-06-270063-4

目次　特集　元スイッチバック駅の大解剖、鉄道名所クローズアップ(中央線絶景 桃源郷と山梨の"四"名山、富士山を仰ぎ走る富士急行線、今も残る三塩軌道線跡)、配線図、綴じ込みワイド配線図、駅データ

◇中部ライン―全線・全駅・全配線　第4巻　塩尻駅―名古屋東部　川島令三編著　講談社　2010.7　95p　26cm　(〈図説〉日本の鉄道)〈文献あり〉　933円　①978-4-06-270064-1

内容　138本のトンネルと深山幽谷が織りなす秘境路線・飯田線の配線美。「消えた鉄道」木曽森林鉄道・名鉄美濃町線の廃線跡・保存車両を紹介。長野県南部・静岡県西部・岐阜県・愛知県東部のJR・私鉄・貨物を網羅。あなたの旅を10倍ワクワクさせる配線図。

◇中部ライン―全線・全駅・全配線　第5巻　米原駅―加賀温泉駅　川島令三編著　講談社　2010.8　95p　26cm　(〈図説〉日本の鉄道)〈文献あり〉　933円　①978-4-06-270065-8

目次　特集(北陸線・旧線跡は語る、琵琶湖・若狭湾快速鉄道、福井市内線路大改良計画)、鉄道名所クローズアップ「びわ湖バレイ」から見た湖西線、配線図(北陸線(米原‐余呉)、湖西線(比叡山坂本‐新旭)、湖西線(近江今津‐永原) ほか)、駅データ(北陸線、湖西線、JR貨物北陸線・湖西線 ほか)

◇中部ライン―全線・全駅・全配線　第6巻　加賀温泉駅―富山エリア　川島令三編著　講談社　2010.9　95p　26cm　(「図説」日本の鉄道)〈文献あり〉　933円　①978-4-06-270066-5

目次　配線図、綴じ込みワイド配線図、駅データ

◇中部ライン―全線・全駅・全配線　第7巻　富山・糸魚川・黒部エリア　川島令三編著　講談社　2010.10　95p　26cm　(〈図説〉日本の鉄道)〈文献あり〉　933円　①978-4-06-270067-2

内容　史上初、「日本最後の事業用機動￥」の全配線図。累計165駅を収録。

◇中部ライン―全線・全駅・全配線　第8巻　糸魚川駅―新潟エリア　川島令三編著　講談社　2010.11　95p　26cm　(〈図説〉日本の鉄道)〈文献あり〉　933円　①978-4-06-270068-9

目次　特集 北陸新幹線ルート決定までの舞台裏、鉄道名所クローズアップ―湯沢高原ロープウェイから見た上越回廊、配線図(北陸線(糸魚川‐谷浜)、信越線(脇野田‐直江津) ほか)、綴じ込みワイド配線図(信越線(保内‐亀田)、信越線(越後石山)/JR貨物(新潟貨物ターミナル) ほか)、駅データ(北陸線、北陸新幹線 ほか)

◇中部ライン―全線・全駅・全配線　第9巻　信州・信越エリア　川島令三編著　講談社　2010.12　95p　26cm　(〈図説〉日本の鉄道)〈文献あり〉　933円　①978-4-06-270069-6

内容　見逃せないイチオシポイント！JR東日本長野総合車両センターから北長野駅までの壮大な配線、しなの鉄道に残された、信越線時代の貨物ヤード。

◇中部ライン―全線・全駅・全配線　第10巻　上越・秩父エリア　川島令三編著　講談社　2011.1　95p　26cm　(〈図説〉日本の鉄道)〈文献あり〉　933円　①978-4-06-270070-2

内容　今しか見られない。ダムで消える線路、保存版。

◇中部ライン―全線・全駅・全配線　第11巻　埼玉南部・東京多摩北部　川島令三編著　講談社　2011.2　95p　26cm

（〈図説〉日本の鉄道）〈文献あり〉　933円　⓪978-4-06-270071-9
|目次|配線図（西武池袋線（秋津－所沢）/西武新宿線（新所沢－所沢）、西武池袋線（狭山ケ丘－飯能）、西武池袋線（高麗－吾野）/西武秩父線（吾野－西武秩父）、武蔵野線（北朝霞－新座貨物ターミナル）/東武東上線（朝霞－志木）、川越線（日進－指扇）/東武東上線（柳瀬川－上福岡）ほか）、駅データ（川越線、八高線、青梅線、五日市線、武蔵野線 ほか）

◇中部ライン──全線・全駅・全配線　第12巻　東京都心北部　川島令三編著　講談社　2011.3　95p　26cm　（〈図説〉日本の鉄道）〈文献あり〉　1143円　⓪978-4-06-270072-6
|内容|旅客列車も走らせ混雑緩和を図る、東北貨物線・山手貨物線。西武池袋線・東武東上線の、地下鉄との接続と配線の妙。

◇出会い・発見の旅──中央線全駅乗り歩き　澤井泰方著　リバティ書房　1998.5　225p　19cm　1300円　⓪4-89810-008-2
|内容|鉄道・駅そして人・自然・町・文化との出会い、新たな発見を求めて、あなたも各駅停車の旅に出かけませんか。「鉄道は私の人生の一部です」と語る筆者が綴る、中央線のロマンあふれる旅の案内。

◇停車場変遷大事典　国鉄・JR編　JTB　1998.10　2冊　27cm　全12000円　⓪4-533-02980-9
|内容|明治5年5月7日（西暦1872年6月12日）から平成10（1998）年7月31日までの126年間に存在した、現存を含む全ての停車場のうち、国有鉄道～JR・第3セクター鉄道関連の、全線全駅9322駅を掲載した事典。あいうえお順の駅名索引、線名索引付き。

◇『ディスカバージャパン』スタンプ集　藤原喜代人収録編纂　〔矢巾町（岩手県）〕　〔藤原喜代人〕　1997.11　68枚　21×30cm

◇鉄道駅スタンプのデザイン──47都道府県、史跡名勝セレクション　関田祐市監修　京都　青幻舎　2014.6　255p　15cm〈他言語標題：Railroad Station Stamp Designs　背・表紙のタイトル：日本鉄道駅スタンプのデザイン〉　1200円　⓪978-4-86152-443-1

◇鉄道駅スタンプめぐり──東京各駅散歩　桐原哲夫著　中経出版　2009.1　175p　15cm　（中経の文庫）　505円　⓪978-4-8061-3254-7
|内容|JR東日本東京支社全77駅の情報と駅スタンプ帳を合体させた、最強のスタンプ本。駅周辺のおもしろスポットやミニ知識もわかっちゃう。通勤や出張、週末のおでかけのおともに…。この1冊で鉄道の旅がもっと楽しくなる。

◇鉄道駅と路線の謎と不思議　梅原淳著　東京堂出版　2004.9　333p　19cm〈文献あり〉　1600円　⓪4-490-20531-7
|内容|人が乗り降りする旅客駅、貨物を運ぶ貨物駅、行き違いや分岐のための信号場。駅と路線の命名の由来や、知られざる意外な所有者の話題などを満載。

◇鉄道駅・路線不思議読本（とくほん）　梅原淳著　朝日新聞出版　2010.6　364p　15cm　（朝日文庫 う14-4）〈タイトル：鉄道駅・路線不思議読本　『鉄道駅と路線の謎と不思議』（東京堂出版2004年刊）の増補、再編集　文献あり〉　800円　⓪978-4-02-261668-5
|内容|東京駅はなぜ「東京」と命名されたのか、「品川駅」はなぜ品川区にないのか、大阪環状線の起点と終点はどこなのか─ふと疑問に思う駅と路線の謎を、詳細なデータと資料で解明。さらに付章では、東海道線と弾丸列車の歴史を多様な角度から掘り下げた、鉄道ファン垂涎の1冊。

◇鉄道考古学事始・新橋停車場　斉ండ進著　新泉社　2014.10　93p　21cm　（シリーズ「遺跡を学ぶ」096）〈文献あり〉　1500円　⓪978-4-7877-1336-0
|内容|東京の街にいまだ江戸の面影が残る一八七二年（明治五）の秋、一台の蒸気機関車が文明開化の夢をのせて、汽笛を鳴らしプラットホームを滑りだした。近代日本の玄関口として多くの人びとが旅立った新橋ステーションの姿を発掘された鉄道関連遺構・遺物から描きだす。

◇鐵道停車場一覧──昭和九年十二月十五日現在　鐵道省［編］　アテネ書房　1993.2　484,85p　21cm　（復刻鉄道名著集成　星晃、渡辺寿男監修、和久田康雄、加藤新一編）

◇電車の駅なんでも百科　広田尚敬,広田泉写真　講談社　2003.10　1冊（ページ付なし）　26cm　（ゴールデンブック─のりものアルバム 22）　650円　⓪4-06-195433-4

旅行・乗車

駅

◇電車の駅なんでも百科　広田尚敬, 広田泉写真　新訂版　講談社　2008.11　1冊（ページ付なし）　26cm　（のりものアルバム 22）　650円　Ⓘ978-4-06-195463-2

◇天理の駅・昔と今―旧国鉄天理市駅旧近鉄天理駅JR・近鉄天理総合駅　西田博嘉［著］　［出版地不明］　［西田博嘉］　2007.2　39p　26cm

◇東海道570駅　宮脇俊三, 原田勝正編　小学館　1992.11　207p　21cm　（JR・私鉄全線各駅停車 5）〈編集製作：第二アートセンター〉　1650円　Ⓘ4-09-395405-4

◇東海道ライン―全線・全駅・全配線　第1巻　東京駅―横浜エリア　川島令三編著　講談社　2009.3　95p　26cm　（〈図説〉日本の鉄道）〈文献あり〉　933円　Ⓘ978-4-06-270011-5
内容　知られざる地下鉄連絡線も激写！ 駅の構造がわかる貴重写真満載。旅のおともに最適！ 列車が今、どこを通っているかがわかる配線路線図。東海道本線周辺のJR・私鉄・地下鉄・貨物線・信号場も徹底網羅。

◇東海道ライン―全線・全駅・全配線　第2巻　横浜駅―熱海エリア　川島令三編著　講談社　2009.4　95p　26cm　（〈図説〉日本の鉄道）〈文献あり〉　933円　Ⓘ978-4-06-270012-2
内容　「これから行く駅」「自分が乗っている路線」「乗り換え方法」がよくわかる。東海道線周辺のJR・私鉄・貨物線も！ 史上空前の「配線路線図」を公開。必見、個性たっぷりの楽しい駅スタンプ、駅の構造がわかる貴重写真満載。構想30年、横浜駅変貌の歴史まるわかり。人気の江ノ電・湘南モノレール・箱根登山鉄道は全駅掲載。累計247駅を収録。

◇東海道ライン―全線・全駅・全配線　第3巻　熱海駅―豊橋エリア　川島令三編著　講談社　2009.5　95p　26cm　（〈図説〉日本の鉄道）〈文献あり〉　933円　Ⓘ978-4-06-270013-9
内容　累計220駅を収録。「配線図」だから解ける"鉄道の謎"。

◇東海道ライン―全線・全駅・全配線　第4巻　豊橋駅―名古屋エリア　川島令三編著　講談社　2009.6　111p　26cm　（〈図説〉日本の鉄道）〈文献あり〉　933円　Ⓘ978-4-06-270014-6
内容　名古屋地区の貨物線構想の全貌。新車両がたどる「6回のスイッチバック」搬入ルートを公開。累計347駅を収録。東海道線周辺のJR・私鉄・貨物線も、史上空前の「配線路線図」を公開。必見！ 個性たっぷりの楽しい駅スタンプ、名所案内板、貴重写真が満載。

◇東海道ライン―全線・全駅・全配線　第5巻　名古屋駅―米原エリア　川島令三編著　講談社　2009.7　95p　26cm　（〈図説〉日本の鉄道）〈文献あり〉　933円　Ⓘ978-4-06-270015-3

◇東海道ライン―全線・全駅・全配線　第6巻　米原駅―大阪エリア　川島令三編著　講談社　2009.8　95p　26cm　（〈図説〉日本の鉄道）〈文献あり〉　933円　Ⓘ978-4-06-270016-0
内容　ついに本巻で東海道線・東京‐神戸間貫通。空前のオリジナル配線路線図。東海道周辺のJR・私鉄・貨物線も！ 地図にない運転ルートが見える。必見！ 個性たっぷりの楽しい駅スタンプ、先頭車かぶりつき写真満載。

◇東海道ライン―全線・全駅・全配線　第7巻　大阪エリア―神戸駅　川島令三編著　講談社　2009.3　111p　26cm　（〈図説〉日本の鉄道）〈文献あり〉　933円　Ⓘ978-4-06-270017-7
内容　知られざる地下鉄連絡線も激写！ 駅の構造がわかる貴重写真満載。旅のおともに最適！ 列車が今、どこを通っているかがわかる配線路線図。東海道本線周辺のJR・私鉄・地下鉄・貨物線・信号場も徹底網羅。

◇東海道ライン―全線・全駅・全配線　第8巻　名古屋南部・紀勢東部　川島令三編著　講談社　2009.9　95p　26cm　（〈図説〉日本の鉄道）〈文献あり〉　933円　Ⓘ978-4-06-270018-4
内容　話題沸騰。史上空前のオリジナル配線路線図、ついに紀伊半島へ上陸。地図にない運転詳細ルート、車庫、四日市工業地帯の貨物配線がわかる。必見！ 先頭車かぶりつき写真、個性たっぷりの楽しい駅スタンプ満載。

◇東海道ライン―全線・全駅・全配線　第9巻　奈良・東大阪　川島令三編著　講談社　2009.10　95p　26cm　（〈図説〉日本の鉄道）〈文献あり〉　933円　Ⓘ978-4-06-270019-1

内容 大阪ミナミ、そして奈良へ！史上空前のオリジナル配線路線図が上陸。JR・私鉄・貨物線も網羅！ 地図ではわからない運転ルートが見える。必見！ 先頭車かぶりつき写真、個性たっぷりの楽しい駅スタンプ満載。

◇東海道ライン―全線・全駅・全配線 第10巻 阪南・紀勢西部 川島令三編著 講談社 2009.11 111p 26cm （〈図説〉日本の鉄道）〈文献あり〉 933円 ①978-4-06-270020-7

内容 和歌山県の全域と南海全線を制覇、史上空前のオリジナル配線路線図。JR・私鉄・路面電車も網羅！ 地図ではわからない運転ルートが見える。必見！ 先頭車かぶりつき写真、個性たっぷりの楽しい駅スタンプ満載。

◇東海道ライン―全線・全駅・全配線 第11巻 東京南東部・千葉北西部 川島令三編著 講談社 2009.12 95p 26cm （〈図説〉日本の鉄道）〈文献あり〉 933円 ①978-4-06-270021-4

内容 配線図で読み解く鉄道のシナリオ。JR・私鉄・貨物線を網羅、地図ではわからない運転ルートが見える。必見、先頭車かぶりつき写真、個性たっぷりの楽しい駅スタンプ満載。累計273駅を収録。

◇東海道ライン―全線・全駅・全配線 第12巻 東京北東部・埼玉南東部 川島令三編著 講談社 2010.1 95p 26cm （〈図説〉日本の鉄道）〈文献あり〉 933円 ①978-4-06-270022-1

内容 東海道ライン編、ついに完結。話題沸騰・史上空前のオリジナル配線図。JR・私鉄・貨物線を網羅！ 地図ではわからない運転ルートが見える。必見！ 先頭車かぶりつき写真、個性たっぷりの楽しい駅スタンプ満載。

◇東急の駅今昔・昭和の面影―80余年に存在した120駅を徹底紹介 宮田道一著 JTBパブリッシング 2008.9 192p 21cm （キャンブックス 鉄道 89） 1900円 ①978-4-533-07166-9

目次 東横線、横浜高速鉄道みなとみらい線、目黒線、東急多摩川線、池上線、大井町線、田園都市線、こどもの国線

◇東京駅誕生―お雇い外国人バルツァーの論文発見 島秀雄編 鹿島出版会 1990.6 258p 22cm 3914円 ①4-306-09313-1

目次 第1部 バルツァー論文の発見、第2部 バルツァー論文「東京の高架鉄道」、第3部 東京駅を中心とした鉄道建設・改良の変遷（バルツァー以前・以後）、第4部 フランツ・バルツァーとその時代の鉄道人、第5部 この本が出るまでのいきさつ

◇東京駅誕生―お雇い外国人バルツァーの論文発見 島秀雄編 復刻版 鹿島出版会 2012.9 258p 21cm〈1990年刊の複製〉 2500円 ①978-4-306-09418-5

目次 第1部 バルツァー論文の発見、第2部 バルツァー論文「東京の高架鉄道」（路線の設定、架道橋に用いる鉄製構造物、陸橋（アーチ橋）の構造、駅施設）、第3部 東京駅を中心とした鉄道建設・改良の変遷―バルツァー以前・以後（江戸の街づくりと丸の内の形成、鉄道の創設とお雇い外国人の協力、東京周辺の鉄道建設、東京駅の誕生、東京駅開業後の変遷）、第4部 フランツ・バルツァーとその時代の鉄道人（バルツァーの写真があった、フランツ・バルツァー、ヘルマン・ルムシュッテル、岡田竹五郎、五つの工区着工と仙石貢、辰野金吾と名監督今村信夫、後藤新平と仙石貢、島安次郎、島の広軌実験の成功と一番電車の事故、古川阪次郎、那波光雄、国沢新兵衛、十河信二とポッターの論文、特別寄稿・祖父岡田竹五郎のこと）、第5部 この本が出るまでのいきさつ（この本が出版されるまでの物語、鉄道博物館と日本鉄道技術協会の旧事務所、東京のJR電車運転用の電気、マンモス駅『東京』）

◇東京駅と電車100点 講談社 2013.2 1冊（ページ付なし） 26cm （講談社のアルバムシリーズ―のりものアルバム 24） 650円 ①978-4-06-195484-7

◇東京駅の履歴書―赤煉瓦に刻まれた一世紀 辻聡著 交通新聞社 2012.10 268p 18cm （交通新聞社新書 048）〈文献あり 年表あり〉 800円 ①978-4-330-32412-8

内容 2012年10月、丸の内駅舎の保存・復原工事が完了し、2014年には100周年を迎える東京駅。新橋－横浜の鉄道開業から40余年経って誕生したこの駅は、日本の鉄道の中心駅として待望され、開業前は「中央停車場」とも呼ばれた。そして、その後の東京駅および丸の内界隈の開発、戦争の傷跡からの復興と発展は、まさに近現代の東京の歴史の中で、携わった幾多の人々の熱い思いが詰まっている。東京のシンボル・東京駅の履歴をここに紐解く。

◇東京駅100周年東京駅100見聞録　佐々木直樹著　日本写真企画　2014.12　111p　21cm　926円　①978-4-86562-006-1
　内容　日本で唯一の東京駅フォトグラファーが、写真と文章で東京駅のウンチクを語る、出張や旅行で東京駅に行きたくなる一冊。

◇東京駅「100年のナゾ」を歩く―図で愉しむ「迷宮」の魅力　田村圭介著　中央公論新社　2014.12　221p　18cm　（中公新書ラクレ　514）〈文献あり〉　840円　①978-4-12-150514-9

◇東京駅歴史探見―古写真と資料で綴る東京駅90年の歩み　長谷川章、三宅俊彦、山口雅人著　JTB　2003.12　159p　21cm　（JTBキャンブックス）〈年表あり〉　1700円　①4-533-05056-5
　目次　開業直前の東京駅全景、開業前夜、東京駅開業、東京駅を発車した列車たち、東京駅とその周辺で開催された『盛大な祝典』、東京駅を中心とした『都市交通』、未曾有の災害が帝都を襲う、昭和初期の東京駅周辺、戦後の復興、特急の復活国鉄黄金時代、マンモスステーションへの変貌

◇東京駅はこうして誕生した　林章著　ウェッジ　2007.1　281p　19cm　（ウェッジ選書　24）〈文献あり〉　1400円　①978-4-900594-98-2

◇東京消えた！全97駅―写真・きっぷ・地図でひもとく首都廃駅のすべて　中村建治著　イカロス出版　2015.11　197p　21cm　（イカロスMOOK）〈文献あり　索引あり〉　1600円　①978-4-8022-0071-4

◇東京圏計画新駅222のすべて　都市情報センター編　都市情報センター　1993.4　549p　21×30cm　58000円

◇東北新幹線くりこま高原駅小史　〔高清水町（宮城県）〕　宮城県栗原地方町村会　1991.3　162p　27cm

◇東北ライン全線・全駅・全配線　第1巻　両毛エリア　川島令三編著　講談社　2014.7　95p　26cm　（〈図説〉日本の鉄道）〈文献あり〉　1300円　①978-4-06-295168-5
　内容　どこにも公開されていない鉄道配線図を著者自ら全線乗車取材して作成する、壮大なプロジェクト。全点撮り下ろしの貴重写真満載！

◇東北ライン全線・全駅・全配線　第2巻　常磐エリア　川島令三編著　講談社　2014.8　95p　26cm　（〈図説〉日本の鉄道）〈文献あり〉　1300円　①978-4-06-295169-2
　目次　配線図（常磐線（土浦‐神立）、常磐線（高浜‐石岡）、常磐線（羽々‐友部）、水戸線（友部‐笠間）、常磐線（内原‐偕楽園（臨））、常磐線（水戸）/水郡線（水戸）/鹿島臨海鉄道大洗鹿島線（水戸‐東水戸）ほか）、駅データ（常磐線、水戸線、真岡鐵道真岡線、水郡線（奥久慈清流ライン）、磐越東線（ゆうゆうあぶくまライン）ほか）

◇東北ライン全線・全駅・全配線　第3巻　房総エリア　川島令三編著　講談社　2014.9　95p　26cm　（〈図説〉日本の鉄道）〈文献あり〉　1300円　①978-4-06-295170-8
　目次　配線図（総武本線（西千葉‐東千葉）/外房線（千葉）/京葉線（千葉みなと）/京成千葉線（京成千葉）/千葉都市モノレール（千葉みなと‐栄町）/総武本線（都賀）/千葉都市モノレール（動物公園‐千城台）、総武本線（四街道‐佐倉）/成田線（佐倉）、総武本線（南酒々井‐八街）/成田線（酒々井）、総武本線（日向‐松尾）/東金線（福俵‐成東）ほか）、駅データ（京成電鉄千葉線・千原線、総武本線、東金線、成田線、外房線　ほか）

◇東北ライン全線・全駅・全配線　第4巻　日光・宇都宮エリア　川島令三編著　講談社　2014.10　95p　26cm　（〈図説〉日本の鉄道）〈文献あり〉　1300円　①978-4-06-295171-5
　内容　貴重な取材資料で1988年の配線を再現！インデックスとして使える駅データ累計147駅を収録!!全駅写真掲載！

◇東北ライン全線・全駅・全配線　第5巻　福島エリア　川島令三編著　講談社　2014.11　95p　26cm　（〈図説〉日本の鉄道）〈文献あり〉　1300円　①978-4-06-295172-2
　内容　配線図＆特撮写真だからわかる鉄道の魅力。どこにも公開されていない鉄道配線図を著者自ら全線乗車取材して作成する、壮大なプロジェクト！全点撮り下ろしの貴重写真満載！東北・山形新幹線の分岐形態＆新在直通。インデックスとして使える駅データ累計176駅を収録!!全駅写真掲載！

◇東北ライン全線・全駅・全配線　第6巻　仙台・山形エリア　川島令三編著　講

談社 2015.4 95p 26cm （〈図説〉日本の鉄道）〈文献あり〉 1300円
①978-4-06-295173-9
|目次| 配線図（東北本線（館腰－名取）/仙台空港鉄道仙台空港線（仙台空港－名取），地下鉄南北線（富沢）/東北本線（南仙台），地下鉄南北線（長町南－河原町）/地下鉄東西線（八木山動物公園－青葉通－番町）/東北本線（太子堂－長町），地下鉄南北線（愛宕橋－広瀬通）/地下鉄東西線（仙台－連坊）/仙石線（あおば通－榴ケ岡）/仙石線（仙台）/東北新幹線（仙台），地下鉄東西線（薬師堂－荒井）/仙石線（宮城野原－苦竹）/東北貨物線（仙台貨物ターミナル） ほか），駅データ（東北新幹線，東北本線，東北本線（利府支線）東北本線（仙石東北ライン），仙台空港鉄道仙台空港線，仙石線 ほか）

◇東北ライン全線・全駅・全配線　第7巻　盛岡・三陸エリア　川島令三編著　講談社　2015.5　95p　26cm　（〈図説〉日本の鉄道）〈文献あり〉 1300円
①978-4-06-295174-6
|内容| どこにも公開されていない鉄道配線図を著者自ら全線乗車取材して作成する，壮大なプロジェクト。全点撮り下ろしの貴重写真満載！

◇東北ライン全線・全駅・全配線　第8巻　岩手・青森エリア　川島令三編著　講談社　2015.7　95p　26cm　（〈図説〉日本の鉄道）〈文献あり〉 1300円
①978-4-06-295175-3
|目次| 配線図（東北新幹線（盛岡）/山田線（盛岡）/IGRいわて銀河鉄道（盛岡），IGRいわて銀河鉄道（青山－巣子），IGRいわて銀河鉄道（滝沢－岩手川口），東北新幹線（いわて沼宮内）/IGRいわて銀河鉄道（いわて沼宮内－奥中山高原），IGRいわて銀河鉄道（小繋－一戸） ほか），駅データ（東北新幹線，IGRいわて銀河鉄道いわて銀河鉄道線，青い森鉄道青い森鉄道線，山田線，三陸鉄道北リアス線 ほか）

◇東北ライン全線・全駅・全配線　第9巻　秋田エリア　川島令三編著　講談社　2015.8　95p　26cm　（〈図説〉日本の鉄道）〈文献あり〉 1300円　①978-4-06-295176-0
|目次| 配線図（羽越本線（坂町－越後早川），羽越本線（桑川－府屋），羽越本線（鼠ケ関－三瀬），羽越本線（羽前水沢－余目）/陸羽西線（余目），羽越本線（北余目－酒田）/JR貨

物（酒田－酒田港） ほか，駅データ（羽越本線，奥羽本線（山形線）（山形新幹線）（秋田新幹線），陸羽東線，陸羽西線，北上線 ほか）

◇東北ライン全線・全駅・全配線　第10巻　白神・津軽エリア　川島令三編著　講談社　2015.9　95p　26cm　（〈図説〉日本の鉄道）〈文献あり〉 1300円
①978-4-06-295177-7
|内容| どこにも公開されていない鉄道配線図を著者自ら全線乗車取材して作成する，壮大なプロジェクト。全点撮り下ろしの貴重写真満載！

◇東北650駅　宮脇俊三，原田勝正編　小学館　1993.5　199p　21cm　（JR・私鉄全線各駅停車 2）　1650円　①4-09-395402-X

◇特別編成京阪神スペシャル全線・全駅・全配線　川島令三編著　講談社　2012.11　93p　26cm　（〈図説〉日本の鉄道）〈文献あり〉 1300円　①978-4-06-295159-3
|内容| 京都・大阪，神戸，進化を続ける大都市の最新配線図。

◇特別編成山陽・九州新幹線ライン—全線・全駅・全配線　川島令三編著　講談社　2011.9　79p　26cm　（〈図説〉日本の鉄道）〈文献あり〉 980円　①978-4-06-270073-3
|目次| 特集（鉄道絶景 新幹線を俯瞰する，未完の九州新幹線計画「東九州新幹線」放置された用地，未完の九州新幹線計画「西九州ルート」開業への"切り札"，幻の新幹線計画「弾丸列車」のルートを追え！，山陽・九州新幹線ダイヤグラム，鳥飼車両基地，山陽・九州新幹線 車両図鑑，大解剖！鳥飼車両基地），配線図（山陽新幹線，山陽新幹線・九州新幹線，博多南線，九州新幹線），駅データ（山陽新幹線，博多南線，九州新幹線），路線紹介（山陽新幹線，博多南線，九州新幹線）

◇特別編成首都近郊スペシャル全線・全駅・全配線　川島令三編著　講談社　2014.4　99p　26cm　（〈図説〉日本の鉄道）〈文献あり〉 1300円　①978-4-06-295167-8
|内容| これまで詳細図がなかった車両基地や保守用側線までを徹底網羅したオリジナルの配線図を掲載。新シリーズ「東北ライン」につながるエリアの最新情報。

◇とやま駅物語　立野幸雄著　富山　富山新聞社，（金沢）北國新聞社出版局〔発

売〕　2017.7　251p　19cm　1296円　①978-4-8330-2104-3
|内容|鉄道王国富山を彩る、大ターミナル駅から、無人駅、停留所まで、各駅停車で巡る豊かな歴史と文学。富山新聞の好評連載・全59駅。

◇DREAM TERMINAL―東横線渋谷駅メモリアル写真集　中井精也著　東急エージェンシー　2013.3　127p　26cm　2000円　①978-4-88497-117-5
|内容|東京メトロ副都心線との相互乗り入れによって、その姿を消す東横線渋谷駅。鉄道写真家・中井精也が、その想い出と人々との一期一会で撮り下ろした東横線渋谷駅へのオマージュ。

◇長野県鉄道全駅　信濃毎日新聞社出版部編　長野　信濃毎日新聞社　2009.6　335p　21cm〈文献あり　索引あり〉　2000円　①978-4-7840-7112-8
|内容|鉄道ファン待望！保存版データブック。長野県内の鉄道7社・14路線の全275駅を大きなカラー写真と解説で完全紹介。開業日、距離、標高、利用者数、設備・サービス、周辺施設などのデータを網羅。雑学や入場券、スタンプの話題など信州の "駅旅" が楽しくなるコラムも充実。

◇長野県鉄道全駅　信濃毎日新聞社出版部編　増補改訂版　長野　信濃毎日新聞社　2011.7　351p　21cm〈文献あり　索引あり〉　2000円　①978-4-7840-7164-7
|内容|資料性をさらに高めた鉄道駅データブック決定版。276旅客駅に加え貨物駅・信号場・県境駅もカバー。改称・廃止駅一覧や知られざる話題などコラムも一層充実。

◇名古屋駅物語―明治・大正・昭和・平成～激動の130年　徳田耕一著　交通新聞社　2016.4　239p　18cm　（交通新聞社新書 094）〈文献あり　年表あり〉　800円　①978-4-330-66816-1
|内容|中部圏のゲートシティー名古屋市。玄関口の「名駅」は、JR、名鉄、近鉄、名古屋市営地下鉄の駅が集まる交通の要衝。そのランドマークともいえるのがJR名古屋駅の複合型超高層ビル「JRセントラルタワーズ」だ。同駅は平成28年5月1日に開業130周年を迎えた。前身の国鉄（鉄道局）名護屋駅の開業は明治19年（1886）の同日で、翌20年に名古屋と改称。昭和12年（1937）2月1日に現在地へ移転し、当時としては東洋一の駅ビルを構えた。本書は、名古屋駅の明治～平成の動向を、同駅近隣で生まれ育ち、今も居住する生粋の名古屋人がまとめた、"波瀾万丈の名駅" 130年を語る回顧録でもある。

◇なぜ、上野駅に18番線がないのか？―あなたの知らない東京「鉄道」の謎　米屋こうじ著　洋泉社　2017.7　190p　19cm〈文献あり　年表あり〉　1400円　①978-4-8003-1258-7
|内容|かつては山手線にトンネルがあった!?碓氷峠と同じ急勾配が都内にある!?東京都最南端の駅はどこ？　誰もが気になる鉄道の疑問・ふしぎを徹底研究！　世界一複雑な路線網をもつ東京の鉄道のすべて。

◇なつかしの国鉄 駅スタンプコレクション―駅スタンプが778個！　鈴木涼子、相澤なつ乃、結解喜幸、佐藤正樹文　交通新聞社　2017.3　224p　21cm〈他言語標題：station stamp collection〉　1400円　①978-4-330-77117-5
|内容|1980年代、国鉄の懐かしくも新しい駅スタンプが778個！　誰もが知るターミナル駅から、今はなき駅のスタンプも収録。

◇懐かしの停車場　西日本篇　国書刊行会編　国書刊行会　2010.4　174p　26cm〈索引あり〉　2200円　①978-4-336-05224-7
|内容|東海道線→関西線→山陽線→山陰線から鹿児島本線まで。日露戦争前後から昭和初期―鉄道黄金時代を、駅舎と蒸気機関車の雄姿で再現。鉄道省編纂『鉄道旅行案内』（昭和5年版）をもとに300枚の写真で構成する。

◇懐かしの停車場　東日本篇　国書刊行会編　国書刊行会　2010.4　166p　26cm〈索引あり〉　2200円　①978-4-336-05223-0
|内容|網走本線→東北線→常磐線→総武本線から東海道線まで。日露戦争前後から昭和初期―鉄道黄金時代を、駅舎と蒸気機関車の雄姿で再現。鉄道省編纂『鉄道旅行案内』（昭和5年版）をもとに300枚の写真で構成する。

◇新潟県鉄道全駅　鉄道友の会新潟支部監修　新潟　新潟日報事業社　2013.5　263p　21cm　1800円　①978-4-86132-533-5

◇にっぽん縦断民鉄駅物語―完全網羅！全国162鉄道途中下車の旅　西日本編　櫻井寛著　交通新聞社　2016.8　238p

18cm （交通新聞社新書 097） 900円
①978-4-330-69216-6
[内容]全国各地の、旅客営業を行なっているJR以外のすべての民鉄（私鉄・第3セクター・交通局など）の一駅に途中下車をする。そんな壮大な鉄道旅行が始まったのは、2012年の春のことだった。新幹線やJRの幹線の駅からローカル鉄道に乗り換え、ふと心惹かれた駅に降り立つ…。それは、それぞれの民鉄やその土地の個性を肌で感じる、まさにきら星を巡るかのような楽しい旅でもあった。足かけ4年にわたり「日本経済新聞」夕刊に2015年7月まで連載された「にっぽん途中下車（私鉄編）」の旅。その終着駅が本書（東日本編・西日本編）である。フォトジャーナリスト・櫻井寛が旅情あふれる写真と軽妙な文章で紡ぐ166の駅物語。

◇にっぽん縦断民鉄駅物語―完全網羅！全国162鉄道途中下車の旅 東日本編 櫻井寛著 交通新聞社 2016.6 237p 18cm （交通新聞社新書 096） 900円 ①978-4-330-68116-0

◇日本の駅なるほど百科―全国路線図つき 楽しみながら、日本地理にも詳しくなれる！ 交通新聞社 2014.3 112p 30cm （てつどうはかせシリーズ）〈文献あり 索引あり〉 1800円 ①978-4-330-45814-4
[内容]おもしろそうな駅を中心に、約4600のJR駅を完全網羅！ いまだかつてない、駅の本の決定版!!使える路線図！ 都道府県別の駅紹介！ あいうえお順の駅名一覧！

◇日本全国駅の旅―あの駅・この駅フォトスケッチ 真島満秀写真・文 講談社 1997.5 119p 21cm （講談社カルチャーブックス 118） 1600円 ①4-06-198122-6
[目次]プロローグ 駅の四季, 第1章 駅の美学―歴史を映す駅, 第2章 途中下車―文化が香る駅, 第3章 旅の途中で―温泉が楽しめる駅, 第4章 駅の造形―ユニークな駅, データ編

◇日本の駅―写真記録 鉄道ジャーナル社編 日本図書センターP＆S 2009.7 544p 31cm〈鉄道ジャーナル社昭和47年刊の複製 年表あり 索引あり 発売：日本図書センター〉 24000円 ①978-4-284-80036-5

◇日本の駅100選―見直したい日本の「美」 主婦の友社編, 原口隆行監修 主婦の友社 2010.5 191p 21cm （主婦の友ベストbooks） 1429円 ①978-4-07-272052-3
[目次]北海道・東北（遠軽駅（北海道）, 川湯温泉駅（北海道）ほか）, 関東（日光駅（茨城県）, 常陸大子駅（茨城県）ほか）, 甲信越・東海・北陸（大月駅（山梨県）, 黒姫駅（長野県）ほか）, 近畿・中国・四国（亀山駅（三重県）, 伊賀上野駅（三重県）ほか）, 九州（門司港駅（福岡県）, 鳥栖駅（福岡県）ほか）

◇日本の新幹線「全駅」COMPLETE DVD BOOK―日本の新幹線「9路線」「全108駅」完全収録 宝島社 2017.4 64p 30cm 1480円 ①978-4-8002-6826-6

◇廃駅紀行 年藤晶之著 石狩 出版工房さくら 2000.12 83p 26cm 500円

◇廃駅紀行 2 年藤晶之写真・文 札幌 出版工房さくら 2003.2 77p 26cm 500円

◇廃駅ミュージアム 笹田昌宏著 実業之日本社 2015.7 223p 21cm 1700円 ①978-4-408-11150-6
[内容]鉄道が廃止になるとき、人は駅を残そうとする。車両とともに、鉄道があったよすがとして。他の用途に転活用して。モニュメントとして。いくつかは忘れられ、傷み、やがて解体される。あるいは、土の中に埋もれていく。車両の保存活動で知られる著者が探訪した全国の廃駅の記録。丸田祥三氏撮り下ろし廃駅写真収録。

◇ハイライト昔の駅、今の駅 太田睦三撮影・編集 サトウキカイ出版部 1990.8 122p 26cm 2800円

◇函館駅百年物語 堀井利雄著 函館 幻洋社 2003.9 105p 19cm〈年表あり〉 1300円 ①4-906320-42-2

◇百駅停車―股裂き駅にも停まります 杉崎行恭著 新潮社 2013.4 191p 19cm 1500円 ①978-4-10-334011-9
[内容]駅と駅舎をめぐる大冒険。読んで、訪ねて、見て、佇んで…ニッポンの新しい「駅旅バイブル」ついに登場。

◇兵庫の鉄道全駅―JR・三セク：鉄道遺産、木造駅舎を訪ねて 神戸新聞総合出版センター編 神戸 神戸新聞総合出版センター 2011.12 239p 21cm〈県内163駅、配線略図付き〉 1800円 ①978-4-343-00602-8

◇兵庫の鉄道全駅―私鉄・公営鉄道：県内218駅、配線略図付き：個性あふれる9鉄道の駅舎が大集合！　神戸新聞総合出版センター編　神戸　神戸新聞総合出版センター　2012.12　253p　21cm〈文献あり　索引あり〉　1900円　⒤978-4-343-00674-5

◇福岡県JR全駅　弓削信夫著　福岡　葦書房　1993.10　227p　19cm　1500円　⒤4-7512-0529-3

◇ふるさとの駅100選―いつか行きたい…　南正時著　京都　淡交社　1995.10　206p　21cm　1800円　⒤4-473-01419-3

◇文学の中の駅―名作が語る"もうひとつの鉄道史"　原口隆行著　国書刊行会　2006.7　327p　20cm　2000円　⒤4-336-04785-5

◇北陸・山陰820駅　宮脇俊三、原田勝正編　小学館　1993.7　207p　21cm　（JR・私鉄全線各駅停車 7）　1650円　⒤4-09-395407-0
　|目次| 湖西線、北陸本線、越美北線、七尾線、氷見線〔ほか〕

◇穂積駅も卒寿―開業して90年　明治39年8月1日〜平成8年8月1日　進藤末次著〔穂積町（岐阜県）〕〔進藤末次〕1996.8　182p　19cm　（ふるさと穂積に生きた人々の記録 3）〈穂積町自分史発刊補助事業の助成による　折り込図4枚〉

◇北海道鉄道駅大図鑑　本久公洋著　札幌　北海道新聞社　2008.8　394p　21cm　2400円　⒤978-4-89453-464-3
　|内容| 北海道にあるすべての鉄道駅を徹底取材し、全線全駅をカラー写真と詳しい解説で紹介。駅舎、周辺情報はもちろん、沿線風景、歴史、地名の由来、スタンプ、路線地図など鉄道旅行が楽しくなるさまざまな情報を網羅。

◇北海道の駅878ものがたり―駅名のルーツ探求　太田幸夫著　札幌　富士コンテム　2004.2　238p　図版14p　26cm　1800円　⒤4-89391-549-5
　|内容| 明治13年11月28日、手宮・札幌間に35.9キロメートルの鉄道が開業して以来、123年が経過した。この間道内に誕生した駅数は「手宮駅」にはじまり「流山温泉駅」（平成14年4月27日函館本線に開業）まで878駅を数える。このうち373駅はすでに廃止となっている。これらの駅はどのようにして名付けられたのか。本書は、その疑問に答えるとともに、北海道の鉄道建設の歴史、地域の顔として生まれかわる駅の姿についても明らかにした鉄道ファン待望の書である。

◇北海道の廃駅　2017　山田将史著　インプレスR＆D　2017.8　118p　28cm　（インプレスR＆D「next publishing」―New thinking and new ways）〈発売：インプレス〉　2600円　⒤978-4-8443-9786-1

◇北海道ふるさとの駅　細田恒美絵・解説　札幌　北海道新聞社　1994.7　221p　27cm　2900円　⒤4-89363-726-6
　|内容| 廃止された21線と現在ある15線の、駅から約700点を細密なカラー絵で再現した貴重な駅舎群。人々のふるさとである駅を、執念のように描きつづけた画家の壮大なライフワーク。

◇北海道ライン全線・全駅・全配線　第1巻　道南エリア　川島令三編著　講談社　2015.11　95p　26cm　（〈図説〉日本の鉄道）〈文献あり〉　1400円　⒤978-4-06-295178-4
　|内容| どこにも公開されていない鉄道配線図を著者自ら全線乗車取材で作成する、壮大なプロジェクト。全点撮り下ろしの貴重写真満載！

◇北海道ライン全線・全駅・全配線　第2巻　道央エリア　川島令三編著　講談社　2015.12　95p　26cm　（〈図説〉日本の鉄道）〈文献あり〉　1400円　⒤978-4-06-295179-1
　|内容| どこにも公開されていない鉄道配線図を著者自ら全線乗車取材して作成する、壮大なプロジェクト。全点撮り下ろしの貴重写真満載！

◇北海道ライン全線・全駅・全配線　第3巻　道東・道北エリア　川島令三編著　講談社　2016.1　127p　26cm　（〈図説〉日本の鉄道）〈文献あり〉　1600円　⒤978-4-06-295180-7
　|内容| どこにも公開されていない鉄道配線図を著者自ら全線乗車取材して作成する、壮大なプロジェクト。全点撮り下ろしの貴重写真満載！

◇北海道630駅　宮脇俊三、原田勝正編　小学館　1993.6　183p　21cm　（JR・私鉄全線各駅停車 1）　1650円　⒤4-09-395401-1

◇無人駅探訪　西崎さいき監修,全国停留場を歩く会編著　文芸社　2011.6　185p　21cm　1600円　①978-4-286-10447-8

◇山形駅開業九十年史　山形駅九十周年実行委員会編　〔山形〕　山形駅九十周年実行委員会　1991.8　106p　27cm

◇山口県の駅　山口県立山口博物館編　山口　山口県立山口博物館　2005.7　47p　30cm

◇夢が実現─北陸新幹線佐久平駅開業までの歩み　北陸新幹線佐久平駅開業記念誌　北陸新幹線佐久平駅開業記念誌編集委員会編　佐久　長野県佐久市　1999.10　193p　31cm〈折り込1枚　年表あり〉

◇横手驛の開業当時を探る─開業百周年の節目にあたり　小松田正司〔著〕　〔横手〕　〔小松田正司〕　2005.4　69p　21cm〈年表あり〉

◇列島縦断へんな駅!?─こんな駅知ってますか？　日本全国「不思議な駅」の話　所澤秀樹著　山海堂　1997.10　223p　19cm　1400円　①4-381-10297-5
　内容　"時刻表"ってものを、あらためてマジマジと眺めてみると、そこには、けっこう膨大な量の情報があふれかえっています。目に見える情報だけではなく、この日本のお国の事情やら、網の目のようにこの国の隅々までも張りめぐらされている鉄道の謎や矛盾までもが見えてきてしまうのです。鉄道というものは、明治時代から現代にいたるまで、常に発展・発達を続け、私たちの大きな移動手段として、生活に、そして地域に大きく密着してきたのです。つまり、そこに鉄道がある限り、私たちとは切っても切れない関係があるのですから、そこに地域の事情や生活感が表れているのはごく自然なことなのです。それが、駅舎の形や、発着の時刻などに表われているのです。ただひたすら、そこを旅する気分になって、手元の時刻表を眺めていれば、「なんだ？この駅は…」という事態に遭遇します。そしてそこから、どうしてこんな駅が存在しているんだろうかと考えます。でも、時刻表からだけでは、どうしても分らないこともあります。そんな時は、実際に現地まで行ってみることです。謎が解ける。こうしてできたのが、本書です。本書では、この本を手にとってくれた人が、ちょっと旅に

出たくなる、旅に出たときにちょっと笑ってもらえるような駅たちを紹介しました。

◇列島縦断へんな駅!?─こんな駅知ってますか？　日本全国「不思議な駅」の話　所澤秀樹著〔電子資料〕　日本障害者リハビリテーション協会　1999.3　CD-ROM1枚　12cm〈電子的内容：録音データ　DAISY ver.2.0　原本：山海堂 1997〉

◇列島周遊もっとへんな駅!?　所澤秀樹著　山海堂　1998.8　255p　19cm　1400円　①4-381-10316-5
　目次　第1章　こんなにある"超"個性的な駅舎、第2章　どうしてこうなるの!?常識はずれの変わった構造、第3章　不思議な駅、ややっこしい駅、第4章　駅は珍しい名前でいっぱい、終章　"汽車旅"紀行～寂しい駅を訪ねて

◇列島放浪ちょっとへんな駅!?　所澤秀樹著　山海堂　1999.5　287p　19cm　1400円　①4-381-10333-5
　内容　見るからに不可思議な駅からよ～く見てみると実はオカシイ駅まで著者による実地取材で厳選された物件を自信をもって紹介。

◇我輩は駅長「たま」である　長岡靖久著　論創社　2010.11　156p　17cm　1500円　①978-4-8460-1022-5
　内容　たった一匹の猫が救ったローカル鉄道の復活ストーリーとは!?駅長→スーパー駅長→執行役員と、駅長「たま」が辿ったトントン拍子の昇進は、廃線の危機を救ったご褒美か？　猫と人が紡いだ、温かい癒しのストーリー。

◇忘れ得ぬ北海道の鉄路と駅DVD BOOK　宝島社　2017.7　32p　30cm〈文献あり〉　1000円　①978-4-8002-7304-8

◇私の青森駅─思い出800字　ボクとワタシの新幹線─夢を語ろう400字　青森　青森編集会議　2010.12　161, 28p　21cm〈東北新幹線新青森駅開業記念　年表あり　発売：泰斗会(青森)〉　1200円　①978-4-925190-10-7

◇1700の肖像─JR東日本全駅写真集　ジェイアール東日本建築設計事務所　2009.6　295p　31cm　4762円　①978-4-903793-02-3

◇JR全駅データブック　2007年版　ジェー・アール・アール編　ジェー・アール・アール　2007.3　335p　26cm　2381円　①978-4-88283-801-2

地下鉄の駅

◇JR全線全駅―すべての路線、すべての駅が、これ1冊でわかる駅の百科事典　最新改訂版　弘済出版社　1997.7　704p　26cm　（トラベルムック）〈年表あり　索引あり〉　2190円　①4-330-46597-3

◇JR全線全駅―すべての路線、すべての駅が、これ1冊でわかる駅の百科事典　2001年版　弘済出版社　2000.12　720p　26cm　（トラベルmook）〈年表あり〉　2381円　①4-330-61300-X

◇JR東日本―全72線区の駅・運転・車両のすべてを徹底解説　鉄楽舎著　山海堂　2000.4　255p　21cm　（JRパーフェクト 1）　2000円　①4-381-10361-0
[内容]従来、車両や路線等、別々に語られてきた内容を、JR各会社別に総合的に紹介する新しい鉄道シリーズです。本書は、JR東日本の各路線のプロフィール、駅、列車、車両、事業内容などを簡潔にまとめ、JR東日本の全体像をあきらかにします。

《133 地下鉄の駅》

◇新東京地下鉄全駅ガイド　人文社編集部企画・編集　人文社　2008.10　384p　15cm　1143円　①978-4-7959-1225-0
[内容]地下鉄全駅の周辺地図。複雑な駅が一目でわかる構内図。13路線車両イラスト入り。まさかの時の「災害・緊急時の知恵」。

◇世界の地下鉄駅　アフロ写真、水野久美テキスト　京都　青幻舎　2017.11　157p　19cm　1600円　①978-4-86152-652-7
[目次]1　ヨーロッパ（ソルナ・セントラム駅（スウェーデン/ストックホルム）、T・セントラーレン駅（スウェーデン/ストックホルム）、クングストラッドゴーダン駅（スウェーデン/ストックホルム）ほか）、2　北・中央・南アメリカ（34丁目‐ハドソン・ヤード駅（アメリカ/ニューヨーク）、81丁目自然史博物館駅（アメリカ/ニューヨーク）、デュポンサークル駅（アメリカ/ワシントンD.C.）ほか）、3　アジア（パールジュマン駅（アラブ首長国連邦/ドバイ）、アストラムライン新白島駅（日本/広島）、美麗島駅（台湾/高雄）ほか）

◇東京地下鉄全駅ガイド―駅ナンバリング完全対応　バリアフリー対応　東京地下鉄株式会社,東京都交通局監修　人文社　2004.8　345p　18cm　1238円　①4-7959-1275-0

◇東京のあな―地下鉄絵本　星空満天堂著　朱鳥社　2005.7　551p　15cm〈東京　星雲社（発売）〉　1000円　①4-434-06575-0

134 駅ナカ
【概　要】鉄道事業者が駅の構内に設けた商業スペース。狭義では改札内を指すが、改札外や駅上空間を含める場合もあり、その定義は事業者によって異なる。改札内のものは主に乗降客を集客対象とし、移動中の「ついで消費」の取り込みが狙いだが、駅ナカ施設のみの利用者の入場券収入も見込める。改札外のものは、駅利用者以外の一般消費者を含めて集客対象としている。構内にあるため、駅利用者にとって駅ビルよりも利便性が高い。従来、駅の構内にはキヨスク等の小規模な売店や立ち食いそば店などが設置されていたが、駅ナカは都市部の大規模な駅にショッピングモール形式で出店することが多い。飲食店、総菜店、菓子店、高級スーパー、コンビニエンス・ストア、ドラッグストア、衣料品店、化粧品店、雑貨店、書店、語学スクール、美容院、銀行ATM、保育園など多様な業種・業態が出店している。例として、JR東日本の「エキュート」や東京メトロの「エチカ」、JR西日本の「エキマルシェ」等がある。駅ナカがビジネスモデルとして定着する一方、駅前商店街の利用者が減少し、問題化しているところもある。

◇駅ナカ、駅マエ、駅チカ温泉―鉄道旅で便利な全国ホッと湯処　カラー版　鈴木弘毅著　交通新聞社　2017.10　223p　18cm　（交通新聞社新書 114）　900円　①978-4-330-82817-6

[内容]ひとつの温泉地に宿泊してゆっくり…というのもいいが、鉄道での移動を楽しみながら途中下車して温泉に入り、ご当地グルメを楽しむという旅もいいもの。旅に精通した著者が、「鉄道駅構内か駅前、または

徒歩5分以内で行ける温泉」を前提とし、そのなかから地域性・利便性・泉質・料金などを考慮して選んだ57の施設をピックアップ。温泉のみならず、館内の付属施設や周辺グルメ、アクセスとなる鉄道や周辺の観光スポットにも触れ、鉄道＋温泉の楽しみ方を紹介する。

◇食べテツの女―あなたはかき揚げ派？　コロッケ派？　荷宮和子著　朝日新聞出版　2010.3　255p　19cm　1500円　①978-4-02-250711-2
内容 "鉄道メシ"はおいしいっ。駅弁・駅そば・エキナカ…三階級制覇の食べまくり記。

朝日新聞beの人気連載に大幅加筆。東海林さだおさんとの立ち食い大好き！　対談も収録。

◇ecute物語―私たちのエキナカプロジェクト　鎌田由美子,社員一同著　かんき出版　2007.10　205p　19cm　1400円　①978-4-7612-6467-3

◇Gransta―進化する東京駅と東京ステーションシティ　鉄道会館　2009.3　159p　30cm〈年表あり〉

135 駅空間
【概　要】単に駅構内の空間を指すこともあるが、駅舎だけではなく駅前広場、交通広場、駅ビルや周辺の商業施設などを含めた空間をいうことが多く、都市空間を構成する重要な要素の一つと捉えられている。

◇朝日新聞社機が撮った1960〜70年代の鉄道駅―懐かしい、あの駅前風景を空から楽しむ　首都圏/国鉄編　生田誠解説,朝日新聞社写真　フォト・パブリッシング　2017.6　127p　26cm〈発売：メディアパル〉　2200円　①978-4-8021-3055-4
内容 首都圏の主要52駅・施設を掲載。

◇朝日新聞社機が撮った総武線、京成線の街と駅〈1960〜80年代〉―懐かしい、あの駅前風景を空から楽しむ　総武線全通120周年記念出版！　生田誠解説,朝日新聞社写真　フォト・パブリッシング　2017.8　127p　26cm〈発売：メディアパル〉　2200円　①978-4-8021-3066-0
目次 1章 総武線（東京駅、新日本橋駅、馬喰町駅、御茶ノ水駅、秋葉原駅、浅草橋駅 ほか）、2章 京成線（京成上野駅、日暮里駅、千住大橋駅、押上駅、京成立石駅 ほか）

◇朝日新聞社機が撮った中央線の街と駅〈1960〜80年代〉―懐かしい、あの駅前風景を空から楽しむ　オレンジ色の電車登場60周年記念出版！　矢嶋秀一解説,朝日新聞社写真　フォト・パブリッシング　2017.7　127p　26cm〈発売：メディアパル〉　2200円　①978-4-8021-3061-5
内容 懐かしい、あの駅前風景を空から楽しむ。32駅すべて掲載！

◇朝日・読売・毎日新聞社が撮った京王線、井の頭線の街と駅〈1960〜80年代〉―懐かしい、あの駅前風景を空から楽しむ　生田誠著　アルファベータブックス　2018.3　127p　26cm〈背のタイトル：朝日・読売・毎日新聞社が撮った京王線、井の頭線の街と駅〉　2200円　①978-4-86598-834-5
目次 1章 京王線と支線（新宿駅、初台駅、幡ヶ谷駅、笹塚駅、代田橋駅、明大前駅、下高井戸駅 ほか）、2章 井の頭線（渋谷駅、神泉駅、駒場東大前駅、池ノ上駅、下北沢駅、新代田駅、東松原駅、明大前駅、永福町駅、西永福駅 ほか）

◇海駅図鑑―海の見える無人駅　清水浩史著　河出書房新社　2017.2　277p　21cm〈他言語標題：THE BOOK OF SEASIDE STATIONS IN JAPAN　文献あり〉　1600円　①978-4-309-27812-4
内容 日本全国9000の駅から、とびっきりの海駅を厳選。本邦初の"海×無人駅"ガイドブック。海しか見えない駅。その先に見えてくるもの―。小さな駅の物語から、土地のこと人のこと、環境問題まで。今の日本が見えてくる、30の海駅ガイド！

◇海の見える駅　村松拓著　雷鳥社　2017.8　159p　26cm〈文献あり〉　1500円　①978-4-8441-3724-5
目次 北海道の海、日本海（東北‐北陸編）、太平洋（東北‐関東編）、太平洋（東海‐四国編）、瀬戸内海、日本海（山陰編）、九州の海

◇駅をデザインする　赤瀬達三著　筑摩書房　2015.2　254p　18cm　（ちくま新書）　980円　①978-4-480-06816-3
内容　駅の出口の案内は黄色。東京の地下鉄の案内表示は各ラインカラーの「○」―こうした日本の駅のデザインを決めてきたサイン設計の第一人者が、駅のデザインを、自身の手がけた豊富な実例をもとに語り尽くす。案内表示に求められるものとは何か、そのデザイン思想とはいかなるものか、一九七〇年代に始まった日本の空間・サイン整備の歴史をたどりつつ論じ、現在の日本と海外の駅とを比較。混迷を深める日本の公共空間を批判的に検討し、利用者本位の、交通システムのあるべき姿を展望する。

◇駅空間整備読本―これからの駅空間づくり　多摩地域駅空間づくり研究会編著　府中　東京市町村自治調査会，大成出版社〔発売〕　1996.8　263p　26cm　3200円　①4-8028-8060-X
内容　平成5年度から多摩地域市町村の駅前整備担当者や計画分野の専門家による「多摩地域駅空間づくり研究会」を発足させ、駅空間づくりのノウハウの収集・保存に取り組みました。本書は、駅前整備に関わったベテラン担当者のノウハウを多少でも活字として残し、これから携わろうとしている職員の利用に供するために研究会の成果をまとめたものです。

◇駅激戦区　人×商業―大改造が進む東京の注目駅を追う　産業タイムズ社　2015.2　110p　26cm　（商業施設新聞ハンドブック）　4700円　①978-4-88353-230-8
目次　第1章 東京で進む大型開発と新交通ネットワーク動向、第2章 開発活況の駅動向（開業100年を迎えた日本の玄関口―東京駅、東西自由通路と南口整備―新宿駅、駅周辺3大事業が進行―渋谷駅、駅前に大型施設が並ぶ―池袋駅 ほか）、第3章 主要駅動向（JR・私鉄6路線乗り入れ―北千住駅、駅北側で20年度に新駅―品川駅、都内JR駅で6番目の乗客数―新橋駅、関東の交通結節点を担う大型駅―秋葉原駅 ほか）

◇駅再生―スペースデザインの可能性　鹿島出版会編　鹿島出版会　2002.11　211p　21cm　2400円　①4-306-04429-7
目次　動きはじめた次世代の駅づくり（駅とインフラデザイン―鉄道の技術者と建築の設計者が切磋琢磨してつくる、「土木の後の建築」からの脱却―飯田橋駅では設計以前の制度改革が重要だった）、1 駅空間を把握する（駅のタイポロジー、駅空間の基本4要素 ほか）、2 駅をめぐる協調と実践（土木×建築×…＝コラボレーション時代の駅展開、状況に対応するリノベーション事例 ほか）、3 駅デザインのグローバリティ（見聞・ヨーロッパのステーションフロント、ブルネル賞とワトフォード会議）、4 駅再生へのフィールドワーク（潜在力をスキャンする、駅にまつわるキーワード80）

◇えきたの―駅を楽しむ　アート編　伊藤博康著　大阪　創元社　2017.12　184p　21cm〈文献あり〉　1700円　①978-4-422-24076-3
内容　SNS映えする駅がいっぱい！日本全国津々浦々からユニークな駅の風景を厳選！建築美を誇る駅、モニュメントが楽しい駅、絶景を堪能できる駅などなど、鉄道ファンならずとも見に行きたくなる駅を、全国を駆け巡る「鉄道フォーラム」代表がご案内。

◇駅とアートは求め合う―札幌・JRタワーの秘密　札幌駅総合開発株式会社編著　幻冬舎ルネッサンス　2009.3　213p　21cm　1600円　①978-4-7790-0391-2

◇駅の空間経済分析―3大都市圏の主要鉄道を対象にして　神頭広好著　古今書院　2000.9　247p　21cm　5000円　①4-7722-1053-9
内容　市場を考慮した駅に関する空間モデルを、都心における都市化の集積水準が周辺駅にもたらす経済効果、ランク・サイズ、介在機会のそれぞれの観点から構築し、それらモデルを3大都市圏の主要な鉄道路線に応用することによって、各鉄道路線の特徴を明らかにする。

◇駅の社会史　原田勝正著　中央公論新社　2015.11　241p　16cm　（中公文庫　は70-1）〈中央公論社 1987年刊の再刊〉　800円　①978-4-12-206196-5
内容　夏目漱石『三四郎』冒頭の名古屋駅、「勝負に打って出る玄関の駅」と言った升田幸三の大阪駅、出征・帰還の軍用列車が発着した品川駅…。明治初年の岩倉使節団で久米邦武が見出したように、「駅」は近代文明の本質を表わす場となった。大衆化・大量化する鉄道とともに変貌していく駅の姿を辿り、鉄道史から近代をとらえ直す。

◇駅の変遷とニュービジネスの方向　関西鉄道協会都市交通研究所編　大阪

関西鉄道協会都市交通研究所　1993.12　111p　26cm　（IUT 1021―研究シリーズ no.21）

◇駅前新探検 新宿　松田武彦著　キネマ旬報社　1994.7　190p　19cm　1000円　①4-87376-082-8

目次 第1章 駅前の人（新宿ストリートミュージシャンに注目！，「詩集を売る女」に会いたい，「外国人窓口」に集う人々 ほか），第2章 駅の人（駅員のあんな仕事，こんな仕事，新宿駅員『尻押し隊』奮闘す，駅員はつらいよ ほか），第3章 駅の事（新宿駅その恐るべき記録，1日1000万円もの売り上げがあるキヨスク ほか），第4章 駅前の事（有名人・著名人に会えるかもしれない…お店，ション横って知ってっか？ ほか）

◇駅―昭和の駅の風景　吉野賢壱写真　リイド社　2008.10　142p　26cm〈他言語標題：Station〉　2381円　①978-4-8458-3554-6

目次 宗谷本線，函館本線，東北本線，常磐線，両毛線，中央本線，青梅線/五日市線，内房～外房線，小海線，東海道本線，駅一覧

◇上方遊歩46景―アートエリアB1 5周年記念記録集　松岡正剛監修，木ノ下智恵子編集　大阪　アートエリアB1　2015.12　304p　15×21cm〈共同発行：大阪大学出版会　文献あり 年表あり〉　1800円　①978-4-87259-514-7

目次 アートエリアB1 2006～2013（アートエリアB1履歴，中之島コミュニケーションカフェ2006～2009，サーチプロジェクトvol.1～vol.3，鉄道芸術祭vol.0～vol.3），5周年記念事業 上方遊歩46景（松岡正剛上方遊歩論，上方遊歩沿線探訪・出展作家，上方遊歩沿線情報，上方遊歩関連企画，上方遊歩ゲストプロフィール，上方遊歩沿線情報引用・出典・参考文献）

◇究極のバリアフリー駅をめざして―阪急伊丹駅における大震災から再建までの軌跡　国土交通省総合政策局交通消費者行政課監修，交通エコロジー・モビリティ財団編著　交通エコロジー・モビリティ財団，大成出版社〔発売〕　2001.9　232p　21cm　2200円　①4-8028-6428-0

内容 大震災の廃墟から「参画」の駅づくりが立ち上がった。本書には，伊丹の利用者・事業者・行政が手を携えて挑んだ，安全・安心・快適な駅づくりへの全記録が描かれている。

◇元気発信！ JR東日本駅ストリート―station renaissance　四方洋著　リベラルタイム出版社　2006.10　212p　18cm〈標題紙等のタイトル：JR東日本元気発信！ 駅ストリート〉　838円　①4-902805-03-0

内容 今，JR東日本の駅が変わろうとしている。「ステーションルネッサンス」という。「再生」というより，「新生」といういい方が似合う。ただ通過するだけだった駅に楽しみがふえた。そんな新しい息吹に満ちた駅を探訪してみよう。

◇これは便利だ！ 東京駅の楽しみ方　東京名所研究会著　祥伝社　2002.4　128p　18cm〈付属資料：1枚〉　857円　①4-396-41028-X

内容 迷わない・困らない。一目で分かる地図付き。便利で役立つ駅と店情報がいっぱい。

◇さよなら名古屋駅ビル―21世紀へ，発車のベルが鳴る。　［名古屋］　東海旅客鉄道名古屋駅　1993.2　45p　30cm〈年表あり〉

◇生涯一度は行きたい春夏秋冬の絶景駅100選―そこにしかない，その季節にしか見られない日本の鉄道風景がある　越信行著　山と溪谷社　2017.11　129p　21cm　1600円　①978-4-635-24116-8

内容 JR，私鉄，第三セクターを問わずに撮影した約4500駅の中から，著者がセレクトした四季の絶景駅。1枚の写真が物語る駅の歴史と周囲の大自然。

◇進化する東京駅―街づくりからエキナカ開発まで　野崎哲夫著　交通研究協会　2012.10　210p　19cm　（交通ブックス 120）〈文献あり 年表あり 索引あり　発売：成山堂書店〉　1600円　①978-4-425-76191-3

内容 2012年10月には丸の内駅舎が復原され，2014年には開業から100年を迎える東京駅。今では1日の乗降客は約75万人，14面28線のホームを有して日本の中央駅としての機能を発揮している。JR誕生後にエキナカ開発が本格化し，丸の内，八重洲はじめ周辺地区と連係した街づくりも進められている。本書ではエキナカ開発と街づくりの実際を東京駅の進化の歴史を交えつつ紹介する。

◇新宿駅はなぜ1日364万人をさばけるのか　田村圭介，上原大介著　SBクリエイティブ　2016.3　214p　18cm　（SB新

旅行・乗車

書337）〈文献あり〉 800円 ⓘ978-4-7973-8627-1

[内容] 新宿には「新宿」と名のつく駅が10もあり、日々、364万人もの人をさばいている。364万人というのは、たとえばドイツの首都、ベルリンの人口に匹敵する。新宿駅は交通結束点として、どのようにしてこれだけ多くの人を、大きな事故もなく毎日さばいているのだろうか。この謎にターミナル駅に詳しい話題の大学准教授と、50万ダウンロードの大ヒットRPGスマホアプリ「新宿ダンジョン」の開発者が迫る。

◇戦前大阪の鉄道駅小売事業　谷内正往著　五絃舎　2017.9　117p　21cm　1400円　ⓘ978-4-86434-073-1

[目次] 序章 戦前大阪のターミナル・デパート, 第1章 戦前阪急百貨店の革新性—大型化とアミューズメント・センター化, 第2章 昭和初期大阪の専門大店—有名店の共同組織, 第3章 あべのハルカス前史—もう一つの大鉄百貨店案, 第4章 戦前地下鉄食堂とストアの開業について, 第5章 戦前日本初のチェーンストア—大阪マルキ号パン店, 第6章 大阪の地下鉄と地下街の形成—1970年頃を中心として

◇鉄道駅の美しさ—日本の駅、ヨーロッパの駅　木戸エバ著　運輸総合研究所　2016.10　167p　30cm　2500円　ⓘ978-4-903876-68-9

[目次] 1 はじめに, 2 鉄道景観の美しさと影響する要素, 3 ヨーロッパの鉄道駅の景観, 4 日本の鉄道駅の景観, 5 日本の鉄道駅の課題—ヨーロッパの駅の好事例との比較, 6 より良いデザインを目指して, 7 English summary：Aesthetics of railway stations in Europe and Japan

◇東急電鉄旧渋谷駅とその周辺—失われた風景　黒田和子著　［出版地不明］［黒田和子］　2014.4　63p　20×22cm

◇東京駅　別冊宝島編集部編　完全保存版！　宝島社　2013.4　125p　21cm　1300円　ⓘ978-4-8002-0976-4

[内容] 大正3年12月に開業した東京駅。平成24年10月、その東京駅が創建当時の姿に復原されました。辰野金吾の設計による意匠が息づいています。そして、いまその姿が一冊にまとめられました。ステーションホテル、ドーム、ギャラリーなど。なつかしの姿から、なつかしの特急、新幹線まで。東京駅を飾った素晴らしき仲間たちが勢ぞろいです。

◇豊橋駅発見傳—元祖駅デパは、誕生から60年になる。［豊橋］　豊橋市広報広聴課　2010.3　47p　26cm　（知るほど豊橋 ふるさと再発見ガイドブック その6）　286円

◇なぜ迷う？ 複雑怪奇な東京迷宮（ダンジョン）駅の秘密　田村圭介監修, 造事務所編　実業之日本社　2017.7　223p　18cm　（じっぴコンパクト新書327）〈文献あり〉　800円　ⓘ978-4-408-33714-2

[内容] 複雑怪奇に「なってしまった」東京の駅が、なぜ「わかりにくい」のか。それは、シンプルな路線の接続の位置関係、シンプルな通路とシンプルな上下移動…にはできなかった、いろんな事情があるから。駅ごとにあるそうした事情、歴史をさぐります。構造を知り、空間を把握すれば、もう迷わない、苦しまない。最短経路で目的地へGO！

◇ピンチ！ マップ東京—電車で、駅で困った!!のお手伝い　マイナビ　2013　253p　18cm　952円　ⓘ978-4-8399-4584-8

◇ピンチ！ マップ東京—充実の駅おトイレ情報実踏調査　2版　マイナビ　2014　253p　18cm　1000円　ⓘ978-4-8399-5265-5

[目次] 「ピンチ！ マップ東京」の使い方, 駅索引図, 路線名索引, 駅施設情報, 駅構内図, 駅周辺図, 東京地下鉄路線図, イエローページ

◇街を内包する駅・空港—付加価値を求められる時代に向けて　岡並木編著　地域科学研究会　1992.7　264p　30cm　25000円

[目次] 1章 座談会・駅のフォーラム化をめざして, 2章 質の時代の駅・空港（鉄道が再び脚光を浴びるまで, モダニズムからの脱皮, 駅・空港と移動の連続性, 新しい駅の動き—市場を入れた駅, 新しい駅の動き—街と融け合う駅, 付加価値を求められる時代の空港）, 3章 駅空間と都市（駅とランドスケープ—鉄道施設のデザインと街づくり, 都市・交通計画と景観設計—交通ターミナル空間計画）, 資料編（駅—都市空間としての多様性と可能性, 質を求める時代の駅・空港, 駅・空港をめぐる動き）

◇民営鉄道の歴史がある景観　3　佐藤博之, 浅香勝輔著　古今書院　1999.2

455p　21cm　2500円　①4–7722–1449–6
目次 1 線路（桐生線の木造駅舎群（東武），境塚ずい道（小田急）ほか），2 橋りょう（荒川橋りょう（京成・押上線），神崎川橋りょう（阪急・千里線）ほか），3 駅（中村橋駅（西武），仙川駅（京王）ほか），4 連絡線（鵜沼連絡線（名鉄），新ノ口連絡線（近鉄））

◇JR全駅駅前　東京都・神奈川県　千原伸樹文撮影デザイン　データハウス　2011.3　269p　19cm　1500円　①978–4–7817–0076–2

内容 駅前は生きている。東京都と神奈川県すべてのJR駅の駅前写真を収録。「駅ミシュラン」や「おすすめ待ち合わせポイント」など、使える情報はもちろん、読んでいるだけで小旅行気分が味わえる一冊。

◇JR奈良駅小誌—鉄道高架と街の変貌　西田博嘉［著］　［出版地不明］　［西田博嘉］　2011.5　64p　26cm〈文献あり〉

---

136 **駅舎**
【概　要】駅舎は、駅を構成する主要な構造物の1つである。ただし、無人駅の場合、駅舎が設けられていないケースや、設けられていてもかつての車掌車を転用した簡素な造りのケースもある。
　駅舎内には、改札口、事務所、トイレが設けられていることが多く、券売窓口（切符売場や自動券売機）、コンコース、売店（キヨスクなど）、待合スペースなどが設けられている駅もある。
　都市部の拠点駅では、駅舎が商業施設や飲食店などと複合ビル化しているケースもあり、駅ビルと呼ばれる。また、近年は、「駅ナカ」など改札内に商業スペースを展開するケースも増えてきている。
　なお、辰野金吾設計の東京駅丸の内駅舎（1914年竣工）のように歴史的建造物として重要文化財に指定されている駅舎もある。

◇赤レンガの東京駅　赤レンガの東京駅を愛する市民の会編　岩波書店　1992.6　63p　21cm　（岩波ブックレット NO.258）　350円　①4–00–003198–8
目次 1 東京駅に思う？，2 建築とその歴史的価値，3 欧米に見られる駅舎保存について

◇異形のステーション—不思議なカタチの駅への誘い　杉崎行恭著　交通新聞社　2016.7　159p　21cm　（DJ鉄ぶらブックス 線路端のたのしみを誘う本012）　1500円　①978–4–330–68816–9
目次 北海道・東北エリア（平和駅（北海道・JR千歳線），大森駅（北海道・JR函館本線（函館砂原支線））ほか），関東エリア（鹿島サッカースタジアム駅（茨城県・JR鹿島線／鹿島臨海鉄道大洗鹿島線），阿左美駅（群馬県・東武鉄道桐生線）ほか），東海・甲信エリア（乙女駅（長野県・JR小海線），海瀬駅（長野県・JR小海線）ほか），中京・近畿エリア（定光寺駅（愛知県・JR中央本線），小田井駅（愛知県・東海交通事業城北線）ほか），中国・四国・九州エリア（備中神代駅（岡山県・JR伯備線/芸備線），宇都井駅（島根県・JR三江線）ほか）

◇岡山の駅舎—カメラ紀行　河原馨著　岡山　日本文教出版　2010.10　156p　15cm　（岡山文庫 267）　860円　①978–4–8212–5267–1
内容 時代と共に変化し続ける駅舎。県内全ての駅舎を訪ね今ある姿を記録した。

◇関西感動の駅トラベル—駅舎めぐり旅　ベストフィールズ著　メイツ出版　2017.7　128p　21cm　1660円　①978–4–7804–1905–4
内容 鉄道各線を彩る味わい深い駅の数々を厳選して紹介します。

◇消えた駅舎消える駅舎—懐かしい光景を新旧比較する　松尾定行著　東京堂出版　2012.4　221p　21cm〈文献あり 索引あり〉　1900円　①978–4–490–20781–1
内容 建て替えられ、巨大なビルになった駅、機能性と効率化でコンパクト化した駅、100年の月日を経て、なお現役の駅、路線廃止にともなって役目を終えた駅、何が消えて、何が残ったのか…定点撮影された写真が、駅の姿を物語る。

◇きっぷでGo！　［2］　日本一のモグラ駅　豊田巧原作, 田伊りょうき作画　ポプラ社　2017.12　173p　18cm　（ポプ

371

旅行・乗車

ラポケット文庫 501-2―コミック）
780円　①978-4-591-15656-8

◇新宿駅大解剖―完全版　横見浩彦監修　宝島社　2016.11　319p　19cm〈文献あり〉　1000円　①978-4-8002-5997-4
[内容] 世界一の迷宮ステーション新宿駅の徹底攻略ガイド。すべてを呑み込む巨大ターミナルの全貌公開。

◇ダルマ駅へ行こう！　笹田昌宏著　小学館　2007.5　253p　15cm（小学館文庫）　514円　①978-4-09-411651-9
[内容] 廃車後の貨車や車掌車を改造し、駅舎として丸ごと活かした「ダルマ駅舎」。地元の小学生が壁画を描いた駅舎から、自動券売機や監視カメラを設置した豪華駅舎まで種類はさまざま。線路を降りた後も、ローカル線の駅で第二の勤めを果たしているが、次第に廃棄されつつある。著者は、失われゆくダルマ駅舎を求め全国を訪ねた。さらに土地と廃貨車を購入し、自らの手で「ダルマ別荘」作りに挑む…。

◇東京駅―赤レンガの丸の内駅舎　佐々木直樹写真集　佐々木直樹著　日本写真企画　2008.11　72p　20×23cm　1900円　①978-4-903485-21-8

◇東京駅―たんけん絵本　JR電車・新幹線・パノラマつき！　濱美由紀作画　小学館　2015.12　32p　29cm〈他言語標題：TOKYO STATION　文献あり〉　1500円　①978-4-09-726617-4
[内容] 見どころいっぱい。これが「東京駅」だ！多くの人が出会い、多くの電車が行き来し、すべての新幹線が、つぎつぎ出発する日本の陸の玄関口、「東京駅」。1日も休むことなく働いて、100年。美しいすがたが、いま、目の前にせまります。空のかなたから、地の底から、あれあれかみなりくんと小にちゃんがやってきて、にたものどうし、ばったり東京駅で顔合わせ。ふたりのすてきな大ぼうけんを追いかけてさあ、みんな楽しい「東京駅」へ出かけよう！

◇にっぽん木造駅舎の旅100選　萩原義弘写真・文　平凡社　2009.12　127p　22cm（コロナ・ブックス 151）　1600円　①978-4-582-63448-8
[内容] ゆっくり行こう、木の温もりを求めて。桜咲く門司港駅から、吹雪の北海道増毛駅まで、日本列島を南から北へ100の木造駅舎を訪ねる。

◇日本の駅舎―残しておきたい駅舎建築100選　杉崎行恭著　日本交通公社出版事業局　1994.11　160p　21cm（JTBキャンブックス）　1500円　①4-533-02090-9

◇廃線駅舎を歩く―あの日見た駅の名は　杉崎行恭著　交通新聞社　2017.5　159p　21cm（DJ鉄ぶらブックス　線路端のたのしみを誘う本 020）〈索引あり〉　1500円　①978-4-330-78517-2
[目次] 北海道・東北エリア（JR北海道標津線　奥行臼駅跡、国鉄士幌線　士幌駅跡　ほか）、関東・甲信越エリア（国鉄赤谷線　赤谷線跡、新潟交通電車線　月潟駅跡　ほか）、中部・北陸エリア（加越能鉄道加越線　井波駅跡、名古屋鉄道美濃町線　美濃駅跡　ほか）、近畿・中国・山陰エリア（官設鉄道北陸線・東海道線　旧長浜駅跡、江若鉄道江若鉄道線　近江今津駅跡　ほか）、四国・九州エリア（屋島登山鉄道屋島ケーブル　屋島山上駅跡、住友金属鉱山下部鉄道線　星越駅跡　ほか）

◇八角屋根の東京駅赤レンガ駅舎　エスエス編　エスエス　2009.9　79p　25cm〈年表あり　発売：朝日新聞出版〉　2800円　①978-4-02-100170-3

◇古レールの駅デザイン図鑑　岸本章著　鹿島出版会　2009.6　164p　19×19cm〈文献あり　年表あり　索引あり〉　2800円　①978-4-306-04528-6
[内容] 駅のホームにある上家の構造物の多くは、古レールの再利用によって造られている。実例が残存していて、多くの人の目に触れているにも関わらず、意識されることがなく、記録も極めて少ない。レールとして数十年、上家になってからさらに数十年、レールの製造刻印から100年以上経ったものも多い。この存在に興味をもってから約30年、写真を撮り始めてから約10年、デザイナーとは呼ばれなかった人々のデザイン行為を発掘し、近代化遺産としての記録を残した。

◇北海道JR駅舎図鑑463　渡邊孝明著　成山堂書店　2014.10　205p　19×26cm〈索引あり〉　2400円　①978-4-425-96211-2
[目次] 函館本線、千歳線、石勝線、室蘭本線、根室本線、札沼線、江差線、日高本線、留萌本線、富良野線、宗谷本線、石北本線、釧網本線

◇北海道の駅舎たち―ボールペンで描く　山宮喬也画・文　［弟子屈町（北海道）］バルク・カンパニー　2012.12　592p

21cm〈文献あり〉 2500円 ⓘ978-4-939100-28-4
[目次]函館本線の駅舎たち（97駅），室蘭本線の駅舎たち（46駅），根室本線の駅舎たち（67駅），宗谷本線の駅舎たち（55駅），千歳線の駅舎たち（14駅），石北本線の駅舎たち（39駅），札沼線の駅舎たち（28駅），留萌本線の駅舎たち（19駅），富良野線の駅舎たち（16駅），釧網本線の駅舎たち（26駅），日高本線の駅舎たち（12駅），石勝線の駅舎たち（20駅），江差線の駅舎たち（20駅），津軽海峡線の駅舎たち（4駅），ふるさと銀河線の駅舎たち（31駅）

◇幻の東京赤煉瓦駅―新橋・東京・万世橋 中西隆紀著 平凡社 2006.8 204p 18cm （平凡社新書）〈文献あり〉 700円 ⓘ4-582-85337-4
[内容]かつて新橋駅・東京駅・万世橋駅の三駅をむすんでいた長大な赤煉瓦のアーチが今も残る。それは日本の首都としての美観と威信の象徴でもあった。人々は駅とともに、語り合い、飲み明かし、鉄路の音に耳を傾けるのであった。膨張する首都・東京の駅と鉄道は、大震災や戦争に耐え、いかなる変遷を辿ったか。

◇木造駅舎の旅 米屋浩二写真・文 INFASパブリケーションズ 2009.7 159p 25cm （Infas books―鉄道遺産シリーズ）〈文献あり〉 1500円 ⓘ978-4-900785-86-1
[内容]駅舎の詳細データ、アクセス、地図etc.完全ガイド。

◇JR全線・全駅舎―東日本編（JR東日本・JR北海道） 曽根悟監修 学習研究社 2003.2 280p 27cm （学研の大図鑑） 4000円 ⓘ4-05-401816-5
[内容]本書は、JR7社のうちJR北海道、JR東日本の全線路、全駅について収録。貨物線、貨物専用駅については掲載していない。掲載内容は、平成14年12月1日現在のもの。

◇JR全線・全駅舎―西日本編（JR東海・JR西日本・JR四国・JR九州） 曽根悟監修 学習研究社 2004.4 308p 27cm （学研の大図鑑） 4000円 ⓘ4-05-402147-6
[内容]本書は、JR7社のうちJR東海、JR西日本、JR四国、JR九州の全線路、全駅について収録しています。掲載内容は、平成16年4月1日現在のものです。

137 駅弁

【概　要】駅や列車内で販売される弁当のことである。1885（明治18）年に日本鉄道（現在のJR東日本東北線）宇都宮駅で販売されたのが最初とされている。駅での駅弁販売の有無は、大型時刻表（「JTB時刻表」「JR時刻表」）でも確認できる。

　鉄道旅行の楽しみの1つは、旅先で駅弁を購入して列車内で食べることだろう。しかし、近年は、旅に出なくても、全国の駅弁を手に入れる方法はある。例えば、東京駅では、全国の駅弁が購入できる売店を改札内に設けている。また、有名百貨店では、全国の駅弁を集めた物産展を開催することがある。

　鉄道ファンのなかには、全国の駅弁の包装紙などをコレクションしている人もいる。

◇駅弁革命―「東京の駅弁」にかけた料理人・横山勉の挑戦 小林祐一，小林裕子著 交通新聞社 2010.4 247p 18cm （交通新聞社新書015）〈文献あり〉 800円 ⓘ978-4-330-13710-0
[内容]特徴のない東京の駅弁を変える！地方の名産を盛り込み、旅情たっぷりに仕立てるのが一般的な駅弁のイメージだが、東京の場合はどうなのか？本書は、「冷めてもおいしい」という料理の異色ジャンルに足を踏み入れた一料理人の苦悩、試行錯誤、挑戦と、東京発の大ヒット駅弁を次々と生み出したプロセスを追うヒューマン・ドキュメント。

◇駅弁掛紙の旅―掛紙から読む明治～昭和の駅と町 カラー版 泉和夫著 交通新聞社 2017.4 231p 18cm （交通新聞社新書109） 900円 ⓘ978-4-330-77317-9
[内容]掛紙とは、駅弁の蓋の上にのって紐で縛られているただの紙のこと。多くの人は、食べ終わった弁当殻と一緒に捨ててしまう紙だし。しかし、現代のように通信や情報網が発達していなかった時代には、掛紙が広告媒体や名所案内となっており、また、ご意見を伺う通信票の役割も担っていた。そんな時代の掛紙を紐解けば、当時の鉄道事

情や世相、観光地や町の様子などが見えてくる。本書は、「交通新聞」で好評連載中の『掛紙停車』に、加筆・修正を加えた一冊。明治〜昭和期の掛紙を多数、収録。巻末には列車が描かれた掛紙集も特別掲載。

◇駅弁掛け紙ものがたり―古今東西日本を味わう旅　上杉剛嗣著　立川　けやき出版　2009.1　134p　21cm　1600円　①978-4-87751-378-8

◇EKIBEN―THE ULTIMATE JAPANESE TRAVEL FOOD THE BOX LUNCH YOU BUY AT THE STATION AND EAT ON THE TRAIN　戸村亜紀著　IBCパブリッシング　2015.4　149p　18cm〈日本語抄訳付〉　1800円　①978-4-7946-0336-4
　内容　駅弁は地方の魅力を伝える観光大使。伝統工芸から生み出されたパッケージデザインと地元の食材をいかしたEKIBENを56点厳選！　日本の食文化の新たな一面をオールカラー写真と英文で解説。

◇駅弁女子―日本全国旅して食べて　なかだえり著　京都　淡交社　2013.4　127p　21cm〈索引あり〉　1300円　①978-4-473-03870-8
　内容　全国の約100の駅弁、かわいいイラストで揃い踏み。

◇駅弁スーパーレディ―駅弁女将細腕奮闘記　小林しのぶ著　ぶんぶん書房（発売）　2008.4　149p　19cm　1200円　①978-4-938801-68-7
　内容　売れ筋駅弁の知られざるエピソード、感動の誕生秘話。駅弁作りに賭けた、9人の女将たちの物語。

◇駅弁読本―美味しく学べる駅弁の歴史・風土・楽しみ　上杉剛嗣著　梛出版社　2011.8　142p　21cm　1200円　①978-4-7779-2049-5

◇駅弁と歴史を楽しむ旅―ベスト100食、美味しい史跡めぐり　金谷俊一郎著　PHP研究所　2010.3　258p　18cm（PHP新書 657）〈索引あり〉　760円　①978-4-569-77726-9
　内容　全国各地の名物には、その土地の歴史が刻み込まれている。なかでも駅弁は、先人たちの食した郷土の味がコンパクトに凝縮され、一〇〇〇円前後で味わうことのできるベストアイテムだ。名所旧跡を訪れる

とともに、現地の美味しい駅弁をほおばって、日本の風土伝統に思いを馳せれば、旅がいっそう楽しいものとなること間違いなし。史跡めぐりが趣味の人気予備校講師が、『おくのほそ道』や源平合戦ゆかりの地を訪ねつつ、いままで食した一〇〇〇種類もの駅弁のなかから、ベスト一〇〇を厳選して紹介する。

◇5感で味わう鉄道ごはん―乗って揺られて見て食べて　結解喜幸、池口英司著　交通新聞社　2016.3　112p　26cm（DJプラチナ）〈背のタイトル：鉄道ごはん〉　1600円　①978-4-330-66916-8
　目次　はじめに レストラン列車の予約、"鉄道ごはん"列車体験記、第1章 王道の"鉄道ごはん"列車、第2章 お気軽"鉄道ごはん"、第3章 東西南北駅弁20傑、第4章 せめて雰囲気だけでも!?、第5章 食堂車の歴史

◇すごい駅弁！　小林しのぶ、矢野直美著　メディアファクトリー　2008.9　207p　19cm（ナレッジエンタ読本 12）〈折り込1枚〉　1100円　①978-4-8401-2440-9
　内容　日本中の駅弁を知りつくした駅弁の女王・小林しのぶと、全国の鉄道路線に詳しい鉄子・矢野直美が、駅弁と鉄道旅についてかしましく語り合う！　全国4千種の駅弁から、小林が50の駅弁を厳選。駅弁の味はもちろん、駅弁に秘められたドラマや駅弁を食べるために寄り道したい路線まで、2人で言及。読めば必ず食べたくなる。旅に出ずにはいられなくなる。

◇食べテツの女―あなたはかき揚げ派？　コロッケ派？　荷宮和子著　朝日新聞出版　2010.3　255p　19cm　1500円　①978-4-02-250711-2
　内容　"鉄道メシ"はおいしいっ。駅弁・駅そば・エキナカ…三階級制覇の食べまくり記。朝日新聞beの人気連載に大幅加筆。東海林さだおさんとの立ち食い大好き！　対談も収録。

◇知識ゼロからの駅弁入門　櫻井寛著, はやせ淳画　幻冬舎　2014.3　183p　21cm〈文献あり〉　1300円　①978-4-344-90283-1
　内容　どれ食べた？　いくつ食べた？　旅先で、おうちで、全国ご当地の味を楽しむ。定番から話題の駅弁まで人気漫画で完全解説。

◇鶴屋駅弁当ものがたり　熊本　鶴屋百貨店　2017.5　231p　18cm〈鶴屋創業65周年記念　発売：熊日出版（熊本）〉　1500円　①978-4-908313-25-7

[内容] 峠の釜めし、ますのすし、いかめし—御三家そろい踏みの奇跡を成し遂げた鶴屋駅弁当大会。創成期から現在まで受け継がれる鶴屋のDNAとその神髄を探る。

◇なぜ今日もシウマイ弁当を買ってしまうのか？　ラズウェル細木著　集英社　2012.5　99p　19cm　838円　①978-4-08-786016-0
[内容] 崎陽軒がいかにして誕生し、日本中に浸透していったか、「シウマイ弁当」などロングセラーの人気駅弁の秘密は何なのか。多くの謎にラズウェル細木が迫る。

◇ビジネスのヒントは駅弁に詰まっている　堀内重人著　双葉社　2016.1　207p　18cm　（双葉新書 116）〈文献あり〉　830円　①978-4-575-15467-2
[内容] 全国で開催され、多くの人で賑わう駅弁大会。テレビや雑誌でも駅弁特集は花盛りと、息の長いブームとなっている駅弁業界。しかし、その一方で老舗の廃業や売り場の縮小など、業界全体では危機感を指摘する声もある。そんな中で、勝ち残っている事業者はどんな取り組みをしているのか、豊富な事例を挙げて検証。ビジネスマン誰もが膝を打つ、成功法則を紹介する。

◇明治・大正・昭和駅弁ラベル大図鑑　羽島知之編　国書刊行会　2014.7　182p　26cm〈索引あり〉　3800円　①978-4-336-05811-9
[内容] お国柄や世相から芸術・デザイン思潮をも反映した、見るも愉しい貴重な記憶遺産を集大成！　始原の時代から戦中期のラベルまで、旧満洲・樺太の各駅にも至る約500点を収録。

138　駅名

【概　要】駅の名のことである。多くは、その駅が所在する地名から付けられている。しかし、さいたま市浦和地区のように、やたらと「浦和」と付く駅名が多く、分かりにくいケースもある（浦和駅のほかに、東浦和駅、西浦和駅、南浦和駅、北浦和駅、武蔵浦和駅、中浦和駅、浦和美園駅がある）。

乗り換え可能で、かつ立地も隣接した駅にもかかわらず鉄道会社が異なるために駅名も異なるというケースもある（例えば、東日本旅客鉄道（JR東日本）武蔵野線北朝霞駅と東武鉄道東上線朝霞台駅、JR東日本総武線馬喰町駅と東京都交通局（都営地下鉄）新宿線馬喰横山駅など）。東京地下鉄（東京メトロ）ではJR東日本山手線原宿駅との乗り換え駅である千代田線明治神宮前駅を「明治神宮前（原宿）」と案内するなど、分かりやすくする工夫をしている鉄道会社もある。

近年は、収入源の1つとして、駅名の命名権（ネーミングライツ）を販売する鉄道会社（三陸鉄道、いすみ鉄道、銚子電気鉄道など）もある。これによって、例えば、三陸鉄道釜石駅は、「イオンタウン釜石駅」となっている。

なお、日本一短い駅名は、表記上も読みも、東海旅客鉄道（JR東海）と近畿日本鉄道（近鉄）の「津」である。一方、日本一長い駅名は、表記上は、舞浜リゾートラインの「リゾートゲートウェイ・ステーション」と「東京ディズニーランド・ステーション」の2駅（ともに17字）、読みでは、鹿島臨海鉄道の「長者ヶ浜潮騒はまなす公園前」と南阿蘇鉄道の「南阿蘇水の生まれる里白水高原」の2駅である。

◇駅名を調べる　八幡貞雄著　〔八幡貞雄〕　〔1990〕　92p　21cm

◇駅名おもしろ話—旅がもっと楽しくなる　所澤秀樹著　光文社　2011.3　284p　16cm　（光文社知恵の森文庫　tし3-1）〈『駅名の「謎」』(山海堂平成13年刊)の修正加筆　文献あり〉　571円　①978-4-334-78576-5
[内容] たかが駅名、されど駅名—。普段は気に留めない駅名でも、その由来を辿れば興味深いエピソードが必ずあります。同じ駅名を避けるため、旧国名や社名、"新"や"東西南北"を入れたりという地道な創意工夫や、吸収合併による改称の歴史など、読めば目からウロコの事実がいっぱい！　駅名に隠された秘話を知れば、鉄道の旅が一層楽しくなること請け合いです。

◇駅名から日本地図を旅する本—「ごめん駅」の隣りに「ありがとう駅」があるって、ホントの話?!　博学こだわり倶楽部編　河出書房新社　2009.4　223p

375

駅名

15cm （Kawade夢文庫 K821）〈文献あり〉 514円 ①978-4-309-49721-1

◇駅名事典　中央書院編集部編　最新改訂版　中央書院　1995.5　535p　19cm　2800円　①4-88732-005-1
[内容] 1995年4月1日現在の全国の鉄道・軌道の全駅（専用鉄道とロープウェイを除く）を収録するデータ集。1987年の国鉄分割・民営化以降の鉄道業界の動向をふまえて全国の鉄道をJRグループ、大手民鉄、中小民鉄に分け、地域別の路線ごとに起点から下り方向へ駅データを掲載するするとともに、同字・類似駅名一覧、鉄道各社本社等所在地を付す。巻末に頭字画数索引、五十音順駅名索引がある。

◇駅名事典　中央書院編集部編　第6版　中央書院　2000.8　544p　21cm　3000円　①4-88732-087-6
[内容] JR・民鉄の全路線・全停車場を完全収録！鉄道マン、レールファン、マスコミ関係者など必携の「決定版資料集」。

◇駅名・地名不一致の事典　浅井建爾著　東京堂出版　2016.8　287p　19cm〈文献あり　索引あり〉2000円　①978-4-490-10880-4
[内容] 品川区にない品川駅、渋谷区にある南新宿駅、東淀川区でなく淀川区にある東淀川駅、など知らないと現地でとまどう、駅名と所在地の地名が一致しない駅。驚愕・複雑な駅名の由来。

◇駅名の「謎」―駅名にまつわる不思議な話　所澤秀樹著　山海堂　2001.5　199p　19cm　1400円　①4-381-10398-X
[内容] 時刻表の索引地図を見ていると、難読駅をはじめとして不思議な駅名がたくさんあることに気づきます。しかし、普段は気づかないけれど、言われてみると「なるほど面白い」と思えるような駅名も実はたくさん存在するのです。本書では、この日常に隠された駅名の謎を、あちこち寄り道しながら面白おかしく解明していきます。

◇大阪「駅名」の謎―日本のルーツが見えてくる　谷川彰英著　祥伝社　2009.4　240p　16cm　（祥伝社黄金文庫 Gた16-2）〈文献あり〉571円　①978-4-396-31484-2

◇思わず人に話したくなる関西「駅名」の謎―由来・命名・改称・立地etc.の秘密　川口素生著　洋泉社　2017.3　223p　19cm〈文献あり〉1400円　①978-4-8003-1166-5
[内容] 京福電鉄嵐山本線の西院駅、近鉄鳥羽線の朝熊駅、阪急京都本線の十三駅など、初見ではまず読めない「難読」駅名の数々。本書では関西の駅名にまつわる歴史的背景や難読駅名誕生の経緯などを解説。

◇拡大字JR路線全駅名　［亀岡］　点友会　2015.10　240p　26cm〈参考資料「JTB時刻表」・「鉄道旅行（昭文社）」〉

◇消えた駅名―駅名改称の裏に隠された謎と秘密　今尾恵介著　東京堂出版　2004.8　334p　19cm〈文献あり〉1800円　①4-490-20530-9
[内容] 結局、今は何駅？　地名の変更、軍事機密、新興住宅地…様々な理由で変更になった駅名の変遷を追う。

◇消えた駅名―駅名改称の裏に隠された謎と秘密　今尾恵介［著］　講談社　2010.12　280p　16cm　（講談社+α文庫 G218・1）〈東京堂出版2004年刊の加筆・修正　文献あり〉724円　①978-4-06-281407-2
[内容] 駅名の改称の理由は実に様々である。太平洋戦争前の軍施設を名乗る駅を地元の地名に変えた「防諜型」。高度成長期に目立った、著名観光地の名をつけその玄関地であることを印象づける「アピール型」。墓地など名称として縁起の悪い名を避ける「忌避型」…。駅名の変更には社会情勢が反映され、世の価値観が滲みている。鉄道同士の競争、市町村の思惑、地名に関する住民の意識、掘り下げれば掘り下げるほど面白い、駅と鉄道に秘められた不思議。

◇京都奈良「駅名」の謎―古都の駅名にはドラマがあった　谷川彰英著　祥伝社　2009.10　246p　16cm　（祥伝社黄金文庫 Gた16-3）〈文献あり〉571円　①978-4-396-31497-2

◇この駅名に問題あり　楠原佑介著　草思社　2005.5　254p　19cm　1500円　①4-7942-1401-4
[内容] 駅名は鉄道施設の名称ではあるが、地名と同様に場所を特定する役割をもたされている。ところが、品川駅のように地名と合っていない駅名が少なからずあるし、学芸大学駅のように実体のない駅名や、わけの分からない新駅名もある。本書では首都圏の80余りの駅名を取り上げて、その歴史的正統性を問うとともに代替案を示す。明治5年開業の官設鉄道から、つくばエクス

プレスまで、鉄道史の興味深いエピソードを豊富に盛り込んだ好読みもの。

◇全国駅名事典　星野真太郎著,前里孝監修　大阪　創元社　2016.12　22, 527p　21cm〈文献あり　索引あり〉　3600円　①978-4-422-24075-6
  内容　鉄道・軌道188事業者、698線区、28, 151. 2km旅客駅・貨物駅・信号場9, 909ヵ所を完全収録。駅名レファレンスの決定版！鉄道省文書、各社社史など膨大な資料を精査、さらに鉄道軌道各社の協力を得て、駅名はもとより、各路線の概要、開業日、所在地、単複電化データ等を整理。巻末駅名索引61頁。全国鉄軌道路線図22Pつき。

◇全国駅名便覧　4.7.1現在　日本交通趣味協会　1992.10　257p　19cm〈鉄道開業120周年記念〉　2200円

◇全国地名駅名よみかた辞典—最新市町村合併完全対応版　日外アソシエーツ編集部編　日外アソシエーツ　2016.10　1304p　21cm〈索引あり　発売：紀伊國屋書店〉　9250円　①978-4-8169-2629-7
  内容　10年ぶりの新訂版。日本全国の地名118, 845件、JR・私鉄・公営鉄道線の駅名8, 987件の読みかたを収録。難読地名を多数掲載、町（まち・ちょう）、村（むら・そん）の読みかたも万全、新名称にも対応。「頭字音訓ガイド」「検字表」付き。

◇地形を感じる駅名の秘密—東京周辺　内田宗治著　実業之日本社　2018.1　204p　18cm　（じっぴコンパクト新書340）〈文献あり　索引あり〉　800円　①978-4-408-33760-9
  内容　東京の地形が凸凹していることが広く知られるようになり、渋谷駅が「谷」にあってどこに行くにも坂であることもすつかり有名になりました。では、同じく「谷」がつく千駄ヶ谷、四ツ谷、市ヶ谷はどうでしょう？駅名の由来はさまざま。駅の立地を表す場合もあれば、住居表示だったり、近くの著名な地名にあやかったり。答えを知る前に、駅名から、地形散歩を始めてみましょう！

◇東京「駅名」の謎—江戸の歴史が見えてくる　谷川彰英著　祥伝社　2011.2　280p　16cm　（祥伝社黄金文庫 Gた16-4）　600円　①978-4-396-31534-4

  内容　ちょっと目を凝らして「駅」を見てみると、そこには歴史を感じさせるさまざまなものが残されている。また、「駅名」には昔から伝えられてきたその土地の名前がつけられていることが多い。古から伝わる地名が次々と消されていく今、駅名は貴重な文化遺産といえる。本書を手に、ぜひ「江戸」を味わいに出かけてみてほしい。

◇名古屋「駅名」の謎—「中部」から日本史が見えてくる　谷川彰英著　祥伝社　2012.9　217p　16cm　（祥伝社黄金文庫 Gた16-5）〈文献あり〉　562円　①978-4-396-31587-0
  内容　信長、秀吉、康家を輩出し、近世から日本の歴史舞台の中心であり続けた尾張・三河。そして現代も日本経済の中枢である名古屋の地名や駅名には、歴史に埋もれたその土地の史実、風土、歴史秘話の痕跡が残されていました。本書は名古屋市内の駅はもちろん、名古屋鉄道の沿線にまで足を延ばし幅広く取材し、調べ上げています。名古屋の方には、身近な「名鉄」の駅名の由来を楽しんでいただき、名古屋以外の方には、本書を読んで著者といっしょに尾張・三河の歴史をめぐる旅をぜひ味わってください。

◇難読駅名を楽しむ, 和食, 粭, 飯給は何と読みますか—クイズで挑戦　西東秋男編　筑波書房　2016.10　213p　19cm〈索引あり〉　1800円　①978-4-8119-0495-5

◇難読・誤読駅名の事典　浅井建爾著　東京堂出版　2013.6　287p　19cm〈文献あり　索引あり〉　1600円　①978-4-490-10835-4
  内容　初見で読めない難読駅名、誤読されやすい駅名が大集合！駅名の由来、駅名の変遷、周辺の情報まで紹介！

◇日本全国「駅名」地図帳　浅井建爾著　成美堂出版　2012.3　219p　16cm　（成美文庫 あー7-4）　524円　①978-4-415-40194-2
  内容　思わず誰かに話したくなる駅名の謎が満載。ひと目でわかる路線図つき。

◇日本全国「難読駅名」の旅—鉄男・鉄子の鉄分チェック！　鉄道漢字を愛する会著　徳間書店　2009.12　221p　16cm　（徳間文庫 てー3-1）〈文献あり〉　571円　①978-4-19-893085-1
  内容　靐木駅、京終駅、浅海井駅…あなたはいくつ読めますか。また何線の駅かご存じですか？鉄道ファンなら知ってて当然!?できれば自分の足で訪れてみたい日本全国の難読駅の数々をクイズ形式で1034駅、一挙

旅行・乗車

掲載。しかも、駅にまつわるエピソードなど解説も満載。(1)試して(2)知って(3)書き込める1冊で3度おいしいテツ必携本の登場です。

◇もじ鉄―書体で読み解く日本全国全鉄道の駅名標　石川祐基著　三才ブックス　2018.1　191p　21cm　1700円
①978-4-86673-022-6
内容 いつもの駅が、いつもより楽しくなる！

文字とデザインの鉄道本。日本全国、北海道から沖縄まで、全166社（路線）掲載！

◇JR・第三セクター全駅名ルーツ事典　村石利夫著　東京堂出版　2004.11　660p　21cm　3000円　①4-490-10637-8
内容 各地の駅名の由来は千差万別。地名・河川名・伝承伝説…。JR6社と、第三セクターの全国の駅名のルーツを網羅。

139 終着駅
【概　要】終着駅には、ある路線の終点にある駅という意味と、ある列車の運行が終了する駅という意味の2通りがある。
　前者の場合、他の路線に乗り換え可能な駅（ターミナル駅）と、行き止まりで文字通りの終着駅がある。他の路線に乗り換え可能な駅としては、東京駅（東海道線、東北線、中央線、総武線の終点（始点でもある）。ただし、中央線以外は他路線と相互直通運転をしているため、終点という感じはあまりしない）が代表例である。また、行き止まりの駅としては、北海道の稚内駅や九州の枕崎駅などがある。
　ある列車の運行が終了する駅としては、東京近郊では、東海道線の平塚駅、国府津駅、小田原駅、熱海駅など（東海道線そのものは神戸駅まで続く）が例として挙げられる。かつては、上野駅が東北方面からの長距離列車の終着駅の代名詞であったが、路線上（東北線）は東京駅まで続いているため、この場合の終着駅の意味合いも、ある列車の運行が終了する駅ということになる。

◇大阪・京都・神戸私鉄駅物語―写真・資料でたどるターミナル駅の変遷　高山禮蔵著　JTBパブリッシング　2005.10　191p　21cm　（JTBキャンブックス）1800円　①4-533-06099-4
目次 カラーグラフ1―大阪の私鉄ターミナル（南海電気鉄道、阪神電気鉄道、阪急電鉄、京阪電気鉄道）、カラーグラフ2―大阪の私鉄ターミナル駅（近畿日本鉄道、阪和電気鉄道）、京都・神戸の私鉄駅（阪急電鉄、京阪電気鉄道、阪神電気鉄道、阪急電鉄）

◇私鉄ターミナルの物語　藤本均著　たちばな出版　2005.6　265p　19cm　1500円　①4-8133-1890-8
目次 第1部 大都市私鉄ターミナル拝見（山手線上に発展した東京圏の各駅、国鉄と絡む横浜と千葉のターミナル、環状線の内側に立地する大阪の各駅、地下化が進んだ京都と神戸の各駅、東京、大阪と異なる名古屋のカラー、西鉄に統合した福岡の私鉄）、第2部 私鉄起点の諸相（国鉄など先行鉄道との関係、路面電車との関わり、中量軌道系に多いターミナルの微調整、私鉄ターミナルのゆくえ）

◇終着駅　富野章著　日本図書刊行会　1996.11　622p　20cm〈発売：近代文芸社　折り込み図1枚〉　2800円　①4-89039-163-0
内容 旧国鉄の終着駅とローカル線のすべてを哀愁とロマンで綴る。魅惑の旅行案内。

◇終着駅　南正時、井上廣和、村上悠太写真、田中正恭文　自由国民社　2016.12　143p　21cm　1400円　①978-4-426-12201-0
内容 全国から65の終着駅を厳選！鉄道好きなら訪れたい「車止め」のある風景。

◇終着駅巡礼―JR・私鉄の終端226駅を完全網羅!! 旅情あふれる"行き止まりの駅"を訪ねて　イカロス出版　2016.12　113p　26cm　（イカロスMOOK）1600円　①978-4-8022-0259-6

◇終着駅はこうなっている―レールの果てにある、全70駅の「いま」を追う　谷崎竜著　交通新聞社　2012.6　267p　18cm　（交通新聞社新書 043）　800円　①978-4-330-29012-6
内容 レールの途切れる場所、すなわち「終着駅」にたどり着くための鉄道旅行のすす

終着駅

め。日本全国、北は北海道から南は九州まで全70の終着駅を厳選し、それぞれタイプ別に分類。駅周辺の最新情報とともに、昨今失われつつある旅情と、懐かしき鉄道風景をお届けする。

◇昭和の終着駅　中部・東海篇　写真に辿る昔の鉄道　安田就視写真　松本典久、清水武文　交通新聞社　2017.8　143p　21cm　(DJ鉄ぶらブックス　線路端のたのしみを誘う本 023)　1600円　①978-4-330-81717-0

目次　愛知県—明治初頭、東西連絡鉄道が東海道ルートに決定して大きく発展した(名古屋鉄道築港線 東名古屋港駅、名古屋鉄道尾西線 玉ノ井駅、名古屋鉄道瀬戸線 尾張瀬戸駅 ほか)、岐阜県—岐阜県の鉄道は西から敷かれてきた(名古屋鉄道美濃町線 美濃駅、名古屋鉄道谷汲線 谷汲駅、名古屋鉄道揖斐線 本揖斐駅 ほか)、静岡県・山梨県—東海道本線を軸として枝となる鉄道が生まれた(静岡鉄道静岡清水線 新清水駅、国鉄伊東線 伊東駅、伊豆急行線伊豆急下田駅 ほか)

◇昭和の終着駅　関西篇　写真に辿るなつかしの終着駅　安田就視写真　交通新聞社　2016.3　144p　21cm　(DJ鉄ぶらブックス 線路端のたのしみを誘う本 010)　1500円　①978-4-330-66016-5

目次　滋賀県の終着駅, 三重県の終着駅, 京都府の終着駅, 奈良県の終着駅, 大阪府の終着駅, 和歌山県の終着駅, 兵庫県の終着駅

◇昭和の終着駅—写真に辿る駅風景の昔と今　関東篇　安田就視写真、源明輝著　交通新聞社　2015.4　128p　21cm　(DJ鉄ぶらブックス 線路端のたのしみを誘う本 003)　1400円　①978-4-330-56215-5

目次　茨城県終着駅, 栃木県終着駅, 群馬県終着駅, 埼玉県終着駅, 千葉県終着駅, 神奈川県終着駅, 東京都終着駅

◇昭和の終着駅　東北篇　写真に辿る鉄道の原風景　安田就視著　交通新聞社　2016.9　144p　21cm　(DJ鉄ぶらブックス 線路端のたのしみを誘う本 015)　1600円　①978-4-330-72016-6

目次　青森県、岩手県、秋田県、宮城県、山形県、福島県

◇昭和の終着駅　北海道篇　写真に辿る北の大地の鉄道模様　安田就視著　交通新聞社　2016.9　128p　22cm　(DJ鉄ぶらブックス 線路端のたのしみを誘う本 014)　1500円　①978-4-330-71916-0

目次　宗谷本線 稚内駅、興浜北線 北見枝幸駅、興浜南線 雄武駅、美幸線 仁宇布駅、渚滑線 北見滝ノ上駅、名寄本線 湧別駅、相生線 北見相生駅、標津線 根室標津駅、根室本線 根室駅、白糠線 北進駅〔ほか〕

◇昭和の終着駅　北陸・信越篇　写真に辿る昭和40～50年代の鉄道　安田就視写真, 松本典久文　交通新聞社　2017.6　143p　21cm　(DJ鉄ぶらブックス 線路端のたのしみを誘う本 021)　1600円　①978-4-330-78617-9

目次　福井県(福井鉄道南越線 粟田部駅, 京福電気鉄道三国芦原線 三国港駅 ほか)、石川県(尾小屋鉄道尾小屋線 尾小屋駅、北陸鉄道小松線 鵜川遊泉寺駅 ほか)、富山県(国鉄城端線 城端駅、国鉄氷見線 氷見駅 ほか)、新潟県・長野県(新潟交通電車線 白山前駅、越後交通長岡線 西長岡駅 ほか)

◇図説駅の歴史—東京のターミナル　交通博物館編　河出書房新社　2006.2　159p　22cm　(ふくろうの本)〈年表あり〉　1800円　①4-309-76075-9

内容　写真、構内図、路線図、駅舎設計図、時刻表など豊富な資料でつづるターミナル史。

◇全国終着駅と盲腸線の旅—終着駅から始まる新たな旅　人文社　2008.5　127p　26cm　1600円　①978-4-7959-1213-7

内容　JR全81駅の終着駅を徹底取材! 北海道から沖縄まで全終着356駅を一挙公開。

◇トポス・上野ステーション—かけがえのない終着駅 替え計画への紙つぶて　森まゆみ編著　谷根千工房　1990.6　80p　21cm　700円

◇廃線終着駅を訪ねる　国鉄・JR編　三宅俊彦著　JTBパブリッシング　2010.4　191p　26cm〈文献あり 年表あり〉　1800円　①978-4-533-07863-7

内容　現役当時の貴重な写真と「最後の時刻表」で終着駅の旅情が今よみがえる。

◇迷い迷って渋谷駅—日本一の「迷宮ターミナル」の謎を解く　田村圭介著　光文社　2013.3　265p　21cm〈文献あり〉　1600円　①978-4-334-97737-5

内容　渋谷駅はどうやって更新されてきたのか—1日280万人もの乗降客数をさばくメカニズムとは…。

◇迷わず歩ける首都東京・ターミナル駅断面透視図　黒澤達矢画、ジェオ編著　PHP研究所　2011.12　79p　19cm　1000円　①978-4-569-79449-5

内容　誰もが一度は迷ったことがあるはずの、東京のターミナル駅。建物、天井、壁を取り払って描いた断面透視図で、知られざるヒミツの構造を明らかに。

旅行・乗車

140 秘境駅

【概　要】 周囲に人家がないにもかかわらず設けられている駅のことである。多くは、地方のローカル線に設けられている。そのため、1日に1〜数本しか列車が停車しないケースもある。もともとは駅の周囲に町や集落が存在していたものの、過疎化などによって現状に至っている。

ここ数年は、"秘境駅ブーム"が起きており、テレビ番組などでも取り上げられている。周囲に人家もないのに駅が存在する不思議さが、人々に興味を抱かせるのだろう。

鉄道会社にとっては利用者のほとんどいない秘境駅を維持するメリットはあまりなく、廃止に至ることもある。一方で、"秘境駅ブーム"のおかげで話題となり、北海道旅客鉄道（JR北海道）室蘭線小幌駅のように、当面の廃止を免れたところもある。

◇いま行っておきたい秘境駅　牛山隆信著　自由国民社　2014.12　143p　21cm　1400円　①978-4-426-11841-9
[内容] 山奥の断崖絶壁や原野の只中、海辺にポツンとたたずむ人気ないホーム。列車は停まっても駅の乗降客はほとんどゼロ。そんな人里離れた鉄道駅を「秘境駅」と呼ぶ。鉄道の旅を楽しみたい方必読の書！　秘境駅オーソリティが厳選！　いま行かねばならない45の秘境駅を紹介！

◇いま行っておきたい秘境駅　2　牛山隆信著　自由国民社　2015.12　141p　21cm〈索引あり〉　1400円　①978-4-426-12033-7
[内容] 秘境駅オーソリティ牛山隆信厳選第2弾！　いますぐ行くべき46の秘境駅ガイド！　廃止された秘境駅の過去と現在、秘境信号場の現状取材！

◇酷道VS秘境駅―「酷い国道」と「とんでもない駅」、面白いのはどっち!?　松波成行,牛山隆信著　イカロス出版　2011.1　159p　21cm　1200円　①978-4-86320-424-9
[内容] 鉄道の駅なのにとんでもない所にあり、利用者はほとんどいない「秘境駅」。国の道＝国道なのに、狭く危険で通れないこともある「酷道」。鉄道と道路、おなじ陸上交通系"ギャップ萌え"趣味の雄がお互いのジャンルについて、そして鉄道趣味界と道路趣味界全体について語りつくす。

◇すごい駅！―秘境駅、絶景駅、消えた駅　横見浩彦,牛山隆信著　文藝春秋　2016.8　328p　16cm　（文春文庫 う33-1）〈メディアファクトリー2007年刊の再刊〉　750円　①978-4-16-790687-0
[内容] 前人未到の完全下車を達成した"降り鉄の神"と秘境駅ブームの立役者による伝説的対談が、ついに文庫化！　板切れホームの哀愁漂う北星駅、超絶崖っぷちの定光寺駅、日本三大車窓がじっくり望める姨捨駅。惜しまれつつ廃止となった駅寝確定の大志田駅や石北本線の金華、上白滝、下白滝の三駅も収録。鉄旅必携100駅ガイド！

◇秘境駅　牛山隆信,栗原景著　メディアファクトリー　2008.7　1冊（ページ付なし）　17×19cm　1600円　①978-4-8401-2361-7
[内容] 『秘境駅へ行こう！』『すごい駅！』の牛山信介がお届けする秘境駅写真集。人知れず山中に佇み、列車以外では到達の難しい「秘境駅」の魅力を凝縮。

◇秘境駅　2　牛山隆信,栗原景著　メディアファクトリー　2008.11　1冊（ページ付なし）　17×19cm　1600円　①978-4-8401-2607-6
[内容] 日本にはまだ秘境があり、そこには知られざる駅が存在している。秘境駅写真集。

◇秘境駅　3　牛山隆信,栗原景著　メディアファクトリー　2009.7　1冊（ページ付なし）　17×19cm　1600円　①978-4-8401-2848-3

◇秘境駅跡探訪　牛山隆信著　自由国民社　2017.7　143p　21cm　1400円　①978-4-426-12294-2
[内容] ローカル線の廃止や旅客数の減少、列車運行本数の削減など"秘境駅"を取り巻く環境は年々厳しくなっている。時刻表から姿を消した"秘境駅"は現在どうなっているのか？　合理化でスイッチバックを解消した"秘境駅"の現状は？　さまざまな事情で廃止された駅や信号場を取材！

◇秘境駅へ行こう！　牛山隆信著　小学館　2001.8　222p　15cm　（小学館文庫）　476円　①4-09-411411-4
[内容] 交通の要衝であり、本来、人々が集まるはずの「駅」なのに、まわりに民家がまったくないどころか、そこに通じるまともな道

さえも存在しない駅がある。「なんで、こんな辺鄙な場所に駅が…」そう疑問を感じたところから筆者の旅が始まった。しかし訪ねてみると、すぐ横を渓流が流れていたり、野生の動物に囲まれていたり、あるいは明治時代の建造物が現役のまま残っていたりと魅力にあふれ、彼はますますのめりこんでいく。筆者主宰のインターネット大人気サイトから厳選、加筆した、秘境駅面白ガイド。

◇秘境駅の歩き方─この週末で行けるプチ探検の旅　牛山隆信,西本裕隆著　ソフトバンククリエイティブ　2013.9　223p　18cm　(ソフトバンク新書 232)　760円　①978-4-7973-7504-6

内容　秘境駅とは、周囲に人家が少なく大自然の中にあるなど、まさに秘境と言えるような場所に存在する鉄道駅のこと。そうした駅を訪れると、自然を満喫できたり、日常から離れて心癒されたり、歴史を感じたり、さまざまな楽しみがあるのだ。本書ではそうした秘境駅の魅力を伝えるとともに、実際に秘境駅を訪れるための旅行プランも紹介する。

◇秘境駅の謎─なぜそこに駅がある!?　「旅と鉄道」編集部編　天夢人, 山と渓谷社〔発売〕　2018.3　175p　21cm　(旅鉄BOOKS 007)　1600円　①978-4-635-82042-4

内容　あたりに民家がなく、利用客もいない不思議な駅。そこにはいったい何があるのか？ たまらなく気になる、忘れられた駅の数々。あなたは何をしに、秘境駅をめざしますか？

◇もっと秘境駅へ行こう！　牛山隆信著　小学館　2003.8　252p　15cm　(小学館文庫)　533円　①4-09-411412-2

内容　「駅」なのになぜ「秘境」!?大反響の前作に続き、存在自体が不思議な「秘境駅」を求め、もっとディープに全国を駆けめぐる爆笑の第二弾。日本で一番海に近い駅でたそがれ、明治時代の駅舎でホッ、渓谷の絶景を独り占め、駅前の公衆温泉で一息…あなたにもできる、バカバカしくも、贅沢な旅がここにある。

運行・運転

◇ここが凄い！ 日本の鉄道—安全・正確・先進性に見る「世界一」 青田孝著 交通新聞社 2017.6 206p 18cm （交通新聞社新書111）〈文献あり〉 800円 ①978-4-330-79417-4
[内容] 国土の約3分の2を山岳や丘陵等が占めるなど、起伏に富んだ地形の日本は、決して鉄道敷設に恵まれた国とは言えない。しかし、長年にわたる技術の蓄積と、持ち前の勤勉さで、今日の鉄道王国を築き上げた。その象徴である新幹線は、世界初の時速200キロ運転を実現し、欧米諸国に鉄道復権をもたらした。高度な安全性、正確無比のダイヤ、充実した車内設備、行き届いた案内表示、そして朝夕のラッシュアワー輸送も、日本の高度な鉄道システムだからこそなせる『技』でもある。その「凄さ」を世界の鉄道と比べてみると…。世界48の国と地域の鉄道を体験してきた著者が、新幹線開業から半世紀を機に、あらためて日本の鉄道の今を考える。

◇鉄道トラブル巻き込まれの記 雑喉謙著 文芸社 2011.9 289p 19cm 1500円 ①978-4-286-10588-8

141 安全

【概　要】公共輸送機関である鉄道で最も重視されるのは、安全の確保である。ホームにおける安全対策として、列車非常停止ボタンや転落防止のためのホーム柵・ホームドア、内方線付き点状ブロック等がある。踏切における事故対策としては、踏切の立体交差化や踏切保安設備の整備等が進められている。また、車両の安全性を確保するため、毎日行う出庫・入庫検査のほか、一定期間ごとに行う定期検査が実施されている。また、線路を安全な状態に保つための点検・保守作業や、変電設備や信号保安装置等の電気設備の検査・点検が行われている。

◇JR東日本を変える「CS」運動—"攻めのアンゼン"への全員チャレンジ 岩井正和著 ダイヤモンド社 1991.6 264p 20cm 1700円 ①4-478-31079-3
[内容] 鉄道事業で"安全"は至上命令だ。チャレンジ・セイフティ(CS)運動は、JR東日本の職場活性化をもたらした。鉄道に働く人びとの現場の仕事を活写する。

◇鉄道とメンテナンス 山之内秀一郎編 交通新聞社 2000.6 297p 21cm 1600円 ①4-330-68101-3
[内容] 本書は、鉄道メンテナンスの歴史をはじめ、現在そして未来の鉄道メンテナンス像について述べている。鉄道創成期から国鉄そしてJR東日本へ受け継がれたメンテナンスの歴史、JR東日本がおかれているメンテナンスの現状、そして今後めざすべきメンテナンスの未来像が理解できる。

◇鉄道とメンテナンス 山之内秀一郎編 交通新聞社 2000.6 297p 22cm 1600円 ①4-87513-093-7

[内容] 「鉄道と情報システム」に次ぐ第2弾。IT技術で鉄道メンテナンスが変わる 鉄道メンテナンスのすべて。

◇東海道新幹線運転室の安全管理—200のトラブル事例との対峙 中村信雄著 成山堂書店 2016.4 245p 21cm〈文献あり 年表あり 索引あり〉 2400円 ①978-4-425-96261-7
[内容] 本書は開業以来、未だ運転事故のない東海道新幹線の運転士たちが体験した様々な出来事を、原因別に集めたトラブル事例集です。世界一安全と言われた新幹線を支えた運転士の活躍を、お届けします。

◇輸送の安全からみた鉄道史 江崎昭著 グランプリ出版 1998.9 336p 21cm 3000円 ①4-87687-195-7
[内容] 本書では、1830年の鉄道開業以来、どのような運転事故やトラブルが発生したか？ その背後の社会環境は？ その種の事故が再び起きないよう、物的にどのような運

保安装置が考案され、事故防止対策が採られたか？ 人的に駅長、機関手、信号係らの取扱いで防げなかったか？ 事故の減少を目的に、作業者の取扱いが、どのように変更されたか？ それらの尊い事故の体験が、実際、どのように活用され、実務に生かされたか？ 以上、血のにじむような努力から生み出された対策が、いかに現在の運転システムに採り入れられ、今も受け継がれているか？ これらの観点から、先人たちが「列車運転の安全と正確」を追い続けた努力の足跡をたどりながら、鉄道輸送の発達の過程を詳しく、かつ分かりやすく解説した。

142 運転

【概　要】列車の運転には安全性と正確性が求められ、運転に適性のある者が数年間の業務と専門講習を受け、動力車操縦者運転免許を取得して運転士となる。運転士は点呼時にその日の天候や路線の工事状況を確認し、健康状態を報告してから乗務する。発車前には、信号や所定の確認事項を声に出して点検する「確認喚呼」を行っている。近年では安全走行を確保するため、ATS（自動列車停止装置）やATC（自動列車制御装置）の導入が進んでいる。ダイヤが乱れた際には、正常運転に戻すための運転整理が行われる。以前は駅長が行っていたが、現在では一般的に運転指令所やCTC（列車集中制御装置）センターで行われている。

◇攻略トレインシミュレータ―For Windows 95 and Macintosh 中央線・東海本線・東北本線　田沢仁著　ソフトバンク　1996.6　157p　21cm〈監修：向谷実〉　1280円　①4-7973-0005-1
　内容　カシオペアのキーボーディスト向谷実が自ら教えるトレインシミュレータの走行のすべて。

◇コムトラックはこうして生まれた　秋田雄志, 長谷川豊編著　日本鉄道電気技術協会　2011.9　148p　26cm〈社団法人日本鉄道電気技術協会創立20周年記念事業　文献あり〉　2000円　①978-4-904691-13-7

◇しゅっぱつしんこう！ 電車の運転席　フォト・クリエーション写真　講談社　2002.5　1冊（ページ付なし）　26cm　（ゴールデンブック―のりものアルバム27）　650円　①4-06-195427-X

◇操縦マニア！―憧れのハイテクマシンから気になる特殊車両までそのメカニズムと操縦方法に迫る！　三推社出版部編　三推社　2006.12　143p　26cm〈発売：講談社〉　1857円　①4-06-102886-3
　内容　憧れのハイテクマシンから気になる特殊車両まで、そのメカニズムと操縦方法に迫る。

◇直通運転の利便性を考える―2016年度一橋祭研究　第2版　国立　一橋大学鉄道研究会　2016.11　196p　26cm〈文献あり〉

◇定刻発車―日本社会に刷り込まれた鉄道のリズム　三戸祐子著　交通新聞社　2001.7　335p　21cm　1848円　①4-330-68301-6
　内容　鉄道員も、乗客も、マスコミも誰もが当たり前と思う定刻発車。しかし世界では10分や15分の遅れは、遅れのうちに入らない鉄道がほとんどだ。盲点となっていた、定時運転の謎を掘り起こしてゆくと…。鉄道関係者も驚く意外な事実。

◇電車運転百題―イラストで見る電車運転台特集　宮田道一著　大正出版　1995.1　127p　27cm　3000円　①4-8117-0620-X

◇電車の動かし方―山手線から新幹線「のぞみ」まで　川島令三監修, ハイパープレス著　PHP研究所　1999.9　214p　18cm　（PHP business library New life）〈文献あり〉　943円　①4-569-60739-X

◇電車の運転―運転士が語る鉄道のしくみ　宇田賢吉著　中央公論新社　2008.5　272p　18cm　（中公新書）　840円　①978-4-12-101948-6
　内容　時速100キロ以上の速さで数百トンの列車を率いて走行し、時刻通りにホームの定位置にピタリと停める…。このような職人技をもつ運転士は、何を考え、どのように電車を運転しているのだろう。また、それを支える鉄道の仕組みはどのようなものだろう。JRの運転士として特急電車から貨物列車まで運転した著者が、電車を動か

す複雑精緻なシステムと運転士という仕事をわかりやすく紹介する。

◇プロが教える電車の運転としくみがわかる本―運転、指令、保線、検車から基礎技術まで 史上最強カラー図解　谷藤克也監修　ナツメ社　2009.11　223p　21cm〈文献あり 索引あり〉　1600円　①978-4-8163-4788-7
[目次]第1部 電車の運転(特急列車、私鉄ローカル線、地下鉄)、第2部 運行の技術(運行のしくみ、運行の現場)、第3部 電車の動くしくみ(電車の基礎知識、電気を電車に送るしくみ、走るしくみ、曲がるしくみ、止まるしくみ)

◇目指せ!!電車運転士　イカロス出版　1998.4　102p　26cm　1429円　①4-87149-150-1

◇列車制御　中村英夫著　工業調査会　2010.6　185p　21cm　2000円　①978-4-7693-1294-9
[内容]安全・高密度運転を支える列車制御の全貌。輸送指令、運行管理、連動、閉そく、ATS、ATC…列車制御を舞台に30年間の開発を担った研究者が、百数十年の技術の変遷をたどり、最新の動向も披露。夢ある明日の鉄道を展望する。

143 災害対策

【概　要】東日本大震災後、JR東日本では大規模地震対策として高架橋・橋脚、駅舎等の天井・壁、盛土や電化柱、トンネル等の耐震補強工事が行われた。地震観測体制強化のため地震計を増設し、在来線早期地震警報システムや、海底地震計情報を使用した新幹線早期地震検知システムを導入。また、非常用通信設備や停電時の非常電源が整備され、線路からの列車逸脱防止対策が行われた。ほか、マニュアルの整備や救助・救命訓練、津波を想定した訓練を実施。帰宅困難者対策として、毛布や飲料水等の備蓄品の整備が行われた。降雨防災対策としては、雨量計を設置し、大雨の際に運転規制を行うことで運行の安全を確保している。また、土砂崩壊から線路を守るため、斜面崩壊防止対策を実施。強風対策には風速計を設置して運転規制を行い、防風柵を設置している。

◇震災と鉄道　原武史著　朝日新聞出版　2011.10　223p　18cm　(朝日新書)　760円　①978-4-02-273421-1
[内容]「早々に当日復旧を断念したJR東日本の決断は正しかったのか?」「日本全国の海沿いの路線は、内陸に付け替えるべきか?」「地元住民にとって、バスはローカル線の代替になりうるのか?」「災害対策にならないリニア建設で誰が恩恵を受けるのか?」今こそ、鉄道の視点から、現代日本を問う。

◇鉄道を巨大地震から守る―兵庫県南部地震をふりかえって　仁杉巖監修、久保村圭助、菅原操編著　山海堂　2000.11　253p　19cm〈文献あり〉　2200円　①4-381-01432-4
[内容]巨大地震からいかに鉄道を守るか、鉄道土木技術に課せられた重大な命題である。兵庫県南部地震の鉄道被害をふりかえり、この命題に技術者がどう取り組んできたのか、そのすべてを分かりやすく解説した。

◇なぜ風が吹くと電車は止まるのか―鉄道と自然災害　梅原淳著　PHP研究所　2012.8　238p　18cm　(PHP新書 816)〈文献あり〉　780円　①978-4-569-80348-7
[内容]「今日は風が強いから電車が止まるかも…」と心配して早めに帰ろうとするが、案の定、電車は止まっている。「いつも、この路線ばっかり!」とイライラした経験は誰しもあるはず。一体、鉄道会社はどのようにして運休を決めているのか? 本書は、東日本大震災後、首都圏でも危惧される地震を筆頭に、ゲリラ豪雨、強風、落雷といった自然災害に対する鉄道の備えと、意外な弱点を解説。さらには停電、火災、人身事故などの問題にも触れることで、「いつも正常に動いて当たり前」と思っていた鉄道への認識が変わる一冊。

144 鉄道事故

【概　要】列車運行時に発生した事故のことである。列車衝突事故、列車脱線事故、列車火

災事故、踏切障害事故、鉄道人身障害事故（いわゆる人身事故）などに分類される。残念ながら、これまでに幾度もの大きな鉄道事故が発生している。その原因は、人為的なもの、技術的なものなどの単一のものもあれば、複数の要因が複合して発生することもある。

近年でも、死者42人・負傷者614人を出した信楽高原鉄道列車正面衝突事故（1991年5月）、死者5人・負傷者64人を出した帝都高速度交通営団（現在の東京地下鉄）日比谷線中目黒駅構内列車脱線衝突事故（2000年3月）、死者107人・負傷者562人を出した西日本旅客鉄道（JR西日本）福知山線列車脱線転覆事故（2005年4月）などの甚大な鉄道事故が発生している。

なお、最も発生頻度の高い鉄道事故は鉄道人身障害事故であり、その対策として都市部の駅を中心にプラットホームへのホームドアの設置が進められている。

◇国鉄形車両事故の謎とゆくえ　池口英司, 梅原淳著　東京堂出版　2005.9　229p　19cm〈文献あり〉　1600円　①4-490-20563-5
内容　事故や故障で運命が変わった鉄道車両はいま、どこに？廃車・解体された車両。静態保存された車両。修理されて甦った車両。惜しまれつつ消えてゆく国鉄の名車たちの波瀾万丈のあゆみを振り返る。

◇三代事故録─鉄道事故年表　沖田祐作編　［出版地不明］　そほえ　1995.6　528p　21cm

◇事故の鉄道史─疑問への挑戦　佐々木富泰, 網谷りょういち著　日本経済評論社　1993.1　259p　20cm　3296円　①4-8188-0662-5
内容　鉄道事故の原因には、人災や天災だけでなく車両・施設・運行システムの問題などがあげられる。事故の教訓をどのように生かしてきたか、どのような安全対策を実施してきたかを重大事故の検証によって明らかにする。

◇事故の鉄道史　続　佐々木富泰, 網谷りょういち著　日本経済評論社　1995.11　298p　20cm　2884円　①4-8188-0819-9
内容　記憶に新しい余部橋梁列車転落事故の真の原因は何か。人災か、天災かそれとも…通説となった鉄道事故の原因を改めて検証する。

◇誰も語りたがらない鉄道の裏面史　佐藤充著　彩図社　2015.6　221p　15cm〈文献あり〉　619円　①978-4-8013-0074-3
内容　戦前から平成まで、事件と事故から読み解く鉄道の裏面史。

◇鉄道トンネル火災事故の検証─避難行動の心理と誘導のあり方　吉田裕著　京都　ミネルヴァ書房　2018.3　320p　22cm〈文献あり　索引あり〉　5800円　①978-4-623-08278-0
内容　鉄道事故の中でもトンネル火災事故は甚大な被害に繋がるリスクが高い。本書は、日本で最も多くの死傷者を出した北陸トンネル火災事故と世界的にみても大規模な人的被害が出た韓国の大邱（テグ）地下鉄火災事故を中心に、乗客の避難行動、乗務員などによる救助活動に関する証言を収集・分析。被害拡大に影響を及ぼす様々な要因を分類、検証し、得られた知見から、従来の対策における課題や、異常時に遭遇した乗客の心理状況を踏まえた被害軽減策の提言を行う。

◇なぜ起こる鉄道事故　山之内秀一郎著　東京新聞出版局　2000.12　277p　20cm　1500円　①4-8083-0726-X
内容　国鉄の民営化で鉄道事故は確実に減った!!だが、鉄道の歴史は事故との戦いだった。世界各国で起きた悲惨な事故を教訓に奮闘する鉄道マンの物語。

◇なぜ起こる鉄道事故　山之内秀一郎著　朝日新聞社　2005.7　330p　15cm（朝日文庫）　700円　①4-02-261479-X
内容　「世界一安全で正確」と誇ってきた日本の安全神話が脅かされている。今、なぜ事故が起こるのか、どうしたら防げるのか。鉄道の安全対策に力を尽くした著者が、国内外で起きた鉄道事故の原因と、その後生まれた安全対策を、豊富な資料や写真とともに検証する。

◇〈悲嘆〉と向き合い、ケアする社会をめざして─JR西日本福知山線事故遺族の手記とグリーフケア　髙木慶子, 上智大学グリーフケア研究所, 柳田邦男編著　平凡社　2013.2　222p　19cm〈文献あり〉　1500円　①978-4-582-51328-8

運行・運転

復旧・復興

|内容| 突然、愛する人を喪う、とはどういうことか？ この人生の不条理にどう立ち向かうのか？ 事故でご遺族となられた15人の方々の手記を中核に、心のケアの重要性を訴え、これからの社会のあり方を問う記録。

◇漫画で学ぶ事故物語―軌道工事の安全を願って… 高幸建設株式会社総務部編、關達也漫画 逗子 高幸建設総務部［2011］180p 30cm

145 復旧・復興

【概　要】自然災害や鉄道事故によって運行に支障をきたす状態になった路線を元の状態に戻すことである。自然災害によって、橋脚が流失したり、法面が崩落するなど、大規模に路線の基盤が損なわれてしまった場合には、復旧までに相当の期間を要することがある。復旧までの間は、不通区間を対象にバスなどによる代替輸送を行うことが多い。復旧に莫大な費用がかかる場合や技術的に著しい困難が伴う場合、復旧後の採算性との兼ね合いから、廃線になるケース（高千穂鉄道高千穂線、JR東日本岩泉線など）もある。東日本大震災（2011年3月11日）で甚大な被害を受けた東日本旅客鉄道（JR東日本）の気仙沼線、大船渡線の一部区間は、路線としては復旧したものの鉄道ではなくバスによるBRTでの営業再開となった。BRTとは、バス高速輸送システムのことであり、旧線路敷をバス専用道として整備するなどして運行している。

◇きずなを結ぶ震災学習列車―三陸鉄道、未来へ 堀米薫文 佼成出版社 2015.2 127p 22cm（感動ノンフィクションシリーズ）〈文献あり〉1500円 ①978-4-333-02702-6

|内容| 岩手県の海ぞいを走る三陸鉄道では、東日本大震災後、「震災学習列車」を運行しています。この列車に乗ると、地震と津波で受けた被害のあとや、復興していく被災地のようすを見ることができます。そして、被災した人たちの思いや願いを、生の声で聞くことができるのです。そこでは、どんなことが語られているのでしょうか―。

◇神戸震災、再起の鉄道―地震と鉄道、メモランダム 雑喉謙著 文芸社 2006.1 273p 19cm 1500円 ①4-286-00642-5

◇三陸鉄道情熱復活物語―笑顔をつなぐ、ずっと… 品川雅彦著 三省堂 2014.7 301p 20cm〈年譜あり〉1500円 ①978-4-385-36584-8

◇思索の源泉としての鉄道 原武史著 講談社 2014.10 270p 18cm（講談社現代新書 2285）800円 ①978-4-06-288285-9

|内容| 東日本大震災で起きた日本の鉄道史上未曾有の事態―それから3年半、断たれた鉄路はどうなっているか？ 車窓に目をこらし、歴史に耳を澄ませ、日本を読み解く唯一無二の鉄コラム！

◇線路はつながった―三陸鉄道復興の始発駅 冨手淳著 新潮社 2014.2 183p 20cm〈年譜あり〉1200円 ①978-4-10-335271-6

|内容| 『あまちゃん』の愛した「北鉄」こと三鉄は、こうして蘇った！ 大震災から3年、三鉄社員が綴った激動の日々。

◇筑紫れくいえむ―米機西鐵電車銃撃を追う 坂井美彦,坂井ひろ子著 福岡 西日本新聞社 2008.7 161p 19cm 1238円 ①978-4-8167-0761-2

|内容| 終戦直前の昭和20年8月8日、米軍機が、中学生が乗務する西鉄電車を襲撃した。死者64人（100人超の証言も）、重軽傷者多数―原爆投下の陰で検証もなく、かん口令が敷かれた事件に、戦後60年が過ぎた今、戦中派の夫婦が真実に迫る。

◇走れ、さんてつ！―三陸鉄道のある風景よ、もう一度!! 中井精也インタビュー・写真 徳間書店 2012.2 113p 30cm〈特別編集『GoodsPress』〉2000円 ①978-4-19-863351-6

|内容| 東日本大震災で甚大な被害を受けた「三陸鉄道」。地元の人々から"さんてつ"の愛称で親しまれる同路線は三陸の"あの頃の景色"になくてはならない、地元の誇り。震災の翌週には運転を開始するなど復興のシンボルとして走り出した"さんてつ"のこの1年を鉄道写真の第一人者、中井精也さんの心温まる作品とエッセイで綴る。

◇はしれさんてつ、きぼうをのせて　国松俊英文，間瀬なおかた絵　WAVE出版　2014.2　［32p］　25cm　（知ることって、たのしい！　3）〈文献あり〉　1300円　①978-4-87290-952-4

内容　「いまは、前へむかってすすむんだ。列車をはしらせるために、みんなでひとつになろう」東日本大震災で大きな被害をうけた三陸鉄道北リアス線。その復旧をささえたひとびとの感動ドラマ！

◇東日本大震災からの軌跡―復旧・復興に「鉄道魂」を結集！　日本貨物鉄道株式会社東北支社企画・編集　仙台　日本貨物鉄道東北支社　2012.7　104p　30cm

◇東日本大震災復興時刻表―東北七県全鉄道事業者ダイヤ復旧までの記録：保存版　越前勤著　［電子資料］　金沢　桐文社　2012.1　CD-ROM 1枚　12cm〈ホルダー入(20cm)〉　発売：星雲社　2190円　①978-4-434-16414-9

◇東日本大震災「復興」時刻表―臨時ダイヤで検証する東北53被災路線の全貌：保存版　越前勤著　講談社　2012.3　175p　26cm〈文献あり〉　2500円　①978-4-06-217570-8

内容　被災地在住の列車ダイヤ研究家が、市販の時刻表には載ることのない「臨時ダイヤ」を、「3・11」から9ヵ月にわたり、東北7県の駅と鉄道事業所を駆け回り、収集、作成した復興への道のり！　なにが起きていたのか！　収集困難な臨時運行の記録が、東北鉄道復旧の真実を映し出す。

◇被災鉄道―復興への道　芦原伸著　講談社　2014.7　302p　20cm〈文献あり　年表あり〉　2300円　①978-4-06-219029-9

内容　あのとき、東北地方の太平洋沿岸路線を走行中の列車は31本。乗客と乗務員は推定で約1800人。被害は駅の流失24、線路の破壊70カ所66キロ、橋梁の崩落119カ所。にもかかわらず、乗客・乗務員の死傷者はゼロだった―。乗務員は、駅員は、そして乗客はいかにして生還を果たしたか。常磐線、仙石線、石巻線、気仙沼線、大船渡線、釜石線、山田線、三陸鉄道。3・11で甚大な被害をこうむった路線を再び踏破し、惨状と復興の過程を描き出す。旅の先に、地方が生き残るための処方箋も見えてくる。

◇被爆電車物語―もう一つの語り部　加藤一孝著　広島　南々社　2015.7　159p　21cm　1500円　①978-4-86489-034-2

内容　見た！　聞いた！　走った！　現役651号が語る開業、被爆、そして復旧。

◇福島県の鉄道から見た東日本大震災―被災から運行再開。そして復興へ。　さいたま　高樹屋　2011.9　42p　26cm〈背のタイトル：東日本大震災　年表あり〉

◇不死鳥レールウェイ―震災の街を走る鉄道　奥田英夫写真　神戸　神戸新聞総合出版センター　2010.1　131p　21cm〈年表あり〉　1500円　①978-4-343-00537-3

◇夢と希望の三陸鉄道―開業30周年＆全線運行再開記念　中井精也撮影　徳間書店　2014.5　143p　22cm〈年譜あり〉　1800円　①978-4-19-863805-4

◇よみがえる鉄路―阪神・淡路大震災鉄道復興の記録　阪神・淡路大震災鉄道復興記録編纂委員会編　山海堂　1996.5　451p　図版12枚　27cm〈監修：運輸省鉄道局〉　7800円　①4-381-00989-4

内容　本書は、大きく4つの章で構成されており、第1章では、総論として兵庫県南部地震の特徴や鉄道被災の概要、代替輸送と復旧の足どり、鉄道施設耐震構造検討委員会で行われた技術的検討の内容などを網羅的に取りまとめた。第2章では、新幹線、在来鉄道、新交通システム、ケーブルカー、ロープウェイの分野毎に、各事業者が各々自社の被災状況、代替輸送、復旧工事の状況等現場での状況を中心に克明にまとめている。第3章では震災直後から、被災地へ出向いて復旧を支援した鉄道事業者等の方々の実際の体験談など生の声を集めて紹介した。さらに第4章では被災が鉄道事業に与えた影響について、被災前後の輸送実績や運輸収入、経営に与えた影響等を定量的に示すとともに、今回地震で得た所見や震災対策、緊急時対策のあり方についての提案を行っている。なお、各所には現場第一線で奮闘された方々のコメントをコラムとして盛り込んでいる。

◇よみがえれ！　線路も街よ―阪神・淡路大震災JR西日本100人の証言　交通新聞社　1996.6　249p　19cm〈監修：西日本旅客鉄道株式会社〉　1300円　①4-87513-051-1

内容　不眠不休の復旧作業、そして開通へ迫りくる時間と闘ったJR社員の感動的な心の証言集。被災地に復興の灯を点した「鉄道魂」がここにある。

◇甦れ！　東北の鉄道―復興への軌跡　「三陸鉄道北リアス線」「ひたちなか海浜鉄道湊線」ほか　トランスワールドジャパン　2012.3　143p　26cm　（TWJ books）　1600円　①978-4-86256-092-6

内容：八戸線・北リアス線・山田線・南リアス線・大船渡線・気仙沼線・仙石線・常磐線―DVD120分付き、震災前の車窓風景を収録。

《146 鉄道利用術（通勤、遠距離通勤、通学など）》

◇いまの会社を辞めずに田舎暮らしを楽しむための本―遠距離・新幹線通勤のすすめ　谷口剛著　明日香出版社　2016.6　207p　19cm　1500円　①978-4-7569-1843-7

内容：「満員電車」に別れを告げて―地方に住み、都心で働く「ワークライフバランス」を！　田舎暮らしと遠距離通勤を充実させるために！

◇関西圏通勤電車徹底批評　上　川島令三著　草思社　2004.12　252p　19cm　1500円　①4-7942-1359-X

内容：関西圏ではJR大阪外環状線、大阪市地下鉄8号線、近鉄京阪奈線、京阪中之島線、阪神難波延長線など、新線の建設が目白押し。これらが開通すると、鉄道のネットワークはどう変わるか。新しい答申について詳しく紹介するとともに、計画線を含む22路線を取り上げて現状の問題点を指摘し、改善策を提起する。

◇関西圏通勤電車徹底批評　下　川島令三著　草思社　2004.12　228p　19cm　1500円　①4-7942-1375-1

目次：2　各線別徹底批評（つづき）（JR片町線―各停の運転本数が少なすぎる、京都市地下鉄烏丸線―横大路で京阪と直通するか、京都市地下鉄東西線・京阪京津線―京津線に急行を走らせよ、JR関西線―新快速を30分毎に走らせよ、JR山陰線―高速化改良したのにスピードダウンするとは、JR東海道・山陽線―新快速の混雑の対策を、京阪本線―中之島線は早急に西九条まで開通させよ、阪急京都線―JRに対抗するには堺筋線直通の強化が必要だ、阪急宝塚線―JRとの競争はもうあきらめたのか　ほか）

◇神戸発、尾道まで行ってきます　森下尊久著　文芸社　2000.10　263p　19cm　1300円　①4-8355-0714-2

内容：1998年4月、世界一の吊橋「明石海峡大橋」が完成したその日、橋の建設に携わった筆者には、神戸の現場を離れて尾道への転勤が待っていた。引っ越しか、単身赴任か…。筆者と家族が出した結論は、「通勤」だった。3ヶ月の新幹線定期代が39万円余、往復430キロに及ぶ、破天荒な"たび通勤"の日々に見い出した愉しみと喜びの数々とは…。明るく前向きに生きるサラリーマンの"痛快エッセイ"。

◇最新鉄道利用術―ここが変わった！　谷川一巳著　東京堂出版　2003.4　302p　19cm　1600円　①4-490-20494-9

内容：鉄道を中心に、大きく変化する交通事情を、路線、車両、切符などの面から紹介。新しい鉄道ファンには新しい情報として、オールドファンには新旧の対比が楽しめる、そんな一冊です。

◇最新東京圏通勤電車事情大研究　川島令三著　草思社　2014.11　398p　19cm　1700円　①978-4-7942-2090-5

内容：相互直通が増えてどこまで便利になったか？　混雑はどこまで緩和されたか？　全ページ書き下ろし。58路線徹底研究！

◇新東京圏通勤電車事情大研究　川島令三著　草思社　1990.7　310p　19cm　1600円　①4-7942-0381-0

内容：「東京は人が多いから、電車が混むのはしかたがない」と考えるのは間違っている。混雑の緩和、スピードアップ、便利な乗り換えなど、具体的な改善案を提起する、初の試み。「乗客の流れ図」掲載。

◇世界の通勤電車ガイド　佐藤芳彦著　成山堂書店　2001.8　170p　21cm　2600円　①4-425-92451-7

内容：世界主要都市の近郊鉄道・路面電車などの運営形態や利用方法、歴史、車両技術等を幅広く総合的に紹介。豊富な写真と図でわかりやすく解説する。

◇全国通勤電車大解剖―満員電車を解消することはできるのか？　川島令三著　講談社　2018.3　344p　19cm　（"図説"日本の鉄道）　1800円　①978-4-06-295183-8

内容：独自のデータで「通勤電車事情」を徹底解析！　混雑緩和に秘策はあるか？　ダイヤ、配線、車両…鉄道を知り尽くした著者が、あらゆる角度から、世界に冠たる超過密運転の秘密と、その課題に切り込む！　全

鉄道利用術（通勤、遠距離通勤、通学など）

国の「通勤電車」を網羅！ 路線別に徹底研究。

◇知的通勤の技術—駅別・路線別 "痛勤地獄" を脱する知恵と情報を大公開　田近伸和著　PHP研究所　1993.10　261p　18cm　（PHP business library）　900円　①4-569-54095-3
[内容] "痛勤地獄" を脱出し、通勤時間を知的に過ごす知恵と情報を満載。

◇「通勤電車」ぐ〜んと得するおもしろ読本—かしこい切符の買い方から、スシ詰め車内の活用術まで　話題の達人倶楽部編　青春出版社　1998.2　253p　15cm　（青春best文庫）　476円　①4-413-08368-7
[内容] 同じ乗るならラクして楽しく一朝のラッシュをふっ飛ばす、使えて笑えるネタ満載。

◇通勤電車なるほど雑学事典—全国路線別情報、地下鉄の謎、気になる新線計画　川島令三編著　PHP研究所　2000.3　302p　15cm　（PHP文庫）　552円　①4-569-57377-0
[内容] 通勤や通学で毎日のように利用する身近な電車…そんな通勤電車には、不思議で楽しい秘密がたくさん隠されている！—本書は、路線別の通勤電車にまつわる裏話から、「地下鉄こぼれ話」「JRと私鉄のライバル鉄道物語」「おトクで便利な通勤裏ワザ集」まで、マニアならずとも興味津々の話題を徹底紹介。路線延伸などの最新通勤新線計画や幻の駅・ホームなどのマル秘情報も満載！ 文庫書き下ろし。

◇通勤電車のはなし—東京・大阪、快適通勤のために　佐藤信之著　中央公論新社　2017.5　277p　18cm　（中公新書2436）　900円　①978-4-12-102436-7
[内容] 通勤時間はムダである。この苦痛に耐える時間を有意義に利用すれば年間7兆円もの価値が生まれるといわれる。どうすれば満員電車を少しでも快適に出来るのか。新線の建設、ダイヤの工夫、新型車両の導入など、鉄道会社は努力を重ねてきた。人口減少社会の現在も、なお改善は必要だ。混雑率200％に達する総武線や田園都市線をはじめ、主要路線の問題点と対策を解説。過去から将来まで、通勤電車のすべてが分かる。

◇通勤電車の（得）退屈しのぎの本—通勤・通学が楽しくなるとっておきの話例えば、キセル客を駅員はどう見破るか？　暮らしの達人研究班編　青春出版社　1992.10　254p　15cm　（青春best文庫）　480円　①4-413-08127-7
[内容] イヤーなスシ詰め電車もへっちゃら。スリも痴漢もみんなまとめてドンと来い。そんな、とってもお得な暇つぶし本。

◇通勤電車（得）読本　首都圏編　トラベルジャーナル　1997.6　174p　21cm　1600円　①4-89559-400-9
[内容] 知らなかった、こんな裏ワザ通勤生活でラクしてトクする情報満載！「電車＆地下鉄」乗り換え便利MAP付き。

◇通勤電車もの知り大百科—明日から朝晩の通勤がぐっと楽しくなる！　岩成政和著　全面改訂版　イカロス出版　2009.11　319p　19cm〈写真：岩成政和, 高松大典〉　1714円　①978-4-86320-257-3
[内容] 明日から朝晩の通勤がぐっと楽しくなる！ さまざまな個性をみせる通勤電車のウンチクを大公開。

◇鉄道利用術素朴な「ギモン」101連発！—知ってウレシイ、乗ってナットク　イカロス出版　2009.7　253p　19cm　1619円　①978-4-86320-222-1
[内容] おトクなきっぷの購入方法、あるいは日頃の通勤・通学を楽しくするためのマメ知識の数々。はたまた「今、乗っておきたい」名車の情報まで…。鉄道にまつわる雑学、知って得する101のクエスチョンにズバリ回答。

◇電車痛勤あるある　電車痛勤友の会編著　新紀元社　2016.4　191p　19cm　1200円　①978-4-7753-1400-5
[内容] ナウいヤングが驚愕する、昭和世代のサラリーマンたちの "あるある" すぎる痛勤物語！ 懐かしの昭和ネタ満載(解説付き)。気になる『OL痛勤あるあるコラム』も収録！

◇東京圏通勤電車どの路線が速くて便利か　川島令三著　草思社　2006.5　343p　19cm　1500円　①4-7942-1484-7
[内容] ロマンスカーなどによる楽々通勤についても検討し、さらに、どこに住めば快適通勤ができるかを、具体例をあげて紹介する。新線計画も網羅して将来性を占う。

◇東京電車地図—通勤通学を楽にする知恵　松尾定行著　ランダムハウス講談社　2009.3　190p　19cm　1300円　①978-4-270-00475-3

鉄道利用術(通勤、遠距離通勤、通学など)

◇どうなっているのか! 通勤電車―徹底比較＜東京vs関西＞　川島令三編著　PHP研究所　1994.4　237p　19cm　1450円　①4-569-54240-9
[目次] 1 鉄道路線別徹底比較(鉄道路線の広がり, 山手線VS大阪環状線, 東急VS阪急, 京急VS阪神, 東京―小田原間VS大阪―姫路間 ほか), 2 テーマ別徹底比較(高速運転の関西とダイヤに余裕をの東京, 普通列車重視の東京と優等列車重視の関西, 一線一系統主義の東京, 緩急接続ダイヤの関西, 他社間相互直通は東京で発達, クロスシートは有料にすべきか, 東西でまったく違うJR103系の評価, 車両デザインの東西比較, なぜ東京では自動改札導入が遅れたのか, ターミナルの構造に見る東西の差, 東京的経営と大阪的経営)

◇どうなっているのか! 通勤電車　続　川島令三編著　PHP研究所　1995.3　277p　19cm〈「続」の副書名：徹底比較＜東京・名古屋・関西＞〉　1400円　①4-569-54660-9
[内容]「JR帝国」東京・「クルマ社会」名古屋・「私鉄王国」関西。日本の三大都市圏の鉄道事情を比較検証し、鉄道をもっともっと乗りやすくするための一冊。

◇日本の鉄道乗り換え・乗り継ぎの達人　所澤秀樹著　光文社　2010.12　272p　18cm　(光文社新書 498)〈文献あり〉　820円　①978-4-334-03601-0
[内容]「乗り換え・乗り継ぎ」には、日本の鉄道の本質的な特徴と文化が現れているのではないか。その問題意識のもと、本書は、「乗り換え・乗り継ぎ」だけにこだわって鉄道を斬っていくという、世にも類稀なる企画である。「乗り換え・乗り継ぎ」の歴史から、全国の名所的な乗り換え駅の数々、そして連絡乗車券やICカードの使い方などの実践的知識も学べるという、テツ&鉄子は垂涎、もちろん初心者にもおトクな内容の一冊。最後に附章として、南は枕崎から北は稚内まで、著者自身が乗り通した日本縦断の記録付き。

◇リゾート通勤―田舎で暮らし都会に働く　エンターブレイン　2001.4　127p　29cm　(Outdoor fieldシリーズ)　1500円　①4-7577-0429-1

運行・運転

鉄道技術

◇最新! 鉄道の科学―日本の鉄道技術を徹底解説! 洋泉社 2018.2 108p 29cm (洋泉社MOOK)〈文献あり〉 1300円 ①978-4-8003-1408-6

◇蒸気機関車の技術史 齋藤晃著 改訂増補版 交通研究協会 2018.3 244p 19cm (交通ブックス 117)〈索引あり 発売:成山堂書店〉 1600円 ①978-4-425-76162-3

内容 誕生から200年でその使命を終えた蒸気機関車。しかし、第一次機械文明の星として近代社会の発展に貢献した役割は計り知れない。表舞台から去った今も人々に愛され続けている。力強く、より早く走ることをめざした開発の努力―そこには人類の英知が結集された。本書は、その技術の側面にスポットをあて生涯をたどった。改訂増補版では、列車の速度や重量を増加させるのに欠かせないブレーキの技術についての章を追加。有効なブレーキの普及に100年以上の年月を要した。その歴史に埋もれそうな技術を紹介。

◇図解・新世代鉄道の技術―超電導リニアからLRVまで 川辺謙一著 講談社 2009.8 277p 18cm (ブルーバックス B-1649)〈文献あり 索引あり〉 980円 ①978-4-06-257649-9

内容 鉄道技術の進歩は著しい。時速500km運転を目指すリニアモーターカーが開発される一方で、新幹線・在来線の高速化、省エネ化も日進月歩だ。本書では、超電導リニアから、新幹線、在来線、路面電車、地上設備など、近年、開発・実用化された注目の新技術を抜粋。豊富な図版で、そのメカニズムをわかりやすく解説する。

◇図解・鉄道の科学―安全・快適・高速・省エネ運転のしくみ 宮本昌幸著 講談社 2006.6 221p 18cm (ブルーバックス B-1520)〈文献あり〉 860円 ①4-06-257520-5

内容 鉄のレールと車輪の間で起きている意外な現象や、なぜ交流モータでなければならないのか、新幹線車両の長く突き出した先頭形状の理由など、鉄道のしくみをその根本原理から解き明かす。

◇〈図解〉鉄道の技術 秋山芳弘著 PHP研究所 2013.4 357p 18cm (PHPサイエンス・ワールド新書 066)〈文献あり 索引あり〉 980円 ①978-4-569-81066-9

内容 フランスなどと違って環境基準の厳しい日本で営業最高時速320kmを実現するには、経済性・安全性・快適性も含む多くの課題をクリアするための技術が重要になる。本書はその技術を解説するほか、世界初・蓄電池と軽油を併用するハイブリッド気動車、地震による被害を防ぐ「ユレダス」など、知っておきたい鉄道技術を網羅。さらに世界の鉄道の現状や国内外の車両メーカーも紹介する。

◇図解 鉄道のしくみと走らせ方―技術・操作から法律まで 昭和鉄道高等学校編 かんき出版 2007.9 334p 21cm 2200円 ①978-4-7612-6450-5

内容 日本の鉄道技術は製造・運行両面で世界一。そのメカニズムとシステムの話を中心に、鉄道各社の技術・製品開発事情なども、実際の路線名とともに解説。

◇図解入門よくわかる最新鉄道の基本と仕組み―鉄道技術の最新情報を基礎から学ぶ 鉄道の常識 オールカラー 秋山芳弘編著 秀和システム 2009.6 325p 21cm (How-nual visual guide book)〈文献あり 索引あり〉 1800円 ①978-4-7980-2176-8

内容 鉄道技術の最新情報を基礎から学ぶ。鉄道システムの全貌が手に取るようにわかる。鉄道のすべてをビジュアルに解説。

◇図説鉄道工学 天野光三ほか著 丸善 1992.4 306p 22cm 3914円 ①4-621-03701-3

内容 鉄道をめぐる様々な社会環境の変化や、価値観の多様化について、鉄道工学の考え方や範囲も変容して行くべきものであると考える。本書は初版刊行以降この著しい鉄道技術の内容刷新を図ると共に図版を豊富にし、楽しくかつビジュアルな教科書として全面改訂したものである。

鉄道技術

◇図説鉄道工学　天野光三,前田泰敬,三輪利英共著　第2版　丸善　2001.3　291p　22cm　3600円　①4-621-04851-1
内容　リニア実験線の実用化、新幹線網の整備、新交通システム、バリアフリー化、さらにはヨーロッパ、東アジアにおける高速鉄道計画等、「鉄道」は時代とともに進化している。本書は、鉄道をめぐる社会的環境の変化を十分取り込み、基礎的事項、最新データに至るまでていねいに解説。新しい「鉄道工学」がよく分かる図版満載の楽しくビジュアルな教科書。

◇鉄道技術の日本史—SLから、電車、超電導リニアまで　小島英俊著　中央公論新社　2015.3　248p　18cm　(中公新書 2312)〈文献あり〉　840円　①978-4-12-102312-4
内容　イギリスの指導のもと、明治の初めに産声を上げた日本の鉄道。山やこし国土に狭軌という悪条件を克服する過程で、高速性、快適性、安全性を向上させ、1964年の東海道新幹線開業によってついに世界トップの水準に躍り出た。日本は現在、超電導リニアの技術で諸外国をリードし、かつて指導を受けたイギリスに高速電車網を構築している。本書では、明治から平成まで、多岐にわたる鉄道技術の進歩に光を当てる。

◇鉄道技術140年のあゆみ　持永芳文,宮本昌幸編著　コロナ社　2012.8　272p　21cm〈執筆:油谷浩助ほか　文献あり　年表あり　索引あり〉　4000円　①978-4-339-00832-6
目次　1 鉄道の歴史(鉄道のはじまり(～明治時代)、鉄道の展開(大正時代～昭和戦前)、戦後の再出発、高度成長時代から21世紀へ)、2 電気鉄道と電力供給の変遷(エネルギーの有効利用と電気運転、直流電気鉄道、交流電気鉄道、電車線路)、3 鉄道車両の変遷(車両の概説と技術的な変遷、機関車、内燃動車と客車の歴史、電車の歴史、電気車の速度制御方式の変遷、台車の変遷、車体の変遷)、4 列車の安全運行を目指して(信号保安装置の変遷、列車の運行管理)、5 進化する鉄道施設(線路のあゆみ、構造物のあゆみ)

◇鉄道技術ポケットブック　鉄道技術ポケットブック編集委員会編　オーム社　2012.3　868p　23×17cm　18000円　①978-4-274-21168-3

目次　1編 総論:電気鉄道の特徴と歴史、2編 車両技術、3編 エネルギー・電力供給、4編 運転保全・安全、5編 運転計画・運行管理、6編 通信技術・情報技術の応用と営業サービス、7編 交通システム、新技術、付録 近年の動向と海外情勢

◇鉄道システムへのいざない　富井規雄編著　共立出版　2001.4　188p　24cm　2800円　①4-320-02455-9
内容　本書は、情報処理技術のシーズを前面に出し、それが鉄道にどのように適用されているかという観点から執筆したもの。各章は、おおむね1つずつの情報処理技術のシーズに対応している。そして、その技術的シーズが鉄道の具体的業務にどのように応用されているのかが書かれている。

◇鉄道システムを考える　尾関雅則著　交通新聞社　1997.11　153p　18cm　900円　①4-87513-067-8
内容　本書は、鉄道を一つの巨大システムとして位置づけ、その観点から100年余りの日本の鉄道技術の今日に至るまでの経過を辿ったものである。鉄道技術者はもとより、鉄道人・鉄道ファン必携の書である。

◇鉄道大革命　片山修著　交通新聞社　1996.7　175p　19cm　1500円　①4-87513-052-X
内容　本書は、鉄道のマルチメディア化による21世紀の鉄道システムのあり方、考え方、より安全な鉄道の追求など、技術革新について具体的な事例をあげながら考察している。

◇鉄道とコンピュータ　情報処理学会編、脇田康隆,富井規雄,藤森聡二,後藤浩一,青木俊幸著　共立出版　1998.2　125p　19cm　(情報フロンティアシリーズ 19)　1500円　①4-320-02838-4
内容　本書では、座席予約システム、列車ダイヤをつくるシステム、列車の運行を管理するシステムだけでなく、列車の乗り心地をよくするために使われているコンピュータ、また、駅でのお客様の流れをシミュレーションして、駅の構造を改良しようとする研究などについても記述しています。さらに、将来の切符の代わりになることが期待される、ICカードについても触れています。

◇鉄道と情報システム　山之内秀一郎著　交通新聞社　1998.3　187p　20cm　1500円　①4-87513-072-4

◇鉄道と電車の技術—最新メカニズムの基礎知識　広岡友紀著　さくら舎　2013.5　218p　19cm　1600円　①978-4-906732-41-8

内容 鉄道のメカニズムは「機械工学」の世界から「電子工学」の世界へシフトしている。JR、私鉄の進化する鉄道・車両・機器・システム。鉄道橋梁の構造、鉄道工学用語の基礎知識。

◇鉄道に取り組む全企業—特許データからビジネスチャンスを探る　2015　ネオテクノロジー　2015.1　220p　30cm　48000円

◇鉄道の技術開発—世界と日本　研友社60周年記念事業委員会編　国分寺　研友社　2011.3　550p　27cm〈発売：オーム社〉　20000円　①978-4-907808-05-1

◇鉄道メカニズム探究—エンジニアが鉄道の技術をわかりやすく綴る　辻村功著　JTBパブリッシング　2012.1　175p　21cm　（キャンブックス）　1800円　①978-4-533-08445-4
目次 乾電池で電車を動かすはなし、床下点検蓋のはなし、質量・重力のはなし、集電のはなし、粘着のはなし、回生ブレーキのはなし、馬力のはなし、輪軸のはなし、レールに流れる電気のはなし、新車回送のはなし〔ほか〕

◇鉄道メカ博士　川辺芭蕉著　自由国民社　2002.12　191p　19cm　1200円　①4-426-88501-9
目次 第1章 鉄道線路のメカニズム（レール・車輪、トンネルと橋）、第2章 鉄道運用のメカニズム（切符、列車運用）、第3章 鉄道車両のメカニズム（動力、車両　ほか）、第4章 鉄道の未来（リニアモーターカー、未来の鉄道技術）

◇鉄道メカ博士リターンズ—鉄道技術の「？」にお答えします　川辺芭蕉著　自由国民社　2005.1　191p　19cm　1200円　①4-426-75202-7
内容 鉄道技術の疑問にお答えします。最新情報も満載。

◇鉄道メカ博士リターンズ—鉄道技術の「？」にお答えします　川辺芭蕉著　増補版　自由国民社　2006.10　191p　19cm　1200円　①4-426-75216-7
目次 第1章 鉄道線路のメカニズム（なぜ鉄道が誕生したのですか？，レールはなぜ2本なのですか？　ほか）、第2章 鉄道運用のメカニズム（信号機はなぜ必要なのですか？，新幹線の線路に信号機がないのはなぜですか？　ほか）、第3章 鉄道車両のメカニズム（欠点が多かった蒸気機関車が長く活躍したのはなぜですか？，機関車が引く列車が少ないのはなぜですか？　ほか）、第4章 鉄道の未来（高速鉄道が実現するとどんなよいことがあるのですか？，LRTってどんなものですか？　ほか）

◇電気鉄道　松本雅行著　森北出版　1999.4　294p　21cm　3000円　①4-627-74181-2
内容 鉄道復権—そのけん引力の一つ、電気・電子技術。本書は、電気・電子技術の鉄道への応用を主眼に、多くの新しい設備・システムについて、きわめてわかりやすく説明した解説書であり参考書である。

◇電気鉄道　松本雅行著　第2版　森北出版　2007.8　291p　21cm　3500円　①978-4-627-74182-9
目次 総論、線路、構造物、車両、列車運転、電車線路、き電回路、変電所、信号保安システム、鉄道通信、新幹線鉄道、特殊電気鉄道、海外の鉄道

◇電気鉄道技術変遷史　持永芳文，望月旭，佐々木敏明，水間毅監修，電気鉄道技術変遷史編纂委員会著　オーム社　2014.11　458p　21cm　8000円　①978-4-274-50517-1
目次 蒸気運転から電気運転へ、欧米での電気鉄道の誕生と日本への技術移転、電気鉄道への電力供給—直流電気鉄道、電気鉄道への電力供給—交流電気鉄道の発展、電車線路と集電方式、直流電車技術の変遷、交流電車および交直流電車、新幹線電車、電気機関車、信号システム、運行管理、都市鉄道（路面電車・地下鉄）、ゴムタイヤ式鉄道、リニアモータ電車・常電導磁気浮上式鉄道、超電磁気浮上式鉄道

◇電気鉄道のセクション—直流・交流の電力供給と区分装置　持永芳文著　戎光祥出版　2016.9　135p　21cm　（戎光祥レイルウェイリブレット 2）　1500円　①978-4-86403-209-4
内容 現在、国内の鉄道路線の約7割が電気鉄道となり、世界有数の輸送力を誇る電気鉄道ネットワークを形成しています。本書では、電気鉄道の専門家である著者が、変電所やき電区分所に設置される「セクション」、架線の伸縮を調整する機械的区分装置「ジョイント」について詳述。機器や電気回路については写真や図面を用いてわかりやすく解説を心がけています。電気鉄道の入門書として、鉄道ファン、鉄道関係者の皆様に強くお勧めしたい1冊です。

◇電車技術発達史―戦後の名車を訪ねて　福原俊一著　戎光祥出版　2018.1　159p　21cm　〈戎光祥レイルウェイリブレット 3〉〈文献あり〉　1600円　①978-4-86403-279-7
[内容]電車発達史研究の第一人者である著者が、昭和20～30年代に大きく進展した国内の電車技術開発の歴史を詳述します。総論（第1章・第2章）では、各技術の開発の流れや特性・特長について徹底解説。「戦後の名車を訪ねて」（第3章）では、日本の電車技術開発史を彩る7形式をクローズアップ。それぞれの技術が生まれた背景と、その後の国内の鉄道に与えた影響について、豊富な資料や写真を用いて徹底解説いたします。さらに、開発に関わった技術者の想いを紹介。鉄道ファン、車両ファン必携の1冊です。

◇日本の鉄道技術　秋山芳弘著、こどもくらぶ編さん　ほるぷ出版　2011.9　39p　29cm　〈世界にはばたく日本力〉　2800円　①978-4-593-58639-4
[内容]この本は、日本のさまざまな技術力と、それを可能にする「日本力」を、みなさんといっしょに見ていくシリーズです。この巻では、鉄道の技術力のなかから、車両の製造技術と建設技術について見ていきましょう。また、鉄道が第一に求められる安全性と正確さを支える、運行管理と安全対策について、東海道新幹線の例を中心に見ていきましょう。そして、日本の技術力のすごさ、その背景となるもの、その技術力によって世界で活躍する日本人について知りましょう。

◇阪急テクノロジー――阪急電鉄を支える鉄道技術と設備　阪急電鉄株式会社コミュニケーション事業部企画・編集・著作　大阪　阪急電鉄コミュニケーション事業部　2001.3　140p　26cm　〈阪急ワールド全集 2〉〈開業90周年記念〉1429円　①4-89485-046-X
[目次]巻頭グラフ HANKYU TECHNOLOGY、電車のしくみをさぐる、車体「BODY」、軌道―鉄の道のしくみをさぐる、最終電車と始発電車の間で―軌道工事の舞台裏をさぐる、信号・通信設備―鉄道のルールをさぐる、電力設備―電気の道をさぐる、ダイヤグラム―安全輸送のしくみをさぐる、阪急電車テクノロジーの歴史、Q＆Aダイジェスト、阪急テクノロジーデータボックス

◇物理で広がる鉄道の魅力　半田利弘著　丸善　2010.10　175p　21cm　〈文献あり　索引あり〉　1900円　①978-4-621-08289-8

[内容]本書は基礎的な物理の知識を用いて、鉄道の「なぜ」をやさしく解き明かします。VVVFや回生ブレーキといった複雑なシステムが簡単な物理で理解できたり、逆に簡略化できない問題を技術者の工夫が解決していることを本書で知ることができます。動力機関や車両形状などの車両の話題から、レールや橋梁などの鉄道構造物、自動改札や運動ダイヤなど、すべての鉄道ファンが楽しめる内容となっています。また、本書は鉄道という身近な存在から物理を学ぶこともでき、物理へのさらなる興味をかきたてます。

◇名作・迷作エンジン図鑑―その誕生と発展をたどる　鈴木孝著　グランプリ出版　2013.8　240p　21cm　〈文献あり〉　2400円　①978-4-87687-329-6
[内容]ヨーロッパ、アメリカ、日本で開発された草創期、産業用、船舶用、航空用、自動車用、戦車用、機関車用の各エンジンの中から、時代を築いた名作エンジンと迷作とも呼べる個性的なエンジンを選び、詳細なイラストとともに解説する、世界のエンジンのフィールドノート。

◇20年後の鉄道システム　日本鉄道技術協会編著　日本鉄道技術協会JREA創立60周年記念事業委員会　2008.5　492p　21cm　〈文献あり〉　発売：交通新聞社　1714円　①978-4-330-00308-5
[目次]第1編 直近20年の鉄道システムの進展（数字で見る鉄道システムの推移、サービス向上・輸送改善の事例―都市間高速鉄道、サービス向上・輸送改善の事例―都市鉄道、サービス向上・輸送改善の事例―新交通システム等、直近20年の貨物鉄道システム、出改札システムの変遷、保守技術の進展、市街災害対策の推移、上下分離に見る鉄道整備手法の進展、将来実現が期待される鉄道システム）、第2編 鉄道システムの中長期展望（オピニオンリーダーからの提言、都市間高速鉄道のパフォーマンス向上を目指して、都市鉄道などの持続的発展を目指し、鉄道の情報化、安全・安定輸送、国際規格、今後の鉄道技術行政）

◇Magnetic data　路線・駅データ編 1　小田原・京王・相鉄　T-project著　座間　Dream project　1995.2　13p　21cm　300円

◇Magnetic data　データの読取方 1　NRZ-1編　T-project著　座間　Dream project　1995.3　19p　21cm　300円

◇Metro card 517―思いでの一枚　地下鉄トラベルサービス編　地下鉄トラベルサービス　1997.12　75p　22×31cm

147 自動改札機

【概　要】駅の改札業務を自動（無人）で行う機械のことである。1960年代から80年代にかけて試行的に導入する鉄道会社があったものの、本格的に普及し始めるのは1990年代以降である。

　自動改札機の投入口に磁気乗車券を投入する方式が主流であった。これに加えて、近年は、SuicaなどのICカード乗車券の普及によって、ICカード対応（ICカードの読み取り部を設けた）自動改札機も増えつつある。

　自動改札機は、鉄道会社にとっては経営の合理化、旅客にとってはスムーズな改札に寄与するものである。しかし、視覚障害者にとっては、磁気乗車券の投入口やICカード乗車券の読み取り部が見えないため、利用しづらいという指摘も聞かれる。さらなる改良が期待される。

◇ICカードと自動改札　椎橋章夫著　交通研究協会　2015.4　178p　19cm　（交通ブックス 123）〈「自動改札のひみつ」(2003年刊) の改題、再編集　索引あり　発売：成山堂書店〉　1800円　①978-4-425-76221-7
内容　自動改札機は、誰でも一度は使ったことがあると思います。今ではどこの駅にも設置され、普段何気なく使っていますが、いつ頃開発され、一体どのような仕組みで動いているのでしょう？　自動改札機の種類と構造、自動券売機、多機能化を続けるICカード乗車券のこと、そして未来の姿などを本書で詳しく紹介します。

◇自動改札のひみつ　椎橋章夫著　交通研究協会　2003.12　201p　19cm　（交通ブックス 114）〈東京 成山堂書店（発売）〉　1500円　①4-425-76131-6

内容　誰もが一度は使ったことがある自動改札！自動改札機は一体どんな仕組みになっているのだろうか。そんな疑問を自動改札のプロがわかりやすく解説。最新のICカード式など乗車券と駅の業務のひみつをこっそり教える。

◇自動改札のひみつ　椎橋章夫著　改訂版　交通研究協会　2005.3　201p　19cm　（交通ブックス 114）〈東京 成山堂書店（発売）〉　1500円　①4-425-76132-4

内容　誰もが一度は使ったことがある自動改札！自動改札機は一体どんな仕組みになっているのでしょうか？　そんな疑問を自動改札のプロがわかりやすく解説します。最新のICカード式など乗車券と駅の業務のひみつをこっそりお教えします。

148 ICカード

【概　要】集積回路（ICチップ）が組み込まれたカードのことである。磁気カードに比べて、記録・処理できる情報量や情報セキュリティが高い。

　鉄道の乗車券としてのICカードの利用は、広島短距離交通瀬野線を運行するスカイレールサービスが1998（平成10）年に採用したのが最初とされる。2001年に東日本旅客鉄道（JR東日本）がICカード乗車券「Suica」を導入し、以降、全国の鉄道会社でも導入の動きが加速していった。現在では、鉄道会社各社のICカード乗車券の相互利用を可能とする動きも広まっている。

◇ICカードと自動改札　椎橋章夫著　交通研究協会　2015.4　178p　19cm　（交通ブックス 123）〈「自動改札のひみつ」(2003年刊) の改題、再編集　索引あり　発売：成山堂書店〉　1800円　①978-4-425-76221-7
内容　自動改札機は、誰でも一度は使ったことがあると思います。今ではどこの駅にも設置され、普段何気なく使っていますが、いつ頃開発され、一体どのような仕組みで動いているのでしょう？　自動改札機の種類と構造、自動券売機、多機能化を続けるICカード乗車券のこと、そして未来の姿などを本書で詳しく紹介します。

◇次世代交通カード革命―汎用電子乗車券・電子マネー時代の切り札　圓川隆夫

マルス（MARS）

編　NTT出版　1998.8　221p　19cm　1200円　①4-7571-2001-X
　内容　「こんな夢のカードを待っていた!!」TOKYO発これが使える電子マネー。「汎用電子乗車券」の全貌がこれ1冊で解明。非接触ICカードのすべて。

◇ペンギンが空を飛んだ日—IC乗車券・Suicaが変えたライフスタイル　椎橋章夫著　交通新聞社　2013.8　230p　18cm　（交通新聞社新書 058）〈年表あり〉　800円　①978-4-330-39513-5
　内容　それはたった二人だけのチームから始まった！JR東日本のIC乗車券カード「Suica」は、会社はおろか鉄道インフラという枠も超え、生活インフラの変革までもたらした。最初は誰からも期待されていなかったこのプロジェクトは、いかにして成功していっ

たのか。研究開発の頓挫、試験の大失敗、気の遠くなるような作業、重大事故…限りなく無謀な挑戦の裏にはいつも、"理想の一念"があった。ますます進化するSuicaを創成期から支えてきた著者が明かす、激闘の記録。

◇Suicaが世界を変える—JR東日本が起こす生活革命　椎橋章夫著　東京新聞出版局　2008.5　223p　19cm〈年表あり〉　1143円　①978-4-8083-0892-6
　内容　スイカ大躍進のヒミツ。前代未聞のSuicaプロジェクトはこうして成功した。世界最大規模の交通システムネットワークとICカードが開け放った巨大ビジネス。鉄道の枠を超えて進化するJR東日本の未来戦略とは。

---

149 マルス（MARS）

【概　要】旅客販売総合システム（Multi-Access Reservation System）の略で、JR旅客鉄道各社の採用する指定席券などの予約や発券を行うことができるオンラインシステムのことである。鉄道情報システム株式会社（JRシステム）が運用している。
　1960（昭和35）年に旧日本国有鉄道で予約専用機として運用開始されたのが最初である（マルス1）。以降、順次改良、機能強化が重ねられ、現在のシステムは2002年に稼働開始されたマルス501である。駅のみどりの窓口内に置かれている駅員操作用の端末のほかに、旅客が自ら操作する「指定席券売機」（JR北海道、東日本）、「エクスプレス券売機」（JR東海）、「みどりの券売機」（JR西日本）などの端末機も普及しつつある。

◇情報システム開発ストーリー—「みどりの窓口」より　第2版第5刷　アイテック情報処理技術者教育センター　1998.2　96p　21cm〈他言語標題：Information systems story〉　1500円　①4-87268-124-X

◇旅人をつなぐ"マルスシステム"開発ストーリー　金子則彦著　アイテック情報処理技術者教育センター　2005.2　150p　21cm　（IT技術者の挑戦 1）　1600円　①4-87268-474-5

◇熱転写方式マルス端末券総集　vol.2　MV30・35　ゆったん♪、埼京快速、B快特共著、交通法規研究会編　交通法規研究会　2017.12　64p　26cm〈背のタイトル：熱転写マルス端末券総集〉　1700円　①978-4-909358-16-5

◇マルス発展史　マルス分科会［著］　日本鉄道電気技術協会　2013.4　212p　30cm〈社団法人日本鉄道電気技術協会創立20周年記念事業〉　2381円　①978-4-904691-26-7

◇みどりの窓口を支える「マルス」の謎—世界最大の座席予約システムの誕生と進化　杉浦一機著　草思社　2005.10　231p　19cm〈年表あり　文献あり〉　1500円　①4-7942-1433-2
　内容　開発の歴史から将来の進化まで、あの「プロジェクトX」でも取りあげたマルス・システムの全容を描く。

高速鉄道

◇エアロトレインと地球環境—環境の世紀に期待される空力浮上の乗り物　小濱泰昭著　理工評論出版　2004.10　233p　22cm〈文献あり〉　2300円　①4-947616-26-1

◇交流系電車　新幹線・特急編　広田尚敬写真　山と溪谷社　2007.7　231p　20×27cm　（ヤマケイ・レイル・グラフィックス—国鉄車両形式集 6）　4800円　①978-4-635-06826-0

|目次| 新幹線0系、新幹線100系、新幹線200系、新幹線事業用車、483系・485系、489系、583系、781系

◇こだわりの新幹線＆特急列車ガイド　イカロス出版　2000.7　214p　26cm　（イカロスmook）　1714円　①4-87149-284-2

◇最新JR特急列車　広田尚敬写真, 坂正博解説　山と溪谷社　2002.3　111p　19×26cm　（ヤマケイレイルブックス 11）　1200円　①4-635-06811-0

|内容| 今、活躍しているJRの特急列車を新幹線、特急電車、気動車特急、客車特急別に紹介。

◇最速伝説—20世紀の挑戦者たち—新幹線・コンコルド・カウンタック　森口将之著　交通新聞社　2011.4　278p　18cm　（交通新聞社新書 028）〈文献あり〉　800円　①978-4-330-20911-1

|内容| 鉄道、旅客機、自動車の3つのフィールドで、それぞれ人類史上最速を記録した「乗り物」である、日本の新幹線、イギリスとフランスが共同開発した超音速旅客機コンコルド、そしてイタリアの名車ランボルギーニ・カウンタック。本書は、スピードに対する価値の転換期を迎えつつある今だからこそ、将来に向けて書き残しておきたい、20世紀後半に展開されたスピードという名の人類の夢の軌跡だ。

◇JR新幹線・特急全車両大図鑑—世界に誇るスーパートレイン　原口隆行編著、井上廣和写真　世界文化社　2014.5　143p　26cm〈他言語標題：JR's Railway Cars〉　2200円　①978-4-418-14210-1

|内容| 最新のE7系をはじめ、日本が世界に誇る新幹線27種。また、287系、E657系などの新型車両から臨時列車、団体専用車まで完全収録。特急車両をはじめ人気のイベント列車には、車両編成、走行区間、走行距離、所要時間、列車本数、表定速度などの詳細な最新情報をつけた。廃車になった車両のうち、歴史的価値のあるもの、また、JR線に乗り入れる私鉄・第三セクターの車両のうち、特筆すべきものはコラムで紹介。

◇新幹線・特急ぜんぶ百科—列車ガイドの決定版 運転区間、停車駅、編成表も見やすく収録！　交通新聞社　2014.3　128p　30cm　（てつどうはかせシリーズ）〈文献あり　索引あり〉　1800円　①978-4-330-45714-7

|内容| 第一線で活躍中の鉄道写真家による、臨場感あふれる列車の写真をたっぷりと掲載。運転区間や停車駅、使用車両や編成図など、列車に詳しくなる情報を見やすくまとめました。要点を押さえたQ＆Aやコラム、用語解説で鉄道の知識が深まります。

◇新幹線・特急乗り放題パスで楽しむ50歳からの鉄道旅行　小林克己著　大和書房　2015.12　271p　15cm　（だいわ文庫 301-2E）　680円　①978-4-479-30568-2

|内容| 「おトクすぎてずるい！」と話題沸騰中！ 激安で新幹線・特急に乗り放題の「大人の休日倶楽部パス」「おとなびパス」など、各種パスの上手な利用法＆おすすめ旅行プランを大公開！ 鉄道パスでJRほぼ全線を走破したプロが、「最大限安く、最大限楽しむ」ノウハウを徹底伝授！ 格安だけど極上なおとなの鉄道旅行にご招待！

◇新幹線と特急115—のりもの大集合ミニ　広田尚敬, 広田泉写真, 坂正博文　講談社　2018.2　25p　17×17cm　（講談社のアルバムシリーズ—のりものアルバム〈新〉）　780円　①978-4-06-197159-2

◇図解・進化しつづける超特急新幹線のしくみ　西本裕隆著　永岡書店　2009.5　255p　15cm　（早わかりN文庫）〈背の

特急

タイトル：新幹線のしくみ〉　600円　①978-4-522-42714-9

◇世界の高速列車　2　地球の歩き方編　ダイヤモンド・ビッグ社　2012.7　382p　21cm　（地球の歩き方）〈他言語　標題：High Speed Trains of the World　文献あり　発売：ダイヤモンド社〉　2800円　①978-4-478-04279-3
[目次] 1 日本の高速列車（新幹線E5系/E6系、新幹線E2系 ほか）、2 東アジアの高速列車（中国の高速鉄道、台湾高速鉄道概要 ほか）、3 フランス・ドイツ・イタリア・スペインの高速列車（フランス・ベネルクスの高速鉄道、ドイツの高速鉄道 ほか）、4 ヨーロッパとアメリカの高速列車（Javelin（イギリス）、Pendolino 390（イギリス） ほか）、5 データと用語（世界の高速鉄道計画、TGVシリーズの性能データ ほか）

◇世界の高速列車　三浦幹男、秋山芳弘著　ダイヤモンド・ビッグ社　2008.2　366p　21cm　（地球の歩き方）〈他言語　標題：High speed trains of the world　発売：ダイヤモンド社〉　2500円　①978-4-478-07708-5
[内容] 世界の高速列車は、1964年に開業した日本の東海道新幹線に端を発し、その後ヨーロッパの鉄道先進国で開発され、現在では20カ国以上で運行しています。日本の新幹線、フランスのTGV、ドイツのICE、イタリアのETRなど、各国の最先端の鉄道技術を結集した特徴のある高速列車が登場し、これからの高速鉄道システムは外国にも輸出されています。今後、高速鉄道はヨーロッパや東アジアだけではなく、アジア諸国、南アメリカ諸国など世界的に広がっていく傾向です。本書では性能上200km/h以上の速度を出すことができる列車を「高速列車」と位置づけ、紹介しています。各国で運行しているバラエティに富んだ高速列車を知っていただく本としてご活用ください。

◇だいしゅうごう！　しんかんせん・とっきゅう　小賀野実監修　ブティック社　2017.12　48p　21×21cm　（ブティック・ムック 1399）　796円　①978-4-8347-7499-3

◇徹底チェックJR特急車両　川島令三著　中央書院　2000.12　222p　19cm　（JRはどんな車両をつくってきたか 上）　1800円　①4-88732-092-2
[内容] "乗りたい車両" "乗りたくない車両" は、これだ！JR発足（1987年）から現在までに、各社が登場させた特急型車両（新幹線、電車、気動車、寝台車の新製車及び改造車）のすべてを川島流に辛口批評！「車両批評シリーズ」（3部作）第1弾。

◇のってみたいな！　大阪の電車・新幹線―新幹線・特急列車・快速列車　中井精也、山﨑友也、村上悠太監修　成美堂出版　2012.6　64p　26cm　（のりもの写真えほん 10）〈2011年刊の改訂〉　880円　①978-4-415-31389-4
[内容] 大阪には、JRやさまざまな私鉄の列車があつまってます。この本では、新幹線、特急列車、快速列車など、大阪や大阪のまわりを走る列車をたくさん紹介しています。「路線図」や「列車のことをおぼえよう！」「知ってる？」「鉄道用語まめじてん」を読んで、列車のことをたくさんおぼえてください。

◇ビジュアルで紐解く 日本の高速鉄道史―名列車とたどる進化の歴史　高野晃彰著　メイツ出版　2018.3　143p　21cm　1660円　①978-4-7804-1965-8
[内容] 列島の大動脈として活躍した名列車の夢と栄光のヒストリー！ 黎明期の特別急行から現代まで。豊富な写真で鮮やかによみがえる、鉄道大国ニッポン発展の軌跡。

◇南の島の新幹線―鉄道エンジニアの台湾技術協力奮戦記　田中宏昌著　ウェッジ　2018.2　237p　19cm〈年表あり〉　1700円　①978-4-86310-196-8
[内容] 台湾に、新幹線のシステムと「魂」を伝えようとした日本人たちの物語。ネガティヴキャンペーンの誤解を正し、台湾高速鉄道プロジェクト推進の理想と実際を明快に伝えている。

高速鉄道

150　特急
【概　要】特別急行の略であり、最も早い（最速達）列車の種別名称である。
　JR旅客鉄道各社においては、特別急行列車の乗車には、運賃のほかに特別急行料金が必要となる（一部例外あり）。新幹線と並行しない都市間を結ぶ長距離列車として運行さ

れているケースが多い。列車名・愛称が付されている(「あずさ」「ときわ」など)。特別急行という種別名称が初めて設けられたのは1912(明治45)年のことであった(新橋駅〜下関駅を運行する列車)。

一方で、JR旅客鉄道各社を除く鉄道会社では、特別急行料金が必要となる特別急行列車を運行しているところ、運賃だけで乗車できる普通列車のなかの最速達タイプの列車として特別急行を運行しているところ、特別急行という種別名称の列車は運行していないところがある。

◇あずさ列伝—名列車の記憶を鮮烈に振り返り、未来を見る　イカロス出版　2018.4　126p　26cm　（イカロスMOOK—列伝シリーズ 01）　1900円　①978-4-8022-0503-0

◇栄光の超特急〈つばめ〉物語—日本の鉄道のファーストレディ「つばめ」「はと」の記憶　増田浩三編著　JTB　2004.4　246p　22cm　1800円　①4-533-05234-7
内容　ゆかりの人たちが語る名門列車の歴史。

◇栄光の特急電機—斎藤和正写真集　EF65形500番代　斎藤和正著　光村印刷　2002.9　59p　20×22cm　（Bee books）　2200円　①4-89615-885-7
内容　EF65形500番代は東海道・山陽本線の特急列車牽引用として製造され、ブルートレインブームの火付け役として、また新型貨車による特急貨物（後の高速貨物）列車の専用機として、輝かしき功績を持つ国内屈指の名機関車である。その彼等も後に登場したEF65形1000番代やEF66形によって第一線を追われ、国鉄末期には関東のローカル貨物列車を担当、JR発足後は501号機がJR東日本高崎運転所、502〜542号機はJR貨物高崎機関区に配置となり、全機が高崎を起点に第二の人生が始まった。著者はいずれ去り行く特急色500番代の活躍を記録しようと、元々趣味であったカメラを手に取り、地元横浜の地の利をもって高島線に出向いた。そしていつしか運用を調べ、その撮影範囲は関東一円にまで広がり、完全に虜になってしまった。ここに、駆け巡った日々の記録を留め、再びその活躍を脳裏に焼き付ける。

◇消えゆく「国鉄特急」図鑑　安田就視写真・文, 松本典久構成・文　彩流社　2001.3　111p　21cm　（オフサイド・ブックス 14）　1200円　①4-88202-614-7

内容　特急がもっとも特急らしかった国鉄黄金期。野を駆け、山間をぬい、海辺を快走し、市街地を行く特急たちの勇姿がここによみがえる。「国鉄特急」の歴史とその車両の行方を詳説。

◇九州特急物語—創業からJR九州までの120年　石井幸孝著　JTBパブリッシング　2007.4　207p　21cm　（JTBキャンブックス）〈年表あり〉　1800円　①978-4-533-06687-0
目次　九州の鉄道黎明期, 戦前の黄金時代—東海道・山陽・九州連絡, 国鉄黄金時代, 鉄道経営悪化と特急, JR初の新型特急, デザイン王国をめざして, 戦うデザイン, JR九州の車両戦士たち, 新しい一流を目指して, 九州新幹線, 国際時代の九州鉄道, 対談 石田幸孝×水戸岡鋭治

◇近畿日本鉄道特急車　藤井信夫編　堺関西鉄道研究会　1992.8　197p　26cm　（車両発達史シリーズ 2）〈近鉄特急年表・参考文献：p193〜197〉　6500円　①4-906399-02-9

◇近鉄特急—特急網の形成—70年の歴史と特急車両の変遷　上　田淵仁著　JTB　2004.4　183p　21cm　（JTBキャンブックス）〈年表あり〉　1600円　①4-533-05171-5
内容　日本一の私鉄特急網を形成した70年の歴史を綴る。

◇近鉄特急　下　田淵仁著　JTB　2004.6　175p　21cm　（JTBキャンブックス）〈関連タイトル：近畿・東海を結ぶ高速ネットワーク—最近の動向と車両のすべて　「下」のサブタイトル：近畿・東海を結ぶ高速ネットワーク—最近の動向と車両のすべて　年表あり〉　1600円　①4-533-05416-1
内容　個性あふれる車両、多彩な運行。日本一の私鉄特急網の魅力に迫る。

◇京阪特急—鳩マークの電車が結んだ京都・大阪間の50年　沖中忠順編著　JTBパブリッシング　2007.3　175p　21cm　（JTBキャンブックス）　1800円　①978-4-533-06650-4

|目次| 京阪電気鉄道路線図、カラーグラフ 大阪から京都へ京阪特急50分の旅、沿線案内図に見る京阪電車、メモリアル京阪特急 思い出の車両、消えた光景、京阪特急前史戦前の歩み、戦後の歩み、特急車両の系譜、臨時列車と臨時特急、現在の京阪特急、関東から見た京阪特急の魅力、資料編

◇国鉄型特急スペシャル―485系・特急「かもしか」〈奥羽本線秋田～青森〉の前面展望映像と路線の全容を収録 みんなの鉄道DVD BOOKシリーズ メディアックス 2017.8 65p 30cm （メディアックスMOOK 619―メディアックス鉄道シリーズ 46）〈文献あり〉 1800円 ⓘ978-4-86201-869-4

◇国鉄・JR特急列車100年―特別急行「1・2列車」から「みずほ」まで 三宅俊彦、寺本光照著 JTBパブリッシング 2012.12 207p 21cm （キャンブックス―鉄道 127）〈年表あり〉 1900円 ⓘ978-4-533-08852-0
|目次| 1章 黎明期―明治45年6月～昭和19年4月、2章 客車特急時代―昭和24年9月～昭和33年10月、3章 電車特急とブルートレイン―昭和33年11月～昭和39年9月、4章 新幹線と接続特急―昭和39年10月～昭和43年9月、5章 特急大増発と「エル特急」―昭和43年10月～昭和50年3月、6章 新幹線延伸と在来線特急のスリム化―昭和50年3月～昭和62年3月、7章 JR発足と豪華特急車の誕生―昭和62年4月～平成6年9月、8章 ブルトレの衰退と優等列車特急一本化―平成6年10月～平成24年10月、資料篇―特急列車100年略年表

◇国鉄・JR悲運の特急・急行列車50選―大成できなかった列車の物語 寺本光照著 JTBパブリッシング 2015.7 207p 21cm （キャンブックス―鉄道 153）〈文献あり〉 1900円 ⓘ978-4-533-10522-7
|目次| 第1章 代替わりしても続く悲運の連鎖（青葉、へいわ ほか）、第2章 1950年代の列車（日光、立山（客車急行→急行）ほか）、第3章 1960年代前半の列車（つくばね、ひたち（電車準急）ほか）、第4章 1960年代後半の列車（あすか、たざわ（気動車急行）ほか）、第5章 1970・80年代の列車（北越、おおよど ほか）、第6章 JR化後の列車（トワイライトエクスプレス、シーボルト ほか）

◇国鉄特急―名匠・広田尚敬が活写した国鉄黄金期の特急たち 広田尚敬撮影、梅原淳文 生活情報センター 2006.12 191p 31×24cm 5000円 ⓘ4-86126-315-8
|目次| 1 成長期の特急―1958年10月1日から1975年3月9日まで（電車特急の誕生、気動車特急の誕生 ほか）、2 発展期の特急―1975年3月10日から1982年11月14日まで（新幹線に接続する特急、ブルートレインブームの到来 ほか）、3 変革期の特急―1982年11月15日から1987年3月31日まで（長から短へ―長距離から短距離へ、長編成から短編成へ、長距離ランナーの孤独 ほか）、4 新幹線の時代―1964年10月1日から1987年3月31日まで（0系の誕生、100系の誕生 ほか）

◇国鉄特急電車物語 直流電車編 福原俊一著 JTBパブリッシング 2010.3 207p 21cm （キャンブックス―鉄道 101）〈文献あり〉 1900円 ⓘ978-4-533-07805-7
|目次| ビジネス特急の計画、こだま形電車の誕生、大成功を収めたビジネス特急「こだま」、「こだま」の成長と「つばめ」「はと」電車化、東海道電車特急黄金時代、161系の誕生と東海道電車特急の終焉、181系へのパワーアップ、電車特急黄金時代の181系、第2世代の特急形直流電車たち、181系の晩年〔ほか〕

◇国鉄特急編成史―デジタル版 機関車・客車編 高信直通画、佐藤正樹編集・制作 コウサイクリエイツ 1999.3 95p 29cm （トラベルmook）〈発売：弘済出版社〉 3333円 ⓘ4-330-54499-7

◇国鉄特急編成史―デジタル版 電車・気動車篇 高信直通CG、佐藤正樹編集・制作 コウサイクリエイツ 2000.1 95p 29cm （トラベルmook）〈発売：弘済出版社〉 3429円 ⓘ4-330-57399-7

◇国鉄・JR特急のすべて 学習研究社 2003.6 232p 27cm （学研の大図鑑）〈年表あり〉 3400円 ⓘ4-05-201825-7
|内容| 本書では、国鉄時代（鉄道院、鉄道省、運輸通信省鉄道総局時代も含む）から現在のJR各社によって運行されてきた特急列車および新幹線列車を掲載しています。また、第三セクター各社および私鉄との間で相互乗り入れを行ってきた、あるいは現在も行われている特急についても、掲載しています。原則として定期列車、不定期列車、季節列車を取り上げ、臨時列車は掲載して

いません。ただし、トワイライトエクスプレスのような、定期列車のようにみなされている臨時列車は、掲載しています。収録の順序は、原則的には特急としての開業順としています。つまり、その列車名が、特急以前に急行や快速などの愛称として使われていた場合は、特急格上げとなった年月をもとに、掲載しています。

◇混合列車　no.35　特集：北海道の特急列車　札幌　北海道大学鉄道研究会　2009.12　114p　26cm〈文献あり　年表あり〉　1200円

◇最後の国鉄直流特急型電車―183・185・381系物語　梅原淳編著, 栗原景, 渡辺雅史, 東良美季著　JTBパブリッシング　2015.5　191p　21cm（キャンブックス―鉄道 152）　1900円　Ⓘ978-4-533-10431-2

[目次]　最後の活躍　国鉄直流特急型電車, 国鉄直流特急型電車前史, 国鉄直流特急型電車運転物語, 国鉄直流特急型電車の長い日, 思い出の国鉄直流特急型電車, 国鉄直流特急型電車各形式解説, バーチャル紀行　国鉄直流特急型電車, 全系列・全列車の早まわり乗り継ぎ, 知って得する国鉄直流特急型電車, 国鉄直流特急型電車を理解するために　新製車編/改造車編

◇最新特急大カタログ―より速く！　より快適に！　今、特急は新時代！　小賀野実写真, 立木渉解説　JTB日本交通公社出版事業局　1992.12　160p　26cm（旅愛蔵版 2）　2000円

◇JR特急列車年鑑　2016　特急列車用車両全形式完全解説　イカロス出版　2015.11　177p　26cm（イカロスMOOK）〈文献あり〉　1713円　Ⓘ978-4-8022-0074-5

◇JR特急列車年鑑　2017　特急列車用車両全形式完全解説　イカロス出版　2016.11　178p　26cm（イカロスMOOK）〈文献あり〉　1713円　Ⓘ978-4-8022-0247-3

◇JRスーパーエクスプレス―諸河久写真集　諸河久著　大阪　保育社　1992.12　133p　19×27cm　6000円　Ⓘ4-586-18028-5

◇JRの特急列車　2　東海・西日本　諸河久, 松本典久共著　大阪　保育社　1991.5　150p　15cm（カラーブックス 810）　620円　Ⓘ4-586-50810-8

◇時刻表でたどる特急・急行史―明治・大正・昭和を駆けた花形列車たち　原口隆行著　JTB　2001.6　191p　21cm（JTBキャンブックス）　1700円　Ⓘ4-533-03869-7

[目次]　急行の誕生～特急の誕生―明治・大正時代（明治27年～大正15年）, 愛称特急の始まり～特急の消滅―昭和時代前期（昭和2年～昭和19年）, 特急の復活～黄金時代を迎えた特急―昭和時代中期（昭和20年～昭和38年）, 新幹線の開業～国鉄の終焉―昭和時代後期（昭和39年～昭和62年）

◇私鉄の特急電車　飯島巌, 諸河久共著　大阪　保育社　1991.7　151p　15cm（カラーブックス 812）　620円　Ⓘ4-586-50812-4

◇寝台・座席両用581・583系特急形交直流電車　福原俊一, 佐藤哲也, 中村剛著　新座　車両史編さん会　1999.11　237p　30cm（国鉄新性能電車 1）　4000円

◇新とっきゅう・でんしゃ300　講談社　2003.12　66p　26cm（げんきスーパーかんさつ絵本 9）　760円　Ⓘ4-06-338609-0

◇ゼロ戦から夢の超特急―小田急SE車世界新記録誕生秘話　青田孝著　交通新聞社　2009.10　220p　18cm（交通新聞社新書 008）〈文献あり〉　800円　Ⓘ978-4-330-10509-3

[内容]　1957（昭和32）年、新たに製作された小田急ロマンスカーSE車が、狭軌鉄道では当時の世界記録である時速145キロを達成した。その製作には旧国鉄・鉄道技術研究所の全面支援があったが、実は、そこには戦前のゼロ戦に代表される世界最先端の航空機製造技術が関わっていた。そして、SE車の成功は、国鉄初の電車特急「こだま」を経て、世界に誇る今日の新幹線へと受け継がれていった。

◇全国私鉄特急の旅　小川裕夫著　平凡社　2006.10　229p　18cm（平凡社新書 343）　840円　Ⓘ4-582-85343-9

[内容]　東武の「スペーシア」、西武の「ニューレッドアロー号」、京成の「スカイライナー」、小田急の「ロマンスカー」、名鉄の「ミュースカイ」「パノラマsuper」、近鉄の「伊勢志摩ライナー」、南海の「ラピート」…。特急は鉄道会社の顔であり、シンボルである。観光に、ビジネスに、各種の用途に使われる、大手私鉄一四社の特急に乗りまくる。

特急

◇全日本特急列車完全ガイド　東日本編　地図、停車駅、速度……あらゆるデータにより東日本の特急列車の概要がわかる！　双葉社　2017.11　145p　26cm　（双葉社スーパームック）〈文献あり〉　1500円　①978-4-575-45707-0

◇直流系電車　特急・急行編　広田尚敬写真　山と溪谷社　2007.7　167p　20×27cm　（ヤマケイ・レイル・グラフィックス―国鉄車両形式集 3）　4800円　①978-4-635-06823-9
[目次] 183系、185系、189系、381系、165系・169系、167系、イベント用車両、荷物車・事業用車

◇徹底チェック特急全列車　西日本編　寺本光照、川島令三著　中央書院　1995.11　334p　19cm　1700円　①4-88732-001-9
[内容] 特急列車の活性化策を提示。東海・北陸以西（JR東海、JR西日本、JR四国、JR九州、名鉄、長電、富山地鉄、近鉄、南海、京阪、阪急、阪神、山陽、神鉄、西鉄）の特急68種を、利用者の立場で徹底検証。

◇徹底チェック特急全列車　東日本編　寺本光照,川島令三著　中央書院　1994.9　270p　19cm　1600円　①4-924420-97-2
[内容] 特急列車は改善されたか。北海道・東北・上信越・関東（JR北海道、JR東日本、東武、京成、西武、小田急、京王、京急）の特急58種の現状と今後を、利用者の立場から徹底検証。

◇特別急行列車の旅　安田就視写真　毎日新聞社　1994.11　126p　31cm〈文：須田寛,種村直樹〉　4500円　①4-620-60427-5
[内容] 日本の津々浦々を現役疾駆している、特急（寝台）、新幹線、スーパートレインを紹介。風光明媚な全国各地をバックに、特急列車は走る、走る。

◇特急あずさ＆JRの振子電車　イカロス出版　1999.3　134p　26cm　（イカロスmook―名列車列伝シリーズ 6）　1714円　①4-87149-199-4

◇特急おおぞら＆北海道の特急列車　イカロス出版　1998.6　125p　26cm　（イカロスmook―名列車列伝シリーズ 5）　1905円　①4-87149-162-5

◇特急「おき」を追って―写真集　鈴木武夫著　創林社　2007.10　71p　21×28cm〈発売：刊行社〉　1800円　①978-4-906153-19-0

◇特急踊り子＆JR東日本の新型特急電車　イカロス出版　2000.6　137p　26cm　（イカロスmook―名列車列伝シリーズ 12）〈年表あり〉　1714円　①4-87149-276-1

◇特急形直流電車　福原俊一編著　電気車研究会　1993.11　104p　15×21cm　（JR電車ライブラリー 1）〈執筆：新井泰ほか　折り込1枚〉　1200円　①4-88548-064-7

◇とっきゅうJAPAN！　もちだあきとしぶん・しゃしん　小峰書店　2018.3　[46p]　27cm　（こみねのりもの写真えほん 4）　1200円　①978-4-338-29404-1

◇特急大図鑑―保存版　2000年　小賀野実写真・構成　JTB　2000.4　144p　26cm　（JTBのmook）　1700円　①4-533-03457-8

◇特急大図鑑　2001年　小賀野実写真・構成　JTB　2001.3　144p　26cm　（JTBのmook）　1700円　①4-533-03780-1

◇特急大図鑑　2002年　小賀野実写真・構成　JTB　2002.4　144p　26cm　（JTBのmook）　1700円　①4-533-04202-3

◇特急「たざわ」を追って―新幹線アクセス最後の活躍 485系電車時代の思い出写真集　武田勇孝写真・文　滝沢村（岩手県）　武田勇孝　1996.7　96p　26cm　2427円　①4-944053-21-5
[内容] 本書では、新幹線アクセスとして活躍してきた特急「たざわ」に栄光をたたえるとともに、最後まで活躍してきた姿をいろいろな風景を交えながら撮り続けてきた写真を、今回、写真集として出版した。

◇特急「つばめ」物語　NHK出版編　日本放送出版協会　2004.4　213p　図版12枚　19cm〈年表あり〉　1400円　①4-14-080867-5
[内容] 超特急「燕」から九州新幹線「つばめ」へ。栄光の特急列車5代の軌跡をたどる。

◇とっきゅうなりたエクスプレス―うんてんしよう！　交通新聞社　2010.7　1冊（ページ付なし）　19×19cm　（おと

のでるスーパーのりものシリーズ)〈写真：高木英二ほか　音声情報あり〉　1524円　ⓘ978-4-330-14910-3

◇とっきゅう日本地図　小賀野実撮影　小学館　2009.9　1枚　43×58cm(折りたたみ12×9cm)　(小学館パノラマブック)　476円　ⓘ978-4-09-941547-1

◇特急「白鳥」―運転史で振り返る55年の軌跡　三宅俊彦著　ネコ・パブリッシング　2017.8　47p　26cm　(RM LIBRARY 216)〈文献あり〉　1250円　ⓘ978-4-7770-5413-8

◇特急はこね&パノラマ展望列車　イカロス出版　1999.5　118p　26cm　(イカロスmook―名列車列伝シリーズ 8)　1714円　ⓘ4-87149-209-5

◇特急雷鳥&485系電車now　イカロス出版　1999.4　110p　26cm　(イカロスmook―名列車列伝シリーズ 7)　1714円　ⓘ4-87149-204-4

◇特急列車　ネコ・パブリッシング　2017.11　144p　30cm　(NEKO MOOK 2642―RM Archives Vol.2)　1389円　ⓘ978-4-7770-2142-0

◇特急列車「高速化」への提言　川島令三著　中央書院　1998.1　283p　19cm　1800円　ⓘ4-88732-047-7
　[内容]新幹線、在来線特急は、ここまでスピードアップできる!!独自の視点と発想から、主要列車の現状分析と速度向上へのプランを具体的に提言する。

◇特急列車のABC　中尾一樹著　イカロス出版　1996.11　184p　23cm　(イカロスムック)　2300円　ⓘ4-87149-067-X

◇特急列車の軌跡　南正時編　桜桃書房　2000.4　1冊　26cm　(Ohtoh mook 40―郷愁の鉄路 v.1)　1429円　ⓘ4-7567-1119-7

◇特急列車のすべて―乗る楽しみが100倍になる!　梅原淳著　PHP研究所　2010.8　223p　19cm　(雑学3分間ビジュアル図解シリーズ)〈他言語標題：Limited Express Trains　文献あり　索引あり〉　1300円　ⓘ978-4-569-79041-1
　[内容]一度は乗ってみたい超豪華客車、惜しまれながら姿を消した名車…。なつかしの特急から最新の特急まで。

◇特急列車の謎とふしぎ　PHP研究所編　京都　PHP研究所　2016.2　191p　19cm〈文献あり〉　1500円　ⓘ978-4-569-82885-5
　[目次]第1章 JRの謎特急列車, 第2章 私鉄の特急列車, 第3章 特急列車のしくみ, 第4章 寝台特急のあゆみ, 第5章 特急列車を支える仕事, 第6章 特急列車トリビア, 第7章 国鉄・JR特急ヒストリー, 第8章 寝台特急盛衰記

◇日本全国特急列車に乗ろう!―特急ものしり大図鑑　長谷川章監修　昭文社　2008　79p　30cm　(なるほどkids)　1600円　ⓘ978-4-398-14629-8
　[内容]特急の愛称・形式・停車駅がわかるよ!イラストで見よう!　寝台特急の旅。運転系統図・全国特急路線マップ。

◇はつかりの思い出―東北本線伝統の特別急行「はつかり」の記憶　盛岡　盛岡タイムス社　[2002]　50p　30cm　952円　ⓘ4-944053-37-1

◇「はつかり」「はくつる」の時代　三宅俊彦著　ネコ・パブリッシング　2016.9　47p　26cm　(RM LIBRARY 205)〈文献あり〉　1250円　ⓘ978-4-7770-5399-5
　[目次]「はつかり」物語(「はつかり」誕生,「はつかり」の気動車化,「はつかり」の電車化, アクセス特急として新たな使命, ついに北海道へ直通),「はくつる」物語(「はくつる」誕生,「はくつる」電車化,「はくつる」再び客車化)

◇光り輝く特急「とき」の時代―特急「とき」運転50周年記念 写真集　米山淳一著　駒草出版　2012.7　127p　21×30cm　3000円　ⓘ978-4-905447-12-2
　[内容]華麗なる「とき」の舞、四季を駆けるすばらしき仲間, 都をあとに, 峠越え, 雪国物語, 田園の彼方, 星晃×米山淳一 特急「とき」運転50周年を記念して, 撮影データ, 特急「とき」とすばらしき世界

◇ビジネス特急〈こだま〉を走らせた男たち　福原俊一著　JTB　2003.11　254p　22cm　1800円　ⓘ4-533-05011-5
　[内容]東京-大阪が日帰り圏に!　昭和33年に登場し, 東京-大阪間日帰りの夢を実現したビジネス特急"こだま"。戦後, 先進諸外国に負けない電車をつくりあげようと, 寝食を忘れて計画・設計・運転・保守に打ち込んだ技術者たちの熱い思いを, 豊富な資料, エピソードとともに綴るドキュメント。日

本の鉄道を近代化へと導いた立役者、151系電車の開発から引退まで、秘話で綴る一冊。

◇ブランドになった特急電車　青田孝著　交通新聞社　2014.2　279p 図版12p　19cm　(KOTSUライブラリ 002)〈文献あり〉　1800円　①978-4-330-44014-9

[内容] 半世紀以上にわたって運行されている特急「小田急ロマンスカー」は、東京・新宿と箱根を結ぶ観光列車として人々の間に定着し、ひとつの"ブランド"として、日本の鉄道界で独自の地位を築き上げています。お客様を第一に考える「CS」の精神と、「連接台車」「展望車」などに見られる先端技術や革新性を兼ね備え、常に「オンリーワン」を目指し続けている「小田急ロマンスカー」のすべてを、余すところなく紹介します。

◇よみがえる485系―全国の電化区間を疾駆した交直流特急形電車の矜持　諸河久写真、今田保文　学研パブリッシング　2014.1　175p　26cm〈文献あり　年表あり〉　発売:学研マーケティング　2800円　①978-4-05-405906-1

[内容] 特急形電車の代表格・485系。秘蔵カラー写真によるグラフページと日本全国を走った全特急列車の沿革・ダイヤ・編成図等で特急電車が輝いていた、あの時代を振り返る。

◇485系特急形電車―481系デビュー50年誕生から昭和60年3月改正までのデータブック　ジェー・アール・アール篇　復刻版　交通新聞社　2014.12　139p 26cm〈ジェー・アール・アール 1986年刊の複製〉　2800円　①978-4-330-52714-7

[内容] 誕生から昭和60年3月改正までのデータブック。

◇485系物語―全国を席巻した国鉄代表形式　梅原淳著　JTBパブリッシング　2013.3　239p　21cm　(キャンブックス―鉄道 129)〈文献あり〉　1900円　①978-4-533-08974-9

[目次] 最後の活躍！　国鉄型特急485系、485系49年、485系特急全特急の記録、最後の485系を守り、走らせるJR東日本青森車両センターの活躍、ある日の485系、485系のメカニズム、485系がもたらしたもの、わかりやすい485・489系車両一覧

◇レイル　No.43　エリエイ　2002.10　90p　30cm　3500円　①4-87112-443-6

[内容] 本号では阪急京都線特急の経緯を集大成。

◇レイル　No.47　阪急神戸・宝塚線特急史　エリエイ/プレス・アイゼンバーン　2004.1　98p　30cm　3500円　①4-87112-447-9

[目次] カラーグラフ　阪急電鉄神戸線と宝塚線の特急たち、グラフ 神戸線の特急列車、阪急神戸・宝塚線特急史、グラフ 宝塚線の特急列車、グラフ 身延線の思い出、身延線回顧―1948-1961年、身延物語―旧型国電の活躍、ファンの目で見た台車の話16

◇151・161・181系特急形直流電車―長距離高速電車(こだま形)　上　福原俊一著　新座　車両史編さん会　2002.10　318p　30cm　(国鉄新性能電車 4)　8800円

◇151・161・181系特急形直流電車―長距離高速電車(こだま形)　下　福原俊一著　新座　車両史編さん会　2002.12　p327-772　30cm　(国鉄新性能電車 4)　9000円

◇20世紀なつかしの国鉄特急列車　広田尚敬写真　山と溪谷社　2000.8　110p　19×26cm　(ヤマケイレイルブックス 3)　1200円　①4-635-06803-X

[目次] 電車特急(いしかり485系(1500番台)、いしかり781系、はつかり485系 ほか)、ブルートレイン(ゆうづる24系、ゆうづる14系、北星14系 ほか)、気動車特急(オホーツク80系、おおとり80系、おおぞら80系 ほか)

◇20世紀なつかしの私鉄特急列車　広田尚敬写真,吉川文夫解説　山と溪谷社　2000.8　111p　19×26cm　(ヤマケイレイルブックス 4)　1200円　①4-635-06804-8

[目次] 東武鉄道、京成電鉄、西武鉄道、小田急電鉄、京王帝都電鉄、京浜急行電鉄、東京都営地下鉄、東京急行電鉄、帝都高速度交通営団、相模鉄道〔ほか〕

◇583飛翔―青い東北特急のエピローグ　佐竹力写真集　佐竹力著　光書房　2002.12　48p　18×19cm　(Rail graphic gallery)　1500円　①4-938951-71-1

◇JR特急電車編成表1987～2012―「JR電車編成表」に見るJR特急電車25年の変遷　ジェー・アール・アール編　交通新聞社　2012.2　255p　26cm〈JR 25周年記念出版〉　2190円　①978-4-330-27012-8

[内容] 「JR電車編成表」に見るJR特急電車25年の変遷。

151 新幹線

【概　要】四国旅客鉄道（JR四国）を除くJR旅客鉄道各社が運行する高速鉄道路線および列車のことである。新幹線の列車は、すべて特別急行（特急）列車となっている。新幹線各駅に停まるタイプの列車（例えば、東海道新幹線のこだま号）も同様である。

「弾丸列車」計画（1939年）など、日本では第二次世界大戦前から今日の新幹線につながるような計画が存在した。すでに「新幹線」という言葉も用いられていた。しかし、新幹線の実現にはしばらく時間を要し、東海道新幹線が開業したのは1964年10月のことであった。その後、山陽新幹線、東北新幹線、上越新幹線、北陸新幹線（金沢以遠新大阪方面は未開業）、九州新幹線（長崎ルートは未開業）と順次開業し、2016年3月に北海道新幹線の新函館北斗までの区間（新函館北斗以遠札幌方面は未開業）が開業している。リニアモーターカーを用いる中央新幹線（品川～名古屋）も、2027年の開業を目指して工事が進められている。なお、1970年代に東京駅から新東京国際空港（成田空港）に向かう成田新幹線も着工されたが、反対運動などの影響で工事は中止となり、そのまま計画も立ち消えとなった。

東北新幹線、北陸新幹線、九州新幹線、北海道新幹線の開業に際しては、一部区間で並行する在来線をJRから第三セクターに転換するなどしており、地域住民の足の維持という観点からは不安要素にもなっている。

新幹線のシステム全般や車両は、海外（台湾など）にも輸出されて活躍している。

◇亜細亜新幹線―幻の東京発北京行き超特急　前間孝則著　講談社　1998.5　503p　15cm　（講談社文庫）〈「弾丸列車」（実業之日本社1994刊）の改題〉　762円　①4-06-263702-2

◇ありがとう夢の超特急―0系新幹線物語　朝日新聞出版　2008.10　31p　22cm　（アサヒDVDブック）〈年表あり〉　4300円　①978-4-02-350129-4

内容　「夢の超特急」として一世を風靡した0系新幹線がついに引退する。44年の幾星霜を走り抜けた0系はいま、かつての濃紺のラインを車体に引き、最後の夏をひた走る。新大阪発こだま639号にカメラが同乗。博多までの全行程を追いながら、0系栄光の軌跡を紹介する。運転台撮影映像、交番検査、手塗りでの塗装変更作業など、貴重映像満載。

◇一世紀を駆けぬけた―秋田の鉄道百年そして秋田新幹線　田宮利雄著　秋田R2アソシエイツ　1997.3　118p　23cm　〈年表あり〉　1905円

◇いまこそ楽しみたい新幹線の旅―夢の超特急誕生から50年　歴代の全車種・全駅・車両基地の詳細データ掲載！　梅原淳著　PHP研究所　2014.9　191p　24cm　（PHPビジュアル実用BOOKS）　1300円　①978-4-569-82013-2

内容　開業から50年。歴代の全車種、全路線、全駅のデータや車窓からの見どころなど、新幹線の魅力がぎっしり！

◇海を渡る新幹線―アジア高速鉄道商戦　読売新聞中部社会部著　中央公論新社　2002.9　216p　18cm　（中公新書ラクレ）　720円　①4-12-150061-X

内容　韓国、台湾、中国と続く熾烈な国際商戦は、商社マンやエンジニアだけではなく、政治家も巻き込んだ。「海を渡る新幹線」に賭けた人々の壮大なロマンと波乱のドラマの行方は…。

◇うんてんしよう！しんかんせん―500けいのぞみごう　交通新聞社　2004.10　1冊（ページ付なし）　19cm　（おとのでるスーパーのりものシリーズ）〈音声情報あり〉　1300円　①4-330-81604-0

内容　汽笛をならして合図をしたら、大活躍の1日が始まる。新幹線のぞみ号の写真絵本。

◇うんてんしよう！しんかんせんいぞろい　交通新聞サービス、レイルマンフォトオフィス写真　交通新聞社　2016.7　1冊（ページ付なし）　19×19cm　（おとのでるスーパーのりものシリーズ）〈音声情報あり〉　1700円　①978-4-330-67816-0

◇うんてんしよう！しんかんせんだいしゅうごう　マシマ・レイルウェイ・ピクチャーズ、交通新聞サービス、レイルマンフォトオフィス写真　交通新聞社　2013.3　1冊（ページ付なし）　19×19cm　（おとのでるスーパーのりもの

シリーズ）〈音声情報あり〉　1600円　①978-4-330-36413-1

◇面白いほどよくわかる新幹線―線路から車両まで、世界最先端鉄道のすべて　小賀野実著　日本文芸社　2010.12　247p　19cm　（学校で教えない教科書）〈文献あり〉　1500円　①978-4-537-25784-7

目次　第1章 新幹線の全路線、第2章 新幹線前史、第3章 高速化とライバル、第4章 新幹線の全車両、第5章 安全と技術、第6章 新幹線の雑学

◇開業北陸新幹線―報道写真集 保存版　金沢　北國新聞社　2015.3　103p　26cm　1111円　①978-4-8330-2022-0

内容　3・14。北陸が歓喜と熱狂に包まれた日。

◇開業40年 新幹線のすべて　広田尚敬、広田泉写真、坂正博解説　山と溪谷社　2004.8　176p　19×26cm　（ヤマケイレイルブックス 別巻）　1800円　①4-635-06817-X

目次　新幹線営業線区（東海道新幹線、山陽新幹線、九州新幹線、東北新幹線、上越新幹線ほか）、新幹線車両（0系、100系、300系、500系、700系 ほか）、資料編

◇奇跡の職場―新幹線清掃チームの"働く誇り"　矢部輝夫著　あさ出版　2013.12　215p　19cm　1400円　①978-4-86063-657-9

内容　『新幹線お掃除の天使たち』で話題沸騰―3K職場だったTESSEI（テッセイ）が、世界最強の「おもてなし集団」に変わるまで。

◇きっぷでGo！―あの新幹線を追え！　豊田巧原作、木野コトラ作画　ポプラ社　2016.2　143p　21cm　（鉄道コミック 1）〈文献あり〉　1000円　①978-4-591-14816-7

◇きっぷでGo！　[3] 北海道・東北4大新幹線乗りつぶしの旅　豊田巧原作　田伊りょうき作画　ポプラ社　2016.12　119p　21cm　（鉄道コミック 3）〈文献あり〉　1000円　①978-4-591-15270-6

内容　「撮り鉄」の山口悠真、「音鉄」の林翔、そして鉄道ファンになりたての加藤葵。3人は「三連休東日本・函館パス」を使い2泊3日の旅行に出かけた。しかし、旅の途中で北海道に住んでいる悠真のおじいちゃんが倒れたという連絡が入り、急きょ北海道・新函館北斗駅へ向かうことに。3人は限ら

れた時間の中で最適なルートを見つけ、北海道にたどり着くことができるのか!?

◇九州新幹線の軌跡―鹿児島中央～新八代　久木田末夫著　鹿児島　南日本新聞開発センター（製作・発売）　2004.6　138p　20cm〈年表あり〉　1238円　①4-86074-031-9

◇くわしくわかる新幹線のしくみ―図解雑学 絵と文章でわかりやすい！　川島令三監修　ナツメ社　2009.7　223p　19cm〈文献あり 索引あり〉　1400円　①978-4-8163-4678-1

内容　新幹線の開発史、発展史、車体・軌道・架線の技術、海外の高速鉄道、そして新幹線のこれから、について、貴重な資料写真と豊富な図版でくわしく丁寧に解説。

◇激突！東海道戦―「のぞみ」対航空シャトル　杉浦一機著　草思社　2001.9　226p　19cm〈文献あり　年表あり〉　1400円　①4-7942-1079-5

内容　シャトル便は新幹線から多くの乗客を奪っている。巻き返しを図る新幹線は品川駅の開業で「のぞみ」を大増発する。そして羽田空港の再拡張で航空側は大攻勢に転ずる！興味津々の鉄道と航空の戦い。

◇高速鉄道物語―その技術を追う　日本機械学会編　成山堂書店　1999.6　157p　21cm〈文献あり〉　2300円　①4-425-92321-9

内容　1964年に夢の超特急"新幹線"が開通し世界にはばたいた日本の鉄道技術。豊富な図と写真、充実のデータと文章で高速鉄道の技術発展を詳述しました。

◇コギャルだった私が、カリスマ新幹線販売員になれた理由　茂木久美子著　日本経済新聞出版社　2014.11　197p　15cm　（日経ビジネス人文庫 も7-1）　700円　①978-4-532-19745-2

内容　マニュアルを学んだうえで、マニュアルを超える。どうすればお客さまが喜んでくれるかを考える―。落ちこぼれで、ブータローのコギャルだった彼女が、通常の5倍という驚異的な売上を達成できた背景には、仕事の意味を考え抜き、絶えざる工夫を重ねたことにあった。伝説の山形新幹線アテンダントが説く「おもてなしのこころ」。

◇『こまち』出発進行!!―開業までの秋田新幹線小史　田宮利雄著　秋田　秋田魁新報社　1997.3　61p　21cm　（あきたさきがけブック no.23―「交通」シリーズ 1）　485円　①4-87020-171-2

新幹線

◇混合列車　no.39　札幌　北海道大学鉄道研究会　2012.12　82p　26cm〈特集：北海道新幹線　年表あり　文献あり〉

◇混合列車　no.40　札幌　北海道大学鉄道研究会　2013.8　110p　26cm〈【特集】北陸新幹線　文献あり〉

◇混合列車　no.45　札幌　北海道大学鉄道研究会　2016.8　142p　26cm〈特集：開業北海道新幹線　年表あり　文献あり〉

◇コンビニ新幹線—東海道山陽新幹線とその周辺事情　江崎篤士著　日本図書刊行会　1994.5　179p　20cm〈発売：近代文芸社〉　1500円　Ⓘ4-7733-3342-1
内容 東海道新幹線開業30年。ダイナミックに流れる日本の大動脈の今を新幹線を中心にまとめあげ、発信する。

◇最新車両集—日本の鉄道大動脈を形作る新幹線　最新新幹線　山崎友也写真　山と溪谷社　2007.11　111p　19×26cm　(ヤマケイ・レイル・グラフィックス)　2500円　Ⓘ978-4-635-06831-4
目次 新幹線N700系、東海道新幹線、新幹線700系、山陽新幹線、新幹線500系、新幹線700系レールスター、九州新幹線、九州新幹線800系、東北新幹線、東北新幹線200系リニューアル車：東北新幹線E2系、山形新幹線、山形新幹線400系、秋田新幹線、秋田新幹線E3系、上越新幹線、上越新幹線E1系、常設新幹線E4系、長野新幹線、電気・軌道試験車、JR東日本E926系、JR東海・西日本923系

◇最新新幹線事情—歴史、技術、サービス、そして未来　梅原淳著　平凡社　2016.3　285p　18cm　(平凡社新書805)〈文献あり〉　820円　Ⓘ978-4-582-85805-1
内容 2016年の北海道新幹線・新青森〜新函館北斗間の開業をもって新幹線は2010年代の開業が一段落となる。約半世紀にわたり、新幹線はどのような経緯で建設されてきたのか。開業時と比べ50キロも最高速度が上がった東海道新幹線の秘密。北海道新幹線が史上初めて挑む難題とは。これから建設予定の北海道新幹線、そしてリニア新幹線の命運は？　日本の大動脈の半世紀の歩みとこれから。さらに技術、サービスまでをも網羅した決定版！

◇最速への挑戦—新幹線「N700系」開発　読売新聞大阪本社編　大阪　東方出版　2006.3　178p　21cm〈年表あり〉　1800円　Ⓘ4-88591-989-4
目次 1 最速への挑戦—新幹線「N700系」開発(技術者たちの挑戦、こだわりの技術、先行試作車、番外編)、2 新幹線物語(夢に向かって、進化する車両、高速鉄道の未来)

◇ザ・新幹線—ALL ABOUT THE SHINKANSEN 150% MOOK　ミリオン出版　2017.5　63p　30cm　(POWER MOOK 29)〈発売：大洋図書〉　500円　Ⓘ978-4-8130-8229-3

◇さようなら新幹線0系—写真集　伊藤丈浩撮影・著　[出版地不明]　[伊藤丈浩]　2011.12　[7]枚　30cm

◇山陽新幹線—関西・中国・北九州を結ぶ大動脈　南谷昌二郎著　JTBパブリッシング　2005.3　176p　21cm　(JTBキャンブックス)〈年表あり〉　1800円　Ⓘ4-533-05882-5
目次 カラーグラフ 山陽路を疾駆して30年—国鉄からJR西日本、昭和から平成へと変遷を重ねた山陽新幹線の軌跡、安全運行と快適な乗り心地を支える 博多総合車両所—はかそう、ひかりレールスターは西へ！車窓を流れる山陽路の美しい自然と豊かな歴史、パンフレット・リーフレットに見る山陽新幹線(山陽新幹線全通までのあゆみ、山陽新幹線のダイヤと接続列車の変遷、山陽新幹線の列車と車両、環境にやさしい新幹線、安全運行への取り組み)、新聞に見る山陽新幹線のあゆみ

◇JR新幹線　広田尚敬写真、JRR解説　山と溪谷　1992.9　79p　19×26cm　(ヤマケイJRブックス 7)〈幹線のおいたち：p79〉　1200円　Ⓘ4-635-06187-6

◇時刻表でたどる新幹線発達史—時代とともにあゆんだ新幹線半世紀の物語　寺本光照著　JTBパブリッシング　2013.3　191p　21cm　(キャンブックス—鉄道 128)〈文献あり　年表あり〉　1900円　Ⓘ978-4-533-08973-2
目次 序章 東海道新幹線開業まで、第1章「超特急」が存在した時代、第2章「ひかり」は西へ、第3章 北に進むグリーンストライプ、第4章 JR化と豪華新幹線列車登場、第5章 在来線に新幹線電車走る、第6章 各地で新幹線開業、第7章 高速化が進む新幹線

新幹線

◇七五調で綴る新幹線30年史—1964（昭和39年）～1994（平成6年）　関山栄次著〔我孫子〕　〔関山栄次〕　1994.10　96p　21cm〈年表：p85～96〉

◇執念が生んだ新幹線—老友90歳・戦闘機が姿を変えた　NHKプロジェクトX制作班原作・監修，六田登作画・脚本　宙出版　2004.8　157p　23cm　（まんがプロジェクトX挑戦者たち　ジュニア版 5）　950円　①4-7767-9033-5
内容　戦後日本の復活の象徴となった夢の超特急"新幹線"。そのいしずえを築いたのは、同じ戦争で心に深い傷を負った旧日本軍の研究者たちだった。ゼロ戦、銀河、そして人間爆弾桜花…。研究者たちの想いや信念は、やがて平和技術への執念となった。

◇上越新幹線物語1979—中山トンネルスピードダウンの謎　北川修三著　交通新聞社　2010.6　203p　18cm　（交通新聞社新書 017）〈年表あり〉　800円　①978-4-330-14510-5
内容　上越新幹線は東北新幹線と同時開業する予定だった。しかし建設中の1979年、群馬県内の高崎駅～上毛高原駅間にある全長1万4830メートルの中山トンネル内で、日本トンネル建設史上最悪といわれる出来事が発生。その結果、開業は大幅に遅れ、さらには高速の新幹線がスピードダウンせざるを得ない半径1500メートルのカーブがトンネル内に残された。当時の建設担当者が語り残す苦闘と真実のドキュメント。

◇知られざる新幹線の「謎」100　梅原淳監修　宝島社　2016.3　301p　19cm〈文献あり〉　1000円　①978-4-8002-5394-1
内容　日本初の東海道新幹線から最新の北海道新幹線まで、誰もが驚く大疑問を一挙に解説！

◇新幹線車両図鑑—海側・山側全イラスト掲載　東海道新幹線　イラストで辿る歴代新幹線電車のプロフィール　講談社ビーシー編　講談社ビーシー　2014.9　241p　30cm〈発売：講談社〉　3000円　①978-4-06-219224-8
目次　0系、100系、300系、500系、700系、N700系、事業用車

◇新幹線　諸河久，松本典久共著　大阪保育社　1995.12　151p　15cm　（カラーブックス 882）〈新幹線の歴史：p138～151〉　700円　①4-586-50882-5
内容　300系のぞみ他の新しい車両、開業当初からの名車から未来車まで紹介。

◇新幹線—高速鉄道技術のすべて　高速鉄道研究会編著　山海堂　2003.10　281p　26cm〈文献あり〉　3800円　①4-381-01548-7
内容　新幹線は世界に誇る日本の鉄道技術の集積である。その技術は車両をはじめ、土木、軌道、電気、機械、建築など多岐に亘るために、従来は一般読者を対象とした適切な解説書が無かった。このため本書は、多くの方々に新幹線の最新技術を理解して頂ける入門書として企画している。

◇新幹線　真島満秀写真　山と渓谷社　2006.8　135p　22cm　（ゆったり鉄道の旅　ぐるっと日本30000キロ 11）　1700円　①4-635-01231-X
目次　1 東海道新幹線、2 山陽新幹線、3 九州新幹線、4 東北新幹線、5 山形新幹線、6 秋田新幹線、7 上越新幹線、8 長野新幹線

◇新幹線あさひ&上越特急とき+JR東日本の新幹線電車　イカロス出版　2000.12　146p　26cm　（イカロスmook—名列車列伝シリーズ 14）　1714円　①4-87149-305-9

◇新幹線「安全神話」が壊れる日　桜井淳著　講談社　1993.6　197p　20cm　1300円　①4-06-206313-1
内容　「のぞみ」は本当に安全か。続発する故障・トラブル—。安全実績を世界に誇る新幹線を支えてきたエンジニアに広がる危機感。新幹線に死角はないのか。システム安全論の第一人者が技術論と機密資料を駆使し、警鐘を鳴らす。

◇新幹線安全神話はこうしてつくられた—SKS was born in Nippon　齋藤雅男著　日刊工業新聞社　2006.9　253p　21cm　（B＆Tブックス）　1900円　①4-526-05728-2
内容　開業直後の新幹線では、トイレ吹き上げや非常扉吹き飛び、さらには車軸折損であわや大惨事という知られざる事故さえ起きていた。当時、車両運行の責任者として陣頭指揮にあたった著者が、続発するトラブルを乗り越え、絶対的な安全性を確立するまでの数々の出来事を初めて明らかにする。

◇しんかんせんE5けいはやぶさ　マシマ・レイルウェイ・ピクチャーズ写真・監修，ヨシムラヨシユキ絵　学研教育みらい　2012.12　[10p]　5.0×19cm

（のびのびずかん）〈原案：コッペ平沢　折本　発売：学研マーケティング〉　580円　⊕978-4-05-203702-3
　内容　のび～る！93cm。大迫力の走行写真と楽しいイラスト。

◇新幹線イラストレイテッド―鉄道図鑑：Akio Eguchi collection　江口明男イラスト　イカロス出版　2004.11　95p　21×30cm　2667円　⊕4-87149-584-1
　目次　0系大窓車, 東海道新幹線モデル線区の車両たち, 800系, 787系リレーつばめ, 700系, 500系, 300系, 100系, 0系小窓車, E4系〔ほか〕

◇しんかんせんE6けいスーパーこまち　マシマ・レイルウェイ・ピクチャーズ写真・監修, ヨシムラヨシユキイラスト　学研教育みらい　2013.7　[10p]　5.0×19cm　（のびのびずかん）〈折本　発売：学研マーケティング〉　580円　⊕978-4-05-203821-1
　内容　特殊カメラによるスリット撮影、新幹線の解説・秘密もたっぷり。

◇新幹線「上野駅」誕生秘話―三原方式が結んだ上野の夢　元新幹線上野駅設置作戦本部編　ホワイトルーム　1996.5　331p　19cm〈関係年譜：p324～329〉　1500円　⊕4-938891-01-8

◇しんかんせんN700けいのぞみ　マシマ・レイルウェイ・ピクチャーズ写真・監修, ヨシムラヨシユキ絵　学研教育みらい　2012.12　[10p]　5.0×19cm　（のびのびずかん）〈原案：コッペ平沢　折本　発売：学研マーケティング〉　580円　⊕978-4-05-203703-0
　内容　のび～る！93cm。大迫力の走行写真と楽しいイラスト。

◇新幹線を運転する　早田森著　メディアファクトリー　2011.2　221p　18cm（メディアファクトリー新書 022）〈文献あり〉　740円　⊕978-4-8401-3839-0
　内容　時速270kmの超高速ながら、時間には正確。乗り心地も快適。だが、高速で疾走する新幹線を操っているのも人間である。そんな事実を忘れるほどスムースな操縦の陰には、どんな工夫があるのか。また、運転席から見える風景とはどういうものだろう？　東海道新幹線の運転士たちが、その技術と本音を明かす初めての本。

◇新幹線を航空機に変えた男たち―超高速化50年の奇跡　前間孝則著　さくら舎　2014.6　290p　19cm〈文献あり〉　1600円　⊕978-4-906732-77-7
　内容　新幹線誕生から時速320キロ突破までの鉄道マンと航空機、技術者の挑戦！　新幹線の知られざる誕生エピソード！　最先端の空気流体力学や「遺伝的アルゴリズム」を駆使した超高速化！　膨大な証言を基に奇跡の躍進を描く渾身のノンフィクション！

◇新幹線お掃除の天使たち―「世界一の現場力」はどう生まれたか？　遠藤功著　あさ出版　2012.8　189p　19cm　1400円　⊕978-4-86063-547-3
　内容　テッセイの『新幹線劇場』。新幹線清掃のスタッフたちがつむぎだす、本当にあった心温まるストーリー。おもてなしの心、最強のチーム力の原点がここにあります。

◇新幹線をつくった男―島秀雄物語　高橋団吉著　小学館　2000.5　287p　22cm　（Lapita books）〈折り込1枚　文献あり〉　1800円　⊕4-09-341031-3
　内容　鉄道史上に残る大傑作「デゴイチ」と「新幹線」。驀進する黒い鋼鉄と軽やかに滑る流線型ボディ、漆黒の重量感とホワイト＆ブルーのスピード感、過去と未来、戦前と戦後、何もかもが正反対の2つの乗り物を、計画し、設計し、実現させた男がいた。今世紀日本が生んだ最大のエンジニア・島秀雄である。

◇新幹線をつくった男―伝説のエンジニア・島秀雄物語　高橋団吉著　PHP研究所　2012.1　332p　15cm　（PHP文庫　た84-1）〈文献あり　『新幹線をつくった男島秀雄物語』（小学館2000年刊）の改題、再編集〉　667円　⊕978-4-569-67742-2
　内容　新幹線を設計した鉄道技師・島秀雄は、なぜ東海道新幹線開通式に出席しなかったのか？一本書は、戦前と戦後を通じて、国有鉄道という大組織の中で「デゴイチ」や「0系」など、世界鉄道史に残る数々の傑作を生み出し続けたエンジニアの半生を描く。歴史に翻弄されながらも真っ直ぐに職人魂を貫き続けた男の姿に、胸が熱くなる一冊。

◇新幹線をつくる　早田森著　メディアファクトリー　2013.2　210p　18cm（メディアファクトリー新書 069）　762円　⊕978-4-8401-5109-2

新幹線

|内容| 日本が誇る高速鉄道・新幹線。時速270kmで疾走するあの美しい流線型の車体はそのほとんどが、熟練工の手作業で作られている。たとえば、おなじみの巨大な先頭部は37枚の外板を溶接で組むが、誤差はほとんどない。2013年2月にデビューした東海道新幹線の新車両N700Aの製造工程に密着したルポルタージュ。

◇新幹線をデザインする仕事―「スケッチ」で語る仕事の流儀 Advanced Design;Towards the Future Communication, Teamwork, Action 福田哲夫著 SBクリエイティブ 2015.7 239p 19cm 1600円 ①978-4-7973-8069-9
|内容| N700系デザイナーが"スケッチ"で語る仕事の流儀。乗客が目にするその"カタチ"には、多くの性能向上を実現すべく智慧と工夫が詰まっている。どこを走るのか、誰が乗るのか。そうした条件に対し最善を尽くすべく、多くの技術者たちが集まるプロジェクトチーム。その一員として、デザイナーは、いったいどのような仕事をしているのか―。

◇新幹線を走らせた男―国鉄総裁十河信二物語 髙橋団吉著 デコ 2015.10 735p 19cm〈文献あり〉 1900円 ①978-4-906905-12-6

◇新幹線を良く知る基礎知識―深遠なるマニアの世界への第一歩 佐藤信博著 イカロス出版 2014.12 293p 19cm 1700円 ①978-4-86320-969-5
|目次| 0 新幹線とは、1 いまはなき東海道・山陽新幹線の車両、2 東海道・山陽・九州新幹線の現役車両、3 東日本の新幹線車両、4 新在直通およびオール2階建て車両、5 乗れない新幹線、6 新幹線の路線、7 新幹線の愛称、8 新幹線のダイヤ

◇新幹線が危ない!―あなたはそれでも利用するか 桜井淳著 健友館 1994.10 234p 20cm 1600円 ①4-7737-0313-X
|内容| 充分な走行テストも行なわず、ただ先を急いで「のぞみ」は運行されている。本書は原発・新幹線など大型プロジェクトの安全問題に情熱を燃やす技術評論家の第一人者による警告の書だ。本書を読んでもあなたは「のぞみ」を利用するのだろうか。

◇新幹線が危ない! 安部誠治著 世界書院 2000.7 230p 20cm （腐蝕国・日本―危ないシリーズ） 1500円 ①4-7927-2021-4
|内容| 本書は、山陽新幹線の連続事故に触発されて、同新幹線の安全がいかに危機的な状況にあること、同新幹線の再生のためには何をなすべきか、また、新幹線の安全確保のためには何が必要か、などを明らかにするために書き下ろされたものである。

◇新幹線が一番わかる―懐かしい新幹線から最新の新幹線までなぜ？ どうして？ を解き明かす！ 井上孝司著 技術評論社 2009.2 231p 21cm （しくみ図解シリーズ 001）〈索引あり〉 1580円 ①978-4-7741-3731-5
|内容| 懐かしい新幹線から最新の新幹線までなぜ？ どうして？ を解き明かす。

◇新幹線開通30年栄光の軌跡 斉場保伸著 東京新聞出版局 1994.9 63p 21cm （東京ブックレット 7） 600円 ①4-8083-0501-1
|目次| 第1章 進化する新幹線、第2章 新幹線の話題あれこれ、第3章 新幹線の運行を支える人たち、第4章 海外の新幹線、第5章 データで見る新幹線、新幹線なんでも情報

◇新幹線開発百年史―東海道新幹線の礎を築いた運転技術者たち 中村信雄著 成山堂書店 2016.4 312p 22cm〈文献あり 索引あり〉 3200円 ①978-4-425-96251-8
|内容| 2014年10月1日に開業50年を迎えた東海道新幹線。その新幹線の基盤ともいえる日本国有鉄道の百年以上にわたる歴史を解説した。明治時代にさかのぼる新幹線のルーツとそれを支えた運転技術者たちの試行錯誤の日々をお届けする。

◇新幹線開発物語 角本良平著 中央公論新社 2001.12 213p 16cm （中公文庫）〈「東海道新幹線」(1964年刊)の増補 年表あり〉 705円 ①4-12-203951-7
|内容| 二〇世紀最大の国家事業、新幹線建設。時速二〇〇キロ実現までの試行、安全運転のための自動列車制御装置の開発、列車妨害対策、ルート選定、用地買収交渉などすべてを含んだ、世界最高のモノを作る技術の記録。

◇新幹線開発物語 角本良平著 改版 中央公論新社 2014.9 233p 16cm （中公文庫 か83-1）〈年譜あり〉 900円 ①978-4-12-206014-2

[内容] 二十世紀最大の国家事業、新幹線建設。時速二〇〇キロ実現までの試行、安全運転のための自動列車制御装置の開発、列車妨害対策、ルート選定、用地買収交渉など、最先端の技術・設計思想に貫かれた、世界最高水準のモノ作りの軌跡。

◇新幹線がなかったら　山之内秀一郎著　東京新聞出版局　1998.12　294p　20cm　1500円　①4-8083-0658-1
[内容] 世界に冠たる新幹線はこうしてできた！そして、旧国鉄の民営化成功は世界の鉄道に何をもたらしたか。鉄道王国ニッポンの話題がいっぱい、JR東日本会長の体験的鉄道論。

◇新幹線がなかったら　山之内秀一郎著　朝日新聞社　2004.8　391p　15cm　（朝日文庫）　760円　①4-02-261451-X
[内容] 世界一と言われる新幹線。しかしその誕生までの道のりは決して易しくはなかった。新幹線の計画段階から、設備トラブル、労使間の対立や事故を乗り越えてきた歴史を、海外の鉄道事情も絡め、自身の経験と豊富なデータや写真で、JR東日本会長（執筆当時）の著者が綴る。

◇新幹線から経済が見える　小宮一慶著　新版　祥伝社　2009.7　234p　16cm　（祥伝社黄金文庫 Gこ12-1）〈実業之日本社2003年刊の加筆、修正〉　552円　①978-4-396-31488-0

◇新幹線がわかる事典―読む・知る・愉しむ　原口隆行編著　日本実業出版社　2005.6　381p　19cm〈年表あり　文献あり〉　1500円　①4-534-03915-8
[内容] 昭和39年の開業以来、国内外を問わず多くの人に利用されてきた新幹線は、東海道から全国へと路線網を拡大。都市間移動に不可欠な交通手段へと成長した。時速200キロを超えるスピードで大量の乗客を正確かつ安全に輸送するためには、高度な技術一つひとつの積み重ねがあったからこそであり、それが今日の新幹線システムを支えている。そんな新幹線にまつわるさまざまな話題を、通読するもよし、拾い読みするもよし、知識として、情報として、出張のお供として、豊富な内容をコンパクトに収録。誰もが「新幹線ツウ」になれる本。

◇新幹線軌跡と展望―政策・経済性から検証　角本良平著　交通新聞社　1995.7　235p　22cm　（交通選書）〈年表：p226～228〉　2900円　①4-87513-041-4

[内容] 新幹線が東海道に誕生した事情を生の記録に語らせるとともに、東海道新幹線とそれ以降の山陽・東北・上越新幹線の政策・経済性を比較・検証し、今日話題となっている整備新幹線を考える上での問題点を鋭く摘出している。

◇新幹線99の謎　新幹線の謎と不思議研究会編　二見書房　2016.8　251p　15cm　（二見レインボー文庫）〈二見文庫2005年刊の大幅な加筆・修正　文献あり〉　620円　①978-4-576-16137-2
[内容] 1964年の東海道新幹線の開業から半世紀の時をかけ、ついに新幹線は北の大地、北海道への上陸を果たした。その間も技術者たちのたゆまぬ努力に支えられ、世界の高速鉄道を常にリードしてきた「ニッポンの新幹線」。より速く、より正確に、より安全に、そしてより快適な乗り物へとさらなる進化を続ける「新幹線」の最新情報が満載！　思わず誰かに教えたくなる話題のネタ本最新版！

◇新幹線検定―電車で行こう！スペシャル版!!　豊田巧作, 裕龍ながれ絵　集英社　2017.7　188p　18cm　（集英社みらい文庫　と-1-26）　700円　①978-4-08-321385-4
[内容] 新幹線に超くわしくなっちゃう本!!新幹線の問題が50問！＋歴代新幹線のカラー図鑑!!小学中級から。

◇新幹線、国道1号を走る―N700系陸送を支える男達の哲学　梅原淳, 東良美季著　交通新聞社　2009.10　195p　18cm　（交通新聞社新書 009）〈文献あり〉　800円　①978-4-330-10109-5

◇新幹線50年史　交通協力会　2015.3　769p 図版38p　30cm〈文献あり　年譜あり　索引あり　発売：交通新聞社〉　8333円　①978-4-330-56715-0
[目次] 第1章 前史、第2章 高速鉄道の幕開け、第3章 高度成長と新幹線、第4章 低成長時代と転換期、第5章 全国新幹線網に向けて、第6章 新幹線を支える安全システム、第7章 JR時代の新幹線、第8章 巨大地震への備え、第9章 日本から世界へ、付編 統計・資料

◇新幹線50年の技術史―高速鉄道の歩みと未来　曽根悟著　講談社　2014.4　231p　18cm　（ブルーバックス B-1863）〈年表あり　索引あり〉　900円　①978-4-06-257863-9
[内容] 1964年に誕生した新幹線は、大量の高速輸送を安定に実現するために、重量オー

新幹線

バー対策での線路の作り直し、ダイヤの改訂など、さまざま試行錯誤を繰り返してきた。開発された技術が海外に大きな影響を及ぼした一方で夜行列車や貨物新幹線など、実現しなかった構想もある。本書では、新幹線50年の歩みを技術中心に振り返り、整備新幹線やリニアなどの将来像を展望する。新幹線と人生を共にした筆者による渾身作。

◇新幹線50年―From A to Z A編成からZ編成まで　松尾定行著　東京堂出版　2014.9　271p　19cm〈文献あり　著作目録あり　年表あり〉　1600円　①978-4-490-20876-4
[内容] 歴代新幹線車両を、編成記号別と系列別に取り上げ、形式、番台、塗装から試作車、リニューアル車まで、編成の違いを詳細に解説。資料編では、歴代営業用車両の運転開始と引退年月一覧、新幹線半世紀の出来事年表など、見て楽しく役に立つ情報満載。

◇新幹線車窓の発見！　高崎康史著　彩図社　2007.8　190p　15cm　571円　①978-4-88392-603-9
[目次] 東京駅、品川駅、新横浜駅、小田原駅、熱海駅、三島駅、新富士駅、静岡駅、掛川駅、浜松駅、豊橋駅、三河安城駅、名古屋駅、岐阜羽島駅、米原駅、京都駅、新大阪駅

◇新幹線車両名鑑―全形式・全編成・全車両を網羅　JTBパブリッシング　2016.3　352p　26cm〈文献あり　年表あり〉　2800円　①978-4-533-10955-3
[内容] 0系からH5系までの全形式全番台の解説と車両履歴、本邦初公開の全編成変遷図をビジュアルで紹介。新幹線車両バイブルの決定版！

◇新幹線スペシャルガイド―乗りものニュース特別企画　ソフト面・運転・車両・技術…カッコよくて興味深すぎる新幹線をもっと知りたい！　実業之日本社　2017.10　111p　30cm　（ブルーガイド・ムック）　1000円　①978-4-408-06368-3

◇新幹線大集合！　スーパー大百科　山﨑友也監修　成美堂出版　2017.7　80p　26cm〈2014年刊の新規項目追加、改訂〉　1200円　①978-4-415-32353-4
[目次] 北海道新幹線、東北・山形・秋田新幹線、北陸・上越新幹線、東海道・山陽新幹線、山陽・九州新幹線、これからの新幹線

◇新幹線つばさ&キハ80系・キハ181系　イカロス出版　1998.5　122p　26cm（イカロスmook―名列車列伝シリーズ4）　1429円　①4-87149-158-7

◇しんかんせんでいこう―日本列島北から南へ　日本列島南から北へ　間瀬なおかた作・絵、山﨑友也監修　ひさかたチャイルド　2016.3　[32p]　30cm　1500円　①978-4-86549-063-3
[内容] はやぶさ、かがやき、のぞみ、みずほ…新幹線がせいぞろい！全国のJR、主要私鉄路線も網羅。前からも後ろからも読める！さあ、どっちから旅に出る？

◇新幹線「徹底追究」謎と不思議　梅原淳著　東京堂出版　2008.3　293p　19cm〈文献あり〉　1600円　①978-4-490-20630-2
[内容] 車両からシステムまで、新幹線を知り尽くす！高速での定時運行のための最先端の技術や、知られざる工夫と驚くような真相に鋭く迫る。

◇しんかんせんでもどんかんせんでも　かこさとし作・絵　復刊ドットコム　2017.7　31p　22cm（かこさとし・しゃかいの本）〈童心社　1983年刊の再刊〉　1800円　①978-4-8354-5480-1
[内容] 鉄道ファンの子、必読!!世界に名だたる高速鉄道・新幹線。人々の日常の暮らしを支えるゆっくりローカル線。それぞれに大切な役割があるんだよ！

◇新幹線電車データブック　2011　ジェー・アール・アール編　交通新聞社　2011.3　175p　26cm　2190円　①978-4-330-19811-8
[内容] 200系～E6系・試験用車両・事業用車両。新幹線電車全1万321両のデータを網羅。

◇新幹線電車データブック　2013　ジェー・アール・アール編集・製作　交通新聞社　2013.2　167p　26cm　2190円　①978-4-330-35413-2
[内容] 新幹線電車全1万1013両のデータを網羅。0系～N700A・200系～E6系・試験用車両・事業用車両。

◇新幹線電車の技術の真髄―「より速く」を追い求めた半世紀のあゆみ　望月旭著　交通新聞社　2015.12　247p　18cm　（交通新聞社新書 085）〈文献あり〉　800円　①978-4-330-62715-1
[内容] 昭和39年10月に開業した東海道新幹線は、それまでせいぜい時速100キロだった日本の鉄道を、一気に2倍以上の高速運転

高速鉄道

にするものだった。それから半世紀の歳月を経て、「踏切のない標準軌の線路を走る交流電化による電車列車」という基本こそ変わらないものの、ついに最高時速300キロを超える高速運転が実現した。それは単に従来からの新幹線の延長線上にあるものではなく、諸問題を克服するために開発された新技術を導入し続けたことで、初期の量産車である0系からは大きな変貌を遂げた新車両が次々と生まれたからだった。新幹線電車を知り尽くした著者が、その技術の真髄を克明に解き明かす。

◇新幹線と世界の高速鉄道―決定版　日本博識研究所編著　竹書房　2015.4　191p　19cm　648円　①978-4-8019-0262-6
|内容| 歴代新幹線全16系列を収録!!北陸新幹線車両E7系・W7系を徹底解剖!!現役新幹線のハイテクスペックを透視図で解説。世界のライバル高速鉄道も網羅。高速車両の魅力をオールカラーで紹介

◇新幹線と世界の高速鉄道　2014　海外鉄道技術協力協会著　ダイヤモンド・ビッグ社　2014.10　95p　30cm〈他言語標題：Shinkansen and High-Speed train of the World　文献あり　発売：ダイヤモンド社〉　1500円　①978-4-478-04637-1
|目次| 日本と世界の高速鉄道車両図鑑、第1章日本の新幹線（新幹線50年目の今、世界の高速鉄道をリードする日本の技術）、第2章世界の高速鉄道（アジア、ヨーロッパ、南北アメリカ・オセアニア）、「ヨーロッパ三大メーカー」の戦略と概要

◇新幹線とリニア半世紀の挑戦―世界に冠たる「安全思想」はどう構築されたか　村串栄一著　光文社　2012.1　297p　19cm〈年表あり　文献あり〉　1500円　①978-4-334-97670-5
|内容| 新幹線開業以来、乗客死傷者ゼロの偉業、東日本大震災での東北新幹線「5秒の余裕が生んだ安全停止」は決して奇跡ではない！超電導リニア開発者たちが初めて明かした秘話。時速500キロのスピードと想定外に備えて安全性を追求した苦節50年。

◇しんかんせんなあんだ？　小川真二郎絵　交通新聞社　2016.5　1冊（ページ付なし）　18×20cm　（あなあきしかけえほん）　1000円　①978-4-330-67416-2

|内容| いろんな新幹線がかくれんぼ。あれれ、あいた穴からなにか見えているよ。ページをめくると、かっこいい新幹線の写真があらわれます。穴から見えるものをヒントに、だいすきな新幹線を見つけよう。

◇新幹線に乗るのがおもしろくなる本　レイルウェイ研究会編　扶桑社　2009.2　223p　16cm　（扶桑社文庫 れ2-1）〈文献あり〉　590円　①978-4-594-05891-3
|内容| 「新幹線は、レールの上を走る電車なのに、なんでガタンゴトンとレールの継ぎ目を通るときの音がしないんだろう？」こう疑問に思った瞬間から、あなたは"新幹線に乗るのがおもしろくなる"世界へ踏み込んだのである。新幹線は日本の英知を結集させた世界最高傑作の電車なのだ。レールや車体はもちろん、目に届くすべてに在来線とは違う、好奇心をかき立てられる謎が仕掛けられているのである。出張、帰省と数時間はお世話になる新幹線。本書を読んで、新幹線のおもしろさ、すごさを実感してほしい。

◇新幹線に乗るのがおもしろくなる本　レイルウェイ研究会編　アップグレード版　扶桑社　2014.10　223p　16cm　（扶桑社文庫 れ2-2）〈文献あり〉　590円　①978-4-594-07108-0
|内容| なぜ、新幹線ではガタンゴトンとレールの継ぎ目を通るときの音がしないのか？etc.意外な事実87編。

◇新幹線200のひみつ―鉄道ぴあ特別編　ぴあ　2016.9　191p　21cm　（ぴあMOOK）〈文献あり〉　980円　①978-4-8356-3122-6

◇新幹線ネットワークはこうつくられた―技術の進化と現場力で築いた3000キロ　髙松良晴著　交通新聞社　2017.10　271p　18cm　（交通新聞新書 115）〈文献あり〉　800円　①978-4-330-82917-3
|内容| 昭和39年に開業した東海道新幹線に始まる我が国の新幹線鉄道は、山陽・東北・上越・北陸・九州・北海道の各新幹線を合わせて営業キロ約3000kmに及び、高速・安定・大量輸送を可能にしたネットワークとして機能している。先人たちが幾多の困難を克服して築いてきた新幹線建設のリアルな歴史と、そこで培われてきた技術の進化と、新幹線鉄道の開発と建設に携わってきた著者がわかりやすく克明に紹介していく。

◇しんかんせんの1にち　溝口イタルえ，平岩美香文　交通新聞社　2014.3　31p　25cm　（でんしゃのひみつ）　1300円　ⓘ978-4-330-44314-0
[内容]「でんしゃのひみつ」は、鉄道にまつわる謎を、絵と文章でわかりやすく紹介する絵本シリーズです。第1弾『しあわせのドクターイエロー』に続く第2弾は、時計の表示とともに、新幹線の1日を追いかけます。秘密の指令所の様子も公開します。左右に大きく開く観音開きのページでは、あっ！と驚いていただけますでしょうか。

◇新幹線の運転—運転士が見た鉄道の舞台裏　にわあつし著　ベストセラーズ　2010.4　199p　19cm〈他言語標題：The Operation of the Super Express"SHINKANSEN"〉　1429円　ⓘ978-4-584-13228-9
[内容] 運転士が描いた運転台の舞台裏は、さすがである。走行中は何を考えてる？もしトイレに行きたくなったら？人身事故が起きてしまったら？元・国鉄職員だから、ここまで書けた。

◇新幹線の科学—なぜ線路際に信号機がないの？どうして超高速で分岐できるの？　梅原淳著　ソフトバンククリエイティブ　2010.7　222p　18cm　（サイエンス・アイ新書 SIS-172）〈文献あり 索引あり〉　952円　ⓘ978-4-7973-5009-8
[内容] 高速移動を支える新幹線は、日本が誇るハイテクの固まりです。本書では、新幹線の基礎知識、駆動系、電力供給、車体、客室、運転、線路、安全性などさまざまな技術を、カラー写真と図解で解説します。最高時速300kmで走り回るハイテク満載の「N700系」から、「E5系」「E6系」、二階建新幹線、ミニ新幹線、そして歴代の車両まで、たっぷりお楽しみください。

◇新幹線の時代　いのうえ・こーいち著，RGG写真　樹出版社　2008.12　255p　21cm　1700円　ⓘ978-4-7779-1237-7

◇新幹線の車窓から　東海道新幹線編　栗原景著　メディアファクトリー　2009.3　127p　17cm　952円　ⓘ978-4-8401-2739-4
[内容] 車窓から見える謎の看板全部で何枚あるでしょう？海側の窓に見える富士山、線路脇の看板、気になるモノの正体が、すべてわかる。東京←→新大阪の2時間半が100倍楽しくなる本。

◇新幹線のすべて　梅原淳監修　ぶんか社　2008.3　191p　15cm　（ぶんか社文庫—ズバリ図解）　657円　ⓘ978-4-8211-5148-6
[内容] 世界に誇る「新幹線」のスピードと安全神話を支える技術力。さらに地上最速の乗り物を誕生させた思想や時代背景などあらゆる面からアプローチして解説します。

◇新幹線のすべて—現役全9形式パーフェクトガイド 新幹線は、ここが凄い！　笠倉出版社　2013.7　176p　21cm（万物図鑑シリーズ）　900円　ⓘ978-4-7730-8667-6
[内容] 編成番号「1」の魅力、消えた新幹線…彼らが残した功績、手軽な撮影ポイント「おすすめ駅」、0系からE6系までトイレすべて見せます。進化を続けるテクノロジー徹底解説。

◇新幹線のぞみ白書　大朏博善著　新潮社　1994.10　194p　20cm　1000円　ⓘ4-10-400201-1
[内容] ひかりより速く—のぞみ開発プロジェクトの悲願と試行錯誤を中心に、日本の高速運輸システムの技術発展過程を面白く分かりやすく解説。

◇新幹線のぞみ白書　大朏博善著　新潮社　1997.6　218p　16cm　（新潮文庫）〈平成6年10月刊の増補〉　400円　ⓘ4-10-136621-7
[内容] 東京・新大阪間を2時間半で結ぶ『のぞみ』が走り始めたのは1992年。'97年の3月に運転速度300キロを誇る500系が登場し、秋にはさらに進化した700系が運行を開始する—。速度を上げても騒音や振動はふやさない。地盤が弱く、急なカーブが多い従来の軌道を使用する。厳しい制約の下、新型『のぞみ』をどのように開発するのか。日本のテクノロジーの粋を集めた『のぞみ』開発物語。

◇新幹線の誕生—"夢の超特急"0系新幹線—鉄道博物館展示車両図録　鉄道博物館学芸部企画・構成・著作，レイル・マガジン編　さいたま　鉄道博物館　2010　88p　30cm〈英語併載　年表あり〉

◇新幹線の謎と不思議　梅原淳著　東京堂出版　2002.9　358p　19cm　1600円　ⓘ4-490-20475-2
[内容] 新幹線ができる前に、試作車はどうやって高速で走ったの。どうして大阪駅に乗り

入れず、新大阪駅を造ったの。どうして長野新幹線は軽井沢駅を出ると、車内の照明が消えるの。新幹線もけっこう不思議だ。「新幹線」の車両や駅、線路に施された、高度かつ特殊な設備や装備と、開業までの経緯とその後の遍歴のすべてがわかる。

◇しんかんせんのりものずかん―だいすきなのりものがだいしゅうごう！　サンリオ　2007.11　47p　16cm　（サンリオギフトブック 8）〈標題紙等のタイトル：Shinkansenのりものずかん〉　466円　①978-4-387-07135-8

◇新幹線の歴史―政治と経営のダイナミズム　佐藤信之著　中央公論新社　2015.2　343p　18cm　（中公新書 2308）　1000円　①978-4-12-102308-7
内容　なぜ東海道新幹線の開業後に三島駅が新設されたのか？　なぜ九州新幹線は南の端から飛び地的に開業したのか？　なぜ北陸新幹線は金沢までの開業なのか？　本書は、2800kmにおよぶ日本の新幹線網が、いかに政治と経営の相克のなかで建設され、国鉄・JRや地域社会に与えた影響はどれほどだったのかを解説。さらには、北陸新幹線・北海道新幹線・中央リニアなど、今後の新線が何をもたらすのかまで紹介する。

◇新幹線発案者の独り言―元日本鉄道建設公団総裁・篠原武司のネットワーク型新幹線の構想　篠原武司, 高口英茂著　パンリサーチ出版局　1992.2　199p　20cm〈著者の肖像あり〉　1500円　①4-89352-046-6
内容　定まった時間で安全に大量に、しかも省エネルギーで人や物を運べる輸送機関・鉄道の力をフルに出させることのできるネットワーク型新幹線がいま求められている。新幹線発案者が語る過去と未来。

◇新幹線ひかり＆新幹線100系電車　イカロス出版　2000.9　122p　26cm　（イカロスmook―名列車列伝シリーズ 13）　1714円　①4-87149-296-6

◇新幹線不思議読本　梅原淳著　朝日新聞社　2007.4　413p　15cm　（朝日文庫）〈「新幹線の謎と不思議」（東京堂出版2002年刊）の増訂　文献あり〉　800円　①978-4-02-261528-2
内容　新幹線はどこまで速く走れるの？　線路に積もる雪はどうしているの？　新幹線のトイレってどういう仕組み？―そんな多種多様な謎と不思議を一挙に解明！　さらに、メンテナンスや総合指令所、技術開発部の仕組みも収録。新幹線には乗るだけという人から、鉄道ファンの人まで楽しめる一冊。

◇新幹線保線ものがたり―東海道新幹線、安全・超高速・快適へのあくなき挑戦　仁杉巌監修, 深澤義朗編著　山海堂　2006.2　381p　20cm　2500円　①4-381-01657-2
内容　社会資本を支える土木構造物のなかで、なぜ鉄道線路だけが当初から守りの保線集団を抱えなければならないのか。道路、鉄道、港、空港、ダムなど地図に載る仕事を誇りとする土木屋のなかで、三K（キケン、キタナイ、キツイ）職場と言われた保線集団の誇りは何か、なぜ高いモラルが維持できているのかが本書のメインテーマです。

◇新幹線マニアの基礎知識　中尾一樹, 伊藤久巳著　イカロス出版　1998.6　260p　19cm　（マニアの王道）　1600円　①4-87149-126-9

◇新幹線まるわかりBOOK―完全保存版！　マイナビ出版　2016.8　143p　26cm　1350円　①978-4-8399-6004-9
内容　速くて安全！　日本の新幹線の技術としくみがよくわかる。北海道から九州まで列島を駆けぬける新幹線を全部紹介！

◇新幹線ものしり百科　学研パブリッシング　2011.3　79p　30cm　（きらり！好奇心）〈付属資料（DVD-Video1枚 12cm）：新幹線大集合　発売：学研マーケティング〉　1600円　①978-4-05-203413-8
内容　全国を走っている新幹線のかっこいい写真とDVD映像で、新幹線がよくわかる！　N700系などの人気の車両から、E5系や新800系などの最新車両まで新幹線のことならおまかせ！　未来の新幹線や世界の新幹線、新幹線のしくみなど、ものしり情報に注目！　あこがれの運転士さんや車掌さんのお仕事しょうかいや、運転室のようすなど、知りたい内容がいっぱい。

◇新幹線やまびこ＆新幹線200系電車　イカロス出版　1999.6　118p　26cm　（イカロスmook―名列車列伝シリーズ 9）〈奥付のタイトル：特急やまびこ＆新幹線200系電車〉　1714円　①4-87149-216-8

◇新幹線×陸送COMPLETE PHOTO BOOK　荒川陽太郎著　成山堂書店

2014.6　117p　19×22cm　2200円　①978-4-425-96201-3
[目次]1 新幹線の陸送を撮る＆追う（電車を作る、なぜ陸送か、陸送を追う ほか）、2 新幹線を追う（N700系以外の新幹線輸送（新車輸送）、N700系以外の新幹線輸送（新車以外の輸送）、N700系以外の新幹線輸送（リニア・鉄道館の輸送）ほか）、3 新幹線を撮る（流し撮り、ホワイトバランス、ゆるめの写真が流行り？ ほか）

◇新幹線はすごい　斉木実著　ベストセラーズ　2016.4　221p　18cm　（ベスト新書 505―ヴィジュアル新書）〈文献あり 年表あり〉　1100円　①978-4-584-12505-2
[内容]なぜ日本の新幹線が世界に誇れるのか。世界に知らしめたメイド・イン・ジャパン。新技術よりも「実証済」の採用が成功のカギ！ エリザベス女王を満足させた運転技術！ 新幹線50年史から北海道新幹線の全貌まで。

◇新幹線はなぜあの形なのか―流線形からカモノハシ形まで　小島英俊著　交通新聞社　2017.6　247p　18cm　（交通新聞社新書 110）〈文献あり〉　800円　①978-4-330-79317-7
[内容]戦前のスピード感あふれる流線形車両はデザイン優先だったが、高度成長期に航空技術や空力を考慮して造形された高速鉄道車両、新幹線が登場。以来、新幹線の形は、トンネルやカーブが多い日本特有の環境下で、スピードだけでなくエネルギー効率や乗り心地、騒音削減などの課題に対応しながら進化を続けている。リニアにも言及し、デザインから機能で変化していくようになった高速車両の造形について、図版を豊富に使って紹介する。

◇新幹線はもっと速くできる　川島令三著　中央書院　1999.8　335p　19cm　1900円　①4-88732-077-9
[内容]スピードアップや在来線の活用で、新幹線はもっと便利になる。整備新幹線を含む各線の「想定時刻表」を多数掲載。

◇新幹線0系電車―栄光の名車両　イカロス出版　1998.12　130p　26cm　（イカロスmook）　1429円　①4-87149-183-8

◇新幹線100系乗りつぶし・食べつくし物語　小川修著　成山堂書店　2001.4　186p　21cm　2000円　①4-425-92411-8
[内容]二代目ひかり号として人気を集めてきた100系。その全六六編成と全一六食堂車の利用達成を目標に掲げ、挑戦を続けること四年と三か月！ 本書は、単なる乗車記録にとどまらず、目標完遂までの喜悲劇、客車内や食堂車内で繰り広げられた人間模様を生き生きと描いた物語である。

◇新幹線50年史　修正版　交通協力会　2015.4　769p　図版 39p　30cm〈文献あり 年表あり　発売：交通新聞社〉　8333円　①978-4-330-56715-0

◇新幹線99の謎―知ってるようで知らない意外な事実　新幹線の謎と不思議研究会編著　二見書房　2005.8　222p　15cm　（二見文庫）〈文献あり〉　600円　①4-576-05115-6
[内容]大人気だった食堂が新幹線から消えたのは、なぜ？／新幹線の車内で英語が学べるって、ホント？／新幹線の顔つきがアヒルのように進化したわけは？／ギネスブックに載った時速581キロの新幹線の正体は？…旅の話題のネタ本。

◇新幹線vs航空機　堀内重人著　東京堂出版　2012.3　269p　21cm〈文献あり〉　1800円　①978-4-490-20770-5
[内容]速達、運賃、客室、サービス…競合する高速鉄道と航空路の激しいバトル。路線ごとに現況を追い、問題点と影響を詳らかにする。

◇図解・新幹線運行のメカニズム―ダイヤ作成から、出発準備、保守点検まで　川辺謙一著　講談社　2012.7　232p　18cm　（ブルーバックス B-1779）〈文献あり 索引あり〉　880円　①978-4-06-257779-3
[内容]安全、快適、定時に運行されている日本の新幹線。それを支えているのは、緻密に構築されたシステムと、訓練されたスタッフたち。本書では、新幹線の運行の仕組みを、乗務から輸送指令、保線、車両検査まで、人と機械の両面から詳細に解説。乗っているだけではわからない、新幹線の驚きの舞台裏。

◇〈図解〉日本vs.（たい）ヨーロッパ「新幹線」戦争　川島令三［著］　講談社　2015.2　306p　16cm　（講談社＋α文庫 G181-7）〈「図説日本vs.（たい）ヨーロッパ「新幹線」戦争」(2013年刊)の改題、加筆、改筆、再編集　文献あり〉　850円　①978-4-06-281586-4

◇[内容]日本の新幹線はどこまで速くできるのか!?リニア中央新幹線はどうなるのか?「メイド・イン・ジャパン」新幹線を世界で売る方法は? フランス、ドイツ、イタリア、スペインほか、世界各国の高速鉄道を徹底乗車取材。最高速度、線路、車両の性能、システムの違い、地理的な条件などから、「ガラパゴス化」した日本の新幹線の本当の実力に迫る。海外現地取材により製作した配線図ほか、路線図・写真満載!!

◇図解入門よくわかる最新新幹線の基本と仕組み—新幹線テクノロジーの秘密に迫る!:新幹線の基礎知識:オールカラー 秋山芳弘編著 秀和システム 2012.3 319p 21cm （How-nual visual guide book）〈索引あり 文献あり〉 1800円 ①978-4-7980-3279-5
[内容]新幹線の最新情報を豊富な写真とデータで解説。0系から最新E6系まで新幹線のすべてがわかる。

◇図解・TGV vs.新幹線—日仏高速鉄道を徹底比較 佐藤芳彦著 講談社 2008.10 310p 18cm （ブルーバックス B-1615）〈文献あり〉 1060円 ①978-4-06-257615-4
[内容]世界市場でしのぎを削るTGVと新幹線は、同じ高速鉄道ながら、コンセプトが全く異なる。TGVは速度重視、新幹線は輸送力重視など、基本的な考え方の違いから、建設コスト、地上設備や車両の性能比較まで、両鉄道システムを徹底分析。豊富な図表を用いて、詳しくわかりやすい内容に。

◇「図説」新幹線全史—「スーパーエクスプレス」の歴史・形式・メカニズムを徹底詳解!! 学習研究社 2003.11 174p 26cm （歴史群像シリーズ）〈年表あり〉 1800円 ①4-05-603201-7

◇図説日本vs.（たい）ヨーロッパ「新幹線」戦争—日本の新幹線は世界で勝てるのか 川島令三著 講談社 2013.6 267p 19cm （〈図説〉日本の鉄道）〈文献あり〉 1600円 ①978-4-06-218388-8
[内容]「ガラパゴス化」した日本の新幹線の「本当の実力」は。フランス、ドイツ、イタリア、スペインほか、海外の高速鉄道を徹底乗車取材!「メイド・イン・ジャパン」を世界に売る、画期的な方法!!初公開写真、配線図、路線図満載。

◇「スーパー新幹線」が日本を救う 藤井聡著 文藝春秋 2016.5 223p 18cm （文春新書 1077） 780円 ①978-4-16-661077-8
[内容]東京や太平洋側への一極集中を解消し、みんなの「ふるさと」をもう一度活性化させる。マイナス金利のいまだからこそできる、究極の公共事業—それが新幹線なのだ!

◇すべてがわかる! 日本の新幹線 1 東海道、山陽、九州新幹線 恵知仁作 汐文社 2012.1 35p 27cm〈索引あり 文献あり〉 2300円 ①978-4-8113-8862-5
[内容]先頭部分がとがっている理由は? トンネルにはどんな工夫が? 定期検査ってどんな様子? など。

◇すべてがわかる! 日本の新幹線 2 東北、山形、秋田、上越、長野新幹線 恵知仁作 汐文社 2012.3 35p 27cm〈索引あり 文献あり〉 2300円 ①978-4-8113-8863-2
[目次]東北・山形・秋田・上越・長野新幹線（200系、E1系、E2系（長野用）、E2系（東北用）、E4系、E5系、400系、E3系（秋田用）、Es系（山形用）、E6系）、路線地図 東北・山形・秋田新幹線、路線地図 上越・長野新幹線

◇すべてがわかる! 日本の新幹線 3 未来の新幹線 恵知仁作 汐文社 2012.3 35p 27cm〈年表あり 索引あり 文献あり〉 2300円 ①978-4-8113-8864-9
[目次]未来の新幹線（路線地図 もうすぐ誕生する新幹線, 超電導リニア、フリーゲージトレイン, 路線地図 計画中の新幹線, 世界へ走る新幹線の技術）、特別編 特殊な新幹線車両（923型「ドクターイエロー」、E926形「East i」、912形ディーゼル機関車, 高速試験車両）

◇整備新幹線着工—その軌跡と課題 福田三郎著 〔大宮〕 福田三郎 1991.10 162p 19cm〈書籍・整備新幹線関係年表：p158〜162〉 1000円 ①4-938286-05-X

◇全線全車種全駅新幹線パーフェクトガイド 佐々倉実写真, 講談社パートワーク編集部編 講談社 2011.7 126p 24cm （ヴィジュアルガイド）〈背・表紙のタイトル：新幹線全線全車種全駅パーフェクトガイド〉 1800円 ①978-4-06-389547-6

◇総点検・リニア新幹線—問題点を徹底究明 リニア・市民ネット編著 緑風出版 2017.9 165p 21cm （プロブレ

ムQ＆A）〈文献あり〉　1400円　①978-4-8461-1713-9
[内容] JR東海の社長自身が「リニアは絶対ペイしない」と断言していたリニア中央新幹線計画が着工しました。膨れあがる建設費、中央構造線のトンネル貫通など工事の危険性、膨大な残土処理と自然破壊・景観破壊、リニア特有の電磁波による健康影響、膨大な電力消費など、問題が山積しています。しかも時間短縮効果も地域振興もあやしく、JR東海の社長が断言したように採算性は極めて厳しいといえます。本書は、こうしたリニア中央新幹線の問題点を総点検し、建設がいかに不必要かつ無謀かを、Q＆Aでやさしく解説します。

◇誰もが驚く新幹線の大疑問—新幹線のドアが大人ひとり分の幅しかないのは、なぜ？　謎解きゼミナール編　河出書房新社　2011.8　221p　15cm　（Kawade夢文庫 K904）〈文献あり〉　543円　①978-4-309-49804-1
[内容] 時速300キロで走るのに、なぜ在来線の電車より揺れない？所在地がヒミツにされている「総合指令所」の内部とは？…など目まぐるしく進化する新幹線の疑問に "最速" で答えます。

◇地域振興と整備新幹線—「はやて」の軌跡と課題　櫛引素夫著　弘前　弘前大学出版会　2007.5　136p　26cm〈年表あり　文献あり〉　1000円　①978-4-902774-24-5

◇超高速に挑む—新幹線開発に賭けた男たち　碇義朗著　文芸春秋　1993.2　318p　20cm〈主要参考文献：p317～318〉　1500円　①4-16-347190-1
[内容] 高度成長の出発点となった巨大プロジェクトを成功させた男たちの感動の軌跡。零戦から新幹線へ。国産技術が再び世界を凌駕した。

◇超高速列車新幹線対TGV（ティージーブイ）対ICE（アイシーイー）　井上孝司著　秀和システム　2009.6　279p　21cm〈索引あり〉　1800円　①978-4-7980-2273-4
[内容] 世界の超高速鉄道界をリードする日本・フランス・ドイツを中心として、超高速鉄道の現況と技術的な動向、各国の車両やシステムに関する違いと、その背景にある過去の歴史的経緯や国情について解説。

◇超・新幹線が日本を変える—リニア開通2025年の高速鉄道網　川島令三著　ベストセラーズ　2008.6　269p　19cm　1600円　①978-4-584-13081-0
[内容] 新幹線の現状だけでなく、2010年以降、次々に開業していく各新幹線はどのようなものか、あるいはどのような問題をかかえるかを紹介し、また、並行在来線問題にも触れた。新幹線の現状と将来を占う。

◇追憶新幹線0系　持田昭俊, 寺本光照, 梅原淳著　JTBパブリッシング　2008.11　183p　22cm　（キャンDVDブックス）〈年表あり〉　3500円　①978-4-533-07299-4

◇「つばさ」アテンダント驚きの車販テク—3秒で売る山形新幹線の女子力　松尾裕美著　交通新聞社　2010.2　201p　18cm　（交通新聞社新書 012）〈文献あり　年表あり〉　800円　①978-4-330-12210-6
[内容] 山形新幹線「つばさ」に乗務し、車内販売を担当するカリスマ・アテンダントがいる。限られた時間と空間の中で、一人、手ぎわよく、コーヒーをいれ、弁当やサンドウィッチを売り、山形弁で沿線のみやげものをすすめる。しかも、ワンランク上の売上げを確保する驚きの車販テクニックを、そのカリスマに密着取材した。そこから見えてきたのは—。

◇徹底ガイド！北陸新幹線まるわかりBOOK　マイナビ　2015.2　147p　26cm〈文献あり〉　1180円　①978-4-8399-5292-1
[内容] 新型車両E7・W7系の魅力がよくわかる。新幹線のしくみ、歴史、みどころにせまる。開業新駅全駅完全ガイド（第三セクター化駅）。北陸の第三セクター線・私鉄も一挙紹介。

◇徹底ガイド！北海道新幹線まるわかりBOOK　マイナビ出版　2016.3　127p　26cm　1380円　①978-4-8399-5862-6
[内容] 極寒の地に対応する新型車両H5系のしくみと魅力にせまる。青函連絡船・青函トンネル、北海道の鉄道の歴史がよくわかる。北海道・青森の鉄道・観光ガイドも満載。

◇徹底解剖！北海道新幹線　北海道新聞社編　札幌　北海道新聞社　2016.4　111p　26cm〈年表あり〉　1000円　①978-4-89453-822-1
[内容] 歓喜と熱狂の歴史的瞬間を地元紙ならではの圧倒的な取材力で完全密着。一番列車、出発式、祝賀ムードにわく地元の様子

など開業当日のドキュメントはもちろん、走る最先端H5系の車両や安全対策、開業までの歩みなどをえりすぐりの写真と詳細なデータで紹介します。北の大地を駆け抜ける北海道新幹線のすべてに迫った保存版！

◇徹底図解新幹線のしくみ―カラー版　新星出版社編集部編　改訂版　新星出版社　2010.12　223p　21cm〈索引あり〉　1500円　①978-4-405-10693-2
内容 超特急を支える先進技術とN700までの歩み。

◇徹底図解新幹線のしくみ―カラー版　新星出版社編集部編　新星出版社　2007.8　223p　21cm〈他言語標題：The visual encyclopedia of shinkansen〉　1400円　①978-4-405-10660-4
目次 第1章 高速鉄道の歴史（狭軌で始まった日本の鉄道、戦時色に染まった弾丸列車 ほか）、第2章 ボディのしくみ（流線型になったわけ、先頭車両の空力特性 ほか）、第3章 動力のしくみ（交流式と直流式、変電施設のしくみ ほか）、第4章 地上設備（駅のしくみ、東京駅 ほか）、第5章 保守（新幹線の整備サイクル、新幹線を製造する主な会社 ほか）

◇東海道新幹線―写真・時刻表で見る新幹線の昨日・今日・明日　須田寬著　JTB　2000.8　167p　21cm　（JTBキャンブックス）〈年表あり〉　1700円　①4-533-03563-9

◇東海道新幹線　2　須田寬著　JTB　2004.1　167p　21cm　（JTBキャンブックス）〈2のサブタイトル：新しい世代を迎えた新幹線　年表あり〉　1700円　①4-533-05057-3
目次 第1章 東海道新幹線のあゆみ、第2章 東海道新幹線の「ダイヤ」、第3章 東海道新幹線の「車両」、第4章 東海道新幹線の「運賃」「料金」「商品企画」、第5章 東海道新幹線の「諸サービス」、第6章 あすの「東海道新幹線」

◇東海道新幹線　2　須田寬著　改訂新版　JTBパブリッシング　2010.5　175p　21cm　（JTBキャンブックス―鉄道17-2）〈2のサブタイトル：前進を続ける新世代の新幹線　初版：JTB2004年刊　年表あり〉　1800円　①978-4-533-07896-5

目次 第1章 東海道新幹線のあゆみ、第2章 東海道新幹線の「ダイヤ」、第3章 東海道新幹線の「車両」、第4章 東海道新幹線の「運賃」「料金」「商品企画」、第5章 東海道新幹線の「諸サービス」、第6章 これからの「東海道新幹線」

◇東海道新幹線―アサヒグラフ臨時増刊開業50周年記念「完全」復刻　AERA編集部編著　朝日新聞出版　2014.10　74p　34cm〈「アサヒグラフ臨時増刊東海道新幹線1964 8, 1」（朝日新聞社 1964年刊）の複製〉　1300円　①978-4-02-331338-5

◇東海道新幹線安全への道程―戦後国鉄の輸送近代化に尽力した鉄道マンの信念と奮闘　齋藤雅男著　鉄道ジャーナル社　2014.9　607p　18cm〈発売：成美堂出版〉　1000円　①978-4-415-31925-4
内容 まだ蒸気機関車が当たり前だった昭和39年にそれは登場した。未知なる領域200km/hで走るその舞台裏とは？　新幹線の「安全」はこうして築かれた！

◇東海道新幹線運転室の安全管理―200のトラブル事例との対峙　中村信雄著　成山堂書店　2016.4　245p　21cm〈文献あり　年表あり　索引あり〉　2400円　①978-4-425-96261-7
内容 本書は開業以来、未だ運転事故のない東海道新幹線の運転士たちが体験した様々な出来事を、原因別に集めたトラブル事例集です。世界一安全と言われた新幹線を支えた運転士の活躍を、お届けします。

◇東海道新幹線運転席へようこそ　にわあつし著　新潮社　2014.1　217p　16cm　（新潮文庫　に-28-1）　520円　①978-4-10-125471-5
内容 元新幹線運転士が、あなたを運転台にご招待。まずは、35年前の東京駅から初代0系「ひかり」号で出発。懐かしのエピソードやウラ話に耳を傾けつつ、桜咲く東海道をご一緒に復路は現在の新大阪駅より、最新型N700A「のぞみ」号で発進。日本が誇るハイテク装備やプロフェッショナルから見た車両発達史など初公開の話題も満載。

◇東海道新幹線開業50周年公式写真集―1964-2014　ウェッジ編、須田寬、副島廣海、田中宏昌監修　ウェッジ　2014.7　153p　19×26cm〈他言語標題：The Official Photo Album to Commemorate the 50th Anniversary of Tokaido Shinkansen　英語併記　訳：

高速鉄道

419

新幹線

フィリップ・ブレイザー〉　2500円
①978-4-86310-127-2

◇東海道新幹線各駅停車の旅　甲斐のり著　ウェッジ　2013.6　175p　21cm　1400円　①978-4-86310-111-1
[内容] お江戸散歩の品川、町ごと博物館のような小田原、懐かしい昭和の雰囲気漂う熱海、富士山を仰ぐ新富士、おでんがおいしい静岡、クラシックな建物づくしの米原、ロマンチックな大阪…。見て、歩いて、食べて、それぞれの街を存分に味わいつくした、全17駅。

◇東海道新幹線クイズ100─読んで、乗って、楽しい！　鉄道クイズ研究会著　ウェッジ　2016.9　239p　18cm〈表紙のタイトル：Shinkansen QUIZ 100　文献あり〉　1000円　①978-4-86310-166-1
[内容] 1964年のデビューから52周年を迎え、これまでに59億人を運んだ東海道新幹線だけをテーマにしたクイズ本の登場です。東海道新幹線のしくみ、魅力、歴史と未来など、そのすべてがわかるクイズを100問、揃えました。より速く、快適な新幹線の開発に奮闘する研究者や、安全で正確な運行を実現するプロフェッショナル集団、快適な旅のサポートをしてくれる人々など、新幹線にまつわるちょっといい話もたくさん。ドクターイエローや保守用車などかっこいいけどなかなか見られない車両図鑑や、2020年度デビュー予定の新型車両・N700Sの最新情報も充実。読めば乗りたくなる、乗ればわかる、東海道新幹線の旅がもっと楽しくなる！

◇東海道新幹線景色の見方・楽しみ方　古川愛哲,DEN編著　オーエス出版　1994.5　198p　19cm〈監修：山根一眞〉　1200円　①4-87190-660-4
[内容] 「あそこに見えるアレは何だろう。」東海道新幹線の車窓の風景を1冊にパックしました。1キロごとに座席から見える海側・山側の景色をピックアップ。写真と文であなたの疑問にお答えします。

◇東海道新幹線50年　須田寛著　交通新聞社　2014.3　247p　19cm　（KOTSUライブラリ 005）〈文献あり 年譜あり〉　1800円　①978-4-330-45214-2
[内容] 平成26年10月1日、東海道新幹線は開業50周年を迎える。半世紀の間、日本の大動

高速鉄道

脈として走り続け、今なお乗客の死傷に至る列車事故「0」の記録を更新し、安全な新幹線の伝統を守っている。しかしながら、世界の高速鉄道開発の先駆けとなった東海道新幹線ではあったが、その歩みは決して平坦ではなかった。長年にわたって東海道新幹線経営の中枢にいた著者が山あり、谷ありの歴史を振り返るとともに、東海道新幹線バイパスライン（中央新幹線）実現への道筋を紹介する。

◇東海道新幹線50年の軌跡─50のエピソードで綴る半世紀の歩み　須田寛,福原俊一著　JTBパブリッシング　2014.10　190p　21cm　（キャンブックス─鉄道 145）〈年譜あり〉　1900円　①978-4-533-09959-5
[目次] 1 東海道新幹線の胎動─東海道新幹線前史, 2 夢の超特急実現へ─新幹線の着工, 3 「ひかり」スタート─東海道新幹線開業, 4 「万国博」と東海道新幹線, 5 東海道・山陽両新幹線の直通運転─「ひかり」は西へ, 6 新幹線再出発へ─低迷と改革, 7 JRの東海道新幹線─東海旅客鉄道株式会社で再出発, 8 東海道新幹線 "第二の開業"─東海道新幹線のリニューアル, 9 これからの東海道新幹線

◇東海道新幹線三〇年　須田寛著　大正出版　1994.10　308p　20cm〈年表：p296～305〉　2000円　①4-8117-0409-6
[内容] 開業30周年を迎えた東海道新幹線は、毎日280本の列車を運行し、1日平均36万人の乗客を迎える。しかし21世紀には「中央新幹線」の増設が必要になる。交通体系の未来像を、JR東海社長が本書で展望。

◇東海道新幹線車窓で楽しむローカルグルメ事典　蓮実香佑著　東京堂出版　2011.4　275p　19cm〈文献あり〉　2000円　①978-4-490-10797-5
[内容] 車窓から望む風景に、その土地ごとのローカルグルメを楽しもう。風土（ふうど）が食物（フード）を生む。こだわりの逸品。

◇東海道新幹線と首都高─50+50 1964東京オリンピックに始まる50年の軌跡 その意図、成果、そして未来に向けた新たな飛躍　家田仁,安藤憲一,小菅俊一編, 土木学会50+50特別シンポジウム実行委員会著　土木学会　2014.11　249p　21cm〈年表あり　発売：丸善出版〉　4000円　①978-4-8106-0869-4
[目次] 第1部 東海道新幹線と首都高50年の軌跡と未来（東海道新幹線と首都高の50年─どのように生まれ、どのように進化し、そ

420

してどのような発展が？，東海道新幹線50年の歩み，首都高速道路50年の歩み，新幹線と高速道路への期待，東海道新幹線と首都高の50年を振り返る，新たな飛躍に向けて），第2部 私と東海道新幹線／私と首都高（私と東海道新幹線／私と首都高，私と東海道新幹線，私と首都高）

◇東海道新幹線のあゆみ—「のぞみ」成長の軌跡　東海旅客鉄道新幹線鉄道事業本部　2005.3　529, 2p 図版8p　29cm　〈東海道新幹線40周年記念誌　年表あり〉

◇東海道新幹線の車窓は、こんなに面白い！　栗原景著・撮影　東洋経済新報社　2016.12　207p　19cm　1000円　①978-4-492-04604-3

内容 自然風景から名所旧跡、工場、謎の看板？　ルート選定のエピソードまで—全82カ所の謎に迫る！　好奇心を刺激するネタが満載。オトクな乗り方、座席選び、駅弁の買い方なども伝授。旅でも出張でも、東海道新幹線を120％楽しもう！

◇どうなる北陸新幹線—異議あり！　第3セクター　野崎弘編著　富山　桂書房　1992.7　111p　21cm　（桂ブックレット no.4）〈関係年表・参考文献：p104～111〉　824円

◇東北・上越新幹線—東北・上越から山形・秋田・長野新幹線まで20年のあゆみ　山之内秀一郎著　JTB　2002.12　175p　21cm　（JTBキャンブックス）〈年表あり〉　1700円　①4-533-04513-8

目次 東北新幹線八戸開業を迎えて、東北新幹線の工事はなぜ遅れたのか、東北新幹線大宮暫定開業への足取り、駅名騒動—たかが駅名、されど駅名、東北新幹線と東海道新幹線の違い、大宮先行開業と大宮暫定開業、上野と大宮を結んだ新幹線リレー号、東北・上越新幹線の車両、東北・上越新幹線の地上設備、試行錯誤の末に完成した雪害対策〔ほか〕

◇東北新幹線くりこま高原駅小史　〔高清水町（宮城県）〕　宮城県栗原地方町村会　1991.3　162p　27cm

◇特別編成全国新幹線ライン全駅・全車両基地　川島令三編著　講談社　2016.6　111p　26cm　（〈図説〉日本の鉄道）〈表紙のタイトル：全国新幹線ライン文献あり〉　1600円　①978-4-06-295181-4

内容 どこにも公開されていない鉄道配線図を著者自ら全線乗車取材して作成する、壮大なプロジェクト。全点撮り下ろしの貴重写真満載！

◇日本全国新幹線に乗ろう！—N700系から0系まで、せいぞろい！　長谷川章監修　昭文社　2008　79p　30cm　（なるほどkids）　1600円　①978-4-398-14612-0

内容 N700系から0系まで、せいぞろい。

◇ニッポンの誇りすごいぞ新幹線！　鉄道ファンクラブ著　新人物往来社　2012.2　190p　15cm　（新人物文庫 202）〈文献あり〉　733円　①978-4-404-04147-0

内容 青森から鹿児島まで何時間でいける？　新幹線が在来線に追い越された!?—知らなかったヒミツと魅力71。

◇日本全国！「新幹線」をとことん楽しむ本　レッカ社編著　PHP研究所　2011.3　253p　15cm　（PHP文庫 れ2-30）〈文献あり〉　590円　①978-4-569-67605-0

内容 東北新幹線、九州新幹線の全線開通により、ますます便利になった新幹線。その安全性や技術力の高さは海外からも注目されている。本書は、進化を続ける新幹線の歴史から開通の立役者にまつわるドラマ、駅名の決め方や車両愛称の由来、歴代車両の徹底解剖、リニア新幹線開通予定まで、あらゆる情報を網羅。

◇日本全国！「新幹線」をとことん楽しむ本　レッカ社編著　決定版　PHP研究所　2014.9　285p　15cm　（PHP文庫 れ2-40）〈文献あり〉　750円　①978-4-569-76230-2

内容 2014年秋に東海道新幹線開通50周年を迎え、15年春には北陸新幹線が金沢まで延伸するなど、ますます便利になる新幹線は、今日も進化し続けている—。新幹線の激動の歴史から開通の立役者にまつわるドラマ、世界に誇る最新メカニズム、安全対策、駅名の決め方や列車愛称の由来、歴代車両の徹底解剖、リニア新幹線開通予定まで、あらゆる情報を1冊にまとめた決定版。文庫オリジナル。

◇日本の新幹線　宝島社　2016.4　63p　30cm　（TJ MOOK—知って得する！知恵袋BOOKS）　499円　①978-4-8002-5197-8

◇日本の新幹線「全駅」COMPLETE DVD BOOK―日本の新幹線「9路線」「全108駅」完全収録　宝島社　2017.4　64p　30cm　1480円　①978-4-8002-6826-6

◇日本の歴代新幹線パノラマ大図鑑　旅と鉄道編集部編　宝島社　2017.9　127p　30cm〈年表あり〉　600円　①978-4-8002-7640-7
[内容]0系ひかりからH5系はやぶさ、923形ドクターイエローまで特大写真で完全公開！開業の歴史・路線の発達・最新技術、日本が世界に誇る「新幹線」のすべて！

◇乗りたい！知りたい！新幹線　恵知仁編著　アスペクト　2011.7　222p　15cm（アスペクト文庫）　600円　①978-4-7572-1954-0
[内容]本書では、新幹線の車両、路線、歴史、サービス、それらを支える技術などを、読みやすく多角的に解説しています。乗って楽しい新幹線、知ればもっと楽しくなる1冊です。

◇はじめてのしんかんせん＆でんしゃだいずかん―人気列車300せいぞろい　マシマ・レイルウェイ・ピクチャーズ写真・監修　交通新聞社　2017.9　88p　27cm〈文献あり 索引あり〉　1700円　①978-4-330-82417-8
[内容]本書では、日本全国を走る数多くの車両の中から、300列車を厳選して紹介しています。小さなお子さまにもわかりやすいよう、背景を消して車両だけを掲載し、列車名はひらがなで大きく表しました。巻末には、おうちのかた向けの列車のワンポイント解説を収録しています。オススメ3～5さい。

◇ハープ橋とその周辺―北陸新幹線7年間の記録 写真集　芳池茂市写真編集　長野　信毎書籍出版センター　1999.3　119p　27cm〈付属資料：図1枚〉　3200円

◇はやいはやい新幹線のぞみ　小賀野実写真・文・構成　改訂新版　あかね書房　2004.2　48p　19×26cm　（乗りものパノラマシリーズ 11）　1000円　①4-251-07881-0
[目次]はやいはやい新幹線のぞみパノラマワイド、ふたつの『のぞみ』、『のぞみ』で出発！、東海道新幹線沿線マップ、富士山を見て西へ！、『のぞみ』名古屋へ、『のぞみ』誕生、新大阪に到着、山陽新幹線沿線マップ、みんな全速力！〔ほか〕

◇速さに挑戦する新幹線―高速鉄道開発物語　石崎洋司文、天野徹監修　学習研究社　2003.3　119p　22cm（世界を変えた日本の技術 科学読み物 4）　1400円　①4-05-201744-7

◇フリーゲージ・トレインが運ぶ北海道の未来―北海道新幹線を200％活用する　佐藤馨一編著、中添眞著　札幌　柏艪舎　2015.6　167p　19cm〈発売：星雲社〉　1200円　①978-4-434-20744-0
[内容]北海道新幹線の新函館北斗開業が迫る。私たちはやって来る新幹線をどう活かすことが出来るのか。東海道新幹線の開業から半世紀、新幹線は常に進化している。本書は、北海道にとって鉄道とは何かを、改めて紐解くとともに、世界最先端の高速鉄道を200％活かし、新幹線の沿線だけではなく、広く北海道に新幹線効果をもたらす具体的な方策が示されている。

◇プロが教える新幹線のすべてがわかる本―史上最強カラー図解 つくり方からしくみまで　佐藤芳彦監修　ナツメ社　2010.3　255p　21cm〈文献あり 索引あり〉　1500円　①978-4-8163-4824-2
[内容]つくり方からしくみまで、豊富な写真・図版とともにわかりやすく解説。

◇北陸新幹線＆北陸の鉄道トラベルBOOK　マイナビ　2015.7　123p　26cm　1180円　①978-4-8399-5586-1
[内容]鉄道王国・北陸の情報が満載。新幹線と在来線でめぐる鉄道たび。北陸の鉄道のりつぶしMAPつき。

◇北陸新幹線上越妙高駅開業記念誌―新時代の幕開け　上越市企画政策部新幹線・交通政策課編　［上越］　上越市　2016.3　144p　31cm〈年表あり〉　2000円

◇北陸新幹線レボリューション―新幹線がもたらす地方創生のソリューション　藤澤和弘著　交通新聞社　2015.8　219p　18cm（交通新聞社新書 082）〈文献あり〉　800円　①978-4-330-58815-5
[内容]2015年3月、北陸新幹線の金沢延伸開業は日本中を席巻する大きな話題となった。テレビ・雑誌など多くのマスメディアで北陸の特集が組まれ、観光客は飛躍的に増加した。がしかし、開業効果はやがて剥落していく。一過性のブームに終わらせないためには、このインフラを今後どう活用して

いくべきなのか。北陸を知り尽くすシンクタンク・北陸経済研究所の主任研究員が、新幹線建設の経緯にはじまり、北陸の交通・観光・経済・他地域連携などを多角的に検証。他都市の事例を織り込みながら、北陸のみならず日本全体の観光産業のこれからも見据えつつ、新幹線を活用した地域活性化策を提言する。

◇北海道新幹線がやってくる―つながる！ひろがる！ 北海道新幹線 ［函館］ 北海道渡島総合振興局 2015.3 11p 30cm〈共同刊行：北海道檜山振興局〉

◇北海道新幹線で行く北海道鉄旅ガイド JTBパブリッシング 2016.4 111p 26cm （JTBの交通ムック 30） 1400円 ①978-4-533-10999-7

◇北海道新幹線パーフェクト・ブック―各種資料・データを満載した永久保存版！路線、駅、ダイヤ、車両などの各種データを網羅！ 双葉社 2016.2 127p 26cm （双葉社スーパームック） 1400円 ①978-4-575-45595-3

◇またあなたから買いたい！―カリスマ新幹線アテンダントの一瞬で心をつかむ技術 齋藤泉著 徳間書店 2009.8 209p 19cm 1200円 ①978-4-19-862785-0

◇まるごと！ 新幹線―ビジュアル図解 梅原淳編 同文舘出版 2007.11 229p 21cm〈年表あり〉 1700円 ①978-4-495-57751-3
内容 現在の日本になくてはならない乗り物「新幹線」。約300km/hもの高速で走りながら、日々、安全・円滑に運転されているしくみとは？ 私たちの生活を支える新幹線のひみつを大公開。

◇水戸岡鋭治の「正しい」鉄道デザイン―私はなぜ九州新幹線に金箔を貼ったのか？ 水戸岡鋭治著 交通新聞社 2009.8 199p 18cm （交通新聞社新書 006） 800円 ①978-4-330-08709-2
内容 九州新幹線「つばめ」やJR九州の特急列車を中心に、常に話題作を発表し続けてきたデザイナー・水戸岡鋭治。ユニバーサルデザインやバリアフリー対策、さらに地産地消的考えをも取り込んだ、彼の独特な鉄道デザインの原点にあるものを、個々の「仕事」を通して展望する。

◇ミニ新幹線誕生物語―在来線との直通運転 ミニ新幹線執筆グループ著 交通研究協会 2003.12 196,6p 19cm （交通ブックス 113）〈東京 成山堂書店（発売）〉 1500円 ①4-425-76121-9
内容 急曲線、急こう配の連続、豪雪などの過酷な困難を乗り越えて完成した"ミニ新幹線"はどのようにして誕生したのか？ プロジェクトに従事した技術者たちが生み出した数々の日本オリジナルの技術を分かりやすく解説。

◇もっと知りたい！ 新幹線 恵知仁文・イラスト・写真 白夜書房 2007.12 222p 19cm〈文献あり〉 505円 ①978-4-86191-349-5
内容 「N700系デビュー」「東京～新青森3時間に」「新幹線の技術が台湾へ、中国へ」…など、夢と憧れを乗せて進化する新幹線の魅力とひみつ。

◇山形新幹線―鉄路の復権 鹿野道彦著 翠嵐社 1992.6 246p 19cm〈年表：p241～246〉 1000円

◇夢が実現―北陸新幹線佐久平駅開業までの歩み 北陸新幹線佐久平駅開業記念誌 北陸新幹線佐久平駅開業記念誌編集委員会編 佐久 長野県佐久市 1999.10 193p 31cm〈折り込1枚 年表あり〉

◇夢の新幹線もの知り学習帳―乗るのが楽しい！ 親子で納得！：車窓で学ぼう！ 歴史・産業・地理 玄光社 2012.7 114p 19×26cm （玄光社MOOK） 1600円 ①978-4-7683-0380-1

◇夢の超特急―近畿周辺を快速する新幹線電車0系100系 野口昭雄著 ［静止画資料］ 大阪 スタジオワープ 2005.8 絵はがき1組（30枚） 15×11cm （Post card collection）〈発売：新風書房（大阪）〉 1000円 ①4-88269-584-7

◇「夢の超特急」誕生―秘蔵写真で見る東海道新幹線開発史 交通新聞社新書編集部編著 交通新聞社 2015.2 205p 18cm （交通新聞社新書 078） 800円 ①978-4-330-54015-3
内容 明治31年（1898）発刊の「鉄道時報」を嚆矢とし、長年日本の交通・運輸・観光について情報発信してきた専門紙「交通新聞」。そのなかから、東海道新幹線が開業するまでの約10年間にわたる「交通新聞」の記事と、未発表写真を含む膨大な写真資料とを再構成して、構想から開業までの道のりを振り返る。さまざまな困苦に直面しながらも驚異的なスピードをもって出来上

がっていく新幹線の様子だけでなく、戦後復興期から高度経済成長期へと転換していく日本の風景や人々の息吹が伝わってくるのも、貴重な新聞記事と写真ならでは。文字だけでは語れない歴史がある。169点の写真で紡ぐ、新幹線開業までの道のり。

◇「夢の超特急」、走る！─新幹線を作った男たち　碇義朗著　文藝春秋　2007.10　391p　16cm　〈文春文庫〉〈「超速に挑む」(1993年刊)の増補　文献あり〉　657円　①978-4-16-771748-3
[内容] 昭和39年(1964年)10月1日午前6時、新幹線「ひかり」1号と2号が同時に東京と新大阪の駅をスタートした。しかし記念すべきその場に、最大の功労者ともいうべき、前国鉄総裁・十河信二、技師長・島秀雄、建設担当常務・大石重成の姿はなかった。世紀の一大プロジェクトに果敢に挑んだ男たちの姿を描く感動のノンフィクション。

◇よみがえる新幹線0系・100系・200系─世界に先駆け、高速鉄道を実現した新幹線第一世代のすべて　三品勝暉著　学研パブリッシング　2014.5　175p　26cm　〈文献あり　発売：学研マーケティング〉　2800円　①978-4-05-405964-1
[内容] 幾多の難題を乗り越え、世界初の高速鉄道を開業。日本を縦横に駆け抜け、高度成長を支えた新幹線。その開発から開業までの道のりと0系・100系・200系列車の全貌に迫った、新幹線ファン必携の保存版。

◇私の青森駅─思い出800字　ボクとワタシの新幹線─夢を語ろう400字　青森　青森編集会議　2010.12　161、28p　21cm〈東北新幹線新青森駅開業記念年表あり　発売：泰斗舎(青森)〉　1200円　①978-4-925190-10-7

◇21世紀にのこる乗りもの　新幹線─北陸新幹線建設促進運動の軌跡　新潟県上越市、交通新聞社〔発売〕　2001.8　330p　21cm　952円　①4-330-70202-9
[内容] 整備新幹線は、全国高速交通体系の根幹を形成し、建設段階および開業後の経済波及効果が抜群であり、収支採算性にも優れ、国土の均衡ある発展と地域の振興を図る上で、きわめて重要な国家プロジェクトです。今後とも、整備新幹線の整備を促進し、広く全国的に整備による効果を浸透させることは、21世紀に向けたわが国としての国家的責務といえます。本書は、政治の厳しい思惑と、景気の荒波に翻弄され、さらには、マスコミの批判的な論調と、まさに逆風続きであった道のりを乗り越えて、本格着工に結びつけるまでをまとめたものです。

152 リニアモーターカー

【概　要】一般的な電動機(モーター)と異なり軸のない電動機(リニアモーター)により駆動する車両のことであり、電車の一種である。

現在建設が進められている中央新幹線(品川～名古屋)では磁気浮上式のリニアモーターカーが採用されることになっている。磁気浮上式とは、磁力の反発力を利用して車両を軌道から浮かせて進行する方式のことである。この方式は、すでに愛知高速交通東部丘陵線で導入されている。

中央新幹線をめぐっては、時速500キロの営業速度(品川～名古屋を最速40分)という速さに期待する声がある。その一方で、建設工事に伴う自然環境破壊(地下水の枯渇など)が起こっており、また、リニアモーターカーから生じる電磁波の人体への影響を危惧する声、さらには、運行を担う東海旅客鉄道(JR東海)の経営圧迫を不安視する声なども聞かれる。

◇"悪夢の超特急"リニア中央新幹線─建設中止を求めて訴訟へ　樫田秀樹著　増補　旬報社　2016.8　299p　19cm　〈文献あり〉　1600円　①978-4-8451-1471-9
[内容] 「ストップ・リニア！訴訟」リニア新幹線沿線住民738人が裁判に立ちあがった！立ち木トラスト運動、土地トラスト運動、「リニア新幹線を考える登山者の会」の結成、「日本野鳥の会」の取り組み…住み慣れた静かな地域を奪われる住民や「日本最後の秘境」南アルプスの自然を守ろうとする人々の工夫を凝らした活動が始まっている。第58回日本ジャーナリスト会議賞受賞。

◇危ないリニア新幹線　リニア・市民ネット編著　緑風出版　2013.7　274p

20cm　2400円　①978-4-8461-1315-5

[内容] 実験線を走らせるだけで宙に浮いていたリニア計画が、JR東海によるリニア中央新幹線計画の浮上で現実味を帯びてきた。しかし、建設費だけでも5兆4000億円を超え、リニア特有の電磁波の健康影響問題や、中央構造線のトンネル貫通の危険性、地震の時の安全対策など問題が山積している。また電力も膨大に必要になり、自然破壊も問題だ。時間短縮も都心間では在来新幹線と比べてさほどではなく、採算性は極めて怪しいという。本書は、こうした様々な問題点を、専門家が詳しく分析し、リニア中央新幹線の必要性を考える素材を提供する。

◇環境にやさしいリニアモーターを用いた新交通システム　饗庭貢著　金沢　北國新聞社出版局　2006.11　206p　19cm〈文献あり〉　1429円　①4-8330-1500-5

[目次] 乗り物としての価値, なぜ浮上式なのか, 実用的な浮上（上・下）案内（左・右）方式, 新交通システム, 金沢の新交通システム, 推進方式, 非接触集電で車両側所内電源を得る方法, 新交通システムの経費, 磁気浮上、磁気推進鉄道システムの安全性, 鉄道で定めなければならないこと, 金沢都市圏リニアモーターカー計画の実際, リニアモーターエレベーター, 無限軌道式リニアモーターカー, 空飛ぶリニアモーター飛翔体, 海を渡る電磁推進船（EMT、Electro - Magnetic Thruster）, 水陸両用列車マリーン・エクスプレス（Amphibious Marine - Express）, ソーラーリニアモーターカー（SLC、Solar linear Mortor Car）（太陽光による磁気推進システム車）

◇ここまで来た！ 超電導リニアモーターカー　鉄道総合技術研究所編　交通新聞社　2006.12　271p 図版8p　19cm〈「超電導リニアモーターカー」（1997年刊）の増訂　年表あり〉　1429円　①4-330-90506-X

[目次] 第1章 時速五〇〇キロはこうして達成された（走行試験開始から時速五五〇キロ達成までの道程, すれちがい試験 ほか）, 第2章 山梨実験線の技術（実験線のロケーション, 車両 ほか）, 第3章 超電導リニアの生い立ち（なぜ超電導リニアが選ばれたのか, 超電導リニアのあゆみ ほか）, 第4章 超電導リニアの技術（超電導リニアはなぜ浮くのか, なぜ超高速で走れるのか ほか）, 第5章 超電導リニアの周辺（エネルギー・地球環境負荷に対する考察, 海外のリニアモーターカー ほか）

◇疾走する超電導―リニア五五〇キロの軌跡　井出耕也著　ワック　1998.4　235p　20cm〈発売：アスペクト（〔東京〕）〉　1900円　①4-948766-05-4

[目次] 1章 もっと速く, 2章 世界初の選択, 3章 白紙からのスタート, 4章 超電導の厚い壁, 5章 実用化へのステップ, 6章 営業線としてのリニアモーターカー, 7章 未来鉄道の実験場, 8章 MLX01疾走す, 9章 営業線への第二歩, 10章 明日へのブラッシュアップ

◇新幹線とリニア半世紀の挑戦―世界に冠たる「安全思想」はどう構築されたか　村串栄一著　光文社　2012.1　297p　19cm〈年表あり　文献あり〉　1500円　①978-4-334-97670-5

[内容] 新幹線開業以来、乗客死傷者ゼロの偉業、東日本大震災での東北新幹線「5秒の余裕が生んだ安全停止」は決して奇跡ではない！ 超電導リニア開発者たちが初めて明かした秘話。時速500キロのスピードと想定外に備えて安全性を追求した苦節50年。

◇スーパートレイン―夢をかなえる超電導リニアモーターカー　荻原宏康ほか著　東京電機大学出版局　1990.4　149p　21cm　（ハイテク選書ワイド）〈参考文献：p147～149〉　1700円　①4-501-10410-4

[内容] 第1章 スーパートレインの夢と歴史;第2章 スーパートレインのいろいろ;第3章 リニアモータの話;第4章 超電導の話;第5章 世界のリニアモーターカーを訪ねて;第6章 その他のリニアモータ応用走行体

◇総点検・リニア新幹線―問題点を徹底究明　リニア・市民ネット編著　緑風出版　2017.9　165p　21cm　（プロブレムQ & A）〈文献あり〉　1400円　①978-4-8461-1713-9

[内容] JR東海の社長自身が「リニアは絶対ペイしない」と断言していたリニア中央新幹線計画が着工しました。膨れあがる建設費、中央構造線のトンネル貫通など工事の危険性、膨大な残土処理と自然破壊・景観破壊、リニア特有の電磁波による健康影響、膨大な電力消費など、問題が山積しています。しかも時間短縮効果や地域振興もあやしく、JR東海の社長が断言したように採算性は極めて厳しいといえます。本書は、こうしたリニア中央新幹線の問題点を総点検し、建設がいかに不必要かつ無謀かを、Q & Aでやさしく解説します。

リニアモーターカー

◇ちょうでんどうリニア　溝口イタルえ, 平岩美香文　交通新聞社　2015.9　31p　25cm　（でんしゃのひみつ）　1300円　①978-4-330-59915-1

◇超電導リニアの謎を解く　村上雅人, 小林忍著　新潟　シーアンドアール研究所　2015.3　143p　19cm　（SUPERサイエンス）〈索引あり〉　1400円　①978-4-86354-165-8

内容　超電導が高速移動の未来を開く！東京と大阪間を約1時間で結ぶ夢の超特急「超電導リニア」。浮きながら高速移動を可能にした驚くべき超電導のメカニズムやリニア開発成功までの知られざる舞台裏に迫る。

◇超電導リニアの謎を解く―SUPERサイエンス　村上雅人, 小林忍著　新潟　シーアンドアール研究所　2016.2　143p　26cm　（目にやさしい大活字―SMART PUBLISHING）〈2015年刊の再刊　索引あり〉　2200円　①978-4-86354-781-0

内容　超電導が高速移動の未来を開く！東京と大阪間を約1時間で結ぶ夢の超特急「超電導リニア」。浮きながら高速移動を可能にした驚くべき超電導のメカニズムやリニア開発成功までの知られざる舞台裏に迫る。

◇超電導リニアモーターカー　鉄道総合技術研究所編　交通新聞社　1997.4　231p　19cm　1429円　①4-87513-062-7

◇鉄ものがたり―読むリニア・鉄道館　読売新聞中部支社社会部編　名古屋　読売新聞中部支社　2011.3　95p　21cm　〈年表あり〉　476円　①978-4-990575-10-6

◇翔べ！リニアモーターカー　沢田一夫, 三好清明著　読売新聞社　1991.2　228p　19cm　（読売科学選書 36）　1300円　①4-643-91010-0

目次　第1章　リニアモーターカーとは, 第2章　リニアモーターカー発案のころ, 第3章　最高時速達成と有人実験, 第4章　リニアモーターカーのいろいろ, 第5章　リニアモーターカーをめぐる技術, 第6章　運転・制御と人を乗せる上での問題点, 第7章　山梨実験線と中央リニア構想

◇リニア新幹線が不可能な7つの理由　樫田秀樹著　岩波書店　2017.10　63p　21cm　（岩波ブックレット No.975）　520円　①978-4-00-270975-8

内容　東京と関西を一時間で結ぶ超特急、リニア中央新幹線。さまざまな宣伝文句とともに、事業費10兆円を超す巨大事業が動き出した。だが、容易に解決のつかない多くの問題が、工事の前に横たわっている。この超巨大事業は、とてつもない負の遺産となって後世に遺されるかもしれない。リニア問題を追及してきたジャーナリストが、現場に足を運んでつぶさに検証し、7つの課題として整理する。

◇リニア新時代―今世紀最後の大型プロジェクト・リニア構想。　白澤照雄, 阿部和義著　ビジネス社　1997.4　220p　19cm　1300円　①4-8284-0732-4

内容　本書では、国際的な交通革命をもたらす山梨実験線での実用化テスト、リニア中央新幹線計画や、その経済効果、リニア関連企業と電力、医療など超電導技術の応用分野の動向を中心に現状、将来を紹介し、ドイツ、日本航空のリニアモーターカー（常電導型）の開発、実用化にも触れています。

◇リニア中央新幹線に未来はあるか―鉄道の高速化を考える　西川榮一著　自治体研究社　2016.2　125p　21cm　〈文献あり〉　1204円　①978-4-88037-646-2

目次　1 リニア中央新幹線計画の概要（超電導リニア鉄道技術の開発経過, 国、JR東海がいうリニア中央新幹線の目的・意義 ほか）, 2 リニア中央新幹線の技術と輸送コスト―高速化の技術（交通機関とスピード, 交通機関の基本構造と性能 ほか）, 3 500km/hと旅客需要予測―高速化の経済（旅客の移動コストと機会損失モデル, 中央新幹線の整備形態と輸送需要予測 ほか）, 4 環境問題・安全問題（環境・安全面から見たリニア中央新幹線計画の問題点, さまざまな環境問題 ほか）, 5 スピードの価値再考―高速化の社会学（根強いスピード志向, スピードの価値再考）

◇リニア中央新幹線のすべて―徹底詳解　川島令三著　廣済堂出版　2012.11　215p　19cm　1500円　①978-4-331-51677-5

内容　リニアは天候に影響されなくなる？車窓はどうなる？リニア想定時刻表10パターン（名古屋開業、大阪開業別）、自分の家からは「リニア」,「のぞみ」どっちが速い？未公開写真、図表満載。ルート、途中駅、駅配線図、規格などの先取り情報。

◇リニアで変わるやまなしの姿　吉沢やすみ作, 石川森彦作画　甲府　山梨県総

合政策部リニア環境未来都市推進室　2018.1　19p　30cm

◇リニアに乗って日本を壊そう！　樫田秀樹著　東海教育研究所，（秦野）東海大学出版会〔発売〕　2014.2　267p　19cm　1600円　①978-4-486-03782-8
　内容　着工寸前まで詳細の明言を避ける超巨大プロジェクトとはいったい何なのか？ 9兆円という超巨大事業の実像がほとんど知らされることなく，2014年には着工されるところまできてしまった。リニア中央新幹線計画はやっぱりおかしい！

◇「リニア」破滅への超特急──テクノロジー神話の終着点　ストップリニア東京連絡会編　柘植書房　1994.10　182p　20cm　1900円　①4-8068-0348-0
　目次　1 リニアモーターカーはなぜ燃えたか，2 難問疑問でリニアは超満員！，3 リニアフィーバーがやってきた，4 リニアは山梨に何をもたらすのか，5 隠されていた電磁波公害問題，6 高速鉄道構想が破壊する鉄道ネットワーク

◇リニアモータカー──超電導が21世紀を拓く　京谷好泰著　日本放送出版協会　1990.6　235p　19cm　（NHKブックス598）　780円　①4-14-001598-5
　内容　「東京〜大阪間を1時間で結べ！」。次代を担う高速鉄道の本格的な開発は，東海道新幹線開業からわずか4年間に始まる。地震国日本の大地から浮上し，騒音・振動もなく，安全・快適に，速く走る列車をどう実現するのか。独創的な発想に，新幹線開発以来，培われてきた高速輸送のノウハウと，高度な日本の工業技術が結集して，超電導によるリニアモータカーが誕生する。その開発の全貌を，生みの親が明かす。

◇リニアモーターカー──新交通システムがスピードと快適さを創造！　窪園豪平著　一ツ橋店　1997.7　191p　21cm　（シリーズ〈21世紀の最先端技術〉）　1300円　①4-565-98322-2
　目次　1 東京‐大阪を1時間で結ぶには，2 リニアドライブと超電導を理解しよう，3 これがリニアモーターカーだ，4 実用化に最短距離のHSST，5 そのほかのリニアモーターカー，6 交通以外にも応用できるリニアモーターカー，7 課題を乗り越え，実用化を！，8 リニアモーターカー実用化のメリットについて

◇リニモとまちと私たち──リニモ10周年記念写真集　リニモねっと編　〔長久手〕　リニモねっと　2015.2　180p　20×22cm〈共同刊行：愛知高速交通　年表あり〉　1200円

高速鉄道

鉄道政策

◇新・鉄道は地球を救う　上岡直見著　交通新聞社　2007.2　275p　19cm　1800円　①978-4-330-91007-9
　内容　鉄道が担う！　環境的に持続可能な交通と社会の実現。

◇第5世代鉄道―知識創造による鉄道の革新　佐藤吉彦著　交通新聞社　2005.1　321p　21cm〈文献あり〉　2667円　①4-330-82205-9
　目次　1 鉄道の構成と事業創造，2 東海道新幹線の実現と在来貨物鉄道の収縮，3 興亡の構造，4 東海道新幹線に至る系譜，5 新鉄道システムの構想と知識創造，6 第5世代鉄道への道

◇鉄道整備基金のあゆみ　鉄道整備基金　1997.9　163p　31cm

◇鉄道の未来学　梅原淳［著］　角川書店　2011.9　216p　18cm　〈角川oneテーマ21 B-150〉〈発売：角川グループパブリッシング〉　724円　①978-4-04-110023-3
　内容　鉄道と経済のギモンをわかりやすく解説。新幹線延伸やリニア建設で読む日本の社会と経済のあり方。

◇鉄道未来地図　川島令三著　東京書籍　2001.8　255p　19cm　1700円　①4-487-79604-0

　内容　日本の鉄道はこうなります。数年先の通勤電車、新幹線、ローカル線の姿を、都市計画や開発計画から完全予測！　まさにこの1冊で日本の鉄道のすべてが見えてくる本。

◇鉄道は地球を救う　上岡直見著　日本経済評論社　1990.11　239p　19cm　2060円　①4-8188-0442-8
　内容　鉄道の有効活用は大気汚染・地球温暖化を防ぎ、エネルギーの節約につながる。自動車交通のあり方とともに、将来の交通体系を考える。

◇2030年日本の鉄道未来予想図―技術、路線、各社の戦略はこう変わる！　洋泉社　2017.3　111p　29cm　〈洋泉社MOOK〉　1300円　①978-4-8003-1158-0

◇日本の鉄道未来予想図―最新版 首都圏＆全国の鉄道網はここまで変わる！　洋泉社　2016.3　111p　29cm　〈洋泉社MOOK〉〈文献あり〉　1200円　①978-4-8003-0846-7

◇JR路線廃止問題を考える―2017年度一橋祭研究　国立　一橋大学鉄道研究会　2017.11　180p　26cm〈文献あり〉

---

153 交通政策

【概　要】交通問題を解決し、よりよい交通社会を目指して政府や自治体等が行う総合交通政策や運賃料金政策、規制政策などの施策。総合交通政策は異種交通機関の相互連携により、総合的な交通網の最適化を目指す施策である。運賃料金政策の例としては、公的価格規制のほか、割引運賃の許可制から届出制への変更などが挙げられる。規制政策としては、鉄道事業は公共性が高いため、参入・退出規制がある。

◇空港と鉄道―アクセスの向上をめざして　佐藤芳彦著　交通研究協会, 成山堂書店〔発売〕　2004.6　4,168p　19cm　〈交通ブックス〉　1500円　①4-425-76141-3
　内容　都市中心部から離れた位置に建設される大規模空港とそのアクセスを担う鉄道。

従来競争関係にあった両者の結合と協調を国内外の多くの事例を紹介、その現状と課題、展望までを分かりやすく解説する。

◇交通産業の多角化戦略　石井晴夫著　交通新聞社　1995.6　156p　22cm　〈交通選書〉　2400円　①4-87513-040-6
　内容　激変する交通・運輸事業の経営問題、特

に経営の多角化に焦点を当て、現状分析を踏まえ、内在する問題点や対応策あるいは事業戦略を公益事業論、公共政策論の視点から分析を試み、関係する運賃問題、交通ネットワーク・インフラ等個別課題についても考察する。

◇富山から拡がる交通革命―ライトレールから北陸新幹線開業にむけて　森口将之著　交通新聞社　2011.12　244p　18cm　（交通新聞社新書 037）〈文献あり〉　800円　①978-4-330-25811-9

内容 乗り物の側から見た移動でなく、人の側から、人と環境に配慮した移動。今、富山ではこうした考え方にもとづく、公共交通を軸にしたまちづくりが着々と進められている。日本列島の一地方に過ぎないこの地で、世界的な潮流となっている先進的公共交通政策がなぜ、どのように可能になっているのか。本書は、地元富山の行政機関や多数の交通関係者に取材し、その秘密を解き明かす。富山の試みは、果たして例外なのだろうか。

154 鉄道計画

【概　要】鉄道に関する政策上の計画。国内においては、国土交通省交通政策審議会が答申する都市鉄道の鉄道整備計画や、「全国新幹線鉄道整備法」に基づく「建設を開始すべき新幹線鉄道の路線を定める基本計画」及び整備計画などがある。

◇新線鉄道計画徹底ガイド―未来鉄道2020年　新幹線編　川島令三著　山海堂　2002.8　231p　21cm〈想定時刻表付き〉　1900円　①4-381-10438-2

内容 「フル規格」か「スーパー特急」かの議論は終わった。今後は新幹線と在来線とを行き来できるフリーゲージトレインをどう活用するかだ。そして今後造られるフル規格新幹線はどのルートを通るのか？　本当に開通するのか？　いつごろ開通するのか？　そして在来線はフリーゲージトレインによって息を吹き返すか？　全国で予定されている『新幹線』計画を個別に整理して詳しく検証。各計画の経緯から現状の分析、そして実現の可能性をさぐる。

◇新線鉄道計画徹底ガイド―未来鉄道2020年　西日本編　川島令三著　山海堂　2001.7　311p　21cm〈想定時刻表付き〉　2000円　①4-381-10389-0

内容 現在、全国に数多くある鉄道新線計画のなかで実現の可能性のあるものはどれなのか？　既に工事中で開通間近な路線から、まだ具体的なことが何も決まっていない路線まで、これから開通・延長される計画路線について、独自の調査により検証。その実現の可能性から、想定されるルート、そして開通した場合に想定される時刻表まで、各計画ごとに整理して詳しく紹介する。

◇新線鉄道計画徹底ガイド―未来鉄道2020年　東日本編　川島令三著　山海堂　2001.1　255p　21cm〈想定時刻表付き〉　1900円　①4-381-10388-2

内容 現在ある鉄道新線計画を徹底検証！　現在、全国に数多くある鉄道新線計画のなかで実現の可能性のあるものはどれなのか？　既に工事中で開通間近な路線から、まだ具体的なことが何も決まっていない路線まで、これから開通・延長される計画路線について、独自の調査により検証。その実現の可能性から、想定されるルート、そして開通した場合に想定される時刻表まで、各計画ごとに整理して詳しく紹介する。

◇〈図解〉日本三大都市幻の鉄道計画―明治から戦後へ、東京・大阪・名古屋の運命を変えた非実現路線　川島令三［著］　講談社　2008.9　304p　16cm　（講談社＋α文庫）　762円　①978-4-06-281228-3

内容 もし計画通りだったら、渋谷より目黒のほうが栄えていた!?　世田谷通りに地下鉄が走っていた？　南海電車が梅田駅まで乗り入れていた？　名古屋の「消えた高速鉄道網計画」って何？　何度も塗り替えられて今の形になった大都市の路線図。その裏に消えた計画が実現していたら、現在とは違う繁華街、オフィス街、ターミナル、住宅地ができあがっていたかもしれない。人気鉄道アナリストが膨大な資料と綿密な取材をもとに、明治から戦後復興期までの幻の鉄道計画を明かす。

◇〈図解〉日本三大都市未完の鉄道路線―昭和から平成へ、東京・大阪・名古屋の未来を変える計画の真実　川島令三［著］　講談社　2008.10　348p　16cm（講談社＋α文庫）　838円　①978-4-06-281238-2

[内容] あの地下鉄線が大きく進路を変えた理由は？ 専用ホームだけつくって用途変更した通勤新幹線計画って何？ 現在準備中の新交通システムは意外な方向へ延びる!?高度経済成長からバブル期、そして21世紀へ。時代が選んだ路線と選ばなかった路線、それぞれの事情は？ まだまだ広がる鉄道網は、どんな理由でその形を決めるのか。人気鉄道アナリストが膨大な資料と綿密な取材をもとに、昭和40年代から現在までの消えた鉄道計画と未来予想図を明かす。

◇弾丸列車計画—東海道新幹線につなぐ革新の構想と技術　地田信也著　交通研究協会　2014.9　214p　19cm　（交通ブックス 122）〈文献あり 索引あり 発売：成山堂書店〉　1800円　①978-4-425-76211-8

[内容] 弾丸列車計画とは、昭和15年事業に着手した東京‐下関間線路増設計画のこと。高速列車の走行を考えていた。戦況の悪化により中断したが、東海道新幹線がわずか5年で完成できたのは、この計画が下敷きとしてあったから。しかし当時の鉄道の技術水準や計画の詳細は、一部の関係者を除いてほとんど知られていない。本書では、これまでに蒐集できた文献・資料を用いて、その全体像を明らかにする。

◇鉄道計画は変わる。—路線の「変転」が時代を語る　草町義和著　交通新聞社　2014.2　230p　18cm　（交通新聞社新書 064）〈文献あり〉　800円　①978-4-330-43814-6

[内容] その時々の社会情勢や人々の思惑の中で、何度も変更される鉄道建設の計画。計画段階や敷設工事中のみならず、開業した後も変更や改良を繰り返すうちに、当初予定とはまるで変わってしまった路線も存在する。本書では、地下鉄から新幹線まで全国8路線と駅をピックアップ、多岐にわたる資料を丹念に拾い集め、開業・開通後には忘れ去られがちな、鉄道計画の複雑怪奇な変転の歴史を解きほぐしていく。一見無味乾燥な資料の中から、時代に翻弄されその姿を変えていく「鉄道計画」の全容があぶり出される。

◇鉄道の話題あれこれ—船についても　交通計画特論　宮田一,祖田圭介著　鎌倉冬花社　2013.5　537p　21cm　〈奥付のタイトル：鉄道の話あれこれ　折り込1枚　文献あり　年表あり〉　2000円　①978-4-925236-88-1

◇どうなる新線鉄道計画—これから開通・延長される計画路線の全容　西日本最新版　川島令三著　産調出版　1998.1　306p　19cm　〈1990年刊の改訂新版〉　1800円　①4-88282-174-5

[内容] 計画線60路線解説（最新路線図・写真150点掲載）。通常の鉄道新線計画だけでなく、新幹線やリニア、新ロープウェイ、輸送システムまで新情報満載。開通間近の新線は駅配線や計画ダイヤを紹介。知られざる計画ルートも最新調査で収録。

◇どうなる新線鉄道計画　西日本編　川島令三著　産調出版　1994.12　235p　19cm　（産調未来books）　1500円　①4-88282-129-X

[内容] JR、私鉄、第三セクター、地下鉄からモノレール、新交通システムまで利用者の立場から紹介・解説しその実現性や有益性を分析・評価する。鉄道関係者・マニアばかりでなく、新店舗出店や営業所新設、転居を計画中の人不動産関係者など、必読・必携の書。

◇どうなる新線鉄道計画—これから開通・延長される計画路線の全容　東日本最新版　川島令三著　産調出版　1997.2　196p　19cm　〈1993年刊の改訂新版〉　1550円　①4-88282-157-5

[内容] 本書は、全国の鉄道新線計画を整理して紹介し、得失まで踏み込み、意味のある路線なのかどうかを吟味することを目的とした。構成として、最初に計画経緯、次に「建設概要」、そして「どうなるどうする」の3項目に分けた。計画経緯、「建設概要」、はできるだけ忠実に現計画を元にして想定するが、「どうなるどうする」では著者自身の鉄道に対する持論を元にした提言を主に述べた。

◇どうなる新線鉄道計画　東日本編　川島令三著　産調出版　1993.12　223p　19cm　（産調未来books）　1500円　①4-88282-128-1

[内容] JR、私鉄、第三セクター、地下鉄など全国の新線鉄道路線を紹介・解説し、利用者のための鉄道網という立場から有益性、実現性を分析・評価する。

◇どうなる北陸新幹線—異議あり！ 第3セクター　野崎弘編著　富山　桂書房　1992.7　111p　21cm　（桂ブックレット no.4）〈関係年表・参考文献：p104～111〉　824円

155 鉄道とまちづくり

【概　要】昨今の日本では、少子高齢化を背景とした人口減少の中で、いかにして都市機能・交通を維持していくかが課題となっている。この問題に対応するための施策として、「鉄道沿線まちづくり」が注目されている。人の集まりやすい駅周辺に日常的な生活支援機能を誘導し、拠点病院、大規模商業施設、文化ホールといった高次都市機能は沿線の地方公共団体で分担・連携し、地域全体を一つの都市圏としてまちを維持していくというもの。鉄道沿線を軸に都市機能が集積する構造と、鉄道輸送の持つ大量性・高速性といった特性を活かした方策で、その推進には沿線市町村と鉄道事業者の連携が重要である。

◇あなたへのタブレット─信越本線を守る120キロ大行進…東京へ　在来線を守る全国連絡協議会編集委員会編　在来線を守る全国連絡協議会編集委員会　1994.7　104p　26cm

◇がんばれ！銚子電鉄─ローカル鉄道とまちづくり　向後功作著　日経BP社　2008.2　178p　19cm〈発売：日経BP出版センター〉　1400円　①978-4-8222-4640-2
内容　「ぬれ煎餅」を買って困窮する鉄道を救え！2週間で1万件の注文が殺到！騒動の舞台裏と地方鉄道の未来を電鉄社員が語りおろす。

◇希望のレール─若桜鉄道の「地域活性化装置」への挑戦　山田和昭著　祥伝社　2016.9　207p　19cm　1400円　①978-4-396-61576-5
内容　外資系IT業界から過疎の町へ乗り込んだ"鉄ちゃん社長"の戦略と戦術。小さな会社の大きな実験はなぜ成功したのか。

◇コミュニティ鉄道論　佐藤信之著　交通新聞社　2007.11　193p　21cm　1905円　①978-4-330-96307-5
目次　第1章 コミュニティ社会と鉄道, 第2章 鉄道の中間経営形態, 第3章 都市鉄道, 第4章 ローカル鉄道, 第5章 最近の鉄道問題への取り組み, 第6章 提言

◇首都圏通勤路線網はどのようにつくられたのか　首都圏通勤路線研究会著　洋泉社　2017.6　191p　19cm〈文献あり〉　1500円　①978-4-8003-1243-3
内容　JR、私鉄、地下鉄が互いに乗り入れ、複雑に鉄道網がはりめぐらされた東京。急増する郊外から都心へと通う通勤者をいかに運ぶかという問題に対して、官民あげた取り組みによって路線網が発達してきた。世界で最も高密度運転をおこなうこの通勤路線網が、どのように形づくられてきたのかを計画面と実現した路線から探っていく。

◇少子高齢化時代の私鉄サバイバル─「選ばれる沿線」になるには　森彰英著　交通新聞社　2017.8　239p　18cm（交通新聞社新書）　800円　①978-4-330-82017-0
内容　いま私鉄は、高齢化、少子化、人口減少、ライフスタイルの多様化といった世情の大きな変化を受け、これまでの事業スタイルの変革を迫られている。岐路に立つ私鉄は、事業の根幹である「沿線」の新たな活用、価値向上に取り組もうとしている。著者は、取材歴30年以上のベテラン私鉄ウォッチャー。定住化促進、子育て支援、学校誘致、ショッピングモール、宅地開発といった私鉄沿線の「まちづくり」現場を歩き、その将来像を探っていく。

◇少子高齢化時代の私鉄サバイバル─「選ばれる沿線」になるには　森彰英著　交通新聞社　2017.8　239p　18cm（交通新聞社新書 113）〈文献あり〉　800円　①978-4-330-82017-0

◇世田谷線の車窓から　東京急行電鉄株式会社,世田谷区都市整備公社まちづくりセンター編集・企画　東京急行電鉄　2004.10　106p　21×24cm〈京都 学芸出版社（発売）　共同刊行：世田谷区都市整備公社まちづくりセンター〉　1238円　①4-7615-1194-X
目次　インタビュー 世田谷線の車窓から, 今, 路面電車が見直されています, 特別寄稿 住民参加と路面電車（望月真一）, 特別寄稿 なぜ路面電車なのか？（家田仁）, 世田谷線の生い立ち, 最近の世田谷線の取り組み, 座談会 地上最強のローカル線になるために, 世田谷線の沿線ガイド, 世田谷線の車窓から 上町〜下高井戸駅間がもっと楽しくなるアイデアコンクール（概要, 入賞作品集, 全応募作品集）

◇第3セクター鉄道と地域振興　香川正俊著　成山堂書店　2000.7　345p　22cm　5600円　①4-425-92381-2
　内容　山間部と都市近郊の、経営環境が異なる2つの鉄道の特色を比較。両線の敷設から第3セクター化後の輸送改善実施まで詳しく調査。観光資源の活用や宅地開発などに鉄道が果たす多様な役割を説く。

◇多摩鉄道とまちづくりのあゆみ　1　多摩の交通と都市形成史研究会編　府中（東京都）　東京市町村自治調査会　1995.9　240p　21cm〈発売：古今書院（東京）〉　参考文献：p229〜234）　1500円　①4-7722-1848-3

◇多摩鉄道とまちづくりのあゆみ　2　多摩の交通と都市形成史研究会編　府中（東京都）　東京市町村自治調査会　1995.9　272p　21cm〈発売：古今書院（東京）〉　1200円　①4-7722-1849-1
　目次　1 多摩の地域的特徴と交通、2 鉄道の発達と都市形成、3 多摩における地域計画の変遷、4 明治20〜30年代八王子をめぐる鉄道敷設の動向、5 青梅鉄道と石灰石輸送、6 五日市鉄道の誕生、7 立川の発展と鉄道、8 学園都市の形成と交通の発達、9 北多摩北部の鉄道網の発達、10 八王子都市計画の変遷、11 農地が都市へ─多摩丘陵の開発─、12 バス路線網の展開、13 吉祥寺駅周辺再開発の経過、14 府中の交通と都市形成、15 調布の都市開発と交通、16 フェンスの向こうはカリフォルニア

◇多摩鉄道とまちづくりのあゆみ　資料編　多摩の交通と都市形成史研究会編　府中（東京都）　東京市町村自治調査会　1996.3　396p　21cm

◇地域振興と整備新幹線─「はやて」の軌跡と課題　櫛引素夫著　弘前　弘前大学出版会　2007.5　136p　26cm〈年表あり　文献あり〉　1000円　①978-4-902774-24-5

◇チャレンジする地方鉄道─乗って見て聞いた「地域の足」はこう守る　堀内重人著　交通新聞社　2013.10　221p　18cm（交通新聞社新書 059）〈文献あり〉　800円　①978-4-330-41813-1
　内容　地方鉄道をとりまく過酷で厳しい状況が、長らく続いている。少子高齢化、モータリゼーションの進展、産業の空洞化、長引く不況、そして規制緩和…撤退を余儀なくされた路線が後を絶たないなか、地方の鉄道事業者はそれぞれ、涙ぐましい努力を重ねながら活路を見出そうとしている。そしてそれは、単に路線の存続という枠を超え、地域の雇用や産業を生み出し活性化にもつながっていく。本書では、奮闘している全国の地方鉄道をつぶさに取材、これまでの過程と現況、そして展望や打開策まで取り上げ、地方鉄道と地域経済の活性化に一石を投じる。

◇つくばエクスプレスがやってくる　日本経済新聞社編　日本経済新聞社　2005.7　263p　19cm〈年表あり〉　1600円　①4-532-31221-3
　内容　最先端技術の集積する「つくば」からITの新拠点「アキバ」まで45分。新産業の創出、地域の活性化、快適な居住環境の整備─沿線の期待を乗せ走り出す"一大国家プロジェクト"の全貌を描く。

◇つくばエクスプレス最強のまちづくり　塚本一也著　創英社/三省堂書店　2014.10　205p　18cm　1000円　①978-4-88142-877-1
　内容　TX延伸で見えてくる、いばらきの近未来。

◇鉄道沿線と文化　関西鉄道協会都市交通研究所編　［大阪］　関西鉄道協会都市交通研究所　2011.5　165p　30cm（IUT 1039─研究シリーズ no.39）〈年表あり〉

◇鉄道が創りあげた世界都市・東京　矢島隆、家田仁 ほか編著　計量計画研究所　2014.3　328p　21cm〈他言語標題：Transit Oriented Development　年譜あり　発売：全国官報販売協同組合〉　2500円　①978-4-9900731-6-9
　内容　鉄道システムと都市開発との相互作用に着目。これからの都市の再構築は如何にあるべきか。

◇鉄道整備と沿線都市の発展─りんかい線・みなとみらい線・つくばエクスプレスの事例　高津俊司著　成山堂書店　2008.6　193p　22cm〈文献あり〉　2600円　①978-4-425-92641-1
　内容　鉄道ができることによる波及効果は？ 今後の望ましい鉄道整備手法とは？ 鉄道とまちの自律的な発展とは？ 近年、首都圏で開業された3路線の整備手法や開業効果を事例に、鉄道整備による沿線都市の発展を解説する。都市鉄道開業によるまちづくりの現況を追う一冊。

◇鉄路守れ！ 20年の軌跡—1984～2004　在来線を守る全国連絡協議会編　在来線を守る全国連絡協議会　2004.6　64,32p　30cm〈年表あり〉

◇どうする？ 鉄道の未来—地域を活性化するために　鉄道まちづくり会議編　緑風出版　2004.12　215p　21cm　（プロブレムQ & A）〈文献あり〉　1800円　①4-8461-0419-2

内容 日本全国で鉄道の廃止が続出しています。赤字なのだからという理由がほとんどですが、それでいいのでしょうか。高齢社会、地球温暖化、赤字高速道路とさまざまな問題をかかえる日本社会の今後を考えれば、交通問題を根本から見直す必要があります。欧米ではすでにクルマ依存社会への見直しが急務で、路面電車の活用が活発化しています。本書は地域の鉄道を見直し、その再評価と存続のためのマニュアルです。

◇どうする？ 鉄道の未来—地域を活性化するために　鉄道まちづくり会議編　増補改訂版　緑風出版　2009.4　260p　21cm　（プロブレムQ & A）〈文献あり〉　1900円　①978-4-8461-0903-5

内容 日本全国で鉄道の廃止が続出しています。赤字なのだからという理由がほとんどですが、それでいいのでしょうか？ 高齢者にも地球にも優しくないクルマ社会。そのクルマ優先のまちづくりが地方都市の中心部をシャッター街と化しています。日本社会の今後を考えれば、交通問題を根本から見直す必要があります。欧米ではすでにクルマ依存社会への見直しがすすみ、路面電車を活用した街づくりが活発化しています。日本でもそうした動きが地方でできています。最新情報と新たに書き下ろしを加え全面増補改訂した本書は、地域の鉄道を見直し、その再評価と存続のためのマニュアルであり、鉄道を中心とした街づくりを提案します。

◇ドキュメントJR第1号駅「北上尾」—開発・利権との闘い 北上尾駅建設と埼玉県立上尾高校存続の歴史　田島俊雄著　時潮社　2005.1　341p　26cm〈年表あり〉　2000円　①4-7888-0502-2

◇都市鉄道整備の展開—東京圏鉄道プロジェクト　佐藤信之著　電気車研究会　1995.1　142p　26cm　1500円　①4-88548-073-6

◇中津川市リニアのまちづくりビジョン　中津川　中津川市　2013.8　131p　30cm

◇日本の地方民鉄と地域社会　青木栄一編　古今書院　2006.11　294p　22cm

〈文献あり　年表あり〉　6200円　①4-7722-6026-9

目次 1 地方民鉄の見方（鉄道と地域社会とのかかわり, 地域社会を通じての鉄道史研究, メソスケール鉄道史の意義, 地方局地鉄道の発達過程と政策展開）, 2 民営鉄道と地域産業（民営貨物鉄道の役割と意義, 日本の石灰石・セメント・砂利輸送と鉄道, 小規模鉱山にかかわる鉄道, 水力電源開発と鉄道）, 3 地方小都市の鉄道導入（五城目軌道の成立と地域社会）

◇雪の原—JR信越線存続について 国会請願の記録　柳沢友一著　〔小諸〕〔柳沢友一〕〔1996〕　41p　21cm

◇横浜線と沿線周辺の現状と将来を考える　廣瀬将則著　名古屋　ブイツーソリューション　2015.8　54p　15cm　720円　①978-4-86476-338-7

◇レッドアローとスターハウス—もうひとつの戦後思想史　原武史著　新潮社　2012.9　396p　20cm　2000円　①978-4-10-332841-4

内容 西武と団地は、何を生み出したのか—特急電車と星形住宅が織り成した「思想空間」をあぶりだす力作評論。

◇レッドアローとスターハウス—もうひとつの戦後思想史　原武史著　新潮社　2015.4　531p　16cm　（新潮文庫　はー50-2）　750円　①978-4-10-134581-9

内容 「西武の天皇」と呼ばれた堤康次郎。東京西郊で精力的に鉄道事業を展開し、沿線には百貨店やスーパー、遊園地を建設。公営団地も集まり、「西武帝国」とでもいうべき巨大な文化圏を成した。しかし堤本人の思想と逆行するように、団地は日本共産党の強力な票田となり、コミューン化した「赤い病院」さえ現れた。もうひとつの東京、もうひとつの政治空間でなにが起きていたのか—。

◇路面電車とまちづくり—人と環境にやさしいトランジットモデル都市をめざして　路面電車と都市の未来を考える会編著　京都　学芸出版社　1999.5　246,7p　22cm　2500円　①4-7615-2210-0

内容 自動車交通の行き詰まり、環境問題の深刻化、高齢少子化社会の到来、中心市街地の空洞化など、日本の都市は多くの問題を抱えている。これらの問題解決の切り札として、いま新しい路面電車＝LRTが注目されている。路面から段差なく乗り降りできる超低床車、音も静かで、デザインもスマート、スピードも速い。さらに、CO_2排出量も少なく環境にやさしい、建設費も安いという、新しい都市の装置である。

156 鉄道事情（各地）

【概　要】鉄道事情は地域によって様々である。都内を走る山手線は日中でも4分間隔、ラッシュ時は2分間隔で運行しているが、地方では時間帯によっては1時間に1～2本が当たり前。都心部の通勤ラッシュは、もはや日本の朝の風物詩となっている。一方、自家用車の普及や沿線の過疎化で利用者が激減したローカル線は、廃線が相次いでいる。

◇愛知県駅と路線の謎　野田隆著　洋泉社　2016.7　189p　18cm　（新書y 299）〈文献あり 年表あり〉　950円　①978-4-8003-0926-6
　内容　東海地方で最大の都市・名古屋を擁する愛知県。名鉄、近鉄やJR、地下鉄などの列車が所狭しと走る駅や路線には、首を傾げたくなるような多くの不思議や謎が存在する。終着駅なのに線路の続く駅がある？同じ路線同士の乗り換えなのに、わざわざ改札を通過する？名古屋人だけが読める難読駅名とは？バスが走る鉄道がある？約五〇路線、約五〇〇ある駅のなかから厳選した疑問・発見の数々を紹介！あなたの知らないもう一つの「愛知」が見えてくる！

◇愛知県の鉄道―昭和～平成の全路線 県内の現役路線と廃線　牧野和人著　アルファベータブックス　2017.8　127p　26cm〈年表あり〉　2400円　①978-4-86598-828-4
　目次　第1章 国鉄・JR（東海道新幹線、東海道本線、関西本線、中央本線 ほか）、第2章 私鉄・公営交通（名古屋鉄道、近畿日本鉄道、豊橋鉄道、名古屋市営地下鉄 ほか）

◇朝日新聞社機が撮った総武線、京成線の街と駅〈1960～80年代〉―懐かしい、あの駅前風景を空から楽しむ 総武線全通120周年記念出版！　生田誠解説、朝日新聞社写真　フォト・パブリッシング　2017.8　127p　29cm〈発売：メディアパル〉　2200円　①978-4-8021-3066-0
　目次　1章 総武線（東京駅、新日本橋駅、馬喰町駅、御茶ノ水駅、秋葉原駅、浅草橋駅 ほか）、2章 京成線（京成上野駅、日暮里駅、千住大橋駅、押上駅、京成立石駅 ほか）

◇朝日新聞社機が撮った中央線の街と駅〈1960～80年代〉―懐かしい、あの駅前風景を空から楽しむ オレンジ色の電車登場60周年記念出版！　矢嶋秀一解説、朝日新聞社写真　フォト・パブリッシング　2017.7　127p　29cm〈発売：メディアパル〉　2200円　①978-4-8021-3061-5
　内容　懐かしい、あの駅前風景を空から楽しむ。32駅すべて掲載！

◇いわて鉄道物語―鉄道馬車から新幹線まで　大内豊著　盛岡 日刊岩手建設工業新聞社　2007.2　249p　21cm〈年表あり〉　1500円　①4-931219-09-8

◇沿線格差―首都圏鉄道路線の知られざる通信簿　首都圏鉄道路線研究会著　SBクリエイティブ　2016.8　237p　18cm　（SB新書 354）　820円　①978-4-7973-8865-7
　内容　勝ち組10路線と負け組8路線を発表！ブランドタウン充実路線から、酒盛り列車と呼ばれる路線まで、各沿線の愛すべき個性を徹底分析！

◇大阪鉄道大百科―大阪の鉄道会社・車両・路線・駅・歴史まるわかりガイド！　KADOKAWA　2017.7　131p　26cm　（ウォーカームック No.763）〈関西ウォーカー特別編集〉　1500円　①978-4-04-896061-8

◇大阪の電車青春物語　橋本雅夫著　草思社　1997.12　264p　20cm　1800円　①4-7942-0797-2
　内容　民鉄を中心に大阪とその周辺の鉄道の変遷を自らの体験を交えつつ描く。今はなき京都、大阪、和歌山などの路面電車についても活写。好評の『阪急電車 青春物語』の姉妹篇。

◇大阪府の鉄道―昭和～平成の全路線 大阪府の現役全路線と廃線　野沢敬次著　アルファベータブックス　2017.7　127p　26cm〈年表あり〉　2400円　①978-4-86598-827-7
　目次　第1章 国鉄・JR（東海道新幹線、山陽新幹線、東海道本線 ほか）、第2章 公営交通・私鉄（大阪市交通局（地下鉄）、北大阪急行電鉄南北線、阪急電鉄宝塚本線、箕面線 ほか）、第3章 廃止路線（国鉄・JRの廃止路線、大阪市交通局（大阪市電）、大阪市交通局（トロリーバス） ほか）

◇沖縄・九州鉄道チャンプルー　ゆたかはじめ,桃坂豊著　福岡 弦書房　2008.

12　155p　21cm〈文献あり〉　1900円　①978-4-86329-011-2

[内容]沖縄に鉄道を、九州に特急なは号の復活を願って―鉄道好きで知られるふたりが、時を忘れて語り合い綴ったよもやま話が満載。写真とともにお届けする味な一冊。

◇沖縄に電車が走る日　ゆたかはじめ著　那覇　ニライ社　2000.12　257p　19cm〈下関　新日本教育図書（発売）〉　1500円　①4-931314-45-7

[内容]鉄道のない沖縄の鉄道ばなし。

◇神奈川県の鉄道―昭和〜平成の全路線　県内の現役路線と廃線　杉﨑行恭著　アルファベータブックス　2017.10　95p　26cm　1850円　①978-4-86598-830-7

[目次]1章 国鉄・JR（東海道新幹線、東海道本線、横須賀線 ほか）、第2章 私鉄、公営交通（小田急小田原線、小田急江ノ島線、小田急多摩線 ほか）、第3章 廃止路線（湘南軌道、豆相人車鉄道・熱海鉄道、東急東横線（廃止区間） ほか）

◇神奈川の鉄道―1872―1996　野田正穂ほか編　日本経済評論社　1996.9　360p　21cm　2884円　①4-8188-0830-X

[目次]序章 神奈川県の鉄道への視点、第1章 東海道線の開通と鉄道網の拡大、第2章 地域の変貌と鉄道、第3章 幹線鉄道の改良、第4章 大都市化時代の神奈川の鉄道、第5章 戦時・戦後の鉄道、第6章 高度成長期の鉄道、第7章 現代の神奈川県の鉄道を考える、終章 神奈川の鉄道・その未来像

◇関西圏の鉄道のすべて　PHP研究所編　京都　PHP研究所　2015.10　223p　19cm〈文献あり〉　1600円　①978-4-569-82820-6

[目次]第1章 関西圏路線のプロフィール、第2章 関西圏の廃止線、第3章 関西圏を走る列車たち、第4章 関西圏の名駅舎、第5章 関西圏の鉄道シーン、第6章 関西圏の鉄道遺産、第7章 鉄道の博物館を楽しむ、第8章 関西圏車両基地の姿を見る、第9章 関西圏鉄道イエローページ

◇関西の鉄道関東の鉄道―その違いに驚く本　博学こだわり倶楽部編、夢の設計社企画・編集　河出書房新社　2012.11　250p　19cm〈「関西の鉄道関東の鉄道」（2010年刊）「地下鉄びっくり！ 博学知識」（2005年刊）の合本・再編集〉　524円　①978-4-309-65189-7

[内容]例えば、車内アナウンス。関東より関西のほうが聞き取りやすいって?!丸い「大阪環状線」と「山手線」、似ているようで、まるで違うって?!中央線が「オレンジ色」、後堂筋線が「赤」で塗られた理由とは？ ファンが選ぶ「優秀車両」賞、受賞回数はどっちが多い？ 東西が誇る「豪華駅弁」の驚きの値段と、そのスゴイ中身とは？「通勤・通学ラッシュ」、地獄度が高いのは大阪？ 東京？ 女性専用車両は、なぜ、東京より関西で普及したのだろう？ あれこれ比べてみれば大違い。東西ガチンコ対決の面白本。

◇関西の鉄道関東の鉄道その違いに驚かされる本　博学こだわり倶楽部編　河出書房新社　2010.12　222p　15cm　（Kawade夢文庫 K881）〈文献あり〉　543円　①978-4-309-49781-5

[内容]関西の車内アナウンスが、関東よりも聞き取りやすい秘密は？ 東では消えた車両が、西では走りつづける謎…など、あれこれ大違いの鉄道事情。西と東、どっちが凄いかわかるオモシロ対決本。

◇関西の鉄道史―蒸気車から電車まで　作間芳郎著　成山堂書店　2003.1　260,5p　20cm〈文献あり〉　2600円　①4-425-96011-4

[内容]鉄道建設に命を懸けた先人達は、線路の遙か先に何を夢見たのか。私鉄王国・関西の鉄道開設から現在までの長い道のりを追う。

◇関東私鉄比較探見―主要13社の現状と未来　広岡友紀著　JTBパブリッシング　2010.9　175p　21cm　（キャンブックス―鉄道 104）　1900円　①978-4-533-07977-1

[目次]最速！ 成田空港アクセス特急―京成新スカイライナーAE形、第1章 関東私鉄各社の最新動向（大きく変貌する相鉄、東急、京成、京急の路線改良 ほか）、第2章 各社のニューフェイス車両（西武鉄道30000系、東武鉄道50050系 ほか）、第3章 特急ロマンスカー比較考（座席指定特急のサービスと料金、東武特急の未来に向けて ほか）、第4章 観光輸送も担う地域密着型私鉄の顔（江ノ島電鉄株式会社、富士急行株式会社 ほか）、第5章 中小私鉄その経営考察

◇関東VS関西おもしろ対決 鉄道&沿線篇　小倉信一著　二見書房　2000.11　235p　15cm　（二見WAi WAi文庫）　495円　①4-576-00704-1

鉄道事情（各地）

内容 おなじ日本でも、こんなに違う。東と西、どちらが勝つか？電車が100倍楽しくなる本。

◇岐阜県の鉄道―昭和～平成の全路線　岐阜県内の現役全路線と廃線　清水武著　アルファベータブックス　2018.2　96p　26cm〈文献あり〉　1850円　①978-4-86598-833-8

目次 1章 国鉄・JR（東海道新幹線、東海道本線 ほか）、2章 私鉄（名古屋鉄道 名古屋本線、名古屋鉄道 各務原線 ほか）、3章 消えた路線（岩村電気軌道、名古屋鉄道 岐阜市内線 ほか）、4章 第三セクター鉄道（樽見鉄道 樽見線、長良川鉄道 越美南線 ほか）

◇九州・鉄道ものがたり　桃坂豊著　福岡弦書房　2006.6　172p　21cm　2000円　①4-902116-56-1

◇きゅうしゅうののりもの　持田昭俊写真　JTBパブリッシング　2012.10　1冊（ページ付なし）　15×15cm　600円　①978-4-533-08762-2

内容 九州の乗り物を網羅しました。電車だけでなく、SLやバス、飛行機や船など、九州で見られるバラエティ豊かな乗り物をまとめてあります。

◇国鉄末期の首都圏鉄道模様―懐かしいあの頃の鉄道と街並み　山口雅人著　イカロス出版　2016.3　152p　21cm　1500円　①978-4-8022-0160-5

目次 序章 SLが復活し…、第1章 1980年代の国鉄模様、第2章 私鉄の沿線散歩、第3章 代々木周辺の変遷、第4章 ちょっと遠くへ、終章 2010年代から振り返り

◇五反田駅はなぜあんなに高いところにあるのか―東京周辺鉄道おもしろ案内　長谷川裕著　草思社　2010.4　142p　21cm〈イラストレーション：穂積和夫、村上健〉　1600円　①978-4-7942-1755-4

内容 池上線五反田駅はなぜ高所にあるのか。鶴見線海芝浦駅の絶景スポット。廃駅となった並木橋駅の痕跡は。東京周辺の変てこな駅を見て歩くことから、レールの幅についての歴史的悲喜劇や火災事故の教訓が電車を変えてきた話など、鉄道のうんちく話や楽しみ方を教えるおもしろエッセイ。

◇湖北旅情―四季の鉄道写真集　石角強著　名古屋　ブイツーソリューション　2017.7　36p　30cm　1000円　①978-4-86476-507-7

◇こんなに違う通勤電車―関東、関西、全国、そして海外の通勤事情　谷川一巳著　交通新聞社　2014.12　237p　18cm（交通新聞社新書 073）　800円　①978-4-330-52414-6

内容 路線、地域、そして国によって異なるさまざまな都市交通事情を紹介。正確な時刻、緻密なダイヤ、充実した設備や清潔さといった日本の鉄道の素晴らしさを再認識するとともに、それに相反するかのように過酷で複雑な通勤列車事情とその問題点をあぶり出し、海外の事例から日本が学ぶべき点、改善点を検証する。読めばいつもの通勤電車の風景が、ちょっと違って見えてくる…。

◇さいたまの鉄道ここが不便！　八木橋吉則著　大宮　望月印刷　1994.10　370p　21cm（マイブック・シリーズ 107）

◇埼玉の鉄道百科　いのうえこーいち文、佐々倉実写真　彩流社　2014.9　79p　30cm　1850円　①978-4-7791-2355-9

目次 京浜東北線、埼京線、宇都宮線、高崎線、武蔵野線、川越線、八高線、東北新幹線、上越新幹線、東武伊勢崎線〔ほか〕

◇さいたまののりもの　持田昭俊写真　JTBパブリッシング　2012.10　1冊（ページ付なし）　15×15cm　600円　①978-4-533-08763-9

内容 埼玉県内の乗り物を網羅しました。電車だけでなく、SLやバス、新交通システムやロープウェイなど、県内で見られるバラエティ豊かな乗り物をまとめてあります。自分の住んでいる地域の身近な乗り物を通じて、お子様の興味・知る喜びに応え、地元への親しみをより深く感じてもらえる一冊です。写真や路線図を見て、お子様と会話しながら楽しんでください。

◇下北の鉄道と軌道―大湊・大畑・大間線、田名部軌道、森林鉄道、日鉄鉱山鉄道　祐川清人著　むつ　うそりの風の会　2016.6　272p　26cm〈年表あり　文献あり〉　1800円　①978-4-906939-07-7

◇「ジャパン・コリドール」プラン―リニアネット21が日本を変える　石井威望、天野光三、伊藤滋、佐貫利雄、月尾嘉男著　PHP研究所　1990.12　270p　26cm　2500円　①4-569-52931-3

内容 21世紀の日本にふさわしい国土計画とは何か―本提言は、北海道から九州までの

鉄道事情（各地）

2千数百キロをリニアエクスプレスで結び、広域の生産と居住空間の形成を図り、世界に開かれた日本の創造を促進する壮大な構想である。

◇首都圏の鉄道のすべて　PHP研究所編　京都　PHP研究所　2015.8　223p　19cm〈文献あり〉　1600円　①978-4-569-82324-9
[目次] 第1章 首都圏通勤路線のプロフィール、第2章 首都圏の廃止線、第3章 首都圏の路線を走る列車たち、第4章 首都圏の名駅舎、第5章 首都圏の鉄道シーン、第6章 首都圏の鉄道遺産、第7章 鉄道の博物館を楽しむ、第8章 首都圏車両基地の姿を見る、第9章 首都圏鉄道イエローページ

◇信州の鉄道物語　上　消え去った鉄道編　小林宇一郎, 小西純一監修, 信濃毎日新聞社編　長野　信濃毎日新聞社　2014.6　311p　19cm　（信毎選書 10）〈1987年刊の再編集、復刻　文献あり　年表あり〉　1400円　①978-4-7840-7236-1
[内容] 高原の軽便鉄道、路面電車、森林鉄道…魅力を放ち消えて行った路線の数々。新幹線延伸、リニア、三セク化…劇的に変わる今だからこそ知っておきたい、鉄道発祥と盛衰の物語。

◇信州の鉄道物語　下　走り続ける鉄道編　小林宇一郎, 小西純一監修, 信濃毎日新聞社編　長野　信濃毎日新聞社　2014.6　313p　19cm　（信毎選書 11）〈1987年刊の再編集、復刻　文献あり〉　1400円　①978-4-7840-7237-8
[内容] 近代化・高速化の一方、合理化や存続の危機…生活や観光を支えて走り続ける路線たち。新幹線延伸、リニア、三セク化…劇的に変わる今だからこそ知っておきたい、鉄道発祥と盛衰の物語。昭和62年刊初版の内容を基に、北陸新幹線やリニア中央新幹線など、その後や現在の動向を大幅加筆。

◇図説・沖縄の鉄道　加田芳英著　改訂版　那覇　ボーダーインク　2003.7　121p　26cm〈年表あり〉　1800円　①4-89982-047-X
[内容] かつて沖縄に汽車が走っていた電車も走っていた。貴重な写真とビジュアル資料満載の沖縄交通史。

◇全国鉄道事情大研究　東海・甲信篇　川島令三著　草思社　1994.6　294p　19cm　1800円　①4-7942-0558-9

[内容] 話題のシリーズ第五弾。東海道新幹線、東海道線、中央東線、中央新幹線、信越線、北陸新幹線ほか、全26路線の現状を分析し、改善案を提起する。

◇全国鉄道事情大研究　北陸篇1　川島令三著　草思社　1995.6　250p　19cm　1700円　①4-7942-0616-X
[内容] 北陸線全線収録。初の狭軌新幹線を目指す北陸線と北陸新幹線の帰趨は…。都市近郊で活性化が待たれる北陸鉄道、富山港線。のと鉄道は観光客を呼び戻せるか…大胆な策を提起。

◇全国鉄道事情大研究　名古屋北部・岐阜篇1　川島令三著　草思社　1997.12　213p　19cm　1500円　①4-7942-0796-4
[内容] 並行するJRの改善で今や劣勢の名鉄は、いかにしてこれを挽回したらよいのか。現状の詳細な分析にもとづいて、JRに対抗するための具体策を提起する。名鉄岐阜市内線、美濃町線などの路面電車についても詳述する。

◇全国鉄道事情大研究　東京西部・神奈川篇1　川島令三著　草思社　1998.9　310p　19cm　1800円　①4-7942-0844-8
[内容] 中央線のダイヤ混乱の原因はどこにあるのか、京王線の20分毎の運転パターンは不便だ、小田急は暫定的な複々線化で、どう変わるか、など、利用者の多くが抱いている疑問や不満に明快に答える。

◇全国鉄道事情大研究　東京東部・千葉篇1　川島令三著　草思社　2002.12　214p　19cm　1500円　①4-7942-1183-X
[内容] 昼間時の京葉線はようやくすっきりしたダイヤになったが、他のJR線はいまだにわかりにくいダイヤのまま。千葉以遠では運転本数が少なすぎるうえに遅く、窓も汚れていたりする。現状をきびしく批判し、具体的な改善案を提起。

◇全国鉄道事情大研究　東京北部・埼玉篇1　川島令三著　草思社　2003.7　260p　19cm　1600円　①4-7942-1232-1
[内容] そつのない運営だが、これという面白みに欠ける西武線。長距離通勤に対応していない東武上線。りんかい線直通を含めて運転本数がまだまだ足りないJR埼京線。現状の問題点をずばり指摘し、利用者の立場から具体的改善策を提起する。

鉄道政策

◇全国鉄道事情大研究　北陸篇2　川島令三著　草思社　1995.10　278p　19cm　1800円　①4-7942-0657-7
内容　優良民鉄の富山地鉄、人気の黒部峡谷鉄道、300キロ運転を目指す上越新幹線、ローカル化した上越線、期待の北越急行など、バラエティ豊かな17路線を徹底分析。高崎線ダイヤにも言及。

◇全国鉄道事情大研究　名古屋北部・岐阜篇2　川島令三著　草思社　1998.2　234p　19cm　1500円　①4-7942-0806-5
内容　中央西線、高山線のさらなる高速化策は？　上飯田連絡線の開業で小牧線などの関連路線はどう変わるか。明知鉄道、長良川鉄道を活性化するには？　太多線をもっと活用せよ…など、大胆にして現実的な改善策を提起する。

◇全国鉄道事情大研究　東京西部・神奈川篇2　川島令三著　草思社　1999.6　310p　19cm　1800円　①4-7942-0889-8
内容　日吉・田園調布・目黒間の「都心線」の誕生によって、東急はどこまで変わるのか？　この東急の大がかりな改良計画の全容を詳述するほか、横浜地下鉄など、神奈川県の新線計画も盛りこんだ待望の一冊。

◇全国鉄道事情大研究　東京東部・千葉篇2　川島令三著　草思社　2003.2　209p　19cm　1500円　①4-7942-1193-7
内容　「成田高速鉄道アクセス」の計画が始動した。空港アクセス線の本命ともいえるこの新線が開業したとき、遠い成田空港は近くなるのか。路線ごとに問題点をズバリ指摘し、"やる気があればできる"改善策、活性化策を提示する。

◇全国鉄道事情大研究　東京北部・埼玉篇2　川島令三著　草思社　2003.12　237p　19cm　1600円　①4-7942-1267-4
内容　首都圏各線は、もっと高速化できるはずだ。高崎線の新快速的列車の設定、秩父鉄道、上信電鉄の都心直通列車の運転など、新幹線との住み分けを考慮しながら充実を図って快適にすべきだ。各路線の現状を分析し、活性化策を提案する。

◇全国鉄道事情大研究　名古屋都心部・三重篇　川島令三著　草思社　1996.9　290p　19cm　1800円　①4-7942-0700-X
内容　新線計画目白押しの名古屋市地下鉄、JR「南紀」「みえ」と近鉄特急の乗客獲得合戦、苦戦する伊勢鉄道、名松線、ナローゲージの北勢線、内部線など、鉄道「発展途上」地区21路線の現実的活性化策を提唱。中京圏第1弾。

◇全国鉄道事情大研究　四国篇　川島令三著　草思社　2007.8　334p　19cm　1900円　①978-4-7942-1615-1
内容　四国にも新幹線の建設計画がある。だが、より現実的な策として予讃線、土讃線の一部区間に狭軌新幹線を造れば、それでも飛躍的に便利になると提言する。他の路線についても具体的な改善案や活性化策を提起。

◇全国鉄道事情大研究　中国篇1　川島令三著　草思社　2007.12　300p　19cm　1800円　①978-4-7942-1656-4
内容　鉄道はスピードが命。クルマや飛行機に対抗するべくスピードアップするには、どのような策を講ずればよいのか。九州新幹線直通後の山陽新幹線と在来線のスピードアップについて具体的に提言する。

◇全国鉄道事情大研究　中国篇2　川島令三著　草思社　2009.6　287p　19cm　1900円　①978-4-7942-1711-0
内容　後退したダイヤを厳しく批判するとともに、著者は路線ごとに具体的な改善案を提示する。改善すれば利用されるからだ。一方で「瀬戸内マリンビュー」「奥出雲おろち」「SLやまぐち」号などのジョイフルトレインについても詳しく紹介。

◇全国鉄道事情大研究　九州1　川島令三著　草思社　2006.10　230p　19cm　1600円　①4-7942-1533-9
内容　九州新幹線は博多開業で、どのように変わるのか。鹿児島線を走る特急は、何が消えて何が残るのか。GCT（軌間可変列車）の実用化を考慮に入れて、九州新幹線と、関連する在来線のダイヤ等を想定する。

◇全国鉄道事情大研究　九州篇2　川島令三著　草思社　2007.3　302p　19cm　1800円　①978-4-7942-1562-8
内容　西九州新幹線の開業で長崎・佐世保方面の鉄道は、どう変わるのか。軌間可変列車の使用によって所要時間は、どれほど短縮するのか。三セクとなる並行在来線の帰

鉄道事情（各地）

趣は？ 肥薩線など、名だたる観光路線も収録。

◇全国鉄道事情大研究　京都・滋賀篇　川島令三著　草思社　1992.8　246p　19cm　1600円　⑤4-7942-0473-6

[内容]京阪間の熾烈な競争路線、第3セクターで好成績を上げる北近畿タンゴ鉄道、高規格の湖西線、話題となった信楽高原鉄道など、本篇も『神戸篇』に続いて興味尽きない新情報が満載。

◇全国鉄道事情大研究　群馬・栃木篇　川島令三著　草思社　2004.3　245p　19cm　1600円　⑤4-7942-1291-7

[内容]東北線は長大編成でダラダラと走らせるのではなく、短い編成にして頻繁運転を行うべきだ。伊勢崎線の半蔵門線直通を倍増せよ。東武日光線は池袋・新宿方面とのアクセスをよくせよ…などなど、路線ごとに改善すべき点をズバリ指摘。

◇全国鉄道事情大研究　湘南篇　川島令三著　草思社　1996.12　306p　19cm　1854円　⑤4-7942-0738-7

[内容]JR東海道線、京急本線を中心に、「花の東海道筋」湘南地区の14路線を徹底分析。

◇全国鉄道事情大研究　常磐篇　川島令三著　草思社　2004.8　253p　19cm　1600円　⑤4-7942-1334-4

[内容]つくばエクスプレスが近く開業する。快速は130キロの高速で走るが、所要時間は45分と、意外に遅い。そこで著者は特急の運転をぜひとも行うよう提言する。他に常磐線など、このエリアの鉄道をすべて取り上げ、改善策、活性化策を示す。

◇全国鉄道事情大研究　神戸篇　川島令三著　草思社　1992.3　230p　19cm　1500円　⑤4-7942-0452-3

[内容]日本の鉄道をすべてとりあげ、現状と将来を検討する新シリーズの第1弾。神戸を中心に兵庫県の路線について、概要、沿線風景、乗客の流れ、ダイヤ、車両、将来の各項目に分けて詳述。

◇全国鉄道事情大研究　青函篇　川島令三著　草思社　2016.9　221p　19cm　1700円　⑤978-4-7942-2225-1

[内容]北海道新幹線（東京―新函館北斗間）は「3時間30分台」を目指せ！ その他、JR津軽線、道南いさりび鉄道など、"北海道長万部以南、青森、秋田、岩手の「青函エリア」計15路線"を徹底研究！

◇全国鉄道事情大研究　大阪都心部・奈良篇　川島令三著　草思社　1993.3　254p　19cm　1600円　⑤4-7942-0498-1

[内容]JR環状線、大阪市地下鉄、近鉄奈良線・大阪線、JR関西線など阪奈間の路線の問題点を指摘し、具体的な改善案を提起。片福線開業後のアーバンネットワークはどうなるか、その検討も興味深い。

◇全国鉄道事情大研究　大阪南部・和歌山篇　川島令三著　草思社　1993.8　286p　19cm　1700円　⑤4-7942-0516-3

◇全国鉄道事情大研究　東京都心部篇　川島令三著　草思社　2000.5　318p　19cm　1800円　⑤4-7942-0967-3

[内容]大江戸線の全線開業、東急と南北線・三田線、南北線と埼玉高速鉄道、東武と半蔵門線、臨海副都心線と埼京線の相互直通など、大きく変わる東京の通勤電車事情を詳述。開業後のダイヤ等を想定し、改善案を提起する。

◇全国鉄道事情大研究　東北・東部篇　川島令三著　草思社　2017.10　287p　19cm　1900円　⑤978-4-7942-2304-3

[内容]JR石巻線、気仙沼線、大船渡線、八戸線…大震災から6年余り。東北の鉄道はどう生まれ変わったか？ 津波による被害と復旧の状況、バス専用道（BRT）に変貌した区間の現状など、太平洋側、計17路線の今を徹底解説！

◇全国鉄道事情大研究　北海道篇　川島令三著　草思社　2017.4　311p　19cm　1800円　⑤978-4-7942-2274-9

[内容]人口減少、高速道の整備、天災…ほとんどの路線が赤字。どう存続させるべきか？ 現地取材にもとづき、現状と未来を徹底分析！

◇全国鉄道事情大研究　名古屋東部篇　川島令三著　草思社　2002.6　230p　19cm　1600円　⑤4-7942-1140-6

[内容]歴史的経緯を踏まえた飯田線の沿線ガイドは実に興味深く、乗ってみたくなること請け合い。各路線の具体的な改案は、やはり著者ならではのもの。中部国際空港アクセス線が開業したときなどの想定時刻表も一興である。

◇ぜんぶわかる東京の電車ものしりずかん―新幹線、特急通勤電車、地下鉄スカイライナー東京の電車ぜ〜んぶあつまれ！　山崎友也監修　成美堂出版

鉄道政策

2012.3　79p　22×22cm〈索引あり〉　850円　Ⓘ978-4-415-31308-5
内容　新幹線、特急、通勤電車、地下鉄、東京の電車、ぜ〜んぶあつまれ。

◇誰も書けなかった首都圏沿線格差inディープ―首都圏49路線の最新"暮らしやすさ"指標が満載!!　首都圏沿線格差研究会編　笠倉出版社　2017.10　255p　18cm　800円　Ⓘ978-4-7730-8906-6
内容　読まずに住めるか！知りたくなかった？首都圏の路線沿線の真実。

◇秩父鉄道新風土記　大穗耕一郎著　東松山　まつやま書房　1996.10　213p　21cm　1553円　Ⓘ4-944003-92-7

◇千葉の鉄道―北総から南房総まで、千葉県を網羅する多彩な41路線を紹介　白土貞夫編著　彩流社　2013.11　95p　30cm　1900円　Ⓘ978-4-7791-1725-1
内容　北総から南房総まで、千葉県を網羅する多彩な41路線を紹介。

◇中国地方の鉄道探見―鉄路の歴史とその魅力　中国地方総合研究センター編　広島　中国地方総合研究センター　2014.9　306p　19cm　〈中国総研・地域再発見books 4〉〈文献あり〉　1700円　Ⓘ978-4-925216-08-1
目次　第1章 社会の発展と鉄道の役割（鉄道と社会、中国地方の鉄道と社会）、第2章 特色ある中国地方の鉄道―施設、駅、路線、沿線（沿線の構造物とその技術、魅力的な駅舎のデザイン ほか）、第3章 運営に特色ある民営、公営、第三セクター路線（地域の足として新たな展開を見せる第三セクター鉄道、都会の足となる路面電車1 岡山電気軌道 ほか）、第4章 廃線、未成線跡をたどる（可部線廃線区間と今福線未成線区間を歩く、備後地域を走った民営鉄道 ほか）、第5章 鉄道と地域―鉄道を生んだ地域の動き（鉄道と地域振興、鉄道遺産の活用法―廃線と跡地活用のヒント（他地域の事例から））

◇鉄塾―関東VS関西教えて！ 都市鉄道のなんでやねん？　中川家礼二,原武史著　ヨシモトブックス　2011.8　193p　19cm〈発売：ワニブックス〉　1238円　Ⓘ978-4-8470-1999-9
内容　芸人が学者に学ぶ言いたい放題「鉄道論」！「笑う鉄道」特別講義。

◇鉄道と新潟　新潟市編　新潟　新潟市　2010.3　164p　19cm　〈新新潟歴史双書 5〉〈文献あり　年表あり〉

◇鉄道と新潟　新潟市編　新装版　新潟　新潟日報事業社　2014.11　169p　19cm〈文献あり　年表あり　初版の出版者：新潟市〉　1400円　Ⓘ978-4-86132-574-8

◇鉄道ライバル物語―関東vs関西　三好好三著　JTB　2002.3　222p　19cm　〈マイロネbooks 2〉　1000円　Ⓘ4-533-04196-5
内容　東西は、はたして水と油か？ 個性の違いにすぎないのか。

◇鉄道路線サバイバル―21世紀に躍進する沿線はどこだ!?　広岡友紀著　戎光祥出版　2009.6　219p　19cm　1600円　Ⓘ978-4-900901-98-8
内容　コストパフォーマンスなら西武、時間距離なら京王・京急、将来性狙いなら相鉄、ブランド志向なら東急・小田急・JR東海道線…なぜそう言えるのか!?究極の鉄道＆ビジネス本。

◇鉄道浪曼派　蒼穹の中央線編　日永藤佐著　杉並通信　1997.3　193p　19cm　1300円　Ⓘ4-916179-05-6
目次　第1部 蒼穹の中央線（西荻窪駅「頭上の狼」、御茶の水駅「心象風景」、高円寺駅「蕎麦とは…」、大久保駅「K亭・蕎麦おたく」ほか）、第2部 鉄道あれこれ（八高線パート(1)「幼き鉄道ファン」、八高線パート(2)「拝島発・レトロ乗車」、川越線「たそがれの人々」、青梅線二俣尾駅〜石神前 ほか）

◇電信柱とシグナル―小坂鉄道と鉄道員たち 写真集　千葉裕之著　秋田　無明舎出版（製作）　1999.10　73p　17×17cm　1500円　Ⓘ4-89544-227-6

◇東海圏の鉄道のすべて　PHP研究所編　京都　PHP研究所　2015.11　223p　19cm〈文献あり〉　1600円　Ⓘ978-4-569-82832-9
目次　第1章 東海圏路線のプロフィール、第2章 東海圏の廃止線、第3章 東海圏の路線を走る列車たち、第4章 東海圏の名駅舎、第5章 東海圏の鉄道シーン、第6章 東海圏の鉄道遺産、第7章 鉄道の博物館を楽しむ、第8章 東海圏車両基地の姿を見る、第9章 東海圏鉄道イエローページ

◇東京の電車ものしり百科　学研パブリッシング　2009.12　79p　30cm　〈きらり！好奇心〉〈付属資料（DVD-

鉄道事情（各地）

Video1枚 12cm)：東京の私鉄大集合！ 発売：学研マーケティング〉 1600円 ⓘ978-4-05-203229-5

◇東北の鉄道 高橋善三郎著, 高橋和雄編 仙台 高橋ハルエ 〔1998〕 293p 27cm〈仙台 感動コーポレーション（製作)〉

◇東北の鉄道 資料編 高橋善三郎著 仙台 高橋ハルエ 1998.12 647p 21cm〈仙台 感動コーポレーション（製作)〉

◇都市鉄道完全ガイド 中京編 路線図、配線図、混雑率の変遷……など 名古屋を中心とした中京圏のJR、私鉄、市営地下鉄の概要がわかる！ 双葉社 2017.1 145p 26cm （双葉社スーパームック）〈文献あり〉 1500円 ⓘ978-4-575-45664-6

◇都市鉄道完全ガイド 関西私鉄・地下鉄 ミナミ編 地図、停車駅、速度……あらゆるデータにより大阪南部と阪奈、阪和、京奈間、京都を中心とした私鉄、地下鉄路線の概要がわかる！ 双葉社 2016.3 144p 26cm （双葉社スーパームック）〈文献あり〉 1500円 ⓘ978-4-575-45603-5

◇都市鉄道完全ガイド 関西JR編 地図、停車駅、速度……あらゆるデータにより関西地区JR路線の概要がわかる！ 双葉社 2015.9 145p 26cm （双葉社スーパームック）〈文献あり〉 1500円 ⓘ978-4-575-45536-6

◇21世紀を走れ 竹内努著 新居浜 のぞみ事務所 1993.10 185p 19cm 1600円

◇のってみたいな！ 大阪の電車・新幹線 ―新幹線・特急列車・快速列車 中井精也, 山﨑友也, 村上悠太監修 成美堂出版 2012.6 64p 26cm （のりもの写真えほん 10）〈2011年刊の改訂〉 880円 ⓘ978-4-415-31389-4
内容 大阪には、JRやさまざまな私鉄の列車があつまってます。この本では、新幹線、特急列車、快速列車、大阪のまわりを走る列車をたくさん紹介しています。「路線図」や「列車のことをおぼえよう！」「知ってる？」「鉄道用語まめじてん」を読

んで、列車のことをたくさんおぼえてください。

◇東日本の電車おもしろ百科 学研パブリッシング 2011.12 79p 30cm （きらり！好奇心）〈発売：学研マーケティング〉 1600円 ⓘ978-4-05-203511-1
内容 東京・関東・甲信越・東北・北海道エリアを走るJR路線や新幹線、私鉄、地下鉄、路面電車などをもうらした本格的な鉄道ずかん。あこがれの特急電車の運転室や、てんけん用のはたらく車両もレポート。電車のおもしろ＆ものしり情報がいっぱいで、鉄道はかせになれる。かっこいい人気電車の走行シーンがいっぱいのDVD付き。

◇兵庫県の鉄道―昭和～平成の全路線 兵庫県内の現役全路線と廃線 野沢敬次著 アルファベータブックス 2018.1 95p 26cm 1850円 ⓘ978-4-86598-832-1
目次 1章 国鉄・JR（山陽新幹線、東海道本線、山陽本線 ほか)、2章 私鉄・公営鉄道（阪急電鉄 宝塚本線、阪急電鉄 神戸本線、阪急電鉄 伊丹線 ほか)、3章 廃止路線（三木鉄道三木線、国鉄鍛冶屋線、国鉄高砂線 ほか）

◇広島県の鉄道―昭和・平成の全路線 広島県内の現役路線と廃線 牧野和人著 アルファベータブックス 2018.4 123p 26cm 1850円 ⓘ978-4-86598-835-2
目次 1章 国鉄・JR（山陽新幹線、山陽本線、福塩線、芸備線、呉線、可部線、木次線、三江線（廃線)、宇品線（廃線))、2章 路面電車・私鉄・新交通等（広島電鉄、広島高速交通、井笠鉄道神辺線（廃線)、井原鉄道、尾道鉄道（廃線)、呉市電（廃線)、鞆鉄道（廃線)、スカイレール）

◇北海道鉄道なんでも事典 田中和夫著 札幌 北海道新聞社 2013.9 423p 21cm〈年表あり〉 2000円 ⓘ978-4-89453-704-0
内容 元札幌車掌区車掌長の著者が北海道の鉄道に関する基礎知識を平易に解説。鉄道のしくみのほか、鉄道雑学もたくさん盛り込んだ北海道の鉄道基本図書の決定版。700点に及ぶ資料写真や図版を交え、歴車、路線、歴史、保安、時刻表、駅、きっぷ、信号など北海道の鉄道に関する基礎知識を、わかりやすい言葉で説明。

◇北海道の鉄道 田中和夫著 札幌 北海道新聞社 2001.2 335p 22cm 1900円 ⓘ4-89453-136-4

鉄道政策

441

|内容| SL、ローカル線、青函連絡線、殖民軌道…。120年の歴史がここに。あの懐かしい鉄道の写真も。

◇南大東島シュガートレイン―南の島の小さな鉄道　竹内昭著　岩崎電子出版　2002.8　111p　13×19cm〈他言語標題：Sugar train　おもに図〉　1429円　①4-9901165-1-8
|目次| 大東糖業専用鉄道とは、思いでの南大東島、車両、在所、西線、南支線、亀池線、一周線、北支線

◇みまさか鉄道ものがたり　小西伸彦著　津山　みまさかローカル鉄道観光実行委員会　2013.11　302p　21cm〈文献あり　発売：吉備人出版（岡山）〉　2200円　①978-4-86069-375-3
|内容| 平成25年、建国1300年を迎え岡山県北部の美作地域。歴史と自然に恵まれた美作は、鉄道遺産の宝庫としても知られている。旧津山扇形機関車庫や、津山駅から四方に伸びる路線に佇む木造駅舎などはその代表だ。鉄道遺産そのものともいえるその風景を求め、全国からたくさんのファンが訪れる。本書は、美作の鉄道の歴史をたどりながら、鉄道に夢とロマンを賭けた人々を描いた力作。

◇山梨の鉄道　川島令三著　甲府　山梨日日新聞社　2003.10　257p　18cm（山日ライブラリー）　1200円　①4-89710-715-6

◇リニアで変わるやまなしの姿　吉沢やすみ作、石川森彦作画　甲府　山梨県総合政策部リニア環境未来都市推進室　2018.1　19p　30cm

◇忘れえぬ東北・ふるさとの鉄道風景　日本鉄道写真作家協会、東北を応援する写真家たち著　世界文化社　2011.9　175p　26cm　2000円　①978-4-418-11229-6
|内容| JR八戸線、山田線、大船渡線、気仙沼線…、三陸鉄道北リアス線、南リアス線ほか、19路線の被災前の風景を1冊に収録。昭和の写真もある。

◇笑う鉄道―関西私鉄読本　中川家礼二責任編集、梅原淳監修　ヨシモトブックス　2008.5　179p　21cm〈発売：ワニブックス〉　1500円　①978-4-8470-1769-8
|内容| 昔からずっと不思議に思ってた、「ホーム傾いてるんとちゃう？」「なんでこんな大きな木があんねん？」「駅と駅の間が近すぎるやん！」そんな関西の鉄道への"つっこみ"を全部1冊にした。

◇笑う鉄道―関東私鉄読本　上京編　中川家礼二責任編集、梅原淳監修　ヨシモトブックス　2009.6　189p　21cm〈発売：ワニブックス〉　1505円　①978-4-8470-1844-2
|目次| 礼二の上京乗車ルポルタージュ　山手線民鉄めぐり、面白＆マニアックに大特集！関東7大私鉄ツッコミ大調査、知れば知るほどハマります！　駅ナカ完全攻略、電車＆ホームから見える！　珍看板、関東私鉄博物館探訪、行き止まり駅、こんなことになってます、もう、かわいさ通り越してます　ゆるキャラ天国、関東民鉄列車顔戦―電車は顔が命!?暴走対決、鉄道偏愛座談会―こんな鉄愛もあるんです。, 鉄マニア垂涎　列車びゅーPOINT、小田急ロマンスカー＆伊豆箱根鉄道大雄山線　礼二の乗り＆乗りドキュメント、小っちゃな模型世界の大っきな謎

157　鉄道史

【概　要】日本における鉄道の最初の開業は、1872（明治5）年10月の新橋駅～横浜駅間（現在の東海道線の一部）である。その後、鉄道は遠距離輸送の主力手段として大きく発展する。しかし、第二次世界大戦後、とりわけ高度経済成長期以降になると、急速なモータリゼーションにより、地方のローカル線を中心に鉄道網の縮小（廃線など）が進められることになった。近年は、高齢化の進展などもあって交通弱者への対応が急務となり、再び、鉄道（特に、LRT：次世代型路面電車）が見直され始めている。
　鉄道史については、鉄道史学会（http://www.nikkeihyo.co.jp/tetudousigaku/）という専門の学術研究団体があり、会員の研究者によって調査研究が進められている。また、鉄道ファンとして在野で調査研究を進める人も多い。

◇昭島消えた五つの鉄道　昭島　昭島市教育委員会生涯学習部社会教育課　2017.

11　130p　21cm　〈昭島近代史調査報告書 5―ブックレット 2017〉〈調査・文・編集：三村章　年表あり〉　500円

◇あきた鉄道史ノート　田宮利雄著　秋田　無明舎出版　1993.8　249p　19cm　1800円

|内容| ローカル鉄道の発達史をなぞりながら、そこに息づく裏面、側面、珍聞、秘話を綴る交通誌。

◇明知線の60年―25キロの沿線に秘められた感動のドラマ　渡利正彦執筆　岐阜　郷土出版社　1996.6　180p　27cm　〈監修：荒巻克彦 保存版〉　3800円　①4-87664-101-3

|内容| 大正ロマンの香りを乗せて田園をゆくローカル線。昭和9年の全通から60年―SLからイベント列車までを迫力ある写真で再現。

◇浅見與一右衛門翁と「岩村電車」　永田宏著, 岩村町企画商工観光課編　岩村町（岐阜県）　岩村町　1997.12　123p　26cm〈付・幻の東美電氣鐵道〉

◇足尾鐵道の一世紀―難問続出の敷設計画から「わたらせ渓谷鐵道」まで120年の物語 写真集　小野崎敏, 川嶋伸行, 古美門佳一郎編著　新樹社　2008.8　188p　31cm〈年表あり　文献あり〉　3800円　①978-4-7875-8580-6

|内容| 新発掘の貴重古写真・絵葉書を多数掲載。「近代産業遺産」と地域の歴史を考えるフォト・ドキュメンタリー。

◇飯田線―1897〜1997　吉川利明著　豊橋　東海日日新聞社　1997.11　162p　21cm　1400円

◇飯田線の60年―三遠南信・夢の架け橋　松本　郷土出版社　1996.7　244p　31cm〈解説：白井良和 保存版〉　7500円　①4-87663-341-X

◇飯田線百年ものがたり―1897-2005　東海旅客鉄道株式会社飯田支店監修　飯田　新葉社　2005.12　167p　30cm〈年表あり〉　4500円　①4-88242-169-0

|目次| 第1章 1897（明治30年）～私設時代、第2章 1937（昭和12年）～1949（昭和24年）、第3章 1950（昭和25年）～1969（昭和44年）、第4章 1970（昭和45年）～1986（昭和61年）、第5章 1987（昭和62年）～1995（平成7年）、第6章 1996（平成8年）～未来

◇飯田線ろまん100年史―1897―1997　東海旅客鉄道株式会社飯田支店監修　飯田　新葉社　1997.11　188p　31cm　8095円　①4-88242-076-7

◇井上勝―職掌は唯クロカネの道作に候　老川慶喜著　京都　ミネルヴァ書房　2013.10　322, 16p　20cm　（ミネルヴァ日本評伝選）〈文献あり　年譜あり　索引あり〉　3500円　①978-4-623-06697-1

|内容| 井上勝（一八四三～一九一〇）明治期の鉄道専門官僚。幕末の一八六三（文久三）年、英国ロンドンに密航留学し「採長補短」の精神で西欧の近代技術を学び、明治維新直後に帰国、鉄道専門官僚となって近代日本の鉄道システムをつくり上げた井上勝。本書では、その生涯を鉄道の発展と重ね合わせながら実証的にたどる。

◇今尾恵介責任編集地図と鉄道　今尾恵介編著　洋泉社　2017.6　159p　21cm　1500円　①978-4-8003-1213-6

|内容| 鉄道の歴史、路線の謎、廃線の理由…すべての答えは地図にあり。地図のカリスマが厳選！ 謎とドラマに満ちた鉄道エンターテインメント。

◇今は昔しずおか懐かし鉄道　静岡新聞社編　静岡　静岡新聞社　2006.6　142p　18cm　（静新新書）　819円　①4-7838-0324-2

|内容| 本書は静岡新聞が昭和五十五年に「鉄道物語」として連載し、翌年に「静岡県鉄道物語」のタイトルで単行本化したものの中から、とうの昔に廃線になった鉄道を中心に「今は昔 しずおか懐かし鉄道」として再構成し、一部書き下ろしを加えた。

◇伊予鉄が走る街今昔―坊っちゃん列車の街松山の路面電車定点対比50年　大野鐵, 速水純著　JTBパブリッシング　2006.7　159p　21cm　（JTBキャンブックス）〈年表あり〉　1800円　①4-533-06410-8

|目次| 定点対比 いよてつが走る街 市内線編（城南線、城北線、本町線）、定点対比 いよてつが走る街 郊外線編（松山市駅、高浜線、横河原線、郡中線、森松線）

◇いわての鉄道百年　大内豊著　〔盛岡〕盛岡タイムス　1992.2　176p　20cm〈監修：鉄道を考える会〉　1000円

◇動く京都・20世紀鉄道絵葉書の世界　森安正, 生田誠, 高田聡編　京都　京都

鉄道史

鉄道政策

443

絵葉書研究会　2016.9　73p　26cm　1500円

◇宇品線92年の軌跡　長船友則著　ネコ・パブリッシング　2012.7　47p　26cm（RM LIBRARY 155）〈文献あり　年譜あり〉　1200円　①978-4-7770-5328-5
[目次]宇品築港と交通問題、日清戦争と広島停車場―宇品間軍用鉄道建設、山陽鉄道による旅客営業の開始、旅客営業廃止と貨物専用線化、幻の宇品臨港線延長計画、芸備鉄道のガソリンカーによる旅客営業再開と国有化、太平洋戦争と原爆被爆、戦後混乱期の通勤通学輸送、道路交通の発展と一般旅客営業廃止、時刻表から消えたゆうれい列車〔ほか〕

◇碓氷線物語―急勾配とのたたかい　八木冨男著　〔高崎〕　碓氷線物語刊行委員会　1997.8（4刷）　220p　図版10枚　22cm〈昭和53年刊の復製　発行所：あさを社（高崎）〉　1500円

◇碓氷峠の一世紀―運転史から見た横軽間の104年　上　三宅俊彦著　ネコ・パブリッシング　2002.10　45p　26cm（RM library 39）　1000円　①4-87366-317-2
[目次]横川‐軽井沢間運転史（前編）（碓氷線の計画、アプト式蒸気機関車運転の時代、アプト式電気機関車運転の時代　ほか）、横川‐軽井沢間の駅・施設（駅と信号場、独特の施設や車輛）、碓氷峠越えの名列車（客車列車編）（準急「高原」「白樺」、急行「白山」、準急「妙高」→「あさま」・急行「丸池」→「妙高」　ほか）

◇碓氷峠の一世紀―運転史から見た横軽間の104年　下　三宅俊彦著　ネコ・パブリッシング　2002.11　47p　26cm（RM library 40）　1000円　①4-87366-318-0
[内容]上巻に続き横川‐軽井沢間運転史（後編）として碓氷新線計画、粘着運転の時代から碓氷線の終焉までを、更にアプト時代～粘着運転時代の機関車（蒸気機関車・電気機関車）、また碓氷峠越えの名列車では気動車・電車列車を収録。

◇絵葉書でつづる中央線今昔ものがたり　白土貞夫著　梛出版社　2011.6　127p　21cm〈年表あり〉　1200円　①978-4-7779-1945-1

◇絵葉書に見る懐かしの鉄道　上信越・中央線編　白土貞夫著　長野　ほおずき書籍　2003.12　181p　30cm〈東京　星雲社（発売）〉　2800円　①4-434-03685-8
[内容]勇壮な鉄道と懐かしい風景がよみがえる。明治末から戦前までの鉄道史料として貴重な絵葉書を一挙に公開。

◇奥羽本線福島・米沢間概史　進藤義朗編著・作図　プレス・アイゼンバーン　2001.1　190p　29cm　5800円　①4-87112-322-7

◇大宮と鉄道―大宮市市制施行60周年記念写真集　大宮　大宮市　2000.11　51p　30cm

◇小田急沿線の近現代史　永江雅和著　クロスカルチャー出版　2016.3　171p　21cm（CPCリブレ エコーする〈知〉no.5）〈年表あり　文献あり〉　1800円　①978-4-905388-83-8

◇小田急線沿線の1世紀　生方良雄監修、鎌田達也構成・文　復刻版　復刊ドットコム　2017.11　175p　26cm〈初版：世界文化社 2009年刊　文献あり　年表あり〉　3800円　①978-4-8354-5535-8

◇小田急線沿線の1世紀　鎌田達也構成・文, 生方良雄監修　世界文化社　2009.6　175p　31cm〈文献あり　年表あり〉　4000円　①978-4-418-09211-6
[内容]古写真と貴重な史料で綴る駅と沿線の文化史。

◇小名浜・鉄道往来記　小宅幸一著　いわき市　小宅幸一　1994.2　148p　26cm　3300円　①4-924912-05-0

◇貝島炭礦鉄道―1961-1964　Kemuri Pro.著　第2版　［出版地不明］　南軽出版局　2016.2　102p　28cm　2600円

◇鹿児島の鉄道・百年　久木田末夫著　鹿児島　春苑堂出版　2000.9　228p　19cm（かごしま文庫 64）〈鹿児島　春苑堂書店（発売）〉　1500円　①4-915093-71-9

◇河東線 谷街道をゆく　東山繁　ほか撮影, 柏企画編集　長野　柏企画　2013.7　141p　21cm〈文献あり　年譜あり〉　1400円　①978-4-907788-23-0
[内容]屋代線、木島線の名で呼ばれた部分は廃止された。しかし、千曲川右岸を貫いた河東線に沿線の地域史が込められる。16人が語る鉄道と地域のドラマ。すばやい敷設で始まった90年史。

◇上高地線の80年―15キロの鉄路に秘められた80年のドラマ　松本　郷土出版社　1996.7　234p　31cm〈執筆：石川欣一ほか保存版〉　7500円　④4-87663-339-8
　内容「電車を走らせよう！」地元有志の夢が始動した。以来70有余年―。15キロのレールを駆けた感動のドラマを再現。

◇樺太鉄道　東日本鉄道文化財団　1995.3　2冊　19×27, 27cm〈書名は外箱による　外箱入〉

◇川越線、八高線昭和のアルバム　いのうえこーいち編著　フォト・パブリッシング　2017.4　88p　30cm〈発売：メディアパル〉　1800円　①978-4-8021-3039-4
　目次　川越線(大宮, 日進, 西大宮, 指扇, 南古谷, 川越, 西川越　ほか), 八高線(八王子, 北八王子, 小宮, 拝島, 東福生, 箱根ヶ崎, 金子, 東飯能　ほか)

◇川西鉄道小史―国鉄・能勢電・阪急とまちの回顧録　森田敏生著　立川　けやき出版　2014.9　250p　21cm〈文献あり　年表あり〉　1600円　①978-4-87751-519-5
　目次　序章　旧きもの、新しきもの, 第1章　川西池田, 第2章　阪鶴鉄道と寺畑, 第3章　能勢電国鉄前連絡線, 第4章　貨物基地として, 第5章　能勢口の発展

◇関西鉄道史　奥田晴彦著　大阪　鉄道史資料保存会　2006.7　24, 495p　31cm〈年表あり〉　20000円　④4-88540-114-3

◇関西電車のある風景今昔―大阪・京都・神戸の国鉄…定点対比昭和30-40年代といま　1　高山禮蔵著　JTB　2002.4　175p　21cm　(JTBキャンブックス)　1700円　④4-533-04210-4
　目次　大阪から神戸、姫路へ, 福知山線, 山陰本線, 草津線, 大阪環状線, 片町線, 関西本線, 奈良・桜井線, 阪和線

◇関西電車のある風景今昔―大阪・京都・神戸の私鉄…定点対比昭和30-40年代といま　2　高山禮蔵著　JTB　2002.9　175p　21cm　(JTBキャンブックス)　1700円　④4-533-04375-5
　目次　阪神電鉄, 山陽電鉄, 阪急電鉄, 神戸電鉄, 阪急電鉄, 能勢電鉄, 阪急電鉄, 京福電鉄, 京阪電鉄, 叡山電鉄〔ほか〕

◇汽車から電車へ―社会史的観察　原田勝正著　日本経済評論社　1995.4　246p　20cm　1854円　④4-8188-0787-7
　内容　社会とのかかわりから観た鉄道「進化」論。

◇岐阜県鉄道成立史　井戸田弘著　[岐阜]　[井戸田弘]　2015.3　244p　21cm

◇九州の鉄道おもしろ史―明治・大正・昭和　弓削信夫著　福岡　西日本新聞社　2014.6　445p　19cm〈「九州の駅・珍談160話」(私家版 2011年刊)の改題、増補　索引あり〉　1700円　①978-4-8167-0885-5
　内容　川の右岸を通すか左岸を通すかの大政争…反対派を嘘で呼び出しそのスキに新線可決…わずか13キロの路線に5つの鉄道事業者がひしめいた炭鉱地帯…元国鉄担当記者が明かす史実と滑稽噺164本。

◇郷愁の鉄路　v.1　桜桃書房　1999.9　123p　26cm　(Ohtoh mook 30)　1429円　④4-7567-1097-2

◇郷愁の野州鉄道―栃木県鉄道秘話　大町雅美著　宇都宮　随想舎　2004.9　319p　22cm〈文献あり〉　2800円　④4-88748-103-9

◇京都滋賀鉄道の歴史　田中真人, 宇田正, 西藤二郎著　京都　京都新聞社　1998.11　430p　22cm　2800円　④4-7638-0445-6
　内容　官設京阪間鉄道開業から湖東への東海道線延伸、北陸線(米原―敦賀間)、山陰線など100年余にわたる国鉄の軌跡と分割民営化で誕生したJR各線の現況―私鉄各社の変遷と路線の興亡、チンチン電車営業運転の嚆矢として―時代を築いた京都の路面電車の盛衰、そして地下鉄東西線開通まで―鉄道の歴史から地域社会の近代化の道程を振り返る。

◇ぐんまの鉄道　原田雅純著　前橋　みやま文庫　2015.10　222p　19cm　(みやま文庫 219)〈年表あり　文献あり〉　1500円

◇群馬の鉄道―私鉄・廃線含む群馬鉄道全史 1884–2006　あかぎ出版編　太田　あかぎ出版　2006.11　240p　23cm〈折り込み1枚　年表あり　文献あり〉　2800円　④4-901189-25-5

◇群馬の鉄道資料集—昭和23年（1948年）以降　平田一夫編　前橋　平田一夫　2000.3　472p　26×37cm〈複製〉

◇京浜東北線〈東京～大宮間〉・宇都宮線・高崎線—街と駅の1世紀　藤原浩著　アルファベータブックス　2015.9　95p　26cm　〈懐かしい沿線写真で訪ねる〉〈奥付のタイトル：京浜東北線・宇都宮線・高崎線〉　1900円　①978-4-86598-804-8
内容　京浜東北線・宇都宮線・高崎線各駅今昔散歩。大正・昭和の街角を紹介。

◇京浜東北線100年の軌跡—埼玉・東京・神奈川を結ぶ大動脈　三好好三著　JTBパブリッシング　2015.1　191p　21cm　（キャンブックス―鉄道 149）　1900円　①978-4-533-10130-4
目次　1 写真で見る京浜東北線, 2 京浜東北線各駅探見（大宮, さいたま新都心 ほか）, 3 京浜東北線の歴史（前史, 大正期 ほか）, 4 京浜東北線の車両（木製車, 30系 ほか）, 5 沿線の私鉄・公営交通（東武野田線, 埼玉新都市交通伊奈線 ほか）

◇激動の昭和鉄道史—時代を走り抜けた軌跡を追って 特別展　水戸　水戸市立博物館　2008.10　94p　26cm〈編集：坂本京子　年表あり〉

◇国鉄・JR関西圏近郊電車発達史—大阪駅140年の歴史とアーバンネットワークの成立ち　寺本光照著　JTBパブリッシング　2014.6　191p　21cm　（キャンブックス―鉄道 142）〈文献あり 年譜あり〉　1900円　①978-4-533-09794-2
目次　大阪駅24時間, 大阪駅物語―大阪駅140年間の歴史（初代, 2代目 ほか）, アーバンネットワーク形成史（第1期（昭和5～20年）, 第2期（昭和20～36年） ほか）, 日根野支所を訪ねる（103系から特急型車両まで多種多様な車両を見守り安全・安定輸送を支える, 日根野支所の車両たち ほか）

◇古写真で見る明治の鉄道—保存版　原口隆行編著　世界文化社　2001.7　247p　26cm　3800円　①4-418-01218-4
内容　明治5年に鉄道が開業してから、2002年には鉄道130周年を迎える。これを記念して各地に秘蔵されている鉄道古写真を、全国的に取材して構成、当時の貴重な写真により黎明期の日本の鉄道の姿を浮き彫りにした初めての書。

◇古地図でたどる鉄道の知恵線路の不思議　井口悦男著　草思社　2010.5　125p　26cm　1900円　①978-4-7942-1759-2
内容　全国31か所のおもしろポイントを地図・時刻表・写真などの資料で読み解く鉄道話あれこれ。

◇再現！ 鉄道大追跡　眞船直樹編著・写真　新人物往来社　2002.7　157p　26cm　（別冊歴史読本 16―鉄道シリーズ 第16弾）　2400円　①4-404-03016-9

◇埼玉鉄道物語—鉄道・地域・経済　老川慶喜著　日本経済評論社　2011.8　374p　20cm　2800円　①978-4-8188-2161-3
内容　130年余にわたる埼玉県の鉄道の歴史を、地域と経済に着目しながら描いた本格的な地域鉄道史。「鉄道のまち」＝旧大宮市の鉄道博物館誘致運動についても概説。

◇さいたまの鉄道　埼玉県立博物館編　浦和　さきたま出版会　1999.4　55p　30cm　933円　①4-87891-348-7
内容　本書は、平成11年3月24日から5月5日まで開催の「さいたまの鉄道展」の図録。埼玉の近代化の一翼を担ってきた「さいたまの鉄道」のあゆみを紹介するとともに、児童・生徒が親しめる参加体験コーナーや関連事業を取り入れて、親子がともに学び楽しめる構成となっている。

◇堺の鉄道110年—日本の私鉄発祥の地・堺市の鉄道史　「堺の鉄道110年」刊行委員会編　名古屋　郷土出版社　1996.8　233p　31cm　7500円　①4-87670-085-0
内容　明治21年、堺の鉄道誕生から100余年―。商業と文化の町・堺の鉄道が歩んだ激動の日々が、いま鮮やかによみがえる。

◇さよなら碓氷線　碓氷線を記録する会著　薮塚本町（群馬県）　あかぎ出版　1997.8　359p　25cm〈折り込1枚〉　10000円

◇さよなら江差線　さよなら江差線編集委員会編　札幌　北海道新聞社　2014.6　175p　26cm〈文献あり 年譜あり〉　1759円　①978-4-89453-743-9
内容　多くの人に惜しまれながら、鉄路78年の歴史に幕を閉じた江差線。地域の人々の生活を支え、沿線の町の発展を支えてきた江差線にさようなら、そしてありがとうの気持ちをこめて、美しい写真とともにその歴史をふりかえる。さよなら列車を含む最後の一日、SL時代から現代までの沿線風景

や車両紹介、郷土のあゆみなど内容はもりだくさん。

◇山陰の鉄道―野本末治郎の鉄道史　野本末治郎［著］，野本晃史編著　［松江］山陰観光研究会　2010.7　130p　30cm〈共同刊行：末治郎卒寿祝賀刊行協力グループ　年譜あり　年表あり〉

◇三江線の過去・現在・未来―地域の持続可能性とローカル線の役割　関林平，会下和宏，田中義昭，岡崎勝彦，保母武彦，政森進，有田恭二，飯野公央著　米子　今井印刷　2017.3　161p　21cm　(山陰研究ブックレット 6)〈発売：今井出版(米子)〉　1111円　①978-4-86611-072-1

内容「田植えする人々」の手元が見えて、人間が人間らしく生きる農村風景を車窓から望むことができる三江線。…廃線で失うものに思いをはせて刊行する1冊。

◇JR横浜線・根岸線―街と駅の1世紀 JR横浜線・根岸線各駅今昔散歩明治・大正・昭和の街角を紹介　生田誠著　彩流社　2014.8　87p　26cm　(懐かしい沿線写真で訪ねる)〈年譜あり〉　1850円　①978-4-7791-2354-2

目次　横浜線と根岸線の歴史、横浜線(東神奈川、大口、菊名、新横浜、小机 ほか)、根岸線(横浜、桜木町、関内、石川町、山手 ほか)

◇事故の鉄道史―疑問への挑戦　佐々木富泰，網谷りょういち著　日本経済評論社　1993.1　259p　20cm　3296円　①4-8188-0662-5

内容　鉄道事故の原因には、人災や天災だけでなく車両・施設・運行システムの問題などがあげられる。事故の教訓をどのように生かしてきたかどのような安全対策を実施してきたかを重大事故の検証によって明らかにする。

◇事故の鉄道史　続　佐々木富泰，網谷りょういち著　日本経済評論社　1995.11　298p　20cm　2884円　①4-8188-0819-9

内容　記憶に新しい余部橋梁列車転落事故の真の原因は何か。人災か、天災かそれとも…通説となった鉄道事故の原因を改めて検証する。

◇静岡県鉄道軌道史　森信勝著　静岡　静岡新聞社　2012.10　439p　21cm〈文献あり　年表あり〉　2600円　①978-4-7838-2334-6

内容　現存15路線、廃線33路線、未開業120路線余を網羅―日本最古の人車軌道発掘！(藤枝～焼津間明治24年7月25日開通)。静岡県内の馬車・人車・蒸気・内燃・電気の多彩な動力路線ほか次世代のモノレール・リニア・DMV・LRT燃料電池構想案に言及。鉄道・軌道の敷設経緯、最盛期の状況、廃線事情、挫折実態等を記録。沿線の産業・文化、人々の暮らし、エピソード、作家らの文芸作品を挿入。鉄道・軌道から見た静岡県近現代郷土史を描く。巻末＝静岡県鉄道・軌道史年表その他関連年表付。

◇静岡県鉄道興亡史　森信勝著　静岡　静岡新聞社　1997.12　406p　21cm　2400円　①4-7838-1367-1

内容　本書は静岡県の産業を支えた交通機関のうち、とくに鉄道・軌道を中心に県内各地で展開された興亡の歴史を敷設されるまでの過程を重点に、あわせてその沿線の産業・文化・暮らし・エピソード、さらには沿線にかかわった著名な作家の文芸作品やエッセイの一端も挿入し、オムニバス風に検証する。

◇時速33キロから始まる日本鉄道史　小島英俊著　朝日新聞出版　2012.3　302p　15cm　(朝日文庫 こ29-1)〈文献あり〉　780円　①978-4-02-264659-0

内容　西欧から遅れること約40年。1872年に開業した新橋‐横浜間の表定時速は、わずか33キロだった。世界第一級の鉄道王国になるまでの変遷を、貴重な鉄道写真や地図、統計を用いて解説。「文学作品の登場人物は何等車に乗っていたか？」等、鉄道ファンならずとも楽しめる一冊。

◇写真図説鉄道百年の歴史　井上萬壽蔵，藤島茂監修，写真図説鉄道百年の歴史編集委員会編　日本図書センター　2012.7　350p　27×32cm〈年表あり　講談社1971年刊の複製〉　32000円　①978-4-284-50306-8

◇写真で見る北海道の鉄道　上巻　北海道新聞社編，田中和夫監修　札幌　北海道新聞社　2002.7　319p　26cm　2500円　①4-89453-220-4

◇写真で見る北海道の鉄道　下巻　北海道新聞社編，田中和夫監修　札幌　北海道新聞社　2002.12　319p　26cm　2500円　①4-89453-237-9

内容　D51、C62、9600、C58の走る勇姿客貨車や地方鉄道・森林鉄道・市電も駅弁売りなど駅の風景満載。

鉄道史

鉄道政策

447

◇終戦直後大阪の電車—昭和20年代の鉄道風景 浦原利穂写真集 浦原利穂著,岩堀春夫編 西宮 ないねん出版 2004.8 96p 26cm〈年表あり〉 1400円 ④4-931374-46-8

[目次] 焼跡を走った電車、国鉄(運輸省)、京阪神急行電鉄、阪神電気鉄道、近畿日本鉄道、京阪神急行電鉄京阪線、近畿日本鉄道南海線、大阪市交通局、参考資料

◇終戦直後東京の電車—昭和20年代の鉄道風景 浦原利穂写真集 浦原利穂著,岩堀春夫編 西宮 ないねん出版 2006.4 176p 26cm 3800円 ④4-931374-52-2

◇首都圏の国電—戦後の発展史 佐藤信之著 グランプリ出版 2005.6 232p 21cm〈文献あり〉 2000円 ④4-87687-272-4

[目次] 第1章 昭和20年代(1945～54)—戦後復興期(占領下の国鉄、日本国有鉄道の設立 ほか)、第2章 昭和30年代(1955～64)—高度経済成長期(経済計画と国鉄の長期計画、山手線の輸送改善 ほか)、第3章 昭和40年代(1965～74)—輸送改善期(国鉄の長期計画、国鉄・東京5方面作戦 ほか)、第4章 昭和50年代(1975～1986)—国鉄の改革期(国鉄の経営再建、主要線区の経営改善 ほか)、第5章 JR発足以後(1987年～)(新宿・湘南ラインの新設、東京臨海高速鉄道りんかい線の建設 ほか)

◇上越線の80年—時代を越えて新潟と関東をつなぐ鉄道 瀬古龍雄、小野坂庄一、大島登志彦監修 松本 郷土出版社 1997.7 236p 31cm〈保存版〉 7500円 ④4-87663-371-1

◇常磐線〈上野～土浦〉—街と駅の1世紀 常磐線各駅今昔散歩大正・昭和の街角を紹介 三好好三,生田誠著 彩流社 2015.3 87p 26cm〈懐かしい沿線写真で訪ねる〉〈年譜あり〉 1850円 ①978-4-7791-2360-3

[内容] 常磐線各駅今昔散歩。大正・昭和の街角を紹介。

◇常磐線街と鉄道、名列車の歴史探訪 山田亮著 フォト・パブリッシング 2017.9 126p 26cm〈発売:メディアパル〉 1800円 ①978-4-8021-3070-2

[目次] 1章 常磐線の街と駅(上野～金町、松戸～天王台、取手～荒川沖 ほか)、2章 常磐線の歴史(明治・大正期の歴史、昭和戦前期の歴史、戦後(昭和20年代)の歴史 ほか)、3章 常磐線の名列車(はつかり、ゆうづる、ひたち ほか)

◇昭和を走った列車物語—鉄道史を彩る十五の名場面 浅野明彦著 JTB 2001.11 192p 21cm (JTBキャンブックス) 1700円 ④4-533-03948-0

[目次] 「国威」を賭けて驀進した一快走！戦前の特急列車物語、世界と結ばれていた日本の鉄道—国際連絡列車、戦後の鉄道物語(1)「復員・引揚列車」と「買出し列車」、戦後の鉄道物語(2)「異文化」を乗せて走った連合軍専用車、戦後の鉄道物語(3)子供たちの夢を乗せて走った「象列車」、東海道を照らす月明り—夜行普通列車変遷史、戦後の東海道本線昼行特急史—「へいわ」から「こだま」まで、ブルートレインの元祖—寝台特急「あさかぜ」45年の軌跡、青春の思い出を乗せて—修学旅行列車、津軽海峡を渡る風—青函連絡船と「接続列車」の物語、「金の卵」たちを運んだ—集団就職列車、人気の旅先と、その列車編成—新婚旅行は一等車で！、高度経済成長時代を駆け抜けた—「寝台・座席両用特急電車」の軌跡、瀬戸は日暮れて—宇高連絡船と四国連絡列車、中央本線夜行普通列車の歴史—アルプス定期便

◇昭和期の鉄道 「昭和期の鉄道」編集委員会編 大阪 鉄道史資料保存会 1994.12 216p 31cm 10000円 ④4-88540-092-9

◇昭和鉄道情景 路面電車篇 安田就視写真,松本典久構成・文 彩流社 2006.9 103p 27cm 2800円 ④4-7791-1185-4

[内容] よみがえる！昭和のあの街あの電車が走っていた風景。都電はもちろん北は北海道・旭川から南は九州・鹿児島まで、それぞれの街の「あの頃」を活写する。

◇昭和鉄道のある風景—NHKアーカイブス NHK出版編 日本放送出版協会 2007.6 63p 27cm (NHK出版DVD+book) 3800円 ①978-4-14-039456-4

◇昭和の鉄道—近代鉄道の基盤づくり 須田寛著 交通新聞社 2011.4 316p 18cm (交通新聞社新書 027)〈文献あり 年表あり〉 800円 ①978-4-330-20811-4

[内容] 長年にわたって日本の鉄道経営の中枢にいて、それぞれの時代の舵取りをしてき

た著者が、環境問題、エネルギー問題などで鉄道に対する新たな期待が高まっている現在、今後のあるべき鉄道の展開を視野に入れながら、あらためて振り返った昭和の鉄道史。明治・大正の前史から、戦前の興隆期、戦時下、戦後復興期、高度経済成長期、昭和40年代以降の転換期までの、それぞれの時代の鉄道の実像を多彩な資料とともに解説する。

◇昭和10年東京郊外電車ハイキング　上　荻原二郎著　ネコ・パブリッシング　2005.6　47p　26cm　（RM library 70）　1000円　①4-7770-5106-4

目次 1 小田原急行の印象、2 玉川電車を歩く、3 多摩川に沿って（南武鉄道、五日市鉄道、青梅電気鉄道）、4 東海道線を下って（省機関車を楽しむ、箱根登山鉄道登山線・軌道線、大雄山鉄道 ほか）、5 成田山、房総半島の休日（京成電軌、成田鉄道宗吾線・多古線、半島の夏休み ほか）

◇昭和10年東京郊外電車ハイキング　下　荻原二郎著　ネコ・パブリッシング　2005.7　55p　26cm　（RM library 71）　1000円　①4-7770-5107-2

目次 1 東横、目蒲、池上電鉄時代（池上電鉄）、2 湘南に遊ぶ（京浜・湘南電鉄、ハマの市電 ほか）、3 武蔵野ハイキング（帝都電鉄、京王電軌 ほか）、4 市内を歩く（東京市電、西武鉄道軌道線 ほか）、5 北関東を歩く（東武鉄道、伊香保軌道線 ほか）

◇資料集横浜鉄道—1908〜1917　横浜開港資料館、横浜開港資料普及協会編　横浜　横浜開港資料普及協会　1994.3　408p　26cm

◇信越本線の100年—新潟と長野を結ぶ211キロのドキュメント　保存版　瀬古龍雄監修・解説　松本　郷土出版社　1999.7　238p　31cm　7500円　①4-87663-446-7

内容 日本海岸の越後から山国信州へ。夢と希望をのせて激動の時代を駆けぬけた1世紀のドラマをいま再現。

◇信越本線120年—高崎—軽井沢 高崎駅開業120周年記念　藪塚本町（群馬県）　あかぎ出版　2004.5　131p　21cm〈年表あり〉　2381円　①4-901189-17-4

内容 本書は信越本線高崎〜軽井沢間の120年に及びしあゆみを、沿線各駅・各区間毎の

列車風景として記録した写真集で、2004年「高崎駅開業120年」の記念出版です。

◇図解地図と歴史で読み解く！鉄道のひみつ—幕末の鉄道計画からリニア中央新幹線まで　日本の鉄道愛好会著　PHP研究所　2014.5　159p　18cm〈文献あり〉　1000円　①978-4-569-81844-3

内容 明治維新から対外戦争、戦後の復興、そして経済成長まで、日本の歩みは常に鉄道が支えてきた。日本人と鉄道の切っても切れぬ深い関係を地図とデータで詳しく解説。世界一の鉄道大国はこうしてできた。

◇「図説」新幹線全史—「スーパーエクスプレス」の歴史・形式・メカニズムを徹底詳解!!　学習研究社　2003.11　174p　26cm〈歴史群像シリーズ〉〈年表あり〉　1800円　①4-05-603201-7

◇図説世界史を変えた50の鉄道　ビル・ローズ著、山本史郎訳　原書房　2014.2　223p　24cm〈文献あり 索引あり〉　2800円　①978-4-562-04950-9

内容 スティーヴンソン、地下鉄、大陸横断鉄道、新幹線…過去200年、現代文明にはかりしれないほどの影響をあたえてきた50の鉄道の興味深い物語を、豊富な図版とともに紹介。

◇図説鉄道パノラマ地図—〈沿線案内〉にみる美しき日本　石黒三郎、アイランズ編　河出書房新社　2010.4　127p　22cm　（ふくろうの本）〈文献あり〉　1800円　①978-4-309-76142-8

内容 全国各地で鉄道が整備され、観光ブームが沸き起こった昭和初期。各鉄道会社は横長蛇腹折り畳みスタイルの"沿線案内"を刊行した。吉田初三郎や金子常光など人気絵師の手によるものもあれば、無名の絵師たちが描いたものもある。その多くは鳥の目で空から下界を眺めた絵図であり、まさに鉄道パノラマ地図であった。沿線ごとに紹介するパノラマの世界を紙上に再現。

◇図説日本の鉄道クロニクル—時代と技術で読み解く鉄道史　第1巻　汽笛一声—鉄道の誕生から私鉄王国まで　1853〜1903　講談社編、三宅俊彦監修　講談社　2011.1　80p　26cm〈付〔1枚〕：鐵道競争すごろく　文献あり 年表あり〉　1143円　①978-4-06-270161-7

目次 時刻表・その時、時代が動いた（明治5年 鉄道時代の幕開き、明治16年 日本鉄道が開業、明治24年 鉄道敷設法が成立、明治31年 拡充する旅客サービス）、写真図解・ビジュアル鉄道技術史 蒸気機関車のメカニズム、鉄道開発ミッションX 日本人だけ

で掘った初のトンネル, 名作に描かれた鉄道 明治時代の文学作品にみる鉄道情景1

◇図説日本の鉄道クロニクル―時代と技術で読み解く鉄道史 第2巻 栄光の帝国鉄道―幹線鉄道の国有化 1904～1911 講談社編, 三宅俊彦監修 講談社 2011.2 80p 26cm〈文献あり 年表あり〉 1143円 ①978-4-06-270162-4

目次 第1章 明治37年―日露戦争開戦と軍事輸送, 第2章 明治39年―鉄道国有法が成立, 第3章 明治41年―青函連絡船が開業, 第4章 明治43年―国内外に広がる鉄道網, 写真図解・ビジュアル鉄道技術史 鉄道橋梁の種類と構造, 鉄道開発ミッションX 国内規格を作れ, 名作に描かれた鉄道 東京の風景と生活を変えた鉄道

◇図説日本の鉄道クロニクル―時代と技術で読み解く鉄道史 第3巻 満鉄・大陸横断鉄道の夢―戦前の鉄道黄金時代 1912～1934 講談社編, 三宅俊彦監修 講談社 2011.3 80p 26cm〈文献あり 年表あり〉 1143円 ①978-4-06-270163-1

内容 日本の鉄道史を年代別に徹底紹介。鉄道の歩みをヒト・モノ・写真・資料などで多面的に紹介。各時代の時刻表から読み解く鉄道史解説。文系鉄道ファンにもわかりやすい鉄道技術の変遷史解説。当時の記憶がよみがえる貴重な鉄道写真・資料を満載。

◇図説日本の鉄道クロニクル―時代と技術で読み解く鉄道史 第4巻 戦争と鉄道―戦時下の鉄道と3大事件 1935～1950 講談社編, 三宅俊彦監修 講談社 2011.4 80p 26cm〈文献あり 年表あり〉 1143円 ①978-4-06-270164-8

目次 第1章 昭和10年―特急「鴎」とD51がデビュー, 第2章 昭和13年―陸上交通事業調整法が成立, 第3章 昭和17年―関門トンネル開通, 第4章 昭和20年―戦後混乱期の日本の鉄道, 第5章 昭和23年―国鉄発足と3大事件の発生, 写真図解・ビジュアル鉄道技術史―トンネルの形態と掘削工法, 鉄道開発ミッションX―関門トンネルで九州を直結せよ, 名作に描かれた鉄道―戦争のなかの鉄道と文学

◇図説日本の鉄道クロニクル―時代と技術で読み解く鉄道史 第5巻 高度成長時代の鉄道―元祖ブルトレ「あさかぜ」と電車特急「こだま」 1951～1960 講談社編, 三宅俊彦監修 講談社 2010.9 80p 26cm〈付 (1枚): 日本国有鉄道線路図 日本国有鉄道編纂 文献あり 年表あり〉 1143円 ①978-4-06-270165-5

目次 時刻表・その時, 時代が動いた (昭和26年・戦後復興を果たす鉄道, 昭和31年・東海道本線の全線電化完成, 昭和33年・元祖ブルートレイン登場, 昭和33年・ビジネス特急「こだま」登場, 昭和35年・キハ80系気動車誕生), 写真図解・ビジュアル鉄道技術史 食堂車の変遷, 鉄道開発ミッションX 豪華客車を開発せよ―「ブルートレイン」を生んだ20系客車開発への道, 名作に描かれた鉄道 推理小説にみる高度成長期の鉄道情景

◇図説日本の鉄道クロニクル―時代と技術で読み解く鉄道史 第6巻 新幹線誕生―超特急「ひかり」 1961～1967 講談社編, 三宅俊彦監修 講談社 2010.9 80p 26cm〈文献あり 年表あり〉 1143円 ①978-4-06-270166-2

目次 時刻表・その時, 時代が動いた (昭和36年・衝撃の「サンロクトウ」改正, 昭和39年・東海道新幹線開業, 昭和39年・大都市圏の輸送改善, 昭和40年・急速に近代化する地方路線, 昭和42年・月光形電車がデビュー), 写真図解・ビジュアル鉄道技術史 信号機と汽笛合図, 鉄道開発ミッションX 零戦がつくった新幹線―東海道新幹線誕生秘話, 名作に描かれた鉄道 新幹線を題材とした映像作品にみる鉄道高速化の光と影

◇図説日本の鉄道クロニクル―時代と技術で読み解く鉄道史 第7巻 鉄道黄金時代―「ディスカバー・ジャパン」の光と影 1968～1975 講談社編, 三宅俊彦監修 講談社 2010.10 80p 26cm〈文献あり 年表あり〉 1143円 ①978-4-06-270167-9

内容 時代と技術で読み解く鉄道史、1968～1975。蒸気機関車、最後の日。マルス～その誕生からの歩みを追う。

◇図説日本の鉄道クロニクル―時代と技術で読み解く鉄道史 第8巻 国鉄分割・民営化―合理化の波と116年目の終焉 1976～1986 講談社編, 三宅俊彦監修 講談社 2010.11 80p 26cm〈文献あり 年表あり〉 1143円 ①978-4-06-270168-6

内容 過去から続く変遷を知らずして、今の鉄道は語れない。さらば、日本国有鉄道。

◇図説日本の鉄道クロニクル―時代と技術で読み解く鉄道史 第9巻 JR誕生と

◇青函トンネルの開通―鉄道事業の大転換 1987〜2002　講談社編, 三宅俊彦監修　講談社　2010.12　80p　26cm〈文献あり　年表あり〉　1143円　①978-4-06-270169-3

目次　第1章 昭和62年―新生JRグループが発足, 第2章 平成4年―山形新幹線が開業, 第3章 平成7年―阪神大震災と鉄道の復興, 第4章 平成9年―高速化するJR各線, 第5章 平成11年―新時代の鉄道経営, 写真図解・ビジュアル鉄道技術史 連結器の変遷, 鉄道開発ミッションⅩ 時速500kmを目指せ リニアモーターカー開発の軌跡, 名作に描かれた鉄道「清貧」の時代の鉄道文学とドラマ

◇図説日本の鉄道クロニクル―時代と技術で読み解く鉄道史　第10巻　落日の寝台特急―さらば！ ブルートレイン 2003〜2011　講談社編, 三宅俊彦監修　講談社　2011.5　80p　26cm〈文献あり　年表あり〉　1143円　①978-4-06-270170-9

目次　第1章 平成15年 九州新幹線が部分開業, 第2章 平成17年 名門特急「あさかぜ」「さくら」が廃止, 第3章 平成19年 九州ブルートレインが全廃, 第4章 平成21年 東北・九州新幹線が全通, 写真図解・ビジュアル鉄道技術史―分岐装置の用途と構造, 鉄道開発ミッションⅩ―ハイブリッド車両を造れ, 名作に描かれた鉄道―廃線跡の旅と文学

◇「座る」鉄道のサービス―座席から見る鉄道の進化　佐藤正樹著　交通新聞社　2013.10　230p　18cm　(交通新聞社新書 060)〈文献あり〉　800円　①978-4-330-41913-8

内容　日本初の鉄道開業から140年余。その歴史は, 鉄道会社の盛衰, 路線敷設, 車両やシステム開発等, さまざまな視点から語られているが, 本書では, 列車に乗る際に乗客にとって最大の関心事である,「座る」という点に着目。指定席の予約やシートの進化, 車内設備の発達など, 座席にまつわるトピックスをいろいろな角度から検証。著者の豊富な鉄道知識に乗車体験録を織り交ぜながら, 黎明期から現在までの「座席」鉄道史を, 懐かしい写真とともに紹介する。

◇世界鉄道史―血と鉄と金の世界変革　クリスティアン・ウォルマー著, 安原和見, 須川綾子訳　河出書房新社　2012.2　509p　20cm〈文献あり〉　3500円　①978-4-309-22563-0

内容　鉄道がいかに「人々の生き方」を根底から変化させ, あらゆる変革を促していったか―起源から現代までの全世界の鉄道史を網羅した決定版。

◇全國鐵道旅行繪圖　今尾恵介解説　立川　けやき出版　2011.4　253p　21cm〈文献あり〉　1900円　①978-4-87751-437-2

目次　京成電車沿線案内(京成電鉄), 銚子へ 銚子鉄道(銚子電気鉄道), 城東電車沿線案内(東京都電―廃止), 王子電気軌道沿線案内(東京都電荒川線ほか), 西武電車沿線御案内(西武鉄道), 京王電車沿線名所図絵(京王電鉄), 奥多摩 青梅電気鉄道(JR青梅線), 小田原急行鉄道沿線名所案内(小田急電鉄), 小田急沿線案内(小田急電鉄), 目黒蒲田・東京横浜電鉄沿線名所案内(東急電鉄)〔ほか〕

◇戦後鉄道五十年の歩み　久木田末夫著　交通新聞社　1995.11　161p　19cm　1300円　①4-87513-046-5

◇戦中・戦後の鉄道―激動十五年間のドラマ　石井幸孝著　JTBパブリッシング　2011.10　191p　21cm　(キャンブックス 鉄道 114)〈年表あり〉　2300円　①978-4-533-08369-3

目次　グラビア, 第1章 戦雲の始まりと鉄道―昭和12年(1937)〜, 第2章 戦時体制突入―昭和16年(1941)〜, 第3章 戦雲とともに―昭和18年(1943)〜, 第4章 戦禍の中で―昭和18年(1944)〜, 第5章 戦争終結に走る列車―昭和20年(1945)〜, 第6章 戦中から戦後への激変を追う―昭和12年(1937)〜昭和26年(1951), 第7章 復興そして経済成長前夜へ―昭和24年(1948)〜昭和26年(1951)

◇線路は未来へつづく―常磐線の100年　水戸　東日本旅客鉄道水戸支社　1998.8　147p　31cm　2972円

◇総武線・京葉線―街と駅の1世紀　生田誠著　アルファベータブックス　2015.7　87p　26cm　(懐かしい沿線写真で訪ねる)　1850円　①978-4-86598-802-4

内容　総武線・京葉線各駅今昔散歩。明治・大正・昭和の街角を紹介。

◇総武線120年の軌跡―東京・千葉を走る列車と駅のあゆみ　三好好三著　JTBパブリッシング　2014.3　175p　21cm　(キャンブックス―鉄道 139)　1800円　①978-4-533-09631-0

鉄道史

鉄道政策

451

目次　第1章 カラーで見る総武線、第2章 総武線の歴史（総武鉄道の創立、国有化で「総武本線」に ほか）、第3章 総武線各駅探見（東京、新日本橋 ほか）、第4章 総武線を走った車両（モハ30系、モハ31系 ほか）、第5章 総武線沿線の鉄道（東武鉄道亀戸線、都営地下鉄新宿線 ほか）

◇象は汽車に乗れるか　鉄道資料研究会編　JTB　2003.4　190p　19cm　（マイロネbooks 14）　1000円　①4-533-04737-8
　　内容　月刊誌『旅』に掲載された鉄道関連記事リバイバル。あらたな発見と当時の感動をこの1冊に。

◇空知の鉄道と開拓　芦別　空知地方史研究協議会　2001.3　240p　26cm〈年表あり〉

◇大社線80年の軌跡—旅立ち1990年　大社町編　〔大社町（島根県）〕　大社町　1990.5　87p　27cm〈制作：山陰中央新報社〉　1500円

◇タイ鉄道と日本軍—鉄道の戦時動員の実像1941～1945年　柿崎一郎著　京都　京都大学学術出版会　2018.1　595p　22cm〈索引あり〉　5500円　①978-4-8140-0131-6
　　内容　第2次世界大戦でタイは特殊な位置にあった。日本と同盟し枢軸国の一員となりながらも、終戦後は敗戦国としての扱いを受けなかった。それは"自由タイ"の抗日の成果であり、参戦も日本に強制されたものだといわれるが実際はどうだったのか？　鉄道研究で名高い著者が、軍事輸送の細密な分析を通じて日タイ間の知られざる「戦い」に迫る。

◇大仏鉄道物語—明治のロマン　美しい山里　大仏鉄道研究会制作　奈良　奈良町資料館　〔2005〕　53p　21cm〈折り込2枚　年表あり〉　1000円

◇大仏鉄道物語—明治のロマン　美しい山里　大仏鉄道研究会著　第2版　〔奈良〕　飛鳥書房　2009.9　59p　21cm〈折り込2枚　年表あり　発売：豊住書店（奈良）〉　953円

◇タイムスリップ飯田線　笠原香, 塚本雅啓著　大正出版　2007.5　185p　26cm　3800円　①978-4-8117-0657-3

　　目次　飯田線100年の歩み、飯田線 電車のバラエティ概観、飯田線電気機関車列伝、あの日あの頃飯田線、タイムスリップ飯田線、飯田線に見る廃線遺構探訪

◇タイムスリップ中央線　巴川享則, 三宅俊彦, 塚本雅啓著　大正出版　2003.7　193p　26cm　3800円　①4-8117-0651-X
　　内容　本書は、中央線通勤電車の過去にスポットを当てて編集。したがって、現在走っている201系などについてはあまり力点を置いてないが、首都圏のJR電車、201系の行先きも気にしながら編集にあたった。

◇タイムスリップ東海道線　吉川文夫, 巴川享則, 三宅俊彦著　大正出版　2006.2　197p　26cm　3800円　①4-8117-0656-0
　　目次　東海道本線列車総覧、あの日あの頃東海道本線（京浜・湘南地区（東京から熱海へ）、東海地区（熱海から豊橋へ）ほか）、東海道の白眉こだま形電車、昭和30年代に東海道本線を走った車両（電気機関車（旅客用・客貨両用）、電気機関車（貨物用）ほか）、東海道線の車窓に映える沿線私鉄（京浜・湘南地区（東京—熱海間で接続する私鉄）、東海地区（熱海—豊橋間で接続する私鉄）ほか）

◇タイムスリップ山手線　巴川享則, 三宅俊彦著　大正出版　2003.1　193p　26cm　3800円　①4-8117-0650-1
　　目次　山手線が丸くなるまで（京浜急行線計画と京浜東北線の分離運転）、あの日あの頃山手線（品川から渋谷へ、渋谷から新宿へ、新宿から池袋へ、池袋から田端へ ほか）、山手貨物線を彩った列車・機関車（山手線のランドマーク）、一世紀の山手線電車、タイムスリップ山手線

◇タイムスリップ横須賀線　吉川文夫, 三宅俊彦著　大正出版　2004.10　177p　26cm〈年表あり〉　3800円　①4-8117-0653-6
　　目次　横須賀線電車運転区間の進展、横浜駅の三代記、あの日あの頃横須賀線、横須賀線と分かれて東海道を進む、横須賀線を走った車両の一世紀、横須賀線定期電車以外の機関車・列車、タイムスリップ横須賀線

◇台湾と日本を結ぶ鉄道史—日台鉄道交流の100年　結解喜幸著　交通新聞社　2017.4　207p　18cm　（交通新聞社新書 108）〈文献あり　年表あり〉　800円　①978-4-330-77217-2
　　内容　日本統治時代の鉄道建築物や構造物が数多く現存し、現在の日本以上に日本の明

治~昭和時代の趣を残す台湾。近年、国内と同じ機関車を使用していることや外観の似た駅舎などの接点から、台湾と日本の鉄道会社の提携・交流が活発化している。その根底には、100年以上前から脈々と受け継がれた日台間のつながりがあり、その歴史を考察しながら、現在盛んに行われるようになった日本と台湾の鉄道交流について記していく。

◇高山線の60年　田中泰三写真, 道下淳解説　岐阜　郷土出版社　1994.11　197p　27cm〈年表・参考文献：p192～196〉3800円　ⓣ4-87664-089-0

◇武豊線物語―本冊　C11265蒸気機関車保存会, 半田市, 半田市教育委員会［編］, 市野忠士著, 河合由平監修　半田　一粒社出版部　2008.5　135p　26cm　(半田十話物語 3)〈年表あり〉　ⓣ978-4-901887-51-9

◇只見線敷設の歴史　一城楓汰著　彩風社　2014.2　201p　20cm〈文献あり　年表あり〉　2400円　ⓣ978-4-904193-12-9
　内容　地方ローカル線の未来を問う答えは敷設の歴史の中にこそ秘められている。未だ不通区間を抱える只見線のドラマチックな敷設の歴史を追うノンフィクション。

◇多摩の鉄道百年　野田正穂ほか編　日本経済評論社　1993.11　306p　21cm　2884円　ⓣ4-8188-0692-7
　目次　序章 多摩の鉄道への視点, 第1章 多摩の夜明けと鉄道(産業革命の進展と甲武鉄道, 川越鉄道と青梅鉄道, 鉄道国有化と多摩の鉄道), 第2章 多摩の産業と鉄道(生糸と鉄道, 砂利と鉄道, 石灰石と鉄道), 第3章 多摩の郊外化と鉄道(第一次大戦後の郊外化の進展と鉄道, 郊外電車の発展, 行楽地・別荘地としての多摩, 昭和初期の不況と鉄道, バスの発達と鉄道), 第4章 多摩の都市化と鉄道(第二次大戦下の再編成と戦後の復興, 高度経済成長と鉄道の役割, 私鉄の沿線開発と住宅地化, 多摩ニュータウンの建設と鉄道, 首都圏の成立と外環状線, 私鉄資本とバス事業), 第5章 多摩の現状と鉄道(鉄道の輸送力強化, レジャーと鉄道, 駅と駅前の再開発, 南北交通問題と鉄道), 終章 多摩の将来と鉄道の役割, 付録 多摩地方の鉄道網発達史年表

◇誰も語りたがらない鉄道の裏面史　佐藤充著　彩図社　2015.6　221p　15cm〈文献あり〉　619円　ⓣ978-4-8013-0074-3
　内容　戦前から平成まで、事件と事故から読み解く裏鉄道史。

◇弾丸列車―幻の東京発北京行き超特急　前間孝則著　実業之日本社　1994.12　411p　20cm　2000円　ⓣ4-408-34054-5
　内容　大東亜戦争の直前、日本海に海底トンネルを掘り、大陸とを広軌の高速鉄道で結んで、人と物とを大量に輸送しようとする壮大な構想があった。そしてそれは、昭和39年、東京オリンピックの年に開業した東海道新幹線の原型となった。新幹線への夢をつないだ男たちを描く書き下ろしノンフィクション。

◇弾丸列車計画―東海道新幹線につなぐ革新の構想と技術　地田信也著　交通研究協会　2014.9　214p　19cm　(交通ブックス 122)〈文献あり　索引あり　発売：成山堂書店〉　1800円　ⓣ978-4-425-76211-8
　内容　弾丸列車計画とは、昭和15年事業に着手した東京・下関間線路増設計画のこと。高速列車の走行を考えていた。戦況の悪化により中断したが、東海道新幹線がわずか5年で完成できたのは、この計画が下敷きとしてあったから。しかし当時の鉄道の技術水準や計画の詳細は、一部の関係者を除いてほとんど知られていない。本書では、これまでに蒐集できた文献・資料を用いて、その全体像を明らかにする。

◇地下鉄の歴史―首都圏・中部・近畿圏　佐藤信之著　グランプリ出版　2004.6　239p　21cm〈年表あり　文献あり〉　2200円　ⓣ4-87687-260-0
　目次　日本の地下鉄のはじまり(東京の地下鉄, 大阪の地下鉄 ほか), 戦後復興期の鉄道整備―昭和20年代(戦後の東京の地下鉄, 営団地下鉄の拡張 ほか), 高度経済成長期の鉄道整備―昭和30～40年代(郊外私鉄の都心進出の動き, 東京地下鉄の新線設定 ほか), 安定成長期の鉄道整備―昭和50～60年代(昭和50年代の地下鉄建設, 運輸政策審議会答申 ほか), 都市鉄道整備の新展開―平成(90年代の交通政策, 都心部ネットワークの拡充 ほか)

◇地図で解明！　東京の鉄道発達史　今尾恵介著　JTBパブリッシング　2016.3　175p　21cm〈文献あり〉　1300円　ⓣ978-4-533-10954-6
　内容　一本一本の路線が東京を変貌させた。一枚一枚の地図が激動の歴史を物語る。

鉄道政策

鉄道史

◇地図と愉しむ東京歴史散歩―カラー版 地下の秘密篇　竹内正浩著　中央公論新社　2016.10　157p　18cm（中公新書 2403）〈文献あり〉　940円　①978-4-12-102403-9

内容　見えない世界へようこそ―丸ノ内線はなぜあちこちで地上に顔を出すのか。三田線の終点は他線と接続しない西高島平になぜなったのか。東京の地下鉄にはたくさんの秘密が隠されている。ほかにも霞が関・市谷・麻布・上野など、あちこちにあった巨大な地下壕の跡、日本最大の怨霊である崇徳院をまつった神社など、日常では目にすることの少ない東京の姿を、地図と模式図とカラー写真で紹介する。好評シリーズ第5弾。地下にはドラマあり。

◇知多半島の名鉄90年―常滑線・河和線・知多新線それぞれの歩みをたどる90年のドラマ 保存版　藤野政明解説　名古屋　郷土出版社　1999.3　238p　31cm　8500円　①4-87670-119-9

内容　本書は、単に「知多半島の名鉄90年」ではなく、知多半島全域の皆様の足とともに歩んできたことを物語る貴重な歴史書であります。

◇千葉県の鉄道―昭和～平成の記憶 県内の現役全路線と廃線　牧野和人著　アルファベータブックス　2017.5　87p　26cm　1850円　①978-4-86598-825-3

目次　第1章 国鉄・JR（総武本線、総武線各駅停車、成田線 ほか）、第2章 私鉄・公営交通（京成電鉄本線、東成田線、千葉線、千原線、成田空港線、芝山鉄道芝山鉄道線、新京成電鉄新京成線 ほか）、第3章 廃線（九十九里鉄道、銚子遊覧鉄道、夷隅軌道 ほか）

◇ちばの鉄道一世紀　白土貞夫著　流山　崙書房出版　1996.7　330p　21cm　2427円　①4-8455-1027-8

目次　第1章 わが国鉄道の始まり、第2章 首都につながる鉄道の発展、第3章 地域の足、活躍する民営鉄道、第4章 使命を終え、消えた鉄道、第5章 実現しなかった幻の鉄道

◇中央線思い出コレクション　沼本忠次著　[立川]　けやき出版　2010.12　125p　21cm　1300円　①978-4-87751-426-6

内容　中央線に関する切符やグッズ、蔵書、写真など膨大なコレクションを公開。東京駅から甲府駅までの各駅停車でたどる思い出コレクション。

◇中央線オレンジ色の電車今昔50年―甲武鉄道の開業から120年のあゆみ　三好好三、三宅俊彦、塚本雅啓、山口雅人著　JTBパブリッシング　2008.4　176p　21cm（キャンブックス 鉄道 84）〈年表あり〉　1800円　①978-4-533-06992-5

内容　本書は101系、103系、201系と三代50年にわたって中央線を走った"オレンジ色の電車"の終焉にちなみ、同線の車両、駅、施設の変遷を多面的に取り上げたものである。

◇中央線街と駅の120年　三好好三編著　JTBパブリッシング　2009.12　159p　30cm　2800円　①978-4-533-07698-5

目次　開業120周年にあたって、絵葉書で見る甲武鉄道・中央線の沿線風景、歴史史料で見る甲武鉄道・中央線の歴史、甲武鉄道～中央線明治・大正・昭和の鉄道遺構、地図で見る駅周辺の変化、時刻表の変遷、中央線の運転士さん訪問、オレンジ色の電車の記録、きらめく星座 昭和・平成中央線の車両アルバム、各駅の中央線駅前写真で見る今昔、中央線駅弁のたび、町田忍の中央線銭湯めぐり、荻原二郎氏聞き書き 中央線に木造車が走っていた頃、中央線の120年、甲武鉄道の匂いのするところ

◇追憶の遠州鉄道奥山線　飯島巌著　ネコ・パブリッシング　2000.5　47p　26cm　（RM library 10）　1000円　①4-87366-201-X

◇敦賀長浜鉄道物語―敦賀みなとと鉄道文化：平成十八年度企画展　敦賀市立博物館編　敦賀　敦賀市立博物館　2006.7　96p　21cm〈年表あり〉

◇鶴見線物語　サトウマコト著　横浜　230クラブ新聞社　1995.9　270p　21cm　1800円　①4-931353-19-3

目次　鶴見臨港鉄道時代（前身は私鉄の鶴見臨港鉄道、大正15年貨物・蒸気で開通 ほか）、鉄道省鶴見線時代（国有化「鶴見線」となる、鶴見の大空襲 ほか）、日本国有鉄道鶴見線時代（沿線で活躍する沖縄の人々、鶴見線沿線のまちを区画整理でスッキリ ほか）、JR東日本鶴見線時代（鶴見線へのこだわり、鶴見線フェスティバル ほか）

◇鶴見線物語　サトウマコト著　横浜　230クラブ　2005.11（第3刷）　254p　21cm〈文献あり　年表あり〉　1800円　①4-931353-39-8

◇「鉄学」概論―車窓から眺める日本近現代史　原武史著　新潮社　2011.1

255p 16cm （新潮文庫 は－50-1）
〈文献あり〉 438円 ⓘ978-4-10-134580-2
|内容| 開業から百四十年、鉄道はもはや、日本人と切っても切れない存在になった。その発達は都市の形成に影響を与え、文学の一ジャンルを生み、沿線に特有の思想を育てた。また天皇制支配を視覚的に浸透させる目的で活用されたお召列車での行幸啓など、国家や政治とも密接な関わりがあった―鉄道を媒介にして時代を俯瞰する、知的で刺激的な「鉄学」入門。

◇鉄道　老川慶喜著　東京堂出版　1996.9　376p 20cm （日本史小百科 近代）2678円　ⓘ4-490-20290-3
|内容| 本書は、日本の鉄道史にかかわる100のテーマを選び、それぞれについて筆者なりの観点から説明を加えたものである。経済史、政策史、そして民衆史・地域史などの観点を折り混ぜながら、全体として日本における鉄道の歴史を、なるべくわかりやすく描こうと考えた。

◇鉄道―関西近代のマトリクス　日本近代文学会関西支部編　大阪　和泉書院　2007.11 63p 21cm （いずみブックレット1） 900円　ⓘ978-4-7576-0437-7

◇鉄道「裏歴史」読本―誰も書けなかった「あの車両」「あの路線」の謎　小川裕夫著　イースト・プレス　2018.4 271p 15cm （文庫ぎんが堂） 686円　ⓘ978-4-7816-7167-3
|内容| 通勤や通学、出張や旅行の足として老若男女から愛される「鉄道」。しかし、現在の路線網を築き上げるまでには、政界との暗闘、地元との対立、起業家たちの野望、会社同士のライバル争いなど、さまざまな背景が渦巻いていた。また、大人の事情により、社史などから削除されてしまった車両や路線も数多い。そんな「鉄道」の歴史に隠された意外な真実を、「車両と列車」「駅」「新幹線」「路線」「事件」「タブー」の6つのジャンルに分けて紹介する。

◇鉄道への夢が日本人を作った―資本主義・民主主義・ナショナリズム　張彧暋著, 山岡由美訳　朝日新聞出版　2015.10　281, 57p 19cm （朝日選書937）〈文献あり〉 1600円　ⓘ978-4-02-263037-7

|内容| 「ここに鉄道が通ったならば…」まだ線路が敷かれていないにもかかわらず、近代の日本人は鉄道が多大な利益をもたらすと信じ、鉄道に大いなる期待を寄せていた。「鉄道は役に立つ」と、鉄道建設の大事業をなしとげるため、債券によって資金を募り、会計制度、商業法などを整備する過程で資本主義が行き渡った。鉄道未敷設の地域では、政党政治家が有権者に敷設の公約を掲げて投票を促し、住民が中央へ陳情を繰り返すなど、民主主義的な行動で鉄道敷設の夢を実現しようとした。鉄道で各地を巡幸する天皇をみた人々は、特別仕立ての列車に国体を実感した。鉄道への信仰が近代化をおし進め、「日本人」を作ったのだが、果たしてその鉄道信仰には根拠があったのか―。歴史社会学という観点で日本の近代化の特殊性を描き出す意欲作。

◇鉄道沿線物語―鉄道の発達と吹田　平成8年度特別展　吹田市立博物館編　吹田　吹田市立博物館　1996.10 40p 26cm

◇鉄道関係史料 1　茨城県立歴史館史料部編　水戸　茨城県立歴史館　2004.3　320p 22cm （茨城県立歴史館史料叢書7）〈折り込3枚〉

◇鉄道関係史料 2　茨城県立歴史館史料学芸部編　水戸　茨城県立歴史館　2010.3 268p 22cm （茨城県立歴史館史料叢書13）〈折り込4枚〉

◇鉄道ギネスブック―日本語版　リチャード・ボークウィル, ジョン・マーシャル共著, 和久田康雄監修, 堀口容子訳　イカロス出版　1998.3 250p 27cm 3500円　ⓘ4-87149-149-8
|内容| 本書は、鉄道に関するさまざまな情報を集めたものである。世界中の鉄道に関して、その起源、創設、業績などを紹介している。

◇鉄道史人物事典　鉄道史学会編集　鉄道史学会　2013.2 463p 22cm〈発売：日本経済評論社〉 6000円　ⓘ978-4-8188-2201-6
|内容| 日本の鉄道の歴史に深く関わった人物580名を近年の研究動向も踏まえながら採録。

◇鉄道史の分岐点―日本鉄道の発展を探る　池田邦彦著　イカロス出版　2005.11 235p 21cm （のりもの選書20） 1619円　ⓘ4-87149-757-7
|内容| 日本の鉄道史上には無数の分岐点があった。そして、それぞれの時点で右へ、あるいは左へと進んだ結果が現在の鉄道の姿で

鉄道政策

鉄道史

ある。鉄道史のポイントが、もし反対に切り換えられていたら、日本の鉄道はどのように姿を変えたのか…。さまざまな場面を検証する。

◇鉄道青春時代―東北・常磐線 鉄道写真記録集　久保敏，小山政明編　電気車研究会　2005.10　133p　26cm〈年表あり〉　2190円　①4-88548-107-4

◇鉄道「大百科」の時代　南正時著　実業之日本社　2017.2　159p　19cm　1800円　①978-4-408-11212-1
　内容　昭和50年代の鉄道少年たちへ！「大百科」はこうしてできた!!初めて明かすエピソード。名作『『富士』同乗記」再現!!

◇鉄道地図から歴史を読む方法―日本の鉄道史がよくわかる イラスト図解版　野村正樹著　河出書房新社　2010.6　95p　26cm〈『鉄道地図の謎から歴史を読む方法』(2008年刊)の加筆・再編集　文献あり〉　952円　①978-4-309-65130-9
　内容　明治以降、急速に発展した鉄道は日本という国をどう変貌させたか?!地図に刻まれた鉄路と駅は、わが国の近現代史を雄弁に語る。

◇鉄道地図残念な歴史　所澤秀樹著　筑摩書房　2012.1　350p　15cm　(ちくま文庫 し35-2)〈年表あり　文献あり『鉄道地図の「謎」』(山海堂2002年刊)の改題、加筆〉　840円　①978-4-480-42902-5
　内容　赤字路線が生き残り、地方の幹線が分断される。新幹線が通ったせいで、毎日通勤・通学に使う路線がJRではなくなる。鉄道地図に潜む矛盾は、苦悩、迷走、謀略に満ちた歴史から生まれた！政治家の策略、実業家の野心、官民の対立が渦巻き、線路はかくも歪められる。多数の地図をもとにして、秘められた謎を解き明かす一冊。

◇鉄道地図と歴史を楽しむ本　所澤秀樹著　ベストセラーズ　1999.11　236p　15cm　(ワニ文庫)　524円　①4-584-30637-0
　内容　時刻表を片手に、鉄道史の謎を解き明かす旅に出かけてみませんか。「開業列車を運転したのはどんな人だったのか」「電気のない明治時代にどうやって列車暖房をしていたのか」「日本初の特急列車は何か」「なぜ同じ東武鉄道なのに伊勢崎線と東上線が、まるで離れた場所を走っているのか」「初めて列車に愛称がつけられたのはいつ

のことか」…列車、路線、鉄道員など、鉄道に関する歴史の謎と秘密を楽しく読み解く一冊です。

◇鉄道地図の謎から歴史を読む方法―明治以降、鉄道は日本をどう変えたのか　野村正樹著　河出書房新社　2008.10　216p　18cm　(Kawade夢新書)〈年表あり〉　720円　①978-4-309-50347-9
　内容　わが国の鉄道は、どんな施設のある場所をむすんで敷かれていったか？高度経済成長期の新線建設ラッシュが招いた"不幸な結末"とは？列島に延びる路線の広がりや消滅、列車の変遷を追うことで、明治以降、日本が歩んできた歴史をあらためて浮き彫りにする一冊。

◇鉄道地図の歴史と謎―鉄道史には不思議がいっぱい！ 知られざる秘密を大公開！　所澤秀樹著　ベストセラーズ　2009.6　254p　19cm〈『鉄道地図と歴史を楽しむ本』(1999年刊)の修正　文献あり〉　476円　①978-4-584-16599-7
　内容　鉄道史には不思議がいっぱい！ 知られざる秘密を大公開！ 鉄道地図を片手に鉄道史の謎を解き明かす旅へ。

◇鉄道と近代化　原田勝正著　オンデマンド版　吉川弘文館　2017.10　200p　19cm　(歴史文化ライブラリー 38)〈原本：1998年刊〉　2300円　①978-4-642-75438-5

◇鉄道と旅する身体の近代―民謡・伝説からディスカバー・ジャパンへ　野村典彦著　青弓社　2011.10　562p　22cm　(越境する近代 10)〈索引あり〉　3400円　①978-4-7872-2044-8
　内容　近代日本で鉄道が全国に敷設されたとき、地域は煙をあげて驀進する乗り物をどう受け入れ、人々は車窓から風景をどういう思いで眺め、生活に鉄道というメディアを織り込んでいったのか。民謡集や伝説集、案内記、旅行雑誌、広告などから鉄道と旅の想像力の歴史をたどり、身体感覚の変容を描き出す。

◇鉄道と日本軍　竹内正浩著　筑摩書房　2010.9　253p　18cm　(ちくま新書 863)〈文献あり　年表あり〉　780円　①978-4-480-06569-8

◇鉄道の記憶　草卓人編著　富山　桂書房　2006.2　709p　21cm　3800円　①4-903351-02-5

◇鉄道の聖地京都・梅小路を愉しむ　芦原伸著，天夢人編　京都　PHP研究所　2016.3　214p　18cm　(京都しあわせ

倶楽部）〈他言語標題：Guide to Kyoto's Umekoji Area the Railway Museum, Aquarium, Park & Others 文献あり〉　900円　①978-4-569-82918-0
[内容]京都水族館、市電ひろば、京都鉄道博物館を知らねば京都ツウにあらず。

◇鉄道の世界史　小池滋, 青木栄一, 和久田康雄編　悠書館　2010.5　751p　20cm〈文献あり　年表あり　索引あり〉　4500円　①978-4-903487-32-8
[内容]近・現代史のまさに牽引車となった鉄道を軸に、世界史を捉え直す壮大な鉄道文化・文明論。世界およそ50カ国の鉄道史を網羅。類例のない鉄道百科全書。

◇鉄道の地理学—鉄道の成り立ちがわかる事典　青木栄一著　WAVE出版　2008.10　408, 7p　19cm〈他言語標題：Geography of railways　文献あり〉　2000円　①978-4-87290-376-8
[内容]なぜ、鉄道は今の姿になったのか—。交通地理学の第一人者が、鉄道の成り立ちを世界的視野で解き明かす。圧倒的な情報量を駆使した、日本初の本格的「鉄道の地理学」。

◇鉄道のはじまり—街道から鉄道へ　高田保者　文芸社　2015.4　342p　21cm〈他言語標題：Beginning of the Japanese railway〉　1800円　①978-4-286-15923-2

◇鉄道の歴史—鉄道誕生から磁気浮上式鉄道まで　クリスチャン・ウォルマー著, 北川玲訳　大阪　創元社　2016.4　400p　24cm〈文献あり　索引あり〉　2800円　①978-4-422-20239-6
[内容]画期をなす技術革新、野心的な大陸横断鉄道、技術の粋と贅を尽くした寝台列車、大戦下の鉄道など、各国の鉄道史を活写。豊富な図版と写真で読み解く"書斎の世界史"。鉄道ファンならずとも興味深い欧米・アジアの鉄道史を振り返る。技術解説など秀逸なコラム付き。

◇鉄道の歴史を探る—文明開化の花形　鹿追町郷土史研究会編　鹿追町（北海道）　鹿追町郷土史研究会　2002.11　178p　26cm

◇鉄道の歴史がわかる事典—読む・知る・愉しむ　浅井建爾著　日本実業出版社　2004.8　277p　19cm〈年表あり〉　1500円　①4-534-03790-2
[内容]130年にわたる鉄道の歩みを、産業、文化、政治など当時の社会状況とともに辿ります。鉄道ファンならずとも興味深く読める一冊です。おもしろくてためになる鉄道にまつわる秘話が満載。

◇鉄道発車！—今の鉄道ができるまで　出発進行　キッズ鉄道探検隊著　いかだ社　2013.4　63p　26cm（KIDS鉄っちゃん）〈年表あり〉　1400円　①978-4-87051-398-3
[内容]鉄道の歴史、鉄道が走る道、鉄っちゃんなら知っておきたい基礎キホンが満載。

◇鉄道発車！—今の鉄道ができるまで　出発進行　キッズ鉄道探検隊著　図書館版　いかだ社　2013.4　63p　27cm（KIDS鉄っちゃん）〈年表あり〉　2000円　①978-4-87051-401-0
[内容]鉄道の歴史、線路・橋・トンネルetc.鉄道が走る道、鉄っちゃんなら知っておきたい基礎キホンが満載。

◇鉄道ひとつばなし　原武史著　講談社　2003.9　281p　18cm（講談社現代新書）　740円　①4-06-149680-8
[内容]ひとびとを運び、歴史を動かしてきた鉄道。日本の近現代の歩みと地域差、日本人の時間意識まで—鉄道の見方が変わる珠玉の全76話。

◇鉄道ひとつばなし　2　原武史著　講談社　2007.4　289p　18cm（講談社現代新書）　740円　①978-4-06-149885-3
[内容]これであなたも鉄道通！　話題の全線シンポジウム収録。

◇鉄道ひとつばなし　3　原武史著　講談社　2011.3　254p　18cm（講談社現代新書2095）〈索引あり〉　740円　①978-4-06-288095-4
[内容]消えた駅弁、東大合格上位校と鉄道の意外な関係、「うなぎ弁当」食べ歩き、時刻表旅行のススメ…孤高の鉄学者は何を見たか。

◇鉄道「歴史・地理」なるほど探検ガイド—大都市圏・新幹線版　川島令三, 岡田直編著　PHP研究所　2002.4　347p　18cm　1400円　①4-569-61988-6
[内容]「神戸駅より三ノ宮がにぎやかなのは？」「天神ではなく中州に西鉄の駅はできるはずだった!?」…、意外な事実が見えてくる、鉄道ファン待望のミニ事典。

鉄道政策

◇鉄道歴史読本（とくほん）　梅原淳著　朝日新聞出版　2009.3　372p　15cm　（朝日文庫　う14-3）〈文献あり〉　800円　①978-4-02-261604-3
　内容　世論を味方に開業させた東海道新幹線、不況や関東大震災を克服して完成した地下鉄、1430人が亡くなった青函連絡船遭難事件後に採られた改革とは―。死をも恐れない熱い信念で誕生した鉄道をはじめとする交通の歴史が、詳細なデータをもとに緻密に綴られた著者渾身の1冊。

◇鉄道路線変せん史探訪　5　北海道の鉄道　守田久盛,坂本真一著　吉井書店　1992.7　208p　21cm〈発売：産業図書〉　2400円　①4-946439-33-1
　内容　本書は北海道の鉄道建設に情熱を燃やした先達の気概や、酷寒・人跡未踏・疾病等の悪条件のもとで従事した人たちの苦難の状況等を交え、その生い立ちを纏られました。

◇鉄道路線変せん史探訪　6　鉄道の生いたちを訪ねて　守田久盛著　吉井書店　1993.8　269p　19cm〈発売：産業図書〉　2400円　①4-946439-36-6
　目次　第1部 鉄道の黎明期（東京・横浜間の開通、日本鉄道会社線の創設）、第2部 幹線の創成期（東北線大宮・青森間の建設、常磐線の開通、総武線群の開通、東西幹線のルート、東海道線の開通、広軌論始末記、熱海線と丹那トンネル）

◇鉄道80年のあゆみ―1872-1952　アテネ書房　1993.2　131p　22×30cm　（復刻鉄道名著集成　星晃,渡辺寿男監修,和久田康雄,加藤新一編輯）〈原本：日本国有鉄道昭和27年刊〉

◇鉄路有情―金沢駅開業百周年記念誌　中井安治著　〔金沢〕　中井安治　1997.11　183p　21cm〈金沢 北國新聞社出版局（製作）〉　2476円　①4-8330-0993-5

◇鉄路東北本線のあけぼの―黎明期鉄道理事大矢精助伝と先人たち　山田公一著　盛岡　盛岡タイムス社　2010.1　108p　21cm〈年表あり　文献あり〉　800円　①978-4-944053-48-3

◇鉄道の記憶―東北1969～1976　大穂耕一郎著　秋田　無明舎出版　2003.9　205p　21cm　1700円　①4-89544-346-9

　内容　国鉄の黄金時代といわれた1970年代―風情豊かなローカル列車を訪ね、活写した、あの日あの時が甦る。

◇鉄道のデザイン―ゲージの中の鉄道史　升田嘉夫著　批評社　1997.11　302p　20cm〈文献あり〉　2500円　①4-8265-0241-9
　目次　第1章 ゲージの選択,第2章 戦争とゲージ,第3章 ゲージの暗闘,第4章 弾丸列車計画,第5章 東海道新幹線,第6章 列島改造の夢,第7章 整備新幹線の復活,第8章 ゲージの岐路

◇電車技術発達史―戦後の名車を訪ねて　福原俊一著　戎光祥出版　2018.1　159p　21cm　（戎光祥レイルウェイリブレット 3）〈文献あり〉　1600円　①978-4-86403-279-7
　内容　電車発達史研究の第一人者である著者が、昭和20～30年代に大きく進展した国内の電車技術開発の歴史を詳述します。総論（第1章・第2章）では、各技術の開発の流れや特性・特長について徹底解説。「戦後の名車を訪ねて」（第3章）では、日本の電車技術開発史を彩る7形式をクローズアップ。それぞれの技術が生まれた背景と、その後の国内の鉄道に与えた影響について、豊富な資料や写真を用いて徹底解説いたします。さらに、開発に関わった技術者の想いを紹介。鉄道ファン、車両ファン必携の1冊です。

◇伝説の旅列車の歴史―世界中で有名な列車や鉄道のお話　フィリップ・スティール文、マイケル・R.ベイリー監修、みましょうこ訳　大日本絵画　2012　30p　21×30cm　（しかけえほん）〈索引あり〉　2700円　①978-4-499-28424-0
　内容　出発進行！ 蒸気機関車の発明から最新技術の高速鉄道まで、わくわくするような列車の歴史物語の旅に、さあ、でかけましょう。ページの横にあるしかけをぐーんとひっぱると、迫力満点の列車のイラストがあらわれます。ほかにもしかけをめくると、ロバート・スティーブンソンやアガサ・クリスティ、小説の中のエルキュール・ポワロといった乗客たちと会えるでしょう。すばらしい工業技術から歴史的発明、社会情勢、世界旅行など、列車に関する情報がたっぷりつまったこのしかけえほんは、小さなお子さまから大人まで、列車ファンにはぜひおすすめです。

◇東海地方の鉄道敷設史　井戸田弘〔著〕　改訂版　〔岐阜〕　井戸田弘　〔2010〕　289p　21cm

◇東海地方の鉄道敷設史　2　井戸田弘［著］［岐阜］［井戸田弘］［2006］283p　21cm

◇東海地方の鉄道敷設史　3　井戸田弘［著］［岐阜］［井戸田弘］［2008］288p　21cm

◇東海道線・横須賀線―街と駅の1世紀　京浜東北線〈東京～横浜〉　生田誠著　アルファベータブックス　2015.6　87p　26cm　（懐かしい沿線写真で訪ねる）　1850円　①978-4-86598-801-7
|内容| 東海道線・横須賀線各駅今昔散歩。明治・大正・昭和の街角を紹介。

◇東海道線130年の歩み　吉川文夫著　グランプリ出版　2002.6　219p　21cm　〈文献あり〉　1900円　①4-87687-234-1
|目次| 鉄道開業、東海道線を幹線鉄道に変更するまでの動き、新橋～神戸間全通、鉄道国有化までの東海道線、輸入機関車から国産機関車の確立期、新橋～下関間に特急走る、東京中央停車場開業と京浜間電車運転、国産の大型機関車と車両技術の改良、大津－京都間の線路変更ほか、関東大震災の前後〔ほか〕

◇東京鉄道史図集―環6・荒川内　寺西弘文編著　政治都市政策研究会　2009.1　20枚　図版18枚　30cm　1050円　①4-924944-08-4

◇東京鉄道史図集―環6・荒川内　寺西弘文編著　普及版　政治都市政策研究会　2010.5　96p　21cm　〈他言語標題：Historical maps of Tokyo rail network　折り込1枚　年表あり〉　735円　①4-924944-09-2

◇東京電車のある風景今昔―渋谷・銀座・池袋定点対比昭和30～40年代といま　1　吉川文夫著　JTB　2001.6　176p　21cm（JTBキャンブックス）　1700円　①4-533-03868-9
|目次| 有楽町駅・銀座、東京駅、汐留駅・新橋駅、五反田駅、恵比寿駅、渋谷駅、東急沿線、京王線沿線、京王井の頭線沿線、四ツ谷駅〔ほか〕

◇東京電車のある風景今昔　2　吉川文夫著　JTB　2001.12　176p　21cm（JTBキャンブックス）〈「2」のサブタイトル：新宿・上野・横浜定点対比昭和30～40年代といま〉　1700円　①4-533-04063-2
|目次| 新宿駅、小田急線沿線、中央線・青梅線・五日市線沿線、山手線沿線、上野駅、武蔵野線・京浜東北線沿線、常磐線沿線、総武線沿線、新京成線沿線、品川駅、京浜急行沿線、京浜東北線沿線、横浜駅・桜木町駅、東海道線・横須賀線沿線、西武線沿線、京成線沿線

◇東京の鉄道ネットワークはこうつくられた―東京を大東京に変えた五方面作戦　髙松良晴著　交通新聞社　2015.6　365p　18cm　（交通新聞社新書 080）〈文献あり〉　880円　①978-4-330-57115-7
|内容| 東京都心と郊外とを結ぶ通勤輸送の抜本的改善策として、放射状に東海道線（神奈川）・中央線（東京西部）・東北線（埼玉）。常磐線（茨城）・総武線（千葉）へと延びる国鉄線での「東京五方面作戦」が始まったのは1964年（昭和39年）。それは民鉄・地下鉄・第三セクターにまで拡がり、街のグランドデザインをも大きく変え、今や人口3200万人の大東京圏を作り出した。本書は、江戸1里半の時代を端に、明治維新後の鉄道開業前夜から今日までの東京の鉄道と街の発展の歴史を振り返り、先人たちの知恵と苦労の積み重ねを多角的に知ることで、少子高齢化時代の大東京とそれを支える鉄道のあるべき姿を探って行く。

◇東北・常磐線120年の歩み　三宅俊彦著　グランプリ出版　2004.2　232p　21cm　〈年表あり〉　1900円　①4-87687-255-4
|内容| 本書では東北線・常磐線を通して見た東北・北海道の近代史を紐解く。

◇都電が走った1940年代～60年代の東京街角風景―貴重な発掘写真でよみがえる、懐旧の東京アルバム！　稲葉克彦著　フォト・パブリッシング　2018.1　128p　26cm〈写真：江本廣一ほか　発売：メディアパル〉　1800円　①978-4-8021-3084-4

◇ドラマチック鉄道史　原口隆行著　交通新聞社　2014.2　303p　19cm　（KOTSUライブラリ 001）〈文献あり　年表あり〉　1800円　①978-4-330-43914-3
|内容| 明治5年（1872）10月14日。この日、3日前から吹き荒れた嵐が去って、蒼天が広がった。新橋～横浜間でスタートした日本の鉄道は、瞬く間に全国に広がり、進化を遂げながら今なお変革を重ねている。言うまでもなく、鉄道は社会的な存在であり、

鉄道政策

人間の暮らしと密接に寄り添いながら変容する。だからこそ、その歴史にはさまざまなドラマがあった。本書は社会や人間あっての鉄道という観点から、鉄道そのものがたどった道筋を縦軸に、その時代の世相や人間との関わりなどを横軸に織り込みながら、鉄道の歩みをたどった歴史の書である。

◇名古屋近郊電車のある風景今昔―愛知・三重・岐阜定点対比昭和30～40年代といま　徳田耕一著　JTB　2003.2　191p　21cm　(JTBキャンブックス)　1700円　④4-533-04598-7

目次　国鉄東海道本線, 樽見線(現・樽見鉄道), 中央本線, 明知線(現・明知鉄道), 武豊線, 関西本線, 紀勢本線, 伊勢線(現・伊勢鉄道), 参宮線, 高山本線〔ほか〕

◇名古屋近郊電車のある風景今昔―愛知・三重・岐阜昭和30～40年代の鉄道回顧2　徳田耕一著　JTB　2004.4　175p　21cm　(JTBキャンブックス)　1700円　④4-533-05098-0

目次　カラー写真でたどる国鉄懐かしの光景, 国鉄名古屋駅物語2―戦後復興から高度成長期の思い出, カラー写真でふりかえる思い出の列車たち, この風景見たね…駅のスケッチ, 伊吹山麓にこだました吊掛モーターの響き, ふたつの「長期計画」の思い出―旧国鉄名古屋鉄道管理局を振り返って, "汽車"のイメージが濃かった時代の東海道本線名古屋付近のアルバムから, 昭和40年代までSLが活躍した名古屋近郊の国鉄, 名古屋近郊国鉄思い出の駅舎, 関西本線名古屋口, 思い出の記録から〔ほか〕

◇なつかしの通勤電車　関西編　広岡友紀著　彩流社　2017.10　95p　21cm　1700円　④978-4-7791-2389-4

内容　関西の民鉄を愛する著者が, 昭和のあの頃の通勤風景を描く。関西圏の民鉄(阪急電鉄・阪神電鉄・南海電鉄・京阪電鉄・近鉄)の情報が満載！昭和30～50年代に活躍した, 大阪・京都・神戸を中心に走った私鉄の通勤・通学電車。高度経済成長期に, 関西・私鉄大手各社を支えた代表車両の形式を紹介。歴史と伝統, やさしさとこころ配りが息づく街の情景の変遷。

◇なつかしの通勤電車　関東編　広岡友紀著　彩流社　2017.9　83p　21cm　1700円　④978-4-7791-2349-8

内容　昭和30～50年代に, 東京・神奈川・千葉・埼玉を中心に走ったなつかしの通勤・通学電車。ターミナル駅周辺の変遷と経済界の意外な裏面史。女性らしい暮らしの変化への視点と読者を引きつける目からウロコの文章。

◇懐かしの鉄道パノラマコレクション　講談社編　講談社　2011.6　159p　19×26cm　(ヴィジュアルガイド)　2000円　④978-4-06-216834-2

目次　春(桜並木と秩父鉄道「パレオエクスプレス」, 早春の冬鳥越を駆ける蒲原鉄道モハ61 ほか), 夏(函館本線のDD51牽引コンテナ列車, 加世田駅で行き違う鹿児島交通キハ100形とキハ300形 ほか), 秋(黄金色の山里を走るC57「SLばんえつ物語」号, りんごの季節を行く弘南鉄道キハ22形 ほか), 冬(倶知安駅停車中のC62重連「ニセコ」, 雪景色を行く南部縦貫鉄道キハ102 ほか)

◇懐かしの鉄道100選―昭和40年代～　1　南正時文・写真　京都　淡交社　2001.11　215p　21cm　1800円　④4-473-01849-0

目次　国鉄1 車両(20系寝台客車(ブームのさなかに引退した「走るホテル」, 映画の主人公を演じた20系), 10系寝台客車―白熱灯が懐かしい寝台車, 旧型客車―東京行きの修学旅行列車は油のにおいがした ほか), 国鉄2 駅・その他(奥羽本線・板谷峠―峠の旅情遙か…, 北見枝幸駅―オホーツク海の最果ての駅, 雄武駅―藤棚のあった駅 ほか), 私鉄(三菱石炭鉱業大夕張線―石炭ストーブを囲んでいた女子高生はいずこ, 尾小屋鉄道―寅さんも乗った「最後の軽便鉄道」, 福井鉄道南越線―懐かしい故郷のローカル線 ほか)

◇懐かしの鉄道100選―昭和40年代～　2　南正時文・写真　京都　淡交社　2002.1　215p　21cm〈年表あり〉　1800円　④4-473-01867-9

目次　国鉄1 車両(東海道新幹線0系(昭和30年代の夢を実現させた流線形, ビール片手に眺めたアナログ速度計), 東海道・山陽新幹線100系(近代的豪華列車の先鞭をつけた名車, 優雅な2階建てレストランの旅), 特急「とき」181系―「こだま」形最後の力走 ほか), 国鉄2 廃止されたローカル線(国鉄会津線―惜別のローカル線, JR標津線―北方領土を目の前にして, 国鉄白糠線―国鉄特定地方交通線, 廃止第1号 ほか), 私鉄(上田交通―レトロロマンのローカル私鉄, 近江鉄道―SLよりも稀少価値がある機関車, 東急5000系―名車「青ガエル」ほか)

◇懐かしの電車と汽車渋谷駅とその周辺　巴川享則著　川崎　多摩川新聞社

◆七隈線建設史　福岡市交通局監修　［福岡］　福岡市交通局　2007.12　473p　30cm〈折り込7枚　年表あり〉

◆711系物語―北海道初の「赤電車」誕生から引退まで半世紀のあゆみ　奥野和弘著　JTBパブリッシング　2015.4　174p　21cm　（キャンブックス―鉄道150）〈文献あり　年表あり〉　1900円　①978-4-533-10348-3

[目次]　カラーグラフ　北海道を走る赤い電車, 初の交流専用711系電車―試作車の誕生から第3次量産車の登場までのあゆみ（711系試作車の誕生, 711系量産車の登場, 711系の改造・改良等, 方向幕一覧, 711系電車諸元表, 711系最後の交番検査と主要機器・設備類, 編成組換表）, 711系を語る―検修・保守・運転に携わった7人に聞く, カラーグラフ（711系に乗って北の大地を行く, 札幌運転所の711系, さよなら711系, ヘッドマークを付けた711系, 711系の検修・改造現場を探ねる, 711系・電化関連コレクション）, 711系電車を中心に見る北海道の電車運転・運用のあゆみ（北海道交流電化の進展, 711系電車の運転開始から引退まで）

◆名寄本線　北海民友新聞社編　〔名寄〕　名寄本線代替バス運営協議会　1990.2　198p　30cm

◆南風の旅―色鉛筆画で再現する四国横断列車の60年　柳瀬大輔著　アテネ社　2011.10　1冊（ページ付なし）　19×26cm　1400円　①978-4-900841-19-2

◆南武線いまむかし　原田勝正著　川崎多摩川新聞社　1999.4　187p　21cm　1800円　①4-924882-28-3

◆南武線、鶴見線、青梅線、五日市線―1950～1980年代の記録　山田亮著　アルファベータブックス　2017.3　88p　30cm　1850円　①978-4-86598-822-2

[目次]　南武線（南武線の歴史, 川崎, 尻手, 矢向, 鹿島田　ほか）, 鶴見線（鶴見線の歴史, 鶴見, 国道, 鶴見小野, 弁天橋, 浅野, 安善, 武蔵白石　ほか）, 青梅線, 五日市線（青梅線の歴史, 立川, 西立川, 東中神, 中神, 昭島　ほか）

◆南武線・鶴見線―街と駅の1世紀　昭和の街角を紹介　生田誠著　アルファベータブックス　2015.12　87p　26cm（懐かしい沿線写真で訪ねる）　1800円　①978-4-86598-807-9

[目次]　第1部　南武線（川崎, 尻手, 矢向, 鹿島田, 平間　ほか）, 第2部　鶴見線（鶴見, 国道, 鶴見小野, 弁天橋, 浅野, 安善, 武蔵白石, 浜川崎, 昭和, 扇町, 新芝浦, 海芝浦, 大川）

◆南武線物語　五味洋治著　川崎多摩川新聞社　1992.12　148p　21cm　1450円

[内容]　貴重な写真と豊富な資料を駆使して二百人を超える関係者とのインタビューをもとに綴ったユニークな読み物。大人から子供まで楽しく読める南武線のあゆみ。

◆日本鉄道のあゆみ　和田住夫著　〔貞光町（徳島県）〕　〔和田住夫〕　1991.10　357p　22cm

◆日本鉄道物語　橋本克彦著　講談社　1993.3　422p　15cm　（講談社文庫）　600円　①4-06-185352-X

[内容]　鉄道に賭けた父子二代の熱き技術者魂を描く。草創期の蒸気機関車・磨墨からC53, D51を経て新幹線まで、島安次郎・秀雄の情熱は、燃えに燃えた。彼らが取り組んだ鉄道の仕事は、日本の近代技術史上の一大エポックとなった。外国の技術を日本の条件のなかへ移植し、さらに発展させた父子のドラマを追う。

◆日本の鉄道　原田勝正著　吉川弘文館　1991.3　201, 7p　20cm　（日本歴史叢書　45）〈叢書の編者：日本歴史学会　参考文献・鉄道関係年表：p195～201〉　2300円　①4-642-06545-8

[内容]　日本に鉄道が導入されてから120年近い年月が経過した。近代化の「牽引車」として位置づけられる鉄道は、時代の要請に応じて様々な役割を演じることになる。鉄道は、その輸送機能によって経済・社会の発展に寄与もしたが、また阻害する要因ともなったのである。明治・大正・昭和の歴史とともに歩んだ日本の鉄道の姿が、今、克明に甦る。

◆日本の鉄道　原田勝正著　吉川弘文館　1996.8　201, 7p　20cm　（日本歴史叢書　新装版）〈新装版　叢書の編者：日本歴史学会　参考文献・鉄道関係年表：p195～201〉　2369円　①4-642-06643-8

[内容]　日本に鉄道が導入されてから百二十年近い年月が経過した。近代化の「牽引車」として位置づけられる鉄道は、時代の要請に応じて様々な役割を演じてきた。明治・

◇日本の鉄道―成立と展開　野田正穂、原田勝正、青木栄一、老川慶喜編著　日本経済評論社　2005.4　424p　21cm　(鉄道史叢書 2)〈1994年刊(第4刷)を原本としたオンデマンド版　文献あり　年表あり〉　5500円　①4-8188-1641-8

◇日本の鉄道ことはじめ　沢和哉著　築地書館　1996.11　252p　19cm　1854円　①4-8067-5595-8
内容　日本の鉄道にかかわる珍しい話をイラスト入りで満載…正史に記録されていない、多くの埋もれている史実を、開業のはなし、建設うらばなし、客車・列車、従業員、駅業務のはなし、観光宣伝やイベント列車などにわけてやさしく解説。巻末に略年表を付した。

◇日本の鉄道こぼれ話　沢和哉著　築地書館　1998.5　249p　19cm　2000円　①4-8067-4618-5
内容　一般の鉄道史にはない珍しい史実を、イラスト入りで満載…創業のころや建設にまつわる話、停車場・運転にかかわるものや営業の話、政治家と鉄道や異色の人びとをも描き出すなど、たのしく語る64編。巻末にはわかりやすい年表を付した。

◇日本の鉄道史セミナー　久保田博著　グランプリ出版　2005.4　264p　21cm〈年表あり〉　2300円　①4-87687-271-6
目次　第1部 鉄道の創業と成長（鉄道夜明け前、鉄道建設の反対と協力 ほか）、第2部 鉄道の国有化（私鉄の国有化、鉄道建設か改良か ほか）、第3部 鉄道の進展（電車成長の経過、DLの夜明け前 ほか）、第4部 鉄道の近代化（交流電化の教訓、動力近代化長期計画 ほか）、第5部 国鉄の民営化（鉄道貨物の盛衰、国鉄の分割民営化 ほか）

◇日本の鉄道シーン―素晴らしき80年代　三澤春彦著　横浜　ヘッジホッグ・ブックス　2004.11　203p　21cm〈東京英治出版（発売）〉　1800円　①4-902221-01-2
目次　北海道、東北、関東、甲信越・北陸、中部、近畿・中国、四国、九州

◇日本の鉄道創世記―幕末明治の鉄道発達史　中西隆紀著　河出書房新社　2010.6　273p　20cm〈他言語標題：The History of Japanese Railways　文献あり〉　2000円　①978-4-309-22527-2
内容　路線網はいかに全国各地に広がったのか？構想・計画・敷設と、それらを担った政治家や財閥、技術者たちを、波瀾の群像とともに描く黎明期の全貌。

◇日本の鉄道草創期―明治初期における自主権確立の過程　林田治男著　京都　ミネルヴァ書房　2009.11　338p　22cm　(Minerva人文・社会科学叢書 155)〈文献あり　索引あり〉　6000円　①978-4-623-05540-1
内容　英国のレイ裁判記録やパークス報告など第一級資料を掘り起こし、日本側資料と突合せて精査し、明治初期の「近代化への模索と苦闘」を丹念に跡付けている。大隈や伊藤など多様な人物が登場し、舞台が複雑に絡み合って筋書きは幾度も変転していった。まさに壮大な歴史劇が展開されていた。本書では往時の日英の資料に基づき、斬新な視座から解釈を試みており、日本の鉄道草創期の研究の再構成を促すだけではなく、維新史の新たな側面も提起している。

◇日本の鉄道120年の話　沢和哉著　築地書館　1993.7　266p　21cm〈『日本の鉄道100年の話』(1972年刊)の改訂新版〉　2060円　①4-8067-5629-6
内容　元国鉄総裁室修史課で『日本国有鉄道百年史』の編さん、執筆にあたった著者が、数多くの資料を駆使し、めずらしい図や写真をのせて、わかりやすく描いたはじめての鉄道通史。とくに、この20年間の大きな技術の発達と、新しい情報も加えて解説した。

◇日本の鉄道100ものがたり　おのつよし著　文芸春秋　1991.5　334p　16cm（文春文庫）　470円　①4-16-753601-3
内容　日本で蒸気機関車が活躍したのはほぼ100年余、その間に起きた悲喜こもごもの珍談奇談をイラストや地図など数多く織り込んで満載。切符に弁当がついてきた乗客獲得合戦、ダブルベッドもあった寝台車両、わざと曲りくねった線路をつくろう話など、世相を映し出すさまざまなエピソードをいろんな機関車にそって楽しく紹介する

◇日本の鉄道140年の大雑学―あなたも知らない秘話が満載！　博学こだわり倶楽部編　河出書房新社　2010.2　222p　15cm　(Kawade夢文庫 K850)〈文献あり〉　514円　①978-4-309-49750-1
内容　第二次大戦中に「防空壕つき列車」が走っていた！山手線の外側を走る「第2山手線計画」があった?!…など、鉄道史を彩ったオモシロ話が満載。

◇根室拓殖鉄道　高橋渉,加田芳英著　豊中　加田芳英(発売)　1997.4　112p　30cm　3200円

◇野岩・会津鉄道建設運動史―その百年の歴史を辿る　田島町史編纂室編　田島町(福島県)　田島町　1990.10　348p　27cm

◇驀進―鉄道とともに50年から　齋藤雅男著　鉄道ジャーナル社　1999.11　255p　27cm　3000円　Ⓘ4-924496-01-4

◇函館・道南鉄道ものがたり―SLから新幹線まで　原田伸一著　札幌　北海道新聞社　2016.3　319p　21cm〈年表あり〉　1750円　Ⓘ978-4-89453-820-7
内容　旅客も貨車も運ぶ巨大な連絡船、世界最長の海底トンネル、1200キロを走破する寝台特急も―。本州との玄関口、函館・道南の鉄道は1世紀以上にわたり、独特の鉄道文化を発展させてきた。そして2016年3月、北海道新幹線が開業し、東京まで4時間2分のH5系「はやぶさ」がデビューする。SL全盛時代を知る著者ならではの体験を織り交ぜながら、"鉄愛"あふれる文章と地元密着の写真で、鉄道と人々の「物語」を温かく描き出す。秘蔵写真多数。

◇函館の路面電車100年　函館市企業局交通部編　札幌　北海道新聞社　2013.6　175p　26cm〈年表あり〉　1700円　Ⓘ978-4-89453-702-6
内容　街角の記憶がよみがえる懐かしい写真を多数収録した永久保存版！　大正から平成まで、函館の街を走る路面電車の生誕から現在にいたる100年の軌跡をたどります。

◇箱根の鉄道―馬車鉄道から山岳鉄道開通まで　〔箱根町(神奈川県)〕　箱根町立郷土資料館　1994.7　41p　26cm

◇八王子の電車とバス―八王子市制百周年記念　清正之著　八王子　揺籃社　2017.8　84p　26cm〈著作目録あり　年表あり〉　1200円　Ⓘ978-4-89708-388-9
目次　第1章　八王子の電車(馬車の時代、鉄道の歩み、甲武鉄道、中央線、八王子駅　ほか)、第2章　八王子のバス(人力車とバス、京王バス、高尾自動車、八王子市街自動車、伊奈バス　ほか)

◇磐越西線の100年―175キロの鉄路にこめられた、人びとの期待と情熱　保存版　瀬古龍雄,小桧山六郎監修　松本　郷土出版社　2000.10　238p　31cm　7500円　Ⓘ4-87663-492-0

◇万里一条鉄　胎動編　橋本俊一著　さいたま　高樹屋　2001.8　48p　21cm〈肖像あり〉

◇尾西線の100年―尾西線・津島線・起線の織りなす100年のドラマ　保存版　清水武,神田年浩解説　名古屋　郷土出版社　1999.3　239p　31cm　8500円　Ⓘ4-87670-118-0
内容　尾西鉄道時代から100年の歴史を刻む尾西線、都市型の路線として開業した津島線、繊維の町の足として親しまれた起線、尾張の西部に展開された鉄路のドラマを写真で再現した決定版。

◇ビジュアルで紐解く 日本の高速鉄道史―名列車とたどる進化の歴史　高野晃彰著　メイツ出版　2018.3　143p　21cm　1660円　Ⓘ978-4-7804-1965-8
内容　列島の大動脈として活躍した名列車の夢と栄光のヒストリー！　黎明期の特別急行から現代まで。豊富な写真で鮮やかによみがえる、鉄道大国ニッポン発展の軌跡。

◇ビジュアル日本の鉄道の歴史　1　明治～大正前期編　梅原淳著　ゆまに書房　2017.4　49p　27cm　2800円　Ⓘ978-4-8433-5119-2

◇ビジュアル日本の鉄道の歴史　2　大正後期～昭和前期編　梅原淳著　ゆまに書房　2017.5　49p　27cm　2800円　Ⓘ978-4-8433-5120-8
目次　外国に負けない鉄道を目指して1(1910年代)、外国に負けない鉄道を目指して2(1919年～1925年)、関東大震災と鉄道(1923年)、全国に延びる鉄道(1920年代)、新たな時代の息吹(1925年ごろ)、日本の都市にも地下鉄が開通(1927年)、超特急「燕」の衝撃(1930年)、世紀の難工事、丹那トンネルの開通(1934年)、流線形ブームの到来と戦前の黄金時代(1935年ごろ)、日中戦争の勃発と鉄道(1937年)、弾丸列車計画がスタート(1940年)、戦時体制の強化と鉄道(1941年～1945年)、関門トンネルが開通(1942・1944年)、濃厚となった敗戦と鉄道(1943年～1945年)、荒廃した鉄道と終戦直後の混乱(1945・46年)、戦時体制からの決別と国鉄の誕生(1948・49年)、特急列車の復活と湘南電車の登場(1949・1950年)、占領からの復帰(1951・52年)、大事故が相次ぐ日本の鉄道(1951年～1955年)、技術の進歩と鉄道(1951年～1955年)

鉄道史

鉄道政策

◇ビジュアル日本の鉄道の歴史　3　昭和後期〜現代編　梅原淳著　ゆまに書房　2017.6　51p　27cm　2800円　①978-4-8433-5121-5
　|目次|　重たい車体から軽い車体へ1（1955年）、東海道線の全線電化が完成（1956年）、東海道新幹線がつくられる（1957年〜1964年）、交流での鉄道電化に成功（1957年）、重たい車体から軽い車体へ2（1958・1962年）、石炭から電気、軽油の時代に（1958年〜1975年）、新時代をひらく"特急三姉妹"（1958年〜1960年）、近代的な鉄道への脱皮と苦労（1959年〜1963年）、地下鉄の躍進と相互直通運転（1960年）、特急列車は庶民の乗り物へ（1961年〜1968年）、東海道新幹線の開業と日本の発展（1964年〜1970年）、国鉄の大投資と経営の悪化（1965年〜1987年）、新たな新幹線の計画（1966年〜1973年）、曲がり角を迎えた日本の鉄道（1970年代）、路面電車が消えてゆく（1970年代）、蒸気機関車が消えてゆく（1975年）、さようなら国鉄、こんにちはJR（1987年）、青函トンネルと瀬戸大橋が完成（1988年）、さらなるスピードアップをめざして（1985年〜）、21世紀の鉄道（2001年〜）

◇秘蔵鉄道写真に見る戦後史　上　昭和20年代　須田寛監修，原口隆行解説　JTBパブリッシング　2012.10　159p　30cm〈文献あり　年表あり〉　2500円　①978-4-533-08738-7
　|内容|　終戦直後の苦難の時代を闘った鉄道10年の記録。

◇秘蔵鉄道写真に見る戦後史　下　昭和30年代　須田寛監修，原口隆行解説　JTBパブリッシング　2012.10　159p　30cm〈文献あり　年表あり〉　2500円　①978-4-533-08739-4
　|内容|　戦後経済成長の礎を築いた鉄道10年の記録。

◇封印された鉄道史　小川裕夫著　彩図社　2010.6　207p　19cm〈文献あり〉　1200円　①978-4-88392-742-5
　|内容|　歴史の闇に葬られた「60」の鉄道タブー。鉄道の世界には触れてはいけない話がある。

◇封印された鉄道史　小川裕夫著　彩図社　2013.1　254p　15cm〈2010年刊の加筆修正　文献あり〉　648円　①978-4-88392-901-6

◇封印された鉄道秘史　小川裕夫著　彩図社　2015.10　239p　19cm〈他言語標題：the Story behind Japanese Railways　文献あり〉　1200円　①978-4-8013-0106-1
　|内容|　この国の鉄道には語られることのない過去がある…。日本鉄道史の深層に埋もれた、知られざる秘話に迫る。

◇ふくいの鉄道160年—ファンの見たふくいの鉄道いまむかし　鉄道友の会福井支部創立50周年記念誌　渡邊誠編著　追補版　鯖江　鉄道友の会福井支部　2017.9　257p　19cm〈付・福井県鉄道史年表　年表あり〉　1600円　①978-4-9909490-1-3

◇福岡鉄道風土記　弓削信夫著　福岡　葦書房　1999.1　267p　21cm　2200円　①4-7512-0733-4
　|内容|　「源じいの森駅」って何線にある？汽笛一声、博多駅発車から110年。なぜそこに駅ができたのか、どう鉄道は延びていったのか。福岡県を走る旧国鉄14線33区間すべての歴史とドラマのドキュメント。

◇福知山線今昔物語　梶原清著　山南町（兵庫県）　待場印刷所（印刷）　1999.11　43p　26cm

◇福知山線のあゆみ—全通100周年記念　谷垣昭吉著　氷上町（兵庫県）　谷垣昭吉　1999.10　26,6p　26cm〈付属資料：表1枚〉

◇ブラック鉄道史　小川裕夫著　ぶんか社　2015.11　253p　19cm〈文献あり〉　1000円　①978-4-8211-4417-4
　|内容|　歴史の闇に追いやられた鉄道の黒い真実に光を当てる!!

◇プロ野球と鉄道—新幹線開業で大きく変わったプロ野球　田中正恭著　交通新聞社　2018.2　255p　18cm　（交通新聞社新書 121）〈文献あり〉　800円　①978-4-330-86318-4
　|内容|　かつて多くの球団を鉄道会社が保有していたように、古くから密接なつながりがあるプロ野球と鉄道。チームの遠征においても鉄道は必要不可欠で、新幹線の開業による所要時間の短縮は革命的な出来事だった。本書では、黎明期から現在までのプロ野球と鉄道の関わりについて、各種資料を検証・考察するとともに、往時のスター選手たちが語るエピソードなど、さまざまな視点からその深いつながりを紹介する。

◇北陸線を走った列車たち—萬世永頼　谷口昭夫著　金沢　能登印刷出版部（発

売) 2014.10 216p 30cm〈文献あり〉 2000円 ①978-4-89010-640-0
内容 明治から走り続けて130余年。北陸新幹線につなぐ、鉄道・北陸線の大記録―。

◇北海道の鉄道のあゆみ―北のレールウェイ・ストーリー 田中和夫著 札幌 北海道科学文化協会 2006.3 163p 19cm (北海道青少年叢書 23―北国に光を掲げた人々 23)〈下位シリーズの責任表示：北海道科学文化協会編 年表あり〉

◇北海道の鉄道125話―幌内鉄道の開業から北海道新幹線着工まで 北海道の鉄道125周年記念 太田幸夫著 札幌 富士コンテム 2005.12 275p 図版14枚 30cm〈折り込み1枚 年表あり 文献あり〉 2500円 ①4-89391-592-4

◇北海道の鉄道135話―幌内鉄道の開業から北海道新幹線開業まで 北海道の鉄道135周年記念 太田幸夫著 札幌 富士コンテム 2016.5 20, 343p 図版[16]枚 30cm〈年表あり 文献あり〉 2700円 ①978-4-89391-737-9
内容 本書は明治13年(1880)の幌内鉄道開業から平成28年(2016)の北海道新幹線開業までの135年の歴史を、著者の46年の鉄道人生も含めて、135話にまとめたものである。道内の鉄道におけるこの35年間の変化は激しいものであった。115年の歴史ある国鉄が分割・民営化され、営業キロは昭和57年(1982)10月の4,027キロから現在の2,569キロと、90年前の昭和初期に逆戻りしたことになる。ローカル線として約1,758キロが廃止され、旅客駅は約半分がその姿を消した。本書はこの激動の35年も含めた135年をふり返ることで、読者の心に北海道の鉄道を焼きつけて頂きたいという願いを込めて書いた力作である。

◇幌内鉄道史―義経号と弁慶号 近藤喜代太郎著 成山堂書店 2005.10 291, 18p 20cm〈年表あり 文献あり〉 2600円 ①4-425-96091-2
内容 わが国3番目に開通した幌内鉄道は、開拓の使命を受け特異な発展を遂げた。義経号・弁慶号を軸に、栄光の歴史を貴重な写真や資料で紐解く。

◇幻の鉄道―千葉県鉄道計画史 小林茂多著 流山 崙書房出版 1997.6 (第6

刷) 267p 18cm (ふるさと文庫)〈年表あり〉 ①4-8455-0110-4

◇まるごと名古屋の電車激動の40年―愛知・三重・岐阜昭和後期～平成鉄道の記録 徳田耕一著 河出書房新社 2014.2 191p 21cm〈文献あり 年表あり〉 1850円 ①978-4-309-22610-1
内容 昭和49年(1974)～平成25年(2013)まで、「名古屋の電車」の動向を年代ごとにまとめた一冊。見たい年の頁を開けば懐かしの名場面が蘇る！

◇〈まるごと〉名古屋の電車昭和の名車たち 徳田耕一著 河出書房新社 2010.7 159p 21cm〈文献あり〉 1700円 ①978-4-309-22529-6
内容 国鉄名古屋を汽車から国電、さらにはJRのシティ電車に飛躍させたのが117系、"名古屋の電車の雄"JR東海の布石を築いた国電の最高傑作を特集。

◇〈まるごと〉名古屋の電車昭和ロマン―愛知・三重・岐阜昭和中期懐かしの鉄道 徳田耕一著 河出書房新社 2008.11 215p 21cm〈年表あり〉 1800円 ①978-4-309-22493-0
内容 インターネットはなく、鉄道ファン同士の情報交換をメインに"鉄"を楽しんだ昭和30～40年代。あのころ乗って撮った「名古屋の電車」が蘇える。国鉄初の電車特急「こだま」、新幹線0系、名鉄パノラマカー、緑色の近郊電車、地下鉄"黄電"、東山と犬山のモノレール…。各線の歴史と時代の鉄道の動き(年表)も簡潔に紹介！ 掲載写真は約750枚、本邦初公開も多数収録。

◇まるまる大阪環状線めぐり―知られざる歴史とオモシロ知識 土屋武之著, 久保田敦写真 交通新聞社 2015.11 111p 21cm (DJ鉄ぶらブックス 線路端のたのしみを誘う本 005) 1300円 ①978-4-330-61215-7
目次 巻頭特集(現在進行形の「大阪環状線改造プロジェクト」―なぜ今、大阪環状線なのか？, 大阪環状線を走る電車), 大阪環状線全19駅の素顔(天満、桜ノ宮 ほか), 大阪環状線120年の歴史(「大阪鉄道」「西成鉄道」の路線として開業、大阪環状線は関西の「国電」のルーツの1つ ほか), 大阪環状線の「ここが見逃せない！」(西九条の複雑な線路配線, 交通科学博物館 ほか), 資料篇(大阪環状線103系・201系車両編成表, 大阪環状線各駅の主要データ ほか)

◇三河を走って85年―保存版写真集 神谷力編集責任 名古屋 郷土出版社

1999.12　239p　31cm　（ふるさとの鉄路シリーズ）　7500円　①4-87670-129-6
　内容　矢作川水系を南北に結んで人・物・文化を運び続けた85年の歳月。名鉄三河線・挙母線の歴史を知られざる沿線のエピソードとともに紹介。

◇三菱鉱業大夕張鉄道　奥山道紀, 赤城英昭著　ネコ・パブリッシング　2003.6　48p　26cm　（RM library 47)〈年表あり〉　1000円　①4-7770-5002-5
　目次　三菱大夕張鉄道について, 各駅停車 大夕張炭山へ（清水沢駅, 遠幌駅, 南大夕張駅, シューパロ湖駅, 明石町駅, 千年町駅, 大夕張駅, 大夕張炭山駅), 大夕張鉄道の車輌（蒸気機関車, ディーゼル機関車, 客車, 貨車), 大夕張鉄道車輌一覧表, 大夕張鉄道略年表

◇みまさか鉄道ものがたり　小西伸彦著　津山　みまさかローカル鉄道観光実行委員会　2013.11　302p　21cm　〈文献あり〉　発売：吉備人出版（岡山）〉　2200円　①978-4-86069-375-6
　内容　平成25年, 建国1300年を迎え岡山県北部の美作地域。歴史と自然に恵まれた美作は, 鉄道遺産の宝庫としても知られている。旧津山扇形機関庫や, 津山駅から四方に伸びる路線に佇む木造駅舎などはその代表だ。鉄道遺産そのものともいえるその風景を求め, 全国からたくさんのファンが訪れる。本書は, 美作の鉄道の歴史をたどりながら, 鉄道に夢とロマンを賭けた人々を描いた力作。

◇武蔵野線―街と駅の半世紀　山下ルミコ著　アルファベータブックス　2017.9　95p　26cm　（懐かしい沿線写真で訪ねる）〈年表あり〉　1850円　①978-4-86598-829-1
　目次　府中本町, 北府中, 西国分寺, 新小平, 新秋津, 東所沢, 新座, 北朝霞, 西浦和, 武蔵浦和〔ほか〕

◇明治期伊丹の鉄道　伊丹市立博物館編　伊丹　伊丹市立博物館　2017.3　8, 174p 図版 4p　30cm　（伊丹市立博物館史料集 12）

◇明治鉄道物語　原田勝正［著］　講談社　2010.8　269p　15cm　（講談社学術文庫 2008）　920円　①978-4-06-292008-7

　内容　文明開化が謳われる明治初年, 時代を象徴する最先端技術として鉄道は日本に登場した。交通や流通, 産業を飛躍的に発展させた近代化の牽引車ともいえる舶来の技術に, 人々はどう対応し, どのような苦難を乗り越えてわがものとして, そこにはどんな人間模様が描かれたのか―。鉄道史研究の泰斗が鉄道の受容と発展を通して活写する, 近代日本の横顔。

◇物語日本鐵道史　前篇　三崎重雄著　アテネ書房　1993.2　326p　19cm　（復刻鉄道名著集成　星晃, 渡辺寿男監修, 和久田康雄, 加藤新一編）〈原本：博文館昭和17年刊〉　①4-87152-018-8

◇物語日本鐵道史　後篇　澁澤誠次著　アテネ書房　1993.2　327p　19cm　（復刻鉄道名著集成　星晃, 渡辺寿男監修, 和久田康雄, 加藤新一編）〈原本：博文館昭和17年刊〉　①4-87152-018-8

◇山手線ウグイス色の電車今昔50年―大都会を走る通勤電車と駅のあゆみ　杉﨑行恭著　JTBパブリッシング　2013.11　175p　21cm　（キャンブックス―鉄道 135）〈文献あり〉　1700円　①978-4-533-09423-1
　目次　第1章 カラー写真で見る山手線と沿線, 第2章 山手線の歴史（日本鉄道の創立から山手線の計画, 豊島線開通まで ほか), 第3章 山手線各駅探見（品川, 大崎 ほか), 第4章 山手線車両図鑑（クモハ11形0番代, クモハ11形100番代 ほか), 第5章 山手線と交わる私鉄・公営交通（京急電鉄本線, 東京臨海高速鉄道 ほか）

◇山手線 駅と町の歴史探訪―29駅途中下車地形と歴史の謎を解く カラー版　小林祐一著　交通新聞社　2016.1　223p　18cm　（交通新聞社新書 087）〈文献あり 年表あり〉　900円　①978-4-330-63216-2
　内容　大正14（1925）年11月1日, 神田～上野間の高架鉄道が完成し, この日から山手線の環状運転が始まった。その山手線も, 実は海あり, 山あり, 谷ありの起伏に富んだ地形に築かれた鉄道路線で, その成り立ちと進化はまた, 東京の発展の歴史とも重なっている。江戸から東京へと変貌を遂げた明治維新の歴史, 首都としての都市基盤の整備, そして戦後の復興の歴史…。そうした地形や歴史を訪ねながら電車に乗り, 駅周辺を散策し, 山手線29駅を探検する。

◇山手線誕生―半世紀かけて環状線をつなげた東京の鉄道史　中村建治著　イカロス出版　2005.6　237p　19cm　〈年

表あり　文献あり〉　1619円　①4-87149-683-X

|目次| 第1章 強い反対に陸上を諦めて海上を走らせた『陸蒸気』, 第2章 華族が興した最初の私鉄, 開業式を欠席した鉄道局長, 第3章 東京の山の手, 凹凸地帯に線路を敷いた山手線の前身, 第4章 敷設ルートは二転三転し, 山手線の名称を正式に決定, 第5章 高架線建設で浮上した, 東京を一周する環状鉄道の構想, 第6章 日本風から洋風デザインに変更して, 巨大な東京駅に, 第7章 中央線の東京駅乗り入れで『のノ字運転』を開始, 第8章 東海道線と東北線は結ばれたが, 日本縦貫鉄道は先送りに, 第9章 汽笛一声から半世紀, 日本初の環状鉄道・山手線誕生

◇山手線―街と駅の今昔物語 日本の大都会・東京の懐かしい姿がよみがえる！　日本鉄道車両研究会著　彩流社　2015.4　79p　26cm〈編集：夢知舎　文献あり　年表あり〉　1800円　①978-4-7791-2362-7

|目次| 新宿, 代々木, 原宿, 渋谷, 恵比寿, 目黒, 五反田, 大崎, 品川, 田町, 浜松町, 新橋, 有楽町, 東京, 神田, 秋葉原, 御徒町, 上野, 鶯谷, 日暮里, 西日暮里, 田端, 駒込, 巣鴨, 大塚, 池袋, 目白, 高田馬場, 新大久保

◇山手線は廻る―環状鉄路の誕生　市民フォーラム著　ヒューマン・クリエイティブ　2010.10　238p　18cm（Creative book bird's eye—首都圏人 no.11）〈年表あり　発売：揺籃社（八王子）〉　1200円　①978-4-89708-291-2

◇『雪国』の汽車は蒸気機関車だったか？―鉄道・文学・戦前の東京　酒井明司著　東洋書店　2009.12　142p　19cm（現代叢書 5）〈文献あり　年譜あり　索引あり〉　1300円　①978-4-88595-883-0

◇陽光80年―釧路鉄道電気史　［釧路］釧路鉄道電気80年史編さん委員会　［1991］　343p　26cm〈電気のあゆみ：p199～228〉

◇横須賀線を訪ねる―120年歴史の旅　蟹江康光編著　交通新聞社　2010.7　208p　26cm〈文献あり 年表あり〉　2381円　①978-4-330-11810-9

|目次| 横須賀線開業120周年, 横須賀線を訪ねる―120年歴史の旅, 横須賀線の旅―近代化遺産を訪ねて, 大船～鎌倉～逗子～横須賀, 大船～横須賀間鉄道の開通, 横須賀鉄道の開業から東京駅への乗り入れ, 横須賀線の輸送力増強, 大正関東地震と横須賀線, 横須賀線は電気機関車で運転, 32系電車で運転〔ほか〕

◇横須賀線百年　横須賀線百年出版委員会編　横浜　神奈川新聞社　1990.3　250p　19cm〈共同刊行：かなしん出版〉　1500円　①4-87645-114-1

◇横浜線百年―明治41年～電化に33年, 複線化に80年　サトウマコト著　横浜　ニイサンマルクラブ　2008.9　356p　21cm〈文献あり〉　2000円　①978-4-931353-28-2

◇横浜線物語―明治41年から, 電化に33年, 複線化に80年 毎日通勤ごくろうさま！　サトウマコト著　横浜　230クラブ新聞社　1995.5　224p　21cm　1800円　①4-931353-02-9

◇横浜の鉄道物語―陸蒸気からみなとみらい線まで　長谷川弘和著　JTBパブリッシング　2004.11　176p　21cm（JTBキャンブックス）　1800円　①4-533-05622-9

|内容| 今年は横浜の中心地で大きな変化があった。それは東急東横線の横浜～桜木町間の廃止, それに代わる横浜高速鉄道の「みなとみらい線」の開通であった。本書では, この市内の中心部の変化を機に横浜の鉄道の変遷をまとめた。

◇よみがえる北海道の鉄道・軌道―昭和20～50年代, C62から炭鉱鉄道までの完全記録　浅原信彦, 高井薫平編・著　学研パブリッシング　2012.9　190p　26cm〈発売：学研マーケティング〉　2800円　①978-4-05-405427-1

|内容| 山線に挑むC62, 各地の炭鉱鉄道と森林鉄道…。昭和20年代から50年代の北海道の路線が, 秘蔵写真の数々で想い出と共によみがえる！根北線・美幸線・白糠線等の初出写真も掲載。

◇両備軽便鉄道に見る歴史のロマン―神辺・駅家・新市の歴史観光トレイル　福山の歴史産業観光研究会企画・執筆　福山　［府中（広島県）］　福山市観光協会　コトブキ印刷　2013.3　70p　21cm〈委託：福山市観光課ほか　文献あり　年表あり〉　667円　①978-4-9906949-0-6

◇レイル―昭和40年代半ば 米沢とその周辺　エリエイ/プレス・アイゼンバー

ン 2007.10 98p 29×21cm 3500円 ①978-4-87112-462-1

[目次] 米沢とその周辺昭和40年代半ばの奥羽本線と米坂線, 奥羽本線福島 - 新庄間及び支線区の機関車小史―米澤機関車・米沢機関区を中心として, 関西蒸機終焉の頃 "SL狂想曲", TKKの沿線で, 現代中国蒸機の世界第2回 禁断の広元監獄鉄道

◇レイル No.35 山東半島にドイツの面影を見る エリエイ出版部プレス・アイゼンバーン 1997.6 90p 30cm 3300円 ①4-87112-185-2

[目次] カラー・京都のC62, 臼井茂信追悼鉄道写真集 "軌跡を追う", 回想汽車会社をめぐって(2), 国鉄型蒸気機関車の系譜(5), 山東半島にドイツの面影を見る, ファンの目で見た台車の話(11), 或る修学旅行, 港々に電車・汽車あり(5), レイルサロン

◇レイル No.38 プレス・アイゼンバーン 1999.5 90p 30cm 3500円 ①4-87112-188-7

[目次] グラフ 常磐線―その接続鉄道, 常磐線あれやこれや, 元甲武電車・鉄道院デ968ハニフ1再考, 私鉄へ行った国電の始祖(甲武電車), 国電の始祖を訪ねて―50年前の回想, ハニフ返還交渉秘話, 英国の保存鉄道めぐり, 神戸日記(抄) 1, 回想 汽車会社をめぐって 5, レイルサロン

◇レイル No.41 国電青帯車物語 エリエイ 2000.6 90p 30cm 3500円 ①4-87112-441-X

[目次] グラフもう少し古い頃の関西の私鉄電車, 青帯車物語り, グラフ私鉄へ行った甲武電車, 三河鉄道の蒸気機関車, 河北省地方鉄道望白線のC2, チェコ小紀行, 神戸日記(抄)2, レイルサロン

◇レイル No.42 鉄道省で輸入した電気機関車たち エリエイ 2002.3 106p 30cm 4000円 ①4-87112-442-8

[目次] グラフ パイオニアたちの軌跡, 鉄道省の輸入電気機関車, 資料 形式図, TABLE OF ELECTRIC LOCOMOTIVES, グラフ 電気機関車車輌写真集, 幹線電気運転の経過, 国鉄輸入電機の形態変化概説, 異国の同形機, レイルサロン

◇レイル No.43 エリエイ 2002.10 90p 30cm 3500円 ①4-87112-443-6

[内容] 本号では阪急京都線特急の経緯を集大成。

◇レイル No.44 エリエイ 2003.4 90p 29×21cm 3500円 ①4-87112-444-4

[目次] グラフ・1960年前後の小海線, グラフ・小海線全通の頃, 小海線回顧 1950 - 1957, 東北本線矢板 - 野崎間 86年前と現在の状況を比較する, Stangenantrieb - Ellok Rod Driveの電気機関車 - 1, 都電を追って ひと廻り, ファンの目で見た台車の話15, レイルサロン

◇レイル No.47 阪急神戸・宝塚線特急史 エリエイ/プレス・アイゼンバーン 2004.1 98p 30cm 3500円 ①4-87112-447-9

[目次] カラーグラフ 阪急電鉄神戸線と宝塚線の特急たち, グラフ 神戸線の特急列車, 阪急神戸・宝塚線特急史, グラフ 宝塚線の特急列車, グラフ 身延線の思い出, 身延線回顧―1948 - 1961年, 身延線物語―旧型国電の活躍, ファンの目で見た台車の話16

◇レイル No.48 北関東の鉄道40年 エリエイ/プレス・アイゼンバーン 2004.4 98p 29×21cm 3500円 ①4-87112-448-7

[目次] カラーグラフ 北関東の鉄道, 鉄道友の会 北関東支部40年の歩み, 茨城県内の鉄道の変遷概要, グラフ 茨城の鉄道, 栃木県の鉄道事情, グラフ 栃木の鉄道, 最近40年の群馬県内の鉄道の変遷概要, グラフ 群馬の鉄道, 年表で綴る北関東の鉄道40年のあゆみ, 芭石鉄路, Stangenantrieb - Ellok Rod Driveの電気機関車―2, ファンの目で見た台車の話17, 吉雄永春氏を追悼する, 半世紀前の鹿児島市電, ヤードマン

◇レイル No.49 愛宕山電鉄と新京阪デロ エリエイ 2004.7 100p 29×21cm 3500円 ①4-87112-449-5

[目次] グラフ 能勢電デロ最後の頃, 映画「新しき土」の検証―クラシックフィルムに秘められた鉄道シーン, "映画"に見る鉄道映画の調査手法とその概要, 能勢電のデロ, その改造歴の検証, 富士山麓電気鉄道回顧1940・1947 - 1954年, DD511号機の思い出, ファンの目で見た台車の話18 国産台車4, 豊橋鉄道の車輛の台車, 雲山金鉱会社の機関車の正体, ヤードマン

◇レイル No.50 エリエイ, プレス・アイゼンバーン 2004.10 98p 29×21cm 3500円 ①4-87112-450-9

[目次] 私が写した山陰のキハ55・58系, キハ55系気動車の概要, あれぇ? あの線路は…, +現状のレポート, 松鷹文庫に見る大正時

代の田端, レイルサロン 神戸市電の日本車輌製E形マキシマム台車, ヤードマン

◇レイル　No.52　エリエイ, プレス・アイゼンバーン　2005.4　98p　29×21cm　3500円　Ⓘ4-87112-452-5

　目次　1 電化完成から東海道新幹線開業の頃まで（名古屋地区国鉄電車発達史—大垣電車区50年の動きを中心として, JR東海・名古屋地区の電車概史）, 2 昭和40年代から現代へ（大垣電車区のクィーン物語, Stangenantrieblok part3）

◇レイル　No.53　エリエイ　2005.7　98p　29×21cm　3500円　Ⓘ4-87112-453-3

　目次　鞍手軽便鉄道ものがたり, 再録 鉄路早廻り紀行 その6 鹿本鉄道・筑豊鉱業鉄道, 北九州で働いた 古典ロコ終末期のころ, 小倉鉄道 昭和10年代半ば, 昭和35/1960年 桑名あたりで, カラーグラフ 桑名あたりで, 戦前の鉄道の思い出雑記 その1, 三重交通神都線電車の台車のことなど, 米本義之さんの神都電車

◇レイル　No.54　エリエイ　2005.10　98p　29×21cm　3500円　Ⓘ4-87112-454-1

　目次　近畿日本鉄道車輌小史1 モ1000・1100形, 戦前の鉄道の思い出雑記その2, 中国鉄道博物館, 動力内燃化達成まぢかの台湾省鉄路寸景, 1970年代前半の台湾省鉄路局の蒸気機関車, DD54の時代考証

◇レイル　No.55　エリエイ　2006.1　100p　30cm　3500円　Ⓘ4-87112-455-X

　目次　近畿日本鉄道車輌小史1 モ200形—大軌最初の電車デボ1・19形の波乱に満ちた50年, グラフ モ200 戦後の活躍, 関西の古典ロコ 昭和7年, 牛込の電車, 戦前の鉄道の思い出雑記 その3

◇レイル　No.56　エリエイ　2006.4　98p　30cm　3500円　Ⓘ4-87112-456-8

　目次　日本の妻面5枚窓車輌のすべて 前編, 全国の妻面5枚窓車輌図面, グラフ5枚窓の車輌たち東西南北 前編, 戦前の鉄道の思い出雑記

◇レイル　No.57　エリエイ　2006.7　98p　29×21cm　3500円　Ⓘ4-87112-457-6

　目次　日本の妻面5枚窓車輌のすべて 後編, 全国の妻面5枚窓車輌図面, グラフ5枚窓の車輌たち東西南北 後編

◇レイル　No.58　エリエイ　2006.10　98p　30cm　3500円　Ⓘ4-87112-458-4

　内容　昭和に入ってから東海道本線がもっとも華やかだった時代のあらましを, グラフで楽しみ, 三宅俊彦の文章で旅客列車の歩みを振り返る。

◇レイル　No.59　エリエイ　2007.1　98p　30cm　3500円　Ⓘ978-4-87112-459-1

　目次　交流電化が始まったころの北陸本線（本陸本線に想う, 敦賀の鉄道遺産を訪ねて, 昭和30年代の北陸本線瞥見, 資料: 昭和30年代の北陸本線列車ダイヤ, 資料: 昭和30年代の北陸本線関係車輌配置表）, Stangenantrieblok — Rod Driveの機関車最終, 須磨浦で, 大正と昭和に東京で走った花電車の絵葉書から, "日本の妻面5枚窓車輌のすべて"の補遺と訂正

◇レイル　No.60　交直流急行形電車の45年　エリエイ　2007.4　106p　29×21cm　3500円　Ⓘ978-4-87112-460-7

　目次　グラフ交直流急行形電車 東西南北, 国鉄交直流急行形電車 車輌編, 製造予算一覧 車歴表 配置区別輌数変遷 仙台車両センター編成の変遷, 公式写真に見る交直流急行形電車, 交直流急行形電車 運転のあゆみ, 常磐線・水戸線で活躍した急行451系などの思い出, ヤードマン

◇レイル　No.63　エリエイ/プレス・アイゼンバーン　2008.1　98p　30cm　3500円　Ⓘ978-4-87112-463-8

　目次　私が写したEF66, 疎開先でのことども, 庫にて, 現代中国蒸機の世界第3回 消えた3つのナローの煙, ヤードマン

◇レイル　No.64　東海道新幹線・鴨宮モデル線区を顧みる　エリエイ/プレス・アイゼンバーン　2008.4　98p　30cm　3500円　Ⓘ978-4-87112-464-5

　目次　東海道新幹線・鴨宮モデル線区を顧みる（東海道新幹線モデル線区物語, 東海道新幹線試作電車の開発について, モデル線区観察日記—昭和34/1959年4月～昭和37/1962年8月 ほか）, 現代中国蒸機の世界第4回 承徳追想—承徳鋼鉄専用線と満鉄錦古線, レイルNo.62号山崎さんの写真に寄せて, レイルNo.62号を読んで 山形機関区の思い出—昭和40年代はじめ

◇レイル　No.67　エリエイ　2009.1　98p　29×22cm　3600円　Ⓘ978-4-87112-467-6

|目次| グラフ 宍道湖畔を行く，C51 80，米子に集った車輌たち，米子界隈の鉄道，法勝寺電鉄訪問の記，グラフ 法勝寺電車の風景，山陰本線の客車たち 昭和40年ごろ，現代中国蒸機の世界第7回 北京，天津周辺の煙 1995～2008年

◆レイル No.68 エリエイ 2009.4 98p 29×21cm 3600円 ①978-4-87112-468-3

|目次| グラフ・駅にて，ブルートレインを牽いた東京機関区配置のEF65 1000番代，東京駅発着ブルートレイン編成表 昭和53/1978年10月から12月，ブルートレイン牽引用EF65 1000形について―昭和53/1978年9月鉄道友の会東京支部機関車部会でのレポートより，EF65 1000番代ブルートレイン牽引の軌跡，EF65 1000番代車歴一覧，現代中国蒸機の世界第8回 煙都平頂山，中国鉄路落ち穂ひろい・1，米子周辺の鉄道を読んで

◆レイル No.69 エリエイ 2009.7 98p 30cm 3600円 ①978-4-87112-469-0

|目次| 日本最初の交流電気機関車ハンドル・イン大学生の現場実習記録 仙山線物語，仙山線カラーアルバム1 思い出の色，京都の高校生が垣間見た昭和40/1965年春の仙山線と仙台，仙山線カラーアルバム2 今を見る，仙山線アルバム，仙山線/奥羽本線仙台・山形間概史，現代中国蒸機の世界第9回 河南省省建材廠専用線―C2と幻の18トン機関車を求めて，中国鉄路落ち穂ひろい・2，ヤードマン

◆レイル No.70 エリエイ/プレス・アイゼンバーン 2009.10 98p 28×21cm 3600円 ①978-4-87112-470-6

|目次| DD12ものがたり，グラフ DD12と仲間たちその歩んだ道，テルハの形態を考察する，日南田電気株式会社の工事記録アルバムより，テルハ色とりどり，テルハのある風景北から南へ，現代中国蒸機の世界 第10回 南票炭礦専用線と西満洲鉄道残影，中国鉄路落ち穂ひろい・3，レイルサロン，ヤードマン

◆レイル No.75 国鉄日光線 電化の前後 エリエイ/プレス・アイゼンバーン 2010.7 98p 29×21cm 3600円 ①978-4-87112-475-1

|目次| 国鉄日光線 電化の前後―開業120周年にちなんで，日光線 開通120周年―"日光道中・江戸の旅・近代の旅"，西田川炭田の炭礦専用線の蒸気機関車，淀橋電車のことなど，テルハの形態を考察する―補遺，中国鉄路落穂ひろい・4，現代中国蒸機の世界第11回 蒸機客車の魅力―吉林省梅花炭礦と甘粛省白銀鉱山専用線，レイルサロン

◆レイル No.77 エリエイ 2011.1 98p 30cm 3600円 ①978-4-87112-477-5

|目次| 思い出の東海道本線―荷35列車，私の写したEF58―荷35列車牽引機の記録，昭和20～30年代京阪グリーンを作った頃のこと，ある車輌技術者の思い出を聞く，京阪1300型の昔のメモより，京阪ロマンスカー史正誤と補遺，ようやくオープンした北京鉄道博物館正陽門館，現代中国蒸機の世界（第13回）平庄・公烏素炭礦と包頭鋼鉄専用線―内モンゴル自治区最後の煙

◆レイル No.78 エリエイ/プレス・アイゼンバーン 2011.4 98p 29×21cm 3600円 ①978-4-87112-478-2

|目次| グラフ 本線上に甦ったC53 45，C53復活から50年，復元されたC53にもらったもの，50年前のC53 45と周辺の人々，C53図面集，京阪電鉄 宇治川ライン "おとぎ電車"の技術，宇治川遊園 "おとぎ電車図面集"，宇治川におとぎ電車が走っていた頃，おとぎ電車の色，現代中国蒸機の世界第14回 遼寧省の現役蒸機を探る（1）阜新炭礦専用線

◆レイル No.79 エリエイ/プレス・アイゼンバーン 2011.7 98p 30cm 3600円 ①978-4-87112-479-9

|目次| 終末期の簡易軌道見聞記，茶内の思い出カラー，現存する簡易軌道の保存車輌，現代中国蒸機の世界第15回 遼寧省の現役蒸機を探る（2）―北票炭礦/渤海セメント/北台鋼鉄専用線，テルハの見える風景その4，レイルサロン（誌上写真展ナローテンダー機の走る鉄路，もう一輌のC53），ヤードマン

◆レイル No.80 エリエイ/プレス・アイゼンバーン 2011.10 98p 30cm 3600円 ①978-4-87112-480-5

|目次| 北野線廃止から50年 街ともに人とともに―在りし日の京都市電を偲ぶ，C61 20復活に寄せて，現代中国蒸機の世界第16回 新疆三道嶺炭礦専用線

◆レイル No.81 エリエイ/プレス・アイゼンバーン 2012.1 98p 29×21cm 3600円 ①978-4-87112-481-2

|目次| 上野駅発着の夜行客車列車と機関車（グラフ昭和50年代半ば 大宮・上野間の朝を見る，グラフ上野駅 ブルートレインの黎明

期,グラフ東北本線,東北・常磐・奥羽方面の旅客列車 昭和47〜57/1972〜1982年 ほか),直流架線下"星影の群像"列伝―東北・北陸・甲信越へと続く裏街道を行く国鉄電機,現代中国蒸機の世界 最終回(中国蒸機の終焉)

◇レイル No.82 エリエイ 2012.4 98p 29×21cm 3600円 ①978-4-87112-482-9
[目次]グラフ武庫川をめぐる鉄道風景,武庫川をめぐる鉄道風景,川西航空機株式会社と阪神武庫川線,福知山線旧線跡探訪記―武庫川渓谷を走った鉄路を訪ねて,中国鉄道と室戸台風―山陽新報に見る災害から復旧まで,グラフ昭和10年代

◇レイル No.83 エリエイ 2012.7 98p 29×21cm 3600円 ①978-4-87112-483-6
[目次]昭和50年代の越中島貨物線―小名木川の三重連,越中島貨物線今昔,伝声管のこと,蒸機時代の越中島貨物線周辺,北沢産業網干鉄道沿革史―西播地方を走った小さな貨物鉄道,ニュージーランドの蒸機列車アーサーズ・パスへの誘い

◇レイル No.84 エリエイ,プレス・アイゼンバーン 2012.10 98p 29×21cm 3600円 ①978-4-87112-484-3
[目次]江若鉄道―その車輌・列車・歴史・駅をめぐる,回想・江若鉄道(夏空のもと水泳列車が行く,多彩な車輌群開業から戦後まで,戦後在籍の車輌,"住民鉄道"湖西を走る―開業から廃止まで,その歴史をたどる,浜大津から近江今津へ90分の旅,廃止後の転出車輌,写真構成 昭和44年秋別れの日々)

◇レイル No.85 エリエイ 2013.1 98p 29×21cm 3600円 ①978-4-87112-485-0
[目次]草軽電鉄 夏の憶い出―最後の車輌たち,C60 11重油併燃のこと,C60という機関車寸見,C591汽車製造会社撮影写真集,川崎車輌製のC5911,C591と汽車会社,近代化パシフィックの雄C59の想い出,北沢産業網干鉄道補遺,北沢商店網干鉄道の蒸気機関車アルバム,京阪特急カラーの遙かな記憶,2012年欧州大陸動態保存蒸気機関車レポート

◇レイル No.86 エリエイ 2013.4 98p 30cm 3600円 ①978-4-87112-486-7
[目次]C12の時代変遷による細部変化,C12とその活躍 各態,舞鶴のC12,西舞鶴機関区昭和33年,駅の今昔1 冬の鳥ヶ原―関西本線の小駅,駅の今昔2 西吉田(現:吉田)―越後線と弥彦線の交叉点,"中国鉄道と室戸台風"に寄せて 補遺,国鉄津山線C11の時代の風景から,グラフ C2形機関車活躍の頃の亜布力 旧満洲における森林鉄道の蒸気機関車

◇レイル No.87 エリエイ/プレス・アイゼンバーン 2013.7 98p 29×21cm 3600円 ①978-4-87112-487-4
[目次]碓氷峠とその周辺―昭和30年代の憶い出,信越本線碓氷峠運転史―昭和31/1956年〜昭和41/1966年,グラフ 碓氷峠最初のシェルパたち,グラフ 昭和30年代碓氷峠の風景,その後の碓氷峠,アプトの道を訪ねて―横川‐熊ノ平間の鉄道遺産をめぐる,ドイツとスロヴァキアの動態保存蒸気機関車―2012年のクリスマスイベントから

◇レイル No.89 エリエイ 2014.1 98p 29×21cm 3600円 ①978-4-87112-489-8
[目次]東北本線全線電化から45年―十三本木峠の歴史を振り返る(十三本木峠で,明治・大正期の東北線盛岡付近,日本鉄道覚え書き7,グラフ昭和20年代東北本線藤田・貝田信号場間,グラフ昭和の奥中山の蒸機活躍最後の頃,中山峠三重連運転のあゆみ,座談会 東北線奥中山三重連を語る,東北本線盛岡‐青森間列車運行図表,盛岡鉄道管理局管内機関車運用表・線路図,グラフ奥中山ED75の時代,奥中山の今を歩く),フランスの241系を追い求めて―併せてミュールーズに鉄道博物館を訪問する

◇レイル No.90 エリエイ 2014.4 98p 29×21cm 3600円 ①978-4-87112-490-4
[目次]C11製造時の形態観察,C11形蒸気機関車・組立図及形式図,C11のプロフィール,C11の活躍―昭和初期編,C11の活躍―第2次世界大戦後編,広島―昭和37/1962年8月5日,ウィーン郊外と南ドイツの蒸気機関車博物館を訪ねる,レイルサロン 蘇る伊香保電車27号,ヤードマン

◇レイル No.91 伊香保電車27号復元その顛末 エリエイ 2014.7 98p 30cm 3600円 ①978-4-87112-491-1
[目次]伊香保電車27号復元保存 その顛末と現役時代(伊香保電車27号の活躍,甦った東武鉄道伊香保軌道線27号電車,名古屋市電400形と豊橋鉄道300形―伊香保27号に台車を提供した電車の現役時代),草軽電鉄から長野原そして小海線と中央東線,三陸鉄

道南リアス線全線で運行再開, 2013年秋のドイツから 01重連運転とボンのラック式登山電車の話題

◇レイル No.92 エリエイ 2014.10 97p 30cm 3600円 ①978-4-87112-492-8
目次 国鉄芸備線 昭和30年代, 芸備線の駅名標コレクション, 昭和中期の西武鉄道こぼればなし(西武鉄道でのこと, 西武鉄道あちらこちら 昭和30年前後, 西武鉄道車輌の銘板と形式図), 20年前の熊本で, 熊本市電 昭和12/1937年4月3日

◇レイル No.93 エリエイ 2015.1 98p 29×21cm 3600円 ①978-4-87112-493-5
目次 気多森林鉄道熊切森林鉄道史, 昭和30年頃の"江ノ電"の沿線で, "江ノ電"開業100周年の頃, 佐藤康二作品集 昭和40年代前半東京周辺の蒸気機関車

◇レイル No.95 エリエイ 2015.7 98p 30cm 3600円 ①978-4-87112-495-9
目次 神戸市電(思いでの神戸市電, 昭和40年代神戸市電車庫別配置表, 最終日の"神戸市電", 私が見た神戸市電のバラエティ), 信楽線と信楽高原鐵道(グラフ 信楽線のC58"幻"の俯瞰写真, 信楽線の今昔), ドイツで甦った鐵道聯隊のコッペル, 信越本線米山海岸と羽越本線策川流れを訪ねて

◇レイル No.96 エリエイ/プレス・アイゼンバーン 2015.10 98p 29×21cm 3600円 ①978-4-87112-496-6
目次 大夕張のダイコン—ダイコンと愛称された9200形, レイルNo.21北海路(上) 三菱鉱業大夕張鉱業所(三菱大夕張炭鉱・三菱石炭鉱業)一部再録, グラフ 倉地光男さんのアルバムに寄せて, グラフ 三菱大夕張鉄道のストラクチャーを見る, 三菱大夕張鉄道線路図・各駅平面図・列車運行図表, 日本鋼管の古典蒸気機関車, 続・信楽線今昔

◇レイル No.98 エリエイ 2016.4 98p 28×21cm 3600円 ①978-4-87112-498-0
目次 大夕張のキューロク(大夕張のキューロク, C1101, DL‐55 No.1～No.3, 個性豊かな客・貨車, 駅とその沿革, 土木施設), 公式写真に見る国鉄客車 第1回, D51 200 そのテンダーの謎を解明する 補遺

◇レイル No.101 関西本線・近鉄大阪線競演 土別森林鉄道 公式写真に見る国鉄客車 エリエイ 2017.1 98p 29×22cm 3600円 ①978-4-87112-101-9
目次 50ccバイクでの関西本線と参宮線撮影記—昭和44/9月13日～17日, 加太越え, 連続アップダウンに挑む 近鉄電車, 近鉄大阪線三本松 昭和47/1972年秋, 士別森林鉄道—天塩川を遡った森林鉄道, 公式写真に見る国鉄客車 第4回

◇我が国鉄道を始めた人々—自叙伝風 平岡長太郎著 西宮 エスエル出版会 1990.4 181p 20cm〈発売:鹿砦社〉2060円

◇忘れじの温泉電車—温泉へ向かう鉄道今昔 池口英司著 交通新聞社 2016.1 111p 21cm (DJ鉄ぶらブックス 線路端のたのしみを誘う本 008) 1300円 ①978-4-330-64216-1
目次 北海道・東北地方(定山渓鉄道, 登別温泉軌道→登別温泉 ほか), 関東・信越地方(塩原軌道→塩原電車, 下野電気鉄道→東武鉄道鬼怒川線 ほか), 東海・北陸・近畿・山陰地方(伊豆急行, 豆相鉄道→伊豆箱根鉄道駿豆線 ほか), 四国・九州地方(道後鉄道→伊予鉄道, 山鹿温泉鉄道), 巻末データ—全国「湯」「温」の付く駅名一覧

◇2番線にノスタルジアがまいります マシマ・レイルウェイ・ピクチャーズ写真 交通新聞社 2014.10 103p 11×21cm〈付属資料:ポストカード〉1800円 ①978-4-330-51014-9
内容 本書は, 鉄道の魅力をストレートに伝えるために, シンプルな図鑑仕立てとしています。第2巻では1970～80年代を中心に, 懐かしい日本の鉄道を52点収録しています。読んだあとに, お好みで写真部分を切り離して飾ることや, ハガキとして使用することができます。全部切り離したあとでも, 表紙を切りそろえていただくと, 豆鉄道図鑑になります。

◇「80年代鉄道」の再発見 梅原淳著 中央書院 2004.9 353p 19cm〈文献あり〉 1700円 ①4-88732-149-X
内容 20年前の鉄道情景がフラッシュバック! 国鉄民営化の前後に青春時代を過ごした著者が, 当時の体験や丹念な調査データにもとづいて, 1980年代の鉄道事情と現在の変貌ぶりを追跡。

◇Early Japanese Railways 1853‐1914 PB版 ダン・フリー著 チャールズ・イー・タトル出版 2014.4 287p 28

×22cm〈本文：英文〉　3300円　①978-4-8053-1290-2
[目次] Prologue Japan Before 1853, 1 1853 - 1868 Introduction of Railway Technology, the Shogunal Railway Proposal, and the First Railway Concession, 2 1869 - 1870 Intrigue, Influence, and Incompetence as Railway Planning Begins in Earnest, 3 1870 - 1872 Building the First Railway, 4 1873 - 1877 Kobe to Kyoto, 5 1877 - 1884 Otsu, Tsuruga, Nagahama, and East to the Nobi Plain, 6 1880 - 1895 Extending and Integrating the System, 7 1895 - 1905 The Second Railway Mania and the Russo - Japanese War, 8 1906 - 1912 Nationalization and Self - sufficiency, Epilogue 1913 - 1914 Tokyo Station

158 客車史

【概　要】1825年、ショージ・スティーブンソン製作の蒸気機関車「ロコモーション号」が、世界初の客車を牽引してイギリスのストックトン～ダーリントン間を走行した。「エクスペリメント号（実験号）」と名付けられた客車は、貨車の上に木造の小屋を載せた粗末なもので、18人用のベンチシートにはスプリングもなく、乗り心地のよいものではなかった。初期にイギリスで馬車の構造を模して作られたコンパートメント式の客車（総扉式）は、車内での客室間の移動ができず、走行中に密室となる欠点があった。やがて、通路と客室の間をドアで仕切るコンパートメント式の客車（側廊下式）がヨーロッパで普及した。一方、アメリカでは川蒸気の船室を模して両側に椅子を配置し、中央に通路のある開放座席式の客車が1840年代に普及し、アメリカ式客車と呼ばれた。現在でもコンパートメント式の客車はヨーロッパに多く見られる。日本ではアメリカ同様に開放式が多かったが、1983（昭和58）年に国鉄が初めてコンパートメント車を導入した。

◇回想の旅客車―特ロ・ハネ・こだまの時代　上　星晃著　学習研究社　2008.3　187p　27cm　3800円　①978-4-05-403708-3
[内容] 白帯車から寝台・座席両用特急電車まで国鉄旅客車設計の第一人者による貴重な記録。

◇回想の旅客車―特ロ・ハネ・こだまの時代　下　星晃著　学習研究社　2008.5　178p　27cm　3800円　①978-4-05-403760-1
[内容] 進駐軍用客車、食堂車の復興、形式改正、塗色とデザイン…。第一人者が記した戦後復興・高度成長期の国鉄旅客車事情と「欧米鉄道見聞記」。

◇客車の迷宮―深淵なる客車ワールドを旅する　和田洋著　交通新聞社　2016.3　240p　18cm　（交通新聞社新書 091）〈文献あり〉　800円　①978-4-330-65616-8
[内容] かつて国鉄に1万両以上が在籍した客車は、現在はイベント用などにわずかの両数を数えるだけになった。そんな「絶滅危惧種」に近い客車だが、個性豊かな車種や形式の多さは、電車などと比べてもなんら遜色がない。むしろ画一化された最近の車両と違い、極端にいえば1両ごとにさまざまなスタイルの差や変化があって、その個性は際立っている。鉄道の全盛期に、客車は多くのヒトやモノを運び、そのためにきめ細かい工夫や改良を重ねながら複雑な変遷をたどってきた。そんな客車の摩訶不思議な魅力を、マニア歴50年の筆者が掘り起こす。

◇旧形国電＆国鉄客車ガイド―昭和56年頃旧形国電晩年の実録　昭和60年3月改正国鉄末期の客車動向　ジェー・アール・アール篇　復刻版　交通新聞社　2014.11　163p　26cm〈文献あり〉　「旧形国電ガイド」（ジェー・アール・アール 1981年刊）の複製　「国鉄客車ガイド 2」（ジェー・アール・アール 1985年刊）の複製　3000円　①978-4-330-52614-0
[目次] 旧形国電ガイド（カラーグラフ 最期の旧形国電、カラーグラフ さようなら旧形国電、『旧形国電ガイド』の発行について, 旧形国電へ贈る言葉, 旧形国電の今後の動向 ほか）, 国鉄客車ガイド2（最近の客車の動向について, カートレインの運転計画について, ファンの目からみた最後の一般形客車100両, 東北本線盛岡～青森間の一般形客車置替えについて, 急行列車編成表 ほか）

◇日本の客車―写真で見る客車の90年　日本の客車編さん委員会編　復刻版

電気車研究会鉄道図書刊行会　2010.5　29p 図版264p　27cm　11000円　①978-4-88548-115-4

◇20世紀なつかしの国鉄客車列車　井上廣和, 栗原隆司写真, 坂正博解説　山と溪谷社　2002.11　111p　19×26cm　〈ヤマケイレイルブックス 14〉　1200円　①4-635-06814-5

|目次| 北海道（宗谷本線雑型, 釧網本線雑型 ほか）, 東北（東北本線雑型, 東北本線お座敷 ほか）, 上信越（高崎線雑型, 上越線12系 ほか）, 東海道・北陸（東海道本線14系, 東海道本線20系 ほか）, 近畿（紀勢本線雑型, 紀勢本線12系 ほか）, 中国（山陰本線雑型, 山陰本線12系 ほか）, 四国（予讃本線雑型, 予讃本線50系 ほか）, 九州（鹿児島本線雑型, 筑肥線雑型 ほか）

159 鉄道業界

【概　要】1872（明治5）年、新橋～横浜間で官営による日本初の鉄道が開業。1883年、初の民間鉄道となる日本鉄道会社が設立された。1887年の私設鉄道条例公布後、民鉄が相次いで設立され、官民で鉄道整備が進められた。1906年、地方鉄道を除き、原則として鉄道を国有化する鉄道国有法が公布された。これにより民営17社が政府に買収され、官営が主要幹線、私鉄が地域輸送という現在の鉄道業界の枠組みが形成された。戦後、1949年に発足した日本国有鉄道は1987年に分割・民営化され、JR（旅客6社・貨物1社）となった。

◇伊豆急50年のあゆみ―半世紀の記憶と記録　伊豆急行研究会編　JTBパブリッシング　2012.4　175p　21cm　〈キャンブックス―鉄道 116〉〈年表あり　文献あり〉　1900円　①978-4-533-08444-7

|目次| 巻頭グラビア 50年の絶景美, 第1章 伊豆急50年をたどる, 第2章 伊豆急の誕生と名車100系秘話, 第3章 リゾート21の時代, 第4章 国鉄・JRからの乗り入れ車両, 第5章 伊豆急のお召列車, 第6章 東急線での運転と他線からの応援車両, 第7章 伊豆急各駅今昔, 資料編

◇出石鉄道―二千人の株主が支えた鉄道　安保彰夫著　ネコ・パブリッシング　2010.7　45p　26cm　（RM library 131）〈文献あり 年表あり〉　1200円　①978-4-7770-5289-9

|目次| 開業まで, 開業した出石鉄道の概要, 開通を迎えた2,000人の株主, 営業中の出石鉄道, 出石鉄道跡ふんわり飛行, 不要不急路線に認定される, 出石鉄道の車輌, 出石鉄道復旧運動, 出石鉄道の清算, 車輌変遷表, 略年表

◇伊勢電・近鉄の80年―桑名から伊勢神宮を結んだ懐かしの鉄道写真集　椙山満, 上野結城編　名古屋　郷土出版社　1996.7　234p　31cm〈保存版〉　7500円　①4-87670-084-2

|内容| 昭和11年に姿を消した伊勢電気鉄道―。その礎は近鉄名古屋線として現代に息づく。名阪間の大動脈の知られざる歴史を写真で綴る。

◇いもこ列車―谷地軌道物語　谷地軌道研究会編纂　［河北町（山形県）］　谷地軌道研究会　2013.3　295, 16p　21cm　〈年表あり　文献あり〉

◇宇和島鉄道と山村豊次郎　木下博民著　小金井　南豫奨学会　2009.12　40p　21cm　（南豫明倫館文庫）

◇江ノ電百年物語　湘南倶楽部編　JTB　2002.5　189p　19cm　（マイロネbooks 6）　1000円　①4-533-04266-X

|内容| 湘南の海辺をガタゴト走る、今では日本で2番目に古い電車の話。

◇王子電氣軌道株式會社史―史資料で綴る都電荒川線前身物語　小林茂多著　流山　小林茂多　2003.8　212p　22×31cm〈年表あり〉

◇小田急今昔物語　生方良雄著　戎光祥出版　2014.12　239p　21cm　〈「小田急物語」（多摩川新聞社 2000年刊）の改題、改訂版　年表あり〉　1600円　①978-4-86403-116-5

|内容| 小田急OBの鉄道作家・生方良雄氏が小田急の歴史と現況、そしてその魅力と楽しみ方を紹介。小田急電鉄の沿線風景や車両、ダイヤについても詳述。さらに、小田急電鉄の"知られざる"ユニークなエピソードも多数掲載、小田急ファン、沿線住民必読の書！

◇小田急通勤型電車のあゆみ―ロイヤルブルーが担ってきた輸送の進化　生方

良雄, 大沼一英著　JTBパブリッシング　2014.10　175p　21cm　（キャンブックス―鉄道 144）〈文献あり 年譜あり〉1800円　①978-4-533-09958-8

[目次] 序章 小田急電鉄概史, 第1章 車両解説（1100形, 1200形, 1300形, 1400形, 51形"省電払下げ車"ほか）, 第2章 運輸・運転の歴史（昭和2年開通の頃から大東急合併まで, 終戦前後の状況―2日間の営業休止, 新生小田急の誕生―特急運転開始, 東京通勤圏の拡大―公団住宅の建設, 朝の混雑対策に追われる―平日・休日ダイヤの分離 ほか）

◇小田急電鉄半世紀の軌跡―新宿と小田原・箱根・江ノ島・多摩ニュータウンを結ぶ, 多彩な電車の想い出　荻原二郎, 生方良雄, 諸河久写真, 三好好三文　彩流社　2013.8　95p　26cm　1900円　①978-4-7791-1723-7

[目次] 新宿～東北沢, 下北沢～祖師ヶ谷大蔵, 成城学園前～登戸, 向ヶ丘遊園～百合ヶ丘, 新百合ヶ丘～町田, 相模大野～厚木, 本厚木～渋沢, 新松田～小田原, 相模大野～鶴間, 大和～藤沢本町, 藤沢～片瀬江ノ島, 新百合ヶ丘～唐来田, 箱根登山鉄道, 御殿場線

◇小田急の駅今昔・昭和の面影―昭和とともに生きた72駅紹介　生方良雄著　JTBパブリッシング　2009.6　175p　21cm　（キャンブックス―鉄道 96）〈文献あり 年表あり〉　1900円　①978-4-533-07562-9

[内容] 本書では特急ロマンスカーや, 東京メトロ直通の4000形通勤車とともに, 駅設備の近代化, バリアフリー化を推進している現状と, 50年前ののどかな駅を中心とした風景を紹介した。

◇小田急物語　生方良雄著　川崎　多摩川新聞社　2000.12　238p　21cm　2000円　①4-924882-37-2

◇思い出の省線電車―戦前から戦後の「省電」「国電」　沢柳健一著　交通新聞社　2012.4　204p　18cm　（交通新聞社新書 042）〈文献あり〉　800円　①978-4-330-28412-5

[内容] 昭和18年までの「鉄道省」時代の省線電車, 通称「省電」から, 日本国有鉄道時代の「国電」までを, 実体験をもとに振り返る。小学生だった昭和初期から今日まで約80年もの鉄道ファン歴を誇る著者の長年にわた

る電車研究, フィールドワークの集大成が本書である。JR東海の「リニア・鉄道館」やJR東日本の「鉄道博物館」に展示されている車両の保存に関わった裏話, 鉄道友の会の母体となった「荻窪会」の設立秘話なども紹介。貴重な電車写真も多数掲載した。

◇開拓鉄道に乗せたメッセージ―鉄道院副総裁長谷川謹介の生涯　中濱武彦著　冨山房インターナショナル　2016.11　349p　22cm〈文献あり 年譜あり〉3500円　①978-4-86600-021-3

[内容] 日本の黎明期に, 創意工夫の限りを尽くし, 日本各地に, 台湾に, 中国に鉄路を延ばしていった鉄道技師。地域の開発・産業と雇用の創出という開拓鉄道建設の理念を, 開拓への熱き心, 不合理に挑む心, 普遍的な人間愛をもって実現させた長谷川謹介。

◇神奈川臨海鉄道30年史　神奈川臨海鉄道社史編集委員会編纂　川崎　神奈川臨海鉄道　1993.6　182p　27cm〈年表：p162～182〉

◇紀和鉄道開設100周年記念資料集　橋本市郷土資料館, 橋本市文化スポーツ振興公社編　橋本　橋本市郷土資料館〔1998〕　35p　30cm　（橋本市郷土資料館報 第13号）〈共同刊行：橋本市文化スポーツ振興公社〉

◇九十九里鉄道―潮騒の浜へゆくキドー　白土貞夫著　ネコ・パブリッシング　2002.8　47p　26cm　（RM library 37）1000円　①4-87366-280-X

[目次] 九十九里鉄道の歴史（社紋の変遷）, 九十九里鉄道で活躍した車輛（気動車, 付随客車, 貨車, 蒸気機関車, 廃止後の車輌保存）, 九十九里鉄道車輛要目表, 九十九里鉄道の思い出（東金駅配線図, 列車運行図表, 上総片貝駅配線図）, 九十九里鉄道最後の日, 九十九里鉄道廃線跡ハイキング

◇小坂鉄道　上　寺田裕一著　ネコ・パブリッシング　2014.10　47p　26cm　（RM LIBRARY 182）　1250円　①978-4-7770-5372-8

[目次] 1 小坂鉱山と鉄道建設, 2 小坂線部分電化, 3 戦後の小坂鉄道, 4 全線1067mm軌間へ, 5 軌間762mm時代の車輛（蒸気機関車, 内燃機関車, 電気機関車, 客車, 貨車）

◇小坂鉄道　下　寺田裕一著　ネコ・パブリッシング　2014.11　48p　26cm　（RM LIBRARY 183）〈文献あり〉1250円　①978-4-7770-5373-5

|目次| 6 絶頂期を迎えた小坂鉄道、7 昭和50年代の小坂鉄道、8 花岡線廃止、そして小坂製錬へ、9 全線廃止、10 軌間1067mmの車輌（小坂線改軌前導入の車輌（蒸気機関車、内燃機関車、内燃動車、客車、貨車）、小坂線改軌後導入の車輌（内燃機関車、内燃動車、貨車））、11 施設・駅

◇ことでん長尾線のレトロ電車—写真と音でつづる「つわもの」80年の歴史　大島一朗文・写真　JTBパブリッシング　2006.7 144p 21cm　（JTBキャンブックス）　1900円　⓪4-533-06412-4
|内容| 21世紀の今日では想像もつかないレトロ電車たち。この愛すべき高松の「主」に愛着を覚え、ことでん長尾線を旅した記録をお届けする。レトロ電車と、ことでん長尾線のありのままの姿を感じ取っていただきたい。

◇琴電100年のあゆみ—讃岐路を走って一世紀多彩な歴史と車両を綴る　森貴知著　JTBパブリッシング　2012.3 175p 21cm　（キャンブックス—鉄道118）〈年表あり　文献あり〉　1900円　⓪978-4-533-08563-5
|目次| カラーグラフ（創業100年 現在を走る琴電、レトロ電車 讃岐路を駆ける）、琴電100年の歴史をたどる、思い出の駅・電車、旧型電車ウォークアラウンド、記念切符・企画切符コレクション、ヘッドマーク・パンフレット・行先方向板、車両100年の歴史をたどる、昭和30年前後の琴電 あれこれ話、バス事業の歴史、関連事業のあゆみ、琴電の近代化産業遺産

◇琴電100年のあゆみ—讃岐路を走って一世紀多彩な歴史と車両を綴る　森貴知著　JTBパブリッシング　2012.3 175p 21cm　（キャンブックス—鉄道118）〈年表あり　文献あり〉　1900円　⓪978-4-533-08563-5
|目次| カラーグラフ（創業100年 現在を走る琴電、レトロ電車 讃岐路を駆ける）、琴電100年の歴史をたどる、思い出の駅・電車、旧型電車ウォークアラウンド、記念切符・企画切符コレクション、ヘッドマーク・パンフレット・行先方向板、車両100年の歴史をたどる、昭和30年前後の琴電 あれこれ話、バス事業の歴史、関連事業のあゆみ、琴電の近代化産業遺産

◇最新鉄道業界の動向とカラクリがよ〜くわかる本—業界人、就職、転職に役立つ情報満載　佐藤信之著　秀和システム　2009.4 234p 21cm　（図解入門業界研究—How-nual）〈索引あり〉　1400円　⓪978-4-7980-2189-8
|内容| 進化する鉄道事業の動向がわかる最新トピック満載。

◇産業革命期の地域交通と輸送　老川慶喜著　日本経済評論社　1992.10 370p 21cm　（鉄道史叢書6）　6180円　⓪4-8188-0647-1
|目次| 鉄道の開通と河川舟運・道路輸送（新河岸川舟運と商品流通、鉄道開通前の山梨県物産移出入概況、日本鉄道の開通と河川舟運、日本鉄道の開通と地域輸送網の再編、明治期における群馬県物産移出入概況、『利根川流域河川調査書』について、明治20年代における埼玉県北埼玉郡の道路輸送）、地方産業の発展と輸送（川口鋳物業の近代化、川口鋳物業と永瀬庄吉の企業家活動、川口鋳物業の展開と輸送、両毛機業地における織物業の展開と鉄道輸送、日本煉瓦製造会社の経営と輸送問題）、地方鉄道の経営（上武〈秩父〉鉄道会社の建設と資金調達、根津嘉一郎と東武鉄道会社の経営再建）

◇山陽鉄道物語—先駆的な営業施策を数多く導入した輝かしい足跡　長船友則著　JTBパブリッシング　2008.2 255p 21cm　（キャンブックス 鉄道 85）〈年表あり〉　2400円　⓪978-4-533-07028-0
|内容| 山陽本線の前身、山陽鉄道の先進性、発起から設立まで—官主導の神姫間鉄道計画、創業から姫路開業へ—開業最優先で橋梁、駅舎、プラットホームは仮設建設、バキュームブレーキ導入—他の官私鉄に先駆けて採用するも国有後10年余で空気ブレーキに転換、姫路〜岡山間の建設と開業—難航した兵庫岡山県境のルート選定とトンネル工事、岡山〜三原間の建設と開業—激しかった尾道町内通過反対運動と工事区間三原への延長、社内改革と中上川社長の辞任—不況と資金難で最大の危機に直面、松本重太郎の社長就任—運賃引き下げと大幅割引により鉄道を身近な乗り物に、広島延長と日清戦争—45分の1勾配の採用で辛うじて間に合った日清戦争の軍事輸送、軍用列車脱線転覆事故—台風による山陽鉄道最大の事故発生〔ほか〕

◇私鉄史探訪60年　和久田康雄著　JTB 2002.3 190p 19cm　（マイロネbooks 1）　1000円　⓪4-533-04195-7

◇私鉄史ハンドブック　和久田康雄著　電気車研究会　1993.12　210p　27cm〈他言語標題：Private railways of Japan their networks and fleets–1882 to 1991〉　①4-88548-065-5

　内容　私鉄史の第一人者といわれる著者の「私鉄」への愛の告白。

◇私鉄買収国電　佐竹保雄, 佐竹晁著　ネコ・パブリッシング　2002.10　176p　29cm　3619円　①4-87366-320-2

　目次　買収国電総論, 宮城電気鉄道（仙石線）, 青梅電気鉄道（青梅線）, 南武鉄道（南武線）, 鶴見臨港鉄道（鶴見線）, 富士身延鉄道（身延線）, 信濃鉄道（大糸線）, 富山地方鉄道・富岩線（富岩鉄道）（富山港線）, 豊川鉄道（飯田線）, 鳳来寺鉄道（飯田線）, 三信鉄道（飯田線）, 伊那電気鉄道（飯田線）, 阪和電気鉄道（南海鉄道山手線）（阪和線）, 広浜鉄道（可部線）, 宇部鉄道（宇部線・小野田線）

◇私鉄買収電機の系譜　上　吉川文夫著　ネコ・パブリッシング　1999.10　48p　26cm　（RM library 3）　1000円　①4-87366-187-0

　内容　歴史というものは千変万化である。日本国有鉄道は民営JRに移行し, 旅客会社各社は地域ごとに活性化を図るとともに自立経営を主眼として運輸事業を行っている。また, 貨物は一社となっているが, やはり他の運営機関との競合を踏まえつつ安定経営が求められている。しかし, 明治5(1872)年の開業以来, 国鉄は逆についつい先見で, 自己建設線に加えて私鉄を買収することによって拡大して来たのである。本書ではそれらの私鉄から国鉄に編入された電気機関車を買収鉄道ごとに概観している。

◇私鉄買収電機の系譜　下　吉川文夫著　ネコ・パブリッシング　1999.11　47p　26cm　（RM library 4）　1000円　①4-87366-188-9

　内容　本書では, 青梅, 南武, 宮城（現仙石線）, 阪和と, それに762mm軌間の両備鉄道（現福塩線）の車輛をとり上げている。これらの線区は福塩線を除けば20m4扉の通勤型電車が走る, いわゆるゲタ電区間となっている線区である。

◇私鉄百年史—人物と事件でつづる　和久田康雄著　鉄道図書刊行会　1991.5　324p　21cm　3500円　①4-88548-056-6

◇私鐵物語　清水啓次郎著　アテネ書房　1993.2　335p　20cm　（復刻鉄道名著集成　星晃, 渡辺寿男監修, 和久田康雄, 加藤新一編）〈原本：春秋社昭和5年刊〉

◇蒸気機関車から超高速車両まで—写真でみる兵庫工場90年の鉄道車両製造史　川崎重工業株式会社車両事業本部編　名古屋　交友社　1996.11　361p　31cm〈折り込1枚〉　10680円

◇定山渓鉄道　久保ヒデキ著　札幌　北海道新聞社　2018.1　327p　26cm〈文献あり　年譜あり〉　2800円　①978-4-89453-887-0

　内容　大正・昭和期に定山渓と札幌市中心部を結び, 昭和44年に廃止になった定山渓鉄道を徹底紹介。昭和30～40年代の懐かしい沿線風景, 駅舎や車両, 失われつつある廃線跡など貴重な写真を1200枚以上収録しました。当時の町並み, 人々の暮らしの様子など, 懐かしい札幌がよみがえります。駅舎や車両の竣工図など, 鉄道ファン必見の図版も多数掲載した保存版です。

◇上信電鉄と下仁田—上信国境の峠道　上信電鉄百年のあゆみ　平成10年度秋季企画展　[下仁田町（群馬県）]　下仁田町教育委員会　1998.11　24p　26cm

◇上信電鉄百年史—グループ企業とともに　上信電鉄（株）総務部監修　高崎　上信電鉄　1995.12　257p　図版［16］枚　31cm〈年表あり〉

◇城東電気軌道百年史　[出版地不明]　Happiness Factory　2017.12　200p　26cm〈年表あり　文献あり〉

◇図説日本鉄道会社の歴史　松平乗昌編　河出書房新社　2010.1　111p　22cm　（ふくろうの本）〈文献あり〉　1800円　①978-4-309-76134-3

　内容　東北本線, 山手線などを建設した巨大な鉄道会社の創立に至る経緯から終焉まで, 機関車・客車の写真・図面, 駅舎, 時刻表, 沿線図絵など豊富な図版でたどる。

◇西武鉄道昭和の記憶—副都心池袋・新宿と武蔵野・秩父を結ぶ多彩な電車・機関車の想い出　園田正雄著, 三好好三文　彩流社　2011.12　95p　26cm　1900円　①978-4-7791-1711-4

　目次　西武鉄道の魅力, カラーでよみがえる西武鉄道, 西武鉄道からの譲渡車両, 西武鉄道の駅舎, 第1章 蒸気機関車, 第2章 客車・気動車, 第3章 電気機関車, 第4章 旧武蔵野鉄

道の電車, 第5章 旧西武鉄道の電車, 第6章 西武鉄道の電車, 第7章 西武軌道線の電車

◇西武鉄道の百年―日本の会社 後編 これからの歩み―100周年記念! 西武鉄道の新たな試み! 日本鉄道車両研究会著, 夢現舎編 彩流社 2016.3 95p 21cm〈文献あり〉 1500円 ①978-4-7791-2212-5

目次 西武旅するレストラン52席の至福, その他イベント, 車両紹介, 西武鉄道の取り組み(斬新な取り組み ヤギによる除草, 県民の森 ウェルカムストリート ほか), 新宿線各駅紹介(西武新宿, 高田馬場 ほか)

◇西武鉄道の百年―日本の会社 100周年記念! 貴重写真と振り返る 前編 これまでの歩み 日本鉄道車両研究会著, 夢現舎編 彩流社 2015.12 95p 21cm 〈文献あり〉 1500円 ①978-4-7791-2188-3

目次 写真で振り返る西武鉄道100年の歴史, 西武鉄道歴代車両, 西武鉄道グッズ紹介, 西武鉄道の歴史, 西武鉄道の歩み, 池袋線各駅紹介

◇瀬戸線の90年―われらが「せとでん」激動のドラマ 保存版 伊藤正解説 名古屋 郷土出版社 1997.3 236p 31cm 7282円 ①4-87670-090-7

◇せとでん100年 山田司, 鈴木裕幸著 名古屋 中日新聞社 2005.2 150p 27cm 1905円 ①4-8062-0493-5

◇立山黒部貫光30年史 立山黒部貫光30年史編集委員会編 富山 立山黒部貫光 1995.10 514p 31cm

◇筑紫れくいえむ―米機西鐵電車銃撃を追う 坂井美彦, 坂井ひろ子著 福岡 西日本新聞社 2008.7 161p 19cm 1238円 ①978-4-8167-0761-2

内容 終戦直前の昭和20年8月8日, 米軍機が, 中学生が乗務する西鉄電車を襲撃した。死者64人(100人超の証言も), 軽重傷多数―原爆投下の陰で検証もなく, かん口令が敷かれた事件に, 戦後60年が過ぎた今, 戦中派の夫婦が真実に迫る。

◇地方鐵道軌道一覽 鐵道省監督局調 アテネ書房 1993.2 1冊 26cm (復刻鉄道名著集成 星晃, 渡辺寿男監修, 和久田康雄, 加藤新一編輯)〈原本:鉄道同志会編昭和7年刊〉

◇中央線誕生―甲武鉄道の開業に賭けた挑戦者たち 中村建治著 朝霞 本の風景社 2003.8 221p 19cm〈東京 東京文献センター(発売) 年表あり 文献あり〉 1500円 ①4-925187-31-7

目次 「甲武鉄道開業」新宿・立川・新橋, 「玉川上水開閉」羽村堰・青梅, 「馬車鉄道出願」甲斐国・武蔵国, 「ライバル登場」横浜港・川崎, 「社内派閥抗争」湯島天神・山梨, 「鉄道反対旋風」甲州街道・青梅街道, 「駅誘致大作戦」荻窪・日野, 「観桜列車満員」武蔵境・国分寺, 「東京中心部進出」四ツ谷・神田三崎町, 「遠回り路線甘受」八王子・飯田町, 「専用線路電車」中野・御茶ノ水, 「国有化で撤退」名駅東京・名駅高尾

◇中央線誕生―東京を一直線に貫く鉄道の謎 中村建治著 交通新聞社 2016.6 239p 18cm (交通新聞社新書 095)〈文献あり 年表あり〉 800円 ①978-4-330-68016-3

◇中国鉄道の気動車とその行方 高井薫平著 ネコ・パブリッシング 2006.4 47p 26cm (RM library 80) 1000円 ①4-7770-5144-7

目次 第1章 国有化前の中国鉄道(概要, 中国鉄道の車輛について, 気動車について, 買収前後の岡山機関区と旧中国鉄道の路線), 第2章 全国に散った中国鉄道の気動車たちを追う(島原鉄道の5兄弟, なぞの気動車, 三岐鉄道キハ82, 地元に残った4輛(岡山臨港鉄道・倉敷市交通局), 芸備との競演(防石鉄道→東濃鉄道) ほか)

◇帝国鉄道発達史 帝国鉄道発達史編纂部編 文生書院 2006.9 222, 114, 123p 図版13枚 31cm (Bunsei Shoin digital library)〈帝国鉄道発達史編纂部大正11年刊の複製 折り込1枚〉 25000円 ①4-89253-316-5

目次 第1編 總説(帝國鐵道の創設, 帝國鐵道の發達, 私設鐵道の勃興, 官私鐵道の發達 ほか), 第2編 各説(總叙, 鐵道の發達と農業, 鐵道の發達と工業, 鐵道の發達と商業 ほか)

◇鉄道王たちの近現代史 小川裕夫著 イースト・プレス 2014.8 326p 18cm (イースト新書 034)〈文献あり〉 907円 ①978-4-7816-5034-0

内容 二一世紀の日本でスケールの大きな経営者といえば, 坂本龍馬を尊敬し, つねに「この国のかたち」の変革を目指して経営を続けるソフトバンク社長の孫正義が知られ

ている。明治から昭和戦前の日本でも、孫に負けずとも劣らない経営者たちが、日本を世界に通用する国に変革すべく縞を削っていた。現在の日本人が当たり前のように享受している電力やエンタテインメント、インフラ、想いを提供する観光地のほとんどは、「鉄道王」たちの周到な経営戦略によってつくられたものだった。彼らの悪戦苦闘の物語をひもとく。

◇鉄道業界　藤井弥太郎編著　［東村山］教育社　1991.11　239p　18cm　（教育社新書―産業界シリーズ no.628）〈発売：教育社出版サービス（東京）〉1100円　①4-315-51172-2
　内容　変動する産業界を徹底分析。業界の全体像をわかりやすく解説。変動する業界動向をビィビィドに表現。主要各社企業動向を比較検討。

◇鉄道業界大研究　二宮護著　産学社　2017.9　210, 4p　21cm〈索引あり〉1500円　①978-4-7825-3463-2
　内容　日本の鉄道はどのように発展を遂げてきたのか？　鉄道業界の歴史、現状をわかりやすく解説。鉄道と周辺の都市計画など未来に向けた動きを網羅！　JRから民鉄、地方鉄道まで主要各社の最新情報を一挙掲載！

◇鉄道業界のウラ話―社名は絶対明かせない　佐藤充著　彩図社　2010.4　207p　19cm　1200円　①978-4-88392-735-7

◇鉄道業界のウラ話―社名は絶対明かせない　佐藤充著　彩図社　2012.5　223p　15cm　619円　①978-4-88392-857-6
　内容　鉄道業界のタブーすべて教えます。

◇鉄道史の仁義なき闘い―鉄道会社ガチンコ勝負列伝　所澤秀樹著　大阪　創元社　2016.3　212p　19cm〈文献あり〉　1400円　①978-4-422-24072-5
　内容　名阪間をめぐる官設鉄道と関西鉄道の運賃・サービス競争、阪神間で官設鉄道に正面から挑んだ阪神電気鉄道、その阪神と熾烈な抗争を繰り広げた阪神急行電鉄（阪急）、「地下鉄の父」早川徳次と東京横浜電鉄の総師・五島慶太との地下鉄争奪戦などなど、史上有名なライバル同士の対決を取り上げ、日本の鉄道の来し方を振り返る。会社の存亡をかけた闘争はまさに「仁義なき闘い」であり、近代産業史の縮図でもある。一読巻を措く能わずの面白さ。

◇鉄路風雪の百年―なるほど・ザ・名鉄　中村隆義筆　名古屋　中部経済新聞社　1995.3　323p　21cm　1262円

◇電車を走らせた女学生たち―広島電鉄家政女学校の記憶　広島　広島電鉄　2005.8　104p　26cm

◇東上線軍用支線［×まとめ］研究本―朝霞・男衾・上福岡・大和田　サークルTJ1914編　［出版地不明］　サークルTJ1914　2017.12　92p　30cm〈年表あり〉

◇都市型サービス産業としての鉄道業―五島慶太と堤康次郎　太田雅彦［著］　法政大学イノベーション・マネジメント研究センター　2012.8　25p　30cm（Working paper series no.131―日本の企業家活動シリーズ no.53）〈年譜あり　文献あり〉

◇都市交通研究所の40年　関西鉄道協会都市交通研究所編　［大阪］　関西鉄道協会都市交通研究所　2006.4　92p　30cm

◇富山地鉄笹津・射水線―デ5000系ものがたり　服部重敬著　ネコ・パブリッシング　2008.7　55p　26cm（RM library 107）　1000円　①978-4-7770-5236-3
　目次　戦前のあゆみ、デ5000系登場まで、デ5000系車輌、その他の車輌、笹津線の運行、笹津線南富山から地鉄笹津へ、射水線の運行、射水線新富山から新港東口へ、廃止への道、笹津線の廃止、笹津線廃止に伴う射水線との車輌交換、射水線の市内線乗り入れの復活、射水線の廃止、廃止後の動き

◇十和田観光電鉄の80年―軽便から釣掛電車まで　岸由一郎著　ネコ・パブリッシング　2003.10　48p　26cm（RM library 51）　1000円　①4-7770-5024-6
　内容　鉄道部門を中心に、開業から釣掛電車が第一線から退いた2002（平成14）年までの動きについて記述。

◇長崎電気軌道100年史―人に、地球に、やさしい電車　長崎電気軌道株式会社編纂　長崎　長崎電気軌道　2016.3　203p　31cm〈他言語標題：Nagasaki Electric Tramway　年表あり〉

◇西尾鉄道開業百年よもやま話―「けいべん」から「パノラマスーパー」まで　澤田幸雄, 長谷寛著　西尾　西尾鉄道開業100年記念誌刊行会　2014.10（第3刷）　48p　30cm〈年表あり〉

◇日本フルハーフ50周年記念社史　厚木　日本フルハーフ　c2013　144p　31cm

〈他言語標題：The road to next 50 Nippon Fruehauf　箱入　年表あり〉

◇日本硫黄沼尻鉄道部　上　青木栄一著　ネコ・パブリッシング　2009.1　47p　26cm　(RM library 113)　1000円　Ⓘ978-4-7770-5248-6

[内容]日本硫黄沼尻鉄道線は、磐越西線川桁駅を起点として、硫黄採掘地と精錬所のある沼尻山の麓に至る営業キロ15.6km、軌間762mmの小規模な軽便鉄道であった。1913（大正2）年に開業し、1968（昭和43）年10月に営業を休止（翌年廃止）した。本書はこのささやかな小鉄道の55年間の記録である。

◇日本硫黄沼尻鉄道部　下　青木栄一著　ネコ・パブリッシング　2009.2　47p　26cm　(RM library 114)　1000円　Ⓘ978-4-7770-5249-3

[目次]6 車輌各論（蒸気機関車、ディーゼル機関車、客車、ガソリン動車、貨車）、7 日本硫黄沼尻鉄道の終焉、8 日本硫黄沼尻鉄道に関する報告

◇日本国際博覧会「愛・地球博」愛知環状鉄道旅客輸送の記録―世界中の笑顔を乗せて：2005.3.25-9.25　愛知環状鉄道株式会社編　岡崎　愛知環状鉄道　2005.12　51p　31cm

◇日本国有鉄道百年史　別巻　国鉄歴史事典　日本国有鉄道編　復刻版　成山堂書店　2006.12　119p　27×27cm　10000円　Ⓘ4-425-30165-X

[目次]年表、線路網の進展、車両の変遷、国鉄自動車の変遷、連絡船の変遷、特急列、電化の進展、トンネルと橋梁、運賃・料金の変遷、職員数の変遷、区間別開通一覧、運輸成績、新幹線、停車場一覧、最新技術の導入、歴代長官・総裁

◇日本国有鉄道百年史年表　日本国有鉄道編　復刻版　成山堂書店　2006.12　380, 74p　26cm　12000円　Ⓘ4-425-30164-1

[内容]本書は、鉄道の創設前後から昭和47年に至る国有鉄道の発展経過を中心に主要事項をあげ、あわせてその理解を助けるため一般事項のおもなものを収録した。

◇日本私有鉄道史研究―都市交通の発展とその構造　中西健一著　増補版　京都　ミネルヴァ書房　2009.7　601, 7p　22cm　(ミネルヴァ・アーカイブズ)

〈昭和54年刊の複製　索引あり〉10000円　Ⓘ978-4-623-05510-4

[目次]日本鉄道史における所有関係―分析の基礎視点、第1部 幹線交通手段としての私有鉄道―国有化以前（資本主義化と私有鉄道創設運動、幹線交通手段としての私有鉄道の発展と確立―蓄積的視角を中心に、鉄道国有への道と経済的必然性）、第2部 都市交通手段としての私有鉄道―国有化以後（私有鉄道のメタモルフォーゼ―都市電気鉄道中心へ、都市交通の近代化、恐慌と陸運市場の構造的変動、戦時国家独占資本主義と交通統制）、第3部 私有鉄道における労働（明治期の電鉄労働、大正期の電鉄労働）

◇日本帝国鉄道創業談　井上勝著、天野慶之口語訳　井上勝英　1993.8　72p　19cm〈著者の肖像あり〉

◇日本鉄道史年表（国鉄・JR）　三宅俊彦著　グランプリ出版　2005.9　184p　21cm　1700円　Ⓘ4-87687-275-9

[目次]明治年間の動き、大正年間の動き、昭和前期（敗戦まで）の動き、昭和後期（戦後）の動き、平成年間の動き

◇日本の地方鉄道網形成史―鉄道建設と地域社会　武知京三著　柏書房　1990.10　351p　21cm　3800円　Ⓘ4-7601-0634-0

[内容]綿密な史料調査により、戦前～戦後の関西の鉄道網形成過程を明らかにした画期的史料。近年盛んになってきた鉄道史研究に新たな視点を提供する実証的研究成果として注目の書。

◇日本の地方民鉄と地域社会　青木栄一編　古今書院　2006.11　294p　22cm　〈文献あり　年表あり〉　6200円　Ⓘ4-7722-6026-9

[目次]1 地方民鉄の見方（鉄道と地域社会とのかかわり、地域社会を通じての鉄道史研究、メソスケール鉄道史の意義、地方局地鉄道の発達過程と政策展開）、2 民営鉄道と地域産業（民営貨物鉄道の役割と意義、日本の石灰石・セメント・砂利輸送と鉄道、小規模鉱山にかかわる鉄道、水力電源開発と鉄道）、3 地方小都市の鉄道導入（五城目軌道の成立と地域社会）

◇日本初の私鉄「日本鉄道」の野望―東北線誕生物語　中村建治著　交通新聞社　2011.2　239p　18cm　（交通新聞社新書 025）〈文献あり 年表あり〉　800円　Ⓘ978-4-330-19211-6

|内容| 日本初の民間鉄道会社「日本鉄道」。本書では、その創立前夜から東北線全線開業までの明治鉄道人のドラマを追う。

◇能勢電むかしばなし　岡本弥,高間恒雄著　ネコ・パブリッシング　2008.5　45p　26cm　（RM library 105）　1000円　①978-4-7770-5233-2
|内容| 苦難の創業期から、幾度の危機を乗り越え、能勢の山並みにのどかなモーター音を響かせながら、昭和40年代初頭のパンタグラフ化されるころまでを纏める。

◇箱根登山鉄道125年のあゆみ―天下の険に挑む日本屈指の山岳鉄道　生方良雄著　JTBパブリッシング　2013.10　175p　21cm　（キャンブックス―鉄道134）〈文献あり　年譜あり〉　1800円　①978-4-533-09374-6
|目次| カラーグラビア（箱根登山鉄道四季の彩り,絵葉書・古写真で綴る明治・大正時代 ほか）,第1章　軌道編（小田原馬車鉄道,小田原電気鉄道 ほか）,第2章　鉄道編（鉄道線の誕生,建設工事そして開業 ほか）,第3章　鋼索線編（開業からの足跡）,カラーグラビア　昭和から平成へ―箱根登山鉄道のあゆみ,カラー特集　車両の外部塗装,資料編（車両諸元表,鉄道線車両履歴表 ほか）

◇走った運んだ77年―蒲原ものがたり　村上宗之著　新潟　新潟日報事業社　2001.9　180p　19cm　1400円　①4-88862-869-6
|内容| 新潟県内初の電気鉄道としてスタートして77年間,ひたすら走り続けたカンテツ。その熱い歴史が人々に語りかけてくる。

◇東への鉄路―近鉄創世記　上　木本正次著　学陽書房　2001.11　241p　19cm　1700円　①4-313-83069-3
|内容| 大正期から危機を迎えながら夢と志を失わず,快適・快速な電車を実現した近鉄の激動の歴史を描く感動のノンフィクション・ノベル。

◇東への鉄路―近鉄創世記　下　木本正次著　学陽書房　2001.11　255p　19cm　1700円　①4-313-83070-7
|内容| 三重を舞台にした伊勢電鉄との熾烈な競争を経て,伊勢,名古屋への道を拓いた近鉄。戦前から戦後にかけて,飛躍への舞台裏を綿密な調査で描く。

◇備前の里に消えた列車たち―資料集　岡山県・備前市同和鉱業株式会社片上鉄道事業所　祖田定一著　〔米子〕　〔祖田定一〕　1991.6　159p　26cm〈資料集約編〉　5000円

◇日立電鉄の75年　白土貞夫著　ネコ・パブリッシング　2004.12　47p　26cm　（RM library 64）〈文献あり〉　1000円　①4-7770-5080-7
|目次| 常北電気鉄道から日立電鉄へ,施設のあらまし,運転の概要,戦前・戦中期の車輌,戦後復興期の車輌,高度成長期の車輌,近代化車輌への置換,電動貨車・貨車

◇武州鉄道　風間進著　〔川口〕　〔風間進〕　2001.3　156p　26cm

◇幻の相武電車と南津電車　サトウマコト著　横浜　230クラブ　1999.6　219p　21cm　1800円　①4-931353-32-0

◇宮崎交通鉄道部　田尻弘行著　ネコ・パブリッシング　2005.5　47p　26cm　（RM library 69）　1000円　①4-7770-5100-5
|内容| 本書では宮崎鉄道50年の歴史をかいつまんで紹介するとともに,昭和の不況で実現しなかった,もう一つの私鉄,宮崎電気鉄道について概要を述べる。

◇民営鉄道の歴史がある景観　3　佐藤博之,浅香勝輔著　古今書院　1999.2　455p　21cm　2500円　①4-7722-1449-6
|目次| 1　線路（桐生線の木造駅舎群（東武）,境塚ずい道（小田急） ほか）,2　橋りょう（荒川橋りょう（京成・押上線）,神崎川橋りょう（阪急・千里線） ほか）,3　駅（中村橋駅（西武）,仙川駅（京王） ほか）,4　連絡線（鵜沼連絡線（名鉄）,新ノ口連絡線（近鉄））

◇明治30年代の亜幹線鉄道の資金調達と銀行家―総武,房総,七尾,徳島鉄道を中心に　小川功著　〔彦根〕　〔滋賀大学経済学部附属史料館〕　1998.12　20p　21cm　（滋賀大学経済学部附属史料館研究彙報　第48号）

◇もうひとつの国鉄闘争―非正規差別,女性差別と闘って　和田弘子著　三一書房　2013.11　326p　22cm〈年表あり〉　2500円　①978-4-380-13013-7
|目次| 第1部　臨時雇用員・和田闘争―国鉄の女性差別・臨時雇用員差別を許さへん！（一人の闘いから国労分会婦人部の闘いへ,解雇撤回闘争と退職金違法減額追及の闘い―地域の仲間とともに,数々の裁判闘争と労働委員会闘争を駆使した30年,私たちの前に立ちはだかったもの）,第2部

国鉄の差別的な労務政策に抗して（戦後の女性労働者と臨時雇用員の闘い，JR西日本の性差別，障がい者差別との闘い―森崎里美さんの闘い，私にとっての国鉄闘争），第3部 臨時雇用員・和田闘争に寄せて，資料編

◇リゾート開発と鉄道財閥秘史　広岡友紀著　彩流社　2014.12　190p　19cm（フィギュール彩 24）　1900円　①978-4-7791-7023-2

[内容] リゾート開発には，五島慶太の東急グループ，堤康次郎の西武グループを代表とした大手民鉄資本が深く関与した。その資本の流れや経営体質の違い，開発をめぐる駆け引きを追うことは，日本の大企業の履歴を眺めることにもなる。本格的な山岳リゾートとして質量ともに群を抜いているリゾート好適地の長野県，中部地方を中心にして，大手観光資本・電鉄資本による「国盗り合戦」の裏面史をスリリングに解き明かす。

◇NHK歴史への招待　第27巻　鉄道の時代　日本放送協会編　日本放送出版協会　1990.10　220p　18cm（新コンパクト・シリーズ 090）　670円　①4-14-018090-0

[内容] 強行採決で誕生した「国鉄」は生まれながらにして政争の道具とされた。その波紋を検証し，「明治最終列車」と呼ばれるわが国最初の特別急行列車をめぐる人々の想いを取り上げる。また東京発北京行直通列車の壮大な計画に鉄道技術の水準の高さをみる。さらに東海道新幹線開業の伏線となった超特急「つばめ」登場の裏にあるエピソード，日本中が注目したツェッペリン号日本訪問を紹介。交通発展の一大スペクタクル。

◇The鉄道人生―伊岳商事50年史　伊岳商事50年史編集委員会編　伊岳商事　2013.3　295p　29cm〈年表あり　文献あり〉

160 鉄道遺構・遺産

【概　要】鉄道に関する使われなくなった過去の建築物や構造物で現在に残されているもの（鉄道遺構）や，現在使われているものも含めて後世に残していきたいもの（鉄道遺産）のことである。鉄道遺構よりも鉄道遺産のほうが広い概念といえる。

文化的な価値のある遺産として国が認定する仕組みには，次の3つがあり，いずれにも鉄道遺産が多数含まれている。(1) 文化庁による「重要文化財（建造物）：近代/産業・交通・土木」（例えば，東京駅丸の内駅舎，旧大社駅舎など），(2) 文化庁による「登録有形文化財（建造物）」（例えば，小樽駅舎，出雲大社前駅舎など），(3) 経済産業省による「近代化産業遺産」（例えば，日光駅舎，神戸駅舎など）。もちろん，これら認定されたもの以外にも，鉄道遺構・遺産は多数存在する。

鉄道ファンのなかには，鉄道遺構・遺産探訪を愛好する人も多い。

◇関西鉄道遺産―私鉄と国鉄が競った技術史　小野田滋著　講談社　2014.10　190p　18cm（ブルーバックス B-1886）〈文献あり　年表あり　索引あり〉1000円　①978-4-06-257886-8

[内容] 関西独自の鉄道文化が育んだ技術遺産。関西地方では，明治以来，官と民が競いながら独自の鉄道文化を築いてきた。そのため，東京では見られないひと味違った鉄道構造物が多数存在する。本書では，関西の鉄道遺産を訪ねながら，その歴史や技術的なみどころを専門的な視点で解説。鉄道技術史研究の第一人者が執筆した，本格的解説書，待望の関西編。

◇関西鉄道考古学探見―いまも残る鉄道形成時代の面影を京都・大阪・神戸，その周辺に訪ねる　辻良樹著　JTBパブリッシング　2007.11　159p　21cm（キャンブックス 鉄道 83）　1900円　①978-4-533-06908-6

[目次] 第1部 関西ゆかりの鉄道遺産を巡る（路傍の考古学 鉄道道標の世界，発掘！明治期の長浜駅，秀吉が築いた御土居（堀）跡に建った京都駅，黎明期の関西私鉄の雄，関西鉄道 草津線沿線に眠るパイオニアの息吹 ほか），第2部 旅と文学から発見を楽しむ考古学（鉄道の町・米原を歩く，戦前の駅舎スタンプとターミナル駅の面影，古き駅舎に関西らしさをしのぶ，プラットホーム"上"の演出者たち ほか）

◇私鉄遺産―各地に生きる譲渡車両　東日本編　白川淳著　マガジンハウス

2012.6　95p　21cm〈文献あり〉　1800円　①978-4-8387-2445-1

内容　日本各地から世界におよぶ移籍先で新しい人生をおくる車両。第二の舞台で走り続ける、私鉄の名車たち。その履歴と、現在の姿を活写する。カラーグラフ「今も走る歴代の名車両」。

◇知られざる鉄道遺産首都圏―街角の鉄道遺構探訪　池口英司,斉木実著　交通新聞社　2015.4　111p　21cm　（DJ鉄ぶらブックス　線路端のたのしみを誘う本 002）　1300円　①978-4-330-55515-7

目次　巻頭特集（「羽田アクセス線」に見る貨物線今昔―JR京葉線・JR武蔵野線・りんかい線ほか、鉄道連隊・鉄道牽引車と軌間可変貨車―陸上自衛隊輸送学校（朝霞駐屯地）、ひたちなか海浜鉄道、足尾に眠る鉄道の痕跡―栃木県日光市足尾町）、都心エリア（中央本線・東京メトロ銀座線旧万世橋駅―東京都千代田区、鶴見線の栄華を偲ぶ―JR鶴見線沿線、東京都電、在りし日の思い出―東京都荒川区・江東区　ほか）、郊外エリア（西武鉄道安比奈線―埼玉県川越市、青梅鉄道公園と小河内線休止線―東京都青梅市・西多摩郡奥多摩町、総武本線・京成電鉄旧千葉駅―千葉県千葉市　ほか）、資料篇

◇図説街場の鉄道遺産　東京23区編　松本典久文,岡倉禎志写真　セブン＆アイ出版　2014.3　71p　26cm〈文献あり〉　1000円　①978-4-86008-633-6

内容　現役で使われている駅舎・橋梁・隧道、使われないまま朽ちて残る鉄道構造物…。いつもの街を、少し違った視点で眺めて楽しむ、鉄道趣味の新しい魅力が満載！

◇図説街場の鉄道遺産　京都・大阪編　京都・滋賀・大阪　松本典久文,岡倉禎志写真　セブン＆アイ出版　2014.7　71p　26cm〈文献あり〉　1000円　①978-4-86008-637-2

内容　人あるところ、鉄あり。現役で使われる駅舎・橋梁・隧道、朽ちて残る構造物…。いつもの街の風景を新鮮な視点で見つめなおす、鉄道趣味の新しい魅力が満載！

◇図説街場の鉄道遺産　首都圏近郊編　阪和明文,松本典久構成,岡倉禎志写真　セブン＆アイ出版　2014.7　71p　26cm〈文献あり〉　1000円　①978-4-86008-636-7

◇図説街場の鉄道遺産　東京近郊・神奈川編　阪和明文,松本典久構成,岡倉禎志写真　セブン＆アイ出版　2014.3　71p　26cm〈文献あり〉　1000円　①978-4-86008-634-3

内容　現役で使われている駅舎・橋梁・隧道、使われないまま朽ちて残る鉄道構造物…。いつもの街を、少し違った視点で眺めて楽しむ、鉄道趣味の新しい魅力が満載！

◇すばらしき国鉄道遺産　塩塚陽介著　ベストセラーズ　2012.9　223p　18cm（ベスト新書 385―ヴィジュアル新書）　1000円　①978-4-584-12385-0

◇台湾に残る日本鉄道遺産―今も息づく日本統治時代の遺構　片倉佳史著　交通新聞社　2012.2　260p　18cm　（交通新聞社新書 040）〈文献あり〉　800円　①978-4-330-26912-2

内容　台湾の鉄道の大半が日本統治時代に整備されたことは現地でも広く知られている。最近では、民主化と経済発展の進行で、かつては軽視されていた郷土研究も花開き、鉄道文化についての関心も日本と同様に高まってきた。本書では、台湾在住の著者による徹底した現地取材で、日本統治時代に建設されたターミナル建築や木造駅舎などの「鉄道遺産」をクローズアップした。巻末付録に「台湾の鉄道遺産一覧」。

◇旅してみたい日本の鉄道遺産　三宅俊彦著　山川出版社　2009.8　190p　26cm〈文献あり〉　1800円　①978-4-634-15001-0

内容　北は北海道から南は鹿児島まで。一度は訪れておきたい著名な遺産、知る人ぞ知る貴重な遺跡など、日本の鉄道遺産がこの一冊に凝縮！　在りし日の姿を伝える写真や図面、廃線区間や線路変更区間、未成線区間の位置関係がひと目で分かる地図を掲載。日本鉄道遺産の歴史が今蘇る！　日本全国、津々浦々。

◇鉄道遺構再発見　LIXIL出版　2015.6　75p　21×21cm　（LIXIL BOOKLET）〈他言語標題：REDISCOVERY：A LEGACY OF RAILWAY INFRASTRUCTURE　文献あり〉　1800円　①978-4-86480-511-7

目次　高知県　魚梁瀬森林鉄道・伊尾木林道、北海道　士幌線、新潟県　佐渡金銀鉱山トロッコレール、遺構点描山梨県中央本線　大日影

鉄道遺構・遺産

トンネル・深沢トンネル, 岐阜県東海道本線 ねじりまんぽ, 福岡県田川線 下駄菌橋梁, 静岡県清水港線 テルファー, 兵庫県 羽淵鋳鉄橋, 神奈川県 霞橋, 長野県中央本線ラチス桁跨線人道橋, 東京都 飛鳥山下跨線人道橋, 栃木県足尾線, 神奈川県横浜臨港線, 群馬県碓氷線, 生き続ける鉄道遺構 拡大する文化的価値, 廃線跡を歩いて「発見の喜び」を知ろう！, ランドスケープとしての鉄道遺構

◇鉄道遺産を歩く―岡山の国有鉄道　小西伸彦著　岡山　吉備人出版　2008.12　265p　21cm〈文献あり〉　2000円　①978-4-86069-213-1
内容　子どもの頃から鉄道好きという著者が, 県内の国有鉄道全線を, くまなく歩いて記録。駅舎, 線路, トンネル, 鉄橋…レールに連なるさまざまなドラマが走り出す。オールカラー、詳細地図付き。

◇鉄道遺産の活用　国立文化財機構東京文化財研究所　2008.3　96p　26cm（未来につなぐ人類の技 7）

◇鉄道考古学を歩く―古レールから成田新幹線まで, 遺跡・遺物が語る鉄道物語　浅野明彦著　JTB　1998.4　191p　21cm　（JTBキャンブックス）　1700円　①4-533-02976-0
目次　夕張の鉄道栄枯盛衰, 駒ヶ岳をめぐる函館本線, 阿武隈川の舟運と鉄道, 碓氷峠の鉄道四代記, 日本経済を支えた貨物操車場の跡は今…, 荒川の改修と東武・京成の線路変更, 大正ロマンを伝える新橋～神田・御茶ノ水の高架線, 「成田新幹線」のまぼろし, 貨物線から旅客線へ華麗なる変身をとげた京葉線, 多摩湖・狭山湖をめぐる鉄道バトル〔ほか〕

◇鉄道世界遺産　櫻井寛［著］　角川書店　2008.11　212p　18cm　（角川oneテーマ21 B-115）〈発売：角川グループパブリッシング〉　838円　①978-4-04-710163-0
内容　世界遺産となった5つの鉄道と匹敵するオススメ路線を厳選。

◇鉄道廃墟―棄景1971・　丸田祥三著　JTB　〔2001.3〕　127p　26cm（ヴィークルグラフィック）　1700円　①4-533-03823-9
目次　黄色い都電の走った風景―東京都電1000形, 透明な汽車―天竜浜名湖鉄道天竜二俣駅, 雪より綺麗な街―越後交通長岡線, 百年前に造られたトンネル―東海道本線石部隧道, ロイスダールの森林鉄道―入川森林鉄道, 掘りつくされた無人の野―持倉銅山, 廃墟の蛾―国鉄丸山変電所, 避暑地に行くまでに見えたもの―信越本線碓氷第六橋梁, ロープウェイの少女―小河内観光開発川野駅, 川のふちを走りつづけた電車―大井川鉄道モハ306

◇東京鉄道遺産―「鉄道技術の歴史」をめぐる　小野田滋著　講談社　2013.5　202p　18cm　（ブルーバックス B-1817）〈文献あり　年表あり　索引あり〉　1000円　①978-4-06-257817-2
内容　日本初の鉄道が開業した東京には, 明治以来, 数多くの路線が建設されてきた。そのため, あらゆる時代, あらゆる種類の鉄道構造物が集積し, 今も鉄道輸送を支え続けている。本書では, 東京の鉄道遺産を訪ねながら, その歴史や技術史的な見どころを専門的な視点で紹介。鉄道技術史研究の第一人者が執筆した, 本格的な解説書。

◇東京鉄道遺産100選―カラー版　内田宗治著　中央公論新社　2015.8　210p　18cm　（中公新書 2335）〈文献あり〉　1050円　①978-4-12-102335-3
内容　開業以来150年, 東京の鉄道はつねに町づくりとともにあった。江戸以来の水道を横切るための煉瓦アーチ橋。多摩川の砂利で作ったコンクリート高架。壮麗な旧万世橋駅や浅草駅。そしてあちこちに延伸された軍用鉄道と戦争の痕跡…。東京駅舎のように誰もが知っている文化財から, 絶滅寸前の吊り掛け電車や駅の木製ベンチ, 構内踏切のような意外なものまで, 首都に残る貴重な100の歴史的遺産を精選して紹介する。

◇東京の鉄道遺産―百四十年をあるく　上（創業期篇）　山田俊明著　［立川］けやき出版　2010.3　201p　19cm〈文献あり　年表あり〉　1400円　①978-4-87751-412-9
内容　鉄道創業にかけた先人の夢とロマン。

◇東京の鉄道遺産―百四十年をあるく　下（発展期篇）　山田俊明著　［立川］けやき出版　2010.3　211p　19cm〈文献あり　年表あり〉　1400円　①978-4-87751-413-6
内容　上野・池袋・新宿・渋谷と私鉄, 都電の記憶。

◇東京の鉄道名所さんぽ100　松本典久著　成美堂出版　2017.5　174p　22cm　1200円　①978-4-415-32335-0

鉄道政策

|目次| 東京・新橋・築地エリア,上野・浅草エリア,秋葉原・両国エリア,御茶ノ水・飯田橋・四ツ谷エリア,山手エリア,王子・荒川エリア,府中・立川・八王子・高尾エリア,青梅・奥多摩エリア,横浜エリア,横須賀・箱根エリア,千葉・埼玉・群馬エリア,鉄道記念碑めぐり

◇懐かしの鉄道遺産を楽しむ方法　博学こだわり倶楽部編　河出書房新社　2012.7　219p　15cm　(KAWADE夢文庫 K940)〈文献あり〉　543円　①978-4-309-49840-9

|内容| スイッチバックやループ線が現存する路線、初めて日本人だけで開通させたトンネル、国の重要文化財となった駅舎…栄光の鉄道史の"生き証人"に会える、驚きに満ちた旅へ、さあ出発。

◇ニッポン鉄道遺産—列車に栓抜きがあった頃　斉木実,米屋浩二著　交通新聞社　2009.6　263p　18cm　(交通新聞社新書 004)〈文献あり〉　800円　①978-4-330-07509-9

|内容| 明治以来国家の近代化とともに発展してきたわが国の鉄道。新幹線が走り、リニアモーターカーの実用化も視野に入る今、かつて、それぞれの時代の要請により開発された施設、設備、車両などが、実物はもとより、われわれの記憶の中からも消えようとしている。全国に残るそうした「鉄道遺産」を、2人の鉄道写真家が足と目で取材し、ここに記録として残した。

◇ニッポン鉄道遺産を旅する—記憶に残したい鉄道との対話　斉木実,米屋浩二著　交通新聞社　2005.11　175p　26cm　1714円　①4-330-83705-6

|内容| 腕木式信号機、タブレット、夜行急行、赤帽、ターンテーブル、硬券切符、省線電車、有人踏切、ヘッドマークetc…。いつか出会った記憶、そして出会いたかった光景がここにある。あなたの時代と次世代の日本人に捧ぐ一冊。

◇肥薩線の近代化遺産　熊本産業遺産研究会編　福岡　弦書房　2009.4　226p　21cm〈文献あり　年表あり〉　2100円　①978-4-86329-019-8

◇北海道開発の夢を運んだ鉄道遺産—小樽市総合博物館保存展示車両解説書　小樽市総合博物館監修,北海道鉄道文化保存会編　小樽　北海道鉄道文化保存会　2010.10　59p　21cm〈文献あり〉

◇明治・大正・昭和懐かしの鉄道遺産を旅する—カラー版　南正時著　実業之日本社　2011.10　190p　18cm　(じっぴコンパクト新書 090)　1000円　①978-4-408-00836-3

|内容| 木造駅舎、転車台、トラス鉄橋…古き良き鉄道を今、見にいこう。北海道から沖縄まで、懐かしの鉄道施設28エリア&20の鉄道関連博物館を訪ねる。鉄道遺産・文化財を巡る、心癒す列車の旅へ。

161 鉄道文化財

【概　要】鉄道遺構・遺産も鉄道文化財であるが、鉄道文化財は大規模な建築物や構造物に限らない。有形はもちろん無形の文化的所産も含む。
　全国の鉄道博物館などの博物館施設が収蔵対象としているものと重なる部分が多い。もちろん、いまだ見出されていない文化財がある可能性はあり、それらを見出し、後世に残していく必要がある。主には鉄道会社や専門家である学芸員、研究者の仕事である。しかし、鉄道文化財の保護や一般への周知には、鉄道を深く愛し、調査を重ねている鉄道ファンなどの市民の協力は大切であり、欠かせない。

◇信州の鉄道碑ものがたり　降幡利治著　松本　郷土出版社　1991.4　206p　19cm　1600円　①4-87663-161-1

◇信州の鉄道碑ものがたり　降幡利治著　長野　信濃毎日新聞社　2017.3　317p　19cm　(信毎選書 23)〈郷土出版社1991年刊の改訂、増補　文献あり　年表あり〉　1400円　①978-4-7840-7302-3

|内容| 鉄路の敷設、駅の開設を喜び、難工事に向き合った人々をたたえ、災難に遭った人を慰める…鉄道と人々の歴史を刻み見守り続ける石碑。

◇鉄道記念物ガイド—JR東日本を中心に　交通博物館編　交通博物館　1994.10　78p　21cm

◇鉄道博物誌　[鉄道記念物研究会] [編集]　日本図書センター　2014.6　159p　31cm〈文献あり　年表あり　善本社1983年刊の複製〉　32000円　①978-4-284-50351-8

◇鉄道文化財めぐり　松本剛著　大阪保育社　1994.7　149p　15cm（カラーブックス864）　700円　①4-586-50864-7

内容　交通博物館や門司港駅舎など貴重な鉄道史料を全国に訪ね、解説・逸話を。

◇日本の鉄道碑　網谷りょういち著　日本経済評論社　2005.5　292p　20cm〈文献あり〉　2800円　①4-8188-1759-7

内容　大事故や戦時中の災害、人命救助中の殉難などさまざまな理由からつくられた鉄道碑。現在走っている鉄道がどのような歴史を背負ってきたかをそっと教えてくれる。

◇よみがえる鉄道文化財―小さなアクションが守る大きな遺産　笹田昌宏著　交通新聞社　2015.4　187p　18cm（交通新聞社新書 079）　800円　①978-4-330-56115-8

内容　鉄道文化財は、すべてが最初から歴史的価値を見出されていたものばかりではない。なかには歴史的価値を否定され、廃棄物として処分されかけた車両や施設などもある。しかし、そのような状況から市民の手で救い出され、磨き上げられたとき、それは一転して鉄道文化財としての輝きを放つようになった。ゴミとして山のように積まれていた国鉄コンテナが、1個3000円で買い取られ、のちに「鉄道博物館」に展示された話など、小さなアクションが大きな鉄道文化財を残すことにつながった、日本および海外の事例とその舞台裏を、人間ドラマを交えながら紹介する。

162 反対運動

【概　要】明治期に線路を敷設する際、近隣住民による反対運動が起こり、従来予定していた地域を通らなかったとする「鉄道忌避伝説」が日本各地で伝わっている。だが、その多くは史料上確認が困難で、伝承の域を出ないものが多い。戦後の例としては、1971（昭和46）年に東北・上越新幹線の建設計画が発表され、埼玉県南部と東京都北区で反対運動が起こった。この運動は激化・長期化を経て合意に至り、1982年6月に東北新幹線の大宮～盛岡間が開業。同年11月に上越新幹線の大宮～新潟間が開業し、1985年3月には東北・上越新幹線の上野～大宮間が延伸開業した。また、東京～新東京国際空港間を直結する予定で1974年に着工した成田新幹線は、沿線自治体の反対運動で工事・供用が中止され、開業に至らなかった。

◇いま、「公共性」を撃つ―「ドキュメント」横浜新貨物線反対運動　宮崎省吾著　創土社　2005.11　371p　19cm（復刻・シリーズ1960/70年代の住民運動）〈新泉社1975年刊の復刻版　年表あり〉　1800円　①4-7893-0043-9

◇沿線住民は眠れない―京王線高架計画を地下化に　海渡雄一,筒井哲郎著　緑風出版　2018.5　201p　19cm　1,800円　①978-4-8461-1808-2

内容　大都市周辺の鉄道の立体化は自動的に高架化を意味し、京王線も1969年に高架化が決定した。しかし、高架化は開かずの踏切こそ解消できるものの、沿線住民が希望する騒音・振動問題、日照問題を解決できない。これに対し、地下化はそれらの問題を解決するだけではない。駅周辺の一体的開発、鉄道跡地の防災緑道化などを可能にする。しかもシールド工法の普及でコストも下がり、沿線の土地買収は不要で、耐用年数は倍加する。それなのに、京王線は高架化のあとに地下2線を加えて複々線にするという。この計画では輸送力増強も限られる。こんなおろかな計画は許されない！

◇住民には法を創る権利がある―小田急高架訴訟大法廷の記録　小田急高架訴訟弁護団編　[三芳町（埼玉県）]　日本評論社サービスセンター　2006.5　261p　21cm〈発売：日本評論社〉　3300円　①4-535-51530-1

◇鉄道忌避伝説の謎―汽車が来た町、来なかった町　青木栄一著　吉川弘文館　2006.12　214p　19cm（歴史文化ライブラリー 222）　1700円　①4-642-05622-X

163 満州鉄道
【概　要】略称「満鉄」。日露戦争後から第2次世界大戦中にかけて、満州に対する日本の植民地経営の中核となった半官半民の国策会社。日露戦争に勝利し、ポーツマス条約によって帝政ロシアから獲得した旅順～長春間の東清鉄道とその支線、および撫順炭鉱などの付属利権経営のため、1906（明治39）年に勅令により設立された。鉄道経営と満州植民地化を目的とし、駐兵権と沿線の鉄道付属地の行政権を持つことから、政治的・軍事的性質が強かった。初代総裁は後藤新平。本社は初め東京にあったが、のち大連に移転した。満州国成立後は、満鉄本来の路線のほか、同国内の鉄道全線の運営を受託。鉄道事業を中心に炭鉱開発（撫順炭鉱など）、製鉄業（鞍山製鉄所）、汽船、電業、ホテル、映画など広範囲にわたる事業を展開し、多数の関連企業を傘下に持つ一大コンツェルンを形成した。1945年、第2次世界大戦の日本敗戦により、中ソ共同経営の中国長春鉄路に接収され、消滅した。

◇伊春鉄路物語—満鉄秘話　伊春鉄路物語出版委員会著　K＆Kプレス　2014.9　49p　26cm　1000円　Ⓘ978-4-906674-61-9
目次　満洲の巨人・満鉄、満鉄を行く（大連, 奉天, 長春（新京）, 哈爾濱）、幻の満鉄伊春鉄路、現在の伊春線を旅する、伊春鉄路資料

◇駅勢一班　第1巻（其1 大連—馬伊屯）［南満洲鐵道株式會社運輸課］［編纂］文生書院　2006.9　346p　27cm（Bunsei Shoin digital library）〈南満州鉄道運輸課刊の複製　折り込27枚〉Ⓘ4-89253-315-7

◇駅勢一班　第2巻（其2 遼陽—開原）［南満洲鐵道株式會社運輸課］［編纂］文生書院　2006.9　340p　27cm（Bunsei Shoin digital library）〈南満州鉄道運輸課刊の複製　折り込10枚〉Ⓘ4-89253-315-7

◇駅勢一班　第3巻（其3 金溝子—長春/旅順支線）　［南満洲鐵道株式會社運輸課］［編纂］　文生書院　2006.9　315p　27cm　（Bunsei Shoin digital library）〈南満州鉄道運輸課刊の複製　折り込9枚〉　Ⓘ4-89253-315-7

◇駅勢一班　第4巻（其4 営口支線/撫順支線/安奉線）　［南満洲鐵道株式會社運輸課］［編纂］　文生書院　2006.9　346p　27cm　（Bunsei Shoin digital library）〈南満州鉄道運輸課刊の複製　折り込14枚〉　Ⓘ4-89253-315-7

◇駅勢一班　第5巻（吉長鉄道之部/東清鉄道之部）　［南満洲鐵道株式會社運輸部］

［編纂］　文生書院　2006.9　74, 130p　27cm　（Bunsei Shoin digital library）〈複製　折り込8枚〉Ⓘ4-89253-315-7

◇最後のお召し列車　井上文雄著　名古屋　中日新聞社出版開発局（製作）　2001.12　200p　19cm〈折り込1枚〉2000円

◇写真で行く満洲鉄道の旅　髙木宏之著　潮書房光人社　2013.8　287p　21cm〈他言語標題：TRAIN JOURNEY AROUND MANCHURIA　文献あり〉2800円　Ⓘ978-4-7698-1549-5
内容　特急「あじあ」で旅に行こう！機関車、客車、駅舎、町並み、建造物の未発表＆秘蔵フォト420枚、市街図、時刻表、路線図等により、満洲鉄道の旅をバーチャル体験—あの満洲の風景がいま甦る！ロマンあふれる鉄道ファン待望の1冊！

◇写真に見る満洲鉄道　髙木宏之著　光人社　2010.9　247p　21cm〈他言語標題：South Manchuria Railways　文献あり〉2300円　Ⓘ978-4-7698-1480-1
内容　満洲の広野を疾走した特急「あじあ」をはじめとする各種車両を網羅—秀逸フォト380枚の迫力。機関車、客車、食堂車、特別車、機関車組立工場、客車組立工場、駅舎、プラットホーム、駅構内、構内食堂、引き込み線、機関庫、ターンテーブル、鉄橋、トンネル、給水塔、石炭積込作業、ヤマトホテル、満鉄病院、炭坑、製鉄所、ガス工場、煉瓦工場、発電所、小学校、図書館、鉄道局、鉄道連隊、保線状況など、貴重フォトで辿る満鉄のすべて。カラー満洲鉄道図、満洲地形図、大陸国策第一級図、満洲路線データと車両データも収載。

◇図説 満鉄—「満洲」の巨人　西澤泰彦著　増補新装版　河出書房新社　2015.4　143p　22×17cm　（ふくろうの本）1850円　Ⓘ978-4-309-76232-6

満州鉄道

|内容| 日本の国家予算の半分規模の資本金。鉄道総延長、一万キロ。社員40万人を擁して「満洲」に君臨した巨大コンツェルン「満鉄」の全貌!!未発表資料・図版多数。

◇血と汗の鉄路―満鉄社員健闘秘史 十五年戦争初期の巻 福宿南嶋編著 近代文芸社 1994.6 205p 19cm 1200円 ①4-7733-3261-1
|目次| 前編 十五年戦争と満洲(満洲事変・満洲国、上海事変・皇道派、日華事変・太平洋戦争、抗日パルチザン、満鉄の経緯と業績、関東軍の末路)、主編 満鉄社員の健闘史話(東部縦貫鉄道の施工、西部横断鉄道の設置、通信線工事と報復匪賊、装甲列車の出動勤務、物騒から治安への吉林、国境付近調査班の行動、再三の匪襲と討伐、国境二大河川の調査行、匪賊出没と対処の事例、北鉄接収の画期的業績、京図線列車の匪襲事件、浜綏線列車の遭難事件、鉄道建設現場の宿営車、新線測量隊の従業、南墳駅の駅員六名昇天、鳳大線総局バスの遭難、単身パトロールの功、南満の警務段と測量班、風土病研究と犠牲)、後編 中国東北部の鉄道網(満鉄時代の路線、戦後の存廃路線)

◇満洲鉄道写真集 高木宏之著 潮書房光人社 2013.1 247p 31cm〈他言語標題:Manchuria Railway Photograph Collection 文献あり〉 4800円 ①978-4-7698-1535-8
|内容| 地平線の彼方から黒煙を噴き上げ疾走する最先端技術の結晶・特急「あじあ」―高速、豪華を誇った鉄道車両の最高峰・流線形蒸気機関車パシナをはじめとする満鉄車両を網羅。先人の偉業を後世に伝える永久保存版。果てしなく広がる満洲の大地に繰り広げられた壮大なる鉄道ロマン。

◇満洲鉄道発達史 高木宏之著 潮書房光人社 2012.7 247p 21cm〈他言語標題:SOUTH MANCHURIA RAILWAY HISTORY 文献あり〉 2400円 ①978-4-7698-1524-2
|内容| 先進的な高性能・高速機関車を生み出した革新技術の集大成。設計・製造におけるプラクティス(手法体系)と各形式の設計上の系譜(ツール)を詳細に解説。秀逸フォト・精密図面で描く満鉄ヒストリー。

◇「満鉄」という鉄道会社―証言と社内報から検証する40年の現場史 佐藤篁之著 交通新聞社 2011.6 267p 18cm (交通新聞社新書) 800円 ①978-4-330-21411-5

|内容| 後藤新平を初代総裁に、日露戦争後の明治39年(1906)に設立され、第二次世界大戦終結時の昭和20年(1945)まで、満洲経営の中核を担っていた南満洲鉄道株式会社。通称は「満鉄」。創業100年を経て、いま、時の流れの中に埋もれようとしている満鉄の歴史を、OB組織である満鉄会の全面的協力を得て収集した貴重な証言と豊富な写真、資料とともにたどる。

◇満鐵特急『あじあ』 秦源治著 大分20世紀大連会議 2009.4 55p 30cm

◇満鉄特急あじあ号 市原善積著 原書房 2010.3 267p 20cm〈1982年刊の加筆、増補新版〉 2400円 ①978-4-562-04555-6
|内容| 大連‐新京701.4kmを8時間30分で駆け抜けた幻の蒸気機関車! 満鉄の車両設計主任技師として「あじあ」の完成に携わった著者が語る秘話! 機関車「パシナ」、牽引した全車両の形式図や、貴重な写真を多数収録。新たに、「あじあ」建造案決定までの経過や「パシナ」の設計と建造に関する新事実を盛り込んだ解説を附した、ファン垂涎の書。

◇満鉄特急「あじあ」の誕生―開発前夜から終焉までの全貌 天野博之著 原書房 2012.7 275p 20cm〈文献あり〉 2500円 ①978-4-562-04847-2
|内容| 特急「あじあ」は、いかにして生まれたか―パシナ設計主任・吉野信太郎をはじめ、これまでほとんど語られなかった若手技術者たちの開発秘話を満載。伝説の名機関車の真実の姿に迫る。

◇満蒙の鉄道網 満蒙鉄道概観 大島與吉著、鉄道省運輸局編 大空社 2004.6 1冊 22cm (アジア学叢書 116)〈「満蒙の鉄道網」(大阪屋号書店昭和2年刊)と「満蒙鉄道概観」(鉄道省運輸局昭和3年刊)の複製 折り込6枚〉 15500円 ①4-283-00245-3

◇南満洲鉄道―写真集 市原善積、小熊米雄、永田龍三郎編著 誠文堂新光社 1998.7 136p 27cm〈「おもいでの南満州鉄道」(昭和45年刊)の新装版〉 5000円 ①4-416-89828-2

◇忘れえぬ満鐵―今、新たに発見する雄姿の記録 復刻版 世界文化社 2006.8 254p 30cm〈年表あり〉 2800円 ①4-418-06238-6

鉄道政策

164 連合軍・進駐軍専用車

【概　要】第2次世界大戦の終結後、日本を占領した連合国軍（進駐軍・連合国の占領軍）を優先的に輸送するため、各地の国鉄（当時は運輸省）・私鉄で運行された専用列車。1945年8月の敗戦後、日本の鉄道は連合国軍最高司令官総司令部（GHQ）の第3鉄道輸送司令部（3rd MRS）の管理下におかれた。全国の主要な駅には3rd MRSの下部組織・鉄道輸送司令部事務所（RTO）が設置され、細かい管理を担当。同年9月から鉄道車両の接収が開始され、寝台車・食堂車・一等車のほか、状態のよい一般客車も対象となった。接収した車両は白帯を付され、占領軍輸送の専用車として使用された。日本人の乗る列車に専用車両を連結するほか、需要の多い区間や要人の輸送には専用列車が設定された。国鉄の専用列車として、「Allied Limited（連合軍特急）」「Dixie Limited（南部特急）」「BCOF train（英連邦軍列車）」等がある。また、天皇・皇族の御料車も接収され、占領軍の主体となった米国第8軍司令官専用列車「Octagonian（オクタゴニアン）」に使用された。1946年1月に東海道本線・山陽本線の東京〜門司間で「Allied Limited」の運行を開始。1952年3月に日本におけるRTO等が廃止された後は、専用列車の一部を日本人にも開放した「特殊列車」となった。同年4月、サンフランシスコ講和条約が発効し、占領が終了。「特殊列車」は1954年に日本人が乗る普通の急行列車になった。

◇関東省電の進駐軍専用車　浦原利穂著　ネコ・パブリッシング　2001.9　48p　26cm　（RM library 26）　1000円　④4-87366-255-9
[目次] モハ34、サハ36、サロ37、クハ38、サロ45、サハ48、モハ50、クハ55、サハ57、モハ63〔ほか〕

◇知られざる連合軍専用客車の全貌　中村光司著　JTBパブリッシング　2015.4　256p　26cm〈文献あり〉　2800円　④978-4-533-10350-6
[内容] 終戦直後の混迷期に、鉄道マンとしての矜持をもって、連合軍輸送を完遂した男達がいた。超一級の秘蔵写真・資料で、戦後占領期の鉄道史の空白に迫る！

◇特別職用車—占領の落とし子薄命の歴史　藤井曄、藤田吾郎著　ネコ・パブリッシング　2007.7　55p　26cm　（RM library 95）　1000円　④978-4-7770-5202-8
[目次] 特別職用車の登場、マヤ1（スヤ51 1）本庁用、マヤ2（マヤ47 1）本庁用、マヤ3（マヤ57 1）本庁用、スヤ4（スヤ39 1）本庁用、スヤ5（スヤ34 2）本庁用、スヤ6（スヤ48 1）本庁用、スヤ21（スヤ51 11）東鉄用、スヤ22（スヤ51 12）名鉄用、スヤ23（スヤ51 13）大鉄用〔ほか〕

◇連合軍専用列車の時代—占領下の鉄道史探索　河原匡喜著　光人社　2000.5　262p　22cm　2600円　④4-7698-0954-9
[内容] 戦後の混乱の中で、精一杯に生き、あの妖しく輝く連合軍専用列車をとおして、復興の足掛かりを築いた鉄道マンたちの、ひたむきな姿を描くと同時に、今まで語られることのなかった占領下の日本の鉄道を描いた感動の書。

165 植民地鉄道

【概　要】植民地あるいは占領地政策の一環として敷設経営する鉄道。戦前日本のものに、台湾鉄道、朝鮮鉄道、南満州鉄道、華北鉄道、華中鉄道などがある。

◇外地鉄道古写真帖—台湾・朝鮮・樺太・満州　新人物往来社　2005.9　160p　26cm　（別冊歴史読本　第30巻第17号—鉄道シリーズ第21弾）　2200円　④4-404-03319-2

◇植民地鉄道と民衆生活—朝鮮・台湾・中国東北　高成鳳著　法政大学出版局　1999.2　238, 4p　22cm　7400円　④4-588-37702-7
[内容] 朝鮮・台湾および中国東北における鉄道前史から説き起こし、鉄道の登場から今日に至る発展過程を、日本の植民地政策の展開、現地の社会状況と民衆生活の二つの視点から、実証的に跡づける。すなわち、東

アジアの近代化において鉄道の果たした役割、植民地鉄道としての問題と限界などを、鉄道敷設の技術的条件、駅舎その他付帯施設の実態、産業と生活での利用状況等々において追究し、合わせて日本の植民地統治の実態と特殊性を照射。単純な植民地主義批判と経済・技術史観に両極化しがちな研究の限界を打破する。

◇植民地の鉄道　高成鳳著　日本経済評論社　2006.1　246p　21cm　（近代日本の社会と交通 第9巻）〈文献あり〉　2500円　①4-8188-1814-3

◇戦時経済と鉄道運営─「植民地」朝鮮から「分断」韓国への歴史的経路を探る　林采成著　東京大学出版会　2005.3　402p　22cm〈文献あり〉　12000円　①4-13-046084-6
目次　第1部 戦時動員と「植民地」（戦前期における鉄道運営の特質と鉄道増強計画、日中全面戦争期における陸運統制の開始と輸送力増強、アジア太平洋戦争期における輸送増強の限界と陸運統制の強化）、第2部「分断」と戦時動員（分断国家の成立と輸送体制の再編、朝鮮戦争期における輸送戦の実施と陸運統制の展開、休戦体制下の韓国鉄道の復興と自主運営）

◇大日本帝国の海外鉄道　小牟田哲彦著　東京堂出版　2015.11　343p　19cm〈文献あり〉　2000円　①978-4-490-20911-2
内容　台湾、朝鮮、満洲、樺太、南洋群島、戦前に日本が造った鉄道を探る。

◇台湾に残る日本鉄道遺産─今も息づく日本統治時代の遺構　片倉佳史著　交通新聞社　2012.2　260p　18cm　（交通新聞社新書 040）〈文献あり〉　800円　①978-4-330-26912-2
内容　台湾の鉄道の大半が日本統治時代に整備されたことは現地でも広く知られている。最近では、民主化と経済発展の進行で、かつてはタブー視されていた郷土研究も花開き、鉄道文化についての関心も日本と同様に高まってきた。本書では、台湾在住の著者による徹底した現地取材で、日本統治時代に建設されたターミナル建築や木造駅舎などの「鉄道遺産」をクローズアップした。巻末付録に「台湾の鉄道遺産一覧」。

◇帝国日本の植民地支配と韓国鉄道─1892〜1945　鄭在貞著、三橋広夫訳　明石書店　2008.11　678p　22cm〈文献あり〉　9000円　①978-4-7503-2880-5
目次　第1部 日本の韓国鉄道政策と幹線鉄道網の形成（日本の京釜鉄道掌握と韓国政府の対応（1892〜1901）、韓国の京義鉄道建設運動と日本軍用鉄道の成立（1896〜1904）、日本の韓国縦貫鉄道重視政策と幹線鉄道網の拡充（1905〜1945））、第2部 日本の韓国鉄道敷設と韓国人の抵抗運動（京釜・京義鉄道敷設工事と日韓土建会社の対立（1899〜1910）、京釜・京義鉄道用地の収用と鉄道沿線住民の抵抗運動（1900〜1910）、京釜・京義鉄道役夫の動員と韓国人の反鉄道・反侵略闘争（1901〜1910））、第3部 日本の韓国鉄道経営と韓国人の対応（国有鉄道の運輸営業と物資移動の動向（1905〜1945）、国有鉄道従事員の雇用構造と韓国人の状況（1905〜1945）、鉄道沿線の小運送業と韓国業者の動向（1908〜1945））

◇鉄道ゲージが変えた現代史─列車は国家権力を乗せて走る　井上勇一著　中央公論社　1990.11　224p　18cm　（中公新書）　600円　①4-12-100992-4
内容　ロシアはシベリア鉄道建設（広軌）によって陸路中国に到達可能となり、東アジアに覇を競う列強に衝撃を与えた。日英両国はこれに対抗すべく標準軌による鉄道建設を計画する。当時、鉄道は国家の近代化を示すバロメーターであり、建設された鉄道は国家の勢力範囲そのもので、どのゲージを選ぶかは国家の重大事であった。本書は、十九世紀末から日露戦争、満鉄建設、第二次大戦に至るアジア現代史を、鉄道ゲージを通して検証する。

◇日本植民地鉄道史論─台湾、朝鮮、満州、華北、華中鉄道の経営史的研究　高橋泰隆著　日本経済評論社　1995.1　576p　22cm　（鉄道史叢書 8）　8755円　①4-8188-0773-7
目次　序論 課題と方法、第1章 台湾鉄道の成立と経営、第2章 朝鮮鉄道の成立と経営、第3章 満州の鉄道と満鉄、第4章 満州事変と満鉄改組、第5章 十五年戦争と満鉄、第6章 日中戦争下の中国鉄道支配、終章 結論

166 殖民軌道

【概　要】北海道で入植者の交通手段として敷設された軌間762mmの軌道。泥炭地などの通行が困難な場所に2本のレールを敷き、馬が台車を牽引して走った。道路の代替として使用され、一般の鉄道の軌道とは区別されていた。1925(大正14)年に根室線が開業し、昭和初期にかけて道東・道北を中心に発達。ピーク時には総延長で600kmを超える軌道が敷設された。開設当初、多くは馬力線であったが、のち根室線・枝幸線などの長大な線区にガソリン機関車が導入された。1942年に「簡易軌道」と改称。戦後はディーゼル機関車や気動車が導入されたが、道路網の整備に伴って次第に廃線となった。1972年、最後に残った浜中町営軌道の廃止によって全廃した。

◇昭和29年夏 北海道私鉄めぐり　下　青木栄一著　ネコ・パブリッシング　2004.7　53p　26cm　(RM LIBRARY〈59〉)　1,000円　Ⓘ4-7770-5056-4
目次　雄別炭砿鉄道釧路埠頭線, 北海道殖民軌道雪裡線, 釧路臨港鉄道, 雄別炭砿鉄道, 根室拓殖鉄道, 雄別炭砿鉄道尺別専用線, 十勝鉄道, 芦別森林鉄道, 三井芦別鉄道, 三井奈井江専用鉄道〔ほか〕

◇謎の殖民軌道―聞き書き・春別線始終記　ふるさと歴史散策　芳賀信一著　[芳賀信一] (別海町(北海道))　2006.6　59p　30cm〈年表あり〉

◇北海道の鉄道　田中和夫著　札幌　北海道新聞社　2001.2　335p　22cm　1900円　Ⓘ4-89453-136-4
内容　SL、ローカル線、青函連絡線、殖民軌道…。120年の歴史がここに。あの懐かしい鉄道の写真も。

◇幻の北海道殖民軌道を訪ねる―還暦サラリーマン北の大地でペダルを漕ぐ　田沼建治著　交通新聞社　2009.6　255p　18cm　(交通新聞社新書 002)　800円　Ⓘ978-4-330-07309-5
内容　殖民軌道は、かつて北海道の開拓のために敷設された特殊な交通機関で、まさに「幻の鉄道」。最盛期には総延長数百キロにも及んだ殖民軌道も、高度経済成長期の急速な道路整備によって衰退し、昭和47年には完全に姿を消した。本書は、その幻の鉄道を、わずかな手がかりをもとに自転車でたどるスーパー廃線紀行。日本国土発展の陰に隠れた歴史の発見を著者とともにしてほしい。

◇よみがえる北海道の鉄道・軌道―昭和20～50年代、C62から炭鉱鉄道までの完全記録　浅原信彦、高井薫平編・著　学研パブリッシング　2012.9　190p　26cm〈発売:学研マーケティング〉　2800円　Ⓘ978-4-05-405427-1
目次　第1章 カラーでよみがえる北海道の鉄道・軌道, 第2章 国鉄線, 第3章 私鉄と炭鉱鉄道・専用線, 第4章 路面電車と地下鉄, 第5章 森林鉄道, 第6章 殖民軌道と客土事業

167 鉄道馬車(馬車鉄道)

【概　要】軌道上を走る馬車。都市交通としての鉄道馬車は1836年にニューヨークで出現し、1854年にパリ、1861年にロンドンなど世界各地に普及した。日本では1882(明治15)年6月に東京馬車鉄道会社が新橋～日本橋間で開業したのが最初である。明治30年代以降、電車やガソリン動車の普及に伴って次第に姿を消し、第1次世界大戦前には殆どが廃止された。

◇遠い日の鉄道風景―明治のある日人車や馬車鉄道が走り始めた　宮田憲誠著　町田　径草社　2001.12　252p　21×30cm〈年表あり〉

◇馬車鐵道の想ひ出～千住馬車鉄道展―夏季展示替(第27回特別展)　春日部市郷土資料館編　春日部　春日部市郷土資料館　[2003]　16p　30cm

◇箱根の鉄道―馬車鉄道から山岳鉄道開通まで　[箱根町(神奈川県)]　箱根町立郷土資料館　1994.7　41p　26cm

◇万造じいさんの馬車鉄夜ばなし　桜井

鉄道馬車(馬車鉄道)

　万造他著　狭山　馬車鉄を記録する会
　2002.12　94p　21cm　800円
◇湯の川温泉と馬車鉄道―佐藤祐知の物
　語　佐藤祐知述,佐藤正五編著　函館
　幻洋社　1997.8　226p　19cm　1600円
　①4-906320-35-X

鉄道政策

鉄道文学・サークル活動

◇沿線文学の聖地巡礼―川端康成から涼宮ハルヒまで　土居豊著　西宮　関西学院大学出版会　2013.10　163p　19cm〈文献あり〉　1400円　①978-4-86283-150-7

◇過ぎゆくもの　山本容子,浅田次郎,嵐山光三郎,池内紀,池澤夏樹,江國香織,小川洋子,関川夏央,谷川俊太郎,中沢新一,辻原登,湯川豊著　マガジンハウス　2007.10　91p　30cm〈折り込2枚〉　1905円　①978-4-8387-1810-8

内容　山本容子が11人の作家とコラボレイトした、鉄道への美しいオマージュ。鉄道博物館開館記念出版。

◇清張鉄道1万3500キロ　赤塚隆二著　文藝春秋　2017.11　317p　19cm〈北九州市立松本清張記念館 2017年3月刊の加筆〉　1500円　①978-4-16-390723-9

◇鉄道―関西近代のマトリクス　日本近代文学会関西支部編　大阪　和泉書院　2007.11　63p　21cm　(いずみブックレット1)　900円　①978-4-7576-0437-7

◇鉄道の文学紀行―茂吉の夜汽車、中也の停車場　佐藤喜一著　中央公論新社　2006.1　242p　18cm　(中公新書)　780円　①4-12-101830-3

◇鉄道の文学誌　小関和弘著　日本経済評論社　2012.5　352p　21cm　(近代日本の社会と交通 第14巻)　3400円　①978-4-8188-2210-8

内容　日本の近代化の象徴であった鉄道は、文学作品の中でもさまざまに描かれている。文学によって照らし出される、鉄道をめぐる喜怒哀楽、庶民の心性を通して「鉄道のもつ広範な文化環境」の一側面を浮き彫りにする。

◇鉄道ミステリー・パズル―推理列車の指定席　part 1　光文社　1991.9　228p　16cm　(光文社文庫)〈監修：西村京太郎〉　440円　①4-334-71391-2

内容　電車より速く走れる少年が募集されたのはなぜ？ 西村作品に登場する列車を乗り継いで、日本一周ができる？ などなど、古今東西の鉄道のナゾをパズルで楽しもう。99問を解き終えれば、あなたはトラベル・ミステリーの名探偵。

◇鉄道ミステリー・パズル　part 2　光文社　1992.9　210p　16cm　(光文社文庫)〈part 2の副書名：不思議列車の周遊券 監修：西村京太郎〉　420円　①4-334-71578-5

◇鉄道はメディアの大舞台　森彰英著　交通新聞社　1996.3　275p　19cm　1300円　①4-87513-050-3

内容　メディアに登場してくる鉄道・沿線風景は、抒情にあふれ、旅情をかきたてる。ジャーナリスト森彰英氏が書き下ろした鉄道沿線文化論的な珠玉の随筆集。

◇鉄路の美学―名作が描く鉄道のある風景　原口隆行著　国書刊行会　2006.9　358p　20cm　2000円　①4-336-04786-3

◇伝説の鉄道記者たち―鉄道に物語を与えた人々　堤哲著　交通新聞社　2014.12　270p　18cm　(交通新聞社新書)　800円　①978-4-330-52514-3

内容　ほんの140年程前、日本が丁髷の国から一気に近代国家へと転換していくなかで、鉄道は極めて重要な国家事業であった。ほぼ同時期に瓦版から生まれ変わり、成長していったのが「新聞」だ。そんな背景の中で「鉄道記者」はどのように誕生し、活躍の場を広げていったのか。ほとばしる情熱と才気をみなぎらせ、ペンを手に時代のうねりを発信し、鉄道に物語を付与した記者たち。本書では元「鉄道記者」である著者が、多岐にわたる資料を丹念に拾いながら記者たちや周辺の人々の足取りを読み解く。密接に絡み合う鉄道史と新聞史双方が明らかになる、貴重な記録。

◇文学の中の駅―名作が語る"もうひとつの鉄道史"　原口隆行著　国書刊行会　2006.7　327p　20cm　2000円　①4-336-04785-5

◇文学の中の鉄道　原口隆行著　鉄道ジャーナル社, 成美堂出版〔発売〕

2013.11 311p 18cm 800円 ⓘ978-4-415-31778-6
[内容]「草枕」「雪国」「点と線」「鉄道員(ぽっぽや)」など日本の名作に描かれた鉄道の姿、風景。60作品を紹介。

◇『雪国』の汽車は蒸気機関車だったか？―鉄道・文学・戦前の東京　酒井明司著　東洋書店　2009.12　142p　19cm　〈現代叢書 5〉〈文献あり 年譜あり 索引あり〉　1300円　ⓘ978-4-88595-883-0

◇レイル　No.49　愛宕山電鉄と新京阪デロ　エリエイ　2004.7　100p　29×21cm　3500円　ⓘ4-87112-449-5
[目次] グラフ 能勢電デロ最後の頃、映画「新しき土」の検証―クラシックフィルムに秘められた鉄道シーン、"映画"に見る鉄道映画の調査手法とその概要,能勢電のデロ、その改造歴の検証,富士山麓電気鉄道回顧1940・1947・1954年,DD511号機の思い出,ファンの目で見た台車の話18 国産台車4,豊橋鉄道の車輌の台車,雲山金鉱会社の機関車の正体,ヤードマン

◇檸檬と電車　新妻郁男著　〔仙台〕〔新妻郁男〕　1999.10　225p　19cm

◇檸檬と電車　新妻郁男著　文芸社　2016.10　228p　15cm 〈私家版 1999年刊の再刊　文献あり〉　700円　ⓘ978-4-286-17619-2

168 鉄道文学
【概　要】鉄道を題材にした文学作品やTVドラマで、列車内や駅を主な舞台とする。文学については純文学、詩歌のほか、紀行や時刻表トリックを用いたミステリー小説等を含めることもある。鉄道文学の例として、浅田次郎の『鉄道員』『地下鉄に乗って』、宮沢賢治の『銀河鉄道の夜』、ディケンズの『信号手』、萩原朔太郎の『夜汽車』、ロバート・ルイス・スティーヴンソンの『汽車の窓から』、アガサ・クリスティの『オリエント急行の殺人』、西村京太郎の『寝台特急殺人事件』『終着駅殺人事件』などがある。

◇「阿房列車」の時代と鉄道　和田洋著　交通新聞社　2014.5　255p　19cm　〈KOTSUライブラリ 006〉〈文献あり〉　1800円　ⓘ978-4-330-46314-8
[内容] 元祖乗り鉄・内田百閒(けん)先生は、こんな列車や路線に乗っていた！不朽の名作『阿房列車』の旅を、戦後復興期の鉄道にをしほって徹底解説。当時のリアルな鉄道シーンにタイムスリップ！

◇鉄道文学の旅　野村智之著　郁朋社　2009.9　183p　19cm　〈文献あり〉　1000円　ⓘ978-4-87302-450-9

◇鉄道ミステリ各駅停車―乗り鉄80年書き鉄40年をふりかえる　辻真先著　交通新聞社　2012.8　195p　18cm　〈交通新聞社新書 046〉〈著作目録あり 索引あり〉　800円　ⓘ978-4-330-30112-9

◇鉄道ミステリーの系譜―シャーロック・ホームズから十津川警部まで　原口隆行著　交通新聞社　2016.10　263p　18cm　〈交通新聞社新書 102〉〈文献あり 索引あり〉　800円　ⓘ978-4-330-69816-8

◇鉄路に咲く物語―鉄道小説アンソロジー　西村京太郎選,日本ペンクラブ編　光文社　2005.6　288p　16cm　〈光文社文庫〉　533円　ⓘ4-334-73897-4

◇東上線各駅短編集　曠野すぐり著　東松山　まつやま書房　2012.10　251p　19cm　1200円　ⓘ978-4-89623-078-9
[内容] 池袋～寄居まで総延長75.0km。通勤通学路線？観光路線？どっちつかずな沿線を気鋭作家が各駅停車で短編にして表す。

《169 ノンフィクション》

◇あるく　草木陽一著　交通新聞社　1995.12　352p　22cm

◇いとしの乗入れ列車　北川祥賢著　横浜　北川祥賢　2012.12　323p　18cm　〈気まぐれ鉄道日記 2〉　857円　ⓘ978-4-9905481-2-4

◇想ひ出―鉄道少年の昔語り　和田実著　新風舎　2007.4　110p　19cm　1100円　ⓘ978-4-289-01005-9
[内容] すべては「EF66」から始まった。幼い頃からなぜか好きだった、列車が走る姿。「ワイドビューひだ」、ブルートレイン「は

ノンフィクション

やぶさ」、0系新幹線を経て成長した鉄道少年は、インドをきっかけに海外の鉄道へ。熱く静かな鉄道への想いを、すべての同好の士へ。

◇思い出の乗り物―遺稿集　落合真理子著　文芸社ビジュアルアート　2009.9　95p　19cm　700円　①978-4-7818-0172-8

◇口説き集　茂原弘明著　［出版地不明］［茂原弘明］　2003.3　155p　21cm〈年表あり〉

◇厳選鉄道の魅力100―今、あじわいたい日本の"鉄道"カラー版　交通新聞社新書編集部編　交通新聞社　2016.10　239p　18cm　（交通新聞社新書 100）900円　①978-4-330-69616-4
|内容|四季折々の美しい風景のなかを走る列車、日本列島を2本のレールで結ぶために明治のときから営々と築いてきたトンネルや橋、都市の壮大なターミナルから山間や海辺の小さな駅、昭和の面影を今に伝える蒸気機関車や最新の観光列車・新幹線に至るまで。現代の日本の鉄道を知り尽くし、鉄道をこよなく愛する人たちが、鉄道のさまざまなジャンルにわたり、その想いの丈を熱く語る渾身の100話。

◇国鉄青春日記―昭和車掌の"人情"物語　檀上完爾著　天夢人　2017.9　171p　19cm　（旅鉄LIBRARY 001）〈発売：山と溪谷社〉　1500円　①978-4-635-82015-8
|内容|駅員、踏切警見習い、普通車掌、荷扱専務車掌、乗客専務車掌、食堂車会計係と結婚、広報課。昭和の国鉄を駆け抜けた、檀上完爾が描く、人間ドラマ。国鉄物語全24編。

◇最新鉄道とっておき物語　雑喉謙著　河出書房新社　1990.5　228p　20cm　2000円　①4-309-00623-X
|内容|日本の山野には、輸送機関としても風景としても、高速道路より鉄道がマッチする。鉄道の黄金時代よ、再び！　鉄道をこよなく愛する建設会社部長が旅情ゆたかに綴る最新列車・新路線の初試乗奮戦記と甘辛口の熱烈な鉄道讃歌。

◇湘南EF少年　渡邊喜治著　文芸社　2010.2　208p　19cm〈文献あり〉　1200円　①978-4-286-08406-0

◇新顔鉄道乗り歩き　種村直樹著　中央書院　1990.2　302p　19cm　1400円　①4-924420-44-1
|内容|乗り歩きルポ　東北の変わり種駅めぐりをはじめ、話題の路線や駅に足を運んだ"レイルウェイ・ライター"選り抜きのルポ22篇を収録。

◇寝台急行「昭和」行　関川夏央著　日本放送出版協会　2009.7　245p　20cm　1400円　①978-4-14-081384-3
|内容|昭和の残照をもとめて。寝台列車やローカル線、路面電車がいざなう懐かしい場所、過ぎ去った時代―。汽車旅ならではの愉悦と日本近代化の立役者・鉄道の光と影を綴った「鉄路」随筆名品集。

◇寝台急行「昭和」行　関川夏央著　中央公論新社　2015.12　273p　16cm　（中公文庫せ9-1）〈日本放送出版協会2009年刊の再刊〉　840円　①978-4-12-206207-8
|内容|鶴見線、寝台急行「銀河」、三岐鉄道、只見線、岩泉線…。寝台列車やローカル線、路面電車に揺られて、懐かしい場所、過ぎ去ったあの頃へ。日本の近代化とともにあった鉄路の風景に思いを馳せ、含羞を帯びつつ鉄道趣味を語る。昭和の記憶を辿る、大人の旅行記。

◇線路はつづくよ　関川夏央文、矢吹申彦画　フリースタイル　2010.12　61p　19cm　1400円　①978-4-939138-55-3
|内容|暮れかけた山脈に向かう列車の、黄色い車内灯のつらなり。操車場に響く、車輪点検のハンマー音。午後の駅の無人の待合室。打ち水した駅前広場。線路のそばに咲く赤い野花。鉄道を愛するすべての人に贈るピクチャーブック。

◇弾丸列車―幻の東京発北京行き超特急　前間孝則著　実業之日本社　1994.12　411p　20cm　2000円　①4-408-34054-5
|内容|大東亜戦争の直前、日本海に海底トンネルを掘り、大陸とを広軌の高速鉄道で結んで、人と物とを大量に輸送しようとする壮大な構想があった。そしてそれは、昭和39年、東京オリンピックの年に開業した東海道新幹線の原型となった。新幹線への夢をつないだ男たちを描く書き下ろしノンフィクション。

◇中年鉄道放浪記　中西敬太著　幻冬舎メディアコンサルティング　2015.6　237p　20cm〈文献あり　発売：幻冬舎〉　1300円　①978-4-344-97240-7

鉄道文学・サークル活動

495

ノンフィクション

◇人生のおもしろさは、やっぱり鉄道が教えてくれた。忘れられない鉄道の記憶、人生を変えたあの日の出来事。果てなくどこまでも続くぶらり鉄道エッセイ。

◇鉄子の部屋　神田ばん,屋敷直子,さくらいよしえ,H岩美香著　交通新聞社　2007.12　159p　21cm　1300円　①978-4-330-97407-1
　内容：鉄道が嫌いじゃない貴女におくる、女子力アップのヒント集。『JR時刻表』『交通新聞』『鉄道ダイヤ情報』などでおなじみの交通新聞社が、満を持してお届けする、女子による女子のための鉄道エッセイ&ガイド本。

◇鉄道その素晴らしき世界―ドラマがある、ロマンがある　ベストセラーズ　1999.8　207p　21cm　(Best mook series―ベストの本 20)　933円　①4-584-20242-7

◇鉄道ルポルタージュ秘録―レールの上のこぼれ話　池口英司著　交通新聞社　2016.12　143p　21cm　(DJ鉄ぶらブックス　線路端のたのしみを誘う本 018)　1500円　①978-4-330-75116-0
　目次：序章 江ノ電という身近な存在―わがブログのことはじめ、第1章 話題の列車に乗ったこと(新幹線再発見―新幹線の旅をもっと楽しむためのくふう、やっぱりSLがいちばん？保存蒸機の話―全国で復活がつづく蒸気機関車 ほか)、第2章 地方を旅したこと(三陸の鉄道を訪ねる―大震災で変わったもの、変わらないもの、余部橋梁の変貌―トラス橋の時代・コンクリート橋の時代 ほか)、第3章 鉄道の現場を訪ねたこと(九州鉄道記念館訪問―心から鉄道を愛する副館長の日課、運転士はいつも遅刻の夢を見る―乗務員に聞いた現場の苦労 ほか)、第4章 地域の活力をもらったこと(大井川鐵道に通う―生き残りを探るローカル私鉄、天竜浜名湖鉄道で「国鉄」の旅を―積極的に鉄道遺産を保存する第三セクター鉄道 ほか)

◇鉄路に魅せられて―鉄道誌編集長汽車に憑かれた青春の軌跡 竹島紀元作品集　竹島紀元著　心交社　2000.6　345p　20cm　1900円　①4-88302-472-5
　内容：汽車をこよなく愛した男の歩み。あの感動が甦る！収録18作品。

◇鉄路のその先へ―撮った、乗った、書いた世界の鉄道　南正時著　中央書院　2006.9　263p　19cm 〈年譜あり〉 1700円　①4-88732-170-8
　内容：ヨーロッパ特急から日本のローカル線まで。世界中の鉄路を追い続ける鉄道写真家・南正時、初の自選アンソロジー。

◇電車王国　堀内ぶりる著　国分寺　新風舎　1997.8　85p　13×19cm　1100円　①4-7974-0239-3
　内容：デパートに遊園地…おでかけはいつも電車に乗って。少年の心を魅了した鉄道を中心に、懐かしい昭和30～40年代の思い出を綴る。

◇電車は夜空の美学をもとめ　和田攻著　文芸社　2009.8　122p　19cm 〈新風舎2007年刊の増訂〉 1000円　①978-4-286-07316-3

◇「ななつ星」物語―めぐり逢う旅と「豪華列車」誕生の秘話　一志治夫著　小学館　2014.4　237p　20cm　1400円　①978-4-09-388354-2
　内容：人生を変える夢の列車。クルーズトレイン開発の軌跡。贅を尽くした車両とおもてなしの舞台裏。至福の旅に挑んだプロジェクトストーリー。この列車にかけた人々の熱い想いと挑戦、夢を描く渾身のノンフィクション。

◇日本鉄道物語　橋本克彦著　講談社　1993.3　422p　15cm　(講談社文庫)　600円　①4-06-185352-X
　内容：鉄道に賭けた父子二代の熱き技術者魂を描く。草創期の蒸気機関車・磨墨からC53、D51を経て新幹線まで、島安次郎・秀雄の情熱は、燃えに燃えた。彼らが取り組んだ鉄道の仕事は、日本の近代技術史上の一大エポックとなった。外国の技術を日本の条件のなかへ移植し、さらに発展させた父子のドラマを追う。

◇日本の鉄道をつくった人たち　小池滋,青木栄一,和久田康雄編　悠書館　2010.6　289p　20cm 〈文献あり〉 2500円　①978-4-903487-37-3
　内容：「日本の鉄道の父」井上勝、「投機界の魔王」雨宮敬次郎、「地下鉄の父」早川徳次など12人の巨人たちの生涯を再現し、彼らがなぜ鉄道に心血を注ぎ、どのような哲学のもとに活動したかを描き出す。

◇走れ！ロボ電!!―コレで世の中変わるぞ！近未来プロジェクト　千馬勇著　幸福の科学出版　2008.2　170p　19cm　1200円　①978-4-87688-589-3

鉄道文学・サークル活動

内容 出勤前にサーフィンを満喫。仕事と子育てを余裕で両立。週末はいつもゴールデンウイーク―。私の提案する「ロボット電車」ができれば、仕事・恋愛・家庭・老後…さまざまな問題が一挙に解決！ これは決して夢物語ではありません。科学技術の進んだ現代日本でなら、きっと実現できるはずっ！ さあ、私と一緒に、そんな近未来をつくってみませんか？ 新ジャンル!?空想科学エッセイ！ 2007年度ユートピア文学賞大賞受賞作品。

◇一人ひとりの北陸本線―思い出のエッセイ100編　金沢　北國新聞社　2013.12　137p　20cm〈年表あり〉　1200円　⓪978-4-8330-1961-3

内容 2013（平成25）年に全線開通から100周年を迎えた北陸本線に寄せる思いがつづられたエッセイ集。忘れられない旅の記憶、人生を変えた「あの日」の出来事が、詩情豊かな北陸の四季とともに、時に熱く、時に切なく語られている。

◇編集長敬白　名取紀之著　ネコ・パブリッシング　2008.6　219p　21cm　1429円　⓪978-4-7770-5235-6

内容 月刊鉄道誌編集長が毎月綴る超人気ブログ初の書籍化。撮影旅行記「32年前の"今日"へ―1974年北海道の旅」も完全収録。

◇ホリプロ南田の鉄道たずねて三千里　南田裕介著　主婦と生活社　2015.9　143p　21cm　1296円　⓪978-4-391-14678-3

内容 撮り鉄も！ 乗り鉄も！ 廃車・葬式鉄も！ 時刻表好きも！ 国鉄型好きも！ 鉄道を愛する方なら誰でも！ 北へ南へ東へ西へ―雨に耐え、暑さに耐え、雪に耐え、列車を追いかけた愛と涙と笑いの物語。

◇1977鉄道少年の旅―まぼろしの名車・稀少車・駅前風景・廃線跡…　丸田祥三写真・文　洋泉社　1999.5　169p　26cm　1380円　⓪4-89691-384-1

内容 ローカル線を行く湘南電車80系、流線型クモハ52、クラシック電気機関車EF57・EF10・ED16。遮断機のない踏切を、戦時型電車ロクサンが、10系ディーゼルカーが過ぎる。東海道をゴハチと20系ブルートレインが行き交う。表情のあった駅、ボンネットバス。路面電車と少女。白熱灯の茶色い客車。人影のない廃線跡…。200点の貴重写真で綴る、70年代鉄道ものがたり。

170 鉄道サークル

【概　要】鉄道趣味の愛好者団体。学校のサークル活動や部活動として活動する鉄道研究会等のほか、一般に入会希望者を募って活動する団体がある。学校の鉄道サークルは、一般的にサークル誌の発行、例会・合宿・旅行の実施、学園祭・文化祭への出展等の活動を行っている団体が多い。また、一般鉄道サークルの代表例として、次項の「鉄道友の会」や「鉄道資料交換会（RSEC）」がある。

◇Switcher　Summer extra 2011　早稲田大学鉄道研究会　2011.8　62p　26cm　〈本文は日本語〉

◇Switcher　Summer extra 2015　早稲田大学鉄道研究会　2015.8　52p　26cm　〈本文は日本語〉

◇Switcher―summer―extra　2017　早稲田大学鉄道研究会　2017.8　87p　26cm　〈本文は日本語〉

◇Switcher―winter―extra　2017　早稲田大学鉄道研究会　2017.12　50p　26cm　〈本文は日本語〉

◇京都大学鉄道研究会雑誌　no.29　京都市交通局（市電・地下鉄）　京都大学鉄道研究会　2001.11　233p　26cm

◇京都大学鉄道研究会雑誌　第30号　2013年　京都大学鉄道研究会雑誌編集委員会編　さいたま　京都大学鉄道研究会雑誌編集委員会　2013.12　78p　30cm　2000円

◇京都大学鉄道研究会雑誌　第31号　2014年　京都大学鉄道研究会雑誌編集委員会編　さいたま　京都大学鉄道研究会雑誌編集委員会　2014.11　84p　30cm　2000円

◇京都大学鉄道研究会雑誌　第32号　2015年　京都大学鉄道研究会雑誌編集委員会編　さいたま　京都大学鉄道研究会雑誌編集委員会　2015.11　110p　30cm　2000円

◇工大祭冊子　2014年　通勤ラッシュ＆寝台列車　東京工業大学鉄道研究部　2014.10　118p　26cm〈年表あり〉

◇工大祭冊子　2015年　つばめ vol. 56　東京工業大学鉄道研究部　2015.9　108p　26cm

◇工大祭冊子　2016年　つばめ vol. 57　東工大鉄道研究部　2016.9　186p　26cm

◇人口動向の変化と都市鉄道—2006年一橋祭研究発表　国立　一橋大学鉄道研究会　2006.11　122p　26cm〈文献あり〉

◇直通運転の利便性を考える—2016年度一橋祭研究　第2版　国立　一橋大学鉄道研究会　2016.11　196p　26cm〈文献あり〉

◇つばめ　vol.58　東京工業大学鉄道研究部　2017.10　208p　26cm

◇「鉄道フォーラム」公式ガイドブック　鉄道フォーラム編　トラベルジャーナル　1998.9　189p　21cm〈他言語標題：Ftrain official guidebook〉　2000円　①4-89559-441-6

内容　約3万人の会員数を誇る通信ネットワーク組織「NIFTY SERVE鉄道フォーラム」の見どころ、便利な活用法を余すところなく一冊に凝縮。創設から11年の歩みをはじめ、電子会議室やオフライン・ミーティングの妙味をダイジェストした、本邦初の鉄道趣味ネットワーク案内書。

◇東上線軍用支線［×まとめ］研究本—朝霞・男衾・上福岡・大和田　サークルTJ1914編　［出版地不明］　サークルTJ1914　2017.12　92p　30cm〈年表あり〉

◇レイル　No.105　エリエイ　2018.1　98p　29×21cm　3600円　①978-4-87112-105-7

目次　クローバー会写真展"鉄路輝く"（同志社大学鉄道同好会クローバー会）、国鉄有馬線 時代に翻弄された薄命の鉄路（中川常伸）、昭和40年代久大本線の煙を追って、そして50年後の再訪（蔵重信隆）、明治～戦後駅名標こぼれ話 第2回（高見彰彦）、公式写真に見る国鉄客車 第8回（解説：藤田吾郎）、レイルサロン レイルNo.103特集"日本初の連節車びわこ号"に寄せて 浜大津→枚方公園間 直通臨時急行のことなど（清水祥史）、ヤードマン

◇"ロクイチ"が走るまで—memorial 2007.6.17　橋本祐太著・編集・制作　［出版地不明］　Hosei Univ.Railway Club United　2007.10　124p　21cm

◇Specialだいや—武蔵大学鉄道研究会50周年記念誌　［出版地不明］　武蔵大学鉄道研究会50周年記念行事実行委員会　2015.6　60p　26cm〈年表あり〉

171　鉄道友の会

【概　要】1953（昭和28）年11月14日に発足した日本最大の鉄道愛好者団体。鉄道を愛護し、鉄道知識の普及、鉄道趣味を通じた会員相互の親睦を通じて、鉄道の発展に寄与することを目的とする。機関誌「RAIL FAN」や鉄道関係出版物の刊行、顕彰活動として「ブルーリボン賞」「ローレル賞」「島秀雄記念優秀著作賞」の選定（いずれも毎年、年1回）、見学会・撮影会・講演会の開催、写真コンクール・発表会等の後援、国内外の同種団体との交流連携等の活動を行っている。本部のほか、専門的な研究・活動を行う車両記録研究会・客車気動車研究会などの研究会と、全国各地で地域に根ざして活動する支部がある。なお、「ブルーリボン賞」「ローレル賞」は国内で新たに営業運転を開始した新造・改造車両の中から優れたものに対して贈られ、「島秀雄記念優秀著作賞」は優れた鉄道趣味関連著作物に対して贈られる。

◇鉄道友の会名古屋支部50+6年史　［安城］　鉄道友の会名古屋支部　2011.6　173p　30cm〈年表あり〉

◇鉄道友の会半世紀のあゆみ　鉄道友の会半世紀のあゆみ編纂委員会編　鉄道友の会　2010.3　99p　31cm〈年表あり〉

◇鉄道友の会60年のあゆみ　鉄道友の会60年のあゆみ編纂委員会,Railfan編集部編　鉄道友の会　2014.11　127p　31cm〈年表あり〉

鉄道関係参考図書

《*172* 鉄道事典・図鑑・ハンドブック》

◇イラスト図解鉄道―名車や最新車両、最先端技術とシステムの全貌　西本裕隆監修　日東書院本社　2009.10　223p　19cm　1500円　⓵978-4-528-01922-5
　内容　懐かしの車両から最新の新幹線までを豊富な写真で紹介。引退した0系からFASTECH360まで新幹線の全形式を一挙公開。車両の仕組みや運行管理システムを基礎から学べる。

◇駅名事典　中央書院編集部編　最新改訂版　中央書院　1995.5　535p　19cm　2800円　⓵4-88732-005-1
　内容　1995年4月1日現在の全国の鉄道・軌道の全駅（専用鉄道とロープウェイを除く）を収録するデータ集。1987年の国鉄分割・民営化以降の鉄道業界の動向をふまえて全国の鉄道をJRグループ、大手民鉄、中小民鉄に分け、地域別の路線ごとに起点から下り方向へ駅データを掲載するとともに、同字・類似駅名一覧、鉄道各社本社等所在地を付す。巻末に頭字画数索引、五十音順駅名索引がある。

◇駅名事典　中央書院編集部編　第6版　中央書院　2000.8　544p　21cm　3000円　⓵4-88732-087-6
　内容　JR・民鉄の全路線・全停車場を完全収録！　鉄道マン、レールファン、マスコミ関係者など必携の「決定版資料集」。

◇駅名・地名不一致の事典　浅井建爾著　東京堂出版　2016.8　287p　19cm〈文献あり　索引あり〉　2000円　⓵978-4-490-10880-4
　内容　品川区にない品川駅、渋谷区にある南新宿駅、東淀川区でなく淀川区にある東淀川駅、など知らないと現地でとまどう、駅名と所在地の地名が一致しない駅。驚愕・複雑な駅名の由来。

◇おもしろくてためになる日本の鉄道雑学事典　南正時著　日本実業出版社　1998.5　204p　19cm　1300円　⓵4-534-02778-8

　目次　1章 一度は乗りたいアイデア特急, 2章 日本の鉄道・今昔物語, 3章 今でも乗れるぞ！ 蒸気機関車なんでも百科, 4章 ロマンたっぷり！ 全国の名物駅舎, 5章 個性たっぷり！ 路線・ゲージのいろいろ, 6章 まだまだ現役！ 路面電車, 7章 どっこい元気なローカル線, 8章 ウットリ！ スッキリ！ 必見の車窓風景, 9章 寅さんと鉄道、意外な関係, 10章 トクトクきっぷとっておき情報

◇関西の鉄道まるごと大図鑑―電車kids JR・私鉄・地下鉄などの電車大集合　今田保文, 野沢敬次写真　講談社　2014.9　82p　30cm　1600円　⓵978-4-06-218943-9
　内容　関西の電車に乗ってみよう！　駅や車両基地もあるよ!!

◇完全版！　鉄道用語辞典―鉄道ファンも鉄道マンも大重宝　高橋政士編　講談社　2017.11　794p　21cm〈『詳解鉄道用語辞典』加筆・修筆・再編集・改題書〉　3900円　⓵978-4-06-220769-0
　内容　車両、施設・設備、電気系統、土木、建築、運行保全、事件事故、歴史などの専門的・正統的な用語から、ファンの間での雑学用語やスラングまで、いまの鉄道のすべてがわかる。ディープな鉄道ファンからビギナー鉄チャンまで、だれにでもわかりやすい、読んで楽しい解説が満載。とてもひきやすい使いやすい五十音順掲載。9750語超収録！

◇完全版！　鉄道用語辞典―鉄道ファンも鉄道マンも大重宝 9750語超収録！　高橋政士編　講談社　2017.11　794p　21cm〈『詳解鉄道用語辞典』（山海堂2006年刊）の改題、加筆・修筆・再編集　文献あり〉　3900円　⓵978-4-06-220769-0

◇消えゆく「国鉄特急」図鑑　安田就視写真・文, 松本典久構成・文　彩流社　2001.3　111p　21cm　（オフサイド・ブックス 14）　1200円　⓵4-88202-614-7
　内容　特急がもっとも特急らしかった国鉄黄金期。野を駆け、山間をぬい、海辺を快走し、市街地を行く特急たちの勇姿がここに

よみがえる。「国鉄特急」の歴史とその車両の行方を詳説。

◇消えゆく鉄道車両図鑑—「絶滅危惧種」を探す旅　安田就視,岩谷徹編著　彩流社　2000.3　111p　21cm　(オフサイド・ブックス 10)　1200円　①4-88202-610-4

内容　いま見ておかないと、二度と会えないかもしれない。JR&私鉄の代表的な「絶滅危惧」車両や希少車を地域別に解説・紹介する初の試み。

◇技術のしくみからデザインまですべてわかる鉄道　斉藤博貴著　誠文堂新光社　2006.4　223p　21cm　(雑学を超えた教養シリーズ)　1400円　①4-416-20623-2

目次　第1章 世界最高レベル! 新幹線、第2章 通勤、通学、輸送で活躍する鉄道車両たち、第3章 鉄道の本当の姿を浮かび上がらせる地上施設、第4章 旅をもっと面白くする鉄道アラカルト、第5章 驚きが楽しみの国外鉄道アラカルト、第6章 特殊な技術、第7章 魅力に衰えを見せない蒸気機関車

◇国鉄機関車事典—国鉄時代の蒸気・電気・ディーゼル機関車主要66形式　いのうえ・こーいち著　山海堂　1999.9　190p　21cm　1600円　①4-381-10338-6

内容　国鉄時代の代表的な蒸気機関車・電気機関車・ディーゼル機関車66形式を解説した事典。機関車の特徴やサイズ、製造された両数、活躍していた時期・路線、牽いていた列車などを記載している。巻末に用語解説がある。

◇国鉄・JR廃線ハンドブック　三宅俊彦著　新人物往来社　2005.2　165p　26cm　(別冊歴史読本　第30巻　第4号—鉄道シリーズ　第20弾)〈年表あり〉　2200円　①4-404-03306-0

◇国鉄・JR名列車ハンドブック　三宅俊彦,寺本光照著　新人物往来社　2006.3　173p　26cm　(別冊歴史読本　第31巻　第6号—鉄道シリーズ　第22弾)　2200円　①4-404-03332-X

◇国鉄・JR臨時列車ハンドブック　三宅俊彦,寺本光照著　新人物往来社　2002.11　145p　26cm　(別冊歴史読本 28—鉄道シリーズ　第17弾)　2200円　①4-404-03028-2

◇国鉄・JR列車名大事典　寺本光照著　中央書院　2001.7　620p　22cm　3800円　①4-88732-093-0

内容　20世紀を駆け抜けた"愛称名付き列車"約600種の完全記録。1929(昭和4)年命名の「富士」「桜」に始まる国鉄・JRの愛称名付き優等列車(特急・急行・準急)約600種の設定・廃止年月日をはじめ列車名の由来、種々のエピソードなどを一種ずつ五十音順で紹介した画期的事典。

◇最強のりものパーフェクトずかん　学研プラス　2017.12　63p　26cm　(最強のりものヒーローズブックス)　1300円　①978-4-05-204759-6

◇JR現役鉄道図鑑　レイルマンフォトオフィス著　マイナビ出版　2016.8　255p　21cm〈文献あり　索引あり〉　1640円　①978-4-8399-5698-1

内容　新幹線・特急列車からSL・ジョイフルトレインまで全257車の写真が満載!

◇JR・私鉄カタログ—鉄道ファン注目のニューモデルを徹底紹介 最新版　講談社　1996.2　159p　26cm　2000円　①4-06-207758-2

◇JR全線全駅—すべての路線、すべての駅が、これ一冊でわかる駅の百科事典　弘済出版社　1991.11　592p　26cm　(トラベルムック)　1800円

◇JR全線全駅—すべての路線、すべての駅が、これ1冊でわかる駅の百科事典　弘済出版社　1994.11　640p　26cm　(トラベルムック)〈第三セクター収録〉　2000円

◇じぶんでよめるのりものずかん—対象年齢3～6歳 のりもの193しゅるい!　成美堂出版編集部編　成美堂出版　2018.4　95p　22cm〈奥付のタイトル: のりものずかん〉　1000円　①978-4-415-32475-3

◇首都圏鉄道ウォッチングガイドDATA200　『旅と鉄道』編集部編　宝島社　2015.9　159p　21cm　1300円　①978-4-8002-4472-7

内容　見れる! 撮れる! 列車を楽しむ新名所! 必見列車の通過時間付き! 陸橋、車両基地、カフェ、ホテルetc.観賞・撮影スポットを紹介!

◇首都圏鉄道完全ガイド　2016-2017年版　JR編　地図、停車駅、速度……あらゆるデータにより首都圏JR路線がわか

る！　双葉社　2016.6　161p　26cm　（双葉社スーパームック）〈文献あり〉　1500円　Ⓘ978-4-575-45619-6

◇詳解鉄道用語辞典　髙橋政士編　山海堂　2006.5　542p　21cm〈文献あり〉　2800円　Ⓘ4-381-08595-7
内容 車両、土木、電気、信号保安、趣味…、鉄道に関するジャンルを多岐にわたり8500語超収録。

◇蒸気機関車D51大事典　荒川好夫, 成瀬京司著　戎光祥出版　2014.8　175p　26cm〈文献あり 索引あり〉　1800円　Ⓘ978-4-86403-121-9
内容 3D精密イラストを用いて国鉄蒸機を代表する名機D51形のメカニズムを詳述。

◇新快迷鉄道哲学用語集　関根利展編著　［出版地不明］　［関根利展］　2017.3　62p　22cm

◇深迷怪鉄道用語辞典　髙橋政士編　海拓舎　2001.4　378p　19cm　1800円　Ⓘ4-907727-18-6

◇図解機関車名称事典　武井明通著　新装版　国書刊行会　1998.7　332p　16×22cm〈「最新機関車名称図解」（昭和11年刊）の複製〉　3000円　Ⓘ4-336-01739-5
内容 昭和11年武井明通著「最新機関車名称図解」の復刻版。194図を収録。昭和54年12月刊行の新装版。

◇図解客貨車名称事典　大久保寅一著　新装版　国書刊行会　1998.7　243p　16×22cm〈「最新客貨車名称鑑」（昭和14年刊）の複製〉　2800円　Ⓘ4-336-01740-9
内容 昭和14年大久保寅一著「最新客貨車名称図鑑」の復刻版。昭和54年12月刊行の新装版。

◇スーパーでんしゃDVD図鑑―新幹線、特急、オールスターが大集合!! 人気特急のてんぼう映像・ごうかDVDつき!!　メディアックス　2016.12　82p　27cm　（メディアックスMOOK 572）　1500円　Ⓘ978-4-86201-682-9

◇世界鉄道百科図鑑―蒸気、ディーゼル、電気の機関車・列車のすべて：1825年から現代　デイヴィッド・ロス編著, 小池滋, 和久田康雄訳　悠書館　2007.8　544p　30cm　20000円　Ⓘ978-4-903487-03-8
内容 蒸気439種、ディーゼル252種、電気248種を1000点近い写真とイラストとともに収録。創成期から現代にいたる世界各地の機関車を網羅し、製造工場や鉄道会社、各車のたどった履歴も詳述。全長、重量、車輪配列、動力、最高速度、牽引力、軸重、ゲージなど機関車の機構がすべてわかる詳細データ（諸元表）を完備。世界最古の機関車から現代の超高速列車にいたる世界の機関車の総合ガイド。蒸気、ディーゼル、電気の機関車・列車を種類ごと年代順に紹介。二度の大戦や動力資源の変遷、近年の環境問題といった世界情勢の移り変わりを背景とした、各車の開発経緯やデザイン面での進化発展を丁寧に解説。

◇世界の鉄道―ヴィジュアル歴史図鑑　フランコ・タネル著, 黒田眞知, 田中敦, 岩田斎肇訳　河出書房新社　2014.2　327p　26cm〈文献あり 索引あり〉　3800円　Ⓘ978-4-309-22609-5
内容 世界初の蒸気機関車から日本のリニアモーターカーまで200年近い「知られざる鉄道の世界史」。機関車の変遷、車両の進化、スピード競争、寝台車や食堂車、産業や戦争など歴史との関係を網羅する、オールカラーの本格的写真図鑑。

◇世界の鉄道事典　ジョン・コイリー著, 英国国立鉄道博物館監修　あすなろ書房　2008.2　63p　29cm　（「知」のビジュアル百科 44）〈「列車」（同朋舎1997年刊）の新装・改訂〉　2500円　Ⓘ978-4-7515-2454-1
内容 1804年、レールの上を走る蒸気機関車の誕生以来、200年のあいだに、急激な進化をとげてきた鉄道。その進化の過程をつぶさにたどり、知られざる鉄道の世界をビジュアルで紹介。

◇世界の鉄道の歴史図鑑―蒸気機関車から超高速列車までの200年 ビジュアル版　ジョン・ウェストウッド著, 青木栄一, 菅建彦訳　柊風舎　2010.9　399p　34cm〈索引あり〉　25000円　Ⓘ978-4-903530-39-0
内容 地理的条件という難題・技術の壁・ライバルとの競争…数々の試練を乗り越えてきた世界の鉄道の栄枯盛衰を、400点におよぶフルカラーの地図や写真、詳細なイラストを駆使して描き出す。

◇全国駅名事典　星野真太郎著, 前里孝監修　大阪　創元社　2016.12　22, 527p

鉄道事典・図鑑・ハンドブック

21cm〈文献あり 索引あり〉 3600円 ①978-4-422-24075-6
内容 鉄道・軌道188事業者、698線区、28,151.2km旅客駅・貨物駅・信号場9,909ヵ所を完全収録。駅名レファレンスの決定版！鉄道省文書、各社社史など厖大な資料を精査、さらに鉄道軌道各社の協力を得て、駅名はもとより、各路線の概要、開業日、所在地、単複電化データ等を整理。巻末駅名索引61頁。全国鉄軌道路線図22Pつき。

◇全国駅名便覧 4.7.1現在 日本交通趣味協会 1992.10 257p 19cm〈鉄道開業120周年記念〉 2200円

◇全国現役観光列車図鑑 レイルマンフォトオフィス著 マイナビ出版 2017.6 222p 21cm〈索引あり〉 1880円 ①978-4-8399-6188-6
内容 車両外観、車両内装、サービス、楽しみ方。日本全国を走る観光列車全128車種を完全収録。

◇ぜんぶわかる東京の電車ものしりずかん─新幹線、特急通勤電車、地下鉄スカイライナー東京の電車ぜ〜んぶあつまれ！ 山崎友也監修 成美堂出版 2012.3 79p 22×22cm〈索引あり〉 850円 ①978-4-415-31308-5
内容 新幹線、特急、通勤電車、地下鉄、東京の電車、ぜ〜んぶあつまれ。

◇創立三十年記念帝國鐵道年鑑 ［帝國鐵道協會］［編］ アテネ書房 1993.2 690, 8p 23cm（復刻鉄道名著集成 星晁、渡辺寿男監修、和久田康雄、加藤新一編）〈原本:帝国鉄道協会出版部昭和3年刊〉

◇十河信二文書目録─西条市立西条図書館所蔵 十河信二文書研究会編 ［西条］西条市教育委員会 2016.3 22, 320p 30cm〈共同刊行：西条市立西条図書館〉

◇たっぷりでんしゃずかん─写真たっぷり155点！ でんしゃがだいすきなきみへ！ 山中則江写真・文 大阪 ひかりのくに 2017.7 ［24p］ 16×18cm（0〜3さいのえほん─カルタのようにゆびさしあそび） 750円 ①978-4-564-24264-9

◇停車場変遷大事典 国鉄・JR編 JTB 1998.10 2冊 27cm 全12000円 ①4-533-02980-9
内容 明治5年5月7日（西暦1872年6月12日）から平成10（1998）年7月31日までの126年間に存在した、現存を含む全ての停車場のうち、国有鉄道〜JR・第3セクター鉄道関連の、全線全駅9322駅を掲載した事典。あいうえお順の駅名索引、線名索引付き。

◇鉄道 近藤圭一郎監修 ポプラ社 2013.4 207p 29cm （ポプラディア大図鑑WONDA 5）〈文献あり 年表あり 索引あり〉 2000円 ①978-4-591-13245-6
内容 新幹線や通勤電車、地下鉄など、および約600の鉄道車両を、大きな写真やきれいな写真で見ることができる。更に、電車が動くしくみや、新幹線の車両ができるまでなどを知ることができる。

◇鉄道 山﨑友也監修 講談社 2015.6 207p 27cm （講談社の動く図鑑MOVE）〈年表あり 索引あり〉 2000円 ①978-4-06-219483-9

◇鉄道 海老原美宜男監修 学研プラス 2016.12 239p 30cm （学研の図鑑LIVE 13）〈索引あり〉 2200円 ①978-4-05-204387-1
内容 掲載車両数、圧倒の700以上！ 鉄道入門にぴったり！ 全国の特急・新幹線が登場、オリジナル鉄道DVDつき。

◇鉄道をよむ 和久田康雄著 アテネ書房 1993.7 196p 19cm （情報源…をよむ） 1500円 ①4-87152-186-9
内容 汽車、電車、連絡船…。なつかしい旅がよみがえり、先人の研究が掘り起される。鉄道のことなら、まず、これだけは読みたいという極めつけの本100点。

◇鉄道を読んで楽しむ本 赤門鉄路クラブ編著 成山堂書店 2001.3 241p 21cm 1800円 ①4-425-92431-2
内容 どんな本をお探しですか？ 誰も知らない幻の鉄道について知りたい！ 地元の鉄道の歴史を学びたい！ 写真撮影の絶好ポイントを知りたい！ その本、すべてここにあります。みんなが知ってる名著からマニア必読の極レア本までありとあらゆる1000冊収録。

◇鉄道ギネスブック─日本語版 リチャード・ボークウィル、ジョン・マーシャル共著、和久田康雄監修、堀口容子訳 イカロス出版 1998.3 250p 27cm 3500円 ①4-87149-149-8
内容 本書は、鉄道に関するさまざまな情報を集めたものである。世界中の鉄道に関し

◇鉄道史人物事典　鉄道史学会編集　鉄道史学会　2013.2　463p　22cm〈発売：日本経済評論社〉　6000円　Ⓘ978-4-8188-2201-6
　内容 日本の鉄道の歴史に深く関わった人物580名を近年の研究動向も踏まえながら採録。

◇鉄道辞典　上巻　日本国有鉄道編　復刻版　同朋舎メディアプラン　2013.7　989p　図版37p　27cm〈原本：日本国有鉄道昭和33年刊　発売：文化図書〉　Ⓘ978-4-86236-040-3

◇鉄道辞典　下巻　日本国有鉄道編　復刻版　同朋舎メディアプラン　2013.7　p991-1937　図版21p　27cm〈折り込2枚　原本：日本国有鉄道昭和33年刊　発売：文化図書〉　Ⓘ978-4-86236-040-3

◇鉄道辞典　補遺版　日本国有鉄道編　復刻版　同朋舎メディアプラン　2013.7　454p　27cm〈原本：日本国有鉄道昭和41年刊　発売：文化図書〉　Ⓘ978-4-86236-040-3

◇鉄道車両ビジュアル大全　1　東京駅—昭和39年東海道新幹線の開業せまる　講談社編　講談社　2012.10　31p　26cm　850円　Ⓘ978-4-06-217959-1
　内容 東京駅で、昭和39（1964）年10月ダイヤ改正によって、新旧交代した10本の列車、60形式の車両を図解。

◇鉄道車両ビジュアル大全　2　大阪駅—昭和43年"よん・さん・とお"の輝き　講談社編　講談社　2012.11　32p　26cm〈折り込1枚〉　850円　Ⓘ978-4-06-217960-7
　内容 "よん・さん・とお"の合い言葉で呼ばれた昭和43年10月1日のダイヤ改正で大阪駅に発着するようになった列車、車両を特集。ポスター、イラスト、写真を使って「名列車・画期的鉄道車両」のすべてをビジュアル詳説。

◇鉄道車両ビジュアル大全　3　上野駅—昭和57年東北・上越新幹線が開業　講談社編　講談社　2012.12　31p　26cm〈折り込1枚〉　850円　Ⓘ978-4-06-217961-4
　目次 発掘記憶写真館 地平ホームに特急電車が並ぶ, 昭和57年11月 上野駅に立つ, 車両図鑑 581系・583系 特急形交直流電車, 列車名鑑 特急はつかり, 列車名鑑 特急はくつる, もの知りコラム 静電アンテナの働き, 駅前駅チカ駅んなか, 回想エッセイ 信越電車特急は今いずこ, 車両図鑑 485系, 列車名鑑 特急ひばり〔ほか〕

◇鉄道車両ビジュアル大全　4　札幌駅—昭和63年「北斗星」デビュー　講談社編　講談社　2013.1　32p　26cm　850円　Ⓘ978-4-06-217962-1
　目次 発掘記憶写真館 空から見た札幌駅界隈, 昭和63年春 札幌駅に立つ, 列車名鑑 特急北斗星, 車両図鑑 24系25形特急形客車（「北斗星」用）, 車両図鑑 24系25形特急形客車（「北斗星」用）ロイヤル／ソロ／デュエット／ツインデラックス, 車両図鑑 24系25形特急形客車（「北斗星」用）B寝台車／電源・荷物車, 車両図鑑 24系25形特急形客車（「北斗星」用）食堂車／ロビーカー, 駅前駅チカ駅んなか 札幌駅の高架化もビッグな話題, 回想エッセイ "63・3"と『ザクリスタルレールウェイ北海道』, 車両図鑑 キハ183系・キハ183系500番台〔ほか〕

◇鉄道車両ビジュアル大全　5　博多駅—昭和50年"ひかりライン"海を渡る　講談社編　講談社　2013.2　32p　26cm　850円　Ⓘ978-4-06-217963-8
　目次 発掘記憶写真館 「あさかぜ1号」が堂々の編成で博多駅に到着, 昭和50（1975）年3月博多駅に立つ, 列車名鑑 特急つばめ, 車両図鑑 485系特急形交直流電車, 車両図鑑 581系・583系, 列車名鑑 特急月光, 駅前駅チカ駅んなか, 回想エッセイ 福岡駅への改称はいつ？, 車両図鑑 ED73形・20系, 列車名鑑 特急あさかぜ1号・2号〔ほか〕

◇鉄道車両ビジュアル大全　6　東京駅2（昭和61年国鉄最後のダイヤ改正）　講談社編　講談社　2013.3　32p　26cm　850円　Ⓘ978-4-06-217964-5
　目次 発掘記憶写真館 114回目の鉄道記念日を迎えた東京駅, 昭和61（1986）年秋 東京駅に立つ, 車両図鑑 100系新幹線電車, 車両図鑑 100系3000番台, 車両図鑑 0系, 列車名鑑 特急ひかり・特急こだま, 駅前駅チカ駅んなか 国鉄本社の玄関から国鉄の表札が外された, 回想エッセイ 思い出す「東京駅」, 車両図鑑 EF66形・24系25形, 列車名鑑 特急はやぶさ〔ほか〕

◇鉄道車両メカニズム図鑑　川辺謙一著　学研パブリッシング　2012.5　233p　19cm〈折り込1枚　〈超図説〉鉄道車両を知りつくす（2007年刊）の再構成・加

鉄道事典・図鑑・ハンドブック

筆、修正　文献あり　発売：学研マーケティング〉　571円　①978-4-05-405338-0
[内容] 400点以上の図・写真で、鉄道車両の秘密に迫る。

◇鉄道図鑑　大手私鉄編 v.2　イカロス出版　1998.12　208p　30cm　（イカロスムック）　3048円　①4-87149-184-6

◇鉄道図鑑　JR・国鉄編　イカロス出版　1998.4　184p　30cm　（イカロス・ムック）　3000円　①4-87149-146-3

◇てつどうスーパーずかん2237　学研プラス　2017.1　304p　26cm〈「最強のりものヒーローズ」特別編集〉　2300円　①978-4-05-204567-7
[内容] 日本・世界の鉄道2237がせいぞろい！新幹線、特急、蒸気機関車や貨物列車など、いろいろな種類の鉄道がもりだくさんです。世界の鉄道も地域別に掲載しています。鉄道の成り立ちから未来の鉄道まで、鉄道の歴史がまるごとわかる1冊です。鉄道初心者向けのコラムも収録しています。見やすくわかりやすい、カードみたいなレイアウトで楽しく読めます。お気に入りの鉄道を探してみましょう。

◇鉄道なるほどオモシロ事典―「新車両の秘密」から「駅のウラ話」まで　櫻田純監修　PHP研究所　2006.12　259p　15cm　（PHP文庫）〈文献あり〉　590円　①4-569-66746-5
[内容] ドアが閉まっても電車が10秒停車したままだと、あたりを見回す人が出る。さらに30秒、「何かあったのか」と言い出す人が出る…。こんな笑い話ができるほど、日本の鉄道の発着の正確さは折り紙付きだが、本書では、鉄道全般の最新情報から、車両の最新情報、駅のウラ話などを徹底収録。鉄道ファンならずとも楽しめる「へぇ～」連発の一冊。

◇鉄道なるほど雑学事典―おもしろ列車、幻の駅弁、マニアも驚く"ウラ話"　川島令三編著　PHP研究所　1998.12　258p　15cm　（PHP文庫）　514円　①4-569-57220-0
[内容]「山手線にも"上り""下り"がある？」「JR対私鉄！関西の仁義なき闘い!?」「線路もないのに新幹線の駅が!?」「地下鉄の意外な新線計画」「老舗料亭がつくる超豪華1万円の駅弁」…思わず乗りたくなる変わり

ダネ列車から、有名駅弁こぼれ話、ドラマにあふれた廃線物語まで、マニアも知らないとっておき話を徹底紹介。あなたの通勤電車に隠された線路別マル秘情報も満載した、鉄道雑学の決定版。

◇鉄道なるほど雑学事典―路線別（秘）情報、新線計画、マニアも知らない最新データ 2　川島令三編著　PHP研究所　1999.9　317p　15cm　（PHP文庫）　533円　①4-569-57313-4
[内容] 新型新幹線や超豪華寝台列車の秘密、廃線をめぐるドラマ、あなたが使う列車の新線計画…。鉄道には、不思議で楽しい話があふれている。一本書は、「一両の定員が6名だけの超豪華列車」「新大阪駅にある謎の構造物」「距離が長くなるほど安くなるJR運賃？」「東京＆関西の私鉄こぼれ話」など、おもしろ知識と最新情報を徹底紹介。通勤・通学時間が楽しくなる鉄道雑学の決定版。

◇鉄道なるほど日本一！事典　浅井建爾著　成美堂出版　2011.4　234p　16cm（成美文庫　あー7-3）　524円　①978-4-415-40173-7
[内容]「日本一短い鉄道路線は？」「日本一多い駅名は？」など、鉄道にまつわる「日本一」をテーマに、ついつい誰かに話したくなるような情報が満載。

◇鉄道年鑑　第1-2巻　鉄道部鉄道年鑑編纂委員会編　南京　鉄道部鉄道年鑑編纂委員会　民国22至24　2冊　27cm

◇鉄道のすべてがわかる事典　川島令三, 岡田直著　PHP研究所　2000.10　444p　15cm　（PHP文庫）　648円　①4-569-57470-X
[内容] 本書は、鉄道に関するあらゆる用語・名称を、「企業」「車両・運転」「列車・ダイヤ」「新線計画」「歴史・人物」などのジャンルごとに五十音順でまとめ、コラム風にわかりやすく解説した画期的な鉄道小事典。コンパクトな事典としての使い方はもちろん、雑学読本としても楽しむことができます。路線図や車両の図解、貴重な列車などの写真も満載した、ファン必読の完全保存版。

◇鉄道の謎なるほど事典　所澤秀樹著　PHP研究所　1999.11　297p　15cm　（PHP文庫）　533円　①4-569-57331-2
[内容]「新幹線は実はたった一線区しかない!?」「なんとホームに水族館がある？」「1日に1本も列車が来ない駅がある？」…毎日なにげなく乗っている鉄道には、"ふしぎ"と"謎"がたくさん隠されています。本書は、

鉄道関係参考図書

鉄道事典・図鑑・ハンドブック

おかしな線名・ビックリ駅から、怖くて不思議な「鉄道の怪談」、知って納得の「鉄道クイズ」まで、マニアならずとも興味津々の話題を満載した、鉄道雑学の決定版。

◇鉄道の百科事典　鉄道の百科事典編集委員会編　丸善出版　2012.1　830p　22cm〈年表あり　索引あり〉　18000円　①978-4-621-08462-5

[目次]1章 鉄道学入門（鉄道の起源と発展史、鉄道と社会・経済），2章 鉄道輸送を支える人々と技術（鉄道の24時間，輸送と列車運転・運行管理 ほか），3章 特殊鉄道と新しいタイプの軌道交通システム（都市交通システム，ロープ駆動・急勾配鉄道 ほか），4章 世界と日本の鉄道（世界の中の日本の鉄道，海外技術の特色 ほか），5章 未来の鉄道（鉄道のグレードアップ，鉄道のシステムチェンジ ほか）

◇鉄道の歴史がわかる事典─読む・知る・愉しむ　浅井建爾著　日本実業出版社　2004.8　277p　19cm〈年表あり〉　1500円　①4-534-03790-2

[内容]130年にわたる鉄道の歩みを、産業、文化、政治など当時の社会状況とともに辿ります。鉄道ファンならずとも興味深く読める一冊です。おもしろくてためになる鉄道にまつわる秘話が満載。

◇鉄道名所の事典　伊藤博康著　東京堂出版　2012.12　229,27p　19cm〈文献あり　索引あり〉　1600円　①978-4-490-10829-3

[内容]「日本三大車窓」「渡らずの鉄橋」「直線距離日本一」「ストーブ列車」「温泉駅」「第三セクターの食堂車」等々。目を見張るほどの感動の車窓、ここにしかない珍車両や駅施設。鉄道ファンの人も、そうでない人も、ちょっと興味がある人も、知っておきたい、体験したい、驚愕・感動の「鉄道名所」百選。

◇鉄道ものしり百科─新幹線・特急・電車・モノレール・SL・トロッコ電車　真島満秀，真島満秀写真事務所写真，松尾定行構成・文・写真協力　学習研究社　2006.8　48p　21×26cm　〈乗り物ワイドbook〉　980円　①4-05-202438-9

[内容]新幹線・特急・SLから駅のおもしろ情報、オリジナル・グッズまで、鉄道トリビアまんさい!!350超の写真でナルホドなっとく。

◇鉄道用語事典　久保田博著　新版　グランプリ出版　2003.6　343p　19cm　2500円　①4-87687-247-3

[内容]1996年刊行の『鉄道用語事典』の新版。日常的な用語と話題の多い広範囲の専門用語1630語を収録。配列は見出し語の五十音順、見出し語、見出し語の英語、解説文からなる。巻末に五十音順索引とアルファベット順索引が付く。

◇鐵道用語辭典　大阪鉄道局編纂　復刻版　成山堂書店　2004.12　824,14,5p　図版22枚　27cm〈原本：博文館昭和10年刊　折り込2枚　年表あり〉　18000円　①4-425-30162-5

[内容]長い日本の鉄道の歴史の中で、初めてつくられた鉄道の用語辞典。7000語を収録。

◇でんしゃだいすき　交通新聞クリエイト写真，こどものほん編集部文・構成　交通新聞社　2017.11　1冊（ページ付なし）　7.9×12cm　（はじめてカードずかん）　800円　①978-4-330-83517-4

◇電車の顔図鑑─JR線を走る鉄道車両　江口明男著　天夢人　2017.9　159p　21cm　（旅鉄BOOKS 002）〈発売：山と渓谷社〉　1600円　①978-4-635-82014-1

[内容]JR7社と国鉄の名車198形式484両の顔が鉄道模型スケールで並ぶ、イラスト大図鑑。見分けるポイントがわかる！

◇でんしゃのずかん　五十嵐美和子作，近藤圭一郎監修　白泉社　2017.5　1冊（ページ付なし）　18×18cm　（コドモエのえほん）　1000円　①978-4-592-76206-5

[内容]新幹線・特急・地下鉄・在来線から、SL・貨物・リニアまで！日本全国のいろんな鉄道車両が全部でなんと76種類！

◇東京の鉄道がわかる事典─読む・知る・愉しむ　武田忠雄監修　日本実業出版社　2002.10　237p　19cm　1500円　①4-534-03463-6

[内容]銀座を通る予定だった東海道本線、山手線は「やまのてせん」か「やまてせん」か？、都電の中でなぜ荒川線だけが残ったのか…エピソードでわかる「東京の鉄道」の過去から近未来まで。

◇なんでもわかる！鉄道用語大事典　梅原淳著　朝日新聞出版　2015.9　281p　15cm（朝日文庫　う14-5）〈『鉄道用語の不思議』（朝日新聞社 2007年刊）の改題、最新情報に更新し、大幅に加筆修正

鉄道関係参考図書

505

文献あり〉　640円　①978-4-02-261837-5

[内容]「私鉄」と「民鉄」、「線路」と「路線」、「運賃」と「料金」、「停車場」と「駅」の意味はそれぞれどう違う？「新幹線」は路線それとも電車を指す？一日常で使っている鉄道用語を突き詰めていけば、その不思議さと奥深さを存分に堪能できる。初心者からファンまで楽しめる一冊。

◇日本の鉄道大図鑑1100—JR・私鉄・貨物列車・第三セクター鉄道ほか全国の鉄道が大集結!!　学研教育出版　2013.12　255p　26cm〈索引あり〉　発売：学研マーケティング〉　2500円　①978-4-05-203901-0

[内容] 誌面では約1100もの車両写真、DVDでは約500車両を収録。新幹線から、貨物列車、第三セクター鉄道まで全国のあらゆる鉄道を網羅。E6系やななつ星in九州など、新型車両も紹介。

◇日本ののりもの大図鑑1208—人気ののりものから珍しいのりものまで、のりもの大集結！　学研教育出版　2014.12　255p　26cm〈索引あり〉　発売：学研マーケティング〉　2500円　①978-4-05-204073-3

[内容] 本書には1200を超える乗り物を掲載。DVDには3時間近い映像を収録。子どもたちに人気の乗り物をしっかりおさえ、かつ、最新のものや珍しいものも入れて、好きな思いを満たしつつ、興味心を刺激します。乗り物雑誌で人気だったカットを織り交ぜるなど、紙面がより魅力的に見えるよう、写真のセレクトにもこだわっています。

◇のりものだいすき！—写真がいっぱい！　小賀野実監修・写真　大阪ひかりのくに　2018.2　1冊（ページ付なし）　15×15cm　（0・1・2さいのずかん—いっしょにおでかけ）　552円　①978-4-564-24268-7

◇はじめてのしんかんせん＆でんしゃだいずかん—人気列車300せいぞろい　マシマ・レイルウェイ・ピクチャーズ写真・監修　交通新聞社　2017.9　88p　27cm〈文献あり　索引あり〉　1700円　①978-4-330-82417-8

[内容] 本書では、日本全国を走る数多くの車両の中から、300列車を厳選して紹介しています。小さなお子さまにもわかりやすいよう、背景を消して車両だけを掲載し、列車名はひらがなで大きく表しました。巻末には、おうちのかた向けの列車のワンポイント解説を収録しています。オススメ3～5さい。

◇はじめてのしんかんせん＆でんしゃだいずかん—人気列車300せいぞろい　マシマ・レイルウェイ・ピクチャーズ写真・監修　交通新聞社　2017.9　88p　27cm〈文献あり　索引あり〉　1700円　①978-4-330-82417-8

[内容] 本書では、日本全国を走る数多くの車両の中から、300列車を厳選して紹介しています。小さなお子さまにもわかりやすいよう、背景を消して車両だけを掲載し、列車名はひらがなで大きく表しました。巻末には、おうちのかた向けの列車のワンポイント解説を収録しています。オススメ3～5さい。

◇はたらくのりものだいすき！—写真がいっぱい！　小賀野実監修・写真　大阪ひかりのくに　2018.2　1冊（ページ付なし）　15×15cm　（0・1・2さいのずかん—いっしょにおでかけ）　552円　①978-4-564-24269-4

◇東日本の電車おもしろ百科　学研パブリッシング　2011.12　79p　30cm〈きらり！好奇心〉〈発売：学研マーケティング〉　1600円　①978-4-05-203511-1

[内容] 東京・関東・甲信越・東北・北海道エリアを走るJR路線や新幹線、私鉄、地下鉄、路面電車などをもうらした本格的な鉄道ずかん。あこがれの特急電車の運転室や、てんけん用のはたらく車両もレポート。電車のおもしろ＆ものしり情報がいっぱいで、鉄道はかせになれる。かっこいい人気電車の走行シーンがいっぱいのDVD付き。

◇ビジュアル図鑑鉄道のしくみ　基礎篇　すぐわかる鉄道の基礎知識　土屋武之著、鳳梨舎編　ネコ・パブリッシング　2011.6　159p　21cm　1429円　①978-4-7770-5304-9

[目次] 第1章 鉄道とはなにか、第2章 列車を走らせるしくみ、第3章 電気車を運転する、第4章 車体と機器類、第5章 車輌の一生、第6章 線路と設備、第7章 鉄道の安全、第8章 鉄道の営業、付録 用語解説

◇ビジュアル図鑑鉄道のしくみ　新技術篇　ここまで進んだ最新の鉄道技術　土屋武之著、鳳梨舎編　ネコ・パブリッ

鉄道事典・図鑑・ハンドブック

シング　2011.6　159p　21cm　1429円　Ⓘ978-4-7770-5305-6

[目次]第1章 最新の鉄道、第2章 現在の鉄道技術、第3章 現在の機器・設備、第4章 最新車輛のライフサイクル、第5章 最新の鉄道システム、第6章 最新の線路設備、第7章 最新の安全対策、第8章 最新の営業システム、付録 用語解説

◇保存車大全コンプリート―3000両超保存車を完全網羅　笹田昌宏著　イカロス出版　2017.7　249p　21cm　（イカロスMOOK）〈文献あり〉　1800円　Ⓘ978-4-8022-0384-5

◇北海道鉄道なんでも事典　田中和夫著　札幌　北海道新聞社　2013.9　423p　21cm〈年表あり〉　2000円　Ⓘ978-4-89453-704-0

[内容]元札幌車掌区車掌長の著者が北海道の鉄道に関する基礎知識を平易に解説。鉄道のしくみのほか、鉄道雑学もたくさん盛り込んだ北海道の鉄道基本図書の決定版。700点に及ぶ資料写真や図版を交え、歴車、路線、歴史、保安、時刻表、駅、きっぷ、信号など北海道の鉄道に関する基礎知識を、わかりやすい言葉で説明。

◇マルチメディア鉄道図鑑―ガイドブック　青木栄一監修、南正時、諸河久写真　アスキー　1998.5　45p　26cm　（CD-ROM & book Windows & Macintosh対応―マルチメディア図鑑シリーズ）〈外箱入　付属資料：CD-ROM1枚（12cm）〉　5800円　Ⓘ4-7561-1435-0

◇まるわかり鉄道用語の基礎知識850　池口英司編著　イカロス出版　2007.6　191p　21cm　2400円　Ⓘ978-4-87149-949-1

[内容]何気ない用語の一つひとつに込められた、鉄道の技術、文化、歴史を解き明かす。鉄道用語を通して、鉄道黎明期から、現代の鉄道事情までが総覧できる、画期的な用語集がここに誕生。

◇1番線に現代の名列車がまいります　マシマ・レイルウェイ・ピクチャーズ写真［静止画資料］　交通新聞社　2014.10　絵はがき 1組（52枚）　11×16cm　（小さな鉄道写真図鑑 いまを走る名列車篇）〈外形の大きさ：11×21cm〉　1800円　Ⓘ978-4-330-50914-3

[内容]本書は、鉄道の魅力をストレートに伝えるために、シンプルな図鑑仕立てとしています。第1巻はJRで活躍中の代表的な列車を52点収録しています。読んだあと、お好みで写真部分を切り離して飾ることや、ハガキとして使用することができます。全部切り離したあとでも、表紙を切りそろえていただくと、豆鉄道図鑑になります。

◇2番線にノスタルジアがまいります　マシマ・レイルウェイ・ピクチャーズ写真　交通新聞社　2014.10　103p　11×21cm〈付属資料：ポストカード〉　1800円　Ⓘ978-4-330-51014-9

[内容]本書は、鉄道の魅力をストレートに伝えるために、シンプルな図鑑仕立てとしています。第2巻は1970～80年代を中心に、懐かしい日本の鉄道を52点収録しています。読んだあと、お好みで写真部分を切り離して飾ることや、ハガキとして使用することができます。全部切り離したあとでも、表紙を切りそろえていただくと、豆鉄道図鑑になります。

◇JR・国鉄特急列車全カタログ　成美堂出版　1999.6　177p　29cm　（Seibido mook）　1700円　Ⓘ4-415-09359-0

◇JR語の事典―巨大鉄道グループのしくみが丸ごとわかる　舛本哲郎、小須田英章著　日本実業出版社　2006.4　239p　19cm　1500円　Ⓘ4-534-04050-4

[目次]1章 運行に関する用語、2章 列車・路線に関する言葉、3章 乗務に関する言葉、4章 事業展開に関する言葉、5章 経営全般に関する言葉、6章 乗車に関する言葉、7章 旅行に関する言葉

◇JR全路線なるほど事典―鉄道を旅する　南正時著　実業之日本社　2003.2　383p　19cm〈折り込1枚〉　1700円　Ⓘ4-408-39517-X

[内容]JR6社の全路線を、その歴史や沿線の見どころ、車窓風景から車両、駅弁に至るまで、各線区ごとに徹底ガイド。

◇JR・第三セクター全駅名ルーツ事典　村石利夫著　東京堂出版　2004.11　660p　21cm　3000円　Ⓘ4-490-10637-8

[内容]各地の駅名の由来は千差万別。地名・河川名・伝承伝説…。JR6社と、第三セクターの全国の駅名のルーツを網羅。

事項名索引

えきゆ

【あ】

愛環鉄道　→032　第三セクター
ICカード　→092　切符・乗車券
ICカード乗車券　→147　自動改札機
ICカード対応　→147　自動改札機
愛知電気鉄道　→020　名古屋鉄道
愛知馬車鉄道　→020　名古屋鉄道
青い森鉄道　→032　第三セクター
秋保電車　→025　地方私鉄(民鉄)
秋田新幹線　→003　JR東日本
秋田内陸線　→032　第三セクター
明知線　→032　第三セクター
赤穂鉄道　→025　地方私鉄(民鉄)
あさかぜ　→070　寝台列車(寝台特急)
芦生演習林森林軌道　→059　森林鉄道
阿寺軽便鉄道　→059　森林鉄道
阿武隈急行　→032　第三セクター
雨宮製作所　→049　気動車(ディーゼルカー)
余部鉄橋　→089　鉄橋
安房森林鉄道　→059　森林鉄道
案内軌条式鉄道　→055　新交通システム
アンパンマンれっしゃ　→006　JR四国
EH200形　→051　電気機関車
EH500形　→051　電気機関車
EF80形　→051　電気機関車
EF510形　→051　電気機関車
EL　→051　電気機関車
飯田線　→030　ローカル線
ED40形　→051　電気機関車
ED70形　→051　電気機関車
井笠鉄道　→058　軽便鉄道
伊香保軌道線　→052　路面電車
池上電気鉄道　→018　東京急行電鉄
生駒鋼索鉄道　→062　鋼索鉄道(ケーブルカー等)
石屋川トンネル　→088　トンネル
伊豆クレイル　→068　リゾート列車・観光列車
いすみ鉄道　→032　第三セクター
いずみ野線　→016　相模鉄道
伊勢電
　→011　近畿日本鉄道
　→025　地方私鉄(民鉄)

伊勢の市電　→052　路面電車
一日乗車券　→092　切符・乗車券
一畑電車　→025　地方私鉄(民鉄)
五日市線　→003　JR東日本
いでゆ　→072　列車名・愛称
井上勝　→034　鉄道人(関係人物)
井の頭線　→012　京王電鉄
茨城交通水浜線　→052　路面電車
今里筋線　→029　大阪市営地下鉄
伊予鉄　→052　路面電車
岩泉線　→079　廃線
上田丸子電鉄　→025　地方私鉄(民鉄)
羽越本線　→003　JR東日本
羽後交通雄勝線　→025　地方私鉄(民鉄)
羽後交通横荘線　→025　地方私鉄(民鉄)
宇佐参宮線　→025　地方私鉄(民鉄)
宇品線　→025　地方私鉄(民鉄)
碓氷峠鉄道施設群　→081　保存(保存鉄道)
宇都宮線　→003　JR東日本
海幸山幸　→068　リゾート列車・観光列車
運転士　→033　鉄道員/鉄道マン
運転指令所　→142　運転
叡山電車
　→025　地方私鉄(民鉄)
　→036　車輌
　→060　登山鉄道
AGT　→055　新交通システム
営団地下鉄　→036　車輌
ATS(自動列車停止装置)
　→090　信号・信号機
　→142　運転
ATC(自動列車制御装置)
　→090　信号・信号機
　→142　運転
駅員　→033　鉄道員/鉄道マン
駅施設　→085　鉄道施設
駅舎　→132　駅
液体変速機　→049　気動車(ディーゼルカー)
駅長　→033　鉄道員/鉄道マン
駅の構内放送　→124　鉄道の音
エキマルシェ(JR西日本)　→134　駅ナカ
エキュート(JR東日本)　→134　駅ナカ

511

【えくす】　事項名索引

エクスプレス券売機(JR東海)　→149　マルス(MARS)
江差線　→030　ローカル線
SL　→048　蒸気機関車(汽車)
SLやまぐち号　→048　蒸気機関車(汽車)
エチカ(東京メトロ)　→134　駅ナカ
Nゲージ　→115　鉄道模型
江ノ島電鉄
　→025　地方私鉄(民鉄)
　→036　車輌
エンジン音　→124　鉄道の音
往復乗車券　→092　切符・乗車券
近江鉄道　→025　地方私鉄(民鉄)
青梅線　→003　JR東日本
大井川鐵道
　→025　地方私鉄(民鉄)
　→048　蒸気機関車(汽車)
　→060　登山鉄道
大井川鐵道井川線　→061　アプト(式)鉄道
大分交通別大線　→025　地方私鉄(民鉄)
大阪環状線　→005　JR西日本
大阪高野鉄道　→021　南海電気鉄道
大阪市営地下鉄　→026　地下鉄
大阪市営無軌条電車　→052　路面電車
大阪市高速電気軌道
　→026　地下鉄
　→029　大阪市営地下鉄
大阪市電
　→031　公営鉄道
　→052　路面電車
大阪電気軌道　→011　近畿日本鉄道
大阪モノレール　→054　モノレール
太田軽便鉄道　→019　東武鉄道
大船渡線　→145　復旧・復興
男鹿線　→050　電車
岡山臨港鐵道　→025　地方私鉄(民鉄)
岡山路面電車　→052　路面電車
沖縄軽便鉄道　→058　軽便鉄道
沖縄都市モノレール　→054　モノレール
尾小屋鉄道　→025　地方私鉄(民鉄)
小田急電鉄
　→015　京浜急行電鉄
　→018　東京急行電鉄
　→036　車輌

小田急電鉄江ノ島線　→010　小田急電鉄
小田急電鉄小田原線　→010　小田急電鉄
小田原急行鉄道　→012　京王電鉄
音鉄　→124　鉄道の音
オハ31形　→039　客貨車
オハ35形　→039　客貨車
オハ44400　→039　客貨車
オハ61形　→039　客貨車
オハ71形　→039　客貨車
御召列車　→041　御料車
親子鉄　→095　鉄道ファン
おれんじ食堂　→068　リゾート列車・観光列車

【か】

貝島炭礦鉄道　→057　鉱山鉄道
回数乗車券　→092　切符・乗車券
加悦鉄道　→025　地方私鉄(民鉄)
加越能鉄道加越線　→025　地方私鉄(民鉄)
鹿児島交通南薩線　→025　地方私鉄(民鉄)
鹿児島市交通局　→031　公営鉄道
鹿児島市電　→052　路面電車
カシオペア
　→068　リゾート列車・観光列車
　→070　寝台列車(寝台特急)
鹿島鉄道　→025　地方私鉄(民鉄)
貨車　→036　車輌
片町線　→005　JR西日本
片道乗車券　→092　切符・乗車券
学研都市線　→005　JR西日本
河東線　→025　地方私鉄(民鉄)
角本良平　→035　回顧/回想/証言
加部線　→079　廃線
神岡鉄道　→032　第三セクター
貨物駅　→132　駅
貨物列車
　→038　車掌車
　→066　列車・電車編成
烏山線　→050　電車
川越線　→003　JR東日本
川崎市電
　→031　公営鉄道

→052 路面電車
川西鉄道 →008 国鉄
観光列車 →066 列車・電車編成
関西急行鉄道 →021 南海電気鉄道
関西本線 →005 JR西日本
関東鉄道竜ケ崎線 →025 地方私鉄(民鉄)
蒲原鉄道 →025 地方私鉄(民鉄)
企画乗車券 →092 切符・乗車券
機関車 →036 車輌
汽車時間表 →130 時刻表
紀州鉱山専用軌道 →057 鉱山鉄道
木次線 →030 ローカル線
紀勢本線
　→004 JR東海
　→005 JR西日本
　→025 地方私鉄(民鉄)
汽車汽船旅行案内 →130 時刻表
北恵那鉄道 →025 地方私鉄(民鉄)
北大阪急行電鉄 →025 地方私鉄(民鉄)
北九州モノレール →054 モノレール
北近畿タンゴ鉄道 →032 第三セクター
北の銀河鉄道 →032 第三セクター
キハE200形 →049 気動車(ディーゼルカー)
紀阪鉄道 →021 南海電気鉄道
吉備線 →030 ローカル線
貴婦人 →048 蒸気機関車(汽車)
九州新幹線
　→007 JR九州
　→151 新幹線
九州鉄道
　→022 西日本鉄道
　→036 車輌
九州電気軌道 →022 西日本鉄道
京都市営地下鉄 →026 地下鉄
京都市交通局 →031 公営鉄道
京都市電
　→031 公営鉄道
　→052 路面電車
京都線 →005 JR西日本
京都電気鉄道 →052 路面電車
橋梁 →084 鉄道構造物
銀河 →072 列車名・愛称
近畿日本鉄道 →021 南海電気鉄道
近畿日本鉄道生駒鋼索線 →062 鋼索鉄道(ケーブルカー等)
銀座線 →027 東京メトロ
近鉄大阪線 →011 近畿日本鉄道
近鉄橿原線 →011 近畿日本鉄道
近鉄京都線 →011 近畿日本鉄道
近鉄特急 →011 近畿日本鉄道
近鉄名古屋線 →011 近畿日本鉄道
近鉄奈良線 →011 近畿日本鉄道
近鉄南大阪線 →011 近畿日本鉄道
草軽電鉄 →025 地方私鉄(民鉄)
草津線 →005 JR西日本
駆動音 →124 鉄道の音
国東線 →025 地方私鉄(民鉄)
黒部峡谷鉄道 →069 トロッコ列車
頸城鉄道 →025 地方私鉄(民鉄)
熊本市交通局 →031 公営鉄道
熊本市電 →052 路面電車
熊本電気鉄道 →025 地方私鉄(民鉄)
クルーズトレイン →068 リゾート列車・観光列車
呉市電 →052 路面電車
京王5000系 →039 客貨車
京王線 →012 京王電鉄
京王帝都電鉄
　→012 京王電鉄
　→018 東京急行電鉄
京王電気軌道 →018 東京急行電鉄
京急1000形 →036 車輌
京急400形 →036 車輌
京急500形 →036 車輌
京急700形 →036 車輌
京急電車 →036 車輌
京成青電 →013 京成電鉄
京成赤線 →013 京成電鉄
京成電気軌道 →013 京成電鉄
警笛 →124 鉄道の音
京阪神急行電鉄
　→014 京阪電気鉄道
　→023 阪急電鉄
京阪電気鉄道
　→014 京阪電気鉄道
　→023 阪急電鉄
　→036 車輌
京阪電気鉄道京津線 →079 廃線
京阪ホールディングス →014 京阪電気鉄道

京阪ロマンスカー →014 京阪電気鉄道
芸備線 →030 ローカル線
京浜急行電鉄 →018 東京急行電鉄
京浜電気鉄道
　→015 京浜急行電鉄
　→018 東京急行電鉄
京浜東北線 →003 JR東日本
警報機 →091 踏切
京葉線 →003 JR東日本
気仙沼線 →145 復旧・復興
懸垂式モノレール →054 モノレール
公営鉄道 →026 地下鉄
江若鉄道 →025 地方私鉄（民鉄）
弘南鉄道 →025 地方私鉄（民鉄）
神戸高速鉄道 →025 地方私鉄（民鉄）
神戸市営地下鉄
　→025 地方私鉄（民鉄）
　→026 地下鉄
神戸市交通局 →031 公営鉄道
神戸市電
　→031 公営鉄道
　→052 路面電車
神戸線 →005 JR西日本
神戸電気鉄道 →025 地方私鉄（民鉄）
神戸電鉄
　→025 地方私鉄（民鉄）
　→060 登山鉄道
小海線
　→030 ローカル線
　→049 気動車（ディーゼルカー）
高野山電気鉄道 →021 南海電気鉄道
高野大師鉄道 →021 南海電気鉄道
国鉄
　→001 JR
　→036 車輛
国鉄鋼製客車 →039 客貨車
国鉄暖房車 →039 客貨車
国鉄D90 →036 車輛
国鉄DF40 →036 車輛
国鉄DD50 →036 車輛
湖西線 →005 JR西日本
ゴッタルドベーストンネル →088 トンネル
御殿場線 →030 ローカル線
琴平参宮電鉄 →025 地方私鉄（民鉄）
五能線 →030 ローカル線

小湊鐵道 →025 地方私鉄（民鉄）
コンプレッサ音 →124 鉄道の音

【さ】

埼京線 →003 JR東日本
西大寺鉄道 →025 地方私鉄（民鉄）
埼玉高速鉄道 →026 地下鉄
在来線早期地震警報システム →143 災害対策
堺筋線 →029 大阪市営地下鉄
相模線 →003 JR東日本
櫻 →072 列車名・愛称
札沼線 →030 ローカル線
札幌市交通局 →031 公営鉄道
札幌市営地下鉄 →026 地下鉄
札幌市電
　→031 公営鉄道
　→052 路面電車
三岐鉄道
　→025 地方私鉄（民鉄）
　→036 車輛
三江線
　→030 ローカル線
　→079 廃線
山陽新幹線
　→005 JR西日本
　→151 新幹線
山陽電気鉄道 →025 地方私鉄（民鉄）
山陽本線 →005 JR西日本
サンライズ出雲 →070 寝台列車（寝台特急）
サンライズ瀬戸 →070 寝台列車（寝台特急）
三陸鉄道 →145 復旧・復興
C57形 →048 蒸気機関車（汽車）
CTC（列車集中制御装置） →090 信号・信号機
CTC（列車集中制御装置）センター →142 運転
JR →036 車輛
JR九州筑豊線 →050 電車
JR時刻表 →130 時刻表
JR全車両 →036 車輛
JR鉄道 →036 車輛
JR特急 →036 車輛

事項名索引　　せんほ

JRの車両　→036　車輌
JR東日本E655系「なごみ(和)」　→041　御料車
JTB時刻表　→130　時刻表
信楽高原鉄道　→032　第三セクター
信楽高原鉄道列車正面衝突事故　→144　鉄道事故
事業用車　→036　車輌
事業用列車　→066　列車・電車編成
シゴナナ　→048　蒸気機関車(汽車)
静岡鉄道秋葉線　→052　路面電車
静岡鉄道駿遠線　→058　軽便鉄道
指定席券売機　→149　マルス(MARS)
私鉄車両　→036　車輌
市電　→052　路面電車
しなの鉄道　→032　第三セクター
篠ノ井線　→003　JR東日本
島原鉄道　→025　地方私鉄(民鉄)
清水谷戸トンネル　→088　トンネル
ジーメンス, ヴェルナー・フォン
　→051　電気機関車
　→052　路面電車
車掌　→033　鉄道員/鉄道マン
遮断機　→091　踏切
車内放送　→124　鉄道の音
車内メロディ　→124　鉄道の音
シャルル・ラルティーグ　→054　モノレール
準大手私鉄　→025　地方私鉄(民鉄)
上越新幹線
　→003　JR東日本
　→151　新幹線
蒸気機関区　→008　国鉄
上信電鉄　→025　地方私鉄(民鉄)
常置信号　→090　信号・信号機
庄内交通湯野浜線　→025　地方私鉄(民鉄)
湘南新宿ライン　→003　JR東日本
湘南半島自動車　→015　京浜急行電鉄
湘南電気鉄道　→015　京浜急行電鉄
湘南モノレール
　→025　地方私鉄(民鉄)
　→054　モノレール
城端線　→030　ローカル線
常磐線　→003　JR東日本
常備駅　→132　駅

ジョージ・スティーブンソン　→048　蒸気機関車(汽車)
白井昭　→034　鉄道人(関係人物)
信越線　→003　JR東日本
新幹線　→036　車輌
新幹線早期地震検知システム　→143　災害対策
新幹線電気軌道総合試験車　→047　ドクターイエロー
新京成電鉄
　→013　京成電鉄
　→025　地方私鉄(民鉄)
信号通信施設　→085　鉄道施設
神中鉄道　→016　相模鉄道
人道軌道　→056　人車鉄道
Suica(JR東日本)
　→003　JR東日本
　→092　切符・乗車券
　→147　自動改札機
　→148　ICカード
スジ鉄　→095　鉄道ファン
スハ32600　→039　客貨車
スハ32形　→039　客貨車
スハ33650　→039　客貨車
スハ43形　→039　客貨車
スユニ60形　→039　客貨車
スユニ61形　→039　客貨車
青函トンネル　→124　鉄道の音
西濃鉄道　→025　地方私鉄(民鉄)
西武農業鉄道　→017　西武鉄道
清流しまんと号　→069　トロッコ列車
世田谷線　→052　路面電車
接近音　→124　鉄道の音
接近メロディ　→124　鉄道の音
摂津電気鉄道　→024　阪神電気鉄道
善光寺白馬電鉄　→025　地方私鉄(民鉄)
仙山線　→003　JR東日本
千頭森林鉄道　→059　森林鉄道
仙石線　→003　JR東日本
仙台市交通局　→031　公営鉄道
仙台市地下鉄　→026　地下鉄
仙台市電
　→031　公営鉄道
　→052　路面電車
千日前線　→029　大阪市営地下鉄
泉北高速鉄道　→025　地方私鉄(民鉄)

515

そうこ　　　　　　　　　　　事項名索引

走行音　→124　鉄道の音
相鉄ホールディングス　→016　相模鉄道
総武線　→003　JR東日本
総武鉄道　→019　東武鉄道

【た】

第三セクター
　→026　地下鉄
　→025　地方私鉄（民鉄）
大師電気鉄道　→015　京浜急行電鉄
大都市高速鉄道　→025　地方私鉄（民鉄）
太平洋石炭販売輸送臨港線　→057　鉱山鉄道
ダイヤ　→008　国鉄
高崎線　→003　JR東日本
高千穂鉄道　→032　第三セクター
高千穂鉄道高千穂線　→079　廃線
武豊線　→030　ローカル線
谷汲線
　→020　名古屋鉄道
　→025　地方私鉄（民鉄）
谷町線　→029　大阪市営地下鉄
多摩線　→010　小田急電鉄
多摩鉄道　→017　西武鉄道
玉電　→052　路面電車
多摩都市モノレール　→054　モノレール
単軌鉄道　→054　モノレール
団体乗車券　→092　切符・乗車券
団体専用列車　→066　列車・電車編成
筑前参宮鉄道　→022　西日本鉄道
蓄電池電車　→050　電車
千葉都市モノレール　→054　モノレール
地方公営企業法　→031　公営鉄道
地方旅客鉄道　→025　地方私鉄（民鉄）
中央新幹線
　→151　新幹線
　→152　リニアモーターカー
中央線　→003　JR東日本
中央線（大阪市営地下鉄）　→029　大阪市営地下鉄
中央本線　→004　JR東海
中・長距離列車　→066　列車・電車編成
銚子電鉄　→025　地方私鉄（民鉄）
千代田線　→027　東京メトロ

チンチン電車　→052　路面電車
通勤列車（近距離列車）　→066　列車・電車編成
津軽森林鉄道　→059　森林鉄道
つくばエクスプレス　→032　第三セクター
鶴見線　→003　JR東日本
D51形　→048　蒸気機関車（汽車）
ディーゼル動車　→049　気動車（ディーゼルカー）
定期乗車券　→092　切符・乗車券
停車駅案内図　→077　鉄道路線図
停車場　→132　駅
帝都高速度交通営団
　→026　地下鉄
　→027　東京メトロ
停留場　→132　駅
デコイチ　→048　蒸気機関車（汽車）
手信号　→090　信号・信号機
鉄道ジオラマ　→115　鉄道模型
鉄道車両整備士　→033　鉄道員/鉄道マン
鉄道人身障害事故（人身事故）　→144　鉄道事故
鉄道保線員　→033　鉄道員/鉄道マン
田園都市株式会社　→018　東京急行電鉄
田園都市線　→018　東京急行電鉄
電車（国鉄）　→008　国鉄
電車（私鉄）　→009　大手私鉄（民鉄）
電停　→132　駅
電力施設　→085　鉄道施設
ドアの開閉音　→124　鉄道の音
東海道新幹線
　→004　JR東海
　→151　新幹線
東海道線
　→003　JR東日本
　→004　JR東海
東海道本線
　→004　JR東海
　→005　JR西日本
東急電車　→036　車輌
東京急行電鉄
　→012　京王電鉄
　→015　京浜急行電鉄
東京急行電鉄東横線　→079　廃線

東京地下鉄　→026　地下鉄
東京地下鉄道　→027　東京メトロ
東京都営地下鉄　→026　地下鉄
東京都交通局　→031　公営鉄道
東京メトロ　→026　地下鉄
東京モノレール羽田線　→054　モノレール
東京横浜電鉄
　→015　京浜急行電鉄
　→018　東京急行電鉄
東西線　→027　東京メトロ
東上鉄道　→019　東武鉄道
東濃鉄道　→025　地方私鉄(民鉄)
東武デラックスロマンスカー　→019　東武鉄道
東北新幹線
　→003　JR東日本
　→151　新幹線
東横線　→018　東京急行電鉄
動力車操縦者運転免許　→142　運転
同和鉱業片上鉄道　→025　地方私鉄(民鉄)
都営地下鉄浅草線　→028　都営地下鉄
都営地下鉄大江戸線　→028　都営地下鉄
都営地下鉄新宿線　→028　都営地下鉄
都営地下鉄三田線　→028　都営地下鉄
特殊信号　→090　信号・信号機
土佐電気鉄道　→025　地方私鉄(民鉄)
土佐電鉄　→052　路面電車
土場連絡用軌道　→059　森林鉄道
特急列車(国鉄)　→008　国鉄
特急列車(私鉄)　→009　大手私鉄(民鉄)
都電
　→031　公営鉄道
　→052　路面電車
都電荒川線　→052　路面電車
鞆鉄道　→025　地方私鉄(民鉄)
富山港線
　→052　路面電車
　→052　路面電車
富山市内軌道線　→052　路面電車
富山ライトレール
　→052　路面電車
　→053　LRT
豊橋の市電　→052　路面電車
TRAIN SUITE四季島　→068　リゾート列車・観光列車
撮り鉄
　→095　鉄道ファン
　→121　撮影
トルクコンバータ　→049　気動車(ディーゼルカー)
トワイライトエクスプレス
　→068　リゾート列車・観光列車
　→070　寝台列車(寝台特急)
TWILIGHT EXPRESS瑞風　→068　リゾート列車・観光列車
トンネル　→084　鉄道構造物

【な】

内方線付き点状ブロック　→141　安全
長岡鉄道　→049　気動車(ディーゼルカー)
長崎の市電　→052　路面電車
長野電鉄地上線　→025　地方私鉄(民鉄)
長堀鶴見緑地線　→029　大阪市営地下鉄
長良川鉄道　→032　第三セクター
名古屋市営地下鉄　→026　地下鉄
名古屋市交通局　→031　公営鉄道
名古屋市電
　→031　公営鉄道
　→052　路面電車
名古屋鉄道　→067　パノラマカー
名古屋電気鉄道　→020　名古屋鉄道
ななつ星in九州　→068　リゾート列車・観光列車
浪速電車軌道　→021　南海電気鉄道
なにわの市電　→052　路面電車
ナハ10形　→039　客貨車
奈良軌道　→011　近畿日本鉄道
成田空港高速鉄道線　→032　第三セクター
南海鉄道
　→011　近畿日本鉄道
　→021　南海電気鉄道
南海電鉄高野線　→060　登山鉄道
南海山手線　→021　南海電気鉄道
南部縦貫鉄道　→025　地方私鉄(民鉄)
南武線　→003　JR東日本
南北線　→027　東京メトロ
新潟交通電車線　→025　地方私鉄(民鉄)

にしお

西尾鉄道　→020　名古屋鉄道
日豊本線　→030　ローカル線
日暮里・舎人ライナー(東京都交通局)
　→055　新交通システム
ニュートラム(大阪市高速電気軌道南港ポートタウン線)　→055　新交通システム
沼尻軽便鉄道　→058　軽便鉄道
根岸線　→003　JR東日本
野岩鉄道　→032　第三セクター
野上電気鉄道　→025　地方私鉄(民鉄)
能勢電鉄
　→023　阪急電鉄
　→025　地方私鉄(民鉄)
　→036　車輌
野田線　→019　東武鉄道
のと鉄道　→032　第三セクター
乗り鉄　→095　鉄道ファン

【 は 】

廃止駅　→008　国鉄
廃止停車場　→008　国鉄
廃線　→008　国鉄
配線図(廃線略図)　→078　配線
ハイブリッド気動車　→049　気動車
　(ディーゼルカー)
博多チンチン電車　→052　路面電車
博多湾鉄道汽船　→022　西日本鉄道
函館市企業局交通部　→031　公営鉄道
函館本線　→002　JR北海道
箱根登山鉄道
　→025　地方私鉄(民鉄)
　→060　登山鉄道
バス事業
八高線
　→003　JR東日本
　→030　ローカル線
発車メロディ　→124　鉄道の音
花巻電鉄　→025　地方私鉄(民鉄)
はやぶさ　→070　寝台列車(寝台特急)
磐越西線　→003　JR東日本
阪堺鉄道　→021　南海電気鉄道
阪堺電気軌道
　→021　南海電気鉄道
　→052　路面電車

阪急嵐山線　→023　阪急電鉄
阪急伊丹線　→023　阪急電鉄
阪急今津線　→023　阪急電鉄
阪急京都線　→023　阪急電鉄
阪急神戸線　→023　阪急電鉄
阪急千里線　→023　阪急電鉄
阪急宝塚線　→023　阪急電鉄
阪急阪神ホールディングス
　→023　阪急電鉄
　→024　阪神電気鉄道
阪急ホールディングス
　→023　阪急電鉄
　→024　阪神電気鉄道
阪急箕面線　→023　阪急電鉄
阪神急行電鉄
　→014　京阪電気鉄道
　→023　阪急電鉄
阪神神戸高速線　→024　阪神電気鉄道
阪神国道線　→052　路面電車
阪神電気鉄道　→023　阪急電鉄
阪神なんば線　→024　阪神電気鉄道
阪神武庫川線　→024　阪神電気鉄道
半蔵門線　→027　東京メトロ
阪和電気鉄道　→021　南海電気鉄道
簸上鉄道　→030　ローカル線
肥薩線　→030　ローカル線
美唄鉄道
　→025　地方私鉄(民鉄)
　→057　鉱山鉄道
日比谷線　→027　東京メトロ
日比谷線中目黒駅構内列車脱線衝突事故
　→144　鉄道事故
広島電鉄
　→025　地方私鉄(民鉄)
　→052　路面電車
深名線　→030　ローカル線
福井鉄道　→025　地方私鉄(民鉄)
福岡市交通局　→031　公営鉄道
福岡市地下鉄　→026　地下鉄
福島交通軌道線　→052　路面電車
福島電気鉄道　→025　地方私鉄(民鉄)
福知山線　→005　JR西日本
福知山線列車脱線転覆事故　→144　鉄道事故
副都心線　→027　東京メトロ
福博電車　→022　西日本鉄道

富士
　→070　寝台列車(寝台特急)
　→072　列車名・愛称
富士急行　→060　登山鉄道
婦人専用電車　→042　女性専用車両
双子橋　→089　鉄橋
普通乗車券　→092　切符・乗車券
踏切障害事故　→144　鉄道事故
踏切道　→091　踏切
プラットホーム　→132　駅
フラワー長井線　→032　第三セクター
ブリュッヘル号　→048　蒸気機関車(汽車)
ブルートレイン
　→066　列車・電車編成
　→070　寝台列車(寝台特急)
プロ野球　→010　鉄道経営
へいわ　→072　列車名・愛称
別所線　→025　地方私鉄(民鉄)
ヘンリー・パーマー　→054　モノレール
北条鉄道　→032　第三セクター
ポートライナー(神戸新交通ポートアイランド線)　→055　新交通システム
ポートラム　→052　路面電車
ホーム柵　→141　安全
ホームドア　→141　安全
ホームライナー　→066　列車・電車編成
北総鉄道　→013　京成電鉄
北丹鉄道　→025　地方私鉄(民鉄)
北斗星　→070　寝台列車(寝台特急)
北陸新幹線
　→003　JR東日本
　→151　新幹線
北陸線　→005　JR西日本
北海道新幹線　→151　新幹線

【 ま 】

待合室　→132　駅
松本のチンチン電車　→052　路面電車
マニ60形　→039　客貨車
マニ61形　→039　客貨車
ママ鉄　→095　鉄道ファン
丸の内駅舎　→136　駅舎
丸ノ内線　→027　東京メトロ

三重交通神都線　→052　路面電車
三木鉄道　→032　第三セクター
水島臨海鉄道　→032　第三セクター
みずほ　→070　寝台列車(寝台特急)
水間鉄道　→025　地方私鉄(民鉄)
御堂筋線　→029　大阪市営地下鉄
みどりの券売機(JR西日本)　→149　マルス(MARS)
みなとみらい線　→032　第三セクター
箕面有馬電気軌道　→023　阪急電鉄
美濃電気軌道　→020　名古屋鉄道
みまさか鉄道　→030　ローカル線
宮崎交通鉄道部　→025　地方私鉄(民鉄)
民営化　→001　JR
民営鉄道　→026　地下鉄
武蔵野線　→003　JR東日本
武蔵野鉄道　→017　西武鉄道
無人駅　→132　駅
名岐鉄道　→020　名古屋鉄道
名鉄岡崎市内線　→052　路面電車
名鉄岐阜線　→020　名古屋鉄道
名鉄瀬戸線　→020　名古屋鉄道
目黒蒲田鉄道　→018　東京急行電鉄
モーター音　→124　鉄道の音
最上川橋梁　→089　鉄橋
木造車　→036　車輌
モハ63形　→036　車輌

【 や 】

矢田貝淑朗　→035　回顧/回想/証言
耶馬溪線　→025　地方私鉄(民鉄)
山鹿温泉鉄道　→025　地方私鉄(民鉄)
山形交通尾花沢線　→025　地方私鉄(民鉄)
山形交通高畠線　→025　地方私鉄(民鉄)
山形交通三山線　→025　地方私鉄(民鉄)
山形新幹線　→003　JR東日本
山手線　→003　JR東日本
大和路線　→005　JR西日本
山村豊次郎　→034　鉄道人(関係人物)
熊延鉄道　→025　地方私鉄(民鉄)
有人駅　→132　駅
有楽町線　→027　東京メトロ
雪かき車　→043　除雪車

ゆりかもめ（東京臨海新交通臨海線）→
　　055　新交通システム
横須賀線　→003　JR東日本
横浜高速鉄道　→026　地下鉄
横浜市営地下鉄　→026　地下鉄
横浜市交通局　→031　公営鉄道
横浜市電
　　→031　公営鉄道
　　→052　路面電車
横浜線　→003　JR東日本
四つ橋線　→029　大阪市営地下鉄

【ら】

ライトレールトランジット　→053　LRT
リゾートしらかみ　→068　リゾート列
　　車・観光列車
リチャード・トレビシック　→048　蒸気
　　機関車（汽車）
旅客駅　→132　駅
旅客車　→036　車輛
旅客販売総合システム（Multi-Access
　　Reservation System）→149　マルス
　　（MARS）
旅客列車　→066　列車・電車編成
臨時駅　→132　駅
臨時信号　→090　信号・信号機
レール　→073　線路
列車火災事故　→144　鉄道事故
列車集中制御装置　→090　信号・信号機
列車衝突事故　→144　鉄道事故
列車脱線事故　→144　鉄道事故
列車非常停止ボタン　→141　安全
連続乗車券　→092　切符・乗車券
ローカル線　→008　国鉄
ロコモーション号　→048　蒸気機関車
　　（汽車）
ロマンスカー　→010　小田急電鉄
路面電車　→031　公営鉄道

【わ】

和歌山軌道線　→052　路面電車
わたらせ渓谷鉄道　→032　第三セクター

編者略歴

野口 武悟（のぐち・たけのり）

専修大学文学部教授
国鉄（現 JR 東日本）東北本線の車両基地の隣に育ち、鉄道マンになるのが幼い頃の夢であった。現在も愛読書は"時刻表"と公言する鉄道ファンである。専修大学鉄道研究会の顧問を務め学生達と熱い鉄道談義を繰り広げている。

「知」のナビ事典　日本の鉄道
―鉄道趣味初心者からマニア・コレクターまで

2018 年 7 月 25 日　第 1 刷発行

編　　　集／	野口武悟
発 行 者／	大高利夫
発　　　行／	日外アソシエーツ株式会社

〒140-0013 東京都品川区南大井 6-16-16 鈴中ビル大森アネックス
電話 (03)3763-5241（代表）FAX(03)3764-0845
URL http://www.nichigai.co.jp/

発 売 元／株式会社紀伊國屋書店
〒163-8636 東京都新宿区新宿 3-17-7
電話 (03)3354-0131（代表）
ホールセール部（営業）電話 (03)6910-0519

電算漢字処理／日外アソシエーツ株式会社
印刷・製本／光写真印刷株式会社

不許複製・禁断転載　　《中性紙三菱クリームエレガ使用》
<落丁・乱丁本はお取り替えいたします>
ISBN978-4-8169-2728-7　　Printed in Japan, 2018

「知」のナビ事典 全国霊場・観音めぐり
A5・520頁　定価（本体9,250円+税）　2017.3刊

四国八十八ヶ所、西国三十三所など、全国432の著名な霊場・観音めぐりについての概要と参考図書2,200点を紹介。参考図書は郷土史、案内記から観光情報まで幅広く、事前の下調べなどにも役立つ。寺名・観音名等から引ける「札所索引」付き。

「知」のナビ事典 日本の伝統芸能
A5・410頁　定価（本体9,250円+税）　2017.6刊

国立劇場で演じられる伝統芸能から地域の郷土芸能まで、解説と参考図書で案内する事典。邦楽、雅楽、声明、琵琶、幸若舞、常磐津節、地唄舞、能・狂言、薪能、人形浄瑠璃、歌舞伎、落語、アイヌ古式舞踊、鬼剣舞、チャッキラコ、京都の六斎念仏、壬生の花田、椎葉神楽、エイサーなど394の伝統芸能を収録。各伝統芸能の歴史的背景、地域、演目等の解説と理解を深めるための図書4,700点を併載。

全国地名駅名よみかた辞典
最新・市町村合併完全対応版
A5・1,420頁　定価（本体9,250円+税）　2016.10刊

日本全国の地名と駅名あわせて約13万件の読みかたを収録した辞典。地名は市区町村名、郡名のほか、大字などの町域名、駅名はJR6社、私鉄、公営鉄道の各路線の駅名がわかる。

鉄道・航空機事故全史　〈シリーズ災害・事故史1〉
災害情報センター，日外アソシエーツ 共編
A5・510頁　定価（本体8,000円+税）　2007.5刊

明治以降の鉄道事故・航空機事故を多角的に調べられる事典。第Ⅰ部は大事故53件の経過と被害状況・関連情報を詳説、第Ⅱ部では全事故2,298件を年表形式（簡略な解説付き）で総覧できる。索引付き。

事典・日本の自然保護地域—自然公園・景勝・天然記念物
A5・510頁　定価（本体12,500円+税）　2016.4刊

官公庁、地方自治体、学会・各種団体、国際機関によって選定・登録された日本の自然保護地域135種6,400件を通覧できるデータブック。地域特有の自然を対象とした保護地域、自然公園、風景、樹木、指定文化財（天然記念物，名勝）を収録。選定の概要や選定された地域の認定理由などがわかる。

データベースカンパニー
日外アソシエーツ

〒140-0013　東京都品川区南大井6-16-16
TEL.(03)3763-5241　FAX.(03)3764-0845　http://www.nichigai.co.jp/